PRÁTICA DA
RECLAMAÇÃO
TRABALHISTA

O GEN | Grupo Editorial Nacional – maior plataforma editorial brasileira no segmento científico, técnico e profissional – publica conteúdos nas áreas de concursos, ciências jurídicas, humanas, exatas, da saúde e sociais aplicadas, além de prover serviços direcionados à educação continuada.

As editoras que integram o GEN, das mais respeitadas no mercado editorial, construíram catálogos inigualáveis, com obras decisivas para a formação acadêmica e o aperfeiçoamento de várias gerações de profissionais e estudantes, tendo se tornado sinônimo de qualidade e seriedade.

A missão do GEN e dos núcleos de conteúdo que o compõem é prover a melhor informação científica e distribuí-la de maneira flexível e conveniente, a preços justos, gerando benefícios e servindo a autores, docentes, livreiros, funcionários, colaboradores e acionistas.

Nosso comportamento ético incondicional e nossa responsabilidade social e ambiental são reforçados pela natureza educacional de nossa atividade e dão sustentabilidade ao crescimento contínuo e à rentabilidade do grupo.

FRANCISCO FERREIRA
JORGE NETO

LETÍCIA COSTA MOTA
WENZEL

JOUBERTO DE QUADROS PESSOA
CAVALCANTE

PRÁTICA DA RECLAMAÇÃO TRABALHISTA

Colaboração
Cristiane Carlovich

4.ª *edição* | revista, atualizada e ampliada

■ O autor deste livro e a editora empenharam seus melhores esforços para assegurar que as informações e os procedimentos apresentados no texto estejam em acordo com os padrões aceitos à época da publicação, e todos os dados foram atualizados pelo autor até a data de fechamento do livro. Entretanto, tendo em conta a evolução das ciências, as atualizações legislativas, as mudanças regulamentares governamentais e o constante fluxo de novas informações sobre os temas que constam do livro, recomendamos enfaticamente que os leitores consultem sempre outras fontes fidedignas, de modo a se certificarem de que as informações contidas no texto estão corretas e de que não houve alterações nas recomendações ou na legislação regulamentadora.

■ Fechamento desta edição: 21.01.2021

■ O Autor e a editora se empenharam para citar adequadamente e dar o devido crédito a todos os detentores de direitos autorais de qualquer material utilizado neste livro, dispondo-se a possíveis acertos posteriores caso, inadvertida e involuntariamente, a identificação de algum deles tenha sido omitida.

■ Atendimento ao cliente: (11) 5080-0751 | faleconosco@grupogen.com.br

■ Direitos exclusivos para a língua portuguesa
Copyright © 2021 by
Editora Atlas Ltda.
Uma editora integrante do GEN | Grupo Editorial Nacional
Rua Conselheiro Nébias, 1.384
São Paulo – SP – 01203-904
www.grupogen.com.br

■ Reservados todos os direitos. É proibida a duplicação ou reprodução deste volume, no todo ou em parte, em quaisquer formas ou por quaisquer meios (eletrônico, mecânico, gravação, fotocópia, distribuição pela Internet ou outros), sem permissão, por escrito, da Editora Atlas Ltda.

■ Capa: Fabrício Vale

■ **CIP – BRASIL. CATALOGAÇÃO NA FONTE.
SINDICATO NACIONAL DOS EDITORES DE LIVROS, RJ.**

Jorge Neto, Francisco Ferreira

Prática da Reclamação Trabalhista / Francisco Ferreira Jorge Neto, Letícia Costa Mota Wenzel, Jouberto de Quadros Pessoa Cavalcante. – 4. ed. – São Paulo: Atlas, 2021.

Inclui bibliografia
ISBN 978-85-97-02722-8

1. Direito do trabalho – Brasil. I. Wenzel, Letícia Costa Mota. II. Cavalcante, Jouberto de Quadros Pessoa. III. Título.

20-68353 CDU: 349.2(81)

Meri Gleice Rodrigues de Souza – Bibliotecária – CRB-7/6439

Sem Deus não há luz.

Sem Deus não há vida.

Agradeço a Deus por tudo o que Ele representa e proporciona à minha vida.

Sem o amor, nada somos e nada criamos.

Sem a luz, nada somos e nada criamos.

À Neire, amada esposa e luz da minha vida – Em ti, tudo sou e por todo o sempre tudo serei.

Como reflexo do nosso amor, nasce mais uma obra, a qual dedicamos ao nosso Deus, que nos permite viver em harmonia e participar da criação jurídica na seara literária e acadêmica do Brasil.

Ao nosso amado filho Felipe, espírito de luz e sabedoria, dedico o meu amor, compreensão e amizade. – Que o amor e a luz sempre estejam em seu caminho, querido filho.

Francisco Ferreira Jorge Neto

Aos meus pais (in memoriam), que me ensinaram o valor do conhecimento, do trabalho e da honestidade.

Letícia Costa Mota Wenzel

Minha eterna gratidão a Deus.

A Tiago, Amanda, Tales, Rafael, Aline, Maria Vitória, Gabrielly, Isabelly e Lorena – presentes de Deus – pela alegria e felicidade que trazem e preenchem meus dias.

Jouberto de Quadros Pessoa Cavalcante

SOBRE OS AUTORES

FRANCISCO FERREIRA JORGE NETO

Desembargador Federal do Trabalho (TRT da 2ª Região). Mestre em Direito das Relações Sociais e em Direito do Trabalho pela PUC/SP.

LETÍCIA COSTA MOTA WENZEL

Bacharel em Direito pela Faculdade de Direito de São Bernardo do Campo. Especialista em Direito do Trabalho e Direito Processual do Trabalho pelo curso de pós-graduação do Centro Universitário Salesiano de São Paulo. Assessora de desembargador do TRT da 2ª Região.

JOUBERTO DE QUADROS PESSOA CAVALCANTE

Professor Doutor da Faculdade de Direito da Universidade Presbiteriana Mackenzie. Professor convidado na Faculdade de Direito da Universidade de Lisboa (ULisboa) e em diversos cursos de pós-graduação *lato sensu*. Doutor em Direito do Trabalho pela Faculdade de Direito da Universidade de São Paulo (USP). Mestre em Direito Político e Econômico pela Universidade Presbiteriana Mackenzie. Mestre em Integração da América Latina pela USP/PROLAM. Membro da Academia Paulista de Letras Jurídicas.

APRESENTAÇÃO

Como decorrência da ampliação de competência, das diversas alterações legislativas, da atuação jurisprudencial intensa do TST nestes últimos anos, do advento do CPC/2015, da Reforma Trabalhista (Lei 13.467/2017) e dos diversos debates que giram em torno de seus reflexos no processo do trabalho, os autores somaram esforços para trazer suas experiências profissionais nesta obra.

Os profissionais do Direito, em especial os que atuam na Justiça do Trabalho, constantemente se deparam com dúvidas práticas na elaboração de suas reclamações trabalhistas e de outras peças processuais.

Somam-se a essas necessidades outras preocupações, como a elaboração de um conteúdo claro, sintético, objetivo e com fundamentação jurídica adequada em suas peças processuais.

Então, a obra é estruturada em três partes. Na primeira, o leitor terá orientações e sugestões sobre a elaboração da reclamação trabalhista, considerando as exigências do CPC/2015 e da Reforma Trabalhista, com a indicação dos requisitos internos e externos da petição inicial, seja no processo civil, seja no processo do trabalho.

Na sequência, é abordado o instituto da tutela provisória, conforme o novo Código de Processo Civil, indicando as suas espécies e sua aplicabilidade ao processo do trabalho.

Por fim, o leitor encontrará mais de 300 modelos de causa de pedir e pedido – entre eles, alguns relacionados a reconhecimento do vínculo empregatício (fraudes, terceirizações, cooperativas etc.), verbas de natureza salarial (adicional de insalubridade, acúmulo de função, horas extras, férias, verbas rescisórias etc.), verbas de natureza indenizatória (estabilidades, acidente e doença do trabalho, dano material, moral e existencial etc.) e questões processuais (competência material, competência territorial, prescrição etc.).

Os mais de 60 modelos editáveis para *download* objetivam auxiliar o profissional em sua atuação forense a elaborar a reclamação trabalhista de forma clara, sintética, objetiva e com fundamentação jurídica adequada.

Assevere-se que a obra está em sintonia com a Lei 13.467, de 13 de julho de 2017, a qual promoveu significativas alterações no sistema jurídico trabalhista material e processual, ao modificar e atualizar diversos institutos, além de trazer outros novos do Direito Pátrio.

Por isso, a obra é destinada aos profissionais do Direito, em especial àqueles que militam na Justiça do Trabalho.

Os Autores

SUMÁRIO

CAPÍTULO 1 – RECLAMAÇÃO TRABALHISTA 1

1.1. Fundamento jurídico 1

1.2. Reclamação trabalhista e procedimentos 1

1.3. Requisitos da petição inicial no processo civil 2

1.4. Requisitos da reclamação trabalhista no processo do trabalho 2

    1.4.1. Requisitos externos 2

    1.4.2. Requisitos internos 3

        1.4.2.1. Designação da autoridade judicial a quem é dirigida 4

        1.4.2.2. Qualificação das partes 4

        1.4.2.3. Causa de pedir: exposição dos fatos e fundamentos 6

        1.4.2.4. Tutela provisória 7

        1.4.2.5. O pedido 8

            1.4.2.5.1. Requisitos do pedido 14

            1.4.2.5.2. Pedidos determinados e genéricos 14

            1.4.2.5.3. Pedido fixo 15

            1.4.2.5.4. Pedido alternativo 15

            1.4.2.5.5. Pedidos sucessivos ou subsidiários 15

            1.4.2.5.6. Pedido único e pedidos cumulados 16

            1.4.2.5.7. Pedido de prestações sucessivas 16

            1.4.2.5.8. Pedido com cominação 16

        1.4.2.6. Requerimentos na reclamação trabalhista 17

            1.4.2.6.1. Opção do autor por audiência de conciliação ou de mediação 17

            1.4.2.6.2. Citação 17

            1.4.2.6.3. Assistência judiciária gratuita 18

            1.4.2.6.4. Intervenção do Ministério Público do Trabalho 20

            1.4.2.6.5. Provas 20

		1.4.2.6.6.	Despesas processuais..	21
		1.4.2.6.7.	Honorários advocatícios sucumbenciais...............	21
	1.4.2.7.	Valor da causa no processo trabalhista.............................		23
	1.4.2.8.	Assinatura do autor ou de seu representante.......................		24
1.5.	Documentos que acompanham a reclamação trabalhista.................................			24
1.6.	Petição inicial e o processo eletrônico...			24
1.7.	Emendas à reclamação trabalhista...			26
1.8.	Aditamento à reclamação trabalhista..			27
1.9	Processo de jurisdição voluntário para homologação de acordo extrajudicial.......			27
1.10.	Modelo de reclamação trabalhista pelo procedimento ordinário.....................			29
1.11.	Modelo de reclamação trabalhista pelo procedimento sumaríssimo...............			31
1.12.	Modelo de reclamação trabalhista pelo procedimento sumário.......................			34
1.13.	Modelo de reclamação trabalhista com tutela de urgência de natureza antecipatória			36
1.14.	Modelo de reclamação trabalhista para homologação de acordo extrajudicial......			39
1.15	Modelo de reclamação trabalhista com tutela de urgência de natureza cautelar......			41
1.16	Modelo de reclamação trabalhista com pedido de desconsideração da personalidade jurídica..			45

CAPÍTULO 2 – TUTELA PROVISÓRIA... 49

2.1.	Fundamento jurídico..			49
2.2.	Aplicabilidade ao processo do trabalho..			49
2.3.	Tutela provisória e suas espécies...			50
2.4.	Competência jurisdicional...			50
2.5.	Tutela provisória de urgência			51
	2.5.1.	Tutela de urgência de natureza cautelar		51
		2.5.1.1.	Tutela cautelar e sua finalidade.............................	51
		2.5.1.2.	Tutela cautelar e medida liminar............................	52
		2.5.1.3.	Objeto da tutela provisória de natureza cautelar....................	52
			2.5.1.3.1. Modelo de requerimento de tutela provisória em caráter incidental – modelo genérico..................	52
			2.5.1.3.2. Arresto...	53
			2.5.1.3.3. Sequestro..	55
			2.5.1.3.4. Busca e apreensão..............................	57
			2.5.1.3.5. Exibição	59
			2.5.1.3.6. Produção antecipada de provas..........	60
2.6.	Tutela de urgência de natureza antecipatória...			67
2.7.	Requisitos legais			67
2.8.	Dano processual e prejuízo sofrido..			68

SUMÁRIO | **XIII**

2.9.   Tutela de evidência 69

2.10.   Procedimento da tutela de urgência 70

       2.10.1.   Procedimento da tutela antecipada requerida em caráter antecedente 70

       2.10.2.   Procedimento da tutela cautelar requerida em caráter antecedente 71

2.11.   Custas processuais 72

2.12.   Recurso contra a decisão de tutela provisória 72

2.13.   Modelo de tutela de urgência de natureza antecipatória em caráter antecedente 73

2.14.   Modelo de aditamento (reclamação trabalhista) à tutela de urgência concedida (de natureza antecipatória em caráter antecedente) 75

2.15.   Modelo de tutela de evidência – tópico específico da reclamação trabalhista 78

CAPÍTULO 3 – MODELOS DE CAUSA DE PEDIR E PEDIDOS 81

3.1.   Ação anulatória – *Cabimento para correção de erro material em sentença* 81

3.2.   Ação revisional 85

3.3.   Acordo celebrado na justiça do trabalho – *Antes da EC 45/04 não faz coisa julgada em relação à responsabilidade civil* 89

3.4.   Adicional de insalubridade 91

3.5.   Adicional de insalubridade – *Gari* 92

3.6.   Adicional de insalubridade – *Trabalhador rural exposto ao calor* 94

3.7.   Adicional de insalubridade – *Contato com esgoto* 96

3.8.   Adicional de insalubridade e periculosidade – *Opção* 98

3.9.   Adicional de periculosidade – *Armazenamento de líquido inflamável no prédio* 101

3.10.   Adicional de periculosidade – *Atividades desempenhadas com o uso de motocicleta* 103

3.11.   Adicional de periculosidade – *Instalador de TV a cabo* 106

3.12.   Adicional de periculosidade – *Motorista de caminhão. Tanque suplementar de combustível no veículo* 107

3.13.   Adicional de periculosidade – *Permanência em área de abastecimento* 109

3.14.   Adicional de periculosidade – *Reduzido por norma coletiva. Impossibilidade* 111

3.15.   Adicional de periculosidade – *Troca de cilindros de gás GLP* 113

3.16.   Adicional noturno – *Após as 5 horas e regime 12x36* 115

3.17.   Adicional de transferência 116

3.18.   Adicional por acúmulo de função 118

3.19.   Adicional de acúmulo de função – *Diminuição no número de empregados, com redistribuição das tarefas* 121

3.20.   Acidente de trabalho e a terceirização – *Teoria do risco criado* 123

3.21.   Acidente de trabalho – *Contrato por prazo determinado e a garantia provisória – Súmula 378, item III* 132

3.22.	Advogado – *Pedido de acompanhamento de perícia médica e técnica*	134
3.23.	Aeronauta – *Adicional de periculosidade sobre as horas variáveis*	136
3.24.	Anotação do contrato de trabalho em CTPS – *Obrigação de fazer. Multa diária*	138
3.25.	Aposentadoria por invalidez – *Extinção do estabelecimento. Manutenção do contrato de trabalho com o grupo econômico*	140
3.26.	Aposentadoria por invalidez – *Manutenção do plano de saúde*	142
3.27.	Assaltos em estacionamento da empresa – *Responsabilidade da reclamada*	144
3.28.	Aviso-prévio controvertido – *Projeção para efeitos de prescrição bienal*	146
3.29.	Aviso-prévio – *Nulidade. Não observância da redução da jornada do art. 488 da CLT*	148
3.30.	Aviso-prévio proporcional – *Lei 12.506/11. Vantagem estendida somente aos empregados*	149
3.31.	Aviso-prévio indenizado – *Possibilidade de adesão a PDV instituído no curso do aviso-prévio*	150
3.32.	Avulso – *Direito a horas extras, inclusive as decorrentes da violação do intervalo intrajornada*	151
3.33.	Avulso – *Direito a horas extras pela violação do intervalo interjornada*	154
3.34.	Banco de horas	157
3.35.	Bancário – *Condição de (Súmula 55 do TST)*	158
3.36.	Bancário – *Horas extras. Afastamento do cargo de confiança. Art. 224, § 2º, da CLT*	159
3.37.	Bancário – *Divisor. Fundamentação*	162
3.38.	Bem de família – *Impenhorabilidade de imóvel alugado*	163
3.39.	Comissões – *Redução do percentual. Alteração contratual lesiva*	166
3.40.	Competência material – *Possibilidade de ajuizamento da ação no domicílio do autor*	168
3.41.	Concurso público – *Inquérito policial ou processo penal em curso. Presunção de inocência*	170
3.42.	Conselhos profissionais – *Contratação sem concurso público. Verbas rescisórias devidas*	173
3.43.	Contrato de prestação de serviços – *Salários em atraso*	176
3.44.	Contribuição previdenciária – *Competência da justiça do trabalho para executar contribuições previdenciárias em sentenças anteriores a 1998*	178
3.45.	Constituição de capital	180
3.46.	Contrato de trabalho – *Dados obrigatórios da causa de pedir em qualquer petição inicial*	181
3.47.	Contrato de trabalho – *Período sem registro*	182
3.48.	Contrato de trabalho – *Prazo determinado. Rescisão antecipada. FGTS + 40% devido*	183
3.49.	Contribuição confederativa e assistencial	185
3.50.	Contribuição previdenciária – *Salário-maternidade*	186

SUMÁRIO | XV

3.51. Do convênio médico 190

3.52. Convênio médico de coparticipação – *Restabelecimento*........................ 192

3.53. Cooperativa – *Fraude. Reconhecimento de vínculo empregatício com tomador de serviço* 195

3.54. Correção monetária.. 199

3.55. Correção monetária – *Índice aplicáveL (TR x IPCA-E)* 201

3.56. Critérios de apuração.. 204

3.57. Cumulação de pedidos de reconhecimento de vínculo empregatício e rescisão indireta – *Possibilidade*... 205

3.58. Dano em ricochete – *Legitimidade para pleitear indenização por dano moral decorrente da morte do trabalhador*... 208

3.59. Dano estético – *Indenização* 212

3.60. Dano existencial.. 215

3.61. Dano material – *Fixação de critérios. Pensão. Pedido alternativo em liquidação de sentença (prestação mensal ou parcela única)*..................................... 219

3.62. Dano material – *Possibilidade de cumulação do benefício previdenciário com indenização por dano material*.. 223

3.63. Dano material – *Responsabilidade civil. Prejuízo quanto aos proventos da aposentadoria decorrentes da ausência do registro na CTPS da Reclamante*....... 227

3.64. Dano material – *Possibilidade de cumulação de pensão mensal e salário*........ 229

3.65. Dano moral – *Acusação indevida de uso de atestado médico falso*.................. 232

3.66. Dano moral – *Agressão física e verbal*... 235

3.67. Dano moral – *Agressões físicas e verbais. Distribuição dinâmica do ônus da prova*.. 237

3.68. Dano moral – *Anotação de CTPS por determinação judicial*........................... 241

3.69. Dano moral – *Anotação de atestados médicos na CTPS*................................ 244

3.70. Dano moral – *Apelidos depreciativos. Indenização* 247

3.71. Dano moral – *Assaltos*... 250

3.72. Dano moral – *Assédio moral*.. 253

3.73. Dano moral – *Assédio moral, depressão, Síndrome de Burnout. Indenizações*........ 256

3.74. Dano moral – *Assédio moral institucional/organizacional*............................. 262

3.75. Dano moral – *Assédio sexual e insinuações preconceituosas*......................... 267

3.76. Dano moral – *Banheiro e vestiário de uso coletivo* 270

3.77. Dano moral – *Barreira sanitária. Chuveiros sem portas* 273

3.78. Dano moral – *Câmeras de vigilância em vestiário*...................................... 277

3.79. Dano moral – *Candidato aprovado em concurso público. Cadastro reserva. Contratação de terceirizados em detrimento de aprovados* 280

3.80. Dano moral – *Discriminação. Preferência sexual*....................................... 284

3.81. Dano moral – *Dispensa de gestante* 288

3.82. Dano moral – *Empréstimo consignado. Negativação do nome do reclamante em órgãos de proteção de crédito (SERASA/SPC)*.. 290

3.83.	Dano moral – *Excesso de horas de trabalho*	293
3.84.	Dano moral – *Exigência de atestado de antecedentes criminais*	296
3.85.	Dano moral – *Exigência da inserção do CID em atestados médicos*	299
3.86.	Dano moral – *Exigência de procedimento médico como condição para admissão/ promoção no emprego*	302
3.87.	Dano moral – *E a sua prova. Doença profissional*	306
3.88.	Dano moral – *E material pela supressão do plano de saúde durante suspensão contratual*	309
3.89.	Dano Moral – *E material. Perda de uma chance*	313
3.90.	Dano moral – *Supressão do plano de saúde*	319
3.91.	Dano moral – *Fiscalização de e-mail corporativo*	321
3.92.	Dano moral – *Gravação do momento da ofensa*	324
3.93.	Dano moral – *Inclusão de nome em "lista suja"/"lista negra"*	326
3.94.	Dano moral. Indenização – *Não incidência do imposto de renda*	329
3.95.	Dano moral – *Juros e correção monetária*	331
3.96.	Dano moral – *Justa causa revertida*	332
3.97.	Dano moral – *Labor durante a licença-maternidade*	336
3.98.	Dano moral – *Namoro no ambiente de trabalho como fundamento da dispensa*	338
3.99.	Dano moral – *Não anotação do contrato de trabalho em CTPS*	341
3.100.	Dano moral – *Negligência da Reclamada em regularizar a situação cadastral do autor junto ao INSS, obstando o recebimento de benefício previdenciário*	344
3.101.	Dano moral – *Pelo não pagamento das verbas rescisórias ou atraso no pagamento dos salários*	347
3.102.	Dano moral – *Ócio forçado*	351
3.103.	Dano moral – *Ofensa à imagem do Reclamante*	354
3.104.	Dano moral – *Ofensa à honra e à imagem do Reclamante. Assédio moral*	356
3.105.	Dano moral – *Proibição do direito de ir e vir do empregado*	358
3.106.	Dano moral – *Quantificação*	361
3.107.	Dano moral – *Racismo (injúria por preconceito)*	363
3.108.	Dano moral – *Restrição ao uso do banheiro/sanitário/toillete*	366
3.109.	Dano moral – *Revista íntima*	368
3.110.	Dano moral – *Pela retenção da CTPS*	370
3.111.	Dano moral – *Vendedor de comércio varejista*	372
3.112.	Dano moral – *Trabalho em altura e ausência de treinamento e equipamentos*	375
3.113.	Dano moral – *Trabalho sem condições sanitárias*	378
3.114.	Dano moral – *Transporte de valores por bancário*	381
3.115.	Dano moral – *Detector de mentiras. Polígrafo*	384
3.116.	Declaração de ciência para o reclamante (Referente a despesas processuais)	388

SUMÁRIO | **XVII**

3.117. Desconsideração da personalidade jurídica 389

3.118. Desconsideração da personalidade jurídica e grupo econômico 391

3.119. Desconsideração da personalidade jurídica e a recuperação judicial 393

3.120. Desconto de imposto de renda – *A não incidência dos juros à base de cálculo do imposto de renda* 396

3.121. Desconto de imposto de renda e de contribuição previdenciária 397

3.122. Desvio de função 399

3.123. Diferenças salariais – *Profissional médico-veterinário* 401

3.124. Direito de propriedade – *Remuneração decorrente da utilização de invento criado por trabalhador no curso do contrato de trabalho* 404

3.125. Dispensa discriminatória e o retorno após o afastamento previdenciário 406

3.126. Dispensa discriminatória – *Pelo exercício do direito de ação. Nulidade* 410

3.127. Dispensa discriminatória – *Participação em movimento grevista* 416

3.128. Dispensa discriminatória – *Empregado dispensado por prestar depoimento em audiência e dizer a verdade* 420

3.129. Dispensa discriminatória – *Ex-presidiário* 424

3.130. Dispensa discriminatória – *Empregado portador do vírus HIV. Modelo com diversos pedidos* 429

3.131. Dissídio coletivo de natureza econômica – *Petição inicial* 436

3.132. Dissídio coletivo de greve – *Petição inicial* 439

3.133. Dono da obra – *Inaplicabilidade da OJ 191. Responsabilidade. Acidente de trabalho. Indenização por danos morais e materiais* 442

3.134. DSR – *Concedido após o sétimo dia de trabalho. Pagamento em dobro* 448

3.135. *Dumping* social 449

3.136. Embargos declaratórios – *Fato superveniente* 450

3.137. Exceção de impedimento 454

3.138. Exceção de incompetência territorial – *Momento processual* 455

3.139. Embargos de terceiro – *Desconsideração da personalidade jurídica e penhora de valores depositados em conta poupança* 457

3.140. Embargos de terceiro – *E a boa-fé do terceiro adquirente* 460

3.141. Embargos de terceiro – *Incidente de desconsideração da personalidade jurídica* 464

3.142. Equiparação de função – *E demais parcelas que compõem a remuneração* 470

3.143 Equiparação salarial 472

3.144. Estabilidade – *Acidente de trabalho. Reintegração. Cláusula normativa* 473

3.145. Estabilidade – *Art. 118, Lei 8.213/1991. Doença profissional* 475

3.146. Estabilidade – *Gestante, com o pedido de tutela antecipada* 477

3.147. Estabilidade – *Integrante da CIPA* 479

3.148. Estabilidade normativa – *Direito adquirido. Aplicação da OJ 41, SDI-I, TST* 481

3.149. Estabilidade pré-aposentadoria – *Reintegração* 486

3.150. Estabilidade – *Pré-aposentadoria* 489

3.150.1. Da nulidade do ato demissional do Reclamante (estabilidade pré-aposentadoria)... 489

3.150.2. A tutela antecipada. Reintegração liminar até decisão final 491

3.150.3. Dos danos morais 491

3.151. Estabilidade provisória – *Mãe adotante* 493

3.152. Estabilidade temporária – *Por acidente de trabalho durante o contrato de experiência* 497

3.153. Estagiário – *Recesso proporcional. Lei 11.788/08* 499

3.154. Exceção de pré-executividade 501

3.155. Execução – *Penhora de faturamento da executada* 506

3.156. Expedição de ofícios 508

3.157. Falta de comunicação da dispensa – Obrigação de fazer – Entrega de guias de FGTS e seguro-desemprego – E/ou tutela antecipada para expedição de alvarás 509

3.158. Férias não usufruídas no período concessivo – *Pagamento em dobro* 511

3.159. Férias quitadas fora do prazo legal – *Pagamento em dobro* 512

3.160. Férias vencidas – *Em dobro e proporcionais + 1/3 CF e o aviso-prévio* 513

3.161. Da folga em dobro após o 7º dia 514

3.162. Foro competente – *Localidade de São Bernardo do Campo* 515

3.163. Furto de veículo de propriedade do empregado utilizado na execução das atividades – *Indenização por dano material devida* 516

3.164 Gerente – *Inexistência do cargo de confiança. Horas extras. Adicional de transferência. Adicional de periculosidade e ou de insalubridade* 518

3.165. Gestante – *Estabilidade. Concepção no curso do aviso-prévio* 527

3.166. Gestante – *Estabilidade. Contrato por prazo determinado* 529

3.167. Gestante – *Estabilidade da gestante no exercício de cargo em comissão perante a Administração Pública* 531

3.168. Gestante – *Estabilidade provisória. Não necessidade de juntada da certidão de nascimento da criança* 533

3.169. Gestante – *Nulidade do pedido de demissão por ausência de homologação sindical* 535

3.170. Gestante – *Termo inicial para o pagamento da indenização substitutiva da estabilidade à gestante indevidamente demitida* 537

3.171. Gratificação de função – *Irretroatividade da Lei 13.467/17* 539

3.172. Gratuidade processual – *Custas, honorários periciais e sucumbenciais (advo- catícios)* 543

3.173. Grupo econômico – *Caracterização* 552

3.174. Grupo econômico – *Polo passivo* 555

3.175. *Habeas corpus* 556

3.176. Homologação de acordo extrajudicial 559

SUMÁRIO | XIX

3.177. Homologação de acordo extrajudicial – *Empresa em dificuldades econômicas* 561

3.178. Honorários periciais 566

3.179. Honorários periciais – *Responsabilidade pelos honorários periciais na execução* 567

3.180. Honorários prévios na Justiça do Trabalho – *Incompatibilidade* 568

3.181. Horas extras – *Horário diurno e sem a inclusão dos domingos e feriados em dobro; o trabalhador tem uma folga semanal compensatória* 569

3.182. Horas extras – *Horas extras diurnas e noturnas; o trabalhador tem uma folga semanal* 570

3.183. Horas extras – *Horas extras durante a semana e nos domingos e feriados, visto que o trabalhador não tem folga semanal regular* 571

3.184. Horas extras – *Afastamento do cargo de confiança* 572

3.185. Horas extras – *Atividade insalubre e turnos de revezamento* 574

3.186. Horas extras – *Minutos residuais* 576

3.187. Horas extras – *Minutos residuais 2 (outra causa de pedir)* 577

3.188. Horas extras – *Redução de jornada pelo empregador. Aumento posterior* 578

3.189. Horas extras – *Registro de ponto por exceção* 580

3.190. Horas extras – *Tempo de espera em aeroporto para viagens* (check-in). *Tempo de duração do voo. Tempo à disposição do empregador* 582

3.191. Horas extras – *Violação do intervalo intrajornada (art. 71, CLT)* 584

3.191.1. Horas extras – *Violação do intervalo intrajornada (art. 71, CLT)* 584

3.192. Horas extras – *Violação do intervalo intrajornada. Aplicação da Súmula 437, item IV, do TST* 586

3.192.1. Horas extras – *Violação do intervalo intrajornada. Ausência de norma coletiva autorizadora* 587

3.193. Horas extras – *Intervalo intrajornada concedido logo após o início da jornada ou antes do término* 588

3.193.1. Horas extras – *Intervalo intrajornada concedido logo após o início da jornada ou antes do término* 589

3.194. Horas extras – *Intervalo intrajornada gozado nas dependências da empresa* .. 590

3.194.1. Horas extras – *Intervalo intrajornada gozado nas dependências da empresa* .. 591

3.195. Horas extras – *Intervalo para recuperação térmica* 592

3.196. Horas extras – *Maquinista ferroviário* 593

3.196.1. Horas extras – *Maquinista ferroviário* 594

3.197. Horas extras – *Motorista após a Lei 12.619/12 e a Lei 13.103/15* 595

3.198. Horas extras – *Jornada móvel e variável. Empresas de* fast-food 597

3.199. Horas extras – *Operador de telemarketing* 600

3.200. Horas extras – *Professor. Intervalo de recreio* 602

3.201. Horas extras – *Trabalho externo com controle de jornada* 604

3.202. Horas extras – *Violação do intervalo interjornada (art. 66, CLT)* 606

3.202.1. Horas extras – *Violação do intervalo interjornada (art. 66, CLT)* 606

3.203. Horas extras – *Violação do intervalo do art. 384 da CLT (somente para a mulher trabalhadora)* 608

3.204. Horas extras – *Ginástica laboral. Tempo à disposição do empregador* 610

3.205. Horas extras – *Escala 4X2* 611

3.206. Horas extras – *Aplicação da redução ficta noturna para cômputo da jornada diária* 613

3.207. Indenização adicional – *Dispensa no trintídio que antecede a data-base* 615

3.208. Honorários advocatícios pela sucumbência 616

3.209. Indenização – *Moléstia profissional equiparada ao acidente de trabalho* 617

3.210. Indenização por supressão de horas extras – *Súmula 291, TST* 624

3.211. Indenização – *Responsabilidade solidária da empresa tomadora. Acidente de trabalho. Vigilante* 626

3.212. Indenização por utilização de veículo e combustível 634

3.213. Intervenção de município em hospital particular – *Responsabilidade subsidiária* 635

3.214. Interdito proibitório – *Direito coletivo* 637

3.215. Juros do FGTS 641

3.216. Justa causa – *Porte de droga. Não caracterização* 642

3.217. Limbo previdenciário – *Alta médica pelo INSS. Recusa de retorno do trabalhador por parte da empresa* 646

3.218. Multa – *Anotação do contrato na CTPS* 648

3.219. Multa – *Art. 467 da CLT* 649

3.220. Multa do artigo 467 da CLT – *Base de cálculo* 650

3.221. Multa – *Art. 477 da CLT* 652

3.222. Multa – *Art. 477 da CLT. Reconhecimento de vínculo em juízo* 653

3.223. Multa – *Art. 477 da CLT. Parcelamento de verbas rescisórias* 654

3.224. Multa – *Art. 477 da CLT. Rescisão indireta. Devida* 655

3.225. Multa – *Pela prorrogação automática do contrato de trabalho* 656

3.226. Oitiva da parte reclamante por videoconferência ou WhatsApp – *Requerimento formulado na petição inicial* 657

3.227. Parcelas vincendas – *Contrato de trabalho ativo* 658

3.228. Participação nos lucros – *Pagamento proporcional devido* 659

3.229. Pastor evangélico – *Vínculo empregatício* 661

3.230. Incidente de efeito suspensivo a recurso 665

3.231. Pedido de demissão – *Vontade viciada. Conversão em rescisão indireta* 667

3.232. Pedido genérico. Justificativa 668

3.233. Pensão mensal – *Dano material. Interpretação do artigo 950 do Código Civil. Perda da capacidade para o ofício ou profissão* 670

3.234. Pensão mensal vitalícia – *Artigo 950 do Código Civil. Pagamento em parcela única* 674

SUMÁRIO | **XXI**

3.235. Pensão mensal vitalícia – *Termo inicial* 677

3.236. Pensão mensal – *Deferimento de forma vitalícia sem limitação temporal* 680

3.237. Pensão mensal e salário – *Cumulação* 682

3.238. Pensão mensal e benefício previdenciário – *Cumulação* 685

3.239. Pensão mensal – *Dano material. Adoção da tabela SUSEP como critério único para aferição do grau de incapacidade laborativa decorrente de acidente ou doença do trabalho* 687

3.240. Pensão mensal vitalícia – *Não incidência de imposto de renda* 691

3.241. Pensão – *Cálculo de parcela única* 693

3.242. Pensão mensal – *Cessão da enfermidade. Ônus da prova da reclamada* 696

3.243. Pensão mensal – *Família e filhos. Critérios de fixação no caso de falecimento do empregado em acidente de trabalho. Termo final e limitação a 2/3 do salário do empregado* 697

3.244. Perfil profissiográfico previdenciário – *Pedido de entrega* 701

3.245. Perfil profissiográfico previdenciário – *Pedido de retificação* 704

3.246. Petição inicial – *Fundamentação para não liquidação dos pedidos na petição inicial* 705

3.247. Petição inicial – *Não limitação da condenação aos valores indicados na petição inicial* 709

3.248. Plano de demissão voluntária. PDV – *Adesão. Manutenção do plano de saúde* 710

3.249. Plano de demissão voluntária – *PDV e responsabilidade civil do empregador* 712

3.250. Portador de deficiência – *Lei 8.213/91, art. 93. Conceito de "empresa" como empregador e não somente estabelecimento. Possibilidade de reintegração* 717

3.251. Policial militar – *Vínculo empregatício* 722

3.252. Prescrição – *Absolutamente incapaz. Doença mental* 724

3.253. Prescrição – *Da responsabilidade civil decorrente de outros fatos atinentes à relação de emprego (ato ilícito do empregador). Ação ajuizada antes da vigência do novo Código Civil e da EC 45. Ação ajuizada na Justiça Comum e remetida à Justiça do Trabalho* 726

3.254. Prescrição – *Indenização por dano moral. Imputação de crime após a extinção do contrato de trabalho. Dano pós-contratual* 729

3.255. Prescrição – *Interrupção pelo ajuizamento anterior de ação coletiva* 731

3.256. Prescrição – *Interrupção pelo ajuizamento de ação anterior pelo espólio* 732

3.257. Prescrição – *Interrupção por protesto judicial* 734

3.258. Prescrição – *Menor de idade. Extensão da suspensão para o polo ativo* 736

3.259. Prescrição – *Unicidade contratual. Aplicação da Súmula 156 do TST* 738

3.260. Prescrição bienal – *Necessidade de análise de questão de mérito como preliminar para análise da prescrição (justa causa controvertida e projeção do aviso-prévio)* 739

3.261. Prescrição quinquenal de ofício – *Não aplicação* 741

3.262. Prescrição trabalhista – *Efeitos da pandemia. Lei 14.010/20* 743

3.263. Produção antecipada de provas 745

3.264. Reclamatória trabalhista completa – *Modelo completo, com os seguintes temas: terceirização ilícita. Reconhecimento de vínculo com tomador e pedidos acessórios: inicial ajuizada em face de dois reclamados, sendo o 1º reclamado o tomador de serviços e a 2ª reclamada uma empresa terceirizada* 749

3.265. Reclamatória trabalhista completa: justa causa aplicada durante auxílio-doença previdenciário. Tutela de urgência e evidência para a declaração de nulidade da justa causa 758

3.266. Regime 12x36 – *Aplicação do divisor* 763

3.267. Regime de tempo parcial – *Salário proporcional ao piso da categoria* 765

3.268. Reintegração – *Dependente químico* 767

3.269. Reintegração – *Dispensa ocorrida durante o gozo de auxílio-doença previdenciário* 771

3.270. Reintegração – *Prática discriminatória. Portador de doença grave não relacionada ao trabalho* 773

3.271. Representante comercial – *Vínculo de emprego* 778

3.272. Rescisão indireta – *Atraso de salários* 780

3.273. Rescisão indireta – *Irregularidade dos depósitos de FGTS* 782

3.274. Rescisão indireta – *Não pagamento de horas extras* 785

3.275. Rescisão indireta – *Nulidade do pedido de demissão. Os fundamentos fáticos e jurídicos do pedido de rescisão indireta. Estabilidade gestante. Art. 10, ADCT* 788

3.276. Rescisão indireta – *Submissão do trabalhador a perigo manifesto de mal considerável. Artigo 483, "c", CLT* 790

3.277. Rescisão indireta – *Transferência obstativa à estabilidade de gestante* 794

3.278. Responsabilidade civil – *Acidente do trabalho. Parcela decorrente do dano material. Prescrição parcial* 795

3.279. Responsabilidade civil – *Danos materiais. Despesas médicas. Possibilidade de comprovação em fase de liquidação* 799

3.280. Responsabilidade civil – *Doença do trabalho. Parcela decorrente do dano material. Prescrição parcial* 801

3.281. Responsabilidade civil – *Acidente de trabalho. Quesitos* 805

3.282. Responsabilidade civil – *Acidente do trabalho. Parcela decorrente do dano material. Prescrição parcial* 806

3.283. Responsabilidade civil – *Doença do trabalho. Parcela decorrente do dano material. Prescrição parcial* 810

3.284. Responsabilidade civil objetiva – *Acidente do trabalho. Acidente de trânsito. Fato de terceiro* 814

3.285. Responsabilidade civil objetiva – *Atividade de pedreiro* 818

3.286. Responsabilidade da reclamada – *Empregado transportado em condução fornecida ou contratada pela empresa no caso de acidente* 821

SUMÁRIO | **XXIII**

3.287. Responsabilidade solidária da empresa tomadora de serviços – Responsabilidade civil por acidente/doença do trabalho. Artigo 942 do Código Civil.... 826

3.288. Responsabilidade subsidiária – *Empresa tomadora da iniciativa privada*........ 829

3.289. Reversão da justa causa 831

3.290. Reversão da justa causa – *Afastamento do abandono de emprego* 832

3.291. Reversão da justa causa – *Participação em greve* 833

3.292. Salário pago "por fora" 836

3.293. Seguro-desemprego 837

3.294. Seguro-desemprego – *Expedição de alvará judicial* 838

3.295. Sobreaviso 839

3.296. Sobreaviso 2 (outra causa de pedir) 840

3.297. Sócios – *Possibilidade de responsabilização subsidiária na fase de conhecimento* 843

3.298. Sucessão – *Morte do trabalhador. Legislação aplicável* 845

3.299. Suspensão – *Cancelamento de suspensão* 847

3.300. Suspensão de prazo por indisponibilidade do processo judicial eletrônico 849

3.301. Teletrabalho – *Responsabilidade civil do empregador por danos* 851

3.302. Terceirização – *Distribuição por dependência ao processo anterior. Dispensa discriminatória. São postulados, em face do prestador de serviços e tomador de serviços (1º e 2º Reclamados)* 853

3.302.1. Requerimento da distribuição por dependência 853

3.302.2. Responsabilidade subsidiária do tomador de serviços 854

3.302.3. Enquadramento sindical na terceirização de serviços (Isonomia de direitos e salário equitativo) 855

3.302.4. Do contrato de trabalho – dos fatos: justa causa aplicada após ajuizamento de reclamatória trabalhista – dispensa discriminatória – Lei 9.029/95 856

3.302.5. Dos danos morais 858

3.303. Terceirização – *Salário equitativo. Postulação de direitos normativos do tomador de serviços* 860

3.304. Terceirização ilícita – *Reconhecimento de vínculo com tomador e pedidos acessórios: inicial ajuizada em face de 3 reclamados, sendo o 1º Reclamado o tomador de serviços, o 2º reclamado uma cooperativa de trabalho e o 3º Reclamado uma empresa terceirizada* 862

3.304.1. Do contrato de trabalho. Do polo passivo – solidariedade – terceirização ilícita.... 862

3.304.2. Nulidade da terceirização ilícita e reconhecimento da relação de emprego diretamente com o 1º reclamado – tomador de serviços 863

3.304.3. Do enquadramento sindical 864

3.304.4. Das diferenças salariais em virtude do piso da categoria 864

3.304.5. Das diferenças de adicional por tempo de serviço – biênio 865

3.304.6. Da dobra das férias (art. 137 da CLT) e férias vencidas simples + 1/3 865

3.304.7. Das horas extras acima da 8ª hora diária e acima da 44ª semanal – não pagas 866

3.304.8. Do adicional por acúmulo de função/cargo 866

3.304.9. Das cestas básicas não pagas 867

3.304.10. Das diferenças de FGTS não depositado 867

3.304.11. Das verbas rescisórias e multas dos arts. 477 e 467 da CLT 868

3.304.12. Da multa de 40% sobre o FGTS 868

3.304.13. Da tutela antecipada – prova pré-constituída da dispensa sem justa causa 868

3.304.14. Das multas convencionais 869

3.305. Transação extrajudicial para quitação de verbas trabalhistas – *Invalidade. Afastamento de extinção sem resolução do mérito* 870

3.306. Tutela provisória de urgência – *Direito coletivo* 874

3.307. Unicidade contratual – *E retificação do registro do contrato de trabalho em CTPS* 878

3.308. Uniforme – *Reembolso dos gastos* 879

3.309. Vale-transporte 880

3.310. Veículo próprio – *Indenização pelo uso* 881

3.311. Verbas rescisórias – *Dispensa sem justa causa* 882

3.312. Vigilante – *Adicional de periculosidade. Possibilidade de deferimento sem realização de perícia técnica* 883

3.313. Vínculo empregatício – *Reconhecimento de vínculo empregatício* 885

3.314. Vínculo empregatício – *Motorista de aplicativo* 887

3.315. Modelos de causa de pedir e pedido. Pandemia. Coronavírus 894

3.315.1. Dispensa discriminatória – *Empregado portador de Covid-19* 894

3.315.2. Estabilidade provisória – *Acidente do trabalho. Covid-19* 897

3.315.3. Estabilidade provisória – *Pandemia. Lei 14.020/20* 899

3.315.4. FGTS – *Possibilidade de levantamento de valores existentes na conta vinculada durante a pandemia* 900

3.315.5. Supressão de benefícios normativos durante o período da suspensão contratual devido à Covid-19 902

3.315.6 Suspensão do contrato de trabalho – *Pandemia. Fraude* 903

1

RECLAMAÇÃO TRABALHISTA

1.1. FUNDAMENTO JURÍDICO

A CLT trata da reclamação trabalhista e seus requisitos no art. 840, com as alterações da Lei 13.467/17 (Reforma Trabalhista). No processo civil, os requisitos da peça inicial estão elencados no art. 319, CPC.

Considerando o regramento processual civil e a necessidade do TST se posicionar, ainda que não de forma exaustiva, sobre a aplicação de várias regras e de institutos disciplinados pelo CPC ao processo do trabalho, foi editada a IN 39, de 15-3-2016.

Em relação às inovações processuais advindas com a Lei 13.467, o TST editou a IN 41, em 21-6-2018, dispondo sobre sua aplicação (ou não) aos processos em curso.

1.2. RECLAMAÇÃO TRABALHISTA E PROCEDIMENTOS

A reclamação trabalhista (petição inicial) é o meio material de que o cidadão dispõe para ativar a prestação jurisdicional, expondo a relação jurídica material controvertida e os seus fundamentos jurídicos e legais, além do requerimento da respectiva solução pelo Estado.

Existem três procedimentos no processo do trabalho, os quais são fixados em função do valor da causa: (a) sumário (dois salários mínimos, art. 2º, Lei 5.584/70);[1] (b) sumaríssimo (40 salários mínimos, art. 852-A, CLT); (c) ordinário (acima de 40 salários mínimos).

O valor da causa é critério obrigatório na fixação do procedimento.

Não existe a fixação de procedimentos pelo critério material.

---

[1] O art. 2º, § 4º, da Lei 5.584 foi recepcionado pela CF/88, sendo lícita a fixação do valor da alçada com base no salário mínimo (Súm. 356, TST).

No procedimento sumário, o eventual recurso contra a sentença somente poderá versar sobre matéria constitucional (art. 2º, § 4º, Lei 5.584).

Estão excluídas do procedimento sumaríssimo as demandas em que é parte a Administração Pública (direta, autárquica e fundacional) (art. 852-A, parágrafo único, CLT).

1.3. REQUISITOS DA PETIÇÃO INICIAL NO PROCESSO CIVIL

Na teoria geral do direito processual, a petição inicial deve observar os requisitos:

(a) externos (forma) – escrita ou verbal (oral);

(b) internos (conteúdo) – são divididos em: (1) relativos ao processo, ou seja, as informações necessárias na elaboração da petição inicial, tais como: o juiz ou tribunal a que é dirigida; os nomes, prenomes, estado civil, profissão, CPF ou CNPJ, domicílio do autor e do réu (domicílio físico e eletrônico – e-mail); o valor da causa; as provas com que o autor pretende demonstrar a verdade dos fatos alegados; opção do autor pela realização ou não de audiência de conciliação ou de mediação (art. 319, CPC); (2) relativos ao mérito: o fato e os fundamentos jurídicos do pedido; o pedido, com as suas especificações (art. 319, III e IV, CPC);

(c) complementares – referem-se aos elementos que acompanham a petição inicial, tais como: documentos indispensáveis à propositura da demanda (art. 320, CPC); o instrumento de mandato do advogado que subscreve a peça (arts. 103 e 104, CPC) etc.

1.4. REQUISITOS DA RECLAMAÇÃO TRABALHISTA NO PROCESSO DO TRABALHO

1.4.1. Requisitos externos

A petição inicial trabalhista pode ser escrita (datilografada, digitada ou manuscrita) ou verbal (art. 840, *caput*, CLT).

Nos termos da CLT, a peça inicial deverá ser formulada em duas vias (art. 787, CLT), ou seja, uma cópia para o reclamante e a outra irá acompanhar a citação da reclamada. Se for o caso de mais de uma reclamada, será fornecida uma via para cada uma.

A petição inicial poderá ser apresentada: (a) pelos empregados e empregadores, pessoalmente, ou por seus representantes, e pelos sindicatos de classe; (b) por intermédio das Procuradorias Regionais do Trabalho (art. 839, CLT).

Cap. 1 • RECLAMAÇÃO TRABALHISTA | 3

A petição inicial verbal será distribuída antes de sua redução a termo (art. 786, *caput*, CLT). Distribuída a reclamação,[2] o reclamante deverá, salvo por motivo de força maior, apresentar-se no prazo de cinco dias, ao cartório ou à secretaria, para reduzi-la a termo, sob pena de perda do seu direito de reclamar pelo prazo de seis meses (arts. 786, parágrafo único, e 731, CLT).

Não se admite a forma verbal para o inquérito para apuração de falta grave (art. 853).

A distribuição das petições iniciais será feita entre as varas do trabalho ou os juízes de direito, quando investidos da jurisdição trabalhista (arts. 668 e ss.), pela ordem rigorosa de sua apresentação ao distribuidor, quando o houver[3] (art. 783).

Feita a distribuição, a reclamação será remetida à vara ou juízo competente (art. 788).

1.4.2. Requisitos internos

Os requisitos internos da petição inicial (escrita) trabalhista são os seguintes: (a) a designação do juízo,[4] a quem for dirigida; (b) a qualificação das partes; (c) uma breve exposição dos fatos de que resulte o dissídio (causa de pedir); (d) o pedido, que deverá ser certo, determinado e com indicação de seu valor ; (e) a data e a assinatura do reclamante ou de seu representante. Se verbal, a reclamação será reduzida a termo, em duas vias datadas e assinadas pelo escrivão ou chefe da Secretaria (art. 840, §§ 1º e 2º, CLT). Caso a inicial não contemple os requisitos acima, haverá a sua extinção sem resolução do mérito (art. 840, § 3º, CLT).

A diferença básica dos requisitos internos da petição inicial trabalhista em relação ao processo civil repousa nos seguintes aspectos: valor da causa, o requerimento do autor para a realização de audiência de conciliação ou de mediação e o requerimento de provas que se pretendem produzir.

Apesar da distinção que há entre o processo civil e o trabalhista, a prudência recomenda ao operador do Direito que observe em sua petição inicial os requisitos previstos no art. 319, CPC. Desnecessária a opção para a realização (ou não) de audiência de conciliação ou mediação, vez que a mesma é obrigatória na sistemática da CLT.

---

[2] É comum haver um funcionário que faça a redução a termo da reclamação verbal, não sendo necessário o interessado comparecer até a vara do trabalho.

[3] A distribuição é o meio de fixação de competência quando há mais de um órgão jurisdicional para conhecer o feito (art. 783, CLT; art. 284, CPC).

[4] Nas localidades não abrangidas pela jurisdição das varas do trabalho, os juízes de direito são os responsáveis pela administração da Justiça do Trabalho, observadas as regras de jurisdição que lhes for determinada pela lei de organização judiciária local (art. 668, CLT).

É importante frisar que, na reclamação trabalhista, em todos os procedimentos, os pedidos passaram a ser líquidos com a Lei 13.467/17.

No procedimento sumaríssimo, além dos requisitos já citados, tem-se: (a) o pedido deverá ser certo ou determinado e indicará o valor correspondente; (b) não se fará a citação por edital, incumbindo ao autor a correta indicação do nome e endereço do reclamado (art. 852-B, I e II, CLT). O não atendimento de tais exigências importará no arquivamento da demanda e condenação do autor ao pagamento de custas sobre o valor da causa (art. 852-B, § 1º, CLT).

1.4.2.1. *Designação da autoridade judicial a quem é dirigida*

A petição inicial, como mola propulsora do processo, deve ser encaminhada à autoridade judicial competente para apreciar a demanda trabalhista.

Nos locais onde se tem mais de um órgão jurisdicional competente, torna-se imperiosa a apresentação da petição inicial junto ao distribuidor (art. 783, CLT).

A competência territorial segue os parâmetros fixados no art. 651 da CLT, tendo como regra geral o local da prestação de serviços.

A competência material está delineada no art. 114 da CF e no art. 652, *a*, III, da CLT.[5]

1.4.2.2. *Qualificação das partes*

Quando da propositura da demanda trabalhista, se o reclamante for pessoa natural, a petição inicial indicará: (a) nome completo, sem abreviaturas; (b) nacionalidade; (c) estado civil, existência de união estável e filiação; (d) profissão; (e) número de inscrição no Cadastro Nacional de Pessoas Físicas (CPF); (f) número do documento de identidade (RG) e respectivo órgão expedidor; (g) número da CTPS; (h) endereço completo, inclusive com código de endereçamento postal (CEP); (i) domicílio eletrônico (e-mail); (j) se houver, nome completo do assistente ou do representante, sem abreviaturas, o respectivo número de CPF ou CNPJ e domicílio físico e eletrônico (art. 2º, I a VII, Provimento 61/17, CNJ, que dispõe sobre a obrigatoriedade de informação do número do Cadastro de Pessoa Física – CPF, do Cadastro Nacional de Pessoa Jurídica – CNPJ e dos dados necessários à completa qualificação das partes nos feitos distribuídos ao Poder Judiciário e aos serviços extrajudiciais em todo o território nacional).

No caso do reclamante, como pessoa jurídica, as exigências são: (a) nome completo, sem abreviaturas; (b) número de inscrição no Cadastro Nacional de

---

5 Consultar *Direito Processual do Trabalho*, de Francisco Ferreira Jorge Neto e Jouberto de Quadros Pessoa Cavalcante. 7. ed. São Paulo: Atlas, 2015.

Pessoas Jurídicas (CNPJ); (c) endereço completo, inclusive com código de endereçamento postal (CEP); (d) domicílio eletrônico; (e) nome do representante legal e sua qualificação; (f) no caso de Sindicato, o número de registro junto ao Ministério do Trabalho (art. 2º, I a VII, Prov. 61).

Para o reclamado, pessoa jurídica, a petição inicial deve ter: (a) nome completo, sem abreviaturas; (b) número de inscrição no Cadastro Nacional de Pessoas Jurídicas (CNPJ); (c) nome completo, sem abreviaturas, e qualificação do representante legal; (d) endereço completo, inclusive com CEP; (e) domicílio eletrônico; (f) no caso de Sindicato, o número de registro junto ao Ministério do Trabalho (art. 2º, I a VII, Prov. 61).

Em se tratando de reclamado, pessoa natural, a petição inicial conterá: (a) nome completo, sem abreviaturas; (b) nacionalidade; (c) número de inscrição no Cadastro Nacional de Pessoas Físicas (CPF); (d) número do documento de identidade (RG) e respectivo órgão expedidor; (e) endereço completo, inclusive com CEP; (f) domicílio eletrônico; (g) se houver, nome completo do assistente ou do representante, sem abreviaturas, o respectivo número de CPF ou CNPJ e domicílio físico e eletrônico (art. 2º, I a VII, Prov. 61).Quando não se tem a possibilidade da obtenção dos dados acima mencionados, a parte deverá indicar essa circunstância na petição e que o declarante responde pela veracidade da afirmação, sob as penas da lei.

No âmbito do TRT da 2ª Região (São Paulo), a petição inicial trabalhista deverá ter informações complementares (Consolidação dos Provimentos e alterações – Provimento GP/CR 13/2006 (art. 339), como o nome da mãe do trabalhador e a data de nascimento.

Salvo impossibilidade que comprometa o acesso à justiça, a parte deverá informar, ao distribuir a petição inicial de qualquer ação judicial, o número no cadastro de pessoas físicas ou jurídicas, conforme o caso, perante a Secretaria da Receita Federal (art. 15, Lei 11.419/06).

Na Justiça do Trabalho, as partes possuem capacidade postulatória (*ius postulandi*), sendo dispensada a figura do advogado (art. 791, CLT, Súm. 425, TST). Contudo, devido à complexidade das questões jurídicas (materiais e processuais), não se recomenda a atuação sem a orientação e acompanhamento de profissional qualificado em qualquer das instâncias da Justiça do Trabalho.

O entendimento atual é que *ius postulandi* das partes é limitado às varas do trabalho e aos TRTs (instâncias ordinárias), não alcançando a ação rescisória, o mandado de segurança e os recursos de competência do TST (Súm. 425, TST). Além disso, no procedimento de homologação de acordo extrajudicial, a figura do advogado é indispensável (art. 855-B, CLT; Lei 13.467/17).

Com a Lei 13.467, o processo trabalhista, apesar de manter a capacidade postulatória das partes, caso se tenha a representação por advogado constituído, passou a contemplar a verba honorária advocatícia pela sucumbência (art. 791-A, CLT). Pela IN 41/18 (art. 6º), essa exigência é aplicável para os processos ajuizados a partir de 11-11-2017.

Devidamente representado por advogado, compete ao mesmo declarar o endereço físico e eletrônico em que receberá intimações (art. 106, CPC). Não atendida essa determinação, antes de determinar a citação do réu, o juiz mandará que supra a omissão em 5 dias, sob pena de indeferimento da petição inicial (art. 331, CPC).

Se houver pedido expresso de que as intimações e publicações sejam realizadas exclusivamente em nome de determinado advogado, a comunicação em nome de outro profissional constituído nos autos é nula, salvo se constatada a inexistência de prejuízo (Súm. 427, TST).

Caso não disponha de informações ou dados do réu, o autor, na petição inicial, pode requerer ao juiz diligências necessárias à sua obtenção.

A petição inicial não será indeferida se, a despeito da falta de informações ou dados pessoais do réu, for possível a citação, ou ainda se a obtenção de tais informações tornar impossível ou excessivamente oneroso o acesso à justiça.

1.4.2.3. Causa de pedir: exposição dos fatos e fundamentos

Na exposição da petição inicial, o reclamante deve narrar os fatos (causa de pedir remota – *fundamentum actionis remotum*) e os fundamentos jurídicos (causa de pedir próxima – *fundamentum actionis proximum*) de sua pretensão, de tal modo que resulte o pedido certo e determinado.

Não só o CPC, como a CLT, quanto aos fundamentos da pretensão, adota a teoria da substanciação (fundamentos fáticos e fundamentos jurídicos: legal, doutrinário e jurisprudencial).

A exposição dos fatos deve ser clara e precisa, isto é, da narração dos fatos deve decorrer, logicamente, a conclusão. A falta de coerência ou lógica dos fatos ou, ainda, a falta de pedido, configuram a inépcia da inicial (art. 330, I e parágrafo único, CPC).

O uso do vernáculo (língua oficial) é obrigatório (art. 192, CPC); a exceção é o latim. Tecnicamente, expressões em outro idioma devem ser acompanhadas da versão em português.

A ausência da causa de pedir ou sua imprecisão e clareza implicam a inépcia da petição inicial (art. 330, I e parágrafo único, II, CPC) e consequentemente sua resolução sem julgamento de mérito (art. 485, I).

No desenvolvimento da causa de pedir, as partes devem expor os fatos em juízo conforme a verdade (art. 77), sendo defeso o uso de expressões injuriosas (art. 78).

Considerando a complexidade das questões jurídicas atuais e o acúmulo de pretensões no processo do trabalho, sugerimos a seguinte estrutura de desenvolvimento da reclamação trabalhista:

1. Do Contrato de Trabalho (informações fundamentais: início do contrato de trabalho, função exercida, alterações, jornada de trabalho, data de extinção, causa de extinção e último salário);
2. Das Horas Extras, Das Férias, Dos Depósitos do FGTS etc. (em cada tópico, além da narrativa fática, são necessários os fundamentos jurídicos próprios e o fechamento do tópico: por ex.: assim, espera a condenação da reclamada ao pagamento das horas extras e seus reflexos em ...). Cada pretensão deve estar em tópico próprio e com o nome do tópico de forma elucidativa (ex.: Das Férias no Período de 2004 a 2009 ou Das Horas Extras pela Supressão do Intervalo para Refeição e Descanso).

1.4.2.4. Tutela provisória

No âmbito da CLT, tem-se a previsão expressa da concessão de medidas de urgência para tornar sem efeito transferência (art. 469, CLT) considerada abusiva e para determinar a reintegração de dirigente sindical estável afastado, suspenso ou dispensado pelo empregador (art. 659, IX e X, CLT).

Nas demais situações, o reclamante deverá invocar os arts. 294 e ss., CPC. Isso poderá ocorrer em situações como: (a) reintegração de empregado estável (legal, normativa ou contratual), com a fixação de multa diária; (b) levantamento dos depósitos fundiários por alvará judicial; (c) levantamento do seguro-desemprego por alvará judicial; (d) anotação do contrato de trabalho na CTPS; (e) anotação de baixa ou retificações na CTPS; (f) anotação de evolução salarial na CTPS; (g) fixação de multas, em dissídios coletivos, para que os grevistas mantenham parte dos serviços em caso dos serviços ou atividades essenciais (art. 11, Lei 7.783/89) etc.

No CPC, a tutela provisória pode ser de urgência (antecipatória ou cautelar) e de evidência, a qual poderá ser concedida em caráter antecipatório ou incidental em relação à ação principal (arts. 294 e ss., CPC).

A temática legal é desenvolvida no Capítulo 2º.

A IN 39/16 do TST determina que são aplicáveis ao processo do trabalho os arts. 294 e ss., CPC (art. 3º, VI).

1.4.2.5. O pedido

O pedido (*petitum*), como expressão da pretensão do reclamante, é o objeto da demanda proposta em Juízo (objeto da ação e do processo).

Como decorrência lógica da causa de pedir, o pedido deve ser certo e determinado (com as suas especificações – art. 319, CPC), sob pena de inépcia da inicial (art. 330, I e § 1º, I, CPC; art. 840, § 3º, CLT).

O pedido imediato (direto) consiste na própria providência jurisdicional solicitada, podendo ser de conhecimento (declaratória, constitutiva ou condenatória) e executória. Enquanto o pedido mediato (indireto) é a tutela de um bem jurídico (reparação do direito violado ou cessação de ameaça a direito), ou seja, aquilo que se pretende obter com a prestação jurisdicional.

Pela aplicação do princípio da iniciativa processual ou princípio dispositivo (art. 2º, CPC), o juiz está adstrito ao pedido da parte (princípio da congruência), ou seja, deverá decidir a lide nos limites em que foi proposta, sendo-lhe defeso conhecer de questões, não suscitadas, a cujo respeito à lei exige a iniciativa da parte (arts. 141 e 492).

Em caso de dúvida, o pedido deve ser interpretado restritivamente (art. 322).

É importante lembrar que existem pedidos implícitos, os quais são conhecidos pelo juiz, independentemente da solicitação expressa da parte:

(a) multa do art. 467 da CLT (a multa de 50% quanto aos títulos rescisórios incontroversos não adimplidos quando da audiência inaugural);

(b) pagamento da indenização em dobro, quando se torna inviável a reintegração (art. 496, CLT; Súm. 396, II, TST);

(c) juros legais[6] (art. 322, § 1º, CPC; Súm. 211, TST);

---

[6] Juros representam o fator de remuneração dos créditos trabalhistas em face da situação de mora do empregador, bem como para remunerar o próprio capital, que está representado pelos direitos reconhecidos em juízo. Os juros são devidos a partir do ajuizamento da ação trabalhista (art. 883, CLT). Atualmente, o percentual dos juros é de 1% ao mês, de forma não capitalizada (art. 39, § 1º, Lei 8.177/91). Os antigos percentuais eram: (a) 0,5% ao mês (forma simples) (art. 1.062, CC/1916); (b) 1% ao mês (forma capitalizada), no período de 3/87 até 2/91, de acordo com o Dec.-lei 2.322/87 e Súm. 307 do TST; (c) 1% ao mês (forma simples), nos termos do art. 39, § 1º, Lei 8.177/91 (redação anterior à MP 905/2019); (d) período de vigência da MP 905 (12/11/2019 a 18/08/2020) – o índice mensal da rentabilidade da poupança, aplicados *pro rata die*, ainda que não explicitados na sentença ou termo de conciliação (art. 39, § 1º, Lei 8.177/91 e o art. 883, CLT, redação dada pela MP 905, 11/11/2019). Os juros devem incidir sobre o crédito atualizado (Súm. 200, TST), contudo, os juros de mora decorrentes do inadimplemento de obrigação de pagamento em dinheiro não integram a base de cálculo do imposto de renda, independentemente da natureza jurídica da obrigação inadimplida, ante o cunho indenizatório conferido pelo art. 404 do CC, aos juros de mora (OJ 400, SDI-I). Após o advento do CC de 2002 (Lei 10.406/2002), para os créditos trabalhistas, surgiu o entendimento de que a taxa de juros a ser aplicável seria a SELIC, pela norma mais benéfica (art. 407). A posição doutrinária não é a mais correta na medida em que a legislação

Cap. 1 • RECLAMAÇÃO TRABALHISTA | 9

(d) correção monetária[7-8-9] (art. 322, § 1º, CPC; Súm. 211, TST);

---

trabalhista é explícita quanto a matéria (art. 39, § 1º, Lei 8.177/91). Nas condenações por dano moral, os juros incidem desde o ajuizamento da ação, nos termos do art. 883 da CLT (Súm. 439, TST). A antiga redação do art. 1º-F da Lei 9.494/97 indicava que nas condenações impostas à Fazenda Pública, para pagamento de verbas remuneratórias devidas a servidores e empregados públicos, os juros de mora não poderiam ultrapassar o percentual de 6% ao ano. Atualmente, independentemente de sua natureza e para fins de atualização monetária, remuneração do capital e compensação da mora, nas condenações impostas à Fazenda Pública haverá a incidência uma única vez, até o efetivo pagamento, dos índices oficiais de remuneração básica e juros aplicados a caderneta (art. 1º-F, Lei 9.494/97, com a redação dada pela Lei 11.960/2009). Em 24-5-2011, a OJ 7 do Tribunal Pleno do TST passou a ter a seguinte redação: *"I – Nas condenações impostas à Fazenda Pública, incidem juros de mora segundo os seguintes critérios: (a) 1% (um por cento) ao mês, até agosto de 2001, nos termos do § 1º do art. 39 da Lei 8.177, de 1º.3.1991; (b) 0,5% (meio por cento) ao mês, de setembro de 2001 a junho de 2009, conforme determina o art. 1º-F da Lei 9.494, de 10.9.1997, introduzido pela Medida Provisória 2.180-35, de 24.8.2001; II – A partir de 30 de junho de 2009, atualizam-se os débitos trabalhistas da Fazenda Pública, mediante a incidência dos índices oficiais de remuneração básica e juros aplicados à caderneta de poupança, por força do art. 5º da Lei 11.960, de 29.6.2009. III – A adequação do montante da condenação deve observar essa limitação legal, ainda que em sede de precatório".* No caso de condenação contra a Fazenda Pública, como devedora subsidiária, pelas obrigações trabalhistas devidas pela empregadora principal, não se tem o benefício da limitação dos juros. Nessa hipótese, será observado o percentual de juros dos créditos trabalhistas (art. 883, CLT; art. 39, § 1º, Lei 8.177/91).

[7] Para fins de atualização monetária, a época própria surge da exigibilidade do crédito, ou seja, do momento em que a obrigação contratual trabalhista não é adimplida. O art. 39 da Lei 8.177/91 determina que os débitos trabalhistas de qualquer natureza, quando não satisfeitos pelo empregador, serão atualizados nas épocas próprias definidas em lei, acordo ou convenção coletiva, sentença normativa ou cláusula contratual. A época própria legal: quando o pagamento houver sido estipulado por mês, deverá ser efetuado, o mais tardar, até o quinto dia útil subsequente ao vencido (art. 459, § 1º, CLT; Súm. 381, TST). Se os salários são pagos antes do prazo previsto no art. 459 da CLT, por imposição normativa (convenção coletiva, acordo coletivo de trabalho, sentença normativa) ou cláusula contratual, a época própria deve observar o referido momento, por ser uma condição mais benéfica, a qual adere ao contrato individual de trabalho. Outras épocas próprias legais: (a) verbas rescisórias – o 1º dia útil ou o 10º dia após o término do contrato de trabalho (art. 477, § 6º, CLT); (b) 13º salário (na vigência do contrato) – 1ª parcela (30 de novembro ou a data em que a empresa costuma pagá-la ao empregado); 2ª parcela (20 de dezembro) (art. 1º, Lei 4.749/65); (c) férias e abono (na vigência do contrato) – 2º dia antes do início do respectivo período de gozo (art. 145, *caput*, CLT). Nas condenações por dano moral, a atualização monetária é devida a partir da data da decisão de arbitramento ou de alteração do valor (Súm. 439, TST).

[8] É discutível a definição do índice de atualização monetária dos débitos trabalhistas, em decorrência da regra prevista no art. 39 da Lei 8.177/91, que o vincula à variação da Taxa Referencial – TR, também utilizada para o reajustamento dos depósitos efetuados em Cadernetas de Poupança. A matéria foi objeto de decisão proferida pelo STF, ao analisar nos autos das Ações Diretas de Inconstitucionalidade 4.357, 4.372, 4.400 e 4.425 a alegação de inconstitucionalidade da regra inserida no art. 100, CF, por força da EC 62, no seu art. 1º, § 12, quanto à expressão "índice oficial de remuneração básica da caderneta de poupança" nele contida. No mês de maio de 2015, no julgamento da Ação Cautelar 3.764 MC/DF, o STF, com base na decisão proferida nas ADIs anteriormente citadas, afastou a aplicação da TR como índice de correção monetária. Nos autos do RR 479-60.2011.5.04.0231 (incidente de uniformização de jurisprudência), o TST, pelo fenômeno do arrastamento, decidiu pela declaração da inconstitucionalidade da expressão "equi-

valentes à TRD" contida no *caput* do art. 39 da Lei 8.177/91, que define a TR como índice de atualização monetária dos créditos trabalhistas, por não refletir a efetiva recomposição da perda resultante da inflação. Assim, a princípio, deveriam ser observados os efeitos modulatórios da decisão para fixação do índice, ou seja, o novo índice (IPCA-E) deveria ser observado a partir de 30 de junho de 2009, desde que não tivessem sido efetuados pagamentos nos autos. Quando do julgamento dos embargos declaratórios, o TST fixou a aplicação do IPCA-e a partir de 25 de março de 2015. Nos autos da RC 22012, ajuizada pela Federação Nacional dos Bancos (FENABAN) em face do TST, a FENABAN requereu o deferimento de medida cautelar para: "(a) suspender integralmente a eficácia da r. decisão reclamada, suspendendo-se a aplicação erga omnes e ordenando-se o pronto recolhimento da tabela de correção expedida pelo Conselho Superior da Justiça do Trabalho; (b) suspender ao menos a eficácia da decisão na parte em que modulou os seus efeitos, que devem retroagir a junho de 2009, observando-se a data da publicação do acórdão, isto é, 14.08.2015; (c) suspender ao menos a eficácia da decisão na parte em que ordenou a sua aplicação a todas as execuções em curso, especialmente aquelas em que há coisa julgada prevendo a correção monetária nos termos da Lei 8.177/91; (d) suspender ao menos a eficácia da decisão no capítulo em que fixou como novo índice de correção monetária o IPCAE, tendo em vista a ausência de base legal para a fixação de índice diferente do previsto na Lei 8.177/91". O Ministro Dias Toffoli deferiu liminar para suspender os efeitos de decisão proferida pelo TST na Arguição de Inconstitucionalidade 479-60.2011.5.04.0231, que determinou a substituição dos índices de correção monetária aplicada aos débitos trabalhistas, suspendendo os efeitos da decisão reclamada e da "tabela única" editada pelo CSJT em atenção à ordem nela contida, sem prejuízo do regular trâmite da Ação Trabalhista 0000479-60.2011.5.04.0231. De acordo com a liminar, a decisão do TST extrapolou o entendimento fixado pelo STF no julgamento das Ações Diretas de Inconstitucionalidade (ADIs) 4.357 e 4.425, relativas à sistemática de pagamento de precatórios introduzida pela EC 62/09. Além disso, a alteração da correção monetária determinada pelo TST atingiu não só o caso concreto, mas todas as execuções em curso na Justiça trabalhista, pois na mesma decisão o Tribunal decidiu oficiar ao Conselho Superior da Justiça do Trabalho (CSJT) para providenciar a ratificação da "tabela única" da Justiça do Trabalho. O Ministro Dias Toffoli destacou que a tabela em questão possui caráter normativo geral e tem o condão de esvaziar a força normativa do artigo 39 da Lei 8.177/91, o qual fixou a TRD para a correção de débitos trabalhistas. O Ministro afirmou ainda que a posição adotada pelo TST usurpou a competência do STF para decidir, como última instância, controvérsia com fundamento na Constituição Federal, uma vez que o referido dispositivo da Lei 8.177/91 não foi apreciado pelo Supremo em sede de controle concentrado de constitucionalidade ou mesmo submetido à sistemática da repercussão geral. Por fim, destacou que a decisão do STF nas ADIs sobre o regime de precatórios não alcançou a hipótese tratada pelo TST, relativa a débitos trabalhistas, mas tão somente débitos da Fazenda Pública. Com a Lei 13.467/17, a correção monetária dos créditos trabalhistas será feita pela TR (art. 879, § 7º, CLT). Com a decisão da 2ª Turma do STF (12/2017), a qual julgou improcedente a Reclamação Constitucional 22.012, prevalece o entendimento de que a decisão do TST não configura desrespeito ao julgamento do STF nas Ações Diretas de Inconstitucionalidade 4.357 e 4.425, logo, é indubitável a viabilidade de adoção do IPCA-E como índice aplicável para a correção dos débitos trabalhistas. Convém ainda ser dito que os fundamentos adotados pelo TST e pelo TST, quanto à TR como critério inadmissível de correção monetária, também leva em conta ser inconstitucional o § 7º, art. 879, CLT. Em julgamento de recurso especial repetitivo (tema 731), a 1ª Turma do STJ adotou a tese de que "a remuneração das contas vinculadas ao FGTS tem disciplina própria, ditada por lei, que estabelece a TR como forma de atualização monetária, sendo vedado, portanto, ao Poder Judiciário substituir o mencionado índice". Em 03 de outubro de 2019, na ocasião do julgamento dos embargos de declaração opostos contra a decisão proferida no RE 870.947, o STF decidiu não modular os efeitos da decisão anteriormente proferida. Vide a ementa: *"QUATRO EMBARGOS DE DECLA-RAÇÃO. INEXISTÊNCIA DE VÍCIOS DE FUNDAMENTAÇÃO NO ACÓRDÃO EMBARGADO.*

REJEIÇÃO. REQUERIMENTO DE MODULAÇÃO DE EFEITOS INDEFERIDO. 1. O acórdão embargado contém fundamentação apta e suficiente a resolver todos os pontos do Recurso Extraordinário. 2. Ausentes omissão, contradição, obscuridade ou erro material no julgado, não há razão para qualquer reparo. 3. A respeito do requerimento de modulação de efeitos do acórdão, o art. 27 da Lei 9.868/99 permite a estabilização de relações sociais surgidas sob a vigência da norma inconstitucional, com o propósito de prestigiar a segurança jurídica e a proteção da confiança legítima depositada na validade de ato normativo emanado do próprio Estado. 4. Há um juízo de proporcionalidade em sentido estrito envolvido nessa excepcional técnica de julgamento. A preservação de efeitos inconstitucionais ocorre quando o seu desfazimento implica prejuízo ao interesse protegido pela Constituição em grau superior ao provocado pela própria norma questionada. Em regra, não se admite o prolongamento da vigência da norma sobre novos fatos ou relações jurídicas, já posteriores à pronúncia da inconstitucionalidade, embora as razões de segurança jurídica possam recomendar a modulação com esse alcance, como registra a jurisprudência da CORTE. 5. Em que pese o seu caráter excepcional, a experiência demonstra que é próprio do exercício da Jurisdição Constitucional promover o ajustamento de relações jurídicas constituídas sob a vigência da legislação invalidada, e essa CORTE tem se mostrado sensível ao impacto de suas decisões na realidade social subjacente ao objeto de seus julgados. 6. Há um ônus argumentativo de maior grau em se pretender a preservação de efeitos inconstitucionais, que não vislumbro superado no caso em debate. Prolongar a incidência da TR como critério de correção monetária para o período entre 2009 e 2015 é incongruente com o assentado pela CORTE no julgamento de mérito deste RE 870.947 e das ADIs 4357 e 4425, pois virtualmente esvazia o efeito prático desses pronunciamentos para um universo expressivo de destinatários da norma. 7. As razões de segurança jurídica e interesse social que se pretende prestigiar pela modulação de efeitos, na espécie, são inteiramente relacionadas ao interesse fiscal das Fazendas Públicas devedoras, o que não é suficiente para atribuir efeitos a uma norma inconstitucional. 8. Embargos de declaração todos rejeitados. Decisão anteriormente proferida não modulada" (STF – Tribunal Pleno – RE 870947 ED – Rel. Min. Luiz Fux – Relator p/ Acórdão: Min. Alexandre de Moraes – *DEJT* 3/2/2020). O relator para o acórdão, Ministro Alexandre de Moraes, destacou que prolongar a incidência da TR como critério de correção monetária entre o período entre 2009 e 2015 é incongruente com o assentado no julgamento de mérito do RE 870.947 e das ADIs 4357 e 4425, pois virtualmente esvazia o efeito prático desses pronunciamentos para um universo expressivo de destinatários da norma. Destacou que *"Nesses casos, o jurisdicionado: (a) foi indevidamente lesado pelo Poder Público e suportou um desfalque patrimonial; (b) teve o ônus de buscar socorro no Poder Judiciário, com custos adicionais; (c) mesmo vitorioso, teve que executar o valor devido pela sistemática de precatórios; (d) viu o SUPREMO TRIBUNAL FEDERAL assentar a inconstitucionalidade da correção de créditos pela TR; (e) terá o valor de seu crédito corrigido por essa mesma TR, que não recompõe de forma integral o seu patrimônio"*. Destacou que a modulação de efeitos, nessa hipótese, transmite uma mensagem frustrante para o jurisdicionado: *"ele tinha razão, o Poder Judiciário reconheceu, mas isso não fez tanta diferença, seu crédito foi liquidado a menor, como preconizado pela norma inconstitucional"*. Assim, concluiu que a incidência da TR no período 2009/2015 não pode atender a razões de segurança jurídica e interesse social, na medida em que impede a estabilização de relações jurídicas em conformidade com o critério de correção apontado pelo próprio STF como válido. Em face do que ficou decidido pelo STF, não há mais margem para se aplicar a TR como fator de atualização dos débitos, nem mesmo em relação a período anterior a 24 de março de 2015, conforme havia sido modulado pelo Tribunal Pleno do TST, devendo ser determinada a adoção do IPCA-E, conforme também decidido pelo STF. No tocante aos débitos trabalhistas, a matéria está em discussão no Supremo Tribunal Federal, na Ação Direta de Constitucionalidade 58/DF, com repercussão geral, cuja decisão proferida pelo Relator, Ministro Gilmar Mendes, em 27 de junho de 2020, determinou a *"suspensão do julgamento de todos os processos em curso no âmbito da Justiça do Trabalho que envolvam a aplicação dos arts. 879, § 7, e 899, § 4º, da CLT, com a redação dada pela Lei 13.467/2017, e o art. 39, caput e § 1º, da Lei 8.177/91"*.

(e) honorários advocatícios[10] (arts. 85 e 322, § 1º, CPC; o art. 791-A, CLT, pela Lei 13.467, passou a prever os honorários advocatícios sucumbenciais[11] na Justiça do Trabalho).

---

[9] A MP 905, de 11-11-2019, alterou a redação dos arts. 879, § 7º, e 883, CLT: (a) a atualização dos créditos decorrentes de condenação judicial será feita pela variação do IPCA-E, ou por índice que venha substituí-lo, calculado pelo IBGE, que deverá ser aplicado de forma uniforme por todo o prazo decorrido entre a condenação e o cumprimento da sentença; (b) não pagando o executado, nem garantindo a execução, seguir-se-á penhora dos bens, tantos quantos bastem ao pagamento da importância da condenação, acrescida de custas e juros de mora equivalentes aos aplicados à caderneta de poupança, sendo estes, em qualquer caso, devidos somente a partir da data em que for ajuizada a reclamação inicial (art. 883).

Por outro lado, o art. 39, *caput*, Lei 8.177/91, e o seu § 1º, também foram alterados pela MP 905, com as seguintes redações: (a) "os débitos trabalhistas de qualquer natureza, quando não satisfeitos pelo empregador ou pelo empregado, nos termos previstos em lei, convenção ou acordo coletivo, sentença normativa ou cláusula contratual, sofrerão juros de mora equivalentes ao índice aplicado à caderneta de poupança, no período compreendido entre o mês subsequente ao vencimento da obrigação e o seu efetivo pagamento" (art. 39, *caput*); (b) "aos débitos trabalhistas constantes de condenação pela Justiça do Trabalho ou decorrentes dos acordos celebrados em ação trabalhista não pagos nas condições homologadas ou constantes do termo de conciliação serão acrescidos de juros de mora equivalentes ao índice aplicado à caderneta de poupança, a partir da data do ajuizamento da reclamatória e aplicados *pro rata die*, ainda que não explicitados na sentença ou no termo de conciliação" (art. 39, § 1º).

O art. 39, *caput*, Lei 8.177/91, trata da atualização dos créditos trabalhistas, enquanto o seu § 1º trata dos juros aplicáveis ao crédito trabalhista atualizado. Ante os termos dessa alteração legislativa, a rentabilidade da poupança, a partir de 12 de novembro de 2019, de forma simultânea, é o critério de atualização e do cômputo de juros aos créditos trabalhistas. Em síntese, o crédito é atualizado pelo índice da poupança, o que representa o crédito trabalhista atualizado, o qual sofrerá a contagem de juros, à base da variação da poupança, a contar da data do ajuizamento da demanda trabalhista.

Contudo, há uma aparente incompatibilidade da atual redação do art. 39, *caput*, com o disposto no § 7º, art. 879, CLT, já que o segundo dispositivo determina a aplicação do IPCA-E a partir da data da condenação. Para se compatibilizar os dois artigos, há duas interpretações: (a) há a atualização pela rentabilidade pela poupança, desde o movimento em que a verba é devida e até a data do seu efetivo pagamento, contudo, se esse pagamento ocorrer em uma demanda trabalhista, aplica-se o índice da poupança até a data da condenação e a partir da data da condenação e até a data do efetivo cumprimento de sentença o IPCA-E; (b) há a atualização pela rentabilidade pela poupança, desde o movimento em que a verba é devida e até a data do seu efetivo pagamento. Se o pagamento ocorrer em juízo e após eventual condenação, além desse critério de atualização, o crédito também será atualizado pelo IPCA-E. Seria uma forma de estimular o pagamento dos créditos trabalhistas. Haveria dupla atualização. Em qualquer das duas interpretações, atualizado o crédito, incidirá juros, a partir da data do ajuizamento sobre o crédito atualizado. A nosso ver, há de prevalecer a primeira interpretação. A MP 905 teve vigência no período de 12 de novembro de 2019 a 18 de agosto de 2020, pois, citado ato normativo foi revogado pela MP 955/2020.

[10] A Súmula 219, TST, estabelece que: (a) Na Justiça do Trabalho, a condenação ao pagamento de honorários advocatícios não decorre pura e simplesmente da sucumbência, devendo a parte, concomitantemente: (1) estar assistida por sindicato da categoria profissional; (2) comprovar a percepção de salário inferior ao dobro do salário mínimo ou encontrar-se em situação econômica que não lhe permita demandar sem prejuízo do próprio sustento ou da respectiva família (art. 14, § 1º, da Lei 5.584/70); (b) é cabível a condenação ao pagamento de honorários advocatícios

em ação rescisória no processo trabalhista; (c) são devidos os honorários advocatícios nas causas em que o ente sindical figure como substituto processual e nas lides que não derivem da relação de emprego; (d) na ação rescisória e nas lides que não derivem de relação de emprego, a responsabilidade pelo pagamento dos honorários advocatícios da sucumbência submete-se à disciplina dos arts. 85, 86, 87 e 90 do CPC; (e) em caso de assistência judiciária sindical, revogado o art. 11 da Lei 1.060/50 (art. 1.072, III, CPC), os honorários advocatícios assistenciais são devidos entre o mínimo de 10 % e o máximo de 20% sobre o valor da condenação, do proveito econômico obtido ou, não sendo possível mensurá-lo, sobre o valor atualizado da causa (art. 85, § 2º, CPC); (f) nas causas em que a Fazenda Pública for parte, aplicar-se-ão os percentuais específicos de honorários advocatícios contemplados no Código de Processo Civil.

Pela aplicação subsidiária do Código Civil (art. 8º, CLT), ou seja, por decorrência direta do princípio da restituição integral, quando o trabalhador tem despesas com honorários advocatícios, há julgados que reconhecem o seu direito à restituição de tais despesas (arts. 389 e 404, CC). Contudo, a jurisprudência do TST é pela rejeição do pedido de indenização pelos honorários advocatícios contratuais.

Para as demandas em que se discute a indenização por danos morais e materiais decorrentes de acidente de trabalho ou de doença profissional, remetidas à Justiça do Trabalho, após ajuizamento na Justiça Comum, antes da vigência da EC 45/04, decorre da mera sucumbência, nos termos do art. 85 do CPC, não se sujeitando aos requisitos da Lei 5.584/70 (OJ 421, SDI-I).

[11] O art. 791-A, CLT, contempla: (a) ao advogado, ainda que atue em causa própria, serão devidos honorários de sucumbência, fixados entre o mínimo de 5% e o máximo de 15% sobre o valor que resultar da liquidação da sentença, do proveito econômico obtido ou, não sendo possível mensurá-lo, sobre o valor atualizado da causa; (b) os honorários são devidos também nas ações contra a Fazenda Pública e nas ações em que a parte estiver assistida pelo sindicato de sua categoria; (c) ao fixar os honorários, o juízo observará: (1) o grau de zelo do profissional; (2) o lugar de prestação do serviço; (3) a natureza e a importância da causa; (4) o trabalho realizado pelo advogado e o tempo exigido para o seu serviço; (d) na hipótese de procedência parcial, o juízo arbitrará honorários de sucumbência recíproca, vedada a compensação entre os honorários; (e) vencido o beneficiário da justiça gratuita, desde que não tenha obtido em juízo, ainda que em outro processo, créditos capazes de suportar a despesa, as obrigações decorrentes de sua sucumbência ficarão sob condição suspensiva de exigibilidade e somente poderão ser executadas se, nos dois anos subsequentes ao trânsito em julgado da decisão que as certificou, o credor demonstrar que deixou de existir a situação de insuficiência de recursos que justificou a concessão de gratuidade, extinguindo-se, passado esse prazo, tais obrigações do beneficiário; (f) são devidos honorários de sucumbência na reconvenção. Na vigência da Lei 5.584/70, os honorários advocatícios, decorrentes da assistência judiciária prestada pela entidade sindical, eram destinados ao próprio sindicato (art. 16).

No processo civil, a verba honorária é do advogado (art. 85, caput e § 14, CPC).

Com a inclusão do art. 791-A, CLT, acrescido pela Lei 13.467, os honorários, mesmo os decorrentes da assistência ou da substituição, pertencem ao advogado (art. 791-A, § 1º).

De modo que houve uma revogação tácita da regra anterior (art. 16, Lei 5.584). Com a Lei 13.725/2018, houve a revogação expressa do art. 16, Lei 5.584, e a alteração da Lei 8.906/94 (Estatuto da Advocacia).

Com a alteração do Estatuto da Advocacia, foi estabelecido que: (a) os honorários assistenciais, decorrentes das ações coletivas propostas por entidades de classe em substituição processual, pertencem ao advogado, sendo que essa verba não exclui os honorários convencionados com a parte; (b) os honorários, os quais tenham sido ajustados de forma contratual com entidades de classe, objetivando a atuação em substituição processual, poderão prever a faculdade de indicar os beneficiários que, ao optarem por adquirir os direitos, assumirão as obrigações decorrentes do contrato originário a partir do momento em que este foi celebrado, sem a necessidade de mais formalidades (art. 22, §§ 6º e 7º).

1.4.2.5.1. Requisitos do pedido

O pedido deve ser certo (expresso) e determinado (aspectos qualitativos e quantitativos) (art. 324, CPC).

Como já ocorria com o procedimento sumaríssimo (art. 852-B, I, CLT), a partir da vigência da Lei 13.467, os pedidos precisam ser líquidos em todos os procedimentos trabalhistas (reclamação escrita) (art. 840, § 1º), sob pena de arquivamento da reclamação (resolução sem julgamento de mérito) e condenação ao pagamento de custas sobre o valor da causa (arts. 840, § 3º, e 852-B, § 1º).

No processo civil, quando o autor tiver formulado pedido certo, é vedado ao juiz proferir sentença ilíquida (art. 490, CPC).

Mesmo quando a petição inicial formula um pedido líquido, as sentenças trabalhistas não indicam os valores do principal quanto aos títulos deferidos, relegando para a liquidação o *quantum debeatur*. Isso é decorrência da combinação de vários fatores: o elevado número de processos, logo, de várias sentenças a serem prolatadas pelo magistrado; a falta de funcionários habilitados para os cálculos; a impugnação na defesa quanto aos cálculos da inicial; o número exagerado de pedidos nas iniciais trabalhistas etc.

1.4.2.5.2. Pedidos determinados e genéricos

Pedido determinado é o que está definido em seu aspecto qualitativo e quantitativo. Por sua vez, pedido genérico é aquele indeterminado na sua quantidade, contudo, determinado em sua qualidade.

O objeto imediato do pedido não pode ser genérico. Mesmo que a parte não tenha condições de quantificar o seu pedido, deve formular, expressamente, o tipo de prestação jurisdicional invocada.

É lícito, porém, formular pedido genérico mediato (indireto): (a) nas ações universais, se não puder o autor individuar na petição os bens demandados; (b) quando não for possível determinar, de modo definitivo, as consequências do ato ou do fato ilícito; (c) quando a determinação do valor da condenação depender de ato que deva ser praticado pelo réu (art. 324, CPC).

No processo trabalhista, não é muito comum a presença das ações universais,[12] o que é possível quanto às demais hipóteses: (a) as ações de reparação de ato ilícito pelo acidente de trabalho, no caso de culpa ou dolo do empregador (art. 7º, XXVIII, CF); (b) as ações de prestação de contas ajuizadas pelo empregador contra o empregado.

---

[12] Ações universais são as que versam sobre coisas coletivas de fato (rebanho, gêneros reunidos num armazém) ou de direito (coisas corpóreas ou incorpóreas que, reunidas, formam um patrimônio, uma herança).

Em tais situações, não é possível ao reclamante mensurar o valor do pedido da indenização (perdas e danos; lucros cessantes) ou dos valores devidos pelo empregado pela prestação de contas.

De qualquer forma, com o intuito de se evitar sentenças líquidas em muitos casos (art. 492, CPC), sugere-se que haja indicação expressa na peça inicial de que os valores indicados (pedido líquido) são estimados, vez que o trabalhador não possui todos os documentos e as informações que lhe permitam a quantificação exata do pedido inicial (art. 324, § 1º, II e III, CPC) e que o crédito seja apurado em regular fase de liquidação por cálculos.

1.4.2.5.3. Pedido fixo

Pedido fixo é o que consiste em um só resultado imediato e mediato, como, por exemplo, o pagamento da indenização adicional (art. 9º, Lei 7.238/84).

1.4.2.5.4. Pedido alternativo

O pedido será alternativo quando, pela natureza da obrigação, o devedor puder cumprir a prestação de mais de um modo (art. 325, CPC).

Quando, pela lei ou pelo contrato, a escolha couber ao devedor, o juiz lhe assegurará o direito de cumprir a prestação de um ou de outro modo, ainda que o autor não tenha formulado pedido alternativo (art. 325, parágrafo único).

O pedido alternativo é uma decorrência da obrigação alternativa (arts. 252 a 256, CC).

No processo trabalhista, temos como exemplos de pedidos alternativos: a comprovação dos recolhimentos fundiários, sob pena de pagamento da indenização equivalente; o fornecimento das guias do seguro-desemprego, sob pena de pagar a quantia equivalente ao benefício prejudicado.

1.4.2.5.5. Pedidos sucessivos ou subsidiários

O reclamante pode acumular com o pedido principal outro pedido, o qual é denominado sucessivo ou subsidiário, para que seja conhecido pela impossibilidade do conhecimento do primeiro (art. 326, CPC).

No pedido subsidiário ou sucessivo, a alternância está presente apenas na forma e nao na essência, o que não ocorre no pedido alternativo, onde a obrigação poderá ser cumprida pela forma desejada pelo devedor.

No processo trabalhista, como exemplos de pedidos subsidiários ou sucessivos, tem-se: (a) reintegração, decorrência de uma forma de estabilidade ou sua conversão em pecúnia (art. 496, CLT); (b) o tempo à disposição, como hora extra ou a aplicação analógica do sobreaviso do trabalhador ferroviário (art. 244, CLT).

16 | PRÁTICA DA RECLAMAÇÃO TRABALHISTA – *Jorge Neto • Wenzel • Cavalcante*

1.4.2.5.6. Pedido único e pedidos cumulados

Em tese, para cada ação corresponde um determinado pedido. Contudo, é permitida a cumulação, num único processo, contra o mesmo réu, de vários pedidos, ainda que entre eles não haja conexão (art. 327, CPC). Isso é uma decorrência da aplicação dos princípios da economia e celeridade processuais.

São requisitos de admissibilidade da cumulação dos pedidos: (a) compatibilidade; (b) competência do juízo; (c) adequação do tipo de procedimento (art. 327, § 1º).

No processo civil, quando, para cada pedido, corresponder tipo diverso de procedimento, admitir-se-á a cumulação, se o autor empregar o procedimento ordinário (art. 327, § 2º).

Na seara trabalhista, qualquer que seja a natureza do procedimento (ordinário, sumário ou sumaríssimo), a prática forense indica a presença de vários pedidos acumulados (em uma só demanda), tais como: reconhecimento da relação de emprego e anotação na CTPS, horas extras, férias, adicionais de insalubridade ou periculosidade, adicional noturno, FGTS, verbas rescisórias etc.

1.4.2.5.7. Pedido de prestações sucessivas

Quando a obrigação consistir em prestações sucessivas (prestações periódicas), considerar-se-ão elas incluídas no pedido, independentemente de declaração expressa do autor; se o devedor, no curso do processo, deixar de pagá-las ou de consigná-las, a sentença as incluirá na condenação, enquanto durar a obrigação (art. 323, CPC).

No processo do trabalho, devemos observar: (a) nas prestações sucessivas por tempo determinado, a execução pelo não pagamento de uma prestação compreenderá as que lhe sucederem (art. 891, CLT); (b) tratando-se de prestações sucessivas, por tempo indeterminado, a execução compreenderá inicialmente as prestações devidas até a data do ingresso na execução (art. 892).

1.4.2.5.8. Pedido com cominação

Se o autor pedir que seja imposta ao réu a abstenção da prática de algum ato, tolerar alguma atividade, prestar ato ou entregar coisa, poderá requerer cominação de pena pecuniária em seu favor a qualquer momento do processo (tutela provisória, sentença, execução etc.), desde que seja suficiente e compatível com a obrigação e que se determine prazo razoável para cumprimento do preceito (art. 537, CPC). A multa pode ser fixada *ex officio*.

O juiz poderá, de ofício ou a requerimento, modificar o valor ou a periodicidade da multa vincenda ou até mesmo excluí-la, caso verifique que se tornou insuficiente ou excessiva ou ainda que o obrigado demonstrou cumprimento parcial superveniente da obrigação ou justa causa para o descumprimento.

A decisão que fixa a multa é passível de cumprimento provisório, devendo ser depositada em juízo, permitido o levantamento do valor após o trânsito em julgado da sentença favorável à parte ou na pendência do agravo.

A multa será devida desde o dia em que se configurar o descumprimento da decisão e incidirá enquanto não for cumprida a decisão que a tiver cominado.

Para efetivar a decisão judicial, o magistrado poderá determinar, entre outras medidas, a busca e apreensão, a remoção de pessoas e coisas, o desfazimento de obras e o impedimento de atividade nociva, podendo, caso necessário, requisitar o auxílio de força policial (art. 536, § 1º, CPC).

Tais dispositivos são aplicáveis ao processo trabalhista, ante a aplicação subsidiária do processo civil (art. 769, CLT).

No processo trabalhista, é comum a solicitação do pedido cominatório para a entrega das guias do fundo de garantia e do seguro-desemprego, como também dos pedidos de antecipação de tutela para a reintegração de empregador portador de estabilidade legal ou contratual.

1.4.2.6. *Requerimentos na reclamação trabalhista*

1.4.2.6.1. Opção do autor por audiência de conciliação ou de mediação

Na nova sistemática processual, o autor deverá indicar a opção pela realização de audiência de conciliação ou de mediação (art. 319, VII, CPC).

A exigência legal procura valorizar os meios alternativos de solução de conflitos.

Contudo, considerando as peculiaridades do processo do trabalho, o requisito é desnecessário, vez que a audiência conciliatória trabalhista é obrigatória (art. 846, CLT) (art. 2º, IV, IN 39/16, TST).

1.4.2.6.2. Citação

Como regra, o requerimento da citação no processo do trabalho é desnecessário (art. 840, CLT), uma vez que não se tem o recebimento da petição inicial pelo magistrado do trabalho e o mandado de citação é expedido pela vara do trabalho (citação pelo correio).

Em situações diferenciadas do dia a dia, as quais podem ensejar uma citação de forma diversa (por oficial ou edital), devem ser requeridas e justificadas logo de início.

Na prática forense, essa situação exigirá do advogado um acompanhamento diferenciado, podendo se fazer necessário um novo requerimento direto ao juiz competente.

1.4.2.6.3. Assistência judiciária gratuita

Como mecanismo de acesso e efetividade da jurisdição, o Estado prestará a assistência judiciária integral e gratuita aos que comprovarem insuficiência de recursos (art. 5º, LXXIV, CF), atribuindo tal delegação à Defensoria Pública (art. 134, CF, art. 185, CPC).

Assim, todos os necessitados (pessoa natural, jurídica ou ente despersonalizado) fazem jus ao benefício (art. 98, CPC).[13-14]

Presume-se verdadeira (presunção relativa) a declaração destinada a fazer prova de vida, residência, pobreza, dependência econômica, homonímia ou bons antecedentes, quando firmada pelo próprio interessado (pessoa natural) ou por procurador, e sob as penas da Lei (art. 1º, Lei 7.115/83; art. 99, § 3º, CPC).

A assistência judiciária também pode ser prestada por advogados (Lei 1.060/50, Lei 8.604/94).

Disciplinada pela Lei 1.060 e pelo CPC, tem regramento específico na CLT (art. 790, § 3º e § 4º, e 790-A, 790-B).

No processo do trabalho, a assistência judiciária gratuita também poderá ser prestada pela entidade sindical (arts. 14 e ss., Lei 5.584/70). Essa é a forma mais usual de honorários advocatícios no processo do trabalho (10% a 20% sobre o valor do crédito do trabalhador) (Súmulas 219 e 329, TST). Com a Lei 13.467, o processo trabalhista passou a contemplar os honorários advocatícios pela sucumbência (art. 791-A, CLT).

O CPC prevê que a gratuidade da justiça compreende: (a) as taxas ou as custas judiciais; (b) os selos postais; (c) as despesas com publicação na imprensa oficial, dispensando-se a publicação em outros meios; (d) a indenização devida à testemunha que, quando empregada, receberá do empregador salário integral, como se em serviço estivesse; (e) as despesas com a realização de exame de código genético (DNA) e de outros exames considerados essenciais; (f) os honorários do advogado e do perito e a remuneração do intérprete ou do tradutor nomeado para apresentação de versão em português de documento redigido em língua estrangeira; (g) o custo com a elaboração de memória de cálculo, quando exigida para instauração da execução; (h) os depósitos previstos em lei para interposição de recurso, para propositura de ação e para a prática de outros atos processuais inerentes ao exercício da ampla defesa e do contraditório; (i) os emolumentos devidos a notários ou registradores em decorrência da prática de registro, averbação ou qualquer outro ato

---

[13]   Consultar *Direito Processual do Trabalho*. 7. ed. Francisco Ferreira Jorge Neto e Jouberto de Quadros Pessoa Cavalcante. São Paulo: Atlas, 2015.

[14]   Pela Súm. 481, STJ, faz jus ao benefício da justiça gratuita a pessoa jurídica com ou sem fins lucrativos que demonstrar sua impossibilidade de arcar com os encargos processuais.

notarial necessário à efetivação de decisão judicial ou à continuidade de processo judicial no qual o benefício tenha sido concedido (art. 98, § 1º).

A União é responsável pelo pagamento dos honorários de perito quando a parte sucumbente no objeto da perícia for beneficiária da assistência judiciária gratuita, observado o procedimento disposto nos arts. 1º, 2º e 5º da Resolução 66/2010 do Conselho Superior da Justiça do Trabalho – CSJT (Súm. 457, TST).

A Súmula 463, TST, determina: (a) a partir de 26-6-2017, para a concessão da assistência judiciária à pessoa natural, basta a declaração de hipossuficiência econômica firmada pela parte ou por seu advogado, desde que munido de procuração com poderes específicos para esse fim (art. 105, CPC); (b) no caso de pessoa jurídica, não basta a mera declaração, sendo necessária a demonstração cabal de impossibilidade de a parte arcar com as despesas do processo.

Antes da Reforma Trabalhista, de acordo com o art. 790, § 3º, CLT, a concessão da justiça gratuita seria deferida a quem percebesse salário igual ou inferior ao dobro do mínimo legal, ou mediante declaração, sob as penas da lei, de que não estivesse em condições de pagar o valor das custas do processo sem prejuízo do sustento próprio ou de sua família.

Com a Lei 13.467, a CLT passou a contemplar novas regras, as quais são:

a) nova redação ao § 3º do art. 790, além da inclusão do § 4º: (1) é facultado aos juízes, órgãos julgadores e presidentes dos tribunais do trabalho de qualquer instância conceder, a requerimento ou de ofício, o benefício da justiça gratuita, inclusive quanto a traslados e instrumentos, àqueles que perceberem salário igual ou inferior a 40% do limite máximo dos benefícios do Regime Geral da Previdência; (2) o benefício da justiça gratuita será concedido à parte que comprovar insuficiência de recursos para o pagamento das custas processuais;

b) nova redação ao art. 790-B, CLT, com o acréscimo do § 4º, em que a responsabilidade pelo pagamento dos honorários periciais é da parte sucumbente na pretensão objeto da perícia, ainda que beneficiária da justiça gratuita. Contudo, somente no caso em que o beneficiário da justiça trabalhista não tenha obtido em juízo créditos capazes de suportar o pagamento dos honorários periciais, ainda que em outro processo, é que a União responderá pelo encargo;[15]

c) inovação processual, em que se tenha a condenação do vencido na verba honorária sucumbencial, caso seja vencido o beneficiário da justiça

---

[15] Na ADIN 5.766, a Procuradoria-Geral da República postula a declaração de inconstitucionalidade do § 4º, art. 790-B, CLT.

gratuita, desde que não obtidos em juízo, ainda que em outro processo, créditos capazes de suportar a despesa, as obrigações decorrentes de sua sucumbência ficarão sob condição suspensiva de exigibilidade e somente poderão ser executadas se, nos dois anos subsequentes ao trânsito em julgado da decisão que as certificou, o credor demonstrar que deixou de existir a situação de insuficiência de recursos que justificou a concessão da gratuidade, extinguindo-se, passado esse prazo, tais obrigações do beneficiário (art. 791-A, § 4º, CLT);[16]

d) inovação processual, em que diante da ausência do reclamante à audiência, ainda que beneficiário da justiça gratuita, será condenado ao pagamento das custas processuais, salvo se comprovar, no prazo de quinze dias, que a ausência ocorreu por motivo legalmente justificável (art. 844, §§ 2º e 3º, CLT).[17]

1.4.2.6.4. Intervenção do Ministério Público do Trabalho

No exercício de suas atribuições constitucionais (arts. 127 e 129, CF) e defesa dos interesses metajurídicos (difusos, coletivos e individuais homogêneos), o Ministério Público do Trabalho intervém no processo do trabalho de natureza individual em situação envolvendo incapazes, acidente do trabalho (com interesse coletivo), ambiente do trabalho etc. (LC 75/93; art. 176, CPC).

1.4.2.6.5. Provas

Como regra, as provas somente serão deferidas em audiência, com a fixação da *litiscontestatio*. De modo que, na petição inicial, o reclamante se limita a fazer um protesto genérico de provas (art. 319, VI, CPC).

É muito comum a necessidade de exibição de documentos. Por ser uma relação jurídica na qual o empregador é o detentor dos documentos, até para fins da fiscalização do trabalho, quando tais documentos forem necessários ao processo, o reclamante deverá fazer uso do pedido de exibição de documento (art. 396, CPC), como controle de frequência.

A prova documental pelo reclamante deverá acompanhar a petição inicial.

---

[16] Na ADIN 5.766, a Procuradoria-Geral da República postula a declaração de inconstitucionalidade do § 4º, art. 791-A, CLT.

[17] Na ADIN 5.766, a Procuradoria-Geral da República postula a declaração de inconstitucionalidade do § 2º, art.844, CLT.

1.4.2.6.6. Despesas processuais

Como regra, não há despesas processuais realizadas antes da postulação judicial, por falta de previsão legal.

As custas processuais serão pagas quando da interposição do recurso ou ao final do processo (arts. 789 ss., CLT), de modo que não existem custas processuais no momento da distribuição da ação.

Ao contrário do que ocorre no processo civil (justiça estadual e na federal), no processo trabalhista, por falta de amparo legal, também não há despesas de juntada do instrumento do mandato e diligência de oficial de justiça. A CLT prevê algumas despesas para o processo de execução (art. 789-A, CLT).

1.4.2.6.7. Honorários advocatícios sucumbenciais

Antes da Reforma Trabalhista (Lei 13.467/17), os honorários advocatícios (art. 85, CPC) sofriam restrições na Justiça do Trabalho. Segundo o entendimento consolidado pelo TST, a condenação não decorre pura e simplesmente da sucumbência, devendo a parte, concomitantemente: (a) estar assistida por sindicato da categoria profissional; (b) comprovar a percepção de salário inferior ao dobro do salário mínimo ou encontrar-se em situação econômica que não lhe permita demandar sem prejuízo do próprio sustento ou da respectiva família (Lei 5.584/70, Súms. 219 e 329, TST).

De forma excepcional, era cabível a condenação em honorários advocatícios (Súm. 219, TST): (a) na Justiça do Trabalho, a condenação ao pagamento de honorários advocatícios não decorre pura e simplesmente da sucumbência, devendo a parte, concomitantemente: (1) estar assistida por sindicato da categoria profissional; (2) comprovar a percepção de salário inferior ao dobro do salário mínimo ou encontrar-se em situação econômica que não lhe permita demandar sem prejuízo do próprio sustento ou da respectiva família (art. 14, § 1º, Lei 5.584/70); (b) é cabível a condenação ao pagamento de honorários advocatícios em ação rescisória no processo trabalhista; (c) são devidos os honorários advocatícios nas causas em que o ente sindical figure como substituto processual e nas lides que não derivem da relação de emprego; (d) na ação rescisória e nas lides que não derivem de relação de emprego, a responsabilidade pelo pagamento dos honorários advocatícios da sucumbência submete-se à disciplina dos arts. 85, 86, 87 e 90 do CPC; (e) em caso de assistência judiciária sindical, revogado o art. 11 da Lei 1.060/50 (art. 1.072, III, CPC), os honorários advocatícios assistenciais são devidos entre o mínimo de 10% e o máximo de 20% sobre o valor da condenação, do proveito econômico obtido ou, não sendo possível mensurá-lo, sobre o valor atualizado da causa (art. 85, § 2º, CPC); (f) nas causas em que a Fazenda Pública for parte, aplicar-se-ão os percentuais específicos de honorários advocatícios contemplados no CPC.

Por sua vez, a OJ 421, SDI-I, indica que na ação de indenização por danos morais e materiais decorrentes de acidente de trabalho ou de doença profissional, remetida à Justiça do Trabalho após ajuizamento na Justiça comum, antes da vigência da EC 45/04, decorre da mera sucumbência (art. 85, CPC), não se sujeitando aos requisitos da Lei 5.584 (OJ 421, SDI-I).

Com a Lei 13.467, no processo do trabalho, ao advogado, ainda que atue em causa própria, serão devidos honorários de sucumbência, fixados entre o mínimo de 5% e o máximo de 15% sobre o valor que resultar da liquidação da sentença, do proveito econômico obtido ou, não sendo possível mensurá-lo, sobre o valor atualizado da causa (art. 791-A, CLT).

Os honorários são devidos também nas ações contra a Fazenda Pública e nas ações em que a parte estiver assistida ou substituída pelo sindicato de sua categoria.

Ao fixar os honorários, o juízo observará: (a) o grau de zelo do profissional; (b) o lugar de prestação do serviço; (c) a natureza e a importância da causa; (d) o trabalho realizado pelo advogado e o tempo exigido para o seu serviço.

Na hipótese de procedência parcial, o juízo arbitrará honorários de sucumbência recíproca, vedada a compensação entre os honorários.

Vencido o beneficiário da justiça gratuita, desde que não tenha obtido em juízo, ainda que em outro processo, créditos capazes de suportar a despesa, as obrigações decorrentes de sua sucumbência ficarão sob condição suspensiva de exigibilidade e somente poderão ser executadas se, nos dois anos subsequentes ao trânsito em julgado da decisão que as certificou, o credor demonstrar que deixou de existir a situação de insuficiência de recursos que justificou a concessão de gratuidade, extinguindo-se, passado esse prazo, tais obrigações do beneficiário.

São devidos honorários de sucumbência na reconvenção.

Na vigência da Lei 5.584/70, os honorários advocatícios, decorrentes da assistência judiciária prestada pela entidade sindical, eram destinados ao próprio sindicato (art. 16).

No processo civil, a verba honorária é do advogado (art. 85, *caput* e § 14, CPC), e não é devida em caso de sucumbência mínima (art. 86, parágrafo único).

Com a inclusão do art. 791-A, CLT, acrescido pela Lei 13.467, os honorários, mesmo os decorrentes da assistência ou da substituição, pertencem ao advogado (art. 791-A, § 1º), de modo que houve uma revogação tácita da regra anterior (art. 16, Lei 5.584). Com a Lei 13.725/18, houve a revogação expressa do art. 16, Lei 5.584, e a alteração da Lei 8.906/94 (Estatuto da Advocacia).

Com a alteração do Estatuto da Advocacia, foi estabelecido que: (a) os honorários assistenciais, decorrentes das ações coletivas propostas por entidades de

Cap. 1 • RECLAMAÇÃO TRABALHISTA | 23

classe em substituição processual, pertencem ao advogado, sendo que essa verba não exclui os honorários convencionados com a parte; (b) os honorários, os quais tenham sido ajustados de forma contratual com entidades de classe, objetivando a atuação em substituição processual, poderão prever a faculdade de indicar os beneficiários que, ao optarem por adquirir os direitos, assumirão as obrigações decorrentes do contrato originário a partir do momento em que este foi celebrado, sem a necessidade de mais formalidades (art. 22, §§ 6º e 7º).

1.4.2.7. Valor da causa no processo trabalhista

As expressões *valor de alçada, valor da causa* e *valor da condenação* não se confundem.

O valor de alçada indica a competência atribuída ao juízo, em face do valor da causa (não utilizado pelo processo do trabalho).

Valor da causa é a importância pecuniária que se atribui ao pedido. Não sendo conhecido, deverá ser calculado por estimativa.

Valor da condenação é o montante estabelecido pelo juízo, quando da prolação da sentença, para o cálculo das custas processuais. Esse valor também atua como critério de referência para o recolhimento do depósito recursal.

No processo civil, o valor da causa deve ser indicado na petição inicial (art. 319, V, CPC).

A CLT não contemplava o valor da causa como requisito (art. 840), contudo, atualmente, pela existência de diversos procedimentos, já se tornava inegável a aplicação subsidiária do CPC (art. 291, CPC). Com a Lei 13.467 (Reforma Trabalhista), como os pedidos devem ser líquidos (nova redação dada ao art. 840, § 1º), tem-se que o valor da causa é elemento obrigatório na formulação da petição inicial trabalhista. A IN 41/18, TST, fixa que o valor da causa será estimado, observando-se, no que couber, o disposto nos arts. 291 a 293, CPC (art. 12, § 2º).

Assim, o valor da causa será fixado: (a) havendo cumulação de pedidos, a quantia correspondente à soma dos valores de todos eles; (b) sendo alternativos os pedidos, o de maior valor; (c) se houver também pedido subsidiário, o valor do pedido principal; (d) quando houver prestações vencidas e vincendas, será tomado em consideração o valor de umas e outras. O valor das prestações vincendas será igual a uma prestação anual, se a obrigação for por tempo indeterminado, ou por tempo superior a um ano; se, por tempo inferior, será igual à soma das prestações; (e) havendo interesse exclusivamente moral, o autor estimará o valor.

Não existem custas ou despesas processuais no momento da distribuição da reclamação trabalhista, as quais serão pagas ao final ou quando da interposição do recurso.

1.4.2.8. Assinatura do autor ou de seu representante

O último requisito interno da petição inicial trabalhista escrita é a assinatura do reclamante (*ius postulandi*) ou do representante, a quem delegou a capacidade postulatória da qual é detentor, na Justiça do Trabalho.

1.5. DOCUMENTOS QUE ACOMPANHAM A RECLAMAÇÃO TRABALHISTA

A reclamação trabalhista deverá estar acompanhada com os documentos necessários à sua propositura (art. 787, CLT; art. 320, CPC).

1.6. PETIÇÃO INICIAL E O PROCESSO ELETRÔNICO

A Resolução CSJT 185, de 24-3-2017, dispõe sobre a padronização do uso, governança, infraestrutura e gestão do Sistema Processo Judicial Eletrônico (PJe) instalado na Justiça do Trabalho e dá outras providências.

As partes ou terceiros interessados desassistidos de advogado poderão apresentar peças processuais e documentos em papel, segundo as regras ordinárias, nos locais competentes para recebê-los, que serão inseridos nos autos eletrônicos pela unidade judiciária, em arquivo eletrônico que utilize linguagem padronizada de marcação genérica (art. 4º, Res. CSJT 185).

O peticionamento avulso deve ser utilizado somente por advogados que não tenham poderes nos autos para representar qualquer das partes (art. 107, I, CPC) (art. 5º, § 9º, Res. CSJT 185).

Ato do presidente do CSJT definirá o tamanho máximo dos arquivos e extensões suportadas pelo PJe (art. 12, Res. CSJT 185).

O PJe deve dispor de funcionalidade que permita o uso exclusivo de documento digital que utilize linguagem padronizada de marcação genérica, garantindo-se, de todo modo, a faculdade do peticionamento inicial e incidental mediante juntada de arquivo eletrônico *portable document format* (.pdf) padrão ISO-19005 (PDF/A), sempre com a identificação do tipo de petição a que se refere, a indicação do juízo a que é dirigida, nomes e prenomes das partes e número do processo.

O agrupamento de documentos em um mesmo arquivo eletrônico *portable document format* (.pdf) sempre deverá corresponder a documentos de mesmo tipo, com classificação disponível no PJe.

Está autorizado o uso do tipo "documento diverso" apenas para agrupamento de documentos que não contenham tipo de documento específico no PJe.

É sempre necessário o preenchimento do campo "descrição", identificando-se resumidamente a informação correspondente ao conteúdo dos documentos agrupados, além dos períodos a que se referem, sendo vedada a descrição que não possibilite a correta identificação do conteúdo do arquivo.

As petições e os documentos enviados sem observância da Res. CSTJ 185 poderão ser excluídos por expressa determinação do magistrado, com o registro respectivo, assinalando-se, se for o caso, novo prazo para a adequada apresentação da petição, e em se tratando de petição inicial (art. 321, parágrafo único, CPC; art. 15, Res. CSTJ 185).

A distribuição da ação e a juntada da resposta, dos recursos e das petições em geral, todos em formato digital, nos autos de processo eletrônico, serão feitas diretamente por aquele que tenha capacidade postulatória, sem necessidade da intervenção da secretaria judicial, de forma automática (art. 19, Res. CSJT 185).

A petição inicial conterá, além dos requisitos do art. 840, § 1º, da CLT, a indicação do CPF ou CNPJ das partes (art. 15, *caput*, Lei 11.419/2006). No lançamento de dados do processo pelo usuário externo, sempre que possível, serão fornecidos: (a) o CEI (Cadastro Específico do INSS contendo número da matrícula do empregador pessoa física); (b) o Número de Identificação do Trabalhador (NIT) perante o INSS; (c) o PIS ou PASEP; (d) o número da CTPS do empregado; (e) o CNAE (Classificação Nacional de Atividades Econômicas – código do ramo de atividade) do empregador; (f) a profissão; (g) a nacionalidade; (h) o estado civil, existência de união estável e filiação; (i) o *e-mail* (correio eletrônico) (art. 19, §§ 1º e 3º, Res. CSJT 185).

É de responsabilidade exclusiva do autor cadastrar corretamente todos os assuntos abordados na petição inicial, bem como indicar a correta e precisa atividade econômica do réu exercida pelo autor, conforme opções disponibilizadas pelo Sistema (art. 19, § 2º, Res. CSJT 185).

Na distribuição, o PJe fornecerá o número atribuído ao processo, o órgão julgador para o qual foi distribuída e, se for o caso, o local, a data e o horário de realização da audiência, da qual estará a parte autora imediatamente intimada.

Os dados da autuação automática serão conferidos pela unidade judiciária, que procederá, com determinação do magistrado e registro no PJe, à intimação da parte para alteração em caso de desconformidade com a petição e documentos.

A ausência de retificação dos dados da autuação automática, referente à petição inicial, no prazo de 15 dias, ensejará a aplicação do disposto no art. 321, parágrafo único, CPC.

A retificação dos dados da autuação será acompanhada de juntada automática de certidão contendo as alterações, inclusive quando houver inclusão ou exclusão de advogado ou parte.

O autor poderá atribuir segredo de justiça ao processo no momento da propositura da ação, cabendo ao magistrado, após a distribuição, decidir sobre a manutenção ou exclusão dessa situação, nos termos dos arts. 189, CPC, e 770, *caput*, CLT (art. 22, § 2º, Res. CSJT 185). Com exceção da petição inicial, as partes poderão atribuir sigilo às petições e documentos, nos termos do parágrafo único do art. 773, CPC (art. 22, § 3º). Com exceção da defesa, da reconvenção e dos documentos que os acompanham, o magistrado poderá determinar a exclusão de petições e documentos indevidamente protocolados sob sigilo, observado o art. 15 desta Resolução (art. 22, § 4º).

Os tipos de classe, petição, documentos, movimentos e complementos de movimentos disponibilizados no PJe devem corresponder aos previstos nas tabelas processuais unificadas publicadas pelo CNJ, cujas alterações serão realizadas apenas pela Coordenação Técnica do Sistema PJe (CTPJe) no CSJT e disponibilizadas a cada nova versão do Sistema (art. 24, Res. CSJT 185).

1.7. EMENDAS À RECLAMAÇÃO TRABALHISTA

No processo do trabalho, os pedidos que não sejam certos, determinados e líquidos ensejam a extinção do feito sem resolução de mérito (art. 840, § 3º, CLT, Lei 13.467).

No processo civil, se o juiz constatar que a petição inicial não atende aos requisitos exigidos na lei (arts. 319 e 320, CPC), ou que apresenta defeitos e irregularidades capazes de dificultar o julgamento de mérito, determinará que o autor a emende, ou a complete, no prazo de quinze dias (art. 321).

Se o autor não cumprir a diligência, o juiz indeferirá a petição inicial (art. 321, parágrafo único, CPC).

Alegando o réu, na contestação, ser parte ilegítima ou não ser o responsável pelo prejuízo invocado, o juiz facultará ao autor a alteração da petição inicial para substituição do réu no prazo de quinze dias (art. 338, CPC). No mesmo prazo, poderá o autor optar em alterar a petição inicial para incluir o sujeito indicado pelo réu (litisconsorte passivo).

A CLT é omissa, devendo ser aplicado subsidiariamente o CPC (art. 796, CLT).

No processo do trabalho, recebida e protocolada a reclamação, o serventuário da Vara do Trabalho, dentro de 48 horas, remeterá a segunda via da petição, ou do termo, ao reclamado, citando-o, ao mesmo tempo, para comparecer à audiência de julgamento, que será a primeira desimpedida, depois de cinco dias (art. 841, *caput*, CLT).

Pela sistemática processual trabalhista, ao contrário do que ocorre no processo comum, o juiz não tem contato com a peça inicial após a sua entrega no cartório. Geralmente, o conhecimento da demanda pelo juiz só ocorre quando da realização da audiência trabalhista.

O magistrado trabalhista, ao tomar conhecimento do conteúdo da demanda e, após o seu exame, constatar a sua inépcia ou que apresenta defeitos e irregularidades capazes de dificultar o julgamento do mérito, deverá utilizar o CPC (art. 321, CPC), concedendo à parte o prazo de quinze dias para a emenda, com a indicação precisa do que deve ser corrigido ou completado, sob pena do indeferimento da petição inicial (Súm. 263, TST).

No processo civil, a extinção do processo, pelo indeferimento da petição inicial, não obsta a que o autor proceda ao ajuizamento de uma nova demanda, desde que haja a comprovação do pagamento dos honorários advocatícios e das custas processuais (art. 486, CPC).

No processo do trabalho, o ajuizamento será possível nesse caso, sem a necessidade do pagamento das custas, já que a peremção trabalhista é regulada pelo disposto nos arts. 731 e 732 da CLT.

1.8. ADITAMENTO À RECLAMAÇÃO TRABALHISTA

Aditamento da petição inicial representa um *plus* ao pedido inicial (ampliar, adicionar, acrescer, aumentar e completar). Ocorre por meio de uma outra petição, com a exposição dos fundamentos jurídicos e fáticos e o respectivo pedido.

No processo civil, antes da citação, o autor poderá aditar o pedido livremente, ocorrendo à sua conta as custas acrescidas em razão dessa iniciativa (art. 329, CPC). Após a citação, poderá fazê-lo somente com anuência do réu, tendo como limite máximo no processo o despacho saneador (art. 329, II).

Pela aplicação subsidiária do CPC, o reclamante, na demanda trabalhista, deverá efetuar o aditamento antes da citação. Após a citação, com a anuência da reclamada.

Como no procedimento trabalhista não há o saneamento do processo, entende-se que, após audiência trabalhista (inicial ou una), o aditamento não mais será possível.

O amplo direito de defesa sempre deverá ser preservado, inclusive com a devolução do prazo para elaboração da defesa.

1.9 PROCESSO DE JURISDIÇÃO VOLUNTÁRIO PARA HOMOLOGAÇÃO DE ACORDO EXTRAJUDICIAL

Com a Lei 13.467, a CLT passou a prever a possibilidade de processo de jurisdição voluntária, com o objetivo de homologar acordo extrajudicial firmado pelos sujeitos da relação de emprego (arts. 855-B a 855-E).

O objeto dos acordos extrajudiciais deve se relacionar com a competência da Justiça do Trabalho (art. 114, CF, art. 652, *f*, CLT).

O processo de homologação de acordo extrajudicial terá início por petição conjunta, sendo obrigatória a representação das partes por advogado, facultando-se ao trabalhador estar assistido pelo advogado do sindicato de sua categoria. As partes não poderão estar representadas por advogado comum e, no nosso modo de ver, advogados integrantes do mesmo escritório de advocacia.

A petição deve apresentar os termos do acordo extrajudicial (objeto do acordo, valores, prazos, multas, custas processuais, honorários advocatícios etc.) e atender todos os requisitos legais (art. 840, CLT; art. 319, CPC), sendo ainda que as Partes deverão apresentar documentos essenciais (procurações, contrato social da empresa, documentos pessoais do trabalhador e do representante legal da empresa) e documentos comprobatórios da relação de emprego (*v.g.*, cópia do contrato de trabalho, da CTPS, do termo de rescisão etc.) e outros pertinentes aos direitos conciliados. Também se faz necessário apresentar os descritivos de cálculos referentes aos descontos de Imposto de Renda e das contribuições previdenciárias, se for o caso. Cabem às Partes, ainda, indicar o responsável pelo pagamento das custas processuais, pois, em caso de omissão, a regra legal determina que o pagamento é de responsabilidade dos litigantes em partes iguais (art. 789, § 3º, CLT).

No prazo de quinze dias a contar da distribuição da petição, o juiz analisará o acordo, designará audiência se entender necessário e proferirá sentença. Considerando o princípio da motivação das decisões judiciais, o magistrado deverá fundamentar sua decisão em caso de homologação parcial ou de não homologação do acordo proposto.

A homologação de acordo constitui uma faculdade do juiz, inexistindo direito líquido e certo tutelável pela via do mandado de segurança (Súm. 418, TST).

Em setembro/2019, a 4ª Turma do TST entendeu que não é possível a "homologação parcial" de acordo firmado pelas partes (Min. Ives Gandra Martins Filho), por considerar que: "A atuação do Judiciário na tarefa de jurisdição voluntária [acordo extrajudicial] é binária: homologar, ou não, o acordo. Não lhe é dado substituir-se às partes [empregado ou empresa] e homologar parcialmente o acordo" (RR 1000015-96.2018.5.02.0435).

De forma contrária, a 2ª Turma do TST, em junho/2020, proferiu a seguinte decisão:

> *"I – AGRAVO DE INSTRUMENTO EM RECURSO DE REVISTA REGIDO PELA LEI 13.467/2017. TRANSCENDÊNCIA RECONHECIDA. TRANSAÇÃO. RECUSA DO MAGISTRADO À HOMOLOGAÇÃO JUDICIAL. Demonstrada possível divergência jurisprudencial válida e específica, impõe-se o provimento do agravo de instrumento para se determinar o processamento do recurso de revista. Agravo de instrumento provido. II – RECURSO DE REVISTA REGIDO PELA LEI 13.467/2017. TRANSAÇÃO. RECUSA DO MAGISTRADO À HOMOLOGAÇÃO JUDICIAL. PRERROGATIVA ASSEGURADA AO JUÍZO MEDIANTE DECISÃO FUNDAMENTADA. Segundo a inteligência da Súmula 418*

do TST, não há obrigação legal do magistrado em homologar o acordo judicial, possuindo a prerrogativa de rejeitá-lo, desde que o faça mediante decisão fundamentada, uma vez que o juiz tem o poder-dever de prevenir simulação, colusão, fraude a terceiros e excessivo desequilíbrio entre as partes. Por sua vez, é vedado a esta Corte substituir-se ao Magistrado de Primeiro Grau e ao Tribunal Regional para, com base nos fatos e provas da causa, verificar a existência ou não de efetiva possibilidade de fraude à legislação trabalhista, fiscal e previdenciária, mediante burla ao direito do fisco e eventual desproporcionalidade no acordo em desfavor do autor. Sobretudo porque são contundentes os fundamentos adotados pela Corte local, de que, no acordo, pretendia-se pôr termo a contrato de trabalho havido por mais de vinte anos, sendo que as parcelas ficaram circunscritas a diferenças de FGTS e multa de 40%, não tendo sido trazido aos autos sequer o TRCT do autor, para se aferir o escorreito pagamento ao menos das verbas rescisórias. Recurso de revista conhecido e não provido" (TST – 2ªT. – RR 10550-47.2018.5.15.0045 – Rel. Min. Delaide Miranda Arantes – DEJT 26-6-2020).

A matéria também tem se mostrado controvertida no âmbito dos TRTs (TRT – 3ª R. – 2ª T. – RO 010441-11.2019.5.03.0149 – Rel. Maristela Iris S. Malheiros – j. 3-9-2019).

O procedimento de jurisdição voluntária não afeta os prazos e as multas fixados na CLT para pagamento das verbas rescisórias (art. 477, §§ 6º e 8º).

A petição de homologação de acordo extrajudicial suspende o prazo prescricional da ação quanto aos direitos nela especificados, o qual voltará a fluir no dia útil seguinte ao do trânsito em julgado da decisão que negar a homologação do acordo.

1.10. MODELO DE RECLAMAÇÃO TRABALHISTA PELO PROCEDIMENTO ORDINÁRIO

EXCELENTÍSSIMO SENHOR DOUTOR JUIZ DA ___ VARA DO TRABALHO DE _____

(10 cm)

FELIPE DIAS, [nacionalidade], [estado civil], [profissão], [nº do CPF], [nº do RG e órgão expedidor], [nº da CTPS], [nº do PIS/PASEP ou do NIT], [data de nascimento], [nome da mãe], [domicílio físico e eletrônico – e-mail], por seu advogado [nome completo], o qual receberá as intimações e notificações [domicílio físico e eletrônico – e-mail do advogado] [procuração anexa], vem, à presença de Vossa Excelência, com fulcro no art. 840, *caput* e § 1º, da Consolidação das Leis do Trabalho, combinado com o art. 319 do CPC, propor a presente RECLAMAÇÃO TRABALHISTA, pelo procedimento ordinário, contra **CISPLATINA TRANSPORTES LTDA.**, [nº do CNPJ], [nº do CEI], domicílio físico e eletrônico – e-mail], pelos fundamentos de fato e de direito abaixo expostos:

1 DOS FATOS E FUNDAMENTOS

1.1. Contrato de Trabalho

O Reclamante foi contratado em 1º de janeiro de 1999. Sempre executou os serviços de mecânico de veículos.

A jornada de trabalho era das 6:00 às 14:00, de segunda a sexta-feira, com 30 minutos de intervalo, e nos sábados, das 6:00 às 10:00.

No dia 20 de abril de 2020, o Reclamante foi dispensado de forma injusta pela Reclamada, não recebendo os seus direitos trabalhistas rescisórios na íntegra.

As verbas rescisórias foram pagas no vigésimo dia após o término do contrato de trabalho.

Recebeu a título de último salário o valor de R$ 2.000,00.

1.2. Supressão do Intervalo para Refeição e Descanso

Na vigência do contrato de trabalho, o Reclamante tinha intervalo de apenas meia hora para refeição e descanso.

Quando a jornada diária é superior a seis horas, de acordo com o art. 71 da CLT, o intervalo intrajornada deverá ter a duração mínima de uma e a máxima de duas horas.

Até a data de 10-11-2017, pela violação do texto legal (art. 71, *caput*, CLT), o Reclamante faz jus ao intervalo suprimido integral (de segunda a sexta-feira), com adicional de 50%, ante o teor do art. 71, § 4º da CLT, combinado com o entendimento jurisprudencial cristalizado na Súmula 437, com reflexos em férias e abono de férias (art. 142, § 5º, CLT), 13º salário (Súm. 45, TST), depósitos fundiários e multa de 40% (Súm. 63), domingos e feriados (Súm. 172 e art. 7º, Lei 605/49), e no aviso-prévio (art. 487, § 5º, CLT).

Posteriormente a 11-11-2017 (alteração da redação do § 4º, art. 71, pela Reforma Trabalhista, Lei 13.457), o Reclamante tem direito a meia hora com o adicional de 50% sem as incidências.

As diferenças de 13º salário, de domingos e feriados e de aviso-prévio (Súm. 305) devem incidir no FGTS + 40%.

1.3. Multa do Artigo 477 da CLT

As verbas rescisórias foram pagas em 10 de maio de 2020.

O art. 477, § 6º, da CLT, estabelece que quando o aviso-prévio é indenizado, as verbas rescisórias devem ser pagas em até dez dias após o término do contrato.

Diante da violação do prazo legal para o pagamento dos títulos rescisórios, o Reclamante faz jus ao pagamento da multa à base de um salário normal.

1.4. Gratuidade Judiciária

A assistência judiciária engloba o teor da justiça gratuita, como bem aponta Valentin Carrion, *in verbis*:

> *"Assistência judiciária é o benefício concedido ao necessitado de, gratuitamente, movimentar o processo e utilizar os serviços profissionais de advogado e dos demais auxiliares da Justiça, inclusive os peritos. Assistência judiciária é o gênero e justiça gratuita a espécie; esta é a isenção de emolumentos dos serventuários, custas e taxas"* (Comentários à Consolidação das Leis do Trabalho. 25. ed. São Paulo, Saraiva, 2000, p. 577).

A justiça gratuita pode ser reconhecida em qualquer fase processual (OJ 269, SDI-I) (art. 99, CPC).

De acordo com a Lei 7.115/83, no seu art. 1º, *caput*, a declaração pode ser firmada pelo próprio interessado ou por seu procurador, desde que munido de procuração com poderes específicos para esse fim (Súm. 463, I, TST) (art. 105, CPC).

O Reclamante é pessoa humilde, não estando em condições de arcar com as despesas processuais, portanto, requer a concessão dos benefícios da justiça gratuita (art. 5º, LXXIV, CF; art. 14 e seguintes, Lei 5.584/70; Lei 7.115/83; art. 98, CPC).

A declaração de pobreza (doc. 02) atende ao disposto na legislação.

1.5. Honorários sucumbenciais

Nos termos do art. 791-A da CLT, requer a condenação da Reclamada ao pagamento de honorários advocatícios em favor do Patrono do Reclamante.

1.6. Pedidos líquidos e limites da execução

Considerando que os valores dos pedidos são apresentados por mera estimativa, vez que o trabalhador não possui todos os documentos e as informações necessárias para declinar de forma precisa os pedidos líquidos, nos termos do art. 324, § 1º, II e III, CPC, o Reclamante requer a apuração do crédito em regular fase de liquidação por cálculos.

2. PEDIDOS E REQUERIMENTOS

Ante o exposto, espera o regular processamento da presente reclamação trabalhista, com a citação da Reclamada no endereço indicado, para que compareça em Juízo, em audiência designada por Vossa Excelência e apresente sua defesa em audiência sob pena de incorrer nos efeitos da revelia.

O Reclamante espera a procedência dos pedidos para condenar a Reclamada ao pagamento:

a) do intervalo para refeição e descanso suprimido, com adicional de 50% – R$ 4.000,00;

b) reflexo das horas extras em férias, abono de férias, 13º salário, domingos e feriados e aviso--prévio – R$ 1.250,00;

c) de FGTS + 40% sobre as horas extras e reflexo das horas extras (13º salário, DSR e feriados e no aviso-prévio) – R$ 400,00;

d) de multa do art. 477 da CLT – R$ 2.000,00.

Outrossim, requer a condenação da Reclamada ao pagamento de honorários advocatícios, bem como de despesas processuais e custas processuais.

Requer-se a concessão dos benefícios da assistência judiciária. Pretende-se provar o alegado por todos os meios em Direito permitidos (art. 5º, LVI, CF) (documentos, testemunhas, vistorias etc.), em especial, para o depoimento da Reclamada, sob pena de confissão (Súm. 74, TST).

Dá-se à causa o valor de R$ _____ (_____).

Nestes termos,

pede deferimento.

Local e data

Advogado.

OAB nº _____

1.11. MODELO DE RECLAMAÇÃO TRABALHISTA PELO PROCEDIMENTO SUMARÍSSIMO

EXCELENTÍSSIMO SENHOR DOUTOR JUIZ DA ___ VARA DO TRABALHO DE _____

(10 cm)

NILTON DOS SANTOS, [nacionalidade], [estado civil], [profissão], [nº do CPF], [nº do RG e órgão expedidor], [nº da CTPS], [nº do PIS/PASEP ou do NIT], [nome da mãe], [data de nascimento], [nome da mãe], [domicílio físico e eletrônico], por seu advogado subscrito [nome do advogado], o qual receberá as intimações e notificações [domicílio físico e eletrônico – e-mail] [procuração anexa], vem à presença de Vossa Excelência, com fulcro nos arts. 840, *caput* e § 1°, e 852-A, da Consolidação das Leis do Trabalho, combinado com o art. 319 do Código de Processo Civil, propor a presente RECLAMAÇÃO TRABALHISTA, pelo procedimento sumaríssimo, contra **BOA VIAGEM TRANSPORTES LTDA**. [n° do CNPJ], [n° do CEI], [domicílio físico e eletrônico], pelos fundamentos de fato e de direito abaixo expostos:

1 DOS FATOS E FUNDAMENTOS

1.1. Contrato de Trabalho

O Reclamante foi contratado em 3-1-2009 e sempre exerceu a função de ajudante de mecânico.

No dia 10-5-2019, o Reclamante foi dispensado de forma injusta pela Reclamada, não recebendo os seus direitos trabalhistas rescisórios.

No ato da dispensa, o Reclamante recebeu tão somente o saldo de salário (dez dias relativos ao mês de maio de 2019).

O último salário do Reclamante foi de R$ 1.000,00.

1.2. Férias do Período Aquisitivo 2018/2019

Na vigência do contrato de trabalho, o Reclamante não usufruiu das férias relativas ao período aquisitivo de 3-1-2018 a 2-1-2019 e também não as recebeu.

A CLT assegura ao trabalhador o direito à percepção das férias simples quando da dispensa (art. 146, CLT; art. 7°, XVII, CF).

Assim, o Reclamante espera a condenação da Reclamada ao pagamento das férias 2018/2019 de forma simples, com o acréscimo constitucional de 1/3.

1.3. Extinção do Contrato e das Verbas Rescisórias

O Reclamante foi dispensado de forma imotivada (doc.) e não recebeu os seus direitos trabalhistas.

Ao empregado dispensado de forma imotivada, a legislação trabalhista assegura o pagamento dos direitos trabalhistas: aviso-prévio – 60 dias (art. 487 e seguintes, CLT; art. 7°, XXI, CF e a Lei 12.506/11); férias proporcionais, acrescidas de 1/3 constitucional (art. 147, CLT; art. 7°, XVII, CF); 13° salário proporcional (art. 1°, Lei 4.090/62; art. 7°, VIII, CF); liberação dos depósitos fundiários pelo código 01 + 40% (art. 7°, I, CF; art. 10, II, ADCT; art. 18, Lei 8.036/90).

Na apuração das verbas trabalhistas, o aviso-prévio deverá ser considerado para todos os efeitos legais (OJs 82 e 83, SDI-I).

Dessa forma, o Reclamante espera a condenação da Reclamada ao pagamento das verbas rescisórias, a saber: aviso-prévio, 13° salário proporcional (6/12), férias proporcionais e 1/3 (6/12) e a liberação do FGTS código 01 e a multa de 40%.

O FGTS e a multa de 40% também são devidos sobre o aviso-prévio (Súm. 305, TST) e o 13° salário proporcional (art. 15, § 6°, Lei 8.036).

1.4. Seguro-Desemprego

O Reclamante foi injustamente dispensado pela Reclamada, sendo que preenche os requisitos do art. 3° da Lei 7.998/90.

A legislação assegura ao empregado dispensado de forma imotivada e que atenda aos requisitos legais (art. 3º, Lei 7.998) o direito à percepção do seguro-desemprego.

O Reclamante solicita a entrega do formulário do seguro-desemprego ou a expedição de alvará judicial para o levantamento das parcelas, sob pena de indenização equivalente.

1.5. Multa do Artigo 477 da CLT

As verbas rescisórias foram pagas em 27 de maio de 2019.

O art. 477, § 6º, da CLT estabelece que quando o aviso-prévio é indenizado, as verbas rescisórias devem ser pagas em até dez dias após o término do contrato.

Diante da violação do prazo legal para o pagamento dos títulos rescisórios, o Reclamante faz jus ao pagamento da multa à base de um salário normal.

1.6. Artigo 467 da CLT

A legislação consolidada determina que as verbas rescisórias incontroversas sejam pagas na primeira audiência.

Se a empresa não vier a satisfazer as verbas solicitadas na presente demanda, em primeira audiência, como se trata de títulos incontroversos, a sentença deverá observar o acréscimo de 50%, nos termos do art. 467 da CLT.

1.7. Assistência Judiciária Gratuita

O Reclamante é pessoa humilde, não estando em condições de arcar com as despesas processuais, portanto, requer a concessão dos benefícios da justiça gratuita (art. 5º, LXXIV, CF; arts. 14 e seguintes, Lei 5.584/70; Lei 7.115/83, art. 98, CPC).

De acordo com a Lei 7.115/83, no seu art. 1º, *caput*, a declaração pode ser firmada pelo próprio interessado ou por seu procurador, desde que munido de procuração com poderes específicos para esse fim (Súm. 463, I, TST) (art. 105, CPC).

A justiça gratuita pode ser reconhecida em qualquer fase processual (OJ 269, SDI-I, TST) (art. 99, CPC).

A declaração de pobreza (doc. 02) atende ao disposto na legislação.

1.8. Honorários sucumbenciais

Nos termos do art. 791-A da CLT, requer a condenação da Reclamada ao pagamento de honorários advocatícios em favor do Patrono do Reclamante.

1.9. Pedidos líquidos e limites da execução

Considerando que os valores dos pedidos são apresentados por mera estimativa, vez que o trabalhador não possui todos os documentos e as informações necessárias para declinar de forma precisa os pedidos líquidos, nos termos do art. 324, § 1º, II e III, CPC, o Reclamante requer a apuração do crédito em regular fase de liquidação por cálculos.

2. PEDIDOS E REQUERIMENTOS

Ante o exposto, o Reclamante espera o regular processamento da presente reclamação trabalhista, com a citação da Reclamada no endereço citado, para que compareça em Juízo, em audiência designada por V. Exª, e apresente sua defesa em audiência sob pena de incorrer nos efeitos da revelia.

O Reclamante espera a procedência dos pedidos para condenar a Reclamada ao pagamento de:

a)	férias 2018/2019 + 1/3 (forma simples)	R$	1.333,33
b)	verbas rescisórias:		
	férias proporcionais (7/12) + 1/3	R$	777,77
	aviso-prévio (60 dias)	R$	2.000,00
	13° salário proporcional (7/12) + 1/3	R$	583,33
	FGTS + 40% sobre aviso-prévio + 13° salário	R$	289,33
c)	multa do art. 477 da CLT	R$	1.000,00
d)	liberação do FGTS pelo código 01 + 40% ou o equivalente em pecúnia	R$	1.792,00
e)	liberação da documentação para o saque do seguro-desemprego ou o alvará judicial	R$	2.400,00
f)	aplicação do art. 467 da CLT	R$	3.387,88
	TOTAL	R$	13.563,64

Outrossim, requer a condenação da Reclamada ao pagamento de honorários advocatícios, bem como de despesas processuais e custas processuais.

Requer também a concessão dos benefícios da assistência judiciária.

O Reclamante pretende provar o acima exposto por todos os meios em direito permitidos (art. 5°, LVI, CF) (documentos, testemunhas, vistorias etc.), com destaque, em especial, para o depoimento da Reclamada, sob pena de confissão (Súm. 74, TST).

Dá-se à causa o valor de R$ 11.114,97.

Nestes termos,

pede deferimento.

Local e data

Advogado

OAB n° _____

1.12. MODELO DE RECLAMAÇÃO TRABALHISTA PELO PROCEDIMENTO SUMÁRIO

EXCELENTÍSSIMO SENHOR DOUTOR JUIZ DA ___ VARA DO TRABALHO DE _____

(10 cm)

NELSON DOS SANTOS, [nacionalidade], [estado civil], [profissão], [n° do CPF], [n° do RG e órgão expedidor], [n° da CTPS], [n° do PIS/PASEP ou do NIT], [nome da mãe], [data de nascimento], [domicílio físico e eletrônico – e-mail], por seu advogado subscrito [nome completo], o qual receberá as intimações e notificações [domicílio físico e eletrônico – e-mail], [procuração anexa], vem à presença de Vossa Excelência, com fulcro no art. 840, *caput* e § 1°, CLT, combinado com o art. 319, CPC, e art. 2°, da Lei 5.584/70, propor a presente RECLAMAÇÃO TRABALHISTA, pelo procedimento sumário, em face de **DIAS DOS SANTOS TRANSPORTES LOGÍSTICOS LTDA.** [n° do CNPJ], [n° do CEI], [domicílio físico e eletrônico – e-mail], pelos fundamentos de fato e de direito abaixo expostos:

1 DOS FATOS E FUNDAMENTOS

1.1. Do Contrato de Trabalho

O Reclamante foi contratado pela Reclamada em 1°-2-1999 e sempre exerceu as funções de ajustador mecânico.

No dia 20-5-2020, o Reclamante foi irregularmente suspenso por um dia por faltar ao trabalho no dia 19 de maio, o que é inadmissível, visto que apresentou o competente atestado médico (doc. 03).

O último salário do Reclamante foi de R$ 1.000,00.

1.2. Da Falta Justificada e da Injusta Suspensão

No recibo do mês de maio (doc. 04), a Reclamada descontou do salário do Reclamante o valor de R$ 66,66 (a falta do dia 19 e o correspondente DSR), além de um dia de suspensão (desconto de R$ 33,33) pela ausência no dia 19 de maio.

A Reclamada não aceitou o atestado médico sob o fundamento de que não foi emitido por médico do convênio médico por ela fornecido aos seus empregados.

Em caso de seguro-doença ou auxílio-enfermidade, o empregado é considerado em licença não remunerada durante o prazo desse benefício (art. 476, CLT).

Os primeiros 15 dias de afastamento do empregado em relação ao trabalho serão pagos pelo empregador (art. 60, § 3°, Lei 8.213/91). Para tanto é necessária a apresentação do atestado médico. Em caso de a incapacidade laborativa ser superior ao limite de 15 dias, o trabalhador será encaminhado a perícia médica, para fins de avaliação da necessidade quanto à percepção do auxílio-doença.

As faltas decorrentes de problemas de saúde são justificadas mediante a apresentação de atestado médico.

Como documento, o atestado médico deve conter: (a) tempo de dispensa concedida ao segurado, por extenso e numericamente; (b) diagnóstico codificado, conforme o Código Internacional de Doença (CID), desde que haja a expressa concordância do paciente; (c) assinatura do médico ou dentista sobre carimbo do qual conste nome completo e registro no respectivo Conselho Profissional.

A rigor, para que o atestado seja válido, deve ser emitido pelo médico na seguinte ordem: da empresa, do convênio fornecido pela empresa ou por profissional da Previdência Social (art. 60, § 4°, Lei 8.213; Súmulas 15 e 282, TST).

Apesar do rigor legal, a jurisprudência tem acatado o atestado médico emitido por médico particular:

> *"ATESTADO MÉDICO. VALIDADE. FALTAS JUSTIFICADAS. DESCONTOS SALARIAIS INDEVIDOS. Considera-se válido o atestado médico apresentado pelo empregado, mesmo que subscrito por profissional não vinculado à empregadora. As faltas são justificadas e os descontos efetuados são indevidos" (TRT – 22ª R. – RO 00591-2006-103-22-00-6 – Rel. Laercio Domiciano – DJU 11-10-2007 – p. 3).*

Portanto, deverá ser considerada justificada a falta ocorrida no dia 19-5-2020 para todos os efeitos legais, consequentemente, cancelada a suspensão ocorrida no dia 20 de maio de 2017 e determinada a restituição dos valores descontados a título de falta, do descanso semanal remunerado e do dia da suspensão (R$ 99,99).

1.3. Honorários sucumbenciais

Nos termos do art. 791-A da CLT, requer a condenação da Reclamada ao pagamento de honorários advocatícios em favor do Patrono do Reclamante.

1.4. Pedidos líquidos e limites da execução

Considerando que os valores dos pedidos são apresentados por mera estimativa, vez que o trabalhador não possui todos os documentos e as informações necessárias para declinar de forma precisa os pedidos líquidos, nos termos do art. 324, § 1º, II e III, do CPC, o Reclamante requer a apuração do crédito em regular fase de liquidação por cálculos.

2 PEDIDOS E REQUERIMENTOS

Ante o exposto, espera o regular processamento da presente reclamação trabalhista, com a citação da Reclamada no endereço citado, para que compareça em Juízo, em audiência designada por Vossa Excelência, e apresente sua defesa em audiência sob pena de incorrer nos efeitos da revelia.

O Reclamante espera a procedência dos pedidos para:

a) que a falta ocorrida no dia 19-5-2020 seja considerada justificada para todos os efeitos legais;

b) cancelar a suspensão ocorrida no dia 20-5-2020;

c) *restituição dos valores descontados a título de falta, do descanso semanal remunerado e do dia da suspensão (R$ 99,99).*

Outrossim, requer a condenação da Reclamada ao pagamento de honorários advocatícios, bem como de despesas processuais e custas processuais.

O Reclamante pretende provar o acima exposto por todos os meios em direito permitidos (art. 5º, LVI, CF) (documentos, testemunhas, vistorias etc.), com destaque, em especial, para o depoimento da Reclamada, sob pena de confissão (Súm. 74, TST).

Dá-se à causa o valor de R$ _____ (_____).

Nestes termos,

pede deferimento.

Local e data

Advogado

OAB nº _____

1.13. MODELO DE RECLAMAÇÃO TRABALHISTA COM TUTELA DE URGÊNCIA DE NATUREZA ANTECIPATÓRIA

EXCELENTÍSSIMO SENHOR DOUTOR JUIZ DO TRABALHO DA ___ VARA DE _____

(10 cm)

AMANDA SANTOS, [nacionalidade], [estado civil], [profissão], [nº do CPF], [nº do RG e órgão expedidor], [nº da CTPS], [nº do PIS/PASEP ou do NIT], [nome da mãe], [data de nascimento], [domicílio físico e eletrônico – e-mail], por seu advogado subscrito [nome e endereço completo do advogado] [procuração anexa], vem, à presença de Vossa Excelência, com fulcro no art. 840, *caput* e § 1º, CLT, combinado com o art. 319, CPC, propor a presente RECLAMAÇÃO TRABALHISTA, pelo procedimento ordinário, em face de **TICIO E CAIO LTDA.**, [nº do CNPJ], [nº do CEI], [domicílio físico e eletrônico – e-mail], pelos fundamentos de fato e de direito infra expostos:

1 DOS FATOS E FUNDAMENTOS

1.1. Do Contrato de Trabalho

A Reclamante foi contratada pela Reclamada em 17-12-2005 para executar as tarefas de promotora de vendas.

Exercia suas funções das 8:00 às 17:00 de segunda-feira a sexta-feira, com uma hora de intervalo, e aos sábados das 8:00 às 12:00, totalizando, assim, 44 horas semanais.

No dia 16-5-2020, a Reclamante, após comentar com as colegas de trabalho que estava grávida de dois meses, veio a ser repreendida verbalmente pelo superior hierárquico (Sr. Gustavo Massa), que a acusou de estar atrapalhando o serviço.

No dia 20-5-2017, a Reclamante foi dispensada de forma injusta, não recebendo os seus direitos trabalhistas rescisórios na íntegra. Recebeu tão somente o saldo de salário (doc. 05 – termo de rescisão).

Recebeu como último salário o valor de R$ 1.000,00.

1.2. Da Estabilidade pela Condição de Gestante

Quando houve a dispensa sem justa causa em 20-5-2020, a Reclamante estava grávida de dois meses.

A empregada grávida tem garantia de emprego a partir da confirmação da gravidez e até cinco meses após o parto (art. 10, II, *b*, ADCT; Súm. 244, TST).

Portanto, a Reclamante deverá ser reintegrada ao local e à função que ocupava na empresa, além de receber o pagamento dos salários pelo período de afastamento, e que seja respeitado o seu direito à estabilidade por todo o período, com o direito aos salários vencidos e vincendos e com suas incidências em férias, abono de férias, 13º salário e FGTS (8%, a ser depositado).

Se a reintegração se mostrar desaconselhável (art. 496, CLT; Súm. 244, TST), que a estabilidade seja convertida em pecúnia, com o direito à percepção dos salários desde o dia da dispensa e até o término da estabilidade (art. 10, II, *b*, ADCT), com observância dos reajustes legais e normativos e com incidência desse período em férias, 13º salário, abono de férias e FGTS + 40%.

Além da conversão da estabilidade em pecúnia, a Reclamante também terá direito à percepção de: aviso-prévio, 13º salário proporcional com a inclusão do aviso-prévio, férias proporcionais e abono com a inclusão do aviso-prévio, FGTS código 01 + 40%, além da liberação do seguro-desemprego.

1.3. Da Tutela de Urgência de Natureza Antecipatória – Reintegração

Como já se verificou, a Reclamante, apesar do seu estado gravídico, foi injustamente demitida de forma imotivada.

Presentes os requisitos dos arts. 294, 300 e seguintes, CPC, isto é, probabilidade do direito (aviso-prévio do empregador – doc. 03; exame de ultrassonografia comprobatório da gravidez – doc. 04) e o fundado perigo de dano (ou o risco ao resultado útil do processo), o não restabelecimento imediato do contrato de trabalho (*status quo ante*) poderá futuramente tornar a reintegração da Reclamante inviável.

Assim, a Reclamante requer a concessão *liminar inaudita altera pars* de tutela antecipada para fins de reintegração ao emprego.

Requer ainda a fixação de multa diária em caso de descumprimento da ordem judicial, no importe de R$ 100,00 por dia, em favor da Reclamante.

1.4. Da Multa do Artigo 477 da CLT

Até a presente data, as verbas rescisórias não foram pagas.

O art. 477, § 6°, da CLT estabelece que quando o aviso-prévio é indenizado, as verbas rescisórias devem ser pagas em até dez dias após o término do contrato.

Diante da violação do prazo legal para o pagamento dos títulos rescisórios, a Reclamante faz jus ao pagamento da multa à base de um salário normal.

A multa é solicitada em caso de não haver a reintegração.

1.5. Assistência Judiciária Gratuita

A Reclamante é pessoa humilde e encontra-se desempregada, não estando em condições de arcar com as despesas processuais, portanto, requer a concessão dos benefícios da justiça gratuita (art. 5°, LXXIV, CF; arts. 14 e seguintes, Lei 5.584/70; Lei 7.115/83, art. 98, CPC).

De acordo com a Lei 7.115/83, no seu art. 1°, *caput*, a declaração pode ser firmada pelo próprio interessado ou por seu procurador, desde que munido de procuração com poderes específicos para esse fim (Súm. 463, I, TST) (art. 105, CPC).

A justiça gratuita pode ser reconhecida em qualquer fase processual (OJ 269, SDI-I) (art. 99, CPC).

A declaração de pobreza (doc.) atende ao disposto na legislação.

1.6. Honorários sucumbenciais

Nos termos do art. 791-A da CLT, requer a condenação da Reclamada ao pagamento de honorários advocatícios em favor do Patrono do Reclamante.

1.7. Pedidos líquidos e limites da execução

Considerando que os valores dos pedidos são apresentados por mera estimativa, vez que o trabalhador não possui todos os documentos e as informações necessárias para declinar de forma precisa os pedidos líquidos, nos termos do art. 324, § 1°, II e III, CPC, o Reclamante requer a apuração do crédito em regular fase de liquidação por cálculos.

2 PEDIDOS E REQUERIMENTOS

Requer-se a citação da Reclamada no endereço citado, para que compareça em Juízo, em audiência designada por Vossa Excelência, e apresente sua defesa em audiência sob pena de incorrer nos efeitos da revelia.

Requer-se a concessão de tutela de urgência, determinando a reintegração imediata da Reclamante no local e na função anteriormente exercida, com fixação de multa diária, em caso de descumprimento da obrigação, de R$ 100,00, bem com a intimação da Reclamada para ciência e cumprimento da decisão antecipatória.

A Reclamante espera a procedência dos pedidos para:

a) declarar a nulidade do ato demissional e, consequentemente, determinar a reintegração no local e na função que ocupava na empresa;

b) pagamento dos salários pelo período de afastamento e com respeito ao seu direito à estabilidade por todo o período, observando-se os salários vencidos e vincendos e com suas incidências em férias, abono de férias, 13° salário e FGTS (8%, a ser depositado) – valor de R$ 12.000,00;

c) *ad cautelam*, se a reintegração se mostrar desaconselhável (art. 496, CLT; Súm. 244, TST), a conversão da estabilidade em pecúnia, com o pagamento dos salários desde a data da dispensa e até o fim da garantia, com observância dos reajustes legais e normativos e com a incidência desse período em férias, 13° salário, abono de férias e FGTS + 40%, além do pagamento das verbas rescisórias: aviso-prévio, 13° salário proporcional com a inclusão do aviso-prévio, férias proporcionais e abono, com a inclusão do aviso-prévio, FGTS código 01 + 40%, além da liberação do seguro-desemprego − R$ 17.000,00;

d) multa do art. 477 da CLT − R$ 1.000,00.

Requer a concessão do benefício da assistência judiciária gratuita.

A Reclamante pretende provar o acima exposto por todos os meios em direito permitidos (art. 5°, LVI, CF) (documentos, testemunhas, vistorias etc.), com destaque, em especial, para o depoimento da Reclamada, sob pena de confissão (Súm. 74, TST).

Outrossim, requer a condenação da Reclamada ao pagamento de honorários advocatícios, bem como de despesas processuais e custas processuais.

Dá-se à causa o valor de R$ _____ (_____) .

Nestes termos,

pede deferimento.

Local e data

Advogado

OAB n° _____

1.14. MODELO DE RECLAMAÇÃO TRABALHISTA PARA HOMOLOGAÇÃO DE ACORDO EXTRAJUDICIAL

EXCELENTÍSSIMO SENHOR DOUTOR JUIZ DA ___ VARA DO TRABALHO DE _____

10 cm

ALINE SANTOS, (nacionalidade), (estado civil), (profissão), (n° do CPF), (n° do RG e órgão expedidor), (n° da CTPS), (n° do PIS/PASEP ou do NIT), (nome da mãe), (data de nascimento), (domicílio físico e eletrônico − *e-mail*), por seu advogado subscrito (nome e endereço completo do advogado) (procuração anexa), e

TIAGO E TALES IRMÃO LTDA. (n° do CNPJ), (n° do CEI), (domicílio físico e eletrônico − *e-mail*), **representada pelo diretor Tiago Cavalcante**, (nacionalidade), (estado civil), (profissão), (n° do CPF), (n° do RG e órgão expedidor), (n° da CTPS), (n° do PIS/PASEP ou do NIT), (nome da mãe), (data de nascimento), (domicílio físico e eletrônico − *e-mail*), por seu advogado subscrito (nome e endereço completo do advogado) (procuração anexa), vêm, à presença de Vossa Excelência, com fulcro nos arts. 855-B e seguintes, da Consolidação das Leis do Trabalho, combinados com o art. 840, CLT, e com o art. 319, CPC, propor a presente *RECLAMAÇÃO TRABALHISTA PARA HOMOLO-GAÇÃO DE ACORDO EXTRAJUDICIAL*, pelos fundamentos de fato e de direito infraexpostos:

1 DOS FATOS E FUNDAMENTOS

1.1 Do contrato de trabalho

A Reclamante foi contratada para a função de gerente de loja em 1° de agosto de 2013, com o salário fixo de R$ 4.000,00, acrescido de comissões de 3% sobre as vendas realizadas pelos empregados integrantes de sua equipe (doc. anexos).

O contrato de trabalho foi extinto em 30 de abril de 2020 por iniciativa da trabalhadora, momento no qual recebeu todas as verbas trabalhistas devidas (doc. anexos).

1.2 Objeto do acordo: diferenças de comissões no período de setembro/2017 a janeiro/2019

Após auditoria externa na empresa realizada em agosto/2020, verificou-se a existência de vendas realizadas no período de setembro/2017 a janeiro/2019 que não foram computadas para a apuração de comissões da trabalhadora por erro do setor contábil.

O total de vendas do período não computadas soma o valor de R$ 120.000,00 (valores atualizados até a presente data).

1.3 Termos do acordo entre as Partes

As Partes declaram que foram orientadas por seus advogados sobre os termos e efeitos do presente acordo.

Com o objetivo de evitar demandas judiciais desnecessárias e com base no princípio da boa-fé, as Partes resolvem se conciliar nos seguintes termos:

a) O empregador pagará à ex-empregada, a título de diferenças de comissões sobre as vendas, o valor bruto de R$ 3.600,00 no prazo de 10 dias após a homologação do acordo judicial;

b) O pagamento será feito em conta bancária (indicar os dados bancários), sendo que o comprovante bancário é suficiente para comprovar a quitação da obrigação firmada;

c) No mesmo prazo, o empregador comprovará nos autos o recolhimento do Imposto de Renda, das contribuições previdenciárias e das custas processuais;

d) A ex-empregada autoriza os descontos legais (IR e INSS) sobre os valores acordados, conforme planilha anexa;

e) Em caso de inadimplemento da obrigação, as Partes estabelecem uma multa de 30% sobre o valor total do presente acordo;

f) As custas processuais são de responsabilidade dos litigantes em partes iguais, ficando o empregador autorizado a descontar tais valores do crédito da trabalhadora, conforme planilha anexa;

g) As Partes se responsabilizam pelo pagamento dos honorários advocatícios de seus respectivos patronos.

Com a homologação do presente acordo e o cumprimento da obrigação nos termos fixados, a ex-empregada dá por quitada toda e qualquer diferença de comissão sobre as vendas realizadas no período de setembro/2017 a janeiro/2019.

2 Requerimentos

As Partes esperam o regular processamento da presente reclamação trabalhista para homologação do acordo extrajudicial firmado pelas Partes nos termos propostos. Caso V. Exa. julgue conveniente a designação de audiência trabalhista, as Partes requerem a intimação dos Patronos com o prazo mínimo de 5 dias antes.

No que tange aos recolhimentos fiscais (IR e INSS), requerem a intimação da União.

Requerem ainda a juntada as procurações, contrato social da empresa, cópia do RG, do CPF da trabalhadora e do representante legal da empresa, bem como dos documentos pertinentes ao contrato de trabalho (cópia do contrato de trabalho, da CTPS, do termo de rescisão e das planilhas de cálculos).

Dá-se à causa o valor de R$ 3.600,00.

São Paulo,

Empregada

Advogado da empregada

Empregador

Advogado do empregador

1.15 MODELO DE RECLAMAÇÃO TRABALHISTA COM TUTELA DE URGÊNCIA DE NATUREZA CAUTELAR

EXCELENTÍSSIMO SENHOR DOUTOR JUIZ DA ___ VARA DO TRABALHO DE _____

THIAGO TRINDADE LONGEVALDO, (nacionalidade), (estado civil), (profissão), (nº do CPF), (nº do RG e órgão expedidor), (nº da CTPS), (nº do PIS/PSEP ou do NIT), (nome da mãe), (data de nascimento), (domicílio físico e eletrônico – *e-mail*), por seu advogado subscrito (nome e endereço completo do advogado) (procuração anexa), vem à presença de Vossa Excelência, com fulcro no art. 840, *caput* e § 1º, da Consolidação das Leis do Trabalho, combinado com o art. 319 do Código de Processo Civil, propor a presente RECLAMAÇÃO TRABALHISTA, pelo procedimento ordinário, em face de **OURIQUE PRODUTOS ALIMENTÍCIOS LTDA.** (nº do CNPJ), (nº do CEI), (domicílio físico e eletrônico – *e-mail*), pelos fundamentos de fato e de direito infraexpostos:

1 DOS FATOS E FUNDAMENTOS

1.1 Contrato de trabalho

O Reclamante foi contratado para a função de "oficial de manutenção pleno" em 01-4-2014. Recebeu como último e maior salário a quantia de R$ 3.000,00.

Foi demitido sem justa causa em 31-3-2020. Com a projeção do aviso-prévio indenizado a data da demissão prorrogou-se para 15-5-2020.

1.2 Ausência dos depósitos do Fundo de Garantia

O Reclamante foi dispensado de suas atividades e para sua surpresa, quando consultou o extrato analítico da sua conta vinculada do FGTS (doc.), descobriu que desde outubro de 2018, com exceção no período de janeiro/março de 2019, a Reclamada não lhe deposita as parcelas do FGTS.

Desta forma, pugna pela condenação da Reclamada ao pagamento do FGTS calculado a base de 8% da sua remuneração desde janeiro de 2018 até a data de sua demissão, considerando para isso a projeção do seu aviso-prévio.

As parcelas do FGTS deverão ser corrigidas monetariamente de acordo com os índices trabalhistas aplicáveis, conforme determina a OJ 302 da SDI-I.

1.3 Verbas rescisórias

A Reclamada esta passando por graves dificuldades financeiras. Por conta disso, realizou a demissão em massa de diversos empregados e nada vem pagando a título de verbas rescisórias. Com o Reclamante não foi diferente.

Conforme se pode depreender do TRCT, o Reclamante deveria ter recebido o montante de R$ 20.750,00, contudo a Reclamada apenas liberou as guias do TRCT e do Seguro-Desemprego, mas nada lhe pagou a título de verbas rescisórias.

O extrato bancário do Reclamante é prova de que nada recebeu a título de verbas rescisórias.

Desta forma, pugna pela condenação da Reclamada ao pagamento das verbas rescisórias elencadas no TRCT.

1.4 Multa de 40% sobre o saldo do FGTS

Assim como as verbas rescisórias, a Reclamada também não efetuou o pagamento da multa de 40% sobre o saldo do FGTS.

Verifica-se que a dispensa ocorreu sem justa causa (art. 10, I, ADCT; art. 18, § 1º, Lei 8.036/90), de modo que o direito ao recebimento da multa é incontroverso.

Deste modo, pugna pela condenação da Reclamada ao pagamento da multa de 40% sobre o saldo do FGTS, considerando inclusive os depósitos não efetuados já mencionados nesta demanda.

1.5 Multa do artigo 477 da CLT

Diante do não pagamento das verbas rescisórias no prazo legal (art. 477, § 6º, CLT), o Reclamante faz jus ao pagamento da multa prevista no § 8º do mesmo artigo. Desta forma, pugna pela condenação da Reclamada ao pagamento da multa correspondente.

1.6 Multa do artigo 467 da CLT

Caso não ocorra o pagamento, as verbas rescisórias na primeira audiência, espera a condenação da Reclamada ao pagamento previsto no artigo 467 da CLT, considerando inclusive, para efeito do cálculo, a multa fundiária.

1.7 Assistência Jurídica Gratuita

O Reclamante é pessoa humilde e encontra-se desempregado, não estando em condições de arcar com as despesas processuais, portanto, requer a concessão dos benefícios da justiça gratuita (art. 5º, LXXIV, CF; arts. 14 ss., Lei 5.584/70; Lei 7.115/83; art. 98, CPC).

De acordo com a Lei 7.115/83, no seu art. 1º, *caput*, a declaração pode ser firmada pelo próprio interessado ou por seu procurador, desde que munido de procuração com poderes específicos para esse fim (Súm. 463, I, TST) (art. 105, CPC).

A justiça gratuita pode ser reconhecida em qualquer fase processual (OJ 269, I, SDI-I, TST) (art. 99, CPC).

A declaração de pobreza (doc.) atende ao disposto na legislação.

1.8 Concessão de tutela provisória de natureza cautelar de arresto com pedido liminar *inaudita altera parte*

Conforme mencionado acima, o Reclamante foi demitido sem justa causa.

Ao demitir seus empregados, especialmente o Reclamante, não lhe depositou FGTS desde janeiro/2018 (exceção janeiro a março/2019), não pagou seus haveres rescisórios indicados no TRCT, nem mesmo a multa de 40% sobre o saldo do FGTS.

Diante dos fatos narrados e do objeto da presente ação, o Reclamante é credor da Reclamada no importe de **R$ 29.486,00.**

A Reclamada é do ramo alimentício e fornece refeições a diversos órgãos públicos.

Ao longo do tempo, face aos atrasos de pagamento por parte do Estado, aliada a má gestão de seus negócios, passou a enfrentar graves problemas financeiros, socorrendo-se das instituições bancárias para tentar sobreviver, o que lhe custou um verdadeiro desequilíbrio financeiro.

De acordo com o art. 300 do CPC, a concessão da tutela de urgência, na qual se enquadra o arresto, nos termos do art. 301 do CPC, exige a demonstração de elementos que evidenciem a probabilidade do direito e o perigo de dano ou o risco ao resultado útil do processo.

Com relação à probabilidade do direito, resta cabalmente demonstrado o direito líquido e certo do Reclamante no que tange à percepção das verbas pleiteadas face à farta documentação acostada. Frise-se o caráter alimentar das verbas perseguidas.

O extrato bancário da conta-corrente do trabalhador referente ao mês de abril/2020 indica que a Reclamada não depositou em sua conta o valor líquido indicado no TRCT (R$ 20.750,00), bem como extrato do FGTS que indica ausência de depósitos fundiários e a multa dos 40%.

Já o perigo de dano ou risco ao resultado útil do processo, conforme se pode extrair da certidão anexa obtida pelo *site* do TRT da 2ª Região, no final de maio/2020, a Reclamada tinha contra si 103 reclamações trabalhistas (doc.).

Já a certidão extraída do mesmo *site* poucos dias após, verifica-se o número de ações ajuizadas já subiu para 117 (doc.). Por fim, a certidão emitida em 8-6-2020 já revela que a Reclamada é parte em 127 reclamações trabalhistas (doc.).

Já se tem notícia que a Reclamada está descumprindo acordos realizados em alguns processos trabalhistas.

Para agravar a situação, o que corrobora com a condição do perigo da demora, o Banco do Brasil, instituição essa na qual a Reclamada possui conta bancária, passou a reter todos os valores creditados, com a finalidade de salvaguardar vultosos empréstimos bancários concedidos.

Nos autos do processo 1008315-77.2019.8.26.0554, cujas peças principais estão acostadas com a presente petição inicial (doc.), em que a Reclamada litiga com o Banco do Brasil, verifica-se que esta busca liberação de dinheiro bloqueado de sua conta, declarando que será utilizado no pagamento de suas dívidas, inclusive verbas rescisórias.

Na citada demanda cível, houve determinação para que todos os recebíveis oriundos da Secretaria de Saúde do Estado de São Paulo fossem direcionados àquele processo, permanecendo à disposição daquele Juízo, conforme decisão anexada.

Pondere-se que a determinação é específica no sentido de que "havendo a possibilidade de crédito futuro a favor da requerente, relativo à ação judicial que intentou contra a Prefeitura Municipal da Ostra Azul, processo nº 1005289-57.2019.8.26.0477, no importe de R$ 16.868.487,05, oficie-se ao MM. Juízo com a solicitação de BLOQUEIO daquele crédito, quando eventualmente disponível, devendo ser encaminhado à disposição desse Juízo".

Como se pode notar, o crédito da Reclamada está sendo direcionado para a conta daquele juízo em cumprimento ao comando judicial exarado, pois o Banco do Brasil tem bloqueado os recebíveis da Reclamada inviabilizando o pagamento das verbas rescisórias de seus empregados.

Os comprovantes demonstram que a Secretaria da Saúde do Estado de São Paulo já foi oficiada e está destinando os pagamentos devidos à Reclamada na conta judicial (doc.).

Diante dos elementos trazidos e da farta documentação juntada, existe a evidente possibilidade da concessão da medida cautelar de arresto a fim de assegurar os créditos do Reclamante.

Nesse sentido o TRT da 2ª Região:

"MANDADO DE SEGURANÇA. PEDIDO DE CASSAÇÃO DA ORDEM DE EFETIVAÇÃO DE MEDIDA CAUTELAR DE ARRESTO. CABIMENTO. Age legitimamente o juiz

que, diante do fato incontroverso do não pagamento das verbas rescisórias e calcado no poder geral de cautela que lhe é atribuído pelos artigos 297 e 300 do CPC em vigor, determina o arresto de bens da reclamada, com o fito de garantir ao reclamante a percepção de seus direitos. Segurança denegada para o fim de manter incólume a ordem de arresto" (TRT – 2ª R. – MS 1001444-84.2014.5.02.0000 – SDI-1 – Rel. Rilma Aparecida Hemeterio – Public. 8-6-2016).

Dessa forma, pugna pela concessão da tutela provisória *inaudita altera parte* de natureza cautelar de arresto, a fim de oficiar COM URGÊNCIA o juízo da 1ª Vara Cível da Comarca de Santo André para que proceda a penhora no rosto dos autos do processo 1008315-77.2019.8.26.0554, a totalidade dos créditos devidos ao Reclamante representados nesta demanda.

1.9 Pedidos com indicação de valores genéricos

Diante dos fatos e fundamentos apresentados, considerando que o Reclamante não possui todas as informações necessárias para a postulação judicial e existem questões, nas quais não é possível determinar, de modo definitivo, as consequências do ato ou do fato ilícito praticado pelo empregador, os valores indicados em cada um dos pedidos são meras estimativas, de modo que não se pode limitar a execução futura (art. 324, § 1º, I a III, CPC).

2 PEDIDOS E REQUERIMENTOS

Requer-se a citação da Reclamada, para que compareça em Juízo, em audiência designada por Vossa Excelência, e apresente sua defesa em audiência sob pena de incorrer nos efeitos da revelia.

Requer-se a concessão da tutela provisória *inaudita altera parte* de natureza cautelar de arresto, a fim de assegurar os créditos trabalhistas do Reclamante, enviando ofícios **COM URGÊNCIA** ao juízo da 1ª Vara Cível da Comarca de Santo André para que proceda a penhora no rosto dos autos do processo nº 1008315-77.2019.8.26.0554, a totalidade dos créditos devidos ao Reclamante representados nesta demanda.

Diante dos fatos e fundamentos apresentados, espera a procedência da presente ação, com a condenação, acrescida de juros e correção, ao pagamento de:

1) verbas rescisórias indicadas no TRCT _____ R$ 20.750,00

- Saldo de salário (30 dias) – R$ 3.000,00

- Aviso-Prévio indenizado (45 dias) – R$ 4.500,00

- Férias (1/12) sobre aviso-prévio – R$ 250,00

- Férias vencidas em dobro (2018/2019) – R$ 6.000,00, acrescida de 1/3 (R$ 2.000,00);

- Férias vencidas simples 2019/2020 – R$ 3.000,00, acrescidas de 1/3 (R$ 1.000,00);

- 13º salário proporcional (3/12) – R$ 750,00;

- 13º salário (1/12) sobre aviso-prévio – R$ 250,00;

TOTAL R$ 20.750,00

2) multa prevista no § 8º do artigo 477 da CLT_____ R$ 3.000,00;

3) FGTS não depositado desde janeiro/2018 (exceto janeiro/2019) até a data da demissão do Reclamante _____ R$ 6.240,00;

4) Pagamento da multa do FGTS no importe de 40% sobre o saldo para fins rescisórios _____ R$ 2.496,00;

Solicita-se ainda a multa do art. 467 da CLT, caso as verbas rescisórias, as quais são incontroversas, não sejam pagas na primeira audiência.

Cap. 1 • RECLAMAÇÃO TRABALHISTA | 45

Requer a concessão do benefício da assistência judiciária gratuita.

O Reclamante pretende provar o acima exposto por todos os meios em direito permitidos (art. 5º, LVI, CF) (documentos, testemunhas, vistorias etc.), com destaque, em especial, para o depoimento da Reclamada, sob pena de confissão (Súm. 74, TST).

Outrossim, requer a condenação da Reclamada ao pagamento de honorários advocatícios, bem como de despesas processuais e custas processuais.

Dá-se à causa o valor de R$ 29.486,00.

Nestes termos,

Pede deferimento.

Local e data

Advogado

OAB nº _____

1.16 MODELO DE RECLAMAÇÃO TRABALHISTA COM PEDIDO DE DESCONSIDERAÇÃO DA PERSONALIDADE JURÍDICA

EXCELENTÍSSIMO SENHOR DOUTOR JUIZ DA ___ VARA DO TRABALHO DE _____

FELIPE TRINDADE DOS SANTOS, (nacionalidade), (estado civil), (profissão), (nº do CPF), (nº do RG e órgão expedidor), (nº da CTPS), (nº do PIS/PSEP ou do NIT), (nome da mãe), (data de nascimento), (domicílio físico e eletrônico – *e-mail*), por seu advogado subscrito (nome e endereço completo do advogado) (procuração anexa), vem à presença de Vossa Excelência, com fulcro nos artigos 840, *caput* e § 1º, e 852-A, da Consolidação das Leis do Trabalho, combinado com o artigo 319 do Código de Processo Civil, propor a presente *RECLAMAÇÃO TRABALHISTA, pelo procedimento sumaríssimo,* em face de **SUPERMERCADO ESTRELA DO NORTE,** (nº do CNPJ), (nº do CEI), (domicílio físico e eletrônico – *e-mail*), e seus sócios **FABIO COSTA DAS DORES DO NORTE,** (nacionalidade), (estado civil), (profissão), (nº do CPF), (nº do RG e órgão expedidor), (domicílio físico e eletrônico – *e-mail*) e **RICARDO OURIQUE DA BOA MORTE,** (nacionalidade), (estado civil), (profissão), (nº do CPF), (nº do RG e órgão expedidor), (domicílio físico e eletrônico – *e-mail*), pelos fundamentos de fato e de direito infraexpostos:

1 DOS FATOS E FUNDAMENTOS

1.1. Polo Passivo. Desconsideração da personalidade jurídica

A responsabilidade patrimonial pelo adimplemento das obrigações trabalhistas devidas ao Reclamante recai sobre a 1ª Reclamada, que é, por excelência, a legitimada a figurar no polo passivo da ação e de quem se deve buscar a satisfação dos valores que lhes são devidos por força do contrato de trabalho.

É por essa razão que a CLT, no *caput* do seu art. 2º, considera "empregador a empresa, individual ou coletiva, que, assumindo os riscos da atividade econômica, admite, assalaria e dirige a prestação pessoal do serviço".

Necessário ressaltar ainda que, embora não haja qualquer vedação legal à inclusão dos sócios no polo passivo da ação, já na fase de conhecimento, na atualidade, essa inclusão é expressamente permitida (art. 134, CPC).

Os pressupostos legais previstos (art. 134, § 4º, CPC) estão elencados no art. 28 da Lei 8.078/90 (Código de Defesa do Consumidor), o qual prevê a desconsideração da personalidade jurídica "quando, em detrimento do consumidor, houver abuso de direito, excesso de poder, infração da lei, fato ou ato ilícito ou violação dos estatutos ou contrato social [...]".

De rigor, a desconsideração da personalidade jurídica da 1ª Reclamada se faz necessária para a efetivação dos direitos do Reclamante.

A 1ª Reclamada tinha vários estabelecimentos, compondo a renomada e antiga rede de supermercados "ESTRELA DO NORTE", consoante as informações extraídas do sítio eletrônico (http://www.estreladonorte1sp.com.br) (doc.).

O Reclamante laborava na unidade "Morgado Mateus", localizada à Rua Morgado Mateus, nº 365, Centro.

A referida unidade e as demais da rede de supermercados foram extintas no início da semana face às dificuldades financeiras do grupo, as quais são decorrentes não só da má gestão empresarial, como da prática de reiteradas fraudes fiscais, como noticiado em matérias jornalísticas recentes (doc.).

É cristalino que a 1ª Reclamada não possuirá condições de arcar com as verbas trabalhistas postuladas nesta demanda, as quais dizem respeito às verbas rescisórias, "direito sagrado" do trabalhador.

O encerramento irregular das atividades da 1ª Reclamada, sem a devida baixa perante a Junta Comercial e a Receita Federal, trata-se de um dos motivos arrolados pelo art. 28 do CDC, aplicável subsidiariamente à espécie, a fim de subsidiar a desconsideração pleiteada.

Outrossim, a ficha de breve relato da 1ª Reclamada evidencia que o encerramento irregular das atividades foi devidamente preparado e calculado justamente com a finalidade de frustrar o pagamento das verbas rescisórias dos trabalhadores (doc.).

Não bastassem os diplomas legais acima, que dão respaldo à desconsideração da personalidade jurídica, há ainda o art. 4º, V, Lei 6.830/80 (Lei de Execução Fiscal), também subsidiariamente aplicável ao processo do trabalho (art. 889, CLT), a atribuir responsabilidade subsidiária aos sócios, pelas obrigações tributárias e trabalhistas do empreendimento.

Há de se ressaltar que a inclusão dos sócios, já na fase de conhecimento, não lhes traz qualquer prejuízo, ao contrário, lhes traz grande vantagem processual, porque poderão não apenas se defender alegando a ausência de sua responsabilidade como também do próprio mérito da reclamação trabalhista, garantindo, assim, o amplo direito de defesa (art. 5º, LV, CF).

Como é sabido, o art. 855-A da CLT prevê a aplicação do incidente de desconsideração da personalidade jurídica disciplinado pelos arts. 133 a 137 do CPC.

Em razão do exposto, o Reclamante requer a declaração judicial da desconsideração da personalidade jurídica da 1ª Reclamada, com a inclusão dos sócios na relação processual e, consequentemente, a declaração de sua responsabilidade subsidiária.

1.2 Contrato de Trabalho

O Reclamante foi admitido para exercer a função de repositor em 1-12-2007.

A jornada de trabalho era das 7:00 às 15:20 horas, de segunda a sábado, com um intervalo de uma hora para descanso e refeição.

O seu último salário era no importe de R$ 1.381,00.

Houve a dispensa injusta em 27-7-2020, sem a correspondente comunicação do aviso-prévio, além do não pagamento das verbas rescisórias.

1.3 Verbas rescisórias

Até o presente momento, o Reclamante não recebeu nenhuma das verbas rescisórias a que tem direito.

Cap. 1 • RECLAMAÇÃO TRABALHISTA | **47**

A rescisão contratual foi homologada com ressalvas perante o sindicato da categoria apenas e tão somente com a finalidade de permitir ao Reclamante levantar os valores depositados do fundo de garantia e dar entrada no seguro-desemprego.

Não houve o pagamento de nenhuma das verbas rescisórias discriminadas no TRCT.

Portanto, o Reclamante faz jus ao pagamento do saldo salarial de julho/2020 (27 dias); aviso-prévio indenizado de 60 dias; 13° salário proporcional de 2019 (09/12), férias simples + 1/3 de 2018/19 e férias proporcionais + 1/3 de 2019/20 (10/12).

A proporcionalidade das verbas rescisórias foi calculada observando-se a projeção de 60 dias do aviso-prévio.

No que se refere ao FGTS, a Reclamada deixou de efetuar o recolhimento dos meses de abril a julho de 2020, dos valores incidentes sobre as verbas rescisórias, bem como da multa de 40% (extrato) (doc.), razão pela qual deverá ser condenada ao pagamento de tais diferenças e da multa de 40%, confeccionando o competente TRCT para soerguimento dos valores, sob pena de indenização correspondente.

1.4. Danos Morais. Não pagamento das verbas rescisórias

Evidente que a moral do Reclamante foi atingida, impondo-se uma justa reparação.

Houve ruptura imotivada do contrato de trabalho, sem o pagamento das verbas rescisórias. Os títulos rescisórios representam um direito sagrado do empregado, sendo inadmissível a recusa de seu pagamento.

Patente que este universo fático implica no denominado dano *in re ipsa*, eis que retira do empregado o valor que seria indispensável à sua sobrevivência e de seus familiares até nova colocação no mercado.

Evidente o abalo moral sofrido pelo Reclamante (art. 5°, V e X, CF, art. 186, CC), razão pela qual se impõe a condenação da Reclamada ao pagamento de indenização por danos morais, no importe de R$ 13.810,00, quantia equivalente a dez vezes o valor de seu salário, a qual se afigura justa e suficiente à reparação moral do Reclamante e que atende ao caráter tríplice da indenização extrapatrimonial, qual seja: compensatório, punitivo e pedagógico.

1.5 Multa do artigo 477 da CLT

Diante do não pagamento das verbas rescisórias no prazo legal (art. 477, § 6°, CLT), o Reclamante faz jus ao pagamento da multa prevista art. 477, § 8°. Dessa forma, pugna pela condenação da Reclamada ao pagamento da multa correspondente.

1.6 Multa do artigo 467 da CLT

Em não havendo o pagamento das verbas rescisórias na primeira audiência, pleiteia-se a condenação da Reclamada ao pagamento previsto no artigo 467 da CLT, considerando inclusive, para efeito do cálculo, a multa fundiária.

1.7 Assistência Jurídica Gratuita

O Reclamante é pessoa humilde e encontra-se desempregado, não estando em condições de arcar com as despesas processuais, portanto, requer a concessão dos benefícios da justiça gratuita (art. 5°, LXXIV, CF; arts. 14 ss., Lei 5.584/70; Lei 7.115/83; art. 98, CPC).

De acordo com a Lei 7.115, no seu art. 1°, *caput*, a declaração pode ser firmada pelo próprio interessado ou por seu procurador, desde que munido de procuração com poderes específicos para esse fim (Súm. 463, I, TST) (art. 105, CPC).

A justiça gratuita pode ser reconhecida em qualquer fase processual (OJ 269, I, SDI-I) (art. 99, CPC).

A declaração de pobreza (doc.) atende ao disposto na legislação.

Pedidos com indicação de valores genéricos

Diante dos fatos e fundamentos apresentados, considerando que o Reclamante não possui todas as informações necessárias para a postulação judicial e existem questões, nas quais não é possível determinar, de modo definitivo, as consequências do ato ou do fato ilícito praticado pelo empregador, os valores indicados em cada um dos pedidos são meras estimativas, de modo que não se pode limitar a execução futura (art. 324, § 1º, I a III, CPC).

2 PEDIDOS E REQUERIMENTOS

Requer-se a citação da Reclamada e dos sócios, para que compareçam em Juízo, em audiência designada por Vossa Excelência, e apresentem suas defesas sob pena de incorrer nos efeitos da revelia.

Requer-se a desconsideração da personalidade jurídica da 1ª Reclamada, para determinar a inclusão dos sócios na relação processual e, consequentemente, a declaração da responsabilidade subsidiária dos sócios (2º e o 3º Reclamados).

Diante dos fatos apresentados, pede-se a esta Egrégia Vara do Trabalho se digne em julgar os pedidos procedentes, condenando a Reclamada, com juros e correção, ao pagamento de:

a) Saldo salarial de julho/2020 (27 dias) – R$ 1.242,89;

b) Aviso-Prévio de 60 dias – R$ 2.762,00;

c) 13º salário proporcional de 2020, com a projeção do aviso-prévio (09/12) – R$ 1.035,74;

d) Férias simples + 1/3 de 2018/2019 – R$ 1.841,33;

e) Férias proporcionais + 1/3 de 2019/2020 (10/12) – R$ 1.534,44;

f) Depósitos do FGTS dos meses em aberto de abril a julho de 2020 e sobre as verbas rescisórias – R$ 1.115,23;

g) Multa de 40% do FGTS – R$ 3.247,43;

h) Multa do art. 477 da CLT – R$ 1.381,00;

i) Indenização por danos morais – R$ 13.810,00;

Solicita-se a multa do art. 467 da CLT, caso as verbas rescisórias, as quais são incontroversas, não sejam pagas na primeira audiência.

Requer a concessão do benefício da assistência judiciária gratuita.

O Reclamante pretende provar o acima exposto por todos os meios em direito permitidos (art. 5º, LVI, CF) (documentos, testemunhas, vistorias etc.), com destaque, em especial, para os depoimentos das Reclamadas, sob pena de confissão (Súm. 74, TST).

Outrossim, requer a condenação das Reclamadas ao pagamento de honorários advocatícios, bem como de despesas processuais e custas processuais.

Dá-se à causa o valor de R$ 27.970,06.

Nestes termos,

Pede deferimento.

Local e data

Advogado

OAB nº _____

2

TUTELA PROVISÓRIA

2.1. FUNDAMENTO JURÍDICO

O CPC/2015 (arts. 294 a 311) trata da tutela provisória de forma diversa daquela encontrada no CPC/73 (arts. 273 e 461). Além disso, com a nova sistemática legal, a ação cautelar autônoma (arts. 796 e ss., CPC/73) deixa de existir.

Considerando o novo regramento processual civil e a necessidade do TST se posicionar, ainda que não de forma exaustiva, sobre a aplicação de várias regras e de institutos disciplinados pelo CPC ao processo do trabalho, foi editada a IN 39, de 15-3-2016. Nesse aspecto, o TST entendeu aplicável ao processo do trabalho os arts. 294 a 311, CPC/2015 (art. 3º, VI, IN 39).

A CLT prevê a concessão de tutela provisória em casos específicos (art. 659, IX e X).

2.2. APLICABILIDADE AO PROCESSO DO TRABALHO

No âmbito da CLT, tem-se a previsão expressa da concessão de medidas de urgência para tornar sem efeito transferência (art. 469, CLT) considerada abusiva e para determinar a reintegração de dirigente sindical estável afastado, suspenso ou dispensado pelo empregador (art. 659, IX e X).

Nas demais situações, o reclamante deverá invocar o regramento processual civil (art. 294 e ss., CPC). Isso poderá ocorrer em situações como: (a) reintegração de empregado estável (legal, normativa ou contratual), com a fixação de multa diária; (b) levantamento dos depósitos fundiários por alvará judicial; (c) levantamento do seguro-desemprego por alvará judicial; (d) anotação do contrato de trabalho na CTPS; (e) anotação de baixa ou retificações na CTPS; (f) anotação de evolução salarial na CTPS; (g) fixação de multas, em dissídios coletivos, para que os grevistas mantenham parte dos serviços em caso dos serviços ou atividades essenciais (art. 11, Lei 7.783/89) etc.

O art. 3º, VI, da IN 39/16, do TST, determina que os arts. 294 a 311, CPC/2015, são aplicáveis ao processo trabalhista.

2.3. TUTELA PROVISÓRIA E SUAS ESPÉCIES

Dentro da nova sistemática legal, a tutela provisória pode ser de urgência (de natureza cautelar ou antecipatória) ou de evidência (arts. 294 e ss., CPC).

A tutela provisória de urgência (de natureza cautelar ou antecipatória) será requerida em caráter antecipatório (em relação à ação judicial) ou incidental (no curso da ação).

Concedida a tutela provisória, a mesma conserva sua eficácia na pendência do processo, mas pode ser revogada ou modificada a qualquer momento. Em regra, a tutela provisória conservará a eficácia durante o período de suspensão do processo (art. 296, CPC). Para que se tenha a revogação da tutela antecipatória, pelo exame do processado, é necessária a alteração da situação de fato. Vale dizer, deve se ater à supressão dos pressupostos que levaram à concessão da antecipação de tutela, visto que não se tem a simples alteração da decisão e sim uma nova decisão para uma outra situação existente nos autos. Portanto, é inadmissível a alteração da decisão somente pela assertiva de que o magistrado mudou quanto ao seu entendimento sobre a matéria discutida nos autos. É necessária a alteração na situação fática discutida nos autos. Por fim, o magistrado, para que proceda a alteração da decisão concessiva ou denegatória da antecipação, deverá ser provocado. Isso representa que a alteração não poderá ser de ofício.

O juiz poderá determinar as medidas que considerar adequadas para efetivação da tutela provisória (art. 297, CPC). A efetivação da tutela provisória observará as normas referentes ao cumprimento provisório da sentença, no que couber (art. 520 e ss., CPC). Vale dizer, a execução será processada como a definitiva, com a ressalva de que: (a) de forma objetiva, o exequente responde pelos danos causados ao executado, caso a decisão seja reformada; (b) via de regra, os atos executivos e/ou expropriatórios, que causarem grave prejuízo ao executado são precedidos de caução. No processo trabalhista, em que o crédito tem natureza alimentar, é mister que a execução fundada em uma tutela provisória de urgência antecipada, de fato, assegure ao seu titular a efetividade na antecipação do direito, pena de se ter, como letra morta, a aplicação desse instituto na Justiça do Trabalho.

2.4. COMPETÊNCIA JURISDICIONAL

A tutela provisória, incidental ou antecedente, pretendida deve observar os limites da competência material da Justiça do Trabalho (art. 114, CF).[1]

Como regra, a tutela provisória será requerida ao juízo da causa e, quando antecedente, ao juízo competente para conhecer do pedido principal, observando os critérios de fixação de competência territorial (art. 651, CLT).

Caso o processo já esteja no tribunal, o requerimento de tutela provisória deverá ser feito ao relator do processo (OJ 68, SDI-II).

---

[1] Sobre a competência material da Justiça do Trabalho, sugerimos consultar *Direito Processual do Trabalho*. 7. ed. Francisco Ferreira Jorge Neto e Jouberto de Quadros Pessoa Cavalcante. São Paulo: Atlas, 2015.

2.5. TUTELA PROVISÓRIA DE URGÊNCIA

A tutela de urgência (natureza cautelar ou antecipatória) será concedida quando houver elementos que evidenciem a probabilidade do direito (*fumus boni iuris*) e o perigo de dano ou o risco ao resultado útil do processo (*periculum in mora*) (art. 300, CPC).

A tutela de urgência pode ser concedida liminarmente ou após justificação prévia (audiência).

A tutela de urgência de natureza cautelar pode ser efetivada mediante arresto, sequestro, arrolamento de bens, registro de protesto contra alienação de bem e qualquer outra medida idônea para asseguração do direito (art. 301).

2.5.1. Tutela de urgência de natureza cautelar

2.5.1.1. Tutela cautelar e sua finalidade

Os órgãos jurisdicionais, enquanto não decidem uma lide de forma definitiva, dispõem de meios eficazes para que possam assegurar a permanência ou conservação do estado das pessoas, coisas e provas de modo que as futuras decisões jurisdicionais não se tornem inócuas.

Na vigência do CPC/73, não ocorrendo a prestação da tutela jurisdicional imediatamente, existia a figura da ação cautelar (ação autônoma), cuja finalidade única era garantir a efetividade dos processos de conhecimento e de execução (função auxiliar e subsidiária ao processo principal). Apesar disso, existiam alguns processos considerados cautelares, mas possuíam cunho satisfativo (ex. busca e apreensão de incapaz).

O processo cautelar era considerado um *tertium genus*, ao lado do processo de conhecimento e de execução (autônomo), e podia ser instaurado de forma preparatória ou no curso do processo principal (incidental).

O processo cautelar tinha as seguintes características: instrumentalidade (instrumento de realização do processo principal – instrumento do instrumento, o que não descaracteriza sua autonomia), temporariedade (não dura para sempre), revogabilidade (possibilidade de revogação diante de uma nova realidade ou alteração das condições que ensejaram a concessão da medida), modificabilidade (possibilidade de modificação diante de uma nova necessidade) e fungibilidade (admissibilidade de substituição por caução; *substituição de cautelar nominada por inominada*).

Pela sistemática do CPC/73, as medidas cautelares podiam ser de dois tipos: as cautelares nominadas (ou típicas) e as inominadas (ou atípicas), sendo que as primeiras dizem respeito àquelas expressamente tratadas pelo legislador processual civil, como arresto e sequestro, e estas, mesmo sem tratamento legal expresso, eram concedidas com fundamento no poder geral de cautela do juiz para garantir a eficácia do processo principal.

Com o CPC/2015, não existe mais a ação cautelar (ação autônoma), contudo, o instituto foi mantido como tutela provisória de natureza cautelar.

2.5.1.2. Tutela cautelar e medida liminar

Medida cautelar (tutela cautelar) é todo provimento jurisdicional que visa assegurar a efetividade de uma futura decisão jurisdicional, a qual geralmente é concedida no processo cautelar, de forma liminar ou não, mas que também pode ser encontrada no processo de conhecimento, de execução ou especiais, como no caso do mandado de segurança, interdito possessório etc.

A CF prevê a possibilidade de medida cautelar na ação direta de inconstitucionalidade (art. 102, I, *p*, CF; arts. 10 a 12, Lei 9.868/99).

É possível a concessão de medida liminar no mandado de segurança (Lei 12.016/09), na ação popular (Lei 4.717/65) e na ação civil pública (Lei 7.347/85).

Frise-se que a "medida cautelar" (tutela cautelar) não tem o mesmo significado de "medida liminar", a qual representa uma decisão *prima facie* no processo, mas pode ter um cunho antecipatório (satisfativo) e não cautelar. Ademais, a tutela cautelar pode ser deferida no curso do processo de conhecimento ou execução.

2.5.1.3. Objeto da tutela provisória de natureza cautelar

A tutela cautelar pode compreender: (a) medidas de impedimento à provável mutação da situação (sequestro, antecipação de prova, exibição de documento); (b) medidas de eliminação de mutação já ocorrida na situação fática (atentado, busca e apreensão etc.); (c) medidas de antecipação de provável ou possível mutação da situação.

Atendidos os requisitos legais, a tutela de urgência de natureza cautelar pode ser efetivada mediante arresto, sequestro, arrolamento de bens, registro de protesto contra alienação de bem e qualquer outra medida idônea para asseguração do direito (art. 301, CPC).

2.5.1.3.1. Modelo de requerimento de tutela provisória em caráter incidental – modelo genérico

EXCELENTÍSSIMO SENHOR DOUTOR JUIZ DA MM. 99ª VARA DO TRABALHO DE SÃO PAULO

(10 cm)

Processo n° _____

ALINE SANTOS, já qualificada nos autos, por seu advogado, vem, à presença de Vossa Excelência, requerer a ***CONCESSÃO DE TUTELA PROVISÓRIA DE NATUREZA CAUTELAR EM CARÁTER INCIDENTAL COM PEDIDO LIMINAR*** INAUDITA ALTERA PARTE, nos termos dos arts. 301 e 303, CPC, em face de **TECELAGEM *VIRGÍLIA RODRIGUES ALVES DE CARVALHO PINTO LTDA.***, pelas razões de fato e direito que passa a expor.

1. Do Contrato de Trabalho e da Reclamação Trabalhista

A Requerente trabalhou para a Requerida no período de 1º-8-2000 a 30-4-2020, quando teve seu contrato de trabalho rescindido por iniciativa do empregador (doc. anexo).

No exercício do direito de ação, ingressou em juízo postulando seus direitos trabalhistas, entre eles, horas extras, diferenças salariais e adicional de insalubridade (doc. anexo).

A reclamação trabalhista tramita perante a 99ªVara do Trabalho de São Paulo (processo nº _____), atualmente, aguardando a finalização do laudo pericial (adicional de insalubridade) (doc. anexo).

2. Da Fraude de Execução

No curso da reclamação trabalhista estimada em R$ 200.000,00, a Requerida está dilapidando seu patrimônio, com a venda de maquinários e outros bens que podem garantir o efetivo cumprimento da futura decisão trabalhista, a tal ponto de ficar em estado de insolvência (art. 792, IV, CPC).

Acrescente-se que na última semana, a Requerida dispensou mais de 50 empregados, como foi noticiado no Jornal O Diário (doc. anexo).

3. Da Concessão de Medida Liminar

Pela simples análise da documentação constante dos autos e das provas que se pretende produzir em audiência de justificação, notamos que a Requerida está praticando atos que impedirão a efetivação da tutela jurisdicional do Estado, vez que se encontrará desprovida de patrimônio (*periculum in mora*).

Além disso, no caso concreto, pela leitura das peças processuais constantes da reclamação trabalhista, salta aos olhos o direito que a Requerente tem aos créditos trabalhistas pleiteados.

Assim, requer a concessão de medida liminar, *inaudita altera parte*, para suspender os efeitos jurídicos das alienações do maquinário e de outros bens realizados na última semana, bem como a determinação de todas as medidas necessárias para seu cumprimento.

4. Do Pedido e dos Requerimentos

Ante o exposto, espera a concessão de medida liminar, *inaudita altera parte*, para suspender os efeitos jurídicos das alienações do maquinário e de outros bens realizados na última semana, bem como a determinação de todas as medidas necessárias para seu cumprimento.

Caso julgue necessário, requer a designação de audiência de justificação, em caráter de urgência, com o objetivo exclusivo de comprovar as alienações realizadas pela Requerida.

Pretende-se provar o alegado por todos os meios em Direito permitidos (art. 5º, LVI, CF) (documentos, testemunhas, vistorias etc.).

Nestes termos,

pede deferimento.

Local e data

Advogado

OAB nº _____

2.5.1.3.2. Arresto

O arresto é a medida judicial que visa garantir a execução judicial futura por quantia certa pela apreensão de bens do devedor. A tutela de arresto também é possível em outras situações previstas pelo legislador, como ocorre no arresto de bens de administradores do conselho fiscal de instituições financeiras em intervenção, liquidação extrajudicial ou falência (arts. 45 a 49, Lei 6.024/74), no caso de executivos fiscais (arts. 7º e 14, Lei 6.830/80), arresto de bens do acusado para assegurar a reparação do dano *ex delicto* (arts. 136 e 137, CPP) etc.

Apesar do legislador não mencionar expressamente, a concessão da medida depende de prova literal da dívida líquida e certa (*fumus boni iuris*), admitindo-se a sentença líquida ou ilíquida que ainda esteja pendente de recurso ou de homologação, condenando o devedor no pagamento de dinheiro ou de prestação que em dinheiro possa converter-se. Os títulos executivos extrajudiciais previstos na CLT (termo de ajuste de conduta firmado perante o Ministério Público do Trabalho e o termo conciliatório firmado na Comissão de Conciliação Prévia) demonstram a comprovação de dívida líquida e certa.

2.5.1.3.2.1. Modelo de requerimento de tutela provisória em caráter antecedente – medida de arresto

EXCELENTÍSSIMO SENHOR DOUTOR JUIZ DA ___ VARA DO TRABALHO DE _____

(10 cm)

PEDRO BARRETO [nacionalidade], [estado civil], [profissão], [nº do CPF], [nº do RG e órgão expedidor], [nº da CTPS], [nº do PIS/PASEP ou do NIT], [data de nascimento], [nome da mãe], [endereço físico e eletrônico], por seu advogado [nome completo], o qual receberá as intimações e notificações [endereço físico e eletrônico], vem, à presença de Vossa Excelência, requerer a *CONCESSÃO TUTELA DE PROVISÓRIA DE NATUREZA CAUTELAR EM CARÁTER ANTECEDENTE DE ARRESTO COM PEDIDO LIMINAR* **INAUDITA ALTERA PARTE**, nos termos dos arts. 301 e 303, CPC, em face de **DIÁRIO DE BAURU LTDA.** [nº do CNPJ], [nº do CEI], [endereço físico e eletrônico], pelas razões de fato e direito que passa a expor.

1. Dos Fatos e Fundamentos Jurídicos

O Requerente trabalhou para o Requerido no período de 1º-8-1989 a 30-4-2020, na função de jornalista, regido pela CLT, bem como no Dec.-lei 972, de 17-10-1969, e o seu Regulamento – Decreto 83.284, de 13-3-1979 (doc. anexo).

Após a extinção do contrato de trabalho, diante da violação de direitos trabalhistas, as Partes, devidamente acompanhadas por seus advogados, se conciliaram perante a Comissão de Conciliação Prévia do Sindicato dos Trabalhadores (14-5-2020), nos seguintes termos: (a) o Requerido pagará ao Requerente o valor de R$ 100.000,00 (cem mil reais); (b) o valor será pago em 20 parcelas de R$ 5.000,00 (cinco mil) cada uma, a ser paga todo dia 10 de cada mês a partir de junho/2020; (c) em caso de não cumprimento, haverá o vencimento automático das parcelas vincendas, acrescidas de multa de 30% sobre o valor devido; (d) o Requerente dá total e plena quitação a todas as verbas do contrato de trabalho, nada mais podendo reclamar (termo de conciliação anexo).

Até a presente data, a Requerente vem cumprindo suas obrigações com o Requerente.

Ocorre que, no último domingo, o Requerido anunciou nos jornais de circulação na Região de Bauru que os sócios remanescentes, após a retirada de dois outros sócios, estão vendendo o Jornal e suas instalações (doc. anexo).

A situação financeira instável e delicada pela qual passa o Requerido é de conhecimento de todos na Região, inclusive pela existência de protestos cartorários de títulos de fornecedores (doc. anexo) e ações de cobrança (doc. anexo).

Diante disso, considerando o estado de insolvência que envolve o Requerido, requer a concessão do arresto de bens necessários e suficientes para cumprimento integral das obrigações constantes do termo firmando pelas Partes perante a Comissão de Conciliação Prévia.

2. Da Liminar Inaudita Altera Parte

Considerando a existência da prova literal da dívida líquida e certa, bem como da prova documental demonstrando o estado de insolvência do Requerido, requer a concessão de medida liminar *inaudita altera parte* para determinar o arresto de bens necessários e suficientes para o cumprimento integral das obrigações de natureza trabalhista.

Outrossim, caso julgue necessário, os bens arrestados deverão ser removidos.

3. Dos Pedidos e Requerimentos

Ante o exposto, espera o regular processamento do presente requerimento de tutela provisória antecedente de arresto, com a citação do Requerido, para que compareça em Juízo, em audiência designada por Vossa Excelência, e apresente sua defesa em audiência sob pena de incorrer nos efeitos da revelia.

Espera a concessão de medida liminar, *inaudita altera parte*, para determinar o arresto de bens que sejam necessários e suficientes para o cumprimento da obrigação trabalhista.

Caso se mostre necessário, os bens arrestados deverão ser removidos.

A fim de demonstrar os requisitos da medida cautelar, requer a designação de audiência de justificação.

Requer a intimação do Requerido da medida cautelar concedida *inaudita altera parte*.

Dá-se à causa o valor de R$ _____ (_____).

Nestes termos,

pede deferimento.

Local e data

Advogado

OAB nº _____

2.5.1.3.3. Sequestro

A tutela provisória de natureza cautelar de sequestro visa à apreensão de bem determinado para assegurar a efetividade de futura execução para a entrega da coisa (certa).

O CPC/73 (art. 822) previa expressamente que, diante do requerimento da parte, o juiz pode determinar o sequestro de: (a) bens móveis, semoventes ou imóveis, quando lhes for disputada a propriedade ou a posse, havendo fundado receio de rixas ou danificações; (b) frutos e rendimentos do imóvel reivindicando, se o réu, depois de condenado por sentença ainda sujeita a recurso, os dissipar; (c) bens do casal, nas ações de desquite e de anulação de casamento, se o cônjuge os estiver dilapidando; etc.

2.5.1.3.3.1. Modelo de requerimento de tutela provisória em caráter antecedente – medida de sequestro

EXCELENTÍSSIMO SENHOR DOUTOR JUIZ DA ___ VARA DO TRABALHO DE _____

(10 cm)

DOMINGOS PORTELA ARTE EM MADEIRA LTDA. [nº do CNPJ], [nº do CEI], [endereço físico e eletrônico], por seu advogado [nome completo], o qual receberá as intimações e notificações [endereço físico e eletrônico], vem, à presença de Vossa Excelência, requerer a ***CONCESSÃO DE TUTELA PROVISÓRIA DE NATUREZA CAUTELAR EM CARÁTER ANTECEDENTE DE SEQUESTRO COM PEDIDO LIMINAR INAUDITA ALTERA PARTE***, nos termos dos arts. 301 e 303, CPC, em face de **TALES CAVALCANTE SANTOS** [nacionalidade], [estado civil], [profissão], [nº do CPF], [nº do RG e órgão expedidor], [nº da CTPS], [nº do PIS/PASEP ou do NIT], [data de nascimento], [nome da mãe], [endereço físico e eletrônico], pelas razões de fato e direito que passa a expor.

1. Dos Fatos e Fundamentos Jurídicos

O Requerido trabalhou, regido pela CLT, para a Requerente, na função de marceneiro, no período de 1º-7-2000 a 1º-4-2020 (doc. anexo).

Na função de marceneiro, o Requerido era responsável pela montagem de guarda-roupas, estantes etc. na residência e escritório de clientes, além disso, era responsável pelo trabalho de dois outros ajudantes.

No dia 1º-4-2020, o Requerido telefonou para a Requerente e informou a ruptura unilateral do contrato de trabalho (pedido de demissão), alegando motivos particulares.

Informou também que naquela semana compareceria à empresa para fazer os acertos e devolver a caixa de ferramentas importadas da Argentina, com 200 peças, da Marca KLP, modelo 12WR, no valor aproximado de R$ 50.000,00 (nota fiscal anexa).

No dia 10-4-2020, o Requerido compareceu à empresa para entregar pedido formal de demissão (doc. anexo), fazer os acertos das verbas trabalhistas e dar baixa na CTPS.

Quando indagado sobre a caixa de ferramentas, alterando a conversa anterior, alegou que comprou a caixa de ferramentas do ex-sócio (sr. Robson Crusoé), sem, contudo, apresentar qualquer prova disso.

Com o justo receio de que o Requerido possa vender ou danificar as ferramentas, requer o sequestro da caixa de ferramentas, determinando a remoção da mesma e que a Requerente fique como depositária da mesma.

2. Da Liminar Inaudita Altera Parte

Considerando tratar-se de bem móvel, apesar da dúvida existente sobre sua legítima propriedade, a Requerente possui a nota fiscal de compra e o receio justo de extravio e danificações, requer a concessão de medida cautelar *inaudita altera parte* para determinar o sequestro da caixa de ferramentas descrita, com sua remoção imediata e em depósito com o Requerente.

3. Dos Pedidos e Requerimentos

Ante o exposto, espera o regular processamento do requerimento de tutela antecipada de natureza cautelar em caráter antecedente, com a citação do Requerido, para que compareça em Juízo, em audiência designada por Vossa Excelência, e apresente sua defesa em audiência sob pena de incorrer nos efeitos da revelia.

Espera a concessão de medida liminar, *inaudita altera parte*, para determinar o sequestro da caixa de ferramentas importadas da Argentina, com 200 peças, da Marca KLP, modelo 12WR, no valor aproximado de R$ 50.000,00 (nota fiscal anexa), com a remoção do bem e depósito com a Requerente.

A fim de demonstrar os requisitos da medida cautelar, requer a designação de audiência de justificação.

Requer a intimação do Requerido da medida cautelar concedida *inaudita altera parte*.

Pretende-se provar o alegado por todos os meios em Direito permitidos (art. 5º, LVI, CF) (documentos, testemunhas, vistorias etc.).

Dá-se à causa o valor de R$ _____ (_____).

Nestes termos,

pede deferimento.

Local e data

Advogado

OAB nº _____

2.5.1.3.4. Busca e apreensão

A tutela antecipada de natureza cautelar de busca e a apreensão pode envolver pessoas (menores de idade ou interditos) ou coisas de qualquer tipo, podendo por meio dela se resguardar *"a produção de prova documental (apreensão de quaisquer papéis) ou da prova pericial que da apreensão desses documentos ou de outras coisas móveis (livros comerciais, o bem destruído) dependa para se realizar"*.[2]

O sistema jurídico prevê ainda a busca e apreensão de bens alienados fiduciariamente, com natureza satisfativa (Dec.-lei 911/69).

Na vigência do CPC/73, Sergio Pinto Martins defendia,[3] *"a busca e apreensão poderá ocorrer na execução, mas não como medida cautelar"*. Da mesma forma Wagner Giglio e Claudia Giglio[4] se posicionam.

Estão com a razão Wilson de Souza Campos Batalha e Manoel Antonio Teixeira Filho, que a admitem no processo de trabalho, exclusivamente, sobre coisas.

---

[2] MACHADO, Antônio Cláudio da Costa. *Código de Processo Civil Interpretado: Artigo por Artigo. Parágrafo por Parágrafo*, 5. ed., p. 1423.

[3] MARTINS, Sergio Pinto. *Direito Processual do Trabalho*, 26. ed., p. 594.

[4] GIGLIO, Wagner; CORRÊA, Claudia Giglio Veltri. *Direito Processual do Trabalho*, 15. ed., p. 396.

2.5.1.3.4.1. Modelo de requerimento de tutela provisória em caráter antecedente – medida de busca e apreensão

EXCELENTÍSSIMO SENHOR DOUTOR JUIZ DA ___ VARA DO TRABALHO DE _____

(10 cm)

MARIA BARRETO [nacionalidade], [estado civil], [profissão], [nº do CPF], [nº do RG e órgão expedidor], [nº da CTPS], [nº do PIS/PASEP ou do NIT], [data de nascimento], [nome da mãe], [endereço físico e eletrônico], por seu advogado [nome completo], o qual receberá as intimações e notificações [endereço físico e eletrônico], vem, à presença de Vossa Excelência, requerer a *CONCESSÃO DE TUTELA PROVISÓRIA DE NATUREZA CAUTELAR EM CARÁTER ANTECEDENTE DE BUSCA E APREENSÃO COM PEDIDO LIMINAR* INAUDITA ALTERA PARTE, nos termos dos arts. 301 e 303, CPC, em face de **DAISY SANTOS NOBREGA & GABRIELLY CAVALCANTE LTDA.** [nº do CNPJ], [nº do CEI], [endereço físico e eletrônico], pelas razões de fato e direito que passa a expor.

1. Dos Fatos e Fundamentos Jurídicos

A Requerente trabalhou para a Requerida no período de 1975 a 2007, na função de gerente, nos termos da legislação trabalhista (doc. anexo).

Recentemente (janeiro de 2020), a Requerente requereu junto ao INSS sua aposentadoria. Dias após, o INSS exigiu complemento das anotações da Requerida na CTPS, como requisito para concessão do benefício previdenciário.

Por conta disso, a Requerente dirigiu-se à Requerida e, após explicar os motivos da necessidade de complementar as anotações da CTPS, deixou sua Carteira de Trabalho no departamento pessoal, com a Sra. Giane Simone Batista, no dia 18-2-2020 (doc. anexo).

A CTPS da Requerente é a de nº 1234, série CDE.

Segundo informações recebidas posteriormente, a referida funcionária acabou sendo desligada da empresa no dia 22-2-2017.

Dias após a entrega da CTPS, a Requerente retornou à empresa para retirar o documento. Contudo, ninguém sabia do documento.

No dia seguinte, a Requerente foi informada, via telefone, que sua CTPS estava com o sócio da empresa e que seria necessário aguardar dois ou três dias.

Passado esse período, novamente a Requerente entrou em contato. Novamente, as informações foram contraditórias.

Diante da legítima propriedade da CTPS, prova cabal de que a mesma foi entregue na empresa, requer a concessão da busca a apreensão da CTPS, com sua entrega nas mãos da Requerente.

2. Da Liminar Inaudita Altera Parte

Considerando que se trata de documento (CTPS) de propriedade da Requerente e a recusa de entrega da mesma por parte da Requerida, requer a concessão de medida cautelar *inaudita altera parte* para determinar a busca a apreensão do documento, com sua entrega imediata à Requerente.

3. Dos Pedidos e Requerimentos

Ante o exposto, espera o regular processamento do requerimento de tutela provisória de natureza cautelar em caráter antecedente de busca e apreensão, com a citação da Requerida, para que compareça em Juízo, em audiência designada por Vossa Excelência, e apresente sua defesa em audiência sob pena de incorrer nos efeitos da revelia.

Espera a concessão de medida liminar, *inaudita altera parte*, para determinar a busca e apreensão da CTPS (nº 1234, série CDE) da Requerente, a qual se encontra na posse da Requerida, com sua entrega imediata.

A fim de demonstrar os requisitos da medida cautelar, requer a designação de audiência de justificação.

Requer a intimação da Requerida da medida cautelar concedida *inaudita altera parte*.

Pretende-se provar o alegado por todos os meios em Direito permitidos (art. 5º, LVI, CF) (documentos, testemunhas, vistorias etc.).

Dá-se à causa o valor de R$ _____ (_____).

Nestes termos,

pede deferimento.

Local e data

Advogado

OAB nº _____

2.5.1.3.5. Exibição

Pela medida de exibição, a parte busca ter acesso a documentos que estejam na posse da outra parte, tanto empregado como empregador, como de terceiro (art. 396, CPC).

2.5.1.3.5.1. Modelo de requerimento de tutela provisória em caráter antecedente – medida de exibição

EXCELENTÍSSIMO SENHOR DOUTOR JUIZ DA ___ VARA DO TRABALHO DE _____

(10 cm)

RAFAEL CAVALCANTE [nacionalidade], [estado civil], [profissão], [nº do CPF], [nº do RG e órgão expedidor], [nº da CTPS], [nº do PIS/PASEP ou do NIT], [data de nascimento], [nome da mãe], [endereço físico e eletrônico], por seu advogado [nome completo], o qual receberá as intimações e notificações [endereço físico e eletrônico], vem, à presença de Vossa Excelência, requerer a ***CONCESSÃO DE TUTELA PROVISÓRIA DE NATUREZA CAUTELAR EM CARÁTER ANTECEDENTE DE EXIBIÇÃO COM PEDIDO LIMINAR INAUDITA ALTERA PARTE***, nos termos dos arts. 301, 303 e 396, CPC, em face de **ALINE SANTOS & ISABELLY SANTOS LTDA**. [nº do CNPJ], [nº do CEI], [endereço físico e eletrônico], pelas razões de fato e direito que passa a expor:

1. Dos Fatos e Fundamentos Jurídicos

O Requerente trabalhou para a Requerida no período de 19-6-2002 até 21-10-2020, na função de auxiliar de manutenção, conforme contrato de trabalho anexo.

Ocorre que o Requerente, durante sua jornada de trabalho, era obrigado a desempenhar suas funções perto da linha de produção de sapatos do setor "C".

Apesar do alto ruído/barulho a que era exposto, nunca recebeu o adicional de insalubridade, nos termos da legislação trabalhista vigente.

Por conta do grande número de empregados, a Requerida possui SESMET, ou seja, um grupo de empregados que formam o Serviço Especializado em Engenharia de Segurança e Medicina do Trabalho, o qual é responsável, entre outros, pela elaboração do Programa de Controle Médico de Saúde Ocupacional (PCMSO, NR 7) e Programa de Prevenção de Riscos Ambientais (PPRA, NR 9).

A fim de se verificar a real situação de exposição do Requerente, espera que a Requerida seja compelida a exibir judicialmente os documentos PCMSO e PPRA do setor "C" da fábrica, no período de 2002 a 2020.

2. Da Liminar Inaudita Altera Parte

Considerando que se trata de documento decorrente de norma impositiva e diretamente relacionado ao ambiente de trabalho e a relação jurídica que existiu entre as Partes, requer a concessão de medida cautelar *inaudita altera parte* para determinar a exibição imediata dos PCMSO e PPRA do setor "C" da fábrica, no período de 2002 a 2020.

3. Dos Pedidos e Requerimentos

Ante o exposto, espera o regular processamento do requerimento de tutela provisória de natureza cautelar em caráter antecedente de exibição, com a citação do Requerido, para que compareça em Juízo, em audiência designada por Vossa Excelência, e apresente sua defesa em audiência sob pena de incorrer nos efeitos da revelia.

Espera a concessão de medida liminar, *inaudita altera parte*, para determinar a exibição imediata dos PCMSO e PPRA do setor "C" da fábrica, no período de 2002 a 2020.

A fim de demonstrar os requisitos da medida cautelar, requer a designação de audiência de justificação.

Requer a intimação da Requerida da medida cautelar concedida *inaudita altera parte*.

Pretende-se provar o alegado por todos os meios em Direito permitidos (art. 5º, LVI, CF) (documentos, testemunhas, vistorias etc.).

Dá-se à causa o valor de R$ _____ (_____).

Nestes termos,

pede deferimento.

Local e data

Advogado

OAB nº _____

2.5.1.3.6. Produção antecipada de provas

A produção antecipada de provas é disciplinada pelo CPC (arts. 381 e ss.). É admissível quando: (a) haja fundado receio de que venha a tornar-se impossível ou muito difícil a verificação de certos fatos na pendência da ação; (b) a prova a ser produzida seja suscetível de viabilizar a autocomposição ou outro meio adequado de solução de conflito; (c) o prévio conhecimento dos fatos possa justificar ou evitar o ajuizamento de ação. Citadas hipóteses são compatíveis com o processo trabalhista.

Cap. 2 • TUTELA PROVISÓRIA | 61

A antecipação pode ser utilizada por quem pretenda justificar a existência de algum fato ou relação jurídica para simples documento e sem caráter contencioso, que exporá, em petição circunstanciada, a sua intenção. Trata-se do procedimento da justificação (medida cautelar específica) prevista no art. 381, § 5º, CPC. Regra aplicável ao processo trabalhista.

Na prática forense, a tutela provisória de natureza cautelar de produção antecipada de provas consiste em interrogatório da parte, inquirição de testemunhas e exame pericial, de modo que se garante o direito da parte à prova, que poderia vir a ser prejudicado caso não se proceda à sua produção naquele momento. Imagine a situação: a única testemunha está prestes a sofrer uma intervenção cirúrgica de alto risco de vida ou o local de trabalho será desativado pela empresa. Em ambos os casos, a produção antecipada de provas visa assegurar o exercício do direito.

Quanto ao procedimento: (a) pelo CPC, a competência da produção antecipada de prova será requerida ao juízo do foro onde a prova deva ser produzida ou do foro de domicílio do réu, sendo que não haverá prevenção do juízo para a ação principal que venha a ser proposta. No processo trabalhista, a demanda deverá ser proposta de acordo com o foro da prestação dos serviços (art. 651, *caput*, CLT); (b) na petição inicial, o requerente apresentará as razões que justificam a necessidade de antecipação da prova e mencionará com precisão os fatos sobre os quais a prova há de recair; (c) de ofício ou a requerimento da parte, o juiz deve determinar a citação de interessados na produção da prova ou no fato a ser provado, salvo se inexistente caráter contencioso; (d) os interessados poderão requerer a produção de qualquer prova no mesmo procedimento, desde que relacionada ao mesmo fato, salvo se a sua produção conjunta acarretar excessiva demora; (e) na sentença, o juiz não se pronunciará sobre a ocorrência ou a inocorrência do fato, nem sobre as respectivas consequências jurídicas; (f) não se admitirá defesa ou recurso, salvo contra decisão que indeferir totalmente a produção da prova pleiteada pelo requerente originário; (g) os autos permanecerão em cartório durante um mês para extração de cópias e certidões pelos interessados. Findo o prazo, os autos serão entregues ao promovente da medida. O procedimento é compatível com o processo trabalhista.

2.5.1.3.6.1 Modelo de requerimento de tutela provisória em caráter antecedente – medida de produção antecipada de provas

EXCELENTÍSSIMO SENHOR DOUTOR JUIZ DA ___VARA DO TRABALHO DE _____

(10 cm)

DOMINGOS PORTELA [nacionalidade], [estado civil], [profissão], [nº do CPF], [nº do RG e órgão expedidor], [nº da CTPS], [nº do PIS/PASEP ou do NIT], [data de nascimento], [nome da mãe], [endereço físico e eletrônico], por seu advogado [nome completo], o qual receberá as intimações e notificações [endereço físico e eletrônico], vem, à presença de Vossa Excelência, requerer a **CONCESSÃO DE TUTELA PROVISÓRIA DE NATUREZA CAUTELAR EM CARÁTER ANTECEDENTE DE PROVAS COM PEDIDO LIMINAR INAUDITA ALTERA PARTE**, nos termos dos arts. 301 e 303, CPC, em face de **ABC LTDA.** [nº do CNPJ], [nº do CEI], [endereço físico e eletrônico], pelas razões de fato e direito que passa a expor.

1. Dos Fatos e Fundamentos Jurídicos

O Requerente trabalha para a Requerida desde 1º-2-1990, na função de supervisor de produção (doc. anexo).

No dia 20-10-2019, por volta das 15 horas, quando exercia suas funções regularmente, sofreu um acidente de trabalho.

Ao circular pela fábrica (Alameda JK), o Requerente foi atropelado por uma empilhadeira, a qual estava sendo guiada por uma pessoa inabilitada para tal função (Sr. João Cruz) (doc. anexo), em local sem adequada sinalização de segurança.

Por problemas decorrentes do acidente, encontra-se afastado junto ao INSS até a presente data (doc. anexo).

A Requerida pretende encerrar suas atividades naquela localidade no prazo de 02 meses, transferindo o módulo de produção para a matriz, em Mauá – Município da Grande São Paulo.

Assim, considerando o fundado receio de que venha a se tornar impossível a verificação do local do acidente de trabalho e suas causas, em especial, no que se refere à sinalização de segurança, o Requerente ingressa com o presente requerimento de produção antecipada de provas, a fim de se verificarem as condições do local onde ocorreu o acidente de trabalho (prova pericial).

2. Da Liminar Inaudita Altera Parte

Considerando a possibilidade de perda da chance de realizar a prova pericial, com efetivo prejuízo para apuração dos fatos relacionados ao acidente, pela desativação do local de trabalho, requer a concessão de medida cautelar *inaudita altera parte* para determinar a realização de perícia judicial no local.

3. Assistente técnico e quesitos

Desde já, o Requerente indica como assistente técnico a engenheira civil, dra. Daniela Noleto, CRE 100.123-G, com telefone 11 ..., cel. 11 ..., e-mail daniela.noleto@daniela.noleto.com.br, com escritório a av. Brasil, 1.100, São Paulo – Capital.

Quesitos ao sr. Perito judicial:

a) descreva o local do acidente de trabalho;

b) o local é utilizado por pedestres regularmente?

c) o local é adequado para o deslocamento de empilhadeiras?

d) o local apresenta sinalização para pedestres?

e) o local apresenta sinalização para deslocamento de veículos?

f) em caso afirmativo, a sinalização observa as normas previstas no Código Nacional de Trânsito?

g) em caso afirmativo, a sinalização é adequada?

h) caso houvesse sinalização adequada, o acidente poderia ter sido evitado?

Cap. 2 • TUTELA PROVISÓRIA | 63

4. Dos Pedidos e Requerimentos

Ante o exposto, espera o regular processamento do requerimento de tutela provisória de natureza cautelar em caráter antecedente de produção de provas, com a citação da Requerida, para que compareça em Juízo, em audiência designada por Vossa Excelência, e apresente sua defesa em audiência sob pena de incorrer nos efeitos da revelia.

Espera a concessão de medida liminar, *inaudita altera parte*, para determinar a realização da perícia judicial. Desde já, o Requerente indica seu assistente técnico (dra. Daniela Noleto) e apresenta seus quesitos.

O Requerente e a assistente técnica deverão ser intimados da data e horário da pericial que se realizará no local de trabalho.

A fim de demonstrar os requisitos da medida cautelar, requer a designação de audiência de justificação.

Requer a intimação da Requerida da medida cautelar concedida *inaudita altera parte*

Pretende-se provar o alegado por todos os meios em Direito permitidos (art. 5º, LVI, CF) (documentos, testemunhas, vistorias etc.).

Dá-se à causa o valor de R$ _____ (_____).

Nestes termos,

pede deferimento.

Local e data

Advogado

OAB nº _____

2.5.1.3.6.2 Modelo de requerimento de produção antecipada de prova – demais hipóteses do art. 381, CPC

EXCELENTÍSSIMO SENHOR DOUTOR JUIZ DO TRABALHO DA ___VARA DE _____
FRANCISCO JOÃO DA SILVA, (nacionalidade), (estado civil), (profissão), (nº do CPF), (nº do RG e órgão expedidor), (nº da CTPS), (nº do PIS/PSEP ou do NIT), (nome da mãe), (data de nascimento), (domicílio físico e eletrônico – *e-mail*), por seu advogado subscrito (nome e endereço completo do advogado) (procuração anexa), vem à presença de Vossa Excelência requerer a *PRODUÇÃO ANTECIPADA DE PROVAS*, nos termos do art. 381, II e III, do CPC, em face de **SUPER MERCADO ESTRELA DO NORTE,** (nº do CNPJ), (nº do CEI), (domicílio físico e eletrônico – *e-mail*), pelos fundamentos de fato e de direito infraexpostos:

1 DOS FATOS E FUNDAMENTOS JURÍDICOS

1.1 Contrato de Trabalho

O Requerente foi contratado para a função operador de empilhadeira em 1-12-2007.

O seu último salário era no importe de R$ 1.381,00.

Houve a dispensa injusta em 27-7-2020, com o pagamento dos seus direitos trabalhistas.

1.2 Do Cabimento da Presente Ação

O Requerente, em decorrência das fortes dores em seu joelho esquerdo, passou por exame médico no dia 12-2-2019, sendo afastado mediante auxílio-doença em decorrência da lesão (período de afastamento: 12-5-2019 a 30-11-2019).

Apesar da alta concedida pela entidade autárquica (INSS), referida lesão compromete seu estado de saúde, não podendo precisar a reversibilidade da lesão, tampouco sua extensão, vez que foi recomendado procedimento cirúrgico, o qual não foi realizado até a presente data.

Existe o justo receio de que a lesão tenha se agravado, sendo necessária a determinação de produção de prova prévia por meio de perícia médica para se apurar a extensão da lesão, o nexo causal com as atividades exercidas na Requerida, bem como o percentual de redução da capacidade laboral, nos moldes dos arts. 381 e 382 do CPC, que viabilizam a produção antecipada de prova.

Por seu turno, na função de operador de empilhadeira, o Requerente manuseava empilhadeiras e efetuava troca de cilindro de gás (GLP), contudo, nunca percebeu o adicional de periculosidade (art. 193, CLT).

Na sistemática adotada pelo CPC/73, a produção antecipada da prova dependia da demonstração de que a possibilidade da produção da prova estava em risco, ou seja, o Requerente deveria demonstrar o *periculum in mora*. No entanto, o CPC/2015 criou um verdadeiro procedimento probatório autônomo ou independente, o que tem como corolário o reconhecimento do direito autônomo à prova, no sentido de direito cujo exercício não se vincula necessariamente a um processo judicial instaurado ou a ser instaurado ou a uma situação de perigo em relação à produção de determinada prova.

Desse modo, consoante o art. 381, I, II e III, do CPC/2015, a prova poderá ser produzida de forma antecipada quando: (a) haja fundado receio de que venha a se tornar impossível ou muito difícil a verificação de certos fatos na pendência do processo; (b) a prova a ser produzida seja suscetível de viabilizar a autocomposição ou outro meio adequado de solução de conflito; (c) o prévio conhecimento dos fatos possa justificar ou evitar o ajuizamento de ação.

Observa-se que o CPC de 2015 não tratou do tema ao disciplinar a tutela de urgência, o que significa dizer que a antecipação da prova não depende de tal requisito (denominado *periculum in mora*). Essa demonstração somente será exigida quando a pretensão tiver como fundamento o art. 381 do CPC, ou seja, o fundado receio de que venha tornar-se impossível ou muito difícil a verificação de certos fatos na pendência do processo.

Assim, a prova pode ser produzida com o objetivo de viabilizar a autocomposição ou outro meio adequado de solução de conflito ou verificar a existência de fatos que justificam o ajuizamento de demanda, mesmo que não haja fundado receio de que venha tornar-se impossível ou muito difícil a verificação de certos fatos na pendência do processo (art. 381, II e III, CPC).

Em suma, resta presente o interesse do Requerente na produção da prova com o objetivo de obter provas que possam justificar o ajuizamento de demanda contra seu empregador.

1.2.1 Apuração da atividade periculosa

O Requerente, na função de operador de empilhadeira, manuseava empilhadeiras e efetuava troca de cilindro de gás (GLP), fazendo jus ao adicional de periculosidade (art. 193, CLT).

De forma permanente e todos os dias (habitual), o Requerente tinha contato com as áreas de risco derivada de líquidos inflamáveis, em função de realizar o abastecimento das empilhadeiras (item 1º, alínea "d", como também em face do item 3, alínea "s", do Anexo nº 2 da NR 16 da Portaria 3.214/1978).

Esse enquadramento se destina a toda e qualquer atividade em que se tenha o abastecimento de combustíveis, sendo que a permanência do Requerente na área de risco era habitual e diária.

Aliás, o conceito jurídico de permanência, contido no art. 193 da CLT, não implica a prestação de serviços durante toda a jornada em área de risco, mas o trabalho ou ingresso em local perigoso em virtude do exercício da própria função desempenhada na empresa.

Após a constatação de prova pericial *in loco*, portanto, o Requerente fará jus ao recebimento do adicional de periculosidade no percentual de 30% sobre os salários percebidos durante toda a vigência do contrato de trabalho.

Sendo assim, requer a produção prévia de perícia técnica para auferir as condições do ambiente de trabalho e averiguação se a atividade era periculosa, uma vez que a perícia é essencial para poder fazer a liquidação de ação futura se restar comprovada a atividade periculosa.

1.2.2 Doença ocupacional

O Requerente, ao operar a empilhadeira, realizava movimentos bruscos e repetitivos, ao acionar o pedal de embreagem, sendo que a mudança de marchas ocorria de 1.000 a 2.000 vezes durante a jornada diária, fator que lhe causou lesão no joelho esquerdo.

Em razão das fortes dores, houve afastamento do labor, com concessão de auxílio-doença (INSS, código 91), contudo, faz-se necessária a produção de prova prévia por meio de perícia médica para se apurar a extensão da lesão, o nexo causal e a redução da capacidade laboral, com o objetivo de fundamentar ação futura de indenização por danos materiais e morais fulcrada na responsabilidade civil do empregador.

Desse modo, a perícia judicial médica é necessária para apurar o nexo e a extensão da lesão, averiguando se esta foi ocasionada pelos movimentos repetitivos e pelas condições de trabalho a que o Requerente era submetido diariamente.

1.3. Da necessidade e do objeto da produção antecipada da prova pericial

A presente ação se faz necessária para a apuração da real redução da capacidade laboral do Requerente, a qual somente será possível após a realização de perícia médica, bem como a apuração da existência de labor em condições periculosas, mediante a realização de perícia técnica, de forma a propiciar lastro probatório mínimo para o ajuizamento de futura demanda na qual se pleitearão indenizações por danos morais e materiais, bem como adicional de periculosidade, possibilitando ainda a correta liquidação da inicial, devido às alterações impostas pela Lei 13.467/2017.

Portanto, para a propositura da referida ação, é indispensável a realização de provas técnicas, para que seja apurada a lesão, o nexo causal e a redução da capacidade laborativa, bem como se a atividade do Requerente era periculosa.

Desse modo, resta ao Requerente produzir antecipadamente a prova pericial, com fito único de viabilizar a veracidade dos fatos que alegará em ação principal.

1.4. Juntada de documentos pelo empregador

No prazo para a resposta, a Requerente deverá juntar, sob as penas do art. 400 do CPC, os seguintes documentos, seguindo a orientação do Programa Trabalho Seguro do C.TST, conforme seu Enunciado 6:

I – Programa de Prevenção de Riscos Ambientais – PPRA, previstos na NR-9 da Portaria 3.214/78 do MTE; II – Laudo Técnico de Condições Ambientais do Trabalho – LTCAT, previstos na NR-15 da Portaria 3.214/78 do MTE; III – Programa de Controle Médico de Saúde Ocupacional – PCMSO, nos termos da NR-7 da Portaria 3.214/78, acompanhado dos respectivos relatórios; IV – Perfil Profissiográfico Previdenciário – PPP; V – Análise Ergonômica do Trabalho – AET (NR 17); VI – Prontuário médico do (a) Requerente, com transcrição legível das anotações, inclusive exames admissional, demissional e periódicos (art. 168 da CLT e NR-7 da Portaria 3.214/78); VII – comprovante de instrução aos seus empregados; VIII – treinamento por meio de ordem de serviços, art. 157, II, da CLT e Portaria 3.214/78, item 1.7.b; IX – ficha de registro; X – Ficha de entrega de EPI's; XI – Recibos de pagamento de todo o período trabalhado.

1.5. Assistência jurídica gratuita

O Requerente é pessoa humilde e encontra-se desempregado, não estando em condições de arcar com as despesas processuais, portanto, requer a concessão dos benefícios da justiça gratuita (art. 5°, LXXIV, CF; arts. 14 ss., Lei 5.584/70; Lei 7.115/83; art. 98, CPC).

De acordo com a Lei 7.115, no seu art. 1°, *caput*, a declaração pode ser firmada pelo próprio interessado ou por seu procurador, desde que munido de procuração com poderes específicos para esse fim (Súm. 463, I, TST) (art. 105, CPC).

A justiça gratuita pode ser reconhecida em qualquer fase processual (OJ 269, I, SDI-I) (art. 99, CPC).

A declaração de pobreza (doc.) atende ao disposto na legislação.

2. PEDIDOS E REQUERIMENTOS

Ante o exposto, espera o regular processamento do requerimento de produção antecipada de provas, com a citação da Requerida, para que compareça em Juízo, em audiência designada por Vossa Excelência, e apresente sua defesa sob pena de incorrer nos efeitos da revelia.

Diante dos fatos apresentados, pede-se a esta Egrégia Vara do Trabalho, digne-se em deferir os pedidos solicitados, nos seguintes termos:

a) a designação de perícia médica para apuração da redução da capacidade laborativa, se permanente ou temporária, bem como o nexo causal da doença com as atividades laborais, facultando-se às partes a indicação de assistentes técnicos e formulação de quesitos;

b) a designação de perícia técnica para apuração da periculosidade, devendo o Requerente ser intimado da vistoria a ser realizada, para acompanhamento, com a faculdade de formulação de quesitos e a indicação de assistentes técnicos;

c) que a Requerida seja intimada para apresentar, sob pena da aplicação do art. 400 do CPC, o seguintes documentos: I – Programa de Prevenção de Riscos Ambientais – PPRA, previstos na NR-9 da Portaria 3.214/1978 do MTE; II – Laudo Técnico de Condições Ambientais do Trabalho – LTCAT, previstos na NR-15 da Portaria 3.214/1978 do MTE; III – Programa de Controle Médico de Saúde Ocupacional – PCMSO, nos termos da NR-7 da Portaria 3.214/1978, acompanhado dos respectivos relatórios; IV – Perfil Profissiográfico Previdenciário – PPP; V – Análise Ergonômica do Trabalho – AET (NR 17); VI – Prontuário médico do (a) Requerente, com transcrição legível das anotações, inclusive exames admissional, demissional e periódicos (art. 168 da CLT e NR-7 da Portaria 3.214/1978); VII – comprovante de instrução aos seus empregados; VIII – treinamento por meio de ordem de serviços, art. 157, II, da CLT e Portaria 3.214/1978, item 1.7.b; IX – ficha de registro; X – Ficha de entrega de EPI's; XI – Recibos de pagamento de todo o período trabalhado.

Requer a concessão do benefício da assistência judiciária gratuita.

O Requerente pretende provar o acima exposto por todos os meios em direito permitidos (art. 5°, LVI, CF) (documentos, testemunhas, vistorias etc.).

Outrossim, requer a condenação da Requerida ao pagamento de honorários advocatícios, bem como de despesas processuais e custas processuais.

Dá-se à causa o valor de R$ _____ (_____) .

Nestes termos,

pede deferimento.

Local e data

Advogado

OAB n° _____

2.6. TUTELA DE URGÊNCIA DE NATUREZA ANTECIPATÓRIA

Apesar do legislador exigir os mesmos requisitos legais da tutela de urgência de natureza cautelar, a tutela de natureza antecipatória tem maior evidência na plausibilidade do direito (*fumus boni iuris*), de modo que serão concedidos ao autor os efeitos, ainda que parciais, do futuro provimento jurisdicional definitivo.

A tutela antecipada não deve ser confundida com a cautelar. A tutela antecipada é satisfativa, enquanto a medida cautelar não assegura o direito, mas a possibilidade de sua realização efetiva, ou seja, o seu intuito é resguardar o efeito futuro do pedido principal, daí o caráter instrumental da tutela cautelar.

2.7. REQUISITOS LEGAIS

A tutela de urgência (de natureza cautelar ou antecipatória) será concedida quando houver elementos que evidenciem a probabilidade do direito (*fumus boni iuris*) e o perigo de dano ou o risco do resultado útil do processo (*periculum in mora*) (art. 300, *caput*, CPC).

No processo civil, como no trabalhista, a concessão da tutela provisória poderá ocorrer: (a) liminarmente, sem a oitiva da parte contrária, desde que se tenha a presença dos seus requisitos legais; (b) após a resposta do réu, quando se tenha a demonstração do receio de dano irreparável ou de difícil reparação (tutela de urgência) ou a demonstração da evidência do direito alegado na petição inicial (tutela de evidência); (c) entre o encerramento da instrução e antes da prolação da sentença; (d) na própria sentença; (e) após a sentença, a tutela antecipada pode ser concedida pelo juiz relator, caso não tenha ocorrido a distribuição do recurso pelo juiz presidente do tribunal.

O *fumus boni iuris* não significa a demonstração plena do direito substancial, mas a demonstração da aparência do direito, lembrando que basta a cognição sumária do julgado e não a cognição exauriente, a qual será prestada ao final do processo principal.

O *periculum in mora* representa o risco que corre a efetividade do processo principal pela demora da prestação jurisdicional, mas é preciso que o perigo de dano seja iminente, grave, de difícil ou impossível reparação (utilidade do processo).

Na vigência do CPC/73, o TST entendia ser indispensável a instrução da ação cautelar com as provas documentais necessárias à aferição da plausibilidade de êxito na rescisão do julgado, de modo que, em se tratando de ação cautelar visando à suspensão de execução trabalhista no curso da ação rescisória, deve vir acompanhada de cópias da petição inicial da ação rescisória principal, da decisão rescindenda, da certidão do trânsito em julgado da decisão rescindenda e informação do andamento atualizado da execução (OJ 76, SDI-II).

Para a concessão da tutela de urgência, o juiz pode exigir caução real ou fidejussória idônea para ressarcir os danos que a outra parte possa vir a sofrer, podendo a caução ser dispensada se a parte economicamente hipossuficiente não puder oferecê-la. Essa regra é aplicável ao processo do trabalho (art. 769, CLT; art. 15, CPC).

Além disso, não será concedida a tutela de urgência de natureza antecipada quando houver perigo de irreversibilidade dos efeitos da decisão (art. 300, § 3º, CPC). Evidentemente, tal questão deve ser analisada em cada caso concreto. Trata-se de um pressuposto negativo, porém assevere-se que a irreversibilidade não é um atributo da decisão, mas da consequência fática que dela decorra. Com prudência, ao conceder a tutela antecipada, o magistrado deve aquilatar as consequências advindas dessa decisão, ponderando, se for o caso, o retorno ao estado anterior, se houver a sua revogação. A reversão deve ser analisada diante de cada caso concreto. Na dúvida, a doutrina pondera que o magistrado deve evitar a lesão ao direito do autor, concedendo a antecipação solicitada, visto que a irreversibilidade é relativa. Toda vez que o seu indeferimento faça com que seja completamente inoperante a prestação jurisdicional para o autor, deverá a antecipação ser deferida, ainda que, de certa forma, seja prejudicial ao réu.

2.8. DANO PROCESSUAL E PREJUÍZO SOFRIDO

Independentemente da reparação por dano processual, a parte responde pelo prejuízo (dano patrimonial e dano extrapatrimonial) que a efetivação da tutela de urgência causar à parte adversa, se: (a) a sentença lhe for desfavorável; (b) obtida liminarmente a tutela em caráter antecedente, não fornecer os meios necessários para a citação do requerido no prazo de 5 dias; (c) ocorrer a cessação da eficácia da medida em qualquer hipótese legal; (d) o juiz acolher a alegação de decadência ou prescrição da pretensão do autor (art. 302, CPC).

Sempre que possível, a indenização será liquidada nos autos em que a medida tiver sido concedida.

Apesar de o legislador não mencionar de forma expressa, entendemos que a regra do art. 302, CPC, também se aplica à tutela de evidência.

2.9. TUTELA DE EVIDÊNCIA

Ao contrário da tutela provisória de urgência antecipada, a tutela de evidência será concedida independentemente da demonstração de perigo de dano ou de risco ao resultado útil do processo. Vale dizer, para a sua concessão não se cogita da demonstração do *periculum in mora*. É aplicável ao processo do trabalho (art. 769, CLT; art. 15, CPC).

Por lei (art. 311, I a IV, CPC), as hipóteses de concessão ocorrem quando:

(a) ficar caracterizado o abuso do direito de defesa ou o manifesto propósito protelatório da parte. São as hipóteses em que o exercício do direito de resposta está abusivo, excessivo, inadequado, ou seja, incongruente com a celeridade da prestação jurisdicional;

(b) as alegações de fato puderem ser comprovadas apenas documentalmente e houver tese firmada em julgamento de casos repetitivos ou em súmula vinculante. Não se cogita da atitude do réu para a sua concessão, contudo, os dois requisitos devem ocorrer de forma simultânea: (1) prova documental da situação fática; (2) a tese jurídica, como causa de pedir próxima, esteja pacificada via precedente exarado em sede de julgamento de casos repetitivos (art. 896-B, CLT), seja por decorrência de súmula vinculante do STF. É razoável estender citadas hipóteses às demais situações previstas no art. 927, CPC (adaptadas ao processo trabalhista, de acordo com o art. 15, IN 39/16, TST): (1) entendimento firmado em incidente de assunção de competência; (2) decisão do STF em controle concentrado de constitucionalidade; (3) tese jurídica prevalecente em TRT e não conflitante com súmula ou orientação jurisprudencial do TST (art. 896, § 6º, CLT, revogado pela Lei 13.467, com vigência a partir de 11-11-2017); (4) decisão do plenário, do órgão especial ou de seção especializada para uniformizar a jurisprudência do tribunal a que o juiz estiver vinculado ou do TST;

(c) se tratar de pedido reipersecutório fundado em prova documental adequada do contrato de depósito, caso em que será decretada a ordem de entrega do objeto custodiado, sob cominação de multa. Essa hipótese não é compatível com o processo trabalhista;

(d) a petição inicial for instruída com prova documental suficiente dos fatos constitutivos do direito do autor, a que o réu não oponha prova capaz de gerar dúvida razoável. A defesa é inconsistente, desprovida de argumentos e provas razoáveis, os quais possam elidir a força probatória dos documentos produzidos pelo autor.

O juiz está autorizado a decidir liminarmente nas hipóteses "b" e "c". Não se exige a resposta do réu.

2.10. PROCEDIMENTO DA TUTELA DE URGÊNCIA

A tutela de urgência (de natureza cautelar ou antecipatória) pode ser requerida em caráter incidental (no curso da ação) ou em caráter antecedente (art. 294, parágrafo único, CPC).

No curso da ação, a tutela será requerida por mera petição, na qual serão apresentados os fundamentos jurídicos pertinentes e apresentadas as provas das alegações.

2.10.1. Procedimento da tutela antecipada requerida em caráter antecedente

Com a nova sistemática legal (arts. 303 e ss., CPC), nos casos em que a urgência for contemporânea à propositura da ação, a petição inicial pode limitar-se ao requerimento da tutela antecipada e à indicação do pedido de tutela final, com a exposição da lide, do direito que se busca realizar e do perigo de dano ou do risco ao resultado útil do processo.

Uma vez concedida a tutela antecipada em caráter antecedente, o autor deverá aditar a petição inicial, com a complementação de sua argumentação, a juntada de novos documentos e a confirmação do pedido de tutela final, em 15 dias ou em outro prazo maior que o juiz fixar, sob pena de extinção sem resolução de mérito.

Após o aditamento, o réu será citado e intimado para a audiência de conciliação ou de mediação. Resultando infrutífera a autocomposição, inicia-se o prazo para a contestação (art. 303, § 1º, III).

Contudo, caso entenda que não há elementos para a concessão de tutela antecipada, o autor deverá emendar a petição inicial em até 5 dias, sob pena de ser indeferida e de o processo ser extinto sem resolução de mérito.

No processo civil, a tutela antecipada concedida torna-se "estável" se não for interposto o agravo de instrumento. Nesse caso, o processo será extinto e qualquer das partes poderá demandar a outra com o intuito de rever, reformar ou invalidar a tutela antecipada estabilizada. Trata-se da "estabilização da lide" ("não haverá coisa julgada").

A doutrina processual civil tem se mostrado divergente sobre a possibilidade de outras formas de impugnação da decisão, com a apresentação da contestação, não ensejarem a estabilização da lide.

A tutela antecipada conservará seus efeitos enquanto não revista, reformada ou invalidada por decisão de mérito.

No prazo de 2 anos, qualquer das partes poderá requerer o desarquivamento dos autos em que foi concedida a medida, para instruir a petição inicial da ação, sendo prevento o juízo em que a tutela antecipada foi concedida.

A nova sistemática legal se aplica ao processo do trabalho (art. 769, CPC), com adequação ao procedimento previsto na CLT. Assim, caso não exista a conciliação entre as partes em audiência, a reclamada deverá apresentar imediatamente (audiência inicial trabalhista) a defesa (oral ou escrita) (art. 847, CLT; com a Lei 13.467, com vigência a partir de 11-11-2017, foi acrescido o parágrafo único ao art. 847, em que a parte poderá apresentar defesa escrita pelo sistema de processo judicial eletrônico até a audiência). Não se fará a contagem do prazo para a contestação da forma prevista no CPC (art. 335, I, CPC).

No processo do trabalho, considerando o cabimento restrito do recurso de agravo de instrumento, a parte deverá impugnar a decisão concessiva ou não da tutela antecedente por mandado de segurança (Súm. 414, II, TST).

Sobre os requisitos da Reclamação Trabalhista, sua estrutura, elementos quanto ao aditamento da peça inicial e outros modelos, sugerimos a leitura do Capítulo 1.

2.10.2. Procedimento da tutela cautelar requerida em caráter antecedente

Nas situações em que o autor pretenda a concessão de tutela cautelar em caráter antecedente, a peça inicial indicará a lide e seu fundamento, a exposição sumária do direito que se objetiva assegurar e o perigo de dano ou o risco ao resultado útil do processo (art. 305 e ss., CPC).

Caso o juiz entenda se tratar de tutela de natureza antecipada, deverá aplicar o regramento específico (art. 303).

Admitida a pretensão cautelar antecedente, o réu será citado e poderá contestar no prazo de 5 dias, sob pena de serem considerados verdadeiros os fatos alegados. Nesse caso, o magistrado decidirá em 5 dias.

Contestado o pedido, a ação tramitará pelo procedimento comum.

Efetivada a tutela cautelar, o pedido principal terá de ser formulado pelo autor no prazo de 30 dias, caso em que será apresentado nos mesmos autos em que deduzido o pedido de tutela cautelar.

O indeferimento da tutela cautelar não obsta o pedido principal, nem influi no julgamento desse, salvo se o motivo do indeferimento for o reconhecimento de decadência ou de prescrição (art. 310, CPC).

Apresentado o pedido principal, as partes serão intimadas para a audiência de conciliação ou de mediação. Caso não ocorra a autocomposição, inicia-se o prazo para a defesa.

A tutela concedida em caráter antecedente cessa a eficácia se: (a) o autor não deduzir o pedido principal no prazo legal; (b) não for efetivada dentro de 30 dias; (c) o juiz julgar improcedente o pedido principal formulado pelo autor ou extinguir o processo sem resolução de mérito.

Se por qualquer motivo cessar a eficácia da tutela cautelar, é vedado à parte renovar o pedido, salvo sob novo fundamento.

De forma semelhante à tutela antecipada de natureza antecipada, a nova sistemática legal se aplica ao processo do trabalho (art. 769, CLT), com adequação ao procedimento previsto na CLT. Desta forma, não havendo a conciliação das partes em audiência, a reclamada deverá apresentar imediatamente (audiência inicial trabalhista) a defesa (oral ou escrita) (art. 847, CLT).

Sobre os requisitos da Reclamação Trabalhista, sua estrutura, elementos quanto ao aditamento da peça inicial e outros modelos, sugerimos a leitura do Capítulo 1.

2.11. CUSTAS PROCESSUAIS

As custas processuais seguirão o regramento específico do processo do trabalho (arts. 789 e ss., CLT), ou seja, serão pagas quando da interposição do recurso ou ao final pela parte sucumbente.

2.12. RECURSO CONTRA A DECISÃO DE TUTELA PROVISÓRIA

Diferentemente do processo civil, contra a decisão interlocutória do juiz do trabalho que acolhe ou rejeita ou ainda revoga tutela provisória, seja em caráter antecedente ou não, é incabível o recurso de agravo de instrumento, face à irrecorribilidade das decisões interlocutórias no processo do trabalho. No processo do trabalho, a decisão interlocutória é impugnável por mandado de segurança (Súm. 414, II, TST).

Por sua vez, para o TST, na vigência do CPC/73, a antecipação da tutela concedida na sentença não comportava impugnação pela via do mandado de segurança, por ser impugnável mediante recurso ordinário. A ação cautelar era o meio próprio para se obter efeito suspensivo a recurso (Súm. 414, I).

Contudo, o CPC extinguiu a ação cautelar autônoma.

Assim, nos parece que, dentro do sistema positivado vigente, não é possível atribuir ao recurso ordinário trabalhista efeito suspensivo (art. 899, CLT), ainda que a sentença tenha concedido tutela provisória, por ser inaplicável o previsto no art. 1.012, § 1º, V, CPC, ao processo do trabalho (art. 769, CLT; art. 15, CPC). Demonstrando a ausência dos requisitos legais para a concessão da medida ou equívoco em sua concessão, o recorrente deverá solicitar excepcionalmente o efeito suspensivo ao recurso ordinário em razões recursais dirigidas ao Tribunal e requerer em petição, devidamente instruída, o efeito suspensivo ao recurso imediatamente à Corte Regional (incidente de efeito suspensivo) (art. 1.012, § 3º, CPC).

Em abril/2017, o TST deu nova redação à Súmula 414, I (pela Resolução 217/2017), ao dispor que: *"A tutela provisória concedida na sentença não comporta impugnação pela via do mandado de segurança, por ser impugnável mediante recurso ordinário. É admissível a obtenção de efeito suspensivo ao recurso ordinário mediante requerimento dirigido ao tribunal, ao relator ou ao presidente ou ao vice-presidente do tribunal recorrido, por aplicação subsidiária ao processo do trabalho do art. 1.029, § 5º, do CPC de 2015".*

Pela jurisprudência do TST, o efeito devolutivo ao recurso ordinário deve ser dirigido: (a) ao tribunal respectivo, no período compreendido entre a publicação da decisão de admissão do recurso e sua distribuição, ficando o relator designado para seu exame prevento para julgá-lo; (b) ao relator, se já distribuído o recurso; (c) ao presidente ou ao vice-presidente do tribunal recorrido, no período compreendido entre a interposição do recurso e a publicação da decisão de admissão do recurso, assim como no caso de o recurso ter sido sobrestado (art. 1.037, CPC). Por analogia, se o recurso ordinário for interposto de decisão da Vara do Trabalho, nessa hipótese o pedido de efeito devolutivo deverá ser dirigido ao juiz da Vara do Trabalho.

Tratando-se de requerimento feito no âmbito dos tribunais, a decisão do relator é atacável por agravo interno.

2.13. MODELO DE TUTELA DE URGÊNCIA DE NATUREZA ANTECIPATÓRIA EM CARÁTER ANTECEDENTE

EXCELENTÍSSIMO SENHOR DOUTOR JUIZ DO TRABALHO DA ___ VARA DE _____

(10 cm)

DOMINGOS PORTELA, [nacionalidade], [estado civil], [profissão], [nº do CPF], [nº do RG e órgão expedidor], [nº da CTPS], [nº do PIS/PASEP ou do NIT], [nome da mãe], [data de nascimento], [domicílio físico e eletrônico – e-mail], por seu advogado subscrito [nome e endereço físico e eletrônico – e-mails] [procuração anexa], vem, à presença de Vossa Excelência, com fulcro nos arts. 292 e seguintes do Código de Processo Civil, combinado com art. 840, *caput* e § 1º, CLT, e o art. 319 do CPC, requerer a *CONCESSÃO DE TUTELA DE URGÊNCIA DE NATUREZA ANTECIPADA EM CARÁTER ANTECEDENTE*, em face de **TICIO E CAIO LTDA.**, [nº do CNPJ], [nº do CEI], [domicílio físico e eletrônico – e-mail], pelos fundamentos de fato e de direito infra expostos:

1. DOS FATOS E FUNDAMENTOS

1.1. Do Contrato de Trabalho

O Reclamante foi contratado pela Reclamada em 20-2-2010 para a função de operador de empilhadeira (doc. 01).

No dia 10-4-2020, o Reclamante foi dispensado sem justa causa (doc. 02), com a determinação para cumprimento do aviso-prévio, com a opção de redução de 7 dias corridos.

O salário bruto recebido em abril/2020 foi de R$ 1.500,00.

1.2. Do convênio médico

Durante toda a vigência do contrato de trabalho, o empregado aderiu ao convênio médico empresarial oferecido pelo empregador (docs. 03/10), com desconto em folha de pagamento.

Atualmente, o empregado paga pelo Plano "C", da empresa KLLGG Convênio Médico e Saúde Empresarial S/A., com sede a Av. Paulista, 120, 38º andar, São Paulo.

1.3. Da Estabilidade Decorrente do Acidente de Trabalho

Há 05 dias atrás (dia 26-4-2020, por volta das 7:20/7:30 horas), no curso do aviso-prévio, quando se dirigia ao local de trabalho, o Reclamante foi atropelado pelo veículo Volare W8, Placa ABCD 1234, ano 2014/2015, de propriedade da empresa Guanabara e América Transporte Coletivo Ltda., na esquina da Av. Ipiranga com a Av. São João, Região Central de São Paulo, conforme boletim de ocorrência e relatório médico anexo (doc. 04).

Em virtude do acidente, o Reclamante sofreu várias lesões e quebrou a perna direita em 3 lugares diferentes, sendo submetido a 2 procedimentos cirúrgicos de urgência. Além disso, continua internado no hospital São Paulo, com as despesas arcadas pelo convênio médico.

Conforme relatório médico, existe uma estimativa de internação por mais 10/13 dias, com previsão de recuperação em 03 meses (doc. 04).

No dia seguinte ao acidente, a sra. Alice Portela, esposa do Reclamante, comunicou o empregador sobre o ocorrido e solicitou a expedição do comunicado de acidente de trabalho (CAT).

Apesar disso, o empregador se negou a expedir a CAT e reconhecer a estabilidade acidentária (art. 118, Lei 8.213/91), nos exatos termos da Súm. 378, II, TST.

O trabalhador continua internado no hospital São Paulo, contudo, não tem condições financeiras de arcar com as despesas de internação e tratamento médico sequer por 01 dia.

1.4. Tutela provisória de natureza antecipatória

Considerando a existência do acidente *in itinere*, com a incapacidade total do Reclamante pelo prazo superior a 15 dias (*fumus boni iuris*) e o risco do exaurimento do prazo legal da estabilidade e da perda do convênio médico, com prejuízo ao tratamento médico e à saúde do trabalhador (*periculum in mora*), sem prejuízo de outras pretensões, inclusive as de natureza indenizatória, requer a concessão de tutela de urgência de natureza antecipatória *inaudita altera parte*, reconhecimento da estabilidade acidentária e anulando/suspendendo os efeitos da dispensa imotivada, com a determinação de reintegração imediata do trabalhador e a manutenção do convênio médico da empresa (plano de saúde "C").

Outrossim, requer a determinação de todas as medidas que forem adequadas para a efetivação da tutela concedida, requerendo, desde já, a fixação de *astreintes* no valor de R$ 1.000,00 por dia de descumprimento da ordem judicial, em favor do trabalhador.

2. PEDIDOS E REQUERIMENTOS

Requer-se a citação da Reclamada, para que compareça em Juízo, em audiência designada por Vossa Excelência, e apresente sua defesa em audiência sob pena de incorrer nos efeitos da revelia.

Espera a concessão de tutela de urgência de natureza antecipatória *inaudita altera parte* reconhecendo a estabilidade acidentária e anulando/suspendendo os efeitos da dispensa imotivada, com a determinação de reintegração imediata do trabalhador e a manutenção do convênio médico da empresa (plano de saúde "C").

Outrossim, requer a determinação de todas as medidas que forem adequadas para a efetivação da tutela concedida, requerendo, desde já, a fixação de *astreintes* no valor de R$ 1.000,00 por dia de descumprimento da ordem judicial, em favor do trabalhador.

Solicita ainda a intimação da empresa KLLGG Convênio Médico e Saúde Empresarial S/A. para que tome ciência da medida judicial concedida por V. Exa.

Dá-se à causa o valor de R$ _____ (_____)

Nestes termos,

pede deferimento.

Local e data

Advogado

OAB nº _____

2.14. MODELO DE ADITAMENTO (RECLAMAÇÃO TRABALHISTA) À TUTELA DE URGÊNCIA CONCEDIDA (DE NATUREZA ANTECIPATÓRIA EM CARÁTER ANTECEDENTE)

EXCELENTÍSSIMO SENHOR DOUTOR JUIZ DO TRABALHO DA ___VARA DE _____

(10 cm)

Processo nº _____

DOMINGOS PORTELA, [nacionalidade], [estado civil], [profissão], [nº do CPF], [nº do RG e órgão expedidor], [nº da CTPS], [nº do PIS/PASEP ou do NIT], [nome da mãe], [data de nascimento], [domicílio físico e eletrônico – e-mail], por seu advogado subscrito [nome e endereço físico e eletrônico – e-mails] [procuração anexa], vem, à presença de Vossa Excelência, com fulcro nos arts. 292 e seguintes do Código de Processo Civil, combinado com art. 840, *caput* e § 1º, CLT, e o art. 303 do CPC, promover o *ADITAMENTO (RECLAMAÇÃO TRABALHISTA)* ao requerimento de *CONCESSÃO DE TUTELA DE URGÊNCIA DE NATUREZA ANTECIPADA EM CARÁTER ANTECEDENTE*, em face de **TICIO E CAIO LTDA.**, [nº do CNPJ], [nº do CEI], [domicílio físico e eletrônico – e-mail], pelos fundamentos de fato e de direito infra expostos:

1. CONCESSÃO DE TUTELA DE URGÊNCIA DE NATUREZA ANTECIPADA EM CARÁTER ANTECEDENTE. ADITAMENTO.

Considerando a concessão de tutela urgência de natureza antecipada em caráter antecedente requerida e concedida por V. Exa. (fls. 20), o Reclamante apresenta seu **ADITAMENTO AO REQUERIMENTO DE TUTELA DE URGÊNCIA**, nos termos do art. 303, § 1º, CPC, pelas razões de fato e de direito que seguem.

Friso que somente com a concessão da tutela de urgência, houve a manutenção do plano de saúde e a cobertura integral do tratamento médico pelos dias em que o trabalhador permaneceu internado no Hospital São Paulo.

2. DOS FATOS E FUNDAMENTOS

2.1. Do Contrato de Trabalho

O Reclamante foi contratado pela Reclamada em 20-2-2010 para a função de operador de empilhadeira (doc. 02).

No dia 10-4-2020, o Reclamante foi dispensado sem justa causa (doc. 03), com a determinação para cumprimento do aviso-prévio, com a opção de redução de 7 dias corridos.

O salário bruto recebido em abril/2020 foi de R$ 1.500,00.

2.2. Do acidente de trabalho e da estabilidade legal

Como já noticiado, no dia 26-4-2020, por volta das 7:20/7:30 horas, no curso do aviso-prévio, quando se dirigia ao local de trabalho, o Reclamante foi atropelado pelo veículo Volare W8, Placa ABCD 1234, ano 2014/2015, de propriedade da empresa Guanabara e América Transporte Coletivo Ltda., na esquina da Av. Ipiranga com a Av. São João, Região Central de São Paulo, conforme boletim de ocorrência e relatório médico anexo (doc. 07).

Em virtude do acidente, o Reclamante sofreu várias lesões e quebrou a perna direita em 3 lugares diferentes, sendo submetido a 2 procedimentos cirúrgicos de urgência.

Conforme relatório médico/internação, o trabalhador permaneceu internado por 10 dias, com previsão de tratamento fisioterapêutico e com recuperação total em 03 meses (doc. 08).

No dia seguinte ao acidente, a sra. Alice Portela, esposa do Reclamante, comunicou o empregador sobre o ocorrido e solicitou a expedição do comunicado de acidente de trabalho (CAT).

Apesar disso, o empregador se negou a expedir a CAT e reconhecer a estabilidade acidentária (art. 118, Lei 8.213/91), nos exatos termos da Súm. 378, II, TST.

Diante do acidente ocorrido e dos relatórios médicos, requer o reconhecimento da estabilidade acidentária, com a decretação da nulidade da dispensa imotivada e a reintegração imediata do trabalhador, reestabelecendo a relação jurídica existente entre as Partes.

2.3. Estabilidade acidentária. Reintegração. Tutela de evidência

No presente caso, pelos diversos documentos apresentados, inexiste dúvida sobre o acidente de trabalho *in itinere* sofrido pelo Reclamante.

Com isso, o direito do trabalhador à proteção jurídica (estabilidade acidentária – **art. 118, Lei 8.213/91; Súm. 378, II, TST**) é uma mera decorrência lógica dos fatos comprovados.

Diante dos fatos relatados e até mesmo da tutela de urgência concedida em caráter antecedente (reconhecendo liminarmente o acidente *in itinere*), requer a concessão de tutela de evidência (art. 311, CPC), determinando a reintegração imediata do trabalhador, no prazo de 48 horas, sob pena de multa diária de R$ 500,00.

2.4. Do convênio médico

Durante toda a vigência do contrato de trabalho, o empregado aderiu ao convênio médico empresarial oferecido pelo empregador (docs. 12/18), com desconto em folha de pagamento.

Atualmente, o empregado paga pelo Plano "C", da empresa KLLGG Convênio Médico e Saúde Empresarial S/A., com sede a Av. Paulista, 120, 38º andar, São Paulo.

Com a reintegração, o convênio médico deverá ser mantido durante o período da estabilidade acidentária e por todo o contrato de trabalho.

2.5. Do convênio médico. Tutela provisória de natureza antecipatória concedida

Diante das alegações apresentadas em sede de requerimento de tutela antecipada requerida em caráter antecedente, verificando os requisitos legais, VOSSA Excelência concedeu a medida liminar reconhecendo o acidente de trabalho *in itinere* e determinando a manutenção do convênio médico, sob pena de multa diária de R$ 1.000,00. Determinou-se ainda a intimação da empresa de Convênio Médico (fls. 20).

De plano, cumpre informar que a determinação judicial vem sendo cumprida até a presente data.

Espera a manutenção de tutela provisória concedida até a decisão final da presente ação.

2.6. Danos morais

A conduta ilícita do empregador em não emitir a CAT, não reconhecer o acidente de trabalho *in itinere* e, consequentemente, obstar a aquisição da estabilidade legal e dificultar o tratamento médico, além de violar o sistema de proteção social, causou ao trabalhador inúmeras preocupações, tristezas e transtornos no momento em que estava internado.

Lembro que somente pela atuação sensível do Poder Judiciário, foi possível garantir ao trabalhador o mínimo de dignidade no tratamento médico.

Como é de notório saber, o dano moral, espécie do gênero extrapatrimonial, não repercute nos bens patrimoniais da vítima, atingindo os bens de ordem moral ou o foro íntimo da pessoa, tais como: a honra, a liberdade, a intimidade e a imagem.

Wilson Melo da Silva considera danos morais as *"lesões sofridas pelo sujeito físico ou pessoa natural de direito em seu patrimônio ideal, em contraposição ao patrimônio material, o conjunto de tudo aquilo que não seja suscetível de valor econômico"* (*Dano Moral e a sua Reparação*. 3ª ed. Rio de Janeiro: Forense, 1983, p. 11).

Nos ensinamentos de Maria Helena Diniz: *"O dano moral vem a ser lesão de interesse não patrimonial de pessoa física ou jurídica, provocada pelo fato lesivo"* (*Curso de Direito Civil Brasileiro*. 10ª ed. São Paulo: Saraiva, 1995, v. 7º, p. 67).

Dalmartello enuncia os elementos caracterizadores do dano moral, *"segundo sua visão, como a privação ou diminuição daqueles bens que têm um valor precípuo na vida do homem e que são a paz, a tranquilidade de espírito, a liberdade individual, a integridade física, a honra e os demais sagrados afetos, classificando-os em dano que afeta a parte social do patrimônio moral (honra, reputação etc.); dano que molesta a parte afetiva do patrimônio moral (dor, tristeza, saudade etc.); dano moral que provada direto ou indiretamente dano patrimonial (cicatriz deformante etc.) e dano moral puro (dor, tristeza etc.)"* (*apud* Rui Stoco. *Responsabilidade Civil e a sua Interpretação Jurisprudencial*. 2ª ed. São Paulo: Revista dos Tribunais, 1995, p. 523).

No presente caso, é inegável que a conduta ilícita do empregador tenha causado danos morais ao trabalhador (art. 186 e 927, CC).

Estimando a lesão causada, o tipo e sua extensão, a capacidade econômica do ofensor, o caráter pedagógico da indenização e o princípio da razoabilidade, desde já, requer a fixação dos danos morais em R$ 15.000,00 (10 vezes o salário do empregado).

2.7. Adicional de periculosidade

O Reclamante exerce a função de operador de empilhadeira, sendo que é obrigado a proceder a troca dos cilindros de gás GLP (01/02 vezes ao dia), com risco acentuado e existência de exposição constante e permanente ao agente periculoso.

Apesar disso, o empregador nunca lhe pagou o adicional de periculosidade, nos termos dos arts. 193 e seguintes, da CLT, e NR 16, anexo 2, item 1, A e B, item 2, parágrafo IV e VIII, item 3, J.

Destarte, espera a condenação da Reclamada ao pagamento do adicional de periculosidade (30% sobre o salário contratual) (parcelas vencidas) e com reflexos em outras verbas do contrato de trabalho (DSRs, férias, acrescidas de 1/3, 13º salário e depósitos do FGTS).

As parcelas vincendas deverão ser incluídas na folha de pagamento, com os reflexos legais.

3. PEDIDOS E REQUERIMENTOS

Espera o deferimento do presente ADITAMENTO ao requerimento de tutela de urgência requerido às fls. [...]

Requer-se a citação da Reclamada, para que compareça em Juízo, em audiência designada por Vossa Excelência, e apresente sua defesa em audiência sob pena de incorrer nos efeitos da revelia.

Espera a manutenção da tutela de urgência de natureza antecipatória *inaudita altera parte* concedida (fls. 20) até o julgamento em definitivo da lide.

Requer a concessão de tutela de evidência, determinando a reintegração, decorrente da estabilidade legal, no prazo de 48 horas, sob pena de multa diária de R$ 500,00 em favor do trabalhador.

No mérito, espera o reconhecimento da estabilidade acidentária e a decretação de nulidade da dispensa imotivada.

Além disso, a Reclamada deverá ser condenada:

(a) danos morais, desde já requerendo seu arbitramento em R$ 15.000,00, com correção monetária a partir do arbitramento e isento de descontos legais (IR e INSS);

(b) adicional de periculosidade pelo período imprescrito e inclusão na folha de pagamento (salários vincendos), com reflexos em DSRs, férias, acrescidas de 1/3, 13º salário e depósitos do FGTS – valor R$ 20.000,00;

(c) juros legais, a partir do ajuizamento da ação;

(d) correção monetária apurada a partir do mês subsequente à prestação de serviços;

Requer a concessão do benefício da assistência judiciária gratuita.

O Reclamante pretende provar o acima exposto por todos os meios em direito permitidos (art. 5º, LVI, CF) (documentos, testemunhas, vistorias etc.), com destaque, em especial, para o depoimento da Reclamada, sob pena de confissão (Súm. 74, TST).

Outrossim, requer a condenação da Reclamada ao pagamento de honorários advocatícios (art. 791-A, CLT, com a redação da Lei 13.467/17), bem como de despesas processuais e custas processuais.

Dá-se à causa o valor de R$ _____ (_____)

Nestes termos,

pede deferimento.

Local e data

Advogado

OAB nº _____

2.15. MODELO DE TUTELA DE EVIDÊNCIA – TÓPICO ESPECÍFICO DA RECLAMAÇÃO TRABALHISTA

1. Tutela de evidência

Como já mencionado, o Reclamante integra o quadro da Reclamada há 10 anos e 5 meses, exercendo atualmente a função de engenheiro químico II, junto ao setor de pesquisa e desenvolvimento da empresa.

Depois de alguns meses de dedicação, foi aprovado no vestibular para o curso de química industrial (curso de pós-graduação) na Universidade Presbiteriana Mackenzie e realizou sua matrícula no dia 10 de fevereiro de 2020 (docs. 8/9).

A Reclamada despendeu o valor de R$ 800,00 no ato da matrícula e o pagamento de 02 mensalidades no mesmo valor (docs. 10/13).

Nos termos da norma coletiva de trabalho (cláusula 32ª, CCT 2019/2020), após 8 anos na empresa, caso o empregado tenha interesse em estudar e aprimorar seus conhecimentos na área em que trabalha, o empregador acará com 50% da matrícula e das mensalidades do curso (doc. 10).

Prevê expressamente a norma coletiva invocada:

Cláusula 32ª – Qualificação e Estudo.

Após 08 (oito) anos de vigência do contrato individual de trabalho, o empregado tem direito ao reembolso de 50% das despesas realizadas com matrícula e estudo (graduação, pós-graduação e curso de aperfeiçoamento), desde que direcionado à área de atuação profissional.

Considerando o exercício da função de engenheiro químico na Reclamada por mais de 10 anos e o curso de pós-graduação iniciado (engenharia química industrial) nesse semestre, resta evidente a plausibilidade do direito pretendido (art. 311, CPC).

Assim, requer a concessão de tutela de evidência, determinando o reembolso das despesas realizadas (matrícula e mensalidades pagas) e de todas que doravante venham a ser pagas pelo Reclamante, após a devida comprovação junto ao departamento pessoal do empregador, no prazo de 2 dias após a comprovação, sob pena de multa diária de R$ 200,00 em favor do trabalhador.

MODELOS DE CAUSA DE PEDIR E PEDIDOS

3.1. AÇÃO ANULATÓRIA
CABIMENTO PARA CORREÇÃO DE ERRO MATERIAL EM SENTENÇA

CAUSA DE PEDIR:

O Autor ajuizou reclamação trabalhista, sob nº [número da ação], a qual foi julgada procedente em parte, transitou em julgado e teve seus cálculos homologados.

Contudo, houve um erro material que poderia ser corrigido a qualquer tempo (art. 494, I, CPC), pois constou na decisão que a condenação abrangia as parcelas vencidas a partir de [indicar a data].

O contrato de trabalho teve vigência de [indicar as datas].

Trata-se de evidente erro material, uma vez que: (a) a data de [indicar a data] corresponde à data de distribuição da ação principal, que incorretamente foi digitada no lugar da data da prescrição quinquenal; (b) na data de [indicar a data] o contrato de trabalho sequer estava vigente, eis que houve rescisão em [indicar a data].

Por intermédio da presente ação anulatória, o Autor pretende a remessa dos autos nº [número da ação] para que o pedido de correção de erro material seja apreciado, o que ensejaria o prosseguimento do feito.

Há de se esclarecer que não se trata de hipótese de cabimento de ação rescisória, eis que não se adequa ao texto do art. 966 do CPC.

O erro material constatado no presente processo diverge do erro de fato resultante de atos ou documentos da causa previstos no inciso VIII do art. 966, CPC.

As inexatidões materiais em sentença podem ser corrigidas de ofício ou a requerimento da parte pelo Magistrado, conforme previsão dos arts. 494, I, CPC, e 833, CLT. Ressalte-se que se trata de medida retificatória que pode ocorrer a qualquer momento, diversamente da alteração por meio de embargos de declaração prevista no inciso II do art. 494, CPC, e § 2º, art. 897-A, CLT.

Nas palavras de Cândido Dinamarco:

"As correções informais da sentença são admissíveis a qualquer tempo, sem o óbice de supostas preclusões. Precisamente porque não devem afetar em substância o decisório da sentença, o que mediante elas se faz

não altera, não aumenta e não diminui os efeitos desta. Eventual coisa julgada que já se tenha abatido sobre esses efeitos não ficará prejudicada pela mera retificação formal. Como está explícito no texto da lei, tais correções podem ser feitas a requerimento de parte ou também de ofício pelo juiz" (DINAMARCO, Cândido Rangel. *Instituições de Direito Processual Civil*, vol. III/686-687, item n. 1.237. 5. ed. São Paulo: Malheiros, 2005).

Cassio Scarpinella Bueno aponta que:

"O que importa para admissão da atuação oficiosa do magistrado nesses casos é que não se trata de um 'novo' julgar ou de um 'redecidir'. A hipótese de incidência do dispositivo limita-se aos casos em que há discrepância entre o pensamento e sua materialização tornada pública por intermédio da sentença" (BUENO, Cassio Scarpinella. *Código de Processo Civil Interpretado*, item n. 2, coordenação de ANTONIO CARLOS MARCATO. São Paulo: Atlas, 2004, p. 1.427/1.428).

No Código de Processo Civil, no mesmo âmbito das disposições dedicadas à ação rescisória, há menção no sentido de que os atos judiciais, que não dependem de sentença, ou em que esta for meramente homologatória, podem ser rescindidos, como os atos jurídicos em geral.

A ação anulatória é a ação de declaração de nulidade (objeto da ação) de um negócio jurídico ou ato judicial.

O negócio jurídico é nulo quando: (a) celebrado por pessoa absolutamente incapaz; (b) for ilícito, impossível ou indeterminável o seu objeto; (c) o motivo determinante, comum a ambas as partes, for ilícito; (d) não revestir a forma prescrita em lei; (e) for preterida alguma solenidade que a lei considere essencial para a sua validade; (f) tiver por objeto fraudar lei imperativa; (g) a lei taxativamente o declara nulo, ou proíbe-lhe a prática, sem cominar sanção (art. 166, CC).

Além disso, o negócio jurídico é anulável por: (a) incapacidade relativa do agente; (b) vício resultante de erro, dolo, coação, estado de perigo, lesão ou simulação ou fraude contra credores (art. 171). Outras normas específicas poderão prever a anulabilidade do negócio jurídico.

Normalmente, o pedido de nulidade do negócio jurídico está inserido na reclamação trabalhista (ações individuais) ao lado de outros pedidos, como remuneração de férias, horas extras etc.

Tratando-se de atos judiciais, a ação anulatória está prevista no art. 966, CPC, e terá cabimento contra os atos judiciais que não dependem de sentença, ou em que esta for meramente homologatória, podendo ser rescindidos como os atos jurídicos em geral.

Como esclarecem Nelson Nery Junior e Rosa Maria de Andrade Nery: *"diferentemente da ação rescisória, que visa apagar do mundo jurídico decisão judicial acobertada pela coisa julgada material, a ação anulatória do CPC 486 tem por objeto anular os atos processuais praticados pelas partes e as sentenças judiciais homologatórias"* (NERY JUNIOR, Nelson; NERY, Rosa Maria de Andrade. *Código de Processo Civil comentado*, 9. ed. São Paulo: RT, 2006, p. 687).

Embora o texto legal refira-se expressamente à rescisão dos atos jurídicos em geral, esclarece Antônio Cláudio da Costa Machado:

"Entenda-se por rescisão as ações de declaração de nulidade ou de anulação, que são os remédios previstos pela lei civil (CC, arts. 166 a 184). Atos judiciais que não dependem de sentença são: arrematação (art. 694) [CPC/1973] e a adjudicação (art. 715) [CPC/1973], desde que não tenham sido objeto de embargos (art. 746) [CPC/1973]; a remição (art. 790) [CPC/1973]; a renúncia ao direito de recorrer (art. 502) [CPC/1973]; a desistência do recurso (art. 501) [CPC/1973]; a procuração passada nos autos etc. São, por outro lado, sentenças meramente homologatórias: várias das proferidas em procedimentos de jurisdição

voluntária (separação consensual, partilha em separação consensual, emancipação, sub-rogação, alienação de bens, abertura de sucessão provisória, nomeação de tutor ou curador etc.), bem como a homologação de acordo (art. 269, III) [CPC/1973], desde que não padeça a própria sentença de algum vício formal (exigem rescisória a homologação de partilha precedida de controvérsia, a adjudicação em processo de inventário, o julgamento de liquidação)" (Código de Processo Civil interpretado artigo por artigo, parágrafo por parágrafo. 5. ed. São Paulo: Manole, 2013, p. 808).

Arruda Alvim faz importante ressalva:

"A anulação de sentença simplesmente homologatória proferida em processo de jurisdição voluntária dá-se como a dos atos jurídicos em geral, através de ação anulatória (art. 486), independentemente de ação rescisória; isto, no entanto, quando o vício de que padece a sentença não diga respeito ao seu conteúdo. Não fica, todavia, excluída a possibilidade de rescisão da sentença, quando o vício que a macula disser respeito à sentença em si mesma, enquanto ato formal" (Manual de direito processual civil, v. 1, 6. ed. São Paulo: RT, 1997, p. 198).

No Processo do Trabalho, admite-se o ingresso da ação anulatória para anular negócio jurídico entre as partes ou ato judicial que não tenha natureza de sentença definitiva, a qual somente é atacável por ação rescisória.

Mauro Schiavi ensina que:

"No Processo do Trabalho, a ação anulatória tem sido utilizada para desconstituir atos jurídicos firmados no âmbito da relação de trabalho, e também atos judiciais em que a decisão é meramente homologatória, sem enfrentamento do mérito. (...) Na execução, a ação anulatória se destina a desconstituir as decisões meramente homologatórias, sem apreciação do mérito da controvérsia, como a simples homologação de cálculos, de arrematação, adjudicação ou remição" (Manual de Direito Processual do Trabalho. 4. ed. São Paulo: LTr, 2011, p. 1.223).

Dessa maneira, no presente caso, mostra-se possível a ação anulatória diante do indevido arquivamento do processo principal, ato processual este baseado em erro material crasso que impõe correção de ofício.

Como a decisão não exarou juízo de mérito, assim, não desafia a ação rescisória, contudo, como determina o arquivamento da demanda, evidente que pode ser anulada, como anulados são os atos jurídicos em geral. Presente o teor do art. 966, CPC (inteligência dos itens I e II da Súmula 399, TST).

É a jurisprudência:

"NULIDADE DE ATO JURÍDICO. ARREMATAÇÃO. AÇÃO ANULATÓRIA. HONORÁRIOS ADVOCATÍCIOS. Na forma da Súmula 399, I, e da OJ 129, da SDI-2, do TST, a ação anulatória é cabível para tornar inválidos os atos judiciais que não dependem de sentença, como as decisões homologatórias de adjudicação, arrematação ou remição, devendo ser processada no próprio juízo da execução. Uma vez pretendendo a parte desconstituir a arrematação, a competência para julgar a ação anulatória é desta Seção Especializada, observando o disposto no art. 20, do Regimento Interno do Tribunal Regional do Trabalho da 9ª Região. No que diz respeito aos honorários advocatícios, antes mesmo da Emenda Constitucional 45/2004, pertencia à Justiça do Trabalho a competência para julgar a ação anulatória de arrematação, assim como de outros atos praticados incidentalmente em reclamatória trabalhista. Ainda que referida ação esteja prevista no CPC, não menos certo que o processo do trabalho admite tal instituto processual, pois trata-se de incidente à execução trabalhista em curso nos autos originários. Assim, sendo deduzidos em sede de ação trabalhista de forma incidental, prevalece o disposto na Lei 5.584/70. No caso dos autos, não foram

preenchidos os requisitos da referida lei e das Súmulas 219 e 329, do TST, sendo indevida condenação em honorários advocatícios. Agravo de petição do autor a que se dá provimento" (TRT – 9ª R. – AP 0001664-42.2012.5.09.0011 – Rel. Célio Horst Waldraff – *DJe* 24-7-2015).

PEDIDO:

A procedência da ação anulatória ajuizada, para anular a determinação de arquivamento do processo principal e corrigir o erro material apontado, declarando prescritos os créditos trabalhistas anteriores a [indicar a data], determinando o regular prosseguimento da execução processada nos autos do processo nº [número da ação].

Cap. 3 • MODELOS DE CAUSA DE PEDIR E PEDIDOS | 85

3.2. AÇÃO REVISIONAL

CAUSA DE PEDIR:

Em [data], o Reclamante ajuizou uma demanda trabalhista no tocante a responsabilidade civil contra a Reclamada, objetivando: (a) indenização de danos morais e materiais; (b) pensão mensal; (c) honorários advocatícios; (d) manutenção de convênio médico; (e) cesta básica e vale gás.

A demanda foi distribuída a MM. [★]ª Vara do Trabalho de [★], sob nº [★].

O juízo *a quo*, após a devida instrução processual, reconheceu ao trabalhador o direito à percepção de danos morais e estéticos [docs. ★].

Após a interposição de recurso ordinário pelas partes, o Egrégio Tribunal Regional do Trabalho reconheceu o direito do trabalhador à percepção de: (a) danos morais – R$ 30.000,00; (b) danos estéticos – R$ 10.000,00; (c) pensão à base de 50% sobre o valor do último salário apontado no pedido, sendo devida até 75 anos, em parcelas vencidas e vincendas, com a inclusão do 13º salário, com a inserção em folha de pagamento (art. 533, § 2º, CPC) [docs. ★].

A teoria da imprevisão (*rebus sic stantibus*) do Direito Civil e os arts. 478, CC, e art. 505, I, CPC, justificam o pedido de revisão judicial das relações continuadas quando houver modificação no estado de fato ou de direito.

Nas lições de Maria Helena Diniz:

"Imprevisão. 1. Direito civil e direito administrativo. Teoria que admite a possibilidade de revisão dos contratos, em casos graves, quando a superveniência de acontecimentos extraordinários e imprevisíveis, por ocasião da formação dos pactos, torna sumamente onerosas as relações contratuais assumidas, gerando a impossibilidade subjetiva de execução desses contratos. Tal doutrina tempera o princípio absoluto da imutabilidade contratual, aditando à regra pacta sunt servanda *a cláusula* rebus sic stantibus, *que se inspira na equidade e no princípio do justo equilíbrio entre os contratantes, como ensinam Nicola e Francesco Stolfi. 2. Nas linguagens comuns e jurídicas: (a) negligência, (b) falta de previsão, (c) falta de análise prévia dos efeitos decorrentes de certo ato"* (*Dicionário Jurídico*, v. 2. 2. ed. São Paulo: Saraiva, 2013, p. 788).

Existem relações jurídicas de efeito continuado, são as relações jurídicas continuadas, que se projetam no tempo e sofrem mutações pela alteração do estado das coisas, mesmo depois do reconhecimento do direito pelo Estado.

Na seara do Direito do Trabalho, encontram-se casos de relações jurídicas continuadas: (a) obrigação do empregador de pagar o adicional de insalubridade ao trabalhador, o qual pode variar de grau (mínimo, médio e máximo) de uma época para outra, chegando inclusive a deixar de existir caso os agentes químicos e biológicos sejam eliminados; (b) obrigação patronal quanto ao pagamento do adicional de periculosidade, caso se tenha a supressão do labor em situações de risco à constituição física e psíquica do trabalhador.

Com a ampliação da competência da Justiça do Trabalho (EC 45), também se verifica a possibilidade de ação revisional de decisões condenatórias, transitadas em julgado, ao pagamento de pensões vitalícias decorrentes de acidente ou doença do trabalho (ilícito civil).

A influência da situação fática nos efeitos da coisa julgada decorre da teoria da imprevisão (*rebus sic stantibus*), a qual se expressa da seguinte forma: enquanto as coisas permanecem como estão, enquanto houver a permanência dos requisitos que lhe deram causa.

A possibilidade de revisão dos efeitos da coisa julgada nas relações jurídicas continuativas pela modificação no estado de fato ou de direito se dá pela ação revisional (art. 505, I, CPC).

Importante dizer que não se trata de uma ação que visa desconstituir a coisa julgada, o que só é possível por ação rescisória, mas a adequação do julgado à nova realidade.

A jurisprudência indica:

> "*PENSÃO MENSAL. O deferimento da pensão mensal vitalícia institui entre o acidentado e o devedor da indenização uma relação jurídica de natureza continuativa. No entanto, o julgador toma como base, para fundamentar sua decisão, um determinado quadro fático, captado durante a instrução processual, até porque não lhe cabe proferir sentença condicional disciplinando os efeitos jurídicos de mudanças que podem vir a acontecer, ou não, na fluência do pensionamento (art. 460 do CPC) [1973]. Com o passar do tempo, a extensão do dano, considerada para arbitrar o pensionamento, pode sofrer alteração, em benefício ou em prejuízo da vítima, criando um descompasso entre o valor da pensão mensal e o grau da sua incapacidade laborativa. Em razão dessa mudança superveniente, o valor fixado na sentença poderá não mais representar a reparação adequada do dano, tornando a prestação mensal injusta para uma das partes. Diante dessa realidade da vida, que não pode ser ignorada, é imperioso concluir que eventuais alterações ocorridas com a vítima, enquanto perdurar essa relação jurídica continuativa, devem repercutir no direito ao pensionamento, em face da mudança do 'estado de fato' que o juiz levou em consideração no momento de proferir o julgamento. Nessa relação jurídica estatuída, de alguma forma, está presente ou implícita a cláusula* rebus sic stantibus, *permitindo que a decisão primitiva sofra uma adaptação, por meio de nova decisão judicial para garantir continuadamente a manutenção da justa reparação do dano. Consoante o ensinamento de Liebman (LIEBMAN, Enrico Tullio. Eficácia e autoridade da sentença. 3. ed., Rio de Janeiro: Forense, 1984, p. 25), 'de certo modo, todas as sentenças contêm implicitamente a cláusula* rebus sic stantibus, *enquanto a coisa julgada não impede absolutamente que se tenham em conta os fatos que intervierem sucessivamente à emanação da sentença'. Com isso, qualquer das partes, se perceber alteração no estado de fato, poderá ajuizar ação revisional, conforme previsto no artigo 471, inc. I, do CPC*" (TRT – 3ª R. – 2ª T. - RO 00136.2012.046.03.00-2 – Rel. Sebastião Geraldo de Oliveira – DJ 23-7-2013).

A pensão foi deferida de forma mensal e a base de 50% do valor do último salário, como apontado na inicial.

O Perito Judicial, de acordo com os cálculos de fls. [★], procedeu à elaboração dos seus cálculos quanto as parcelas vencidas (até a inclusão em folha), adotando o valor de R$ [★].

A apuração, em parcelas vencidas (até a inclusão em folha), adota a base mensal de R$ [★] (50% do salário de R$ [★]).

Idêntica base salarial está sendo adotada desde [data]. As diferenças, consoante o acórdão, são devidas desde a data da aposentadoria por invalidez [data], contudo, a base utilizada está sendo o último salário.

O último salário adotado é [★].

A fim de comprovar as suas assertivas, o Reclamante junta cópias dos cálculos apresentados na ação originária [docs. ★].

Não é justo que se adote idêntica base salarial desde [★] até [★], como também para as parcelas vincendas, as quais englobam o período de [★] em diante (as quais estão sendo pagas em folha).

A pensão (= dano material) foi deferida ao Reclamante em razão de lesões decorrentes do contrato de trabalho, as quais serão apuradas até a idade de 75 anos.

Como toda e qualquer sentença de responsabilidade civil admite a cláusula *rebus sic stantibus*, o Reclamante tem direito à percepção da pensão ante a aplicação da inteligência do art. 505, I, CPC.

Vale dizer, a responsabilidade civil, pelo fator incapacidade, envolve uma relação jurídica de trato continuativo, logo, o empregado tem direito à revisão do valor do salário básico, se tiver ocorrido alteração na situação de fato ou de direito que tenha justificado a fundamentação contida na decisão originária.

Há relações jurídicas continuativas, as quais se projetam no tempo e que sofrem mutações pela alteração do estado das coisas, mesmo depois do reconhecimento do direito pelo Estado.

A influência da situação fática nos efeitos da coisa julgada decorre da teoria da imprevisão (*rebus sic stantibus*), a qual se expressa da seguinte forma: enquanto as coisas permanecem como estão, enquanto houver a permanência dos requisitos que lhes deram causa.

A possibilidade de revisão dos efeitos da coisa julgada nas relações jurídicas continuativas pela modificação no estado de fato ou de direito se dá pela ação revisional (art. 505, I, CPC).

Importante reiterar que não se trata de um pedido que vise desconstituir a coisa julgada, o que somente é possível por ação rescisória, mas à adequação do julgado à nova realidade.

Trata-se de um pedido que é uma decorrência natural do que foi estatuído na própria decisão judicial e que implica, tão somente, a atualização do valor do salário básico de cálculo da pensão. Em outras palavras: a atualização é mera recomposição do valor nominal do montante inicial de cálculo da pensão.

Com a inflação, o valor inicial da pensão é corroído mês a mês, o que implica, de forma objetiva, violação à própria decisão judicial.

Citada revisão pode ser implementada pelo juízo da execução. Nesse sentido, temos a jurisprudência:

"REAJUSTE DO VALOR DA PENSÃO NA FASE EXECUTÓRIA – AUSÊNCIA DE DETERMINAÇÃO NO TÍTULO EXECUTIVO – POSSIBILIDADE – Esta Especializada entende, por maioria de seus integrantes, que o disposto no art. 950 do CCB, no que tange ao 'trabalho para que se inabilitou' induz à reparação da medida de forma justa, isto é, os reajustes salariais da categoria profissional devem ser observados, independentemente, de previsão expressa no título executivo, sob pena de a pensão não ter a efetividade que dela se busca com a condenação pela depreciação de seu valor monetário" (TRT – 9ª R. – 4ª T. – AP 0192500-42.2006.5.09.0670 – Rel. Célio Horst Waldraff – *DJe* 24-7-2015).

Portanto, o Reclamante pleiteia o reajuste do valor da pensão, à base de 50% do seu último salário – R$ [*], a partir de [data] com os índices dos reajustes salariais da categoria profissional.

A apuração de tais diferenças é a partir da data da concessão da aposentadoria por invalidez [data], inclusive quanto aos valores pagos em folha e para fins de cálculo da constituição de capital.

Diante do exposto, o Reclamante requer: (a) o reconhecimento do direito a atualização do valor inicial da pensão a partir de [data] – R$ [*]; (b) direito a percepção deste valor atualizado desde [data] (concessão da aposentadoria por invalidez), em parcelas vencidas e vincendas, além dos reflexos na base de cálculo da constituição do capital; (c) que os valores sejam reajustados com base na variação do salário mínimo ou, de forma sucessiva (art. 326, CPC), dos índices de reajuste da categoria profissional, a partir de [data], até que se complete a idade de 75 anos quanto à pessoa do trabalhador.

De forma sucessiva (art. 326, CPC), caso Vossa Excelência não defira o reajuste do valor da pensão desde [data], que o valor inicial seja reajustado a partir de [*], data em que se tem, por devida, o montante mensal da pensão. O reajuste deverá ser em face da evolução do reajuste da variação do salário mínimo ou de forma sucessiva em face dos índices de reajuste da categoria profissional do Reclamante.

PEDIDO:

(a) o reconhecimento do direito à atualização do valor inicial da pensão a partir de [data] – R$ [*];

(b) direito a percepção deste valor atualizado desde [data] (concessão da aposentadoria por invalidez), em parcelas vencidas e vincendas, além dos reflexos na base de cálculo da constituição do capital;

(c) que os valores sejam reajustados com base na variação do salário mínimo ou, de forma sucessiva (art. 326, CPC), dos índices de reajuste da categoria profissional, a partir de [data], até que se complete a idade de 75 anos quanto à pessoa do trabalhador;

(c.1) de forma sucessiva (art. 326, CPC), caso Vossa Excelência não defira o reajuste do valor da pensão desde [data], que o valor inicial seja reajustado a partir de [*], data em que se tem, por devida, o montante mensal da pensão. O reajuste deverá ser em face da evolução do reajuste da variação do salário mínimo ou de forma sucessiva em face dos índices de reajuste da categoria profissional do Reclamante;

(d) juros e correção monetária na forma acima.

Cap. 3 • MODELOS DE CAUSA DE PEDIR E PEDIDOS 89

3.3. ACORDO CELEBRADO NA JUSTIÇA DO TRABALHO
ANTES DA EC 45/04 NÃO FAZ COISA JULGADA EM RELAÇÃO À RESPONSABILIDADE CIVIL

CAUSA DE PEDIR:

É inadmissível o entendimento de que o acordo de Fls. [*] possa ser considerado apto a inserir no universo do instituto da coisa julgada a temática da responsabilidade civil decorrente do contrato de trabalho.

O acordo foi celebrado em [indicar a data], perante a [*] Vara do Trabalho de [*], sendo que à época a Justiça do Trabalho não tinha competência para dirimir e solucionar pendência a respeito de acidente de trabalho e a responsabilidade civil do empregador.

Por outro lado, ante o valor ali estabelecido (R$ [*]), tem-se que o valor é ínfimo para a efetiva satisfação do crédito exequendo.

Portanto, este acordo, quando elaborado, o foi para que somente as partes efetuassem a pendência dos direitos trabalhistas em sentido restrito, não englobando nenhuma pendência relativa à responsabilidade civil.

Não se pode esquecer que a transação há de ser interpretada restritivamente (art. 1.027, CC, 1916, vigente à época da transação; atual 843, CC, 2002).

Também não se pode esquecer que a Justiça do Trabalho somente se tornou competente a partir da EC 45/04 e ainda se considerando o teor do Conflito de Competência 7.204-1 decidido pelo Supremo Tribunal Federal em junho de 2005.

A tese de coisa julgada viola a literalidade do art. 1.027 do CC de 1916, além do disposto no art. 843 do CC de 2002.

A jurisprudência do TST indica:

"ACORDO JUDICIAL HOMOLOGADO ANTES DA PROMULGAÇÃO DA EMENDA CONSTITUCIONAL Nº 45/04, NO ÂMBITO DA JUSTIÇA DO TRABALHO, COM QUITAÇÃO DO EXTINTO CONTRATO DE TRABALHO. AJUIZAMENTO DE OUTRA AÇÃO NA JUSTIÇA COMUM, ANTES DA PROMULGAÇÃO DA EMENDA CONSTITUCIONAL Nº 45/04, PLEITEANDO INDENIZAÇÃO POR DANOS MORAIS EM DECORRÊNCIA DE ACIDENTE DE TRABALHO. SUBSEQUENTE REMESSA DOS AUTOS A ESTA JUSTIÇA ESPECIAL. NÃO CARACTERIZAÇÃO DE COISA JULGADA. Discute-se, nesta demanda, se o acordo homologado perante esta Justiça especializada, pelo qual se deu quitação total do contrato de trabalho extinto, realizado antes do advento da Emenda Constitucional nº 45/04, abrange ou não o pleito de indenização por danos morais decorrentes de acidente de trabalho, objeto de outra ação ajuizada na Justiça Comum, também em data anterior à promulgação da aludida emenda constitucional. Nas épocas em que ocorreram o acidente de trabalho e o ajuizamento da reclamação trabalhista na qual foi homologado o acordo em que se deu a quitação das verbas trabalhistas, a Constituição Federal ainda não havia sido expressamente alterada para estabelecer a competência desta Justiça especializada para processar e julgar as ações de indenização por danos morais e materiais decorrentes de acidente do trabalho, o que somente ocorreu em 30-12-2004, com a entrada em vigor da Emenda Constitucional nº 45/04. Assim, conforme os recentes precedentes desta Corte, o acordo judicial homologado na Justiça do Trabalho, antes da promulgação da Emenda Constitucional nº 45/04, não implica plena e geral quitação com os efeitos de coisa julgada, pois, à época do acidente, em relação ao pleito

de indenizações para danos morais e materiais decorrentes do contrato de trabalho, segundo o entendimento jurisprudencial predominante, esta Justiça especializada ainda não possuía competência para processar e julgar essa demanda. Recurso de revista conhecido e provido" (TST – 2ªT. – RR 9951000-61.2006.5.09.0651 – Rel. Min. José Roberto Freire Pimenta – *DEJT* 7-12-2012).

"RECURSO DE REVISTA. NULIDADE. NEGATIVA DE PRESTAÇÃO JURISDICIONAL. Matéria não examinada, nos termos do art. 249, § 2º, do Código de Processo Civil. QUITAÇÃO DO CONTRATO DE TRABALHO HOMOLOGADA JUDICIALMENTE. COISA JULGADA. ABRANGÊNCIA. INDENIZAÇÃO POR DANOS DECORRENTES DE ACIDENTE DE TRABALHO. O Tribunal Regional consignou que o Reclamante já havia dado quitação do contrato de trabalho mantido com a Reclamada em outra reclamação trabalhista e que a coisa julgada produzida pelo acordo ali obtido e judicialmente homologado abrange a pretensão de indenização por danos resultantes de acidente de trabalho aduzida neste processo, por se tratar de direito trabalhista decorrente do contrato de trabalho ao qual se deu quitação. Sob essa premissa, a Corte Regional negou provimento ao recurso ordinário interposto pelo Reclamante e manteve a decisão de extinção do feito sem resolução de mérito pela coisa julgada. No recurso de revista, o Reclamante argumenta que a coisa julgada decorrente do acordo celebrado no outro processo não abrange o presente feito, pois aqui se postula direito de natureza civil (indenização por danos decorrentes de acidente de trabalho), e não direito propriamente trabalhista. O que se discute na presente controvérsia é se a quitação dada ao contrato de trabalho pelo empregado e homologada pelo juiz do trabalho alcança a pretensão de indenização por danos decorrentes de acidente de trabalho aduzida em outra reclamação trabalhista. A transação judicial por meio da qual as partes conferem quitação plena ao contrato de trabalho visa não só à extinção da demanda em que foi havida, mas também à prevenção de futuros litígios com base nesse mesmo contrato de trabalho, nos termos dos arts. 831, parágrafo único, da CLT, e 840 do Código Civil de 2002. Por meio da Orientação Jurisprudencial nº 132 da SBDI-2, esta Corte Superior firmou posicionamento no sentido de que o acordo homologado em juízo em que se dá plena e geral quitação do contrato de trabalho, sem qualquer ressalva, impede o empregado de pleitear, posteriormente em outra ação, parcelas decorrentes do extinto contrato de trabalho, ante o efeito da coisa julgada. Não obstante, esta Corte tem reiteradamente decidido que a quitação dada ao contrato de trabalho não abrange a pretensão de indenização por danos materiais e morais decorrentes de acidente de trabalho ou doença profissional na hipótese excepcional em que o acordo foi celebrado antes da entrada em vigor da Emenda à Constituição nº 45, em 31-12-2004. Entende-se que a quitação dada ao contrato de trabalho em momento anterior à vigência da Emenda à Constituição nº 45/04 não alcança o direito a eventual indenização por danos decorrentes de acidente de trabalho ou doença ocupacional, porquanto, antes de 31-12-2004, era incontroverso que o referido direito tinha natureza civil, tanto que competia à Justiça comum a apreciação do pleito indenizatório e que ali se aplicavam, inclusive, os prazos prescricionais estabelecidos no Código Civil. Por respeito aos princípios da segurança jurídica e do direito adquirido, consagrado no art. 5º, XXXVI, da Constituição Federal, não se admite que a quitação dada ao contrato de trabalho atinja direito que, à época da celebração do acordo na Justiça do Trabalho, não era inequivocamente trabalhista e afeto à competência daquele ramo do Poder Judiciário. No caso em exame, embora não conste expressamente do julgado a data da celebração do acordo havido na outra reclamação trabalhista, é possível inferir dos termos em que foi redigido o acórdão recorrido que a avença foi ajustada em momento anterior à entrada em vigor da Emenda à Constituição nº 45/04. Constatada tal premissa, é possível aplicar à hipótese dos autos a solução excepcional de que o efeito da coisa julgada produzido pelo acordo celebrado antes de 31/12/04 não alcança o direito a eventual indenização por danos decorrentes de acidente de trabalho. Recurso de revista de que se conhece e a que se dá provimento" (TST – 4ªT. – RR 86100-75.2007.5.03.0010 – Rel. Min. Fernando Eizo Ono – *DEJT* 25-2-2011.)

PEDIDO:

Requer o Reclamante o afastamento da tese de coisa julgada, devendo ser apreciados os pedidos.

3.4. ADICIONAL DE INSALUBRIDADE

CAUSA DE PEDIR:

No desempenho de suas funções, o Reclamante era obrigado a laborar em condições insalubres, tais como: [descrever as funções].

A perícia é imposição legal (prova tarifada) (art. 195, § 2º, CLT), devendo haver a nomeação de um perito por parte de Vossa Excelência (médico ou engenheiro do trabalho).

O Reclamante faz jus ao adicional de insalubridade, em grau a ser apurado em função da prova técnica, e a ser calculado, na seguinte ordem sucessiva: (a) remuneração – art. 7º, IV, XXIII, CF; (b) salário normativo (Súmula 17, TST); (c) salário mínimo e com incidências em: (a) aviso-prévio, férias, abono de férias, domingos e feriados, 13º salário, depósitos fundiários + 40%; (b) em horas extras e suas incidências em domingos e feriados, 13º salário, férias, abono de férias, aviso-prévio e nos depósitos fundiários + 40%; (c) todas as diferenças de DSR e feriados devem incidir em férias, abono de férias, 13º, aviso-prévio e nos depósitos fundiários + 40%; (d) [se houver outros títulos que sejam calculados em função do adicional de insalubridade, proceder à inclusão na sequência].

PEDIDO:

Adicional de insalubridade, em grau a ser apurado em função da prova técnica, e a ser calculado, na seguinte ordem sucessiva: (a) remuneração – art. 7º, IV, XXIII, CF; (b) salário normativo (Súmula 17, TST); (c) salário mínimo e com incidências em: (a) aviso-prévio, férias, abono de férias, domingos e feriados, 13º salário, depósitos fundiários + 40%; (b) em horas extras e suas incidências em domingos e feriados, 13º salário, férias, abono de férias, aviso-prévio e nos depósitos fundiários + 40%; (c) todas as diferenças de DSR e feriados devem incidir em férias, abono de férias, 13º, aviso-prévio e nos depósitos fundiários + 40%; (d) [se houver outros títulos que sejam calculados em função do adicional de insalubridade, proceder à inclusão na sequência].

3.5. ADICIONAL DE INSALUBRIDADE
GARI

CAUSA DE PEDIR:

No desempenho de suas funções, o Reclamante era obrigado a laborar em condições insalubres, pois mantinha contato com lixo urbano.

A NR 15 (Anexo 14) não diferencia entre o trabalho do varredor de rua e o de coletor de lixo, pois o que importa é o contato com a substância insalubre, independentemente da designação do cargo ou profissão ocupada pelo obreiro:

"Insalubridade de grau máximo

Trabalho ou operações, em contato permanente com:

- *pacientes em isolamento por doenças infectocontagiosas, bem como objetos de seu uso, não previamente esterilizados;*
- *carnes, glândulas, vísceras, sangue, ossos, couros, pelos e dejeções de animais portadores de doenças infectocontagiosas (carbunculose, brucelose, tuberculose);*
- *esgotos (galerias e tanques); e*
- *lixo urbano (coleta e industrialização)".*

Tendo em vista que o Reclamante tinha contato com lixo urbano, faz jus ao recebimento do adicional de insalubridade em grau máximo, ainda que não exerça a profissão de coletor de lixo.

A jurisprudência indica:

"AGRAVO DE INSTRUMENTO. RECURSO DE REVISTA INTERPOSTO A ACÓRDÃO PUBLICADO NA VIGÊNCIA DA LEI N° 13.467/17. ADICIONAL DE INSALUBRIDADE. GRAU MÁXIMO. CADASTRADOR. CAMINHÃO DE COLETA DE LIXO URBANO. SÚMULA N° 448, I, DO TRIBUNAL SUPERIOR DO TRABALHO. TRANSCENDÊNCIA DA CAUSA NÃO RECONHECIDA. 1. Cuida-se de controvérsia acerca do pagamento do adicional de insalubridade, nos termos do Anexo 14 da NR-15 da Portaria n° 3.214/78, ao empregado que labora dentro da cabine de caminhão de coleta de lixo urbano exposto a agentes biológicos. No caso dos autos, o Tribunal Regional, a partir da prova produzida nos autos, consignou que as atividades desenvolvidas pelo obreiro se enquadravam naquelas arroladas na referida norma regulamentar. 2. Constatado o preenchimento dos demais requisitos processuais de admissibilidade, o exame do Recurso de Revista sob o prisma do pressuposto de transcendência revelou que: (a) não há falar em transcendência econômica, visto que o valor arbitrado à condenação não se revela elevado ou desproporcional ao pedido formulado e deferido na instância ordinária; (b) não demonstrada a transcendência política da causa, na medida em que o acórdão recorrido revela consonância com o disposto na Súmula n° 448 desta Corte superior; (c) não identificada a transcendência social da causa, visto que não se cuida de pretensão recursal formulada em face de suposta supressão ou limitação de direitos sociais assegurados na legislação pátria; e (d) não se verifica a transcendência jurídica, visto que ausentes indícios da existência de questão nova acerca da controvérsia ora submetida a exame, mormente diante da plena vigência da Súmula n° 448 desta Corte superior, a obstaculizar a pretensão recursal. 3. Configurado o

óbice relativo ao não reconhecimento da transcendência da causa quanto ao tema sob exame, resulta inviável o processamento do Recurso de Revista, no particular. 4. Agravo de Instrumento não provido" (TST – 6ª T. – AIRR 11552-27.2017.5.03.0108 – Rel. Min. Lelio Bentes Correa – *DEJT* 28-8-2020).

A perícia é imposição legal (prova tarifada) (art. 195, § 2º, CLT), devendo haver a nomeação de um perito por parte de Vossa Excelência (médico ou engenheiro do trabalho).

O Reclamante faz jus ao adicional de insalubridade, em grau a ser apurado em função da prova técnica, e a ser calculado, na seguinte ordem sucessiva: (a) remuneração – art. 7º, IV, XXIII, CF; (b) salário normativo (Súmula 17, TST); (c) salário mínimo e com incidências em: (a) aviso-prévio, férias, abono de férias, domingos e feriados, 13º salário, depósitos fundiários + 40%; (b) em horas extras e suas incidências em domingos e feriados, 13º salário, férias, abono de férias, aviso-prévio e nos depósitos fundiários + 40%; (c) todas as diferenças de DSR e feriados devem incidir em férias, abono de férias, 13º salário, aviso-prévio e nos depósitos fundiários + 40%; (d) [se houver outros títulos que sejam calculados em função do adicional de insalubridade, proceder à inclusão na sequência].

PEDIDO:

Adicional de insalubridade, em grau a ser apurado em função da prova técnica, e a ser calculado, na seguinte ordem sucessiva: (a) remuneração – art. 7º, IV, XXIII, CF; (b) salário normativo (Súmula 17, TST); (c) salário mínimo e com incidências em: (a) aviso-prévio, férias, abono de férias, domingos e feriados, 13º salário, depósitos fundiários + 40%; (b) em horas extras e suas incidências em domingos e feriados, 13º salário, férias, abono de férias, aviso-prévio e nos depósitos fundiários + 40%; (c) todas as diferenças de DSR e feriados devem incidir em férias, abono de férias, 13º salário, aviso-prévio e nos depósitos fundiários + 40%; (d) [se houver outros títulos que sejam calculados em função do adicional de insalubridade, proceder à inclusão na sequência].

3.6. ADICIONAL DE INSALUBRIDADE
TRABALHADOR RURAL EXPOSTO AO CALOR

CAUSA DE PEDIR:

No desempenho de suas funções, o Reclamante, como trabalhador rural, laborou exposto ao calor.

Para a concessão do adicional postulado, há que se preencher dois requisitos: (a) laudo pericial indicando que o ambiente de trabalho é agressivo à saúde do trabalhador; (b) enquadramento da atividade ou operação entre as insalubres pelo Ministério do Trabalho.

Sabe-se que o trabalho a céu aberto, por si só, não garante o direito ao adicional de insalubridade:

"Agravo de instrumento. Adicional de insalubridade. Trabalhador rural. Trabalho a céu aberto. Exposição a fonte natural de calor. Não provimento. A exposição à fonte natural de calor, decorrente do trabalho a céu aberto, não autoriza o reconhecimento do labor em atividade insalubre, conforme entendimento já pacificado pela Orientação Jurisprudencial 173 da SBDI-1. Precedentes. Agravo de instrumento a que se nega provimento" (TST – 5ª T. – AIRR 1489-33.2010.5.09.0459 – Rel. Min. Guilherme Augusto Caputo Bastos – DEJT 15-3-2013).

Contudo, no caso concreto, havia a exposição ao sol e ao calor intenso, durante a jornada laboral.

Não é a exposição ao sol, por si só, que torna o trabalho insalubre, mas ao calor intenso (item II da OJ 173).

Pouco importa a origem do calor a que o obreiro está submetido. É indiferente se ele foi gerado pelo homem ou pela natureza.

Como o fundamento do pedido é a exposição ao calor, ainda que proveniente de radiação solar, deve ser deferida a postulação.

Nesse sentido:

"AGRAVO DE INSTRUMENTO EM RECURSO DE REVISTA REGIDO PELA LEI 13.015/14 – PROCEDIMENTO SUMARÍSSIMO – 1. ADICIONAL DE INSALUBRIDADE – TRABA-LHADOR RURAL – MANEJO DE LAVOURA DE CANA-DE-AÇÚCAR – EXPOSIÇÃO A CALOR EXCESSIVO – OJ 173, II, DA SBDI-1/TST – A decisão regional, em que determinado o pagamento do adicional de insalubridade em razão de o empregado trabalhar em atividade exposta ao calor excessivo, acima dos limites de tolerância, está em conformidade com a jurisprudência iterativa, notória e atual desta Corte Superior, nos termos da OJ 173, II, da SBDI-1/TST. 2. TRABALHADOR RURAL – PAU-SAS – NR-31 DO MINISTÉRIO DO TRABALHO E EMPREGO – ARTIGO 72 DA CLT – APLICAÇÃO ANALÓGICA – A jurisprudência desta Corte tem-se firmado no sentido de que o artigo 72 da CLT é aplicável, analogicamente, ao trabalhador rural, em razão da lacuna normativa quanto ao período destinado às pausas previstas na NR-31 da Portaria 86/05 do Ministério do Trabalho. Desse modo, correta a decisão regional, restando inviabilizado o processamento do recurso. Precedentes. Agravo de instrumento não provido" (TST – AIRR 11292-13.2015.5.18.0201 – Rel. Min. Douglas Alencar Rodrigues – DJe 28-9-2018).

A perícia é imposição legal (prova tarifada) (art. 195, § 2º, CLT), devendo haver a nomeação de um perito por parte de Vossa Excelência (médico ou engenheiro do trabalho).

Cap. 3 • MODELOS DE CAUSA DE PEDIR E PEDIDOS | 95

O Reclamante faz jus ao adicional de insalubridade, em grau a ser apurado em função da prova técnica, e a ser calculado, na seguinte ordem sucessiva: (a) remuneração – art. 7º, IV, XXIII, CF; (b) salário normativo (Súmula 17, TST); (c) salário mínimo e com incidências em: (a) aviso-prévio, férias, abono de férias, domingos e feriados, 13º salário, depósitos fundiários + 40%; (b) em horas extras e suas incidências em domingos e feriados, 13º salário, férias, abono de férias, aviso-prévio e nos depósitos fundiários + 40%; (c) todas as diferenças de DSR e feriados devem incidir em férias, abono de férias, 13º salário, aviso-prévio e nos depósitos fundiários + 40%; (d) [se houver outros títulos que sejam calculados em função do adicional de insalubridade, proceder à inclusão na sequência].

PEDIDO:

Adicional de insalubridade, em grau a ser apurado em função da prova técnica, e a ser calculado, na seguinte ordem sucessiva: (a) remuneração – art. 7º, IV, XXIII, CF; (b) salário normativo (Súmula 17, TST); (c) salário mínimo (Súmula 228, TST) e com incidências em: (a) aviso-prévio, férias, abono de férias, domingos e feriados, 13º salário, depósitos fundiários + 40%; (b) em horas extras e suas incidências em domingos e feriados, 13º salário, férias, abono de férias, aviso-prévio e nos depósitos fundiários + 40%; (c) todas as diferenças de DSR e feriados devem incidir em férias, abono de férias, 13º salário, aviso-prévio e nos depósitos fundiários + 40%; (d) [se houver outros títulos que sejam calculados em função do adicional de insalubridade, proceder à inclusão na sequência].

3.7. ADICIONAL DE INSALUBRIDADE
CONTATO COM ESGOTO

CAUSA DE PEDIR:

O Reclamante faz jus ao pagamento do adicional de insalubridade em grau máximo, por contato com agentes biológicos nocivos durante todo o pacto laboral, pois exercia atividades além das descritas no item II da Súmula 448 do TST, realizando limpeza e desobstrução de redes de esgotos e caixas de gordura.

As atividades laborativas exercidas pelo Reclamante estão enquadradas dentre as descritas no Anexo 14 da NR-15 da Portaria 3.214/78 do MTE, que determina acarretar insalubridade em grau máximo o trabalho ou operações em contato permanente com esgotos (galerias e tanques), uma vez que havia exposição do trabalhador a agentes biológicos nocivos (vírus, bactérias e/ou fungos) resultantes do contato com dejetos humanos, na previsão de insalubridade em grau máximo.

O Reclamante desenvolvia atividades de desentupimento e limpeza de caixas de esgoto, banheiros, consistente em redes de esgotos das pias e lavabos, além de ser o responsável pela manutenção das caixas de esgoto e caixas de gordura, mantendo diária e habitualmente contato com esgotos de águas servidas e com dejetos humanos, restos de alimentos, objetos diversos usados e descartados pelos seres humanos, pelo que ficava exposto a agentes biológicos (fungos, leveduras, bactérias, vírus etc.), correndo o risco de ser contaminado pela pele ou pelas vias respiratórias.

Ressalte-se que o uso de EPIs não era suficiente para neutralizar esses agentes, no sentido de proteger o Reclamante de riscos de contágio que podem ocorrer tanto por meio da pele quanto pelas vias respiratórias.

A jurisprudência indica:

"I - AGRAVO DE INSTRUMENTO EM RECURSO DE REVISTA. ADICIONAL DE INSALUBRIDADE. LIMPEZA DE ESGOTO. Caracterizada a divergência jurisprudencial válida e específica, nos moldes estabelecidos no art. 896, 'a', da CLT e nas Súmulas 296, I, e 337 do TST, merece provimento o agravo de instrumento para determinar o processamento do recurso de revista. II - RECURSO DE REVISTA. ADICIONAL DE INSALUBRIDADE. LIMPEZA DE ESGOTO. Tem direito ao pagamento do adicional de insalubridade o empregado que realiza o desentupimento e a limpeza de caixas de esgoto, atividades consideradas insalubres nos termos do Anexo 14 da NR-15 da Portaria nº 3.214/78 do MTE. Recurso de revista conhecido e provido" (TST – 8ª T. – RR 392-95.2014.5.03.0015 – Rel. Min. Márcio Eurico Vitral Amaro – DEJT 17-6-2016).

A perícia é imposição legal (prova tarifada) (art. 195, § 2º, CLT), devendo haver a nomeação de um perito por parte de Vossa Excelência (médico ou engenheiro do trabalho).

O Reclamante faz jus ao adicional de insalubridade, em grau a ser apurado em função da prova técnica, e a ser calculado, na seguinte ordem sucessiva: (a) remuneração – art. 7º, IV, XXIII, CF; (b) salário normativo (Súmula 17, TST); (c) salário mínimo (Súmula 228, TST) e com incidências em: (a) aviso-prévio, férias, abono de férias, domingos e feriados, 13º salário, depósitos fundiários + 40%; (b) em horas extras e suas incidências em domingos e feriados, 13º salário, férias, abono de férias, aviso-prévio e nos depósitos fundiários + 40%; (c) todas as diferenças de DSR e feriados devem incidir em férias, abono de férias, 13º salário, aviso-prévio e nos depósitos fundiários + 40%; (d) [se houver outros títulos que sejam calculados em função do adicional de insalubridade, proceder à inclusão na sequência].

PEDIDO:

Adicional de insalubridade, em grau a ser apurado em função da prova técnica, e a ser calculado, na seguinte ordem sucessiva: (a) remuneração – art. 7º, IV, XXIII, CF; (b) salário normativo (Súmula 17, TST); (c) salário mínimo e com incidências em: (a) aviso-prévio, férias, abono de férias, domingos e feriados, 13º salário, depósitos fundiários + 40%; (b) em horas extras e suas incidências em domingos e feriados, 13º salário, férias, abono de férias, aviso-prévio e nos depósitos fundiários + 40%; (c) todas as diferenças de DSR e feriados devem incidir em férias, abono de férias, 13º salário, aviso-prévio e nos depósitos fundiários + 40%; (d) [se houver outros títulos que sejam calculados em função do adicional de insalubridade, proceder à inclusão na sequência].

3.8.   ADICIONAL DE INSALUBRIDADE E PERICULOSIDADE
OPÇÃO

CAUSA DE PEDIR:

No desempenho de suas funções, o Reclamante, era obrigado a laborar em condições insalubres e perigosas, tais como: [descrever as funções].

A perícia é imposição legal (prova tarifada) (art. 195, § 2°, CLT), devendo haver a nomeação de um perito por parte de Vossa Excelência (médico ou engenheiro do trabalho).

Não é possível a cumulação dos adicionais de insalubridade e de periculosidade quando o empregado se expõe a agentes insalubres e periculosos simultaneamente.

Dispõe o art. 193 da CLT:

"São consideradas atividades ou operações perigosas, na forma da regulamentação aprovada pelo Ministério do Trabalho e Emprego, aquelas que, por sua natureza ou métodos de trabalho, impliquem risco acentuado em virtude de exposição permanente do trabalhador a: I - inflamáveis, explosivos ou energia elétrica; II - roubos ou outras espécies de violência física nas atividades profissionais de segurança pessoal ou patrimonial. (...) § 2° O empregado poderá optar pelo adicional de insalubridade que porventura lhe seja devido".

A Portaria 3.214/78 do Ministério do Trabalho, na NR 16, item 16.2.1 estabelece que *"O empregado poderá optar pelo adicional de insalubridade que porventura lhe seja devido."*

Em setembro de 2019, a SDI-1 do TST, no julgamento do Incidente de Recursos Repetitivos 239-55.2011.5.02.0319, Tema Repetitivo 17, relatado pelo Ministro Alberto Luiz Bresciani de Fontan, encerrou a controvérsia, concluindo, por maioria, a fixação da tese jurídica de que *"o art. 193, § 2°, da CLT foi recepcionado pela Constituição Federal e veda a cumulação dos adicionais de insalubridade e de periculosidade, ainda que decorrentes de fatos geradores distintos e autônomos".*

A decisão foi assim redigida:

"INCIDENTE DE RECURSOS REPETITIVOS. ADICIONAIS DE PERICULOSIDADE E DE INSALUBRIDADE. IMPOSSIBILIDADE DE CUMULAÇÃO, AINDA QUE AMPARADOS EM FATOS GERADORES DISTINTOS E AUTÔNOMOS. INTERPRETAÇÃO SISTEMÁTICA DO ORDENAMENTO JURÍDICO. RECEPÇÃO DO ART. 193, § 2°, DA CLT, PELA CONSTITUIÇÃO FEDERAL. 1. Incidente de recursos repetitivos, instaurado perante a SBDI-1, para decidir-se, sob as perspectivas dos controles de constitucionalidade e de convencionalidade, acerca da possibilidade de cumulação dos adicionais de periculosidade e de insalubridade, quando amparados em fatos geradores distintos e autônomos, diante de eventual ausência de recepção da regra do art. 193, § 2°, da CLT, pela Constituição Federal. 2. Os incisos XXII e XXIII do art. 7° da Constituição Federal são regras de eficácia limitada, de natureza programática. Necessitam da interpositio legislatoris, embora traduzam normas jurídicas tão preceptivas quanto as outras. O princípio orientador dos direitos fundamentais sociais, neles fixado, é a proteção da saúde do trabalhador. Pela topografia dos incisos – o XXII trata da redução dos riscos inerentes ao trabalho e o XXIII, do adicional pelo exercício de atividades de risco –, observa-se que a prevenção deve ser priorizada em relação à compensação, por meio de retribuição pecuniária (a monetização do risco), dos efeitos nocivos do ambiente de trabalho à saúde do trabalhador. 3. Gramaticalmente, a conjunção

Cap. 3 • MODELOS DE CAUSA DE PEDIR E PEDIDOS | 99

'ou', bem como a utilização da palavra 'adicional', no inciso XXIII do art. 7°, da Carta Magna, no singular, admite supor-se alternatividade entre os adicionais. 4. O legislador, no art. 193, § 2°, da CLT, ao facultar ao empregado a opção pelo recebimento de um dos adicionais devidos, por certo, vedou o pagamento cumulado dos títulos, sem qualquer ressalva. 5. As Convenções 148 e 155 da OIT não tratam de cumulação de adicionais de insalubridade e de periculosidade. 6. Conforme ensina Malcom Shaw, 'quando uma lei e um tratado têm o mesmo objeto, os tribunais buscarão interpretá-los de forma que deem efeito a ambos sem contrariar a letra de nenhum dos dois'. É o que se recomenda para o caso, uma vez que os textos comparados (Constituição Federal, Convenções da OIT e CLT) não são incompatíveis (a regra da impossibilidade de cumulação adequa-se à transição para o paradigma preventivo), mesmo considerado o caráter supralegal dos tratados que versem sobre direitos humanos. É inaplicável, ainda, o princípio da norma mais favorável, na contramão do plano maior, por ausência de contraposição ou paradoxo. 7. Há Lei e jurisprudência consolidada sobre a matéria. Nada, na conjuntura social, foi alterado, para a ampliação da remuneração dos trabalhadores no caso sob exame. O art. 193, § 2°, da CLT, não se choca com o regramento constitucional ou convencional. 8. Pelo exposto, fixa-se a tese jurídica: o art. 193, § 2°, da CLT foi recepcionado pela Constituição Federal e veda a cumulação dos adicionais de insalubridade e de periculosidade, ainda que decorrentes de fatos geradores distintos e autônomos. Tese fixada. Recurso de embargos conhecido e desprovido" (TST − SDI-I − IRR 239-55.2011.5.02.0319 − Rel. Min. Alberto Luiz Bresciani de Fontan Pereira − *DEJT* 6-3-2020).

O Reclamante faz jus ao adicional de insalubridade, em grau a ser apurado em função da prova técnica, e a ser calculado, na seguinte ordem sucessiva: (a) remuneração − art. 7°, IV, XXIII, CF; (b) salário normativo (Súmula 17, TST); (c) salário mínimo e com incidências em: (a) aviso-prévio, férias, abono de férias, domingos e feriados, 13° salário, depósitos fundiários + 40%; (b) em horas extras e suas incidências em domingos e feriados, 13° salário, férias, abono de férias, aviso-prévio e nos depósitos fundiários + 40%; (c) todas as diferenças de DSR e feriados devem incidir em férias, abono de férias, 13° salário, aviso-prévio e nos depósitos fundiários + 40%; (d) [se houver outros títulos que sejam calculados em função do adicional de insalubridade, proceder à inclusão na sequência].

O Reclamante também faz jus ao adicional de periculosidade, a ser apurado em função da prova técnica, e a ser calculado observando-se: (a) salário contratual; (b) incidência em: (a) aviso-prévio, férias, abono de férias, domingos e feriados, 13° salário e nos depósitos fundiários + 40%; (b) em horas extras e suas incidências em domingos e feriados, 13° salário, férias, abono de férias, aviso-prévio e nos depósitos fundiários + 40%; (c) [se houver outros títulos que sejam calculados em função do adicional de periculosidade, proceder à inclusão na sequência].

A opção pelo adicional mais benéfico será efetuada pelo Reclamante em liquidação de sentença.

PEDIDO:

(a) adicional de insalubridade, em grau a ser apurado em função da prova técnica, e a ser calculado, na seguinte ordem sucessiva: (a) remuneração − art. 7°, IV, XXIII, CF; (b) salário normativo (Súmula 17, TST); (c) salário mínimo e com incidências em: (a) aviso-prévio, férias, abono de férias, domingos e feriados, 13° salário, depósitos fundiários + 40%; (b) em horas extras e suas incidências em domingos e feriados, 13° salário, férias, abono de férias, aviso-prévio e nos depósitos fundiários + 40%; (c) todas as diferenças de DSR e feriados devem incidir em férias, abono de férias, 13° salário, aviso-prévio e nos depósitos fundiários + 40%; (d) [se houver outros títulos que sejam calculados em função do adicional de insalubridade, proceder à inclusão na sequência];

(b) adicional de periculosidade, a ser apurado em função da prova técnica, e a ser calculado observando-se: (a) salário contratual; (b) incidência em: (a) aviso-prévio, férias, abono de férias, domingos e feriados, 13° salário e nos depósitos fundiários + 40%; (b) em horas extras e suas incidências em domingos e feriados, 13° salário, férias, abono de férias, aviso-prévio e nos depósitos fundiários + 40%; (c) [se houver outros títulos que sejam calculados em função do adicional de periculosidade, proceder à inclusão na sequência];

(c) quanto ao adicional mais benéfico, a opção será efetuada pelo Reclamante em liquidação de sentença.

3.9. ADICIONAL DE PERICULOSIDADE
ARMAZENAMENTO DE LÍQUIDO INFLAMÁVEL NO PRÉDIO

CAUSA DE PEDIR:

O Reclamante laborava no interior de edifício em que eram armazenados líquidos inflamáveis (óleo diesel) destinados a gerar energia quando da ocorrência da falta de fornecimento.

No local de trabalho, no interior do prédio, havia tanques de óleo diesel, com capacidade total de 2.500 litros.

O óleo diesel é um líquido inflamável, sendo que esses tanques, pela sua capacidade, não poderiam estar armazenados, a não ser que estivessem enterrados e com capacidade máxima de 250 litros por recipiente (NR 20, da Portaria 3.214/78).

O reservatório não atendia às recomendações da NR 20, pois além de não estar enterrado, havia um tanque com capacidade para 2.000 litros. Portanto, não havia confinamento do tanque em termos de segurança e toda a edificação está sob a bacia de segurança.

Portanto, há periculosidade em toda a área interna do prédio no qual laborava o Reclamante, eis que existia tanque que armazenava inflamáveis e que havia perigo de explosão.

Embora não haja contato direto com os produtos inflamáveis, o Autor correu risco de vida por laborar no interior do prédio.

Nesse sentido, o teor da OJ 385 da SDI-I do TST:

"É devido o pagamento do adicional de periculosidade ao empregado que desenvolve suas atividades em edifício (construção vertical), seja em pavimento igual ou distinto daquele onde estão instalados tanques para armazenamento de líquido inflamável, em quantidade acima do limite legal, considerando-se como área de risco toda a área interna da construção vertical".

A jurisprudência indica:

"(A) AGRAVO DE INSTRUMENTO EM RECURSO DE REVISTA INTERPOSTO PELA RECLAMANTE – ACÓRDÃO REGIONAL PUBLICADO NA VIGÊNCIA DAS LEIS NOS 13.015/2014 E 13.467/17 – ADICIONAL DE PERICULOSIDADE – ARMAZENAMENTO DE LÍQUIDO INFLAMÁVEL NO PRÉDIO – CONSTRUÇÃO VERTICAL – TRANSCENDÊNCIA POLÍTICA RECONHECIDA – CONHECIMENTO E PROVIMENTO – I – Hipótese em que a Corte Regional entendeu que a Reclamante não tem direito ao adicional de periculosidade, porque suas atividades não eram desenvolvidas na bacia de segurança, mas no edifício onde estão instalados os tanques de armazenamento. II – Demonstrada transcendência política da causa e contrariedade à Orientação Jurisprudencial nº 385 da SBDI-I desta Corte Superior. III – Agravo de instrumento de que se conhece e a que se dá provimento, para determinar o processamento do recurso de revista, observando-se o disposto no ATO SEGJUD. GP Nº 202/19 DO TST – (B) RECURSO DE REVISTA INTERPOSTO PELA RECLAMANTE ELIANE ALVES DE SOUZA – ACÓRDÃO REGIONAL PUBLICADO NA VIGÊNCIA DAS LEIS NOS 13.015/14 E 13.467/17 – ADICIONAL DE PERICULOSIDADE – ARMAZENAMENTO DE LÍQUIDO INFLAMÁVEL NO PRÉDIO – CONSTRUÇÃO VERTICAL – TRANSCENDÊNCIA POLÍTICA RECONHECIDA

– CONHECIMENTO E PROVIMENTO – I – O entendimento desta Corte Superior é no sentido de que a área de risco se estende por toda edificação vertical, e não apenas a bacia de segurança dos tanques, Orientação Jurisprudencial n° 385 da SDI-1 desta Corte Superior. II – Ao considerar que a Reclamante não tem direito ao adicional de periculosidade porque suas atividades não eram desenvolvidas na bacia de segurança, mas no edifício onde estão instalados os tanques de armazenamento, a Corte Regional divergiu do entendimento desta Corte Superior. Sob esse enfoque, impõe-se o conhecimento e o provimento do recurso. III – Cabe ressaltar que o reconhecimento de que a causa oferece transcendência política (art. 896-A, § 1°, II, da CLT) não se limita à hipótese em que haja verbete sumular sobre a matéria; haverá igualmente transcendência política quando demonstrado o desrespeito à jurisprudência pacífica e notória do Tribunal Superior do Trabalho sedimentada em Orientação Jurisprudencial ou a partir da fixação de tese no julgamento, entre outros, de incidentes de resolução de recursos repetitivos ou de assunção de competência, bem como, na hipótese do Supremo Tribunal Federal, no julgamento de recurso extraordinário com repercussão geral ou das ações de constitucionalidade. Trata-se de extensão normativa do conceito de transcendência política, prevista no art. 896-A, § 1°, II, da CLT, a partir, sobretudo, da sua integração com o novo sistema de resolução de demandas repetitivas inaugurado pelo Código de Processo Civil de 2015, cujas decisões possuam caráter Vinculante (exegese dos arts. 489, § 1°, 926, 928 do CPC/15). Ademais, ainda que assim não fosse, o próprio § 1° do art. 896-A da CLT estabelece que os indicadores de transcendência nele nominados não constituem cláusula legal exaustiva, mas possibilita o reconhecimento de indicadores 'entre outros'. IV – Recurso de revista de que se conhece e a que se dá provimento.” (TST – RR 1001630-32.2017.5.02.0088 – Rel. Min. Alexandre Luiz Ramos – DJe 26-6-2020).

A perícia é imposição legal (prova tarifada) (art. 195, § 2°, CLT), devendo haver a nomeação de um perito por parte de Vossa Excelência (médico ou engenheiro do trabalho).

O Reclamante faz jus ao adicional de periculosidade, a ser calculado sobre a remuneração e com incidências em: (a) aviso-prévio, férias, abono de férias, domingos e feriados, 13° salário, depósitos fundiários + 40%; (b) em horas extras e suas incidências em domingos e feriados, 13° salário, férias, abono de férias, aviso-prévio e nos depósitos fundiários + 40%; (c) [se houver outros títulos que sejam calculados em função do adicional de periculosidade, proceder à inclusão na sequência].

PEDIDO:

Adicional de periculosidade, a ser calculado sobre a remuneração e com incidências em: (a) aviso-prévio, férias, abono de férias, domingos e feriados, 13° salário, depósitos fundiários + 40%; (b) em horas extras e suas incidências em domingos e feriados, 13° salário, férias, abono de férias, aviso-prévio e nos depósitos fundiários + 40%; (c) [se houver outros títulos que sejam calculados em função do adicional de periculosidade, proceder à inclusão na sequência].

3.10. ADICIONAL DE PERICULOSIDADE
ATIVIDADES DESEMPENHADAS COM O USO DE MOTOCICLETA

CAUSA DE PEDIR:

O Reclamante utilizava a motocicleta para deslocamentos entre os clientes da Reclamada.

Nos termos da CLT, são consideradas atividades ou operações perigosas, na forma da regulamentação aprovada pelo Ministério do Trabalho e Emprego, aquelas que, por sua natureza ou métodos de trabalho, impliquem risco acentuado em virtude de exposição permanente do trabalhador a: (a) inflamáveis; (b) explosivos; (c) energia elétrica; (d) roubos ou outras espécies de violência física nas atividades profissionais de segurança pessoal ou patrimonial (Lei 12.740/12); (e) contato com radiação ionizante ou substância radioativa (OJ 345, SDI-I); (f) atividades de trabalhador em motocicleta (Lei 12.997/14).

O trabalho em condições periculosas dá direito ao empregado à percepção de um adicional, cujo valor é 30% sobre o seu salário contratual, sem os acréscimos resultantes de gratificações, prêmios ou participações nos lucros da empresa (art. 193, § 1º, CLT).

Com a Lei 12.997/14, os trabalhadores em motocicleta passaram a ter direito ao adicional de periculosidade, nos termos da regulamentação do MTE.

A Portaria 1.565, do MTE, de 13 de outubro de 2014, aprovou o Anexo 5, da NR 16, o qual passou a disciplinar as atividades perigosas em motocicleta. Dois meses após sua publicação, a Portaria 1.565 teve seus efeitos suspensos pela Portaria 1.930, do MTE, de 16-12-2014, atendendo à determinação judicial proferida nos autos do processo 0078075-82.2014.4.01.3400, que tramita na 20ª Vara Federal da Seção Judiciária do Distrito Federal – Tribunal Regional Federal da 1ª Região.

Contudo, o MTE, com a edição da Portaria 5, de 7-1-2015, revogou a Portaria 1.930, bem como suspendeu os efeitos da Portaria 1.565 apenas para os associados da Associação Brasileira das Indústrias de Refrigerantes de Bebidas não Alcoólicas e aos confederados da Confederação Nacional das Revendas AMBEV e das Empresas de Logística da Distribuição.

A Portaria MTE 220, de 3-3-2015, suspendeu os efeitos da Portaria MTE 1.565 quanto às empresas associadas à AFREBRAS, em razão de antecipação de tutela concedida nos autos do processo nº 5002006-67.2015.404.7000, que tramita na 1ª Vara Federal de Curitiba/PRIMEIRA, bem como em relação às empresas associadas às associações e sindicatos relacionados nos autos do processo nº 89075-79.2014.4.01.3400, que tramita na 14ª Vara Federal da Seção Judiciária do Distrito Federal.

A Portaria MTE 506, também de 16-4-2015, suspendeu os efeitos da Portaria MTE 1.565 em relação às empresas associadas à ABEPREST, em razão do processo nº 0007506-22.2015.4.01.3400, que tramita na 2ª Vara Federal da Seção Judiciária do Distrito Federal. Contudo, a Portaria MTE 506/15 foi anulada pela Portaria MTB 458/2018, de 21-6-2018.

Já a Portaria MTE 946/15, de 9-7-2015 suspendeu os efeitos da Portaria MTE 1.565/14, em relação às empresas associadas à ABESE, em razão da liminar concedida no âmbito do processo 31822-02.2015.4.01.3400, que tramita na 2ª Vara Federal da Seção Judiciária do Distrito Federal.

No ano de 2017, a Portaria MTE 137/17, de 3-2-2017, suspendeu os efeitos da Portaria MTE 1.565 em relação às empresas associadas à Associação dos Distribuidores de Produtos Schincariol do Centro Oeste e Tocantins – ADISCOT, atendendo a liminar concedida no âmbito do processo 0026220-30.2015.4.01.3400, que tramita na 16ª Vara Federal da Seção Judiciária do Distrito Federal.

Em 2018, a Portaria MTB 440/2018, de 15-6-2018, suspendeu os efeitos da Portaria MTE 1.565/2014, em relação à COMPANHIA ENERGÉTICA DO MARANHÃO – CEMAR e outros, em razão do provimento do agravo de instrumento no âmbito do processo 0067966-87.2015.4.01.0000, pelo Tribunal Regional Federal da Primeira Região.

Isso equivale a dizer que a Portaria está em vigência, com exceção dos motociclistas vinculados a tais entidades.

Pela Portaria 1.565, o Anexo 5 foi acrescido aos termos da Portaria 3.214/78, com a seguinte redação: (a) as atividades laborais com utilização de motocicleta ou motoneta no deslocamento de trabalhador em vias públicas são consideradas perigosas; (b) não são consideradas perigosas: (1) a utilização de motocicleta ou motoneta exclusivamente no percurso da residência para o local de trabalho ou deste para aquela; (2) as atividades em veículos que não necessitem de emplacamento ou que não exijam carteira nacional de habilitação para conduzi-los; (3) as atividades em motocicleta ou motoneta em locais privados; (4) as atividades com uso de motocicleta ou motoneta de forma eventual, assim considerado o fortuito, ou o que, sendo habitual, dá-se por tempo extremamente reduzido.

Com isso, somente com a Portaria 1.565, do MTE, de 13-10-2014, que aprovou o Anexo 5, da NR 16, é que o adicional passou a ser devido (princípio da legalidade).

Como já declinado, o Reclamante utilizava motocicleta para deslocamentos entre os clientes da Reclamada, razão pela qual o adicional é devido.

Mencione-se que ainda que a Reclamada não obrigasse ou exigisse o uso da motocicleta, era permissiva quanto ao uso do referido veículo para o trabalho do Reclamante.

A jurisprudência indica:

"AGRAVO DE INSTRUMENTO EM RECURSO DE REVISTA INTERPOSTO PELA RECLAMADA. ACÓRDÃO REGIONAL PUBLICADO NA VIGÊNCIA DA LEI Nº 13.015/14. ADICIONAL DE PERICULOSIDADE. MONTADOR DE MÓVEIS. ATIVIDADES DESEMPENHADAS COM O USO DE MOTOCICLETA. HABITUALIDADE. NÃO PROVIMENTO. I. O Tribunal Regional negou provimento ao recurso ordinário da Reclamada ao fundamento de que 'constatado que o trabalhador utilizava motocicleta para exercer suas atividades na reclamada, em vários deslocamentos diários, é devido o pagamento do adicional de periculosidade, enquadrando-se tal atividade no parágrafo quarto do artigo 193 da CLT'. Registrou, ainda, que a ré 'admite que o reclamante utilizava motocicleta para desempenhar a função que exercia na empresa, de montador de móveis externo, apenas alega que efetuava o pagamento de ajuda de deslocamento'. II. No caso, a condenação ao pagamento do adicional de periculosidade foi deferida a partir de 20-4-2014 (data da publicação da Lei 12.997/14) até o fim do pacto laboral. A despeito de a jurisprudência desta Eg. Corte Superior entender ser devido o adicional de periculosidade aos empregados que desempenham suas atividades com a utilização de motocicleta, a partir da data da publicação da Portaria nº 1.565/14 do Ministério do Trabalho e Emprego, qual seja, 14-10-2014, constata-se que a Reclamada não impugnou o v. acórdão regional sob o enfoque concernente ao lapso temporal da condenação, limitando-se tão-somente a impugnar a condenação ao pagamento do adicional de periculosidade. Dessa forma, diante da ausência de impugnação específica quanto a essa questão, não há qualquer reparo a ser feito no v. acórdão regional. III. Agravo de instrumento de que se conhece e a que se nega provimento" (TST – 4ª T. – AIRR 1210-65.2015.5.17.0001 – Rel. Min. Alexandre Luiz Ramos *DEJT* 26-6-2020).

"I. AGRAVO DE INSTRUMENTO EM RECURSO DE REVISTA REGIDO PELAS LEIS 13.015/14 E 13.467/17. ARTIGO 896-A, II, DA CLT. ADICIONAL DE PERICULOSIDADE. UTILIZAÇÃO DE MOTOCICLETA. HABITUALIDADE. TRANSCENDÊNCIA

POLÍTICA CARACTERIZADA. De acordo com o artigo 896-A da CLT, o Tribunal Superior do Trabalho, no recurso de revista, deve examinar previamente se a causa oferece transcendência com relação aos reflexos gerais de natureza econômica, política, social ou jurídica. Em face da aparente contrariedade à Súmula 364, I, do TST, impõe-se dar provimento ao agravo de instrumento para melhor exame do recurso de revista. Agravo de instrumento provido. II. RECURSO DE REVISTA REGIDO PELAS LEIS 13.015/14 E 13.467/17. ARTIGO 896-A, II, DA CLT. ADICIONAL DE PERICULOSI-DADE. UTILIZAÇÃO DE MOTOCICLETA. HABITUALIDADE. TRANSCENDÊNCIA POLÍTICA CARACTERIZADA. 1. De acordo com o artigo 896-A da CLT, o Tribunal Superior do Trabalho, no recurso de revista, deve examinar previamente se a causa oferece transcendência com relação aos reflexos gerais de natureza econômica, política, social ou jurídica. 2. Hipótese em que, muito embora incontroverso que o deslocamento do Autor para o cumprimento de seu ofício ocorria, habitualmente, com o uso de motocicleta e com o consentimento da Reclamada, a Corte de origem entendeu que a possibilidade de utilização de outro meio de transporte pelo Reclamante é capaz de afastar o seu direito ao adicional de periculosidade e reflexos. 3. Dispõe a Súmula 364 do TST que 'tem direito ao adicional de periculosidade o empregado exposto permanentemente ou que, de forma intermitente, sujeita-se a condições de risco. Indevido, apenas, quando o contato se dá de forma eventual, assim considerado o fortuito, ou o que, sendo habitual, dá-se por tempo extremamente reduzido'. Logo, incontroversa a utilização de motocicleta em vias públicas, de forma habitual, para a realização do seu trabalho, faz jus o Reclamante ao adicional de periculosidade. Desse modo, ao não deferir o pagamento do referido adicional, a Corte de origem contrariou o disposto na Súmula 364, I, do TST, restando divisada a transcendência política do debate proposto. Julgados desta Corte. Recurso de revista conhecido e provido" (TST – 5ª T. – RR 1625-94.2016.5.07.0032 – Rel. Min. Douglas Alencar Rodrigues – DEJT 26-4-2019).

O Reclamante faz jus ao adicional de periculosidade, a ser calculado sobre a remuneração e com incidências em: (a) aviso-prévio, férias, abono de férias, domingos e feriados, 13º salário, depósitos fundiários + 40%; (b) em horas extras e suas incidências em domingos e feriados, 13º salário, férias, abono de férias, aviso-prévio e nos depósitos fundiários + 40%; (c) [se houver outros títulos que sejam calculados em função do adicional de periculosidade, proceder à inclusão na sequência].

PEDIDO:

Adicional de periculosidade, a ser calculado sobre a remuneração e com incidências em: (a) aviso-prévio, férias, abono de férias, domingos e feriados, 13º salário, depósitos fundiários + 40%; (b) em horas extras e suas incidências em domingos e feriados, 13º salário, férias, abono de férias, aviso-prévio e nos depósitos fundiários + 40%; (c) [se houver outros títulos que sejam calculados em função do adicional de periculosidade, proceder à inclusão na sequência].

3.11. ADICIONAL DE PERICULOSIDADE
INSTALADOR DE TV A CABO

CAUSA DE PEDIR:

O Reclamante, como instalador de TV a cabo, laborou durante todo o contrato de trabalho em área de risco, exposto a riscos de natureza elétrica.

As atividades do Reclamante estão enquadradas no Anexo 4 da Portaria 3.214/78, do Ministério do Trabalho e Emprego, visto que atuava em área de risco, exposto aos postes de alta tensão.

Dispõe a OJ 347 da SDI-I do TST:

"É devido o adicional de periculosidade aos empregados cabistas, instaladores e reparadores de linhas e aparelhos de empresas de telefonia, desde que, no exercício de suas funções, fiquem expostos a condições de risco equivalente ao do trabalho exercido em contato com sistema elétrico de potência".

A jurisprudência do TST declina sobre a matéria:

"(A) AGRAVO DE INSTRUMENTO EM RECURSO DE REVISTA. ADICIONAL DE PERICULOSIDADE. BASE DE CÁLCULO. INSTALADOR DE LINHAS TELEFÓNICAS. SISTEMA ELÉTRICO DE POTÊNCIA. Diante de aparente contrariedade à Súmula n° 191 do TST, dá-se provimento ao agravo de instrumento para determinar o processamento do recurso de revista. Agravo de instrumento conhecido e provido. (B) RECURSO DE REVISTA. ADICIONAL DE PERICULO-SIDADE. BASE DE CÁLCULO. INSTALADOR DE LINHAS TELEFÓNICAS. SISTEMA ELÉTRICO DE POTÊNCIA. Sendo definido o direito ao adicional de periculosidade em decorrência do risco de exposição ao sistema elétrico de potência pelo exercício da atividade de instalador de linhas de empresa de telefonia, outra não poderia ser a conclusão quanto à base de cálculo da parcela senão aquela definida no item II da Súmula n° 191 desta Corte, por força da diretriz perfilhada pela OJ n° 347 da SDI-1 do TST. Recurso de revista conhecido e provido." (TST – RR 1685-50.2016.5.12.0025 – Rel. Min. Dora Maria da Costa – *DJe* 26-6-2020.)

A perícia é imposição legal (prova tarifada) (art. 195, § 2°, CLT), devendo haver a nomeação de um perito por parte de Vossa Excelência (médico ou engenheiro do trabalho).

O Reclamante faz jus ao adicional de periculosidade, a ser calculado sobre a remuneração e com incidências em: (a) aviso-prévio, férias, abono de férias, domingos e feriados, 13° salário, depósitos fundiários + 40%; (b) em horas extras e suas incidências em domingos e feriados, 13° salário, férias, abono de férias, aviso-prévio e nos depósitos fundiários + 40%; (c) [se houver outros títulos que sejam calculados em função do adicional de periculosidade, proceder à inclusão na sequência].

PEDIDO:

Adicional de periculosidade, a ser calculado sobre a remuneração e com incidências em: (a) aviso-prévio, férias, abono de férias, domingos e feriados, 13° salário, depósitos fundiários + 40%; (b) em horas extras e suas incidências em domingos e feriados, 13° salário, férias, abono de férias, aviso-prévio e nos depósitos fundiários + 40%; (c) [se houver outros títulos que sejam calculados em função do adicional de periculosidade, proceder à inclusão na sequência].

Cap. 3 • MODELOS DE CAUSA DE PEDIR E PEDIDOS | 107

3.12. ADICIONAL DE PERICULOSIDADE
MOTORISTA DE CAMINHÃO. TANQUE SUPLEMENTAR DE COMBUSTÍVEL NO VEÍCULO

CAUSA DE PEDIR:

O Reclamante, como motorista, laborou durante todo o contrato de trabalho em área de risco, eis que no veículo existia um tanque reserva de óleo diesel com capacidade de armazenagem de 500 litros de combustível, que servia para abastecer o tanque principal do veículo quando terminava o combustível deste.

O entendimento do TST é no sentido de que a utilização de tanque de combustível suplementar com capacidade superior a 200 litros enseja o pagamento do adicional de periculosidade. Isso porque o item 16.6.1 da NR 16 não exclui essa possibilidade, mas apenas determina que o combustível contido no tanque para uso próprio não será considerado para fins de apuração do montante mínimo exigido para aplicação da norma.

Contudo, o item 16.6 da NR 16 classifica como atividade perigosa o transporte de líquidos inflamáveis em quantidades superiores a 200 litros:

"16.6 As operações de transporte de inflamáveis líquidos ou gasosos liquefeitos, em quaisquer vasilhames e a granel, são consideradas em condições de periculosidade, exclusão para o transporte em pequenas quantidades, até o limite de 200 (duzentos) litros para os inflamáveis líquidos e 135 (cento e trinta e cinco) quilos para os inflamáveis gasosos liquefeitos".

Nesse sentido:

"RECURSO DE EMBARGOS REGIDO PELAS LEIS Nos 13.015/2014 E 13.105/15. ADICIONAL DE PERICULOSIDADE. MOTORISTA DE CAMINHÃO. CONDUÇÃO DE VEÍCULO COM TANQUES DE COMBUSTÍVEL ORIGINAIS DE FÁBRICA. TANQUE EXTRA COM CAPACIDADE SUPERIOR A 200 LITROS. EQUIPARAÇÃO A TRANSPORTE DE INFLAMÁVEL. 1. A Norma Regulamentadora nº 16 do Ministério do Trabalho e Emprego, aprovada pela Portaria nº 3.214/78, no item 16.6, dispõe que 'as operações de transporte de inflamáveis líquidos ou gasosos liquefeitos, em quaisquer vasilhames e a granel, são consideradas em condições de periculosidade, exclusão para o transporte em pequenas quantidades, até o limite de 200 (duzentos) litros para os inflamáveis líquidos e 135 (cento e trinta e cinco) quilos para os inflamáveis gasosos liquefeitos'. O subitem 16.6.1 assim excepciona: 'as quantidades de inflamáveis, contidas nos tanques de consumo próprio dos veículos, não serão consideradas para efeito desta Norma'. 2. Esta Corte, interpretando a NR 16 do Ministério do Trabalho e Emprego, decidiu que é devido o adicional de periculosidade ao motorista que conduz veículo equipado com tanque de combustível suplementar, em quantidade superior a 200 litros, ainda que utilizado para o próprio consumo. 3. A Resolução nº 181/05 do Conselho Nacional de Trânsito disciplina a instalação de múltiplos tanques, tanque suplementar e a alteração da capacidade do tanque original de combustível líquido em veículos. No caput do art. 1º, conceitua 'tanque suplementar' como o reservatório ulteriormente instalado no veículo, após seu registro e licenciamento, para o uso de combustível líquido destinado à sua propulsão ou operação de seus equipamentos especializados. 4. No entanto, o item 16.6 da NR 16 não faz distinção sobre a natureza dos tanques utilizados para o transporte de inflamável, se originais de fábrica, suplementares ou com capacidade alterada. Afirma apenas a existência de condição de periculosidade,

nas operações de transporte de inflamáveis líquidos, acima do limite de 200 litros. Sob tal constatação, não há como entender-se que o subitem 16.6.1 da NR 16 excluiria a situação de periculosidade na hipótese ora analisada, pelo mero fato de que os tanques servem ao consumo do respectivo veículo, independentemente da capacidade total dos reservatórios principal e extra. 5. No acórdão embargado, a Eg. 2ª Turma do TST, com esteio no quadro fático-probatório delineado pelo Regional, consignou que 'o reclamante dirigia caminhão marca IVECO, modelo Stralis 460, traçado de 3 eixos, com tanque de 900 litros (1 tanque de 600 litros e 1 tanque de 300 litros), sendo ambos originais de fábrica e para consumo próprio'. No caso dos autos, portanto, restou demonstrado que os tanques do caminhão conduzido pelo autor eram originais de fábrica, não evidenciada a existência de tanque suplementar, aquele instalado posteriormente. Tal situação, contudo, não afasta a incidência do adicional de periculosidade. Frise-se que, tendo em vista a capacidade máxima de armazenamento dos dois reservatórios do caminhão (600 e 300 litros), o reclamante chegava a conduzir 900 litros de combustível. Tal volume se revela significativo, ensejando risco acentuado. 6. Na esteira da jurisprudência desta Corte, o adicional de periculosidade é devido, em razão do simples fato de o veículo possuir um segundo tanque, extra ou reserva, com capacidade superior a 200 litros, mesmo para consumo próprio, conforme o item 16.6 da NR 16, de forma que não se aplica a exceção descrita no subitem 16.6.1. Assim, mostra-se indiferente se o combustível é armazenado em tanques originais de fábrica, suplementares ou alterados para ampliar a capacidade do tanque original, pois o que submete o motorista à situação de risco, equiparada ao transporte de inflamável, é a capacidade volumétrica total dos tanques, acima de 200 litros, nos termos do art. 193, I, da CLT e do item 16.6 da NR 16. Precedentes. Óbice no art. 894, § 2º, da CLT. Recurso de embargos conhecido e desprovido" (TST – SDI-I – E-RR-50-74.2015.5.04.0871 – Rel. Min. Alberto Luiz Bresciani de Fontan Pereira – *DEJT* 26-10-2018).

O Reclamante realizava transporte em quantidade muito superior ao limite fixado na NR 16.

Ainda que a instalação do tanque tenha obedecido à legislação do CONTRAN (Resolução 181/05, que regula a instalação de múltiplos tanques, tanque suplementar e a alteração da capacidade do tanque original de combustível líquido em veículos), existe a exposição do Autor ao risco, na medida em que não se trata de tanque de combustível previsto no projeto original do veículo.

O transporte de inflamável líquido em quantidade superior a 200 litros, em tanque suplementar, expõe o motorista a risco, razão pela qual é devido o adicional de periculosidade.

A perícia é imposição legal (prova tarifada) (art. 195, § 2º, CLT), devendo haver a nomeação de um perito por parte de Vossa Excelência (médico ou engenheiro do trabalho).

O Reclamante faz jus ao adicional de periculosidade, a ser calculado sobre a remuneração e com incidências em: (a) aviso-prévio, férias, abono de férias, domingos e feriados, 13º salário, depósitos fundiários + 40%; (b) horas extras e suas incidências em domingos e feriados, 13º salário, férias, abono de férias, aviso-prévio e nos depósitos fundiários + 40%; (c) [se houver outros títulos que sejam calculados em função do adicional de periculosidade, proceder à inclusão na sequência].

PEDIDO:

Adicional de periculosidade, a ser calculado sobre a remuneração e com incidências em: (a) aviso-prévio, férias, abono de férias, domingos e feriados, 13º salário, depósitos fundiários + 40%; (b) horas extras e suas incidências em domingos e feriados, 13º salário, férias, abono de férias, aviso-prévio e nos depósitos fundiários + 40%; (c) [se houver outros títulos que sejam calculados em função do adicional de periculosidade, proceder à inclusão na sequência].

Cap. 3 • MODELOS DE CAUSA DE PEDIR E PEDIDOS | 109

3.13. ADICIONAL DE PERICULOSIDADE
PERMANÊNCIA EM ÁREA DE ABASTECIMENTO

CAUSA DE PEDIR:

O Reclamante, como motorista, laborou durante todo o contrato de trabalho em área de risco, pois permanecia na área de abastecimento do caminhão, expondo sua vida aos riscos do contato com combustível.

O art. 193 da CLT dispõe que: *"(...) São consideradas atividades ou operações perigosas, na forma da regulamentação aprovada pelo Ministério do Trabalho e Emprego, aquelas que, por sua natureza ou métodos de trabalho, impliquem risco acentuado em virtude de exposição permanente do trabalhador a: I – inflamáveis, explosivos ou energia elétrica; II – roubos ou outras espécies de violência física nas atividades profissionais de segurança pessoal ou patrimonial".*

Dispõe a Súmula 364, I, do TST:

"Tem direito ao adicional de periculosidade o empregado exposto permanentemente ou que, de forma intermitente, sujeita-se a condições de risco. Indevido, apenas, quando o contato dá-se de forma eventual, assim considerado o fortuito, ou o que, sendo habitual, dá-se por tempo extremamente reduzido".

O Reclamante fazia inspeção externa durante o abastecimento.

É inegável a atividade do Reclamante em ambiente perigoso, notadamente em relação ao grande volume de inflamáveis a que estava em contato, ainda que por curto período de tempo, mas de forma habitual.

Como bem asseveram Élisson Miessa dos Santos e Henrique Correia, quando comentam o teor da Súmula 364 do C. TST: *"(...) O posicionamento merece críticas, pois se o contato é habitual, diário, mesmo que por tempo reduzido, deveria gerar o pagamento do adicional, porque deixa o empregado em situação de risco. Não é o tempo reduzido que deveria afastar o recebimento, mas, sim, o risco reduzido (...)"* (*Súmulas e Orientações Jurisprudenciais do TST*. 2. ed. Salvador: Juspodivm, 2012, p. 372).

Oportuno mencionar que, em relação ao perigo de explosão a que estava submetido o Reclamante, não seria válida a concessão de qualquer EPI.

Indica a jurisprudência do TST:

"Recurso de revista. Adicional de periculosidade. Conferencista. Anotação da quantidade de combustível Abastecido. Acompanhamento do abastecimento de diversos veículos da reclamada. Tempo de abastecimento. Cinco minutos por veículo. Fiscalização habitual e diária. Tem direito ao adicional de periculosidade o empregado que labora como conferencista junto às bombas de combustível inflamável, fiscalizando o abastecimento e a respectiva quantidade de combustível abastecida em diversos veículos ao longo de sua jornada de trabalho. Salienta-se a impossibilidade de se comparar o empregado que acompanha o abastecimento de veículo que conduz, hipótese que não configura situação de risco necessária para o deferimento do adicional de periculosidade com o acompanhamento do abastecimento de veículos efetuado habitualmente pelo empregado, em proveito e a mando da empregadora, a título de atribuição funcional. Recurso de revista não conhecido" (TST – 7ª T. – RR 417-26.2012.5.15.0054 – Rel. Min. Luiz Philippe Vieira de Mello Filho – *DEJT* 6-3-2015).

"(...) Adicional de periculosidade. Vigia. Ronda em posto de combustível. Firmada a premissa fática de que o reclamante realizava a segurança da loja de conveniência, mas também realizava a ronda pela área externa do posto de combustível, devido o adicional de periculosidade, tendo em vista o contato com inflamáveis. Ileso o artigo 193 da CLT. Recurso de revista não conhecido" (TST – 6ª T. – RR 1273-47.2011.5.04.0016 – Rel. Des. Conv. Cilene Ferreira Amaro Santos – *DEJT* 5-12-2014).

A perícia é imposição legal (prova tarifada) (art. 195, § 2º, CLT), devendo haver a nomeação de um perito por parte de Vossa Excelência (médico ou engenheiro do trabalho).

O Reclamante faz jus ao adicional de periculosidade, a ser calculado sobre a remuneração e com incidências em: (a) aviso-prévio, férias, abono de férias, domingos e feriados, 13º salário, depósitos fundiários + 40%; (b) horas extras e suas incidências em domingos e feriados, 13º salário, férias, abono de férias, aviso-prévio e nos depósitos fundiários + 40%; (c) [se houver outros títulos que sejam calculados em função do adicional de periculosidade, proceder à inclusão na sequência].

PEDIDO:

Adicional de periculosidade, a ser calculado sobre a remuneração e com incidências em: (a) aviso-prévio, férias, abono de férias, domingos e feriados, 13º salário, depósitos fundiários + 40%; (b) horas extras e suas incidências em domingos e feriados, 13º salário, férias, abono de férias, aviso-prévio e nos depósitos fundiários + 40%; (c) [se houver outros títulos que sejam calculados em função do adicional de periculosidade, proceder à inclusão na sequência].

3.14. ADICIONAL DE PERICULOSIDADE
REDUZIDO POR NORMA COLETIVA. IMPOSSIBILIDADE

CAUSA DE PEDIR:

É incontroverso o exercício de atividade periculosa.

O pagamento do adicional de periculosidade foi objeto de negociação entre o sindicato profissional e o empregador, originando o Acordo Coletivo juntado ao volume de documento apartado [doc. *].

Estabeleceu-se o pagamento do adicional, proporcional ao tempo de exposição ao risco, escalonando as atividades exercidas, conforme cláusula [*].

O Autor ativava-se como [função], consoante norma coletiva, lhe garantiria a percepção de adicional à margem de [*]%.

No TST prevalecia o entendimento de que era válida norma coletiva que previa a redução do percentual do adicional de periculosidade, bem como proporcional ao tempo de exposição ao risco (Súmula 364, II).

O Pleno do TST, por meio da Resolução 174, de 24/5/2011 (DEJT 27/5/2011), cancelou o item II e deu nova redação à Súmula 364, expurgando a possibilidade de norma coletiva transacionar em relação ao adicional de periculosidade.

Posteriormente, pela Resolução 209/16, o TST inseriu o item II à redação da Súmula 364, com a seguinte redação:

"ADICIONAL DE PERICULOSIDADE. EXPOSIÇÃO EVENTUAL, PERMANENTE E INTERMITENTE (...)

II – Não é válida cláusula de acordo ou convenção coletiva de trabalho fixando o adicional de periculosidade em percentual inferior ao estabelecido em lei, e proporcional ao tempo de exposição e risco, pois tal parcela constitui medida de higiene, saúde e segurança do trabalho, garantida por norma de ordem pública (arts. 7, XXII e XXIII, CF e 193, parágrafo 1°, CLT)."

Com efeito, a jurisprudência atual do TST é no sentido de que, por se tratar o adicional de periculosidade de medida de saúde e segurança do trabalho, garantido por norma de ordem pública e cogente (art. 193, § 1°, da CLT), é proibida a flexibilização do percentual do adicional de periculosidade em patamar inferior ao legal, ainda que proporcional ao tempo de exposição ao risco.

A redução do percentual do adicional não se coaduna com a ordem legal, tampouco com o posicionamento jurisprudencial.

Portanto, o Reclamante faz jus a diferenças do adicional de periculosidade, com reflexos em horas extras, DSR, aviso-prévio indenizado, 13os salários, férias e seu abono constitucional, FGTS + 40% [se houver outros títulos que sejam calculados em função do adicional de insalubridade, proceder à inclusão na sequência].

PEDIDO:

Condenação da Reclamada ao pagamento de diferenças do adicional de periculosidade, desde sua implementação, até quando a Reclamada passou a pagá-lo utilizando-se o índice de 30%, com reflexos em horas extras, DSR, aviso-prévio indenizado, 13os salários, férias e seu abono constitucional, FGTS + 40% [se houver outros títulos que sejam calculados em função do adicional de insalubridade, proceder à inclusão na sequência].

3.15. ADICIONAL DE PERICULOSIDADE
TROCA DE CILINDROS DE GÁS GLP

CAUSA DE PEDIR:

O Reclamante sempre laborou de maneira habitual e permanente em ambiente periculoso, pois fazia a troca de cilindro de gás da empilhadeira que operava.

Dispõe a Súmula 364 do TST:

"Adicional de periculosidade. Exposição eventual, permanente e intermitente.

I – Tem direito ao adicional de periculosidade o empregado exposto permanentemente ou que, de forma intermitente, sujeita-se a condições de risco. Indevido, apenas, quando o contato se dá de forma eventual, assim considerado o fortuito, ou o que, sendo habitual, dá-se por tempo extremamente reduzido.

II – Não é válida cláusula de acordo ou convenção coletiva de trabalho fixando o adicional de periculosidade em percentual inferior ao estabelecido em lei, e proporcional ao tempo de exposição e risco, pois tal parcela constitui medida de higiene, saúde e segurança do trabalho, garantida por norma de ordem pública (arts. 7, XXII e XXIII, CF e 193, parágrafo 1º, CLT)."

O que justifica a periculosidade é a presença do fator risco. De forma permanente, todos os dias, o Autor tinha contato com as áreas de risco derivada de líquidos inflamáveis, em função de realizar o abastecimento das empilhadeiras. O Autor estava em área e risco, a qual é patente ante o teor do item 1º, alínea "d", como também em face do item 3, alínea "s", do Anexo nº 2, da NR 16 da Portaria nº 3.214/78.

Esse enquadramento se destina a toda e qualquer atividade em que se tenha o abastecimento de combustíveis, sendo que a permanência do Autor na área de risco era habitual, rotineira.

O conceito jurídico de permanência, contido no art. 193 da CLT não implica a prestação de serviços durante toda a jornada em área de risco, mas o trabalho ou ingresso em local perigoso em virtude do exercício da própria função desempenhada na empresa. Por sua vez, a proporcionalidade não é critério para se declinar a existência ou não do agente periculoso.

Oportuno destacar que a jurisprudência atual do TST é no sentido de que a exposição ao agente periculoso gás GLP pelo tempo aproximado de 5 minutos não configura exposição eventual ou por tempo extremamente reduzido, em razão da possibilidade de explosões a qualquer instante, mostrando-se devido o adicional de periculosidade:

"RECURSO DE REVISTA REGIDO PELA LEI 13.467/17. TRANSCENDÊNCIA SOCIAL. ADICIONAL DE PERICULOSIDADE. ATIVIDADE DE TROCA DE CILINDROS DE GÁS LIQUEFEITO DE PETRÓLEO – a com gás GLP não configura exposição eventual ou por tempo extremamente reduzido. Trata-se, sim, de contato intermitente em atividade desenvolvida com potencial de risco efetivo, em razão de coincidir com o momento de maior possibilidade de explosão. A eventualidade a que se refere a Súmula 364 do TST, que exclui o direito ao adicional de periculosidade, é aquela cujo contato ocorre de modo fortuito ou, mesmo que habitual, por tempo extremamente reduzido, o que, todavia, não é o caso dos autos, haja vista que o abastecimento diário da empilhadeira não era um elemento acidental ou casual da relação de emprego, mostrando-se devido o adicional de periculosidade. Configurada a contrarie-dade a Súmula 364, I, do TST. Precedentes. Recurso de revista conhecido e provido" (TST – 2ª T. – RR 1002055-42.2015.5.02.0472 – Rel. Min. Delaíde Miranda Arantes − *DEJT* 13-3-2020).

"I. AGRAVO DE INSTRUMENTO EM RECURSO DE REVISTA NÃO REGIDO PELA LEI 13.015/14. ADICIONAL DE PERICULOSIDADE. TROCA DE CILINDROS DE GÁS LIQUEFEITO DE PETRÓLEO – GLP. EXPOSIÇÃO PELO TEMPO APROXIMADO DE 5 MINUTOS POR DIA. HABITUALIDADE. Demonstrada possível contrariedade à Súmula 364 do TST, impõe-se o processamento do recurso de revista. Agravo de instrumento provido. *II. RECURSO DE REVISTA NÃO REGIDO PELA LEI 13.015/14. ADICIONAL DE PERICULOSIDADE. TROCA DE CILINDROS DE GÁS LIQUEFEITO DE PETRÓLEO – GLP. EXPOSIÇÃO PELO TEMPO APROXIMADO DE 5 MINUTOS POR DIA. HABITUALIDADE.* Incontroverso nos autos que o Reclamante promovia a troca de cilindros de gás liquefeito de petróleo – GLP, uma vez por dia, tarefa que durava cerca de 5 minutos. Dispõe a Súmula 364 do TST que 'Tem direito ao adicional de periculosidade o empregado exposto permanentemente ou que, de forma intermitente, sujeita-se a condições de risco. Indevido, apenas, quando o contato se dá de forma eventual, assim considerado o fortuito, ou o que, sendo habitual, dá-se por tempo extremamente reduzido'. Esta Corte firmou entendimento no sentido de que a expressão 'tempo extremamente reduzido' refere-se não só ao tempo de exposição do trabalhador ao agente periculoso, mas também ao tipo de agente. Pacificou, ainda, que a exposição ao gás GLP pelo período aproximado de 5 minutos não configura contato eventual ou por tempo extremamente reduzido, em razão da possibilidade de explosões a qualquer instante, mostrando-se devido o adicional de periculosidade. Logo, a exposição por curtos períodos descontínuos, porém habituais, periódicos e inerentes à atividade laboral, configura o contato intermitente com o agente periculoso, ensejando o direito do empregado ao adicional respectivo, nos termos da Súmula 364 do TST. Precedentes desta Corte. Recurso de revista conhecido e provido"* (TST – 7ª T. – RR 2220-32.2012.5.02.0466 – Rel. Min. Douglas Alencar Rodrigues – DEJT 22-3-2016).

A perícia é imposição legal (prova tarifada) (art. 195, § 2º, CLT), devendo haver a nomeação de um perito por parte de Vossa Excelência (médico ou engenheiro do trabalho).

O Reclamante faz jus ao adicional de periculosidade, a ser calculado sobre a remuneração e com incidências em: (a) aviso-prévio, férias, abono de férias, domingos e feriados, 13º salário, depósitos fundiários + 40%; (b) em horas extras e suas incidências em domingos e feriados, 13º salário, férias, abono de férias, aviso-prévio e nos depósitos fundiários + 40%; (c) [se houver outros títulos que sejam calculados em função do adicional de periculosidade, proceder à inclusão na sequência].

PEDIDO:

Adicional de periculosidade, a ser calculado sobre a remuneração e com incidências em: (a) aviso-prévio, férias, abono de férias, domingos e feriados, 13º salário, depósitos fundiários + 40%; (b) em horas extras e suas incidências em domingos e feriados, 13º salário, férias, abono de férias, aviso-prévio e nos depósitos fundiários + 40%; (c) [se houver outros títulos que sejam calculados em função do adicional de periculosidade, proceder à inclusão na sequência].

3.16. ADICIONAL NOTURNO
APÓS AS 5 HORAS E REGIME 12X36

CAUSA DE PEDIR:

O Reclamante laborava no horário das 19h às 7h, regime 12x36.

O horário está em sintonia com a jurisprudência cristalizada na Súmula 60, II, bem como de acordo com o disposto no art. 73, § 5°, CLT.

Assevere-se ainda que, mesmo havendo o labor no regime 12x36, tem-se a obrigatoriedade de observância do adicional noturno e fator da redução após as 05:00 (OJ 388, SDI-I).

O Reclamante tem direito à percepção do adicional noturno (20%) [exceto se houver adicional normativo mais benéfico] e o fator da redução do horário noturno após o horário das 5h, com reflexos em férias, abono de férias, 13° salário, aviso-prévio, FGTS + 40% e nos domingos e feriados.

PEDIDO:

Adicional noturno (20%) [exceto se houver adicional normativo mais benéfico] e o fator da redução do horário noturno após o horário das 5:00 e com reflexos em férias, 13° salário, aviso-prévio, abono de férias, FGTS + 40% e nos domingos e feriados.

3.17. ADICIONAL DE TRANSFERÊNCIA

CAUSA DE PEDIR:

É lícita a transferência do local de prestação de serviços pelo empregador (unilateral), desde que não implique necessariamente a mudança do domicílio do empregado (art. 469, *caput*, CLT).

O empregado transferido, por ato unilateral do empregador, para local mais distante de sua residência, tem direito ao suplemento salarial correspondente ao acréscimo da despesa de transporte (Súm. 29, TST).

Como regra, o local de trabalho não pode ser alterado, sem anuência do empregado. Porém, quando o empregado é transferido para local distinto de onde presta os serviços, acarretando a mudança de sua residência, o empregador é obrigado a pagar o que se denomina adicional de transferência, o qual corresponde ao adicional de 25% sobre o salário básico.

O legislador consolidado utiliza a expressão domicílio, o que está incorreto.

Correta a ponderação de Sergio Pinto Martins:

> *"O art. 70 do Código Civil define domicílio como o lugar onde a pessoa 'estabelece a sua residência com ânimo definitivo'.*
>
> *Domicílio vem de* domus *ou* domicilium *(casa, residência).*
>
> *Domicílio é o lugar onde a pessoa estabelece a sede principal de seus negócios. Tem a palavra domicílio um conceito jurídico. O domicílio do funcionário público é onde exerce suas funções.*
>
> *Residência é onde a pessoa permanece com habitualidade, onde dorme, faz refeições, vive. É o lugar em que a pessoa se localiza habitualmente, em que habita. Envolve a palavra residência uma situação de fato e não um conceito jurídico.*
>
> *Anteriormente à edição da Lei 203/75, a expressão domicílio já vinha sendo interpretada pela jurisprudência com o significado de residência, pois é onde o trabalhador tem sua moradia, onde mantém sua família, esposa e filhos, onde estes estudam e onde têm suas relações sociais. Esta é a interpretação a ser dada à palavra domicílio, que tem o sentido de residência para os efeitos do* caput *do art. 469 da CLT. Este se refere à mudança de residência, pois se o empregado tem domicílio na empresa e se esta fosse transferida de local, sempre o empregado teria mudado de domicílio.*
>
> *Não haverá transferência se o empregado continuar residindo no mesmo local, embora trabalhando em município diferente. Inexistirá também transferência se o empregado permanecer trabalhando no mesmo município, embora em outro bairro deste.*
>
> *Se o empregado passa a trabalhar na mesma região metropolitana v. g., saindo de São Paulo para prestar serviços para a empresa em São Bernardo do Campo, não haverá transferência, desde que não haja mudança de local onde o obreiro residia.*
>
> *Se o empregado é deslocado para plataformas de perfuração de petróleo, não há o pagamento de adicional de transferência, pois inexiste mudança de residência"* (Direito do Trabalho. 21. ed. São Paulo: Atlas, 2005, p. 336).

A transferência não é tida por ilícita: (a) em caso de cargo de confiança; (b) contratos que contenham cláusula explícita ou implícita de transferência; (c) quando ocorre a extinção do estabelecimento em que o empregado trabalhe (art. 469, §§ 1º e 2º).

Para o TST, presume-se abusiva a transferência de que trata o § 1º do art. 469, sem comprovação da necessidade do serviço (Súm. 43).

O fato de a transferência ser lícita não exime o empregador de proceder ao pagamento do respectivo adicional (OJ 113, SDI-I).

O Reclamante foi transferido para a unidade de [colocar o local] em [colocar a data], sendo que não recebeu, de forma correta, o adicional de transferência em todo o período.

A Reclamada não lhe pagou o adicional somente pelo período desta transferência provisória [descrever o período].

O Reclamante faz jus ao adicional de transferência a base de 25% sobre o salário fixo em função do período de transferência provisória e com reflexos em: (a) aviso-prévio, 13º salário, férias, abono de férias, depósitos fundiários e a multa de 40%; (b) horas extras e suas incidências em DSR/feriados, férias, abono de férias, aviso-prévio, 13º salário e FGTS + 40%; (c) [citar outros títulos que sejam coerentes com esta verba].

PEDIDO:

O Reclamante faz jus ao adicional de transferência a base de 25% sobre o salário fixo em função do período de transferência provisória e com reflexos em: (a) aviso-prévio, 13º salário, férias, abono de férias, depósitos fundiários e a multa de 40%; (b) horas extras e suas incidências em DSR/feriados, férias, abono de férias, aviso-prévio, 13º salário e FGTS + 40%; (c) [citar outros títulos que sejam coerentes com esta verba].

3.18. ADICIONAL POR ACÚMULO DE FUNÇÃO

CAUSA DE PEDIR:

De acordo com as funções acima [descrever], além da função de [indicar a função], o Reclamante também era compelido a realizar outras funções diversas daquelas tipicamente atribuídas à função contratada: [descrever as funções acrescidas].

Por tais assertivas fáticas, é inquestionável que o Reclamante tem direito à percepção de acúmulo de função (adicional).

Acúmulo de funções representa o acréscimo de tarefas durante a execução do contrato de trabalho por imposição unilateral do empregador, a qual resulta em prejuízos salariais ao empregado, visto que não se tem a majoração do salário. Esse acréscimo de tarefas não se vincula às atribuições do cargo que o trabalhador ocupa na empresa e para as quais é remunerado.

O contrato de trabalho é comutativo e sinalagmático. As obrigações básicas são previamente ajustadas pelas partes. O empregado deve receber o salário fixado de acordo com as tarefas a serem desempenhadas. Com o acúmulo, é inevitável o rompimento unilateral por parte do empregador do equilíbrio contratual entre o salário e as tarefas ajustadas no ato da admissão. Para que esse desequilíbrio deixe de existir, nada mais razoável que o empregado tenha um reajuste salarial efetivo como forma de compensação pela execução das novas tarefas.

Nesse sentido:

"RECURSO ORDINÁRIO EMPRESARIAL. ATIVIDADES DE ENCARREGADO E GERENTES. COMPROVAÇÃO DO ACÚMULO DE FUNÇÕES. A doutrina e a jurisprudência consagram o entendimento no sentido de que se o desempenho da função exige do trabalhador esforço ou capacidades superiores às que lhe eram impostas, quando contratualmente ajustado, ou houver previsão legal capaz de autorizar a majoração salarial, essa deve ser assegurada. É que se a quantidade e a qualidade do trabalho exigidos modificam a natureza do pactuado com o trabalhador, revelando outro perfil de função, surgem novas e sucessivas obrigações, que impõem uma recomposição financeira, com a finalidade de tornar efetiva a condição sinalagmática do contrato de trabalho, nos termos do art. 460 da CLT. Na hipótese, a única testemunha ouvida em audiência foi clara ao aduzir que o Reclamante, na função de Encarregado, assumia as responsabilidades e as tarefas executadas pelo Gerente Geral e pela Gerente Operacional, em três vezes na semana. Trata-se de cargos distintos e que compõem a estrutura organizacional da Empregadora. Caso em que se impõe reconhecer o direito do Autor à percepção de um plus salarial, proporcional ao esforço demandado com o desempenho de funções diferentes. Recurso Ordinário Empresarial não provido, neste peculiar." (TRT – 6ª R. – RO 0002053-21.2015.5.06.0103 – Rel. Eneida Melo Correia de Araujo – DJe 23-1-2020 – p. 268.)

"ACÚMULO DE FUNÇÕES. ACRÉSCIMO SALARIAL DEVIDO. Ao empregador é defeso efetuar alteração contratual lesiva, cominando ao empregado tarefas alheias às contratadas, mesmo continuando o empregado a exercer também as tarefas inerentes ao cargo para o qual foi contratado. A cumulação de funções é prática extremamente eficaz na criação da cultura empresarial do 'menos emprego', além da superexploração de quem permanece laborando na empresa, ou docilmente aceita ser contratado sob este regime. Consiste na intensificação do trabalho por um salário equivalente ao anteriormente praticado ao arrepio da bilateralidade

e comutatividade do contrato de trabalho, sem falar da alteração lesiva e ilegal do contrato (art. 468 da CLT), quebra do princípio da boa-fé, entre outros fundamentos (princípio da valorização social do trabalho, da dignidade da pessoa humana, do meio ambiente do trabalho sadio e equilibrado, da isonomia, etc.). É o fenômeno do mais trabalho, onde ocorre a sobrecarga ou acúmulo de funções, de tarefas ou atividades mediante a densidade do labor, rapidez dos serviços e maior dispêndio de energia física e mental. Ademais, a interpretação do art. 456, parágrafo único, da CLT, deve ocorrer em consonância com os arts. 444, 460 e 468 da CLT, e, ainda, de acordo com a constitucionalização e com os novos princípios contratuais, o que autorizaria a atribuição ao empregado de funções diversas da inicialmente pactuadas, desde que compatível com a sua qualificação e com a correspondente contraprestação salarial. Comprovado o acúmulo de funções impõe-se o reconhecimento de que a ausência de contraprestação salarial equivalente viola os princípios da valorização social do trabalho, da dignidade do trabalhador, o direito ao meio ambiente saudável de trabalho, o art. 7º, XXX, da Constituição Federal, os princípios da boa fé, da comutatividade e da bilateralidade contratuais e os arts. 444 e 468 da CLT, entre outros tantos, com evidente fraude aos direitos do trabalhador e desrespeito ao princípio constitucional da isonomia salarial, além de configurar desmedida técnica de exploração do trabalho. Agindo desta forma o empregador, faz jus o empregado a um plus *salarial compatível com as reais atribuições desempenhadas em decorrência do acúmulo de funções, como forma de reparar o locupletamento indevido. (…) Recurso ordinário provido”* (TRT – 17ª R. – RO 0001132-53.2015.5.17.0007 – Rel. Claudio Armando Couce de Menezes – *DJe* 16-12-2016 – p. 289).

Os que negam o direito ao acúmulo de funções adotam, por fundamento básico, a assertiva de que o empregado, no ato da admissão, se obrigou a todo e qualquer serviço compatível com a sua condição pessoal (art. 456, parágrafo único, CLT).

O fato de o empregado ter condições de executar funções para as quais não foi contratado não lhe retira o direito ao salário condizente. O salário se vincula ao trabalho executado e não a aptidões profissionais ou pessoais do trabalhador.

Com base no que dispõe o art. 460 da CLT, as diferenças serão apuradas com base no que a empresa paga a empregado que fizer serviço equivalente ou do que for habitualmente pago para serviço semelhante.

A diferença deve ser no valor mínimo de 40% em relação ao salário auferido pelo Reclamante.

Invoca-se, por analogia, o art. 13, I, da Lei 6.615/78 (Lei do Radialista), a qual determina o pagamento de um adicional, por acúmulo de função, em percentual de 40%, a título de gratificação sobre o salário do obreiro.

As diferenças devem incidir em: (a) aviso-prévio, 13º salário, férias, abono de férias, depósitos fundiários + 40% e nos domingos e feriados; (b) horas extras requeridas e as incidências em férias, abono de férias, 13º salário, domingos e feriados, aviso-prévio e nos depósitos fundiários e a multa de 40% [se houver o pedido de horas extras]; (c) hora extra pela violação do art. 71, com reflexos em férias, abono de férias, 13º salário, depósitos fundiários + 40%, aviso-prévio e nos domingos e feriados [se houver esse pedido também]; (d) adicional noturno pago e suas diferenças e reflexos em férias, abono de férias, 13º salário, domingos e feriados, aviso-prévio e nos depósitos fundiários e a multa de 40% [se houver esse pedido].

PEDIDO:

Adicional de acúmulo de função no valor mínimo de 40% em relação ao salário auferido pelo Reclamante. As diferenças devem incidir em: (a) aviso-prévio, 13º salário, férias, abono de férias, depósitos fundiários + 40% e nos domingos e feriados; (b) horas extras requeridas (acima da oitava e ou da quadragésima quarta semanal; domingos e feriados em dobro) e suas incidências em férias, abono de férias, 13º salário, domingos e feriados, aviso-prévio e nos depósitos fundiários e a multa de 40% [se houver esse pedido]; (c) hora extra pela violação do art. 71, com reflexos em férias, abono de férias, 13º salário, depósitos fundiários + 40%, aviso-prévio e nos domingos e feriados [se houver esse pedido]; (d) adicional noturno pago e suas diferenças e reflexos em férias, abono de férias, 13º salário, domingos e feriados, aviso-prévio e nos depósitos fundiários e a multa de 40% [se houver esse pedido].

3.19. ADICIONAL DE ACÚMULO DE FUNÇÃO
DIMINUIÇÃO NO NÚMERO DE EMPREGADOS, COM REDISTRIBUIÇÃO DAS TAREFAS

CAUSA DE PEDIR:

O Reclamante, além de desempenhar as funções de [descrever a função], cumulava a função de [descrever a outra função], pelo que requer adicional salarial.

Para caracterização do acúmulo de funções, há de haver o exercício dessas de tal forma que o empregador deixe de contratar outro funcionário, pois o obreiro labora por duas pessoas.

No caso em tela, com a saída do funcionário X, suas tarefas foram redistribuídas entre os demais, importando no aumento das atribuições de cada trabalhador.

Nítida a intenção da Reclamada em diminuir a folha de pagamentos, com a diminuição no número de funcionários e divisão das tarefas entre os restantes.

O excesso de trabalho pode ser verificado por duas vertentes: extensão e intensidade.

Pela extensão, o trabalhador labora além do limite de tempo previsto. A evolução histórica do Direito do Trabalho fixou limites temporais para a duração do trabalho como forma de proteger o empregado face ao desgaste provocado pelo excesso de trabalho em seu viés temporal.

Pela intensidade, o excesso se dá pelo gradativo incremento de tarefas atribuídas ao trabalhador ou exigência de aumento de produtividade. Não há necessariamente exigência de extensão de jornada, a qual pode se dar dentro do limite legalmente previsto, porém dentro desse módulo legal exige-se que o trabalhador desempenhe maior número de afazeres, ocasionando, igualmente excesso de trabalho.

Citando Sadi Dal Rosso, Ana Claudia Moreira Cardoso identifica a intensidade como a quantidade de dispêndio das capacidades dos trabalhadores, isto é, da sua energia física, inteligência e cultura, bem como a socialização herdada (Cardoso, Ana Claudia Moreira. Organização e intensificação do tempo de trabalho. Disponível em http://www.scielo.br/scielo.php?pid=S0102=69922013000200009-&script-sci_arttext. Acesso em 17 out. 2014).

Nessa linha, a intensificação do trabalho corresponde ao aumento do dispêndio de energia para a execução das atribuições.

Assim, o excesso de trabalho produz danos à saúde do trabalhador, citando-se como exemplo a ocorrência de estresse, sentimento de incapacidade, na medida em que o indivíduo não consegue cumprir todas as atividades dentro das horas predeterminadas, o que pode levar a quadro depressivo, além de somatizar em doenças como úlceras, gastrites, insônia etc.

Um dos grandes desafios no Direito do Trabalho no século XXI é regular a intensidade do trabalho, visto a inexistência de parâmetros objetivo-científicos a apurá-la.

A pesquisadora Ana Claudia Moreira Cardoso aponta que a intensidade do trabalho é um conceito em construção, considerando também ser noção "maleável", que congloba fatores, tais como produtividade, carga de trabalho, número de trabalhadores, horário de trabalho ou ritmo de trabalho (Cardoso, Ana Claudia Moreira. Organização e intensificação do tempo de trabalho. Disponível em http://www.scielo.br/scielo.php?pid=S0102-69922013000200009&script=sci_arttext. Acesso em 17 out. 2014).

Como visto, o excesso de trabalho pode se dar sem o elastecimento da jornada, porém com o aumento de tarefas atribuídas ao trabalhador.

No caso dos autos, evidente a soma de tarefas, as quais não faziam parte das atribuições do Reclamante quando da contratação.

Identifica-se o fenômeno da intensificação do trabalho, uma vez que houve diminuição no número de trabalhadores, com aumento da carga individual de trabalho.

Se, por um lado, inexiste previsão normativa para pagamento de adicional por acúmulo de função; por outro, não há como se negar que as condições contratuais iniciais não foram respeitadas em prejuízo ao trabalhador (art. 468 da CLT). Vale dizer, houve aumento das responsabilidades, sem o correspondente incremento salarial.

Nesse passo, faz-se necessário reequilibrar-se o contrato deferindo ao Autor suplemento salarial.

Por tais assertivas fáticas, é inquestionável que o Reclamante tem direito à percepção de acúmulo de função (adicional).

A diferença deve ser no valor mínimo de 40% em relação ao salário auferido pelo Reclamante.

Invoca-se, por analogia, o art. 13, I, da Lei 6.615/78 (Lei do Radialista), a qual determina o pagamento de um adicional, por acúmulo de função, em percentual de 40%, a título de gratificação sobre o salário do obreiro.

As diferenças devem incidir em: (a) aviso-prévio, 13º salário, férias, abono de férias, depósitos fundiários + 40% e nos domingos e feriados; (b) horas extras requeridas e as incidências em férias, abono de férias, 13º salário, domingos e feriados, aviso-prévio e nos depósitos fundiários e a multa de 40% [se houver o pedido de horas extras]; (c) hora extra pela violação do art. 71, com reflexos em férias, abono de férias, 13º salário, depósitos fundiários + 40%, aviso-prévio e nos domingos e feriados [se houver esse pedido também]; (d) adicional noturno pago e suas diferenças e reflexos em férias, abono de férias, 13º salário, domingos e feriados, aviso-prévio e nos depósitos fundiários e a multa de 40% [se houver esse pedido].

PEDIDO:

Adicional de acúmulo de função no valor mínimo de 40% em relação ao salário auferido pelo Reclamante. As diferenças devem incidir em: (a) aviso-prévio, 13º salário, férias, abono de férias, depósitos fundiários + 40% e nos domingos e feriados; (b) horas extras requeridas (acima da oitava e ou da quadragésima quarta semanal; domingos e feriados em dobro) e suas incidências em férias, abono de férias, 13º salário, domingos e feriados, aviso-prévio e nos depósitos fundiários e a multa de 40% [se houver esse pedido]; (c) hora extra pela violação do art. 71, com reflexos em férias, abono de férias, 13º salário, depósitos fundiários + 40%, aviso-prévio e nos domingos e feriados [se houver esse pedido]; (d) adicional noturno pago e suas diferenças e reflexos em férias, abono de férias, 13º salário, domingos e feriados, aviso-prévio e nos depósitos fundiários e a multa de 40% [se houver este pedido].

3.20. ACIDENTE DE TRABALHO E A TERCEIRIZAÇÃO
TEORIA DO RISCO CRIADO

CAUSA DE PEDIR:

1. INDENIZAÇÃO PELO ACIDENTE DE TRABALHO

1.1. Fundamentos Fáticos

1.1.1. Introdução

A priori, deve ser dito que a Reclamante sempre foi uma funcionária cuidadosa e ciente de quais são as normas de medicina e segurança do trabalho que devem ser cumpridas.

Contudo, pelo desempenho de suas tarefas, em que havia excessivos movimentos repetitivos, além das péssimas condições de ergonomia, a Reclamante veio a sofrer lesões nos seus membros superiores direitos.

Em [indicar a data], a 1ª Reclamada emitiu o CAT em que consta que a Reclamante tem dor, edema em punho e cotovelo direito e limitações de movimentos em membro superior direito. O diagnóstico é: tenossinovite de punho direito e epicondilite à direita [doc. ...].

A Reclamante recebeu benefício acidentário do INSS no período de [indicar o período].

A Reclamante, para fins de visualização de datas, junta um relatório de próprio punho em que se tem a evolução dos seus afastamentos [docs. ...].

1.1.2. Demonstração inequívoca do acidente de trabalho e do nexo causal

A Reclamante foi admitida como empregada em [indicar a data] e para exercer as funções de vigilante.

No desempenho de suas tarefas fazia muito esforço e movimentos repetitivos com seus membros superiores.

Pelo desempenho de tais funções adquiriu LER/DORT junto ao membro superior direito (tenossinovite de punho; epicondilite de cotovelo direito).

Houve a emissão de CAT pelo ocorrido, sendo que a Reclamante ficou afastada das suas funções por vários anos.

O laudo realizado pela MM. [indicar a Vara] Vara Cível de [indicar a localidade], [Processo ...] considerou que a Reclamante tem: tendinite de punho direito; tendinite de cotovelo direito; tendinite de ombro direito. O laudo tem a conclusão de que a Reclamante tem direito à percepção do auxílio--acidente de 50% [docs. ...].

Em [indicar a data] houve a sentença, a qual reconheceu à Reclamante o direito a esse benefício [docs. ...].

Esta prova pericial emprestada deixa evidente que há a doença profissional (que se equipara ao acidente de trabalho por previsão legal – Lei 8.213/91), bem como também deixa patente a ocorrência do nexo causal.

1.1.3. Da incapacidade da Reclamante

A incapacidade da Reclamante para o trabalho está evidente ante a prova pericial emprestada juntada aos autos e que implica a temática de que a Reclamante não tem condições de desempenhar as funções que desempenhava anteriormente.

Evidente que a Reclamante detém incapacidade laborativa, o que vem a indicar o direito à reparação, nos termos da legislação civil (art. 950, CC).

1.1.4. Responsabilidade das duas Reclamadas. Solidária (art. 942, CC)

As Reclamadas não orientaram de forma adequada a respeito das posturas ergonômicas quanto à Reclamante.

As Reclamadas não tinham a devida estrutura mobiliária para que não houvesse a exposição da Reclamante a condições não ergonômicas.

As Reclamadas não concediam as pausas legais.

As Reclamadas não evitaram a ocorrência de movimentos repetitivos por parte da Reclamante na execução das suas tarefas.

É muito comum a terceirização nas relações de trabalho, principalmente, nos estágios inicial e meio da atividade econômica da empresa tomadora (empresa contratante).

Quando se tem a terceirização, José Luiz Dias Campos e Adelina Bitelli Dias Campos enunciam que "*a obrigação de reparar os danos causados pode ser solidária, envolvendo a empresa contratante e a empresa contratada para a prestação de serviços, quer na qualidade de empreiteira ou de subempreiteira. Via de regra, os serviços perigosos são debitados a empreiteiras que, por sua vez, delegam estas tarefas a subempreiteiras, na maior parte das vezes, sem condições de preencher os mais comezinhos princípios de segurança aos seus empregados e, também, sem condições, algumas delas, de arcar com o ônus pelas indenizações, face aos danos causados às pessoas ou coisas*" (Acidentes de Trabalho: Prevenção e Reparação. 3. ed., São Paulo: LTr, 1996, p. 70).

Quando não se observam as normas de segurança e medicina do trabalho, tanto a empresa contratante como a contratada tornam-se responsáveis solidariamente pelas indenizações decorrentes de acidente de trabalho em sentido amplo (art. 942, CC; NR 4, Portaria 3.214/78).

A NR 4 assevera que é obrigação da empresa contratante estender aos empregados da contratada a assistência de seus serviços especializados em engenharia e medicina do trabalho.

A jurisprudência revela:

"(A) AGRAVO DE INSTRUMENTO DA RECLAMADA ÁGUA DE IVOTI. RECURSO DE REVISTA. PROCESSO SOB A ÉGIDE DA LEI 13.015/14 E ANTERIOR À LEI 13.467/17. ACIDENTE DE TRABALHO. RESPONSABILIDADE SOLIDÁRIA. ENTE PÚBLICO. ART. 896, § 1º-A, I, DA CLT. EXIGÊNCIA DE TRANSCRIÇÃO DOS FUNDAMENTOS EM QUE SE IDENTIFICA O PREQUESTIONAMENTO DA MATÉRIA OBJETO DE RECURSO DE REVISTA. ÓBICE ESTRITAMENTE PROCESSUAL. Nos termos do art. 896, § 1º-A, I, da CLT, incluído pela Lei nº 13.015/14, a transcrição dos fundamentos em que se identifica o prequestionamento da matéria impugnada constitui exigência formal à admissibilidade do recurso de revista. Havendo expressa exigência legal de indicação do trecho do julgado que demonstre o enfrentamento da matéria pelo Tribunal Regional, evidenciando o prequestionamento, a ausência desse pressuposto intrínseco torna insuscetível de veiculação o recurso de revista. Agravo de instrumento desprovido. (B) AGRAVO DE INSTRUMENTO DO MUNICÍPIO DE IVOTI. RECURSO DE REVISTA. PROCESSO SOB A ÉGIDE DA LEI 13.015/14 E ANTERIOR À LEI 13.467/17. ACIDENTE DE TRABALHO. PRETEN-SÃO INDENIZATÓRIA DE NATUREZA CIVIL. RESPONSABILIDADE SOLIDÁRIA.

DONO DA OBRA. CULPA GRAVE COMPROVADA. NÃO APLICABILIDADE DA OJ 191 DA SBDI-1 DO TST. INCIDÊNCIA DO ART. 942 DO CCB. A responsabilidade do dono da obra pelos danos materiais e morais decorrentes de acidente do trabalho resulta diretamente do Código Civil (art. 932, III; art. 933; parágrafo único do art. 942, todos do CCB/02), sendo, conforme o CCB, de natureza solidária. Portanto, ainda que se considere que o contrato celebrado entre os Reclamados tenha sido de empreitada (na estrita acepção do termo), a OJ 191/SBDI-1/TST não afastaria a responsabilização do Recorrente, pois a indenização por danos morais e materiais resultantes de acidente de trabalho tem natureza jurídica civil, decorrente de culpa por ato ilícito – Conforme previsto nos artigos 186 e 927, caput, do Código Civil –, e não se enquadra como verba trabalhista em sentido estrito. Esta circunstância afasta a incidência da citada Orientação Jurisprudencial. No caso concreto, o TRT consignou expressamente a responsabilidade objetiva e solidária da primeira Reclamada e dos tomadores do serviço, entre eles o Município Reclamado. O TRT se amparou no laudo técnico pericial, que esclareceu que as condições de trabalho representavam risco grave ao trabalhador. Consta ainda, na decisão recorrida, que os deveres de cuidado à saúde, higiene, segurança e integridade física do trabalhador (arts. 6º e 7º, XXII, da CF; 186 do CC/02), deveres anexos ao contrato de trabalho, foram descumpridos, pois 'o Autor trabalhava sem qualquer orientação técnica, não recebeu treinamento adequado para a execução do serviço e não tinha conhecimento para medir o risco a que estava exposto', 'bem como [ele] não estava utilizando equipamentos de proteção individual totalmente adequados ao serviço a ser efetivado'. Assim, tendo em vista que o Reclamante realizava atividade de altíssimo risco ao adentrar em 'regiões do espaço [que] só são permitidas para profissionais autorizados a executar trabalhos em eletricidade no Sistema Elétrico de Potência, com treinamento e equipamentos apropriados', e que houve 'total omissão na fiscalização com relação aos deveres de segurança e cuidados técnicos previstos na NR-10', o Ente público deve ser responsabilizado. Agravo de instrumento desprovido." (TST – 3ª T. – AIRR 20638-54.2015.5.04.0305 – Rel. Min. Mauricio Godinho Delgado – DJe 15-12-2017.)

O Enunciado 44 da 1ª Jornada de Direito Material e Processual na Justiça do Trabalho declara:

"RESPONSABILIDADE CIVIL. ACIDENTE DO TRABALHO. TERCEIRIZAÇÃO. SOLIDARIEDADE. Em caso de terceirização de serviços, o tomador e o prestador respondem solidariamente pelos danos causados à saúde dos trabalhadores. Inteligência dos arts. 932, III, 933 e 942, parágrafo único, do Código Civil e da Norma Regulamentadora 4 (Portaria 3.214/78 do Ministério do Trabalho e Emprego)".

A Lei 13.429/17 acresceu à Lei 6.019/74, o art. 5º-A, § 3º, o qual indica que a contratante (= tomadora) tem a responsabilidade quanto à garantia das condições de segurança, higiene e salubridade dos trabalhadores, quando o trabalho for realizado em suas dependências ou local previamente convencionado em contrato.

Já o art. 4º-C da Lei 6.019/74, acrescido pela Lei 13.467/17, assegura aos empregados da empresa prestadora de serviços as mesmas condições relativas a treinamento adequado (inciso I, alínea "d"), bem como medidas de proteção à saúde e de segurança no trabalho (inciso II).

Diante do contexto, torna-se inquestionável o dever da empresa tomadora em exigir da prestadora o cumprimento efetivo das normas de medicina e segurança do trabalho, portanto, as duas Reclamadas devem ser condenadas de forma solidária (art. 942).

1.2. Fundamentos Jurídicos. Danos Materiais e Morais

A Constituição Federal estabelece o meio ambiente ecologicamente equilibrado como direito de todos, reputando um bem de uso comum do povo, cabendo ao Poder Público e à coletividade a sua defesa (art. 225).

O meio ambiente do trabalho deve ser inserido no meio ambiente artificial, inclusive indicando que é digno de um tratamento especial na Carta Política de 1988.

O art. 200, VIII, CF, ao tratar das competências do sistema único de saúde, estabelece: *"Colaborar na proteção do meio ambiente, nele compreendido o do trabalho"*.

Os direitos sociais envolvem as questões relativas à educação, à saúde, ao trabalho, ao lazer, à segurança, à previdência social, à proteção à maternidade e à infância e à assistência aos desamparados (art. 6º, CF).

O art. 7º, CF, estabelece quais são os direitos dos trabalhadores urbanos e rurais, além de outros que visem à melhoria de sua condição social.

No elenco destes direitos, temos: *"redução dos riscos inerentes ao trabalho, por meio de normas de saúde, higiene e segurança"* (art. 7º, XXII).

A CLT não trata do meio ambiente do trabalho, todavia, nos seus arts. 154 a 201, estabelece uma série de regras pertinentes à temática da Segurança e Medicina do Trabalho.

Todo empregador é obrigado a zelar pela segurança, saúde e higiene de seus trabalhadores, propiciando as condições necessárias para tanto, bem como zelando para o cumprimento dos dispositivos legais atinentes à medicina e segurança do trabalho.

A medicina e segurança do trabalho é matéria inserida no Direito Tutelar do Trabalho, pois o seu intuito é zelar pela vida do trabalhador, evitando acidentes, preservando a saúde, bem como propiciando a humanização do trabalho.

As disposições inseridas na legislação e que são pertinentes à saúde, higiene e segurança possuem a titulação de medicina e segurança do trabalho.

As normas de segurança e medicina do trabalho são de ordem pública e aderem ao contrato individual de trabalho, integrando o Direito Tutelar do Trabalho.

A saúde e a incolumidade física do trabalho são fatores integrantes do próprio direito à vida. A vida humana possui um valor inestimável e deve ser protegida por todos os meios jurídicos.

A medicina e segurança do trabalho é uma matéria de grande valia, como instrumental técnico-jurídico, a valorizar e dignificar a vida humana, além do patrimônio jurídico do trabalhador, o qual é representado pela sua força de trabalho.

O art. 7º, XXVIII, CF, assim enuncia: *"seguro contra acidentes de trabalho, a cargo do empregador, sem excluir a indenização a que este está obrigado, quando incorrer em dolo ou culpa"*.

Evidente, pelas assertivas citadas anteriormente, que a Reclamante é portadora de incapacidade pelo acidente típico.

Aplica-se, pois, quanto à figura da responsabilidade civil do empregador, o disposto no art. 927, CC.

Pela atividade econômica organizada e pelos riscos por ela criados, o empregador responde objetivamente pelo acidente de trabalho. Não mais se indaga a respeito da responsabilidade civil subjetiva (art. 186, CC).

No risco criado, não se tem a indagação a respeito da obtenção ou não do proveito na atividade econômica desenvolvida pelo autor do dano.

O que gera a obrigação de reparação do dano é a criação de risco pelo desenvolvimento da própria atividade pelo autor do fato lesivo.

Reitere-se: o vocábulo "risco" previsto no art. 927, parágrafo único, do CC refere-se à teoria do risco criado.

Em outras palavras: a responsabilidade do agente não se interage com o proveito obtido pela atividade econômica normalmente por ele executada e os riscos dela decorrentes, e sim, em função dos riscos criados pela atividade que normalmente executa.

Cap. 3 • MODELOS DE CAUSA DE PEDIR E PEDIDOS | **127**

Os pretórios trabalhistas revelam:

"RECURSO DE EMBARGOS. ACIDENTE DE TRABALHO. INDENIZAÇÃO POR DANOS MORAIS. MOTORISTA DE CAMINHÃO CARRETEIRO. TRANSPORTE RODO-VIÁRIO. RESPONSABILIDADE CIVIL OBJETIVA DO EMPREGADOR. EXPOSIÇÃO DO EMPREGADO A ATIVIDADE DE ALTO RISCO. 1. Na forma do art. 927, parágrafo único, do Código Civil, é possível a responsabilização objetiva – dispensada a culpa daquele a quem se imputa o evento lesivo – quando houver determinação legal nesse sentido e nos casos em que a atividade do causador do dano implicar, por sua natureza, risco para o direito de outrem. 2. Somente o dano decorrente do risco voluntariamente criado e assumido pelo empreendedor é passível de reparação. O empresário, na execução de suas atividades, cria um risco e expõe outrem a perigo de dano (risco criado), além de se beneficiar e tirar proveito financeiro do risco por ele próprio gerado, auferindo lucros (risco – proveito). 3. No caso, o empre-gado, motorista de caminhão carreteiro, sofreu acidente automobilístico e faleceu em decorrência do infortúnio. 4. Verifica-se que a reclamada submetia a vítima, motorista de caminhão rodoviário, ao desempenho de atividade de alto risco. Assumiu, assim, voluntariamente, o risco inerente ao negócio empresarial e passou a expor, diferenciadamente, a vida e a integridade física dos trabalhadores cuja força de trabalho contrata e dirige. 5. Eventual erro humano do empregado está absolutamente inserido no risco assumido pela empresa. Ao auferir lucros, dirigir o empreendimento de risco e controlar a atividade laboral do empregado, a empresa internaliza todo o potencial ofensivo de sua atividade. Possível negligência ou imperícia do empregado na sua função de motorista não impede a responsabilização da empresa, visto que a culpa do empregado-mo-torista faz parte do risco da atividade de transporte rodoviário de cargas, assemelhando-se ao caso fortuito interno. 6. Considerando o risco da atividade desenvolvida, o infortúnio com nexo de causalidade e o dano sofrido pelo empregado, imperiosa a responsabilização objetiva da reclamada e a condenação ao pagamento de danos materiais e morais. Recurso de embargos conhecido e desprovido" (TST – SDI-I – E-RR-270-73.2012.5.15.0062 – Rel. Min. Luiz Philippe Vieira de Mello Filho – *DEJT* 23-10-2020).

"RECURSO DE REVISTA INTERPOSTO NA VIGÊNCIA DA LEI 13.015/14. ACIDENTE DE TRABALHO. INDENIZAÇÃO POR DANOS MORAIS E MATERIAIS. PODA DE ÁRVORE COM USO DE MOTOSSERRA. ATIVIDADE DE RISCO. RESPONSABILI-DADE OBJETIVA. 1. Na hipótese, o reclamante foi vítima de acidente de trabalho durante atividade de poda de árvore com uso de motosserra, no exercício de suas funções como auxiliar de jardinagem. 2. A jurisprudência desta Corte tem admitido a aplicação da teoria da responsabilidade civil objetiva do empregador, prevista no art. 927, parágrafo único, do Código Civil, nos casos em que o trabalhador, no exercício de sua ocupação, é submetido a uma maior probabilidade de sofrer acidentes quando comparado aos demais trabalhadores, em razão da atividade normalmente desenvolvida por ele ou pelo seu empregador. 3. O fato de o reclamante não estar usando as luvas de proteção no momento do acidente, não exclui o empregador da obrigação de reparar o dano, pois além *de fornecer o equipamento de proteção, há a necessidade de fiscalizar o uso deste. 4. Nesse passo, presentes o dano e o nexo causal, premissas expressamente reconhecidas no acórdão recorrido –, e, considerando a atividade de risco desempenhada pelo reclamante, impõe-se o imperioso dever de indenizar empresarial. Recurso de revista conhecido e provido."* (TST – 2ª T. – RR 11760-08.2014.5.18.0008 – Rel. Min. Delaíde Miranda Arantes – *DEJT* 18-10-2019.)

Em março de 2020, o STF, ao analisar a temática, no Recurso Extraordinário (RE) 828.040, com repercussão geral reconhecida, fixou como tese que: *"O artigo 927, parágrafo único, do Código Civil é compatível com o artigo 7º, XXVIII, da Constituição Federal, sendo constitucional a responsabilização objetiva do empregador por danos decorrentes de acidentes de trabalho, nos casos especificados em lei, ou quando a atividade normalmente desenvolvida, por sua natureza, apresentar exposição habitual a risco especial, com potencialidade lesiva e implicar ao trabalhador ônus maior do que aos demais membros da coletividade".*

Oportuna a transcrição do julgado:

"DIREITO CONSTITUCIONAL. DIREITO DO TRABALHO. RECURSO EXTRAORDI-NÁRIO. REPERCUSSÃO GERAL RECONHECIDA. TEMA 932. EFETIVA PROTEÇÃO AOS DIREITOS SOCIAIS. POSSIBILIDADE DE RESPONSABILIZAÇÃO OBJETIVA DO EMPREGADOR POR DANOS DECORRENTES DE ACIDENTES DE TRABALHO. COMPATIBILIDADE DO ART. 7, XXVIII DA CONSTITUIÇÃO FEDERAL COM O ART. 927, PARÁGRAFO ÚNICO, DO CÓDIGO CIVIL. APLICABILIDADE PELA JUSTIÇA DO TRABALHO. 1. A responsabilidade civil subjetiva é a regra no Direito brasileiro, exigindo-se a comprovação de dolo ou culpa. Possibilidade, entretanto, de previsões excepcionais de responsabilidade objetiva pelo legislador ordinário em face da necessidade de justiça plena de se indenizar as vítimas em situações perigosas e de risco como acidentes nucleares e desastres ambientais. 2. O legislador constituinte estabeleceu um mínimo protetivo ao trabalhador no art. 7º, XXVIII, do texto constitucional, que não impede sua ampliação razoável por meio de legislação ordinária. Rol exemplificativo de direitos sociais nos artigos 6º e 7º da Constituição Federal. 3. Plena compatibilidade do art. 927, parágrafo único, do Código Civil com o art. 7º, XXVIII, da Constituição Federal, ao permitir hipótese excepcional de responsabilização objetiva do empregador por danos decorrentes de acidentes de trabalho, nos casos especificados em lei ou quando a atividade normalmente desenvolvida pelo autor implicar, por sua natureza, outros riscos, extraordinários e especiais. Possibilidade de aplicação pela Justiça do Trabalho. 4. Recurso Extraordinário desprovido. TEMA 932. Tese de repercussão geral: 'O artigo 927, parágrafo único, do Código Civil é compatível com o artigo 7º, XXVIII, da Constituição Federal, sendo constitucional a responsabilização objetiva do empregador por danos decorrentes de acidentes de trabalho, nos casos especificados em lei, ou quando a atividade normalmente desenvolvida, por sua natureza, apresentar exposição habitual a risco especial, com potencialidade lesiva e implicar ao trabalhador ônus maior do que aos demais membros da coletividade'." (STF – Tribunal Pleno – RE 828040 – Rel. Min. Alexandre de Moraes – *DJe* 26-6-2020.)

A reparação dos danos materiais se dá com a restauração da situação anterior ao ato danoso, o seu restabelecimento ao *status quo ante* (reparação natural).

No entanto, não sendo isso possível, o que inúmeras vezes ocorre, converte-se em uma indenização equivalente aos danos causados (dano emergente e lucro cessante).

Em alguns casos, porém, ocorrem os dois tipos de reparação, restabelecimento da situação fática anterior e o pagamento de uma indenização pelo período em que o ato danoso surtiu efeitos.

A pessoa, vítima de um acidente de trabalho, para que tenha a efetiva reparação do prejuízo, tem direito: (a) ao ressarcimento do dano emergente e do lucro cessante (dano material); (b) a uma quantia, como fator de compensação dos aborrecimentos ocasionados pelo ato ilícito (dano moral).

O lucro cessante é representado pela remuneração, a qual retrata os valores auferidos pela Reclamante em função de sua capacidade laborativa, tais como: salário fixo; horas extras; adicional noturno etc. Em outras palavras, a remuneração corresponde à renda auferida pela força laborativa da vítima.

Para a reparação dos danos patrimoniais advindos de acidente de trabalho, devemos observar as regras inseridas nos arts. 948 a 950, CC.

O art. 950, CC, assim enuncia: *"Se da ofensa resultar defeito pelo qual o ofendido não possa exercer o seu ofício ou profissão, ou se lhe diminua a capacidade de trabalho, a indenização, além das despesas do tratamento e lucros cessantes até o fim da convalescença, incluirá pensão correspondente à importância do trabalho para que se inabilitou, ou da depreciação que ele sofreu".*

Cap. 3 • MODELOS DE CAUSA DE PEDIR E PEDIDOS | 129

A remuneração a ser fixada é a renda auferida pela vítima à época da ocorrência do ato lesivo, ou seja, o valor do seu salário normal originário (quando da contratação), além da parte variável (as horas extras e o adicional noturno e fator da redução).

A pensão deve ser calculada em função do último salário auferido, considerando-se o salário normal acrescido da média salarial variável [horas extras, adicional noturno etc. – discriminar os títulos].

A esta base mensal deve se ter a inserção dos seguintes percentuais: (a) 8% (0,08) do FGTS sobre a base mensal; (b) 13° salário (um salário por ano), logo, a parcela do 13° salário deve corresponder a 1/12 (0,083 = 8,33%) sobre a base mensal; (c) 1/3 das férias. As férias correspondem a um salário por ano. O percentual de 1/3 sobre um mês de salário corresponde a 0,33; 0,33 : 12 = 0,027, logo a parcela de 1/3 corresponde a 0,027 (2,77%) de um salário mensal.

A base de cálculo da pensão corresponde a 1,19 (um salário + FGTS - 0,08 + 13° salário - 0,083 + 1/3 férias - 0,027) da remuneração (= igual ao salário normal mais média dos aditivos salariais habituais).

A pensão é devida a partir de [indicar a data: dia do acidente; dia da constatação da incapacidade; data do término do contrato etc.].

A Reclamante solicita a pensão, em parcela única (art. 950, parágrafo único), a ser calculada a partir da data acima indicada, em conformidade com o grau da incapacidade laborativa (a ser calculada de acordo com o laudo pericial), sendo no mínimo o percentual de 50% (por analogia, art. 86, Lei 8.213/91; auxílio-acidente). A pensão será calculada considerando-se o número de anos entre a idade da Reclamante (a partir de quando a pensão é devida) e a estimativa de sobrevida do Reclamante (atualmente, consoante a Tabela do IBGE, 74 anos). Juros a partir do ajuizamento da demanda. Atualização a partir do momento em que a verba é devida. Pela natureza da verba, descabem os descontos de INSS e IRPF.

Caso Vossa Excelência não defira a pensão em parcela única, que se tenha o pensionamento de forma mensal, em conformidade com o grau da incapacidade laborativa (a ser calculada de acordo com o laudo pericial), sendo no mínimo o percentual de 50% (por analogia, art. 86, Lei 8.213/91; auxílio-acidente), de forma vitalícia, a ser calculada em função dos reajustes do salário mínimo e, sucessivamente, sobre os reajustes da categoria profissional. Nesta hipótese, a Reclamante solicita que a empresa seja obrigada a fazer a constituição de capital nos termos do art. 533, CPC. Pela natureza da verba, descabem os descontos de INSS e IRPF.

Além do pensionamento, a título de dano material, a Reclamante faz jus à percepção de todas as despesas havidas com o evento danoso. As despesas [cirurgias, consultas médicas, medicamentos, próteses etc.; discriminar as despesas e juntar os recibos] até a data do ajuizamento importam em (indicar o valor). As parcelas subsequentes ao ajuizamento da demanda serão apuradas por artigos de liquidação (art. 509, II, CPC).

Em caso de acidente de trabalho, sentido amplo, além do dano material, o trabalhador também faz jus ao dano moral (Súm. 37, STJ).

As lesões decorrentes de acidente de trabalho deixam sequelas inevitáveis para o trabalhador.

As dores psíquicas, morais, em função da intensidade das agressões físicas, refletem danos que podem ser superiores aos prejuízos materiais.

A conduta das Reclamadas resultou em ofensa à esfera moral do Reclamante (art. 223-B, CLT).

Oportuno destacar que o art. 223-C da CLT traz a honra, a imagem, a saúde e a integridade física como bens inerentes à pessoa física juridicamente tutelados.

Cabe ao critério valorativo do juiz, além da força criativa da doutrina e jurisprudência, a busca de parâmetros para que se possa fixar a indenização pelo dano moral.

A fixação da indenização pelo dano moral não deve ser vista só como uma avaliação da dor sofrida pela vítima em dinheiro.

De fato, representa a substituição de um bem jurídico por outro.

Porém, também significa uma sanção que é aplicada ao ofensor, impondo-se uma diminuição em seu patrimônio, satisfazendo-se a vítima que foi prejudicada em sua honra, liberdade, intimidade etc.

A reparação do dano moral para a vítima representa uma satisfação, enquanto para o agente é uma sanção.

Nos termos do art. 223-G da CLT o juízo, ao fixar o *quantum* pela reparação do dano extrapatrimonial, deve considerar: (a) a natureza do bem jurídico tutelado; (b) a intensidade do sofrimento ou da humilhação; (c) a possibilidade de superação física ou psicológica; (d) os reflexos pessoais e sociais da ação ou da omissão; (e) a extensão e a duração dos efeitos da ofensa; (f) as condições em que ocorreu a ofensa ou o prejuízo moral; (g) o grau de dolo ou culpa; (h) a ocorrência de retratação espontânea; (i) o esforço efetivo para minimizar a ofensa; (j) o perdão, tácito ou expresso; (k) a situação social e econômica das partes envolvidas; (l) o grau de publicidade da ofensa.

Diante dessas assertivas, o Reclamante a título de danos morais solicita uma indenização de [50 salários do Reclamante, considerado o último auferido] ou outro valor a critério de Vossa Excelência, na forma do art. 223-G, CLT.

PEDIDO:

(a) juntada dos seguintes documentos: (1) Programa de Prevenção de Riscos Ambientais – PPRA, previsto na NR-9 da Portaria 3.214/78 do MTE; (2) Laudo Técnico de Condições Ambientais do Trabalho – LTCAT, previsto na NR-15 da Portaria 3.214/78 do MTE; (3) Programa de Controle Médico de Saúde Ocupacional – PCMSO, nos termos da NR-7 da Portaria 3.214/78, acompanhado dos respectivos relatórios; (4) Perfil Profissiográfico Previdenciário – PPP; (5) Análise Ergonômica do Trabalho – AET (NR 17); (6) Prontuário médico do Reclamante, com transcrição legível das anotações, inclusive exames admissional, demissional e periódicos (art. 168 da CLT e NR-7 da Portaria 3214/78); (7) Comprovante de instrução aos seus empregados; (8) Treinamento por ordem de serviços, art. 157, II da CLT e Portaria 3.214/78, item 1.7.b; (9) Ficha de registro; (10) Ficha de entrega de EPIs; (11) Recibos de pagamento de todo o período trabalhado. Esses documentos deverão ser juntados de acordo com os teores do art. 396 e ss., CPC, em audiência, quando do oferecimento da resposta da Reclamada;

(b) danos materiais (pensão):

(1) a pensão deve ser calculada em função do último salário auferido, considerando-se o salário normal acrescido da média salarial variável [horas extras, adicional noturno etc. – discriminar os títulos]. A esta base mensal deve-se ter a inserção dos seguintes percentuais: (a) 8% (0,08) do FGTS sobre a base mensal; (b) 13º salário (um salário por ano), logo, a parcela do 13º salário deve corresponder a 1/12 (0,083 = 8,33%) sobre a base mensal; (c) 1/3 das férias. As férias correspondem a um salário por ano. O percentual de 1/3 sobre um mês de salário corresponde a 0,33; 0,33 : 12 = 0,027, logo a parcela de 1/3 corresponde a 0,027 (2,77%) de um salário mensal. A base de cálculo da pensão corresponde a 1,19 (um salário + FGTS – 0,08 + 13º salário – 0,083 + 1/3 férias – 0,027); remuneração (= igual ao salário normal mais média dos aditivos salariais habituais);

(2) a pensão é devida a partir de [indicar a data: dia do acidente; dia da constatação da incapacidade; data do término do contrato etc.];

(3) a pensão, em parcela única (art. 950, parágrafo único, CC), a ser calculada a partir da data acima indicada, em conformidade com o grau da incapacidade laborativa (a ser calculada de acordo com o laudo pericial), sendo no mínimo o percentual de 50% (por analogia, art. 86, Lei 8.213/91; auxílio–acidente). A pensão será calculada considerando-se

Cap. 3 • MODELOS DE CAUSA DE PEDIR E PEDIDOS   131

o número de anos entre a idade da Reclamante (a partir de quando a pensão é devida) e a estimativa de sobrevida da Reclamante (atualmente, consoante a Tabela do IBGE, 74,9 anos). Juros a partir do ajuizamento da demanda. Atualização a partir do momento em que a verba é devida. Pela natureza da verba, descabem os descontos de INSS e IRPF;

(4)   caso Vossa Excelência não defira a pensão em parcela única, que se tenha o pensionamento de forma mensal, em conformidade com o grau da incapacidade laborativa (a ser calculada de acordo com o laudo pericial), sendo no mínimo o percentual de 50% (por analogia, art. 86, Lei 8.213/91; auxílio-acidente), de forma vitalícia, a ser calculada em função dos reajustes do salário mínimo e, sucessivamente, sobre os reajustes da categoria profissional. Nesta hipótese, a Reclamante solicita que a empresa seja obrigada a fazer a constituição de capital nos termos do art. 533, CPC. Pela natureza da verba, descabem os descontos de INSS e IRPF;

(c) danos materiais (despesas): pagamento de todas as despesas havidas com o evento danoso. As despesas [cirurgias, consultas médicas, medicamentos, próteses etc.; discriminar as despesas e juntar os recibos] até a data do ajuizamento importam em [indicar o valor]. As parcelas subsequentes ao ajuizamento da demanda serão apuradas por artigos de liquidação (art. 509, II, CPC);

(d) indenização a título de dano moral no valor de [50 salários do Reclamante, considerado o último auferido] ou outro valor a critério de Vossa Excelência, na forma do art. 223-G, CLT.

3.21. ACIDENTE DE TRABALHO
CONTRATO POR PRAZO DETERMINADO E A GARANTIA PROVISÓRIA
SÚMULA 378, ITEM III

CAUSA DE PEDIR:

É incontroverso nos autos que o Reclamante sofreu um acidente de trabalho e que ficou afastado em função desse fato.

A estabilidade é instituto próprio do contrato de trabalho por prazo indeterminado, não se coadunando com a predeterminação contratual.

As partes, quando da contratação, ao fixarem o termo final da relação jurídica, salvo expresso ajuste em contrário, automaticamente já excluem o reconhecimento de qualquer estabilidade. É natural o desligamento quando do advento do termo final, não se caracterizando a dispensa, em face do caráter transitório da contratação.

Quanto ao contrato por prazo determinado e a estabilidade, Mauricio Godinho Delgado ensina: *"A prefixação de um termo final ao contrato, em hipóteses legalmente já restringidas, torna incompatível o posterior acoplamento de uma consequência típica de contratos de duração incerta – e que teria o condão de indeterminar o contrato, alargando o lapso contratual por período múltiplas vezes mais amplo do que o curto período licitamente pactuado"* (*Curso de Direito do Trabalho*. 10. ed. São Paulo: LTr, 2011, p. 526).

A única exceção seria no tocante à estabilidade por acidente de trabalho ou situações a ele equiparáveis:

"De fato, aqui, a causa do afastamento integra a essência sociojurídica de tal situação trabalhista, já que se trata de suspensão provocada por malefício sofrido estritamente pelo trabalhador em decorrência do ambiente e processo laborativos, portanto em decorrência de fatores situados fundamentalmente sob ônus e risco empresariais. Ora, sabe-se que no Direito a causa somente afeta de modo substantivo as regras e efeitos do ato caso seja tida como fator determinante de sua ocorrência (art. 90, CCB/1916; art. 140, CCB/2002); na presente situação suspensiva, a causa do afastamento do obreiro é, inegavelmente, fator determinante da regência e efeitos normativos especiais resultantes da ordem jurídica.

Note-se que a CLT, em sua origem, parecia não prever a situação excepcional enfocada (art. 472, § 2º, CLT). Contudo, nesse aspecto, ela teve de se ajustar ao comando mais forte oriundo da Constituição de 1988, determinando tutela especial sobre as situações envolventes à saúde e segurança laborais (art. 7º, XXII, da CF/88): a Carta de 1988, afinal, fala em redução dos riscos inerentes ao trabalho, por meio de normas de saúde, higiene e segurança. Em tal quadro, a garantia de emprego de um ano, que protege trabalhadores acidentados ou sob doença profissional, após seu retorno da respectiva licença acidentária (art. 118, Lei 8.213/91), incide, sim, em favor do empregado, ainda que admitido, na origem por pacto empregatício a termo" (Ob. cit., p. 527).

A jurisprudência do TST está pacificada, com a inserção do item III à Súmula 378, em 14 de setembro de 2012 (Resolução 185/2012): *"O empregado submetido a contrato de trabalho por tempo determinado goza da garantia provisória de emprego, decorrente de acidente de trabalho, prevista no art. 118 da Lei 8.213/91"*.

Entendemos que é cabível a estabilidade, notadamente, ante o argumento de que o seu fundamento reside na existência da eclosão de um acidente de trabalho.

Cap. 3 • MODELOS DE CAUSA DE PEDIR E PEDIDOS | 133

O caráter protetivo da estabilidade há de sobrepor ao aspecto técnico da incongruência temática da estabilidade e da predeterminação.

Diante dos elementos dos autos, como o Reclamante se afastou por acidente de trabalho, ainda quando em vigência o seu contrato de trabalho, a Reclamada deverá ser condenada ao reconhecimento da estabilidade provisória.

O Reclamante solicita a nulidade da dispensa contratual com a reintegração, com o pagamento dos salários em parcelas vencidas e vincendas e demais reflexos em férias, abono de férias, 13º salário e FGTS (8%, a ser depositado).

No caso da reintegração não se mostrar aconselhável (art. 496, CLT), o Reclamante requer a conversão da estabilidade em pecúnia, com os salários do período da estabilidade e com reflexos em férias, abono de férias, 13º salário, FGTS + 40%, além das verbas rescisórias (aviso-prévio e suas incidências em 13º salário, férias e abono de férias e FGTS + 40%; pagamento de 13º salário, férias e abono e a liberação do FGTS código 01 + 40%).

PEDIDO:

(a) conversão do contrato por prazo determinado em indeterminado;

(b) nulidade da dispensa contratual com a reintegração, com o pagamento dos salários em parcelas vencidas e vincendas e demais reflexos em férias, abono de férias, 13º salário e FGTS (8%, a ser depositado).

De forma sucessiva (art. 326, CPC), no caso da reintegração não se mostrar aconselhável (art. 496, CLT), o Reclamante requer a conversão da estabilidade em pecúnia, com os salários do período da estabilidade e com reflexos em férias, abono de férias, 13º salário, FGTS + 40%, além das verbas rescisórias (aviso-prévio e suas incidências em 13º salário, férias e abono de férias e FGTS + 40%; pagamento de 13º salário, férias e abono e a liberação do FGTS código 01 + 40%).

3.22. ADVOGADO
PEDIDO DE ACOMPANHAMENTO DE PERÍCIA MÉDICA E TÉCNICA

CAUSA DE PEDIR:

O Estatuto da Advocacia (Lei 8.906/94) garante ao advogado o direito de acompanhar seu cliente em exames periciais no âmbito judicial ou administrativo, nos termos do art. 7º do Estatuto, nos incisos I, III e VI, letras "c" e "d".

Na produção de uma prova, o advogado, sendo indispensável à administração da Justiça e inviolável por seus atos e manifestações, desde que no exercício de sua profissão (art. 133 da CF), não pode ser impedido de acompanhar a realização da prova.

É claro que o advogado deve se limitar às questões de ordem, respeitando o perito, que é quem tem legitimidade para conduzir a perícia e responder aos quesitos previamente apresentados.

Quanto à apuração da insalubridade/periculosidade, por tratar-se de perícia ambiental, não há que se falar em hipótese de cunho íntimo.

Quanto à perícia médica, o próprio Conselho Federal de Medicina, na Nota Técnica 44/12 do SEJUR concluiu que: *"Pelas razões jurídicas acima expendidas, entendemos que o advogado, no exercício de sua profissão, tem como direito de fazer-se acompanhar de seu cliente, quando solicitado, nos exames periciais em âmbito judicial ou administrativo."*

Todavia, a atuação do advogado, nestes casos, limitar-se-á a dar conforto e segurança jurídica ao municiando com sua presença, não podendo interferir no ato pericial a ser realizado, que é de competência exclusiva do perito nomeado pelo juízo.

Portanto, requer o Reclamante que seja autorizado o acompanhamento de seu patrono à perícia ambiental e médica.

A jurisprudência indica:

"Mandado de segurança impetrado pelo reclamante. Perícia ambiental. Possibilidade de o advogado do obreiro acompanhar a vistoria. Deferimento da segurança. No caso sub judice, os documentos apresentados comprovam o bom direito alegado pelo impetrante, mesmo porque não existe motivo plausível para vedar a presença e a atuação do advogado da parte durante a perícia ambiental, ocasião em que poderá acompanhar de modo direto a vistoria, o que não prejudica a parte contrária e garante ao jurisdicionado um acompanhamento técnico-jurídico adequado, conferindo maior credibilidade à prova técnica. Além disso, considera-se que o advogado é indispensável à administração da justiça (art. 133 da Constituição da República), sendo que aos litigantes é assegurado o contraditório, inclusive na produção de provas, com os meios e recursos a ele inerentes (art. 5º, LV, da CR)" (TRT – 2ª R. – SDI-6 – MS 1000982-88.2018.5.02.0000 – Rel. Adalberto Martins – *DEJT* 17-10-2018).

"Mandado de segurança. Acompanhamento da perícia por advogado. Segurança concedida. No caso em tela foi indeferido que o patrono do autor acompanhasse a vistoria. Considerando que tal providência poderia comprometer o acesso à Justiça previsto constitucionalmente, a existência de direito líquido e certo é evidente. Segurança concedida" (TRT – 2ª R. – SDI-4 – MS 1003240-42.2016.5.02.0000 – Relator Orlando Apuene Bertão – *DEJT* 19-9-2017).

PEDIDO:

Seja autorizado o acompanhamento do patrono à perícia ambiental e médica, nos termos do art.7º, incisos I, III e VI, letras "c" e "d" da Lei 8.906/94 e do art. 133 da Constituição Federal.

3.23. AERONAUTA
ADICIONAL DE PERICULOSIDADE SOBRE AS HORAS VARIÁVEIS

CAUSA DE PEDIR:

Discute-se a incidência do adicional de periculosidade em relação à parte variável do salário do aeronauta, cujo salário básico é composto de uma parte fixa e de outra variável, decorrente da prestação de trabalho após a 54ª hora semanal.

O Reclamante recebia salário fixo, que corresponde ao período de 54 horas, sendo que o excesso além da 54ª hora era pago como hora variável.

As horas variáveis compõem o salário, não se confundindo com acréscimos resultantes de gratificações, prêmios ou participação nos lucros da empresa (artigo 193, § 1º, da CLT), não havendo justificativa para que o adicional de periculosidade seja incluído apenas na parte fixa mensal e não na parte variável.

Se a atividade do aeronauta é considerada de risco durante as horas fixas de voo, não há justificativa para excluí-lo em relação às horas variáveis, ou seja, aquelas prestadas além das 54 horas semanais.

A condição perigosa não se altera em relação às horas variáveis resultando dessa circunstância o pagamento do adicional de periculosidade, tanto pelo seu caráter retributivo como salarial, os quais não podem ser suprimidos por cláusula meramente contratual em razão de norma cogente (arts. 7º, XXIII, da CF; 193 e 457, § 1º, da CLT).

A Súmula 191 do TST determina que o adicional de periculosidade incida sobre o salário básico e, no caso do Reclamante, aeronauta, o salário básico é composto em uma parte fixa e outra variável.

A jurisprudência indica:

"(...) III – RECURSO DE REVISTA DA RECLAMANTE. INTERPOSTO SOB A ÉGIDE DAS LEIS Nᵒˢ 13.015/14 E 13.467/17 ADICIONAL DE PERICULOSIDADE EM RELA-ÇÃO ÀS HORAS VARIÁVEIS. 1. Atendidos os requisitos do art. 896, § 1º-A, da CLT. 2. Cinge-se a controvérsia à incidência do adicional de periculosidade também em relação à parte variável do salário do aeronauta, cujo salário básico é composto de uma parte fixa e de outra variável, decorrente da prestação de trabalho após a 54ª hora semanal. 3. Se a atividade do aeronauta é considerada de risco durante as horas fixas de voo, não há justificativa para excluí-lo em relação às horas variáveis, ou seja, aquelas prestadas além das 54 horas semanais. 4. A condição perigosa não se altera em relação às horas variáveis resultando dessa circunstância o pagamento do adicional de periculosidade, tanto pelo seu caráter retributivo como salarial, os quais não podem ser suprimidos por cláusula meramente contratual em razão de norma cogente (arts. 7º, XXIII, da CF; 193 e 457, § 1º, da CLT). Há julgados. 5. Recurso de revista de que se conhece e a que se dá provimento" (TST – 6ª T. – ARR 1001386-20.2016.5.02.0709 – Rel. Min. *Kátia Magalhães Arruda* – DEJT 6-3-2020).

"AGRAVO DE INSTRUMENTO EM RECURSO DE REVISTA INTERPOSTO PELAS RECLAMADAS. INTEGRAÇÃO DO ADICIONAL DE PERICULOSIDADE NA BASE DE CÁLCULO DAS HORAS VARIÁVEIS. O Regional entendeu devida a integração do adicional de periculosidade também em relação à parte variável do salário. Assim, manteve a sentença que condenou as reclamadas ao pagamento de diferenças das horas variáveis em razão da integração do adicional de

Cap. 3 • MODELOS DE CAUSA DE PEDIR E PEDIDOS | **137**

periculosidade na base de cálculo respectiva. Esta Corte Superior tem se manifestado no sentido de que, sendo a atividade do aeronauta considerada como de risco durante as horas fixas de voo, não é plausível excluí-lo em relação às horas variáveis, ou seja, aquelas prestadas além das 54 horas semanais. A condição perigosa não se altera em relação às horas variáveis e, por esse motivo, atrai a incidência do referido adicional, não havendo, portanto, falar em violação dos artigos 193 da CLT e 114 do Código Civil. Agravo de instrumento conhecido e não provido" (TST – 8ª T. – AIRR 2122-13.2011.5.02.0036 – Rel. Min. Dora Maria da Costa – *DEJT* 31-3-2017).

Admitir-se o raciocínio da Reclamada é concluir que após a 54ª hora o Autor não ficou exposto a condições periculosas, o que é inaceitável.

PEDIDO:

Requer o Reclamante a incidência do adicional de periculosidade sobre as horas variáveis.

3.24. ANOTAÇÃO DO CONTRATO DE TRABALHO EM CTPS
OBRIGAÇÃO DE FAZER. MULTA DIÁRIA

CAUSA DE PEDIR:

O Reclamante postula a aplicação de multa diária ao Reclamado no caso de recusa deste em proceder às anotações do contrato de trabalho ora reconhecido em sua CTPS. São várias as justificativas para a cominação de multa pecuniária ao empregador que descumpre a referida obrigação de fazer.

Podemos citar, primeiramente, que não é correto o Estado praticar atos que, na sua origem, deveriam ser executados pelo particular – no caso o empregador, verdadeiro devedor na relação jurídica de direito material –, devendo essa atuação estatal se restringir aos casos que, verdadeiramente, seja impossível o cumprimento da obrigação pelo próprio devedor.

Não se justifica a atuação estatal no caso do empregador que, simplesmente, abusa do direito de litigar, recusando-se injustificadamente ao cumprimento da obrigação a qual foi condenado, valendo-se do fato de que a anotação em CTPS poderá ser feita pela Secretaria da Vara, trazendo, ainda, aumento da carga de trabalho para os serventuários do Judiciário que já são altamente assoberbados.

Por outro lado, eventual anotação supletiva a ser realizada pela Secretaria da Vara poderia trazer repercussões lesivas ao Reclamante, que busca nova colocação no mercado de trabalho, acarretando-lhe a falsa e errônea mácula de que é *"mau empregado"* ou *"empregado problemático"* somente porque exercitou o seu direito constitucional de ação. Em tempos das chamadas *"listas negras de Reclamantes"* – tão combatidas pelo Ministério Público do Trabalho –, as anotações procedidas pela Secretaria da Vara na CTPS dos trabalhadores são extremamente prejudiciais, dificultando a busca do pleno emprego, princípio insculpido no art. 170, VIII, CF.

Além disso, a previsão do art. 39, § 2º, da CLT não afasta a aplicação das *astreintes*, uma vez que a possibilidade de anotação supletiva da Secretaria da Vara, mesmo que autorizada pelo Magistrado, deve ser considerada como excepcional, só implementada nas restritas hipóteses de real impossibilidade de anotação pelo sujeito passivo da obrigação – o Reclamado (art. 29, CLT).

Nesse sentido, observe-se a jurisprudência do TST:

"AGRAVO DE INSTRUMENTO EM RECURSO DE REVISTA. PRELIMINAR DE NULI-DADE POR NEGATIVA DE PRESTAÇÃO JURISDICIONAL. Constata-se que a prestação jurisdicional se deu de forma plena e exauriente, não se havendo falar em nulidade do julgado. JULGA-MENTO EXTRA PETITA. Constata-se da inicial pedido expresso de retificação da CTPS. Desta forma, em que a retificação da CTPS se encontra entre os pedidos da exordial, não houve julgamento extra petita. No que se refere à aplicação de multa diária para o caso de descumprimento da obrigação referente à anotação na CTPS, não se há falar em julgamento extra petita, na medida em que a referida multa trata-se de sanção para o caso de descumprimento da obrigação principal. Precedentes. Intactos os arts. 2º, 128 e 460 do CPC [1973]. A lide não foi decidida sob o enfoque das matérias tratadas no art. 5º, LIV e LV, da Constituição Federal, razão pela qual carecem de prequestionamento, nos termos da Súmula 297 do TST. MULTA DIÁRIA PELO ATRASO NO CUMPRIMETO DE OBRIGAÇÃO DE FAZER. ANOTAÇÃO NA CTPS. A decisão regional se coaduna com a atual, notória e iterativa jurisprudência do C. TST de que é aplicável a cominação da multa diária estabelecida no art. 461 do CPC/73, no caso de descumprimento pelo empregador da determinação de anotar a CTPS do empregado, independentemente

Cap. 3 • MODELOS DE CAUSA DE PEDIR E PEDIDOS | 139

da previsão do art. 39, § 2º, da CLT, relativa à possibilidade de anotação na CTPS pela Secretaria da Vara do Trabalho, em caso de recusa do empregador. Em outras palavras, referida previsão contida no art. 39, § 2º, da CLT não afasta a possibilidade de aplicação de multa diária. Precedentes. (...)" (TST – 3ª T. – AIRR 47100-24.2008.5.15.0067 – Rel. Min. Alexandre de Souza Agra Belmonte – *DJe* 19-12-2016).

Além disso, a imposição de multa com vistas ao cumprimento de obrigação de fazer encontra amparo nas disposições estabelecidas nos arts. 536 e 537, CPC.

PEDIDO:

O Reclamante requer o cumprimento da obrigação de fazer pelo Reclamado, consistente na anotação do contrato de trabalho ora reconhecido no prazo de 10 (dez) dias a contar da data do trânsito em julgado, sob pena de pagamento de multa diária à base de R$ 500,00 (quinhentos reais), nos termos da fundamentação e arts. 536 e 537, CPC.

3.25. APOSENTADORIA POR INVALIDEZ
EXTINÇÃO DO ESTABELECIMENTO. MANUTENÇÃO DO CONTRATO DE TRABALHO COM O GRUPO ECONÔMICO

CAUSA DE PEDIR:

O Autor teve a aposentadoria por invalidez concedida em [indicar a data] e, em função da aposentadoria, após a extinção do estabelecimento em que laborava, houve a rescisão do seu contrato de trabalho.

A dispensa efetivada durante a suspensão do contrato de trabalho decorrente da aposentadoria por invalidez é nula, pois, ainda que tenha sido extinto um dos estabelecimentos comerciais da Reclamada, a continuidade das atividades do seu grupo econômico obsta a utilização do encerramento das atividades na unidade de [indicar a unidade] como justificativa para a rescisão, principalmente se considerando que tal fato ocorreu em [indicar a data] e o Autor foi dispensado em [indicar a data].

As Reclamadas compõem o mesmo grupo econômico, sendo que o encerramento das atividades no estabelecimento da Reclamada "X" não implicou, de fato, a extinção da empresa, visto que este se deu em [indicar a data] e o Autor somente foi dispensado em [indicar a data].

Nos termos do art. 475 da CLT, a aposentadoria por invalidez suspende o contrato de trabalho, sendo assegurado ao trabalhador o retorno à atividade quando recuperada a capacidade laboral, momento em que é facultado ao empregador optar por rescindir o contrato, indenizando o obreiro:

"Art. 475 – O empregado que for aposentado por invalidez terá suspenso o seu contrato de trabalho durante o prazo fixado pelas leis de previdência social para a efetivação do benefício.

§ 1º – Recuperando o empregado a capacidade de trabalho e sendo a aposentadoria cancelada, ser-lhe-á assegurado o direito à função que ocupava ao tempo da aposentadoria, facultado, porém, ao empregador, o direito de indenizá-lo por rescisão do contrato de trabalho, nos termos dos arts. 477 e 478, salvo na hipótese de ser ele portador de estabilidade, quando a indenização deverá ser paga na forma do art. 497. (Redação dada pela Lei 4.824, de 5-11-1965)".

Nesse sentido, o teor da Súmula 160 do TST:

"Cancelada a aposentadoria por invalidez, mesmo após cinco anos, o trabalhador terá direito de retornar ao emprego, facultado, porém, ao empregador, indenizá-lo na forma da lei."

Portanto, enquanto não cessada a incapacidade laborativa que levou o Reclamante ao afastamento previdenciário provisório, não cessa a suspensão contratual, não sendo possível a dispensa imotivada, ante a incompatibilidade entre os institutos.

No caso em tela, a situação de incapacidade provisória do Autor permaneceu inalterada, tendo partido do empregador a iniciativa de dispensá-lo, ainda no curso da suspensão contratual.

Saliente-se que esse entendimento não é modificado pelo fato de o estabelecimento em que o Autor se ativava ter sido fechado, pois houve continuidade da empresa após o fim do estabelecimento específico de [indicar o local] a afastar tal argumento.

O TST, julgando questões similares, decidiu:

"Recurso de revista. Contrato de trabalho suspenso em razão de aposentadoria por invalidez. Extinção do estabelecimento. Continuidade da empresa. Nulidade da rescisão contratual. De acordo com o art. 475 da CLT, a aposentadoria por invalidez suspende o contrato de trabalho, sendo assegurado ao trabalhador o retorno à atividade quando recuperada a capacidade laboral, momento em que é facultado ao empregador optar por rescindir o contrato, indenizando o obreiro. Também nesse sentido preconiza a Súmula 160 desta Corte, segundo a qual -Cancelada a aposentadoria por invalidez, mesmo após cinco anos, o trabalhador terá direito de retornar ao emprego, facultado, porém, ao empregador, indenizá-lo na forma da lei. Conforme se extrai da nova redação dos arts. 42, caput, da Lei 8.213/91 e 46 do Decreto 3.048/99, a aposentadoria por invalidez é essencialmente provisória, não mais se tornando definitiva após o decurso de cinco anos. A exegese dos supracitados enunciados, portanto, conduz à conclusão de que, enquanto não cessada a incapacidade laborativa que levou o trabalhador ao afastamento previdenciário provisório, não cessa a suspensão contratual, sendo descabida a dispensa arbitrária, ante a incompatibilidade entre os institutos. Esse entendimento não é modificado pelo fato de o estabelecimento em que os reclamantes se ativavam, em Limeira, ter sido fechado, tendo em vista que houve continuidade das atividades empresariais. Recurso de revista conhecido e provido" (TST – 4ª T. – RR 49400-67.2008.5.15.0128 – Rel. Min. Luiz Philippe Vieira de Mello Filho – *DEJT* 30-11-2012).

Assim, diante do caso concreto exposto, o Reclamante requer a nulidade da rescisão contratual, com direito à percepção dos salários desde o momento da sua dispensa e até a efetiva data da reintegração, com observância dos reajustes legais e normativos, além da incidência deste período para fins de férias, abono de férias, décimo terceiro salário e recolhimentos fundiários. A fim de compelir a Reclamada a proceder a reintegração requer-se a fixação de multa diária – R$ 500,00 – (arts. 536 e 537, CPC).

PEDIDO:

Nulidade da rescisão contratual, com direito do Reclamante à percepção dos salários desde o momento da sua dispensa até a efetiva data da reintegração, com observância dos reajustes legais e normativos, além da incidência desse período para fins de férias, abono de férias, décimo terceiro salário e recolhimentos fundiários. A fim de compelir a Reclamada a proceder a reintegração, requer-se a fixação de multa diária – R$ 500,00 – (arts. 536 e 537, CPC).

3.26. APOSENTADORIA POR INVALIDEZ
MANUTENÇÃO DO PLANO DE SAÚDE

CAUSA DE PEDIR:

O Reclamante teve a aposentadoria por invalidez concedida em [juntar carta de concessão de benefício] e em função do referido benefício, a Reclamada cancelou seu convênio médico, sob o argumento de que o contrato de trabalho do Autor encontra-se suspenso, logo, não haveria que se falar em concessão do plano de saúde ou quaisquer benefícios.

Nos termos do art. 475 da CLT, o empregado que for aposentado por invalidez terá suspenso o seu contrato de trabalho durante o prazo fixado pelas leis de previdência social para a efetivação do benefício, sendo que a eventual recuperação da capacidade laborativa cancela a aposentadoria e assegura ao empregado o retorno ao emprego.

Diante disso, temos que o contrato de trabalho do Reclamante não foi extinto em decorrência da aposentadoria por invalidez, eis que se encontra apenas *suspenso*. Assim, em princípio, encontram--se suspensos os respectivos direitos e obrigações das partes, salvo os direitos estipulados para vigorar também no período da suspensão.

Na hipótese dessa demanda, o direito em questão diz respeito ao plano de saúde fornecido pela Reclamada, que tem a finalidade de conceder assistência ao trabalhador em caso de enfermidade, que pode acarretar ou não a incapacidade temporária para o trabalho e, portanto, estando o empregado doente durante o período da incapacidade, é devido o plano de saúde.

A própria natureza e finalidade do benefício em questão conduzem à conclusão de que se encontra implícito o ajuste, no sentido de vigorar também no período da suspensão do contrato de trabalho por motivo de doença, como é o caso do Autor, aposentado em [indicar a data], em razão de ser portador de [descrever as moléstias e juntar documentos médicos].

Pela finalidade social que tem (suplementação da atuação estatal na saúde, sabidamente ineficiente), o contrato de plano de saúde não pode ser tratado como se fosse qualquer outra obrigação pecuniária, que deixaria de ser exigível durante a suspensão do contrato de trabalho por causa da aposentadoria por invalidez.

A suspensão contratual não impede a continuidade do plano de saúde nas mesmas condições em que pactuado anteriormente ao afastamento previdenciário, além do que, deve-se observar a regra contida no art. 468 da CLT, que proíbe alterações no contrato de trabalho prejudiciais ao empregado.

Como o plano de saúde aderiu ao contrato de trabalho, não poderia ser cancelado sem o consentimento do Autor.

Nesse sentido, recentemente o TST editou a Súmula 440, *in verbis*: *"Assegura-se o direito à manutenção de plano de saúde ou de assistência médica oferecido pela empresa ao empregado, não obstante suspenso o contrato de trabalho em virtude de auxílio-doença acidentário ou de aposentadoria por invalidez".*

Ademais, a supressão do direito ao plano de saúde, durante o período de afastamento, dificulta ao empregado ter acesso aos tratamentos médicos que o plano de saúde lhe proporciona, afrontando-se os princípios da dignidade da pessoa humana e do valor social do trabalho, de ordem constitucional (art. 1º, III e IV, da CF/88), que informam o Direito do Trabalho e que devem ser utilizados pelo aplicador do Direito como diretriz para garantir a proteção efetiva dos direitos fundamentais que visam resguardar a integridade física, psíquica e moral do empregado.

Cap. 3 • MODELOS DE CAUSA DE PEDIR E PEDIDOS | **143**

Assim, imperioso concluir que o Reclamante aposentado por invalidez continua tendo direito à continuação do plano de saúde, apesar de seu contrato encontrar-se suspenso.

PEDIDO:

Que a Reclamada seja compelida ao restabelecimento do convênio médico do Reclamante de forma imediata, sob pena de pagamento de uma multa diária à base de um salário mínimo na forma dos arts. 536 e 537, CPC.

3.27. ASSALTOS EM ESTACIONAMENTO DA EMPRESA
RESPONSABILIDADE DA RECLAMADA

CAUSA DE PEDIR:

O Reclamante, no dia [indicar a data], estava sentado no estacionamento da empresa no horário do intervalo intrajornada, sendo vítima de assalto, quando um criminoso teria roubado seu celular e o de outros colegas, sob grave ameaça com arma de fogo. Diante dos fatos, somente após muita insistência, a Reclamada o liberou para ir à delegacia registrar boletim de ocorrência, e, no retorno, não lhe deu qualquer suporte, obrigando-o a trabalhar no restante do dia, mesmo estando abalado com a situação.

O estacionamento estava sendo utilizado para finalidade do gozo do intervalo intrajornada de forma inadequada, isso porque o local destinado para o descanso dos trabalhadores estava em reforma.

As relações de trabalho devem se pautar pela respeitabilidade mútua, face ao caráter sinalagmático da contratação, impondo aos contratantes a reciprocidade de direitos e obrigações. Assim, ao empregador, além da obrigação de dar trabalho e de possibilitar ao empregado a execução normal da prestação de serviços, incumbe, ainda, respeitar a honra, a reputação, a liberdade, a dignidade e a integridade física e moral de seu empregado, porquanto tratam-se de valores que compõem o patrimônio ideal da pessoa.

O empregador deve dotar o ambiente de trabalho de perfeitas condições de higiene e segurança, zelando para que os trabalhadores possam desenvolver seus misteres com tranquilidade, dando pleno cumprimento às suas obrigações contratuais.

Não há dúvida de que o estacionamento da empresa é extensão do estabelecimento comercial do empregador, sendo deste o dever de zelar pela segurança e guarda dos veículos e pessoas que ali se encontram, especialmente seus empregados.

Embora seja dever do Estado promover a segurança pública, não pode o empregador negligenciar acerca dos riscos inerentes à sua atividade econômica, nos termos do art. 2º da CLT, assumidos espontaneamente com a exploração do negócio.

Não pode ser imputado exclusivamente ao Estado o assalto ocorrido no estacionamento da Reclamada, diante da reprovável omissão do empregador quanto ao seu dever de zelar pela vida e higidez dos seus empregados, além do dever de guarda e monitoramento do seu estabelecimento, cuja vulnerabilidade facilitou a ação dos criminosos, culminando no assalto a seus empregados no momento em que usufruíam o descanso.

Sempre que o trabalhador, em razão do contrato de trabalho, sofrer lesão à sua honra, ofensa que lhe cause um mal ou dor (sentimento ou física) propiciando-lhe abalo na personalidade, terá o direito de pleitear do empregador a reparação por dano moral.

A responsabilidade pelo que ocorre no ambiente de trabalho é de caráter objetivo e, via de regra, se endereça ao empregador: a uma, porque é o detentor da fonte de trabalho e a duas, por ser quem assume os riscos do negócio (art. 2º, CLT).

Ainda que não se possa reputar como objetiva a responsabilidade patronal, a situação a que ao Autor foi exposto ocorreu por culpa e omissão do empregador, havendo nexo causal entre o evento danoso e a conduta omissiva da Reclamada.

Trata-se, no mínimo, da modalidade de culpa *in vigilando*, pois faltou a Reclamada com o dever de prover a segurança integral dos trabalhadores.

Cap. 3 • MODELOS DE CAUSA DE PEDIR E PEDIDOS | 145

A jurisprudência indica:

"Assalto no estacionamento da empresa. Extensão do estabelecimento comercial. Negligência com o dever de segurança no ambiente de trabalho. Indenização por danos morais. Devida. Não há dúvida de que o estacionamento da empresa é extensão do estabelecimento comercial do empregador, sendo deste o dever de zelar pela segurança e guarda dos veículos e pessoas que ali se encontram, mormente seus empregados, força motriz do empreendimento. Conquanto seja dever do Estado promover a segurança pública, não pode o empregador negligenciar acerca dos riscos inerentes à sua atividade econômica, nos termos do art. 2º da CLT, assumidos espontaneamente com a exploração do negócio, razão porque não pode ser imputado exclusivamente ao Estado o assalto ocorrido no estacionamento do supermercado reclamado, diante da reprovável omissão do empregador quanto ao seu dever de zelar pela vida e higidez dos seus empregados, além do dever de guarda e monitoramento do seu estabelecimento; tudo a justificar a fixação de indenização por danos morais diante do flagrante vilipêndio a direitos personalíssimos do trabalhador" (TRT – 2ª R. – 5ª T. –RO 0000762-80.2015.5.05.0016 – Rel. Margareth Rodrigues Costa – *DJ* 20-5-2016).

Ante a certeza do dano moral, a Reclamada deve ser condenada ao pagamento de indenização a título de reparação.

O ordenamento jurídico brasileiro não aponta critérios objetivos para a reparação pecuniária do dano moral e, diante disso, a doutrina pátria aponta como elementos a serem levados em consideração: (a) a extensão do dano; (b) grau de culpa do ofensor e da vítima; (c) situação financeira de ambas as partes, objetivando reparar o dano perpetrado, punir a conduta antijurídica e prevenir a fim de que tais fatos não mais ocorram.

Considerando as diretrizes delineadas, para o caso em análise, indica-se como valor a ser arbitrado para a indenização postulada a quantia de [50 salários do Reclamante], em razão do que se passará a expor [descrever circunstâncias específicas a justificar o montante pedido, por exemplo, a duração do contrato de trabalho, o valor da remuneração auferida etc.]

Assim, comprovado o dano moral, patente a obrigação da Reclamada em indenizar o Autor (arts. 186, 187, 927 e 932, III, CC), tendo em vista todo o sofrimento causado ao trabalhador e, ainda, considerando-se a condição econômica do ofensor e do ofendido, além da gravidade do ato ilícito, requer seja a Reclamada condenada ao pagamento de indenização por dano moral em valor equivalente a [50 salários do Reclamante, considerado como aquele último auferido], sendo que tal verba não é base de recolhimentos previdenciários ou fiscais.

Na apuração da indenização por danos morais, os juros são devidos a partir do ajuizamento da demanda trabalhista (art. 39, § 1º, Lei 8.177/91; Súm. 439, TST, e Súm. 362, STJ).

PEDIDO:

Condenação da Reclamada em indenização por dano moral, tendo em vista todo o sofrimento causado ao trabalhador e, ainda, considerando-se a condição econômica do ofensor e do ofendido e a gravidade do ato ilícito, requer seja a Reclamada condenada ao pagamento de indenização por dano moral em valor equivalente a [50 salários do Reclamante, considerado como aquele último auferido], sendo que tal verba não é base de recolhimentos previdenciários ou fiscais.

3.28. AVISO PRÉVIO CONTROVERTIDO
PROJEÇÃO PARA EFEITOS DE PRESCRIÇÃO BIENAL

CAUSA DE PEDIR:

Preliminarmente, o Reclamante invoca a projeção de seu aviso-prévio para efeitos de contagem da prescrição bienal na propositura do presente feito.

O Autor laborou por longos anos sem ter o contrato de trabalho registrado em CTPS, por culpa exclusiva da Reclamada, que lhe sonegou o direito de reconhecimento da citada relação de emprego no período de [indicar as datas de admissão e dispensa], bem como não teve acesso a todos os direitos acessórios ao contrato de trabalho, uma vez que a Ré, deliberadamente, negou-lhe tais direitos.

Tendo o Reclamante laborado por [indicar o número] anos na Reclamada, teria direito a um aviso-prévio de [indicar o número] dias, computando-se 30 dias + 3 dias por ano trabalhado na empresa (Lei 12.506, de 11-10-2011), o que projetou o término de seu contrato de trabalho para [indicar a data], sendo que a presente ação foi distribuída em [indicar a data], portanto [indicar o número] dias antes do atingimento da prescrição bienal, que fulminaria seu direito de ação.

O Autor, portanto, invoca a aplicação da OJ 83, SDI-I, que prevê a ocorrência da prescrição somente ao final da data do término do aviso-prévio. Entendimento contrário a este viria prejudicar o direito do trabalhador que teve sonegados todos os seus direitos trabalhistas por ato exclusivo e deliberado de seu empregador, que seria beneficiado por sua própria torpeza.

Além disso, para a aplicação do prazo prescricional é necessário que não haja dúvidas sobre a existência do vínculo empregatício, pois somente poderíamos aplicar um instituto que tem origem na extinção do contrato, se este foi efetivamente reconhecido.

Desse modo, assim como parte da jurisprudência entende que a projeção do aviso-prévio indenizado depende do vínculo empregatício, o mesmo raciocínio se aplica ao reconhecimento da prescrição bienal.

Como o reconhecimento da relação de emprego somente poderá ser comprovado por meio de prova testemunhal (que será apresentada pelo obreiro em regular instrução), a declaração de prescrição, antes mesmo de se propiciar ao Autor o direito de provar o alegado, afrontaria o seu direito de acesso ao Judiciário nos termos do art. 5º, XXXV, da CF: *"A lei não excluirá da apreciação do Poder Judiciário lesão ou ameaça a direito"*. Tal princípio é fundamental ao Estado de Direito, pois não deixa ao abandono da Justiça nenhum cidadão e nenhum direito.

Logo, no caso concreto, não há o que se falar em prescrição, uma vez que é imprescindível a análise, *a priori*, da existência ou não do liame empregatício.

Ressalta-se que o Reclamante não poderá ser impedido de produzir a prova oral – única a comprovar seu liame de emprego e a respectiva dispensa injusta – sob pena de configurar-se o cerceamento de defesa e afronta ao princípio constitucional acima aduzido, na medida em que, comprovando a contento suas alegações, haveria a projeção do aviso-prévio indenizado, o que teria o condão de afastar eventual prescrição bienal.

A subsistência da relação de emprego é, portanto, prejudicial à aplicação do instituto da prescrição, extraindo-se a seguinte conclusão: tendo a prescrição origem em um contrato de trabalho, ela só pode ser pronunciada se este contrato for efetivamente existente – o que somente poderá ser comprovado por meio da regular instrução processual.

Nesse sentido, a jurisprudência se manifesta da seguinte forma:

"Prescrição bienal. Vínculo empregatício controvertido. Para a aplicação do prazo prescricional, é necessário que não haja dúvidas acerca da existência da relação de emprego. Afinal, só se pode aplicar um instituto que tem origem na extinção do contrato, se este foi efetivamente reconhecido. Assim como parte da jurisprudência entende que a projeção do aviso-prévio indenizado depende do vínculo empregatício, assim também a aplicação da prescrição bienal o exige. Logo, no caso em tela, não se pode falar em prescritibilidade das parcelas condenatórias, sendo necessária a análise, a priori, da configuração do liame de emprego. (...)" (TRT – 1ª R. – 7ª T. – RO 11963220125010066 – Rel. Sayonara Grillo Coutinho Leonardo da Silva – *DEJT* 16-8-2013).

Assim, ao Reclamante, deverá ser ofertado o direito à regular instrução processual e produção de provas, sendo reconhecida, pelo Juízo, a prejudicialidade do pedido declaratório de reconhecimento da relação de emprego em relação à análise sobre a prescrição bienal, que deverá ser apreciada após a conclusão da referida prejudicial.

PEDIDO:

Preliminarmente, apreciação, por parte do Juízo, da matéria relativa à existência da relação empregatícia, a ser analisada em regular instrução processual, reconhecendo-se o referido pedido declaratório como matéria prejudicial ao exame da eventual ocorrência de prescrição bienal, que deverá ser apreciada após a citada matéria prejudicial.

3.29. AVISO PRÉVIO
NULIDADE. NÃO OBSERVÂNCIA DA REDUÇÃO DA JORNADA DO ART. 488 DA CLT

CAUSA DE PEDIR:

O Reclamante recebeu o aviso-prévio no dia 6 de abril de 2012, contudo, a Reclamada não observou a redução da jornada nos termos do art. 488 da CLT.

Como não houve a redução da jornada, a concessão do aviso-prévio é nula de pleno direito. Nesse sentido vide os termos da Súmula 230 do TST.

O Reclamante faz jus a novo período de aviso-prévio e com reflexos em férias, abono de férias, 13º salário e FGTS + 40%.

PEDIDO:

Aviso-prévio e suas incidências em férias, abono de férias, 13º salário e FGTS + 40%.

Cap. 3 • MODELOS DE CAUSA DE PEDIR E PEDIDOS | 149

3.30. AVISO PRÉVIO PROPORCIONAL
LEI 12.506/11. VANTAGEM ESTENDIDA SOMENTE AOS EMPREGADOS

CAUSA DE PEDIR:

A Reclamada, sob o fundamento de que a CLT prevê o aviso-prévio tanto para o empregado quanto para o empregador, e que a nova lei dispõe apenas sobre a proporcionalidade ao prazo do aviso, descontou das verbas rescisórias do Autor o aviso-prévio de [indicar o número de dias] dias.

A Lei 12.506/11 dispõe de forma expressa que a proporcionalidade do aviso-prévio é aplicável *"somente aos empregados"*, tratando-se, portanto, de direito dos trabalhadores (art. 1º).

A Lei em comento é clara em considerar a proporcionalidade uma vantagem estendida aos empregados (art. 1º, *caput*), sem a bilateralidade que caracteriza o instituto original, fixado em 30 dias desde a promulgação da Constituição Federal.

A bilateralidade restringe-se ao aviso-prévio de 30 dias, que tem de ser concedido também pelo empregado a seu empregador, caso queira pedir demissão (art. 487, *caput*, da CLT), sob pena de poder sofrer o desconto correspondente ao prazo descumprido (art. 487, § 2º, CLT).

Esse prazo de 30 dias também modula a forma de cumprimento físico do aviso-prévio (quando trabalhado): redução de duas horas de trabalho ao dia, durante 30 dias (art. 488, *caput*, da CLT), ou cumprimento do horário normal de trabalho durante o pré-aviso, salvo os últimos 7 dias (art. 488, parágrafo único, da CLT).

A escolha jurídica adotada pela Lei 12.506/11, mantendo os 30 dias como módulo que abrange todos os aspectos do instituto, inclusive os desfavoráveis ao empregado, na medida em que a proporcionalidade favorece apenas o trabalhador, é razoável, considerando-se a lógica e o direcionamento jurídico da Constituição Federal e de todo o Direito do Trabalho.

A jurisprudência indica:

> *"Trata-se da única maneira de se evitar que o avanço normativo da proporcionalidade converta-se em uma contrafacção, como seria impor-se ao trabalhador com vários anos de serviço gravíssima restrição a seu direito de se desvincular do contrato de emprego. Essa restrição nunca existiu no Direito do Trabalho e nem na Constituição, que jamais exigiram até mesmo do trabalhador estável ou com garantia de emprego (que tem – ou tinha – vantagem enorme em seu benefício) qualquer óbice ao exercício de seu pedido de demissão. Ora, o cumprimento de um aviso de 60, 80 ou 90 dias ou o desconto salarial nessa mesma proporção fariam a ordem jurídica retornar a períodos selvagens da civilização ocidental, antes do advento do próprio Direito do Trabalho – situação normativa incompatível com o espírito da Constituição da República e do Direito do Trabalho brasileiros"* (TST – 3ª T. – ARR 1423-43.2012.5.01,0059 – Rel. Min. Maurício Godinho Delgado – *DEJT* 10-4-2015).

Portanto, requer o Reclamante a nulidade do aviso-prévio proporcional exigido, condenando a Reclamada à devolução do excesso descontado a título de aviso-prévio, no importe de R$ [indicar o valor].

PEDIDO:

Declaração de nulidade do aviso-prévio proporcional exigido, com a condenação da Reclamada à devolução do excesso descontado a título de aviso-prévio, no importe de R$ [indicar o valor].

150 | PRÁTICA DA RECLAMAÇÃO TRABALHISTA – *Jorge Neto • Wenzel • Cavalcante*

3.31. AVISO PRÉVIO INDENIZADO
POSSIBILIDADE DE ADESÃO A PDV INSTITUÍDO NO CURSO DO AVISO PRÉVIO

CAUSA DE PEDIR:

O Reclamante foi dispensado em [indicar a data], percebendo aviso-prévio indenizado de [*] dias.

Tal prazo deve ser integrado ao seu contrato de trabalho para todos os efeitos legais, o que lhe daria direito aos benefícios oferecidos espontaneamente pela empresa a outros empregados no plano de demissão voluntária, instituído pela Reclamada em [indicar a data].

O art. 487, § 1º, da CLT, expressamente garante a integração do período do aviso-prévio no tempo de serviço do empregado, não limitando esse benefício aos efeitos meramente pecuniários.

Nesse sentido, o TST consolidou o entendimento de que o contrato de trabalho permanece em vigor para todos os fins, até a data final do período respectivo (OJ 82, SDI-I do TST).

Desta forma, estando em vigor o contrato de trabalho até o final do aviso-prévio, tem o empregado direito a aderir a eventual plano de demissão voluntária que sobrevenha no curso desse período.

Assim, considerando a projeção de [*] dias, a dispensa do Reclamante somente se efetivou em [*], sendo evidente que o PDV foi instituído na vigência do contrato de trabalho, conferindo ao Reclamante o direito à adesão ao referido plano e aos benefícios nele previstos.

A atitude da Reclamada, de dispensar o Reclamante poucos dias antes da instituição do plano de demissão voluntária, viola a boa-fé que deve permear os contratos, tornando o Reclamante credor das diferenças postuladas, porque manifestamente obstativa ao direito de aderir ao PDV.

A jurisprudência indica:

"PLANO DE DEMISSÃO VOLUNTÁRIA. INSTITUIÇÃO NO CURSO DE AVISO PRÉ-VIO INDENIZADO. ADESÃO DO EMPREGADO. 1. Se a lei assegura a projeção do aviso-prévio para todos os efeitos legais (art. 487, § 1º, da CLT), o empregado beneficia-se de plano de demissão voluntária instituído pela empresa nesse interregno, quando ainda em vigor o contrato de trabalho. Incidência da Súmula nº 371 do TST e, por analogia, do entendimento perfilhado nas Orientações Jurisprudenciais nos 82 e 83 da SbDI-1 do TST. Precedentes. 2. Embargos da Reclamada de que se conhece, por divergência jurisprudencial, e a que se nega provimento" (TST – Subseção I Especializada em Dissídios Individuais – E-ED-RR - 2002-83.2012.5.02.0472 – Rel. Min. João Oreste Dalazen - *DEJT* 17-2-2017).

Portanto, o Reclamante faz jus aos benefícios da adesão ao PDV, a saber: [indicar os benefícios].

PEDIDO:

Condenação da Reclamada ao pagamento dos benefícios decorrentes da adesão ao PDV, a saber: [indicar os benefícios].

Cap. 3 • MODELOS DE CAUSA DE PEDIR E PEDIDOS | 151

3.32. AVULSO
DIREITO A HORAS EXTRAS, INCLUSIVE AS DECORRENTES DA VIOLAÇÃO DO INTERVALO INTRAJORNADA

CAUSA DE PEDIR:

O Reclamante, na qualidade de trabalhador avulso, faz jus ao pagamento de horas extras decorrentes da prorrogação de jornada e da supressão intervalar.

A Constituição Federal, em seu art. 7º, *caput* e XXXIV, equiparou os trabalhadores com vínculo empregatício e os avulsos, não havendo, portanto, razão para se excluir, destes, o direito às horas extras e aos intervalos intrajornada, até porque se trata de medida de higiene, saúde e segurança do trabalho.

A jurisprudência do TST é no sentido de que são devidas as horas extraordinárias, aos portuários avulsos, decorrentes da supressão do intervalo intrajornada:

> *"(...) II – RECURSO DE REVISTA DO RECLAMANTE. TRABALHADOR PORTUÁRIO AVULSO. INTERVALO INTRAJORNADA. HORAS EXTRAS. 1. A Constituição Federal, em seu art. 7º, XXXIV, equiparou os trabalhadores com vínculo empregatício e os avulsos, não havendo, portanto, razão para se excluir destes o direito ao intervalo intrajornada, até porque se trata de medida de higiene, saúde e segurança do trabalho. 2. Ademais, são devidas horas extras aos portuários avulsos que trabalham em dois turnos de seis horas consecutivos, ainda que a prestação de trabalho seja para tomadores diversos. Precedentes. Recurso de revista conhecido e provido"* (TST – 3ª T. – ARR 1000775-43.2017.5.02.0447 – Rel. Min. Alberto Luiz Bresciani de Fontan Pereira – *DEJT* 21-2-2020).

> *"TRABALHADOR PORTUÁRIO AVULSO. HORAS EXTRAS EXCEDENTES APÓS A 6ª HORA DIÁRIA. INTERVALOS INTRAJORNADA E ENTREJORNADAS. O elastecimento da jornada diária para além das seis horas de trabalho, ainda que consideradas as peculiaridades afetas aos portuários, torna necessária a observância das normas de ordem pública inerentes à saúde e higiene dos empregados, preceitos que não podem ser suprimidos por meio de normas coletivas, razão pela qual é devido, não apenas o pagamento como extras das horas excedentes da 6ª hora diária, mas, também, o intervalo intrajornada, quando ultrapassada a jornada de 6 horas, e à integralidade das horas que foram subtraídas do intervalo entrejornadas"* (TST – 1ª T. – AIRR e RR 146400-25.2009.5.09.0411 – Rel. Des. Conv. Roberto Nobrega de Almeida Filho – *DEJT* 14-12-2018).

No mesmo sentido, a jurisprudência do TST fixou entendimento de que são devidas as horas extraordinárias aos portuários avulsos que trabalham em dois turnos de seis horas consecutivos, ou em jornada de "dupla pegada", uma vez que compete ao OGMO organizar o trabalho dos avulsos e cuidar para que sejam estabelecidos rodízios, de modo a resguardar-se a legislação trabalhista aplicável:

> *"PROCESSO ANTERIOR À LEI Nº 13.467/17. I. AGRAVO DE INSTRUMENTO DO AUTOR. TRABALHADOR PORTUÁRIO AVULSO. HORAS EXTRAS ALÉM DA 6ª DIÁRIA E DA 36ª SEMANAL PRESTADAS A MAIS DE UM OPERADOR PORTUÁRIO. A Corte Regional indeferiu o pedido de horas extras por entender que o reclamante, trabalhador portuário avulso, não tem direito ao pagamento de horas extras quando a extrapolação horária decorreu de trabalho*

sucessivo a mais de um operador portuário. O aresto da pág. 704, oriundo do TRT da 9ª Região, contém tese específica e divergente. Naquele julgado ficou registrado que os trabalhadores avulsos que prestam serviços a mais de um operador portuário têm direito ao pagamento do trabalho extraordinário quando a soma dos trabalhos prestados de forma sucessiva a mais de um operador resulta em extrapolação da jornada pactuada. Agravo de instrumento conhecido e provido. II – RECURSO DE REVISTA DO AUTOR. TRABALHADOR PORTUÁRIO AVULSO. HORAS EXTRAS ALÉM DA 6ª DIÁRIA E DA 36ª SEMANAL PRESTADAS A MAIS DE UM OPERADOR PORTUÁRIO. Consta do acórdão regional que as normas coletivas aplicáveis aos trabalhadores portuários avulsos previam trabalho em turnos de seis horas com um período de descanso entre eles, concluindo que a prestação dos serviços se dá unicamente ao órgão gestor de mão de obra. Além disso, não há notícia da existência de qualquer obstáculo ao pagamento de horas extras na hipótese de trabalho sequencial para operadores portuários diversos. Logo, não há óbice ao reconhecimento do labor extraordinário. Recurso de revista conhecido por divergência juris-prudencial e provido" (TST – 3ª T. – RR 470-03.2012.5.04.0122 – Rel. Min. Alexandre de Souza Agra Belmonte – *DEJT* 15-6-2018).

"TRABALHADOR PORTUÁRIO AVULSO. OGMO. HORAS EXTRAS. EXCEDENTES À 6ª HORA DIÁRIA E 36ª HORA SEMANAL. NORMA COLETIVA. O e. TRT constatou, com base na norma coletiva da categoria e na prova documental carreada aos autos, que a jornada de tra-balho do reclamante – trabalhador portuário avulso – era de 6 horas diárias de trabalho em quatro turnos, alternados em horários diurno e noturno, portanto em turnos ininterruptos de revezamento, motivo pelo qual concluiu ser devido ao reclamante o pagamento do adicional de horas extraordinárias nos dias em que verificada a prestação de trabalho em sobrejornada, isto é, além da 6ª hora diária. Nesse contexto, para se chegar à conclusão pretendida pelo reclamado, de que as normas coletivas da categoria profissional do reclamante vedam o pagamento de horas extras quando extrapolada a jornada lá fixada, ou ainda, que inexistem horas extras a serem adimplidas, necessário seria o reexame do conjunto fático-probatório, o que impossibilita o processamento da revista, ante o óbice da Súmula nº 126 desta Corte Superior, a pretexto da alegada violação dos dispositivos apontados. Vale ressaltar que esta Corte firmou entendimento de que são devidas horas extras a partir da 6ª diária aos trabalhadores portuários avulsos que laboram em dois turnos consecutivos de 6 horas, independentemente do seu interesse na efetivação desse regime de trabalho ou da prestação de serviços a operadores portuários distintos. Recurso de revista não conhecido" (TST – 5ª T. – RR 550-64.2012.5.04.0122 – Rel. Min. Breno Medeiros – *DEJT* 11-5-2018).

Portanto, nem o fato de os avulsos pertencerem a categoria diferenciada nem de as normas cole-tivas convencionarem a supressão do direito às horas extras se mostram suficientes para afastar os direitos pleiteados, diante da clara intenção do legislador constituinte de igualar os direitos dos trabalhadores com vínculo empregatício aos trabalhadores avulsos.

As horas extras são devidas com o adicional previsto no art. 7º, XVI, da CF (adicional 50%). **[Se houver norma mais benéfica, o adicional mais benéfico há de ser indicado].**

O divisor é de 220 horas.

As horas extras devem ser calculadas considerando-se todos os aditivos salariais habituais (Súmula 264 do TST).

As horas extras ocorridas no horário das 22h em diante são devidas da seguinte forma: (a) o adicional noturno integra a base de cálculo das horas extras prestadas em período noturno (OJ 97, SDI-I); (b) o adicional noturno pago com habitualidade integra o salário do empregado para todos os efeitos (Súm. 60, I, TST).

As horas extras diurnas e noturnas integram o salário para todos os fins e devem incidir nos domingos e nos feriados (Súm. 172, TST; art. 7º, *a*, Lei 605/49).

As horas extras devem incidir em: férias e abono de férias (art. 142, § 5º, CLT), 13º salário (Súm. 45, TST) e nos depósitos fundiários (Súm. 63).

As diferenças de 13º salário e de domingos e feriados devem incidir no FGTS.

PEDIDO:

(a) Horas extras diurnas e noturnas e suas incidências em domingos e feriados; (b) as horas extras devem incidir em férias e abono de férias, 13º salário e nos depósitos fundiários; (c) as diferenças de 13º salário e de domingos e feriados devem incidir no FGTS + 40%.

3.33. AVULSO
DIREITO A HORAS EXTRAS PELA VIOLAÇÃO DO INTERVALO INTERJORNADA

CAUSA DE PEDIR:

Na vigência do contrato de trabalho, o Reclamante entre uma jornada diária e outra não tinha o horário de intervalo interjornada [descrever horários e intervalos concedidos/suprimidos].

O art. 66 da CLT dispõe: *"Entre duas jornadas de trabalho haverá um período mínimo de 11 horas consecutivas para descanso"*.

Valentin Carrion leciona:

> *"Entre duas jornadas impõe-se um intervalo mínimo de 11 horas. Não pode ser absorvido pelo descanso semanal (Russomano, Curso; Amaro, Tutela; Süssekind, Instituições). O período referido inicia-se no momento em que o empregado efetivamente cessa seu trabalho, seja serviço suplementar ou normal. A absorção mútua do intervalo semanal e do intervalo diário transforma em horas extras correspondentes"* (Comentários à Consolidação das Leis do Trabalho. 36ª ed. São Paulo: Saraiva, 2011, p. 66).

Vale considerar-se que o art. 6º da Lei 9.719/98 explicita ser do operador portuário e do órgão gestor a obrigação de verificar a presença, no local de trabalho, dos trabalhadores constantes da escala diária:

> *"Cabe ao operador portuário e ao órgão gestor de mão de obra verificar a presença, no local de trabalho, dos trabalhadores constantes da escala diária.*
>
> *Parágrafo único. Somente fará jus à remuneração o trabalhador avulso que, constante da escala diária, estiver em efetivo serviço."*

A teor da mencionada norma, tem-se que o labor do portuário avulso é, efetivamente, passível de controle.

Em outras palavras, em situações laborais encampadas pelo art. 7º, XIV, da CF, as horas suprimi-das do intervalo interjornada mínimo de 11 horas, após considerado o lapso de 24 horas de repouso semanal (portanto, 35 horas) são tidas como integrantes da duração do trabalho do obreiro, recebendo sobrerremuneração como se horas extras fossem.

Por sua vez, dispõe o art. 7º, inciso XXII, da Constituição Federal:

> *"São direitos dos trabalhadores urbanos e rurais, além de outros que visem à melhoria de sua condição social: (...) XXII – redução dos riscos inerentes ao trabalho, por meio de normas de saúde, higiene e segurança"*

A hipótese de o empregado laborar em desobediência aos ditames insculpidos no art. 66 da CLT implicará no descumprimento do dispositivo constitucional em epígrafe, na medida em que o artigo celetista visa proporcionar ao empregado descanso, para que esse restabeleça o desgaste sofrido na jornada laboral.

Além do mais, a garantia de repouso interjornada é norma afeta à saúde do trabalhador, sendo certo que o art. 8º da Lei 9.719/98, assim como os artigos 66 e 67 da CLT, vêm a concretizar o comando constitucional inserto no art. 7º, XXII, da Constituição Federal, norma de natureza fundamental.

Cap. 3 • MODELOS DE CAUSA DE PEDIR E PEDIDOS | **155**

Nesse contexto, prevalece o entendimento insculpido na Súmula 110 do TST, no sentido da concessão de horas extras e do respectivo adicional aos trabalhadores que tenham prejuízo do intervalo mínimo de 11 horas consecutivas para descanso entre jornadas.

Assim, a não observância do intervalo interjornada previsto no art. 66 da CLT enseja, por aplicação analógica, os mesmos efeitos previstos no § 4º do art. 71 da CLT em relação ao descumprimento do intervalo intrajornada.

Nesse sentido a Súmula 437, III e Orientação Jurisprudencial 355 da SBDI-I, *in verbis*:

"INTERVALO INTRAJORNADA PARA REPOUSO E ALIMENTAÇÃO. APLICAÇÃO DO ART. 71 DA CLT. (Conversão das Orientações Jurisprudenciais nªs 307, 342, 354, 380 e 381 da SBDI-1.) – Res. 185/12, DEJT divulgado em 25, 26 e 27.09.2012 (...)

III – Possui natureza salarial a parcela prevista no art. 71, § 4º, da CLT, com redação introduzida pela Lei nº 8.923, de 27 de julho de 1994, quando não concedido ou reduzido pelo empregador o intervalo mínimo intrajornada para repouso e alimentação, repercutindo, assim, no cálculo de outras parcelas salariais."

"INTERVALO INTERJORNADAS. INOBSERVÂNCIA. HORAS EXTRAS. PERÍODO PAGO COMO SOBREJORNADA. ART. 66 DA CLT. APLICAÇÃO ANALÓGICA DO § 4º DO ART. 71 DA CLT. (DJ 14-3-8)

O desrespeito ao intervalo mínimo interjornadas previsto no art. 66 da CLT acarreta, por analogia, os mesmos efeitos previstos no § 4º do art. 71 da CLT e na Súmula nº 110 do TST, devendo-se pagar a integralidade das horas que foram subtraídas do intervalo, acrescidas do respectivo adicional."

A jurisprudência indica:

"(...) TRABALHADOR PORTUÁRIO – OGMO - INTERVALO INTERJORNADA – HORAS EXTRAS. (violação dos arts. 7º, XXXIV, da CF/88, 5º, 6º, 8º e 9º da Lei nº 9.719/98, e 33, caput, § 1º, XV, da Lei nº 8.630/93, contrariedade à Súmula nº 110 do TST e à Orientação Jurisprudencial nº 355 da SDI-1 do TST e divergência jurisprudencial.) 'O desrespeito ao intervalo mínimo interjornadas previsto no art. 66 da CLT acarreta, por analogia, os mesmos efeitos previstos no § 4º do art. 71 da CLT e na Súmula nº 110 do TST, devendo-se pagar a integralidade das horas que foram subtraídas do intervalo, acrescidas do respectivo adicional.' (Orientação Jurisprudencial nº 355 da SBDI-1 desta Corte). Recurso de revista conhecido e provido (...) declaração.' Recurso de revista não conhecido" (TST – 7ª T. – RR 868-10.2011.5.01.0011 – Rel. Min. Renato de Lacerda Paiva – DEJT 24-4-2020.)

"RECURSO DE EMBARGOS. INTERVALO INTERJORNADA – NATUREZA JURÍDICA – TRABALHADOR AVULSO. A garantia de repouso interjornada é norma afeta à saúde do trabalhador, sendo certo que o art. 8º da Lei nº 9.719/98, assim como o art. 66 da CLT, vêm a concretizar o comando constitucional inserto no art. 7º, XXII, da Constituição Federal, norma de natureza fundamental, assegurando ao trabalhador avulso a observância do direito, cuja responsabilidade pela escalação do trabalhador portuário por dois turnos na mesma jornada recai sobre o gestor de mão de obra. Precedentes da SBDI1/TST. Recurso de embargos conhecido e desprovido." (TST – SDI-I – E-RR 6400-43.2007.5.09.0411 – Rel. Min. Renato de Lacerda Paiva – DEJT 20-2-2015.)

Assim, constatando-se que o intervalo interjornada não era concedido de forma correta, o Reclamante tem direito ao pagamento do período de tempo subtraído do intervalo, com o respectivo adicional, à luz do que prevê a Súmula 110 do TST:

"JORNADA DE TRABALHO. INTERVALO (mantida) – Res. 121/2003, DJ 19, 20 e 21-11-2003. No regime de revezamento, as horas trabalhadas em seguida ao repouso semanal de 24 horas, com prejuízo do intervalo mínimo de 11 horas consecutivas para descanso entre jornadas, devem ser remuneradas como extraordinárias, inclusive com o respectivo adicional."

Desse modo, reputam-se devidas as horas extras pelo descumprimento do intervalo entre as jornadas de trabalho do Reclamante, nos termos do art. 66 da CLT e Orientação Jurisprudencial 355 do TST.

As horas extras são devidas com o adicional previsto no art. 7º, XVI, da CF (adicional 50%). **[Se houver norma mais benéfica, o adicional mais benéfico há de ser indicado].**

O divisor é de 220 horas.

As horas extras devem ser calculadas considerando-se todos os aditivos salariais habituais (Súmula 264 do TST).

As horas extras integram o salário para todos os fins e devem incidir nos domingos e nos feriados (Súm. 172, TST; art. 7º, *a*, Lei 605/49).

As horas extras devem incidir em: férias e abono de férias (art. 142, § 5º, CLT), 13º salário (Súm. 45, TST) e nos depósitos fundiários (Súm. 63).

As diferenças de 13º salário e de domingos e feriados devem incidir no FGTS.

PEDIDO:

(a) Horas extras e suas incidências em domingos e feriados; (b) as horas extras incidem em férias e abono de férias, 13º salário e nos depósitos fundiários; (c) as diferenças de 13º salário e de domingos e feriados devem incidir no FGTS.

3.34. BANCO DE HORAS

CAUSA DE PEDIR:

O Reclamante solicita o pagamento da hora extra a partir da 8ª hora diária e da 44ª hora semanal.

O art. 59, § 5°, da CLT, com a redação dada pela Lei 13.467/17, admite o banco de horas por acordo individual escrito.

Contudo, a compensação não ocorreu no período de 6 meses, como preceitua o art. 59, § 5°, da CLT.

Diante da não compensação no prazo legal, o Reclamante faz jus a horas extras, devidas a partir da 8ª diária e/ou 44ª semanal, com adicional de pelo menos 50% (art. 59, § 1°, CLT). Haverá incidências em: férias, abono de férias, 13° salário, depósitos fundiários + 40%, aviso-prévio e nos domingos e feriados.

PEDIDO:

Diante da ausência de compensação no prazo de 6 meses, o Reclamante tem direito à percepção das horas extras a partir da 8ª hora diária e/ou da 44ª hora semanal, com adicional de pelo menos 50% e reflexos em férias, abono de férias, 13° salário, depósitos fundiários + 40%, aviso-prévio e nos domingos e feriados.

3.35. BANCÁRIO
CONDIÇÃO DE (SÚMULA 55 DO TST)

CAUSA DE PEDIR:

Considerando as atividades exercidas pelo Autor (financiamento), que sempre beneficiou princi-palmente o 2° réu (Banco), e até mesmo pela homologação da rescisão contratual ter sido realizada no sindicato dos bancários de São Paulo, não restam dúvidas de que o Autor sempre foi um legítimo bancário.

Contudo, jamais limitou-se a laborar apenas 6 horas por dia e 30 horas semanais, de modo que requer seja reconhecida a sua condição de bancário para todos os fins, principalmente quanto à jornada de trabalho, aplicando ao caso em tela o *caput* do art. 224 da CLT (Súm. 55, TST).

A jurisprudência indica:

"AGRAVO. AGRAVO DE INSTRUMENTO EM RECURSO DE REVISTA. ACÓRDÃO PUBLICADO NA VIGÊNCIA DA LEI N° 13.015/14. NEGATIVA DE PRESTAÇÃO JURIS-DICIONAL. A SBDI-1 desta Corte, interpretando o alcance da previsão contida no art. 896, § 1°-A, da CLT, incluído pela Lei n° 13.015/2014, firmou jurisprudência no sentido de ser indispensável que a parte, ao suscitar, em recurso de revista, a nulidade da decisão recorrida, por negativa de prestação jurisdicional, evidencie, por intermédio da transcrição do trecho do acórdão principal, da peça de embargos de declaração e do acórdão respectivo, a recusa do Tribunal Regional em apreciar a questão objeto da insurgência. Descumprida tal exigência, inviável se torna o prosseguimento do recurso. Agravo não provido. ENQUADRAMENTO COMO FINANCIÁRIA. APLICAÇÃO DA SÚMULA N° 55 DO TST E DAS NORMAS COLETIVAS DA CATEGORIA. O Tribunal Regional, com esteio nas provas dos autos, insuscetíveis de reexame nesta fase recursal, consoante a Súmula n° 126 do TST, verificou que 'a reclamante exercia verdadeira atividade de financiaria'. Isso porque laborava exclusivamente para a DACASA Financeira S.A., empresa do ramo financeiro conforme preceitua o artigo 17 da Lei n° 4.595/64, pertencente ao mesmo grupo econômico da outra reclamada (PROMOV Sistema de Vendas e Serviços Ltda.), a qual foi responsável por sua contratação, 'vendendo empréstimos pessoais, crédito direto ao consumidor, empréstimo consignado e cartão de crédito'. Nesse passo, a Corte local manteve a sentença que, verificando a fraude na contração, determinou a retificação da CPTS e reconheceu o direito ao regime especial de horário de trabalho do art. 224 da CLT e à aplicação das Convenções Coletivas de Trabalho da categoria dos financiários. Tal como proferido, o v. acórdão regional está em consonância com a jurisprudência desta Corte, conforme se verifica da Súmula 55/TST e de inúmeros precedentes em que também figuram como reclamadas as empresas ora agravantes. Agravo não provido." (TST – Ag-AIRR 522-38.2015.5.17.0152 – Rel. Min. Breno Medeiros – *DJe* 19-6-2020.)

PEDIDO:

O reconhecimento da condição de bancário do Autor, aplicando a Súmula 55 do C. TST, para todos os fins legais, principalmente, quanto ao limite máximo da jornada de trabalho.

3.36. BANCÁRIO
HORAS EXTRAS. AFASTAMENTO DO CARGO DE CONFIANÇA. ART. 224, § 2°, DA CLT

CAUSA DE PEDIR:

O Reclamante, no desempenho de suas funções, laborava na seguinte jornada: [descrever o horário de trabalho]. Embora estivesse enquadrado em função de confiança, não representava, na prática, cargo de confiança nos moldes do art. 224, § 2° da CLT.

A CLT disciplina a existência de três diferentes cargos de confiança: (a) confiança imediata do empregador (art. 499); (b) confiança geral (art. 62, II); (c) confiança bancária (art. 224, § 2°).

Dentro da estrutura de uma instituição bancária são encontrados os três tipos de cargo de confiança:

(a) art. 499, o qual se confunde com o próprio empregador, correspondendo àqueles cargos responsáveis pela direção geral da instituição, tais como, presidente, membro de conselho de administração ou de acionistas, altos diretores ou superintendentes;

(b) art. 62, II, funcionários que detém uma fidúcia especial, sendo o *longa manus* do empregador e responsável pela gestão de sucursais, filiais ou agências, por exemplo, gerentes de agências, superintendentes de regionais;

(c) art. 224, § 2°, empregados que dentro da estrutura hierarquizada são responsáveis por setores ou departamentos específicos de trabalho, organizando-os e reportando-se aos gerentes gerais.

Em relação aos dois finais, configuram expressa exceção no tocante à duração da jornada de trabalho. Quanto ao referido na alínea "b", está a lei trabalhista a excluí-lo do limite de oito horas diárias e 44 semanais; já o de alínea "c" está à parte das condições especiais de trabalhador da categoria dos bancários, excedendo às seis horas diárias, mas limitado ao teto de oito.

As duas figuras não são idênticas, posto se assim fosse não haveria a necessidade de estarem disciplinadas em dois dispositivos legais diversos.

Há uma gradação entre o grau de fidúcia de cada qual.

A primeira (art. 62, II) desempenha poderes de gestão, podendo citar como exemplo aqueles que exerçam as funções de gerentes, chefes de departamento ou de filial. Além disso, como contraprestação pela maior responsabilidade do cargo, devem receber gratificação de pelo menos 40% do salário do cargo efetivo; são os que recebem remuneração diferenciada. São, pois, dois os requisitos para sua configuração: 1) poderes de gestão; 2) remuneração diferenciada.

A segunda (art. 224, § 2°) detém um grau menor de confiança do empregador visto não exercer, necessariamente, função de gestão, mas dentro da complexa organização da atividade bancária possui um poder de organização sobre o serviço, sendo exemplo, chefes, supervisores, gerentes. Assim como a anterior, recebe gratificação especial pelo exercício da função diferenciada à proporção de 1/3 sobre o salário.

A simples nomenclatura do cargo, porém, não qualifica de forma absoluta o efetivo exercício de cargo de confiança bancária. Há de se perquirir acerca das reais atribuições do empregado, se estas se diferenciam das normais rotinas de trabalho do bancário.

Entre os critérios para sua configuração aponta-se: a existência de subordinados; exercício de parcela de poderes de administração, fiscalização e coordenação no departamento ou setor; possuir autonomia para interferir na rotina de trabalho dos demais funcionários e até advertir ou suspender funcionários por transgressões.

Não há necessidade de que este tenha amplos poderes de gestão, tais como admitir ou demitir funcionários ou tomar decisões que influenciem os rumos do empreendimento, visto estes serem elementos caracterizadores das outras duas figuras de confiança.

A jurisprudência indica:

> *"Bancário. Horas extras. Cargo de confiança. Art. 224, § 2º, da CLT. Analistas financeiros. Acesso a informações sigilosas. Operações de câmbio. A jurisprudência do Tribunal Superior do Trabalho, no tocante à interpretação do art. 224, § 2º, da CLT, é uníssona no entendimento de que, para a caracterização do desempenho de função de confiança bancária, deve haver prova de outorga ao empregado de um mínimo de poderes de mando, gestão ou supervisão no âmbito do estabelecimento, de modo a evidenciar uma fidúcia especial, somada à percepção de gratificação de função igual ou superior a 1/3 do salário do cargo efetivo. In casu, o Tribunal a quo concluiu que o acesso a informações sigilosas, não disponíveis a outros empregados, caracteriza fidúcia especial neles depositada, sendo, portanto, suficiente a ensejar o enquadramento dos reclamantes, ora substituídos, na exceção prevista no § 2º do art. 224 da CLT. O Tribunal a quo asseverou, ainda, que se fazia necessária especial confiança no empregado para que fosse alçado ao cargo de analista financeiro, além de serem relevantes as funções por eles desempenhadas, tais como, fechamento de operações de câmbio e negociações de câmbio. Contudo, verifica-se que não foi registrado, no acórdão regional, que os reclamantes tinham subordinados ou mesmo que exerciam funções de mando e gestão no desempenho de suas atividades, as quais, conforme descrito, eram eminentemente técnicas. Dessa forma, não se enquadrando os reclamantes na exceção prevista no art. 224, § 2º, da CLT, uma vez que não exerciam cargo de confiança, devido é o pagamento das horas trabalhadas após a 6ª hora diária. Recurso de revista conhecido e provido"* (TST – 2ª T. – RR 68200-65.2011.5.17.0005 – Rel. Min. José Roberto Freire Pimenta – *DEJT* 22-11-2013).

O Reclamante não exercia função de chefia, não possuía subordinados, sendo ainda que suas funções eram meramente técnicas, relativas à [descrição das atividades].

Suas atividades não configuram a especial fidúcia de que trata o art. 224, § 2º, da CLT.

O simples pagamento de gratificação por função de chefia, sem os demais requisitos caracterizadores, não permite presumir a configuração do cargo de confiança.

Hora extra é devida no que exceder da 6ª hora diária e/ou 30ª semanal.

As horas extras são devidas com o adicional previsto no art. 7º, XVI, CF (adicional de 50%). [Se houver norma mais benéfica, o adicional mais benéfico há de ser indicado].

O divisor é 180 (Súm. 124, I, TST, adequado à decisão: TST – SDI – IRR 849-83.2013.5.03.0138 – Rel. Min. Cláudio Mascarenhas Brandão – *DEJT* 19-12-2016 e Resolução 219/2017 do TST).

As horas extras devem ser calculadas considerando-se todos os aditivos salariais habituais (Súm. 264, TST).

As horas extras integram o salário para todos os fins e devem incidir nos domingos e nos feriados (Súm. 172, TST; art. 7º, *a*, Lei 605/49).

As horas extras devem incidir em: férias e abono de férias (art. 142, § 5º, CLT), 13º salário (Súm. 45, TST), depósitos fundiários e multa de 40% (Súm. 63) e no aviso-prévio (art. 487, § 5º, CLT).

As diferenças de 13º salário, de domingos e feriados e de aviso-prévio (Súm. 305) devem incidir no FGTS + 40%.

PEDIDO:

Horas extras, observando-se os seguintes parâmetros: (a) hora extra é devida no que exceder da 6ª hora diária e/ou 30ª semanal; (b) as horas extras são devidas com o adicional previsto no art. 7°, XVI, CF. [Se houver norma mais benéfica, o adicional mais benéfico há de ser indicado]; (c) o divisor é 180; (d) as horas extras devem ser calculadas considerando-se todos os aditivos salariais habituais; (e) as horas extras integram o salário para todos os fins e devem incidir nos domingos e nos feriados; (f) as horas extras devem incidir em: férias e abono de férias, 13° salário, depósitos fundiários e multa de 40% e no aviso-prévio; (g) as diferenças de 13° salário, de domingos e feriados e de aviso-prévio devem incidir no FGTS + 40%.

3.37. BANCÁRIO
DIVISOR. FUNDAMENTAÇÃO

CAUSA DE PEDIR:

A jornada do trabalhador bancário é de seis horas.

De acordo com o Incidente de Recursos de Revista Repetitivos (TST − SDI-I − IRR 849-83.2013.5.03.0138 − Rel. Min. Cláudio Mascarenhas Brandão − *DEJT* 19-12-2016), o divisor é de 180 horas para a apuração das horas extras do trabalhador bancário.

Em razão do julgamento do Incidente de Recursos de Revista Repetitivos 849-83.2013.5.03.0138, a Súmula 124 do TST passou a ter a seguinte redação:

"BANCÁRIO. SALÁRIO-HORA. DIVISOR (alteração em razão do julgamento do processo TST-IRR 849-83.2013.5.03.0138) - Res. 219/2017, DEJT divulgado em 28, 29 e 30.06.2017.

I − o divisor aplicável para o cálculo das horas extras do bancário será:

a) 180, para os empregados submetidos à jornada de seis horas prevista no caput *do art. 224 da CLT;*

b) 220, para os empregados submetidos à jornada de oito horas, nos termos do § 2º do art. 224 da CLT.

II − Ressalvam-se da aplicação do item anterior as decisões de mérito sobre o tema, qualquer que seja o seu teor, emanadas de Turma do TST ou da SBDI-I, no período de 27/09/2012 até 21/11/2016, conforme a modulação aprovada no precedente obrigatório firmado no Incidente de Recursos de Revista Repetitivos nº TST-IRR-849-83.2013.5.03.0138, DEJT 19.12.2016".

Portanto, o divisor a ser aplicado é 180.

PEDIDO:

Aplicação do divisor 180 para o cálculo das horas extras.

Cap. 3 • MODELOS DE CAUSA DE PEDIR E PEDIDOS | **163**

3.38. BEM DE FAMÍLIA
IMPENHORABILIDADE DE IMÓVEL ALUGADO

CAUSA DE PEDIR:

A Lei 8.009/90 considera bem de família, para efeitos de impenhorabilidade, o único imóvel utilizado pelo casal ou entidade familiar para sua moradia, não prevendo exceção à referida garantia o fato de o imóvel estar alugado, uma vez que o fim imediato almejado pela Lei é o direito fundamental à moradia, a preservação do núcleo familiar e a tutela da pessoa (arts. 6º, *caput*, 226, *caput*, e 1º, III, da Constituição Federal).

A impenhorabilidade do bem de família está prevista na Lei 8.009/90 (art. 1º e 5º), que assim dispõe:

"Art. 1º. O imóvel residencial próprio do casal, ou da entidade familiar, é impenhorável e não responderá por qualquer tipo de dívida civil, comercial, fiscal, previdenciária ou de outra natureza, contraída pelos cônjuges ou pelos pais ou filhos que selam seus proprietários e nele residam, salvo nas hipóteses previstas nesta lei.

Parágrafo único. A impenhorabilidade compreende o imóvel sobre o qual se assentam a construção, as plantações, as benfeitorias de qualquer natureza e todos os equipamentos, inclusive os de uso profissional, ou móveis que guarnecem a casa, desde que quitados (...).

Art. 5º. Para os efeitos de impenhorabilidade, de que trata esta lei, considera-se residência um único imóvel utilizado pelo casal ou pela entidade familiar para moradia permanente Parágrafo único. Na hipótese de o casal, ou entidade familiar, ser possuidor de vários imóveis utilizados-como residência, a impenhorabilidade recairá sobre o de menor valor, salvo se outro tiver sido registrado, para esse fim, no Registro de Imóveis e na forma do art. 70 do Código Civil."

Outrossim, as exceções à garantia da impenhorabilidade foram fixadas no art. 3º:

"Art. 3º. A impenhorabilidade é oponível em qualquer processo de execução civil, fiscal, previdenciária, trabalhista ou de outra natureza, salvo se movido:

I – (revogado pela LC 150/15);

II – pelo titular do crédito decorrente do financiamento destinado à construção ou à aquisição do imóvel, no limite dos créditos e acréscimos constituídos em função do respectivo contrato;

III – pelo credor da pensão alimentícia, resguardados os direitos, sobre o bem, do seu coproprietário que, com o devedor, integre união estável ou conjugal, observadas as hipóteses em que ambos responderão pela dívida;

IV – para cobrança de impostos, predial ou territorial, taxas e contribuições devidas em função do imóvel familiar;

V – para execução de hipoteca sobre o imóvel oferecido como garantia real pelo casal ou pela entidade familiar;

VI – por ter sido adquirido com produto de crime ou para execução de sentença penal condenatória a ressarcimento, indenização ou perdimento de bens;

VII – por obrigação decorrente de fiança concedida em contrato de locação."

O aluguel do imóvel considerado bem de família não figura entre as exceções à impenhorabilidade, rol taxativo, que não comporta interpretação extensiva.

A jurisprudência do TST indica:

"RECURSO DE REVISTA. EXECUÇÃO. BEM DE FAMÍLIA. IMPENHORABILIDADE. ÚNICA PROPRIEDADE DO DEVEDOR. IMÓVEL ALUGADO. Nos termos dos arts. 1º, 3º, e 5º, caput, da Lei nº 8.009/90, para caracterização do bem de família, e consequente impenhorabilidade, exige-se apenas que o bem indicado à penhora seja o único imóvel utilizado pelo casal ou pela entidade familiar para moradia permanente. Assim, a penhora efetivada sobre o único imóvel residencial afronta o próprio direito à moradia protegido constitucionalmente (art. 6º da Constituição Federal). Recurso de revista conhecido e provido." (TST – 8ª T. – RR 4500-13.2000.5.03.0031 – Rel. Min. Dora Maria da Costa – *DEJT* 22-5-2020.)

"RECURSO DE REVISTA REGIDO PELO CPC/15 E PELA INSTRUÇÃO NORMATIVA Nº 40/16 DO TST. PENHORA. BEM DE FAMÍLIA. ÚNICA PROPRIEDADE DA DEVE-DORA. IMÓVEL ALUGADO. No caso, a Corte a quo afastou o regime protetivo da Lei nº 8.009/90, por entender que, 'embora se trate do único imóvel que possui, ficou demonstrado que o mesmo está alugado para terceiros e não há provas de que a renda auferida na locação é revertida para a moradia ou subsistência da agravada'. Todavia, ao contrário do que concluiu o Regional, qualquer exceção à impenhorabilidade do bem de família só pode se fundamentar no rol taxativo do artigo 3º da Lei nº 8.009/90, que não prevê o aluguel do imóvel considerado bem de família como razão para penhorar o bem. Nesse contexto, esta Corte superior, no mesmo sentido, tem firmado o entendimento de que a impenhorabilidade do imóvel prevista na Lei nº 8.009/90 abrange o único imóvel do executado, ainda que esteja locado a terceiros, uma vez que a renda daí auferida pode ser utilizada para que a família resida em outro imóvel alugado ou, ainda, para a própria manutenção da entidade familiar. Verifica-se que o caso é de bem de família, impenhorável, nos termos da legislação pertinente, ressaltando-se que o fato do imóvel estar alugado não está previsto nas exceções legais que autorizam a sua penhora. Recurso de revista conhecido e provido" (TST – 2ª T. – RR 11165-43.2015.5.03.0185 – Rel. Min. José Roberto Freire Pimenta – *DEJT* 9-8-2019.)

"AGRAVO DE INSTRUMENTO EM RECURSO DE REVISTA EM FACE DE DECISÃO PUBLICADA ANTES DA VIGÊNCIA DA LEI Nº 13.015/14. BEM DE FAMÍLIA. IMÓVEL DE ALTO VALOR. LOCAÇÃO PARA TERCEIROS. IMPENHORABILIDADE. Agravo de instrumento a que se dá provimento para determinar o processamento do recurso de revista, em face de haver sido demonstrada possível afronta ao artigo 6º da Constituição Federal. RECURSO DE REVISTA EM FACE DE DECISÃO PUBLICADA ANTES DA VIGÊNCIA DA LEI Nº 13.015/14. BEM DE FAMÍLIA. IMÓVEL DE ALTO VALOR. LOCAÇÃO PARA TERCEIROS. IMPE-NHORABILIDADE. O imóvel considerado bem de família, mesmo de alto valor e alugado para terceiros, também por quantia elevada, não perde sua condição de impenhorabilidade. Não cabe ao julgador, neste caso, eleger condições de excepcionalidade, não previstas na legislação. Prevalência do disposto no artigo 6º da Constituição Federal, que elege a moradia como direito social. Precedentes desta Corte. Recurso de revista de que se conhece e a que se dá provimento" (TST – 7ª T. – RR 23140-45.2008.5.10.0013 – Rel. Min. Cláudio Mascarenhas Brandão – *DEJT* 24-3-2017.)

Mencione-se, ainda, o teor da Súmula 486 do STJ:

"É impenhorável o único imóvel residencial do devedor que esteja locado a terceiros, desde que a renda obtida com a locação seja revertida para a subsistência ou a moradia da sua família."

O entendimento do STJ é de que a impenhorabilidade prevista na Lei 8.009/90 protege o único imóvel do devedor, ainda que tal imóvel se encontre locado a terceiros. Isso se dá porque a locação tem a aptidão de gerar meios que possibilitam à família subsistir ou constituir moradia em outro bem imóvel alugado:

> *"PROCESSO CIVIL. BEM DE FAMÍLIA. IMPENHORABILIDADE. O imóvel alugado a terceiro para que sua proprietária possa prover os meios de subsistência constitui bem de família, sendo por isso impenhorável, nada obstante resida em outro de que tem o domínio de fração (1/10). Agravo regimental desprovido."* (STJ – 1ª T. – AgRg no AgRg no REsp 1127611/SP – Rel. Min. Ari Pargendler – DJe 25-9-2013.)

Portanto, a garantia de impenhorabilidade do único imóvel destinado à moradia do núcleo familiar não pode ser desprestigiada pelo fato de estar alugado a terceiros, pois a lei não previu tal exceção.

Assim, a penhora efetivada sobre o único imóvel residencial afronta o próprio direito à moradia protegido constitucionalmente (art. 6º da Constituição Federal).

PEDIDO:

Requer que seja declarada insubsistente a penhora sobre o bem de família, e, em consequência, seja determinado o levantamento da penhora sobre o imóvel.

3.39. COMISSÕES
REDUÇÃO DO PERCENTUAL. ALTERAÇÃO CONTRATUAL LESIVA

CAUSA DE PEDIR:

A Reclamada, durante a duração do contrato de trabalho, reduziu o percentual das comissões.

Dispõe o art. 468, *caput*, da CLT:

> *"Nos contratos individuais de trabalho só é lícita a alteração das respectivas condições por mútuo consentimento, e ainda assim desde que não resultem, direta ou indiretamente, prejuízos ao empregado, sob pena de nulidade da cláusula infringente desta garantia."*

O Reclamante recebia o salário em parcela fixa mais comissão, havendo a redução do percentual das comissões de [*]% para [*]%, com o aumento de novos produtos na carteira de negócios.

As fichas financeiras juntadas com a exordial [docs. *] demonstram que, aparentemente, o Reclamante não teve, quando apurado o valor final de sua remuneração, redução do quanto recebido.

Entretanto, o simples fato da manutenção do valor final da remuneração não é, por si só, justificativa que autorize a redução dos percentuais das comissões.

Nos termos do art. 468 da CLT, só é lícita a alteração das condições contratuais por mútuo consentimento, e, mesmo assim, desde que não resultem, direta ou indiretamente, em prejuízos ao empregado, sob pena de nulidade da cláusula infringente desta garantia.

Assim, se o empregado recebe seu salário em parcela fixa mais comissão, e tem o percentual das comissões reduzido, de forma unilateral, sem o seu consentimento, acarreta violação lesiva do contrato de trabalho, mesmo que o salário final do Reclamante tenha se mantido.

Por óbvio, ao reduzir o percentual das comissões, o Reclamante terá que produzir mais para atingir o mesmo valor de comissões percebido anteriormente, o que fica evidente o prejuízo suportado.

Assim, mesmo com o aumento da carteira de negócio, evidente que a alteração gerou prejuízos para o Reclamante.

Nesse sentido:

> *"(...) II – RECURSO DE REVISTA DAS RECLAMADAS COMISSÃO. DIFERENÇAS. REDUÇÃO DO PERCENTUAL. ALTERAÇÃO CONTRATUAL UNILATERAL. ILICITUDE. NÃO CONHECIMENTO. O artigo 468 da CLT dispõe que só é lícita a alteração das condições dispostas no contrato individual de trabalho, quando houver mútuo consentimento, e, ainda, que não resultem, direta ou indiretamente, em prejuízos ao empregado, sob pena de nulidade da cláusula infringente desta garantia. No caso, o reclamante recebia o salário em parcela fixa mais comissão, havendo a redução do percentual das comissões de 0,30% para 0,15%, com o aumento de novos produtos na carteira de negócios, em vista da incorporação da Azul e da ISAR. Entendeu a egrégia Corte a quo, que, embora o salário tenha se mantido e tenha havido aumento da carteira de negócio, com possibilidade de produção para todas as empresas do grupo, a redução do percentual da comissão causou evidente prejuízo para o autor, porquanto deveria produzir em dobro para atingir o mesmo valor de comissões percebido anteriormente. Nesse contexto, não há falar em ofensa ao artigo 468 da CLT. Recurso de revista de que não se conhece."* (TST – 4ª T. – ARR 141600-98.2013.5.13.0023 – Rel. Min. Guilherme Augusto Caputo Bastos – *DEJT* 20-3-2020.)

PEDIDO:

Requer a condenação da Reclamada ao pagamento de diferenças de comissões, a serem apuradas em liquidação de sentença. As diferenças de comissões devem incidir em férias, abono de férias, 13º salário, DSR/feriados, aviso-prévio e nos depósitos fundiários + 40%.

3.40. COMPETÊNCIA MATERIAL
POSSIBILIDADE DE AJUIZAMENTO DA AÇÃO NO DOMICÍLIO DO AUTOR

CAUSA DE PEDIR:

Pretende o Reclamante o reconhecimento da competência material perante esta comarca, em razão de falta de recursos financeiros para custear as despesas de viagens a fim de postular seus direitos em localidade situada muito distante de seu atual domicílio.

Na Justiça do Trabalho, a competência em razão do lugar, como regra, é determinada pelo local onde se deu a prestação do serviço (art. 651, *caput*, da CLT), visando facilitar a produção de provas, além de proteger a parte que está presumidamente em situação de inferioridade econômica, ou seja, a fixação de competência visa facilitar o acesso à Justiça pelo trabalhador.

Contudo, a competência fixada pelo art. 651 da CLT é relativa e não tem caráter de norma de ordem pública, sendo que o art. 651 da CLT deve ser interpretado à luz do art. 5º, inciso XXXV, da CF, de molde a garantir o acesso à Justiça, possibilitando o exercício do direito à prestação jurisdicional.

O ajuizamento no local da contratação ou da prestação de serviços poderá dificultar, ou até mesmo inviabilizar, o Autor de postular os seus direitos, diante do elevado custo para o deslocamento obreiro até a cidade de [indicar a cidade], quando da realização da instrução processual.

Neste particular, indubitavelmente, aquele que se encontra em melhores condições econômico--financeiras tem maior aptidão para produzir a prova.

Assim, no caso dos autos, a Reclamada possui melhores condições de carrear documentos e trazer suas testemunhas até a cidade de [indicar a cidade] para prestarem depoimento.

O Tribunal Superior do Trabalho tem se posicionado de forma reiterada no sentido de ser competente para o julgamento da demanda o foro do domicílio do trabalhador, quando lhe for mais favorável que a regra do art. 651 da CLT, em observância aos princípios da proteção ao trabalhador e do acesso à Justiça:

"RECURSO DE REVISTA – ACÓRDÃO REGIONAL PUBLICADO NA VIGÊNCIA DA LEI Nº 13.015/14 E ANTERIORMENTE À LEI Nº 13.467/17 – COMPETÊNCIA TERRI-TORIAL – RECLAMAÇÃO TRABALHISTA AJUIZADA NO FORO DO DOMICÍLIO DO RECLAMANTE – LOCALIDADE DISTINTA DO LOCAL DA CONTRATAÇÃO E DA PRESTAÇÃO DOS SERVIÇOS – NÃO CONHECIMENTO – I – A jurisprudência desta Corte Superior é no sentido de considerar o domicílio do Reclamante como definidor da competência territorial, toda vez que, não causando embaraço à defesa, se tratar de empresa que possua atuação nacional ou regional e, ao menos, a contratação ou arregimentação tenha ocorrido naquela localidade. II – No caso em apreço, a Corte Regional asseverou ser 'incontroversa a contratação e a prestação de serviços exclusivamente na Cidade de Belém/PA, localidade não abrangida pela jurisdição da Unidade Judiciária de origem (Brusque/SC), de modo que se impõe a observância à regra geral prevista no caput do art. 651 da CLT (competência da Vara do Trabalho da localidade onde o empregado prestar serviço)'. III – Do quadro fático descrito, se extrai que a Reclamada não ostenta atuação nacional, tampouco que a arregimentação tenha ocorrido em localidade diversa daquela em que o Reclamante fora contratado e prestado serviços. Em tal contexto, o acórdão regional, na forma como proferido, encontra-se em harmonia com a jurisprudência prevalente nesta Corte Superior.

Cap. 3 • MODELOS DE CAUSA DE PEDIR E PEDIDOS | **169**

IV – Recurso de revista de que não se conhece." (TST – RR 640-97.2016.5.12.0061 – Rel. Min. Alexandre Luiz Ramos – *DJe* 19-6-2020)

Ante o exposto, requer a fixação da competência da [indicar a vara] Vara do Trabalho de [indicar a cidade].

PEDIDO:

Requer a fixação da competência da [indicar a vara] Vara do Trabalho de [indicar a cidade].

3.41. CONCURSO PÚBLICO
INQUÉRITO POLICIAL OU PROCESSO PENAL EM CURSO. PRESUNÇÃO DE INOCÊNCIA

CAUSA DE PEDIR:

O cerne dos presentes autos consiste na definição acerca da validade da restrição posta aos candidatos à aprovação em concurso para provimento de cargo ou função pública, fundada na existência de denúncia criminal.

A matéria foi posta em discussão no STF, no RE 560.900, no qual foram fixadas as seguintes teses jurídicas:

> *"(1) como regra geral, a simples existência de inquéritos ou processos penais em curso não autoriza a eliminação de candidatos em concursos públicos, o que pressupõe: (i) condenação por órgão colegiado ou definitiva; e (ii) relação de incompatibilidade entre a natureza do crime em questão e as atribuições do cargo concretamente pretendido, a ser demonstrada de forma motivada por decisão da autoridade competente;*
>
> *(2) a lei pode instituir requisitos mais rigorosos para determinados cargos, em razão da relevância das atribuições envolvidas, como é o caso, por exemplo, das carreiras da magistratura, das funções essenciais à justiça e da segurança pública (CRFB/1988, art. 144), sendo vedada, em qualquer caso, a valoração negativa de simples processo em andamento, salvo situações excepcionalíssimas e de indiscutível gravidade."*

O acórdão foi assim redigido:

> *"RECURSO EXTRAORDINÁRIO COM REPERCUSSÃO GERAL. IDONEIDADE MORAL DE CANDIDATOS EM CONCURSOS PÚBLICOS. INQUÉRITOS POLICIAIS OU PROCESSOS PENAIS EM CURSO. PRESUNÇÃO DE INOCÊNCIA. PRINCÍPIO DA MORALIDADE ADMINISTRATIVA. 1. Como regra geral, a simples existência de inquéritos ou processos penais em curso não autoriza a eliminação de candidatos em concursos públicos, o que pressupõe: (i) condenação por órgão colegiado ou definitiva; e (ii) relação de incompatibilidade entre a natureza do crime em questão e as atribuições do cargo concretamente pretendido, a ser demonstrada de forma motivada por decisão da autoridade competente. 2. A lei pode instituir requisitos mais rigorosos para determinados cargos, em razão da relevância das atribuições envolvidas, como é o caso, por exemplo, das carreiras da magistratura, das funções essenciais à justiça e da segurança pública (CRFB/88, art. 144), sendo vedada, em qualquer caso, a valoração negativa de simples processo em andamento, salvo situações excepcionalíssimas e de indiscutível gravidade. 3. Por se tratar de mudança de jurisprudência, a orientação ora firmada não se aplica a certames já realizados e que não tenham sido objeto de impugnação até a data do presente julgamento. 4. Recurso extraordinário desprovido, com a fixação da seguinte tese de julgamento: 'Sem previsão constitucional adequada e instituída por lei, não é legítima a cláusula de edital de concurso público que restrinja a participação de candidato pelo simples fato de responder a inquérito ou ação penal.'"* (STF – Tribunal Pleno – RE 560.900 – Rel. Min. Roberto Barroso – DJe 17-8-2020.)

O contexto fático da questão é o candidato a cargo público que responde a processo penal, sem que haja até o momento da inscrição condenação em qualquer grau de jurisdição.

A problemática consiste em, tratando-se de candidatos a cargos públicos investigados ou processados criminalmente, como conciliar, de um lado, a impessoalidade e a objetividade na seleção, e, de outro, a preocupação legítima com o perfil moral daqueles que pretendem gerir interesses da coletividade. A resposta está na formulação de critérios razoavelmente objetivos para aferir a "idoneidade moral", relacionados a processos penais em curso contra o candidato, com referência, no mínimo, aos seguintes aspectos: (a) fase em que se encontra o processo; e (b) relação de pertinência (incompatibilidade) entre a acusação e o cargo em questão.

Quanto ao primeiro aspecto (fase processual), há critérios objetivos. Nesse particular, mesmo eventual condenação penal transitada em julgado não resulta necessariamente na perda do cargo público para o servidor que já é efetivo, como dispõe o art. 92 do Código Penal:

"Art. 92 – São também efeitos da condenação:

I – a perda de cargo, função pública ou mandato eletivo:

(a) quando aplicada pena privativa de liberdade por tempo igual ou superior a um ano, nos crimes praticados com abuso de poder ou violação de dever para com a Administração Pública;

(b) quando for aplicada pena privativa de liberdade por tempo superior a 4 (quatro) anos nos demais casos (...).

Parágrafo único – os efeitos de que trata este artigo não são automáticos, devendo ser motivadamente declarados na sentença."

Portanto, se nem mesmo certas condenações transitadas em julgado podem fazer um agente público perder o cargo por força de sentença penal, com maior razão a simples pendência de investigações ou processos judiciais não pode produzir a eliminação de candidatos.

Além do aspecto relativo à fase processual (condenação por órgão colegiado ou definitiva), é preciso também que haja uma relação de pertinência entre a acusação e as atribuições do cargo em questão. Em outras palavras: nem todas as condenações criminais colegiadas ou definitivas devem implicar, automaticamente, na eliminação de candidatos de concursos, mas apenas aquelas que revelem, em razão da natureza do crime apurado, uma incompatibilidade com os pressupostos necessários ao exercício da função pública em questão.

Nessa linha, o parágrafo único do art. 92 do Código Penal exige fundamentação específica para a determinação de perda do cargo, ao prever que tal efeito da condenação não é automático. Essa exigência deve ser entendida como um ônus argumentativo de demonstrar a incompatibilidade entre a condenação em questão e as atribuições do cargo concretamente exercido.

O mesmo raciocínio pode ser utilizado na seleção de candidatos em concursos públicos. A necessidade de um nexo entre a acusação e as atribuições do cargo em exame coaduna-se não apenas com o princípio da razoabilidade ou proporcionalidade, particularmente o subprincípio da adequação, mas também com o art. 37, II, da Constituição, segundo o qual os critérios de seleção adotados em concursos públicos deverão observar *"a natureza e a complexidade do cargo ou emprego"*. Assim, qualquer discriminação deve ter relação com as características da função a ser exercida, e esse juízo de incompatibilidade deve ser feito de forma motivada pela autoridade competente.

A propósito desse juízo de incompatibilidade, pode-se afirmar que certos cargos pressupõem, por definição, um controle de idoneidade moral mais estrito em razão das atribuições envolvidas, razão pela qual, em princípio, são incompatíveis com quaisquer condenações criminais, salvo casos excepcionais. É o que ocorre com as carreiras da magistratura, das funções essenciais à justiça (Ministério Público, Advocacia Pública e Defensoria Pública) e da segurança pública (CF, art. 144). Trata-se de agentes da lei, dos quais se exige não só que apliquem o direito em suas atividades profissionais envolvendo terceiros, mas, sobretudo, que o apliquem para si próprios, que vivam conforme o direito: essa é uma condição moral básica para exigir de outrem o cumprimento da lei, função precípua de tais agentes públicos.

172 PRÁTICA DA RECLAMAÇÃO TRABALHISTA – *Jorge Neto • Wenzel • Cavalcante*

A lei pode vir a reforçar o controle de acesso a tais cargos, dispondo, por exemplo, que eventual condenação judicial em primeira instância, ou mesmo a imposição administrativa de pena por infração disciplinar (respeitado, em qualquer caso, o contraditório), seria suficiente para a eliminação de candidato em concurso público. Esse tratamento mais estrito harmoniza-se com o § 7º ao art. 37 da CF, o qual determina que *"A lei disporá sobre os requisitos e as restrições ao ocupante de cargo ou emprego da administração direta e indireta que possibilite o acesso a informações privilegiadas"*. Até que advenha a lei, porém, vale o mínimo que se pode extrair da moralidade constitucional: exige-se condenação definitiva ou por órgão colegiado e juízo de pertinência.

Naturalmente, os parâmetros ora desenvolvidos não impedem a eliminação de candidato devido à impossibilidade física de comparecer a certas etapas do certame ou de exercer o cargo, em razão de obrigações judicialmente impostas no curso de processo penal.

Vistos os dois parâmetros mínimos necessários à harmonização dos princípios em conflito (condenação definitiva ou por órgão colegiado e relação de incompatibilidade entre a acusação e o cargo em questão), é importante observar que não se trata de restrições impostas sem amparo legal. Cuidam-se de parâmetros para aplicação direta do princípio da moralidade administrativa: não se trata, portanto, de restrições adicionais impostas sem lei, e sim de balizas para a aplicação de restrições impostas diretamente pelo texto constitucional. Em certa medida, pode-se dizer que se trata de uma *"restrição das restrições"*, pois a falta de parâmetros pode dar à moralidade administrativa uma dimensão exagerada, ao eliminar candidatos pelo mero oferecimento de denúncia.

Em conclusão, a exclusão de candidatos de concursos públicos, sob o pretexto da análise de vida pregressa ou idoneidade moral, mediante valoração discricionária de investigações ou processos criminais em curso, significa conceder à autoridade administrativa o poder de atribuir efeitos à mera existência de ação penal. Tais efeitos podem, muitas vezes, ser mais nefastos ao réu que a própria pena, abstrata ou concretamente considerada, ou outros efeitos extrapenais da condenação transitada em julgado, fixados somente ao final do contraditório.

Eliminar candidatos a partir de cláusulas gerais ou conceitos jurídicos indeterminados, tais como "idoneidade moral", mediante juízo subjetivo de banca examinadora, é incompatível com os princípios republicano, da impessoalidade e da ampla acessibilidade aos cargos públicos, na forma como devem ser pensados no atual contexto brasileiro.

No Estado Democrático de Direito, ninguém, por maior que seja sua retidão de caráter e conduta, está imune a ser investigado e até a responder a uma acusação penal, de modo que a simples existência de inquéritos ou processos não se presta a aferir a idoneidade moral, ao menos para fins de participação num processo seletivo objetivo e republicano, como devem ser os concursos públicos para cargos efetivos.

Essa regra somente poderia ser afastada em casos excepcionalíssimos, de indiscutível gravidade.

No caso em tela, a simples pendência de processo sem condenação não justifica um juízo de reprovação moral. A mera existência de um processo nada diz sobre o caráter do processado, nem pode ser tido como algo anormal, ao menos não num regime em que não há ninguém acima da lei ou imune a processos. Além disso, atribuir demasiada relevância a pendências judiciais pode produzir danos por fatores arbitrários.

Portanto, é vedada a restrição à participação do candidato baseada na mera existência de inquérito ou processo penal, sem que tenha havido condenação em primeira instância, apenas porque o processo estava em curso.

PEDIDO:

Requer o Reclamante o reconhecimento do direito à participação no concurso público [*].

Cap. 3 • MODELOS DE CAUSA DE PEDIR E PEDIDOS | **173**

3.42. CONSELHOS PROFISSIONAIS
CONTRATAÇÃO SEM CONCURSO PÚBLICO. VERBAS RESCISÓRIAS DEVIDAS

CAUSA DE PEDIR:

O Reclamante foi contratado pela Reclamada em [indicar a data], para exercer a função de [indicar a função], sendo dispensado imotivadamente em [indicar a data].

A Reclamada não pagou as verbas rescisórias, eis que considerou nula a contratação do Reclamante, ante a não realização de concurso público.

Não se olvida que a contratação de servidor pela Administração Pública deve observar o disposto no art. 37, II, CF, que exige prévia aprovação em concurso público de provas ou de provas e títulos, de acordo com a natureza e a complexidade do cargo ou emprego, sob pena de nulidade (art. 37, § 2º).

Resta analisar se a Reclamada, como entidade de fiscalização do exercício profissional, pertence à Administração Pública.

Dispõe o art. 58 da Lei 9.649/98:

"Os serviços de fiscalização de profissões regulamentadas serão exercidos em caráter privado, por delegação do poder público, mediante autorização legislativa. (...)

§ 2º Os conselhos de fiscalização de profissões regulamentadas, dotados de personalidade jurídica de direito privado, não manterão com os órgãos da Administração Pública qualquer vínculo funcional ou hierárquico. (...)

§ 4º Os conselhos de fiscalização de profissões regulamentadas são autorizados a fixar, cobrar e executar as contribuições anuais devidas por pessoas físicas ou jurídicas, bem como preços de serviços e multas, que constituirão receitas próprias, considerando-se título executivo extrajudicial a certidão relativa aos créditos decorrentes".

A respeito do art. 58 da Lei 9.649/98, José dos Santos Carvalho Filho aponta:

"A Lei 9.649, de 27-5-98, que teve o escopo de reorganizar a administração federal, passou a estabelecer que os serviços de fiscalização de profissões regulamentadas seriam exercidos em caráter privado, por delegação do Poder Público, mediante autorização legislativa (art. 58). Consignava, ainda, que os conselhos de fiscalização teriam personalidade jurídica de direito privado, sem vínculo funcional ou hierárquico com os órgãos da Administração Pública (art. 58, § 2º). Sua organização e estrutura seriam fixadas por decisão interna do plenário (art. 58, § 1º) e os litígios de que fizessem parte seriam deduzidos perante a Justiça Federal (art. 58, § 8º). Todos esses dispositivos foram declarados inconstitucionais – decisão evidentemente acertada – já que inviável é a delegação, a entidade privada, de atividade típica do Estado, ainda mais quando se sabe que nela está incluído o exercício do poder de polícia, de tributação e de punição, no que tange a atividades profissionais regulamentadas. Assim, ofendidos foram os arts. 5º, XIII; 22, XXVI; 21, XXIX; 70, parágrafo único; 149 e 175 da CF)" (Manual de Direito Administrativo. 19. ed. Rio de Janeiro: Lumen Juris, 2008, p. 426/427).

A inconstitucionalidade de tais dispositivos foi declarada na Ação Direta de Inconstitucionalidade 1.717-DF (STF – TP – ADI 1.717/DF – Rel. Min. Sydney Sanches – *DJ* 28-3-2003).

Embora intitulados impropriamente como entidades autárquicas, os Conselhos Regionais, destinados à fiscalização das atividades dos profissionais a eles vinculados, não estão inseridas no âmbito da Administração Pública direta ou indireta, assim como não são reais autarquias em sentido estrito.

São entes paraestatais, com economia, estrutura e gestão próprias, inclusive excluídos do controle do Estado.

Na ADI 3.026-4/DF, o STF decidiu que as autarquias corporativas não se submetem às regras do concurso público, salvo se assim se obrigarem por norma regulamentar:

"Ação direta de inconstitucionalidade. § 1º do art. 79 da Lei 8.906, 2ª parte. 'Servidores' da Ordem dos Advogados do Brasil. Preceito que possibilita a opção pelo regime celetista. Compensação pela escolha do regime jurídico no momento da aposentadoria. Indenização. Imposição dos ditames inerentes à administração pública direta e indireta. Concurso público (art. 37, II, da Constituição do Brasil). Inexigência de concurso público para a admissão dos contratados pela OAB. Autarquias especiais e agências. Caráter jurídico da OAB. Entidade prestadora de serviço público independente. Categoria ímpar no elenco das personalidades jurídicas existentes no direito brasileiro. Autonomia e independência da entidade. Princípio da moralidade. Violação do art. 37, caput, da Constituição do Brasil. Não ocorrência. 1. A Lei 8.906, art. 79, § 1º, possibilitou aos 'servidores' da OAB, cujo regime outrora era estatutário, a opção pelo regime celetista. Compensação pela escolha: indenização a ser paga à época da aposentadoria. 2. Não procede a alegação de que a OAB sujeita-se aos ditames impostos à Administração Pública Direta e Indireta. 3. A OAB não é uma entidade da Administração Indireta da União. A Ordem é um serviço público independente, categoria ímpar no elenco das personalidades jurídicas existentes no direito brasileiro. 4. A OAB não está incluída na categoria na qual se inserem essas que se tem referido como 'autarquias especiais' para pretender-se afirmar equivocada independência das hoje chamadas 'agências'. 5. Por não consubstanciar uma entidade da Administração Indireta, a OAB não está sujeita a controle da Administração, nem a qualquer das suas partes está vinculada. Essa não vinculação é formal e materialmente necessária. 6. A OAB ocupa-se de atividades atinentes aos advogados, que exercem função constitucionalmente privilegiada, na medida em que são indispensáveis à administração da Justiça [artigo 133 da CB/88]. É entidade cuja finalidade é afeita a atribuições, interesses e seleção de advogados. Não há ordem de relação ou dependência entre a OAB e qualquer órgão público. 7. A Ordem dos Advogados do Brasil, cujas características são autonomia e independência, não pode ser tida como congênere dos demais órgãos de fiscalização profissional. A OAB não está voltada exclusivamente a finalidades corporativas. Possui finalidade institucional. 8. Embora decorra de determinação legal, o regime estatutário imposto aos empregados da OAB não é compatível com a entidade, que é autônoma e independente. 9. Improcede o pedido do requerente no sentido de que se dê interpretação conforme o artigo 37, inciso II, da Constituição do Brasil ao caput do artigo 79 da Lei 8.906, que determina a aplicação do regime trabalhista aos servidores da OAB. 10. Incabível a exigência de concurso público para admissão dos contratados sob o regime trabalhista pela OAB. 11. Princípio da moralidade. Ética da legalidade e moralidade. Confinamento do princípio da moralidade ao âmbito da ética da legalidade, que não pode ser ultrapassada, sob pena de dissolução do próprio sistema. Desvio de poder ou de finalidade. 12. Julgo improcedente o pedido" (STF – Pleno – ADI 3.026 – Rel. Min. Eros Grau – *DJU* 29-9-2006).

Pelo que se observa, o STF decidiu que os Conselhos de Fiscalização das Profissões Regulamentadas são autarquias *sui generis*, não vinculadas à Administração.

A jurisprudência do TST, no final de 2011, firmou entendimento no sentido da não necessidade de aprovação prévia em concurso público para o acesso ao emprego, de modo que não se há falar em nulidade do contrato de trabalho firmado com tais entes paraestatais, possuindo os empregados direito ao pagamento de todas as parcelas resultantes do contrato de trabalho, inclusive as verbas rescisórias.

Nesse sentido:

"Agravo de instrumento em recurso de revista. Conselho de fiscalização profissional. Vínculo de emprego. Ausência de concurso público. Prestação de serviços iniciada em 1995. Nulidade contratual. Inexistência.

Cap. 3 • MODELOS DE CAUSA DE PEDIR E PEDIDOS | **175**

Hipótese na qual a contratação da reclamante deu-se em 1995, quando ainda havia dúvida razoável sobre a necessidade de admissão da trabalhadora mediante prévia aprovação em certame, para se tornar válida a relação contratual estabelecida com o Conselho de Fiscalização ora reclamado. Modulação dos efeitos da Decisão proferida em sede da ADI 1717, pelo STF, aplicável à hipótese em julgamento. Negativa de seguimento ao Recurso de Revista que se mantém. Agravo de instrumento conhecido e desprovido" (TST – 4ªT. – AIRR 735-34.2010.5.15.0133 – Rel. Des. Conv. José Ribamar Oliveira Lima Júnior – *DEJT* 19-6-2015).

Portanto, deve ser afastado o entendimento de que o contrato de trabalho no caso concreto é nulo e, por isso, geraria somente os efeitos previstos na Súmula 363 do TST.

Diante do acima exposto, deverá a Reclamada ser compelida ao pagamento das verbas rescisórias, tais como aviso-prévio, férias + 1/3 integrais e proporcionais (em dobro), 13º salário integral e proporcional, FGTS + 40% [adequar as verbas devidas].

PEDIDO:

Condenação da Reclamada ao pagamento das verbas rescisórias, tais como aviso-prévio, férias + 1/3 integrais e proporcionais (em dobro), 13º salário integral e proporcional, FGTS + 40% [adequar as verbas devidas].

3.43. CONTRATO DE PRESTAÇÃO DE SERVIÇOS
SALÁRIOS EM ATRASO

CAUSA DE PEDIR:

1. CONTRATO DE PRESTAÇÃO DE SERVIÇOS DE ENGENHARIA

O Reclamante foi contratado pela Reclamada na data de 4-12-2013, para executar tarefas interligadas com a prestação de serviços profissionais na área de engenharia ambiental (cláusula 1ª) [doc. *].

Até a presente data o Reclamante continua a executar a prestação de serviços em prol da Reclamada.

Como critério pecuniário salarial, face aos serviços contratuais avençados, ficou estabelecido que o Reclamante, como contratado, receberia o equivalente a seis salários mínimos (cláusula 2ª).

Apesar de o contrato estar vigente, o Reclamante, desde o mês de dezembro de 2017, não recebe os salários decorrentes da sua prestação de serviços.

A evolução do salário mínimo foi: (a) até 12-2017 – R$ 937,00; (b) de 1-2018 a 12-2018 – R$ 954,00; (c) de 1-2019 em diante – R$ 998,00.

A evolução salarial do trabalhador (equivalente a seis vezes o valor do salário mínimo) foi: (a) até 12-2017 – R$ 5.622,00; (b) de 1-2018 a 12-2018 – R$ 5.724,00; (c) a partir de 1-2019 – R$ 5.988,00.

2. PARCELAS VINCENDAS. CONTRATO DE PRESTAÇÃO DE SERVIÇOS ATIVO

Como o contrato está em vigente, a presente ação envolve pedidos de parcelas vencidas e vincendas.

Logo, a Reclamada não poderá alegar que é inconcebível a condenação ao pagamento de parcelas vincendas, pois, a decisão não pode ser condicionada a fatos ou situações futuras.

Esta argumentação não poderá ser alegada pela Reclamada.

No caso dos autos, a condenação deve abranger parcelas vencidas e vincendas (art. 323 do CPC).

A inclusão das parcelas vincendas representa, efetivamente, o reconhecimento judicial da existência da situação de inadimplemento da empresa quanto ao pagamento dos salários.

Tal procedimento deve ocorrer em observância ao princípio da economia processual, com a finalidade de se evitar novas ações com o mesmo objeto várias vezes.

A jurisprudência indica:

"RECURSO DE REVISTA. INTERVALO SEMANAL DE 35 HORAS. PARCELAS VINCENDAS. PROVIMENTO. Não é juridicamente razoável impor ao reclamante o ônus de ajuizar uma nova reclamação trabalhista para exigir o cumprimento de parcelas que já foram objeto de condenação. Enquanto perdurar a situação de fato – e o ônus de demonstrar eventual modificação incumbe ao empregador –, o comando judicial deve incluir também a condenação em parcelas vincendas, nos termos do que dispõe o artigo 290 do CPC. Precedentes da SBDI-1. Recurso de revista de que se conhece e a que se dá provimento." (TST – 5ª T. – RR 506-82.2013.5.04.0551 – Rel. Min. Guilherme Augusto Caputo Bastos – DEJT 2-10-2015.)

Cap. 3 • MODELOS DE CAUSA DE PEDIR E PEDIDOS | **177**

"PARCELAS VINCENDAS. HORAS EXTRAS. 1. A providência prevista no artigo 290 do Código de Processo Civil (condenação ao pagamento de parcelas vincendas), além de razoável, confere maior efetividade ao provimento jurisdicional e contribui com a celeridade e duração razoável do processo, evitando, assim, que o autor ingresse novamente em juízo pleiteando resquícios de direitos já reconhecidos em juízo – assim considerados os relativos ao período posterior ao ajuizamento da primeira ação. 2. Perfeitamente aplicável no Processo do Trabalho a norma do referido preceito, nas hipóteses em que o autor continua trabalhando na empresa, como no caso dos presentes autos. 3. Constatado pelo Tribunal Regional o direito do reclamante ao pagamento de horas extras, afigura-se razoável incluir na condenação o pagamento de tais horas extras – parcelas vincendas –, enquanto perdurar a situação que, de fato, ensejou a condenação da reclamada. Precedentes. 4. Recurso de Revista conhecido e provido." (TST – 1ª T. – RR 2373-48.2012.5.03.0107 – Rel. Des. Conv. Marcelo Lamego Pertence – *DEJT* 18-8-2015.)

Assim, o Reclamante postula os seus salários, em parcelas vencidas, a partir de 1º de dezembro de 2017, além das parcelas vincendas.

3. ANTECIPAÇÃO DA TUTELA

De acordo com o art. 294 e segs. do CPC, utilizado subsidiariamente no Processo do Trabalho, por força do art. 769 da CLT, assim estabelece: *"A tutela provisória pode fundamentar-se em urgência ou evidência. Parágrafo único. A tutela provisória de urgência, cautelar ou antecipada, pode ser concedida em caráter antecedente ou incidental"*.

Assim, o Reclamante solicita a tutela antecipada.

Diante da ausência de documentos comprobatórios do pagamento de salários, por parte da Reclamada, em nível de tutela antecipada, o Reclamante requer o imediato pagamento dos salários em atraso, desde o mês de dezembro de 2017.

A tutela antecipada é invocada com base no art. 294 e segs. do CPC.

Para tanto, o Reclamante requer a concessão da tutela antecipada para imediata determinação quanto ao pagamento dos salários, devendo, assim, Vossa Excelência, arbitrar uma multa a base de R$ 500,00 por dia em favor do Reclamante, a ser calculada, a partir do décimo dia contado do momento em que a Reclamada for intimada e não proceder ao pagamento.

PEDIDO:

(a) o pagamento de salários a partir do mês de dezembro de 2017 e até a presente data (dia 25 de abril de 2019): (a.1) mês de dezembro (2017) – R$ 5.622,00; (a.2) meses de janeiro de 2018 a dezembro de 2018 – R$ 68.688,00 (doze meses); (a.3) meses de janeiro de 2019 a março de 2019 – R$ 17.964,00 (três meses); (a.4) mês de abril de 2019 – 25 dias – R$ 4.990,00;

(b) na forma da lei, invocando-se a aplicação subsidiária do art. 294 e segs. do CPC (art. 769, CLT; art. 15, CPC), o Reclamante solicita a *TUTELA PROVISÓRIA DE URGÊNCIA ANTECIPADA, SEM OITIVA DA PARTE CONTRÁRIA*, com a imediata determinação quanto ao pagamento dos salários, devendo, assim, Vossa Excelência, arbitrar uma multa a base de R$ 500,00 por dia em favor do Reclamante, a ser calculada, a partir do décimo dia, contado do momento em que a Reclamada for intimada e não proceder ao pagamento.

3.44. CONTRIBUIÇÃO PREVIDENCIÁRIA
COMPETÊNCIA DA JUSTIÇA DO TRABALHO PARA EXECUTAR CONTRIBUIÇÕES PREVIDENCIÁRIAS EM SENTENÇAS ANTERIORES A 1998

CAUSA DE PEDIR:

Discute-se nos presentes autos a competência da Justiça do Trabalho para a execução de contribuições previdenciárias decorrentes de sentenças proferidas em data anterior à vigência da EC 20/98.

Em 24 de agosto de 2020, o STF, ao analisar a temática, no Recurso Extraordinário (RE) 595.326, com repercussão geral reconhecida, fixou como tese que: *"A Justiça do Trabalho é competente para executar, de ofício, as contribuições previstas no art. 195, incisos I, a, e II, da Carta da República, relativamente a títulos executivos judiciais por si formalizados em data anterior à promulgação da Emenda Constitucional nº 20/98"*.

Oportuna a transcrição do julgado:

> *"COMPETÊNCIA. CONTRIBUIÇÃO SOCIAL. SENTENÇA TRABALHISTA. A Justiça do Trabalho é competente para executar, de ofício, as contribuições previstas no art. 195, incisos I, alínea 'a', e II, da Carta da República, relativamente a títulos executivos judiciais por si formalizados em data anterior à promulgação da Emenda Constitucional nº 20/1998."* (STF – Tribunal Pleno – RE 595.326 – Rel. Min. Marco Aurélio – *DJe* 17-9-2020.)

O Ministro Marco Aurélio ressaltou que o cerne da controvérsia está em definir o alcance da EC 20/1998, a qual introduziu o § 3º no art. 114 da Constituição, que preceituava caber à Justiça do Trabalho executar, de ofício, as contribuições sociais descritas no art. 195, incisos I, alínea "a", e II, e respectivos acréscimos legais, decorrentes das sentenças que proferir. O dispositivo constitucional, depois transferido para o inciso VIII do mesmo artigo pela EC 45/04, tinha a seguinte redação:

> *"§ 3º Compete ainda à Justiça do Trabalho executar, de ofício, as contribuições sociais previstas no art. 195, I, 'a', e II, e seus acréscimos legais, decorrentes das sentenças que proferir."*

A questão é de direito temporal.

A EC 20/98 inseriu regra de natureza instrumental ao versar sobre a competência da Justiça do Trabalho para execução de contribuições previdenciárias, submetendo-se o novo regime constitucional, quanto a esse particular, às regras e princípios do direito intertemporal processual.

Trata-se de tema relativo à competência, levando-se em conta a própria matéria discutida. A competência, portanto, mostra-se absoluta, encontrando-se regida pela Constituição Federal.

Tendo em vista ser preceito constitucional, há a imediatidade, a qual deve ser respeitada.

Dispõe o art. 1.046, *caput*, do CPC ter o diploma imediata aplicação aos processos pendentes. Igualmente, segundo o art. 14, a norma processual não retroage, incidindo imediatamente nos processos em curso, *"respeitados os atos processuais praticados e as situações jurídicas consolidadas sob a vigência da norma revogada"*.

Importante esclarecer que não se trata de adequação nem de aplicação retroativa da disciplina constitucional de competência, mas a observância relativamente a procedimento que ainda não ocorreu, no caso, a execução, preservadas as situações eventualmente consolidadas perante o antigo regime.

Cap. 3 • MODELOS DE CAUSA DE PEDIR E PEDIDOS | **179**

Sendo a execução processada sob a vigência da regra instituída pela Emenda Constitucional, a norma de competência da Justiça Trabalhista tem aplicação imediata.

A par disso, deve-se distinguir a questão atinente ao regime jurídico incidente sobre os fatos geradores dos tributos, sujeito a limitações estritas quanto à irretroatividade, daquela referente às normas instrumentais para a respectiva cobrança. A regra de competência, considerada a natureza processual, incide imediatamente.

Portanto, podem ser executadas, de ofício, no âmbito da Justiça do Trabalho, as contribuições previdenciárias e acréscimos legais decorrentes da sentença proferida antes da EC 20/98.

PEDIDO:

Requer o Reclamante a execução de ofício das contribuições previdenciárias e acréscimos legais decorrentes da sentença proferida nos presentes autos.

3.45. CONSTITUIÇÃO DE CAPITAL

CAUSA DE PEDIR:

A Reclamada apresentou apólice de seguro garantia como forma de constituição de capital.

Contudo, o documento não atende à decisão transitada em julgado e o disposto no art. 533, CPC.

Foi determinado o pagamento de pensão ao Autor até que complete 72 anos, o que ocorrerá em [indicar a data], e a constituição de capital para garantia do cumprimento da obrigação, evidentemente, até o atingimento de seu termo final.

Entretanto, verifica-se que o seguro garantia tem vigência somente até [indicar a data].

Cumpre à Executada apresentar garantia apta a garantir o pensionamento até o seu termo final, ou seja, até [indicar a data].

A adoção de entendimento diverso importará em risco de eternização da demanda, uma vez que gerará a necessidade de periódica verificação de persistência de garantia válida, além de colocar em risco a própria efetividade da tutela jurisdicional.

Diante do exposto, requer o Exequente a rejeição do seguro garantia apresentado como forma de constituição de capital, na medida em que não atende à decisão transitada em julgado tampouco o disposto no art. 533, CPC.

PEDIDO:

Requer o Exequente a rejeição pelo juízo do seguro garantia apresentado como forma de constituição de capital, na medida em que que não atende a decisão transitada em julgado tampouco o disposto no art. 533, CPC.

Cap. 3 • MODELOS DE CAUSA DE PEDIR E PEDIDOS | 181

3.46. CONTRATO DE TRABALHO
DADOS OBRIGATÓRIOS DA CAUSA DE PEDIR EM QUALQUER PETIÇÃO INICIAL

O Reclamante foi admitido a serviço da Reclamada em [colocar a data da admissão].

O Reclamante foi dispensado em [colocar a data da dispensa] e de forma [indicar o motivo da dispensa], auferindo de forma [colocar se os direitos foram pagos de forma parcial e juntar o termo da rescisão contratual].

O último salário foi de [inserir o valor do salário].

O Reclamante era responsável por [descrever as funções exercidas pelo reclamante e os locais de trabalho].

3.47. CONTRATO DE TRABALHO
PERÍODO SEM REGISTRO

CAUSA DE PEDIR:

Para fins de sua identificação, o Reclamante procede à juntada de cópias: carteira de motorista e CTPS [citar quais documentos e numerá-los].

O Reclamante foi admitido como empregado na 1ª Reclamada em 17 de janeiro de 2008. Houve o registro apenas em 1º de fevereiro de 2008.

O Reclamante tem direito à retificação de sua CTPS, a qual será procedida pela Reclamada, no prazo de dez dias, a ser computado a partir da data do trânsito em julgado, pena de pagamento da multa diária à base de R$ 500,00 (arts. 536 e 537, CPC).

Ofícios devem ser expedidos: SRTE, INSS e CEF.

O Reclamante tem direito a percepção de férias, abono de férias, 13º e FGTS + 40% quanto ao período sem registro.

PEDIDO:

Retificação em sua CTPS, a qual será procedida pela 1ª Reclamada, no prazo de dez dias, a ser computado a partir da data do trânsito em julgado, pena de pagamento da multa diária à base de R$ 500,00 (arts. 536 e 537, CPC). Ofícios devem ser expedidos: SRTE, INSS e CEF. O Reclamante tem direito a percepção de férias, abono de férias, 13º salário e FGTS + 40% quanto ao período sem registro.

3.48. CONTRATO DE TRABALHO
PRAZO DETERMINADO. RESCISÃO ANTECIPADA. FGTS + 40% DEVIDO

CAUSA DE PEDIR:

O Reclamante celebrou contrato de trabalho por prazo determinado de [indicar o número] meses com a Reclamada, tendo sido dispensado [indicar o número] dias antes do término inicialmente estipulado para o término contratual.

Não obstante ao pagamento da multa do art. 479 da CLT, a Reclamada deixou de pagar a multa de 40% sobre os depósitos fundiários do Reclamante, em afronta aos seguintes dispositivos legais:

O art. 14 do Regulamento anexo ao Decreto 99.684/90 dispõe:

"No caso de contrato a termo, a rescisão antecipada, sem justa causa ou com culpa recíproca, equipara-se às hipóteses previstas nos §§ 1° e 2° do art. 9°, respectivamente, sem prejuízo do disposto no art. 479 da CLT."

Por sua vez, os §§ 1° e 2° do art. 9° do mesmo diploma legal estabelecem:

"Art. 9° – Ocorrendo despedida sem justa causa, ainda que indireta, com culpa recíproca por força maior ou extinção normal do contrato de trabalho a termo, inclusive a do trabalhador temporário, deverá o empregador depositar, na conta vinculada do trabalhador no FGTS, os valores relativos aos depósitos referentes ao mês da rescisão e, ao imediatamente anterior, que ainda não houver sido recolhido, sem prejuízo das cominações legais cabíveis.

§ 1° – No caso de despedida sem justa causa, ainda que indireta, o empregador depositará na conta vinculada do trabalhador no FGTS, importância igual a quarenta por cento do montante de todos os depósitos realizados na conta vinculada durante a vigência do contrato de trabalho atualizados monetariamente e acrescidos dos respectivos juros, não sendo permitida, para este fim a dedução dos saques ocorridos.

§ 2° – Ocorrendo despedida por culpa recíproca ou força maior, reconhecida pela Justiça do Trabalho, o percentual de que trata o parágrafo precedente será de vinte por cento."

Oportuno trazer à colação a doutrina de Alice Monteiro de Barros:

"Sucede que o contrato de trabalho temporário é espécie de contrato por prazo determinado; logo, aplica-se-lhe, na hipótese de rompimento imotivado antes do termo final do pacto, a regra contida no art. 14 do Decreto 99.684, de 1990, segundo a qual o rompimento antecipado do contrato a termo torna devido o FGTS acrescido de 40%, sem prejuízo da indenização prevista no art. 479 da CLT" (Curso de Direito do Trabalho. 6. ed. Sao Paulo: LTr, 2010, p. 450).

Nesse sentido é a jurisprudência do TST:

"A) Agravo de instrumento em recurso de revista. Contrato por prazo determinado. Rescisão antecipada. Multa de 40% sobre o FGTS. Art. 14 do Decreto 99.684/90. Caracterizada a existência de dissenso pretoriano, dou provimento ao agravo de instrumento para destrancar o recurso de revista. Agravo de instrumento conhecido e provido. B) Recurso de revista. Contrato por prazo determinado. Rescisão antecipada. Multa de

40% sobre o FGTS. Art. 14 do Decreto 99.684/90. O empregador que rescinde, antecipadamente e sem justa causa, o contrato por prazo determinado obriga-se ao pagamento da indenização constante do art. 18, § 1º, da Lei 8.036/90, sem prejuízo daquela indenização prevista no art. 479, caput, *da CLT. Recurso de revista conhecido e provido"* (TST – 8ª T. – RR 120600-94.2009.5.06.0017 – Rel. Min. Dora Maria da Costa – *DEJT* 7-3-2014).

Assim, diante de todo o exposto, o Reclamante faz jus ao recebimento da multa de 40% sobre os depósitos de FGTS, em virtude da rescisão antecipada de seu contrato a termo por vontade da Reclamada.

PEDIDO:

Condenação da Reclamada ao pagamento da multa de 40% sobre os depósitos de FGTS do Reclamante, em virtude da rescisão antecipada de seu contrato a termo, nos termos da fundamentação.

3.49. CONTRIBUIÇÃO CONFEDERATIVA E ASSISTENCIAL

CAUSA DE PEDIR:

As contribuições (confederativa e assistencial) não podem ser impostas ao trabalhador, sem que se faça uma distinção entre o associado e o não associado.

A liberdade sindical, como prevista no art. 8º, da Constituição Federal, assegura que não se pode impor ao trabalhador, de forma coativa, via negociação coletiva, a contribuição assistencial ou confederativa (Precedente Normativo 119, SDC, TST).

As convenções e os acordos coletivos não se sobrepõem ao princípio da liberdade sindical individual, logo, não há ofensa ao disposto no art. 7º, XXVI, CF.

A imposição normativa de tais contribuições também viola o princípio da legalidade (art. 5º, II, CF), visto que estão em dissonância com o espírito da liberdade sindical individual (garantia constitucional).

Não pode a entidade sindical invocar o poder de representação da categoria, para impor contribuições a todo e qualquer integrante da categoria. Se assim o fosse, a negociação coletiva e a autonomia privada coletiva não teriam limites.

Nos termos do art. 611-B, XXVI, da CLT, é nula a cláusula de convenção ou acordo coletivo de trabalho, a qual viole a liberdade de associação profissional ou sindical do trabalhador, inclusive o direito de não sofrer, sem sua expressa e prévia anuência, qualquer cobrança ou desconto salarial.

Por fim, a Súmula Vinculante 40, STF enuncia:

"A contribuição confederativa de que trata o artigo 8º, IV, da Constituição Federal, só é exigível dos filiados ao sindicato respectivo".

PEDIDO:

Devolução dos valores descontados do trabalhador a título de contribuição assistencial e confederativa.

3.50. CONTRIBUIÇÃO PREVIDENCIÁRIA
SALÁRIO-MATERNIDADE

CAUSA DE PEDIR:

Discute-se nos presentes autos a incidência da contribuição previdenciária sobre o salário-maternidade.

Em 05 de agosto de 2020, o STF, ao analisar a temática, no Recurso Extraordinário (RE) 576.967, com repercussão geral reconhecida, fixou como tese que: *"É inconstitucional a incidência de contribuição previdenciária a cargo do empregador sobre o salário-maternidade".*

Oportuna a transcrição do julgado:

> *"Direito constitucional. Direito tributário. Recurso Extraordinário com repercussão geral. Contribuição previdenciária do empregador. Incidência sobre o salário-maternidade. Inconstitucionalidade formal e material. 1. Recurso extraordinário interposto em face de acórdão do TRF da 4ª Região, que entendeu pela constitucionalidade da incidência da contribuição previdenciária 'patronal' sobre o salário-maternidade. 2. O salário-maternidade é prestação previdenciária paga pela Previdência Social à segurada durante os 120 dias em que permanece afastada do trabalho em decorrência da licença-maternidade. Configura, portanto, verdadeiro benefício previdenciário. 3. Por não se tratar de contraprestação pelo trabalho ou de retribuição em razão do contrato de trabalho, o salário-maternidade não se amolda ao conceito de folha de salários e demais rendimentos do trabalho pagos ou creditados, a qualquer título à pessoa física que lhe preste serviço, mesmo sem vínculo empregatício. Como consequência, não pode compor a base de cálculo da contribuição previdenciária a cargo do empregador, não encontrando fundamento no art. 195, I, a, da Constituição. Qualquer incidência não prevista no referido dispositivo constitucional configura fonte de custeio alternativa, devendo estar prevista em lei complementar (art. 195, § 4º). Inconstitucionalidade formal do art. 28, § 2º, e da parte final da alínea "a", do § 9º, da Lei nº 8.212/91. 4. Esta Corte já definiu que as disposições constitucionais são legitimadoras de um tratamento diferenciado às mulheres desde que a norma instituidora amplie direitos fundamentais e atenda ao princípio da proporcionalidade na compensação das diferenças. No entanto, no presente caso, as normas impugnadas, ao imporem tributação que incide somente quando a trabalhadora é mulher e mãe cria obstáculo geral à contratação de mulheres, por questões exclusivamente biológicas, uma vez que torna a maternidade um ônus. Tal discriminação não encontra amparo na Constituição, que, ao contrário, estabelece isonomia entre homens e mulheres, bem como a proteção à maternidade, à família e à inclusão da mulher no mercado de trabalho. Inconstitucionalidade material dos referidos dispositivos. 5. Diante do exposto, dou provimento ao recurso extraordinário para declarar, incidentalmente, a inconstitucionalidade da incidência de contribuição previdenciária sobre o salário-maternidade, prevista no art. art. 28, § 2º, e da parte final da alínea "a", do § 9º, da Lei nº 8.212/91, e proponho a fixação da seguinte tese: 'É inconstitucional a incidência de contribuição previdenciária a cargo do empregador sobre o salário-maternidade'."* (STF – Tribunal Pleno – RE 576967 – Rel. Min. Roberto Barroso – DJe 21-10-2020.)

O Ministro Relator, Roberto Barroso, destacou em seu voto que com a Constituição de 1988, tornou-se ainda mais inconteste a natureza previdenciária da prestação, conforme art. 201, II, que, ao disciplinar a Previdência Social, estipula entre suas finalidades a cobertura da proteção à maternidade, especialmente à gestante:

Cap. 3 • MODELOS DE CAUSA DE PEDIR E PEDIDOS | 187

"A previdência social será organizada sob a forma do Regime Geral de Previdência Social, de caráter contributivo e de filiação obrigatória, observados critérios que preservem o equilíbrio financeiro e atuarial, e atenderá, na forma da lei, a: (...)

II – proteção à maternidade, especialmente à gestante (...)."

Salientou o Ministro que antes de 1988, havia uma discussão em relação à natureza previdenciária da verba, uma vez que, em uma acepção estrita do seguro social, o salário-maternidade não teria natureza previdenciária, por não estar ligado, necessariamente, à cobertura de incapacidade laboral. No entanto, em uma visão mais abrangente das necessidades sociais cobertas, como os encargos familiares, a prestação tem sido considerada de nítido caráter previdenciário.

Ao regular a referida previsão constitucional, a Lei 8.213/91, em seu art. 18, I, g, incluiu o salário-maternidade entre as prestações devidas pelo Regime Geral da Previdência Social (RGPS):

"O Regime Geral de Previdência Social compreende as seguintes prestações, devidas inclusive em razão de eventos decorrentes de acidente do trabalho, expressas em benefícios e serviços:

I – quanto ao segurado: (...)

g) salário-maternidade (...)."

Além disso, o próprio art. 28, § 9°, a, da Lei 8.212/91, determina a não incidência de contribuição previdenciária sobre os benefícios concedidos pela previdência social e excetua somente o salário-maternidade, única verba com natureza de benefício sobre a qual recai a tributação:

"Entende-se por salário de contribuição: (...)

§ 2° O salário-maternidade é considerado salário de contribuição (...).

§ 9° Não integram o salário de contribuição para os fins desta Lei, exclusivamente:

a) os benefícios da previdência social, nos termos e limites legais, salvo o salário-maternidade"

Além do descrito na legislação previdenciária, o caráter previdenciário do salário-maternidade foi confirmado pelo STF, no julgamento da ADI 1946, de relatoria do Ministro Sydney Sanches. Na ocasião, o STF atribuiu interpretação, conforme a Constituição ao art. 14 da EC 20/98, para excluir o salário-maternidade do teto, à época, dos benefícios previdenciários do RGPS.

Para confirmar a natureza jurídica de benefício previdenciário, destacou o Relator que a segurada desempregada, que mantenha vínculo com a Previdência, também possui direito ao recebimento do benefício, nos termos dos arts. 15, 71-B, III, e 73 da Lei 8.213/91.

Além disso, as contribuintes facultativas e em período de graça também fazem jus ao salário-maternidade.

Portanto, clara a natureza de benefício previdenciário do salário-maternidade.

Sendo o salário-maternidade prestação previdenciária paga pela Previdência Social à segurada durante os 120 dias em que permanece afastada do trabalho em decorrência da licença-maternidade (art. 71 da Lei 8.213/91), possui, como já declinado, caráter de benefício previdenciário. Assim, por não se tratar de contraprestação pelo trabalho ou de retribuição paga diretamente pelo empregador ao empregado em razão do contrato de trabalho, não se adequa ao conceito de folha de salários, e, por consequência, não compõe a base de cálculo da contribuição social a cargo do empregador, uma vez que a prestação não está inserida nas materialidades econômicas expostas no art. 195, I, a, da CF.

Ademais, a incidência de contribuição previdenciária sobre o salário-maternidade importa em inobservância do disposto no art. 195, § 4°, da Constituição. Isso porque, segundo o texto constitucional, a instituição de outras fontes destinadas a garantir a manutenção ou expansão da seguridade social pressupõe a edição de lei complementar, o que não se verifica em relação à prestação. A exigência fica clara na referência ao art. 154, I, da CF:

> *"Art. 195. A seguridade social será financiada por toda a sociedade, de forma direta e indireta, nos termos da lei, mediante recursos provenientes dos orçamentos da União, dos Estados, do Distrito Federal e dos Municípios, e das seguintes contribuições sociais: (...)*
>
> *§ 4º. A lei poderá instituir outras fontes destinadas a garantir a manutenção ou expansão da seguridade social, obedecido o disposto no art. 154, I."*
>
> *"Art. 154. A União poderá instituir:*
>
> *I – mediante lei complementar, impostos não previstos no artigo anterior, desde que sejam não cumulativos e não tenham fato gerador ou base de cálculo próprios dos discriminados nesta Constituição (...)."*

Por fim, elucida a questão o Ministro Roberto Barroso ao indicar que a simples leitura do art. 195, I, *a*, da Constituição e do art. 22, I, da Lei 8.212/91 revela como hipótese de incidência do tributo a remuneração paga, devida ou creditada a qualquer título a segurados empregados ou trabalhadores avulsos que lhes prestem serviços, destinada a retribuir o trabalho, quer pelo serviço efetivamente prestado, quer pelo tempo à disposição do empregador ou tomador do serviço:

Destaco a Constituição Federal, art. 195, I, *a*:

> *"Art. 195. A seguridade social será financiada por toda a sociedade, de forma direta e indireta, nos termos da lei, mediante recursos provenientes dos orçamentos da União, dos Estados, do Distrito Federal e dos Municípios, e das seguintes contribuições sociais:*
>
> *I – do empregador, da empresa e da entidade a ela equiparada na forma da lei, incidentes sobre:*
>
> *a) a folha de salários e demais rendimentos do trabalho pagos ou creditados, a qualquer título, à pessoa física que lhe preste serviço, mesmo sem vínculo empregatício."*

Nos termos da Lei 8.212/91:

> *"Art. 22. A contribuição a cargo da empresa, destinada à Seguridade Social, além do disposto no art. 23, é de: (...)*
>
> *I – vinte por cento sobre o total das remunerações pagas, devidas ou creditadas a qualquer título, durante o mês, aos segurados empregados e trabalhadores avulsos que lhe prestem serviços, destinadas a retribuir o trabalho, qualquer que seja a sua forma, inclusive as gorjetas, os ganhos habituais sob a forma de utilidades e os adiantamentos decorrentes de reajuste salarial, quer pelos serviços efetivamente prestados, quer pelo tempo à disposição do empregador ou tomador de serviços, nos termos da lei ou do contrato ou, ainda, de convenção ou acordo coletivo de trabalho ou sentença normativa."*

É nítido que a Constituição e a lei preveem como base de cálculo da contribuição valores pagos como contraprestação a trabalho ou serviço prestado ao empregador, empresa e entidade equiparada. No caso da licença-maternidade, a trabalhadora gestante se afasta de suas atividades, deixa de prestar serviços e de receber salários do empregador.

Assim, o salário-maternidade não configura contraprestação por serviços prestados pela empregada no período de licença-maternidade e o simples fato de que a mulher continua a constar formalmente na folha de salários decorre da manutenção do vínculo trabalhista e não impõe natureza salarial ao benefício por ela recebido.

Logo, o art. 28, § 2°, da Lei 8.212/91, ao afirmar expressamente que o salário-maternidade compõe o salário de contribuição e, portanto, a base de cálculo da contribuição previdenciária, cria nova fonte de custeio em relação às materialidades previstas no art. 195, I, *a*, da Constituição, uma vez que elege verba paga pela Previdência, com clara natureza de benefício e que não remunera qualquer trabalho ou serviço, sendo inconteste a inconstitucionalidade formal da incidência previdenciária.

Diante destes argumentos, o STF declarou incidentalmente a inconstitucionalidade da incidência de contribuição previdenciária sobre o salário-maternidade, prevista no art. 28, § 2°, da Lei 8.212/91, e a parte final do seu § 9°, alínea "a", em que se lê *"salvo o salário-maternidade"*.

PEDIDO:

Requer, a Reclamante, a não incidência de contribuição previdenciária sobre o salário-maternidade.

3.51. DO CONVÊNIO MÉDICO

CAUSA DE PEDIR:

O convênio médico foi decorrência de uma cláusula contratual da relação empregatícia havida entre o Reclamante e a Reclamada.

A manutenção ou não do convênio, após a extinção do contrato, está garantida pela Lei 9.656/98.

A discussão é uma celeuma própria e direta do contrato, visto que o seguro existia por uma cláusula contratual direta, do próprio contrato individual de trabalho.

A manutenção ou não do convênio médico, a existência ou não do direito do Autor à manutenção das mesmas condições da época em que era empregado quanto ao convênio, desde que assuma o encargo, é questão do contrato de trabalho e não de uma eventual relação de consumo.

Portanto, a Justiça do Trabalho é competente para dirimir a controvérsia (art. 114, I, CF). A matéria é disciplinada pelos arts. 30 e 31 da Lei 9.656.

Não se trata de um novo benefício, e sim da manutenção do benefício que já goza, assumindo o empregado o custo do benefício na íntegra, observados os valores já praticados à época em que o empregador concedia o benefício.

Ao empregado é assegurado o direito de manutenção como beneficiário, nas mesmas condições de cobertura assistencial de que gozava quando da vigência do contrato de trabalho, desde que assuma o seu pagamento integral, observado o valor do benefício pago pelo empregador à empresa de seguro saúde.

Portanto, solicitamos o reconhecimento do direito do Reclamante à manutenção do seu convênio médico, de acordo com os termos e condições dos arts. 30 e 31 da Lei 9.656.

Conforme os arts. 294 e ss., CPC, em sua aplicação subsidiária (art. 769, CLT), o Reclamante solicita a tutela antecipada.

Que a Reclamada seja compelida a lhe propiciar o acesso ao idêntico tratamento quanto ao benefício – convênio médico nos mesmos termos e valores que a empresa concedia à época da prestação dos serviços, sem quaisquer outros acréscimos ao trabalhador.

A tutela se justifica visto que: (a) há a presença do direito e de forma exaustiva: vigência do contrato; concessão do benefício; condição de aposentado; (b) necessidade da manutenção do benefício para o Reclamante e seus dependentes visto que a saúde é um direito fundamental do cidadão, logo, a não concessão da tutela antecipada representa a lesão inarredável ao direito do trabalhador.

Que se a Reclamada não cumprir com o pedido, que se resguarde ao Reclamante a multa à base de R$ 500,00 por dia de atraso.

PEDIDO:

Solicitamos o reconhecimento do direito do Reclamante à manutenção do seu convênio médico, de acordo com os termos e condições dos arts. 30 e 31 da Lei 9.656.

Conforme os arts. 294 e ss., CPC, em sua aplicação subsidiária (art. 769, da CLT), o Reclamante solicita a tutela antecipada.

Que a Reclamada seja compelida a lhe propiciar o acesso ao idêntico tratamento quanto ao benefício – convênio médico nos mesmos termos e valores que a empresa concedia à época da prestação dos serviços, sem quaisquer outros acréscimos ao trabalhador. A tutela se justifica visto que: (a) há a presença do direito e de forma exaustiva: vigência do contrato; concessão do benefício; condição de aposentado; (b) necessidade da manutenção do benefício para o Reclamante e seus dependentes visto que a saúde é um direito fundamental do cidadão, logo, a não concessão da tutela antecipada representa a lesão inarredável ao direito do trabalhador. Que se a Reclamada não cumprir com o pedido, que se resguarde ao Reclamante a multa à base de R$ 500,00 por dia de atraso.

3.52. CONVÊNIO MÉDICO DE COPARTICIPAÇÃO
RESTABELECIMENTO

CAUSA DE PEDIR:

Durante todo o pacto laboral, o Reclamante contribuiu com o valor de sua cota-parte referente aos custos de utilização do plano de saúde, sendo descontado no holerite, inclusive o valor para seus dependentes.

Na tentativa de resguardar a vida de sua família, o Reclamante solicitou às Reclamadas sua permanência, bem como de todos os demais integrantes do seu grupo familiar, no plano de saúde empresarial oferecido pela 1ª Reclamada, responsabilizando-se pelo pagamento integral de sua cota-parte no convênio médico empresarial, visto que este não possui carência de atendimentos.

Infelizmente, até a presente data, sua ex-empregadora manteve-se inerte, não se manifestando sobre a questão.

Inconformado com tal situação e não conseguindo pelos meios administrativos uma solução, o Reclamante teve que contratar advogado, para vir de forma técnica perante o Poder Judiciário buscar ter seus direitos preservados.

Diante do princípio constitucional da função social da empresa, a 1ª Reclamada não deve visar somente o lucro, mas também preocupar-se com os reflexos que suas decisões têm perante a sociedade.

Dessa forma, a empresa atua não apenas para atender aos interesses dos sócios, mas de toda a coletividade e principalmente dos seus empregados e ex-empregados.

Assim, seguindo esse entendimento, não podemos aceitar que o plano empresarial concedido pela empresa, por não ser contributivo, impossibilite que Reclamante e seu grupo familiar seja novamente amparado, nesse período delicado e de urgência, em que sua esposa e futuro filho correm riscos de morte.

Ademais, na Constituição Federal Brasileira encontramos vários direitos e deveres que visam a proteger a vida, a família, a saúde, o trabalho, a maternidade, a assistência aos desamparados, bem como outros direitos.

É cediço, portanto, que a Constituição Federal em vigor, em seu art. 6°, conferiu o direito à saúde o *status* de direito social, sendo certo que sua observância é direito de todos e dever do Estado, cabendo ao Poder Público dispor, nos termos da lei, sobre sua regulamentação, fiscalização e controle (art. 196 e ss).

Em sede infraconstitucional, encontramos o diploma legal – Lei 9.656/98, que regulamenta os Planos e Seguros de Saúde.

Assim, nos termos do art. 30, da lei supracitada, restou disciplinada a possibilidade de manutenção do plano médico assistencial de saúde concedido pela empresa, desde que o empregado assuma o pagamento integral da cobrança do convênio médico.

Ocorre que, no § 6° do art. 30, não considera contribuição a coparticipação do empregado no caso de utilização do convênio.

Porém, cabe esclarecer que tal dispositivo não elide o direito do trabalhador de manter o convênio médico empresarial ofertado pela 1ª Reclamada, por um período de urgência, como é o caso, assumindo, em contrapartida, o pagamento do valor correspondente pela sua utilização, nos mesmos termos como lhe fora ofertado durante o contrato de trabalho.

Cap. 3 • MODELOS DE CAUSA DE PEDIR E PEDIDOS | 193

Ademais, o art. 1º, I, § 1º, da mesma Lei 9.656, inclui toda e qualquer modalidade de produto, serviço e contrato de plano assistencial à saúde concedido por pessoas jurídicas de direito privado.

Com efeito, no caso em tela, o Autor conta com repleto amparo constitucional e legal a garantir-lhe o direito à manutenção dos benefícios de assistência à saúde, em que se encontrava vinculado, enquanto empregado.

Para tanto, segue a transcrição do dispositivo legal:

"Art. 1º. Submetem-se às disposições desta Lei as pessoas jurídicas de direito privado que operam planos de assistência à saúde, sem prejuízo do cumprimento da legislação específica que rege a sua atividade, adotando-se, para fins de aplicação das normas aqui estabelecidas, as seguintes definições:

I – Plano Privado de Assistência à Saúde: prestação continuada de serviços ou cobertura de custos assistenciais a preço pré ou pós-estabelecido, por prazo indeterminado, com a finalidade de garantir, sem limite financeiro, a assistência à saúde, pela faculdade de acesso e atendimento por profissionais ou serviços de saúde, livremente escolhidos, integrantes ou não de rede credenciada, contratada ou referenciada, visando a assistência médica, hospitalar e odontológica, a ser paga integral ou parcialmente às expensas da operadora contratada, mediante reembolso ou pagamento direto ao prestador, por conta e ordem do consumidor;

II – Operadora de Plano de Assistência à Saúde: pessoa jurídica constituída sob a modalidade de sociedade civil ou comercial, cooperativa, ou entidade de autogestão, que opere produto, serviço ou contrato de que trata o inciso I deste artigo; (...)

§ 1º Está subordinada às normas e à fiscalização da Agência Nacional de Saúde Suplementar – ANS qualquer modalidade de produto, serviço e contrato que apresente, além da garantia de cobertura financeira de riscos de assistência médica, hospitalar e odontológica, outras características que o diferencie de atividade exclusivamente financeira, tais como: (...)"

Porém, em virtude de omissão legislativa, a Lei 9.656 deixou de disciplinar qual seria a forma de manutenção do convênio médico para os casos de planos coletivos custeados pela empresa com a coparticipação de seus ex-empregados.

Portanto, para que haja Justiça, o juiz deve interpretar a lei de acordo com a analogia, os costumes e os princípios gerais do direito, conforme dispõe o art. 4º do Decreto-lei 4.657/42, a chamada Lei de Introdução às Normas do Direito Brasileiro.

Seguindo esse entendimento, podemos analisar o art. 30, da Lei 9.656, de forma a ampliar direitos para que o Reclamante possa obter a manutenção de convênio médico coletivo ofertado pela sua ex-empregadora, conforme transcrição abaixo:

"Art. 30. Ao consumidor que contribuir para produtos de que tratam o inciso I e o § 1º do art. 1º desta Lei, em decorrência de vínculo empregatício, no caso de rescisão ou exoneração do contrato de trabalho sem justa causa, é assegurado o direito de manter sua condição de beneficiário, nas mesmas condições de cobertura assistencial de que gozava quando da vigência do contrato de trabalho, desde que assuma o seu pagamento integral.

§ 1º O período de manutenção da condição de beneficiário a que se refere o caput será de um terço do tempo de permanência nos produtos de que tratam o inciso I e o § 1º do art. 1º, ou sucessores, com um mínimo assegurado de seis meses e um máximo de vinte e quatro meses.

§ 2º A manutenção de que trata este artigo é extensiva, obrigatoriamente, a todo o grupo familiar inscrito quando da vigência do contrato de trabalho. (...)

§ 6º Nos planos coletivos custeados integralmente pela empresa, não é considerada contribuição a coparticipação do consumidor, única e exclusivamente, em procedimentos, como fator de moderação, na utilização dos serviços de assistência médica ou hospitalar."

Assim, resta claro e patente que, conforme a leitura simples do artigo acima, a lei deixou de disciplinar qual seria a forma e duração para a manutenção do convênio médico nos casos de coparticipação do empregado.

Portanto, cabe ao Ilustre Magistrado decidir de acordo com a analogia, costumes e princípios gerais do Direito o presente caso, vez que o Reclamante não pode ser prejudicado pela omissão legislativa e ter a vida de sua esposa e filho expostos ao risco de morte, diante da impossibilidade de contratação de novo convênio médico isento de carências.

Assim, entendemos que o Reclamante faz jus ao benefício de manter sua condição de conveniado ao plano médico coletivo, nas mesmas condições de cobertura assistencial de que gozava quando da vigência do contrato de trabalho, desde que assuma o pagamento integral da sua cota-parte correspondente, sendo a Justiça do Trabalho competente para julgar esta reclamação trabalhista.

Clama, ainda o Reclamante, para que o Ilustre Magistrado aplique a legislação específica, de forma a preencher as lacunas deixadas pelo legislador e reconheça sua permanência no convênio médico coletivo da 1ª Reclamada pelo período de pelo menos 6 meses e máximo ao equivalente a um terço do tempo de sua coparticipação na contribuição do plano ou caso não seja este o entendimento, que ao menos seja assegurada a manutenção do convênio pelo período que este Ilustre Magistrado entender por razoável.

Portanto, faz jus o Reclamante à manutenção do seu plano de convênio médico, na mesma forma como a do plano coletivo que a 1ª Reclamada concede aos seus empregados, sendo que o Reclamante está ciente de que deverá arcar com o custo integral de sua cota-parte, valor este muito inferior aos planos individuais ofertados pelo mercado.

Destaca-se que, conforme demonstrativo de preços da própria (Convênio Médico) anexo, o plano de saúde para a idade do Reclamante e de seus dependentes chega ao valor de R$ [indicar o valor] para o plano [indicar o nome do plano], valor este muito superior ao que a sua ex-empregadora paga mensalmente por ser um plano empresarial coletivo.

Portanto, resta claro que o direito do Reclamante de manutenção ao convênio médico deve ser interpretado analogicamente para ter amparo legal, de acordo com os princípios constitucionais e trabalhistas protetivos ao trabalhador, fazendo com que o Reclamante faça *jus* ao benefício de manter sua condição de segurado ao convênio de saúde coletivo da 1ª Reclamada, nas mesmas condições de cobertura assistencial de que gozava quando da vigência do contrato de trabalho.

PEDIDO:

Ante o exposto, requer-se a Vossa Excelência a procedência do pedido formulado na presente ação, assegurando ao Autor [indicar o nome], a Sra. [indicar o nome] (esposa) e [indicar o nome] (futuro filho), a manutenção dos benefícios conferidos pelo plano de saúde mantido pela Ré, nas mesmas condições de cobertura assistencial de que dispunha por ocasião da vigência do contrato de trabalho, bem como a manutenção da mesma prestação pecuniária de utilização que pagava o segurado (Autor), acrescida da cota patronal, pelo período que vier a ser fixado por este MM. Juízo, nos termos do art. 30 da Lei 9.656, aplicando os princípios constitucionais e a analogia, sob pena de incorrer em multa diária de R$ 500,00 (arts. 536 e 537, CPC).

3.53. COOPERATIVA
FRAUDE. RECONHECIMENTO DE VÍNCULO EMPREGATÍCIO COM TOMADOR DE SERVIÇO

OBS.: (1ª Reclamada – COOPERATIVA "X" e 2ª Reclamada – EMPRESA TOMADORA "Y")

CAUSA DE PEDIR:

A Reclamante esclarece que, durante todo o período laboral a ser discutido nesta demanda, ou seja, desde sua admissão até sua imotivada dispensa [indicar o período total do pacto laboral a ser discutido], a ex-empregada prestou seus serviços diretamente para a 2ª Reclamada [Empresa Tomadora "Y"], de forma contínua e ininterrupta, no exercício das funções de [indicar o nome da função], com salário de [indicar o valor do salário], preenchendo todos os requisitos dos arts. 2º e 3º da CLT, sendo que sua contratação foi realizada por intermédio da 1ª Reclamada [Cooperativa "X"], sob a denominação de "cooperada", condição esta que não passou de um artifício fraudulento das Rés para sonegar direitos trabalhistas à obreira, caracterizando, assim, a fraude ao contrato de trabalho, como adiante será explicitado.

Conforme documentos acostados [docs. ...], a Reclamante foi formalmente "filiada" como "sócia cooperada" da 1ª Reclamada, como condição para ser contratada pela 2ª Reclamada, para atuar junto ao departamento de cobrança da 2ª Reclamada, no horário de funcionamento desta, de segunda a sexta-feira, das 9h às 18h, com uma hora de intervalo, realizando *cobrança de mensalidades atrasadas dos clientes da tomadora de serviços"* [docs. ...], mediante *"encaminhamento"* da 1ª Reclamada, sem mencionar qualquer outra participação da Cooperativa no desenvolvimento das atividades desempenhadas pela trabalhadora no cotidiano de sua prestação de serviços diretamente subordinada à tomadora de serviços e 2ª Reclamada.

A prestação de serviços da Reclamante sempre foi caracterizada pela pessoalidade, habitualidade, onerosidade, mediante subordinação jurídica aos interesses sociais e diretivos da 2ª Reclamada, o que forçosamente implica o reconhecimento de vínculo empregatício entre a Reclamante e a referida tomadora de serviços, haja vista a satisfação integral dos requisitos previstos nos arts. 2º e 3º da CLT.

Pela veracidade dos fatos e princípio da primazia da realidade, verifica-se que a contratação da Reclamante está eivada de vícios de nulidade, na medida em que a 1ª Reclamada não cumpriu com as finalidades e os princípios inerentes ao cooperativismo (princípios da dupla qualidade e da retribuição pessoal diferenciada), uma vez que apenas recrutava trabalhadores, intitulando-os de cooperados, para prestar serviços a terceiros/tomadores, em visível locação de mão de obra, afastando-se da sua própria razão de existir, caracterizando-se, claramente, a fraude ao contrato de trabalho da Autora.

A existência de contrato de prestação de serviços entre as Reclamadas [docs. ...] não exclui a real formação de vínculo entre a Reclamante e a 2ª Reclamada, visto que o contrato de trabalho é do tipo realidade, sobrepondo-se às formas, que visivelmente buscavam mascarar a realidade dos fatos a fim de burlar a legislação trabalhista.

A 1ª Reclamada serviu apenas como intermediadora de mão de obra da 2ª Reclamada, com o nítido objetivo de fraudar direitos trabalhistas, procedimento que não pode receber o aval do Poder Judiciário, sob pena de sucateamento das normas mínimas de proteção ao trabalhador, conquistadas arduamente ao longo da história.

Verifica-se, no caso em tela, o total desvirtuamento do ideal de cooperativismo identificado no art. 4º da Lei 5.764/71, que define a cooperativa como sendo *"sociedade de pessoas, com forma e natureza jurídica próprias, de natureza civil, não sujeitas a falência, constituídas para prestar serviços aos associados"*.

A cooperativa representa uma sociedade civil, na qual se tem a conjugação de esforços, que podem ser com bens ou serviços, visando um fim e que corresponde a uma atividade econômica, porém, sem fins lucrativos.

O cooperado ou associado, de forma concomitante, é, ao mesmo tempo, um sócio e usuário da organização.

Temos como requisitos de todo tipo de cooperativismo: (a) espontaneidade quanto à criação da cooperativa e do trabalho prestado; (b) independência e autonomia dos seus cooperados, os quais apenas obedecem às diretrizes gerais e comuns estabelecidas nos estatutos da cooperativa; (c) objetivo comum que une os associados pela solidariedade; (d) autogestão; (e) liberdade de associação e desassociação; (f) não flutuação dos associados no quadro cooperativo.

Valentin Carrion afirma que *"a cooperativa de trabalho ou de serviço é a que nasce espontaneamente da vontade de seus próprios membros, todos autônomos, que assim continuam e que, distribuindo-se as tarefas advindas ao grupo com igualdade de oportunidades, repartem-se os ganhos proporcionalmente ao esforço de cada um"* (Cooperativas de trabalho: autenticidade e falsidade. *Revista LTr*, v. 63, nº 02, fev. 1999, p. 167-168).

Por sua vez, esclarece Maurício Godinho Delgado que:

"Para se avaliar a respeito da efetiva existência de uma relação de natureza cooperativista é necessário que o operador justrabalhista verifique a observância dos princípios que justificam e explicam as peculiaridades do cooperativismo no plano jurídico e social. Por isso é necessário conhecer e lidar, consistentemente, com as diretrizes da dupla qualidade e da retribuição pessoal diferenciada" (*Curso de direito do trabalho*. 10. ed. São Paulo: LTr, 2011, p. 327).

E prossegue: *"O princípio da dupla qualidade informa que a pessoa filiada tem de ser, ao mesmo tempo, em sua cooperativa, cooperado e cliente, auferindo as vantagens dessa duplicidade de situações. Isso significa que, para tal princípio, é necessário haver efetiva prestação de serviços pela Cooperativa diretamente ao associado – e não somente a terceiros. Essa prestação direta de serviços aos associados/cooperados é, aliás, conduta que resulta imperativamente da própria Lei de Cooperativa (art. 6º, I, Lei 5.764/70)"* (Ob. cit., p. 328).

Quanto ao princípio da retribuição pessoal diferenciada, Maurício Godinho Delgado leciona que: *"é a diretriz jurídica que assegura ao cooperado um complexo de vantagens comparativas de natureza diversa muito superior ao patamar que obteria caso atuando destituído da proteção cooperativista. A ausência desse complexo faz malograrem tanto a noção como os objetivos do cooperativismo, eliminando os fundamentos sociais que justificaram o tratamento mais vantajoso que tais entidades sempre mereceram da ordem jurídica"* (Ob. cit., p. 329).

A relação de emprego ora descrita entre Reclamante e 2ª Reclamada demonstra claramente o desvirtuamento da ideia de cooperativismo, ensejando a aplicação do art. 9º da CLT que enuncia: *"Serão nulos de pleno direito os atos praticados com o objetivo de desvirtuar, impedir ou fraudar a aplicação dos preceitos contidos na presente Consolidação"*.

A fraude advém de práticas ilegais, tentando-se a desvirtuação do alcance do texto legal, adotando-se aspectos formais de mera simulação, acobertando objetivos contrários e escusos. Todo e qualquer ato, que visa desvirtuar o espírito de todo e qualquer dispositivo legal, tipifica fraude à lei.

Declina a jurisprudência:

"Agravo de instrumento. Recurso de revista. Vínculo empregatício. Cooperativa. Professora de entidade de ensino. Simulação e fraude. Terceirização ilícita também configurada. Reconhecimento, pela instância ordinária da justiça do trabalho, do vínculo empregatício, corrigindo a irregularidade e restaurando o império da constituição e da CLT.

Cap. 3 • MODELOS DE CAUSA DE PEDIR E PEDIDOS | 197

Decisão denegatória. Manutenção. O Direito do Trabalho, classicamente e em sua matriz constitucional de 1988, é ramo jurídico de inclusão social e econômica, concretizador de direitos sociais e individuais fundamentais do ser humano (art. 7°, CF). Volta-se a construir uma sociedade livre, justa e solidária (art. 3°, I, CF), erradicando a pobreza e a marginalização e reduzindo as desigualdades sociais e regionais (art. 3°, IV, CF). Instrumento maior de valorização do trabalho e especialmente do emprego (art. 1°, IV, art. 170, caput e VIII, CF) e veículo mais pronunciado de garantia de segurança, bem-estar, desenvolvimento, igualdade e justiça às pessoas na sociedade econômica (Preâmbulo da Constituição), o Direito do Trabalho não absorve fórmulas diversas de precarização do labor, como a parassubordinação e a informalidade. Registre-se que a subordinação enfatizada pela CLT (arts. 2° e 3°) não se circunscreve à dimensão tradicional, subjetiva, com profundas, intensas e irreprimíveis ordens do tomador ao obreiro. Pode a subordinação ser do tipo objetivo, em face da realização, pelo trabalhador, dos objetivos sociais da empresa. Ou pode ser simplesmente do tipo estrutural, harmonizando-se o obreiro à organização, dinâmica e cultura do empreendimento que lhe capta os serviços. Presente qualquer das dimensões da subordinação (subjetiva, objetiva ou estrutural), considera-se configurado esse elemento fático-jurídico da relação de emprego. No caso concreto, o TRT consigna que a segunda Reclamada, sob o manto de uma cooperativa, agiu de maneira a dissimular o vínculo empregatício existente entre a Reclamante e a primeira Reclamada, uma vez que a relação cooperativa não se configurou válida. Nesse sentido, assinala o Órgão Judicial a quo a total inconsistência da alegação de que o trabalho da Reclamante se dava de forma autônoma e livre, tendo em vista a inevitável subordinação inerente à natureza da relação entre instituição de ensino e professor, o qual deve seguir as diretrizes educacionais daquela e cumprir horário estrito concernente às lições aos alunos da instituição. Além disso, despontou claro que a primeira Reclamada terceirizou serviços irregularmente, pois o magistério é atividade primordial e essencial, função finalística da instituição de ensino, constatando-se, por isso, a ilegalidade destacada pela Súmula 331, I/ TST e a necessidade de reconhecimento do vínculo empregatício. Assim, não há como assegurar o processamento do recurso de revista quando o agravo de instrumento interposto não desconstitui os fundamentos da decisão denegatória, que subsiste por seus próprios fundamentos. Agravo de instrumento desprovido" (TST – 3ª T. – AIRR 132800-24.2007.5.02.0015 – Rel. Min. Mauricio Godinho Delgado – *DEJT* 21-6-2013).

Diante de todo o acima exposto, conclui-se que, durante todo o contrato de trabalho da Reclamante, esta prestou serviços nas dependências da 2ª Reclamada e sob sua subordinação e ingerência, sem qualquer solução de continuidade ou interrupção, não obstante sua contratação ser realizada com intermediação fraudulenta da 1ª Reclamada, para fins de sonegação de direitos celetistas e normativos de sua categoria profissional sindical, sendo que a 2ª Reclamada jamais arcou com suas obrigações de verdadeira empregadora.

Portanto, requer a Reclamante a nulidade da contratação fraudulenta pela 1ª Reclamada, nos termos que dispõe o art. 9° da Consolidação das Leis do Trabalho, a fim de obter o reconhecimento do vínculo empregatício diretamente com a 2ª Reclamada no período contratual de [indicar o período], na função de [indicar o nome], com salário de [indicar o valor], assim considerado o piso salarial estabelecido por sua categoria sindical profissional, o que ora se postula o devido enquadramento sindical [verificar as CCTs da tomadora de serviços e analisar o cabimento de pedidos normativos sonegados e diferenças salariais que deverão ser postuladas em itens próprios].

Ante o reconhecimento da fraude perpetrada pelas Rés, estas deverão ser condenadas solidariamente nas obrigações de fazer e pagar especificadas nos pedidos, compelindo-se, ainda, a 2ª Reclamada à obrigação de fazer de proceder à retificação relativa à contratação da Autora em sua CTPS, em prazo a ser fixado por esse D. Juízo, sob pena de multa diária.

PEDIDO:

(a) nulidade da contratação fraudulenta pela 1ª Reclamada, nos termos que dispõe o art. 9° da CLT e condenação solidária das Reclamadas, nas obrigações de fazer e pagar requeridas nesta demanda;

(b) enquadramento sindical da Reclamante segundo a atividade preponderante da 2ª Reclamada, com reconhecimento de todos os benefícios e direitos normativos conferidos a esta categoria profissional que se encontram pleiteados nesta demanda, conforme CCTs juntadas [efetuar as causas de pedir e pedidos dos direitos normativos em tópicos próprios, após a presente causa de pedir];

(c) condenação das Reclamadas, observado o disposto nos itens "A" (solidariedade) e "B" (enquadramento sindical), nas seguintes obrigações de fazer e pagar:

(c.1) reconhecimento do vínculo empregatício diretamente com a 2ª Reclamada [indicar o período e a função], com salário de [indicar o valor], assim considerado o piso salarial estabelecido por sua categoria sindical profissional, o que ora se postula o devido enquadramento sindical [verificar as CCTs da tomadora de serviços e analisar o cabimento de pedidos normativos sonegados e diferenças salariais que deverão ser postuladas em itens próprios];

(c.2) retificação da CTPS da Autora, pela 2ª Reclamada, relativa à correta contratação, em prazo a ser fixado por esse D. Juízo, sob pena de multa diária;

(c.3) direitos normativos [verificar as CCTs da tomadora de serviços e analisar o cabimento de pedidos normativos sonegados e diferenças salariais que deverão ser postuladas em itens próprios].

3.54. CORREÇÃO MONETÁRIA

CAUSA DE PEDIR:

Para fins de atualização monetária, a época própria surge da exigibilidade do crédito, ou seja, do momento em que a obrigação contratual trabalhista não é adimplida.

Conforme diretrizes traçadas em seu contrato de trabalho, o Reclamante era mensalista e sempre recebeu seus salários no quinto dia útil do mês subsequente ao mês da prestação de serviços, conforme disposto no art. 459 da CLT.

Assim, a época própria para a correção dos débitos trabalhistas ora postulados e eventualmente quitados em Juízo ocorre a partir do dia seguinte ao do vencimento da obrigação, o que, na hipótese de salários cuja prestação dos serviços se encerra no último dia do mês, a atualização monetária se dá a partir do dia primeiro do mês subsequente ao trabalhado.

Não há que se confundir a época própria para quitação dos débitos em Juízo com os prazos previstos no art. 459, § 1º, CLT, uma vez que, somente em relação ao pagamento de salários, quando devidamente quitados pelo empregador, por força do art. em questão, tem ele a faculdade de cumprir a obrigação até o 5º dia útil do mês subsequente ao vencido.

Desse modo, para a quitação das parcelas de natureza salarial ora postuladas, como horas extras, salário e demais verbas requeridas em itens próprios nesta exordial * [descrever as verbas salariais postuladas na inicial], o índice a ser aplicado é o do dia primeiro do mês subsequente ao do vencimento da obrigação, considerando a periodicidade mensal.

Para parcelas com datas específicas, como 13º salário, cujo vencimento é o dia 20 de dezembro, e verbas rescisórias, que possuem datas diferenciadas, o índice a ser aplicado é o do próprio mês, cujo raciocínio é o mesmo, ou seja, a incidência do índice do dia seguinte ao vencimento da obrigação.

Assim, na apuração da correção monetária deve ser observado o entendimento consubstanciado na Súmula 381 do colendo Tribunal Superior do Trabalho, *in verbis*: *"O pagamento dos salários até o 5º dia útil do mês subsequente ao vencido não está sujeito à correção monetária. Se essa data limite for ultrapassada, incidirá o índice da correção monetária do mês subsequente ao da prestação dos serviços, a partir do dia 1º"*.

O art. 39 da Lei 8.177/91 determina que os débitos trabalhistas de qualquer natureza, quando não satisfeitos pelo empregador, serão atualizados nas épocas próprias definidas em lei, acordo ou convenção coletiva, sentença normativa ou cláusula contratual.

A época própria legal: quando o pagamento houver sido estipulado por mês, deverá ser efetuado, o mais tardar, até o quinto dia útil subsequente ao vencido (art. 459, § 1º, CLT).

Para José Severino da Silva Pitas, a época própria legal *"coincide com o interesse de agir, e configura-se com a data em que, legitimamente, pode ser exigido o cumprimento da obrigação. Não é, portanto, necessariamente, o término da prestação de serviços no final de cada mês que constitui a época própria para atualização dos salários mensais, conceito leigo, mas, necessariamente, o fato jurídico, previsto no art. 2º do Decreto-lei 75/66 e posteriormente no art. 39 da Lei 8.177/91, que definirá a época própria para correção monetária. Na falta de estipulação contratual, mais benéfica, escrita ou tácita, a época própria será o quinto dia útil após o mês trabalhado, na forma do que dispõe o parágrafo único do art. 459 da CLT. A expressão utilizada pela lei, 'o mais tardar', fixa o quinto dia útil como data de exigibilidade da obrigação e, desnecessariamente, uma faculdade ao empregador para antecipação do pagamento. Não é, juridicamente, possível exigir-se do empregador o pagamento, nesta hipótese, antes do quinto dia útil"* (Correção Monetária dos Débitos Trabalhistas – Evolução Legislativa e Definição Legal, *Revista Trabalho e Processo*, dez. 94, p. 117).

Valentin Carrion entende que a época própria legal, para o cômputo da correção monetária, é a partir do 1º dia do mês seguinte ao vencido para aqueles que recebem salário por mês. Justifica essa posição ao citar o art. 1º, § 1º, Lei 6.899/81, o qual salienta que, nas execuções de títulos de dívida líquida e certa, a correção será calculada a contar do respectivo vencimento.

Assevera, ainda, que *"o favor legal do pagamento até o 5º dia útil, previsto no art. 459, parágrafo único, é ..plicável para os casos de regular adimplemento da obrigação pelo devedor; a norma, de proteção ao salário, não prevê a liberalidade quando o empregador já está em mora no pagamento"* (*Comentários à Consolidação das Leis do Trabalho*. 25. ed. São Paulo: Saraiva, 2000, p. 619).

Para outros autores, a exata interpretação do art. 459, da CLT, é de que o prazo (até o 5º dia útil do mês subsequente) é uma faculdade legal dada ao empregador, não se constituindo no momento exato para a correção monetária, a qual deveria ter como época própria o mês da prestação dos serviços.

Nesse sentido, Francisco Antonio de Oliveira ensina:

"A faculdade que tem o empregador de pagar os salários até o quinto dia útil do mês subsequente ao trabalhado somente se aplica àquelas empresas que cumpram suas obrigações nas épocas próprias, não àquelas inadimplentes. Adotar-se entendimento contrário, no sentido de que a atualização somente deve ser considerada a partir da exigibilidade prevista em lei, representaria um prêmio ao mau pagador. Desta maneira, não há por que aplicar-se os índices de atualização do mês subsequente" (*Comentários aos Precedentes Normativos e Individuais do TST*, 1999, p. 253).

Consolidou-se no TST que *"o pagamento dos salários até o 5º dia útil do mês subsequente ao vencido não está sujeito à correção monetária. Se essa data limite for ultrapassada, incidirá o índice da correção monetária do mês subsequente ao da prestação dos serviços, a partir do dia 1º"* (Súm. 381).

Dessa forma, aplica-se, para efeitos de atualização monetária dos débitos trabalhistas salariais postulados na presente ação, o índice do dia primeiro do mês subsequente àquele em que ocorreu o fato gerador da obrigação inadimplida, ou seja, a prestação de serviços do Autor, considerando a periodicidade mensal de apuração, na forma da Súmula 381 do TST. Para parcelas com datas específicas, como 13º salário, cujo vencimento é o dia 20 de dezembro, e verbas rescisórias, que possuem datas diferenciadas, o índice a ser aplicado é o do próprio mês, cujo raciocínio é o mesmo, ou seja, a incidência do índice do dia seguinte ao vencimento da obrigação.

PEDIDO/REQUERIMENTO:

(a) aplicação de índice de correção/atualização monetária referente ao dia primeiro do mês subsequente àquele em que ocorreu o fato gerador da obrigação, ou seja, a prestação de serviços do Autor, considerando a periodicidade mensal de apuração, na forma da Súmula 381 do TST;

(b) quanto às parcelas com datas específicas, como 13º salário, cujo vencimento é o dia 20 de dezembro, e verbas rescisórias, que possuem datas diferenciadas, o índice de correção/atualização monetária a ser aplicado é o do próprio mês, ou seja, a incidência do índice do dia seguinte ao vencimento da obrigação.

Cap. 3 • MODELOS DE CAUSA DE PEDIR E PEDIDOS | **201**

3.55. CORREÇÃO MONETÁRIA
ÍNDICE APLICÁVEL (TR X IPCA-E)

CAUSA DE PEDIR:

Requer o Autor que o índice de correção monetária a ser adotado para correção do débito trabalhista seja o IPCA-E e não a TR.

Grande entrave jurídico se estabeleceu quanto ao índice de correção monetária a ser aplicado aos débitos trabalhistas, notadamente após a análise no TST na Arguição de Inconstitucionalidade 479-60.2011.5.04.0231, suscitada pela 7ª Turma do TST no Recurso de revista sob mesmo número.

Tal decisão, pautada em quatro ações diretas de inconstitucionalidade no STF (ADIs 4.357, 4.372, 4.400 e 4.425), que declararam a inconstitucionalidade da correção pela TR, pelo fenômeno da "declaração de inconstitucionalidade por arrastamento" deram efeito modulador aos débitos trabalhistas, estabelecendo que todos os débitos fossem corrigidos pelo IPCA-E.

O TST, em julgamento plenário realizado no dia 04 de agosto de 2015, examinou a Arguição de Inconstitucionalidade suscitada pela 7ª Turma, nos autos do AIRR-479-60.2011.5.04.0231, e pronunciou a inconstitucionalidade por arrastamento do art. 39 da Lei 8.177/91, elegendo como fundamento a *ratio decidendi* exposta pelo STF no julgamento das ADIs 4.357, 4.372, 4.400 e 4.425. Foi determinada a modulação dos efeitos da decisão, a fim de que os créditos trabalhistas alvos de execuções judiciais fossem corrigidos pelo IPCA-E a contar de 30 de junho de 2009, observada, porém, a preservação das situações jurídicas consolidadas resultantes dos pagamentos efetuados nos processos judiciais, em andamento ou extintos, em virtude dos quais foi adimplida e extinta a obrigação, ainda que parcialmente, sobretudo em decorrência da proteção ao ato jurídico perfeito (arts. 5°, XXXVI, da CF e 6° da Lei de Introdução ao Direito Brasileiro – LINDB). Houve a interposição de embargos declaratórios quanto à modulação dos efeitos, os quais foram acolhidos parcialmente, atribuindo-se efeito modificativo ao julgado.

Diante da relevância da matéria e de seus expressivos impactos econômicos, a Federação Nacional dos Bancos (Fenaban) apresentou ao STF a Reclamação Constitucional 22.012, distribuída ao Ministro Dias Toffoli, sobrevindo decisão deferitória de liminar, *"para suspender os efeitos da decisão reclamada e da 'tabela única' editada pelo CSJT em atenção a ordem nela contida, sem prejuízo do regular trâmite da Ação Trabalhista n° 0000479-60.2011.5.04.0231, inclusive prazos recursais".*

Em 05 de dezembro de 2017, a 2ª Turma do STF, ao examinar o mérito da Reclamação Constitucional 22012, a julgou improcedente, prevalecendo, no referido julgamento, o entendimento de que a decisão do TST, em que foi determinada a aplicação do Índice de Preços ao Consumidor Amplo Especial (IPCA-E) em detrimento da Taxa Referencial Diária (TRD) para atualização de débitos trabalhistas, não configura desrespeito ao julgamento do STF nas ações diretas de inconstitucionalidade 4.357 e 4.425.

Considerando a decisão da 2ª Turma do STF, no sentido de julgar improcedente a Reclamação Constitucional 22.012, prevalece o entendimento de que a decisão do TST não configura desrespeito ao julgamento do STF nas ações diretas de inconstitucionalidade 4.357 e 4.425, indubitável a viabilidade de adoção do IPCA-E, como índice aplicável para a correção de débitos trabalhistas.

Não há como negar que a TR e, por conseguinte, a TRD não se prestam à recomposição do poder aquisitivo da moeda, razão pela qual a sua adoção para a correção dos débitos trabalhistas vulnera, quando menos, o direito de propriedade (art. 5º, XXI, CF), além de representar estímulo à protelação no cumprimento das obrigações inscritas em títulos judiciais trabalhistas.

Corrobora a fundamentação acima a conclusão do julgamento do RE 870.947 pelo Plenário do STF, ocorrida no dia 20 de setembro de 2017, em que foram estabelecidas duas teses sobre os índices de correção monetária e os juros de mora a serem aplicados nas condenações impostas à Fazenda Pública.

Em recente decisão, o TST se pronunciou quanto à aplicação do índice IPCA-E:

"AGRAVO DE INSTRUMENTO. EXECUÇÃO. ÍNDICE DE CORREÇÃO MONETÁRIA DOS DÉBITOS TRABALHISTAS. IPCA-E. TEMA 810 DA TABELA DE REPERCUSSÃO GERAL (RE 870.947/SE). O Supremo Tribunal Federal, em 20-9-2017, nos autos do RE 870.947 (Tema 810 da Tabela de Repercussão Geral), concluiu pela impossibilidade jurídica da utilização do índice da caderneta de poupança como critério de correção monetária, por afrontar o direito fundamental de propriedade consagrado pelo art. 5º, XXII, da CR. E, em 3-10-2019, na ocasião do julgamento dos embargos de declaração, decidiu não modular os efeitos da decisão anteriormente proferida. Em face do que ficou decidido pela Suprema Corte, não há mais margem para se aplicar a TR como fator de atualização dos débitos trabalhistas, nem mesmo em relação ao período anterior a 24-3-2015, conforme havia sido modulado pelo Tribunal Pleno desta Corte, nos autos do ED-ArgInc-479-60.2011.5.04.0231 (DEJT 30-6-2017), devendo incidir o IPCA-E como índice de correção monetária dos débitos trabalhistas. Agravo de instrumento desprovido." (TST – 6ª T. – AIRR 706-78.2013.5.04.0005 – Rel. Min. Aloysio Corrêa da Veiga – DEJT 6-12-2019.)

"(...) RECURSO DE REVISTA INTERPOSTO PELO RECLAMADO. ACÓRDÃO PUBLICADO NA VIGÊNCIA DA LEI Nº 13.015/2014. IPCA-E. CRÉDITOS TRABALHISTAS. CORREÇÃO MONETÁRIA. INCONSTITUCIONALIDADE DO ARTIGO 39 DA LEI 8.177/91. Esta Corte Superior, em sua composição plenária, ao julgar o TST-ArgInc-479-60.2011.5.04.0231, declarou a inconstitucionalidade do art. 39 da Lei nº 8.177/91, na esteira do entendimento sufragado pelo STF nas ADIs nºˢ 4.357, 4.372, 4.400 e 4425 e Ação Cautelar nº 3764 MC/DF. Considerou esta Corte, ao fundamentar a decisão, que a expressão 'equivalentes à TRD' estampada no dispositivo legal 'impede que se restabeleça o direito à recomposição integral do crédito reconhecido pela sentença transitada em julgado', concluindo que 'ao permanecer essa regra, a cada dia o trabalhador amargará perdas crescentes resultantes da utilização de índice de atualização monetária do seu crédito que não reflete a variação da taxa inflacionária'. Sobreveio a suspensão dos efeitos da tese firmada por esta Corte Superior, nos termos de decisão monocrática exarada nos autos da Reclamação Constitucional nº 22.012. Ocorre que, no julgamento definitivo da referida Reclamação, a Segunda Turma da Excelsa Corte houve por bem julgá-la improcedente, restabelecendo, por consectário, a eficácia da decisão proferida por este Tribunal. Nesse contexto, estando o v. acórdão regional em harmonia com a jurisprudência deste TST, inviável se torna o processamento da revista (Súmula nº 333 do TST e art. 896, § 7º, da CLT). Recurso de revista não conhecido." (TST – 5ª T. – RR 24102-95.2016.5.24.0046 – Rel. Min. Breno Medeiros – DEJT 21-9-2018.)

Em razão do posicionamento adotado pelo TST na Arguição de Inconstitucionalidade 479-60.2011.5.04.0231, no sentido de que a TR não é critério de atualização, fica superado o teor do art. 879, § 7º, CLT.

Diante de todo o exposto, requer seja aplicado na correção dos débitos trabalhistas desta ação, o índice de correção monetária IPCA-E, índice que melhor representa a reposição monetária da inflação, respeitando-se os arts. 883, CLT e 389, CC.

PEDIDO:

Requer seja aplicado na correção dos débitos trabalhistas desta ação o índice de correção monetária IPCA-E, índice que melhor representa a reposição monetária da inflação, respeitando-se os arts. 883, CLT e 389, CC.

3.56. CRITÉRIOS DE APURAÇÃO

Apuração por meros cálculos.

Correção monetária tendo como marco inicial o vencimento de cada obrigação, tal como definido em lei, assim considerado: o mês seguinte ao da prestação dos serviços, para as verbas integrantes do complexo salarial (Súmula 381, TST); as épocas próprias previstas na Lei 8.036/90, Leis 4.090/62 e 4.749/65, arts. 145 e 477, § 6°, CLT para as parcelas de, respectivamente, FGTS, 13° salários, férias e verbas rescisórias.

Juros de mora à base de 1% ao mês, de forma não capitalizada e a partir do ajuizamento da demanda (art. 883, CLT; art. 39, § 1°, Lei 8.177/91). Os juros deverão incidir sobre o capital corrigido (Súmula 200, TST).

Quanto aos juros, se o devedor for a Fazenda Pública, os percentuais devem observar a Orientação Jurisprudencial do Tribunal Pleno/Órgão Especial 7 do TST (MP 2.180-35):

"I – Nas condenações impostas à Fazenda Pública, incidem juros de mora segundo os seguintes critérios: a) 1% (um por cento) ao mês, até agosto de 2001, nos termos do § 1° do art. 39 da Lei 8.177, de 1-3-1991; b) 0,5% (meio por cento) ao mês, de setembro de 2001 a junho de 2009, conforme determina o art. 1°-F da Lei 9.494, de 10-9-1997, introduzido pela Medida Provisória 2.180-35, de 24-8-2001;

II – A partir de 30 de junho de 2009, atualizam-se os débitos trabalhistas da Fazenda Pública, mediante a incidência dos índices oficiais de remuneração básica e juros aplicados à caderneta de poupança, por força do art. 5° da Lei 11.960, de 29-6-2009.

III – A adequação do montante da condenação deve observar essa limitação legal, ainda que em sede de precatório".

[No caso de condenação contra a Fazenda Pública, como devedora subsidiária, pelas obrigações trabalhistas devidas pela empregadora principal, não se tem o benefício da limitação dos juros. Nesta hipótese, será observado o percentual de 1% ao mês de forma simples (OJ 382, SDI-I).]

O cálculo do INSS observará: (a) a contribuição é devida quanto aos salários de contribuição gerados pela decisão, assumindo cada parte a responsabilidade da sua quota-parte; (b) as contribuições incidem sobre as verbas salariais deferidas [mencionar as verbas]; (c) o cálculo é mês a mês e o valor será atualizado com base nos índices dos débitos trabalhistas (Súmula 368, III, TST); (d) a Reclamada deverá comprovar os recolhimentos no prazo legal após o pagamento do crédito trabalhista na liquidação de sentença; (e) a parcela previdenciária do trabalhador será descontada de seus créditos (Súmula 368, II, TST).

Imposto de Renda. Será deduzido na fonte, do empregado, quando o recebimento do crédito se tornar disponível. O cálculo será feito utilizando-se a IN da RFB 1.500, de 29 de outubro de 2014, por se tratar de rendimentos decorrentes do trabalho (art. 26 da IN 1.500/2014), aplicando-se a tabela progressiva para ao recebimento de rendimentos acumulados (Súmula 368, VI, TST; art. 12-A da Lei 7.713/88). São tributáveis as verbas salariais deferidas [mencionar as verbas] devidamente atualizadas, deduzido o valor relativo à parcela previdenciária do empregado. Os juros de mora decorrentes de sentença judicial não são tributáveis (art. 46 e §§, da Lei 8.541/92; art. 404 e seu parágrafo único do CC de 2002, OJ 400 da SDI-I, Súmula 19 do TRT da 2ª Região).

3.57. CUMULAÇÃO DE PEDIDOS DE RECONHECIMENTO DE VÍNCULO EMPREGATÍCIO E RESCISÃO INDIRETA
POSSIBILIDADE

CAUSA DE PEDIR:

O Reclamante foi admitido aos serviços da Reclamada em [indicar a data], sem o devido registro de seu contrato de trabalho em CTPS, permanecendo assim até a presente data, por longos meses [indicar o número]. Não obstante solicitar à empregadora a formalização de sua contratação, sempre ouvia de seu superior que *"se ele não estivesse contente, que era para demitir-se, porque sabia que a empresa não podia registrá-lo devido aos altos encargos trabalhistas"*.

Ocorre que tal situação tornou-se insustentável, haja vista que o Autor possui problemas de saúde que o levaram a afastar-se do trabalho por várias ocasiões, sendo que não pôde ter acesso ao benefício previdenciário a que tinha direito devido à falta de registro da relação de emprego em CTPS, deixando-o à margem da sociedade e totalmente desprovido dos direitos trabalhistas aos quais os trabalhadores formais têm direito.

O Reclamante junta, neste ato, provas pré-constituídas do alegado contrato de trabalho sem registro, consistentes em: (a) recibos de pagamento de salário acompanhados dos respectivos cheques de pagamento, sempre assinados pelos representantes legais da Ré [docs. ...]; (b) cópias do livro de registro ponto dos empregados (inclusive do Reclamante) durante o período do contrato de trabalho, onde se verificam as assinaturas dos demais empregados, do Reclamante e vistos dos encarregados [docs. ...]; (c) declaração assinada pelo representante da Reclamada reconhecendo a relação de emprego do Reclamante [doc. ...].

As provas acima demonstram cabalmente a relação de emprego existente entre as partes no período alegado e o total descaso da Reclamada em reconhecer o direito do Autor, que se encontra na iminência de um tratamento cirúrgico, sem que tenha direito a qualquer afastamento previdenciário ou tutela protetiva da Seguridade Social, em virtude única e exclusivamente pela omissão e negligência da Ré, que se exime de suas responsabilidades patronais.

Diante de tais elementos, o que se conclui é que restou comprovada, *in casu*, a presença dos requisitos dos arts. 2º e 3º da CLT, mormente a subordinação jurídica – principal traço distintivo entre a relação de emprego e o trabalho prestado de forma autônoma.

Assim, o vínculo de emprego deve ser reconhecido, com a anotação dos dados [indicar: datas de admissão e dispensa; função e salário], bem como deverá efetuar todas as atualizações salariais de acordo com a evolução salarial da categoria [mencionar as convenções coletivas], além de efetuar o pagamento das verbas referentes ao período não registrado, tais como férias + 1/3 integrais e proporcionais (em dobro), 13º salário integral e proporcional, FGTS + 40% e direitos convencionais, que serão postulados nos seus itens próprios.

Tais elementos devem ser anotados na CTPS do Reclamante em dez dias após o trânsito em julgado, sob pena de a Reclamada pagar uma multa diária de R$ 500,00, por dia de atraso, de acordo com os arts. 536 e 537, CPC. A multa será revertida em prol do trabalhador. Ofícios devem ser expedidos: SRTE, INSS e CEF.

Entende, ainda, o Autor que o reconhecimento do vínculo empregatício negligenciado pela Reclamada implica necessariamente a existência de causa motivadora para a rescisão indireta do contrato de trabalho, eis que a Reclamada teria descumprido diversas obrigações contratuais, relativas a 13º salário, FGTS, férias + 1/3, direitos normativos, contribuições previdenciárias e recolhimentos fiscais.

Não há que se falar em incompatibilidade entre os pleitos de reconhecimento de vínculo de emprego e rescisão indireta perante a sua não formalização pelo empregador, pois a reprovável prática do empregador constitui infração contratual grave, que se enquadra perfeitamente na alínea "d", do art. 483, CLT, nada havendo, pois, de incompatível entre os dois pedidos iniciais.

A possibilidade de reconhecimento da rescisão indireta pelo reconhecimento em juízo do vínculo empregatício já foi objeto de numerosos pronunciamentos do TST, entre os quais citamos:

"I – AGRAVO DE INSTRUMENTO EM RECURSO DE REVISTA. 1. TEMPESTIVIDADE DO RECURSO DE REVISTA INTERPOSTO PELO RECLAMANTE. INTERRUPÇÃO DO PRAZO RECURSAL. EMBARGOS DECLARATÓRIOS OPOSTOS PELA PARTE CONTRÁRIA. I. Não constatado o óbice da intempestividade apontado no despacho agravado para o processamento do recurso de revista. II. Atendidos os demais pressupostos extrínsecos, passa-se à análise imediata dos seus pressupostos intrínsecos, nos termos da Orientação Jurisprudencial 282 da SBDI-1/TST. 2. RESCISÃO INDIRETA. DESCUMPRIMENTO DAS OBRIGAÇÕES DO CONTRATO. VÍNCULO DE EMPREGO RECONHECIDO EM JUÍZO. IMEDIATIDADE. I. Demonstrada violação do art. 483, 'd', da CLT. II. Agravo de instrumento de que se conhece e a que se dá provimento, para determinar o processamento do recurso de revista, observando-se o disposto na Resolução Administrativa nº 928/03 do TST. II – RECURSO DE REVISTA INTERPOSTO PELO RECLAMANTE. RESCISÃO INDIRETA. DESCUMPRIMENTO DAS OBRIGAÇÕES DO CONTRATO. VÍNCULO DE EMPREGO RECONHECIDO EM JUÍZO. IMEDIATIDADE. I. A jurisprudência deste Tribunal Superior é no sentido de ser possível a acumulação de pedido de reconhecimento de vínculo empregatício com o de rescisão indireta do pacto, desde que não exista dúvida razoável sobre a relação de emprego. Precedentes. II. Extrai-se do julgado regional que não havia 'dúvida razoável' acerca da existência da relação de emprego na hipótese dos autos. Logo, nos termos da jurisprudência desta Corte Superior, não há óbice ao reconhecimento da rescisão indireta do contrato de trabalho em razão de o vínculo de emprego haver sido declarado em juízo. III. Por outro lado, consta do acórdão recorrido que a Reclamada deixou de cumprir, de forma reiterada e contínua, diversas obrigações oriundas do contrato de trabalho (registro da CTPS, falta de pagamento de férias, 13º salários e ausência de recolhimento das contribuições previdenciárias e do FGTS). O fato de as faltas patronais haverem perdurado 'por cerca de seis anos' não inviabiliza o reconhecimento da hipótese de que trata o art. 483, 'd' da CLT. Isso porque a jurisprudência atual e pacífica deste Tribunal Superior é no sentido de que o requisito da imediatidade não se aplica, com o mesmo rigor, quando se trata de pedido de rescisão indireta. Precedentes. IV. Ao afastar a hipótese de rescisão indireta do contrato de trabalho no caso concreto, embora consignado que a Reclamada deixou de cumprir, de forma reiterada e contínua, diversas obrigações oriundas do contrato de trabalho (registro da CTPS, falta de pagamento de férias, 13º salários e ausência de recolhimento das contribuições previdenciárias e do FGTS), a Corte de origem decidiu em ofensa ao art. 483, 'd', da CLT, razão pela qual o provimento ao recurso de revista é medida que se impõe. V. Recurso de revista de que se conhece e a que se dá provimento." (TST – 4ªT. - RR 1621-23.2011.5.03.0136 – Rel. Des. Conv. Cilene Ferreira Amaro Santos – *DEJT* 18-12-2015.)

Dessa forma, com suporte na jurisprudência do TST, deve ser reconhecida a justa causa patronal por afronta ao art. 483, "d", CLT, com a consequente declaração da rescisão indireta do contrato de trabalho pela falta de reconhecimento da relação de emprego, com data de [apontar o término], com direito à percepção das verbas rescisórias (aviso-prévio e suas projeções em 13º salário e férias + 1/3, pagamento de férias + 1/3 integrais e proporcionais, pagamento de 13º salários integrais e proporcionais, saldo salarial do mês, pagamento de horas extras realizadas no mês), liberação do FGTS pelo código 01 + multa de 40% e a liberação do seguro-desemprego ou indenização equivalente (arts. 186 e 927, CC).

PEDIDO:

(a) reconhecimento da relação de emprego nos seguintes termos [indicar: datas de admissão e dispensa; salário e função], bem como deverá efetuar todas as atualizações salariais de acordo com a evolução salarial da categoria, além de efetuar o pagamento das verbas referentes ao período não registrado, tais como férias + 1/3 integrais e proporcionais (em dobro), 13º salário integral e proporcional, FGTS + 40% e direitos convencionais. Tais elementos devem ser anotados na CTPS do Reclamante em dez dias após o trânsito em julgado, sob pena de a Reclamada pagar uma multa diária de R$ 500,00, por dia de atraso, em conformidade com os arts. 536 e 537, CPC. A multa será revertida em prol do trabalhador. Ofícios devem ser expedidos: SRTE, INSS e CEF;

(b) reconhecimento da justa causa patronal por afronta ao art. 483, *d*, CLT, com a consequente declaração da rescisão indireta do contrato de trabalho, com data de [apontar o término];

(c) condenação da Reclamada ao pagamento das verbas rescisórias pela dispensa indireta: (aviso--prévio e suas projeções em 13º salário e férias + 1/3, pagamento de férias + 1/3 integrais e proporcionais, pagamento de 13º salário integrais e proporcionais, saldo salarial do mês, pagamento de horas extras realizadas no mês), liberação do FGTS pelo código 01 com a multa de 40% e a liberação do seguro-desemprego ou indenização equivalente (arts. 186 e 927, CC).

208 | PRÁTICA DA RECLAMAÇÃO TRABALHISTA – *Jorge Neto • Wenzel • Cavalcante*

3.58. DANO EM RICOCHETE
LEGITIMIDADE PARA PLEITEAR INDENIZAÇÃO POR DANO MORAL DECORRENTE DA MORTE DO TRABALHADOR

CAUSA DE PEDIR:

No caso em questão, as Autoras são, respectivamente, viúva e filha do empregado falecido [X], [descrever o grau de parentesco do núcleo familiar do empregado falecido ou, no caso de terceiros que não pertencem ao núcleo familiar, descrever o grau de relacionamento que comprove o dano sofrido com o evento envolvendo o empregado da Reclamada] que veio a óbito imediato em virtude dos graves ferimentos decorrentes da explosão que caracterizou o acidente de trabalho sofrido nas dependências da empresa Ré, única responsável pelo evento danoso que acometeu o empregado e atingiu as Autoras, por via reflexa, de forma trágica, definitiva e de tristeza indescritível, acarretando consequências morais e materiais lesivas e permanentes à vida das postulantes.

Em relação à legitimação das Autoras para a postulação dos danos morais e materiais oriundos da morte do empregado (pai e esposo das Reclamantes), há, a princípio, ilegitimidade do espólio para figurar no polo ativo da ação, uma vez que estão legitimados para a causa as pessoas que compõem a relação jurídica deduzida na causa de pedir (no caso, indenização por danos morais e materiais decorrentes do evento morte do empregado) e, como o espólio é o mero conjunto de bens deixados pelo falecido empregado, que se transmite aos herdeiros no momento do óbito, conclui-se que o espólio não reúne condições para deduzir pretensão relativa à indenização por dano moral e material em nome dos herdeiros (art. 18, CPC).

Assim, o espólio não é beneficiário da postulação de danos morais e materiais pelo acidente de trabalho que resultou na morte do empregado, pois o pedido tem feição personalíssima, referente ao sofrimento íntimo e dor imensurável de cada ente familiar com a morte da pessoa querida, não podendo atribuir-se a legitimidade da massa inerte de bens (espólio) que, aliás, somente constitui os bens e deveres do falecido, não chegando a representar juridicamente o núcleo familiar.

Também vale destacar que a tutela ora postulada (indenização por danos morais e materiais decorrentes do evento morte do empregado) não diz respeito a verbas trabalhistas não quitadas no curso do contrato laboral, mas, sim, à indenização por danos morais/materiais suportados pelas próprias Autoras herdeiras, em razão do evento acidentário trabalhista que ocasionou o falecimento do empregado.

Sendo assim, não há que se falar em "transmissão de direitos", visto que as Autoras e sucessoras estão defendendo interesses próprios e não aqueles do espólio.

A jurisprudência indica:

"RECURSO DE REVISTA EM FACE DE DECISÃO PUBLICADA ANTES DA VIGÊNCIA DA LEI Nº 13.015/2014. AÇÃO REPARATÓRIA AJUIZADA POR VIÚVA DE EMPREGADO MORTO EM RAZÃO DE DOENÇA PROFISSIONAL. TRABALHADOR JÁ INDENIZADO EM VIDA PELOS DANOS MATERIAIS E MORAIS POR ELE SUPORTADOS. DISCUSSÃO ACERCA DA CARACTERIZAÇÃO DE BIS IN IDEM. AUTORA FALECIDA NO CURSO DO PRESENTE PROCESSO (arguição de divergência jurisprudencial). O TRT manteve a improcedência do pedido de reparação por danos materiais e morais, promovido pela viúva de trabalhador morto em razão de doença profissional, por entender que eventual condenação da reclamada resultaria em bis

in idem, *uma vez que a indenização devida pela empresa já fora transacionada em juízo e paga ao de cujus em vida. Assim, discute-se nos autos se o acordo firmado pelo falecido perante a Justiça Comum prejudicaria o direito de a autora receber os valores decorrentes de duas ofensas que possuem não apenas naturezas distintas, mas, também, consequências sucessórias diversas: uma patrimonial e transmissível; a outra extrapatrimonial e intransferível. No tocante ao pedido de pensão mensal, o valor transacionado pelo trabalhador incorporou-se ao patrimônio do empregado e foi transferido aos seus herdeiros, inclusive à viúva, no momento da abertura da sucessão, nos termos do artigo 1.784 do CCB. Dessa forma, como bem registrado pelo Tribunal, a procedência da pretensão da autora resultaria em uma nova condenação da reclamada pelo mesmo ilícito, o que é vedado pelo ordenamento jurídico nacional. Em relação ao dano moral, entretanto, não se há de falar em condenação em duplicidade. É que a viúva do empregado falecido perseguia direito alheio ao objeto da transação efetuada por seu marido. Note-se que a autora pleiteava, em nome próprio, indenização decorrente de dano por ela suportado, de forma pessoal e exclusiva, consubstanciado na dor pela perda de seu cônjuge, o que não se confunde com a reparação pelo dano moral sofrido por seu marido em virtude da moléstia ocupacional. E nem se alegue que essa pretensão teria perdido seu objeto com o falecimento da reclamante no curso do processo ou que o espólio não possuiria legitimidade para o prosseguimento da demanda. Isso porque, conquanto o dano moral seja, de fato, intransmissível, a respectiva ação reparatória ostenta natureza patrimonial e, como tal, transmite-se aos herdeiros, nos termos dos artigos 110 do CPC e 943 do CCB. Ressalte-se, apenas, que, embora o dano moral nesta hipótese seja in re ipsa e que não haja controvérsia acerca da relação de causa e efeito entre a atividade profissional, a doença e o óbito, a transação perante o juízo cível ocorreu sem assunção de conduta ilícita da empresa, particularidade que, por depender de dilação probatória, não pode ser ultrapassada por esta Corte. Recurso de revista conhecido por divergência jurisprudencial e parcialmente provido para afastar a tese de bis in idem no tocante ao pleito de reparação por dano moral e determinar o retorno dos autos à Vara do Trabalho de origem para que prossiga no julgamento da responsabilidade da reclamada, como entender de direito"* (TST – 3ª T. – RR 271200-12.2006.5.12.0003 – Rel. Min. Alexandre de Souza Agra Belmonte - *DEJT* 28-10-2016).

Somente a título de informação e para que não haja dúvidas sobre a legitimidade das Autoras ao pleito de danos morais e materiais decorrentes do acidente que resultou na morte imediata do empregado, no caso em tela, não se trata de reparação à lesão que, porventura implicasse sofrimento moral ou material do empregado falecido, cuja legitimidade seria sim, do espólio (transmite-se o direito do *de cujus*) ou, concorrentemente, dos próprios herdeiros (defesa do todo ou de fração ideal do direito postulado). Mas trata-se de reparação pelos danos morais/materiais suportados por ente do núcleo familiar pelo sofrimento da perda do empregado e ente querido e provedor do sustento da família, o que legitima, portanto, os próprios autores sucessores e não o espólio.

Seguindo-se, portanto, a linha de raciocínio acima, não se tratando a controvérsia de direitos trabalhistas sonegados pelo ex-empregador (aí incluída eventual reparação por danos sofridos pelo próprio trabalhador, em vida), suscetíveis de transmissão aos seus herdeiros, o espólio não detém legitimidade para pleitear indenização por danos materiais e morais decorrentes do óbito do empregado, pois o direito pleiteado envolve indenização pela morte do empregado, o que de modo reflexo (ricochete) atingiu esposa e filha do empregado e o espólio (monte-mor) não pode ser credor de direitos à reparação por dano moral resultante da perda do ente querido.

O dano moral divide-se em direto ou indireto, também denominado em ricochete.

Acerca do tema, Flávio Tartuce esclarece que:

"Quanto à pessoa atingida, o dano moral pode ser assim classificado:

a) Dano moral direto – é aquele que atinge a própria pessoa, a sua honra subjetiva (autoestima) ou objetiva (repercussão social da honra).

b) Dano moral indireto ou dano moral em ricochete – *é aquele que atinge a pessoa de forma reflexa, como nos casos de morte de uma pessoa da família ou de perda de um objeto de estima (coisa com valor afetivo). Nos casos de lesão a outra pessoa, terão legitimidade para promover a ação indenizatória os lesados indiretos. Podem ser citados os casos de lesão aos direitos da personalidade do morto, como consta do art. 12, parágrafo único, do CC."* (*Direito Civil.* 5. ed. São Paulo: Método, 2010, v. 2, p. 399-400.)

Nesse sentido, leciona Sérgio Cavalieri Filho: *"(...) pode sofrer dano extrapatrimonial não apenas a vítima do ato ilícito, mas também um terceiro que é indiretamente atingido na sua seara mais íntima, em específico, quando ocorre a morte da vítima. É o que a doutrina convencionou chamar de "dano reflexo, dano em ricochete, ou ainda, como querem outros, dano indireto (...)"* (*Programa de Responsabilidade Civil.* 3. ed. São Paulo: Malheiros, 2002, p. 105).

Caio Mário da Silva Pereira aponta que: *"Falecendo ou ficando gravemente ferida uma pessoa, o dano pode atingir outra pessoa que o morto ou ferido socorria ou alimentava; ou em caso do dano moral, aquela que pela vítima cultivava afeição, e que sofreu os seus sofrimentos (...)"* (*Responsabilidade civil.* 9. ed. Rio de Janeiro: Forense, 2001, p. 330).

Logo, o dano moral em ricochete é aquele que não atinge a própria vítima, mas, reflexamente, terceiros.

A doutrina discorre:

"Se ocorrer a morte imediata, não há falar em transmissão do direito de acionar o causador do dano moral, porque a vítima não sobreviveu ao acidente de modo a experimentar pessoalmente todas as agruras oriundas do infortúnio. Na hipótese, os familiares, dependentes ou os que se sentiram de algum modo lesados poderão intentar ação jure próprio, com o propósito de obter a reparação do dano moral. Não agirão na condição de sucessores da vítima, mas como autores, em nome próprio, buscando a indenização cabível. O espólio, em tal circunstância, não tem legitimidade para postular a indenização do dano moral porque o eventual direito é dos indiretamente lesados (dano em ricochete) e não necessariamente dos herdeiros" (OLIVEIRA, Sebastião Geraldo de. *Indenizações por acidente do trabalho ou doença ocupacional.* São Paulo: LTr, 2005, p. 227).

"Como os titulares do direito ao pensionamento são os que sofreram efetivamente o prejuízo com a morte do acidentado, pela redução ou mesmo supressão da renda que beneficiava aquele núcleo familiar, conclui-se que a indenização é Reclamada jure próprio, ou seja, cada pessoa lesada busca a reparação em nome próprio junto ao causador da morte do acidentado. Não reclamam na qualidade de herdeiros do falecido, mas na condição de vítimas do prejuízo, por serem beneficiários econômicos dos rendimentos que o morto auferia. (...) De certa forma há um consenso doutrinário e jurisprudencial de que o núcleo familiar básico, formado por aqueles que tenham residido sob o mesmo teto, convivendo diariamente com a vítima, são partes legítimas para postular a indenização por dano moral. Na maioria das vezes, as ações têm sido ajuizadas pelo cônjuge sobrevivente, isoladamente ou em conjunto com os filhos da vítima. Aliás, o STF, em decisão de 1967, já mencionava: O dano decorrente da morte de uma pessoa, ligada a outra por vínculo de sangue, é presumido, daí o direito a indenização" (Ob. cit., p. 197 e 229-230).

Sebastião Geraldo de Oliveira lança a possibilidade de se utilizar por analogia o rol de pessoas que consta no parágrafo único, do art. 12, CC.

Nesse aspecto, é bastante elucidativa a explanação de Leon Mazeaud, citado por Mário Moacyr Porto, *in verbis*:

"O herdeiro não sucede no sofrimento da vítima. Não seria razoável admitir-se que o sofrimento do ofendido se estendesse ao herdeiro e este, fazendo seu o sofrimento do morto, acionasse o responsável a fim de

Cap. 3 • MODELOS DE CAUSA DE PEDIR E PEDIDOS | **211**

indenizar-se da dor alheia. Mas é irrecusável que o herdeiro sucede no direito de ação que o morto, quando vivo ainda, tinha contra o autor do dano. Se o sofrimento é algo pessoal, a ação de indenização é de natureza patrimonial e, como tal, transmite-se aos herdeiros. Sem dúvida que a indenização paga ao herdeiro não apaga ou elimina o sofrimento que afligiu a vítima. Mas também é certo que, se a vítima, ela mesma, houvesse recebido uma indenização, não eliminaria igualmente a dor que houvesse padecido. O direito a uma indenização simplesmente ampliou o seu patrimônio. A indenização cumpre a sua finalidade compensatória, antes como depois do falecimento da vítima, com as mesmas dificuldades que resultam da reparação de um prejuízo moral por uma indenização pecuniária. O dano moral, por ser de natureza extrapatrimonial, não comunica essa particularidade à ação de indenização" (*Dano moral*. Revista dos Tribunais. São Paulo, v. 590, p. 39, dez. 1984).

Há entendimento no qual se reconhece a ilegitimidade do espólio para postular indenização por dano moral, devendo ser solicitada por cada um dos herdeiros.

A jurisprudência indica:

"Recurso de revista. Ação de indenização por danos morais e materiais. Falecimento do empregado em acidente de trabalho. Ilegitimidade ativa do espólio para postular em nome do falecido e seus herdeiros. Não se reconhece a legitimidade do espólio para ajuizar ação de reparação de danos que teriam sofrido o 'de cujus' e seus herdeiros, como, por exemplo, em razão do sofrimento que experimentaram com o evento morte. Não se cuida de hipótese em que o espólio, detentor de capacidade processual, tem legitimidade para suceder o autor falecido no curso da ação. Dessa orientação não divergiu o acórdão recorrido, razão pela qual a revista não reúne condições de ser admitida por qualquer das hipóteses do art. 896 da Consolidação das Leis do Trabalho. Recurso de revista não conhecido" (TST – 1ª T. – RR 162400-87.2007.5.03.0104 – Rel. Min. Walmir Oliveira da Costa – *DEJT* 4-5-2012).

Não difere o escólio de José de Aguiar Dias:

"Estão, em primeiro lugar, os parentes mais próximos da vítima, isto é, os herdeiros, ascendentes e descendentes, os cônjuges e as pessoas diretamente atingidas pelo seu desaparecimento. (...)

As dúvidas, e das mais intrincadas, surgem do abandono desse círculo limitado que se considera a família propriamente dita. Em relação a ela, o prejuízo se presume, de modo que o dano, tanto material quanto moral, dispensa qualquer demonstração, além da do fato puro e simples da morte do parente. Fora daí, é preciso provar que o dano realmente se verificou.

(...) é claro que, tratando-se de pessoas regularmente ligadas à vítima, a prova estará na própria situação civil estabelecida entre elas. Isso quer dizer que a concubina, o amigo, etc., terão maior ônus da prova (...)" (*Da responsabilidade civil*. Rio de Janeiro: Forense, 1997, v. 2, p. 790-795).

Pelo disposto acima, resta comprovada a inequívoca legitimidade das Autoras (viúva e filha do empregado falecido em decorrência de acidente de trabalho causado pela Reclamada) para ajuizar demanda visando à compensação do dano moral/material oriundo da morte do trabalhador.

PEDIDO:

Reconhecimento da legitimidade *ad causam* das Autoras – viúva e filha do empregado falecido em decorrência de acidente de trabalho causado pela Reclamada – para ajuizar a presente demanda visando à compensação do dano moral/material oriundo da morte do trabalhador, nos termos da fundamentação.

3.59. DANO ESTÉTICO
INDENIZAÇÃO

CAUSA DE PEDIR:

O Reclamante exercia o cargo de [indicar o nome], sendo que exercia suas funções [descrever as funções], e sofreu grave acidente de trabalho ocorrido em virtude da negligência da Reclamada, diante das péssimas condições de operação das máquinas citadas, bem como da total ausência de equipamentos de proteção individual, em afronta ao art. 166 da CLT. [Descrição das condições que geraram a deformidade no autor]

Em virtude da culpa exclusiva da Ré, na data de [indicar o dia, o mês e o ano], ao operar as citadas máquinas, sem qualquer proteção, o Autor foi vítima de acidente de trabalho e sofreu perda considerável de parte da mão esquerda, o que lhe acarretou sensível redução da sua capacidade laborativa, além dos danos estéticos que não puderam ser reparados por cirurgias plásticas, uma vez que toda a estrutura óssea dos dedos da mão esquerda foi esmagada, não havendo como recuperar o membro afetado [descrever o dano estético sofrido e juntar documentos médicos].

Em virtude do episódio acima narrado, o Reclamante passou a suportar grande abalo emocional, acarretado pelo dano estético que carrega, resultando-lhe em dor, sofrimento e humilhação, além da irreparável diminuição de sua capacidade laborativa, uma vez que o Reclamante é pessoa de pouca escolaridade, e sua força física é sua principal força motriz para trazer o sustento de sua família.

Evidente que a omissão da empresa Reclamada resultou em ofensa à esfera moral do Reclamante (art. 223-B, CLT).

Oportuno destacar que o art. 223-C, CLT, traz a saúde e a integridade física como bens inerentes à pessoa física juridicamente tutelados.

Conforme demonstrado pelos documentos já juntados e pelas provas a serem apresentadas em regular instrução processual, a conduta reprovável da Reclamada, que jamais se preocupou em conceder ao obreiro um meio ambiente de trabalho equilibrado e seguro, se encontra irremediavelmente maculada pela culpa, haja vista que afrontou os fundamentos constitucionais da dignidade da pessoa humana e dos valores sociais do trabalho, reconhecidos no art. 1º, III e IV, CF/88.

A atitude negligente e lamentável da Reclamada, sob todos os aspectos, demonstra de maneira cristalina a imprudência que norteou a conduta patronal no evento danoso, denunciando o viés maléfico beirando ao dolo eventual, uma vez que assumiu o risco da lesão física ocorrida no Autor, por ausência de prevenção, treinamento, equipamentos de proteção, e ainda, ausência de manutenção nas máquinas operadas de forma precária pelos empregados, dentre eles o Reclamante, que poderia nem mesmo ter sobrevivido ao evento.

Resta claro que a Reclamada não tomou qualquer medida hábil à preservação da incolumidade física do Autor, que, em virtude do fato, sofreu incontestável dano estético, de indisfarçável sofrimento íntimo e plenamente suscetível de reparação nos termos do inciso X do art. 5º da CF.

Dano estético é *"toda alteração morfológica do indivíduo, que, além do aleijão, abrange as deformidades ou deformações, marcas e defeitos, ainda que mínimos, e que impliquem sob qualquer aspecto um afeamento da vítima, consistindo numa simples lesão desgostante ou num permanente motivo de exposição ao ridículo ou de complexo de inferioridade, exercendo ou não influência sobre sua capacidade laborativa"* (DINIZ, Maria Helena. *Curso de Direito Civil Brasileiro*. 16. ed. São Paulo: Saraiva, 2002, v. 7, p. 73).

Cap. 3 • MODELOS DE CAUSA DE PEDIR E PEDIDOS | **213**

Em linhas objetivas, o dano estético representa a lesão que compromete a harmonia física da vítima, constituindo, em regra, um dano moral que poderá gerar ou não repercussões patrimoniais.

O Código Civil de 1916, no art. 1.538, *caput*, estabelecia que no caso de ferimento ou outra ofensa à saúde, o ofensor deveria indenizar o ofendido das despesas do tratamento e dos lucros cessantes até o fim da convalescença, além de lhe pagar a importância da multa no grau médio da pena criminal correspondente. O valor seria duplicado se do ferimento resultasse aleijão ou deformidade (art. 1.538, § 1º).

Maria Helena Diniz acentua que o *"dano estético quase sempre resulta num prejuízo moral ao lesado, não só pelas dores físicas que vier a sofrer, mas também pelo fato de se sentir atingido na integridade ou na estética de seu corpo, tendo, por isso, direito, como logo mais veremos, a uma reparação, ainda que tal dano não acarrete nenhum menoscabo ao seu patrimônio. Não há um critério aritmético para estimar a diminuição estética"* (Ob. cit., p. 74).

O Código Civil de 2002 não é explícito quanto ao aleijão e a deformidade, contudo, não se pode negar que contemple o dano estético diante da redação do art. 949, *in verbis*: *"No caso de lesão ou outra ofensa à saúde, o ofensor indenizará o ofendido das despesas do tratamento e dos lucros cessantes até o fim da convalescença, além de algum outro prejuízo que o ofendido prove haver sofrido."*

Rui Stoco afirma:

"Impõe-se desde logo deixar assentado que o Código Civil de 2002, embora não tenha feito referência expressa ao dano estético decorrente de aleijão ou deformidade, tal como fazia o § 1º do art. 1.538 do Código Civil anterior, mantém a possibilidade de reparação do dano material e moral decorrente da lesão estética. É o que se infere desse Estatuto, ao tratar da lesão corporal ou outra ofensa à saúde e sua reparação, em só art. (949)" (*Tratado de Responsabilidade Civil*. 6. ed. São Paulo: RT, 2004, p. 1.193).

A jurisprudência do STJ permite a cumulação das indenizações em danos morais e estéticos (Súmula 387).

Por seu turno, o art. 223-F, *caput*, CLT, autoriza expressamente a cumulação da reparação por danos extrapatrimoniais com indenização por danos materiais decorrentes do mesmo ato lesivo.

De forma idêntica, a jurisprudência do TST:

"Agravo de instrumento. Recurso de revista. Acidente de trabalho. Indenização por dano moral e por dano estético. Cumulação possível. Pedidos distintos. Coisa julgada. Inexistência. Demonstrado no agravo de instrumento que o recurso de revista preenchia os requisitos do art. 896 da CLT, dá-se provimento ao agravo de instrumento, para melhor análise da arguição de violação do art. 301, § 1º, do CPC/73, suscitada no recurso de revista. Agravo de instrumento provido. Recurso de revista. Acidente de trabalho. Indenização por dano moral e por dano estético. Cumulação possível. Pedidos distintos. Coisa julgada. Inexistência. A lesão acidentária também pode causar dano estético à pessoa humana atingida. Embora o dano moral seja conceito amplo, é possível, juridicamente, identificar-se específica e grave lesão estética, passível de indenização, no contexto de gravame mais largo, de cunho nitidamente moral. Nesses casos de acentuada, especial e destacada lesão estética, é pertinente a fixação de indenização própria para este dano, sem prejuízo do montante indenizatório específico para o dano moral. Ou seja, a ordem jurídica acolhe a possibilidade de cumulação de indenizações por dano material, dano moral e dano estético, ainda que a lesão acidentária tenha sido a mesma. O fundamental é que as perdas a serem ressarcidas tenham sido, de fato, diferentes (perda patrimonial, perda moral e, além dessa, a perda estética). Neste contexto, verifica-se que, na hipótese dos autos, embora haja identidade de partes e causa de pedir, os pedidos divergem entre si. É que, na ação ajuizada anteriormente, o Reclamante postulou indenização por danos morais, enquanto que, no presente feito, postula indenização por danos estéticos. Registre-se que, para a configuração da coisa julgada, necessário que se reproduza ação anteriormente ajuizada, considerando-se, para tal, que as demandas em questão tenham as mesmas partes, a mesma causa de pedir e o mesmo pedido (art. 301, §§ 1º, 2º e 3º, do CPC/73). Não preenchidos tais

requisitos, no caso concreto, diante da divergência de pedidos, não se há falar em coisa julgada. Recurso de revista conhecido e provido" (TST – 3ª T. – RR 576-88.2011.5.08.0121 – Rel. Min. Mauricio Godinho Delgado – *DEJT* 6-6-2014).

Assim, foi comprovado o dano estético configurador da obrigação da Reclamada de indenizar o Autor (arts. 186, 187, 927 e 932, III, do CC), tendo em vista o sofrimento causado pela deformidade permanente que acomete o trabalhador.

Em relação ao *quantum*, este deve levar em conta a capacidade econômica da empresa agressora, pois, se for quantia irrisória, não terá o condão de desestimular as práticas com as quais a Ré já foi condescendente um dia.

Assim, o Autor postula o direito à indenização por dano estético, sem prejuízo da indenização por danos morais, no valor mínimo de [50 salários nominais ou outro valor a critério de Vossa Excelência, na forma do art. 223-G, CLT], sendo que tal verba não é base de recolhimentos previdenciários ou fiscais.

Na apuração da indenização por danos morais, os juros são devidos a partir do ajuizamento da demanda trabalhista (art. 39, § 1º, Lei 8.177/91; Súmula 439, TST, e Súmula 362, STJ).

PEDIDO:

Condenação da Reclamada em indenização por dano estético (arts. 186, 187, 927 e 932, III, CC), tendo em vista o sofrimento causado pela deformidade permanente que acomete o trabalhador no valor mínimo de [50 salários nominais ou outro valor a critério de Vossa Excelência, na forma do art. 223-G, CLT], sem prejuízo de indenização por danos morais, sendo que tal verba não é base de recolhimentos previdenciários ou fiscais.

Cap. 3 • MODELOS DE CAUSA DE PEDIR E PEDIDOS | 215

3.60. DANO EXISTENCIAL

CAUSA DE PEDIR:

Conforme já exposto nos demais itens desta exordial, o Reclamante era [descrever o cargo ocupado e o grau de importância para a empresa] e laborava em jornada excessiva, sendo que a Reclamada exigia dedicação diária de 10 a 15 horas de trabalho, além de permanecer longos 6 (seis) anos sem usufruir regularmente os períodos de férias aos quais tinha direito por lei – tudo devido ao argumento da empregadora de que *"a natureza das funções do Reclamante exigiam dedicação total e irrestrita(...)"*, o que somente corrobora o total descaso da Ré com a higidez física e até mesmo com a saúde mental de seus colaboradores.

Como se depreende das provas anexas, constantes em cópias de sua CTPS, em que se verifica a falta de anotação de férias nas folhas respectivas e em *e-mails* de seu empregador exigindo a presença do Autor na empresa em finais de semana e em períodos em que o trabalhador iria usufruir suas férias [juntar provas referentes ao tipo de dano existencial alegado, ex.: jornada excessiva, falta de férias e outros], o Reclamante não podia nem mesmo usufruir de suas folgas semanais sem a interferência constante de seus superiores hierárquicos, que solicitavam informações do Autor, mesmo fora do horário de expediente.

Tais práticas antissociais da Ré, como a exigência de jornada excessiva de trabalho, fruição irregular de seus DSRs e ausência de férias, além de privar o Autor de uma maior integração familiar e social, impediu a sua recuperação do desgaste físico e mental causado pelo trabalho, fazendo jus à indenização por *"dano existencial"*.

No caso dos autos, o pedido é fundamentado com base em uma espécie de dano imaterial, denominado de dano existencial.

Os Tribunais Trabalhistas já vêm reconhecendo o dano existencial como um novo tipo de dano, além do dano moral e dos assédios moral e sexual já amplamente combatidos pelo TST, que busca preservar a existência familiar e social, projetos e objetivos de vida do trabalhador, que são impossibilitados pela conduta patronal que impede o trabalhador de desfrutar do convívio em sociedade, por meio de atividades esportivas, familiares, culturais, sociais e de descanso, que lhe trarão compensação física e psíquica aptas a combater o estresse diário do cotidiano das relações de trabalho.

Nos termos do art. 5°, X, CF, a lesão causada a direito da personalidade, intimidade, vida privada, honra e imagem das pessoas assegura ao titular do direito a indenização pelo dano decorrente de sua violação. Além disso, a concessão de indenização por dano existencial fundamenta-se nas próprias garantias fundamentais estabelecidas pela CF/88 que regulam as relações de emprego, dentre as quais citamos: direito ao livre desenvolvimento profissional (art. 5°, XIII); direito social à saúde, ao trabalho, ao lazer e à segurança (art. 6°); dignidade da pessoa humana e os valores sociais do trabalho (art. 1°, III e IV); e direito à jornada de trabalho não superior a oito horas diárias (art. 7°, XIII).

O dano existencial, ou o dano à existência da pessoa, *"consiste na violação de qualquer um dos direitos fundamentais da pessoa, tutelados pela Constituição Federal, que causa uma alteração danosa no modo de ser do indivíduo ou nas atividades por ele executadas com vistas ao projeto de vida pessoal, prescindindo de qualquer repercussão financeira ou econômica que do fato da lesão possa decorrer"* (ALMEIDA NETO, Amaro Alves de. Dano existencial: a tutela da dignidade da pessoa humana. *Revista dos Tribunais*, v. 6, n. 24, p. 68, out./dez. 2005).

Sobre o tema, Jorge Boucinhas Filho e Rúbia Zanotelli afirmam:

"O dano existencial no Direito do Trabalho, também chamado de dano à existência do trabalhador, decorre da conduta patronal que impossibilita o empregado de se relacionar e de conviver em sociedade por meio de atividades recreativas, afetivas, espirituais, culturais, esportivas, sociais e de descanso, que lhe trarão bem-estar físico e psíquico e, por consequência, felicidade; ou que o impede de executar, de prosseguir ou mesmo de recomeçar os seus projetos de vida, que serão, por sua vez, responsáveis pelo seu crescimento ou realização profissional, social e pessoal" (BOUCINHAS FILHO, Jorge Cavalcanti; ALVARENGA, Rúbia Zanotelli de. O Dano Existencial e o Direito do Trabalho. Disponível em: <http://www.editoramagister. com/doutrina_24160224_O_DANO_EXISTENCIAL_E_O_DIREITO_DO_TRABALHO. aspx>. Acesso em: 5 jul. 2013).

No caso dos autos, o dano existencial é claramente caracterizado pelas comprovadas limitações impostas ao Reclamante em relação à sua vida fora do ambiente de trabalho, em virtude de condutas ilícitas praticadas pelo empregador.

Além da jornada excessiva e falta de gozo integral de seus descansos remunerados, as férias remuneradas, às quais o Autor fora impossibilitado de usufruir regularmente por longos seis anos representam, para o empregador, uma obrigação de conceder férias e remunerá-las. Já para o trabalhador, representa o direito subjetivo e o dever de não prestar serviços durante o período correspondente.

O disposto no art. 137 da CLT assegura ao empregado o pagamento em dobro da respectiva remuneração, em virtude da não concessão de férias no período legal.

No caso dos autos, o cerne não é o pagamento das férias, mas a violação da sua própria fruição. A não fruição das férias é ponto incontroverso nos autos, além da jornada excessiva e falta de gozo de descansos legais.

Da situação acima narrada, evidente que a atitude da empresa Reclamada resultou em ofensa à esfera existencial do Reclamante (art. 223-B, CLT).

Oportuno destacar que o art. 223-C, CLT, traz a liberdade de ação, a saúde, o lazer e a integridade física como bens inerentes à pessoa física juridicamente tutelados.

A negligência da Reclamada, diante do reiterado descumprimento do dever legal, viola o patrimônio imaterial do empregado e atenta contra a saúde mental e física do Reclamante, assim como à vida privada.

Nesse sentido tem se inclinado a jurisprudência do TST:

"A) AGRAVO DE INSTRUMENTO DO RECLAMANTE. RECURSO DE REVISTA. PROCESSO SOB A ÉGIDE DA LEI 13.015/14 E ANTERIOR À LEI 13.467/17. DANO EXISTENCIAL. PRESTAÇÃO EXCESSIVA, CONTÍNUA E DESARRAZOADA DE HORAS EXTRAS. INDENIZAÇÃO POR DANO MORAL. Demonstrado no agravo de instrumento que o recurso de revista preenchia os requisitos do art. 896 da CLT, dá-se provimento ao agravo de instrumento para melhor análise da alegada violação do art. 927 do CCB. Agravo de instrumento provido. B) RECURSO DE REVISTA DO RECLAMANTE. PROCESSO SOB A ÉGIDE DA LEI 13.015/14 E ANTERIOR À LEI 13.467/17. 1. DANO EXISTENCIAL. PRESTAÇÃO EXCESSIVA, CONTÍNUA E DESARRAZOADA DE HORAS EXTRAS. INDENIZAÇÃO POR DANO MORAL. O excesso de jornada extraordinária, para muito além das duas horas previstas na Constituição e na CLT, cumprido de forma habitual e por longo período, tipifica, em tese, o dano existencial, por configurar manifesto comprometimento do tempo útil de disponibilidade que todo indivíduo livre, inclusive o empregado, ostenta para usufruir de suas atividades pessoais, familiares e sociais. A esse respeito é preciso compreender o sentido da ordem jurídica criada

no País em 5 de outubro de 1988 (CF/88). É que a Constituição da República determinou a instauração, no Brasil, de um Estado Democrático de Direito (art. 1° da CF), composto, segundo a doutrina, de um tripé conceitual: a pessoa humana, com sua dignidade; a sociedade política, necessariamente democrática e inclusiva; e a sociedade civil, também necessariamente democrática e inclusiva (Constituição da República e Direitos Fundamentais – dignidade da pessoa humana, justiça social e Direito do Trabalho. *3ª ed. São Paulo: LTr, 2015, Capítulo II). Ora, a realização dos princípios constitucionais humanísticos e sociais (inviolabilidade física e psíquica do indivíduo; bem-estar individual e social; segurança das pessoas humanas, ao invés de apenas da propriedade e das empresas, como no passado; valorização do trabalho e do emprego; justiça social; subordinação da propriedade à sua função social, entre outros princípios) é instrumento importante de garantia e cumprimento da centralidade da pessoa humana na vida socioeconômica e na ordem jurídica, concretizando sua dignidade e o próprio princípio correlato da dignidade do ser humano. Essa realização tem de ocorrer também no plano das relações humanas, sociais e econômicas, inclusive no âmbito do sistema produtivo, dentro da dinâmica da economia capitalista, segundo a Constituição da República Federativa do Brasil. Dessa maneira, uma gestão empregatícia que submeta o indivíduo a reiterada e contínua jornada extenuante, que se concretize muito acima dos limites legais, (o autor praticava jornada extraordinária de forma habitual, sendo comum iniciar sua jornada por volta das 6h da manhã e encerrá-la após às 21h, conforme registrado pelo TRT), em dias sequenciais, agride todos os princípios constitucionais acima explicitados e a própria noção estruturante de Estado Democrático de Direito. Se não bastasse, essa jornada gravemente excessiva reduz acentuadamente e, de modo injustificável, por longo período, o direito à razoável disponibilidade temporal inerente a todo indivíduo, direito que é assegurado pelos princípios constitucionais mencionados e pelas regras constitucionais e legais regentes da jornada de trabalho. Tal situação anômala deflagra, assim, o dano existencial, que consiste em lesão ao tempo razoável e proporcional, assegurado pela ordem jurídica, à pessoa humana do trabalhador, para que possa se dedicar às atividades individuais, familiares e sociais inerentes a todos os indivíduos, sem a sobrecarga horária desproporcional, desarrazoada e ilegal, de intensidade repetida e contínua, em decorrência do contrato de trabalho mantido com o empregador. Logo, configurada essa situação no caso dos autos, em que a jornada de trabalho do Autor comumente ultrapassava 10 horas, não há dúvida sobre a necessidade de reparação do dano moral sofrido, devendo ser condenada a Reclamada ao pagamento de uma indenização. Recurso de revista conhecido e parcialmente provido no aspecto (...)."* (TST – *3ª T.* – ARR 2016-65.2015.5.06.0144 – Rel. Min. Mauricio Godinho Delgado – *DEJT* 14-6-2019.)

Diante de todo o exposto e nos termos dos arts. 186, 187, 927 e 932, III, CC, o Autor pede a condenação da Reclamada ao pagamento de indenização por dano existencial, por todos os prejuízos causados pelas práticas antissociais como a exigência de jornada excessiva de trabalho, fruição irregular de DSRs e ausência de férias, que geraram privação do trabalhador ao convívio familiar e social, além de sua privação à própria recuperação do desgaste físico e mental causado pelo trabalho, em clara violação ao direito ao livre desenvolvimento profissional (art. 5°, XIII); ao direito social à saúde, ao trabalho, ao lazer e à segurança (art. 6°); à dignidade da pessoa humana e aos valores sociais do trabalho (art. 1°, III e IV); ao direito à jornada de trabalho não superior a oito horas diárias (art. 7°, XIII), indenização esta, que ora se pleiteia, no valor mínimo de [50 salários nominais ou outro valor a critério de Vossa Excelência, na forma do art. 223-G, CLT], sendo que tal verba não é base de recolhimentos previdenciários ou fiscais.

Os juros são devidos a partir do ajuizamento da demanda trabalhista (art. 39, § 1°, Lei 8.177/91). A correção monetária deve ser computada a partir do momento em que o órgão trabalhista arbitra o valor da indenização (Súmula 362, STJ; Súmula 439, TST).

PEDIDO:

Condenação da Reclamada ao pagamento de indenização por dano existencial (arts. 186, 187, 927 e 932, III, CC), por todos os prejuízos causados pelas práticas antissociais como a exigência de jornada excessiva de trabalho, fruição irregular de DSRs e ausência de férias, que geraram privação do trabalhador ao convívio familiar e social, além de sua privação à própria recuperação do desgaste físico e mental causado pelo trabalho, em clara violação ao direito ao livre desenvolvimento profissional (art. 5º, XIII, CF); ao direito social à saúde, ao trabalho, ao lazer e à segurança (art. 6º); à dignidade da pessoa humana e aos valores sociais do trabalho (art. 1º, III e IV); ao direito à jornada de trabalho não superior a oito horas diárias (art. 7º, XIII), indenização esta, que ora se pleiteia, no valor mínimo de [50 salários nominais ou outro valor a critério de Vossa Excelência, na forma do art.223-G, CLT], sendo que tal verba não é base de recolhimentos previdenciários ou fiscais. Juros e correção monetária na forma da causa de pedir.

3.61. DANO MATERIAL
FIXAÇÃO DE CRITÉRIOS. PENSÃO. PEDIDO ALTERNATIVO EM LIQUIDAÇÃO DE SENTENÇA (PRESTAÇÃO MENSAL OU PARCELA ÚNICA)

CAUSA DE PEDIR:

Conforme já exposto em item próprio desta exordial, são incontroversos: o acidente e o nexo de causalidade, bem como a incapacidade [total ou parcial; permanente ou transitória], além do que resta evidenciada a conduta omissiva da Ré, absolutamente negligente na adoção das medidas preventivas de segurança e no dever objetivo de garantir ao trabalhador sua higidez física no desempenho da atividade laboral.

O art. 950 do Código Civil de 2002 assim enuncia:

"Se da ofensa resultar defeito pelo qual o ofendido não possa exercer o seu ofício ou profissão, ou se lhe diminua a capacidade de trabalho, a indenização, além das despesas do tratamento e lucros cessantes até o fim da convalescença, incluirá pensão correspondente à pensão correspondente à importância do trabalho para que se inabilitou, ou da depreciação que ele sofreu."

A remuneração a ser fixada é a renda auferida pela vítima à época da ocorrência do ato lesivo, ou seja, o valor do seu salário normal originário (quando da contratação), além da parte variável (as horas extras e o adicional noturno e fator da redução).

A pensão deve ser calculada em função do último salário auferido, considerando-se o salário normal acrescido da média salarial variável [horas extras, adicional noturno etc., discriminar os títulos].

A esta base mensal deve-se ter a inserção dos seguintes percentuais: (a) 8% (0,08) do FGTS sobre a base mensal; (b) 13° salário (um salário por ano), logo, a parcela do 13° salário deve corresponder a 1/12 (0,083 = 8,33%) sobre a base mensal; (c) 1/3 das férias. As férias correspondem a um salário por ano. O percentual de 1/3 sobre um mês de salário corresponde a 0,33; 0,33 : 12 = 0,027, logo, a parcela de 1/3 corresponde a 0,027 (2,77%) de um salário mensal.

A base de cálculo da pensão corresponde a 1,19 (um salário + FGTS - 0,08 + 13° salário - 0,083 + 1/3 férias – 0,027) remuneração (= igual ao salário normal mais média dos aditivos salariais habituais).

A pensão é devida a partir de [indicar as datas: dia do acidente; dia da constatação da incapacidade; data do término do contrato etc.].

Evidente que a indenização por dano material é uma forma de recomposição do que se deixou de auferir, ou seja, o lucro cessante, quando da impossibilidade de restabelecer o *statu quo ante*, sendo que a reparação se dará, nesse caso, em forma de pensão.

O fundamento para deferimento da pensão é objetivo é a redução da capacidade laboral, o que implica maior dificuldade do trabalhador na consecução normal de suas atividades.

Assim, ainda que o Reclamante permaneça trabalhando, executando ou não a mesma atividade, a pensão objetiva suprir a perda causada pela sequela da doença. Esta perda não pode ser medida apenas financeiramente. A indenização civil busca ressarcir a lesão física causada, não devendo ficar restrita à compensação de ordem financeira.

A pensão mensal decorre da conduta ilícita do empregador, que resultou na incapacidade parcial e definitiva do empregado.

Assim, a pensão é devida à vítima que adquire doença profissional, a cargo da empregadora, em consequência da sua responsabilidade civil e deve perdurar por toda a vida da vítima, sendo que a limitação imposta pelo Código Civil só se aplica aos casos em que essa pensão visa garantir a subsistência dos herdeiros.

Salienta-se que estamos diante de um infortúnio de caráter parcialmente incapacitante, que, além de limitar o campo de tarefas laborais a serem exercidas pelo Reclamante, afetam também a vida social e familiar.

Não desaparecendo o dano com a idade, a pensão há de ser vitalícia, não se justificando qualquer limitação.

A doutrina indica:

"O termo final da pensão devida à própria vítima não sofre a limitação relativa à expectativa de vida ou de sobrevida, como ocorre no caso de morte do acidentado. Na invalidez permanente, a pensão deve ser paga enquanto a vítima viver; no caso de morte, o termo final será a provável sobrevida que o acidentado teria, conforme abordado no capítulo 9, item 7. A duração vitalícia da pensão garante harmonia com o princípio da 'restituição integral', porque se a vítima não sofresse o acidente, poderia trabalhar e auferir rendimentos enquanto viva estivesse, mesmo depois de aposentada pela Previdência Social" (OLIVEIRA, Sebastião Geraldo de. Indenizações por acidente do trabalho ou doença ocupacional. 3ª ed. São Paulo: LTr, 2007, p. 299).

"Se a vítima sobrevive mas fica total ou parcialmente incapacitada para o trabalho, deve receber pensão vitalícia, ou seja, enquanto viver, sem qualquer limitação temporal. E a razão é simples: se ela é incapaz hoje em razão do infortúnio, o será aos 25 anos de idade, bem como quando alcançar os 65 anos. Se hoje não tem condições de exercer uma atividade produtiva e remunerada, muito menos as terá quando estiver com idade mais avançada. Ora, nada justifica estabelecer tempo provável de vida àquele que necessitará para o resto de sua sobrevivência de amparo mensal. A ficção não pode sobrepor-se à realidade." (STOCCO, Rui. Tratado de Responsabilidade Civil. São Paulo: LTR, 2004, p. 1280.)

Nesse sentido declina a jurisprudência do TST:

"(...) RECURSO DE REVISTA DA AUTORA. INDENIZAÇÃO POR DANOS MATERIAIS. PENSÃO MENSAL VITALÍCIA. LIMITE DE IDADE. IMPOSSIBILIDADE. LESÕES PERMANENTES. O artigo 950 do Código Civil, que trata da obrigação ao pagamento de pensão mensal em decorrência de dano que diminua ou incapacite o ofendido no exercício da sua profissão, não fixa nenhuma limitação em relação ao período em que o citado auxílio deve perdurar. Conforme o princípio da reparação integral, que norteia o sistema de responsabilidade civil, a pensão mensal decorrente de acidente de trabalho ou doença ocupacional é devida de forma vitalícia. A jurisprudência trabalhista firmou entendimento de que não é cabível limitação temporal ao pensionamento mensal, deferido a título de indenização por danos materiais decorrentes de acidente de trabalho (precedentes). Recurso de revista conhecido e provido (...)" (TST – 2ª T. - ARR 166800-49.2009.5.15.0102 – Rel. Min. José Roberto Freire Pimenta – DEJT 30-11-2018).

"(...) RECURSO DE REVISTA INTERPOSTO PELA RECLAMANTE. INDENIZAÇÃO POR DANOS MATERIAIS. PENSÃO MENSAL VITALÍCIA. LIMITE DE IDADE. IMPOSSIBILIDADE. LESÕES PERMANENTES. O artigo 950 do Código Civil, que trata da obrigação ao pagamento de pensão mensal em decorrência de dano que diminua ou incapacite o ofendido no exercício da sua profissão, não fixa nenhuma limitação em relação ao período em que o citado auxílio deve perdurar. Conforme o princípio da reparação integral, que norteia o sistema de responsabilidade civil,

Cap. 3 • MODELOS DE CAUSA DE PEDIR E PEDIDOS | 221

a pensão mensal decorrente de acidente de trabalho ou doença ocupacional é devida de forma vitalícia. A jurisprudência trabalhista firmou entendimento de que não é cabível limitação temporal ao pensionamento mensal, deferido a título de indenização por danos materiais decorrentes de acidente de trabalho. Dessa forma, deve ser reformada a decisão regional na qual se limitou o pensionamento à data em que a autora completasse 65 anos de idade (...)." (TST – 2ªT. – ARR 168500-68.2007.5.02.0045 – Rel. Min. José Roberto Freire Pimenta - *DEJT* 9-2-2018.)

A pensão deverá ser calculada em função dos reajustes do salário mínimo e, sucessivamente, sobre os reajustes da categoria profissional. Nesta hipótese, o Reclamante requer que a empresa seja obrigada a fazer a constituição de capital nos termos do art. 533 do CPC. Pela natureza da verba, descabem os descontos de INSS e IRPF.

Além do pensionamento, a título de dano material, o Reclamante faz jus à percepção de todas as despesas havidas com o evento danoso. As despesas [cirurgias, consultas médicas, medicamentos, próteses etc.; discriminar as despesas e juntar os recibos] até a data do ajuizamento importam em [indicar o valor]. As parcelas subsequentes ao ajuizamento da demanda serão apuradas por artigos de liquidação (art. 509, II, CPC).

No caso de a execução da pensão pautar-se pela execução em parcelas mensais, que seja determinado a Reclamada a imposição de constituição de capital, na forma prevista no art. 533 do CPC.

O Reclamante, com fundamento nos arts. 255 e 950, parágrafo único, do Código Civil, bem como art. 325 do CPC, fórmula pedido alternativo, qual seja, o pagamento da pensão em parcela única.

A pensão em parcela única deve ser calculada a partir da data acima indicada, de acordo com o grau da incapacidade laborativa (a ser calculada de acordo com o laudo pericial), sendo no mínimo o percentual de 50% (por analogia, art. 86 da Lei 8.213/91; auxílio-acidente). A pensão será calculada considerando-se o número de anos entre a idade do Reclamante (a partir de quando a pensão é devida) e a estimativa de sobrevida do Reclamante (atualmente, de acordo com a Tabela do IBGE, [★] anos). Juros a partir do ajuizamento da demanda. Atualização a partir do momento em que a verba é devida. Deverá ser utilizado o índice IPCA-E. Pela natureza da verba, descabem os descontos de INSS e IRPF.

O Reclamante deseja fazer a opção por uma das modalidades do recebimento da pensão em liquidação de sentença, após o trânsito em julgado, visto que o art. 950, parágrafo único, do CC, assegura ao prejudicado, se preferir, que a indenização seja paga de uma só vez.

Assim aponta a jurisprudência:

"EXECUÇÃO TRABALHISTA. PENSIONAMENTO. CONVERSÃO EM PARCELA ÚNICA. IMPOSSIBILIDADE. INEXISTÊNCIA DE CONDENAÇÃO. OFENSA À COISA JULGADA. A opção do credor pelo pagamento do pensionamento por meio de parcela única, como previsto no parágrafo único do art. 950 do Código Civil, deve ser feita na petição inicial, a fim de que seja decidido no título judicial exequendo, não sendo cabível tal requerimento no curso da execução, após o trânsito em julgado da sentença, sob pena de violação do disposto no art. 5º, XXXVI, da CF, e dos arts. 836 da CLT e 473 do CPC. Agravo de petição conhecido a que se nega provimento." (TRT – 18ª R. – 3ªT. – AJAP 0001776-91.2011.5.18.0141 – Rel. Des. Elveçio Moura dos Santos – J 12-11-2013.)

O pedido formulado, de forma alternativa, é compatível com a sistemática processual, na medida em que essa previsão deve estar prevista no título executivo, para que o Reclamante, quando da liquidação, possa exercitar o seu direito de opção.

"AGRAVO DE PETIÇÃO. EXECUÇÃO. PENSÃO MENSAL VITALÍCIA. CONVERSÃO EM PARCELA ÚNICA. COISA JULGADA. IMPOSSIBILIDADE. Definido no título executivo o pagamento de reparação por danos materiais na forma de pensão mensal, eventual alteração nesta fase

processual para parcela única importaria em violação ao instituto da coisa julgada. Agravo do exequente a que se nega provimento" (TRT – 13ª R. – AP 0074900-40.2013.5.13.0024 – Rel. Francisco de Assis Carvalho e Silva – j. 27-10-2015).

PEDIDO:

(a) danos materiais (pensão):

(1) a pensão deve ser calculada em função do último salário auferido, considerando-se o salário normal acrescido da média salarial variável [horas extras, adicional noturno etc., discriminar os títulos]. A esta base mensal deve se ter a inserção dos seguintes percentuais: (a) 8% (0,08) do FGTS sobre a base mensal; (b) 13º salário (um salário por ano), logo, a parcela do 13º salário deve corresponder a 1/12 (0,083 = 8,33%) sobre a base mensal; (c) 1/3 das férias. As férias correspondem a um salário por ano. O percentual de 1/3 sobre um mês de salário corresponde a 0,33; 0,33: 12 = 0,027, logo, a parcela de 1/3 corresponde a 0,027 (2,77%) de um salário mensal. A base de cálculo da pensão corresponde a 1,19 (um salário + FGTS - 0,08 + 13º salário - 0,083 + 1/3 férias - 0,027) remuneração (= igual ao salário normal + média dos aditivos salariais habituais). A pensão é devida a partir de [indicar as datas: dia do acidente; dia da constatação da incapacidade; data do término do contrato etc.] e de forma vitalícia. O cálculo será efetuado, de acordo com o grau de incapacidade laborativa (a ser indicado nos termos do laudo pericial), sendo no mínimo o percentual de 50% (por analogia, art. 86, Lei 8.213/91). O valor será reajustado pelos índices da categoria profissional ou com base na evolução do salário mínimo. Deve ser imposta a Reclamada a constituição de capital na forma do art. 533, CPC. Pela natureza da verba, descabem os descontos de INSS e IRPF;

Alternativamente,

(2) a pensão deverá ser paga em parcela única (art. 950, parágrafo único, CC), e deverá ser calculada a partir da data acima indicada, de acordo com o grau da incapacidade laborativa (a ser calculada de acordo com o laudo pericial), sendo no mínimo o percentual de 50% (por analogia, art. 86, Lei 8.213/91; auxílio-acidente). A pensão será calculada considerando-se o número de anos entre a idade do Reclamante (a partir de quando a pensão é devida) e a estimativa de sobrevida do Reclamante (atualmente, de acordo com a Tabela do IBGE, [*] anos). Juros a partir do ajuizamento da demanda. Atualização a partir do momento em que a verba é devida. Deverá ser utilizado o índice IPCA-E. Pela natureza da verba, descabem os descontos de INSS e IRPF. O Reclamante pretende fazer a opção, quanto a sistemática do pagamento da pensão (mensal ou única), em liquidação de sentença, após o trânsito em julgado;

(b) danos materiais (despesas): pagamento de todas as despesas havidas com o evento danoso. As despesas [cirurgias, consultas médicas, medicamentos, próteses etc.; discriminar as despesas e juntar os recibos] até a data do ajuizamento importam em [indicar o valor]. As parcelas subsequentes ao ajuizamento da demanda serão apuradas por artigos de liquidação (art. 509, II, CPC).

3.62. DANO MATERIAL
POSSIBILIDADE DE CUMULAÇÃO DO BENEFÍCIO PREVIDENCIÁRIO COM INDENIZAÇÃO POR DANO MATERIAL

CAUSA DE PEDIR:

Conforme já descrito em item próprio desta exordial, o Reclamante relatou a ocorrência de acidente do trabalho, uma vez que é portador de [descrever a moléstia ou sequela de acidente de trabalho] que o impede de exercer a função de [descrever a função], com o fato agravante de que a Reclamada não lhe deu qualquer assistência médica.

As provas juntadas, consistentes em laudo de ação previdenciária [juntar documentos acerca da moléstia ou acidente] demonstram o nexo de causalidade entre a ação e/ou omissão e o dano, devendo a Ré responder pela respectiva reparação.

Constatada a incapacidade laboral total e permanente do trabalhador pelo ajuizamento de ação previdenciária, este passou a receber a aposentadoria por invalidez [descrever benefício e juntar carta de concessão do INSS], que não se confunde com indenização por dano material ora pleiteada, até porque a concessão de benefício pelo INSS não afasta a indenização por dano material (pensionamento), pois possuem fatores geradores diversos.

O benefício previdenciário está a cargo do INSS, sendo norteado pelo princípio do risco social e resulta das contribuições pagas pelo empregado e empregador. Já a pensão é devida pelo empregador como reparação pelos danos suportados pelo empregado acidentado. As duas verbas não se compensam, pois, o seguro social contra acidentes não exclui a indenização civil devida pelo empregador (art. 7°, XXVIII, CF).

O evento danoso – invalidez – acarreta consequências de naturezas distintas ao Autor: uma de natureza previdenciária, consubstanciada na sua aposentadoria por invalidez e, a outra, relativa à responsabilidade da Reclamada, uma vez que presentes o nexo causal e a culpa.

Para fins previdenciários, a aposentadoria por invalidez ocorre quando o segurado for incapaz e insuscetível de reabilitação para a prática de função que garanta sua sobrevivência (art. 42, Lei 8.213/91). Já a responsabilidade civil da Ré tem amparo no art. 7°, XXVIII, da CF/88 e art. 950 do CC, sendo que para tal dispositivo, é suficiente que a incapacidade ocorra em relação à atividade que exercia a vítima, hipótese em que o deferimento do pensionamento deve guardar relação com os ganhos auferidos nessas atividades citadas.

Assim, devidamente esclarecida a distinção dos fatos geradores da percepção de benefício previdenciário e do dano material ora pleiteado, perfeitamente cabível a cumulação de ambos.

Nessa direção aponta o entendimento do STF consubstanciado na Súmula 229: *"A indenização acidentária não exclui a do direito comum, em caso de dolo ou culpa grave do empregador".*

No mesmo sentido é a jurisprudência do TST:

"(...) PENSÃO MENSAL. CUMULAÇÃO COM BENEFÍCIO PREVIDENCIÁRIO. POSSIBILIDADE. BASE DE CÁLCULO. Em razão de provável caracterização de má aplicação do art. 950 do Código Civil, dá-se provimento ao agravo para melhor examinar o recurso de revista. Agravo provido. AGRAVO DE INSTRUMENTO EM RECURSO DE REVISTA. ACÓRDÃO PUBLICADO

NA VIGÊNCIA DA LEI N° 13.015/14. PENSÃO MENSAL. CUMULAÇÃO COM BENE-FÍCIO PREVIDENCIÁRIO. POSSIBILIDADE. BASE DE CÁLCULO. Em razão de provável ofensa ao art. 950 do CC, dá-se provimento ao agravo de instrumento para determinar o prosseguimento do recurso de revista. Agravo de instrumento provido. RECURSO DE REVISTA. ACÓRDÃO PUBLI-CADO NA VIGÊNCIA DA LEI N° 13.015/14. PENSÃO MENSAL. CUMULAÇÃO COM BENEFÍCIO PREVIDENCIÁRIO. POSSIBILIDADE. BASE DE CÁLCULO. A jurisprudência desta Corte firmou-se no sentido de que é permitida a cumulação do pagamento de indenização por dano material decorrente de acidente de trabalho ou de doença ocupacional com o recebimento pelo empregado de benefício previdenciário. Isso em razão de referidas parcelas derivarem de fatos geradores distintos. Precedentes. Não obstante, o Regional condenou a reclamada no pagamento, apenas, da diferença entre o último salário recebido pelo reclamante, quando em atividade, e o benefício recebido do órgão previdenciário. Ao assim decidir, o incorreu violação do art. 950 do Código Civil. Recurso de revista conhecido e parcialmente provido." (TST – 5ª T. – ARR 179-96.2014.5.02.0442 – Rel. Min. Breno Medeiros – *DEJT* 8-5-2020.)

"(...) RECEBIMENTO CUMULATIVO DA INDENIZAÇÃO POR DANO MATERIAL E BENEFÍCIO PREVIDENCIÁRIO (violação dos arts. 7°, XXVIII, e 201, §10, da Constituição Federal, 475-Q, § 1°, e 649, IV, do CPC, 373, 402, 940 e 950 do CCB, 121 da Lei n° 8.213/91 e divergência jurisprudencial). *A interpretação dos artigos 950 e 951 do CC/02 e 1.539 do CC/1916 remete ao entendimento de que, ocorrida a incapacidade para o trabalho para que se inabilitou, automaticamente o lesionado terá o direito ao pensionamento mensal e vitalício, previsto naquele artigo 950 do Código Civil, enquanto durar a sua incapacidade. Desta feita, face à constatação da incapacidade permanente para o trabalho, resta plenamente configurado o prejuízo financeiro do obreiro, passível de ressarcimento material, não sendo possível a compensação da pensão paga pelo INSS a título de aposentadoria por invalidez, mesmo que complementada pela previdência privada, com a pensão prevista no artigo 950 do Código Civil, ante a distinção entre a natureza e o objetivo de tais institutos. Precedentes desta Corte. Recurso de revista conhecido e provido.*" (TST – 7ª T. – ARR 8000-27.2008.5.05.0492 – Rel. Min. Renato de Lacerda Paiva – *DEJT* 30-6-2020.)

Diante do exposto, são incontroversos o acidente e o nexo de causalidade, bem como a incapacidade total e permanente do Autor, comprovada pela [...], além do que, resta evidenciada a conduta omissiva da Ré, absolutamente negligente na adoção das medidas preventivas de segurança e no dever objetivo de garantir ao trabalhador sua higidez física no desempenho da atividade laboral.

O art. 950, CC, assim enuncia:

"Se da ofensa resultar defeito pelo qual o ofendido não possa exercer o seu ofício ou profissão, ou se lhe diminua a capacidade de trabalho, a indenização, além das despesas do tratamento e lucros cessantes até o fim da convalescença, incluirá pensão correspondente à importância do trabalho para que se inabilitou, ou da depreciação que ele sofreu."

A remuneração a ser fixada é a renda auferida pela vítima à época da ocorrência do ato lesivo, ou seja, o valor do seu salário normal originário (quando da contratação), além da parte variável (as horas extras e o adicional noturno e fator da redução).

A pensão deve ser calculada em função do último salário auferido, considerando-se o salário normal acrescido da média salarial variável [horas extras, adicional noturno etc. – discriminar os títulos].

A esta base mensal deve se ter a inserção dos seguintes percentuais: (a) 8% (0,08) do FGTS sobre a base mensal; (b) 13° salário (um salário por ano), logo, a parcela do 13° salário deve corresponder a 1/12 (0,083 = 8,33%) sobre a base mensal; (c) 1/3 das férias. As férias correspondem a um salário por

Cap. 3 • MODELOS DE CAUSA DE PEDIR E PEDIDOS | **225**

ano. O percentual de 1/3 sobre um mês de salário corresponde a 0,33; 0,33 : 12 = 0,027, logo, a parcela de 1/3 corresponde a 0,027 (2,77%) de um salário mensal.

A base de cálculo da pensão corresponde a 1,19 (um salário + FGTS - 0,08 + 13° salário - 0,083 + 1/3 férias - 0,027) remuneração (= igual ao salário normal mais média dos aditivos salariais habituais).

A pensão é devida a partir de [indicar a data: dia do acidente; dia da constatação da incapacidade; data do término do contrato etc.].

O Reclamante solicita a pensão, em parcela única (art. 950, parágrafo único, CC), a ser calculada a partir da data acima indicada, de acordo com o grau da incapacidade laborativa (a ser calculada de acordo com o laudo pericial), sendo no mínimo o percentual de 50% (por analogia, art. 86, Lei 8.213/91; auxílio-acidente). A pensão será calculada considerando-se o número de anos entre a idade do Reclamante (a partir de quando a pensão é devida) e a estimativa de sobrevida do Reclamante (atualmente, de acordo com a Tabela do IBGE, 74,9 anos). Juros a partir do ajuizamento da demanda. Atualização a partir do momento em que a verba é devida. Pela natureza da verba, descabem os descontos de INSS e IRPF.

Caso Vossa Excelência não defira a pensão em parcela única, que se tenha o pensionamento de forma mensal, de acordo com o grau da incapacidade laborativa (a ser calculada de acordo com o laudo pericial), sendo no mínimo o percentual de 50% (por analogia, art. 86, Lei 8.213/91; auxílio-acidente), de forma vitalícia, a ser calculada em função dos reajustes do salário mínimo e, sucessivamente, sobre os reajustes da categoria profissional. Nesta hipótese, o Reclamante solicita que a empresa seja obrigada a fazer a constituição de capital nos termos do art. 533, CPC. Pela natureza da verba, descabem os descontos de INSS e IRPF.

Além do pensionamento, a título de dano material, o Reclamante faz jus à percepção de todas as despesas havidas com o evento danoso. As despesas [cirurgias, consultas médicas, medicamentos, próteses etc.; discriminar as despesas e juntar os recibos] até a data do ajuizamento importam em [indicar o valor]. As parcelas subsequentes ao ajuizamento da demanda serão apuradas por artigos de liquidação (art. 509, II, CPC).

PEDIDO:

(a) juntada dos seguintes documentos: (1) Programa de Prevenção de Riscos Ambientais – PPRA, previsto na NR-9 da Portaria 3.214/78 do MTE; (2) Laudo Técnico de Condições Ambientais do Trabalho – LTCAT, previsto na NR-15 da Portaria 3.214/78 do MTE; (3) Programa de Controle Médico de Saúde Ocupacional – PCMSO, nos termos da NR-7 da Portaria 3.214/78, acompanhado dos respectivos relatórios; (4) Perfil Profissiográfico Previdenciário – PPP; (5) AET – Análise Ergonômica do Trabalho (NR 17); (6) Prontuário médico do Reclamante, com transcrição legível das anotações, inclusive exames admissional, demissional e periódicos (art. 168 da CLT e NR-7 da Portaria 3.214/78); (7) Comprovante de instrução aos seus empregados; (8) Treinamento por ordem de serviços, art. 157, II, da CLT e Portaria 3.214/78, item 1.7.b; (9) Ficha de registro; (10) Ficha de entrega de EPI's; (11) Recibos de pagamento de todo o período trabalhado. Esses documentos deverão ser juntados de acordo com os teores do art. 396 e ss., CPC, em audiência, quando do oferecimento da resposta da Reclamada;

(b) danos materiais (pensão):

(1) a pensão deve ser calculada em função do último salário auferido, considerando-se o salário normal acrescido da média salarial variável [horas extras, adicional noturno, etc.– discriminar os títulos]. A esta base mensal deve se ter a inserção dos seguintes percentuais: (a) 8% (0,08) do FGTS sobre a base mensal; (b) 13° salário (um salário por ano), logo, a

parcela do 13° salário deve corresponder a 1/12 (0,083 = 8,33%) sobre a base mensal; (c) 1/3 das férias. As férias correspondem a um salário por ano. O percentual de 1/3 sobre um mês de salário corresponde a 0,33; 0,33 : 12 = 0,027, logo, a parcela de 1/3 corresponde a 0,027 (2,77%) de um salário mensal. A base de cálculo da pensão corresponde a 1,19 (um salário + FGTS - 0,08 + 13° salário - 0,083 + 1/3 férias - 0,027) remuneração (= igual ao salário normal mais média dos aditivos salariais habituais);

(2) a pensão é devida a partir de [indicar a data: dia do acidente; dia da constatação da incapacidade; data do término do contrato etc.];

(3) a pensão, em parcela única (art. 950, parágrafo único, CC), a ser calculada a partir da data acima indicada, de acordo com o grau da incapacidade laborativa (a ser calculada de acordo com o laudo pericial), sendo no mínimo o percentual de 50% (por analogia, art. 86, Lei 8.213/91; auxílio-acidente). A pensão será calculada considerando-se o número de anos entre a idade do Reclamante (a partir de quando a pensão é devida) e a estimativa de sobrevida do Reclamante (atualmente, de acordo com a Tabela do IBGE, 74,9 anos). Juros a partir do ajuizamento da demanda. Atualização a partir do momento em que a verba é devida. Pela natureza da verba, descabem os descontos de INSS e IRPF;

(4) caso Vossa Excelência não defira a pensão em parcela única, que se tenha o pensionamento de forma mensal, de acordo com o grau da incapacidade laborativa (a ser calculada de acordo com o laudo pericial), sendo no mínimo o percentual de 50% (por analogia, art. 86, Lei 8.213/91; auxílio-acidente), de forma vitalícia, a ser calculada em função dos reajustes do salário mínimo e, sucessivamente, sobre os reajustes da categoria profissional. Nesta hipótese, o Reclamante solicita que a empresa seja obrigada a fazer a constituição de capital nos termos do art. 533, CPC. Pela natureza da verba, descabem os descontos de INSS e IRPF;

(c) danos materiais (despesas): pagamento de todas as despesas havidas com o evento danoso. As despesas [cirurgias, consultas médicas, medicamentos, próteses etc.; discriminar as despesas e juntar os recibos] até a data do ajuizamento importam em [indicar o valor]. As parcelas subsequentes ao ajuizamento da demanda serão apuradas por artigos de liquidação (art. 509, II, CPC).

3.63. DANO MATERIAL
RESPONSABILIDADE CIVIL. PREJUÍZO QUANTO AOS PROVENTOS DA APOSENTADORIA DECORRENTES DA AUSÊNCIA DO REGISTRO NA CTPS DA RECLAMANTE

CAUSA DE PEDIR:

Todo aquele que causa prejuízo a outrem é responsável pela reparação do dano (arts. 186 e 927, CC).

No dia 4 de julho de 2013, quando a Reclamante procedeu a sua contagem do tempo de contribuição, face aos períodos registrados em sua CTPS (períodos efetivos de contribuição), para a modalidade de aposentadoria (tempo de contribuição integral − 30 anos de tempo de contribuição), a Reclamante carecia de 4 anos, 3 meses e 22 dias [docs. ...].

Como sabemos, de acordo com o art. 57, § 2º, do Decreto-Lei 3.048/99, a aposentadoria por tempo de contribuição é devida a partir da data do requerimento.

Em 4 de julho de 2013, faltava para a Reclamante o equivalente a 4 anos, 3 meses e 22 dias.

O tempo sem registro da Reclamante é de: fevereiro de 1998 a 31 de janeiro de 2005, ou seja, 7 anos. Não se pode esquecer de que este tempo também equivale a tempo de contribuição.

Em 4 de julho de 2013, se a Reclamante estivesse com todo o período contratual anotado em sua CTPS [sete anos de contribuição], além das contribuições previdenciárias recolhidas pelo empregador, já poderia estar aposentada, no mínimo, há cerca de 2 anos, 8 meses e 10 dias.

Vale dizer, a Reclamante já poderia estar aposentada desde o dia 26 de outubro de 2010 (retroação no tempo de 4 de julho de 2013, considerando-se o lapso de 2 anos, 8 meses e 10 dias).

Não devemos nos esquecer de que, conforme o art. 453, CLT e da OJ 361, SDI-I, a aposentadoria não é mais causa natural da extinção do contrato de trabalho.

Logo, desde 26 de outubro de 2010, a Reclamante poderia estar aposentada, auferindo o benefício da aposentadoria juntamente com o salário.

Diante do descumprimento da lei trabalhista, as Reclamadas, de forma intencional, estão prejudicando a Reclamante quanto ao efetivo gozo dos benefícios previdenciários, em especial, a sua aposentadoria integral por tempo de contribuição.

Quem deu causa ao não registro e ao não recolhimento previdenciário desde 1998, como se denota, foram as Reclamadas, logo, as duas empresas devem ser condenadas de forma solidária por este prejuízo à Reclamante.

Por aplicação do art. 8º, CLT, a responsabilidade civil (arts. 186 e 927, CC), deve ser aplicável ao presente litígio, logo, a Reclamante faz jus a uma indenização equivalente ao valor da sua aposentadoria, desde a data de 26 de outubro de 2010, em parcelas vencidas e vincendas, até a data do reconhecimento oficial do INSS quanto à concessão da aposentadoria, visto que o benefício somente será concedido após a data do requerimento.

Citadas parcelas, vencidas e vincendas, são devidas nos mesmos valores relativos aos montantes das parcelas da aposentadoria. Devem ser reajustadas (valor principal) pelo fator de reajuste do valor nominal dos benefícios previdenciários ou pelos índices dos reajustes da categoria profissional da Reclamante.

A apuração mensal deve incluir também a parcela relativa ao abono previdenciário do 13º salário.

As diferenças, em parcelas vencidas e vincendas, devem ser atualizadas com base na sistemática dos cálculos trabalhistas.

PEDIDO:

Danos materiais em decorrência da não concessão do benefício da aposentadoria. A Reclamante faz jus a uma indenização equivalente ao valor da sua aposentadoria, desde a data de 26 de outubro de 2010, em parcelas vencidas e vincendas, até a data do reconhecimento oficial do INSS quanto à concessão da aposentadoria, visto que o benefício somente será concedido após a data da data do requerimento. Citadas parcelas, vencidas e vincendas, são devidas nos mesmos valores relativos aos montantes das parcelas da aposentadoria. Devem ser reajustadas (valor principal) pelo fator de reajuste do valor nominal dos benefícios previdenciários ou pelos índices dos reajustes da categoria profissional da Reclamante. A apuração mensal deve incluir também a parcela relativa ao abono previdenciário do 13º salário. As diferenças, em parcelas vencidas e vincendas, devem ser atualizadas com base na sistemática dos cálculos trabalhistas.

3.64. DANO MATERIAL
POSSIBILIDADE DE CUMULAÇÃO DE PENSÃO MENSAL E SALÁRIO

CAUSA DE PEDIR:

O dano material, o qual também é conhecido por dano patrimonial, atinge os bens integrantes do patrimônio, isto é, o conjunto das relações jurídicas de uma pessoa, apreciáveis economicamente. Tem-se a perda, deterioração ou diminuição do patrimônio.

A reparação dos danos materiais se dá com a restauração da situação anterior ao ato danoso, o seu restabelecimento ao *statu quo ante* (reparação natural). A pensão tem o escopo de indenizar o dano material, na medida em que o Reclamante teve a sua capacidade laboral reduzida.

No caso dos autos, evidente o dano material, diante da redução permanente da capacidade laborativa do Autor.

Nos termos do art. 950, CC, o deferimento de pensão mensal relaciona-se à perda ou redução da capacidade de trabalho, sendo irrelevante a vítima estar ou não recebendo remuneração de qualquer natureza, seja salarial, seja previdenciária.

O fundamento para deferimento da pensão é objetivo e é a redução da capacidade laboral, o que implica maior dificuldade do trabalhador na consecução normal de suas atividades.

Esclareça-se que a finalidade da pensão não é a reposição salarial, e sim o ressarcimento pela incapacidade laborativa do trabalhador.

Assim, ainda que o Reclamante permaneça trabalhando, auferindo o mesmo salário, a pensão objetiva suprir a perda causada pela sequela da doença. Esta perda não pode ser medida apenas financeiramente. A indenização civil busca ressarcir a lesão física causada, não devendo ficar restrita à compensação de ordem financeira.

Esse é o fundamento pelo qual não se aceita a compensação entre eventual benefício previdenciário recebido pelo trabalhador acidentado e a pensão decorrente da condenação judicial em face do empregador.

Salienta-se que estamos diante de um infortúnio de caráter parcialmente incapacitante, que, além de limitar o campo de tarefas laborais a serem exercidas pelo Reclamante, afetam também a vida social e familiar.

Leciona Arnaldo Rizzardo: *"(...) mesmo se o trabalho desempenhado não sofrer, na prática, diminuição de qualidade e intensidade, o dano precisa ser ressarcido, eis que a limitação para as atividades humanas é inconteste. Talvez continue no mesmo trabalho, mas é viável que resulte a impossibilidade para a admissão em outro que propicie igual padrão de rendimentos"* (*Responsabilidade civil*. Rio de Janeiro: Forense, 2005, p. 232).

Nessa mesma linha de raciocínio, lecionam Gustavo Tepedino, Heloisa Helena Barboza e Maria Celina Bodin de Moraes que *"a lesão raras vezes gera uma imediata redução salarial. A diminuição da capacidade laborativa repercutirá, pouco a pouco, na estagnação profissional, na perda de oportunidades, na ausência de promoções e na indiferença do mercado em relação à vítima. A depreciação iminente e provável deve ser objeto das reflexões do magistrado no momento da fixação do quantum da pensão. Também a permanência ou transitoriedade dos efeitos da lesão devem, por certo, influenciar na quantificação"* (*Código civil interpretado conforme a Constituição da República*. vol. II. Rio de Janeiro: Renovar, 2006, p. 877).

O fato de o infortúnio não ter resultado em imediata perda salarial, por si só, não exime o empregador da sua responsabilidade pela doença relacionada ao labor.

Esclarece Sebastião Geraldo de Oliveira:

"Ainda que o acidentado permaneça no emprego, exercendo a mesma função, é cabível o deferimento de indenização porquanto mesmo se o trabalho desempenhado não sofrer na prática, diminuição na qualidade e intensidade, o dano precisa ser ressarcido, eis que a limitação para as atividades humanas é inconteste. Talvez continue no mesmo trabalho, mas é viável que resulte a impossibilidade para a admissão em outro que propicie igual padrão de rendimento" (Indenizações por acidente do trabalho ou doença ocupacional. 3. ed. São Paulo: LTr, 2007, p. 303).

O entendimento que prevalece no TST é o de que a condenação do empregador pela doença ocupacional independe da perda remuneratória direta, tendo em vista a natureza punitiva das indenizações objeto da decisão judicial:

"I – AGRAVO EM AGRAVO DE INSTRUMENTO EM RECURSO DE REVISTA INTERPOSTO NA VIGÊNCIA DA LEI 13.015/14. INDENIZAÇÃO POR DANOS MATERIAIS. PENSÃO MENSAL VITALÍCIA. CUMULAÇÃO COM REINTEGRAÇÃO. POSSIBILIDADE. Constatada possível violação do art. 950 do Código Civil, é de se provar o agravo. Agravo provido. II – AGRAVO DE INSTRUMENTO EM RECURSO DE REVISTA. LEI 13.015/14. DOENÇA OCUPACIONAL. INDENIZAÇÃO POR DANOS MATERIAIS. PENSÃO MENSAL VITALÍCIA. CUMULAÇÃO COM REINTEGRAÇÃO. POSSIBILIDADE. Demonstrada possível violação do art. 950 do Código Civil, impõe-se o provimento do agravo de instrumento para determinar o processamento do recurso de revista. Agravo de instrumento provido. III – RECURSO DE REVISTA INTERPOSTO NA VIGÊNCIA DA LEI 13.015/14. INDENIZAÇÃO POR DANOS MATERIAIS. PENSÃO MENSAL VITALÍCIA. CUMULAÇÃO COM REINTEGRAÇÃO. POSSIBILIDADE. Hipótese em que o Tribunal Regional, embora tenha reconhecido a culpa da reclamada pela doença ocupacional sofrida pelo autor, entendeu que, diante da reintegração determinada pelo juiz de primeiro grau, não haveria dano material a ser reparado enquanto existente o vínculo de emprego entre as partes. No entanto, a determinação de reintegração e a consequente percepção de remuneração são circunstâncias que não afastam o direito à indenização por danos materiais na forma de pensão mensal, porquanto possuem fatos geradores distintos. Com efeito, a reintegração foi deferida com fulcro na norma coletiva da categoria, ao passo que a indenização por dano material, deferida na forma de pensão, tem alicerce na legislação civil (art. 950 do Código Civil), cujo escopo é obrigar o empregador a ressarcir os danos materiais causados ao reclamante em decorrência da doença ocupacional. Assim, o exercício de atividades em função readaptada na empresa, com a natural percepção de salários não constitui óbice para o deferimento da indenização. Precedentes. Recurso de revista conhecido e provido." (TST – 2ªT. – RR 1000572-14.2014.5.02.0471 – Rel. Min. Delaíde Miranda Arantes – *DEJT* 19-10-2018.)

"RECURSO DE REVISTA. ACÓRDÃO PUBLICADO NA VIGÊNCIA DA LEI Nº 13.015/14. DONO DA OBRA. INDICAÇÃO DO TRECHO DA DECISÃO RECORRIDA QUE CONSUBSTANCIA O PREQUESTIONAMENTO DA CONTROVÉRSIA OBJETO DO RECURSO. DESCUMPRIMENTO DA EXIGÊNCIA CONTIDA NO ART. 896, § 1º-A, DA CLT. O art. 896, § 1º-A, I, da CLT, incluído pela Lei nº 13.015/14, dispõe ser ônus da parte, sob pena de não conhecimento, 'indicar o trecho da decisão recorrida que consubstancia o prequestionamento da controvérsia objeto do recurso de revista'. Na presente hipótese, a parte recorrente não observou requisito contido no dispositivo, o que inviabiliza o conhecimento do recurso. Recurso de revista não conhecido. ACIDENTE DE TRABALHO. INDENIZAÇÃO POR DANOS MATERIAIS. REDUÇÃO DA CAPACIDADE LABORAL. É fato incontroverso que o trabalhador sofreu grave lesão em decorrência

Cap. 3 • MODELOS DE CAUSA DE PEDIR E PEDIDOS | **231**

do acidente laboral típico. O e. TRT manteve a culpa concorrente do autor que trabalhava em atividades de carpintaria, sendo atingido pelo corte da serra que causou a amputação de dois dedos da mão direita e lesão em um terceiro dedo. O e. TRT reformou a sentença para excluir da condenação o pagamento de indenização por danos materiais, pelo simples fato de o reclamante continuar a laborar em prol da empresa, com percepção de salários, tanto que registra, ao final, que eventual reparação seria devida somente no caso de despedida pela reclamada. Ocorre que, sendo inconteste a redução da capacidade laborativa, a reclamante faz jus ao pagamento de pensão mensal, equivalente à importância do trabalho para o qual se inabilitou, na forma prevista no art. 950 do Código Civil, não se revelando suficiente ao afastamento do mencionado direito o fato de não ter sofrido redução salarial, tampouco de continuar laborando em função adaptada. Precedentes. Recurso de revista conhecido e provido." (TST – 5ª T. – RR 10970-03.2014.5.15.0042 – Rel. Min. Breno Medeiros – *DEJT* 21-9-2018.)

PEDIDO:

Requer o Reclamante a condenação da Reclamada ao pagamento de pensão mensal vitalícia, independentemente do pagamento de salários.

3.65. DANO MORAL
ACUSAÇÃO INDEVIDA DE USO DE ATESTADO MÉDICO FALSO

CAUSA DE PEDIR:

I – DA INEXISTÊNCIA DE JUSTA CAUSA

Não há motivos suficientes caracterizadores da penalidade máxima ensejadora da dispensa por justa causa, principalmente considerando o fato de que o Reclamante sempre desempenhou bem suas funções, agindo de forma ativa, diligente, responsável e interessada, e, em especial, porque não comprou e apresentou atestado médico falso [descrever os fatos].

Nobre Magistrado, a atitude da empresa e dos seus prepostos é, no mínimo, inconsequente e imprudente.

A CF, em seu art. 5º, LV, garante a todos, no processo judicial e administrativo, o exercício do contraditório e da ampla defesa, e todos os meios a ela inerentes, circunstância que não foi observada no caso concreto.

Vale ressaltar, a demissão por justa causa só é possível quando o demitido tiver cometido falta grave, e sua caracterização depende de condições que devem estar presentes para a sua admissibilidade, a saber, a atualidade, a gravidade e a causalidade; sendo vedada a dupla punição.

De fato, a Reclamada agiu com rigor excessivo e imprudência ao tomar uma atitude dessa gravidade, sem antes apurar minuciosamente os fatos, causando prejuízos de ordem moral e material ao Reclamante, que devem ser ressarcidos.

II – DOS DANOS MORAIS E MATERIAIS

A despedida apoiada na indevida alegação de justa causa refletiu diversas consequências prejudiciais ao Reclamante, visto que não obstante o fato de ter sido lesado no tocante a perda do emprego, salários e verbas rescisórias, teve lesada sua honra, pois foi acusado de prática de crime e vem amargando os prejuízos decorrentes desta atitude arbitrária e inconsequente da Reclamada.

A Ré elaborou o boletim de ocorrência enquanto o Reclamante ainda fazia parte de seu quadro de funcionários, ou seja, no dia anterior à demissão!

Em observância ao princípio da dignidade da pessoa humana, deveria a Reclamada ter agido com prudência, comunicando o Reclamante e dado a ele a oportunidade de comparecer à delegacia, se manifestar e apresentar a prova de suas alegações!

Se de fato cautela tivesse sido tomada, ele teria a oportunidade, da mesma forma como procedeu quando inquirido, de apresentar a ficha de atendimento ambulatorial e comprovar seu comparecimento no hospital, e via de consequência, evitado todo esse transtorno, que vem gerando reflexos negativos em sua vida pessoal e profissional.

Como bem ensina Plácido e Silva, direitos da personalidade são *"incidentes da própria personalidade humana, e protetores da vida, da liberdade e da honra"* (*Vocabulário Jurídico*. Rio de Janeiro: Forense, 1991, p. 92).

Em acórdão prolatado, o Desembargador Dr. Ricardo Artur Costa e Trigueiros (TRT 2ª Reg., RO 01925.2002.465.02.00-5) muito bem discorreu em suas palavras ao asseverar que as relações de trabalho devem pautar-se pelo respeito mútuo, assim expondo:

"O empregador além da obrigação de dar trabalho e de possibilitar ao empregado a execução normal da prestação de serviços, deve ainda respeitar a honra, a reputação, a liberdade, a dignidade, e integridade física e moral de seu empregado, porquanto trata-se de valores que compõem o patrimônio ideal da pessoa, assim conceituado o conjunto de tudo aquilo que não seja suscetível de valor econômico."

Relatou, ainda, *"o trabalhador é sujeito e não objeto da relação contratual. Ele tem direito de preservar sua integridade física, intelectual e moral. Se a empresa submete o empregado a tratamento injurioso e degradante, deve arcar com reparação por dano moral".*

De fato, o Reclamante se sentiu humilhado, envergonhado perante seus familiares, ao informar que não teria como contribuir com o sustento do lar e não teria nenhuma verba rescisória a receber, pois foi demitido por justa causa, pela imputação a ele da prática de crime de falsificação de documento!

O art. 5º, X, CF, estabelece que são invioláveis a intimidade, a vida privada, a honra e a imagem das pessoas, assegurado o direito à indenização pelo dano material ou moral decorrente de sua violação.

Da situação acima narrada, evidente que a atitude da empresa Reclamada resultou em ofensa à esfera moral do Reclamante (art. 223-B, CLT).

Oportuno destacar que o art. 223-C da CLT traz a honra e a imagem como bens inerentes à pessoa física juridicamente tutelados.

Não há dúvidas de que o Reclamante teve atingida sua honra, sendo cabível a indenização pelos danos morais e materiais ocasionados.

Neste contexto, cumpre observar que os danos morais podem ser divididos em puros (diretos) ou reflexos (indiretos). Os puros esgotam-se em apenas um aspecto, atingindo os chamados atributos da pessoa, como a honra, a intimidade, a liberdade etc. (indevida imputação de crime). Os reflexos são efeitos da lesão ao patrimônio, ou seja, consequência de um dano material (perda do emprego e salários).

De acordo com o âmbito da sua extensão, o dano moral pode ser subjetivo ou objetivo. O primeiro limita-se à esfera íntima da vítima, isto é, ao conjunto de sentimentos e de valores morais e éticos do próprio ofendido. O segundo se projeta no círculo do relacionamento familiar ou social, afetando a estima e a reputação moral, social ou profissional da vítima.

Sob qualquer enfoque, o Reclamante, como trabalhador, sujeito a uma dispensa discriminatória e com a pecha da justa causa ilegalmente aplicada, tem o pleno direito a uma indenização a título de danos morais.

Há todos os elementos da responsabilidade civil e nexo causal: atitude leviana e irresponsável da empresa em atribuir falta grave inexistente, sem apurar minuciosamente os fatos que a embasou, rescindindo o contrato de trabalho por justa causa; imputando um crime à pessoa do trabalhador, sem apurar minuciosamente os fatos.

A jurisprudência já reconheceu que é possível configurar-se o dano moral independentemente da conotação média da moral social.

Como se não bastasse toda a humilhação em face da pessoa do Reclamante, a atitude ilegal e abusiva da Reclamada vem repercutindo também no campo profissional, já que, por conta da demissão por justa causa, a Reclamada vem passando péssimas referências do Reclamante aos pretensos empregadores, conforme se comprovará.

Após o Reclamante ter passado por várias etapas da entrevista de emprego para trabalhar na empresa, além de ter efetuado o exame admissional, após entregar sua CTPS para anotação e averiguação perante o antigo empregador, foi cancelada sua contratação, pois a Reclamada comunicou o motivo de sua demissão perante a referida empresa, situação que, por óbvio, inviabilizou o emprego, gerando mais prejuízos ao Reclamante, que até o presente continua desempregado!

O Código Civil de 2002 protege a honra nos termos seguintes: *"Salvo se autorizadas, ou se necessárias à administração da justiça ou à manutenção da ordem pública, a divulgação de escritos, a transmissão da palavra, ou a publicação, a exposição ou a utilização da imagem de uma pessoa poderão ser proibidas, a seu requerimento e sem prejuízo da indenização que couber, se lhe atingirem a honra, a boa fama ou a respeitabilidade, ou se se destinarem a fins comerciais"* (art. 20, CC).

As regras de proteção à dignidade moral do empregado, aos seus direitos personalíssimos incidem e fazem parte do conteúdo do contrato de trabalho, determinando uma série de direitos e obrigações cuja violação é objeto de tutela específica e sanções.

Segundo a psicanalista, psicóloga e especialista em dano moral, Maria Pinheiro Castelo, o dano moral é considerado como resultante daquele sofrimento emocional, que pode se manifestar de diversas formas: somatizações associadas ao estresse, alterações de apetite e sono, irritabilidade, diversos graus de depressão e ansiedade.

Diz ela mais: *"que a experiência da violência implica o sujeito ver-se submetido, arbitrariamente, a uma situação de ilegalidade, de desrespeito e de humilhação, sem que disponha, por si próprio, de recursos para se defender"*. Tal experiência pode ter tanto um componente de surpresa, ou inesperado, como também, algo que repercute ao longo do tempo.

Houve, sem dúvidas, ofensa à honra objetiva e subjetiva do Reclamante, sendo patente o dano à sua dignidade (art. 1º, III, CF), o que permite reconhecer o elemento configurador da obrigação da Reclamada em indenizar o Autor pelos danos morais e materiais sofridos, conforme arts. 186, 187, 927 e 932, III, CC, tendo em vista a falsa imputação de crime e prejuízos materiais com a justa causa aplicada e não recebimento de todos os seus haveres rescisórios.

Em relação ao *quantum*, este deve levar em conta a capacidade econômica da empresa agressora, pois, se for quantia irrisória, não terá o condão de desestimular as práticas com as quais a Ré já foi condescendente um dia.

Assim, o Autor postula o direito à indenização por danos morais (não se confundindo a indenização com o valor material a ser pago a título de verbas rescisórias pela reversão da justa causa aplicada indevidamente), o que ora se pleiteia, no valor mínimo de [50 salários nominais ou outro valor a critério de Vossa Excelência, na forma do art. 223-G, CLT], sendo que tal verba não é base de recolhimentos previdenciários ou fiscais.

Na apuração da indenização por danos morais, os juros são devidos a partir do ajuizamento da demanda trabalhista (art. 39, § 1º, Lei 8.177/91; Súmula 439, TST, Súmula 362, STJ).

PEDIDO:

Condenação da Reclamada ao pagamento de indenização por danos morais e materiais sofridos pelo Reclamante (arts. 186, 187, 927 e 932, III, CC), pelas acusações inverídicas e atos violadores da sua honra e dignidade (não se confundindo a indenização ora pleiteada com o valor material a ser pago a título de verbas rescisórias), indenização a ser arbitrada no valor mínimo de [50 salários nominais ou outro valor a critério de Vossa Excelência, na forma do art. 223-G, CLT], sendo que tal verba não é base de recolhimentos previdenciários ou fiscais, nos termos da fundamentação.

3.66. DANO MORAL
AGRESSÃO FÍSICA E VERBAL

CAUSA DE PEDIR:

A Reclamante sofreu dano moral praticado pela gerente da Reclamada [indicar o nome].

Referida gerente assumiu a loja do *shopping* em setembro de 2012 e desde então passou a perseguir a Reclamante, seja nas suas atividades rotineiras, seja fora delas, principalmente dando-lhe ordens contraditórias às suas funções, sendo que era responsável pelo setor de revistaria e era cobrada, por exemplo, pelo recolhimento de livros e revistas deixados pelos clientes em todos os cantos da loja.

Por algumas vezes, a gerente conversava pessoalmente com a Reclamante, sendo que estas conversas, estranhamente, não se davam no interior da loja (onde havia espaço suficiente para tanto), e sim nos corredores com menor movimento do *shopping*. Nessas oportunidades, a gerente desferia agressões verbais à Reclamante, talvez confiante na impunidade por fazê-lo isoladamente sem a presença de testemunhas.

Como se não fosse possível, a situação se agravou.

No dia 10-8-17, por volta das 14:30, a gerente chamou a Reclamante para conversarem e dessa vez a conversa iria se dar na parte externa do *shopping*. Naquela ocasião, a senhora gritava com a Reclamante, desferindo xingamentos e ofensas pessoais, quando, por fim, desferiu três tapas na perna da obreira e se retirou.

A Reclamante, então, não reunindo mais condições para desenvolver seu trabalho, no dia 23-8-17 notificou judicialmente sua empregadora, a qual foi recebida em 24-8-17, informando a rescisão indireta do seu contrato de trabalho.

O tratamento vexatório imputado à Reclamante fere princípios basilares da Constituição Federal: a dignidade humana e valores sociais do trabalho (art. 1º, III e IV).

Atingiu também cláusula pétrea do art. 5º: "*X – são invioláveis a intimidade, a vida privada, a honra e a imagem das pessoas, assegurado o direito a indenização pelo dano material ou moral decorrente de sua violação"; "XIII – é livre o exercício de qualquer trabalho, ofício ou profissão, atendidas as qualificações profissionais que a lei estabelecer."*

A Constituição também enumera o trabalho como um direito social, em seu art. 6º, *caput: "São direitos sociais a educação, a saúde, a alimentação, o trabalho, a moradia, o transporte, o lazer, a segurança, a previdência social, a proteção à maternidade e à infância, a assistência aos desamparados, na forma desta Constituição."*

Em razão da função social da empresa, é de sua responsabilidade o respeito a um ambiente de trabalho saudável, devendo estudar, reconhecer, prevenir e coibir condutas lesivas aos seus empregados com intuito de proteção dos direitos fundamentais do indivíduo.

Evidente que a conduta da gerente da Reclamada resultou em ofensa à esfera moral da Reclamante (art. 223-B, CLT).

Oportuno destacar que o art. 223-C da CLT traz a honra e a integridade física como bens inerentes à pessoa física juridicamente tutelados.

Pela conduta desrespeitosa a qualquer ser humano, ainda mais a uma trabalhadora no desenvolvimento de suas funções, que sofreu não só com agressões verbais, mas também físicas, diante da gravidade do fato e do poderio econômico da Reclamada, deve ela ser condenada ao pagamento de indenização por dano moral, no importe de R$ 30.000,00 (trinta mil reais) ou outro valor a critério de Vossa Excelência, na forma do art. 223-G, CLT.

Frise-se, a indenização deve ser aplicada com caráter pedagógico. Recentemente a gerente foi transferida da loja, mas continua sendo gerente da Ré em outro estabelecimento.

Referida conduta é lastimável, e deve ser repelida de nosso cotidiano, o que só ocorrerá a partir de penas severas pelas práticas ilícitas.

PEDIDO:

Condenação ao pagamento de indenização por dano moral praticado por preposto da Reclamada, no valor de R$ 30.000,00 (trinta mil reais) ou outro valor a critério de Vossa Excelência, na forma do art. 223-G, CLT. Juros a partir da data do ajuizamento da demanda (Súm. 439, TST; Súm. 362, STJ).

3.67. DANO MORAL
AGRESSÕES FÍSICAS E VERBAIS. DISTRIBUIÇÃO DINÂMICA DO ÔNUS DA PROVA

CAUSA DE PEDIR:

1. O Reclamante sofreu agressões físicas e verbais no exercício de suas funções de porteiro.

Quando ingressou aos serviços do Reclamado, o Autor foi treinado para realizar o controle de acesso de moradores e visitantes, tanto na portaria central, quanto nas garagens, sendo que, nos últimos meses, passou a realizar suas funções exclusivamente na garagem do 1º subsolo, local que dava acesso aos moradores para as demais garagens do condomínio (docs. ...).

Cada morador tinha por obrigação portar seu próprio controle de entrada da garagem, conforme normas internas do condomínio. Caso o condômino não estivesse de posse do equipamento, caberia ao porteiro solicitar a identificação do morador para, excepcionalmente, liberar sua entrada, já que era regra do condomínio que todo morador portasse seu próprio controle.

O Reclamante recebia ordens diretas do síndico do condomínio, de que os porteiros: (a) não poderiam autorizar a entrada de moradores, os quais não portassem o "controle automático"; (b) deveriam fiscalizar os moradores, os quais não tinham o controle, para que o Condomínio, assim, pudesse cobrar dos condôminos a regularização de tal situação.

O Reclamante (assim como os demais porteiros), costumeiramente, sofria xingamentos e humilhações por parte de condôminos que "esqueciam" seus controles, ou, simplesmente, "deixavam de providenciar o conserto dos controles quebrados". Muitos moradores não toleravam serem questionados pelo Autor acerca de tais irregularidades e passavam a agredi-lo verbalmente, pelo simples fato de o trabalhador seguir expressamente as ordens do síndico e as normas do condomínio.

O condomínio possui dois livros para registro de ocorrências dos porteiros: o livro de ocorrências da portaria e o livro de ocorrências da garagem.

Todas as situações acima eram relatadas no livro de ocorrências da garagem (docs. ...) (livro de ocorrência da garagem), bem como ao síndico, que elogiava a conduta firme do Reclamante em cumprir suas ordens, porém, se omitia acerca das agressões sofridas pelo trabalhador, deixando de aplicar as punições aos condôminos infratores.

Diante da omissão patronal, a situação se agravou.

2. Nos tópicos abaixo expostos, temos a demonstração da cronologia dos acontecimentos que culminaram nas agressões verbais e agressão física sofrida pelo Autor.

2.1. Em 26.02.2016 (docs. ...) (livro de ocorrência da garagem), o Autor relatou que, "por volta das 23h10, ouviu um 'assovio' de um homem que acenava para que o Reclamante abrisse o portão da garagem, pois estava sem o controle". O Autor seguiu exatamente as ordens do síndico e pediu que o morador se identificasse para que ele pudesse conferir o nome em uma listagem. Houve a identificação, contudo, o nome indicado não contava na listagem da portaria, o que obrigou o Autor a chamar pelo rádio a Portaria Central, a fim de conferir a identificação do morador.

Veja, Excelência, que o Reclamante nada mais fez do que seguir os procedimentos de segurança para liberar o acesso de pessoas ao condomínio.

Irritado com a conduta correta do Autor, o morador passou a xingar o Reclamante, e, após adentrar à garagem, quase agrediu fisicamente o mesmo.

238 | PRÁTICA DA RECLAMAÇÃO TRABALHISTA – *Jorge Neto • Wenzel • Cavalcante*

O (doc. ...) (foto do livro de ocorrência da garagem) comprova que, após muitos palavrões proferidos contra o Reclamante pelo morador, o escândalo iniciado pelo morador chamou a atenção de outro morador, que desceu para verificar a ocorrência e, depois de constatar a correta conduta do Reclamante, elogiou seu trabalho.

Tal ocorrência foi devidamente relatada para o síndico, que verificou também o relato no livro, porém mais uma vez manteve inerte em sua obrigação patronal de coibir tais atitudes de moradores antissociais, limitando-se a "elogiar a conduta do Autor no exercício de suas funções".

2.2. Diante da omissão do síndico, os xingamentos transformaram-se em agressão física contra o Autor, na data de 11.06.2016, por volta das 4h30 – durante o plantão noturno do Reclamante, que teve início às 22h00 do dia 10.06.2016 e terminaria às 6h00 do dia 11.06.2016.

Na data e horário acima, madrugada de sábado 11.06.16, novamente o morador (a mesma pessoa do dia 26.02.2016) estava sem seu controle de garagem, solicitando que o Autor liberasse seu acesso à garagem (salienta-se que o morador nunca portava tal controle), sendo atendido pelo Reclamante, que abriu o portão da garagem, porém o morador estava em seu veículo e trazia outro veículo de pessoa desconhecida, que foi "barrada" pelo Autor para verificação, o que causou a ira do condômino, que, questionado pelo Reclamante sobre o seu controle de garagem, desceu do carro apontando o dedo para o rosto do trabalhador e disse: "você vai abrir o portão pra mim quantas vezes eu quiser e a hora que eu quiser..."

Nesse momento, o Reclamante repetiu as normas do condomínio e que tem ordens do síndico para proceder dessa maneira, sendo que o morador, irritado, desferiu um tapa em direção ao rosto do Autor, cena que foi devidamente registrada pelas câmeras de segurança da garagem.

Além do registro das câmeras de segurança da garagem, o Autor relatou o ocorrido no livro de ocorrência da garagem (doc. ...).

2.3. O Reclamante relatou o ocorrido e pediu providências do condomínio para coibir as atitudes do morador, e ainda, solicitou, por escrito, as filmagens das câmeras que comprovavam a agressão, a fim de tomar providências legais em face do morador e assim se proteger de futuras ameaças.

2.4. Após o dia dos fatos (11.06), o Reclamante folgou e retornou ao serviço em 13.06.2016 e conversou com o síndico sobre o ocorrido, pedindo novamente as imagens das câmeras de segurança para lavrar Boletim de Ocorrência sobre o fato, ouvindo do síndico que iria fornecer tais imagens ao Autor, porém não forneceu.

Após trabalhar uma semana depois da ocorrência, no dia 16.06.2016 o Reclamante novamente solicitou as imagens da agressão, que foram devidamente gravadas e separadas pelo síndico e pelo zelador, que fizeram "back up" das filmagens para poderem aplicar eventual punição ao morador infrator.

Nos dias 17 e 18.06, laborou normalmente e, após suas folgas de 19 e 20.06.2016, ao retornar ao trabalho, o Reclamante foi demitido na data de 21.06.2016.

3. O Reclamante foi dispensado por, justamente, ser um empregado que cumpria fielmente as ordens patronais. Assim, o tratamento vexatório imputado fere princípios basilares da Constituição Federal: a dignidade humana e valores sociais do trabalho (art. 1°, III e IV).

Em razão da função social da empresa, é de sua responsabilidade o respeito a um ambiente de trabalho saudável, devendo estudar, reconhecer, prevenir e coibir condutas lesivas aos seus empregados com intuito de proteção dos direitos fundamentais do indivíduo – conduta essa que não foi respeitada pelo síndico, que se omitiu, mesmo diante de todos os relatos do Autor (comprovados pelos registros nos livros de ocorrência e pelas filmagens das câmeras).

Pela conduta desrespeitosa a qualquer ser humano, ainda mais a um trabalhador que cumpria expressamente suas ordens, que sofreu não só com agressões verbais, mas também físicas, diante da gravidade do fato deverá ser aplicada a sanção ao empregador, para que o caráter pedagógico da mesma evite outros acontecimentos dessa natureza.

Diante dos fatos narrados, evidente que houve ofensa à esfera moral do Reclamante (art. 223-B, CLT), sendo oportuno destacar que o art. 223-C da CLT traz a honra e a integridade física como bens inerentes à pessoa física juridicamente tutelados.

Houve, sem dúvidas, ofensa à honra objetiva e subjetiva do Reclamante, sendo patente o dano à sua dignidade (art. 1º, III, CF) o que permite reconhecer a obrigação do Reclamado de indenizar o Autor pelos danos morais sofridos (arts. 186, 187, 927 e 932, III, CC), tendo em vista as agressões verbais e físicas sofridas.

Em relação ao *quantum*, este deve levar em conta a capacidade econômica do empregador agressor, pois, se for quantia irrisória, não terá o condão de desestimular as práticas com as quais o Réu já foi condescendente um dia.

Assim, o Autor postula o direito à indenização por danos morais, o que ora se pleiteia, no valor mínimo de 40 (quarenta) salários mínimos ou outro valor a critério de Vossa Excelência, na forma do art. 223-G, CLT, sendo que tal verba não é base de recolhimentos previdenciários ou fiscais.

Na apuração da indenização por danos morais, os juros são devidos a partir do ajuizamento da demanda trabalhista (art. 39, § 1º, Lei 8.177/91; Súm. 439, TST; Súm. 362, STJ).

4. Conforme exposto nos tópicos anteriores, as agressões verbais e físicas sofridas pelo Autor foram registradas em livro de ocorrências de garagem e pelas filmagens de câmeras de segurança existentes no local de trabalho (garagem).

O sindicato assistente notificou o empregador (doc. ...) para que apresentasse tais gravações das câmeras de segurança do condomínio, especificamente no local da ocorrência (garagem), nas datas da ocorrência, no horário do turno do ex-empregado (entre 22h do dia 10.06.2016 e 6:00h da manhã de 11.06.2016) a fim de averiguar as medidas a serem tomadas em face do agressor, bem como a fim de evitar ajuizamento desnecessário de demandas.

Apesar da notificação acima e sua comprovação de recebimento, o empregador silenciou e sequer respondeu a notificação, demonstrando a omissão que o caracteriza.

Evidentemente, nos pleitos de indenização por dano moral, não há interesse do Reclamado em produzir provas que porventura lhe sejam desfavoráveis, pois, ancorado na teoria da distribuição estática do ônus da prova, deixa para o Reclamante o ônus probatório de provar o fato constitutivo de seu direito, bem como a conduta omissiva do empregador ao deixar de garantir ambiente de trabalho sadio. Isto porque o encargo probatório para o Autor, nesses casos, é extremamente difícil, senão impossível, haja vista que o patrão possui todas as provas em seu poder.

Resta clara a hipossuficiência técnica do Autor frente ao empregador, e ainda, diante da subordinação havida na relação de emprego, sendo que o Reclamado, na condição de ex-empregador, encontra-se em condição muito mais favorável de obter as imagens das câmeras de segurança de seu condomínio, bem como de obter os livros de ocorrência de portaria e garagem – provas indispensáveis ao deslinde do feito.

Diante da peculiaridade do caso concreto, atribuir ao Autor o ônus probatório seria inviabilizar a tentativa de reconhecimento de seu direito, ideia ratificada pelo princípio de que a prova deve ser apresentada pela parte que reúna as melhores condições de produzi-la, mesmo que os fatos sejam alegados pela parte contrária.

No caso concreto, o princípio da aptidão para a prova resultará na inversão do ônus da prova, medida que busca minimizar desproporcionalidades processuais entre empregador e empregado.

O CPC prevê a possibilidade de o julgador modular o ônus probatório (art. 373, § 1º), estimulando a produção de provas pela parte que detiver as melhores condições de apresentar.

240 | PRÁTICA DA RECLAMAÇÃO TRABALHISTA – *Jorge Neto • Wenzel • Cavalcante*

Assim, diante do exposto, para evitar-se a ofensa ao princípio Constitucional da ampla defesa, nos termos do art. 373, § 1º, CPC, o Reclamante requer a inversão do ônus da prova em relação ao pedido de dano moral, no momento do despacho saneador do processo, a fim de atribuir o ônus probatório ao Reclamado, determinando que o mesmo apresente as seguintes provas: (a) imagens referentes às gravações das câmeras de segurança do condomínio reclamado, especificamente no local da ocorrência (garagem do 1º subsolo), na data da ocorrência, no horário do turno do ex-empregado (entre 22h do dia 10.06.2016 e 6:00h da manhã de 11.06.2016) a fim de constatar a existência de suposta agressão física de condômino ao Reclamante; (b) apresentação dos livros de ocorrência de portaria e de garagem, do ano de 2016, a fim de averiguar-se os registros de ocorrência de agressões verbais e físicas que sofreu o Reclamante;

PEDIDO:

(a) indenização por danos morais sofridos – valor mínimo de 40 (quarenta) salários mínimos ou outro valor a critério de Vossa Excelência, na forma do art. 223-G, CLT.

3.68. DANO MORAL
ANOTAÇÃO DE CTPS POR DETERMINAÇÃO JUDICIAL

CAUSA DE PEDIR:

O Reclamante teve sua CTPS anotada de maneira indevida pela Reclamada, que, de forma retaliativa e proposital, mencionou que a referida anotação decorreu de ordem judicial, causando dissabores ao Autor.

Embora por determinação judicial, não cabe ao empregador consignar o número do processo, eis que ao fazê-lo enseja dano moral, comunicando circunstância que, na prática do mercado de trabalho, é considerada desabonadora e acaba desmerecendo o empregado e até obstaculizando a sua contratação por novos empregadores, que tendem a rejeitar trabalhadores que vão buscar o reconhecimento de seus direitos na Justiça do Trabalho.

A Reclamada buscou intencionalmente sinalizar aos futuros empregadores do Reclamante a providência do empregado (constitucionalmente protegida, diga-se de passagem) de buscar o acesso ao Poder Judiciário para obter a tutela jurisdicional para correção da lesão a um direito.

É notório que esse tipo de anotação é tido como desabonadora da conduta do trabalhador diante da análise de futuros empregadores, pois os empregados são constantemente vítimas de inclusão de seus nomes nas odiosas *"listas negras"*, que têm o objetivo discriminatório de conceituar antecipadamente possível empregado *"problemático para o patrão"*.

Infelizmente, no âmbito das relações trabalhistas, não vivemos em uma realidade ideal, em que a solução de conflitos poderia ser uma prática independente da determinação do Poder Judiciário. E ainda mais: a busca pela tutela jurisdicional para litígios não solucionados extrajudicialmente deveria ser aplaudida pela sociedade, que, ao contrário, não vê "com bons olhos" a postura de civilidade demonstrada pelo trabalhador que entrega ao Estado a missão de dirimir suas controvérsias.

Há uma completa inversão de valores: o empregado prejudicado pelo mau empregador é discriminado ao buscar seus direitos, enquanto os empregadores inadimplentes com suas obrigações se unem para ajudar uns aos outros, divulgando *"lista negra"* a fim de isolar todo aquele que busca o justo e o certo.

A CLT disciplina nos arts. 29 a 39, de forma exemplificativa, as anotações permitidas na CTPS dos trabalhadores, vedando quaisquer anotações desabonadoras (art. 29, § 4º).

Assim, a anotação realizada na CTPS do trabalhador noticiando número do processo e vara onde tramitou a reclamação instaurada pelo Reclamante, induvidosamente, não se encontra incluída entre aquelas exigidas pela legislação trabalhista, caracterizando claramente a conduta ilícita da Reclamada, que afetou a imagem e intimidade do Autor, em afronta ao art. 5º, X, da CF, que assegura o direito fundamental da boa fama, contra difamação injustificável, que compromete a possibilidade de recomeço do trabalhador que deseja melhorar de vida, com a busca de novo emprego, configurando-se dano indenizável (arts. 186 e 927, *caput*, do CC).

A conduta da Reclamada resultou em ofensa à esfera moral do Reclamante (art. 223-B, CLT).

Oportuno destacar que o art. 223-C da CLT traz a honra, a imagem e a intimidade como bens inerentes à pessoa física juridicamente tutelados.

O dano moral, espécie do gênero extrapatrimonial, não repercute nos bens patrimoniais da vítima, atingindo os bens de ordem moral ou o foro íntimo da pessoa, tais como: a honra, a liberdade, a intimidade e a imagem.

Os danos morais, como ocorre em relação aos materiais, somente serão reparados quando ilícitos.

O material, o qual também é conhecido por dano patrimonial, atinge os bens integrantes do patrimônio, isto é, o conjunto das relações jurídicas de uma pessoa, apreciáveis economicamente. Têm-se a perda, a deterioração ou a diminuição do patrimônio.

Já o dano moral ou dano extrapatrimonial é aquele que se opõe ao dano material, não afetando os bens patrimoniais propriamente ditos, mas atingindo os bens de ordem moral, de foro íntimo da pessoa, como a honra, a liberdade, a intimidade e a imagem.

Quanto aos morais, podemos dividi-los em puros (diretos) ou reflexos (indiretos).

Os puros esgotam-se em apenas um aspecto, atingindo os chamados atributos da pessoa, como a honra, a intimidade, a liberdade etc. Os reflexos são efeitos da lesão ao patrimônio, ou seja, consequência de um dano material.

De acordo com o âmbito da sua extensão, o dano moral pode ser subjetivo ou objetivo. O primeiro limita-se à esfera íntima da vítima, isto é, ao conjunto de sentimentos e de valores morais e éticos do próprio ofendido. O segundo se projeta no círculo do relacionamento familiar ou social, afetando a estima e a reputação moral, social ou profissional da vítima.

Wilson Melo da Silva considera morais as *"lesões sofridas pelo sujeito físico ou pessoa natural de direito em seu patrimônio ideal, em contraposição ao patrimônio material, o conjunto de tudo aquilo que não seja suscetível de valor econômico"* (Dano Moral e a sua Reparação. 3. ed. Rio de Janeiro: Forense, 1983, p. 11).

Nos ensinamentos de Maria Helena Diniz: *"O dano moral vem a ser lesão de interesse não patrimonial de pessoa física ou jurídica, provocada pelo fato lesivo"* (Curso de Direito Civil Brasileiro. 10. ed. São Paulo: Saraiva, 1995, v. 7, p. 67).

Assim, concluímos que danos morais são aqueles que se qualificam em razão da esfera da subjetividade ou plano valorativo da pessoa na sociedade, havendo, necessariamente, que atingir o foro íntimo da pessoa humana ou o da própria valoração pessoal no meio em que vive, atua ou que possa de alguma forma repercutir.

Dalmartello enuncia os elementos caracterizadores do dano moral, *"segundo sua visão, como a privação ou diminuição daqueles bens que têm um valor precípuo na vida do homem e que são a paz, a tranquilidade de espírito, a liberdade individual, a integridade física, a honra e os demais sagrados afetos, classificando-os em dano que afeta a parte social do patrimônio moral (honra, reputação etc.); dano que molesta a parte afetiva do patrimônio moral (dor, tristeza, saudade etc.); dano moral que provoca direta ou indiretamente dano patrimonial (cicatriz deformante etc.) e dano moral puro (dor, tristeza etc.)"* (apud Rui Stoco. Responsabilidade civil e a sua interpretação jurisprudencial. 2. ed. São Paulo: RT, 1995, p. 523).

Cumpre ressaltar que os danos morais, de modo semelhante aos danos materiais, somente serão reparados quando ilícitos e após a sua caracterização (dano experimentado).

Nesse sentido, indica a jurisprudência do TST:

"RECURSO DE EMBARGOS EM RECURSO DE REVISTA. INTERPOSIÇÃO SOB A ÉGIDE DA LEI 11.496/07. ANOTAÇÃO NA CTPS DO EMPREGADO DE QUE A RETIFICAÇÃO DO REGISTRO CONCERNENTE AO CARGO OCUPADO DECORREU DE DECISÃO JUDICIAL. DANOS MORAIS. INDENIZAÇÃO DEVIDA. 1. No tema, o Colegiado Turmário negou provimento ao recurso de revista da reclamada, por entender que 'o registro realizado na CTPS do autor, deliberado e desnecessário, de que houve determinação judicial para tanto, caracteriza conduta desrespeitosa e ofensiva da imagem profissional da reclamante', constituindo 'atuação abusiva que ultrapassa os limites do artigo 29 da CLT, ensejando violação de direito subjetivo individual à imagem' e ensejando o pagamento de indenização por danos morais. 2. Decisão recorrida em harmonia com a jurisprudência desta

Cap. 3 • MODELOS DE CAUSA DE PEDIR E PEDIDOS | 243

Corte, firme no sentido de que a referência, na CTPS do empregado, de que algum registro ali constante decorreu de determinação judicial, constitui anotação desnecessária, discriminatória e desabonadora, nos termos do art. 29, § 4°, da CLT, que dificulta a obtenção de novo emprego e acarreta ofensa a direito da personalidade do trabalhador, sendo suficiente, portanto, a ensejar o pagamento de indenização por danos morais. Precedentes desta Subseção. Recurso de embargos não conhecido." (TST – SDI-I – E-ED-RR 148100-34.2009.5.03.0110 – Rel. Min. Hugo Carlos Scheuermann – *DEJT* 30-6-2015.)

Assim, perfeitamente identificado o nexo causal entre a conduta da Reclamada e o dano sofrido pelo Reclamante, que teve todo o seu histórico funcional de anos de trabalho honesto manchados pela anotação da Ré, sendo inerente ao fato o dano moral suportado, passível a reparação pela empregadora, bem como a necessidade de pena de cunho pedagógico.

Requer, portanto, seja a Reclamada condenada ao pagamento de indenização por dano moral em valor mínimo de [10 salários do Reclamante, considerado o último auferido ou outro valor a critério de Vossa Excelência, na forma do art. 223-G, CLT], sendo que tal verba não é base de recolhimentos previdenciários ou fiscais.

Na apuração da indenização por danos morais, os juros são devidos a partir do ajuizamento da demanda trabalhista (art. 39, § 1°, Lei 8.177/91; Súm. 439, TST; Súm. 362, STJ).

PEDIDO:

Condenação da Reclamada ao pagamento de indenização por danos morais em virtude das anotações indevidas e desabonadoras constando indicações relativas a processo judicial na CTPS do Reclamante, no valor mínimo de [10 salários do Reclamante, considerado o último auferido ou outro valor a critério de Vossa Excelência, na forma do art. 223-G, CLT], nos termos dos arts. 186, 927 e 932, III, CC, com base em toda a fundamentação exposta.

3.69. DANO MORAL
ANOTAÇÃO DE ATESTADOS MÉDICOS NA CTPS

CAUSA DE PEDIR:

A Reclamada, de forma intencionalmente danosa ao Reclamante, procedeu a anotações em sua CTPS acerca de atestados médicos entregues pelo trabalhador durante o período laboral para fins de justificação de faltas, causando-lhe grandes transtornos na obtenção de nova colocação no mercado de trabalho.

A CLT disciplina (art. 29 e segs.), de forma exemplificativa, as anotações permitidas na CTPS dos trabalhadores, vedando quaisquer anotações desabonadoras (art. 29, § 4°).

Tais anotações de licenças médicas do Reclamante enquadram-se no conceito de "anotação desabonadora", haja vista que o futuro empregador pode ser influenciado pelo efeito perverso de discriminar antecipadamente o Reclamante, reputando-o menos assíduo ou saudável que outro concorrente ao posto de emprego.

A Reclamada buscou, intencionalmente, sinalizar aos futuros empregadores do Reclamante a prática do empregado (perfeitamente legal, diga-se de passagem) de justificar suas faltas, além de tentar coibir os afastamentos por licença médica – o que é, absolutamente, abusivo e ilegal por parte do empregador. Patente a intenção maldosa da Ré, que se utilizou de tão importante documento da vida laboral *"não para anotar informação importante para sua vida profissional, e sim para registrar as ausências ao trabalho"*.

Assim, tal prática da Ré, no mínimo culposa, afetou a imagem e a intimidade do Reclamante, em afronta ao art. 5°, X, da CF, que assegura o direito fundamental da boa fama, contra difamação injustificável, que compromete a possibilidade de recomeço do trabalhador que deseja melhorar de vida, com a busca de novo emprego, configurando-se dano indenizável (arts. 186 e 927, *caput*, do CC).

O dano moral, espécie do gênero extrapatrimonial, não repercute nos bens patrimoniais da vítima, atingindo os bens de ordem moral ou o foro íntimo da pessoa, tais como: a honra, a liberdade, a intimidade e a imagem. Atinge os bens de ordem moral, de foro íntimo da pessoa, como a honra, a liberdade, a intimidade e a imagem.

Danos morais são divididos em puros (diretos) ou reflexos (indiretos). Os puros esgotam-se em apenas um aspecto, atingindo os chamados atributos da pessoa, como a honra, a intimidade, a liberdade etc. Os reflexos são efeitos da lesão ao patrimônio, ou seja, consequência de um dano material.

De acordo com o âmbito da sua extensão, o dano moral pode ser subjetivo ou objetivo. O primeiro limita-se à esfera íntima da vítima, isto é, ao conjunto de sentimentos e de valores morais e éticos do próprio ofendido. O segundo se projeta no círculo do relacionamento familiar ou social, afetando a estima e a reputação moral, social ou profissional da vítima.

Wilson Melo da Silva considera morais as *"lesões sofridas pelo sujeito físico ou pessoa natural de direito em seu patrimônio ideal, em contraposição ao patrimônio material, o conjunto de tudo aquilo que não seja suscetível de valor econômico"* (*Dano moral e a sua reparação*. 3. ed. Rio de Janeiro: Forense, 1983, p. 11).

Nos ensinamentos de Maria Helena Diniz: *"O dano moral vem a ser lesão de interesse não patrimonial de pessoa física ou jurídica, provocada pelo fato lesivo"* (*Curso de Direito Civil Brasileiro*. 10. ed. São Paulo: Saraiva, 1995, v. 7, p. 67).

Assim, concluímos que são danos morais aqueles que se qualificam em razão da esfera da subjetividade ou plano valorativo da pessoa na sociedade, havendo, necessariamente, que atingir o foro

Cap. 3 • MODELOS DE CAUSA DE PEDIR E PEDIDOS | 245

íntimo da pessoa humana ou o da própria valoração pessoal no meio em que vive, atua ou que possa de alguma forma repercutir.

Dalmartello enuncia os elementos caracterizadores do dano moral, *"segundo sua visão, como a privação ou diminuição daqueles bens que têm um valor precípuo na vida do homem e que são a paz, a tranquilidade de espírito, a liberdade individual, a integridade física, a honra e os demais sagrados afetos, classificando-os em dano que afeta a parte social do patrimônio moral (honra, reputação etc.); dano que molesta a parte afetiva do patrimônio moral (dor, tristeza, saudade etc.); dano moral que provoca direta ou indiretamente dano patrimonial (cicatriz deformante etc.) e dano moral puro (dor, tristeza etc.)"* (apud Rui Stoco. *Responsabilidade civil e a sua interpretação jurisprudencial*. 2. ed. São Paulo: RT, 1995, p. 523).

No caso dos autos, é certo que a anotação na CTPS de conduta tida como desabonadora provoca desgaste na imagem do trabalhador, prejudicando o acesso a novo emprego. Os §§ 4º e 5º do art. 29 da CLT vedam anotações desabonadoras à conduta do empregado em sua CTPS e imputam multa pelo descumprimento dessa determinação.

Assim, o procedimento da Reclamada enseja dano moral, comunicando circunstância que, na prática do mercado de trabalho é considerada desabonadora e acaba desmerecendo o empregado e até obstaculizando a sua contratação por um novo empregador.

Nesse sentido, indica a jurisprudência do TST:

"Danos morais. Indenização decorrente de anotação de atestado médico em CTPS. Violação à intimidade e imagem do trabalhador. Exposição do estado enfermo. Possível preterição no mercado de trabalho. Discriminação. Configuração do dano. 1. A CLT disciplina, dos arts. 29 ao 35, de forma não taxativa, as anotações permitidas na CTPS do trabalhador, coibindo, no mesmo segmento, anotações desabonadoras, como dimana do § 4º do art. 29, acrescentado pela Lei 10.270/01. 2. Em que pese a veracidade da anotação de licença médica do trabalhador, enquadra-se ela no conceito de anotação desabonadora, uma vez que: (a) não há na CTPS campo específico para tal modalidade de anotação; (b) o campo das anotações previdenciárias diz respeito aos acidentes de trabalho, de caráter obrigatório (CLT, art. 30); (c) o futuro empregador pode ter acesso à informação da licença pelo histórico médico do trabalhador; (d) a anotação pode ter o efeito perverso de pré-indispor o futuro empregador em relação ao trabalhador, reputando-o menos saudável ou assíduo que outro pretendente ao posto. 3. Nesse diapasão, se não é nem obrigatória e nem justificável tal anotação na CTPS, seu registro sinaliza para dupla intencionalidade: (a) coibir os afastamentos por licença médica; ou (b) denunciar a futuros empregadores a prática do empregado. Em ambos os casos, verifica-se a intencionalidade no mínimo culposa, que afeta a imagem e intimidade da pessoa (no caso, até o CID da doença foi registrado). 4. Tal procedimento, de caráter discriminatório, acarreta nítido dano moral ao empregado, que poderá enfrentar problemas quando da reinserção no mercado de trabalho, estando em desalinho com o art. 5º, X, da CF, que alberga a garantia ao direito humano fundamental da boa fama, contra difamação injustificável, comprometedora, inclusive, da possibilidade de recomeço de quem quer mudar de vida e melhorar. Resta configurado, pois, o direito à indenização pelo dano moral perpetrado pelo Reclamado, nos termos dos arts. 5º, X, da CF, 186 e 927, caput, do CC, estatuindo os dois últimos a responsabilidade subjetiva do causador do dano pela indenização. Recurso de revista provido" (TST – 7ªT. – RR 333-83.2011.5.20.0001 – Rel. Min. Ives Gandra Martins Filho – *DEJT* 22 2 2013).

A conduta da Reclamada resultou em ofensa à esfera moral do Reclamante (art. 223-B, CLT).

Oportuno destacar que o art. 223-C da CLT traz a honra, a imagem e a intimidade como bens inerentes à pessoa física juridicamente tutelados.

Dessa forma, diante de todo o exposto e considerando a gravidade do ato ilícito, bem como a necessidade de pena de cunho pedagógico, requer seja a Reclamada condenada ao pagamento de indenização por dano moral em valor mínimo de [20 salários do Reclamante, considerado o último auferido ou outro valor a critério de Vossa Excelência, na forma do art. 223-G, CLT], sendo que tal verba não é base de recolhimentos previdenciários ou fiscais.

Na apuração da indenização por danos morais, os juros são devidos a partir do ajuizamento da demanda trabalhista (art. 39, § 1º, Lei 8.177/91; Súm. 439, TST e Súm. 362, STJ).

PEDIDO:

Condenação da Reclamada ao pagamento de indenização por danos morais em virtude das anotações desabonadoras relativas aos atestados médicos na CTPS do Reclamante, no valor mínimo de [20 salários do Reclamante, considerado o último auferido ou outro valor a critério de Vossa Excelência, na forma do art. 223-G, CLT], nos termos da fundamentação.

Cap. 3 • MODELOS DE CAUSA DE PEDIR E PEDIDOS | **247**

3.70. DANO MORAL
APELIDOS DEPRECIATIVOS. INDENIZAÇÃO

CAUSA DE PEDIR:

Durante todo o contrato de trabalho, a Reclamante foi vítima de brincadeiras de mau gosto por parte dos outros funcionários da Reclamada, inclusive de seu superior hierárquico, passando por vários constrangimentos, vindo, inclusive, a desenvolver problemas de saúde, comprovados pela juntada dos documentos [receitas médicas ou outros documentos comprobatórios], caracterizando ofensa à honra, dignidade e imagem da trabalhadora.

Constantemente, a Autora era pressionada para desempenhar determinada meta de vendas e, caso não atingisse a expectativa de seus superiores, era humilhada com apelidos depreciativos, que indicavam maliciosamente suposta falta de capacidade intelectual para o trabalho, comparando-a com outros empregados que os superiores alegavam "terem mais cérebro" que a Reclamante, chegando ao absurdo de xingar a Autora de "burra", "lerda", "mosca morta" (indicar outros apelidos depreciativos).

Mesmo considerando que a Autora tivesse cometido algum erro ou não tivesse cumprido suas funções a contento, tais circunstâncias jamais justificariam o direito da Ré em permitir a prática de atos tão depreciativos e prejudiciais à intimidade, à imagem e à honra da Reclamante.

A Reclamante deixava claro seu descontentamento com as atitudes de seus superiores, chegando a pedir que parassem com tais humilhações, tentativa essa que não logrou êxito; ao contrário, as humilhações e os xingamentos se intensificaram, passando a ser praticados por outros colegas de trabalho, o que veio a acarretar prejuízos psicológicos à Autora, que, à medida que o assédio moral aumentava, foi piorando, também, seu desempenho profissional, virando motivo de chacota para toda a empresa e configurando verdadeiro comportamento abusivo do empregador e caracterizador de abalo moral na vítima.

Assim, verificada a ilicitude no comportamento dos prepostos da Ré, assim como o dano e o nexo causal, devida a reparação pleiteada (dano moral) (art. 5°, X, CF).

Para Marie-France Hirigoyen assédio moral é: *"(...) toda e qualquer conduta abusiva manifestando-se sobretudo por comentários, palavras, gestos, escritos que possam trazer dano à personalidade, à dignidade ou à integridade física ou psíquica de uma pessoa, pôr em perigo seu emprego ou degradar o ambiente de trabalho"* (*Assédio moral* – a violência perversa do cotidiano. Tradução de Maria Helena Kühner. Rio de Janeiro: Bertrand Brasil, 2002, p. 65).

Marie-France Hirigoyen entrelaça a questão do assédio moral com o campo das relações de trabalho, em especial, na seara da relação de emprego, em que tais condutas assumem tons mais dramáticos pela dependência econômica do trabalhador subordinado (= empregado) em relação ao seu empregador.

No mesmo sentido, Sônia Aparecida Costa Mascaro Nascimento: *"Já o assédio moral (mobbing, bullying, harcèlement moral ou, ainda, manipulação perversa, terrorismo psicológico) caracteriza-se por ser uma conduta abusiva, de natureza psicológica, que atenta contra a dignidade psíquica, de forma repetitiva e prolongada, e que expõe o trabalhador a situações humilhantes e constrangedoras, capazes de causar ofensa à personalidade, à dignidade ou à integridade psíquica, e que tenha por efeito excluir a posição do empregado no emprego ou deteriorar o ambiente de trabalho, durante a jornada de trabalho e no exercício de suas funções"* (O assédio moral no ambiente do trabalho. *Revista LTr*, v. 68, n° 8, p. 922, ago. 2004).

Alice Monteiro de Barros preleciona: *"Inicialmente, os doutrinadores definiam o assédio moral como 'a situação em que uma pessoa ou um grupo de pessoas exercem uma violência psicológica extrema, de forma sistemática e frequente (em média uma vez por semana) e durante um tempo prolongado (em torno de uns 6 meses) sobre outra pessoa, com quem mantêm uma relação assimétrica de poder no local de trabalho, com o objetivo de destruir as redes de comunicação da vítima, destruir sua reputação, perturbar o exercício de seus trabalhos e conseguir, finalmente, que essa pessoa acabe deixando o emprego.*

O conceito é criticado por ser muito rigoroso. Hoje é sabido que esse comportamento ocorre não só entre chefes e subordinados, mas também o contrário, e mesmo entre colegas de trabalho, com vários objetivos, entre eles o de forçar a demissão da vítima, o seu pedido de aposentadoria precoce, uma licença para tratamento de saúde, uma remoção ou transferência. O assédio moral não se confunde com outros conflitos, que são esporádicos, nem mesmo com más condições de trabalho, pois pressupõe o comportamento (ação ou omissão) por um período prolongado, premeditado, que desestabiliza psicologicamente a vítima" (Curso de Direito do Trabalho. São Paulo: LTr, 2005, p. 872).

É inegável a presença do assédio moral no campo das relações de trabalho, notadamente, em face das grandes transformações havidas no campo do Direito do Trabalho pelo fenômeno da globalização.

As consequências dessas tensões (= pressões) repercutem na vida cotidiana do trabalhador, com sérias interferências na sua qualidade de vida, gerando desajustes sociais e transtornos psicológicos. Há relatos de depressão, ansiedade e outras formas de manifestação (ou agravamento) de doenças psíquicas ou orgânicas. Casos de suicídio têm sido relatados como decorrência dessas situações.

Esse novo contexto leva ao incremento do assédio moral, isto é, a uma série de comportamentos abusivos, os quais se traduzem por gestos, palavras e atitudes, os quais, pela sua reiteração, expõem ou levam ao surgimento de lesões à integridade física ou psíquica do trabalhador, diante da notória degradação do ambiente de trabalho (= meio ambiente do trabalho). O assédio moral objetiva a exclusão do trabalhador do ambiente de trabalho.

No caso em questão, fica evidente a presença de elementos caracterizadores do assédio moral, haja vista que a Autora era desrespeitada pelos colegas de trabalho, inclusive pelo próprio superior hierárquico, que além de não coibir as atitudes, também as praticava, estimulando o martírio diário sofrido pela Reclamante. O empregador é o responsável direto e indireto pelo local de trabalho e a manutenção de meio ambiente sadio em nível de relacionamento.

A conduta dos prepostos da Reclamada resultou em ofensa à esfera moral da Reclamante (art. 223-B, CLT).

Oportuno destacar que o art. 223-C da CLT traz a honra, a imagem e a autoestima como bens inerentes à pessoa física juridicamente tutelados.

Quanto a esta temática, observe-se a jurisprudência:

"(...) 10. ASSÉDIO MORAL. INDENIZAÇÃO POR DANOS MORAIS. QUANTUM INDENIZATÓRIO. Não há na legislação pátria delineamento do quantum *a ser fixado a título de dano moral. Caberá ao juiz fixá-lo, equitativamente, sem se afastar da máxima cautela e sopesando todo o conjunto probatório constante dos autos. A lacuna legislativa na seara laboral quanto aos critérios para fixação leva o julgador a lançar mão do princípio da razoabilidade, cujo corolário é o princípio da proporcionalidade, pelo qual se estabelece a relação de equivalência entre a gravidade da lesão e o valor monetário da indenização imposta, de modo que possa propiciar a certeza de que o ato ofensor não fique impune e servir de desestímulo a práticas inadequadas aos parâmetros da lei. No caso concreto, ficou comprovado nos autos que o Reclamante foi vítima de tratamento jocoso e humilhante por parte de seu superior hierárquico perante os demais colegas de trabalho. Nesse aspecto, destacou que as provas orais colhidas em juízo atestam que o superior imediato do empregado lhe atribuiu apelidos desabonadores perante os demais empregados e, ainda, o afastou de suas atividades por meses. Diante do assédio moral comprovado, a sentença arbitrou em R$ 12.000,00 a indenização a ser paga pelo Reclamado a título de dano moral, tendo o TRT, contudo, dado provimento ao recurso ordinário da Reclamada para reduzir esse montante para R$ 2.5000,00.*

Fixadas tais premissas, tem-se que o valor rearbitrado pelo TRT (R$ 2.500,00) é desproporcional ao dano experimentado pelo Obreiro. Assim, deve-se rearbitrar o montante indenizatório para a quantia de R$ 20.000,00, por atender aos princípios da razoabilidade e proporcionalidade. Recurso de revista conhecido e provido no aspecto." (TST – 3ªT. – ARR 1363-92.2011.5.09.0088 – Rel. Min. Mauricio Godinho Delgado – *DEJT* 26-10-2018.)

Dessa forma, deverá a Reclamada ser condenada a reparar os prejuízos morais sofridos pela Reclamante, nos termos do art. 186 do CC, e, com base no art. 927, CC, tendo em vista todas as agressões diárias sofridas que se estenderam ao longo de todo o período laboral, configurando-se claramente o assédio moral passível de indenização à Autora, em virtude das ofensas à sua honra, dignidade e imagem praticadas e toleradas pela Reclamada, a quem incumbia zelar pelo ambiente laboral sadio (art. 932, III, do CC).

Em relação ao *quantum*, este deve levar em conta a capacidade econômica da empresa agressora, pois, se for quantia irrisória, não terá o condão de desestimular as práticas com as quais a Ré já foi condescendente um dia.

Assim, a Autora postula o direito à indenização por danos morais, o que ora se pleiteia, no valor mínimo de [50 salários nominais ou outro valor a critério de Vossa Excelência, na forma do art. 223-G, CLT], sendo que tal verba não é base de recolhimentos previdenciários ou fiscais.

Na apuração da indenização por danos morais, os juros são devidos a partir do ajuizamento da demanda trabalhista (art. 39, § 1º, Lei 8.177/91; Súm. 439, TST; Súm. 362, STJ).

PEDIDO:

Condenação da Reclamada ao pagamento de indenização por danos morais, nos termos dos arts. 186, 927 e 932, III, CC, tendo em vista o assédio moral sofrido passível de indenização à Autora, pelas ofensas à sua honra, dignidade e imagem praticadas, no valor mínimo de [50 salários nominais ou outro valor a critério de Vossa Excelência, na forma do art. 223-G da CLT], conforme todo o exposto na fundamentação.

250 | PRÁTICA DA RECLAMAÇÃO TRABALHISTA – *Jorge Neto • Wenzel • Cavalcante*

3.71. DANO MORAL
ASSALTOS

CAUSA DE PEDIR:

Durante o desenvolvimento do contrato de trabalho, o Reclamante foi vítima de vários assaltos nas dependências da Reclamada [descrição dos fatos ocorridos].

As relações de trabalho devem se pautar pela respeitabilidade mútua, face ao caráter sinalagmático da contratação, impondo aos contratantes a reciprocidade de direitos e obrigações. Assim, ao empregador, além da obrigação de dar trabalho e de possibilitar ao empregado a execução normal da prestação de serviços, incumbe, ainda, respeitar a honra, a reputação, a liberdade, a dignidade e a integridade física e moral de seu empregado, porquanto trata-se de valores que compõem o patrimônio ideal da pessoa.

O empregador deve dotar o ambiente de trabalho de perfeitas condições de higiene e segurança, zelando para que os trabalhadores possam desenvolver seus misteres com tranquilidade, dando pleno cumprimento às suas obrigações contratuais.

Sempre que o trabalhador, em razão do contrato de trabalho, sofrer lesão à sua honra, ofensa que lhe cause um mal ou dor (sentimento ou física), propiciando-lhe abalo na personalidade, terá o direito de pleitear do empregador a reparação por dano moral.

A responsabilidade pelo que ocorre no ambiente de trabalho é de caráter objetivo e, via de regra, se endereça ao empregador: a uma, porque é o detentor da fonte de trabalho e a duas, por ser quem assume os riscos do negócio (CLT, art. 2°).

A jurisprudência do TST é pacífica quanto à responsabilidade objetiva do empregador na hipótese:

"A) AGRAVO DE INSTRUMENTO. RECURSO DE REVISTA. PROCESSO SOB A ÉGIDE DA LEI 13.015/14 E ANTERIOR À LEI 13.467/17. INSTRUÇÃO NORMATIVA N° 40 DO TST. CABIMENTO DE AGRAVO DE INSTRUMENTO EM CASO DE ADMISSIBILIDADE PARCIAL DE RECURSO DE REVISTA PELO TRT DE ORIGEM. MOTORISTA DE TRANSPORTE DE CARGAS. INDENIZAÇÃO POR DANOS MORAIS DECORRENTE DE ASSALTO SOFRIDO DURANTE O TRABALHO. MORTE DO EMPREGADO. RESPONSABILIDADE CIVIL DO EMPREGADOR. ATIVIDADE DE RISCO. ART. 927, PARÁGRAFO ÚNICO, CÓDIGO CIVIL DE 2002. Demonstrado no agravo de instrumento que o recurso de revista preenchia os requisitos do art. 896 da CLT, dá-se provimento ao agravo de instrumento, para melhor análise da arguição de violação do art. 927, parágrafo único, do CCB, suscitada no recurso de revista. Agravo de instrumento provido. B) RECURSO DE REVISTA. PROCESSO SOB A ÉGIDE DA LEI 13.015/14 E ANTERIOR À LEI 13.467/17. INSTRUÇÃO NORMATIVA N° 40 DO TST. 1. PRELIMINAR DE NULIDADE POR NEGATIVA DE PRESTAÇÃO JURISDICIONAL (TEMA ADMITIDO PELO TRT DE ORIGEM). Deixa-se de analisar a referida preliminar, diante da aplicação do critério estabelecido no art. 282, § 2°, do CPC/15 (art. 249, § 2°, do CPC/73). Recurso de revista não conhecido no tema. 2. MOTORISTA DE TRANSPORTE DE CARGAS. INDENIZAÇÃO POR DANOS MORAIS DECORRENTE DE ASSALTO SOFRIDO DURANTE O TRABALHO. MORTE DO EMPREGADO. RESPONSABILIDADE CIVIL DO EMPREGADOR. ATIVIDADE DE RISCO. ART. 927, PARÁGRAFO ÚNICO, CÓDIGO CIVIL DE 2002. A indenização por danos morais é devida quando presentes os

Cap. 3 • MODELOS DE CAUSA DE PEDIR E PEDIDOS | **251**

requisitos essenciais para a responsabilização empresarial. É necessária, de maneira geral, a configuração da culpa do empregador ou de suas chefias pelo ato ou situação que provocou o dano no empregado. É que a responsabilidade civil de particulares, no Direito Brasileiro, ainda se funda, predominantemente, no critério da culpa (negligência, imprudência ou imperícia), nos moldes do art. 186 do CCB, que dispõe: 'Aquele que, por ação ou omissão voluntária, negligência ou imprudência, violar direito e causar dano a outrem, ainda que exclusivamente moral, comete ato ilícito'. Contudo, por exceção, o art. 927 do CCB, em seu parágrafo único, trata da responsabilidade objetiva independente de culpa – 'quando a atividade normalmente desenvolvida pelo autor do dano implicar, por sua natureza, risco para os direitos de outrem'. Nessa hipótese excepcional, a regra objetivadora do Código Civil também se aplica ao Direito do Trabalho, uma vez que a Constituição da República manifestamente adota no mesmo cenário normativo o princípio da norma mais favorável (art. 7º, caput: '... além de outros que visem à melhoria de sua condição social'), permitindo a incidência de regras infraconstitucionais que aperfeiçoem a condição social dos trabalhadores. A jurisprudência do TST é nesse sentido e considera objetiva a responsabilidade por danos morais resultantes do evento 'assalto' e seus consectários, relativamente a empregados que exerçam atividade de alto risco, tais como bancários, motoristas de carga, motoristas de transporte coletivo e outros (art. 927, parágrafo único, CCB). Enquadrando-se a situação dos autos nessa hipótese extensiva de responsabilização - o empregado era motorista de transporte de cargas e faleceu durante um assalto no exercício de suas atividades -, deve ser reconhecida a responsabilidade da Reclamada no pagamento de indenização por danos morais, em conformidade com os arts. 1º, III, 5º, V e X, da CF, e 927, parágrafo único, do Código Civil. Recurso de revista conhecido e provido no aspecto." (TST – 3ªT. – RR 11025-31.2017.5.08.0110 – Rel. Min. Mauricio Godinho Delgado – *DEJT* 7-6-2019.)

Ainda que não se possa reputar como objetiva a responsabilidade patronal, a situação a que o Autor foi exposto ocorreu por culpa e omissão do empregador, havendo nexo causal entre o evento danoso e a conduta omissiva da Reclamada.

Trata-se, no mínimo, da modalidade de culpa *in vigilando*, pois faltou a Reclamada com o dever de prover a segurança integral dos trabalhadores, na medida em que (descrição da conduta culposa da Reclamada), o que indubitavelmente facilitou a ação dos criminosos.

Não há que se negar a conduta ilícita da Reclamada perante o Reclamante, razão pela qual caracterizado está o dano moral, que deve ser indenizado.

A omissão da Reclamada resultou em ofensa à esfera moral do Reclamante (art. 223-B, CLT).

Oportuno destacar que o art. 223-C da CLT traz a honra, a imagem, a saúde e a integridade física como bens inerentes à pessoa física juridicamente tutelados.

Ante a certeza do dano moral, a Reclamada deve ser condenada ao pagamento de indenização a título de reparação.

O ordenamento jurídico brasileiro não aponta critérios objetivos para a reparação pecuniária do dano moral e, diante disso, a doutrina pátria aponta como elementos a serem levados em consideração: (a) a extensão do dano; (b) grau de culpa do ofensor e da vítima; (c) situação financeira de ambas as partes, objetivando reparar o dano perpetrado, punir a conduta antijurídica e prevenir a fim de que tais fatos não mais ocorram.

Considerando as diretrizes delineadas, para o caso em análise, indica-se como valor a ser arbitrado para a indenização postulada a quantia de [50 salários da Reclamante], em razão do que se passará a expor [descrever circunstâncias específicas a justificar o montante pedido, por exemplo, a duração do contrato de trabalho, o valor da remuneração auferida etc.]

Assim, comprovado o dano moral resultante do assédio moral, patente a obrigação da Reclamada em indenizar o Autor (arts. 186, 187, 927 e 932, III, CC), tendo em vista todo o sofrimento causado ao trabalhador e, ainda, considerando-se a condição econômica do ofensor e do ofendido, além da gravidade do ato ilícito, requer seja a Reclamada condenada ao pagamento de indenização por dano moral em valor equivalente a [50 salários do Reclamante, considerado o último auferido ou outro valor a critério de Vossa Excelência, na forma do art. 223-G, CLT], sendo que tal verba não é base de recolhimentos previdenciários ou fiscais.

Na apuração da indenização por danos morais, os juros são devidos a partir do ajuizamento da demanda trabalhista (art. 39, § 1º, Lei 8.177/91; Súm. 439, TST e Súm. 362, STJ).

PEDIDO:

Condenação da Reclamada em indenização por dano moral, tendo em vista todo o sofrimento causado ao trabalhador e, ainda, considerando-se a condição econômica do ofensor e do ofendido e a gravidade do ato ilícito, requer seja a Reclamada condenada ao pagamento de indenização por dano moral em valor equivalente a [50 salários do Reclamante, considerado o último auferido ou outro valor a critério de Vossa Excelência, na forma do art. 223-G, CLT], sendo que tal verba não é base de recolhimentos previdenciários ou fiscais.

Cap. 3 • MODELOS DE CAUSA DE PEDIR E PEDIDOS | 253

3.72. DANO MORAL
ASSÉDIO MORAL

CAUSA DE PEDIR:

Durante o desenvolvimento do contrato de trabalho, à Reclamante foi dirigido tratamento impróprio e vexatório, consubstanciado em [descrição dos fatores imputados como assediantes, por exemplo, no esvaziamento das funções da Autora, o qual era percebida por todos os seus colegas de trabalho e clientes, fortemente provada pelos documentos indiscutíveis, que trazem todo o histórico das conversas mantidas].

A responsabilização do empregador por dano moral depende da comprovação da ação ou omissão dolosa ou culposa deste e, por se tratar de dano moral puro, não se exige prova do resultado danoso, bastando que fiquem comprovados os fatos que geraram o pedido, na forma do art. 186 do CC.

No caso em questão, está caracterizado o assédio moral [descrever a ação ou omissão da empregadora, por exemplo, que a situação perpetrada decorria diretamente da postura gerencial (poder diretivo) da Reclamada, que, por meio de seu ato consciente (esvaziamento das funções da empregada), intentava fazer com que ela rompesse o contrato de trabalho por iniciativa própria].

É inegável a presença do assédio moral no campo das relações de trabalho, notadamente em face das grandes transformações havidas no campo do Direito do Trabalho pelo fenômeno da globalização.

A globalização, com base em novas técnicas de seleção, inserção e avaliação do indivíduo no trabalho, fez uma reestruturação nas relações do trabalho.

O novo paradigma é o "sujeito produtivo", ou seja, o trabalhador que ultrapassa metas, deixando de lado a sua dor ou a de terceiro. É a valorização do individualismo em detrimento do grupo de trabalho.

A valorização do trabalho em equipe assume um valor secundário, já que a premiação pelo desempenho é só para alguns trabalhadores, ou seja, os que atingem as metas estabelecidas, esquecendo-se de que o grupo também é o responsável pelos resultados da empresa.

O individualismo exacerbado reduz as relações afetivas e sociais no local de trabalho, gerando uma série de atritos, não só entre as chefias e os subordinados, como também entre os próprios subordinados.

O implemento de metas, sem critérios de bom senso ou de razoabilidade, gera uma constante opressão no ambiente de trabalho, com a sua transmissão para os gerentes, líderes, encarregados e os demais trabalhadores que compõem um determinado grupo de trabalho.

As consequências dessas tensões (= pressões) repercutem na vida cotidiana do trabalhador, com sérias interferências na sua qualidade de vida, gerando desajustes sociais e transtornos psicológicos. Há relatos de depressão, ansiedade e outras formas de manifestação (ou agravamento) de doenças psíquicas ou orgânicas. Casos de suicídio têm sido relatados como decorrência dessas situações.

Esse novo contexto leva ao incremento do assédio moral, isto é, a uma série de comportamentos abusivos, os quais se traduzem por gestos, palavras e atitudes, os quais, pela sua reiteração, expõem ou levam ao surgimento de lesões à integridade física ou psíquica do trabalhador, diante da notória degradação do ambiente de trabalho (= meio ambiente do trabalho). O assédio moral objetiva a exclusão do trabalhador do ambiente de trabalho.

O comportamento da Ré fere princípios basilares da Constituição Federal: a dignidade humana e valores sociais do trabalho (art. 1º, III e IV).

Atingiu também cláusula pétrea do art. 5º, X e XIII: *"X – são invioláveis a intimidade, a vida privada, a honra e a imagem das pessoas, assegurado o direito a indenização pelo dano material ou moral decorrente de sua violação"*; *"XIII – é livre o exercício de qualquer trabalho, ofício ou profissão, atendidas as qualificações profissionais que a lei estabelecer."*

A Constituição também enumera o trabalho como um direito social, em seu art. 6º, *caput*: *"São direitos sociais a educação, a saúde, a alimentação, o trabalho, a moradia, o lazer, a segurança, a previdência social, a proteção à maternidade e à infância, a assistência aos desamparados, na forma desta Constituição"*.

Em razão da função social da empresa, é de sua responsabilidade o respeito a um ambiente de trabalho saudável, devendo estudar, reconhecer, prevenir e coibir condutas lesivas aos seus empregados com intuito de proteção dos direitos fundamentais do indivíduo.

O assédio moral tem múltiplas facetas, mas é reconhecido por uma conduta excessiva e prejudicial que tem por objetivo criar um quadro inteiramente desfavorável ao empregado.

É resultado de condutas repetitivas, ou de uma única conduta se considerada sua alta gravidade.

De acordo com Marie-France Hirigoyen, assédio moral é: *"(...) toda e qualquer conduta abusiva manifestando-se sobretudo por comentários, palavras, gestos, escritos que possam trazer dano à personalidade, à dignidade ou à integridade física ou psíquica de uma pessoa, pôr em perigo seu emprego ou degradar o ambiente de trabalho"* (*Assédio moral* – a violência perversa do cotidiano. Tradução de Maria Helena Kühner. Rio de Janeiro: Bertrand Brasil, 2002, p. 65).

Marie-France Hirigoyen entrelaça a questão do assédio moral com o campo das relações de trabalho, em especial, na seara da relação de emprego, em que tais condutas assumem tons mais dramáticos pela dependência econômica do trabalhador subordinado (= empregado) em relação ao seu empregador.

No mesmo sentido, Sônia Aparecida Costa Mascaro Nascimento: *"Já o assédio moral (mobbing, bullying, harcèlement moral ou, ainda, manipulação perversa, terrorismo psicológico) caracteriza-se por ser uma conduta abusiva, de natureza psicológica, que atenta contra a dignidade psíquica, de forma repetitiva e prolongada, e que expõe o trabalhador a situações humilhantes e constrangedoras, capazes de causar ofensa à personalidade, à dignidade ou à integridade psíquica, e que tenha por efeito excluir a posição do empregado no emprego ou deteriorar o ambiente de trabalho, durante a jornada de trabalho e no exercício de suas funções"* (O assédio moral no ambiente do trabalho. *Revista LTr*, v. 68, n° 8, p. 922, ago. 2004).

Alice Monteiro de Barros preleciona: *"Inicialmente, os doutrinadores definiam o assédio moral como 'a situação em que uma pessoa ou um grupo de pessoas exercem uma violência psicológica extrema, de forma sistemática e frequente (em média uma vez por semana) e durante um tempo prolongado (em torno de uns 6 meses) sobre outra pessoa, com quem mantêm uma relação assimétrica de poder no local de trabalho, com o objetivo de destruir as redes de comunicação da vítima, destruir sua reputação, perturbar o exercício de seus trabalhos e conseguir, finalmente, que essa pessoa acabe deixando o emprego.*

O conceito é criticado por ser muito rigoroso. Hoje é sabido que esse comportamento ocorre não só entre chefes e subordinados, mas também o contrário, e mesmo entre colegas de trabalho, com vários objetivos, entre eles o de forçar a demissão da vítima, o seu pedido de aposentadoria precoce, uma licença para tratamento de saúde, uma remoção ou transferência. O assédio moral não se confunde com outros conflitos, que são esporádicos, nem mesmo com más condições de trabalho, pois pressupõe o comportamento (ação ou omissão) por um período prolongado, premeditado, que desestabiliza psicologicamente a vítima" (Curso de Direito do Trabalho. São Paulo: LTr, 2005, p. 872).

A respeito da situação fática ora descrita, os Tribunais já a qualificaram dentro da figura jurídica do assédio moral, consoante se demonstra: [colacionar jurisprudência específica ao assunto].

Não há que se negar a conduta ilícita da Reclamada perante a Reclamante, agindo dolosamente com o objetivo de humilhá-la e impingi-la a pedir demissão, razão pela qual caracterizado está o assédio moral, e por que deverá ser condenada à indenização por danos morais.

Cap. 3 • MODELOS DE CAUSA DE PEDIR E PEDIDOS | 255

Da situação acima narrada, evidente que a conduta da Reclamada resultou em ofensa à esfera moral da Reclamante (art. 223-B, CLT).

Oportuno destacar que o art. 223-C da CLT traz a honra, a imagem e a autoestima como bens inerentes à pessoa física juridicamente tutelados.

Ante a certeza do dano moral decorrente do assédio, a Reclamada deve ser condenada ao pagamento de indenização a título de reparação.

O ordenamento jurídico brasileiro não aponta critérios objetivos para a reparação pecuniária do dano moral e, diante disso, a doutrina pátria aponta como elementos a serem levados em consideração: (a) a extensão do dano; (b) o grau de culpa do ofensor e da vítima; (c) a situação financeira de ambas as partes, objetivando reparar o dano perpetrado, punir a conduta antijurídica e prevenir a fim de que tais fatos não mais ocorram.

Considerando as diretrizes delineadas, para o caso em análise, indica-se como valor a ser arbitrado para a indenização postulada a quantia de [50 salários da Reclamante ou outro valor a critério de Vossa Excelência, na forma do art. 223-G, CLT], em razão do que se passará a expor [descrever circunstâncias específicas a justificar o montante pedido, por exemplo, a duração do contrato de trabalho, o valor da remuneração auferida etc.].

Assim, comprovado o dano moral resultante do assédio moral, patente a obrigação da Reclamada em indenizar a Autora, conforme arts. 186, 187, 927 e 932, III, CC, tendo em vista todo o sofrimento causado à trabalhadora e, ainda, considerando-se a condição econômica do ofensor e da ofendida, além da gravidade do ato ilícito, requer seja a Reclamada condenada ao pagamento de indenização por dano moral em valor equivalente a [50 salários da Reclamante, considerado o último auferido ou outro valor a critério de Vossa Excelência, na forma do art. 223-G, CLT], sendo que tal verba não é base de recolhimentos previdenciários ou fiscais.

Na apuração da indenização por danos morais, os juros são devidos a partir do ajuizamento da demanda trabalhista (art. 39, § 1º, Lei 8.177/91; Súm. 439, TST e Súm. 362, STJ).

PEDIDO:

Condenação da Reclamada em indenização por dano moral resultante do assédio moral, tendo em vista todo o sofrimento causado à trabalhadora e, ainda, considerando-se a condição econômica do ofensor e da ofendida e a gravidade do ato ilícito, requer seja a Reclamada condenada ao pagamento de indenização por dano moral em valor equivalente a [50 salários da Reclamante, considerado o último auferido ou outro valor a critério de Vossa Excelência, na forma do art. 223-G, CLT], sendo que tal verba não é base de recolhimentos previdenciários ou fiscais.

3.73. DANO MORAL
ASSÉDIO MORAL, DEPRESSÃO, SÍNDROME DE BURNOUT. INDENIZAÇÕES

CAUSA DE PEDIR:

O Autor trabalhou para a Reclamada por quase [indicar o número] anos, de [indicar o lapso temporal], fato este que por si só mostra seu profissionalismo, dedicação e comprometimento com o trabalho conforme comprovam as excelentes notas de avaliação, bem como os certificados de cursos, que demonstram o interesse do Autor, em sempre se atualizar.

Todavia, a partir de [indicar a data], o Reclamante foi surpreendido com uma péssima avaliação, feita pelo senhor [indicar o nome], que atribuiu ao Autor a pior nota possível em relação ao desempenho do trabalhador. Vale observar que, nos anos anteriores, o Reclamante também foi avaliado pela mesma pessoa, sempre de maneira muito positiva, o que causou perplexidade, inclusive para os colegas de trabalho e o sindicato [doc. ...].

Não obstante a avaliação negativa, a Ré determinou ao Reclamante que durante os três próximos meses transmitisse todo o seu conhecimento de anos para dois colegas de trabalho, quais sejam: [indicar os nomes]. Tudo isso, sem qualquer explicação ao Reclamante, causando-lhe grande insegurança e abalo psicológico.

A atitude da Reclamada foi totalmente contraditória, uma vez que teria determinado que um "suposto empregado ruim" transmitisse seus conhecimentos aos demais colegas e, ao mesmo tempo, a Ré deixava claro ao Autor que iria substituí-lo pelos dois colegas que treinava – demonstrando, assim, que o Autor trabalhava tanto que desempenhava volume de serviço de dois empregados.

Os prejuízos com a péssima nota, e a atitude da Ré em obrigá-lo a treinar outros colegas para que substituíssem o Reclamante, trouxeram a este abalo moral pela surpresa e falta de justificativa para tal resultado, bem como prejuízos de ordem material, conforme mais abaixo especificado, contudo, iniciaremos com o verdadeiro assédio moral. Vejamos:

Após passar os seus conhecimentos por meio do treinamento para seus dois colegas, estes ficaram "em seu lugar" e o Reclamante foi transferido de posto, passando a exercer atividades de [indicar a função]. Mesmo após esse período, os colegas de trabalho continuaram a pedir ajuda do Autor, o que demonstra o profissionalismo e competência do Reclamante.

Por outro lado, após ser transferido para o novo setor, o Autor deparou-se com pequenas e simplórias atividades, tais como fazer reconciliação de contas na zona franca de Manaus, ou seja, em um mês de trabalho, o Autor efetivamente demorava de três a quatro dias para resolver todos os problemas do mês, ficando sem nenhuma atividade para desenvolver.

Antes da transferência de setor, o Reclamante era muito ativo, desempenhando atividades complexas e de grande responsabilidade, visto que movimentava milhões de reais em cada operação financeira. No novo setor, ficava ocioso, sem nenhuma atividade para fazer ao longo do mês, em um verdadeiro contrato de inação, e paralelamente, para agravar significativamente a sua autoestima, era diariamente insultado, humilhado e desvalorizado pelos seus superiores hierárquicos: [indicar os nomes].

Resumindo: quase que simultaneamente, o Reclamante foi pessimamente avaliado, foi transferido de setor, totalmente contrário à sua vontade, e ainda, ficou sem desenvolver nenhuma atividade significativa, sendo certo ainda que, durante um mês de trabalho, somente laborava por quatro dias e, por fim, era desprestigiado e desvalorizado por seus superiores.

Da situação acima narrada evidente que a conduta da Reclamada resultou em ofensa à esfera moral do Reclamante (art. 223-B, CLT).

Oportuno destacar que o art. 223-C da CLT traz a honra, a imagem, a intimidade, a autoestima, a saúde e a integridade física como bens inerentes à pessoa física juridicamente tutelados.

As atitudes da Reclamada, notadamente, trouxeram danos à personalidade, à dignidade e à integridade psíquica do Autor. De outro lado, temos que o trabalho tem garantia constitucional expressa no *caput* do art. 6°, mas a Ré preferiu deixá-lo praticamente sem nenhuma atribuição, tratando-o como um verdadeiro inútil, de modo que diariamente o Autor se sentia humilhado.

A Ré deliberadamente deixava de repassar serviços ao Autor, restando evidenciada a prática da denominada inação compulsória, que configura evidente assédio moral no ambiente de trabalho e viola o princípio fundamental da dignidade da pessoa humana, previsto no art. 1°, III, da CF.

O Autor, com toda a experiência que possuía, não entendia porque estava sendo tão mal aproveitado, e ainda, sendo tratado como se não existisse, afetando seu estado psíquico, de modo que, não aguentando mais, procurou o responsável pelo setor de Recursos Humanos da Ré e denunciou todo o quadro narrado anteriormente.

Todavia, apesar da promessa de um novo posto de trabalho, nada foi feito nesse sentido. Assim, o Autor buscou o sindicato da categoria e novamente foi prometida uma solução para o caso, mas o que houve, de fato, foi nova frustração.

Diante do quadro supramencionado, ocorreu o óbvio: o Autor desencadeou forte depressão, ficou apático, perdeu o apetite, ficou extremamente magro, perdeu a vitalidade e baixou um total desânimo, perceptível a todos, conforme [docs. ...], de modo que foi afastado do trabalho em [indicar a data], inicialmente por 15 dias e, ato contínuo, por mais 60 dias [docs. ...], por conta do INSS para tratamento medicamentoso, acompanhado de especializados médicos, visando à cura de seu estado depressivo.

As exigências excessivas por parte de seu avaliador quanto ao seu desempenho no setor ativo fixo, bem como sua abrupta transferência para outro setor, a perda da 2ª parcela do PLR de 2010, motivada exclusivamente pela baixa nota na avaliação, a falta de atividades junto ao setor de impostos, a desvalorização e o tratamento dispensado pelos seus novos superiores hierárquicos, e ainda, por fim, a ameaça velada da perda do posto de trabalho, o que só poderia levar ao quadro depressivo motivado por questões laborais.

Em [indicar a data], o Reclamante foi atendido pelo psiquiatra, que determinou o afastamento por 12 dias e enquadrou a patologia pelos CIDs F32.2 e Z73.0, que são assim descritos pela Classificação Internacional de Doenças:

> *"CID 10 F 32.2 - Episódio depressivo grave sem sintomas psicóticos. Nota: Episódio depressivo onde vários dos sintomas são marcantes e angustiantes, tipicamente a perda da autoestima e ideias de desvalia ou culpa. As ideias e os atos suicidas são comuns e observa-se em geral uma série de sintomas 'somáticos'."*

> *"Z73 - Problemas relacionados com a organização de seu modo de vida. CID 10 - Z73.0. Esgotamento. Em 30.01.2014, o médico psiquiatra apresentou relatório médico narrando: 'Paciente em acompanhamento médico medicamentoso nesta clínica, desde 09.09.2013, apresentando, naquele momento quadro sintomatológico e evolutivo com característica de Depressão Recorrente Moderado/Grave associado a claros sintomas de Estafa Total, irritabilidade, inquietação, alteração na concentração. Na semana anterior à consulta refere ter apresentado quadro de desrealização, despersonalização, impulsos heteroagressivos, ideação agressiva. No momento atual, vem evoluindo com sensível melhora dos sintomas inicialmente apresentados em condições de retornar as suas atividades labor ativa habitual. Orientada a usar Lexapro 10 mg/dia, Neural 100 mg/dia, Frontal 0,5 mg S/L, medicação de uso contínuo e por tempo indeterminado'."*

A patologia adquirida pelo Reclamante foi reconhecida até mesmo pelo INSS como decorrente do trabalho profissional e concedeu-se afastamento pelo código B91. Veja-se o conteúdo do "Comunicado de Decisão": *"Informamos, ainda, que foi reconhecido o nexo entre o agravo e a profissiografia".*

Manteve-se afastado pelo INSS até [indicar a data]. Após teve afastamento médico por mais 15 dias pela empresa.

A patologia enfrentada pelo Reclamante foi diagnosticada como *Síndrome de Burnout*, que é totalmente ligada às atividades profissionais.

O médico Dráuzio Varella define como síndrome do esgotamento profissional, tendo como característica o *"estado de tensão emocional e estresse crônicos provocados por condições de trabalho físicas, emocionais e psicológicas desgastantes"*:

"Síndrome de Burnout. A Síndrome de Burnout, ou síndrome do esgotamento profissional, é um distúrbio psíquico descrito em 1974 por Freudenberger, um médico americano. O transtorno está registrado no Grupo V da CID-10 (Classificação Estatística Internacional de Doenças e Problemas Relacionados à Saúde). Sua principal característica é o estado de tensão emocional e estresse crônicos provocados por condições de trabalho físicas, emocionais e psicológicas desgastantes. A síndrome se manifesta especialmente em pessoas cuja profissão exige envolvimento interpessoal direto e intenso. Profissionais das áreas de educação, saúde, assistência social, recursos humanos, agentes penitenciários, bombeiros, policiais e mulheres que enfrentam dupla jornada correm risco maior de desenvolver o transtorno.

Sintomas. O sintoma típico da Síndrome de Burnout é a sensação de esgotamento físico e emocional que se reflete em atitudes negativas, como ausências no trabalho, agressividade, isolamento, mudanças bruscas de humor, irritabilidade, dificuldade de concentração, lapsos de memória, ansiedade, depressão, pessimismo, baixa autoestima. Dor de cabeça, enxaqueca, cansaço, sudorese, palpitação, pressão alta, dores musculares, insônia, crises de asma, distúrbios gastrintestinais são manifestações físicas que podem estar associadas à síndrome.

Diagnóstico. O diagnóstico leva em conta o levantamento da história do paciente e seu envolvimento e realização pessoal no trabalho. Respostas psicométricas a questionário baseado na Escala Likert também ajudam a estabelecer o diagnóstico.

Tratamento. O tratamento inclui o uso de antidepressivos e psicoterapia. Atividade física regular e exercícios de relaxamento também ajudam a controlar os sintomas" (Disponível em: <http://drauziovarella.com.br/ letras/b/sindrome-de-burnout/>).

Com base no art. 337, § 3º, do Decreto 3.048/99, com redação dada pelo Decreto 6.957/2009, bem como em conformidade com a Lista B, Anexo II, o INSS classificou a doença do Reclamante como resultado de seu trabalho profissional:

Transtornos mentais e do comportamento relacionados com o trabalho (Grupo V da CID-10)

XII - Sensação de estar acabado ("Síndrome de Burnout", "Síndrome do Esgotamento Profissional") (Z73.0).	1. Ritmo de trabalho penoso (Z56.3) 2. Outras dificuldades físicas e mentais relacionadas com o trabalho (Z56.6).

Importante trazer que nossos Tribunais são conhecedores da Síndrome de Burnout, bem como a sua relação intrínseca com o trabalho.

Vejam-se alguns julgados:

"Agravo de instrumento. Recurso de revista. 1. Doença ocupacional. 'Síndrome de burnout' ou 'síndrome de esgotamento profissional'. Gestão por estresse. Responsabilidade civil do empregador. Indenização por danos morais

Cap. 3 • MODELOS DE CAUSA DE PEDIR E PEDIDOS | **259**

e materiais. 2. Do quantum *indenizatório. Decisão denegatória. Manutenção. (...) No caso em tela, o acórdão recorrido consignou que o perito do juízo constatou que os sintomas apresentados pelo Autor são característicos da Síndrome de Burnout ou Síndrome de Esgotamento Profissional, bem como registrou que, para o aparecimento de tal patologia, não concorrem outros fatores além de estressores de natureza laboral, estando citada síndrome catalogada entre as doenças mentais relacionadas ao trabalho, segundo o Decreto 3.048 de 06-5-1999, do Ministério da Previdência Social. Consta, ainda, do laudo pericial que o Reclamante foi afastado do trabalho, estando, até os dias atuais, em gozo de benefício previdenciário e que fatores de ordem organizacional da Reclamada contribuíram para o aparecimento da sua doença. Ressaltou a Corte de origem que ficou demonstrada a efetiva ocorrência de tratamento humilhante ao Reclamante pela forma como eram feitas as cobranças excessivas da empregadora em relação às metas estipuladas. Destacou o Órgão a quo que a Reclamada não comprovou, em nenhum momento da instrução processual, que sua cobrança por metas era adequada, escorreita e que buscava motivar seu empregado. Desse modo, diante do quadro fático relatado pelo Tribunal Regional, desponta o dever de indenizar o Reclamante pela patologia adquirida. Outrossim, para que se pudesse chegar, se fosse o caso, a conclusão fática diversa, seria necessário o revolvimento do conteúdo fático-probatório, o que fica inviabilizado nesta instância recursal (Súmula 126/TST). Assim sendo, não há como assegurar o processamento do recurso de revista quando o agravo de instrumento interposto não desconstitui os termos da decisão denegatória, que subsiste por seus próprios fundamentos. Agravo de instrumento desprovido"* (TST – 3ª T. – AIRR 1316-11.2012.5.03.0037 – Rel. Min. Mauricio Godinho Delgado – *DEJT* 3-10-2014).

Logo, o Reclamante adquiriu patologia psiquiátrica durante o contrato de trabalho mantido com a Reclamada, patologia que apresenta sequelas, devendo ser indenizado pelos danos sofridos.

Portanto, provado por laudo médico que a depressão foi advinda da relação laboral, o Autor fará jus da estabilidade por 12 meses, garantida pelo art. 118 da Lei 8.213/91, sendo que diante do quadro acima exposto, fica desaconselhável a sua reintegração, conforme previsto no art. 496 da CLT, bem como na literalidade da Súmula 396 do C. TST.

Assim, deverá então ser convertida a sua estabilidade em indenização, de modo a receber os salários vencidos e vincendos, bem como os regulares reflexos nas férias + 1/3, 13os salários, FGTS com a multa de 40%, aviso-prévio legal e nas verbas rescisórias de estilo.

O Autor ainda fará jus aos depósitos fundiários, nos termos do art. 15, § 5º, da Lei 8.036/90, podendo ser pago de maneira indenizada.

Por fim, fará jus o Autor a uma indenização de natureza moral, sugerida em R$ 100.000,00 (ou outro valor a critério de Vossa Excelência, na forma do art. 223-G, CLT), nos termos dos arts. 5º, V e X, 7º, XXVIII, todos da CF/88 e arts. 186 e 927, CC, como consequência de que a depressão é acidente de trabalho (art. 20, II, Lei 8.213).

De outro lado, também caberá a reparação de danos materiais, nos termos dos arts. 402 e 950 do CC, devendo a Ré ressarcir o Autor por aquilo que ele já gastou com o tratamento médico, na compra de medicamentos e na contratação de profissionais especializados e pelos lucros que deixará de auferir, enquanto perdurar a moléstia. Esclarece a sua condição de desempregado.

Todavia, cabe ainda esclarecer que o Autor recebeu o auxílio-doença no período [indicar as datas] e, ao receber precocemente alta médica, visto que estava em pleno tratamento, ingressou com o pedido de reconsideração, o qual foi posteriormente negado.

Contudo, mesmo aguardando o resultado de seu pedido de reconsideração, o Reclamante compareceu na Reclamada em [indicar a data], mas após consulta com o médico do trabalho da empregadora, ficou consignado que o melhor seria se o INSS restabelecesse o benefício previdenciário, visto que seu retorno à Ré, sobretudo, no mesmo setor, deparando-se com os mesmos superiores, certamente agravaria seu estado psíquico.

260 | PRÁTICA DA RECLAMAÇÃO TRABALHISTA – *Jorge Neto • Wenzel • Cavalcante*

Esclarece ainda que, durante [indicar o período], além de o Autor receber o auxílio-doença, também recebia um complemento por parte da Ré. Todavia, a partir da alta médica em [indicar a data], até a injusta demissão em [indicar a data], a Reclamada manteve o pagamento do mesmo valor e não a integralidade, o que fica desde já requerida, inclusive com os regulares reflexos nas férias, 13os salários, FGTS + 40% e aviso-prévio.

Vale observar que a Ré não demonstrou interesse em recolocar o Autor em outro posto de trabalho, esquecendo do valor social do contrato de trabalho e da dignidade da pessoa humana, princípios constitucionais (art. 1º, III e IV).

Isto posto, independentemente do pedido de indenização por danos morais, pela aquisição e desencadeamento, ou ainda, o improvável agravamento do quadro depressivo, considerado como um acidente do trabalho, o Autor, com base principalmente na Constituição Federal, arts. 1º, III e IV, bem como no 3º, IV, além do 5º, V, X, XXXV, 7º, I e 170, VIII, e também art. 927 do CC, faz jus à indenização por danos morais, em face do assédio moral vivido, sugerida em 24 vezes sobre a maior remuneração do Autor, sem prejuízo da equiparação ora pleiteada.

Esclarece ainda que 24 foram os anos completos em que o Autor laborou para uma das maiores empresas do País. Por fim, ressalta que, passados pouco mais de 10 meses da extinção do seu contrato de trabalho, o Reclamante relutou para ingressar com a demanda, pois quando precisa retornar aos fatos ocorridos em meados de [indicar a data], volta à tona todo o sofrimento infelizmente experimentado.

PEDIDOS:

(a) o arbitramento de indenização por danos morais, requerido e sugerido no mínimo de R$ 100.000,00 ou outro valor a critério de Vossa Excelência, na forma do art. 223-G, CLT, em face da nítida depressão desenvolvida em decorrência de sua atividade laboral junto a Ré, bem como a indenização também de cunho moral, em face do assédio moral experimentado a partir da péssima avaliação sobre sua *performance*, passando pelo novo setor de trabalho, onde houve o denominado contrato de inação ou ócio compulsório, no importe de 24 vezes a sua maior remuneração;

(b) designação de perícia médica, nomeando para tanto necessariamente médico psiquiatra, para que apresente laudo médico, no sentido de posicionar o MM. Juízo, quanto à aquisição ou desenvolvimento ou ainda eventualmente o agravamento da depressão (concausa) e seu nexo causal com a atividade laboral;

(c) o arbitramento de indenização material, visando restituir ao Autor todas as despesas médicas relacionadas com a sua depressão, conforme já demonstrado, bem como pensão mensal fixada em 50% de seu último salário, sem prejuízo da equiparação, visando assegurar a continuidade do tratamento, enquanto perdurar a incapacidade laboral;

(d) a declaração de nulidade da injusta dispensa e a conversão da estabilidade de 12 meses (art. 118, Lei 8.213), em indenização, nos moldes do art. 496 da CLT e Súmula 396 do C. TST, e como consequência, o pagamento de todos os salários vencidos e vincendos acrescidos dos reajustes e benefícios concedidos à categoria, desde a dispensa até a data em que completar 12 meses subsequentes, computando-se o período de afastamento, desde a alta médica e de indenização já convertida, como efetivo tempo de serviço para todos os fins, tais como, férias integrais e proporcionais, todas com 1/3, 13os salários, 8% de FGTS acrescidos da multa de 40%, aviso-prévio legal (Lei 12.506/11) e DSRs;

(e) que sejam depositados ou indenizados diretamente ao Autor os valores correspondentes ao FGTS, inclusive com a indenização dos 40%, de todo o período de afastamento médico superior

Cap. 3 • MODELOS DE CAUSA DE PEDIR E PEDIDOS | **261**

a 15 dias, ou durante o período em que ficou sem salários e sem benefício previdenciário, além do período de estabilidade de 12 meses;

(f) que sejam pagas as diferenças salariais entre o valor pago pela Ré, denominado por ela, apenas como complementação e o verdadeiro salário, sem prejuízo da equiparação abaixo requerida, durante o período de [indicar o período], visto que não deixou de recolocá-lo em setor compatível com seu estado clínico.

3.74. DANO MORAL
ASSÉDIO MORAL INSTITUCIONAL/ORGANIZACIONAL

CAUSA DE PEDIR:

Durante o desenvolvimento do contrato de trabalho, ao Reclamante foi dirigido tratamento impróprio e vexatório, consubstanciado em [descrição dos fatores imputados como assediantes].

Rodolfo Pamplona Filho, ao enunciar o seu conceito de assédio moral, procura um sentido de literalidade. Vale dizer, não é um privilégio da relação de trabalho. Pode ocorrer em qualquer ambiente onde se tenha uma coletividade, tais como: escolas, igrejas, clubes, corporações militares etc.

Para ele, assédio moral é:

> *"(...) uma conduta abusiva, de natureza psicológica, que atenta contra a dignidade psíquica do indivíduo, de forma reiterada, tendo por efeito a sensação de exclusão do ambiente e do convívio social"* (Noções conceituais sobre o assédio moral na relação de emprego. Disponível em: <https://jus.com.br/artigos/8838/nocoes-conceituais-sobre-o-assedio-moral-na-relacao-de-emprego>. Acesso em: 28-12-2007).

De acordo com Marie-France Hirigoyen, assédio moral é:

> *"(...) toda e qualquer conduta abusiva manifestando-se sobretudo por comentários, palavras, gestos, escritos que possam trazer dano à personalidade, à dignidade ou à integridade física ou psíquica de uma pessoa, pôr em perigo seu emprego ou degradar o ambiente de trabalho"* (Assédio moral – a violência perversa do cotidiano. Rio de Janeiro: Bertrand Brasil, 2008, p. 65).

Marie-France Hirigoyen entrelaça a questão do assédio moral com o campo das relações de trabalho, em especial, na seara da relação de emprego, em que tais condutas assumem tons mais dramáticos pela dependência econômica do trabalhador subordinado (= empregado) em relação ao seu empregador.

No mesmo sentido, Sônia Aparecida Costa Mascaro Nascimento:

> *"Já o assédio moral (mobbing, bullying, harcèlement moral ou, ainda, manipulação perversa, terrorismo psicológico) caracteriza-se por ser uma conduta abusiva, de natureza psicológica, que atenta contra a dignidade psíquica, de forma repetitiva e prolongada, e que expõe o trabalhador a situações humilhantes e constrangedoras, capazes de causar ofensa à personalidade, à dignidade ou à integridade psíquica, e que tenha por efeito excluir a posição do empregado no emprego ou deteriorar o ambiente de trabalho, durante a jornada de trabalho e no exercício de suas funções"* (O assédio moral no ambiente do trabalho. Revista LTr, v. 68, n° 8, p. 922, ago. 2004).

Alice Monteiro de Barros preleciona:

> *"Inicialmente, os doutrinadores definiam o assédio moral como 'a situação em que uma pessoa ou um grupo de pessoas exercem uma violência psicológica extrema, de forma sistemática e frequente (em média uma vez por semana) e durante um tempo prolongado (em torno de uns 6 meses) sobre outra pessoa, com quem mantém uma relação assimétrica de poder no local de trabalho, com o objetivo de destruir as redes de*

comunicação da vítima, destruir sua reputação, perturbar o exercício de seus trabalhos e conseguir, finalmente, que essa pessoa acabe deixando o emprego.

O conceito é criticado por ser muito rigoroso. Hoje é sabido que esse comportamento ocorre não só entre chefes e subordinados, mas também o contrário, e mesmo entre colegas de trabalho, com vários objetivos, entre eles o de forçar a demissão da vítima, o seu pedido de aposentadoria precoce, uma licença para tratamento de saúde, uma remoção ou transferência. O assédio moral não se confunde com outros conflitos, que são esporádicos, nem mesmo com más condições de trabalho, pois pressupõe o comportamento (ação ou omissão) por um período prolongado, premeditado, que desestabiliza psicologicamente a vítima" (Curso de Direito do Trabalho. São Paulo: LTr, 2005, p. 872).

É inegável a presença do assédio moral no campo das relações de trabalho, notadamente, em face das grandes transformações havidas no campo do Direito do Trabalho pelo fenômeno da globalização.

A globalização, com base em novas técnicas de seleção, inserção e avaliação do indivíduo no trabalho, fez uma reestruturação nas relações do trabalho.

O novo paradigma é o "sujeito produtivo", ou seja, o trabalhador que ultrapassa metas, deixando de lado a sua dor ou a de terceiro. É a valorização do individualismo em detrimento do grupo de trabalho.

A valorização do trabalho em equipe assume um valor secundário, já que a premiação pelo desempenho é só para alguns trabalhadores, ou seja, os que atingem as metas estabelecidas, esquecendo-se que o grupo também é o responsável pelos resultados da empresa.

O individualismo exacerbado reduz as relações afetivas e sociais no local de trabalho, gerando uma série de atritos, não só entre as chefias e os subordinados, como também entre os próprios subordinados.

O implemento de metas, sem critérios de bom senso ou de razoabilidade, gera uma constante opressão no ambiente de trabalho, com a sua transmissão para os gerentes, líderes, encarregados e os demais trabalhadores que compõem um determinado grupo de trabalho.

As consequências dessas tensões (= pressões) repercutem na vida cotidiana do trabalhador, com sérias interferências na sua qualidade de vida, gerando desajustes sociais e transtornos psicológicos. Há relatos de depressão, ansiedade e outras formas de manifestação (ou agravamento) de doenças psíquicas ou orgânicas. Casos de suicídio têm sido relatados como decorrência dessas situações.

Esse novo contexto leva ao incremento do assédio moral, isto é, a uma série de comportamentos abusivos, os quais são traduzidos por gestos, palavras e atitudes, os quais, pela sua reiteração, expõem ou levam ao surgimento de lesões à integridade física ou psíquica do trabalhador, diante da notória degradação do ambiente de trabalho (= meio ambiente do trabalho).

O assédio moral objetiva a exclusão do trabalhador do ambiente de trabalho.

A forma de assédio mais difundida e estudada é o assédio moral interpessoal, o qual diz respeito a quem pratica o assédio moral. O assédio moral interpessoal, em razão do agente assediante, pode ser classificado de três formas: (a) vertical descendente; (b) vertical ascendente; (c) horizontal.

Isso significa que o assédio moral interpessoal pode ser praticado pelo superior hierárquico ou prepostos da empresa, mas também pode ocorrer entre colegas de mesma hierarquia.

Já o assédio moral organizacional é um comportamento patronal generalizado e reconhecido pela política institucional da empresa. O agressor não é uma pessoa física, mas a própria pessoa jurídica empresarial.

Adriane Reis de Araújo indica que o assédio moral organizacional é:

"(...) conjunto de condutas abusivas, de qualquer natureza, exercido de forma sistemática durante certo tempo, em decorrência de uma relação de trabalho, e que resulte no vexame, humilhação ou constrangimento

de uma ou mais vítimas com a finalidade de se obter o engajamento subjetivo de todo o grupo às políticas e metas da administração, por meio da ofensa a seus direitos fundamentais, podendo resultar em danos morais, físicos e psíquicos" (O assédio moral organizacional. São Paulo: LTr, 2012, p. 61).

No mesmo sentido, Ana Paula Saladini observa:

"Na atual cultura empresarial, o medo e o sofrimento do trabalhador têm sido utilizados ora como meios de incremento da produção, sob o rótulo de sistema de gestão, ora como mera demonstração arbitrária de poder por parte de chefias despreparadas e que utilizam tais práticas como válvula de escape da própria perversidade e agressividade. A rotina de causar medo e sofrimento pode configurar assédio moral" (Trabalho, medo e sofrimento: considerações acerca do assédio moral. *Revista LTr*, n. 71-08/965).

Enquanto o assédio moral interpessoal tem por objetivo a exclusão da vítima do ambiente do trabalho, discriminando-a e humilhando-a perante o grupo, no assédio moral organizacional o que se objetiva é a sujeição de um grupo de trabalhadores às agressivas políticas mercantilistas da empresa.

Para configuração do assédio moral organizacional são necessários os seguintes requisitos:

"1. ofensa ao direito fundamental à saúde no ambiente de trabalho – não é necessária a prova do dano psíquico coletivo, mas este pode ser facilmente identificado por psicólogos e psiquiatras como síndrome loco-neurótica (SLN) ou síndrome do assédio moral institucional;

2. atos inseridos dentro da política institucional da empresa – os atos de ofensa à dignidade humana dos trabalhadores são inseridos na política institucional da empresa por meio de diversos modelos de gestão: administração por estresse, administração por injúria, bossing, straining, dentre outros;

3. presença do caráter despersonalizado do assédio – os atos não serão dirigidos a pessoas ou grupo específicos, mas sim à coletividade dos trabalhadores de um setor da empresa ou de toda a empresa. Portanto, não há presença de alvos específicos, embora determináveis e;

4. o agressor é a empresa – o agressor é a própria pessoa jurídica (acionistas) que, por meio de seus adminis-tradores (conselheiros e diretores), utiliza-se de uma política de gestão desumana para atingir objetivos, em geral de fins econômicos, não sendo necessária a prova da intenção dolosa na prática do ato, uma vez que faz parte de uma estratégia de administração da empresa" (CALVO, Adriana. *O direito fundamental à saúde mental no ambiente de trabalho*. O combate ao assédio moral institucional – visão dos Tribunais Trabalhistas. São Paulo: LTr, 2014, p. 78/79).

O assédio moral institucional trata-se de um sistema de gestão empresarial competitivo, desres-peitoso e indigno, sendo um abuso do poder diretivo do empregador que afeta diretamente o princípio da dignidade da pessoa humana.

O fato de constranger trabalhadores coletivamente como política da empresa, com vistas a atingir seus objetivos mercadológicos, viola a dignidade humana, a privacidade e a intimidade dos trabalhadores.

A Constituição Federal garante que são invioláveis *"a intimidade, a vida privada, a honra e a imagem das pessoas, assegurado o direito a indenização pelo dano material ou moral decorrente de sua violação"* (art. 5º, X).

Não se pode olvidar que a dignidade da pessoa humana é um princípio fundamental no nosso ordenamento jurídico após a promulgação da Constituição Federal de 1988, consagrado no art. 1º, III.

A dignidade do ser humano é composta por atributos da personalidade e da individualidade.

Oportuno trazer à colação a doutrina de Ingo Wolfgang Sarlet sobre o conceito de dignidade: *"qualidade intrínseca e distintiva de cada ser humano que o faz merecedor do mesmo respeito e consideração por parte do Estado e da comunidade, implicando, neste sentido, um complexo de direitos e deveres fundamentais que*

Cap. 3 • MODELOS DE CAUSA DE PEDIR E PEDIDOS | **265**

assegurem a pessoa tanto contra todo e qualquer ato de cunho degradante e desumano, como venham a lhe garantir as condições existenciais mínimas para uma vida saudável, além de propiciar e promover sua participação ativa e corresponsável nos destinos da própria existência e da vida em comunhão com os demais seres humanos" (Dignidade da pessoa humana e direitos fundamentais na Constituição da República de 1988. Porto Alegre: Livraria do Advogado, 2002, p. 62).

Arion Sayão Romita sustenta que a dignidade da pessoa humana é fundamento dos direitos humanos e deve prevalecer em qualquer circunstância:

"Os direitos fundamentais constituem manifestações da dignidade da pessoa. Quando algum dos direitos fundamentais, qualquer que seja a família a que pertença, for violado é a dignidade da pessoa que sofre a ofensa. Os direitos fundamentais asseguram as condições de dignidade e, não obstante a violação da norma, apesar da agressão a dignidade estará preservada, porque ela é um valor intangível. A dignidade não se esgota nos direitos fundamentais, entretanto, só terá sua dignidade respeitada o indivíduo cujos direitos fundamentais forem observados e realizados" (Direitos fundamentais nas relações de trabalho. São Paulo: LTr, 2005, p. 143).

Sobre o princípio da dignidade humana, trazemos à colação a doutrina:

"O art. 1º, inciso III da Constituição Federal de 1988 considera a dignidade da pessoa humana um dos fundamentos do Estado Democrático de Direito. Qualquer atitude ou conduta que desrespeite o mencionado dispositivo estará contrariando a Constituição. O caput do art. 5º do Texto Constitucional assegura a todos os cidadãos a inviolabilidade do direito à vida e à segurança; no inciso X deste mesmo artigo a Constituição afirma a inviolabilidade da vida privada e da honra e imagem das pessoas. O art. 6º inscreve a saúde dentre os direitos sociais. No inciso XXII do art. 7º o texto constitucional estabelece o direito do trabalhador à redução dos riscos inerentes ao trabalho, por meio de norma de saúde, higiene e segurança. Por fim, o art. 196 da Constituição Federal estabelece que a saúde é direito de todos e dever do Estado" (Assédio moral interpessoal e organizacional: um enfoque interdisciplinar. Org. Lis Andrea Pereira Soboll, Thereza Cristina Gosdal. São Paulo: LTr, 2009, p. 41).

A prática adotada pela Reclamada caracteriza assédio moral institucional contra os trabalhadores envolvidos, na medida em que os expõe a constrangimento e humilhação perante os colegas.

Evidente que a conduta da Reclamada resultou em ofensa à esfera moral do Reclamante (art. 223-B, CLT).

Oportuno destacar que o art. 223-C da CLT traz a honra, a imagem e a autoestima como bens inerentes à pessoa física juridicamente tutelados, sendo que a situação a que era submetido o Reclamante inegavelmente violou os direitos fundamentais, razão pela qual é devida indenização reparatória.

O TST tem reconhecido o assédio moral institucional:

"Recurso de revista. Rede de supermercados. Canto motivacional 'cheers'. Constrangimento dos trabalhadores ao cantar e rebolar no ambiente de trabalho. Assédio moral organizacional. Reparação por danos morais. A prática motivacional engendrada pela empresa-reclamada, ao constranger seus trabalhadores diariamente a entoarem o canto motivacional 'cheers', acompanhado de coreografia e rebolados, exorbita os limites do poder diretivo e incorre em prática de assédio moral organizacional. As estratégias de gestão voltadas à motivação e ao engajamento dos trabalhadores que se utilizam da subjetividade dos obreiros devem ser vistas com cuidado, tendo em conta as idiossincrasias dos sujeitos que trabalham. Ao aplicar, de forma coletiva, uma 'brincadeira' que pode parecer divertida aos olhos de uns, a empresa pode estar expondo a constrangimento trabalhadores que não se sentem confortáveis com determinados tipos de atividades, de todo estranhas à atividade profissional para a qual foram contratados. É importante observar que a participação em qualquer atividade lúdica

só pode ser valiosa se o engajamento dos envolvidos se der de modo espontâneo e voluntário, situação que resulta de inviável demonstração em um ambiente de trabalho subordinado, no qual os empregados têm sua liberdade mitigada pela condição de hipossuficiência que ostentam. Portanto, a tendência é que o desconforto seja superado pelos trabalhadores (não sem traumas), para evitar ficar mal aos olhos das chefias e do coletivo de colegas. O procedimento, portanto, perde seu caráter 'lúdico' e 'divertido', na medida em que para ele concorrem circunstâncias de submissão e dominação dos trabalhadores. Irretocável, pois, a decisão regional em que restou entendido que a prática, realizada diariamente pela reclamada, duas vezes ao dia, caracteriza assédio moral contra os trabalhadores envolvidos, visto que os expõe a constrangimento e à ridicularização perante os colegas, de forma incompatível com a disposição que o trabalhador coloca ao empregador em razão do contrato de emprego. A prática se enquadra no conceito de assédio moral organizacional, uma vez que caracteriza uma estratégia de gestão focada na melhoria da produtividade e intensificação do engajamento dos trabalhadores, porém assentada em práticas que constrangem, humilham e submetem os trabalhadores para além dos limites do poder empregatício. Incólumes os arts. 5º, X, da Constituição Federal e 186 do CCB. Recurso de revista não conhecido" (TST – 7ª T. – RR 701-05.2013.5.09.0656 – Rel. Min. Luiz Philippe Vieira de Mello Filho – *DEJT* 28-8-2015).

Ante a certeza do dano moral decorrente do assédio, a Reclamada deve ser condenada ao pagamento de indenização a título de reparação.

O ordenamento jurídico brasileiro não aponta critérios objetivos para a reparação pecuniária do dano moral e, diante disso, a doutrina pátria aponta como elementos a serem levados em consideração: (a) a extensão do dano; (b) o grau de culpa do ofensor e da vítima; (c) a situação financeira de ambas as partes, objetivando reparar o dano perpetrado, punir a conduta antijurídica e prevenir a fim de que tais fatos não mais ocorram.

Considerando as diretrizes delineadas, para o caso em análise, indica-se como valor a ser arbitrado para a indenização postulada a quantia de [50 salários do Reclamante, considerado o último auferido].

Assim, comprovado o dano moral resultante do assédio moral, patente a obrigação da Reclamada em indenizar o Autor, conforme arts. 186, 187, 927 e 932, III, CC, tendo em vista todo o sofrimento causado ao trabalhador e, ainda, considerando-se a condição econômica do ofensor e do ofendido, além da gravidade do ato ilícito, requer seja a Reclamada condenada ao pagamento de indenização por dano moral em valor equivalente a [50 salários do Reclamante, considerado o último auferido ou outro valor a critério de Vossa Excelência, na forma do art. 223-G, CLT], sendo que tal verba não é base de recolhimentos previdenciários ou fiscais.

Na apuração da indenização por danos morais, os juros são devidos a partir do ajuizamento da demanda trabalhista (art. 39, § 1º, Lei 8.177/91; Súm. 439, TST e Súm. 362, STJ).

PEDIDO:

Condenação da Reclamada em indenização por dano moral resultante do assédio moral, tendo em vista todo o sofrimento causado ao trabalhador, no valor equivalente a [50 salários do Reclamante, considerado o último auferido ou outro valor a critério de Vossa Excelência, na forma do art. 223-G, CLT], sendo que tal verba não é base de recolhimentos previdenciários ou fiscais.

Cap. 3 • MODELOS DE CAUSA DE PEDIR E PEDIDOS | **267**

3.75. DANO MORAL
ASSÉDIO SEXUAL E INSINUAÇÕES PRECONCEITUOSAS

CAUSA DE PEDIR:

A Autora esclarece que não tinha uma loja fixa para trabalhar, pois acabava substituindo todas as gerentes das lojas, em suas respectivas férias, de modo que, percorria as 34 lojas do grupo, na Capital e no interior do Estado, bem como em Minas Gerais e em Goiás, sendo certo que quando não estava substituindo permanecia na matriz, sediada no Bairro de Pinheiros, na Capital.

A Autora era utilizada como uma espécie de coringa, pois além de cobrir as férias das gerentes, também atuava realizando serviços administrativos e inaugurando lojas.

A Autora foi durante longa data o braço direito da sua superiora hierárquica, a senhora Maria ..., que exercia e ainda exerce o cargo de supervisora, junto à Ré.

Contudo, sempre teve que conviver com "brincadeiras" de cunho sexual e galanteios de toda ordem, que se intensificaram no ano de 2007, e que sempre constrangiam a Autora, principalmente quando eram realizados perante suas colegas de trabalho.

A supervisora Sra. Maria ... chegava ao ponto de apoiar copos e latas de refrigerantes nos glúteos da Autora e ficava exaltando o tamanho de seu quadril, o que notadamente deixava a Autora envergonhada, sendo motivo de chacotas e comentários de toda sorte, proferidos pelas colegas de trabalho, que, entre elas, já faziam comentários preconceituosos sobre a supervisora e passaram a incluir a Autora em seus comentários.

Vale frisar que, para que se configure um típico assédio sexual, são necessários dois indivíduos: a vítima, que no caso em tela é a assediada, ora Autora, e o agente assediador, no caso, a Senhora Maria ....

Cumpre destacar ainda que: (a) a vítima pode ser do sexo feminino ou masculino e o agente não precisa ser do sexo oposto; (b) o assediador pode estar na posição de supervisor da vítima ou em outra área, agente do empregador, colega de trabalho, ou mesmo não ser empregado, por exemplo, um cliente.

Desse modo, o assédio sexual consiste na abordagem repetida do assediador em relação à vítima, com a pretensão de obter favores sexuais, mediante imposição de vontade, ofendendo a honra, a imagem, a dignidade e a intimidade da pessoa assediada.

Rodolfo Pamplona Filho ensina-nos que a modalidade de assédio sexual é ampla e abrange *"(...) abuso verbal ou comentários sexistas sobre a aparência física do empregado; frases ofensivas ou de duplo sentido e alusões grosseiras, humilhantes ou embaraçosas; perguntas indiscretas sobre a vida privada do trabalhador; (...) insinuações sexuais inconvenientes e ofensivas"* (Assédio sexual: questões conceituais. *Revista do TRT da 8ª Região,* v. 38, n. 74, p. 109/125, jan.-jun. 2005).

Maria Helena Diniz acentua que o assédio sexual é *"o ato de constranger alguém com gestos, palavras ou com emprego de violência, prevalecendo-se de relações de confiança, de autoridade ou empregatícia, como o escopo de obter vantagem sexual"* (*Dicionário jurídico*. São Paulo: Saraiva, 1998, v. 1, p. 285).

José Wilson Ferreira Sobrinho conceitua o assédio sexual como sendo *"o comportamento consistente na explicitação de intenção sexual que não encontra receptividade concreta da outra parte, comportamento esse reiterado após a negativa"* (Assédio sexual e justa causa. *Repertório IOB de Jurisprudência,* IOB, fev. 1996, n. 4, p. 62).

Contudo, voltando ao caso em tela, um dos fatos mais graves ocorreu em uma das vezes em que a Autora viajou com a supervisora e outra colega de trabalho, responsável pelo setor financeiro (sra. ...), para a cidade de Belo Horizonte – MG, onde as três ficaram hospedadas no mesmo quarto do hotel.

A supervisora, após tomar um banho, saiu do banheiro sem roupa e as convidou para deitar na mesma cama com ela e começou a fazer algumas propostas indecentes, fazendo gestos incompatíveis com a conduta de uma profissional responsável por um grupo de 34 lojas.

A Autora e a outra colega de trabalho não aceitaram as propostas advindas da supervisora; no entanto, para a Autora não foi nenhuma surpresa, pois sempre conviveu com os convites de cunho sexual, mas a sua colega, sra. ..., ficou completamente estarrecida, pois, apesar de saber que os comentários existiam, acabava de experimentar a sensação de ser assediada.

Após certo tempo do lamentável episódio ocorrido na cidade de Belo Horizonte, a direção da Ré ficou sabendo do ocorrido não por intermédio da Autora, mas o fato é que não tomou nenhuma providência, no sentido de apurar regularmente os fatos e punir a assediadora.

E, pior ainda, todas as lojas ficaram sabendo dos fatos ocorridos no hotel em BH, o que deixou a Autora exposta a todo tipo de comentário, aumentando ainda mais os rumores de que ela e a supervisora eram homossexuais e que mantinham um relacionamento amoroso.

Da situação acima narrada evidente que a conduta omissiva da Reclamada resultou em ofensa à esfera moral da Reclamante (art. 223-B, CLT).

Oportuno destacar que o art. 223-C da CLT traz a honra, a imagem, a intimidade, a autoestima e a sexualidade como bens inerentes à pessoa física juridicamente tutelados.

Diante de todo o exposto, considerando o que dispõe a CF/88 quanto à proteção à dignidade da pessoa, aos valores sociais do trabalho (art. 1º, III e IV), bem como à inviolabilidade da intimidade, vida privada, honra e imagem das pessoas (art. 5º,V e X), além de que o empregador é responsável por manter um meio ambiente de trabalho sadio e livre de qualquer tipo de assédio, seja moral ou sexual (art. 7º, XXII, CF) e ainda, diante dos termos do art. 927 e do inciso III do art. 932, ambos do CC, requer seja a Ré condenada ao pagamento de indenização por dano moral, em face do assédio sexual sofrido pela Autora, sugerido no importe de R$ [indicar o valor].

Quanto ao ônus da prova, a Autora entende que competirá à Ré demonstrar que não houve a prática de assédio sexual, pois é quem possui aptidão para tal finalidade, sendo certo que o empregador, ao contratar um empregado para a prestação de um determinado serviço, deve lhe oferecer um ambiente de trabalho no qual a prestação das tarefas possa ser realizada.

Ressalta ainda que um empregador que pratica ou que permite a prática do assédio sexual não está cumprindo com esta obrigação, visto que nenhum empregado poderá ter qualquer tipo de desempenho profissional num ambiente onde seja perturbado ininterruptamente pela sanha libidinosa do superior.

A esse aspecto, vale mencionar a lição de Marly Cardone:

> *"Na apreciação da prova no processo de reparação de dano moral, por assédio sexual, o Juiz do Trabalho tem uma margem de apreciação probatória bem mais ampla do que o mesmo Juiz ao apreciar um feito onde se discutem exclusivamente verbas decorrentes da relação de emprego, que digam respeito a parcelas salariais, férias, verbas rescisórias e outras do gênero, pois deverá se valer de indícios, presunções e dando uma valoração muito mais expressiva ao depoimento pessoal da vítima"* (O dano moral, o assédio moral e o assédio sexual nas relações de trabalho. 2. ed. São Paulo: LTr, 2007, p. 264).

Por fim, a Autora requer seja intimada como testemunha do Juízo, nos termos dos arts. 370 e 378, CPC, a empregada sra. ..., que, apesar de ser empregada de confiança da Ré, presenciou o assédio realizado em Belo Horizonte e poderá ser encontrada no mesmo endereço informado para a notificação da Ré.

Quanto ao pedido de segredo de Justiça (art. 189, CPC), a Autora, por razões óbvias, não quer que outras pessoas fiquem sabendo dos fatos que envolveram a sua imagem e honra, durante o pacto laboral, em que foi vítima de assédio sexual.

PEDIDO:

Reconhecimento do assédio sexual sofrido pela Autora, bem como a inversão do ônus da prova e a devida indenização por danos morais, sugerido em R$ [indicar o valor]. Juros a partir do ajuizamento da demanda (Súm. 439, TST; Súm. 362, STJ).

3.76. DANO MORAL
BANHEIRO E VESTIÁRIO DE USO COLETIVO

CAUSA DE PEDIR:

A Reclamada não possuía banheiros e vestiários adequados em seu estabelecimento.

Havia no local apenas um único banheiro e vestiário, destinado a todos os profissionais, o qual era utilizado por cerca de 50 pessoas de ambos os sexos. Por esta razão, a Reclamante tinha que ir uniformizada para o trabalho.

O dano moral, espécie do gênero extrapatrimonial, não repercute nos bens patrimoniais da vítima, atingindo os bens de ordem moral ou o foro íntimo da pessoa, tais como: a honra, a liberdade, a intimidade e a imagem.

Os danos morais, como ocorre em relação aos materiais, somente serão reparados quando ilícitos.

O material, o qual também é conhecido por dano patrimonial, atinge os bens integrantes do patrimônio, isto é, o conjunto das relações jurídicas de uma pessoa, apreciáveis economicamente. Têm-se a perda, a deterioração ou a diminuição do patrimônio.

Já o dano moral ou dano extrapatrimonial é aquele que se opõe ao dano material, não afetando os bens patrimoniais propriamente ditos, mas atingindo os bens de ordem moral, de foro íntimo da pessoa, como a honra, a liberdade, a intimidade e a imagem.

Quanto aos morais, podemos dividi-los em puros (diretos) ou reflexos (indiretos).

Os puros esgotam-se em apenas um aspecto, atingindo aos chamados atributos da pessoa, como a honra, a intimidade, a liberdade etc. Os reflexos são efeitos da lesão ao patrimônio, ou seja, consequência de um dano material.

De acordo com o âmbito da sua extensão, o dano moral pode ser subjetivo ou objetivo. O primeiro limita-se à esfera íntima da vítima, isto é, ao conjunto de sentimentos e de valores morais e éticos do próprio ofendido. O segundo se projeta no círculo do relacionamento familiar ou social, afetando a estima e a reputação moral, social ou profissional da vítima.

Yussef Said Cahali ensina que dano moral é:

> *"(...) Tudo aquilo que molesta gravemente a alma humana, ferindo-lhe gravemente os valores fundamentais inerentes à sua personalidade ou reconhecidos pela sociedade em que está integrado, qualifica-se, em linha de princípio, como dano moral; não há como enumerá-los exaustivamente, evidenciando-se na dor, na angústia, no sofrimento, na tristeza pela ausência de um ente querido falecido; no desprestígio, na desconsideração social, no descrédito à reputação, na humilhação pública, no devassamento da privacidade; no desequilíbrio da normalidade psíquica, nos traumatismos emocionais, na depressão ou no desgaste psicológico, nas situações de constrangimento moral (...)"* (Dano Moral. [s.l.], [s.e], 2005. p. 22-23 apud OLIVEIRA, Sebastião Geraldo de. *Indenizações por acidente do trabalho ou doença ocupacional.* São Paulo: LTr, 2005, p. 187).

A NR 24 regula as condições sanitárias e de conforto nos locais de trabalho.

O item 24.1.2.1 da NR é explícito ao determinar que *"As instalações sanitárias deverão ser separadas por sexo".*

Já o item 24.2.1 estabelece que *"Em todos os estabelecimentos industriais e naqueles em que a atividade exija troca de roupas ou seja imposto o uso de uniforme ou guarda-pó, haverá local apropriado para vestiário dotado de armários individuais, observada a separação de sexos".*

Desta feita, as instalações da Reclamada não atendem aos requisitos previstos na NR 24.

Evidente que o banheiro e o vestiário de uso comum, por si sós, expõem demasiadamente os empregados a situações vexatórias e degradantes, com violação à intimidade do trabalhador, o que enseja o dano moral.

Oportuno trazer à colação decisão proferida em caso análogo:

"RECURSO DE REVISTA REGIDO PELA LEI 13.015/14. 1 – HORAS EXTRAS.TROCA DE UNIFORME. TEMPO À DISPOSIÇÃO. O tempo despendido pelo empregado com troca de uniforme, lanche e higiene pessoal, no interior das dependências da empresa, é considerado à disposição do empregador, consoante o entendimento consolidado desta Corte, nos termos da Súmula 366/TST. Desse modo, afigura-se inválida, no período posterior à vigência da Lei 10.243/01, norma coletiva que estipule tolerância relativa aos minutos que antecedem e/ou sucedem a jornada de trabalho, salvo se benéfica ao empregado, nos termos da Súmula 449/TST. Precedentes. Recurso de revista conhecido e provido. 2 – DANO MORAL. TROCA DE UNIFORME. VESTIÁRIO COLETIVO FEMININO. PERMANÊNCIA EM TRAJES ÍNTIMOS NA PRESENÇA DE OUTRAS MULHERES. EMPRESA QUE DESEMPENHA ATIVIDADE SUJEITA À VIGILÂNCIA SANITÁRIA. VIOLAÇÃO À INTIMIDADE CONFIGURADA. Para que haja a configuração do dano moral, é necessário que se demonstre a ocorrência de excessos e desvios cometidos pelo empregador, como nos casos em que ocorre a exposição intolerável do operário a situações vexatórias e humilhantes. Se os direitos que integram a personalidade não podem ser atingidos impunemente (CF, art. 5º, V e X, c/c art. 186 do CC/73 [sic]), não menos correto que a reparação correspondente reclama a demonstração objetiva dos fatos causadores do constrangimento moral alegado. No caso dos autos, a Reclamante era obrigada a permanecer em trajes íntimos na presença de outras mulheres, por ocasião do início de sua jornada, procedimento que não era acompanhado por pessoa do sexo masculino e que não exigia qualquer contato físico. Registrou a Corte Regional que a Reclamada explora atividade sujeita à severa fiscalização por parte das autoridades sanitárias, o que justificava o procedimento de assepsia observado na troca da vestimenta. Embora o empregador esteja obrigado a realizar a prática sanitária ora questionada, o exercício de sua atividade não se pode processar com desprezo aos direitos e garantias fundamentais, em especial, o direito à intimidade de seus empregados, cuja violação se dá pela simples exposição involuntária do corpo. Configurada a ofensa ao artigo 5º, X, da Constituição Federal. Precedentes. Recurso de revista conhecido e provido. 3 – DANO MORAL – RESTRIÇÃO AO USO DE BANHEIRO – Esta Corte tem firmado jurisprudência no sentido de que o controle formal por parte do empregador quanto ao uso do banheiro configura extrapolação do poder diretivo, causando constrangimento e humilhação ao trabalhador. Ocorre que, no caso, o Tribunal Regional, com fundamento no depoimento das testemunhas, concluiu que a Reclamante não se submetia a restrição de uso de banheiro, uma vez que, muito embora existisse procedimento para ir ao banheiro, não havia limitação na quantidade. Nessas circunstâncias, para se acolher a pretensão recursal – No sentido de que havia abuso no poder diretivo no uso de banheiro –, necessário seria o revolvimento dos fatos e das provas, o que não se admite nesta instância recursal ante o óbice da Súmula 126/TST. Recurso de revista não conhecido." (TST – 7ª T. – RR 388-30.2014.5.12.0008 – Rel. Min. Douglas Alencar Rodrigues – *DJe* 19-12-2016.)

Da situação acima narrada, evidente que a conduta da Reclamada resultou em ofensa à esfera moral do Reclamante (art. 223-B, CLT).

Oportuno destacar que o art. 223-C da CLT traz a honra, a imagem, a intimidade e a autoestima como bens inerentes à pessoa física juridicamente tutelados.

Ressalte-se que em matéria de prova, o dano moral não é suscetível de comprovação, diante da impossibilidade de se fazer a demonstração, no processo judicial, da dor, do sofrimento e da angústia do trabalhador.

Portanto, trata-se de *damnum in re ipsa*, ou seja, o dano moral é decorrência do próprio fato ofensivo. Assim, comprovado o evento lesivo, tem-se como consequência lógica a configuração de dano moral, surgindo a obrigação do pagamento de indenização, nos termos do art. 5°, X, da Constituição Federal, diante da ofensa aos direitos da personalidade.

Em face deste contexto, a Reclamante solicita uma indenização a título de danos morais, no valor mínimo de [50 salários nominais ou outro valor a critério de Vossa Excelência, na forma do art. 223-G, CLT], sendo que tal verba não é base de recolhimentos previdenciários ou fiscais.

Na apuração da indenização por danos morais, os juros são devidos a partir do ajuizamento da demanda trabalhista (art. 39, § 1°, Lei 8.177/91; Súm. 439, TST, Súm. 362, STJ).

PEDIDO:

Condenação da Reclamada ao pagamento de indenização por danos morais, no valor mínimo de [50 salários nominais ou outro valor a critério de Vossa Excelência, na forma do art. 223-G, CLT], conforme todo o exposto na fundamentação, sendo que tal verba não é base de recolhimentos previdenciários ou fiscais.

3.77. DANO MORAL
BARREIRA SANITÁRIA. CHUVEIROS SEM PORTAS

CAUSA DE PEDIR:

O Reclamante, durante toda a contratualidade, foi obrigado a utilizar-se de chuveiros sem portas, no ambiente interno dos vestiários, sob o argumento da Reclamada de se tratar de procedimento decorrente da "barreira sanitária".

O dano moral, espécie do gênero extrapatrimonial, não repercute nos bens patrimoniais da vítima, atingindo os bens de ordem moral ou o foro íntimo da pessoa, tais como: a honra, a liberdade, a intimidade e a imagem.

Os danos morais, como ocorrem em relação aos materiais, somente serão reparados quando ilícitos.

O material, o qual também é conhecido por dano patrimonial, atinge os bens integrantes do patrimônio, isto é, o conjunto das relações jurídicas de uma pessoa, apreciáveis economicamente. Tem-se a perda, deterioração ou diminuição do patrimônio.

Já o dano moral ou dano extrapatrimonial é aquele que se opõe ao dano material, não afetando os bens patrimoniais propriamente ditos, mas atingindo os bens de ordem moral, de foro íntimo da pessoa, como a honra, a liberdade, a intimidade e a imagem.

Quanto aos morais, podemos dividi-los em puros (diretos) ou reflexos (indiretos).

Os puros esgotam-se em apenas um aspecto, atingindo aos chamados atributos da pessoa, como a honra, a intimidade, a liberdade etc. Os reflexos são efeitos da lesão ao patrimônio, ou seja, consequência de um dano material.

De acordo com o âmbito da sua extensão, o dano moral pode ser subjetivo ou objetivo. O primeiro limita-se à esfera íntima da vítima, isto é, ao conjunto de sentimentos e de valores morais e éticos do próprio ofendido. O segundo se projeta no círculo do relacionamento familiar ou social, afetando a estima e a reputação moral, social ou profissional da vítima.

Yussef Said Cahali ensina que dano moral é:

> *"(...) Tudo aquilo que molesta gravemente a alma humana, ferindo-lhe gravemente os valores fundamentais inerentes à sua personalidade ou reconhecidos pela sociedade em que está integrado, qualifica-se, em linha de princípio, como dano moral; não há como enumerá-los exaustivamente, evidenciando-se na dor, na angústia, no sofrimento, na tristeza pela ausência de um ente querido falecido; no desprestígio, na desconsideração social, no descrédito à reputação, na humilhação pública, no devassamento da privacidade; no desequilíbrio da normalidade psíquica, nos traumatismos emocionais, na depressão ou no desgaste psicológico, nas situações de constrangimento moral (...)"* (Dano Moral. [s.l.], [s.e], 2005, p. 22-23 apud OLIVEIRA, Sebastião Geraldo de. *Indenizações por acidente do trabalho ou doença ocupacional.* São Paulo: LTr, 2005, p. 187).

No caso dos autos, necessário mencionar que a Reclamada é empresa do ramo alimentício, sendo submetida a normas de segurança e higiene sanitárias expedidas pelo Ministério da Agricultura, com destaque para a CIRCULAR 175/2005/CGPE/DIPOA, que trata da denominada "barreira sanitária".

No tocante à "barreira sanitária", estão em jogo, de um lado, o direito constitucionalmente assegurado à intimidade e à privacidade do empregado, e, de outro lado, o dever de obediência a normas administrativas emanadas do Ministério da Agricultura, relacionadas a procedimentos sanitários indispensáveis à atividade empresarial, com vistas à própria segurança alimentar da população consumidora desses produtos.

A matéria é disciplinada na Lei 1.283/50, regulamentada pelo Decreto 9.013/17.

Além desses diplomas legais, posteriormente, foi editada a "Circular 175/2005/CGPE/DIPOA", do Departamento de Inspeção de Produtos de Origem Animal (DIPOA), órgão da Secretaria de Defesa Agropecuária (SDA), diretamente vinculada ao Ministério da Agricultura, Pecuária e Abastecimento.

Cuida-se de documento que traça extenso e minucioso manual de procedimentos a serem observados pela indústria de produtos de origem animal, a fim de assegurar a *"qualidade higiênico-sanitária dos produtos expostos ao consumo da população".*

O item 2 da "Circular 175/2005/CGPE/DIPOA" trata especificamente das normas de observância obrigatória nos vestiários, sanitários e barreiras sanitárias das empresas e dispõem, dentre várias outras exigências, o seguinte:

"(...) Nos vestiários devem ser previstas áreas separadas e contínuas, mediadas por chuveiros com água quente, para recepção e guarda da roupa de passeio na primeira fase e troca de uniforme na etapa seguinte.

Cada operário tem direito a um armário ou outro dispositivo de guarda de sua roupa e pertences, sem o permeio de materiais estranhos, como os alimentos. Os sapatos devem ser guardados separadamente das roupas. (...)

As barreiras, filtros ou bloqueios sanitários devem estar presentes, estrategicamente, à entrada das seções, para obrigar a higiene prévia das mãos e antebraços das pessoas que nela adentram. (...).

2.1. No controle de vestiários, sanitários e barreiras sanitárias, a Inspeção Federal deve observar: (...)

g) Se os cuidados referentes à troca de uniformes nos vestiários em geral e na 'área restrita' estão sendo fielmente atendidos. (...)" (Disponível em: <www.agricultura.gov.br/arq_editor/file/animal/.../ Circular%20175.doc>. Acesso em 11 abr. 2017)

Pela análise das normas administrativas, afigura-se compreensível a necessidade de as empresas do ramo de alimentos adequarem-se aos procedimentos sanitários exigidos pelo Ministério da Agricultura.

Não somente maquinários, instalações e instrumentos de trabalho, mas também os empregados das empresas do ramo alimentício submetem-se ao controle sanitário do Ministério da Agricultura, ante a sua intensa participação no processo produtivo. Tanto assim que a "Circular 175/2005/CGPE/ DIPOA" destina capítulo específico a *"higiene, hábitos higiênicos e saúde dos operários"*, com destaque para os tópicos limpeza, uniformes e acessórios de controle de saúde do operário.

Conforme se observa, o ônus que recai sobre o setor industrial alimentício extravasa os limites do poder diretivo do empregador.

Em razão das normas legais e administrativas de ordem pública e de caráter cogente, o poder diretivo do empregador submete-se ao dever de vigilância que recai sobre a indústria do ramo alimentício.

Diante desse cenário, em relação à barreira sanitária, conclui-se que se constitui fase essencial e indispensável do processo produtivo, a determinação patronal para que os empregados deixem as vestimentas pessoais em um determinado ponto dos respectivos vestiários, transitem em trajes íntimos na presença de outros colegas do mesmo sexo durante o processo de higienização e descontaminação e, após, coloquem o uniforme de trabalho.

Se as empresas do ramo alimentício permitirem que os empregados circulem com suas roupas pessoais no vestiário, sem a observância dos procedimentos mencionados, exporão ao risco não só o empreendimento, mas principalmente a saúde de todo o mercado consumidor, ante a alta probabilidade de contaminação do produto comercializado.

Cap. 3 • MODELOS DE CAUSA DE PEDIR E PEDIDOS | **275**

Portanto, nos termos da Circular 175/2005/CGPE/DIPOA, todo o processo de higienização e descontaminação dos empregados nos vestiários compreende um procedimento rigidamente ordenado e sistematizado e deve submeter-se à rigorosa fiscalização.

Não se olvida que o direito fundamental à intimidade e à privacidade goza de elevado grau de proteção constitucional, nos termos do art. 5º, X, da Constituição Federal: "São invioláveis a intimidade, a vida privada, a honra e a imagem das pessoas, assegurado o direito a indenização pelo dano material ou moral decorrente de sua violação".

Contudo, não se trata de direito absoluto, impassível de limitações.

O direito fundamental à intimidade pode ceder passo, por exemplo, ao direito fundamental à saúde pública, *"direito de todos"*, igualmente resguardado nas disposições do art. 6º, *caput*, e 196, *caput*, Constituição Federal.

De fato, não pratica ato ilícito a empregadora, indústria do ramo alimentício, que, com vistas a resguardar a saúde pública, em estrita observância à legislação e às normas administrativas de natureza sanitária, de ordem pública e caráter cogente, exige de todos os empregados, indistintamente, transitar no interior do vestiário em trajes íntimos, na presença de colegas do mesmo sexo.

Trata-se de mera observância de procedimento de higienização e descontaminação, preparatório para a colocação do uniforme de trabalho, se e quando praticado nos termos da norma técnica pertinente, no caso a Circular 175/2005/CGPE/DIPOA.

Daí não advém afronta à dignidade da pessoa humana. Há que preponderar a finalidade dos procedimentos amparados em norma administrativa de ordem pública e caráter cogente, com vistas a evitar a contaminação dos alimentos comercializados e, principalmente, salvaguardar a saúde do mercado consumidor.

Além disso, em caso de estrita observância das normas que impõem a submissão dos empregados da indústria alimentícia à "barreira sanitária", a preservação da dignidade da pessoa humana assume contornos mais amplos, com enfoque no elemento social da dignidade, em prol de toda a coletividade, cujo direito a consumir alimentos livres de contaminação há que prevalecer.

Diante destes argumentos, não há dano moral em decorrência da submissão do empregado à denominada "barreira sanitária".

Contudo, evidente o dano moral pela ausência de portas nos boxes dos chuveiros.

Os trabalhadores percorrem cerca de 10 metros somente de roupas íntimas em direção aos chuveiros, que são separados apenas por divisórias e não possuem portas.

No particular, nem a Lei 1.283/50, tampouco a Circular 175/2005/CGPE/DIPOA do Ministério da Agricultura aludem à necessidade de chuveiros devassados como requisito da "barreira sanitária".

Não há qualquer determinação de ordem pública que proíba a instalação de chuveiros com portas nos vestiários da Reclamada.

Trata-se, assim, de conduta patronal que extrapola as exigências contidas nas normas de segurança e higiene sanitárias editadas pelo Ministério da Agricultura.

A desnecessária exposição da nudez dos empregados para o cumprimento das normas técnicas de cunho sanitário denota o desrespeito com a intimidade da pessoa humana.

Evidente que a conduta da Reclamada resultou em ofensa à esfera moral do Reclamante (art. 223-B, CLT).

Chuveiros sem portas expõem demasiadamente os empregados a situações vexatórias e degradantes, sendo oportuno destacar que o art. 223-C da CLT traz a honra, a imagem, a intimidade e a autoestima como bens inerentes à pessoa física juridicamente tutelados.

Ressalte-se que em matéria de prova, o dano moral não é suscetível de comprovação, diante da impossibilidade de se fazer a demonstração, no processo judicial, da dor, do sofrimento e da angústia do trabalhador.

Portanto, trata-se de *damnum in re ipsa*, ou seja, o dano moral é decorrência do próprio fato ofensivo. Assim, comprovado o evento lesivo, tem-se como consequência lógica a configuração de dano moral, surgindo à obrigação do pagamento de indenização, nos termos do art. 5º, X, CF, diante da ofensa aos direitos da personalidade.

Em face deste contexto, o Reclamante solicita uma indenização a título de danos morais, no valor mínimo de [50 salários nominais ou outro valor a critério de Vossa Excelência, na forma do art. 223-G, CLT], sendo que tal verba não é base de recolhimentos previdenciários ou fiscais.

Na apuração da indenização por danos morais, os juros são devidos a partir do ajuizamento da demanda trabalhista (art. 39, § 1º, Lei 8.177/91; Súm. 439, TST, Súm. 362, STJ).

PEDIDO:

Condenação da Reclamada ao pagamento de indenização por danos morais, no valor mínimo de [50 salários nominais ou outro valor a critério de Vossa Excelência, na forma do art. 223-G, CLT], conforme todo o exposto na fundamentação, sendo que tal verba não é base de recolhimentos previdenciários ou fiscais.

3.78. DANO MORAL
CÂMERAS DE VIGILÂNCIA EM VESTIÁRIO

CAUSA DE PEDIR:

A Reclamante sofreu dano moral, consistente na existência de câmeras de vigilância dentro do vestiário, que geraram vários constrangimentos, já que o local gravado é destinado à mudança de roupa no início e no término da jornada de trabalho.

O dano moral, espécie do gênero extrapatrimonial, não repercute nos bens patrimoniais da vítima, atingindo os bens de ordem moral ou o foro íntimo da pessoa, tais como: a honra, a liberdade, a intimidade e a imagem.

Os danos morais, como ocorre em relação aos materiais, somente serão reparados quando ilícitos.

O material, o qual também é conhecido por dano patrimonial, atinge os bens integrantes do patrimônio, isto é, o conjunto das relações jurídicas de uma pessoa, apreciáveis economicamente. Têm-se a perda, a deterioração ou a diminuição do patrimônio.

Já o dano moral ou dano extrapatrimonial é aquele que se opõe ao dano material, não afetando os bens patrimoniais propriamente ditos, mas atingindo os bens de ordem moral, de foro íntimo da pessoa, como a honra, a liberdade, a intimidade e a imagem.

Quanto aos morais, podemos dividi-los em puros (diretos) ou reflexos (indiretos).

Os puros esgotam-se em apenas um aspecto, atingindo os chamados atributos da pessoa, como a honra, a intimidade, a liberdade etc. Os reflexos são efeitos da lesão ao patrimônio, ou seja, consequência de um dano material.

De acordo com o âmbito da sua extensão, o dano moral pode ser subjetivo ou objetivo. O primeiro limita-se à esfera íntima da vítima, isto é, ao conjunto de sentimentos e de valores morais e éticos do próprio ofendido. O segundo se projeta no círculo do relacionamento familiar ou social, afetando a estima e a reputação moral, social ou profissional da vítima.

Yussef Said Cahali ensina que dano moral é:

"(...) Tudo aquilo que molesta gravemente a alma humana, ferindo-lhe gravemente os valores fundamentais inerentes à sua personalidade ou reconhecidos pela sociedade em que está integrado, qualifica-se, em linha de princípio, como dano moral; não há como enumerá-los exaustivamente, evidenciando-se na dor, na angústia, no sofrimento, na tristeza pela ausência de um ente querido falecido; no desprestígio, na desconsideração social, no descrédito à reputação, na humilhação pública, no devassamento da privacidade, no desequilíbrio da normalidade psíquica, nos traumatismos emocionais, na depressão ou no desgaste psicológico, nas situações de constrangimento moral (...)" (Dano Moral. [s.l.], [s.e], 2005, p. 22-23 apud OLIVEIRA, Sebastião Geraldo de. *Indenizações por acidente do trabalho ou doença ocupacional*, p. 187).

A presença de câmeras no vestiário caracteriza-se como abuso de poder de controle do empregador, por violar a intimidade da obreira, acarretando o dano moral.

Sobre a temática, leciona Alice Monteiro de Barros:

"Não é o fato de um empregado encontrar-se subordinado ao empregador ou de deter este último o poder diretivo que irá justificar a ineficácia da tutela à intimidade no local de trabalho, do contrário, haveria

degeneração da subordinação jurídica em um estado de sujeição do empregado" (*Proteção à intimidade do empregado*. São Paulo: LTr, 1997).

A dignidade do ser humano é composta por atributos da personalidade e da individualidade, dentre as quais se inclui o direito de não ter seu corpo exposto sem sua autorização, ou seja, o direito à intimidade.

Ainda que a Reclamada justifique a existência das câmeras para evitar furtos e exista amparo em norma coletiva, no conflito entre direitos fundamentais, deve-se aplicar a técnica do sopesamento, da ponderação, pois nenhum direito constitucional pode derrogar outro.

Assim, no caso concreto, temos, de um lado, o direito de propriedade da Reclamada e, do outro, o direito à honra, à imagem e à dignidade humana.

Na ponderação entre esses valores, há que prevalecer no caso concreto o direito à honra e à imagem do trabalhador, com vistas à valorização da dignidade humana, verdadeiro superprincípio constitucional em aplicação, inclusive, da eficácia horizontal dos direitos fundamentais nas relações entre os particulares.

O monitoramento do vestiário com câmeras de vigilância ofende a dignidade humana (art. 1º, III, CF), a honra e a imagem (art. 5º, X, CF), sendo inaceitável.

Não é diferente o entendimento do TST:

"RECURSO DE REVISTA INTERPOSTO NA VIGÊNCIA DA LEI Nº 13.015/14 E REGIDO PELA INSTRUÇÃO NORMATIVA Nº 39/16. INDENIZAÇÃO POR DANOS MORAIS. MONITORAMENTO POR CÂMERA NO VESTIÁRIO. ABUSO DO PODER DE DIREÇÃO DA EMPREGADORA. Trata-se de pedido de indenização por dano moral, sob a alegação de violação da privacidade da empregada por monitoramento do vestiário por meio de câmera. O direito à privacidade configura um poder jurídico fundamental do cidadão, possuindo *status* constitucional, insculpido no artigo 5º, inciso X, da Constituição Federal. Representa, na verdade, uma grande conquista do indivíduo, frente ao Estado, constituindo um direito subjetivo oponível *erga omnes*, de forma que exija uma omissão social, a fim de que a vida privada do ser humano não sofra violações. Esse direito alberga todas as manifestações da esfera íntima, privada e da personalidade. Segundo Matos Pereira, constitui 'o conjunto de informação acerca do indivíduo que ele pode decidir manter sob seu exclusivo controle, ou comunicar, decidindo a quem, quando, onde e em que condições, sem a isso poder ser legalmente sujeito' (apud, SILVA, José Afonso da. *Curso de Direito Constitucional Positivo*, 33ª ed. São Paulo: Editora Malheiros, 2009, p. 206). O ordenamento jurídico pátrio, com vistas a conferir efetividade a esse direito, estabeleceu diversos dispositivos cujo escopo é garantir-lhe a inviolabilidade e, em caso de violação, a efetiva reparação ao lesado e punição do algoz. No caso dos autos, consta da decisão recorrida que houve a instalação de câmeras nos vestiários dos empregados. O dano, nesses casos, é *in re ipsa*, ou seja, advém do simples fato de violar a privacidade da reclamante no momento em que necessita utilizar o vestiário, causando-lhe, inequivocamente, constrangimento e intimidação, e ferindo o seu direito constitucionalmente garantido. Não há perquirir acerca de prejuízos ou mesmo de comprovação para configurar dano moral, derivando a lesão, inexoravelmente, do próprio fato ofensivo. Presente, pois, o dano moral, consistente na violação da privacidade da autora, causando-lhe constrangimento e intimidação ao utilizar o vestiário sob a supervisão de câmeras de filmagem. Por outro lado, a conduta da empregadora revela-se abusiva, pois o seu poder diretivo não autoriza a instalação de câmera de segurança no vestiário dos empregados. Verifica-se, então, que a reclamada, ao instalar câmera de segurança no vestiário dos empregados, agiu com abuso do seu poder diretivo, configurando essa conduta um ato ilícito, nos termos do disposto no artigo 187 do Código Civil. Na hipótese em que o dano advém de abuso de direito,

Cap. 3 • MODELOS DE CAUSA DE PEDIR E PEDIDOS | **279**

é despicienda a configuração da culpa lato sensu ou culpa stricto sensu ou dolo, havendo ato ilícito, suficiente para ensejar o pagamento de indenização por dano moral, independentemente do elemento subjetivo da conduta. Nesse contexto, demonstrada a existência da conduta patronal comissiva, do dano sofrido pela empregada e do nexo de causalidade entre eles, exsurge a responsabilidade civil da reclamada oriunda do abuso do seu poder diretivo. Recurso de revista conhecido e provido." (TST – *2ª T.* – RR 24457-06.2017.5.24.0003 – Rel. Min. José Roberto Freire Pimenta – DEJT 25-10-2019.)

Da situação acima narrada evidente que a conduta da Reclamada resultou em ofensa à esfera moral da Reclamante (art. 223-B, CLT).

Oportuno destacar que o art. 223-C da CLT traz a honra, a imagem, a intimidade e a autoestima como bens inerentes à pessoa física juridicamente tutelados.

Portanto, o dano moral é patente. Houve, sem dúvidas, ofensa à honra objetiva e subjetiva da Reclamante, que teve sua intimidade violada, atingindo-lhe em sua esfera íntima e valorativa.

Ressalte-se que, em matéria de prova, o dano moral não é suscetível de comprovação, diante da impossibilidade de se fazer a demonstração, no processo judicial, da dor, do sofrimento e da angústia do trabalhador.

Portanto, trata-se de *damnum in re ipsa*, ou seja, o dano moral é decorrência do próprio fato ofensivo. Assim, comprovado o evento lesivo, tem-se como consequência lógica a configuração de dano moral, surgindo a obrigação do pagamento de indenização, nos termos do art. 5º, X, CF, diante da ofensa aos direitos da personalidade.

Em face desse contexto, a Reclamante solicita uma indenização a título de danos morais, a ser arbitrada em R$ 100.000,00, ou outro valor a critério de Vossa Excelência, na forma do art. 223-G, CLT, cujo valor deverá ser atualizado a partir do ajuizamento da demanda (Súmula 439, TST e Súmula 362, STJ), sendo que tal verba não é base de recolhimentos previdenciários ou fiscais.

PEDIDO:

Condenação da Reclamada ao pagamento de indenização por danos morais, no valor mínimo de R$ 100.000,00, ou outro valor a critério de Vossa Excelência, na forma do art. 223-G, CLT, com base em toda a fundamentação exposta.

3.79. DANO MORAL
CANDIDATO APROVADO EM CONCURSO PÚBLICO. CADASTRO RESERVA.
CONTRATAÇÃO DE TERCEIRIZADOS EM DETRIMENTO DE APROVADOS

CAUSA DE PEDIR:

O Reclamante foi aprovado em concurso público promovido pela Reclamada, para contratação de [★] (número de vagas e função), e formação de cadastro de reserva.

Durante a validade do certame, a Reclamada realizou procedimentos licitatórios, visando à contratação de mão de obra temporária exatamente para a função de [★].

Houve quebra da boa-fé, sendo que o Reclamante, como candidato preterido, foi submetido a sofrimento desnecessário, que lhe causou ansiedade, dor, angústia e temor por não ter o seu sonho realizado, vista tanta dedicação a fim de lograr êxito após a aprovação.

O dano moral ou dano extrapatrimonial é aquele que se opõe ao dano material, não afetando os bens patrimoniais propriamente ditos, mas atingindo os bens de ordem moral, de foro íntimo da pessoa, como a honra, a liberdade, a intimidade e a imagem.

Wilson Melo da Silva considera morais as *"lesões sofridas pelo sujeito físico ou pessoa natural de direito em seu patrimônio ideal, em contraposição ao patrimônio material, o conjunto de tudo aquilo que não seja suscetível de valor econômico"* (*Dano Moral e a sua Reparação*. 3ª ed. Rio de Janeiro: Forense, 1983, p. 11).

Nos ensinamentos de Maria Helena Diniz: *"O dano moral vem a ser lesão de interesse não patrimonial de pessoa física ou jurídica, provocada pelo fato lesivo"* (*Curso de Direito Civil Brasileiro*. 10ª ed. São Paulo: Saraiva, 1995, v. 7, p. 67).

Assim, concluímos que são danos morais aqueles que se qualificam em razão da esfera da subjetividade ou plano valorativo da pessoa na sociedade, havendo, necessariamente, que atingir o foro íntimo da pessoa humana ou o da própria valoração pessoal no meio em que vive, atua ou que possa de alguma forma repercutir.

Cumpre ressaltar que os danos morais, de modo semelhante aos danos materiais, somente serão reparados quando ilícitos e após a sua caracterização (dano experimentado).

Os elementos fáticos evidenciam que a opção da Reclamada em terceirizar as atividades de [★], mesmo dispondo de candidatos aprovados em concurso público para a função, e estando autorizada a criar vagas em seu quadro permanente de pessoal, revela-se ilícita, traduzindo afronta aos princípios que informam a atuação dos órgãos integrantes da administração pública, ainda que indireta.

Demonstrada a necessidade permanente de pessoal para o serviço de [★], sendo sequer demonstrado o caráter transitório da contratação, afluindo a existência de vagas autorizadas, em número bem superior à classificação do Reclamante no certame, assim como a disponibilidade orçamentária, nada justifica a preterição dos aprovados no concurso público.

O TST decidiu em casos análogos:

"AGRAVO RECURSO DE REVISTA. LEI Nº 13.015/14. CPC/15. INSTRUÇÃO NORMA-TIVA Nº 40 DO TST. RESPONSABILIDADE CIVIL DO EMPREGADOR. DANOS MORAIS CAUSADOS AO EMPREGADO. CARACTERIZAÇÃO. CANDIDATO APROVADO EM CONCURSO PÚBLICO. CADASTRO RESERVA. CONTRATAÇÃO DE TERCEIRIZADOS

Cap. 3 • MODELOS DE CAUSA DE PEDIR E PEDIDOS | **281**

EM DETRIMENTO DOS APROVADOS. Constatado equívoco na decisão agravada, dá-se provimento ao agravo para determinar o reexame do recurso de revista. RECURSO DE REVISTA. LEI Nº 13.015/14. CPC/15. INSTRUÇÃO NORMATIVA Nº 40 DO TST. RESPONSABILIDADE CIVIL DO EMPREGADOR. DANOS MORAIS CAUSADOS AO EMPREGADO. CARACTERIZAÇÃO. CANDIDATO APROVADO EM CONCURSO PÚBLICO. CADASTRO RESERVA. CONTRATAÇÃO DE TERCEIRIZADOS EM DETRIMENTO DOS APROVADOS. A responsabilidade civil do empregador pela reparação decorrente de danos morais causados ao empregado pressupõe a existência de três requisitos, quais sejam: a conduta (culposa, em regra), o dano propriamente dito (violação aos atributos da personalidade) e o nexo causal entre esses dois elementos. O primeiro é a ação ou omissão de alguém que produz consequências às quais o sistema jurídico reconhece relevância. É certo que esse agir de modo consciente é ainda caracterizado por ser contrário ao Direito, daí falar-se que, em princípio, a responsabilidade exige a presença da conduta culposa do agente, o que significa ação inicialmente de forma ilícita e que se distancia dos padrões socialmente adequados, muito embora possa haver o dever de ressarcimento dos danos, mesmo nos casos de conduta lícita. O segundo elemento é o dano que, nas palavras de Sérgio Cavalieri Filho, consiste na '[...] subtração ou diminuição de um bem jurídico, qualquer que seja a sua natureza, quer se trate de um bem patrimonial, quer se trate de um bem integrante da própria personalidade da vítima, como a sua honra, a imagem, a liberdade etc. Em suma, dano é lesão de um bem jurídico, tanto patrimonial quanto moral, vindo daí a conhecida divisão do dano em patrimonial e moral'. Finalmente, o último elemento é o nexo causal, a consequência que se afirma existir e a causa que a provocou; é o encadeamento dos acontecimentos derivados da ação humana e os efeitos por ela gerados. No caso, o quadro fático registrado pelo Tribunal Regional evidencia o dano, a conduta culposa da empregadora e o nexo causal entre ambos, necessários para o reconhecimento do direito do autor à reparação por danos morais: 'o reclamante submeteu-se ao concurso público realizado pela ECT em 2011, para o emprego de Agente de Correios – Atividade Carteiro, localidade base Brasília-DF, classificando-se, na lista de aprovados, no 747º (septingentésimo quadragésimo sétimo) lugar. O número de vagas prevista no edital, e vinculante para a empresa pública, era de apenas 19 (dezenove) vagas, sendo o restante dos aprovados inscritos num cadastro de reservas – a situação inicial do ora recorrente'; 'a reclamada fez publicar, durante a validade do certame, a realização de pelo menos 04 (quatro) procedimentos licitatórios, visando à contratação de mão de obra temporária exatamente para a função de Agente de Correios – Atividade Carteiro e de Operadores de Transbordo e Triagem, num total de 1.708 (mil setecentas e oito) vagas abertas – fato incontroverso'; 'os elementos fáticos evidenciam que a heterodoxa opção da reclamada em terceirizar as atividades de carteiro, mesmo dispondo de candidatos aprovados em concurso público para a função, e estando autorizada a criar vagas em seu quadro permanente de pessoal, revela-se ilícita, traduzindo afronta aos princípios que informam a atuação dos órgãos integrantes da administração pública, ainda que indireta'; 'confessada a necessidade permanente de pessoal para o serviço de carteiro – entenda-se, por sequer demonstrado o caráter transitório da contratação –; afluindo a existência de vagas autorizadas, em número bem superior à classificação do reclamante no certame, assim como a disponibilidade orçamentária, nada justifica, data venia, a preterição dos aprovados no concurso público'. Evidenciado o dano, assim como a conduta culposa do empregador e o nexo causal entre ambos, deve ser reformado o acórdão regional, que a despeito de reconhecer direito líquido e certo à nomeação, indeferiu o pedido de indenização por danos morais. Recurso de revista conhecido e provido." (TST – 7ª T. – RR 1510-82.2016.5.10.0002 – Rel. Min. Cláudio Mascarenhas Brandão – *DEJT* 13-3-2020.)

"A) AGRAVO DE INSTRUMENTO DO RECLAMADO. RECURSO DE REVISTA. PROCESSO SOB A ÉGIDE DA LEI 13.015/14 E ANTERIOR À LEI 13.467/17. CONCURSO PÚBLICO PARA O CARGO DE ESCRITURÁRIO. CADASTRO DE RESERVA. PRETERIÇÃO DA CANDIDATA APROVADA NO CERTAME E DIREITO SUBJETIVO À NOMEAÇÃO. COMPROVAÇÃO DE TERCEIRIZAÇÃO ILÍCITA DE SERVIÇOS INERENTES AO CARGO. SÚMULA 126/TST. A aprovação em concurso público realizado a

título de preenchimento de cadastro de reserva, em regra, não gera, para os aprovados, o direito subjetivo à nomeação. Contudo, a prévia realização do certame, nos moldes do art. 37, II, da Constituição Federal, por certo, impõe obrigações para a Administração Pública, de modo a não se admitir a conduta da entidade estatal que traduza preterição direta ou indireta quanto à convocação dos aprovados. Assim, surgindo a necessidade da prestação do serviço público afeta ao cargo para o qual os candidatos foram regularmente aprovados no certame, não é dado à Administração Pública preterir a nomeação dos aprovados em prol da contratação de terceirizados. Em sendo demonstrada a nítida opção pela preterição indireta, via terceirização, é certo que, aos aprovados no concurso público, assistiria o direito à nomeação no cargo para o qual se verificou a aprovação. Pontue-se que o fato de o Reclamado, diante da sua natureza de sociedade de economia mista, encontrar-se submetido à diretriz prevista no art. 175 da Lei Maior não afasta a sua subsunção às regras gerais e aos princípios envoltos à Administração Pública, máxime no tocante à premência de respeitar as regras relativas à submissão ao concurso público, consoante o disposto no art. 37, II, da Constituição Federal. Ademais, é certo que a mencionada necessidade de observância à prévia realização de concurso público não configura regra meramente formal, sendo imperioso o respeito ao resultado dele decorrente. Vale dizer, não se coaduna com os princípios da Administração Pública a conduta do Recorrente de, a pretexto de promover concurso público para o cargo de Escriturário, realizá-lo apenas a título de preenchimento de cadastro de reserva, sendo que, na vigência do referido certame, finda por terceirizar os serviços diretamente vinculados ao cargo mencionado, mediante contratação de empresa prestadora de serviços terceirizados. Tal comportamento, em afronta aos princípios constitucionais da legalidade, da moralidade e do concurso público, culmina por convolar o que seria mera expectativa de direito em direito subjetivo à nomeação, em observância à ordem de classificação – tal como reconhecido pela sentença e mantido pelo Tribunal Regional. Agravo de instrumento desprovido. B) RECURSO DE REVISTA DO RECLAMADO. PROCESSO SOB A ÉGIDE DA LEI 13.015/214 E ANTERIOR À LEI 13.467/17. 1. INDENIZAÇÃO POR DANO MORAL. CONTRATAÇÃO ILÍCITA DE TERCEIRIZADOS EM DETRIMENTO DOS CANDIDATOS APROVADOS EM CONCURSO PÚBLICO. DESRESPEITO AOS PRINCÍPIOS FUNDAMENTAIS DA DIGNIDADE DA PESSOA HUMANA, DA INVIOLABILIDADE PSÍQUICA (ALÉM DA FÍSICA) DA PESSOA HUMANA, DO BEM-ESTAR INDIVIDUAL (ALÉM DO SOCIAL) DO SER HUMANO, TODOS INTEGRANTES DO PATRIMÔNIO MORAL DA PESSOA FÍSICA. DANO MORAL CARACTERIZADO. MATÉRIA FÁTICA. SÚMULA 126/TST. 2. VALOR ARBITRADO A TÍTULO DE DANO MORAL. CRITÉRIOS DA PROPORCIONALIDADE E DA RAZOABILIDADE OBSERVADOS. A conquista e a afirmação da dignidade da pessoa humana não mais podem se restringir à sua liberdade e intangibilidade física e psíquica, envolvendo, naturalmente, também a conquista e afirmação de sua individualidade no meio econômico e social, com repercussões positivas conexas no plano cultural – o que se faz, de maneira geral, considerado o conjunto mais amplo e diversificado das pessoas, mediante o trabalho e, particularmente, o emprego. O direito à indenização por dano moral encontra amparo no art. 5º, V e X, da Constituição da República e no art. 186 do CCB/02, bem como nos princípios basilares da nova ordem constitucional, mormente naqueles que dizem respeito à proteção da dignidade humana, da inviolabilidade (física e psíquica) do direito à vida, do bem-estar individual (e social), da segurança física e psíquica do indivíduo, além da valorização do trabalho humano. O patrimônio moral da pessoa humana envolve todos esses bens imateriais, consubstanciados, pela Constituição, em princípios fundamentais. Afrontado esse patrimônio moral, em seu conjunto ou em parte relevante, cabe a indenização por dano moral, deflagrada pela Constituição de 1988. Na hipótese, a Corte de origem, atendendo aos fatos e às circunstâncias constantes dos autos, manteve a sentença que acolheu o pleito reparatório, por assentar que a 'conduta do réu em não proceder à nomeação dos candidatos aprovados no concurso público e, em contrapartida, proceder à contratação de trabalhadores terceirizados para exercer as mesmas atividades é, no mínimo, contraditória e desprovida de motivação, mormente quando se leva em conta os altos valores obtidos com as inscrições na realização dos concursos, para formação dos cadastros de reserva'. Assentou a Corte de origem, ainda, ser 'inegável a frustração e o dano experimentado pelo candidato

Cap. 3 • MODELOS DE CAUSA DE PEDIR E PEDIDOS | **283**

que se dedica por longo período aos estudos para aprovação em sonhado concurso, abrindo mão de diversas outras atividades sociais e profissionais, e que tem sua expectativa frustrada por estratégia indevida do banco ao prover a mão de obra necessária por meio de terceirização irregular, em detrimento dos candidatos habilitados'. Não obstante a aprovação em concurso público, em regra, não gere para os aprovados, o direito subjetivo à nomeação, por certo, a prévia realização do certame, nos moldes do art. 37, II, da Constituição Federal, impõe obrigações para a Administração Pública, de modo a não se admitir a conduta da entidade estatal que traduza preterição direta ou indireta, quanto à convocação dos aprovados. Assim, surgindo a necessidade da prestação do serviço público afeta ao cargo para o qual o candidato foi regularmente aprovado no certame, não é dado à Administração Pública, salvo situações excepcionais e consistentemente motivadas, preterir a nomeação do aprovado em prol da contratação de terceirizado. Nesse contexto, cumpre destacar que não há no acórdão regional elementos que indiquem que a decisão de não convocação dos aprovados no certame tenha se dado por força de situação excepcional e motivadas em fatores que se caracterizem, de forma simultânea, pela superveniência, imprevisibilidade, gravidade e necessidade, suficientes a obstar a nomeação. Desse modo, considerando o contexto fático delineado pelo TRT, compreende-se que os fatos ocorridos com a Autora atentaram contra a sua dignidade, a sua integridade psíquica e o seu bem-estar individual - bens imateriais que compõem seu patrimônio moral protegido pela Constituição –, ensejando a reparação moral, conforme autorizam o inciso X do art. 5º da Constituição Federal e os arts. 186 e 927, caput, do CCB/02. Ademais, afirmando a Instância Ordinária, quer pela sentença, quer pelo acórdão, a presença dos elementos configuradores do dano moral, torna-se inviável, em recurso de revista, reexaminar o conjunto probatório dos autos, por não se tratar o TST de suposta terceira instância, mas de Juízo rigorosamente extraordinário – limites da Súmula 126/TST. Como se sabe, no sistema processual trabalhista, o exame da matéria fática dos autos é atribuição da Instância Ordinária, não do TST. Sendo o recurso de revista um apelo de caráter extraordinário, em que se examinam potenciais nulidades, a interpretação da ordem jurídica e as dissensões decisórias em face da jurisprudência do TST, somente deve a Corte Superior Trabalhista se imiscuir no assunto fático se houver manifestos desajustes ou contradições entre os dados fáticos expostos e a decisão tomada, o que não é o caso dos autos. Recurso de revista não conhecido quanto aos temas." (TST – 3ª T. – ARR 1047-24.2015.5.12.0034 – Rel. Min. Mauricio Godinho Delgado – *DEJT* 24-8-2018.)

São inegáveis a frustração e o dano experimentado pelo candidato que se dedica por longo período aos estudos para aprovação em tão almejado concurso, renunciando a diversas outras atividades sociais e profissionais, e que tem sua expectativa frustrada por procedimento indevido da Reclamada ao prover a mão de obra necessária por meio de terceirização irregular, em detrimento dos candidatos habilitados.

Portanto, estão presentes todos os requisitos para a responsabilização da Reclamada, a saber, a conduta ilícita, o dano experimentado pelo Autor e o nexo causal, ensejando o dever de indenizar.

Não obstante a aprovação em concurso público, em regra, não gerar para os aprovados, o direito subjetivo à nomeação, por certo, a prévia realização do certame, nos moldes do art. 37, II, da Constituição Federal, impõe obrigações para a administração pública, de modo a não se admitir a conduta da entidade estatal que traduza preterição direta ou indireta, quanto à convocação dos aprovados.

Em face desse contexto, o Reclamante solicita uma indenização a título de danos morais, a ser arbitrada em R$ 100.000,00, ou outro valor a critério de Vossa Excelência, na forma do art. 223-G da CLT, cujo valor deverá ser atualizado a partir do ajuizamento da demanda (Súmula 439, TST e Súmula 362, STJ).

PEDIDO:

Dano moral no valor de R$ 100.000,00, ou outro valor a critério de Vossa Excelência, na forma do art. 223-G da CLT.

3.80. DANO MORAL
DISCRIMINAÇÃO. PREFERÊNCIA SEXUAL

CAUSA DE PEDIR:

A Reclamante sempre foi vítima de tratamento desrespeitoso e jocoso por parte de seu supervisor, perante os demais colegas no ambiente de trabalho, assédio moral, esse, originado unicamente devido à sua opção sexual.

Constantemente, a Autora era motivo de comentários maldosos, por parte do supervisor, que deixava claro não aceitar a condição de homossexual da Reclamante, ora fazendo uso de expressões desrespeitosas e injuriosas ao se referir à sua pessoa como [descrever as expressões injuriosas], ora expondo a obreira a situações constrangedoras perante suas colegas de trabalho.

Várias testemunhas presenciavam o assédio moral [descrever a prova]. A discriminação e o desrespeito eram tão explícitos que o citado supervisor chegava a indagar às outras empregadas [descrever as situações de assédio moral].

Em decorrência da reiteração da prática abusiva e ilegal anteriormente descrita, a Autora desenvolveu inúmeros problemas de saúde, necessitando, inclusive, de tratamento psicológico e uso de medicamentos [juntar receitas médicas e demais provas], uma vez que, por força da necessidade de estar empregada para proporcionar seu sustento e de sua família, suportou calada por um longo tempo as agressões e o tratamento rígido que lhe eram dirigidos, o que lhe causou grande inquietação interna e tristeza profunda, atingindo a empregada de forma incompatível com princípios constitucionais de uma nação democrática e pluralista, particularmente ferindo a dignidade humana (art. 1º, III, CF/88).

A dor íntima sofrida pela Reclamante decorreu do tratamento depreciativo e pejorativo que lhe era dispensado pelo superior hierárquico em razão de sua opção sexual. Os princípios fundamentais da pessoa humana, previstos na Constituição da República, tais como a honra, a imagem, a dignidade, a igualdade e a liberdade (sexual), foram desrespeitados.

O direito à liberdade sexual vai muito além de simples disposição do próprio corpo de maneira livre e voluntária, ele envolve a proteção à intimidade, à vida privada, à honra, à dignidade.

Assim, não basta ter a liberdade de opção sexual formalmente garantida, é preciso igualdade de direitos materialmente estabelecida.

Portanto, inconstitucional e antijurídica qualquer discriminação à pessoa do homossexual, decorrente de sua opção sexual, eis que tal modalidade discriminatória ofende profundamente sua honra subjetiva como indivíduo livre.

Em alguns países a dor da discriminação é sofrida pelo homem no corpo e na alma, talvez por isso o tema da discriminação possua tal relevância jurídica, visto que a própria Constituição realça como objetivos fundamentais da República, dentre outros, a erradicação da marginalização e promoção do bem-estar do cidadão, livre de preconceitos e discriminações de qualquer espécie (art. 3º, III e IV, CF).

Não aceitar a possibilidade de opção sexual diferenciada é negar a natureza humana e violar princípios de igualdade e promoção do bem de todos sem qualquer preconceito que leve à discriminação. O preconceito dirigido aos homossexuais, não permitindo sua inclusão no mercado de trabalho, é a negação da aceitação das diferenças.

Incumbia à Reclamada a função social de coibir as reprováveis atitudes de seu preposto que contaminava o ambiente de trabalho com práticas discriminatórias, omitindo-se diante do assédio moral sofrido pela Autora, estimulando e fazendo aflorar o que o ser humano tem de pior.

Assim, diante da evidente conduta danosa da Reclamada, perpetrada por seu preposto em face da Reclamante, resta claramente configurado o dano moral pelo assédio moral sofrido pela Autora no ambiente laboral.

Em sentido contrário à evolução da sociedade e da modernização dos métodos produtivos, o assédio moral no Direito do Trabalho também guarda relação com os instintos mais primitivos do homem, que discrimina seu semelhante e dificulta seu acesso ao emprego por não se ter um corpo perfeito, por ter idade avançada, por ser portador de alguma deficiência física, por ser jovem demais, por ser negro, por ser branco, por ser homossexual, enfim, por ser o que se é.

As consequências dessas tensões (= pressões) repercutem na vida cotidiana do trabalhador, com sérias interferências na sua qualidade de vida, gerando desajustes sociais e transtornos psicológicos. Há relatos de depressão, ansiedade e outras formas de manifestação (ou agravamento) de doenças psíquicas ou orgânicas. Casos de suicídio têm sido relatados como decorrência dessas situações.

Esse novo contexto leva ao incremento do assédio moral, isto é, a uma série de comportamentos abusivos, que se traduzem por gestos, palavras e atitudes, os quais, pela sua reiteração, expõem ou levam ao surgimento de lesões à integridade física ou psíquica do trabalhador, diante da notória degradação do ambiente de trabalho (= meio ambiente do trabalho). O assédio moral objetiva a exclusão do trabalhador do ambiente de trabalho.

A proibição da discriminação por orientação sexual nas relações de trabalho encontra respaldo na ordem constitucional que, além de erigir a dignidade da pessoa humana e o valor social do trabalho entre os fundamentos da República Federativa do Brasil (art. 1º, III e IV), impõe como objetivo primeiro a promoção do bem de todos, sem preconceito de origem, raça, sexo, cor, idade e quaisquer outras formas de discriminação (art. 3º, IV).

O art. 5º, CF, estabeleceu a igualdade de todos perante a Lei, sem distinção de qualquer natureza, demonstrando claramente a repulsa à prática de atos discriminatórios pelo constituinte originário. Garantiu-se, ainda, no inciso V, *"o direito de resposta, proporcional ao agravo, além da indenização por dano material, moral ou à imagem"*. Também se previu no inciso X que *"são invioláveis a intimidade, a vida privada, a honra e a imagem das pessoas, assegurado o direito a indenização por dano material ou moral decorrente de sua violação"*.

O tema central da demanda refere-se à ilegalidade da ação discriminatória atribuída à Reclamada, bem como a possibilidade de aplicação extensiva do teor do art. 1º, Lei 9.029/95.

A CF veda práticas discriminatórias arbitrárias, que objetivam prejudicar determinado indivíduo que se encontra em igual posição entre seus pares.

Trata-se do princípio da isonomia, em sentido amplo, em aplicação da eficácia horizontal dos direitos fundamentais.

A doutrina de Carlos Henrique Bezerra Leite indica:

> *"A eficácia horizontal dos direitos fundamentais, também chamada de eficácia dos direitos fundamentais entre terceiros ou de eficácia dos direitos fundamentais nas relações privadas, decorre do reconhecimento de as desigualdades estruturantes não se situar apenas na relação entre o Estado e os particulares, como também entre os próprios particulares, o que passa a empolgar um novo pensar dos estudiosos da ciência jurídica a respeito da aplicabilidade dos direitos fundamentais no âmbito das relações entre os particulares. (...)*
>
> *No âmbito das relações de trabalho, especificamente nos sítios da relação empregatícia, parece-nos não haver dúvida a respeito da importância do estudo da eficácia horizontal dos direitos fundamentais, mormente em*

razão do poder empregatício (disciplinar, diretivo e regulamentar) reconhecido ao empregador (CLT, art. 2º), o qual, por força dessa relação assimétrica, passa a ter deveres fundamentais em relação aos seus empregados" (Eficácia horizontal dos direitos fundamentais na relação de emprego. *Revista Justiça do Trabalho*, ano 28, nº 329, HS Editora, p. 10-14).

Desse modo, perfeitamente possível a incidência do princípio da isonomia e seus corolários também nas relações interpessoais.

Por sua vez, em diplomas internacionais, temos a Convenção 111 da OIT, que, em seu art. 1º, conceitua discriminação como a *"(...) distinção, exclusão ou preferência fundada em raça, cor, sexo, religião, opinião política, ascendência nacional, origem social ou outra distinção, exclusão ou preferência especificada pelo Estado-membro interessado, qualquer que seja sua origem jurídica ou prática e que tenha por fim anular ou alterar a igualdade de oportunidades ou de tratamento no emprego ou profissão (...)"*.

Convém ressaltar que referida Convenção ingressou no ordenamento pátrio por meio do Decreto Legislativo 104, de 24-11-1964, que a aprovou e o Decreto 62.150, de 19-01-1968, que a promulgou, devendo ser observada nas situações que alude. O Decreto 62.150 foi revogado pelo Decreto 10.088/19, o qual consolida as convenções e as recomendações da OIT.

Importa relevar que, além desse diploma, existem outras normas jurídicas e posicionamentos jurisprudenciais relevantes, dependendo do caso concreto, pois, como cediço, a forma de discriminação pode ser bastante ampla.

A par de cada norma dedicada à específica forma de discriminação, como regra geral infraconstitucional há o art. 1º da Lei 9.029, que preceitua:

> *"É proibida a adoção de qualquer prática discriminatória e limitativa para efeito de acesso à relação de trabalho, ou de sua manutenção, por motivo de sexo, origem, raça, cor, estado civil, situação familiar, deficiência, reabilitação profissional, idade, entre outros, ressalvadas, nesse caso, as hipóteses de proteção à criança e ao adolescente previstas no inciso XXXIII do art. 7º da Constituição Federal".*

O espírito da Lei 9.029 foi referir-se a situações de discriminação que causam aversão ou indignação à consciência humana, do que decorre seu caráter meramente exemplificativo.

Ressalte-se que o art. 3º, IV, CF, ao dispor sobre a proibição de discriminação no âmbito da origem de raça, sexo, cor, idade e a *"quaisquer outras formas de discriminação"*, imprime à enumeração da Lei 9.029 o caráter não taxativo.

Quanto à discriminação sexual, oportuna a colação da jurisprudência:

> *"CHACOTAS E PIADAS DE CUNHO HOMOFÓBICO. DANO MORAL. Comprovada a conduta patronal negligente, consistente em permitir a prática reiterada de ofensas de natureza homofóbica por parte de colegas de trabalho e do superior hierárquico, violadoras de direitos personalíssimos do trabalhador, exsurge o dever de indenizar. As chacotas e piadas homofóbicas contaminam o ambiente laboral e configuram atentado à liberdade, privacidade, intimidade e dignidade do trabalhador (artigo 1º, III, da Constituição da República). A conduta descrita tipifica, ainda, discriminação atentatória à garantia de igualdade de todos perante a lei, consagrada no artigo 3º da Constituição da República, no Pacto de San José de Costa Rica e na Convenção 111 da OIT. Dano moral que se reconhece."* (TRT – 9ª R. – 4ª T. – RO 0000438-25.2014.5.09.0013 – Relatora Rosemarie Diedrichs Pimpão – DEJT 26-1-2016.)

O empregador é o responsável direto e indireto pelo local de trabalho e a manutenção de meio ambiente sadio em nível de relacionamento.

Cap. 3 • MODELOS DE CAUSA DE PEDIR E PEDIDOS | **287**

Nesse sentido, observe-se a jurisprudência:

"Dano moral. Discriminação de empregado por sua orientação sexual. Ofensas reiteradas praticadas por colegas. Dever de vigilância do empregador. Direito ao meio ambiente de trabalho sadio. Haja vista que o empregador é titular do poder diretivo e assim assume posição hierarquicamente superior, cabe a ele fiscalizar e garantir um ambiente de trabalho digno e sadio, resguardando a dignidade de todos os seus empregados dentro dele e assumindo a responsabilidade pela omissão daqueles escolhidos para desempenhar essa fiscalização" (TRT – 2ª R. – 17ªT. – RO 0002961-13.2011.5.02.0012 – Relª Susete Mendes Barbosa de Azevedo – *DEJT* 28-2-2014).

Da situação acima narrada evidente que a conduta da Reclamada resultou em ofensa à esfera moral da Reclamante (art. 223-B, CLT).

Oportuno destacar que o art. 223-C da CLT traz a honra, a imagem, a intimidade, a autoestima e a sexualidade como bens inerentes à pessoa física juridicamente tutelados.

Houve, sem dúvidas, ofensa à honra objetiva e subjetiva da Reclamante, sendo patente o dano à sua dignidade (art. 1º, III, CF), o que permite reconhecer o assédio moral configurador da obrigação da Reclamada de indenizar a Autora pelos danos morais sofridos (arts. 186, 187, 927 e 932, III, CC), tendo em vista o tratamento discriminatório e atentatório das liberdades individuais e todo o sofrimento imposto à Autora por seu superior hierárquico, declaradamente originado por sua opção sexual.

Em relação ao *quantum*, este deve levar em conta a capacidade econômica da empresa agressora, pois, se for quantia irrisória, não terá o condão de desestimular as práticas com as quais a Ré já foi condescendente um dia.

Assim, a Autora postula o direito à indenização por danos morais, o que ora se pleiteia, no valor mínimo de [50 salários nominais ou outro valor a critério de Vossa Excelência, na forma do art. 223-G, CLT], sendo que tal verba não é base de recolhimentos previdenciários ou fiscais.

Na apuração da indenização por danos morais, os juros são devidos a partir do ajuizamento da demanda trabalhista (art. 39, § 1º, Lei 8.177/91; Súmula 439, TST e Súmula 362, STJ).

PEDIDO:

Condenação da Reclamada ao pagamento de indenização por danos morais sofridos (arts. 186, 187, 927 e 932, III, do CC), tendo em vista o tratamento discriminatório e atentatório das liberdades individuais e todo o sofrimento imposto à Autora por seu superior hierárquico, no valor mínimo de [50 salários nominais ou outro valor a critério de Vossa Excelência, na forma do art. 223-G, CLT], conforme todo o exposto na fundamentação.

3.81. DANO MORAL
DISPENSA DE GESTANTE

CAUSA DE PEDIR:

A Reclamante foi dispensada em [indicar a data], ocasião em que estava grávida de [indicar o número] meses, sendo que a dispensa foi arbitrária e discriminatória, decorrente tão somente do seu estado gravídico.

À luz do mínimo senso humanitário, a gestação merece a devida proteção da continuidade da relação de emprego, não somente para proporcionar a subsistência digna à pessoa da trabalhadora e a proteção aos direitos do nascituro, mas também para evitar que sua situação se agrave ainda mais, seja física, seja emocionalmente, com a perda de seu emprego.

Mencione-se ainda que a Constituição Federal, no art. 1°, incisos III e IV, garante efetiva proteção à dignidade da pessoa humana e ao valor social do trabalho.

Como agente social de produção e circulação de riquezas, as organizações empresariais se inter--relacionam com outras organizações, com o Estado, com os trabalhadores e os consumidores.

Decorre daí sua responsabilidade social, não no sentido de redistribuição de riquezas de um ponto de vista "robin-hoodiano" (tirar de quem mais tem para dar a quem menos tem), mas como agente que deve pautar o seu atuar produtivo-econômico com a observância de princípios éticos, não destruindo o meio ambiente natural, cumprindo com suas obrigações perante o Estado e respeitando a dignidade humana, seja ela dos consumidores, seja ela dos trabalhadores que lhe prestam serviços.

Em um contexto no qual cada vez mais conceitos como sustentabilidade, responsabilidade social, integração dos povos e direitos humanos ganham importância, a empresa não deve ser utilizada somente para gerar lucro aos seus sócios ou acionistas, mas como agente capaz de promover o bem-estar daqueles com quem se relaciona e dos que a cercam. Essa é a função social da empresa.

Contudo, ainda se verifica a odiosa prática de se ver o empregado como mero fator de produção. Como um objeto desumanizado a ser utilizado enquanto "funcione bem" e descartado quando não mais produz satisfatoriamente.

Registre-se que o atual Código Civil modernizou a relação jurídica entre as partes na sociedade, criando o instituto da "Função Social de Contrato".

Quando da dispensa, a Reclamada tinha plena ciência de que a Reclamante estava gestante e mesmo assim optou pela dispensa, convertendo o período estabilitário em indenização.

Inegáveis as dificuldades da Reclamante diante da rescisão contratual, principalmente privando-a do plano de saúde, exatamente quando mais necessita dele, diante da atuação estatal na saúde, sabidamente ineficiente.

Nem se alegue que, com a indenização do período estabilitário, a Reclamante poderia ingressar em outro plano de saúde. É fato público e notório que os planos de saúde possuem um período de carência em relação a alguns procedimentos, inclusive o parto.

Não se nega que a dispensa de empregado é um poder potestativo do empregador. Contudo, a dispensa nos moldes efetivados viola o princípio da dignidade da pessoa humana (art. 1°, III, CF), a ordem constitucional do trabalho (art. 1°, IV, art. 6°, arts. 170 e 193) e a função social da propriedade (art. 170, III).

Cap. 3 • MODELOS DE CAUSA DE PEDIR E PEDIDOS | 289

Evidente a ofensa ao patrimônio ideal da trabalhadora (direitos de personalidade, art. 5°, V e X, Constituição Federal).

A jurisprudência indica:

"I – Agravo de instrumento em recurso de revista. (...) 3. Dispensa de empregada grávida. Dano moral. Dano in re ipsa. Dever de indenizar. A verificação do dano moral não reside na simples ocorrência do ilícito, de sorte que nem todo ato desconforme ao ordenamento jurídico enseja indenização por dano moral. O importante é que o ato ilícito seja capaz de se irradiar para a esfera da dignidade da pessoa, ofendendo-a de maneira relevante. A hipótese dos autos é de dispensa de empregada grávida, o que denota o caráter discriminatório do ato patronal. O dano moral configura-se pela mudança do estado psíquico do ofendido, submetido pelo agressor a desconforto superior àqueles que lhe infligem as condições normais de sua vida. Sendo in re ipsa, inerente à própria ofensa, essa circunstância torna despicienda a prova do abalo sofrido pela vítima. Nesse contexto, configurada a dispensa discriminatória da empregada gestante, resta configurado o dano moral indenizável, fixado o valor em R$ 10.000,00. Recurso de revista conhecido e provido" (TST – 7ª T. – RR 1561-76.2012.5.04.0010 – Rel. Min. Arnaldo Boson Paes – DEJT 12-12-2014).

Ressalte-se que, em matéria de prova, o dano moral não é suscetível de comprovação, diante da impossibilidade de se fazer a demonstração, no processo judicial, da dor, do sofrimento e da angústia da trabalhadora.

Portanto, trata-se de *damnum in re ipsa*, ou seja, o dano moral é decorrência do próprio fato ofensivo. Assim, comprovado o evento lesivo, tem-se como consequência lógica a configuração de dano moral, surgindo a obrigação do pagamento de indenização, nos termos do art. 5°, X, CF, diante da ofensa aos direitos da personalidade.

Evidente que a conduta da Reclamada resultou em ofensa à esfera moral da Reclamante (art. 223-B, CLT).

Oportuno destacar que o art. 223-C da CLT traz a honra, a imagem, a intimidade e a autoestima como bens inerentes à pessoa física juridicamente tutelados.

Em face desse contexto, a Reclamante solicita uma indenização a título de danos morais, a ser arbitrada em R$ 100.000,00, ou outro valor a critério de Vossa Excelência, na forma do art. 223-G, CLT, cujo valor deverá ser atualizado a partir do ajuizamento da demanda (Súmula 439, TST e Súmula 362, STJ), sendo que tal verba não é base de recolhimentos previdenciários ou fiscais.

PEDIDO:

Condenação da Reclamada ao pagamento de indenização por danos morais, no valor de R$ 100.000,00, ou outro valor a critério de Vossa Excelência, na forma do art. 223-G, CLT, com base em toda a fundamentação exposta.

3.82. DANO MORAL
EMPRÉSTIMO CONSIGNADO. NEGATIVAÇÃO DO NOME DO RECLAMANTE EM ÓRGÃOS DE PROTEÇÃO DE CRÉDITO (SERASA/SPC)

CAUSA DE PEDIR:

O Reclamante, por meio do contrato de trabalho existente com a primeira Reclamada, efetuou junto à segunda um empréstimo consignado no valor de R$ [indicar o valor], a ser pago em [x] parcelas de R$ [indicar o valor]. Ocorre que a parcela referente ao mês de [indicar o mês], embora tenha sido regularmente descontada de seu salário, não foi repassada pela primeira Reclamada à segunda Reclamada, ou a segunda Reclamada não efetivou a baixa da parcela quitada. Por essa razão, o Reclamante foi incluído no cadastro nacional de devedores (SERASA/SPC). Apesar de diversos contatos, não conseguiu nenhuma solução para o caso e passou a receber telefonemas de cobrança e correspondências de cobrança de forma acintosa, os quais vêm causando transtornos psicológicos.

O dano moral, espécie do gênero extrapatrimonial, não repercute nos bens patrimoniais da vítima, atingindo os bens de ordem moral ou o foro íntimo da pessoa, tais como: a honra, a liberdade, a intimidade e a imagem.

Os danos morais, como ocorre em relação aos materiais, somente serão reparados quando ilícitos.

O material, o qual também é conhecido por dano patrimonial, atinge os bens integrantes do patrimônio, isto é, o conjunto das relações jurídicas de uma pessoa, apreciáveis economicamente. Têm-se a perda, a deterioração ou a diminuição do patrimônio.

Já o dano moral ou dano extrapatrimonial é aquele que se opõe ao dano material, não afetando os bens patrimoniais propriamente ditos, mas atingindo os bens de ordem moral, de foro íntimo da pessoa, como a honra, a liberdade, a intimidade e a imagem.

Quanto aos morais, podemos dividi-los em puros (diretos) ou reflexos (indiretos).

Os puros esgotam-se em apenas um aspecto, atingindo os chamados atributos da pessoa, como a honra, a intimidade, a liberdade etc. Os reflexos são efeitos da lesão ao patrimônio, ou seja, consequência de um dano material.

De acordo com o âmbito da sua extensão, o dano moral pode ser subjetivo ou objetivo. O primeiro limita-se à esfera íntima da vítima, isto é, ao conjunto de sentimentos e de valores morais e éticos do próprio ofendido. O segundo se projeta no círculo do relacionamento familiar ou social, afetando a estima e a reputação moral, social ou profissional da vítima.

Wilson Melo da Silva considera morais as *"lesões sofridas pelo sujeito físico ou pessoa natural de direito em seu patrimônio ideal, em contraposição ao patrimônio material, o conjunto de tudo aquilo que não seja suscetível de valor econômico"* (*Dano moral e a sua reparação*. 3. ed. Rio de Janeiro: Forense, 1983, p. 11).

Nos ensinamentos de Maria Helena Diniz: *"O dano moral vem a ser lesão de interesse não patrimonial de pessoa física ou jurídica, provocada pelo fato lesivo"* (*Curso de Direito Civil Brasileiro*. 10. ed. São Paulo: Saraiva, 1995, v. 7º, p. 67).

Assim, concluímos que são danos morais aqueles que se qualificam em razão da esfera da subjetividade ou plano valorativo da pessoa na sociedade, havendo, necessariamente, que atingir o foro íntimo da pessoa humana ou o da própria valoração pessoal no meio em que vive, atua ou que possa de alguma forma repercutir.

Cap. 3 • MODELOS DE CAUSA DE PEDIR E PEDIDOS | 291

Dalmartello enuncia os elementos caracterizadores do dano moral, *"segundo sua visão, como a privação ou diminuição daqueles bens que têm um valor precípuo na vida do homem e que são a paz, a tranquilidade de espírito, a liberdade individual, a integridade física, a honra e os demais sagrados afetos, classificando-os em dano que afeta a parte social do patrimônio moral (honra, reputação etc.); dano que molesta a parte afetiva do patrimônio moral (dor, tristeza, saudade etc.); dano moral que provoca direta ou indiretamente dano patrimonial (cicatriz deformante etc.) e dano moral puro (dor, tristeza etc.)"* (apud Rui Stoco. *Responsabilidade civil e a sua interpretação jurisprudencial*. 2. ed. São Paulo: RT, 1995, p. 523).

Cumpre ressaltar que os danos morais, de modo semelhante aos danos materiais, somente serão reparados quando ilícitos e após a sua caracterização (dano experimentado).

Evidente o dano moral.

Houve o desconto do salário do Reclamante da parcela tida como não quitada.

A segunda Reclamada, ante o não repasse da parcela pela primeira, limitou-se simplesmente a negativar o nome do Autor, sem antes diligenciar quanto à existência ou não do repasse.

Não se pode negar que a negativação do nome do trabalhador traz uma série de consequências, tais como impossibilidade de fazer novos empréstimos, financiamentos e até mesmo o transtorno de ser inconvenientemente contatado para pagar o que não deve.

Tal situação afronta o princípio da dignidade da pessoa humana e abala a intimidade do trabalhador, que, como qualquer pessoa, tem inúmeras obrigações a serem saldadas em datas aprazadas, sendo que muitas vezes precisa de novos empréstimos para saldar seus débitos, possibilidade inviabilizada pela sua errônea inclusão no cadastro de inadimplentes.

Evidente a ofensa ao patrimônio ideal do trabalhador (direitos de personalidade, art. 5º,V e X, CF).

Ressalte-se que, em matéria de prova, o dano moral não é suscetível de comprovação diante da impossibilidade de se fazer a demonstração, no processo judicial, da dor, do sofrimento e da angústia do trabalhador.

Portanto, trata-se de *damnum in re ipsa*, ou seja, o dano moral é decorrência do próprio fato ofensivo. Assim, comprovado o evento lesivo, tem-se como consequência lógica a configuração de dano moral, surgindo a obrigação do pagamento de indenização, nos termos do art. 5º, X, CF, diante da ofensa aos direitos da personalidade.

A jurisprudência indica:

"Agravo de instrumento em recurso de revista. Competência da justiça do trabalho. Indenização por dano moral. Responsabilidade solidária atribuída ao empregador e à instituição financeira. Contratação de empréstimo consignado. Pagamento das prestações. Cessação dos repasses pelo empregador. Inadimplência atribuída ao empregado. Inscrição do nome da autora nos cadastros do SPC e do Serasa. Despacho mantido por seus próprios fundamentos. A despeito das razões expostas pela parte agravante, merece ser mantido o despacho que negou seguimento ao Recurso de Revista, pois subsistentes os seus fundamentos. Agravo de Instrumento conhecido e desprovido" (TST – 4ª T. – AIRR 392-22.2011.5.15.0127 – Rel. Min. Maria de Assis Calsing – *DEJT* 3-10-2014).

Evidente que a conduta da Reclamada resultou em ofensa à esfera moral do Reclamante (art. 223-B, CLT).

Oportuno destacar que o art. 223-C da CLT traz a honra, a imagem e a autoestima como bens inerentes à pessoa física juridicamente tutelados.

Em face deste contexto, o Reclamante solicita uma indenização a título de danos morais, a ser arbitrada em R$ 100.000,00, ou outro valor a critério de Vossa Excelência, na forma do art. 223-G,

CLT, cujo valor deverá ser atualizado a partir do ajuizamento da demanda (Súmula 439, TST e Súmula 362, STJ), sendo que tal verba não é base de recolhimentos previdenciários ou fiscais.

PEDIDO:

Condenação das Reclamadas ao pagamento de indenização por danos morais em virtude da negativação indevida do nome do Reclamante nos sistemas de proteção ao crédito, no valor de R$ 100.000,00, ou outro valor a critério de Vossa Excelência, na forma do art. 223-G, CLT, com base em toda a fundamentação exposta.

3.83. DANO MORAL
EXCESSO DE HORAS DE TRABALHO

CAUSA DE PEDIR:

Pelo regime excessivo de horas suplementares, além do esquema de sobreaviso, o Reclamante não tinha tempo livre para ficar com os seus familiares ou para poder ter uma vida social.

Em linhas gerais temos que: (a) o Reclamante não tinha horários predeterminados para ficar com os seus familiares; (b) em finais de semana, quando teria a única oportunidade de ficar com os seus filhos, também não podia, visto que era sempre convocado para trabalhar; (c) não tinha tempo para brincar com os seus filhos; (d) não tinha tempo para conversar com a esposa e com os seus filhos; não tinha tempo para acompanhar o andamento dos filhos na escola; (e) o sobreaviso gera constantes atritos com a sua família.

Maria Helena Diniz ensina que dano moral vem a ser a lesão de interesses não patrimoniais de pessoa física ou jurídica provocada pelo fato lesivo.

Wilson Melo da Silva considera morais as lesões sofridas pelo sujeito físico ou pessoa natural de direito em seu patrimônio ideal, em contraposição ao patrimônio material, o conjunto de tudo aquilo que não seja suscetível de valor econômico.

O dano moral, também denominado de extrapatrimonial, não repercute nos bens patrimoniais da vítima, atingindo os bens de ordem moral ou o foro íntimo da pessoa, tais como: a honra, a liberdade, a intimidade e a imagem.

Os danos morais, como ocorrem em relação aos materiais, somente serão reparados quando ilícitos.

Podemos dividir os danos morais em puros (diretos) ou reflexos (indiretos).

Os puros esgotam-se em apenas um aspecto, atingindo os chamados atributos da pessoa, como a honra, a intimidade, a liberdade etc. Os reflexos são efeitos da lesão ao patrimônio, ou seja, consequência de um dano material.

De acordo com o âmbito da sua extensão, o dano moral pode ser subjetivo ou objetivo.

O primeiro limita-se à esfera íntima da vítima, isto é, ao conjunto de sentimentos e de valores morais e éticos do próprio ofendido.

O segundo se projeta no círculo do relacionamento familiar ou social, afetando a estima e a reputação moral, social ou profissional da vítima.

Sob qualquer enfoque, o Reclamante, como trabalhador, sujeito à excessiva jornada de trabalho, pelo regime suplementar e pelo esquema de sobreaviso, não tinha tempo de lazer, de convívio com os seus familiares.

Há todos os elementos da responsabilidade civil:

(a) excessiva jornada suplementar e o regime de sobreaviso (= tempo despendido de forma exclusiva ao empregador) como equivalente ao ato;

(b) imposição do empregador para que o empregado ficasse em excessiva jornada suplementar e o regime de sobreaviso como equivalente à culpa: (1) não observância das regras legais para fins de horas extras (arts. 58 e ss., CLT); (2) não respeito ao intervalo intrajornada (art. 71,

CLT); (3) excesso de tarefas; (4) o não gozo regular das folgas semanais; (5) o não gozo regular do horário de intervalo interjornada. Em suma: a negligência no cumprimento das normas legais atinentes à jornada de trabalho;

(c) o tempo despendido de forma exclusiva ao empregador é a causa direta e imediata para que o empregado ficasse ausente do convívio social e familiar como equivalente ao nexo causal;

(d) dano moral resultante da angústia, da dor, da violação de seus sentimentos de marido e pai é a demonstração plena da violação aos direitos da personalidade do Reclamante.

A doutrina entende que os fundamentos da limitação da jornada de trabalho (limitação da jornada normal ao módulo diário de oito horas e ao módulo semanal de quarenta e quatro horas) têm por objetivo combater ou evitar a fadiga.

Com maestria, Amauri Mascaro Nascimento ensina:

"O meio de combater ou evitar a fadiga é o lazer, cujo significado pode ser avaliado pela afirmação de Guy Rocher: 'Já entramos na civilização do lazer', para mostrar uma conscientização do problema de ocupação distensiva e o largo emprego que hoje se faz, até com aspectos comerciais notórios, do aproveitamento do tempo disponível em recreação, diversão, turismo etc.

O lazer atende, como mostra José Maria Guiz, de modo geral, às seguintes necessidades: a) necessidade de liberação, opondo-se à angústia e ao peso que acompanham as atividades não escolhidas livremente; b) necessidade de compensação, pois a vida atual é cheia de tensões, ruídos, agitação, impondo-se a necessidade do silêncio, da calma, do isolamento como meios destinados à contraposição das nefastas consequências da vida diária do trabalho; c) necessidade de afirmação, pois a maioria dos homens vive em estado endêmico de inferioridade, numa verdadeira humilhação acarretada pelo trabalho de oficinas, impondo-se um momento de afirmação de si mesmos, de auto-organização da atividade, possível quando se dispõe de tempo livre para utilizar segundo os próprios desejos; d) necessidade de recreação como meio de restauração biopsíquica; e) necessidade de dedicação social maior, é membro de uma família, habitante de um município, membro de outras comunidades de natureza religiosa, esportiva, cultural, para as quais necessita de tempo livre; f) necessidade de desenvolvimento pessoal integrado e equilibrado, como uma das facetas decorrentes da sua própria condição de ser humano" (Curso de Direito do Trabalho. 24. ed. São Paulo: LTr, 2009, p. 1.137).

O fato de o Reclamante ter realizado tantas horas extras, sem nunca ter ocorrido o pagamento, além de se expor a uma situação de extrema angústia pela privação do convívio social e familiar, não elide o seu direito à indenização por dano moral. Não se pode esquecer que o Reclamante necessita do seu emprego para subsistir, além dos seus familiares (esposa e filhos).

A jurisprudência revela:

"AGRAVO DE INSTRUMENTO – RECURSO DE REVISTA INTERPOSTO SOB A ÉGIDE DAS LEIS N^{OS} 13.015/14 E 13.105/15 E ANTES DA VIGÊNCIA DA LEI N° 13.467/2017 (...) 3 – HORAS EXTRAS – TURNO ININTERRUPTO DE REVEZAMENTO – NORMA COLETIVA – EXTRAPOLAÇÃO HABITUAL DO LIMITE MÁXIMO DIÁRIO – Conforme orienta a Súmula 423/TST, é válida a fixação, por meio de regular negociação coletiva, de jornada superior a seis horas, limitada a oito, para os empregados submetidos a turnos ininterruptos de revezamento. Contudo, a conduta do empregador, ao exigir do trabalhador o cumprimento habitual de jornada superior a oito horas, afasta a exceção de que trata o verbete, porquanto não observado o limite máximo ali previsto. 4 – HORAS EXTRAS – INTERVALO INTRAJORNADA – Decisão em conformidade com a Súmula 437, I, do TST não desafia recurso de revista. 5 – HORAS EXTRAS – INTERVALO INTRAJORNADAS – Nos termos da OJ 355 da SBDI-1/TST, 'o desrespeito ao intervalo mínimo interjornadas previsto no art.

Cap. 3 • MODELOS DE CAUSA DE PEDIR E PEDIDOS | 295

66 da CLT acarreta, por analogia, os mesmos efeitos previstos no § 4º do art. 71 da CLT e na Súmula nº 110 do TST, devendo-se pagar a integralidade das horas que foram subtraídas do intervalo, acrescidas do respectivo adicional'. 6 – HORAS IN ITINERE. Não há dúvidas de que o art. 7º, inciso XXVI, da Constituição Federal chancela a relevância que o Direito do Trabalho empresta à negociação coletiva. Até a edição da Lei nº 10.243/01, o conceito de horas in itinere decorria de construção jurisprudencial, extraída do art. 4º da CLT, não havendo, à época, preceito legal que, expressamente, normatizasse o instituto. Estavam os atores sociais, em tal conjuntura, livres para a negociação coletiva. Modificou-se a situação com o diploma legal referido, quando acresceu ao art. 58 da CLT o § 2º: a matéria alcançou tessitura legal, incluindo-se a remuneração das horas in itinere entre as garantias mínimas asseguradas aos trabalhadores. Assim, não se poderá ajustar a ausência de remuneração do período de trajeto. Não há como se chancelar a supressão de direito definido em Lei, pela via da negociação coletiva. Além de, em tal caso, estar-se negando a vigência, eficácia e efetividade de norma instituída pelo Poder Legislativo, competente para tanto, ofender-se-ia o limite constitucionalmente oferecido pelo art. 7º, VI, da Carta Magna, que, admitindo a redução de salário, não tolerará a sua supressão. 7 – DANO MORAL – JORNADA DE TRABALHO EXAUSTIVA – As regras de limitação da jornada e duração semanal do trabalho têm importância na manutenção do conteúdo dignificante da relação de emprego, preservando o direito ao lazer, previsto constitucionalmente (art. 6º, caput). É fácil perceber que o empresário que descumpre as normas de duração do trabalho não prejudica apenas os seus empregados, mas tensiona para pior as condições de vida de todos os trabalhadores. Diante desse quadro, tem-se que a deliberada e reiterada desobediência do empregador ao regramento horário de trabalho ofende toda a população. Tratando-se de lesão que viola bem jurídico indiscutivelmente caro à sociedade, surge o dever de indenizar, sendo cabível a reparação por dano moral. Frise-se que, na linha da teoria do danum in re ipsa, não se exige que o dano moral seja demonstrado. Decorre, inexoravelmente, da gravidade do fato ofensivo que, no caso, restou materializado pela exigência de prática de jornada exaustiva e consequente descumprimento de norma que visa à mantença da saúde física e mental dos trabalhadores. 8 – DANO MATERIAL – INDENIZAÇÃO – VALOR – CRITÉRIOS PARA ARBITRAMENTO – Na ausência de indicação expressa e direta de ofensa à Lei ou à Constituição, de contrariedade a Súmula desta Corte ou de Súmula Vinculante do STF ou da ocorrência de divergência jurisprudencial, não merece conhecimento o recurso de revista (CLT, art. 896). 9 – ADICIONAL NOTURNO – DIFERENÇAS – Quando o acolhimento das arguições da parte depender, antes, do revolvimento de fatos e provas - Iniciativa infensa ao recurso de revista (Súmula 126/TST) –, impossível o processamento do apelo. Agravo de instrumento conhecido e desprovido. " (TST – 3ª T. – AIRR 11256-24.2014.5.03.0168 – Rel. Min. Alberto Luiz Bresciani de Fontan Pereira – *DJe* 11-12-2017.)

Evidente que a conduta da Reclamada resultou em ofensa à esfera moral do Reclamante (art. 223-B, CLT).

Oportuno destacar que o art. 223-C da CLT traz a honra, a imagem, a saúde, o lazer e a integridade física como bens inerentes à pessoa física juridicamente tutelados.

Em face desse contexto, o Reclamante solicita uma indenização a título de danos morais, a ser arbitrada em R$ 100.000,00, ou outro valor a critério de Vossa Excelência, na forma do art. 223-G, CLT, cujo valor deverá ser atualizado a partir do ajuizamento da demanda (Súmula 439, TST e Súmula 362, STJ).

PEDIDO:

Dano moral no valor de R$ 100.000,00, ou outro valor a critério de Vossa Excelência, na forma do art. 223-G, CLT.

3.84. DANO MORAL
EXIGÊNCIA DE ATESTADO DE ANTECEDENTES CRIMINAIS

CAUSA DE PEDIR:

A Reclamante foi admitida para exercer a função de [descrever a função do autor], sendo que, no ato de sua contratação, lhe foi exigida a apresentação de atestado de antecedentes criminais, cuja cópia se encontra anexada à presente demanda [juntar atestado de antecedentes com a data anterior e próxima à admissão].

À época de sua contratação, foi claramente exposto à Reclamante que, sem a entrega do atestado de antecedentes criminais, sua contratação não seria realizada, pois tal documento era obrigatório e imprescindível para o acesso ao cargo oferecido pela Reclamada.

Tal procedimento é costumeiro por parte da Ré, sendo medida extrema que expõe de forma desnecessária e ilegal a intimidade e a integridade do empregado, devendo ficar adstrita às situações e circunstâncias em que a lei expressamente exigir ou permitir, o que certamente não é o caso dos autos.

A conduta é discriminatória e dificulta o acesso ao emprego, agindo a Ré de forma a extrapolar os limites de seu poder diretivo, lesando direito da Autora, na medida em que seu ato é injustificado, violando o seu direito à privacidade, pois tal exigência não guarda qualquer pertinência com as condições objetivamente exigíveis para o trabalho, o que, desnecessariamente, põe em dúvida a honestidade do candidato ao emprego, aviltando sua dignidade e seu direito ao resguardo da intimidade, da vida privada e da honra, valores constitucionais.

Houve, também, violação ao art. 1º da Lei 9.029/95, que veda práticas discriminatórias para a admissão ao emprego [no que for pertinente, o item da dispensa discriminatória e aplicação extensiva da Lei 9.029/95].

Além disso, o art. 5º, XXXIII e XXXIV, da CF apenas prevê o direito do cidadão de receber dos órgãos públicos informações de seu interesse particular, não autorizando a exigência de certidão de antecedentes criminais para admissão em emprego.

Igualmente, a Lei 9.051/95 (direito de expedição de certidões para defesa de direitos) não autoriza o acesso público a antecedentes criminais do cidadão, de forma aleatória e indiscriminada, de modo que viole a integridade e a intimidade dos trabalhadores.

Nesses termos, a atitude patronal configurou claro dano moral à trabalhadora e a ilicitude do comportamento dispensa qualquer prova de dano, na medida em que este é presumido, estabelecendo-se pronto nexo causal.

A exigência pelo empregador da apresentação de atestado de antecedentes criminais como condição para admissão, salvo as exceções legais (contratação de vigilantes, art. 16, VI, Lei 7.102/83), é discriminatória e viola a Constituição Federal e as disposições da Lei 9.029, sendo medida extrema, uma vez que expõe a intimidade e a integridade do trabalhador, devendo sempre ficar restrita às hipóteses em que a lei expressamente a autoriza, o que não é o caso dos autos.

Quanto à matéria em discussão, Thereza Cristina Gosdal conclui que: *"Tampouco podemos afirmar que a prática possui fundamento razoável e está destinada a um fim legítimo. A pesquisa dos antecedentes criminais do candidato não traz à empresa nenhuma garantia de inexistência ou diminuição de riscos. Conforme exporemos adiante, a informação não é confiável, não há ainda um sistema integrado destas informações acessível pelas polícias de todos os Estados da Federação. Os antecedentes eventualmente registrados podem não ter nenhuma relação com o trabalho a ser prestado e não há nenhuma certeza de que o candidato que não possui os antecedentes no momento da contratação não venha a tê-los após a contratação, ou de que não venha a causar transtornos e prejuízos para a empresa, independentemente de ter ou não antecedentes criminais. (...)*

Não há proporcionalidade entre o valor objetivado e o sacrificado, pois não se pode compreender como prevalente a tutela ilimitada da propriedade e da iniciativa privada, em detrimento do direito à intimidade e vida privada, do direito a não ser discriminado, e em especial, do direito à dignidade. Se um cidadão cometeu algum delito e já cumpriu a pena correspondente, ou se o inquérito policial não ensejou processo criminal, ou se já está extinta a punibilidade, há fundamento razoável para deixar de contratá-lo? Há proporcionalidade entre o fim buscado, a proteção do patrimônio e da empresa, e o meio utilizado, a exclusão permanente deste cidadão do mundo do trabalho? Ao que nos parece a resposta só pode ser negativa. A não ser naqueles casos em que a sociedade, por meio da lei, entendeu que a existência de antecedentes criminais deveria ser pesquisada, tal qual ocorre com os vigilantes e com os trabalhadores domésticos" (Antecedentes criminais e discriminação no trabalho. Disponível em: <http://www.trt9.jus.br/internet_base/arquivo_download.do?evento=Baixar&idArquivoAnexado-Plc=1482859>. Acesso em: 14 out. 2013).

A jurisprudência do TST é pacífica quanto ao caráter discriminatório da exigência de atestado de antecedentes criminais:

"RECURSO DE REVISTA. INDENIZAÇÃO POR DANOS MORAIS. EXIGÊNCIA DE EXIBIÇÃO DE CERTIDÃO DE ANTECEDENTES CRIMINAIS. CONDUTA DISCRIMI-NATÓRIA. SERVENTE DE OBRAS. A Subseção 1 Especializada em Dissídios Individuais, por voto da maioria de seus integrantes, no julgamento do E-RR 119000-34.2013.5.13.0007 (Sessão de 23/10/2014), decidiu que a exigência empresarial de certidão de antecedentes criminais para a contratação de empregado não enseja, por si só, reparação por danos morais. Na oportunidade, foram consignadas duas situações exceptivas as quais autorizariam o reconhecimento do dano moral. A primeira, se demonstrado, no caso concreto, que o candidato ao emprego não foi contratado por conta de uma certidão positiva de um antecedente o qual não tenha relação com a função a ser exercida. Nesse caso, a exigência constituiria fator injustificado de discriminação. E a segunda, em caso de demonstração de que a atividade a ser exercida pelo empregado não justificaria a exigência da certidão. No caso concreto, a Corte Regional consignou ter sido o reclamante contratado, ainda que previamente tenha-se exigido certidão de antecedentes criminais para formalização do contrato de trabalho. Logo, o caso não se enquadra no primeiro fundamento adotado pela SBDI-1. Todavia, incontroverso tratar-se de reclamante que desempenhava a função de servente de obras, atividade que não justifica a exigência de certidão, porquanto não há acesso a dados sigilosos - conforme entendimento da SBDI-1 -, tampouco outra circunstância excepcional que pudesse conduzir à necessidade dessa exigência. Nesse contexto, devido o deferimento da indenização. Recurso de revista conhecido e provido" (TST – 6ª T. - RR 94800-12.2013.5.13.0023 – Rel. Min. Augusto César Leite de Carvalho - *DEJT* 19-2-2016).

Por fim, a SDI-I decidiu, por maioria, que a exigência de certidão negativa de antecedentes criminais caracteriza dano moral passível de indenização quando caracterizar tratamento discriminatório ou não se justificar em situações específicas (IRR-243000-58.2013.5.13.0023 – Rel. Min. Augusto César Leite de Carvalho).

Da situação acima narrada evidente que a conduta da Reclamada resultou em ofensa à esfera moral da Reclamante (art. 223-B, CLT).

Oportuno destacar que o art. 223-C da CLT traz a honra, a imagem, a intimidade e a autoestima como bens inerentes à pessoa física juridicamente tutelados.

Requer, portanto, seja a Reclamada condenada ao pagamento de indenização por dano moral pela lesão ao direito da Autora, que teve aviltadas a intimidade, a vida privada e a honra pelo ato discriminatório da Ré em exigir atestados de antecedentes criminais como condição para o acesso ao emprego. Tal indenização, para conter cunho pedagógico, deverá ser fixada em valor mínimo de [10 salários da Reclamante, considerado o último auferido ou outro valor a critério de Vossa Excelência, na forma do art. 223-G, CLT], sendo que tal verba não é base de recolhimentos previdenciários ou fiscais.

Na apuração da indenização por danos morais, os juros são devidos a partir do ajuizamento da demanda trabalhista (art. 39, § 1º, Lei 8.177/91; Súm. 439, TST; Súm. 362, STJ).

PEDIDO:

(a) condenação da Reclamada ao pagamento de indenização por danos morais pela lesão ao direito da Autora, que teve aviltadas a intimidade, vida privada e honra pelo ato discriminatório da Ré em exigir atestados de antecedentes criminais como condição para o acesso ao emprego, indenização essa que deverá ser fixada, em valor mínimo de [10 salários da Reclamante, considerado o último auferido, ou outro valor a critério de Vossa Excelência, na forma do art. 223-G, CLT], sendo que tal verba não é base de recolhimentos previdenciários ou fiscais;

(b) [no que for pertinente, o item da dispensa discriminatória e aplicação extensiva da Lei 9.029/95].

Cap. 3 • MODELOS DE CAUSA DE PEDIR E PEDIDOS

3.85. DANO MORAL
EXIGÊNCIA DA INSERÇÃO DO CID EM ATESTADOS MÉDICOS

CAUSA DE PEDIR:

A Reclamada, para dar validade aos atestados médicos, exige dos empregados a apresentação dos documentos com o CID (Código Internacional de Doenças).

A Constituição da República, em seu art. 5º, X, garante a inviolabilidade da intimidade e da vida privada das pessoas, inviolabilidade que projeta seus efeitos também para as relações de trabalho.

O empregado é titular do direito fundamental à intimidade e à privacidade por expressa disposição constitucional, a qual deve ser respeitada pelo empregador. O trabalhador tem direito ao resguardo de suas informações pessoais, incluindo aquelas relativas à sua saúde.

Amauri Mascaro Nascimento discorre sobre a intimidade e a privacidade nas relações de trabalho:

"O trabalhador e o empregador devem guardar sigilo quanto à intimidade da vida privada. O direito à reserva da intimidade da vida privada abrange o acesso, a divulgação de aspectos da esfera íntima e pessoal e da vida familiar, afetiva e sexual, o estado de saúde e as convicções políticas e religiosas. (...) O empregador não pode exigir do candidato a emprego ou dos empregados que prestem informações relativas à sua vida privada, à sua saúde, salvo quando particulares exigências inerentes à natureza da atividade profissional o justifiquem ou forem estritamente necessárias e relevantes para a avaliação da sua aptidão para o trabalho. (...)" (Curso de Direito do Trabalho: história e teoria geral do direito do trabalho, relações individuais e coletivas do trabalho. 27. ed. São Paulo: Saraiva, 2012, p. 779-780).

A exigência da CID nos atestados obriga o trabalhador a divulgar informações acerca de seu estado de saúde sempre que exercer o seu direito, garantido pelo art. 6º, § 1º, "f", da Lei 605/1949, de justificar a ausência no trabalho por motivo de doença comprovada.

Essa exigência, por si só, viola o direito fundamental à intimidade e à privacidade do trabalhador, sobretudo por não existir, no caso, necessidade que decorra da atividade profissional.

A Resolução 1.685/02 do Conselho Federal de Medicina, que normatiza a emissão de atestados médicos, preceitua no art. 3º, II, alterado pela Resolução 1.851/08 do CFM, que a previsão do diagnóstico no documento em questão depende de autorização expressa do paciente.

O art. 5º da mencionada Resolução reforça essa disposição ao afirmar que os médicos somente podem fornecer atestados com a previsão do diagnóstico em três hipóteses: justa causa, dever legal e solicitação do paciente. Entretanto, o caso em análise não evidencia a configuração de nenhuma dessas hipóteses.

No próprio âmbito da Medicina, a obrigatoriedade da previsão da CID em atestado é vista como prejudicial ao trabalhador. Nesse sentido, Genival Veloso de França, ao analisar a figura do atestado médico oficial:

"(...) é nosso entendimento que a obrigatoriedade do 'diagnóstico codificado', no atestado médico oficial, em vez de proteger o trabalhador, cria-lhe uma situação de constrangimento e, ao ser relatado o seu mal, mesmo em código, suas relações no emprego são prejudicadas, pela revelação de suas condições de sanidade,

principalmente se é ele portador de uma doença cíclica que o afastará outras vezes do trabalho. (...) Concluindo, podemos afirmar que a indicação do diagnóstico em atestados ou outros documentos médicos, de forma declarada ou pelo CID, constitui infração aos princípios éticos que orientam o exercício profissional, a não ser que expressamente autorizada pelo paciente, por justa causa ou por dever legal" (Direito médico. 11. ed. Rio de Janeiro: Forense, 2013, p. 123).

Nem se alegue que a exigência da CID nos atestados médicos permitiria a ciência da Reclamada sobre a condição de saúde do empregado. Isso porque o bem-estar do trabalhador pode ser verificado por exames médicos regulares, campanhas educativas e programas específicos, estimulados pela própria legislação.

Oportuno trazer à colação as seguintes decisões:

"Indenização por dano moral coletivo. Exigência de atestados com indicação do CID. Violação à intimidade do empregado. O atestado médico é o meio hábil para abonar faltas ao serviço, possuindo presunção de veracidade relativa, a qual pode ser investigada mediante instauração de inquérito policial e representação ao Conselho Regional de Medicina, sendo que a exigência, pelo empregador, de indicação da doença no documento, afronta interesses coletivos, na medida em que viola a intimidade dos empregados, impondo-se a condenação ao pagamento de indenização por danos morais" (TRT – 2ª R. – 3ª T. – RO 0001486-95.2012.5.02.0041 – Relª Sonia Maria Prince Franzini – DOE 13-8-2013).

"Recurso ordinário. Ação anulatória cláusula 39. Atestado médico. Exigência de previsão da CID. A exigência da CID nos atestados estipulada por norma coletiva obriga o trabalhador a divulgar informações acerca de seu estado de saúde sempre que exercer o seu direito – garantido pelo art. 6º, § 1º, 'f', da Lei 605/1949 – de justificar a ausência no trabalho por motivo de doença comprovada. Essa exigência, por si só, viola o direito fundamental à intimidade e à privacidade do trabalhador, sobretudo por não existir, no caso, necessidade que decorra da atividade profissional. Recurso Ordinário conhecido e desprovido" (TST – SDC – RO 268-11.2014.5.12.0000 – Relª Minª Maria Cristina Irigoyen Peduzzi – DEJT 18-9-2015).

Evidente que a conduta da Reclamada resultou em ofensa à esfera moral do Reclamante (art. 223-B, CLT).

Oportuno destacar que o art. 223-C da CLT traz a honra, a imagem e autoestima como bens inerentes à pessoa física juridicamente tutelados.

Não há que se negar a conduta ilícita da Reclamada perante o Reclamante, razão pela qual caracterizado está o dano moral, que deve ser indenizado.

Nos termos do art. 223-G da CLT, o juízo, ao fixar o *quantum* pela reparação do dano extrapatrimonial, deve considerar: (a) a natureza do bem jurídico tutelado; (b) a intensidade do sofrimento ou da humilhação; (c) a possibilidade de superação física ou psicológica; (d) os reflexos pessoais e sociais da ação ou da omissão; (e) a extensão e a duração dos efeitos da ofensa; (f) as condições em que ocorreu a ofensa ou o prejuízo moral; (g) o grau de dolo ou culpa; (h) a ocorrência de retratação espontânea; (i) o esforço efetivo para minimizar a ofensa; (j) o perdão, tácito ou expresso; (k) a situação social e econômica das partes envolvidas; (l) o grau de publicidade da ofensa.

Considerando as diretrizes delineadas, para o caso em análise, indica-se como valor a ser arbitrado para a indenização postulada a quantia de [50 salários do Reclamante, considerado o último auferido] ou outro valor a critério de Vossa Excelência, na forma do art. 223-G, CLT.

Assim, comprovado o dano moral, patente a obrigação da Reclamada em indenizar o Autor (arts. 186, 187, 927 e 932, III, CC), tendo em vista todo o sofrimento causado ao trabalhador e, ainda,

Cap. 3 • MODELOS DE CAUSA DE PEDIR E PEDIDOS | 301

considerando-se a condição econômica do ofensor e do ofendido, além da gravidade do ato ilícito, requer seja a Reclamada condenada ao pagamento de indenização por dano moral em valor equivalente a [50 salários do Reclamante, considerado o último auferido ou outro valor a critério de Vossa Excelência, na forma do art. 223-G, CLT], sendo que tal verba não é base de recolhimentos previdenciários ou fiscais.

Na apuração da indenização por danos morais, os juros são devidos a partir do ajuizamento da demanda trabalhista (art. 39, § 1º, Lei 8.177/91; Súm. 439, TST e Súm. 362, STJ).

PEDIDO:

Condenação da Reclamada em indenização por dano moral, tendo em vista todo o sofrimento causado ao trabalhador, em valor equivalente a [50 salários do Reclamante, considerado o último auferido ou outro valor a critério de Vossa Excelência, na forma do art. 223-G, CLT], sendo que tal verba não é base de recolhimentos previdenciários ou fiscais.

3.86. DANO MORAL
EXIGÊNCIA DE PROCEDIMENTO MÉDICO COMO CONDIÇÃO PARA ADMISSÃO/PROMOÇÃO NO EMPREGO

CAUSA DE PEDIR:

A Reclamante foi obrigada pela Reclamada a realizar [descrever o procedimento] como condição para ser admitida/promovida.

O dano moral, espécie do gênero extrapatrimonial, não repercute nos bens patrimoniais da vítima, atingindo os bens de ordem moral ou o foro íntimo da pessoa, tais como: a honra, a liberdade, a intimidade e a imagem.

Os danos morais, como ocorre em relação aos materiais, somente serão reparados quando ilícitos.

O material, o qual também é conhecido por dano patrimonial, atinge os bens integrantes do patrimônio, isto é, o conjunto das relações jurídicas de uma pessoa, apreciáveis economicamente. Têm-se a perda, a deterioração ou a diminuição do patrimônio.

Já o dano moral ou dano extrapatrimonial é aquele que se opõe ao dano material, não afetando os bens patrimoniais propriamente ditos, mas atingindo os bens de ordem moral, de foro íntimo da pessoa, como a honra, a liberdade, a intimidade e a imagem.

Quanto aos morais, podemos dividi-los em puros (diretos) ou reflexos (indiretos).

Os puros esgotam-se em apenas um aspecto, atingindo os chamados atributos da pessoa, como a honra, a intimidade, a liberdade etc. Os reflexos são efeitos da lesão ao patrimônio, ou seja, consequência de um dano material.

De acordo com o âmbito da sua extensão, o dano moral pode ser subjetivo ou objetivo. O primeiro limita-se à esfera íntima da vítima, isto é, ao conjunto de sentimentos e de valores morais e éticos do próprio ofendido. O segundo se projeta no círculo do relacionamento familiar ou social, afetando a estima e a reputação moral, social ou profissional da vítima.

Yussef Said Cahali ensina que dano moral é:

> *"(...) Tudo aquilo que molesta gravemente a alma humana, ferindo-lhe gravemente os valores fundamentais inerentes à sua personalidade ou reconhecidos pela sociedade em que está integrado, qualifica-se, em linha de princípio, como dano moral; não há como enumerá-los exaustivamente, evidenciando-se na dor, na angústia, no sofrimento, na tristeza pela ausência de um ente querido falecido; no desprestígio, na desconsideração social, no descrédito à reputação, na humilhação pública, no devassamento da privacidade; no desequilíbrio da normalidade psíquica, nos traumatismos emocionais, na depressão ou no desgaste psicológico, nas situações de constrangimento moral (...)"* (Dano moral. [s.l.], [s.e], 2005, p. 22-23 apud OLIVEIRA, Sebastião Geraldo de. *Indenizações por acidente do trabalho ou doença ocupacional*. São Paulo: LTr, 2005, p. 187).

A exigência de [indicar o procedimento médico] e a sua efetiva realização, como condição *sine qua non* para obter, manter, exercer ou alcançar promoção no trabalho, trata-se de conduta, no mínimo, altamente reprovável, na medida em que atinge a dignidade da pessoa humana e os direitos de personalidade, de integridade psicofísica, intimidade e vida privada.

Oportuno trazer à colação a doutrina do Professor Ingo Wolfgang Sarlet sobre o conceito de dignidade: *"qualidade intrínseca e distintiva de cada ser humano que o faz merecedor do mesmo respeito e*

Cap. 3 • MODELOS DE CAUSA DE PEDIR E PEDIDOS | 303

consideração por parte do Estado e da comunidade, implicando, neste sentido, um complexo de direitos e deveres fundamentais que assegurem a pessoa tanto contra todo e qualquer ato de cunho degradante e desumano, como venham a lhe garantir as condições existenciais mínimas para uma vida saudável, além de propiciar e promover sua participação ativa e corresponsável nos destinos da própria existência e da vida em comunhão com os demais seres humanos" (Dignidade da pessoa humana e direitos fundamentais na Constituição da República de 1988. Porto Alegre: Livraria do Advogado, 2002, p. 62).

Os efeitos da conduta da Reclamada mostram-se extremamente danosos à trabalhadora, cujo procedimento implicou consequências irreparáveis e irreversíveis no âmbito familiar. Nesse aspecto, não se pode olvidar que a Constituição Federal, no art. 226, garante à família, base da sociedade, especial proteção do Estado.

O Estado e a sociedade estão obrigados a respeitar os direitos humanos, ante a eficácia imediata e horizontal das normas de direito humanos fundamentais (art. 5°, §§ 1° a 3°, CF).

Não se olvide que o atual Código Civil modernizou a relação jurídica entre as partes na sociedade, criando o instituto da "Função Social do Contrato", de modo que as suas normas e os atos em geral devem ser interpretados de acordo com os princípios da eticidade, da socialidade e da operabilidade.

Nesse sentido, Miguel Reale leciona:

"(...) Um dos pontos altos do novo Código Civil está em seu art. 421, segundo o qual 'a liberdade de contratar será exercida em razão e nos limites da função social do contrato'.

Um dos motivos determinantes desse mandamento resulta da Constituição de 1988, a qual, nos incisos XXII e XXIII do art. 5°, salvaguarda o direito de propriedade que 'atenderá a sua função social'. Ora, a realização da função social da propriedade somente se dará se igual princípio for estendido aos contratos, cuja conclusão e exercício não interessa somente às partes contratantes, mas a toda a coletividade.

Essa colocação das avenças em um plano transindividual tem levado alguns intérpretes a temer que, com isso, haja uma diminuição de garantia para os que firmam contratos baseados na convicção de que os direitos e deveres neles ajustados serão respeitados por ambas as partes.

Esse receio, todavia, não tem cabimento, pois a nova Lei Civil não conflita com o princípio de que o pactuado deve ser adimplido. A ideia tradicional, de fonte romanista, de que 'pacta sunt servanda' continua a ser o fundamento primeiro das obrigações contratuais.

Pode-se dizer que a Lei n° 10.406, de 10 de janeiro de 2002 veio reforçar ainda mais essa obrigação, ao estabelecer, no art. 422, que 'os contratantes são obrigados a guardar, assim na conclusão do contrato, como em sua execução, os princípios de probidade e boa-fé'.

No quadro do Código revogado de 1916, a garantia do adimplemento dos pactos era apenas de ordem jurídica, de acordo com o entendimento pandectista de que o direito deve ser disciplinado tão somente mediante categorias jurídicas, enquanto que atualmente não se prescinde do que eticamente é exigível dos que se vinculam em virtude de um acordo de vontades.

O que o imperativo da 'função social do contrato' estatui é que este não pode ser transformado em um instrumento para atividades abusivas, causando dano à parte contrária ou a terceiros, uma vez que, nos termos do art. 187, 'também comete ato ilícito o titular de um direito que, ao exercê-lo, excede manifestamente os limites impostos pelo seu fim econômico ou social, pela boa-fé ou pelos bons costumes'.

Não há razão alguma para se sustentar que o contrato deva atender tão somente aos interesses das partes que o estipulam, porque ele, por sua própria finalidade, exerce uma função social inerente ao poder negocial que é uma das fontes do direito, ao lado da legal, da jurisprudencial e da consuetudinária.

O ato de contratar corresponde ao valor da livre iniciativa, erigida pela Constituição de 1988 a um dos fundamentos do Estado Democrático do Direito, logo no inciso IV do art. 1°, de caráter manifestamente preambular.

Assim sendo, é natural que se atribua ao contrato uma função social, a fim de que ele seja concluído em benefício dos contratantes sem conflito com o interesse público. (...)

É em todos os casos em que ilicitamente se extrapola do normal objetivo das avenças que é dado ao juiz ir além da mera apreciação dos alegados direitos dos contratantes, para verificar se não está em jogo algum valor social que deva ser preservado.

Como se vê, a atribuição de função social ao contrato não vem impedir que as pessoas naturais ou jurídicas livremente o concluam, tendo em vista a realização dos mais diversos valores. O que se exige é apenas que o acordo de vontades não se verifique em detrimento da coletividade, mas represente um dos seus meios primordiais de afirmação e desenvolvimento.

Por outro lado, o princípio de socialidade atua sobre o direito de contratar em complementaridade com o de eticidade, cuja matriz é a boa-fé, a qual permeia todo o novo Código Civil. O ilustre jurista Ministro Almir Pazzianotto Pinto teve o cuidado de verificar que ele alude à boa-fé em nada menos de 53 artigos, recriminando a má-fé em 43.

Isto posto, o olvido do valor social do contrato implicaria o esquecimento do papel da boa-fé na origem e execução dos negócios jurídicos, impedindo que o juiz, ao analisá-los, indague se neles não houve o propósito de contornar ou fraudar a aplicação de obrigações previstas na Constituição e na Lei Civil.

Na elaboração do ordenamento jurídico das relações privadas, o legislador se encontra perante três opções possíveis: ou dá maior relevância aos interesses individuais, como ocorria no Código Civil de 1916, ou dá preferência aos valores coletivos, promovendo a 'socialização dos contratos'; ou, então, assume uma posição intermédia, combinando o individual com o social de maneira complementar, segundo regras ou cláusulas abertas propícias a soluções equitativas e concretas. Não há dúvida que foi essa terceira opção a preferida pelo legislador do Código Civil de 2002.

É a essa luz que deve ser interpretado o dispositivo que consagra a função social do contrato, a qual não colide, pois, com os livres acordos exigidos pela sociedade contemporânea, mas antes lhes assegura efetiva validade e eficácia" (Disponível em: <www.miguelreale.com.br/artigos/funsoccont.htm>. Acesso em: 13 mar. 2015).

Segundo o Ministro do STJ José Delgado, *"o típico da Ética buscado pelo novo Código Civil é o defendido pela corrente kantiana: é o comportamento que confia no homem como um ser composto por valores que o elevam ao patamar de respeito pelo semelhante e de reflexo de um estado de confiança nas relações desenvolvidas, quer negociadas, quer não negociais. É na expressão kantiana, a certeza do dever cumprido, a tranquilidade da boa consciência"* (*Questões controvertidas do novo Código Civil*, coordenadores Mario Luiz Delgado e Jones Figueiredo Alves. São Paulo: Método, 2003, p. 177).

O direito, portanto, se funda no valor da pessoa humana como fonte de todos os demais valores.

Pelo princípio da socialidade, o direito brasileiro deixou de ter caráter individualista, para se considerar a maior importância da coletividade, em face da grande evolução social, política e econômica pela qual passou a sociedade nos séculos XIX e XX.

Mencione-se que, segundo a ontognoseologia jurídica de Miguel Reale, em seu plano objetivo, representada pela consagrada Teoria Tridimensional do Direito, que diverge das demais por ser concreta e dinâmica, *"fato, valor e norma estão sempre presentes e correlacionados em qualquer expressão da vida jurídica, seja ela estudada pelo filósofo ou o sociólogo do direito, ou pelo jurista como tal, ao passo que, na tridimensionalidade genérica ou abstrata, valeria ao filósofo apenas o estudo do valor, ao sociólogo do fato e ao jurista a norma"* (*Teoria Tridimensional do Direito*. Situação atual. São Paulo: Saraiva, 2003, p. 57).

Assim, ao se analisar qualquer fato que implique relação com o direito, deve ser apreciado seu valor e conteúdo normativo, de forma a permitir que seja sempre alcançado o desiderato do ordenamento

Cap. 3 • MODELOS DE CAUSA DE PEDIR E PEDIDOS | 305

jurídico, que atualmente repele o formalismo e o individualismo, dando lugar à socialização do direito, à ética das relações e à efetividade das normas.

Destarte, a lealdade e a boa-fé objetiva devem nortear a execução do contrato entre Reclamada e Reclamante. A Reclamada jamais poderia ter exigido o procedimento para [admissão, promoção etc.], sacrifício totalmente desvinculado do caráter profissional.

A conduta da Reclamada é altamente reprovável e lesiva à trabalhadora, resultando em ofensa à esfera moral da Reclamante (art. 223-B, CLT).

Oportuno destacar que o art. 223-C da CLT traz a honra, a imagem, a autoestima, a saúde e a integridade física como bens inerentes à pessoa física juridicamente tutelados.

Assim, comprovado o dano moral, patente a obrigação da Reclamada em indenizar a Autora (arts. 186, 187, 927 e 932, III, CC), tendo em vista todo o sofrimento causado à trabalhadora e, ainda, considerando-se a condição econômica do ofensor e da ofendida, além da gravidade do ato ilícito, requer seja a Reclamada condenada ao pagamento de indenização por dano moral.

Nos termos do art. 223-G da CLT, o juízo, ao fixar o *quantum* pela reparação do dano extrapatrimonial, deve considerar: (a) a natureza do bem jurídico tutelado; (b) a intensidade do sofrimento ou da humilhação; (c) a possibilidade de superação física ou psicológica; (d) os reflexos pessoais e sociais da ação ou da omissão; (e) a extensão e a duração dos efeitos da ofensa; (f) as condições em que ocorreu a ofensa ou o prejuízo moral; (g) o grau de dolo ou culpa; (h) a ocorrência de retratação espontânea; (i) o esforço efetivo para minimizar a ofensa; (j) o perdão, tácito ou expresso; (k) a situação social e econômica das partes envolvidas; (l) o grau de publicidade da ofensa.

Assim, a Autora postula o direito à indenização por danos morais, o que ora se pleiteia, no valor mínimo de [50 salários nominais ou outro valor a critério de Vossa Excelência, na forma do art. 223-G, CLT], sendo que tal verba não é base de recolhimentos previdenciários ou fiscais.

Na apuração da indenização por danos morais, os juros são devidos a partir do ajuizamento da demanda trabalhista (art. 39, § 1º, Lei 8.177/91; Súm. 439, TST; Súm. 362, STJ).

PEDIDO:

Condenação da Reclamada ao pagamento de indenização por danos morais, tendo em vista todo o sofrimento causado à trabalhadora, no valor mínimo de [50 salários nominais ou outro valor a critério de Vossa Excelência, na forma do art. 223-G, CLT], conforme todo o exposto na fundamentação, sendo que tal verba não é base de recolhimentos previdenciários ou fiscais.

3.87. DANO MORAL
E A SUA PROVA. DOENÇA PROFISSIONAL

CAUSA DE PEDIR:

Conforme já exposto nos itens anteriores desta exordial, o Reclamante sofreu sensível Perda Auditiva Bilateral Induzida por Ruído (PAIR) [descrever a doença ocupacional que acomete o Autor e sua causa, juntando documentos médicos], devido aos longos anos de labor em ambiente de trabalho agressivo e inóspito, sem o fornecimento de EPIs por parte da Reclamada, que tem o dever legal de zelar pela saúde de seus empregados.

As consequências lesivas oriundas da doença instalada em seu organismo devido à negligência da Ré prescindem de demais provas do consequente abalo psicológico do Autor em seus valores mais íntimos.

Não há como negar que a conduta ilícita da empregadora causou prejuízos morais permanentes ao trabalhador que, ao longo da dedicação de anos de seu esforço de trabalho em prol da Ré, viu sua saúde ser gradativamente minada por aquela que teria o dever legal de zelar por sua saúde e, agora, procura escusar-se de suas responsabilidades, sob o argumento de que *"não há prova do dano moral causado ao Reclamante"*.

A CF/88 sempre demonstrou a finalidade de proteção do cidadão, assegurando condições de pleno exercício dos direitos sociais, do bem-estar, da igualdade e justiça, valores esses alçados ao patamar de supremos para uma sociedade igualitária e justa.

No caso em questão, para que haja a indenização por dano moral oriunda da grave doença ocupacional que acomete o Reclamante, basta a prova do fato, do qual decorre, no caso, a óbvia repercussão psicológica sobre o empregado que se vê atingido e diminuído diante da redução drástica de sua capacidade laborativa, sendo que as repercussões lesivas o acompanharão por toda parte, não só no trabalho, mas também na vida pessoal e convívio em sociedade.

O dano moral, no caso em tela, é presumido, não havendo como produzir prova do dano moral pelos mesmos meios utilizados para a comprovação do dano material, pois o dano moral está implícito na própria ilicitude do ato praticado e decorre da gravidade do ilícito em si.

Desnecessária a efetiva demonstração de um prejuízo visto a olho nu: o dano moral existe *in re ipsa*.

O dano moral, também denominado de extrapatrimonial, não repercute nos bens patrimoniais da vítima, atingindo os bens de ordem moral ou o foro íntimo da pessoa, tais como: a honra, a liberdade, a intimidade e a imagem.

Os danos morais, como ocorre em relação aos materiais, somente serão reparados quando ilícitos.

Podemos dividir os danos morais em puros (diretos) ou reflexos (indiretos).

Os puros esgotam-se em apenas um aspecto, atingindo os chamados atributos da pessoa, como a honra, a intimidade, a liberdade etc. Os reflexos são efeitos da lesão ao patrimônio, ou seja, consequência de um dano material.

De acordo com o âmbito da sua extensão, o dano moral pode ser subjetivo ou objetivo. O primeiro limita-se à esfera íntima da vítima, isto é, ao conjunto de sentimentos e de valores morais e éticos do próprio ofendido. O segundo se projeta no círculo do relacionamento familiar ou social, afetando a estima e a reputação moral, social ou profissional da vítima.

Cap. 3 • MODELOS DE CAUSA DE PEDIR E PEDIDOS | **307**

Em matéria de prova, o dano moral não é suscetível de comprovação, diante da impossibilidade de se fazer a demonstração, no processo judicial, da dor, do sofrimento e da angústia do trabalhador.

Portanto, trata-se de *damnum in re ipsa*, ou seja, o dano moral é decorrência do próprio fato ofensivo. Assim, comprovado o evento lesivo, tem-se como consequência lógica a configuração de dano moral, surgindo a obrigação do pagamento de indenização, nos termos do art. 5º, X, da CF, diante da ofensa aos direitos da personalidade.

A jurisprudência é pacífica no sentido de que, no caso de acidente do trabalho ou doença profissional, uma vez demonstrado o dano e o nexo causal com a conduta ilícita da Reclamada, como é o caso dos presentes autos, o abalo psíquico prescinde de prova para sua configuração.

Nesse sentido:

"Recurso de revista. Doença ocupacional. Perda auditiva induzida pelo ruído ocupacional (PAIRO). Responsabilidade civil do empregador. Nexo causal e culpa comprovados. Inexistência de exigibilidade de prova do dano moral (dano in re ipsa). Prova do dano material (redução da capacidade laboral). O pleito de indenização por dano moral e material resultante de acidente do trabalho e/ou doença profissional ou ocupacional supõe a presença de três requisitos: a) ocorrência do fato deflagrador do dano ou do próprio dano, que se constata pelo fato da doença ou do acidente, os quais, por si sós, agridem o patrimônio moral e emocional da pessoa trabalhadora (nesse sentido, o dano moral, em tais casos, verifica-se in re ipsa); b) nexo causal, que se evidencia pela circunstância de o malefício ter ocorrido em face das circunstâncias laborativas; c) culpa empresarial, a qual se presume em face das circunstâncias ambientais adversas que deram origem ao malefício. Embora não se possa presumir a culpa em diversos casos de dano moral – em que a culpa tem de ser provada pelo autor da ação –, tratando-se de doença ocupacional, profissional ou de acidente do trabalho, essa culpa é presumida, em virtude de o empregador ter o controle e a direção sobre a estrutura, a dinâmica, a gestão e a operação do estabelecimento em que ocorreu o malefício. Pontue-se que tanto a higidez física como a mental, inclusive emocional, do ser humano são bens fundamentais de sua vida, privada e pública, de sua intimidade, de sua autoestima e afirmação social e, nesta medida, também de sua honra. São bens, portanto, inquestionavelmente tutelados, regra geral, pela Constituição (art. 5º, V e X). Agredidos em face de circunstâncias laborativas, passam a merecer tutela ainda mais forte e específica da Carta Magna, que se agrega à genérica anterior (art. 7º, XXVIII, CF/88). No caso concreto, o Tribunal Regional, com base na perícia, consignou presentes o nexo de causalidade entre a perda auditiva do Reclamante e as atividades laborais e a culpa da Reclamada – que não fiscalizava nem exigia a utilização do protetor auricular no ambiente de trabalho. Quanto ao dano (moral/material), o órgão a quo entendeu não demonstrado, pois o infortúnio não teria acarretado problemas de ordem moral ou psicológica, tampouco gerado incapacidade laboral. A decisão regional merece ser reformada, pois a simples constatação da perda auditiva (disacusia neurossensorial bilateral de 5,37%) presume o dano moral, já que, por força do próprio fato (doença), vislumbra-se violação à dignidade do ser humano (limitação de sua condição física), geradora de indiscutível dor íntima, desconforto e tristeza. Não há necessidade de prova de prejuízo concreto (dano in re ipsa), até porque a tutela jurídica, neste caso, incide sobre um interesse imaterial (art. 1º, III, da CF). Em relação ao dano material, em que pese o Reclamante não sofrer incapacidade laboral total, consta no acórdão, com base no laudo pericial, informação de que a lesão gerou perda anatômica permanente, além de redução da capacidade funcional – ainda que em pequena proporção. Nessa situação, é devido o pagamento da indenização por danos morais e materiais, em razão do preenchimento dos requisitos legais exigidos (dano in re ipsa, nexo causal e culpa empresarial). Recurso de revista conhecido e provido" (TST – 3ª T. – RR 29900-77.2005.5.15.0109 – Rel. Min. Mauricio Godinho Delgado – *DEJT* 9-11-2012).

Nos presentes autos temos: (a) a doença do trabalho e a incapacidade; (b) a culpa da empresa. A responsabilidade da Reclamada pela eclosão da doença ocupacional no organismo do Autor é inquestionável e a doença em si dispensa qualquer comprovação acerca do abalo psíquico sofrido pelo Reclamante.

308 | PRÁTICA DA RECLAMAÇÃO TRABALHISTA – *Jorge Neto • Wenzel • Cavalcante*

Diante da presença do dano à saúde do trabalhador e da presença dos requisitos da responsabilidade civil do empregador, tem-se a caracterização do dano moral (art. 5°, V e X, CF).

A conduta da Reclamada resultou em ofensa à esfera moral do Reclamante (art. 223-B, CLT), sendo oportuno destacar que o art. 223-C da CLT traz a honra, a imagem, a autoestima, a saúde e a integridade física como bens inerentes à pessoa física juridicamente tutelados.

Dessa forma, deverá a Reclamada ser condenada a reparar os prejuízos morais sofridos pelo Reclamante (arts. 186 e 927, CC), tendo em vista o abalo psicológico inquestionável sofrido pelo Autor, que possui doença ocupacional de caráter incapacitante e irreversível por culpa exclusiva da Ré, a quem incumbia zelar pelo ambiente laboral sadio (art. 932, III, CC).

Nos termos do art. 223-G da CLT, o juízo, ao fixar o *quantum* pela reparação do dano extrapatrimonial, deve considerar: (a) a natureza do bem jurídico tutelado; (b) a intensidade do sofrimento ou da humilhação; (c) a possibilidade de superação física ou psicológica; (d) os reflexos pessoais e sociais da ação ou da omissão; (e) a extensão e a duração dos efeitos da ofensa; (f) as condições em que ocorreu a ofensa ou o prejuízo moral; (g) o grau de dolo ou culpa; (h) a ocorrência de retratação espontânea; (i) o esforço efetivo para minimizar a ofensa; (j) o perdão, tácito ou expresso; (k) a situação social e econômica das partes envolvidas; (l) o grau de publicidade da ofensa.

Assim, o Autor postula o direito à indenização por danos morais, o que ora se pleiteia, no valor mínimo de [50 salários nominais ou outro valor a critério de Vossa Excelência, na forma do art. 223-G, CLT], sendo que tal verba não é base de recolhimentos previdenciários ou fiscais.

Na apuração da indenização por danos morais, os juros são devidos a partir do ajuizamento da demanda trabalhista (art. 39, § 1°, Lei 8.177/91; Súm. 439, TST; Súm. 362, STJ).

PEDIDO:

Condenação da Reclamada ao pagamento de indenização por danos morais (arts. 186 e 927, CC), tendo em vista o abalo psicológico inquestionável sofrido pelo Autor, que possui doença ocupacional de caráter incapacitante e irreversível por culpa exclusiva da Ré, a quem incumbia zelar pelo ambiente laboral sadio (art. 932, III), no valor mínimo de [50 salários nominais ou outro valor a critério de Vossa Excelência, na forma do art. 223-G, CLT], conforme todo o exposto na fundamentação.

3.88. DANO MORAL
E MATERIAL PELA SUPRESSÃO DO PLANO DE SAÚDE DURANTE SUSPENSÃO CONTRATUAL

CAUSA DE PEDIR:

O Reclamante sofreu afastamento previdenciário pelo período de [indicar o período], conforme os documentos ora juntados [juntar carta de concessão de benefício previdenciário, alta médica do INSS, contracheque com pagamento de 15 dias de salário-enfermidade ou outra denominação], tendo sido deferido o benefício de [aposentadoria por invalidez ou exemplificar se foi auxílio-doença].

Ocorre que, assim que teve ciência do afastamento previdenciário do Autor, a Reclamada cancelou o plano de saúde fornecido pela empresa ao trabalhador, sob a alegação de que *"(...) a suspensão do contrato de trabalho também suspende todas as obrigações patronais durante o período de afastamento previdenciário (...)"*, impedindo, assim, o Reclamante de utilizar-se do plano de saúde no momento em que mais necessitava de amparo médico, na medida em que durante o afastamento laboral, o obreiro foi acometido de moléstias incapacitantes [descrever as doenças sofridas], que demandavam continuidade de tratamento médico e constantes consultas a especialistas, direito esse que foi sonegado pela atitude arbitrária da empregadora, cansando vários transtornos ao Reclamante, que procurou se socorrer da ajuda de familiares para continuar seu tratamento, porém, nem sempre com sucesso, devido ao alto valor das consultas particulares, o que também lhe deixou com várias dívidas.

Não há qualquer cláusula normativa autorizando o cancelamento do plano de saúde durante o período de afastamento previdenciário e, mesmo que houvesse, tal previsão seria, no mínimo "questionável", pelo conteúdo claramente lesivo ao trabalhador.

Igualmente questionável é o fato de o contrato de prestação de assistência médica celebrado com a Reclamada prever *"exclusão do usuário titular do plano no caso de afastamento pelo INSS por doença"*. Ora, fica evidente que a Ré não agiu de boa-fé ao contratar o seguro-saúde de seus empregados nessas condições, em clara afronta ao direito constitucional de acesso à saúde, assegurado constitucionalmente nos arts. 6º e 194, CF.

Salienta-se que a saúde é um direito fundamental e social amplamente defendido pelo Poder Judiciário, direito esse que a Reclamada comprovadamente dificultou ao Reclamante, afrontando o princípio da dignidade humana do art. 1º e o direito de proteção à saúde do art. 7º, XXII, ambos da CF/88.

Além disso, o período de afastamento do art. 476, CLT, que menciona a suspensão contratual deve ser interpretado em harmonia com o direito fundamental à saúde, sendo de inequívoca conclusão que a suspensão do contrato de trabalho somente atinge as obrigações principais de pagamento de salário e de prestação de serviços, pois, se assim não fosse, estar-se-ia negando o princípio primordial da lei, que é a manutenção do direito fundamental da saúde, pois sem ela não haverá a força motriz do trabalho, que é um dos pilares de nossa sociedade.

Ressalta-se que, diante do quadro de saúde pelo qual foi acometido o Autor, e toda a problemática envolvendo o cancelamento de seu plano médico justamente quando mais necessitava de acesso à saúde, o Reclamante teve seu estado de saúde agravado por problemas de ordem psicológica, intensificados pela incerteza e insegurança de continuar a prover o sustento de sua família ou, até mesmo, temendo pela própria vida e a possível privação de seus entes queridos.

A atitude da Ré foi claramente discriminatória ao suprimir o convênio médico do Reclamante. O sofrimento e o dano causado ao trabalhador são evidentes.

Passível, portanto, a Reclamada de condenação ao pagamento de indenização por danos morais ao Autor, diante dos fatos já narrados (arts. 186, 187 e 927, CC).

O dano moral, também denominado de extrapatrimonial, não repercute nos bens patrimoniais da vítima, atingindo os bens de ordem moral ou o foro íntimo da pessoa, tais como: a honra, a liberdade, a intimidade e a imagem.

Podemos dividir os danos morais em puros (diretos) ou reflexos (indiretos).

Os puros esgotam-se em apenas um aspecto, atingindo os chamados atributos da pessoa, como a honra, a intimidade, a liberdade etc. Os reflexos são efeitos da lesão ao patrimônio, ou seja, consequência de um dano material.

De acordo com o âmbito da sua extensão, o dano moral pode ser subjetivo ou objetivo. O primeiro limita-se à esfera íntima da vítima, isto é, ao conjunto de sentimentos e de valores morais e éticos do próprio ofendido. O segundo se projeta no círculo do relacionamento familiar ou social, afetando a estima e a reputação moral, social ou profissional da vítima.

Nos presentes autos, o dano moral é patente. Houve, sem dúvidas, ofensa à honra objetiva e subjetiva do Reclamante, portador de doença [descrever e juntar laudos médicos], momento em que se viu, da noite para o dia, sem o plano de saúde, o que por certo lhe despertou enorme angústia, apreensão e sofrimento, sentimentos capazes de afetar o lado psicológico do Autor, atingindo-lhe em sua esfera íntima e valorativa.

Ressalte-se que em matéria de prova, o dano moral não é suscetível de comprovação, diante da impossibilidade de se fazer a demonstração, no processo judicial, da dor, do sofrimento e da angústia do trabalhador.

Portanto, trata-se de *damnum in re ipsa*, ou seja, o dano moral é decorrência do próprio fato ofensivo. Assim, comprovado o evento lesivo, tem-se como consequência lógica a configuração de dano moral, surgindo a obrigação do pagamento de indenização, nos termos do art. 5º, X, da CF, diante da ofensa aos direitos da personalidade.

Também aplicável ao caso, analogicamente, a Súmula 440 do TST: *"Assegura-se o direito à manutenção de plano de saúde ou de assistência médica oferecido pela empresa ao empregado, não obstante suspenso o contrato de trabalho em virtude de auxílio-doença acidentário ou de aposentadoria por invalidez."*

Assim, faz jus o Autor à indenização pelo dano moral sofrido.

Nesse sentido:

"AGRAVO DE INSTRUMENTO EM RECURSO DE REVISTA. RECURSO DE REVISTA REGIDO PELO CPC/15 E PELA INSTRUÇÃO NORMATIVA Nº 40/16 DO TST E INTERPOSTO NA VIGÊNCIA DA LEI Nº 13.015/14. DANOS MORAIS. CANCELAMENTO DO PLANO DE SAÚDE. DISPENSA SEM JUSTA CAUSA. DANO IN RE IPSA. INDENIZAÇÃO DEVIDA. A Corte regional manteve a condenação da reclamada no pagamento da indenização pretendida, sob o fundamento de que 'o dano moral se confirmou por ato negligente empresarial que alijou o trabalhador da possibilidade de manutenção da sua segurança à saúde'. Constatado, portanto, que o cancelamento do plano de saúde se deu por culpa da reclamada, resta evidente a violação dos direitos da personalidade do reclamante, que se viu abalado psicologicamente porque teve dificultado seu acesso e de sua família à assistência à saúde. Assim, a conduta da reclamada configurou ato ilícito e causou dano moral, apto a ensejar a sua responsabilização civil. Ressalta-se que o dano moral, em si, não é passível de prova, pois acontece no íntimo do ser humano, em sua esfera psicológica, de modo que não é possível demonstrá-lo

Cap. 3 • MODELOS DE CAUSA DE PEDIR E PEDIDOS | **311**

materialmente, sendo, portanto, considerado in re ipsa. *Com efeito, diante do quadro fático narrado na decisão regional, é impossível negar a ocorrência de sofrimento interior e angústia experimentada pelo reclamante, diante da alteração das condições do seu plano de saúde, tornando extremamente dificultoso o pagamento da sua assistência à saúde. Presente também o nexo de causalidade entre a conduta da reclamada e o dano sofrido pelo reclamante, já que essa foi a causa adequada e suficiente para a ocorrência desse. Precedentes. Agravo de instrumento desprovido (...) DANOS MORAIS. ASSÉDIO MORAL. CANCELA-MENTO DO PLANO DE SAÚDE. VALORES DAS INDENIZAÇÕES FIXADOS EM R$ 15.000,00 (QUINZE MIL REAIS) E R$ 10.000,00 (DEZ MIL REAIS) RESPECTIVAMENTE. Estabelece o artigo 944, caput, do Código Civil que a indenização se mede pela extensão do dano. Na hipótese, a Corte regional manteve a condenação da reclamada, decorrente do assédio moral, no valor de R$ 15.000,00 (quinze mil reais). Para tanto, considerou 'a notória capacidade econômica da ré, que se trata de uma Sociedade Anônima, sendo a maior vendedora de eletrodomésticos do país, a gravidade da conduta, e o fato de que a condenação deve ter um caráter pedagógico para que não se repita o ato abusivo, impõe-se a indenização por dano moral fixada em R$ 15.000,00 (quinze mil reais), valor este tido por compatível com a extensão do dano, observados os princípios da razoabilidade e da proporcionalidade'. Ainda, relativo ao cancelamento do plano de saúde, a Corte regional manteve a condenação no importe de R$ 10.000,00 (dez mil reais), tendo apontado na decisão recorrida que, 'por ato negligente empresarial que alijou o tra-balhador da possibilidade de manutenção da sua segurança à saúde. Também no específico à indenização é devida, ipso facto, e também o valor fixado em R$ 10.000,00 é absolutamente razoável e ponderado'. Destaca-se que a jurisprudência desta Corte é de que não se admite a majoração ou diminuição do valor da indenização por danos morais nesta instância extraordinária, em virtude da necessidade de revolvimento da valoração do contexto fático-probatório para tanto. Entretanto, tem-se admitido essa possibilidade apenas nos casos em que a indenização for fixada em valores excessivamente módicos ou estratosféricos. Contudo, no caso em análise, a fixação do montante indenizatório não se enquadra em nenhuma dessas hipóteses, não se verificando a existência de valor extremamente módico e tampouco estratosférico, motivo pelo qual não se observa a apontada violação do artigo 944 do Código Civil. Agravo de instrumento desprovido (...)."* (TST – 2ª T. – AIRR 10454-86.2014.5.01.0263 – Rel. Min. Jose Roberto Freire Pimenta – DEJT 17-4-2020.)

A conduta da Reclamada resultou em ofensa à esfera moral do Reclamante (art. 223-B, CLT).

Oportuno destacar que o art. 223-C da CLT traz a honra, a imagem, a autoestima, a saúde e a integridade física como bens inerentes à pessoa física juridicamente tutelados.

Diante do exposto, a Reclamada deverá ser condenada a restituir ao trabalhador as despesas comprovadamente efetuadas a título de consultas médicas e [descrever outras despesas médicas e juntar comprovantes], além de ser condenada, também, a indenizar os danos morais sofridos pelo Autor pela situação de angústia, sofrimento e constrangimento por ele experimentados, o que lhe gerou profundo desamparo diante da dificuldade de ter acesso à saúde pública e a custosa assistência médica particular, indenização essa que ora se pleiteia no valor mínimo de [50 salários nominais ou outro valor a critério de Vossa Excelência, na forma do art. 223-G, CLT], sendo que tal verba não é base de recolhimentos previdenciários ou fiscais.

Na apuração da indenização por danos morais, os juros são devidos a partir do ajuizamento da demanda trabalhista (art. 39, § 1º, Lei 8.177/91; Súm. 439, TST; Súm. 362, STJ).

PEDIDO:

(a) condenação da Reclamada ao pagamento de indenização por danos morais sofridos (arts. 186, 187 e 927, CC), pela situação de angústia, sofrimento e constrangimento sofridos pelo Autor por ato discriminatório e arbitrário da empregadora, indenização essa que ora se pleiteia no valor mínimo de [50 salários nominais ou outro valor a critério de Vossa Excelência, na forma do art. 223-G, CLT], sendo que tal verba não é base de recolhimentos previdenciários ou fiscais, conforme todo o exposto na fundamentação;

(b) condenação da Reclamada a restituir ao Autor todas as despesas comprovadamente efetuadas a título de consultas médicas [descrever outras despesas médicas e juntar comprovantes].

3.89. DANO MORAL
E MATERIAL. PERDA DE UMA CHANCE

CAUSA DE PEDIR:

O Reclamante era funcionário da empresa [descrever: salário e função], sendo que seu contrato de trabalho já contava com longos [indicar o número] anos de serviços prestados à citada empresa.

Ocorre que o Autor tomou conhecimento de que a Reclamada oferecia uma oportunidade de emprego em sua área de atuação, com remuneração maior e vantagens superiores àquelas que tinha na empresa antiga, o que, naturalmente, despertou-lhe o desejo de melhorar sua condição de trabalho e de vida. Assim, o Autor compareceu à sede da empresa Reclamada e realizou a entrevista seletiva, em que foi aprovado para o cargo pretendido de [com o salário oferecido de R$ ...].

Seguindo as orientações da Reclamada, o Autor realizou todos os procedimentos determinados pelo setor de Recursos Humanos da Ré, como [exame médico admissional, avaliação audiométrica nos locais indicados pela Reclamada], sendo considerado apto [descrever os procedimentos realizados para contratação].

Após a entrega dos exames solicitados à Reclamada, foram-lhe solicitados os demais documentos, tais como foto, RG, CPF, certidão de nascimento de seus filhos, sendo que nessa ocasião, [indicar a data], não levou sua CTPS, pois tinha que pedir dispensa na empresa em que trabalhava, fato esse de pleno conhecimento da empresa Reclamada.

Como a Reclamada lhe comunicou que sua prestação de serviços iniciaria em [indicar a data], o Reclamante compareceu na empresa anterior no dia [indicar a data], para solicitar sua demissão, uma vez que o novo emprego na Reclamada já havia sido confirmado, conforme documentos anexos [juntar docs. ..., como TRCT ou outros que comprovem as alegações].

No dia [indicar a data], conforme ajustado com a Ré, o Reclamante compareceu à Reclamada, às [indicar o horário], para trabalhar, quando, para sua surpresa, foi comunicado que a empresa não iria mais contratá-lo, sendo que nessa ocasião solicitaram que devolvesse o uniforme no dia seguinte e que retirasse os documentos que havia entregado.

As provas documentais juntadas, como [TRCT do contrato anterior, onde consta pedido de demissão, com data de afastamento; atestado de saúde ocupacional e audiometria realizados], comprovam que o Autor havia sido contratado pela Reclamada, que simplesmente "descartou-se" do empregado após este pedir demissão de seu emprego anterior, após anos de trabalho prestado, levando-o a erro e causando-lhe prejuízos morais e materiais que passará a expor.

Destaque-se que as tratativas para a contratação do Reclamante pela Reclamada foram todas cumpridas e realizadas nas dependências da Reclamada, não havendo qualquer motivo para que o Autor não estivesse seguro da sua admissão pela Ré, tanto que após a entrevista e realização dos exames médicos, solicitou o desligamento do outro emprego.

Fere a lógica e o bom senso, bem como o senso de justiça, imaginar que o pedido de demissão endereçado ao antigo empregador não decorreu da crença do Reclamante no contrato realizado com a Reclamada, que findou por não se concretizar, não sendo crível ainda que, diante das dificuldades do mercado de trabalho, um trabalhador abra mão do emprego, sem a certeza de que irá obter outro.

Patente no presente caso o dano experimentado pelo Reclamante, com nexo de causalidade inafastável da promessa de contrato e seu descumprimento, praticado pela Reclamada, sendo mister o seu ressarcimento.

A causa de pedir, portanto, se fundamenta na expectativa frustrada do Reclamante e no prejuízo efetivo amargado em função do ato irresponsável e totalmente inconsequente da Ré, que cancelou a contratação após o Autor ter solicitado seu desligamento do cargo que ocupava em empresa anterior por [indicar o número] anos.

Em virtude da conduta absolutamente reprovável da Reclamada, o obreiro pediu demissão de seu emprego, encontrando-se atualmente desempregado, situação esta que vem gerando diversos transtornos de ordem financeira e emocional, já que até então tinha sua vida programada e organizada, pois contava com uma remuneração mensal advinda do emprego no qual pediu demissão e que sustentava a si e sua família.

A má-fé dos prepostos da Ré chega a ser revoltante, pois causou a perda do emprego do Autor, perda do capital indenizatório, da autoestima e a perda da chance de obter uma melhor colocação no mercado de trabalho, tudo isso ocasionado pela conduta inadequada da Reclamada em não cumprir com a promessa de emprego oferecida ao trabalhador e robustamente comprovada nestes autos.

O dano em questão apresenta três facetas distintas, representadas pelo dano patrimonial emergente, pelos lucros cessantes e pelo dano extrapatrimonial (dano moral):

(a) o dano emergente implica os prejuízos diretos auferidos pelo Autor, ou seja, a diminuição efetiva do seu patrimônio à vista do desemprego (representado pelas contas vencidas e a inexistência de recursos para saldá-las);

(b) os lucros cessantes são os prejuízos consistentes naquilo que o Autor deixou de auferir (salários/cestas básicas) e verbas rescisórias decorrentes da demissão sem justa causa;

(c) o dano moral pelo sofrimento e angústia experimentados pela situação absolutamente absurda pela qual passa o Reclamante, que, além da perda de uma chance de obter uma melhor colocação profissional que lhe fora prometida, de uma hora para outra, encontra-se desempregado, com dívidas crescendo e sua paz familiar e social desmoronando pela insegurança do desemprego.

Acerca da matéria "perda de uma chance", Raimundo Simão de Melo entende que a perda de uma chance pode ser enquadrada como uma espécie intermediária entre o dano emergente e o lucro cessante. O seu fundamento seria a aplicação da teoria da reparação integral dos danos (art. 402, CC): *"A perda de uma chance, portanto, decorrente da violação de um interesse de fato da vítima, não pode ser considerada como dano emergente nem como lucro cessante, porque estes, ao contrário, decorrem da lesão a um direito subjetivo. (…) Agora, como se observa, não há mais entrave algum para o reconhecimento à indenização pela perda de uma chance. Ao contrário, as chances perdidas, desde que reais e sérias, deverão ser indenizadas quando restar provado o nexo causal entre o ato do ofensor e a perda da chance, uma vez que o novo Código Civil brasileiro, a exemplo de outros sistemas jurídicos estrangeiros, ao prever cláusula geral de responsabilidade pela indenização de qualquer espécie de danos, inclui aquela decorrente da perda de uma oportunidade. É o princípio da reparação integral dos danos, com o objetivo de assegurar, sempre que possível, o retorno ao estado anterior, com direito de a vítima ser ressarcida de todos os danos sofridos"* (Direito ambiental do trabalho e a saúde do trabalhador. 2. ed. São Paulo: LTr, 2006, p. 329).

Assim, mensuram-se os prejuízos materiais do Autor da seguinte forma: (a) pelos salários que ele deixou de auferir, desde o desligamento de seu trabalho, além de ter pedido demissão em período de um mês que antecede a data-base; prejuízo no valor recebido a título de verbas rescisórias (lucros cessantes); (b) das contas que não vêm sendo pagas, diante do desemprego iminente, inesperado, das

Cap. 3 • MODELOS DE CAUSA DE PEDIR E PEDIDOS | 315

dívidas geradas e a possibilidade de ver seu nome incluído no rol de inadimplentes (dano emergente); (c) a perda da chance de obter melhor colocação no mercado de trabalho, conforme lhe fora inequivocamente prometido e descumprido.

Ressalta-se que o Autor não tinha, a princípio, qualquer interesse em rescindir o contrato de trabalho com a empresa anterior, pois encontrava-se estabilizado em seu cargo de [anos de contrato de trabalho], pois, repita-se, tinha planos de obter uma melhor colocação no mercado e aumentar seus rendimentos, o que lhe poderia propiciar um melhor padrão de vida para si e sua família, além de custear suas contas mensais.

A oportunidade que foi dada para o Autor e foi covardemente retirada pela Reclamada, retirando do trabalhador até mesmo a segurança de contar com suas indenizações trabalhistas de eventual dispensa imotivada na empresa anterior, já que, se eventualmente houvesse rescisão do contrato de trabalho, certamente se daria por iniciativa do empregador e, nestas condições, o Autor garantiria ao menos o recebimento das verbas indenizatórias, tais quais, 40% do FGTS depositado, aviso-prévio indenizado, 6 parcelas de seguro-desemprego, além do levantamento do FGTS e todos os direitos normativos garantidos pela categoria sindical à qual estava enquadrado.

Cumpre, neste contexto, ressaltar que, conforme se denota da CTPS do Autor, o penúltimo contrato de trabalho mantido com a empresa [nome da empresa] perdurou por longos [...] anos, o que demonstra que o Reclamante não era empregado que tinha por hábito laborar em períodos curtos – ao contrário –; denota-se que o Autor é empregado que valoriza a estabilidade laboral e a segurança de estar contratado, mas que tem o direito de permitir-se a busca de melhor colocação profissional, como lhe foi oferecido pela Reclamada e retirado de forma tão vil.

Sobre o tema colacionamos excelente e recentíssimo estudo:

> *"Certo é que quem causa prejuízo a outrem é obrigado a reparar o dano. Contudo, nem sempre o que há é a demonstração clara e insofismável da ocorrência de um prejuízo e sim a possibilidade de obtenção de um determinado resultado. É o que se denomina responsabilidade civil pela 'perda de uma chance'. (...) A perda de uma chance não pode ser vista como um dano moral, vez que este sintetiza a violação de um direito de personalidade, não pressupondo o prejuízo que uma pessoa possa ter pela perda de um resultado. Também não pode ser a perda de uma chance enquadrada como dano emergente ou lucro cessante. (...) Em qualquer hipótese, para o ressarcimento do prejuízo é primordial a demonstração da perda de uma vantagem e não, simplesmente, uma situação de mera expectativa ou situação hipotética (...)"* (JORGE NETO, Francisco Ferreira; CAVALCANTE, Jouberto de Quadros Pessoa. *Direito do Trabalho*. 6. ed. São Paulo: Atlas, 2012, p. 880).

O fundamento do pedido se pauta na violação pelo empregador do dever geral de boa-fé que deve reger as contratações, aqui interpretado à luz das disposições do art. 2º da CLT, que atribui ao empregador todos os riscos da atividade econômica.

Há de ser considerado para tanto o conteúdo dos arts. 427 e 458, CC, pelos quais se conclui pela inteira e atual responsabilidade do contratante pelo conteúdo do contrato proposto, na hipótese em que dá causa a seu rompimento de forma unilateral.

A jurisprudência vem se posicionando favoravelmente nesse sentido:

> *"AGRAVO DE INSTRUMENTO EM RECURSO DE REVISTA EM FACE DE DECISÃO PUBLICADA ANTES DA VIGÊNCIA DA LEI Nº 13.015/2014. RESPONSABILIDADE CIVIL DO EMPREGADOR. DANOS MORAIS CAUSADOS AO EMPREGADO. CARACTERIZAÇÃO. PROCESSO SELETIVO. FASE PRÉ-CONTRATUAL. PERDA DE UMA CHANCE. Agravo de instrumento a que se dá provimento para determinar o processamento do recurso de revista, em face de haver sido demonstrada possível afronta ao artigo 5º, X, da Constituição Federal.*

RECURSO DE REVISTA EM FACE DE DECISÃO PUBLICADA ANTES DA VIGÊNCIA DA LEI Nº 13.015/2014. RESPONSABILIDADE CIVIL DO EMPREGADOR. DANOS MORAIS CAUSADOS AO EMPREGADO. CARACTERIZAÇÃO. PROCESSO SELETIVO. FASE PRÉ-CONTRATUAL. PERDA DE UMA CHANCE. A responsabilidade civil do empregador pela reparação decorrente de danos morais causados ao empregado pressupõe a existência de três requisitos, quais sejam: a conduta (culposa, em regra), o dano propriamente dito (violação aos atributos da personalidade) e o nexo causal entre esses dois elementos. O primeiro é a ação ou omissão de alguém que produz consequências às quais o sistema jurídico reconhece relevância. É certo que esse agir de modo consciente é ainda caracterizado por ser contrário ao Direito, daí falar-se que, em princípio, a responsabilidade exige a presença da conduta culposa do agente, o que significa ação inicialmente de forma ilícita e que se distancia dos padrões socialmente adequados, muito embora possa haver o dever de ressarcimento dos danos, mesmo nos casos de conduta lícita. O segundo elemento é o dano que, nas palavras de Sérgio Cavalieri Filho, consiste na '[...] subtração ou diminuição de um bem jurídico, qualquer que seja a sua natureza, quer se trate de um bem patrimonial, quer se trate de um bem integrante da própria personalidade da vítima, como a sua honra, a imagem, a liberdade etc. Em suma, dano é lesão de um bem jurídico, tanto patrimonial como moral, vindo daí a conhecida divisão do dano em patrimonial e moral'. Finalmente, o último elemento é o nexo causal, a consequência que se afirma existir e a causa que a provocou; é o encadeamento dos acontecimentos derivados da ação humana e os efeitos por ela gerados. No caso, a Turma, POR MAIORIA, negou provimento ao recurso do autor. A decisão comporta reforma. Cumpre destacar trechos do voto vencido, não contrariados pelo voto condutor, os quais revelam ser verossímil que todos os atos praticados pela empresa denotavam que o empregado seria contratado, senão vejamos: 'o reclamante, na etapa pré-contratual, diante do comportamento da futura empregadora, foi levado a criar a razoável convicção de que o contrato seria celebrado, perduraria no tempo e lhe garantiria meios de prosperar em país distinto daquele de origem, juntamente com sua família, que com ele se deslocou em mudança definitiva. Ratificando essa conclusão, os termos da defesa, nas fls. 76/77, em que a própria reclamada afirmou ter alcançado o valor de R$ 10.000,00 a título de empréstimo para o reclamante, necessários às providências com sua mudança de Buenos Aires para Passo Fundo. Ainda, a correspondência eletrônica de fls. 26/31, trocada entre o autor e a Sra. Paula Brum, Gerente Operacional da reclamada, revelando o auxílio prestado pela empresa na busca por vaga em escolas de ensino fundamental para o filho do reclamante, tudo isso ainda na fase de tratativas para a implementação do contrato de trabalho. O reclamante, enfim, pode ter formalmente assinado um ajuste experimental, mas estava convicto que a sua contratação seria por período superior, e a tanto foi induzido pela empregadora, que lhe criou essa expectativa, adiantando valor para mudança de domicílio e incentivando uma movimentação familiar que de modo algum se justificaria se ventilada a possibilidade real de término da relação contratual 90 dias após'. Desde as negociações preliminares vigora o princípio da boa-fé no dever de conduta dos sujeitos, conforme dispõe o art. 422 do Código Civil. O empregador tem o dever de agir com lealdade, lisura, respeito e consideração com o empregado, sobretudo ante o seu estado de necessidade econômica e a sua condição de hipossuficiente, de modo que o fomento a uma expectativa de direito ao contrato de trabalho causa prejuízos não apenas financeiros, mas também afeta a moral de permanecer na situação de desemprego e faz emergir o dever de reparação baseado na perda de uma chance. No caso, a rejeição da pretensão decorreu da ausência de 'prova de ato ou omissão criadores de situação de especial e injusto mal infligido na órbita moral do reclamante', o que foi caracterizado no registro já mencionado. Evidenciado o dano, assim como a conduta culposa do empregador e o nexo causal entre ambos, deve ser restabelecida a sentença que o condenou ao pagamento de indenização por danos morais. Precedentes. Recurso de revista de que se conhece e a que se dá provimento" (TST – 7ª T. - RR 92-70.2012.5.04.0664 – Rel. Min. Cláudio Mascarenhas Brandão - *DEJT* 18-12-2015).

Já o dano moral, também denominado de extrapatrimonial, não repercute nos bens patrimoniais da vítima, atingindo os bens de ordem moral ou o foro íntimo da pessoa, tais como: a honra, a liberdade, a intimidade e a imagem.

Os danos morais, como ocorre em relação aos materiais, somente serão reparados quando ilícitos. Podemos dividir os danos morais em puros (diretos) ou reflexos (indiretos).

Os puros esgotam-se em apenas um aspecto, atingindo os chamados atributos da pessoa, como a honra, a intimidade, a liberdade etc. Os reflexos são efeitos da lesão ao patrimônio, ou seja, consequência de um dano material.

De acordo com o âmbito da sua extensão, o dano moral pode ser subjetivo ou objetivo. O primeiro limita-se à esfera íntima da vítima, isto é, ao conjunto de sentimentos e de valores morais e éticos do próprio ofendido. O segundo se projeta no círculo do relacionamento familiar ou social, afetando a estima e a reputação moral, social ou profissional da vítima.

Nos presentes autos, o dano moral é patente. Houve, sem dúvidas, ofensa à honra objetiva e subjetiva do Reclamante, que se viu, da noite para o dia, sem emprego, o que por certo despertou no Reclamante enorme angústia, uma vez que já havia se desvinculado de seu emprego anterior, deixando assim de ter condições de prover seu sustento e de sua família, sem ter sequer a perspectiva de perceber o benefício do seguro-desemprego, uma vez que foi sua a iniciativa para despedida.

Evidente que a conduta da Reclamada resultou em ofensa à esfera moral do Reclamante (art. 223-B, CLT).

Oportuno destacar que o art. 223-C, da CLT, traz a honra, a imagem e a autoestima como bens inerentes à pessoa física juridicamente tutelados.

Assim, resta clara a obrigação da Reclamada em indenizar o Reclamante pelos danos materiais e morais decorrentes da perda de uma chance (arts. 186, 187, 927 e 932, III, CC), tendo em vista as perdas financeiras e o abalo moral resultantes do cancelamento de sua contratação, após todas as tratativas e procedimentos realizados para tal, levando o Autor a solicitar dispensa de seu emprego anterior para dedicar-se ao novo emprego prometido pela Ré, que, de forma imprópria e vil, cancelou sua contratação, acarretando ao trabalhador todos os prejuízos expostos nesta fundamentação.

Com relação aos danos materiais, como lucros cessantes e danos emergentes, requer-se a condenação da Reclamada ao pagamento de todos os salários e cestas básicas que o Autor deixou de auferir, desde o momento do seu pedido de demissão perante a sua ex-empregadora e durante todo o período em que vigoraria o contrato de trabalho (estimativa da média de duração dos contratos de trabalho do Reclamante em sua CTPS = meses de salários e benefícios), incluindo-se: 13º salário, férias, abono de férias, depósitos fundiários, multa de 40%, aviso-prévio e reflexos, seguro-desemprego por eventual dispensa sem justa causa − modalidade de dispensa que rescindiu todos os contratos de trabalho do Autor, que somente solicitou sua dispensa diante da promessa não cumprida da Ré.

Pelos danos morais sofridos, requer-se a condenação da Reclamada à indenização por dano moral, o que ora se pleiteia, no valor mínimo de [30 salários nominais prometidos pela Reclamada ou outro valor a critério de Vossa Excelência, na forma do art. 223-G, CLT], sem prejuízo das indenizações por danos materiais também pleiteados, sendo que tal verba (indenização por dano moral) não é base de recolhimentos previdenciários ou fiscais. Na apuração da indenização por danos morais, os juros são devidos a partir do ajuizamento da demanda trabalhista (art. 39, § 1º, Lei 8.177/91; Súm. 439, TST; Súm. 362, STJ).

PEDIDO:

(a) condenação da Reclamada à indenização pelos danos materiais sofridos, valores estes correspondentes ao pagamento de todos os salários e cestas básicas que o Autor deixou de auferir, desde o momento do seu pedido de demissão perante a sua ex-empregadora e durante todo o período em que vigoraria o contrato de trabalho (estimativa da média de duração dos contratos de trabalho do Reclamante em sua CTPS = meses de salários e benefícios), incluindo-se: 13º salário, férias, abono de férias, depósitos fundiários, multa de 40%, aviso-prévio e reflexos, seguro-desemprego por eventual dispensa sem justa causa – modalidade de dispensa que rescindiu todos os contratos de trabalho do Autor, que somente solicitou sua dispensa diante da promessa não cumprida da Ré;

Esta parcela do pedido será calculada com base na última remuneração do Autor [indicar o valor]. Os valores são:

a.1) salários de todo o período;

a.2) férias + 1/3 (dois períodos + 4/12);

a.3) 13º salário (dois períodos + 4/12);

a.4) FGTS + 40% - 11,2% sobre os salários, 13º salário e verbas rescisórias;

a.5) aviso-prévio, 13º salário + 1/12 pelo aviso-prévio, férias 1/12 + 1/3 pelo aviso-prévio, FGTS + 40% sobre o aviso-prévio; indenização de 5 parcelas de seguro-desemprego ou indenização; cestas básicas ou indenização equivalente. Total dano material: R$ [indicar o valor];

(b) diante da situação de expectativa frustrada na qual se encontra o Autor, por conta da quebra de promessa de emprego e o desemprego inesperado, somado à ausência de recursos para pagar suas contas, situação que desestruturou sua vida pessoal e profissional, inviabilizando seus planos, lhe acarretando inequívoco sofrimento, apto a ser indenizado, requer seja a parte adversa condenada ao pagamento de indenização a título de danos morais, no importe de [30 salários nominais prometidos pela Reclamada ou outro valor a critério de Vossa Excelência, na forma do art. 223-G, CLT].

3.90. DANO MORAL
SUPRESSÃO DO PLANO DE SAÚDE

CAUSA DE PEDIR:

O Reclamante, sem qualquer justificativa da Reclamada, teve o seu plano de saúde suprimido, em evidente discriminação, o que lhe causou grande sofrimento.

O dano moral, também denominado de extrapatrimonial, não repercute nos bens patrimoniais da vítima, atingindo os bens de ordem moral ou o foro íntimo da pessoa, tais como: a honra, a liberdade, a intimidade e a imagem.

Os danos morais, como ocorre em relação aos materiais, somente serão reparados quando ilícitos.

Podemos dividir os danos morais em puros (diretos) ou reflexos (indiretos).

Os puros esgotam-se em apenas um aspecto, atingindo os chamados atributos da pessoa, como a honra, a intimidade, a liberdade etc. Os reflexos são efeitos da lesão ao patrimônio, ou seja, consequência de um dano material.

De acordo com o âmbito da sua extensão, o dano moral pode ser subjetivo ou objetivo. O primeiro limita-se à esfera íntima da vítima, isto é, ao conjunto de sentimentos e de valores morais e éticos do próprio ofendido. O segundo se projeta no círculo do relacionamento familiar ou social, afetando a estima e a reputação moral, social ou profissional da vítima.

Nos presentes autos, o dano moral é patente. Houve, sem dúvidas, ofensa à honra objetiva e subjetiva do Reclamante, portador de doença grave [indicar a doença], que se viu, da noite para o dia, sem o plano de saúde, o que por certo lhe despertou enorme angústia, apreensão e sofrimento, sentimentos capazes de afetar o lado psicológico do Autor, atingindo-lhe em sua esfera íntima e valorativa.

Ressalte-se que em matéria de prova, o dano moral não é suscetível de comprovação, diante da impossibilidade de se fazer a demonstração, no processo judicial, da dor, do sofrimento e da angústia do trabalhador.

Portanto, trata-se de *damnum in re ipsa*, ou seja, o dano moral é decorrência do próprio fato ofensivo. Assim, comprovado o evento lesivo, tem-se como consequência lógica a configuração de dano moral, surgindo a obrigação do pagamento de indenização, nos termos do art. 5º, X, da CF, diante da ofensa aos direitos da personalidade.

Desta feita, faz jus o Autor à indenização pelo dano moral sofrido.

Nesse sentido:

"AGRAVO DE INSTRUMENTO DO RECLAMANTE. LEI 13.467/17. INDENIZAÇÃO POR DANO MORAL. CANCELAMENTO DO PLANO DE SAÚDE. ENTIDADE ASSISTENCIAL CRIADA PELA EMPREGADORA. TRANSCENDÊNCIA. O processamento do recurso de revista na vigência da Lei 13.467/17 exige que a causa ofereça transcendência com relação aos reflexos gerais de natureza econômica, política, social ou jurídica, a qual deve ser analisada de ofício e previamente pelo Relator (artigos 896-A, da CLT, 246 e 247 do RITST). Constatada a transcendência política da causa e demonstrada a violação do art. 5º, X, da CF, deve ser processado o recurso de revista. Agravo de Instrumento de que se conhece e a que se dá provimento. RECURSO DE REVISTA DO RECLAMANTE. LEI 13.467/17. INDENIZAÇÃO POR DANO MORAL. CANCELAMENTO DO

PLANO DE SAÚDE. ENTIDADE ASSISTENCIAL CRIADA PELA EMPREGADORA. A causa trata do indeferimento à indenização por dano moral, pretendida pelo reclamante, em virtude do cancelamento do plano de saúde oferecido pela segunda reclamada, com o patrocínio da primeira. O Eg. TRT reformou a decisão de primeiro grau para restabelecer o plano de saúde, aplicando o Estatuto de 1964, regulamento que assegurava o direito à manutenção do benefício após a aposentadoria dos empregados. Não obstante tal restabelecimento, o direito à indenização por dano moral não foi reconhecido pelo fundamento de que a cessação do plano de saúde, considerada isoladamente, não gera ofensa à intimidade, vida privada, honra ou imagem do ofendido. O entendimento preferido pelo Tribunal Regional é dissonante com a jurisprudência desta Corte Superior, no sentido de que há violação da honra subjetiva do empregado ao ter o seu plano de saúde cancelado, sendo a prova desnecessária para demonstrar o abalo moral decorrente, de forma a revelar o dano in re ipsa. Demonstrado pelo recorrente, por meio de cotejo analítico, que o eg. TRT incorreu em ofensa ao art. 5º, X, da CF, o recurso deve ser conhecido e provido. Transcendência reconhecida, recurso de revista de que se conhece e a que se dá provimento. AGRAVOS DE INSTRUMENTO DAS RECLAMADAS. ANÁLISE CONJUNTA. LEI 13.467/17. NULIDADE DO V. ACÓRDÃO REGIONAL POR NEGATIVA DE PRESTAÇÃO JURISDICIONAL. JULGAMENTO EXTRA PETITA. NÃO OCORRÊNCIA. RESTABELECIMENTO DO PLANO DE SAÚDE. HONORÁRIOS ADVOCATÍCIOS. CONTRATO DE TRABALHO EXTINTO ANTES DA VIGÊNCIA DA LEI 13.467/17. TRANSCENDÊNCIA. O processamento do recurso de revista na vigência da Lei 13.467/17 exige que a causa ofereça transcendência com relação aos reflexos gerais de natureza econômica, política, social ou jurídica, a qual deve ser analisada de ofício e previamente pelo Relator (artigos 896-A, da CLT, 246 e 247 do RITST). Ausente a transcendência o recurso não será processado. Quanto à nulidade por negativa de prestação jurisdicional, tem-se que a parte não atendeu ao disposto no inciso IV do § 1º-A do art. 896 da CLT, deixando de transcrever as razões dos embargos de declaração opostos. Em relação ao julgamento extra petita, não há análise do tema pelo eg. TRT, o que impede o exame da transcendência. No que se refere ao restabelecimento do plano de saúde, a causa trata do enquadramento do reclamante às regras dispostas no Estatuto vigente à época da sua contratação, em que asseguravam o direito à manutenção do plano de saúde após a aposentadoria. Quanto aos honorários advocatícios, a decisão foi fundamentada na comprovação de hipossuficiência por parte do reclamante, que se encontra assistido por sindicato. As matérias debatidas não possuem transcendência econômica, política, jurídica ou social. Agravos de instrumento de que se conhece e a que se nega provimento, porque não reconhecida a transcendência". (TST – 6ª T. – ARR 20415-03.2017.5.04.0121 – Rel. Des. Conv. Cilene Ferreira Amaro Santos – DEJT 9-5-2019.)

A atitude da Reclamada, de privar o Reclamante do plano de saúde, resultou em ofensa à esfera moral (art. 223-B, CLT).

Oportuno destacar que o art. 223-C da CLT traz a honra, a imagem, a saúde e a integridade física como bens inerentes à pessoa física juridicamente tutelados.

Em face desse contexto, o Reclamante solicita uma indenização a título de danos morais, a ser arbitrada no valor de R$ 100.000,00 ou outro valor a critério de Vossa Excelência, na forma do art. 223-G, CLT, cujo valor deverá ser atualizado a partir do ajuizamento da demanda (Súmula 439, TST e Súmula 362, STJ), sendo que tal verba não é base de recolhimentos previdenciários ou fiscais.

PEDIDO:

Condenação da Reclamada ao pagamento de indenização por danos morais em virtude da supressão do plano de saúde, no valor de R$ 100.000,00 ou outro valor a critério de Vossa Excelência, na forma do art. 223-G, CLT, com base em toda a fundamentação exposta.

3.91. DANO MORAL
FISCALIZAÇÃO DE E-MAIL *CORPORATIVO*

CAUSA DE PEDIR:

Devido à natureza dos serviços prestados pelo Reclamante, onde havia visitas externas a clientes, com necessidade de acesso virtual a dados e estatísticas da empresa ré, para fins de fechamento de contratos com fornecedores e clientes, a Reclamada cedeu ao Reclamante um *notebook* para seu uso, a fim de manejar com mais presteza tais dados necessários em reuniões externas. Também havia a troca de mensagens entre o Autor e seus supervisores, pelo *e-mail* corporativo da empresa.

Ressalta-se que o *notebook* cedido pela empresa, com a ciência e o consentimento dos supervisores do Reclamante, poderia ser levado por ele para sua residência, haja vista que, em muitas ocasiões, as reuniões externas terminavam muito além da jornada contratual do obreiro, dirigindo-se para sua casa logo após o término dos serviços externos do dia.

Havia, porém, a determinação de que, durante suas férias, o referido equipamento ficasse guardado no armário privativo do Autor, trancado à chave, dentro de sua sala, na sede da empresa.

Ocorre que, ao retornar de suas últimas férias, o Reclamante foi surpreendido por ato da empresa que, durante o período de sua ausência, simplesmente arrombou seu armário de uso pessoal na empregadora e teve seu *notebook* confiscado pela diretoria, sob a alegação de que *"(...) a gerência necessitava de informações constantes nos* e-mails *corporativos trocados para fins de uma transação realizada no mês anterior (...)"*.

Como se não bastasse o arrombamento de armário de uso pessoal, o *notebook* cedido pela empresa foi amplamente vasculhado, inclusive no que se refere aos *e-mails* corporativos e pessoais do Reclamante, uma vez que o equipamento era usado pelo obreiro, com a ciência da Ré, também, para uso pessoal, pois o Autor o levava para sua residência, a fim de realizar esboço de projetos para a empresa Ré, muitas vezes, aos finais de semana.

Os supervisores do Autor, ao recolherem o *notebook* usado pelo empregado, acessaram não só os *e-mails* corporativos, mas também acabaram por ter acesso às informações pessoais do Reclamante contidas no equipamento, já que também era de uso pessoal – o que nunca foi proibido pela Ré.

Assim, a Ré se apropriou de informações de correio eletrônico e dados pessoais do Reclamante, guardadas no equipamento cedido pela empregadora, causando transtorno e constrangimento ao Autor.

Muito embora o objeto de busca dos supervisores do Autor tenha sido os *e-mails* corporativos, de uso profissional do Reclamante, a atitude da empregadora em violar o equipamento utilizado pelo Autor arrombando seu armário de uso privativo durante suas férias configura pleno abuso do poder diretivo e fiscalizatório do empregador, na medida em que os *e-mails* são equiparados às cartas fechadas, segundo as quais é assegurado o sigilo absoluto, como previsto no art. 5º, XII, CF/88.

Tambem aplicável ao caso, analogicamente, a Lei 9.296/96, que explicita os casos de cabimento da interceptação telefônica, concluindo assim que "a interceptação de dados, ainda que efetuada na rede interna da empresa, é ato criminoso, e como tal, não poderia ser praticado pelo empregador, sem prévia autorização judicial".

Empregadores têm direito de fiscalizar computadores e *e-mails* corporativos, desde que haja proibição expressa, em regulamento, da utilização para uso pessoal, o que não ocorreu no caso dos autos. Há, portanto, limitações do poder diretivo patronal, quando a fiscalização colide com o direito à intimidade do empregado e outros direitos fundamentais como o da inviolabilidade do sigilo de correspondência, de comunicações telegráficas, de dados e telefonemas.

Atualmente, é comum as empresas disponibilizarem aos seus empregados *e-mails* corporativos. Nesse contexto, existe uma grande discussão acerca da possibilidade de o empregador fiscalizar o conteúdo das mensagens enviadas pelos empregados no âmbito dessas correspondências eletrônicas. Esse tema é complexo, envolvendo a aplicação do direito fundamental à privacidade nas relações privadas. Talvez alguns não percebam, mas a incidência dos direitos fundamentais na esfera privada envolve sempre uma ponderação de interesses entre valores constitucionais em conflito. Na espécie, há uma colisão entre o direito à privacidade do empregado e o direito do empregador de gerir sua empresa como melhor lhe aprouver (autonomia privada).

Muito embora a Reclamada seja proprietária dos computadores e provedora das contas de *e-mail*, há limites para a fiscalização de sua utilização pelo funcionário. Isso não pode ferir o direito à privacidade dos empregados, ou outros direitos fundamentais, como o da inviolabilidade do sigilo de correspondências. Tal fiscalização de computadores e *e-mails* corporativos por empregadores apenas é permitida quando houver um regulamento interno que impeça o uso da internet para fins pessoais. E mesmo neste caso, a fiscalização deve atender a algumas exigências legais.

Nesse contexto, configurados o ato ilícito, o dano, a culpa do empregador e o nexo de causalidade entre ambos, pela violação do *notebook* corporativo, também destinado ao seu uso pessoal com a ciência da Ré e ausência de qualquer proibição expressa para tal.

> *"Indenização. Dano moral. Caracterização. Violação à intimidade. Arrombamento de armário privativo e violação de correspondência pessoal (correio eletrônico e dados pessoais) (por violação ao art. 5º, V e X, da Constituição Federal). O Tribunal Regional, embasado nas provas dos autos, na forma preconizada pela Súmula 126 desta Corte, constatou presentes os elementos caracterizados da responsabilidade civil, quais sejam, o dano, o nexo de causalidade e a conduta ilícita do agente ofensor. Observe-se que o Colegiado constatou que, in casu, a prova testemunhal produzida confirma o fato alegado na inicial como ensejador da reparação pretendida, no sentido de que houve arrombamento do armário privativo do Reclamante bem como violação de sua correspondência pessoal, inclusive correio eletrônico e dados pessoais. Dessa forma, houve, de fato, efetivo prejuízo de ordem moral ao Reclamante. Recurso de revista não conhecido"* (TST – 2ª T. – RR 183240-61.2003.5.05.0021 – Rel. Min. Renato de Lacerda Paiva – *DEJT* 14-9-2012).

O princípio da inviolabilidade à intimidade, vida privada, honra e imagem é assegurado pela Constituição Federal em seu art. 5º, X, dispondo o inciso V desse mesmo artigo acerca da possibilidade de indenização em caso de dano moral, material ou à imagem decorrente da violação do princípio em questão. Tais dispositivos protegem a realização da vida sem a interferência indevida ou moléstia de terceiros.

Da situação acima narrada, evidente que a conduta da Reclamada resultou em ofensa à esfera moral do Reclamante (art. 223-B, CLT).

Oportuno destacar que o art. 223-C da CLT traz a honra, a imagem, a intimidade e a autoestima como bens inerentes à pessoa física juridicamente tutelados.

Assim, perfeitamente identificados o nexo causal entre a conduta da Reclamada e o dano sofrido pelo Reclamante, que teve violadas sua honra, intimidade, vida privada e imagem, sendo inerente ao fato o dano moral suportado, passível de reparação pela empregadora (arts. 186, 927 e 932, III, CC), bem como a necessidade de pena de cunho pedagógico.

Requer, portanto, seja a Reclamada condenada ao pagamento de indenização por dano moral no valor mínimo de 10 salários do Reclamante ou outro valor a critério de Vossa Excelência, na forma do art. 223-G, CLT, sendo que tal verba não é base de recolhimentos previdenciários ou fiscais.

Na apuração da indenização por danos morais, os juros são devidos a partir do ajuizamento da demanda trabalhista (art. 39, § 1º, Lei 8.177/91; Súm. 439, TST; Súm. 362, STJ).

PEDIDO:

Condenação da Reclamada ao pagamento de indenização por danos morais em virtude da violação da honra, intimidade, vida privada e imagem do Reclamante, no valor mínimo de 10 salários do Reclamante ou outro valor a critério de Vossa Excelência, na forma do art. 223-G, CLT.

3.92. DANO MORAL
GRAVAÇÃO DO MOMENTO DA OFENSA

CAUSA DE PEDIR:

No dia [indicar a data], o Reclamante teria sido dispensado pelo proprietário da empresa aos gritos e palavrões. O motivo teria sido uma vistoria sofrida pela Reclamada.

Tem-se uma gravação nos autos quanto ao incidente do dano moral. Será que esta gravação é uma prova ilícita?

Gravação é a coleta de dados por um dos participantes da comunicação. Pode ser: (a) consentida: todos têm a plena ciência de sua ocorrência, como é o caso de gravações efetuadas por empresas prestadoras de serviços, quando o consumidor ou o cliente reclama para a empresa solicitando os seus serviços ou para eventuais reclamações. É lícita; (b) clandestina: um dos interlocutores não tem ciência da sua realização. Pode ser realizada por aparelho eletrônico ou telefônico (gravação clandestina propriamente dita) ou no próprio ambiente da conversação (gravação ambiental). Por regra, qualquer gravação clandestina é ilícita (art. 5º, X e XII).

No entanto, é admitida como meio de prova. Por exemplo, quando o interesse público deva prevalecer sobre a proteção da intimidade e da privacidade do interlocutor. É o caso dos autos. O Reclamante fez uma gravação e se utiliza dela para fazer prova das ofensas ao seu patrimônio ideal.

A jurisprudência indica:

> *"RECURSO DE REVISTA. NÃO REGIDO PELA LEI Nº 13.015/14. ASSÉDIO MORAL. GRAVAÇÃO TELEFÔNICA POR UM DOS INTERLOCUTORES. LICITUDE DA PROVA. A jurisprudência prevalecente no Tribunal Superior do Trabalho orienta-se no sentido de que a gravação telefônica feita por um dos interlocutores não constitui prova ilícita, ainda que sem o conhecimento do outro. Trata-se, portanto, de prova lícita apta à comprovação de fatos alegados pela parte requerente. Precedentes do TST. Recurso de revista conhecido e provido (...)."* (TST – 7ª T. – RR 39800-83.2007.5.02.0042 – Rel. Min. Luiz Philippe Vieira de Mello Filho – DEJT 3-5-2019.)

> *"AGRAVO DE INSTRUMENTO. RECURSO DE REVISTA INTERPOSTO NA VIGÊN-CIA DA LEI Nº13.015/14. GRAVAÇÃO DE CONVERSA REALIZADA POR UM DOS INTERLOCUTORES. MEIO DE PROVA. LICITUDE. A jurisprudência desta Corte Superior, na mesma linha de raciocínio do STF, entende que a gravação clandestina, aquela realizada por um dos interlocutores sem o conhecimento do outro, destinada a comprovação de fatos, não constitui prova ilícita. Precedentes (...)."* (TST – 2ª T. – AIRR 344-87.2015.5.02.0029 – Rel. Min. Maria Helena Mallmann – DEJT 4-5-2018.)

Como a prova não é ilícita, passaremos ao seu contexto.

O DVD contém uma gravação com áudio em torno de 7 minutos.

Por várias vezes, o proprietário da empresa referiu-se ao Reclamante fazendo comentários a respeito da sua genitora.

Cap. 3 • MODELOS DE CAUSA DE PEDIR E PEDIDOS | 325

Por outro lado, o motivo da dispensa do Reclamante foi o fato de ter sido feita uma reclamação administrativa junto ao Ministério do Trabalho.

Vale dizer, o empregador destratou o Reclamante, o xingou, o que é inadmissível.

Evidente a ofensa ao patrimônio ideal do trabalhador em nível de degradação dos seus direitos de personalidade (art. 5º, V e X, CF).

O dano moral, para ser indenizado, independe de comprovação do abalo sofrido pelo ofendido, eis que decorre da simples violação do patrimônio ideal do trabalhador. Assim, basta a demonstração da conduta lesiva e seu nexo com o fato gerador, sendo que o prejuízo é presumível, não sendo necessária à sua comprovação.

Nesse sentido, colacionamos jurisprudência do TST:

"Recurso de revista. 1. Dano moral. Direito personalíssimo. Art. 5º, X, da constituição federal. O dano moral decorre da simples violação aos bens imateriais tutelados pelos direitos personalíssimos do ofendido, de forma que para a sua configuração basta a demonstração da conduta potencialmente lesiva aos direitos da personalidade e a sua conexão com o fato gerador, sendo prescindível a comprovação do prejuízo, uma vez que presumível. No caso concreto, restou demonstrado o dano moral, com a tentativa de demissão por justa causa e acusação de prática de ato de improbidade. Desse modo, presentes os requisitos caracterizadores do dano moral, não pode a ausência de publicidade do ato ilícito praticado pelo empregador impedir a reparação pleiteada pela autora. Inteligência da diretriz perfilhada no art. 5º, X, da Constituição Federal, que assegura à pessoa ofendida na sua intimidade, vida privada, honra ou imagem o direito a devida reparação. Recurso de revista conhecido e parcialmente provido para julgar procedente o pedido de indenização por danos morais e arbitrar a condenação em R$ 10.000,00 (dez mil reais)" (TST – 2ª T. – RR 7700-64.2007.5.08.0121 – Rel. Min. Guilherme Augusto Caputo Bastos – *DEJT* 26-8-2011).

A conduta da Reclamada resultou em ofensa à esfera moral do Reclamante (art. 223-B, CLT), sendo que o art. 223-C da CLT traz a honra, a imagem e autoestima como bens inerentes à pessoa física juridicamente tutelados.

Assim, deve ser reconhecido ao Reclamante o direito a uma indenização por dano moral, no valor mínimo de 10 salários do Reclamante ou outro valor a critério de Vossa Excelência, na forma do art. 223-G, CLT.

PEDIDO:

Indenização a título de dano moral, no valor mínimo de 10 salários do Reclamante ou outro valor a critério de Vossa Excelência, na forma do art. 223-G, CLT, a ser atualizado a partir da prolação da sentença (Súm. 439, TST) e com juros a partir do ajuizamento da demanda. Pela natureza da verba, descabem descontos de INSS e IRPF.

3.93. DANO MORAL
INCLUSÃO DE NOME EM "LISTA SUJA"/"LISTA NEGRA"

CAUSA DE PEDIR:

O Reclamante foi vítima de conduta discriminatória e ilegal por parte da Reclamada, que incluiu seu nome na chamada *"lista negra"* que foi divulgada para outras empresas, pelo fato de o Autor ter ingressado com reclamatória trabalhista em face da Ré no intuito de buscar a tutela de seus direitos trabalhistas inadimplidos pela empresa após a rescisão contratual.

Em represália à ação trabalhista na qual foi condenada, a Ré não só incluiu o Autor na *"lista negra"* como imputou-lhe graves acusações sobre a sua conduta profissional, o que dificultou a sua recolocação no mercado de trabalho.

Testemunhas comprovarão [indicar demais provas] que a Reclamada possuía uma lista na qual constavam os dados de ex-empregados que moveram ação trabalhista, sendo que tal lista era divulgada para outras empresas, de maneira a impedir a contratação do ex-empregado por outros empregadores, constituindo prática discriminatória e atentatória ao livre exercício do direito constitucional de ação.

Desnecessária a comprovação de que o trabalhador não obteve novo emprego em razão da lista, eis que se configura a lesão pelo simples fato de constar seu nome em um banco de dados para fins discriminatórios, o que fere sua honra e imagem – direitos personalíssimos vinculados à dignidade humana, ensejando o direito à reparação, pois, na prática do mercado de trabalho é considerada desabonadora a conduta de buscar o reconhecimento de direitos na Justiça do Trabalho.

Infelizmente, no âmbito das relações trabalhistas, não vivemos em uma realidade ideal, em que a solução de conflitos poderia ser uma prática independente da determinação do Poder Judiciário. E ainda mais: a busca pela tutela jurisdicional para litígios não solucionados extrajudicialmente deveria ser aplaudida pela sociedade, que, ao contrário, não vê "com bons olhos" a postura de civilidade demonstrada pelo trabalhador que entrega ao Estado a missão de dirimir suas controvérsias.

Há uma completa inversão de valores: o empregado prejudicado pelo mau empregador é discriminado ao buscar seus direitos, enquanto os empregadores inadimplentes com suas obrigações se unem para ajudar uns aos outros, divulgando *"listas negras"* a fim de isolar todo aquele que busca o justo e o certo.

A Reclamada, portanto, buscou intencionalmente sinalizar aos futuros empregadores do Reclamante a providência do empregado (constitucionalmente protegida, diga-se de passagem) de buscar o acesso ao Poder Judiciário para obter a tutela jurisdicional para correção da lesão a um direito.

Oportuno trazer à colação a doutrina de Ingo Wolfgang Sarlet sobre o conceito de dignidade: *"qualidade intrínseca e distintiva de cada ser humano que o faz merecedor do mesmo respeito e consideração por parte do Estado e da comunidade, implicando, neste sentido, um complexo de direitos e deveres fundamentais que assegurem a pessoa tanto contra todo e qualquer ato de cunho degradante e desumano, como venham a lhe garantir as condições existenciais mínimas para uma vida saudável, além de propiciar e promover sua participação ativa e corresponsável nos destinos da própria existência e da vida em comunhão com os demais seres humanos"* (*Dignidade da pessoa humana e direitos fundamentais na Constituição da República de 1988.* Porto Alegre: Livraria do Advogado, 2002, p. 62).

Assim, a Reclamada praticou clara afronta ao art. 5º, X, da CF, que assegura o direito fundamental da boa fama, contra difamação injustificável, que compromete a possibilidade de recomeço do trabalhador que deseja melhorar de vida, com a busca de novo emprego, configurando-se dano indenizável nos termos dos arts. 186 e 927, *caput*, do CC.

Cap. 3 • MODELOS DE CAUSA DE PEDIR E PEDIDOS | 327

O dano moral, espécie do gênero extrapatrimonial, não repercute nos bens patrimoniais da vítima, atingindo os bens de ordem moral ou o foro íntimo da pessoa, tais como: a honra, a liberdade, a intimidade e a imagem.

Os danos morais, como ocorre em relação aos materiais, somente serão reparados quando ilícitos.

O material, o qual também é conhecido por dano patrimonial, atinge os bens integrantes do patrimônio, isto é, o conjunto das relações jurídicas de uma pessoa, apreciáveis economicamente. Têm-se a perda, a deterioração ou a diminuição do patrimônio.

Já o dano moral ou dano extrapatrimonial é aquele que se opõe ao dano material, não afetando os bens patrimoniais propriamente ditos, mas atingindo os bens de ordem moral, de foro íntimo da pessoa, como a honra, a liberdade, a intimidade e a imagem.

Quanto aos morais, podemos dividi-los em puros (diretos) ou reflexos (indiretos).

Os puros esgotam-se em apenas um aspecto, atingindo os chamados atributos da pessoa, como a honra, a intimidade, a liberdade etc. Os reflexos são efeitos da lesão ao patrimônio, ou seja, consequência de um dano material.

De acordo com o âmbito da sua extensão, o dano moral pode ser subjetivo ou objetivo. O primeiro limita-se à esfera íntima da vítima, isto é, ao conjunto de sentimentos e de valores morais e éticos do próprio ofendido. O segundo se projeta no círculo do relacionamento familiar ou social, afetando a estima e a reputação moral, social ou profissional da vítima.

Wilson Melo da Silva considera morais as *"lesões sofridas pelo sujeito físico ou pessoa natural de direito em seu patrimônio ideal, em contraposição ao patrimônio material, o conjunto de tudo aquilo que não seja suscetível de valor econômico"* (*Dano moral e a sua reparação*. 3. ed. Rio de Janeiro: Forense, 1983, p. 11).

Nos ensinamentos de Maria Helena Diniz: *"O dano moral vem a ser lesão de interesse não patrimonial de pessoa física ou jurídica, provocada pelo fato lesivo"* (*Curso de Direito Civil Brasileiro*. 10. ed. São Paulo: Saraiva, 1995, v. 7, p. 67).

Assim, concluímos que são danos morais aqueles que se qualificam em razão da esfera da subjetividade ou plano valorativo da pessoa na sociedade, havendo, necessariamente, que atingir o foro íntimo da pessoa humana ou o da própria valoração pessoal no meio em que vive, atua ou que possa de alguma forma repercutir.

Dalmartello enuncia os elementos caracterizadores do dano moral, *"segundo sua visão, como a privação ou diminuição daqueles bens que têm um valor precípuo na vida do homem e que são a paz, a tranquilidade de espírito, a liberdade individual, a integridade física, a honra e os demais sagrados afetos, classificando-os em dano que afeta a parte social do patrimônio moral (honra, reputação etc.); dano que molesta a parte afetiva do patrimônio moral (dor, tristeza, saudade etc.); dano moral que provoca direta ou indiretamente dano patrimonial (cicatriz deformante etc.) e dano moral puro (dor, tristeza etc.)"* (apud Rui Stoco. *Responsabilidade civil e a sua interpretação jurisprudencial*. 2. ed. São Paulo: RT, 1995, p. 523).

Cumpre ressaltar que os danos morais, de modo semelhante aos danos materiais, somente serão reparados quando ilícitos e após a sua caracterização (dano experimentado).

A jurisprudência do TST é pacífica quanto ao tema:

"A) Recurso de revista da Employer Organização de Recursos Humanos LTDA. 1. Prescrição. Indenização por danos morais. Termo inicial. Inclusão do nome do reclamante em lista suja. Acerca do termo inicial do dano moral trabalhista, o Tribunal Superior do Trabalho pacificou entendimento de que a contagem do prazo prescricional se inicia na data em que ocorreu o dano ou naquela em que o empregado teve ciência inequívoca da lesão. Neste contexto, com base na análise do suporte fático-probatório produzido nos autos, consignou a Corte de origem que o Reclamante somente teve conhecimento da existência de 'lista suja' elaborada pela

328 | PRÁTICA DA RECLAMAÇÃO TRABALHISTA – *Jorge Neto • Wenzel • Cavalcante*

recorrente, a qual continha seu nome, em março de 2010. Assim, tendo sido ajuizada a reclamação trabalhista em dezembro do mesmo ano, não há falar em prescrição. Os arestos trazidos a confronto encontram óbice na Súmula 296, I, do TST e no art. 896, 'a', da CLT. Recurso de revista não conhecido. 2. Indenização por danos morais. inclusão do nome do reclamante em lista suja. O Regional, após análise do quadro fático-probatório, concluiu que a Reclamada possuía banco de dados com nomes de ex-empregados os quais ajuizaram reclamações trabalhistas ou foram testemunhas nessas ações e que tal relação era utilizada com o intuito de impedir a obtenção de novo emprego. Desse modo, para se concluir de forma diversa, ou seja, que o banco de dados era sigiloso, tinha destinação diversa e/ou foi utilizado por terceiros indevidamente, como intenciona a recorrente, seria necessária a nova análise do suporte fático-probatório dos autos, procedimento que encontra óbice nesta fase processual, conforme dispõe a Súmula 126 desta Corte Superior trabalhista. Acrescente-se, ademais, que a condenação a danos morais, nesses casos, independe da comprovação do efetivo abalo e se configura in re ipsa, de modo que, para o deferimento da indenização, são necessários apenas a demonstração da conduta potencialmente lesiva aos direitos da personalidade e o nexo de causalidade. Precedentes. Recurso de revista não conhecido. 3. QUANTIFICAÇÃO DO DANO MORAL. O quadro fático delineado pelo Tribunal Regional revela ato lesivo à imagem e à honra do Reclamante, resultante de inclusão de seu nome em lista cujo objetivo visava impedir sua contratação por outros empregadores. Essa circunstância, somada à capacidade econômica da Reclamada, à gravidade do fato, ao grau de responsabilidade da Reclamada e ao caráter pedagógico da medida, demonstra que o valor arbitrado à condenação não foi excessivo, encontrando-se consentâneo com os princípios da razoabilidade e da proporcionalidade. Precedentes. Intactos, pois, os arts. 944, parágrafo único, do Código Civil e 5º, V, da Constituição Federal. Recurso de revista não conhecido. B) RECURSO DE REVISTA DO RECLAMANTE. DANOS MORAIS. JUROS DE MORA. TERMO INICIAL. De acordo com os arts. 39, caput e § 1º, da Lei 8.177/91 e 883 da CLT, os juros de mora incidentes sobre a indenização por dano moral devem ser apurados desde a data do ajuizamento da reclamação trabalhista até o momento do efetivo pagamento ao credor, e não apenas a partir da data da decisão que arbitrou o valor condenatório. Recurso de revista conhecido e provido" (TST – 8ª T. – RR 2123-66.2010.5.09.0091 – Relª Minª Dora Maria da Costa – DEJT 27-9-2013).

Evidente que a conduta da Reclamada resultou em ofensa à esfera moral do Reclamante (art. 223-B, CLT).

Oportuno destacar que o art. 223-C da CLT traz a honra, a imagem e a autoestima como bens inerentes à pessoa física juridicamente tutelados.

Assim, perfeitamente identificados o nexo causal entre a conduta da Reclamada e o dano sofrido pelo Reclamante, que teve todo o seu histórico funcional de anos de trabalho honesto manchados pela inclusão de seu nome na discriminatória *"lista negra"*, sendo inerente ao fato o dano moral suportado, passível de reparação pela empregadora (arts. 186, 927 e 932, III, CC), bem como a necessidade de pena de cunho pedagógico.

Requer, portanto, seja a Reclamada condenada ao pagamento de indenização por dano moral no valor mínimo de 10 salários do Reclamante ou outro valor a critério de Vossa Excelência, na forma do art. 223-G, CLT, sendo que tal verba não é base de recolhimentos previdenciários ou fiscais.

Na apuração da indenização por danos morais, os juros são devidos a partir do ajuizamento da demanda trabalhista (art. 39, § 1º, Lei 8.177/91; Súm. 439, TST; Súm. 362, STJ).

PEDIDO:

Condenação da Reclamada ao pagamento de indenização por danos morais em virtude da inclusão do nome do Autor na chamada *"lista negra"* em ato discriminatório, no valor mínimo de 10 salários do Reclamante ou outro valor a critério de Vossa Excelência, na forma do art. 223-G, CLT.

3.94. DANO MORAL. INDENIZAÇÃO
NÃO INCIDÊNCIA DO IMPOSTO DE RENDA

CAUSA DE PEDIR:

O Reclamante postulou, em item próprio desta reclamatória, indenização por danos morais em face da Reclamada, sendo que o valor pleiteado não deve ser incluído à base de cálculo do imposto de renda, sob pena de prejuízo ao trabalhador.

No dano moral, o trabalhador prejudicado tem um prejuízo de difícil valoração sob o aspecto pecuniário, porque o dano é resultante de lesão de um interesse imaterial relacionado com a intangibilidade da vida humana, enquanto no dano patrimonial, há prejuízo apreciável de forma pecuniária, pois a lesão acarreta um empobrecimento mensurável.

O que se busca pela compensação pecuniária é dar ao prejudicado a possibilidade de atenuação de sofrimento pelo conforto que pode ser conferido pelo dinheiro, uma vez que é impossível a restauração do *status quo ante*. Tal compensação, por sua função substitutiva do direito lesado é intributável pelo imposto de renda, assim como também era intributável o direito lesado.

Não há tributos que incidam sobre valores imensuráveis como a vida, a honra, a imagem. Evidentemente não se pode tributar a reparação pela perda desses direitos. Com a lesão de tais direitos, ninguém ganha: nem o Erário Público, nem o prejudicado. Com a reparatória pecuniária, o ofendido continua nada ganhando. Assim, como pode incidir o imposto de renda sobre os valores reparatórios?

Cumpre observar que o art. 43, I, do CTN é taxativo ao estabelecer que o imposto de renda tem como fato gerador a aquisição da disponibilidade econômica ou jurídica: "*I – de renda, assim entendido o produto do capital, do trabalho ou da combinação de ambos; II – de proventos de qualquer natureza, assim entendidos os acréscimos patrimoniais.*"

Assim, não existe fundamento para a exigência do imposto de renda sobre indenização por dano moral, que configura hipótese de não incidência.

O STJ editou a Súmula 498: "*Não incide imposto de renda sobre a indenização por danos morais*".

Não é diferente o posicionamento do TST:

"*RECURSOS DE REVISTA INTERPOSTOS PELA RECLAMANTE E PELA RECLAMADA. ANÁLISE CONJUNTA. MATÉRIA COMUM A AMBOS OS RECURSOS. IMPOSTO DE RENDA. INCIDÊNCIA. DANO MORAL. A literalidade do artigo 46, § 1°, inciso I, da Lei n° 8.541/92 evidencia a impossibilidade de se enquadrar no conceito de 'rendimento' o valor percebido pelo reclamante a título de indenização por dano moral, visto que não resulta de fruto oriundo do capital ou do trabalho – conceito consagrado, inclusive, no texto do art. 43 do CTN. Não há como admitir, portanto, que os valores pactuados em acordo a título de indenização por danos morais sofram a incidência do imposto de renda. Recursos de Revista conhecidos e providos.*" (TST – 1ª T – RR 134400-76.2007.5.10.0009 – Rel. Des. Conv. Marcelo Lamego Pertence – DEJT 24-3-2017.)*

"*(...) INDENIZAÇÃO POR DANOS MORAIS. IMPOSTO DE RENDA. NÃO INCIDÊN-CIA. A jurisprudência deste Tribunal Superior caminha no sentido da não incidência do imposto de renda sobre a indenização por danos morais, por representar parcela cuja finalidade é compensar os danos imateriais e intangíveis, não se equiparando, assim, a ganho ou acréscimo patrimonial concedido ao trabalhador. Precedentes. Recurso de revista não conhecido (...)."* (TST – *3ª T.* – RR 85000-69.2008.5.04.0383 – Rel. Min. Alexandre de Souza Agra Belmonte – *DEJT* 11-12-2015.)

PEDIDO:

Que não haja incidência de Imposto de Renda sobre o valor recebido pelo Reclamante a título de danos morais.

3.95. DANO MORAL
JUROS E CORREÇÃO MONETÁRIA

CAUSA DE PEDIR:

Na presente demanda, o Reclamante pleiteia danos morais, os quais foram postulados em item próprio.

No que se refere aos juros, estes são devidos a partir do ajuizamento da demanda trabalhista (art. 39, § 1º, Lei 8.177/91). Já a correção monetária deve ser computada a partir do momento em que o órgão trabalhista arbitra o valor da indenização (aplicação da inteligência da Súmula 362, STJ).

Em 14-9-2012, para dirimir qualquer dúvida, o TST editou a Súmula 439, *in verbis*:

> *"Nas condenações por dano moral, a atualização monetária é devida a partir da data da decisão de arbitramento ou de alteração do valor. Os juros incidem desde o ajuizamento da ação, nos termos do art. 883 da CLT".*

PEDIDO:

Aplicação de juros de mora sobre os valores deferidos a título de indenização por dano moral a partir da data de ajuizamento da demanda trabalhista (art. 39, § 1º, Lei 8.177/91), bem como aplicação da atualização monetária a computar-se a partir do momento em que o órgão trabalhista arbitrar o valor da indenização por danos morais (aplicação da inteligência da Súm. 362, STJ), tudo nos termos da Súmula 439 do TST.

3.96. DANO MORAL
JUSTA CAUSA REVERTIDA

CAUSA DE PEDIR:

O Reclamante foi injustamente acusado de cometimento de atos de desídia (art. 482, "e", CLT), na medida em que a Reclamada atribuiu-lhe inúmeras faltas injustificadas ao trabalho e também acusou o Autor de cometer o ato capitulado no art. 482, "h", CLT.

Conforme já explicitado no tópico "DA REVERSÃO DA JUSTA CAUSA", o Reclamante não cometeu nenhuma das acusações que lhe foram imputadas, haja vista que seu histórico profissional na empresa é exemplar, não havendo qualquer punição para eventuais atos dos quais fora acusado.

Ao despedir o Autor por justa causa mediante a invocação de fato não relacionado entre as hipóteses legais do art. 482 da CLT (embriaguez não verificada em serviço) e não comprovação das ausências injustificadas ao trabalho, o Reclamado excedeu-se no Poder Diretivo que lhe cabe, cometendo abuso de direito gerador de ato ilícito (art. 187, CC).

O ordenamento jurídico brasileiro reputa como ato ilícito tanto o abuso do direito, caracterizado pela intenção de prejudicar, como também o exercício do direito de modo excessivo. É exatamente por essa razão que o art. 187, CC, utiliza-se da expressão: *"excede manifestamente os limites impostos pelo seu fim econômico ou social, pela boa-fé ou pelos bons costumes"*. Basta que haja dano, independentemente da intenção do agressor.

Jorge Luiz Souto Maior ressalta que *"(...) a dispensa por justa causa não é mera alegação, é uma imputação, uma acusação, de uma atitude jurídica e moralmente reprovável, ainda mais considerando o fascínio que a justa causa gera no âmbito das relações trabalhistas, a ponto de se discriminar um empregado que fora dispensado por justa causa. Assim, inegavelmente, a justa causa carrega consigo uma mácula indelével, que se integra ao seu histórico profissional, dificultando o acesso de nova colocação no mercado de trabalho (...)"* (Curso de Direito do Trabalho. São Paulo: LTr, 2008, v. II, p. 493).

Não resta dúvida do constrangimento moral sofrido pelo Reclamante que teve seu histórico funcional maculado por acusações que vieram somente justificar uma dispensa motivada por fato algum, no intuito de resolver o pagamento das verbas rescisórias, na Justiça laboral, de preferência, *"de forma parcelada"*, como chegou a cogitar a Reclamada.

O ato da dispensa motivada é de extrema gravidade e deveria ser utilizado com parcimônia pelos empregadores, dados os efeitos desastrosos na vida profissional do trabalhador, que pode ser excluído do mercado de trabalho pela mácula de tal despedimento – mesmo que este tenha sido revertido em Juízo.

Demoram-se anos para construir o bom nome. Porém, em poucos dias, se destrói a imagem de um trabalhador, pelo simples exercício de uma faculdade com abuso de poder – como no caso dos autos. Tal fato não pode passar despercebido e impune pelo Poder Judiciário.

Evidenciada a circunstância vexatória e humilhante para o Autor, que teve de valer-se da tutela jurisdicional para limpar sua honra e boa fama profissional, sendo evidente o transtorno sofrido pela conduta reprovável da Ré, nos termos dos arts. 186, 187 e 927, CC.

Patente o dano moral pela lesão aos direitos da personalidade do Reclamante, que abrangem a garantia constitucional da inviolabilidade (art. 5º, *caput* e IX, X, XI e XII, CF; arts. 11 e 21, CC).

O dano material, o qual também é conhecido por dano patrimonial, atinge os bens integrantes do patrimônio, isto é, o conjunto das relações jurídicas de uma pessoa, apreciáveis economicamente.

Têm-se a perda, a deterioração ou a diminuição do patrimônio. Já o dano moral ou dano extrapatrimonial é aquele que se opõe ao dano material, não afetando os bens patrimoniais propriamente ditos, mas atingindo os bens de ordem moral, de foro íntimo da pessoa, como a honra, a liberdade, a intimidade e a imagem.

Quanto aos morais, podemos dividi-los em puros (diretos) ou reflexos (indiretos).

Os puros esgotam-se em apenas um aspecto, atingindo os chamados atributos da pessoa, como a honra, a intimidade, a liberdade etc. Os reflexos são efeitos da lesão ao patrimônio, ou seja, consequência de um dano material.

De acordo com o âmbito da sua extensão, o dano moral pode ser subjetivo ou objetivo. O primeiro limita-se à esfera íntima da vítima, isto é, ao conjunto de sentimentos e de valores morais e éticos do próprio ofendido. O segundo se projeta no círculo do relacionamento familiar ou social, afetando a estima e a reputação moral, social ou profissional da vítima.

Wilson Melo da Silva considera morais as *"lesões sofridas pelo sujeito físico ou pessoa natural de direito em seu patrimônio ideal, em contraposição ao patrimônio material, o conjunto de tudo aquilo que não seja suscetível de valor econômico"* (*Dano moral e a sua reparação*. 3. ed. Rio de Janeiro: Forense, 1983, p. 11).

Nos ensinamentos de Maria Helena Diniz: *"O dano moral vem a ser lesão de interesse não patrimonial de pessoa física ou jurídica, provocada pelo fato lesivo"* (*Curso de Direito Civil Brasileiro*. 10. ed. São Paulo: Saraiva, 1995, v. 7, p. 67).

Assim, concluímos que são danos morais aqueles que se qualificam em razão da esfera da subjetividade ou plano valorativo da pessoa na sociedade, havendo, necessariamente, que atingir o foro íntimo da pessoa humana ou o da própria valoração pessoal no meio em que vive, atua ou que possa de alguma forma repercutir.

Dalmartello enuncia os elementos caracterizadores do dano moral: *"segundo sua visão, como a privação ou diminuição daqueles bens que têm um valor precípuo na vida do homem e que são a paz, a tranquilidade de espírito, a liberdade individual, a integridade física, a honra e os demais sagrados afetos, classificando-os em dano que afeta a parte social do patrimônio moral (honra, reputação etc.); dano que molesta a parte afetiva do patrimônio moral (dor, tristeza, saudade etc.); dano moral que provoca direta ou indiretamente dano patrimonial (cicatriz deformante etc.) e dano moral puro (dor, tristeza etc.)"* (apud Rui Stoco. *Responsabilidade civil e a sua interpretação jurisprudencial*. 2. ed. São Paulo: RT, 1995, p. 523).

Cumpre ressaltar que os danos morais, de modo semelhante aos danos materiais, somente serão reparados quando ilícitos e após a sua caracterização (dano experimentado).

Oportuno mencionar que as acusações infundadas que motivaram a justa causa revestem-se de especial gravidade a importar a cessação imediata do vínculo empregatício, uma vez que maculam de forma irremediável a fidúcia com a qual se reveste o contrato de emprego, precipuamente, ante a pessoalidade do empregado.

Contudo, como delineado no tópico [mencionar a fundamentação da justa causa, se houver], a justa causa foi ilegal e infundada, eis que não restou provado qualquer ato ou falta grave imputada ao Reclamante.

Portanto, restou comprovado o fato danoso, qual seja, a dispensa do Reclamante sob acusação injusta, o ato ilícito da Reclamada, consistente na falsa imputação de falta grave e o nexo causal entre a conduta da Reclamada e o dano causado.

Houve, sem dúvidas, ofensa à honra objetiva e subjetiva do Reclamante.

O dano moral é patente, pelo sofrimento do trabalhador diante da conduta ilícita do seu empregador.

Destaque-se que, em matéria de prova, o dano moral não é suscetível de comprovação, diante da impossibilidade de se fazer a demonstração, no processo judicial, da dor, do sofrimento e da angústia do trabalhador.

Nesse sentido, leciona Sebastião Geraldo de Oliveira:

"Consideramos equivocado esse entendimento, que coloca como pressuposto da indenização a prova de que o lesado passou por um período de sofrimento, dor, humilhação, depressão, etc. Ora, é desnecessário demonstrar o que ordinariamente acontece (art. 334, I, do CPC/73) e que decorre da própria natureza humana, ou seja, o dano in re ipsa. Se houvesse mesmo a necessidade dessa prova, o resultado poderia variar tão somente pelos aspectos pessoais do acidentado: aquele mais sensível e emotivo seria indenizado e o mais resignado teria o pedido indeferido. Discorrendo a respeito do tema, anota Rui Stoco:

'A afirmação de que o dano moral independe de prova decorre muito mais da natureza imaterial do dano do que das quaestionis facti. *Explica-se: Como o dano moral é, em verdade, um 'não dano', não haveria como provar, quantificando, o alcance desse dano, como ressuma óbvio. Sob esse aspecto, porque o gravame no plano moral não tem expressão matemática, nem se materializa no mundo físico e, portanto, não se indeniza, mas apenas se compensa, é que não se pode falar em prova de um dano que, a rigor, não existe no plano material'.*

Para a condenação compensatória do dano moral não é imprescindível a produção de prova das repercussões que o acidente do trabalho tenha causado, como ocorre no campo dos danos materiais; basta o mero implemento do dano injusto para criar a presunção dos efeitos negativos na órbita subjetiva do acidentado. Nesse sentido, a doutrina de Sérgio Cavalieri:

'O dano moral está ínsito na própria ofensa, decorre da gravidade do ilícito em si. Se a ofensa é grave e de repercussão, por si só justifica a concessão de uma satisfação de ordem pecuniária ao lesado. Em outras palavras, o dano moral existe in re ipsa; *deriva inexoravelmente do próprio fato ofensivo, de tal modo que, provada a ofensa,* ipso facto, *está demonstrado o dano moral à guisa de uma presunção natural, uma presunção* hominis *ou* facti, *que decorre das regras da experiência comum'"* (Indenizações por acidente do trabalho ou doença ocupacional. 4. ed. São Paulo: LTr, 2008, p. 209).

Portanto, trata-se de *damnum in re ipsa*, ou seja, o dano moral é decorrência do próprio fato ofensivo. Assim, comprovado o evento lesivo, tem-se como consequência lógica a configuração de dano moral, surgindo a obrigação do pagamento de indenização, nos termos do art. 5º, X, CF, diante da ofensa aos direitos da personalidade.

Em casos análogos, assim decidiu o TST:

"(...) II – RECURSO DE REVISTA DANOS MORAIS. DISPENSA POR JUSTA CAUSA. REVERSÃO EM JUÍZO. ATO DE IMPROBIDADE NÃO COMPROVADO. Hipótese em que o Regional, amparado no conteúdo fático-probatório delineado nos autos, concluiu que a reclamada aplicou a pena de justa causa contra a reclamante, sem, contudo, estar na posse de provas irrefutáveis de que ela, realmente, cometeu atos de improbidade. A jurisprudência do TST é no sentido de que a reversão da rescisão por justa causa em juízo, por si só, não enseja o dever de reparação por danos morais. No entanto, a reversão de justa causa, fundada em ato de improbidade não comprovado, constitui exercício manifestamente excessivo do direito potestativo do empregador, conforme previsão do art. 187 do Código Civil, configurando ato ilícito atentatório à honra e à imagem do empregado, enseja dever de reparação por dano moral in re ipsa. Precedentes. Recurso de revista conhecido e provido." (TST – 2ª T. – ARR 1577-26.2014.5.17.0001 – Rel. Min. Maria Helena Mallmann – DEJT 29-5-2020.)

"RECURSO DE REVISTA EM FACE DE DECISÃO PUBLICADA NA VIGÊNCIA DA LEI Nº 13.015/14. DANO MORAL. REVERSÃO DA JUSTA CAUSA EM JUÍZO. ALEGADO ATO DE IMPROBIDADE NÃO COMPROVADO. ABUSIVIDADE DO EMPREGADOR. A reversão da dispensa por justa causa em Juízo não enseja, por si só, o pagamento de indenização por

dano moral. Todavia, tendo sido demonstrado que a imputação de falta grave ocorreu de forma leviana e inconsistente, especialmente em caso de improbidade, há que se reconhecer a ofensa à honra do empregado e condenar o empregador ao pagamento da respectiva indenização. Na hipótese, o Tribunal Regional converteu a rescisão por justa causa, calcada em suposto ato de improbidade, em dispensa imotivada, por entender que não houve comprovação da alegada falta grave cometida pelo obreiro (utilização indevida do produto da empresa). Indeferiu, contudo, o pedido de danos morais. Sucede que, conforme disposto no acórdão regional, o uso de artigo da ré (tênis) pela autora foi devidamente autorizado pelo seu superior hierárquico e havia cláusula contratual expressa que permitia o desconto direto da remuneração mensal da empregada de 'valores referentes à aquisição de mercadoria que porventura venha a ser feita'. Ficou registrada, ainda, a existência de 'flexibilidade no procedimento interno adotado pela reclamada em relação à aquisição de produtos'. É possível extrair, por fim, que a presente situação envolvendo a trabalhadora se tornou de conhecimento de todos os demais empregados da empresa. Tais fatos revelam o caráter abusivo e infundado da conduta praticada pela ré que, em detrimento da metodologia comumente adotada no âmbito da empresa para a aquisição de mercadorias e da possibilidade de utilização de meios previstos no contrato para a efetivação do pagamento, imputa, indevidamente, à autora a pecha de ímproba e resolve o contrato. Demonstrado o dano decorrente da conduta do empregador, relativo à imputação de ato de improbidade não comprovado, merece reforma a decisão embargada, uma vez que o dano, nessa situação, é in re ipsa. Precedentes de SBDI-I desta corte. Considerando os abalos naturalmente sofridos em razão da conduta que lhe foi injustamente atribuída, decorrentes da acusação de ato de improbidade, bem como a ausência de indicação de outros danos eventualmente sofridos, arbitra-se a indenização por danos morais em R$ 5.000,00, por reputar que referido valor atende aos princípios da proporcionalidade e da razoabilidade. Recurso de revista conhecido e provido (...)." (TST – 7ª T. – RR 123400-92.2013.5.17.0003 – Rel. Min. Cláudio Mascarenhas Brandão – DEJT 1-3-2019.)

Da situação acima narrada, evidente que a conduta da Reclamada resultou em ofensa à esfera moral do Reclamante (art. 223-B, CLT).

Oportuno destacar que o art. 223-C da CLT traz a honra, a imagem e autoestima como bens inerentes à pessoa física juridicamente tutelados.

Assim, perfeitamente identificados o nexo causal entre a conduta da Reclamada e o dano sofrido pelo Reclamante, que teve todo o seu histórico funcional de anos de trabalho honesto manchados pela falsa imputação de justa causa, sendo inerente ao fato o dano moral suportado, passível de reparação pela empregadora (arts. 186, 927 e 932, III, CC), bem como a necessidade de pena de cunho pedagógico.

Requer, portanto, seja a Reclamada condenada ao pagamento de indenização por dano moral no valor mínimo de 20 salários do Reclamante, considerado o último auferido, ou outro valor a critério de Vossa Excelência, na forma do art. 223-G, CLT, sendo que tal verba não é base de recolhimentos previdenciários ou fiscais.

Na apuração da indenização por danos morais, os juros são devidos a partir do ajuizamento da demanda trabalhista (art. 39, § 1º, Lei 8.177/91; Súm. 439, TST; Súm. 362, STJ).

PEDIDO:

Condenação da Reclamada ao pagamento de indenização por danos morais em virtude do ato lesivo da Reclamada pela falsa imputação de justa causa que mancha o histórico funcional de anos de trabalho honesto do Reclamante, indenização no valor mínimo de 20 salários do Reclamante, considerado o último auferido, ou outro valor a critério de Vossa Excelência, na forma do art. 223-G, CLT.

3.97. DANO MORAL
LABOR DURANTE A LICENÇA-MATERNIDADE

CAUSA DE PEDIR:

A Reclamante, [indicar o número de dias] dias após o nascimento de seu filho, foi obrigada a retornar ao trabalho, por determinação da Reclamada.

Durante o período em que a Reclamante deveria estar em gozo de licença-maternidade, laborou normalmente.

Como agente social de produção e circulação de riquezas, as organizações empresariais se inter--relacionam com outras organizações, com o Estado, com os trabalhadores e os consumidores.

Decorre daí sua responsabilidade social, não no sentido de redistribuição de riquezas de um ponto de vista *"robin-hoodiano"* (tirar de quem mais tem para dar a quem menos tem), mas como agente que deve pautar o seu atuar produtivo-econômico com a observância de princípios éticos, não destruindo o meio ambiente natural, cumprindo com suas obrigações perante o Estado, e, respeitando a dignidade humana, seja ela dos consumidores, seja dos trabalhadores que lhe prestam serviços.

Em um contexto no qual cada vez mais conceitos como sustentabilidade, responsabilidade social, integração dos povos e direitos humanos ganham importância, a empresa não deve ser utilizada somente para gerar lucro aos seus sócios ou acionistas, mas como agente capaz de promover o bem-estar daqueles com quem se relaciona e que a cercam. Essa é a função social da empresa.

Contudo, ainda se verifica a odiosa prática de se ver o empregado como mero fator de produção. Como um objeto desumanizado a ser utilizado enquanto "funcione bem" e descartado quando não mais produz satisfatoriamente.

Registre-se que o atual Código Civil modernizou a relação jurídica entre as partes na sociedade, criando o instituto da "Função Social de Contrato".

Exigir da trabalhadora a prestação de serviços durante o gozo de licença-maternidade, impedindo-a de usufruir integralmente do benefício, constitui manifesta ofensa aos direitos da mulher e do próprio recém-nascido, privando a criança do convívio com a mãe em momento de extrema relevância.

O labor neste período contraria o próprio interesse social na proteção dada a esses personagens no período pós-parto e viola preceito constitucional (art. 7°, XVIII).

Evidente a ofensa ao patrimônio ideal da trabalhadora (direitos de personalidade, art. 5°, V e X, CF).

A jurisprudência indica:

"Dano moral. Frustração de gozo de licença-maternidade. Configuração. Exigir da empregada o trabalho durante o gozo de sua licença-maternidade, impedindo-a de usufruir integralmente desse benefício, constitui uma manifesta ofensa aos direitos da mulher e também prejudica o recém-nascido, além de contrariar o próprio interesse social na proteção dada a esses personagens no período pós-parto. Cuida-se de um quadro de grave constrangimento, humilhação e aflição capaz de justificar o pleito de indenização por dano moral" (TRT – 1ª R. – 3ª T. – RO 0064600-13.2009.5.01.0341 – Rel. Rildo Brito – *DJ* 17-10-2014).

Evidente que a conduta da Reclamada, ao exigir o labor durante o período de licença maternidade, resultou em ofensa à esfera moral da Reclamante (art. 223-B, CLT).

Oportuno destacar que o art. 223-C da CLT traz a honra, a imagem, a autoestima e a saúde como bens inerentes à pessoa física juridicamente tutelados.

Assim, comprovado o dano moral, patente a obrigação da Reclamada em indenizar a Autora (arts. 186, 187, 927 e 932, III, CC), tendo em vista todo o sofrimento causado à trabalhadora e, ainda, considerando-se a condição econômica do ofensor e da ofendida, além da gravidade do ato ilícito, requer seja a Reclamada condenada ao pagamento de indenização por dano moral.

Em relação ao *quantum*, este deve levar em conta a capacidade econômica da empresa agressora, pois, se for quantia irrisória, não terá o condão de desestimular as práticas com as quais a ré já foi condescendente um dia.

Assim, a Autora postula o direito à indenização por danos morais, o que ora se pleiteia, no valor de 50 salários nominais ou outro valor a critério de Vossa Excelência, na forma do art. 223-G, CLT, sendo que tal verba não é base de recolhimentos previdenciários ou fiscais.

Na apuração da indenização por danos morais, os juros são devidos a partir do ajuizamento da demanda trabalhista (art. 39, § 1º, Lei 8.177/91; Súm. 439, TST; Súm. 362, STJ).

PEDIDO:

Condenação da Reclamada em indenização por dano moral, tendo em vista todo o sofrimento causado à trabalhadora, em valor equivalente a 50 salários nominais ou outro valor a critério de Vossa Excelência, na forma do art. 223-G, CLT, sendo que tal verba não é base de recolhimentos previdenciários ou fiscais.

3.98. DANO MORAL
NAMORO NO AMBIENTE DE TRABALHO COMO FUNDAMENTO DA DISPENSA

CAUSA DE PEDIR:

O Reclamante foi admitido em [indicar a data] para exercer as funções de [indicar a função]. Em [indicar a data], foi dispensado imotivadamente.

A dispensa do Reclamante, apesar de supostamente imotivada, foi discriminatória, tendo ocorrido em razão de ter iniciado um relacionamento amoroso com uma colega de trabalho, a qual também foi dispensada.

A existência do direito potestativo do empregador de promover a denúncia vazia do contrato de trabalho não é suficiente para excluir da apreciação do Poder Judiciário a verificação de eventual ilegalidade no ato. Nesse sentido, o art. 187 do Código Civil veda o abuso de direito, sendo plenamente aplicável à hipótese dos autos.

A situação fática permite concluir que não se trata de uma mera coincidência a dispensa do Reclamante e de sua namorada na mesma época. Evidente que a dispensa do Reclamante foi discriminatória e decorreu do fato de manter relacionamento amoroso com uma colega.

Mauricio Godinho Delgado conceitua discriminação como *"(...) conduta pela qual se nega à pessoa tratamento compatível com o padrão jurídico assentado para a situação concreta por ela vivenciada (...)"* (Proteções contra discriminação na relação de emprego. Viana, Márcio Tulio; Renault, Luiz Otávio Linhares (Coord.). *Discriminação.* São Paulo: LTr, 2000, p. 21).

Não se pode olvidar que a promoção do bem de todos, sem qualquer forma de discriminação, constitui um dos objetivos da República Federativa do Brasil, expressamente previsto no art. 3º, IV, da Constituição Federal.

No mesmo sentido, a dignidade da pessoa humana e os valores sociais do trabalho representam dois dos fundamentos da nação, arrolados no art. 1º da Constituição Federal.

Além disso, o art. 7º, I, da Constituição Federal prevê, como direito dos trabalhadores, relação de emprego protegida contra despedida arbitrária ou sem justa causa.

Tais dispositivos levaram à seguinte conclusão de José Affonso Dallegrave Neto:

"Em outras palavras, é a aplicação da funcionalização de cada instituto jurídico, tendo sempre em mira o supremo quadro axiológico da ordem constitucional. Assim, por exemplo, a boa-fé objetiva será fundamento para limitar o direito potestativo do empregador de resilir unilateralmente o contrato de um empregado que se encontra enfermo ou ainda para coibir qualquer outro motivo de discriminação.

Destarte, no confronto entre a regra legal permissiva, que assegura o direito subjetivo-potestativo de o empregador resilir o contrato e a regra fundamental de que o trabalhador não pode ser discriminado, não há dúvida de que o juízo de adequabilidade, exigido em todas as situações singulares, deve preferir a segunda regra de proteção à saúde do trabalhador, máxime porque no caso particular não há como negar a flagrante lesão à boa-fé esperada pelo contratado que jamais espera ser discriminado. [...]

Não se negue a distinção entre dispensa arbitrária e dispensa abusiva. A primeira ocorre quando o empregador dispensa seu empregado estando ausente qualquer interesse legítimo plasmado no sistema jurídico como, por exemplo, a despedida por motivo técnico, disciplinar ou financeiro. Já a dispensa abusiva é caracterizada pela

Cap. 3 • MODELOS DE CAUSA DE PEDIR E PEDIDOS | **339**

violação da própria regra permissiva; in casu, quando o empregador excede o seu abstrato direito potestativo de dispensa para dissimular, em concreto, um execrável ato de discriminação ou qualquer lesão a direito fundamental do empregado cidadão" (Responsabilidade civil no Direito do Trabalho. 4. ed. São Paulo: LTr, 2010, p. 477).

Observe-se, ainda, a Convenção 158 da OIT, em seu art. 4º:

"Não se dará término à relação de trabalho de um trabalhador a menos que exista para isso uma causa justificada relacionada com sua capacidade ou seu comportamento ou baseada nas necessidades de funcionamento da empresa, estabelecimento ou serviço".

Em que pese a Convenção 158 não ter vigência no Brasil, por força de denúncia oferecida pelo Presidente da República e do julgamento pelo STF da ADIN 1.480-3-DF, a Convenção tem relevância como elemento informativo da impossibilidade de que seja tolerada a dispensa abusiva.

A jurisprudência indica:

"Despedida discriminatória. Indenização por dano moral. A dispensa do reclamante, perpetrada em razão de manter relacionamento amoroso com uma colega de trabalho, possui inequívoca natureza discriminatória, caracterizando abuso do direito potestativo patronal de promover a resilição imotivada dos contratos de trabalho. Situação que impõe o dever de indenizar" (TRT – 4ª R. – 6ª T. – RO 0000190-38.2014.5.04.0841 – Rel. Raul Zoratto Sanvicente – DJe 6-10-2015).

"NULIDADE DE PEDIDO DE DEMISSÃO – PRÁTICA DE ASSÉDIO PELO SUPERIOR HIERÁRQUICO – DANO MORAL E INDENIZAÇÃO – Pratica assédio o superior hierárquico que torna o ambiente de trabalho hostil, impondo proibição de relacionamento amoroso entre o reclamante e colega de trabalho, quando inexiste proibição dessa espécie no código de conduta da empresa, sobretudo quando, visando provocar reações no reclamante, o superior hierárquico passa a assediar a namorada/esposa do trabalhador, com beijos – que antes inexistiam – e comentários sobre a aparência dela, em frente do obreiro. Apelo a que se dá provimento, reconhecendo a nulidade do pedido de demissão do reclamante e o direito à indenização por dano moral, em razão do assédio, fixada em R$ 10.000,00, conforme o pedido." (TRT – 2ª R. – ROT 1000239-48.2019.5.02.0031 – Rel. Paulo Sergio Jakutis – DJe 5-9-2019 – p. 14665.)

Da situação acima narrada, evidente que a conduta da Reclamada resultou em ofensa à esfera moral do Reclamante (art. 223-B, CLT).

Oportuno destacar que o art. 223-C da CLT traz a honra, a imagem, a intimidade e a autoestima como bens inerentes à pessoa física juridicamente tutelados.

Diante da violação da intimidade e da vida, a teor do que dispõe o art. 5º, V e X, CF, é devida a indenização.

Nos termos do art. 223-G da CLT, o juízo, ao fixar o *quantum* pela reparação do dano extrapatrimonial, deve considerar: (a) a natureza do bem jurídico tutelado; (b) a intensidade do sofrimento ou da humilhação; (c) a possibilidade de superação física ou psicológica; (d) os reflexos pessoais e sociais da ação ou da omissão; (e) a extensão e a duração dos efeitos da ofensa; (f) as condições em que ocorreu a ofensa ou o prejuízo moral; (g) o grau de dolo ou culpa; (h) a ocorrência de retratação espontânea; (i) o esforço efetivo para minimizar a ofensa; (j) o perdão, tácito ou expresso; (k) a situação social e econômica das partes envolvidas; (l) o grau de publicidade da ofensa.

Considerando as diretrizes delineadas, para o caso em análise, indica-se como valor a ser arbitrado para a indenização postulada o valor mínimo de 10 salários do Reclamante ou outro valor a critério de Vossa Excelência, na forma do art. 223-G, CLT.

Assim, comprovado o dano moral, patente a obrigação da Reclamada em indenizar o Autor, conforme arts. 186, 187, 927 e 932, III, CC, tendo em vista todo o sofrimento causado ao trabalhador e, ainda, considerando-se a condição econômica do ofensor e do ofendido, além da gravidade do ato ilícito, requer seja a Reclamada condenada ao pagamento de indenização por dano moral em valor mínimo de 10 salários do Reclamante ou outro valor a critério de Vossa Excelência, na forma do art. 223-G, CLT, sendo que tal verba não é base de recolhimentos previdenciários ou fiscais.

Na apuração da indenização por danos morais, os juros são devidos a partir do ajuizamento da demanda trabalhista (art. 39, § 1°, Lei 8.177/91; Súm. 439, TST e Súm. 362, STJ).

PEDIDO:

Condenação da Reclamada em indenização por dano moral, em valor mínimo de 10 salários do Reclamante ou outro valor a critério de Vossa Excelência, na forma do art. 223-G, CLT, sendo que tal verba não é base de recolhimentos previdenciários ou fiscais.

Cap. 3 • MODELOS DE CAUSA DE PEDIR E PEDIDOS | 341

3.99. DANO MORAL
NÃO ANOTAÇÃO DO CONTRATO DE TRABALHO EM CTPS

CAUSA DE PEDIR:

O Reclamante laborou de [descrever período contratual] sem anotação do contrato de trabalho em sua CTPS, sendo obstado de contribuir para a Previdência Social e ficando excluído de seus benefícios garantidos pela Seguridade Social.

Além disso, devido à sua situação de informalidade, o Autor não tinha como comprovar a regular prestação de serviços, sendo prejudicado na concessão de créditos para aquisição de qualquer bem, por mais simples que fosse, ficando exposto a situações humilhantes, constrangedoras, degradantes e vexatórias, haja vista que era impedido de ter acesso aos mais simples direitos, como PIS, FGTS, seguro-desemprego, acesso a financiamento da casa própria e outros programas destinados à melhoria de suas condições, sem falar na falta de acesso aos benefícios previdenciários, principalmente os de natureza securitária, assim entendidos aqueles deferidos por incapacidade por doença ou acidente de trabalho. O Reclamante ainda foi prejudicado na contagem de tempo de serviço para fins de aposentadoria.

Sentia-se, o Reclamante, marginalizado, pois sequer conseguia a abertura de conta bancária, crediário, referências e demais direitos usualmente conquistados por todos os trabalhadores, acarretando-lhe profundo sentimento de clandestinidade e exclusão social.

Assim, a postura da Reclamada em ocultar a relação trabalhista viola o direito à honra e à dignidade humana do trabalhador e da sua família, que sofre limitação na comprovação correta da sua vida funcional e, principalmente, no acesso a inúmeros direitos trabalhistas, essenciais na manutenção da sua vida e de seus dependentes.

O dano moral é a dor sentida pelo ser humano em seu interior. Deve ser aferido conjugando-se vários fatores, dentre eles: o sentimento que foi lesado, os valores morais e sociais da vítima, seu grau de escolaridade e a circunstância em que ocorreu.

O art. 5º, V e X, CF, indica: *"V – é assegurado o direito de resposta, proporcional ao agravo, além da indenização por dano material, moral ou à imagem"; "X – são invioláveis a intimidade, a vida privada, a honra e a imagem das pessoas, assegurado o direito a indenização pelo dano material ou moral decorrente de sua violação".*

O dano moral, espécie do gênero extrapatrimonial, não repercute nos bens patrimoniais da vítima, atingindo os bens de ordem moral ou o foro íntimo da pessoa, tais como: a honra, a liberdade, a intimidade e a imagem.

Os danos morais, como ocorre em relação aos materiais, somente serão reparados quando ilícitos.

O material, o qual também é conhecido por dano patrimonial, atinge os bens integrantes do patrimônio, isto é, o conjunto das relações jurídicas de uma pessoa, apreciáveis economicamente. Têm-se a perda, a deterioração ou a diminuição do patrimônio.

Já o dano moral ou dano extrapatrimonial é aquele que se opõe ao dano material, não afetando os bens patrimoniais propriamente ditos, mas atingindo os bens de ordem moral, de foro íntimo da pessoa, como a honra, a liberdade, a intimidade e a imagem.

Quanto aos morais, podemos dividi-los em puros (diretos) ou reflexos (indiretos).

Os puros esgotam-se em apenas um aspecto, atingindo os chamados atributos da pessoa, como a honra, a intimidade, a liberdade etc. Os reflexos são efeitos da lesão ao patrimônio, ou seja, consequência de um dano material.

De acordo com o âmbito da sua extensão, o dano moral pode ser subjetivo ou objetivo. O primeiro limita-se à esfera íntima da vítima, isto é, ao conjunto de sentimentos e de valores morais e éticos do próprio ofendido. O segundo se projeta no círculo do relacionamento familiar ou social, afetando a estima e a reputação moral, social ou profissional da vítima.

Wilson Melo da Silva considera morais as *"lesões sofridas pelo sujeito físico ou pessoa natural de direito em seu patrimônio ideal, em contraposição ao patrimônio material, o conjunto de tudo aquilo que não seja suscetível de valor econômico"* (*Dano moral e a sua reparação*. 3. ed. Rio de Janeiro: Forense, 1983, p. 11).

Nos ensinamentos de Maria Helena Diniz: *"O dano moral vem a ser lesão de interesse não patrimonial de pessoa física ou jurídica, provocada pelo fato lesivo"* (*Curso de Direito Civil Brasileiro*. 10. ed. São Paulo: Saraiva, 1995, v. 7, p. 67).

Assim, concluímos que são danos morais aqueles que se qualificam em razão da esfera da subjetividade ou plano valorativo da pessoa na sociedade, havendo, necessariamente, que atingir o foro íntimo da pessoa humana ou o da própria valoração pessoal no meio em que vive, atua ou que possa de alguma forma repercutir.

Dalmartello enuncia os elementos caracterizadores do dano moral, *"segundo sua visão, como a privação ou diminuição daqueles bens que têm um valor precípuo na vida do homem e que são a paz, a tranquilidade de espírito, a liberdade individual, a integridade física, a honra e os demais sagrados afetos, classificando-os em dano que afeta a parte social do patrimônio moral (honra, reputação etc.); dano que molesta a parte afetiva do patrimônio moral (dor, tristeza, saudade etc.); dano moral que provoca direta ou indiretamente dano patrimonial (cicatriz deformante etc.) e dano moral puro (dor, tristeza etc.)"* (apud Rui Stoco. *Responsabilidade civil e a sua interpretação jurisprudencial*. 2. ed. São Paulo: RT, 1995, p. 523).

Cumpre ressaltar que os danos morais, de modo semelhante aos danos materiais, somente serão reparados quando ilícitos e após a sua caracterização (dano experimentado).

Nos termos do art. 13 da CLT, *"A Carteira de Trabalho e Previdência Social é obrigatória para o exercício de qualquer emprego, inclusive de natureza rural, ainda que em caráter temporário, e para o exercício por conta própria de atividade profissional remunerada"*.

Já o art. 29, também da CLT, dispõe que *"a Carteira de Trabalho e Previdência Social será obrigatoriamente apresentada, contra recibo pelo trabalhador ao empregador que o admitir, o qual terá o prazo de quarenta e oito horas para nela anotar, especificamente, a data de admissão, a remuneração e as condições especiais, se houver, sendo facultada a adoção de sistema manual, mecânico ou eletrônico, conforme instruções a serem expedidas pelo Ministério do Trabalho"*.

Não há dúvida quanto à ilegalidade da conduta da Reclamada em sua atitude de ocultar a relação de emprego, causando lesões de natureza patrimonial (satisfeitos em razão da condenação) e não patrimonial, diante da perturbação da saúde mental, intimidade e vida privada, honra e imagem do trabalhador.

Em matéria de prova, o dano moral não é suscetível de comprovação, diante da impossibilidade de se fazer a demonstração, no processo judicial, da dor, do sofrimento e da angústia do trabalhador.

Portanto, trata-se de *damnum in re ipsa* ou seja, o dano moral é decorrência do próprio fato ofensivo. Assim, comprovado o evento lesivo, tem-se como consequência lógica a configuração de dano moral, surgindo a obrigação do pagamento de indenização, nos termos do art. 5º, X, da CF, diante da ofensa aos direitos da personalidade.

A jurisprudência indica:

"Dano moral. Indenização. A indenização por dano moral puro não se prova, bastando a comprovação da conduta que o fez emergir. A ausência de registro na CTPS e pagamento de verbas rescisórias constitui

Cap. 3 • MODELOS DE CAUSA DE PEDIR E PEDIDOS | **343**

supressão de direitos trabalhistas mínimos, da qual emerge a afetação do patrimônio imaterial do empregado, autoriza o deferimento da indenização. (...) Recurso conhecido e parcialmente provido" (TRT – 10ª R. – 3ª T. – RO 00975-2013-012-10-00-6 RO – Relª Cilene Ferreira Amaro Santos – *DEJT* 7-2-2014).

Evidente que a omissão da Reclamada resultou em ofensa à esfera moral do Reclamante (art. 223-B, CLT).

Oportuno destacar que o art. 223-C da CLT traz a honra, a imagem e autoestima como bens inerentes à pessoa física juridicamente tutelados.

Assim, perfeitamente identificados o nexo causal entre a conduta da Reclamada e o dano sofrido pelo Reclamante. Uma vez que é inerente ao fato, o dano moral suportado, passível a reparação pela empregadora, bem como a necessidade de pena de cunho pedagógico.

Requer, portanto, seja a Reclamada condenada ao pagamento de indenização por dano moral em virtude da ausência de anotação do contrato de trabalho em CTPS, acarretando inúmeros prejuízos ao trabalhador já detalhados, em valor mínimo de 10 salários do Reclamante ou outro valor a critério de Vossa Excelência, na forma do art. 223-G, CLT, nos termos do art. 186, CC, gerador do dever de indenizar (art. 927, CC c/c o art. 8º, CLT), sendo que tal verba não é base de recolhimentos previdenciários ou fiscais.

Na apuração da indenização por danos morais, os juros são devidos a partir do ajuizamento da demanda trabalhista (art. 39, § 1º, Lei 8.177/91; Súmula 439, TST e Súmula 362, STJ).

PEDIDO:

Condenação da Reclamada ao pagamento de indenização por dano moral em virtude da ausência de anotação do Contrato de Trabalho em CTPS, acarretando inúmeros prejuízos ao trabalhador já detalhados na fundamentação, em valor mínimo de 10 salários do Reclamante ou outro valor a critério de Vossa Excelência, na forma do art. 223-G, CLT.

3.100. DANO MORAL
NEGLIGÊNCIA DA RECLAMADA EM REGULARIZAR A SITUAÇÃO CADASTRAL DO AUTOR JUNTO AO INSS, OBSTANDO O RECEBIMENTO DE BENEFÍCIO PREVIDENCIÁRIO

CAUSA DE PEDIR:

O Reclamante não obteve a concessão do benefício previdenciário por culpa da Reclamada, eis que esta não retificou seus dados cadastrais junto ao INSS.

Em razão de diversos atestados médicos apresentados, a Reclamada encaminhou o Reclamante para recebimento de benefício previdenciário, contudo, ao apresentar ao INSS o pedido de auxílio--doença, houve designação de perícia para [indicar a data], oportunidade na qual foi informado de que o número de seu NIT/PIS/PASEP, indicado pela Reclamada, pertencia a outro trabalhador, razão pela qual a Reclamada deveria retificar seu NIT para que o Autor pudesse pleitear o benefício.

O Autor dirigiu-se à Reclamada, que nada fez para corrigir o erro, impondo-lhe um estado precário de vida, principalmente entre os meses de [indicar o período], quando ficou sem salário ou benefício previdenciário.

É da Reclamada a responsabilidade pelo preenchimento das informações necessárias para que o trabalhador se habilite ao percebimento de benefícios sociais, que, via de regra, decorrem da existência do vínculo de emprego, do recolhimento regular das contribuições previdenciárias, além do preenchimento dos requisitos relativos a cada benefício pretendido.

Pelos documentos ora juntados [docs.], fica claro que a Reclamada prestou informações equivocadas com relação ao NIT do Reclamante, que ficou impossibilitado de receber o benefício previdenciário por essa razão, e somente alguns meses após tomar conhecimento do fato é que a Reclamada procurou regularizar a situação do trabalhador.

A prestação de informações incorretas ao órgão previdenciário e a omissão na regularização trouxe prejuízos ao trabalhador, que ficou sem receber o benefício previdenciário.

A postura da Reclamada em não providenciar a retificação dos dados violou o direito à honra e à dignidade humana do trabalhador e da sua família, que sofreu limitação na comprovação correta da sua vida funcional e, principalmente, inviabilizou o acesso ao benefício previdenciário, que era essencial para a manutenção da sua vida e de seus dependentes.

Resta, pois, caracterizado o dano moral.

Em matéria de prova, o dano moral não é suscetível de comprovação, diante da impossibilidade de se fazer a demonstração, no processo judicial, da dor, do sofrimento e da angústia do trabalhador.

Portanto, trata-se de *damnum in re ipsa*, ou seja, o dano moral é decorrência do próprio fato ofensivo. Assim, comprovado o evento lesivo, tem-se como consequência lógica a configuração de dano moral, surgindo a obrigação do pagamento de indenização, nos termos do art. 5º, X, CF, diante da ofensa aos direitos da personalidade.

Em caso análogo, decidiu o TST:

"Preliminar de nulidade do acórdão regional por negativa de prestação jurisdicional. Quanto à arguição de nulidade do acórdão do Regional, convém acrescentar que a efetiva prestação jurisdicional tem como premissa basilar a fundamentação das decisões judiciais, consoante se extrai dos artigos 93, inciso IX, da Constituição

Cap. 3 • MODELOS DE CAUSA DE PEDIR E PEDIDOS | **345**

Federal, 832 da CLT e 458, inciso II, do CPC/73, pelo que havendo, nos autos, explicitação das razões de decidir do Órgão julgador – o que, na hipótese, foi devidamente realizado, porquanto o Regional manifestou-se expressamente sobre os temas aventados nos embargos de declaração –, tem-se por atendida essa exigência, ainda que o resultado do julgamento seja contrário ao interesse da parte. Recurso de revista não conhecido. Indenização por dano moral. R$ 10.000,00. Desídia da reclamada em regularizar a situação cadastral do autor no INSS por meses. Impossibilidade do trabalhador em requerer o auxílio-doença. Matéria fática. Trata-se de pedido de reparação por danos morais e materiais decorrentes de desídia da reclamada em retificar o número do NIT do autor no órgão previdenciário, visto que a irregularidade cadastral obstou o direito do autor ao recebimento do auxílio-doença. Registrou expressamente o Regional a desnecessidade de ilações acerca de ter ou não ocorrido o acidente de trabalho, visto que a causa de pedir não se refere a esse aspecto, mas sim à inércia da reclamada em cumprir com sua obrigação legal. Consta ainda da decisão regional ser fato incontroverso que a reclamada prestou informações equivocadas ao órgão previdenciário e foi provado nos autos a solicitação do autor à reclamada para que providenciasse a sua regularização cadastral no INSS. Concluiu a Corte de origem que a reclamada, conforme a prova dos autos, prestou informações equivocadas ao INSS, gerando prejuízos ao trabalhador em sua esfera patrimonial e moral, visto que, somente após alguns meses, dignou-se a providenciar a regularização do NIT do autor, razão pela qual manteve a sentença em que se condenou a reclamada ao pagamento de R$ 10.000,00 a título de danos morais. Recurso de revista não conhecido. Julgamento extra petita. Conforme se extrai da decisão regional, não é no acidente de trabalho que se fundamenta o pedido do autor, mas sim na desídia da empresa em retificar os dados cadastrais do trabalhador no órgão previdenciário. Sendo esta a causa de pedir, não há falar em julgamento fora dos limites da lide e, portanto, não há que se cogitar em violação dos artigos 128 e 460 do CPC/73. Recurso de revista não conhecido (...)" (TST – 2ª T. – RR 8-43.2014.5.08.0129 – Rel. Min. José Roberto Freire Pimenta – *DEJT* 14-8-2015).

Evidente que a omissão da Reclamada em regularizar a situação do Reclamante resultou em ofensa à sua esfera moral (art. 223-B, CLT).

Oportuno destacar que o art. 223-C da CLT traz a honra, a imagem e autoestima como bens inerentes à pessoa física juridicamente tutelados.

Não há que se negar a conduta ilícita da Reclamada perante o Reclamante, razão pela qual caracterizado está o dano moral, que deve ser indenizado.

Nos termos do art. 223-G da CLT, o juízo, ao fixar o *quantum* pela reparação do dano extrapatrimonial, deve considerar: (a) a natureza do bem jurídico tutelado; (b) a intensidade do sofrimento ou da humilhação; (c) a possibilidade de superação física ou psicológica; (d) os reflexos pessoais e sociais da ação ou da omissão; (e) a extensão e a duração dos efeitos da ofensa; (f) as condições em que ocorreu a ofensa ou o prejuízo moral; (g) o grau de dolo ou culpa; (h) a ocorrência de retratação espontânea; (i) o esforço efetivo para minimizar a ofensa; (j) o perdão, tácito ou expresso; (k) a situação social e econômica das partes envolvidas; (l) o grau de publicidade da ofensa.

Considerando as diretrizes delineadas, para o caso em análise, indica-se como valor a ser arbitrado para a indenização postulada a quantia de [50 salários do Reclamante ou outro valor a critério de Vossa Excelência, na forma do art. 223-G, CLT], em razão do que se passará a expor [descrever circunstâncias específicas a justificar o montante pedido, por exemplo, a duração do contrato de trabalho, o valor da remuneração auferida etc.]

Assim, comprovado o dano moral, patente a obrigação da Reclamada em indenizar o Autor (arts. 186, 187, 927 e 932, III, CC), tendo em vista todo o sofrimento causado ao trabalhador e, ainda, considerando-se a condição econômica do ofensor e do ofendido, além da gravidade do ato ilícito, requer seja a Reclamada condenada ao pagamento de indenização por dano moral em valor equivalente a 50 salários do Reclamante ou outro valor a critério de Vossa Excelência, na forma do art. 223-G, CLT, sendo que tal verba não é base de recolhimentos previdenciários ou fiscais.

Na apuração da indenização por danos morais, os juros são devidos a partir do ajuizamento da demanda trabalhista (art. 39, § 1º, Lei 8.177/91; Súm. 439, TST e Súm. 362, STJ).

PEDIDO:

Condenação da Reclamada em indenização por dano moral, tendo em vista todo o sofrimento causado ao trabalhador, em valor equivalente a 50 salários do Reclamante ou outro valor a critério de Vossa Excelência, na forma do art. 223-G, CLT, sendo que tal verba não é base de recolhimentos previdenciários ou fiscais.

3.101. DANO MORAL
PELO NÃO PAGAMENTO DAS VERBAS RESCISÓRIAS OU ATRASO NO PAGAMENTO DOS SALÁRIOS

CAUSA DE PEDIR:

O Reclamante foi imotivadamente dispensado sem ter recebido seus direitos rescisórios até a presente data, o que lhe acarretou sérios prejuízos de ordem econômica e moral, pois o trabalhador foi impossibilitado de arcar com seus compromissos financeiros, causando-lhe grande constrangimento [descrever a dispensa imotivada com data e as dificuldades do Reclamante pelo não pagamento dos direitos rescisórios].

A Reclamada, com seu ato irresponsável, retirou por inteiro do Reclamante os meios de prover a sua subsistência e de sua família, ou seja, impediu o empregado de suprir as suas necessidades básicas, causando-lhe incerteza, sofrimento e constrangimento, após anos de trabalho.

A dispensa imotivada do trabalhador e a ausência do pagamento de seus direitos rescisórios por si sós já bastam para a caracterização do dano, pois é inerente ao ser humano a necessidade de receber suas verbas alimentares para continuar sobrevivendo – não existe a necessidade de prova do dano moral decorrente do dano material, dada a consequência lógica que se pode extrair da situação degradante à qual o Reclamante foi exposto, sendo obrigado a sobreviver pedindo favores de amigos e familiares para sustentar-se, não havendo que se falar em meros aborrecimentos cotidianos da vida.

Realmente, trata-se de uma contradição o fato de os contratos civis e financeiros contemplarem penas pecuniárias graves para repercussões patrimoniais e os contratos de trabalho contemplarem penas mínimas para repercussões alimentares. A prática lesiva da Reclamada afronta o art. 1°, IV, CF, invertendo a ordem das prioridades sociais, colocando o direito à propriedade e à livre iniciativa em plano mais relevante que os valores sociais do trabalho.

Não resta dúvida de que se trata de situação que necessita de mobilização imediata e necessária do trabalhador demitido, que, de uma hora para outra, se encontra sem condição de cumprimento de obrigações já assumidas e incapaz de realizar o mínimo planejamento de um futuro próximo, pois, como a incerteza gerada pela surpresa do desemprego, há a realidade de degradação moral que pode ser manifestada por qualquer pessoa. E degradação moral significa atingimento da personalidade humana, valores protegidos constitucionalmente pelo art. 1°, III, combinado com o art. 5°, V e X, CF. Ser provedor do sustento de sua família é situação pessoal do empregado demitido que agrava ainda mais a sua lesão moral.

O erro e a má-fé na conduta da empresa geraram a inequívoca e consequente ofensa à honra e à dignidade do Autor, e o nexo de causalidade resta evidente. Assim, há o dever de reparação do dano moral pela Ré, haja vista a infração por ela cometida às garantias constitucionais da dignidade da pessoa humana e dignidade do trabalho, fundamentos esses tão valorizados em nossa República.

O dano moral, também denominado de extrapatrimonial, não repercute nos bens patrimoniais da vítima, atingindo os bens de ordem moral ou o foro íntimo da pessoa, tais como: a honra, a liberdade, a intimidade e a imagem.

Como ocorrem em relação aos materiais, os danos morais somente serão reparados quando ilícitos.

Podemos dividir os danos morais em: (a) puros (diretos); (b) reflexos (indiretos).

Os puros esgotam-se em apenas um aspecto, atingindo os chamados atributos da pessoa, como a honra, a intimidade, a liberdade etc. Os reflexos são efeitos da lesão ao patrimônio, ou seja, consequência de um dano material.

De acordo com o âmbito da sua extensão, o dano moral pode ser subjetivo ou objetivo. O primeiro limita-se à esfera íntima da vítima, isto é, ao conjunto de sentimentos e de valores morais e éticos do próprio ofendido. O segundo se projeta no círculo do relacionamento familiar ou social, afetando a estima e a reputação moral, social ou profissional da vítima.

Temos a violação aos direitos da personalidade causados ao trabalhador pela ausência do cumprimento dessas obrigações legais.

O dano moral ou dano extrapatrimonial é aquele que se opõe ao dano material, não afetando os bens patrimoniais propriamente ditos, mas atingindo os bens de ordem moral, de foro íntimo da pessoa, como a honra, a liberdade, a intimidade e a imagem.

Wilson Melo da Silva considera morais as *"lesões sofridas pelo sujeito físico ou pessoa natural de direito em seu patrimônio ideal, em contraposição ao patrimônio material, o conjunto de tudo aquilo que não seja suscetível de valor econômico"* (Dano moral e a sua reparação. 3. ed. Rio de Janeiro: Forense, 1983, p. 11).

Nos ensinamentos de Maria Helena Diniz: *"O dano moral vem a ser lesão de interesse não patrimonial de pessoa física ou jurídica, provocada pelo fato lesivo"* (Curso de Direito Civil Brasileiro. 10. ed. São Paulo: Saraiva, 1995, v. 7, p. 67).

Assim, concluímos que são danos morais aqueles que se qualificam em razão da esfera da subjetividade ou plano valorativo da pessoa na sociedade, havendo, necessariamente, que atingir o foro íntimo da pessoa humana ou o da própria valoração pessoal no meio em que vive, atua ou que possa de alguma forma repercutir.

Dalmartello enuncia os elementos caracterizadores do dano moral, *"segundo sua visão, como a privação ou diminuição daqueles bens que têm um valor precípuo na vida do homem e que são a paz, a tranquilidade de espírito, a liberdade individual, a integridade física, a honra e os demais sagrados afetos, classificando-os em dano que afeta a parte social do patrimônio moral (honra, reputação etc.); dano que molesta a parte afetiva do patrimônio moral (dor, tristeza, saudade etc.); dano moral que provoca direta ou indiretamente dano patrimonial (cicatriz deformante etc.) e dano moral puro (dor, tristeza etc.)"* (apud Rui Stoco. Responsabilidade civil e a sua interpretação jurisprudencial. 2. ed. São Paulo: RT, 1995, p. 523).

Cumpre ressaltar que os danos morais, de modo semelhante aos danos materiais, somente serão reparados quando ilícitos e após a sua caracterização (dano experimentado).

Já o dano material, o qual também é conhecido por dano patrimonial, atinge os bens integrantes do patrimônio, isto é, o conjunto das relações jurídicas de uma pessoa, apreciáveis economicamente. Têm-se a perda, a deterioração ou a diminuição do patrimônio.

O não pagamento das verbas rescisórias [ou salários] sem qualquer justificativa ofende o contrato civil, que é, via de regra, de natureza patrimonial.

No caso de contrato de trabalho, contudo, a ofensa transcende a questão patrimonial e passa a afrontar o meio de subsistência do trabalhador.

Não se pode negar que o não pagamento de salários ou das verbas rescisórias ou o seu pagamento tardio viola o princípio da dignidade da pessoa humana e abala a intimidade do trabalhador, que como qualquer pessoa tem inúmeras obrigações a serem saldadas em datas aprazadas, o que é feito com o salário que recebe e com maior dificuldade ainda com as verbas rescisórias.

O não pagamento ou o pagamento a destempo gera grande aflição moral ao trabalhador. Isso porque o trabalhador se vê, de uma hora para outra, sem condição de cumprir as obrigações anteriormente assumidas. Ser provedor de uma família é situação pessoal do empregado demitido que agrava sua lesão moral.

Evidente a ofensa ao patrimônio ideal do trabalhador (direitos de personalidade, art. 5°,V e X, CF).

Ressalte-se que, em matéria de prova, o dano moral não é suscetível de comprovação, diante da impossibilidade de se fazer a demonstração, no processo judicial, da dor, do sofrimento e da angústia do trabalhador.

Portanto, trata-se de *damnum in re ipsa*, ou seja, o dano moral é decorrência do próprio fato ofensivo. Assim, comprovado o evento lesivo, tem-se como consequência lógica a configuração de dano moral, surgindo a obrigação do pagamento de indenização, nos termos do art. 5°, X, CF, diante da ofensa aos direitos da personalidade.

Nem se alegue que o empregador sofrerá com as cominações impostas pela lei ao não pagar as verbas rescisórias no prazo legal. As multas estabelecidas pelo art. 467 e pelo art. 477, § 8°, CLT não guardam relação com o dano moral decorrente do sofrimento e da angústia do trabalhador, sendo apenas sanções pelo descumprimento de prazos fixados em lei.

Assim, não há como prosperar eventual alegação da Reclamada de que não houve a efetiva demonstração do dano moral sofrido pelo Autor. Basta a demonstração da conduta lesiva e seu nexo com o fato gerador, sendo que o prejuízo é presumível, sendo desnecessária sua comprovação.

"RECURSO DE REVISTA INTERPOSTO NA VIGÊNCIA DAS LEIS 13.015/14 E 13.467/17. TRANSCENDÊNCIA. INDENIZAÇÃO POR DANOS MORAIS. ATRASO REITERADO NO PAGAMENTO DE SALÁRIOS. O recurso de revista se viabiliza porque ultrapassa o óbice da transcendência com relação aos reflexos gerais de natureza política e jurídica, nos termos do art. 896-A, incisos II e IV, da CLT. INDENIZAÇÃO POR DANOS MORAIS. ATRASO REITERADO NO PAGAMENTO DE SALÁRIOS. O e. TRT presumiu como 'verdadeiras as afirmações iniciais' (pág. 58) quanto aos reiterados atrasos no pagamento dos salários da autora. No entanto, considerou que apenas o patrimônio trabalhista foi violado, não ensejando tal fato, por si só, o pagamento de indenização por danos morais. Pois bem. A jurisprudência pacífica desta Corte Superior é firme no sentido de que o reiterado atraso no pagamento dos salários gera dano moral in re ipsa ao empregado. Precedentes da SBDI-1 e de todas as Turmas do TST. Configurada a ilicitude da conduta do empregador, é devida a indenização por danos morais, no valor de R$ 10.000,00 (dez mil reais), importância arbitrada tendo em conta o bem jurídico lesado, a capacidade econômica das partes, a finalidade pedagógica da medida e os processos julgados nesta Corte em 2018. Recurso de revista conhecido por violação do artigo 5°, X, da CF e provido." (TST – 3ª T. – RR 10534-55.2017.5.15.0069 – Rel. Min. Alexandre de Souza Agra Belmonte – *DEJT* 26-4-2019.)

A falta de pagamento de verbas rescisórias por ocasião de sua dispensa imotivada deixou o Reclamante em total desamparo, sem usufruir das compensações legais para o período do desemprego, o que demonstra a presença do dano moral e da presença dos requisitos da responsabilidade civil do empregador, sendo passível de condenação a Reclamada, a indenizar o Autor, nos termos dos arts. 186 e 927, CC.

Evidente que a conduta da Reclamada resultou em ofensa à esfera moral do Reclamante (art. 223-B, CLT).

Oportuno destacar que o art. 223-C da CLT traz a honra, a imagem e autoestima como bens inerentes à pessoa física juridicamente tutelados.

Dessa forma, deverá a Reclamada ser condenada a reparar os prejuízos morais sofridos pelo Reclamante (art. 5°,V e X, CF), nos termos dos arts. 186 e 927, CC, tendo em vista a falta de pagamento de verbas rescisórias – de caráter alimentar –, sendo devida, portanto, ao Autor, indenização pelas ofensas à sua honra e dignidade praticadas pela Reclamada, com plena ciência do ato lesivo que praticou (art. 932, III, CC).

Em relação ao *quantum*, este deve levar em conta a capacidade econômica da empresa agressora, pois, se for quantia irrisória, não terá o condão de desestimular as práticas lesivas da Ré, que deverá abster-se de cometer nova infração deste gênero. Assim, o Autor postula o direito à indenização por danos morais, o que ora se pleiteia no valor mínimo de 60 salários nominais ou outro valor a critério de Vossa Excelência, na forma do art. 223-G, CLT, sendo que tal verba não é base de recolhimentos previdenciários ou fiscais.

Na apuração da indenização por danos morais, os juros são devidos a partir do ajuizamento da demanda trabalhista (art. 39, § 1º, Lei 8.177/91), e a correção monetária deve ser computada a partir da prolação da decisão, nos termos das Súmulas 362 do STJ e 439 do TST.

PEDIDO:

Condenação da Reclamada ao pagamento de indenização por danos morais, nos termos dos arts. 186, 927 e 932, III, CC, tendo em vista os prejuízos morais sofridos pelo Reclamante (art. 5º, V e X, CF), pela falta de pagamento de verbas rescisórias/atraso no pagamento de salários – de caráter alimentar –, sendo devida, portanto, ao Autor, indenização pelas ofensas à sua honra e dignidade praticadas pela Reclamada, no valor mínimo de 60 salários nominais ou outro valor a critério de Vossa Excelência, na forma do art. 223-G, CLT, conforme todo o exposto na fundamentação.

Cap. 3 • MODELOS DE CAUSA DE PEDIR E PEDIDOS | 351

3.102. DANO MORAL
ÓCIO FORÇADO

CAUSA DE PEDIR:

O Reclamante, após usufruir um período de férias, de [indicar o período], quando do seu retorno, foi surpreendido por um comunicado da empresa no sentido de que não mais exerceria as suas funções originárias. No novo setor, não tinha mesa, computador e, muito menos, função a ser exercida, sendo-lhe imposta uma ociosidade compulsória.

O Autor foi vítima de assédio moral, notadamente porque, de forma punitiva, foi transferido de setor após o retorno de suas férias, sem que a Reclamada lhe repassasse trabalho, lhe deixando numa condição de ociosidade e humilhação perante seus colegas que assistiam aquela situação.

Oportuno enfatizar que na hipótese não se trata, pura e simplesmente, da utilização do *jus variandi* do empregador, mas sim, de uma forma coercitiva de penalizar o Reclamante por ter faltado várias vezes ao trabalho, embora de maneira justificada, conforme os atestados médicos juntados [docs.].

O trabalhador, como todo ser humano, deve ser tratado com dignidade e respeito e não como um objeto inanimado, tal qual um armário velho que sem mais serventia é largado em depósito para apodrecer. Não é um número ou um mero nome a constar em um rol dentre outros.

O trabalho, além de ser a principal fonte de renda da maioria dos seres humanos, também tem importância social e psicológica, vez que no trabalho a pessoa desenvolve relações interpessoais, contato com outras pessoas, sente-se pertencente àquele grupo social. Por intermédio do trabalho, o indivíduo pode desenvolver suas habilidades, galgando melhores condições de vida.

Assim, o mero pagamento de salário não atende aos auspícios sociais do trabalho. Embora o empregado esteja auferindo a retribuição econômica, está segregado dos seus colegas, de sua função produtiva, impedido de evoluir como trabalhador e ser humano.

A imposição de ócio ao trabalhador, com esvaziamento de suas atribuições, torna vidente a ofensa ao seu patrimônio ideal (direitos de personalidade, art. 5º, V e X, CF; art. 223-B, CLT), ensejando a reparação pecuniária.

Oportuno destacar que o art. 223-C da CLT traz a honra, a imagem e autoestima como bens inerentes à pessoa física juridicamente tutelados.

Em casos análogos, decidiu o TST:

"A) AGRAVO DE INSTRUMENTO. RECURSO DE REVISTA. PROCESSO SOB A ÉGIDE DA LEI 13.015/14 E ANTERIOR À LEI 13.467/17. INDENIZAÇÃO POR DANOS MORAIS ISOLAMENTO E ESVAZIAMENTO DAS FUNÇÕES. DESRESPEITO AOS PRINCÍPIOS FUNDAMENTAIS DA DIGNIDADE DA PESSOA HUMANA, DA INVIOLABILIDADE PSÍQUICA (ALÉM DA FÍSICA) DA PESSOA HUMANA, DO BEM-ESTAR INDIVIDUAL (ALÉM DO SOCIAL) DO SER HUMANO, TODOS INTEGRANTES DO PATRIMÔNIO MORAL DA PESSOA FÍSICA. DANO MORAL CARACTERIZADO. Demonstrado no agravo de instrumento que o recurso de revista preenchia os requisitos do art. 896 da CLT, quanto ao dano moral, dá-se provimento ao agravo de instrumento, para melhor análise da arguição de violação do art. 5º, X, da CF, suscitada no recurso de revista. Agravo de instrumento provido. B) RECURSO DE REVISTA. PROCESSO

352 | PRÁTICA DA RECLAMAÇÃO TRABALHISTA – *Jorge Neto • Wenzel • Cavalcante*

SOB A ÉGIDE DA LEI 13.015/14 E ANTERIOR À LEI 13.467/17. 1. DIFERENÇAS SALARIAIS. DESVIO DE FUNÇÃO. MATÉRIA FÁTICA. SÚMULA 126/TST. O Tribunal Regional, soberano na análise do conjunto fático-probatório dos autos, reformou a sentença e indeferiu o pleito do Reclamante, relativo às diferenças salariais, por entender que não houve desvio de função. Afirmou o TRT que 'a prova oral produzida não corrobora a tese da inicial, indo ao encontro do acervo documental'. Os dados fáticos são exíguos, não permitindo que esta Corte proceda ao enquadramento jurídico diverso da questão. Em síntese, não cabe ao TST, diante da exiguidade de dados fáticos explicitados pelo acórdão, concluindo pela inexistência do desvio de função, abrir o caderno processual e examinar, diretamente, o conjunto probatório, chegando à conclusão diversa. Limites processuais inarredáveis da mencionada Súmula 126 da Corte Superior Trabalhista. Recurso de natureza extraordinária, como o recurso de revista, não se presta a reexaminar o conjunto fático-probatório produzido nos autos, porquanto, nesse aspecto, os Tribunais Regionais do Trabalho revelam-se soberanos. Recurso de revista não conhecido no tema. 2. INDENIZAÇÃO POR DANOS MORAIS. ISOLAMENTO E ESVAZIAMENTO DAS FUNÇÕES. DESRESPEITO AOS PRINCÍPIOS FUNDAMENTAIS DA DIGNIDADE DA PESSOA HUMANA, DA INVIOLABILIDADE PSÍQUICA (ALÉM DA FÍSICA) DA PESSOA HUMANA, DO BEM-ESTAR INDIVIDUAL (ALÉM DO SOCIAL) DO SER HUMANO, TODOS INTEGRANTES DO PATRIMÔNIO MORAL DA PESSOA FÍSICA. DANO MORAL CARACTERIZADO. A conquista e afirmação da dignidade da pessoa humana não mais podem se restringir à sua liberdade e intangibilidade física e psíquica, envolvendo, naturalmente, também a conquista e afirmação de sua individualidade no meio econômico e social, com repercussões positivas conexas no plano cultural – o que se faz, de maneira geral, considerado o conjunto mais amplo e diversificado das pessoas, mediante o trabalho e, particularmente, o emprego. O direito à indenização por dano moral encontra amparo no art. 5º, V e X, da Constituição da República; e no art. 186 do CCB/02, bem como nos princípios basilares da nova ordem constitucional, mormente naqueles que dizem respeito à proteção da dignidade humana, da inviolabilidade (física e psíquica) do direito à vida, do bem-estar individual (e social), da segurança física e psíquica do indivíduo, além da valorização do trabalho humano. O patrimônio moral da pessoa humana envolve todos esses bens imateriais, consubstanciados, pela Constituição, em princípios fundamentais. Afrontado esse patrimônio moral, em seu conjunto ou em parte relevante, cabe a indenização por dano moral, deflagrada pela Constituição de 1988. No caso vertente, o Tribunal Regional reformou a sentença que considerara caracterizado o dano moral ensejador da reparação pretendida, decorrente do isolamento vivenciado pelo Reclamante, no ambiente de trabalho e do esvaziamento de suas funções. Para tanto, registrou o TRT que 'inexiste prova cabal de que o reclamante não foi convidado para participar de reuniões importantes, na medida em que se mostra insuficiente ao convencimento do julgador a mera assertiva de uma testemunha no sentido de que avistava de seu posto de trabalho a sala de reunião e ali não via o autor. Registre-se, ainda, que tarefas no depósito não se mostram estranhas à rotina de um assistente de gerente de supermercado (...)'. A alteração funcional aponta para evidente retaliação empresarial, já que o Autor era assistente de gerente e, abruptamente, foi transferido para exercer funções no depósito e, além disso, foi impedido de participar das reuniões das quais os assistentes de gerente sempre participaram, causando ao Obreiro abalo emocional. Diante da submissão do Obreiro a situações que atentaram contra a sua dignidade, a sua integridade psíquica e o seu bem-estar individual – bens imateriais que compõem seu patrimônio moral protegido pela Constituição –, tem ele, de fato, direito à reparação moral, conforme autorizam o inciso X do art. 5º da Constituição Federal e os arts. 186 e 927, caput, do CCB/02. Recurso de revista conhecido e provido no tema." (TST – 3ª T. – RR 986-15.2014.5.06.0181 – Rel. Min. Mauricio Godinho Delgado – *DEJT* 8-5-2020.)

Ante a certeza do dano moral decorrente do assédio, a Reclamada deve ser condenada ao pagamento de indenização a título de reparação.

Nos termos do art. 223-G da CLT, o juízo, ao fixar o *quantum* pela reparação do dano extrapatrimonial, deve considerar: (a) a natureza do bem jurídico tutelado; (b) a intensidade do sofrimento ou da humilhação; (c) a possibilidade de superação física ou psicológica; (d) os reflexos pessoais e sociais da

Cap. 3 • MODELOS DE CAUSA DE PEDIR E PEDIDOS | 353

ação ou da omissão; (e) a extensão e a duração dos efeitos da ofensa; (f) as condições em que ocorreu a ofensa ou o prejuízo moral; (g) o grau de dolo ou culpa; (h) a ocorrência de retratação espontânea; (i) o esforço efetivo para minimizar a ofensa; (j) o perdão, tácito ou expresso; (k) a situação social e econômica das partes envolvidas; (l) o grau de publicidade da ofensa.

Considerando as diretrizes delineadas, para o caso em análise, indica-se como valor a ser arbitrado para a indenização postulada o mínimo de 10 salários do Reclamante ou outro valor a critério de Vossa Excelência, na forma do art. 223-G, em razão do que se passará a expor [descrever circunstâncias específicas a justificar o montante pedido, por exemplo, a duração do contrato de trabalho, o valor da remuneração auferida etc.].

Assim, comprovado o dano moral resultante do assédio moral, patente a obrigação da Reclamada em indenizar o Autor, conforme arts. 186, 187, 927 e 932, III, CC, tendo em vista todo o sofrimento causado ao trabalhador e, ainda, considerando-se a condição econômica do ofensor e do ofendido, além da gravidade do ato ilícito, requer seja a Reclamada condenada ao pagamento de indenização por dano moral em valor equivalente a [50 salários do Reclamante, considerado o último auferido], sendo que tal verba não é base de recolhimentos previdenciários ou fiscais.

Na apuração da indenização por danos morais, os juros são devidos a partir do ajuizamento da demanda trabalhista (art. 39, § 1º, Lei 8.177/91; Súm. 439, TST e Súm. 362, STJ).

PEDIDO:

Condenação da Reclamada em indenização por dano moral resultante do assédio moral, tendo em vista todo o sofrimento causado ao trabalhador, em valor mínimo de 50 salários do Reclamante ou outro valor a critério de Vossa Excelência, na forma do art. 223-G, CLT, sendo que tal verba não é base de recolhimentos previdenciários ou fiscais.

3.103. DANO MORAL
OFENSA À IMAGEM DO RECLAMANTE

CAUSA DE PEDIR:

1. O direito à imagem é um dos direitos de personalidade (art. 5º, X, CF). Sua violação pelo empregador vai importar no direito à percepção de indenização por danos morais para o empregado e a imediata suspensão da prática do ato danoso.

No direito à imagem há duas variações: (a) direito relacionado à reprodução gráfica (retrato, fotografia, imagem etc.) da pessoa natural. Trata-se da imagem-retrato; (b) direito relacionado ao conjunto de atributos cultivados pelo homem e reconhecidos pela sociedade. É o que se denomina de imagem-atributo.

O Enunciado 14 da 1ª Jornada de Direito Material e Processual na Justiça do Trabalho enuncia: *"São vedadas ao empregador, sem autorização judicial, a conservação de gravação, a exibição e a divulgação, para seu uso privado, de imagens dos trabalhadores antes, no curso ou logo após a sua jornada de trabalho, por violação ao direito de imagem e à preservação das expressões da personalidade, garantidos pelo art. 5º, V, da Constituição. A formação do contrato de emprego, por si só, não importa em cessão do direito de imagem e da divulgação fora de seu objeto da expressão da personalidade do trabalhador, nem o só pagamento do salário e demais títulos trabalhistas os remunera"*.

2. A Reclamada, de forma inadvertida e incorreta, e sem a autorização, utilizou a imagem do trabalhador, o que é inadmissível.

O Reclamante, por ser pessoa de boa aparência, teve a sua imagem utilizada não só na forma impressa, como na forma digital, em especial, no *site* [indicar].

No citado *site*, o Reclamante tinha a imagem fazendo a demonstração do aço da Reclamada.

No dia das filmagens, a Reclamada foi a responsável por arrumar o Reclamante, contratando profissionais para cuidar da imagem do Reclamante (cabelo e maquiagem), além de comprar uniformes novos.

Além do *site*, as imagens do Reclamante foram utilizadas em *banner* e agenda desde 2006.

Mesmo após a dispensa do Reclamante em 2008, a Reclamada continua a usar a imagem do Reclamante em *site* e nas agendas.

Em momento algum, saliente-se, o Reclamante autorizou que a Reclamada usasse de sua imagem.

A jurisprudência indica:

"Agravo de instrumento. Recurso de revista. Indenização por dano moral. Direito de imagem. Uso de camiseta promocional das marcas comercializadas pelo empregador. Dá-se provimento a agravo de instrumento quando configurada no recurso de revista a hipótese da alínea c do art. 896 da CLT. Agravo provido. Recurso de revista. Indenização por dano moral. Direito de imagem. Uso de camiseta promocional das marcas comercializadas pelo empregador. O direito à imagem é um direito autônomo e compreende todas as características do indivíduo como ser social. Dessa forma, depreende-se por imagem não apenas a representação física da pessoa, mas todos os caracteres que a envolvem. O direito à imagem reveste-se de características comuns aos direitos da personalidade, sendo inalienável, impenhorável, absoluto, imprescritível, irrenunciável e intransmissível,

Cap. 3 • MODELOS DE CAUSA DE PEDIR E PEDIDOS | **355**

vez que não pode se dissociar de seu titular. Além disso, apresenta a peculiaridade da disponibilidade, a qual consiste na possibilidade de o indivíduo usar livremente a sua própria imagem ou impedir que outros a utilizem. O uso indevido da imagem do trabalhador, sem qualquer autorização do titular, constitui violação desse direito, e, via de consequência, um dano, o qual é passível de reparação civil, nos termos dos arts. 5º, X, da Constituição Federal e 186 do Código Civil. Recurso de revista conhecido e provido" (TST – RR 1311-65.2010.5.01.0020 – Rel. Min. Renato de Lacerda Paiva – *DJe* 3-5-2013).

Da situação acima narrada, evidente que a conduta da Reclamada resultou em ofensa à esfera moral do Reclamante (art. 223-B, CLT).

Oportuno destacar que o art. 223-C da CLT traz a honra, a imagem e autoestima como bens inerentes à pessoa física juridicamente tutelados.

Cabe ao critério valorativo do juiz, além da força criativa da doutrina e jurisprudência, a busca de parâmetros para que se possa fixar a indenização pelo dano moral.

A fixação da indenização pelo dano moral não deve ser vista só como uma avaliação da dor sofrida pela vítima em dinheiro.

De fato, representa a substituição de um bem jurídico por outro.

Porém, também significa uma sanção que é aplicada ao ofensor, impondo-se uma diminuição em seu patrimônio, satisfazendo-se a vítima que foi prejudicada em sua honra, liberdade, intimidade etc.

A reparação do dano moral para a vítima representa uma satisfação, enquanto para o agente é uma sanção.

Nos termos do art. 223-G da CLT, o juízo, ao fixar o *quantum* pela reparação do dano extrapatrimonial, deve considerar: (a) a natureza do bem jurídico tutelado; (b) a intensidade do sofrimento ou da humilhação; (c) a possibilidade de superação física ou psicológica; (d) os reflexos pessoais e sociais da ação ou da omissão; (e) a extensão e a duração dos efeitos da ofensa; (f) as condições em que ocorreu a ofensa ou o prejuízo moral; (g) o grau de dolo ou culpa; (h) a ocorrência de retratação espontânea; (i) o esforço efetivo para minimizar a ofensa; (j) o perdão, tácito ou expresso; (k) a situação social e econômica das partes envolvidas; (l) o grau de publicidade da ofensa.

Diante dessas assertivas, o Reclamante, a título de danos morais, solicita uma indenização no valor mínimo de 10 salários do Reclamante ou outro valor a critério de Vossa Excelência, na forma do art. 223-G, CLT. Juros a partir do ajuizamento (Súmula 439, TST e Súmula 362, STJ).

PEDIDO:

Danos morais no valor mínimo de 10 salários do Reclamante ou outro valor a critério de Vossa Excelência, na forma do art. 223-G, CLT, pela utilização não autorizada da imagem do Reclamante.

3.104. DANO MORAL
OFENSA À HONRA E À IMAGEM DO RECLAMANTE. ASSÉDIO MORAL

CAUSA DE PEDIR:

1. Não se pode esquecer que a honra é um dos direitos de personalidade do empregado (art. 5º, X, CF).

Do ponto de vista do Direito, a honra pode ser objetiva ou subjetiva.

A primeira é caracterizada pela sua reputação, ou seja, tudo aquilo que os outros pensam a respeito do cidadão quanto aos seus atributos físicos, intelectuais, morais etc.

A segunda reflete o sentimento de cada um a respeito de seus atributos físicos, intelectuais, morais etc. É a avaliação que o indivíduo faz de suas qualidades como ser humano.

Em princípio, a prática pelo empregador ou seus prepostos, contra o empregado ou pessoas de sua família, de ato lesivo da honra e boa fama envolve as hipóteses de injúria, calúnia e difamação, podendo ensejar a rescisão indireta do contrato de trabalho, além da indenização por danos morais.

2. O Reclamante foi fotografado pelo seu superior imediato em 2004, visto que não estava laborando com os óculos de segurança.

O empregador, de acordo com os art. 157 e segs., CLT, tem o pleno direito de exigir que os seus empregados tenham a obrigação de usar o equipamento de proteção.

Contudo, ninguém tem o direito de expor o trabalhador ao ridículo, como ocorreu com o Reclamante.

Além de ter sido chamado a atenção, o Reclamante foi fotografado, e essa fotografia foi posta em *e-mail* e circundou por toda a empresa.

A fotografia foi posta em quadros na empresa, e por esse fato todos ficavam rindo da pessoa do Reclamante.

Os documentos anexos comprovam a exposição do Reclamante ao ridículo, violando, assim, o seu direito à imagem e a honra.

A empresa dizia que todos deveriam se lembrar dessa atitude.

O extravasamento do poder de punir e a exposição ao ridículo em relação ao trabalhador, de forma concreta, é uma situação que justifica a imposição de um valor a título de dano moral ao empregador.

A jurisprudência indica:

> *"Indenização por danos morais. Assédio moral. constrangimento causado ao empregado com a utilização de ofensas verbais e situações vexatórias. No caso, ficou consignado nos autos que o gerente agiu de forma desrespeitosa com os seus subordinados, os vendedores, pressionando-os para o cumprimento de metas, com a utilização de ofensas verbais e situações vexatórias. Diante dos graves fatos narrados no acórdão regional, relativos à situação de humilhação e desrespeito por que passou o reclamante, o consequente dano moral é considerado in re ipsa, já que decorre da própria natureza dos fatos ocorridos, prescindindo, assim, de prova da sua ocorrência, em virtude de ele consistir em ofensa a valores humanos, bastando a demonstração do ato ilícito ou antijurídico em função do qual a parte afirma tê-lo sofrido. Não há falar, portanto, em violação dos arts. 186 e 927 do Código Civil. Recurso de revista não conhecido. Assédio moral – Constrangimento*

Cap. 3 • MODELOS DE CAUSA DE PEDIR E PEDIDOS | 357

ao empregado com a utilização de ofensas verbais e situações vexatórias. Quantum *indenizatório (R$ 40.000,00). Pedido de redução. O art. 944 do Código Civil Brasileiro estabelece que a indenização será medida pela extensão do dano sofrido. Já o parágrafo único daquele dispositivo determina que se houver excessiva desproporção entre a gravidade da culpa e o dano, poderá o juiz reduzir, equitativamente, a indenização. Assim, para se mensurar a indenização por danos morais, deve-se observar a proporção do dano sofrido e a reparação. Nesse passo, entendo que o valor fixado no v. acórdão regional (R$ 40.000,00), utilizando como parâmetros para o cálculo a gravidade dos constrangimentos sofridos, a condição econômica da reclamada e o princípio da proporcionalidade, implicou em um valor por demais elevado, sendo razoável a sua redução para R$ 10.000,00. Recurso de revista conhecido e provido. (...)"* (TST – 2ª T. – RR 0001260-47.2012.5.02.0314 – Rel. Min. José Roberto Freire Pimenta – *DJe* 6-3-2015 – p. 1.006).

Da situação acima narrada, evidente que a conduta da Reclamada resultou em ofensa à esfera moral do Reclamante (art. 223-B, CLT).

Oportuno destacar que o art. 223-C da CLT traz a honra, a imagem, a intimidade e a autoestima como bens inerentes à pessoa física juridicamente tutelados.

O Reclamante solicita uma indenização de [indicar o valor], com juros a partir do ajuizamento (Súm. 439, TST; Súm. 362, STJ).

PEDIDO:

Indenização por danos morais pelo assédio moral de [indicar o valor].

3.105. DANO MORAL
PROIBIÇÃO DO DIREITO DE IR E VIR DO EMPREGADO

CAUSA DE PEDIR:

A Reclamada feriu o princípio da dignidade humana em virtude de ter prendido o Reclamante nas dependências da empresa durante a jornada de trabalho. O Reclamante foi mantido em cárcere privado e humilhado ao decidir ir embora do trabalho, após ter o pedido de ser dispensado do trabalho negado pelo encarregado, uma vez que o setor onde trabalhava encontrava-se paralisado por motivos técnicos.

A Constituição Federal garante que são invioláveis *"a intimidade, a vida privada, a honra e a imagem das pessoas, assegurado o direito a indenização pelo dano material ou moral decorrente de sua violação"* (art. 5°, X).

Não se pode olvidar que a dignidade da pessoa humana é um princípio fundamental no nosso ordenamento jurídico após a promulgação da Constituição Federal de 1988, consagrado no art. 1°, III.

A dignidade do ser humano é composta por atributos da personalidade e da individualidade.

Oportuno trazer à colação a doutrina do Professor Ingo Wolfgang Sarlet sobre o conceito de dignidade:

> *"qualidade intrínseca e distintiva de cada ser humano que o faz merecedor do mesmo respeito e consideração por parte do Estado e da comunidade, implicando, neste sentido, um complexo de direitos e deveres fundamentais que assegurem a pessoa tanto contra todo e qualquer ato de cunho degradante e desumano, como venham a lhe garantir as condições existenciais mínimas para uma vida saudável, além de propiciar e promover sua participação ativa e corresponsável nos destinos da própria existência e da vida em comunhão com os demais seres humanos"* (*Dignidade da pessoa humana e direitos fundamentais na Constituição da República de 1988*. Porto Alegre: Livraria do Advogado, 2002, p. 62).

Arion Sayão Romita sustenta que a dignidade da pessoa humana é fundamento dos direitos humanos e deve prevalecer em qualquer circunstância:

> *"Os direitos fundamentais constituem manifestações da dignidade da pessoa. Quando algum dos direitos fundamentais, qualquer que seja a família a que pertença, for violado é a dignidade da pessoa que sofre a ofensa. Os direitos fundamentais asseguram as condições de dignidade e, não obstante a violação da norma, apesar da agressão a dignidade estará preservada, porque ela é um valor intangível. A dignidade não se esgota nos direitos fundamentais, entretanto, só terá sua dignidade respeitada o indivíduo cujos direitos fundamentais forem observados e realizados"* (*Direitos fundamentais nas relações de trabalho*. São Paulo: LTr, 2005, p. 143).

Sobre o princípio da dignidade humana, trazemos à colação a doutrina:

> *"O art. 1°, inciso III, da Constituição Federal de 1988 considera a dignidade da pessoa humana um dos fundamentos do Estado Democrático de Direito. Qualquer atitude ou conduta que desrespeite o mencionado dispositivo estará contrariando a Constituição. O caput do art. 5° do Texto Constitucional assegura a todos os cidadãos a inviolabilidade do direito à vida e à segurança; no inciso X deste mesmo artigo a Constituição afirma a inviolabilidade da vida privada e da honra e imagem das pessoas. O art. 6° inscreve a saúde dentre*

os direitos sociais. No inciso XXII do art. 7º o texto constitucional estabelece o direito do trabalhador à redução dos riscos inerentes ao trabalho, por meio de norma de saúde, higiene e segurança. Por fim, o art. 196 da Constituição Federal estabelece que a saúde é direito de todos e dever do Estado" (Assédio moral interpessoal e organizacional: um enfoque interdisciplinar. Org. Lis Andrea Pereira Soboll, Thereza Cristina Gosdal. São Paulo: LTr, 2009, p. 41).

A situação narrada indica a ofensa à dignidade do Reclamante, eis que a Reclamada restringiu a sua liberdade de locomoção ao trancá-lo dentro da empresa, a fim de que não deixasse o local de trabalho.

A situação a que foi submetido o Reclamante inegavelmente violou o seu direito básico de ir e vir.

Evidente que a conduta da Reclamada resultou em ofensa à esfera moral do Reclamante (art. 223-B, CLT).

Oportuno destacar que o art. 223-C da CLT traz a honra, a imagem, a intimidade, a liberdade de ação e a autoestima como bens inerentes à pessoa física juridicamente tutelados.

Portanto, o dano moral é patente. Houve, sem dúvidas, ofensa à honra objetiva e subjetiva do Reclamante, que teve sua intimidade violada, atingindo-lhe em sua esfera íntima e valorativa.

Ressalte-se que, em matéria de prova, o dano moral não é suscetível de comprovação diante da impossibilidade de se fazer a demonstração, no processo judicial, da dor, do sofrimento e da angústia do trabalhador.

Portanto, trata-se de *damnum in re ipsa*, ou seja, o dano moral é decorrência do próprio fato ofensivo. Assim, comprovado o evento lesivo, tem-se como consequência lógica a configuração de dano moral, surgindo a obrigação do pagamento de indenização, nos termos do art. 5º, X, da Constituição Federal, diante da ofensa aos direitos da personalidade.

Em caso análogo, decidiu o TST:

"Recurso de revista. Processo sob a égide da lei 13.015/2014. Indenização por dano moral. Privação da liberdade de ir e vir durante a jornada de trabalho. Desrespeito ao princípio fundamental da dignidade da pessoa humana. A conquista e afirmação da dignidade da pessoa humana não mais podem se restringir à sua liberdade e intangibilidade física e psíquica, envolvendo, naturalmente, também a conquista e afirmação de sua individualidade no meio econômico e social, com repercussões positivas conexas no plano cultural – o que se faz, de maneira geral, considerado o conjunto mais amplo e diversificado das pessoas, mediante o trabalho e, particularmente, o emprego. O direito à indenização por dano moral encontra amparo no art. 5º, X, da CF, combinado com o art. 186 do CCB, bem como nos princípios basilares da nova ordem constitucional, mormente naqueles que dizem respeito à proteção da dignidade humana e da valorização do trabalho humano (art. 1º, da CR/88). No caso concreto, houve ofensa à dignidade dos Reclamantes (apenas no tocante aos Autores Douglas e Evandro), configurada na situação fática descrita nos autos, segundo a qual ficou provado que a Reclamada restringiu a liberdade de locomoção dos trabalhadores ao trancá-los dentro do vestiário a fim de que não fossem embora do local de trabalho. Recurso de revista conhecido e provido" (TST – 3ª T. – RR 423-49.2014.5.23.0051 – Rel. Min. Mauricio Godinho Delgado – *DEJT* 19-2-2016).

Ante a certeza do dano moral decorrente da conduta da Reclamada, esta deve ser condenada ao pagamento de indenização a título de reparação.

Nos termos do art. 223-G da CLT, o juízo, ao fixar o *quantum* pela reparação do dano extrapatrimonial, deve considerar: (a) a natureza do bem jurídico tutelado; (b) a intensidade do sofrimento ou da humilhação; (c) a possibilidade de superação física ou psicológica; (d) os reflexos pessoais e sociais da ação ou da omissão; (e) a extensão e a duração dos efeitos da ofensa; (f) as condições em que ocorreu a ofensa ou o prejuízo moral; (g) o grau de dolo ou culpa; (h) a ocorrência de retratação espontânea;

(i) o esforço efetivo para minimizar a ofensa; (j) o perdão, tácito ou expresso; (k) a situação social e econômica das partes envolvidas; (l) o grau de publicidade da ofensa.

Assim, comprovado o dano moral resultante do assédio moral, patente a obrigação da Reclamada em indenizar o Autor, conforme arts. 186, 187, 927 e 932, III, CC, tendo em vista todo o sofrimento causado ao trabalhador e, ainda, considerando-se a condição econômica do ofensor e do ofendido, além da gravidade do ato ilícito, requer seja a Reclamada condenada ao pagamento de indenização por dano moral em valor equivalente a [50 salários do Reclamante, considerado o último auferido, ou outro valor a critério de Vossa Excelência, na forma do art. 223-G, CLT], sendo que tal verba não é base de recolhimentos previdenciários ou fiscais.

Na apuração da indenização por danos morais, os juros são devidos a partir do ajuizamento da demanda trabalhista (art. 39, § 1º, Lei 8.177/91; Súm. 439, TST e Súm. 362, STJ).

PEDIDO:

Condenação da Reclamada em indenização por dano moral resultante do assédio moral, tendo em vista todo o sofrimento causado ao trabalhador, em valor equivalente a [50 salários do Reclamante, considerado o último auferido, ou outro valor a critério de Vossa Excelência, na forma do art. 223-G, CLT], sendo que tal verba não é base de recolhimentos previdenciários ou fiscais.

Cap. 3 • MODELOS DE CAUSA DE PEDIR E PEDIDOS | 361

3.106. DANO MORAL
QUANTIFICAÇÃO

CAUSA DE PEDIR:

A busca de critérios para valoração e quantificação do dano moral já foi objeto de diversas iniciativas legislativas. Entre as hipóteses suscetíveis de indenização, o assédio moral, a exposição vexatória no ambiente de trabalho e o descumprimento de normas técnicas de medicina do trabalho.

O Superior Tribunal de Justiça, pela Súmula 281, fixou o seguinte entendimento: *"A indenização por dano moral não está sujeita a tarifação prevista na Lei de Imprensa"*.

Maria Helena Diniz ensina:

"Tarifar não seria a solução ideal para encontrar o justo equilíbrio na indenização do dano moral; dever-se-ia, ensina Zavala de Gonzalez, considerar a teoria da regulação normativa do quantum indenizatório, que indicasse critérios objetivos ou bases que levem a uma reparação equitativa, uma vez que não se fixam pisos máximos ou mínimos, deixando-se uma margem de avaliação judicial, que possibilite transpor os reguladores indicativos estabelecidos em lei.

Parece-nos que deverá haver uma moderação na quantificação do montante indenizatório do dano moral, sem falar na necessidade de previsão legal contendo critérios objetivos a serem seguidos pelo órgão judicante no arbitramento. Na liquidação judicial, o magistrado tem, ante a fluidez e a subjetividade do sofrimento, o dever de apurar, com seu prudente arbítrio, os critérios a serem seguidos e o quantum debeatur, tendo por standard o homem médio na sociedade ao examinar a gravidade do fato e a dimensão do dano moral ocorrido e ao ponderar os elementos probatórios" (Curso de Direito Civil Brasileiro. 16. ed. São Paulo: Saraiva, 2002, v. 7, p. 91).

A reparação pecuniária do dano moral há de ser pautada pela força criativa da doutrina e da jurisprudência, devendo o magistrado, diante do caso concreto, considerar, em linhas objetivas, os seguintes fatores na sua fixação:

"a) evitar indenização simbólica e enriquecimento sem justa causa, ilícito ou injusto da vítima. A indenização não poderá ter valor superior ao dano, nem deverá subordinar-se à situação de penúria do lesado; nem poderá conceder a vítima rica uma indenização superior ao prejuízo sofrido, alegando que sua fortuna permitiria suportar o excedente do menoscabo;

b) não aceitar tarifação, porque esta requer despersonalização e desumanização, e evitar porcentagem do dano patrimonial;

c) diferenciar o montante indenizatório segundo a gravidade, a extensão e a natureza da lesão;

d) verificar a repercussão pública provocada pelo fato lesivo e as circunstâncias fáticas;

e) atentar às peculiaridades do caso e ao caráter antissocial da conduta lesiva;

f) averiguar não só os benefícios obtidos pelo lesante com o ilícito, mas também a sua atitude ulterior e situação econômica;

g) apurar o real valor do prejuízo sofrido pela vítima;

h) levar em conta o contexto econômico do país. No Brasil não haverá lugar para fixação de indenizações de grande porte, como as vistas nos Estados Unidos;

i) verificar a intensidade do dolo ou o grau da culpa do lesante;

j) basear-se em prova firme e convincente do dano;

k) analisar a pessoa do lesado, considerando a intensidade de seu sofrimento, seus princípios religiosos, sua posição social ou política, sua condição profissional e seu grau de educação e cultura;

l) procurar a harmonização das reparações em casos semelhantes;

m) aplicar o critério do justum ante as circunstâncias particulares do caso sub judice (LICC, art. 5º), buscando sempre, com cautela e prudência objetiva, a equidade" (DINIZ, Maria Helena. Ob. cit., v. 7, 92).

Em relação aos critérios para fixação do valor da indenização por dano moral, oportuno trazer à colação as palavras de Cleber Lúcio de Almeida: *"(...) deve o juiz, despindo-se de todo e qualquer preconceito, se colocar no lugar do trabalhador acidentado, para que possa perceber a extensão do dano por ele sofrido e fixar reparação com ele compatível. Tomado pela paz, pelo amor, pela bondade, pela fortaleza e pela responsabilidade, o juiz será capaz de vivenciar a experiência do trabalhador vítima de acidente e conceber solução que corresponda aos seus anseios e dignidade e, ao mesmo tempo, à justa medida da responsabilidade do empregador, transformando sua árdua tarefa de julgador no gratificante exercício de sua humanidade. A vida humana é um milagre que deve ser preservado"* (Responsabilidade civil do empregador e acidente de trabalho. Belo Horizonte: Del Rey, 2003, p. 151).

Nos termos do art. 223-G da CLT, o juízo, ao fixar o *quantum* pela reparação do dano extrapatrimonial, deve considerar: (a) a natureza do bem jurídico tutelado; (b) a intensidade do sofrimento ou da humilhação; (c) a possibilidade de superação física ou psicológica; (d) os reflexos pessoais e sociais da ação ou da omissão; (e) a extensão e a duração dos efeitos da ofensa; (f) as condições em que ocorreu a ofensa ou o prejuízo moral; (g) o grau de dolo ou culpa; (h) a ocorrência de retratação espontânea; (i) o esforço efetivo para minimizar a ofensa; (j) o perdão, tácito ou expresso; (k) a situação social e econômica das partes envolvidas; (l) o grau de publicidade da ofensa.

Assim, considerando-se os critérios definidos no art. 223-G da CLT, o Reclamante requer a condenação da Reclamada ao pagamento de indenização por danos morais no importe de R$ [indicar o valor] ou outro valor a critério de Vossa Excelência, na forma do art. 223-G, CLT.

PEDIDO:

Condenação da Reclamada ao pagamento de indenização por danos morais no importe de R$ [indicar o valor] ou outro valor a critério de Vossa Excelência, na forma do art. 223-G, CLT.

Cap. 3 • MODELOS DE CAUSA DE PEDIR E PEDIDOS | 363

3.107. DANO MORAL
RACISMO (INJÚRIA POR PRECONCEITO)

CAUSA DE PEDIR:

A partir de [relatar data de início dos acontecimentos], o Reclamante passou a ser moralmente assediado por seus superiores hierárquicos, que, constantemente, o maltratavam, discriminando-o em razão de sua raça, fazendo uso de expressões desrespeitosas, jocosas e racistas ao se referirem à sua pessoa [descrever as expressões injuriosas], acarretando ao autor grande constrangimento em pleno ambiente laboral e diante de várias pessoas.

Em decorrência da reiteração da prática abusiva e ilegal anteriormente descrita, o Autor desenvolveu inúmeros problemas de saúde, necessitando, inclusive, de tratamento psicológico e uso de medicamentos [juntar receitas médicas e demais provas], uma vez que, por força da necessidade de estar empregado para proporcionar o sustento próprio e de sua família, suportou calado por um longo tempo as injúrias raciais que lhe eram dirigidas, o que lhe causou grande inquietação interna e tristeza profunda, atingindo o empregado de forma incompatível com princípios constitucionais de uma nação democrática e pluralista, particularmente ferindo a dignidade humana (art. 1º, III, da CF).

Várias testemunhas presenciavam as injúrias raciais [descrever a prova].

Quando não pôde mais suportar tamanhas agressões à sua pessoa, o Reclamante procurou relatar o fato ao(à) [departamento pessoal ou DP ou "SEPPIR-PR - Secretaria de Políticas de Promoção da Igualdade Racial da Presidência da República", ou Ministério do Trabalho ou outro órgão de denúncia], o que originou no [docs. anexos – Boletim de Ocorrência ou outra prova da denúncia].

Cumpre ressaltar que é dever do empregador zelar pela qualidade do ambiente laboral e pela integridade moral de seus trabalhadores, sendo diretamente responsável pelos atos ilícitos praticados por seus prepostos, nos termos do art. 932, III, do Código Civil.

As dores da discriminação já foram (e em alguns países ainda são) sofridas pelo homem no corpo e na alma, talvez por isso o tema da discriminação racial possui tal relevância jurídica, visto que a própria Constituição realça como objetivos fundamentais da República, dentre outros, a erradicação da marginalização e promoção do bem-estar do cidadão, livre de preconceitos e discriminações de qualquer espécie (art. 3º, III e IV, CF).

Incumbia à Reclamada a função social de coibir as reprováveis atitudes de seus prepostos que contaminavam o ambiente de trabalho com práticas discriminatórias, omitindo-se diante das injúrias raciais lançadas contra o autor, estimulando e fazendo aflorar o que o ser humano tem de pior.

Assim, diante da evidente conduta danosa da Reclamada, perpetrada por seus prepostos em face do Reclamante, resta claramente configurado o dano pelo assédio moral sofrido pelo autor no ambiente laboral. O dano moral é solicitado, visto que ocorria assédio moral pela prática de injúria por preconceito.

É inegável a presença do assédio moral no campo das relações de trabalho, notadamente, em face das grandes transformações havidas no campo do Direito do Trabalho pelo fenômeno da globalização. Em contrapartida à evolução da sociedade e dos métodos produtivos, o assédio moral no Direito do Trabalho também guarda relação com os instintos mais primitivos do homem, que discrimina seu semelhante e dificulta seu acesso ao emprego por não se ter um corpo perfeito, por ter idade avançada, por ser portador de alguma deficiência física, por ser jovem demais, por ser negro, por ser branco, enfim, por ser o que se é.

As consequências dessas tensões (= pressões) repercutem na vida cotidiana do trabalhador, com sérias interferências na sua qualidade de vida, gerando desajustes sociais e transtornos psicológicos. Há relatos de depressão, ansiedade e outras formas de manifestação (ou agravamento) de doenças psíquicas ou orgânicas. Casos de suicídio têm sido relatados como decorrência dessas situações.

Esse novo contexto leva ao incremento do assédio moral, isto é, a uma série de comportamentos abusivos, os quais se traduzem por gestos, palavras e atitudes, os quais, pela sua reiteração, expõem ou levam ao surgimento de lesões à integridade física ou psíquica do trabalhador, diante da notória degradação do ambiente de trabalho (= meio ambiente do trabalho). O assédio moral objetiva a exclusão do trabalhador do ambiente de trabalho.

O Reclamante sofria injúrias por preconceito. A injúria por preconceito não se confunde com o racismo.

Fernando Capez diferencia os institutos: *"Desse modo, qualquer ofensa à dignidade ou decoro que envolva algum elemento discriminatório, como, por exemplo, 'preto', 'japa', 'turco', 'judeu', configura o crime de injúria qualificada. Se, porém, a hipótese envolver segregação racial, o crime será de racismo (Lei n° 7.716/89) (...)"* (Curso de Direito Penal. São Paulo: Saraiva, 2007, v. 2, p. 272).

Assim, a injúria por preconceito envolve ofensas ao Reclamante.

Sobre o tema, o TST já se posicionou no sentido de que o ambiente criado pela Reclamada, em que se permite ou fomenta chacotas, brincadeiras, desconfianças dos colegas de trabalho quanto à idoneidade do Reclamante, assim como outros gestos tendentes a atingir a honra do obreiro, seja objetiva, como subjetiva, gera o direito à indenização decorrente de dano moral.

Nesse sentido:

"(...) INDENIZAÇÃO POR DANOS MORAIS. ATOS RACISTAS E DISCRIMINATÓRIOS. MATÉRIA FÁTICA. É insuscetível de revisão, em sede extraordinária, a decisão proferida pelo Tribunal Regional à luz da prova carreada aos autos. Somente com o revolvimento do substrato fático-probatório dos autos seria possível afastar a premissa sobre a qual se erigiu a conclusão consagrada pelo Tribunal Regional, no sentido de que ficou comprovado nos autos que a reclamante sofrera atos racistas e discriminatórios por parte da sua superior hierárquica na empresa. Na hipótese dos autos, restou demonstrado pela prova testemunhal que 'a chefe da frente de caixa, ..., costumava comentar que isso só poderia ser coisa da cor e que tiraria todos os pretinhos da frente de caixa', além de gestos preconceituosos, nos quais a encarregada mostrava a cor de seu braço com o indicador, sabe que isso foi feito pela encarregada já que não havia mais nenhum negro da frente de caixa". Incidência da Súmula n° 126 do Tribunal Superior do Trabalho. Agravo de Instrumento a que se nega provimento. DANOS MORAIS. FIXAÇÃO DO QUANTUM INDENIZATÓRIO. 1. Diante da ausência de critérios objetivos norteando a fixação do quantum devido a título de indenização por danos morais, cabe ao julgador arbitrá-lo de forma equitativa, pautando-se pelos princípios da razoabilidade e da proporcionalidade, bem como pelas especificidades de cada caso concreto, tais como: a situação do ofendido, a extensão e gravidade do dano suportado e a capacidade econômica do ofensor. Tem-se, de outro lado, que o exame da prova produzida nos autos é atribuição exclusiva das instâncias ordinárias, cujo pronunciamento, nesse aspecto, é soberano. Com efeito, a proximidade do julgador, em sede ordinária, com a realidade cotidiana em que contextualizada a controvérsia a ser dirimida habilita-o a equacionar o litígio com maior precisão, sobretudo no que diz respeito à aferição de elementos de fato sujeitos a avaliação subjetiva, necessária à estipulação do valor da indenização. Conclui-se, num tal contexto, que não cabe a esta instância superior, em regra, rever a valoração emanada das instâncias ordinárias em relação ao montante arbitrado a título de indenização por danos morais, para o que se faria necessário o reexame dos elementos de fato e das provas constantes dos autos. Excepcionam-se, todavia, de tal regra as hipóteses em que o quantum *indenizatório se revele extremamente irrisório ou nitidamente exagerado, denotando manifesta inobservância aos princípios*

Cap. 3 • MODELOS DE CAUSA DE PEDIR E PEDIDOS | 365

da razoabilidade e da proporcionalidade, aferível de plano, sem necessidade de incursão na prova. 2. No caso dos autos, o Tribunal Regional, ao arbitrar indenização devida por danos morais em R$ 7.000,00 (sete mil reais), acabou por fixar valor até mesmo irrisório diante da gravidade dos atos racistas e discriminatórios praticados pela chefe de frente de caixa, sem que o empregador tenha tomado qualquer providência para coibir tal prática. Se por força do princípio do non reformatio in pejus *não se cogita na possibilidade de majoração do valor da condenação, menos razoável é a pretensão da reclamada de que se diminua ainda mais o referido valor. 3. Agravo de Instrumento a que se nega provimento."* (TST – *1ª T.* – AIRR 118440-28.2006.5.04.0221 – Rel. Des. Conv. Marcelo Lamego Pertence – *DEJT* 13-11-2015.)

Da situação acima narrada evidente que a conduta da Reclamada resultou em ofensa à esfera moral do Reclamante (art. 223-B, CLT).

Oportuno destacar que o art. 223-C da CLT traz a honra, a imagem e a autoestima como bens inerentes à pessoa física juridicamente tutelados.

Dessa forma, deverá a Reclamada ser condenada a reparar os prejuízos morais sofridos pelo Autor, nos termos dos arts. 186 e 927, CC, tendo em vista todas as injúrias raciais sofridas durante o período laboral, configurando-se claramente o assédio moral passível de indenização, uma vez que um simples pedido de desculpas ou retratação não podem compensar as agressões sofridas e todo o sofrimento imposto ao Autor.

Em relação ao *quantum*, este deve levar em conta a capacidade econômica da empresa agressora, pois, se for quantia irrisória, não terá o condão de desestimular as práticas com as quais a Ré já foi condescendente um dia.

Assim, o Autor postula o direito à indenização por danos morais, o que ora se pleiteia, no valor mínimo de [50 salários nominais ou outro valor a critério de Vossa Excelência, na forma do art. 223-G, CLT], sendo que tal verba não é base de recolhimentos previdenciários ou fiscais.

Na apuração da indenização por danos morais, os juros são devidos a partir do ajuizamento da demanda trabalhista (art. 39, § 1º, Lei 8.177/91; Súm. 439, TST; Súm. 362, STJ).

PEDIDO:

Condenação da Reclamada ao pagamento de indenização por danos morais (arts. 186, 927 e 932, III, CC), tendo em vista todas as injúrias raciais sofridas durante o período laboral, configurando-se claramente o assédio moral passível de indenização, no valor mínimo de [50 salários nominais ou outro valor a critério de Vossa Excelência, na forma do art. 223-G, CLT], conforme todo o exposto na fundamentação.

3.108. DANO MORAL
*RESTRIÇÃO AO USO DO BANHEIRO/SANITÁRIO/***TOILLETE**

CAUSA DE PEDIR:

A Reclamada, em total afronta ao princípio da dignidade humana, restringia o uso do banheiro pelo Reclamante a 22 minutos por dia, sob a justificativa de que *"há muitos empregados (cerca de 3.000) e que há controle dos tempos de pausas das máquinas operadas pelos empregados (...)".*

Para efetivar o controle e a restrição do uso dos sanitários pelo Reclamante, a Ré determinava ao trabalhador que ele informasse, por meio de códigos lançados em sistema próprio, os motivos das pausas nas operações das máquinas.

O limite de 22 minutos por dia para uso do banheiro restará comprovado pelos depoimentos testemunhais e [outros meios de provas disponíveis ao caso concreto].

O condicionamento do uso de banheiros durante a jornada de trabalho é tema de atual relevância, pois deve ser discutido sob o prisma constitucional, isto é, da violação ao princípio da dignidade da pessoa humana (art. 1°, III, CF).

Não se trata de "simples comunicação" ao empregador acerca de eventuais pausas, o que poderia ser considerado razoável dentro do poder diretivo do empregador que deve zelar pela organização e devido cumprimento de suas metas produtivas. Trata-se de efetiva restrição, entendida como proibição ao uso do sanitário acima do tempo estipulado de 22 minutos – período esse que foi imperativamente imposto a todos os trabalhadores, sem guardar qualquer critério lógico, na medida em que cada pessoa possui suas necessidades fisiológicas próprias, o que acaba por violar até mesmo princípios de saúde do trabalhador, que, diante de tal imposição absurda, acaba por prejudicar seu organismo retardando o uso do banheiro, ou até mesmo, não fazendo o uso deste, com receio de sofrer retaliações por parte do empregador.

Ora, é conveniente a reflexão de que as pessoas possuem particularidades próprias, inerentes ao funcionamento do próprio organismo e nem todos os trabalhadores podem suportar, sem incômodo, o tempo de espera para utilização dos sanitários, sem que tal espera resulte em prejuízo psicológico, ou mesmo fisiológico, pois é notório que a retenção urinária indevida pode causar sérios danos renais e até mesmo infecções urinárias. Algumas pessoas são mais suscetíveis que outras a tais problemas de saúde, mas todas estão correndo riscos, na medida em que tal restrição é imposta a todos sem qualquer critério ou distinção.

Além do risco fisiológico, o prejuízo moral é patente, pois o trabalhador fica em constante pressão psicológica, o que lhe resulta em jornada laboral extremamente estressante.

O TST possui posicionamento acerca da matéria, concluindo pela inadmissibilidade da restrição do uso dos sanitários pelos empregados:

> *"(...) 2. INDENIZAÇÃO POR DANOS MORAIS. LIMITAÇÃO AO USO DO BANHEIRO. DESRESPEITO AOS PRINCÍPIOS FUNDAMENTAIS DA DIGNIDADE DA PESSOA HUMANA, DA INVIOLABILIDADE PSÍQUICA (ALÉM DA FÍSICA) DA PESSOA HUMANA, DO BEM-ESTAR INDIVIDUAL (ALÉM DO SOCIAL) DO SER HUMANO, TODOS INTEGRANTES DO PATRIMÔNIO MORAL DA PESSOA FÍSICA. DANO*

Cap. 3 • MODELOS DE CAUSA DE PEDIR E PEDIDOS | 367

MORAL CARACTERIZADO. A conquista e afirmação da dignidade da pessoa humana não mais podem se restringir à sua liberdade e intangibilidade física e psíquica, envolvendo, naturalmente, também a conquista e afirmação de sua individualidade no meio econômico e social, com repercussões positivas conexas no plano cultural – o que se faz, de maneira geral, considerado o conjunto mais amplo e diversificado das pessoas, mediante o trabalho e, particularmente, o emprego. O direito à indenização por dano moral encontra amparo no art. 5º, V e X, da Constituição da República; e no art. 186 do CCB/02, bem como nos princípios basilares da nova ordem constitucional, mormente naqueles que dizem respeito à proteção da dignidade humana, da inviolabilidade (física e psíquica) do direito à vida, do bem-estar individual (e social), da segurança física e psíquica do indivíduo, além da valorização do trabalho humano. O patrimônio moral da pessoa humana envolve todos esses bens imateriais, consubstanciados em princípios. Afrontado esse patrimônio moral, em seu conjunto ou em parte relevante, cabe a indenização por dano moral deflagrada pela Constituição de 1988. Na presente hipótese, tornou-se incontroverso nos autos, porquanto não impugnado pela Reclamada, o fato de que o Reclamante, frequentemente, 'era apressado pelo fiscal da empresa quando usava o banheiro'. Diante do contexto fático delineado pelo TRT, constata-se que as situações vivenciadas pelo Reclamante atentaram contra a sua dignidade, a sua integridade psíquica e o seu bem-estar individual – bens imateriais que compõem seu patrimônio moral protegido pela Constituição –, ensejando a reparação moral, conforme autorizam o inciso X do art. 5º da Constituição Federal; e os arts. 186 e 927, caput, do CCB/02. Recurso de revista conhecido e provido no aspecto." (TST – 3ª T. – RR 2039-27.2013.5.20.0003 – Rel. Min. Mauricio Godinho Delgado – DEJT 14-6-2019.)

Da situação acima narrada, evidente que a conduta da Reclamada resultou em ofensa à esfera moral da Reclamante (art. 223-B, CLT).

Oportuno destacar que o art. 223-C da CLT traz a honra, a imagem, a intimidade, a saúde e a autoestima como bens inerentes à pessoa física juridicamente tutelados.

Assim, perfeitamente cabível a condenação da Reclamada ao pagamento de indenização por danos morais em virtude da abusiva restrição ao uso do banheiro imposta ao Reclamante, devendo tal indenização ser fixada no valor mínimo de [10 salários do Reclamante ou outro valor a critério de Vossa Excelência, na forma do art. 223-G, CLT], sendo que tal verba não é base de recolhimentos previdenciários ou fiscais.

Na apuração da indenização por danos morais, os juros são devidos a partir do ajuizamento da demanda trabalhista (art. 39, § 1º, Lei 8.177/91; Súm. 439, TST; Súm. 362, STJ).

PEDIDO:

Condenação da Reclamada ao pagamento de indenização por danos morais em virtude da abusiva restrição ao uso do banheiro imposta ao Reclamante, devendo tal indenização ser fixada no valor mínimo de [10 salários do Reclamante ou outro valor a critério de Vossa Excelência, na forma do art. 223-G, CLT], sendo que tal verba não é base de recolhimentos previdenciários ou fiscais.

3.109. DANO MORAL
REVISTA ÍNTIMA

CAUSA DE PEDIR:

A Reclamante era submetida, sistematicamente, à revista íntima por parte de seus superiores hierárquicos, o que violou princípios fundamentais garantidos na Constituição Federal, como intimidade, dignidade, vida privada, valores, pudores, honra e imagem. Os atos praticados pela Reclamada causavam, à Reclamante, constrangimento superior ao estresse cotidiano suportado por todos os trabalhadores.

A "revista íntima" traduz-se em ato de coerção para que alguém seja obrigado a despir-se, expondo o corpo. O TST entende que se houver revista íntima, expondo o trabalhador a situação vexatória, cabe indenização por danos morais.

O poder diretivo do empregador lhe garante o direito de propriedade sobre seus bens de produção, porém, de outro lado, esse poder é limitado quando confrontado com o direito à honra, à imagem e à dignidade humana, direitos fundamentais garantidos a todos os cidadãos.

A revista íntima é ato de maior abrangência perante o cidadão, cujo intuito do empregador ultrapassa os limites do bom senso para que se evite o furto de pertences do estabelecimento de sua propriedade, pois existe contato visual e corporal com o corpo do trabalhador, que muitas vezes é obrigado a despir-se totalmente diante do vistoriador.

Além disso, existem meios adequados para a proteção dos pertences da empresa, cabendo aos empregadores investirem em meios tecnológicos disponíveis para que se preserve a propriedade patronal sem acarretar qualquer constrangimento psicológico ao empregado, não sendo necessário que este tire a roupa e exponha o corpo ao seu superior hierárquico. A revista íntima tal como procedida pela Reclamada ofende a dignidade humana (art. 1º, III, CF), a honra e a imagem (art. 5º, X, CF), sendo inaceitável.

No conflito entre direitos fundamentais, deve-se aplicar a técnica do sopesamento, da ponderação, pois nenhum direito constitucional pode derrogar outro.

Na ponderação entre esses valores, há que prevalecer, no caso concreto, o direito à honra e à imagem do trabalhador, com vistas à valorização da dignidade humana, verdadeiro superprincípio constitucional, em aplicação, inclusive, da eficácia horizontal dos direitos fundamentais nas relações entre os particulares.

Não é diferente o entendimento do TST:

"I – AGRAVO DE INSTRUMENTO EM RECURSO DE REVISTA REGIDO PELA LEI 13.015/14. 1. TEMPO À DISPOSIÇÃO. Em que pese a alegação da parte, verifica-se que o único aresto renovado nas razões do agravo de instrumento é oriundo de Turma desta Corte, fonte não autorizada, nos termos do art. 896, 'a', da CLT. 2. DANOS MORAIS. REVISTAS EM BOLSAS, PERTENCES E NO CORPO DOS EMPREGADOS. Demonstrada possível violação do art. 5.º, V e X, da Constituição Federal, impõe-se o provimento do agravo de instrumento para determinar o processamento do recurso de revista. Agravo de instrumento parcialmente provido. II – RECURSO DE REVISTA REGIDO PELA LEI 13.015/14. DANOS MORAIS. REVISTAS EM BOLSAS, PERTENCES E NO CORPO DOS EMPREGADOS. 1. Ressalvado entendimento pessoal da Relatora em sentido contrário, o entendimento prevalecente nesta Corte é de que a revista visual de bolsas e demais pertences, de forma

impessoal e indiscriminada, não constitui ato ilícito do empregador. Precedentes da SBDI-1. 2. No entanto, no caso concreto, o acórdão do Tribunal Regional consignou que a revista não era apenas visual em bolsa e sacolas, mas também física, por meio de apalpamento no corpo dos empregados durante a fiscalização, o que demonstra a ofensa à intimidade do reclamante e torna devida a indenização. 3. Recurso de revista provido para restabelecer a sentença que condenou a reclamada ao pagamento de indenização por dano moral. Recurso de revista conhecido e provido." (TST – 2ªT. – ARR 12316-02.2016.5.03.0026 – Rel. Min. Delaíde Miranda Arantes – DEJT 17-5-2019.)

"(...). INDENIZAÇÃO POR DANO MORAL. REVISTA ÍNTIMA. CONTATO FÍSICO CONFESSADO PELO PREPOSTO. Demonstrada possível violação do art. 5º, V, da Constituição da República, deve ser provido o agravo de instrumento. Agravo de instrumento de que se conhece e a que se dá provimento, para determinar o processamento do recurso de revista. RECURSO DE REVISTA. INDENIZAÇÃO POR DANO MORAL. REVISTA ÍNTIMA. CONTATO FÍSICO CONFESSADO PELO PREPOSTO. O quadro fático delimitado pelo Tribunal Regional é de que houve confissão quanto ao contato físico durante as revistas dos empregados. O entendimento predominante nesta Corte Superior é de que as revistas que envolvem contato físico com o revistado autorizam o deferimento da indenização por dano moral. Recurso de revista de que se conhece e a que se dá provimento." (TST – 6ª T. – ARR 1002158-63.2014.5.02.0511 – Rel. Des. Conv. Cilene Ferreira Amaro Santos – DEJT 23-11-2018.)

Evidente que a conduta da Reclamada resultou em ofensa à esfera moral da Reclamante (art. 223-B, CLT).

Oportuno destacar que o art. 223-C da CLT traz a honra, a imagem e autoestima como bens inerentes à pessoa física juridicamente tutelados.

Assim, perfeitamente cabível a condenação da Reclamada ao pagamento de indenização por danos morais em virtude da abusiva revista íntima procedida pela Ré com a Reclamante durante todo o período de pacto laboral, devendo tal indenização ser fixada no valor mínimo de [20 salários da Reclamante ou outro valor a critério de Vossa Excelência, na forma do art. 223-G, CLT], sendo que tal verba não é base de recolhimentos previdenciários ou fiscais.

Na apuração da indenização por danos morais, os juros são devidos a partir do ajuizamento da demanda trabalhista (art. 39, § 1º, Lei 8.177/91; Súm. 439, TST; Súm. 362, STJ).

PEDIDO:

Condenação da Reclamada ao pagamento de indenização por danos morais em virtude da abusiva revista íntima procedida pela Ré com a Reclamante durante todo o período de pacto laboral, devendo tal indenização ser fixada no valor mínimo de [20 salários da Reclamante ou outro valor a critério de Vossa Excelência, na forma do art. 223-G, CLT], sendo que tal verba não é base de recolhimentos previdenciários ou fiscais.

3.110. DANO MORAL
PELA RETENÇÃO DA CTPS

CAUSA DE PEDIR:

O Reclamante foi dispensado em [indicar a data], e, até a presente data, a Reclamada não procedeu à devolução de sua CTPS, tampouco apresentou qualquer elemento justificador da retenção de tão importante documento ao trabalhador, que ficou impossibilitado de levantar seus depósitos fundiários e de ter acesso ao seguro-desemprego, além de dificultar-lhe a obtenção de nova colocação no mercado de trabalho, sujeitando o Autor à espera de eventual deferimento de tutela jurisdicional desta Justiça Especializada.

Salienta-se que o Autor tentou por diversas vezes junto à Ré retirar sua CTPS, argumentando sobre a necessidade de recebimento de suas verbas de caráter alimentar e busca de novo emprego, o que, sem o referido documento, torna-se impossível, causando inúmeros prejuízos ao sustento do Reclamante e sua família.

A retenção injustificada da CTPS do Reclamante, além do prazo previsto no art. 29, *caput*, da CLT, gera a presunção de dano, configurando-se ato ilícito, haja vista que o prejuízo, nesta situação, independe de prova, pois a demora na devolução do documento sujeita o empregado à discriminação do mercado de trabalho, o que, indiscutivelmente, lhe acarreta prejuízos de ordem social e econômica, atentando contra sua dignidade (art. 5°, X, CF).

Além disso, a carteira de trabalho (CTPS) é documento de identificação pessoal e de total relevância para o exercício de qualquer emprego ou de atividade por conta própria, pois registra todo o histórico profissional do trabalhador e, também, garante o acesso aos benefícios previdenciários aos quais faz jus, uma vez que ainda é contribuinte do Regime Geral da Previdência Social.

Nesse sentido é a jurisprudência do TST:

"RECURSO DE REVISTA DA RECLAMANTE. CPC/15. INSTRUÇÃO NORMATIVA N° 40 DO TST. LEI 13.467/17. RESPONSABILIDADE CIVIL DO EMPREGADOR. INDENIZAÇÃO POR DANOS MORAIS. CARACTERIZAÇÃO. RETENÇÃO DA CTPS DO EMPREGADO. TRANSCENDÊNCIA POLÍTICA CONSTATADA. A responsabilidade civil do empregador pela reparação decorrente de danos morais causados ao empregado pressupõe a existência de três requisitos, quais sejam: a conduta (culposa, em regra), o dano propriamente dito (violação aos atributos da personalidade) e o nexo causal entre esses dois elementos. No caso, o quadro fático registrado no acordão regional revela que a CTPS da autora foi retida pela empregadora por prazo superior ao que dispõe a legislação trabalhista (cerca de 9 meses). Consoante se depreende do disposto nos artigos 29 e 53 da CLT, a anotação da CTPS e, por conseguinte, sua devolução ao empregado no prazo legal compreende obrigação do empregador, razão pela qual sua retenção por tempo superior ao estabelecido em lei configura ato ilícito. Com efeito, ainda que inexista a comprovação de que a retenção da CTPS tenha ocasionado prejuízos de cunho material à autora, é evidente a natureza ilícita da conduta, bem como o prejuízo dela decorrente. Precedentes. Recurso de revista conhecido e provido parcialmente." (TST – 7ª T. – RR 800-36.2016.5.21.0041 – Rel. Min. Claudio Mascarenhas Brandao – DEJT 8-5-2020.)

Cap. 3 • MODELOS DE CAUSA DE PEDIR E PEDIDOS | 371

A não devolução da CTPS pelo empregador, além do prazo previsto no art. 29, *caput*, da CLT, configura ato ilícito e gera a presunção do dano, visto que o prejuízo, nesta hipótese, independe de prova. A mora na devolução da CTPS do empregado o sujeita à discriminação no mercado de trabalho, fato capaz de causar-lhe prejuízos de ordem social e econômica, bem como de atentar contra a sua dignidade (art. 5º, V e X, CF; art. 187 CC). Comprovado o ato ilícito, o empregado faz jus à quantia indenizatória, a título de danos extrapatrimoniais (arts. 927 e 186, CC).

Evidente que a conduta da Reclamada resultou em ofensa à esfera moral do Reclamante (art. 223-B, CLT).

Oportuno destacar que o art. 223-C da CLT traz a honra, a imagem e a autoestima como bens inerentes à pessoa física juridicamente tutelados.

Dessa forma, a retenção injustificada da CTPS do Reclamante por mais de 4 meses após a extinção do contrato configura a prática de ato ilícito pela Reclamada, que resultou em prejuízos de ordem moral e material ao Autor e enseja ao Autor o direito à indenização por danos morais, o que ora se pleiteia, no valor mínimo de [R$ 5.000,00 ou outro valor a critério de Vossa Excelência, na forma do art. 223-G, CLT], sendo que tal verba não é base de recolhimentos previdenciários ou fiscais.

Na apuração da indenização por danos morais, os juros são devidos a partir do ajuizamento da demanda trabalhista (art. 39, § 1º, Lei 8.177/91; Súm. 439, TST; Súm. 362, STJ).

PEDIDO:

Condenação da Reclamada ao pagamento de indenização por danos morais ao Reclamante pela retenção injustificada de sua CTPS por mais de [indicar o número] meses após a extinção do contrato, que resultou em prejuízos de ordem moral e material ao autor (arts. 186 e 927, CC), indenização essa que ora se pleiteia, no valor mínimo de [R$ 5.000,00 ou outro valor a critério de Vossa Excelência, na forma do art. 223-G, CLT], sendo que tal verba não é base de recolhimentos previdenciários ou fiscais.

3.111. DANO MORAL
VENDEDOR DE COMÉRCIO VAREJISTA

CAUSA DE PEDIR:

Durante o desenvolvimento do contrato de trabalho, o Reclamante era obrigado pela Reclamada a incluir garantias nos produtos vendidos, sem consentimento ou ciência do cliente, aumentando o preço do produto, ou seja, tinha que realizar vendas enganando os consumidores.

A responsabilização do empregador por dano moral depende da comprovação da ação ou omissão dolosa ou culposa deste e, por se tratar de dano moral puro, não se exige prova do resultado danoso, bastando que fiquem comprovados os fatos que geraram o pedido, na forma do art. 186 do CC.

É inegável a presença do assédio moral no campo das relações de trabalho, notadamente, em face das grandes transformações havidas no campo do Direito do Trabalho pelo fenômeno da globalização.

A globalização, com base em novas técnicas de seleção, inserção e avaliação do indivíduo no trabalho, fez uma reestruturação nas relações do trabalho.

O novo paradigma é o "sujeito produtivo", ou seja, o trabalhador que ultrapassa metas, deixando de lado a sua dor ou a de terceiro. É a valorização do individualismo em detrimento do grupo de trabalho.

A valorização do trabalho em equipe assume um valor secundário, já que a premiação pelo desempenho é só para alguns trabalhadores, ou seja, os que atingem as metas estabelecidas, esquecendo-se de que o grupo também é o responsável pelos resultados da empresa.

O individualismo exacerbado reduz as relações afetivas e sociais no local de trabalho, gerando uma série de atritos, não só entre as chefias e os subordinados, como também entre os próprios subordinados.

O implemento de metas, sem critérios de bom senso ou de razoabilidade, gera uma constante opressão no ambiente de trabalho, com a sua transmissão para os gerentes, líderes, encarregados e os demais trabalhadores que compõem um determinado grupo de trabalho.

As consequências dessas tensões (= pressões) repercutem na vida cotidiana do trabalhador, com sérias interferências na sua qualidade de vida, gerando desajustes sociais e transtornos psicológicos. Há relatos de depressão, ansiedade e outras formas de manifestação (ou agravamento) de doenças psíquicas ou orgânicas. Casos de suicídio têm sido relatados como decorrência dessas situações.

Esse novo contexto leva ao incremento do assédio moral, isto é, a uma série de comportamentos abusivos, a qual se traduz por gestos, palavras e atitudes, os quais, pela sua reiteração, expõem ou levam ao surgimento de lesões à integridade física ou psíquica do trabalhador, diante da notória degradação do ambiente de trabalho (= meio ambiente do trabalho). O assédio moral objetiva a exclusão do trabalhador do ambiente de trabalho.

Evidente o assédio moral. O procedimento da Reclamada em obrigar o vendedor a incluir garantias em produtos sem consentimento do cliente acarretava situação de humilhação e constrangimento para o Reclamante, que, por diversas vezes, sofreu ofensas de clientes que retornaram à loja, após verificar o ocorrido, inclusive sendo chamado de ladrão.

Em um sistema econômico capitalista, no qual se garante a livre iniciativa, reconhecida pela Constituição, é lícito ao empregador fixar metas e até mesmo exigir um esforço dos empregados no cumprimento das metas fixadas.

Cap. 3 • MODELOS DE CAUSA DE PEDIR E PEDIDOS | **373**

Contudo, não se trata de um direito absoluto, tendo como limites os princípios constitucionais de dignidade da pessoa humana, da valorização do trabalho e emprego, da segurança e bem-estar e da saúde da pessoa humana, além do próprio sistema jurídico trabalhista, que protege o trabalhador contra os abusos e ilegalidades praticadas pelo empregador no exercício do *jus variandi*.

Evidente que o poder diretivo do empregador extrapolou os limites constitucionais que amparam a dignidade do ser humano, causando dano ao Reclamante, o qual deve ser reparado.

Em situação análoga, assim se pronunciou o TST:

> *"Recurso de revista. 1) Exigência da empregadora de venda de produtos com práticas enganosas ao consumidor, acarretando ofensas dos clientes. Tratamento vexatório e humilhante para cumprimento de metas. Assédio moral configurado. 2) Valor arbitrado a título indenizatório (Súmula 297/TST). Embora a livre-iniciativa seja reconhecida pela Constituição (art. 1º, IV, in fine; art. 5º, XXIII; art. 170, caput, II e IV, CF/88), os instrumentos para alcance de melhor e maior produtividade do trabalho têm como limites os princípios e regras constitucionais tutelares da dignidade da pessoa humana (art. 1º, III; 170, caput, CF/88), da valorização do trabalho e do emprego (art. 1º, IV, ab initio; art. 170, caput e VIII, CF/88), da segurança e do bem-estar (Preâmbulo da Constituição; 3º, IV, ab initio, art. 5º, caput; art. 5º, III, in fine; art. 6º; art. 193, CF/88) e da saúde da pessoa humana trabalhadora (art. 5º, caput; art. 6º; art. 7º, XXII, CF/88). A adoção de métodos, técnicas e práticas de fixação de desempenho e de realização de cobranças tem de se compatibilizar com os princípios e regras constitucionais prevalecentes, sob pena de causar dano, que se torna reparável na forma prevista na ordem jurídica (art. 5º, V e X, CF/88; art. 186, CCB/2002). No caso em tela, o Tribunal Regional consignou que a Reclamante estava obrigada a inserir garantias nos produtos vendidos e, consequentemente, a aumentar o seu valor, sem ciência dos consumidores; ou seja, por determinação da Reclamada, a Reclamante se via obrigada a realizar vendas enganosas aos consumidores. Consignou o Regional, ainda, que esse procedimento acarretava ofensas dos clientes e que, além disso, caso houvesse descumprimento de metas, a Reclamante era submetida a humilhações. Não há dúvida, portanto, de que a atuação do poder diretivo patronal extrapolou os limites constitucionais que amparam a dignidade do ser humano, devendo, por isso, recair sobre o Reclamado a responsabilidade pelos danos morais causados à Reclamante. Reitere-se que o objeto de irresignação recursal está assente na avaliação do conjunto fático-probatório dos autos e a análise deste se esgota nas instâncias ordinárias. Adotar entendimento em sentido oposto àquele formulado pelo Regional implicaria, necessariamente, revolvimento de fatos e provas, o que é inadmissível em sede de recurso de revista. Óbice da Súmula 126/TST. Recurso de revista não conhecido nos temas"* (TST – 3ª T. – RR 2145-17.2012.5.02.0361 – Rel. Min. Mauricio Godinho Delgado – *DEJT* 3-10-2014).

Não há que se negar a conduta ilícita da Reclamada perante o Reclamante, agindo dolosamente com o objetivo de humilhá-lo e constrangê-lo, razão pela qual caracterizado está o assédio moral, razão pela qual deverá ser condenada à indenização por danos morais.

Evidente que a conduta da Reclamada resultou em ofensa à esfera moral do Reclamante (art. 223-B, CLT).

Oportuno destacar que o art. 223-C da CLT traz a honra, a imagem, a liberdade de ação e a autoestima como bens inerentes à pessoa física juridicamente tutelados.

Ante a certeza do dano moral decorrente do assédio, a Reclamada deve ser condenada ao pagamento de indenização a título de reparação.

Nos termos do art. 223-G da CLT, o juízo, ao fixar o *quantum* pela reparação do dano extrapatrimonial, deve considerar: (a) a natureza do bem jurídico tutelado; (b) a intensidade do sofrimento ou da humilhação; (c) a possibilidade de superação física ou psicológica; (d) os reflexos pessoais e sociais da ação ou da omissão; (e) a extensão e a duração dos efeitos da ofensa; (f) as condições em que ocorreu a ofensa ou o prejuízo moral; (g) o grau de dolo ou culpa; (h) a ocorrência de retratação espontânea; (i) o esforço efetivo para minimizar a ofensa; (j) o perdão, tácito ou expresso; (k) a situação social e econômica das partes envolvidas; (l) o grau de publicidade da ofensa.

Considerando as diretrizes delineadas, para o caso em análise, indica-se como valor a ser arbitrado para a indenização postulada a quantia de [50 salários do Reclamante, considerado o último auferido ou outro valor a critério de Vossa Excelência, na forma do art. 223-G, CLT], em razão do que se passará a expor [descrever circunstâncias específicas a justificar o montante pedido, por exemplo, a duração do contrato de trabalho, o valor da remuneração auferida etc.]

Assim, comprovado o dano moral resultante do assédio moral, patente a obrigação da Reclamada em indenizar o Autor (arts. 186, 187, 927 e 932, III, CC), tendo em vista todo o sofrimento causado ao trabalhador e, ainda, considerando-se a condição econômica do ofensor e do ofendido, além da gravidade do ato ilícito, requer seja a Reclamada condenada ao pagamento de indenização por dano moral em valor equivalente a [50 salários do Reclamante, considerado o último auferido ou outro valor a critério de Vossa Excelência, na forma do art. 223-G, CLT], sendo que tal verba não é base de recolhimentos previdenciários ou fiscais.

Na apuração da indenização por danos morais, os juros são devidos a partir do ajuizamento da demanda trabalhista (art. 39, § 1°, Lei 8.177/91; Súm. 439, TST; Súm. 362, STJ).

PEDIDO:

Condenação da Reclamada em indenização por dano moral resultante do assédio moral (arts. 186, 187, 927 e 932, III, CC), tendo em vista todo o sofrimento causado ao trabalhador e, ainda, considerando-se a condição econômica do ofensor e do ofendido e a gravidade do ato ilícito, requer seja a Reclamada condenada ao pagamento de indenização por dano moral em valor equivalente a [50 salários do Reclamante, considerado o último auferido ou outro valor a critério de Vossa Excelência, na forma do art. 223-G, CLT], sendo que tal verba não é base de recolhimentos previdenciários ou fiscais.

Cap. 3 • MODELOS DE CAUSA DE PEDIR E PEDIDOS | 375

3.112. DANO MORAL
TRABALHO EM ALTURA E AUSÊNCIA DE TREINAMENTO E EQUIPAMENTOS

CAUSA DE PEDIR:

O Reclamante, na condição de [indicar a função], por diversas vezes realizava suas funções em locais em que se configurava o Trabalho em Altura, assim definido pela NR-35 como aquele realizado em alturas superiores a 2 metros do solo, tendo que subir em andaimes, telhados de estruturas imóveis etc.

Sucede que a mesma norma regulamentadora estabelece uma série de cuidados para a execução desse tipo de serviço, como horas de treinamento e equipamentos de segurança, por exemplo, de modo a evitar acidentes e promover o trabalho seguro. Tal norma, como inferido em seu primeiro item, *"estabelece os requisitos mínimos e as medidas de proteção para o trabalho em altura, envolvendo o planejamento, a organização e a execução, de forma a garantir a segurança e a saúde dos trabalhadores envolvidos direta ou indiretamente com esta atividade (NR 35.1.1)",* ou seja, a sua inobservância pressupõe que o trabalhador desamparado encontra-se em iminente risco de choques físicos, proveniente de quedas, e acidentes graves, que possuem o condão de lesar gravemente sua integridade física.

Muito embora a norma mencionada não preveja qualquer tipo de sanção para o empregador que a descumprir, bem como a legislação específica que regulamenta as atividades periculosas não classifique assim o trabalho em altura, cediço que tal atividade, quando não exercida da forma correta, preconizada em lei, oferece riscos ao bem maior do sujeito, qual seja a vida e, consequentemente, sua integridade física. Ocorre que o Reclamante jamais recebeu qualquer tipo de treinamento ou equipamentos de segurança para exercer operações em altura, o que ocorria com frequência. Aliás, tal prática é padrão na empresa Reclamada, como se depreende das fotos anexadas, onde é possível verificar diversos trabalhadores atuando em alturas superiores aos 2 metros, sem qualquer tipo de proteção.

Assim, conclui-se que o trabalho em altura é tão perigoso à integridade de quem o realiza, tanto que previsto em legislação nacional, NR-35, e internacional, art. 18 da Convenção 167 da OIT, ratificada pelo Brasil em maio de 2006 e promulgada no ano seguinte na forma do Decreto 6.271/07, o qual foi revogado pelo Decreto 10.088/2019, que consolida as convenções e as recomendações da OIT. Portanto, sabendo que há ostensiva regulamentação acerca da proteção do trabalho em altura, seu não cumprimento não pode eximir o desobediente de sanção, pois isso implicaria a ineficácia daquelas normas, assim já brilhantemente ensinado por Bobbio:

> *"(...) podemos dizer que o caráter das normas jurídicas está no fato de serem normas, em confronto com as morais e sociais, com eficácia reforçada. Tanto é verdade que as normas consideradas jurídicas por excelência são as estatais, que se distinguem de todas as outras normas reguladoras da nossa vida porque têm o máximo de eficácia"* (BOBBIO, Norberto. *Teoria da Norma Jurídica.* São Paulo: Edipro, 2001, p. 161).

> *"Sanção tem relação não com a validade, mas com a eficácia"* (ob. cit., p. 167).

Da situação acima narrada, evidente que a conduta da Reclamada resultou em ofensa à esfera moral do Reclamante (art. 223-B, CLT).

Oportuno destacar que o art. 223-C da CLT traz a honra, a imagem, a autoestima, a saúde a e integridade física como bens inerentes à pessoa física juridicamente tutelados.

Sabendo-se que o dano moral tem caráter duplo, qual seja reparatório e pedagógico, necessária se faz a indenização ao Reclamante, que por muitas vezes se viu em situação de risco excessivo, por pura negligência do empregador, não tendo aquele sido preparado para tanto.

O Tribunal Superior do Trabalho já se manifestou nesse sentido em caso análogo, no qual a integridade física do empregado encontrava-se em risco por falta de treinamento e qualificação para exercer a tarefa determinada pelo empregador:

"Agravo de instrumento em recurso de revista. Acórdão publicado na vigência da Lei 13.015/2014. Indenização por dano moral. Transporte de valores. Quantum indenizatório. Em razão de caracterização de ofensa ao art. 944 do Código Civil, dá-se provimento ao agravo de instrumento para determinar o prosseguimento do recurso de revista. Agravo de instrumento provido. Recurso de revista. Indenização por dano moral. Configuração. O e. TRT, lastreado pelo conjunto probatório dos autos, concluiu que o reclamante desempenhava atividade perigosa quando transportava dinheiro num táxi para abastecer o posto de atendimento de Palmeirândia, uma a três vezes por semana. Entendeu o Regional que restou comprovado que o reclamante, na condição de bancário, era exposto a risco de vida, pois era obrigado a transportar valores, sem a devida preparação técnica. A jurisprudência desta Corte tem se posicionado no sentido de que o transporte de valores somente pode ser feito por empresa especializada ou por pessoal da própria instituição financeira devidamente capacitada, preparada e autorizada pelo Ministério da Justiça, a teor do artigo 3º da Lei 7.102/83. De modo que, enseja o pagamento de indenização por dano moral quando o empregado bancário desempenha a atividade de transporte de valores, a qual não é inerente à função normal para a qual foi contratado. Precedentes. Nesse contexto, para se chegar à conclusão pretendida pelo reclamado, de que não há elementos para a condenação por danos morais, necessário seria o reexame do conjunto fático-probatório, o que impossibilita o processamento da revista, ante o óbice da Súmula nº 126 desta Corte Superior, afastando a tese de violação aos dispositivos apontados e de divergência jurisprudencial. Recurso de revista não conhecido. Indenização por dano moral. Transporte de valores. Quantum indenizatório. A revisão do valor da indenização por danos morais somente é realizada nesta instância extraordinária nos casos de excessiva desproporção entre o dano e a gravidade da culpa, em que o montante fixado for considerado excessivo ou irrisório, não atendendo à finalidade reparatória. No caso, o valor fixado em primeiro grau, e majorado pelo Regional, revela-se em desconformidade com os princípios da razoabilidade e da proporcionalidade, bem como a gravidade da lesão e o caráter pedagógico da condenação, ofendendo, portanto, o art. 944 do Código Civil. Recurso de revista conhecido e provido" (TST – 8ª T. – RR 125900-98.2012.5.16.0002 – Rel. Des. Conv. Breno Medeiros – *DEJT* 18-12-2015).

Muito embora sejam profissões e atividades diferentes, resta claro que a condenação no caso trazido aos autos deu-se em razão da falta de preparo técnico e falta de segurança do empregado para executar a tarefa. Assim, sendo certo que há lacuna na legislação, que regulamenta o trabalho em altura, mas não sanciona aquele que a descumpre, tornando ineficazes as normas, é papel do juiz aplicar ao caso a ele remetido o melhor direito, seja ele costumeiro, análogo ou com observância dos princípios gerais de Direito, como preconiza o art. 140, CPC.

Ressalta-se que, diante de todo o exposto, a não condenação da empresa, além de atestar a ineficácia das normas relativas à segurança no trabalho em altura, consequentemente incentivará a empresa a continuar procedendo dessa maneira, expondo a vida de dezenas de outros trabalhadores a riscos desnecessários.

Há de ser salientado que a responsabilidade do empregador, nestes casos, é objetiva, assim respondendo independentemente de culpa pelo dano – no caso moral – causado. Isso porque há de se considerar o risco do empreendimento, que atribui a responsabilidade objetiva ao empresário, tendo em vista que o risco é inerente à atividade empresarial, decorrente do exercício da produção e circulação

Cap. 3 • MODELOS DE CAUSA DE PEDIR E PEDIDOS | **377**

de bens. Sendo assim, como detentor dos meios produtivos para obtenção, deve sempre, por obrigação social, observar condições seguras e zelosas para a execução das tarefas relacionadas.

Requer, portanto, seja a Reclamada condenada ao pagamento de indenização por dano moral no valor de R$ 15.000,00, ou valor inferior arbitrado por equidade, caso este não seja o entendimento de V. Exa., com base nos arts. 186 e 927, CC, pela exposição excessiva a risco à integridade física, resultante do trabalho em altura sem a devida proteção e treinamento técnico previstos na legislação, sendo que tal verba não é base de recolhimentos previdenciários ou fiscais.

Na apuração da indenização por danos morais, os juros são devidos a partir do ajuizamento da demanda trabalhista (art. 39, § 1º, Lei 8.177/91; Súm. 439, TST; Súm. 362, STJ).

PEDIDO:

Condenação da Reclamada ao pagamento de indenização por dano moral no valor de R$ 15.000,00, ou valor inferior arbitrado por equidade, pela exposição excessiva a risco à integridade física, resultante do trabalho em altura sem a devida proteção e treinamento técnico previstos na legislação, com base nos arts. 186 e 927, CC. Juros a partir da data do ajuizamento da demanda (Súm. 439, TST; Súm. 362, STJ).

3.113. DANO MORAL
TRABALHO SEM CONDIÇÕES SANITÁRIAS

CAUSA DE PEDIR:

A Reclamada, em total afronta ao princípio da dignidade humana, inviabilizava o uso dos sanitários, que, inexplicavelmente eram lacrados para que não fossem utilizados, expondo o Reclamante à situação degradante, vexatória e totalmente contrária aos preceitos de medicina e saúde do trabalhador.

Saliente-se, ainda, que não havia água potável para o consumo dos empregados, sendo que o Autor, por diversas vezes, teve de levar a própria água de casa e, quando esta terminava, ficava por longos períodos sem hidratar-se, o que lhe ocasionou problemas de saúde [descrever os fatos].

As provas do alegado se fazem presentes por depoimentos testemunhais, bem como por [descrever as provas].

O procedimento da Reclamada atenta contra as regras mínimas de higiene e saúde, atingindo a dignidade do trabalhador.

É evidente o nexo de causalidade entre as atividades desenvolvidas e o dano moral experimentado, não havendo como se afastar a culpa da Reclamada quanto aos fatos narrados anteriormente, diante da sua omissão em viabilizar condições mínimas de higiene aos trabalhadores para o exercício de suas funções.

A CLT dispõe sobre parâmetros de higiene, saúde e segurança no ambiente de trabalho, sendo que tais dispositivos são de ordem pública:

> *"Art. 157 – Cabe às empresas:*
>
> *I – cumprir e fazer cumprir as normas de segurança e medicina do trabalho; (...)"*
>
> *"Art. 200 – Cabe ao Ministério do Trabalho estabelecer disposições complementares às normas de que trata este Capítulo, tendo em vista as peculiaridades de cada atividade ou setor de trabalho, especialmente sobre: (...)*
>
> *VII – higiene nos locais de trabalho, com discriminação das exigências, instalações sanitárias, com separação de sexos, chuveiros, lavatórios, vestiários e armários individuais, refeitórios ou condições de conforto por ocasião das refeições, fornecimento de água potável, condições de limpeza dos locais de trabalho e modo de sua execução, tratamento de resíduos industriais".*

O condicionamento do uso de banheiros durante a jornada de trabalho é tema de atual relevância, pois deve ser discutido sob o prisma constitucional, isto é, da violação ao princípio da dignidade da pessoa humana (art. 1°, III, CF). Mencione-se ainda que a Constituição Federal, no art. 1°, III e IV, garante efetiva proteção à dignidade da pessoa humana e ao valor social do trabalho.

O empregador é o responsável direto e indireto pelo local de trabalho e a manutenção de meio ambiente sadio.

As situações narradas indicam que a Reclamada não cumpriu com a sua obrigação, não observando regras mínimas de higiene.

A omissão no cumprimento dessas obrigações caracteriza ato ilícito culposo, violando a honra, a intimidade e a dignidade do trabalhador, a teor do art. 186 do Código Civil, devendo ser devidamente ressarcido (art. 927, CC).

Cap. 3 • MODELOS DE CAUSA DE PEDIR E PEDIDOS | **379**

Em casos análogos, decidiu o TST:

"Recurso de revista. 1. Indenização por danos morais. Condições precárias de higiene e alimentação. O direito à indenização por danos morais encontra amparo no art. 186 do Código Civil, c/c art. 5º, X, da CF, bem como nos princípios basilares da nova ordem constitucional, mormente naqueles que dizem respeito à proteção da dignidade humana e da valorização do trabalho humano (art. 1º, III e IV, da CF/88). A conquista e afirmação da dignidade da pessoa humana não mais podem se restringir à sua liberdade e intangibilidade física e psíquica, envolvendo, naturalmente, também a conquista e afirmação de sua individualidade no meio econômico e social, com repercussões positivas conexas no plano cultural – o que se faz, de maneira geral, considerado o conjunto mais amplo e diversificado das pessoas, mediante o trabalho e, particularmente, o emprego. Na hipótese dos autos, embora tenha sido consignada no acórdão a demonstração das condições precárias de higiene, especialmente das instalações sanitárias, bem como o fato de que as barracas de alimentação não tinham espaço suficiente para acomodar todos os trabalhadores do que se conclui que os trabalhadores eram privados de condições dignas para higiene pessoal e alimentação, o Tribunal Regional absolveu a Reclamada da condenação ao pagamento de indenização, por entender que tais circunstâncias não ensejam a ocorrência do dano. Contudo, as condições de trabalho a que se submeteu o Reclamante atentaram contra sua dignidade e integridade psíquica ou física, ensejando a reparação moral, conforme autorizam os arts. 186 e 927 do Código Civil, bem assim o inciso X do art. 5º da Constituição Federal. No que toca ao valor da indenização, registre-se que não há na legislação pátria delineamento do quantum a ser fixado a título de dano moral. Caberá ao juiz fixá-lo, equitativamente, sem se afastar da máxima cautela e sopesando todo o conjunto probatório constante dos autos. A lacuna legislativa na seara laboral quanto aos critérios para fixação leva o julgador a lançar mão do princípio da razoabilidade, cujo corolário é o princípio da proporcionalidade, pelo qual se estabelece a relação de equivalência entre a gravidade da lesão e o valor monetário da indenização imposta, de modo que possa propiciar a certeza de que o ato ofensor não fique impune e servir de desestímulo a práticas inadequadas aos parâmetros da lei. No caso dos autos, tem-se que o valor arbitrado na sentença (R$ 8.000,00) a título de indenização por danos morais atende aos critérios da proporcionalidade e da razoabilidade, razão pela qual impõe-se o seu restabelecimento. Recurso de revista conhecido e provido, no aspecto" (TST – 3ª T. – RR 3960-90.2010.5.15.0156 – Rel. Min. Mauricio Godinho Delgado – DEJT 22-8-2014).

"Recurso de revista. 1. Dano moral. Trabalho rural. Instalações sanitárias inadequadas. Norma regulamentadora 31 do MTE. Inobservância. O descaso com a adequada oferta de instalações sanitárias aos trabalhadores rurais, segundo as normas de regência próprias, autoriza concluir-se pela configuração de dano moral. Ofensa ao princípio da dignidade humana, inscrito no art. 1º, III, da Constituição Federal. Recurso de revista não conhecido. 2. Dano moral. Indenização. Valor. Critérios para arbitramento. (...)" (TST – 3ª T. – RR 240500-53.2009.5.09.0093 – Rel. Min. Alberto Luiz Bresciani de Fontan Pereira – DEJT 30-5-2014).

Inegavelmente, o ser humano possui necessidades fisiológicas inerentes ao funcionamento do próprio organismo e os trabalhadores não podem suportar, sem incômodo, a falta de utilização dos sanitários, sem prejuízo fisiológico, ou mesmo psicológico, pois é notório que a retenção urinária indevida pode causar sérios danos renais e até mesmo infecções urinárias. Algumas pessoas são mais suscetíveis que outras a tais problemas de saúde, mas todas estão correndo riscos, na medida em que tal restrição é imposta a todos sem qualquer critério ou distinção.

Além do risco fisiológico, o prejuízo moral é patente, pois o trabalhador fica em constante pressão psicológica, o que lhe resulta em jornada laboral extremamente estressante.

Da situação acima narrada, evidente que a conduta da Reclamada resultou em ofensa à esfera moral do Reclamante (art. 223-B, CLT).

Oportuno destacar que o art. 223-C da CLT traz a honra, a imagem, a autoestima, a saúde e a integridade física do trabalhador como bens inerentes à pessoa física juridicamente tutelados.

Assim, perfeitamente cabível a condenação da Reclamada ao pagamento de indenização por danos morais em virtude da falta de condições sanitárias adequadas, devendo tal indenização ser fixada no valor mínimo de [10 salários do Reclamante ou outro valor a critério de Vossa Excelência, na forma do art. 223-G, CLT], sendo que tal verba não é base de recolhimentos previdenciários ou fiscais.

Na apuração da indenização por danos morais, os juros são devidos a partir do ajuizamento da demanda trabalhista (art. 39, § 1º, Lei 8.177/91; Súm. 439, TST e Súm. 362, STJ).

PEDIDO:

Condenação da Reclamada ao pagamento de indenização por danos morais em virtude da falta de condições sanitárias adequadas ao Reclamante, devendo tal indenização ser fixada no valor mínimo de [10 salários do Reclamante ou outro valor a critério de Vossa Excelência, na forma do art. 223-G, CLT], sendo que tal verba não é base de recolhimentos previdenciários ou fiscais.

Cap. 3 • MODELOS DE CAUSA DE PEDIR E PEDIDOS | 381

3.114. DANO MORAL
TRANSPORTE DE VALORES POR BANCÁRIO

CAUSA DE PEDIR:

Durante o desenvolvimento do contrato de trabalho, o Reclamante tinha como uma das funções transportar, várias vezes por semana, a pé, elevadas quantias em dinheiro para outra agência, sem qualquer tipo de escolta, situação na qual ficava exposto a risco de assaltos e perseguições, com risco à sua vida e à sua integridade física e emocional.

O art. 3º da Lei 7.102/83 faculta o transporte de valores pelo próprio estabelecimento financeiro, hipótese em que deverá ser executado por vigilante, obrigatoriamente submetido a curso de formação, além de observar as demais normas de segurança estabelecidas na legislação (art. 10, § 4º).

A prática adotada pela Reclamada, em compelir funcionários desqualificados a transportar numerário, consiste, a toda evidência, em ato temerário, diante da exposição do empregado a risco potencial, cuja situação causou ao Reclamante constrangimento, angústia, temor e desgaste emocional, na medida em que não poderia recusar a ordem do empregador, sendo obrigado a conviver com um risco real à sua integridade física.

A omissão da Reclamada é flagrante, haja vista que esta não dispunha de serviço terceirizado de vigilância na agência, sequer equipe de vigilância própria qualificada para o transporte de valores entre bancos. Ao contrário, optou por atribuir esta função aos seus empregados contratados para as funções internas de bancário. É evidente que a Reclamada atribuía ao Autor serviço defeso em lei.

Traz-se, por oportuna, a jurisprudência do TST:

"RECURSO DE REVISTA INTERPOSTO PELO RECLAMANTE. ACÓRDÃO REGIONAL PUBLICADO NA VIGÊNCIA DAS LEIS Nᵒˢ 13.015/14 E 13.467/17. DESPACHO DE ADMISSIBILIDADE PUBLICADO NA VIGÊNCIA DA INSTRUÇÃO NORMATIVA Nº 40/16. DANO MORAL. TRANSPORTE DE VALORES. EMPREGADO NÃO HABILITADO. ENTREGADOR DE BEBIDAS. INDENIZAÇÃO DEVIDA. TRANSCENDÊNCIA POLÍTICA RECONHECIDA. CONHECIMENTO E PROVIMENTO. I. A jurisprudência desta Corte firmou-se no sentido de que a conduta do empregador, ao exigir do empregado o desempenho da atividade de transporte de valores, para a qual não fora habilitado, configura ato ilícito e, portanto, enseja o pagamento de indenização por danos morais em razão da exposição potencial do trabalhador à situação de risco. Ressalva de entendimento deste Relator. II. Cabe ressaltar que o reconhecimento de que a causa oferece transcendência política (art. 896-A, § 1º, II, da CLT) não se limita à hipótese em que haja verbete sumular sobre a matéria; haverá igualmente transcendência política quando demonstrado o desrespeito à jurisprudência pacífica e notória do Tribunal Superior do Trabalho sedimentada em Orientação Jurisprudencial ou a partir da fixação de tese no julgamento, entre outros, de incidentes de resolução de recursos repetitivos ou de assunção de competência, bem como, na hipótese do Supremo Tribunal Federal, no julgamento de recurso extraordinário com repercussão geral ou das ações de constitucionalidade. Trata-se de extensão normativa do conceito de transcendência política, prevista no art. 896-A, § 1º, II, da CLT, a partir, sobretudo, da sua integração com o novo sistema de resolução de demandas repetitivas inaugurado pelo Código de Processo Civil de 2015, cujas decisões possuam caráter vinculante (exegese dos arts. 489, § 1º, 926, 928 do CPC/15). Ademais,

ainda que assim não fosse, o próprio § 1º do art. 896-A da CLT estabelece que os indicadores de transcendência nele nominados não constituem cláusula legal exaustiva, mas possibilita o reconhecimento de indicadores 'entre outros'. III. Nesse contexto, ao concluir que o transporte de valores realizado pelo Reclamante, empregado de empresa distribuidora de bebidas, não habilitado para tal atividade, não configura dano moral, o Tribunal Regional contrariou a jurisprudência deste Tribunal Superior e violou o art. 5º, X, da CF/88. Demonstrada transcendência política da causa e violação do art. 5º, X, da CF/88. IV. Recurso de revista de que se conhece, por violação do art. 5º, X, da CF/88, e a que se dá provimento." (TST – 4ª T. – RR 1013-78.2015.5.06.0143 – Rel. Min. Alexandre Luiz Ramos – *DEJT* 31-7-2020.)

Evidente o perigo da atividade, que somente poderia ser desempenhada por profissional habilitado, conforme dispõe a Lei 7.102/83, e o risco de morte a que o Reclamante estava sujeito, por executar atividade irregular para a Reclamada (transporte de valores), sem nenhuma segurança.

O art. 927 do Código Civil dispõe que aquele que comete ato ilícito está obrigado a repará-lo. Já o parágrafo único do art. 927 prevê a responsabilidade civil, independentemente de culpa.

A natureza da atividade desempenhada pelo Reclamante, por determinação da Reclamada, por si só, implica perigo e riscos à segurança e à vida do trabalhador.

Assim, demonstrado o ato ilícito da Reclamada, por desobediência à Lei 7.102/83, resta caracterizada a culpa (por negligência) e o dano em potencial à segurança e vida do Reclamante, sendo devida a indenização por danos morais.

Evidente que a omissão da Reclamada resultou em ofensa à esfera moral do Reclamante (art. 223-B, CLT).

Oportuno destacar que o art. 223-C da CLT traz a saúde e a integridade física como bens inerentes à pessoa física juridicamente tutelados.

Ante a certeza do dano moral, a Reclamada deve ser condenada ao pagamento de indenização a título de reparação.

Nos termos do art. 223-G da CLT, o juízo, ao fixar o *quantum* pela reparação do dano extrapatrimonial, deve considerar: (a) a natureza do bem jurídico tutelado; (b) a intensidade do sofrimento ou da humilhação; (c) a possibilidade de superação física ou psicológica; (d) os reflexos pessoais e sociais da ação ou da omissão; (e) a extensão e a duração dos efeitos da ofensa; (f) as condições em que ocorreu a ofensa ou o prejuízo moral; (g) o grau de dolo ou culpa; (h) a ocorrência de retratação espontânea; (i) o esforço efetivo para minimizar a ofensa; (j) o perdão, tácito ou expresso; (k) a situação social e econômica das partes envolvidas; (l) o grau de publicidade da ofensa.

Considerando as diretrizes delineadas, para o caso em análise, indica-se como valor a ser arbitrado para a indenização postulada a quantia de [50 salários do Reclamante ou outro valor a critério de Vossa Excelência, na forma do art. 223-G, CLT], em razão do que se passará a expor [descrever circunstâncias específicas a justificar o montante pedido, por exemplo, a duração do contrato de trabalho, o valor da remuneração auferida etc.]

Assim, comprovado o dano moral resultante do assédio moral, patente a obrigação da Reclamada em indenizar o Autor (arts. 186, 187, 927 e 932, III, CC), tendo em vista todo o sofrimento causado ao trabalhador e, ainda, considerando-se a condição econômica do ofensor e do ofendido, além da gravidade do ato ilícito, requer seja a Reclamada condenada ao pagamento de indenização por dano, sendo que tal verba não é base de recolhimentos previdenciários ou fiscais.

Na apuração da indenização por danos morais, os juros são devidos a partir do ajuizamento da demanda trabalhista (art. 39, § 1º, Lei 8.177/91; Súm. 439, TST e Súm. 362, STJ).

PEDIDO:

Condenação da Reclamada em indenização por dano moral, tendo em vista todo o sofrimento causado ao trabalhador e, ainda, considerando-se a condição econômica do ofensor e do ofendido e a gravidade do ato ilícito, requer seja a Reclamada condenada ao pagamento de indenização por dano moral em valor equivalente a [50 salários do Reclamante ou outro valor a critério de Vossa Excelência, na forma do art. 223-G, CLT], sendo que tal verba não é base de recolhimentos previdenciários ou fiscais.

3.115. DANO MORAL
DETECTOR DE MENTIRAS. POLÍGRAFO

CAUSA DE PEDIR:

O Reclamante, durante toda a contratualidade, foi submetido ao teste do polígrafo.

O uso do polígrafo é abusivo e ilegal, afrontando as garantias individuais do trabalhador, sendo que o procedimento levou o Reclamante a passar pelas situações mais vexatórias e constrangedoras de toda a sua vida profissional, já que era conectado em vários fios e interrogado como se fosse um criminoso.

O dano moral, espécie do gênero extrapatrimonial, não repercute nos bens patrimoniais da vítima, atingindo os bens de ordem moral ou o foro íntimo da pessoa, tais como: a honra, a liberdade, a intimidade e a imagem.

Os danos morais, como ocorre em relação aos materiais, somente serão reparados quando ilícitos.

O material, o qual também é conhecido por dano patrimonial, atinge os bens integrantes do patrimônio, isto é, o conjunto das relações jurídicas de uma pessoa, apreciáveis economicamente. Tem-se a perda, deterioração ou diminuição do patrimônio.

Já o dano moral ou dano extrapatrimonial é aquele que se opõe ao dano material, não afetando os bens patrimoniais propriamente ditos, mas atingindo os bens de ordem moral, de foro íntimo da pessoa, como a honra, a liberdade, a intimidade e a imagem.

Quanto aos morais, podemos dividi-los em puros (diretos) ou reflexos (indiretos).

Os puros esgotam-se em apenas um aspecto, atingindo aos chamados atributos da pessoa, como a honra, a intimidade, a liberdade etc. Os reflexos são efeitos da lesão ao patrimônio, ou seja, consequência de um dano material.

De acordo com o âmbito da sua extensão, o dano moral pode ser subjetivo ou objetivo. O primeiro limita-se à esfera íntima da vítima, isto é, ao conjunto de sentimentos e de valores morais e éticos do próprio ofendido. O segundo se projeta no círculo do relacionamento familiar ou social, afetando a estima e a reputação moral, social ou profissional da vítima.

Yussef Said Cahali ensina que dano moral é:

> *"(...) Tudo aquilo que molesta gravemente a alma humana, ferindo-lhe gravemente os valores fundamentais inerentes à sua personalidade ou reconhecidos pela sociedade em que está integrado, qualifica-se, em linha de princípio, como dano moral; não há como enumerá-los exaustivamente, evidenciando-se na dor, na angústia, no sofrimento, na tristeza pela ausência de um ente querido falecido; no desprestígio, na desconsideração social, no descrédito à reputação, na humilhação pública, no devassamento da privacidade; no desequilíbrio da normalidade psíquica, nos traumatismos emocionais, na depressão ou no desgaste psicológico, nas situações de constrangimento moral (...)"(Dano moral. [s.l.], [s.e], 2005. p. 22-23 apud OLIVEIRA, Sebastião Geraldo de. Indenizações por acidente do trabalho ou doença ocupacional. São Paulo: LTr, 2005, p. 187).*

Sobre o uso e funcionamento do polígrafo, oportuna a doutrina de Alice Monteiro de Barros:

> *"O polígrafo, também conhecido como detector de mentiras, é uma invenção do século XX e consiste em um aparelho que mede e registra as atividades neurovegetativas, reproduzindo-as sob a forma gráfica, com o*

Cap. 3 · MODELOS DE CAUSA DE PEDIR E PEDIDOS | 385

objetivo de aferir a veracidade das afirmações da pessoa que se submete ao teste por esse meio. O aparelho registra variações da pressão arterial, da respiração, das contrações musculares, dos movimentos oculares, etc. Esse teste funda-se no princípio segundo o qual o fato de mentir acarreta alteração psicológica, gerada pelo temor.

O teste por meio de polígrafo compreende três etapas: uma conversa preliminar, o teste propriamente dito e a conclusão.

Discute-se muito sobre a validade e a eficácia desses testes, mormente em face dos direitos fundamentais e, particularmente, em relação à privacidade do empregado.

O Repertório de Recomendações Práticas sobre Proteção de Dados Pessoais dos Trabalhadores elaborado pela OIT, no item 6.11, dispõe que as provas de personalidade ou exames análogos deverão efetuar-se de acordo com as disposições nele contidas, sob a condição de que o trabalhador tenha a possibilidade de rechaçá-los, isto é, recusar-se a submeter-se a eles.

Há quem afirme que o polígrafo é ineficaz no caso de pessoas que acreditam estar dizendo a verdade, que têm prazer em mentir ou que não creem na constatação da falsidade da assertiva por esse meio. Isso porque nessas situações, a mentira não produz estresse. Por outro lado, existem inúmeros outros fatores que geram estresse e, consequentemente, produzem alterações fisiológicas nas pessoas, como o temor, a raiva e o constrangimento pelo fato de estarem se submetendo ao teste do polígrafo. Aliás, o cansaço, a angústia e até uma simples cefaleia também poderão falsear os resultados obtidos pelo Polígrafo. Por essas razões, a maioria dos Juízes canadenses considera inadmissível a obtenção de provas por esse meio no contexto das relações de trabalho.

Realça Lefebvre a possibilidade de distinção ou exclusão infundada, provocada pelo teste do polígrafo, uma vez que, para obter resultados, é necessário fazer indagações sobre temas discriminatórios. Para atingir os objetivos do teste, são abordadas questões muito pessoais a respeito de atuação política ou sindical do traba-lhador e ainda a respeito do uso de drogas no passado" (Curso de Direito do Trabalho. 5. ed., São Paulo: LTr, 2009, p. 599-600).

Segundo Márcio Túlio Viana, em seu artigo "Aspectos curiosos da prova testemunhal: sobre verdades, mentiras e enganos", o cientista que aperfeiçoou o polígrafo repudiava a expressão "detector de mentiras", uma vez que, depreende-se, o aparelho não se prestava para tal fim:

"A mais famosa das máquinas do gênero – e que talvez as sintetize – é o Polígrafo de Berkeley. Muitos preferem chamá-lo de detector de mentiras. Mas o próprio cientista que o aperfeiçoou, KEELER, repudia essa expressão, argumentando que o aparelho detecta apenas sintomas, tal como outras máquinas indicam sinais de doenças" (Revista do TRT da 3ª Região, Belo Horizonte, v. 48, p. 133, jul/dez 2008).

O uso do polígrafo não encontra amparo no ordenamento jurídico, seja no âmbito penal, seja no âmbito trabalhista, visto que, além de sua eficácia duvidosa, viola princípio fundamental consagrado em normas internacionais sobre direitos humanos, no sentido de que *"ninguém é obrigado a produzir provas contra si mesmo"* (Pacto Internacional dos Direitos Civis e Políticos de 1966, ratificado pelo Brasil em 06-07-1992, art. 14, 3, g; e Convenção Americana de Direitos Humanos, ratificada pelo Brasil em 06-11-1992, art. 8°, 2, g).

No mesmo sentido, o art. 5°, LXIII, da Constituição da República assegura aos acusados o direito ao silêncio.

Por seu turno, o uso do aparelho tem a finalidade de revelar sintomas íntimos da pessoa que, na realidade, não dizem respeito à execução do trabalho, pois totalmente alheios à relação jurídica estabe-lecida entre as partes e que podem, induvidosamente, conduzir a situação vexatória e atentatória aos direitos da personalidade, na medida em que o empregado pode se ver constrangido a revelar detalhes de sua intimidade que não tinha a intenção de compartilhar.

Além de ilícito e ineficaz, o uso do polígrafo agride outros direitos fundamentais, além dos já mencionados, particularmente os relacionados com a intimidade e a dignidade do trabalhador.

A jurisprudência do TST indica:

"DANO MORAL CONFIGURADO. SUBMISSÃO A TESTE DO POLÍGRAFO (DETEC-TOR DE MENTIRAS). 1. O uso do polígrafo – o popular 'detector de mentiras' – não encontra respaldo em nosso ordenamento jurídico, visto que, ademais de sua eficácia duvidosa, viola princípio fundamental consagrado em normas internacionais sobre direitos humanos, no sentido de que 'ninguém é obrigado a produzir provas contra si mesmo' (Pacto Internacional dos Direitos Civis e Políticos de 1966, ratificado pelo Brasil em 06.07.1992, art. 14, 3, g; e Convenção Americana de Direitos Humanos, ratificada pelo Brasil em 06.11.1992, art. 8°, 2, g). No mesmo diapasão, o art. 5°, LXIII, da Constituição da República assegura aos acusados o direito ao silêncio. 2. Ademais, quando submetido ao teste do polígrafo, o empregado tem aviltado seu direito à intimidade, na medida em que pode se ver constrangido a revelar aspectos da sua vida pessoal que não tinha a intenção de compartilhar. 3. Não prospera a alegação de que tal medida visa a 'promover a segurança do aeroporto, tripulantes, passageiros e sociedade em geral', na medida em que o resultado obtido pelo polígrafo é meramente estimativo, sintomático, não permitindo diagnóstico seguro concernente à idoneidade moral da pessoa. Não é aceitável que se pretenda obter segurança a partir de medida edificada sobre o alicerce da dúvida, da incerteza e da violação de direitos. 4. O uso do polígrafo, além de se tratar de procedimento rechaçado em vários países, porque incompatível com os direitos da personalidade, viola, no Direito brasileiro, diversas garantias fundamentais inerentes à pessoa humana, configurando iniludível afronta aos direitos da personalidade do trabalhador. Recurso de Revista conhecido e provido. HONORÁRIOS ADVOCATÍCIOS. INDENIZAÇÃO. JUSTIÇA DO TRABALHO. LEI N° 5.584/70. AUSÊN-CIA DE PREQUESTIONAMENTO. SÚMULA N° 297, I, DO TRIBUNAL SUPERIOR DO TRABALHO. A ausência de pronunciamento, por parte da Corte de origem, acerca de elemento essencial à tese veiculada no apelo, torna inviável o seu exame, à míngua do indispensável prequestionamento. Hipótese de incidência do entendimento cristalizado na Súmula n° 297, I, desta Corte superior. Recurso de Revista de que não se conhece" (TST – 1ª T. – RR 1009-58.2010.5.05.0009 – Rel. Min. Lelio Bentes Corrêa – DEJT 1-9-2017).

"RECURSO DE REVISTA. DANO MORAL DECORRENTE DE SUBMISSÃO DE EMPREGADO A TESTE DE POLÍGRAFO (DETECTOR DE MENTIRAS). Cinge-se a controvérsia a saber se a submissão do autor ao teste do polígrafo (detector de mentiras) caracteriza constrangimento a ensejar a reparação civil por danos morais. No caso concreto, restou incontroverso que o autor exercera o cargo de agente de segurança e que suas atribuições eram a de inspecionar cargas e bagagens, assim como compartimentos da aeronave com a finalidade de verificar a existência de drogas, explosivos ou qualquer outro artefato que pudesse colocar em risco o avião. Foi registrado, ainda, que 'o teste foi empregado para fins de admissão do Reclamante, bem assim de todos os demais trabalhadores que se candidataram à vaga de agente de segurança'. O polígrafo compreende um aparelho de registro de respostas, utilizado para comprovar a veracidade das informações colhidas de uma pessoa, visando medir e gravar registros de diversas variáveis fisiológicas enquanto essa pessoa é interrogada. A finalidade do equipamento é averiguar a possível ocorrência de mentiras da pessoa examinada em seu depoimento. Não há previsão no ordenamento jurídico brasileiro para o teste de polígrafo, pois invade a intimidade dos submetidos a ele, uma vez que sequer é eficaz como meio de prova contra os empregados, tampouco se tem notícias da sua utilização válida no processo penal o qual seria, caso comprovada eficácia, de suma importância. O resultado obtido pelo polígrafo é meramente estimativo, não permitindo um diagnóstico seguro concernente à idoneidade moral da pessoa a ser contratada. Assim, não havendo regulamentação e não comprovada sua eficácia, pode-se considerar que o uso desse aparelho pode ferir outros direitos fundamentais, dentre os quais podemos citar a preservação da

Cap. 3 • MODELOS DE CAUSA DE PEDIR E PEDIDOS | **387**

intimidade e a dignidade do trabalhador. Precedentes desta Corte. Conclui-se, portanto, que o uso do polígrafo constitui procedimento que afronta direito fundamental previsto na Constituição Federal, sendo devido o pagamento de indenização por danos morais ao autor, a qual arbitra-se no valor de R$ 30.000,00 (trinta mil reais). Recurso de revista conhecido por divergência jurisprudencial e provido" (TST – 3ª T. – RR 1332-08.2011.5.05.0016 – Rel. Min. Alexandre de Souza Agra Belmonte – *DEJT* 6-5-2016).

Oportuno trazer, novamente, a lição de Alice Monteiro de Barros, no sentido de ressaltar que o teste do polígrafo está em vias de extinção, dada a sua natureza abusiva e desproporcional:

"A Suprema Corte do Canadá, com amparo no art. 8° da Carta canadense de direitos e liberdades, protege o direito contra os atentados às expectativas razoáveis dos cidadãos em matéria de vida privada, em uma sociedade livre e democrática. À luz da jurisprudência dessa Corte, o teste do polígrafo é assimilado às perquirições abusivas e inconstitucionais, pois, de um lado, não permite encontrar uma prova válida e, de outro, seu valor científico é duvidoso (...)

Na França, o teste do polígrafo encontra obstáculo no art. 120-2 do Código do Trabalho, que veda restrições aos direitos das pessoas e às liberdades coletivas que não sejam justificadas pela natureza das tarefas a executar, nem sejam proporcionais aos fins almejados (...)

Foi utilizado nos EUA, mas o protesto contra seu uso deu origem à aprovação da Lei de 1988, sobre proteção dos empregados ante a adoção de polígrafos, que considera ilegal sua utilização (...)" (*Curso de Direito do Trabalho*. 5.ª ed., São Paulo: LTr, 2009, p. 601).

Traçadas tais assertivas, forçoso concluir que a submissão do empregado ao teste do polígrafo atenta contra o seu direito da personalidade.

Evidente que a conduta da Reclamada resultou em ofensa à esfera moral do Reclamante (art. 223-B, CLT).

Oportuno destacar que o art. 223-C, da CLT, traz a honra, a imagem, a intimidade e a autoestima bens inerentes à pessoa física juridicamente tutelados.

Ressalte-se que em matéria de prova, o dano moral não é suscetível de comprovação, diante da impossibilidade de se fazer a demonstração, no processo judicial, da dor, do sofrimento e da angústia do trabalhador.

Portanto, trata-se de *"damnum in re ipsa"*, ou seja, o dano moral é decorrência do próprio fato ofensivo. Assim, comprovado o evento lesivo, tem-se como consequência lógica a configuração de dano moral, surgindo a obrigação do pagamento de indenização, nos termos do art. 5°, X, da Constituição Federal, diante da ofensa aos direitos da personalidade.

Em face deste contexto, O Reclamante solicita uma indenização a título de danos morais, no valor mínimo de (**50 salários nominais ou outro valor a critério de Vossa Excelência, na forma do art. 223-G, CLT**), sendo que tal verba não é base de recolhimentos previdenciários ou fiscais.

Na apuração da indenização por danos morais, os juros são devidos a partir do ajuizamento da demanda trabalhista (art. 39, § 1°, Lei 8.177/91; Súm. 439, TST, Súm. 362, STJ).

PEDIDO:

Condenação da Reclamada ao pagamento de indenização por danos morais, no valor mínimo de (**50 salários nominais ou outro valor a critério de Vossa Excelência, na forma do art. 223-G, CLT**), conforme todo o exposto na fundamentação, sendo que tal verba não é base de recolhimentos previdenciários ou fiscais.

3.116. DECLARAÇÃO DE CIÊNCIA PARA O RECLAMANTE (REFERENTE A DESPESAS PROCESSUAIS)

Eu, xxxxxxxx, brasileiro, casado, profissão, nascido aos xx/xx/xxxx, portador do RG n° xxxxxxxxxxx SSP/SP; CPF n° xxxxxxxxxxx, CTPS n° xxxxxxxxx série xxxxxxxx-SP, PIS n° xxxxxxxxxx, residente e domiciliado na Rua xxxxxxxxx, n° xxx,B Bairro xxxxx, Cidade, CEP: xxxxxxxx, filho de xxxxxxxxxx, de acordo com o disposto na nova Lei n° 13.467 de 13/07/2017 que alterou artigos da CLT, DECLARO ESTAR CIENTE das seguintes obrigações que poderão ser a mim imputadas por força de meu processo trabalhista contra o empregador xxxxxxx:

1. Em caso de improcedência de quaisquer dos pedidos formulados na reclamatória, mesmo sendo beneficiário da Justiça Gratuita, poderei ser condenado ao pagamento de honorários advocatícios para o advogado da parte contrária (em percentual determinado pelo Juiz, que pode ser de 5% até 15% do valor dos pedidos improcedentes – art. 791-A, CLT).

2. Em caso de improcedência de todos os pedidos formulados na reclamatória, mesmo sendo beneficiário da Justiça Gratuita, poderei ser condenado ao pagamento de custas processuais no valor determinado pelo Juiz (art. 789, CLT).

3. Havendo perícia médica/técnica e, não sendo constatada a doença ou a insalubridade ou periculosidade nos moldes pleiteados, poderei ser condenado ao pagamento dos honorários periciais no valor estipulado pelo juiz, ainda que beneficiário da Justiça Gratuita (art. 790-B, CLT).

4. Em caso de não comparecimento na audiência por motivo não justificado documentalmente, poderei ser condenado ao pagamento de custas processuais determinadas pelo Juiz (art. 844, § 2°, CLT).

Estando ciente das informações acima, declaro que desejo ingressar com a Reclamatória Trabalhista contra o empregador xxxx.

Cidade, xx de xxx de xxxx.

_____

Reclamante

Cap. 3 • MODELOS DE CAUSA DE PEDIR E PEDIDOS | 389

3.117. DESCONSIDERAÇÃO DA PERSONALIDADE JURÍDICA

CAUSA DE PEDIR:

A responsabilidade patrimonial pelo adimplemento das obrigações trabalhistas devidas ao Reclamante recai sobre a Reclamada, que é, por excelência, a legitimada a figurar no polo passivo da ação e de quem se deve buscar a satisfação dos valores que lhes são devidos por força do contrato de trabalho.

É por essa razão que a CLT, no *caput* do seu art. 2º, considera *"empregador a empresa, individual ou coletiva, que, assumindo os riscos da atividade econômica, admite, assalaria e dirige a prestação pessoal do serviço"*.

No entanto, a legislação civil aplicável subsidiariamente ao processo do trabalho, por força do art. 8º, da lei celetista, admite a extensão dos efeitos de determinadas e certas relações de obrigações aos bens particulares dos administradores ou sócios da pessoa jurídica, nas hipóteses previstas no art. 50 do Código Civil.

Necessário ressaltar, ainda, que, embora não haja qualquer vedação legal à inclusão dos sócios no polo passivo da ação, já na fase de conhecimento, na atualidade, essa inclusão é, expressamente, permitida, ante ao que estabelece o art. 134 do CPC:

> *"Art. 134 – O incidente de desconsideração é cabível em todas as fases do processo de conhecimento, no cumprimento de sentença e na execução fundada em título executivo extrajudicial. (…)*
>
> *§ 2º Dispensa-se a instauração do incidente se a desconsideração da personalidade jurídica for requerida na petição inicial, hipótese em que será citado o sócio ou a pessoa jurídica; (…)*
>
> *§ 4º O requerimento deve demonstrar o preenchimento dos pressupostos legais específicos para desconsideração da personalidade jurídica".*

Os pressupostos legais previstos no parágrafo quarto transcrito anteriormente estão elencados no art. 28 da Lei 8.078/1990 (Código de Defesa do Consumidor), que prevê a desconsideração da personalidade jurídica *"quando, em detrimento do consumidor, houver abuso de direito, excesso de poder, infração da lei, fato ou ato ilícito ou violação dos estatutos ou contrato social [...]"*.

O caso dos autos pode ser enquadrado no ato ilícito previsto na norma citada, o qual foi praticado pelos reais "sócios" da 1ª Reclamada, por intermédio da nítida intenção fraudulenta deles, quando da constituição da 2ª Reclamada, agravada, ainda mais, pelo fato de a terem transformado em sociedade anônima, acreditando que poderiam blindar o patrimônio conquistado por eles, por intermédio da 1ª Reclamada.

Impende esclarecer, ainda, que a 1ª Reclamada, atualmente, possui como sócias duas pessoas jurídicas [indicar as empresas], sendo que a empresa [indicar a empresa] está, também, em recuperação judicial, a qual foi decretada no mesmo processo da 1ª Reclamada e, tanto a [indicar a empresa] possuem como sócios o Sr. [indicar o sócio] e o Sr. [indicar o sócio], que, na realidade, são sócios da 1ª Reclamada.

Não bastassem os diplomas legais acima, que dão respaldo à desconsideração da personalidade jurídica, há, ainda, o art. 4º, V, da Lei 6.830, de 22 de setembro de 1980 (Lei de Execução Fiscal), também subsidiariamente aplicável ao processo do trabalho, conforme comando do art. 889, da lei celetista, a atribuir responsabilidade subsidiária aos sócios, pelas obrigações tributárias e trabalhistas do empreendimento.

Há de se ressaltar, ainda, que a inclusão dos sócios, já na fase de conhecimento, não lhes traz qualquer prejuízo, ao contrário, lhes traz grande vantagem processual, porque poderão não apenas se defender alegando a ausência de sua responsabilidade como, também, do próprio mérito da reclamação trabalhista, o que lhes garantirá, certamente, a plena aplicação do inciso LV do art. 5º da Carta da República de 1988.

Destaca-se que o art. 855-A prevê expressamente que se aplica ao processo do trabalho o incidente de desconsideração da personalidade jurídica previsto nos arts. 133 a 137 do CPC, sendo que a instauração do incidente suspenderá o processo, sem prejuízo de concessão da tutela de urgência de natureza cautelar de que trata o art. 301 do CPC (art. 855-A, § 2º, CLT).

Em razão do exposto, o Reclamante requer a declaração judicial da desconsideração da personalidade jurídica da 1ª e da 2ª Reclamadas e, consequentemente, a declaração da responsabilidade solidária dos sócios delas.

PEDIDO:

Declaração judicial da desconsideração da personalidade jurídica da 1ª e da 2ª Reclamadas e, consequentemente, a declaração da responsabilidade solidária dos sócios delas.

Cap. 3 • MODELOS DE CAUSA DE PEDIR E PEDIDOS | 391

3.118. DESCONSIDERAÇÃO DA PERSONALIDADE JURÍDICA E GRUPO ECONÔMICO

CAUSA DE PEDIR:

1. Dos fatos.

O Reclamante esclarece os motivos pelos quais incluiu a segunda Reclamada no polo passivo da presente reclamação trabalhista, visto que, embora conste em sua CTPS o pacto laboral com a primeira Reclamada, houve, sem nenhuma dúvida, o aproveitamento de sua mão de obra por ela.

Com efeito, observa-se das anotações da CTPS do Reclamante, bem como das fichas cadastrais acostadas aos autos, que a primeira e a segunda Reclamada estão sediadas exatamente no mesmo local, qual seja, na Rua [*].

Não obstante a isso, impende esclarecer que a empresa [*] foi transformada na [*], ora segunda Reclamada, sendo que esta é acionista majoritária da primeira e, portanto, detentora do poder de administração e controle desta.

Registre-se, também, que ambas as empresas possuem em seus registros identidade de sócios, quais sejam, [sócio], que até [data] era sócio da primeira Reclamada, mas retirou-se dela para, no mesmo mês, constituir a segunda Reclamada e o Sr. [sócio], que até [data], era sócio e administrador direto da primeira Reclamada, mas, também, retirou-se da empresa, contudo, permaneceu administrando-a, por intermédio da segunda Reclamada, da qual é o Diretor Presidente.

O art. 2º, § 2º, da CLT prevê que: *"Sempre que uma ou mais empresas, tendo, embora, cada uma delas, personalidade jurídica própria, estiverem sob a direção, controle ou administração de outra, ou ainda quando, mesmo guardando cada uma sua autonomia, integrem grupo econômico, serão responsáveis solidariamente pelas obrigações decorrentes da relação de emprego".*

Ainda que a identidade de sócios não caracterize o grupo econômico (art. 2º, § 3º, CLT), no caso dos autos as empresas possuem interesse integrado, existindo efetiva comunhão de interesses e a atuação conjunta das empresas.

O controle exercido pela segunda Reclamada há de ser reconhecido para fins de satisfação dos créditos do Reclamante.

Registre-se, ainda, que a primeira Reclamada e sua outra única sócia, [empresa] – que fazem parte do mesmo grupo econômico, encontram-se em recuperação judicial [docs.*], sendo que somente a segunda Reclamada possui considerável capital social e é uma empresa solvente.

Diante do exposto, o Reclamante requer digne-se Vossa Excelência declarar a existência do grupo econômico entre a primeira e a segunda Reclamada e, consequentemente, a responsabilidade solidária delas, principalmente no que diz respeito à condenação pecuniária.

2. Da desconsideração da personalidade jurídica.

O Incidente de Desconsideração da Personalidade Jurídica está disposto nos artigos 133 a 137 do CPC, sendo que o art. 855-A, *caput*, da CLT dispõe que:

> *"Aplica-se ao processo do trabalho o incidente de desconsideração da personalidade jurídica previsto nos arts. 133 a 137 da Lei no 13.105, de 16 de março de 2015 - Código de Processo Civil."*

Em razão do exposto, o Reclamante requer a desconsideração da personalidade jurídica da primeira e da segunda Reclamada e, consequentemente, a declaração da responsabilidade solidária dos sócios delas.

PEDIDO:

(a) declaração da existência de grupo econômico entre a primeira e a segunda Reclamada;

(b) desconsideração da personalidade jurídica da primeira e da segunda Reclamadas;

(c) responsabilidade solidária de todas as Reclamadas.

3.119. DESCONSIDERAÇÃO DA PERSONALIDADE JURÍDICA E A RECUPERAÇÃO JUDICIAL

CAUSA DE PEDIR:

A desconsideração da personalidade jurídica representa um avanço doutrinário e jurisprudencial de grande valia, notadamente como forma de se aceitar a responsabilidade patrimonial e particular dos sócios, em função dos débitos sociais das empresas em que são membros. Não se pode aceitar, por ser uma questão de justiça, o fato de os sócios recorrerem à ficção da pessoa jurídica para enganar credores, para fugir à incidência da lei ou para proteger um ato desonesto. Pode e deve o Judiciário como um todo, desconsiderar o véu da personalidade jurídica, para que se possa imputar o patrimônio pessoal dos sócios, como forma de se auferir elementos para a satisfação dos créditos, notadamente, dos empregados da sociedade.

Referida temática jurídica deriva da concepção desenvolvida pela doutrina americana e que se intitula nas expressões – *disregard theory* ou *disregard of the legal entity*, ou ainda, da locução *lifting the corporate veil* – erguendo-se a cortina da pessoa jurídica.

A solução, diante de casos concretos, é o juiz desconsiderar o véu da personalidade jurídica, para coibir as fraudes, os jogos de interesses e os abusos de poder, para se conseguir o resguardo dos interesses de terceiros e do próprio fisco.

A recuperação judicial não impede que a ação trabalhista continue a tramitar na Justiça do Trabalho em face dos sócios da empresa em recuperação judicial, desde que o juiz adote a teoria de desconsideração da personalidade jurídica da empresa devedora (ou executada).

Francisco Antonio de Oliveira leciona:

> *"É princípio informador do direito do trabalho que 'o empregado não corre o risco do empreendimento, já que também não participa dos lucros'. Em não havendo bens que suportem a execução forçada – insolvência, concordata, falência, liquidação extrajudicial, desaparecimento dos bens da pessoa jurídica etc. –, os sócios responderão pelos débitos trabalhistas com os seus patrimônios particulares" (Execução na Justiça do Trabalho.* 6. ed. São Paulo: RT, 2007, p. 263).

Já Marcelo Papaléo de Souza indica:

> *"Matéria interessante a ser analisada é a respeito das obrigações solidárias ou subsidiárias dos coobrigados em relação à devedora (responsável principal) em recuperação judicial. Como já referido em vários tópicos, o deferimento do processamento da recuperação judicial acarreta a suspensão das execuções em face do devedor. Será que essa suspensão se transfere ao responsável solidário ou subsidiário? A resposta é negativa, por força do disposto no art. 49, § 1º, LRF, que estabelece que os credores do devedor em recuperação judicial conservam seus direitos e privilégios contra os coobrigados, fiadores e obrigados de regresso. Portanto, em se tratando de responsável solidário não há qualquer discussão a respeito, pois a execução prosseguirá em razão deste, fica suspensa em relação ao devedor que está em recuperação judicial. Caso haja pagamento, deverá ser informado ao juízo da recuperação para ser excluído o valor do quadro geral de credores. Já quanto ao responsável subsidiário, maiores dúvidas surgirão em face do benefício de ordem que este pode invocar para o pagamento da obrigação (arts. 827 e 828 do C. Civil). Pode até parecer contraditória a situação da continuidade da execução em face do responsável subsidiário, haja vista a suspensão em face do devedor principal, mas esta foi a opção legislativa prevista no art. 49, § 1º, LRF. A legislação faz referência expressa em relação ao fiador que, no Código Civil, como regra geral, é responsável subsidiário. Assim, invocando a proteção ao crédito trabalhista, dada sua natureza alimentar e a necessidade de celeridade da execução trabalhista, concluímos que*

a execução trabalhista, em relação ao responsável subsidiário, deve prosseguir, em que pese estar suspensa em relação ao principal. Ressaltamos que o responsável subsidiário poderá exigir o ressarcimento ao principal pelo pagamento efetuado" (Efeitos da Lei de Recuperação Judicial e Falência na Execução Trabalhista. *In* CHAVES, Luciano Athayde (org.). *Curso de Processo do Trabalho*, São Paulo: LTr, 2009, p. 1054).

Destarte, o processo de recuperação judicial não impede a desconsideração da personalidade jurídica da empresa, o que possibilita o redirecionamento da execução contra os sócios, pois não se confundem a sociedade empresarial e a figura dos sócios.

É certo que a execução deve recair sobre o responsável devedor principal. Contudo, não pairam dúvidas no sentido de que o procedimento de recuperação judicial é caminho longo para a satisfação do crédito do trabalhador, e cuja certeza quanto à satisfação efetiva simplesmente não existe.

A recuperação judicial pressupõe situação de crise econômica, financeira ou patrimonial da empresa devedora, ou seja, situação de impossibilidade presente ou iminente de honrar seus compromissos, o que indica grave risco de inadimplemento do crédito trabalhista, na medida em que o plano de recuperação não é, isoladamente, garantia efetiva de sucesso da empresa.

Não há sentido em impor ao Exequente, titular de crédito trabalhista, cuja urgência é inerente ao seu inegável caráter alimentar, a prolongada espera para seu recebimento sem que sequer se tenha certeza do pagamento.

Por seu turno, inexiste na Lei 11.101/05 dispositivo excluindo expressamente o redirecionamento da execução, na Justiça do Trabalho, em face dos sócios de empresa em recuperação judicial.

O art. 6º, *caput*, II, da Lei prevê a suspensão das ações e execuções dos *"credores particulares do sócio solidário"*, o que não é o caso do Exequente.

Ademais, deve ser aplicado analogicamente o art. 28 do CDC, para que seja desconsiderada a personalidade jurídica da sociedade, em caso de decretação da recuperação judicial da empresa, por se tratar de hipótese de insuficiência econômica, tal como na insolvência e na falência.

A jurisprudência atual do TST é no sentido que a Justiça do Trabalho é competente para redirecionar a execução contra os sócios da empresa falida ou em recuperação judicial. Isso porque, na hipótese de eventual constrição de bens, esta não recairá sobre o patrimônio da empresa, mas contra o patrimônio do sócio da empresa executada:

"AGRAVO DE INSTRUMENTO. RECURSO DE REVISTA. EXECUTADA. LEI Nº 13.015/2014. EXECUÇÃO. COMPETÊNCIA DA JUSTIÇA DO TRABALHO. EMPRESA EM RECUPERAÇÃO JUDICIAL. DESCONSIDERAÇÃO DA PERSONALIDADE JURÍDICA. REDIRECIONAMENTO DA EXECUÇÃO CONTRA O SÓCIO. 1 – Atendidos os requisitos do art. 896, § 1º-A, da CLT. 2 – A desconsideração da personalidade jurídica é instituto que assegura, por meio dos bens dos sócios, o crédito do trabalhador. A jurisprudência atual, iterativa e notória desta Corte é no sentido de que a Justiça do Trabalho é competente para redirecionar a execução contra os sócios da empresa falida (ou em recuperação judicial). Isso porque, na hipótese de eventual constrição de bens, esta não recairá sobre o patrimônio da massa falida (o que atrairia a competência do juízo falimentar), mas, sim contra o patrimônio do sócio da empresa executada. Julgados. 3 – Agravo de instrumento a que se nega provimento" (TST – 6ª T. – AIRR 94100-44.2011.5.17.0007 – Relª Minª Kátia Magalhães Arruda – *DEJT* 2-12-2016).

"(...) FASE DE EXECUÇÃO. COMPETÊNCIA DA JUSTIÇA DO TRABALHO. DECRETAÇÃO DE FALÊNCIA DA DEVEDORA PRINCIPAL. REDIRECIONAMENTO DA EXECUÇÃO EM FACE DE SÓCIO DA MASSA FALIDA. (...). III – Nesse passo, reportando-se

Cap. 3 • MODELOS DE CAUSA DE PEDIR E PEDIDOS | 395

ao acórdão recorrido, observa-se que o Regional negou provimento ao agravo de petição quanto à competência da justiça do trabalho, assentando que 'no caso de reconhecimento da responsabilidade solidária ou subsidiária, não há justificativa para que o autor aguarde as delongas da execução perante o juízo Falimentar' e, nesse passo, 'o deferimento da desconsideração da personalidade jurídica (...) tem por fim garantir que a sociedade empresária incluída na lide garanta o crédito do trabalhador'. IV – Desses excertos, vê-se que o Tribunal Regional concluiu pelo prosseguimento da execução nesta Justiça Especializada, uma vez que a execução não está sendo realizada contra a empresa falida, devedora principal, mas, sim, em face de sócio da massa falida. V – Nesse sentido, a decisão regional foi proferida em conformidade com a atual e notória jurisprudência desta Corte Superior, que firmou o entendimento de que o redirecionamento da execução contra os sócios ou integrantes do mesmo grupo econômico da empresa falida ou em recuperação judicial não afasta a competência da Justiça do Trabalho, na medida em que eventual constrição não recairá sobre bens da massa falida, devedora principal, a atrair a competência do juízo universal, mas, sim, como o caso dos autos, contra o sócio da executada principal. Precedentes. VI – Nesse sentido, não se vislumbra a alegada infringência do artigo e 114 da Constituição a ensejar o provimento do recurso, valendo salientar a impertinência dos artigos 109, inciso I, e 125, também da Constituição, pois não tratam de competência da Justiça do Trabalho. VII – Agravo de instrumento a que se nega provimento" (TST – 5ª T. – AIRR 740-65.2015.5.03.0052 – Rel. Min. Antonio José de Barros Levenhagen – *DEJT* 16-9-2016).

PEDIDO:

Requer o Exequente a desconsideração da personalidade jurídica da Executada, com o redirecionamento da execução contra os sócios.

3.120. DESCONTO DE IMPOSTO DE RENDA
A NÃO INCIDÊNCIA DOS JUROS À BASE DE CÁLCULO DO IMPOSTO DE RENDA

CAUSA DE PEDIR:

Quanto à base de cálculo do Imposto de Renda, a OJ 400 da SDI-I dispõe: *"Os juros de mora decorrentes do inadimplemento de obrigação de pagamento em dinheiro não integram a base de cálculo do imposto de renda, independentemente da natureza jurídica da obrigação inadimplida, ante o cunho indenizatório conferido pelo art. 404 do Código Civil de 2002 aos juros de mora"*.

Portanto, os juros de mora não devem integrar a base de cálculo do Imposto de Renda.

PEDIDO:

Que na sistemática do cálculo do Imposto de Renda, os juros sejam desconsiderados como base integrante desse desconto.

Cap. 3 • MODELOS DE CAUSA DE PEDIR E PEDIDOS | **397**

3.121. DESCONTO DE IMPOSTO DE RENDA E DE CONTRIBUIÇÃO PREVIDENCIÁRIA

CAUSA DE PEDIR:

A Súmula 368 do TST, item II, dispõe: *"II - É do empregador a responsabilidade pelo recolhimento das contribuições previdenciárias e fiscais, resultantes de crédito do empregado oriundo de condenação judicial. A culpa do empregador pelo inadimplemento das verbas remuneratórias, contudo, não exime a responsabilidade do empregado pelos pagamentos do imposto de renda devido e da contribuição previdenciária que recaia sobre sua quota-parte".*

O cálculo dos descontos previdenciários deve ser feito mês a mês, respeitando-se, assim, os princípios constitucionais da progressividade e da capacidade contributiva (art. 150, II; art. 153, III, § 2º, I, CF).

É o que dispõe o tópico III da Súmula 368: *"III – Os descontos previdenciários relativos à contribuição do empregado, no caso de ações trabalhistas, devem ser calculados mês a mês, de conformidade com o art. 276, § 4º, do Decreto nº 3.048/1999 que regulamentou a Lei nº 8.212/1991, aplicando-se as alíquotas previstas no art. 198, observado o limite máximo do salário de contribuição."*

Em relação ao imposto de renda, deve ser aplicado o art. 12-A da Lei 7.713/88, a teor do tópico VI da Súmula 368 do TST: *"VI – O imposto de renda decorrente de crédito do empregado recebido acumuladamente deve ser calculado sobre o montante dos rendimentos pagos, mediante a utilização de tabela progressiva resultante da multiplicação da quantidade de meses a que se refiram os rendimentos pelos valores constantes da tabela progressiva mensal correspondente ao mês do recebimento ou crédito, nos termos do art. 12-A da Lei nº 7.713, de 22/12/1988, com a redação conferida pela Lei nº 13.149/2015, observado o procedimento previsto nas Instruções Normativas da Receita Federal do Brasil."*

O imposto será retido pela pessoa física ou jurídica obrigada ao pagamento ou pela instituição financeira depositária do crédito e calculado sobre o montante dos rendimentos pagos, mediante a utilização de tabela progressiva resultante da multiplicação da quantidade de meses a que se refiram os rendimentos pelos valores constantes da tabela progressiva mensal correspondente ao mês do recebimento ou crédito (art. 12-A, § 1º).

Poderão ser excluídas as despesas, relativas ao montante dos rendimentos tributáveis, com ação judicial, necessárias ao seu recebimento, inclusive de advogados, se tiverem sido pagas pelo contribuinte, sem indenização (art. 12-A, § 2º).

A base de cálculo será determinada mediante a dedução das seguintes despesas relativas ao montante dos rendimentos tributáveis: a) importâncias pagas em dinheiro a título de pensão alimentícia em face das normas do Direito de Família, quando em cumprimento de decisão judicial, de acordo homologado judicialmente ou de separação ou divórcio consensual realizado por escritura pública; b) contribuições para a Previdência Social da União, dos Estados, do Distrito Federal e dos Municípios (art. 12-A, § 3º, I e II).

A Instrução Normativa 1.500, de 29-10-2014, da Receita Federal do Brasil, dispõe sobre a apuração e tributação de rendimentos recebidos de forma acumulada (art. 12-A, Lei 7.713/88).

Deve ser deferido o pedido para determinar que o desconto do imposto de renda seja calculado em sintonia com o disposto no art. 12-A da Lei 7.713/88 (Súm. 368, VI, TST).

Os descontos previdenciários serão feitos mês a mês e o Reclamante assumirá a sua parte (Súm. 368, III, TST).

Quanto à base de cálculo do Imposto de Renda, a OJ 400 da SDI-I, dispõe: *"Os juros de mora decorrentes do inadimplemento de obrigação de pagamento em dinheiro não integram a base de cálculo do imposto de renda, independentemente da natureza jurídica da obrigação inadimplida, ante o cunho indenizatório conferido pelo art. 404 do Código Civil de 2002 aos juros de mora".*

Portanto, os juros de mora não devem integrar a base de cálculo do imposto de renda.

PEDIDO:

Que o cálculo do IRPF e INSS seja efetuado na forma da causa de pedir.

Cap. 3 • MODELOS DE CAUSA DE PEDIR E PEDIDOS | **399**

3.122. DESVIO DE FUNÇÃO

CAUSA DE PEDIR:

O Reclamante pleiteia a caracterização de desvio de função e, por consequência, o direito à percepção de diferenças salariais.

O desvio de função representa a alteração unilateral de função por parte do empregador, a qual resulta em prejuízos salariais ao empregado. Vale dizer: o empregado deixa de exercer a função para a qual foi contratado e passa a exercer outra, por imposição patronal, não auferindo a remuneração equivalente a essa nova função.

O Reclamante invoca como fundamento jurídico do seu pedido o art. 460 da CLT, que assim dispõe: *"Na falta de estipulação do salário ou não havendo prova sobre a importância ajustada, o empregado terá direito a perceber salário igual ao daquela que, na mesma empresa, fizer serviço equivalente ou do que for habitualmente pago para serviço semelhante".*

Além do art. 460 da CLT, o Reclamante invoca a inteligência da OJ 125, da SDI-I: *"O simples desvio funcional do empregado não gera direito a novo enquadramento, mas apenas às diferenças salariais respectivas mesmo que o desvio de função haja iniciado antes da vigência da CF/88".*

Evidente, portanto, que o Reclamante passou a exercer outras funções para as quais não foi remunerado. Senão vejamos: [descrever a função originariamente contratada e a nova função].

"RECURSO DE EMBARGOS REGIDO PELA LEI 11.496/2007. DIFERENÇAS SALA-RIAIS. DESVIO DE FUNÇÃO. Ao analisar o pedido de deferimento das diferenças salariais por desvio de função, deve o julgador aplicar os princípios da igualdade e da primazia da realidade, revelando-se imprescindível, para tanto, a comprovação de modificação, pelo empregador, das atribuições originalmente conferidas ao empregado, destinando-lhe atividades, em geral, mais qualificadas, sem o respectivo aumento salarial. O fato de o empregador ter seu pessoal escalonado em funções específicas em organograma de cargos e salários, sem detalhar o conjunto de atribuições de cada cargo, não tem o condão de inviabilizar o pedido de diferenças salariais decorrentes do desvio de função. Recurso de embargos conhecido e provido" (TST – SDI-I – E-RR 39000-14.2009.5.04.0015 – Rel. Min. Augusto César Leite de Carvalho – *DEJT* 25-10-2013).

O Reclamante tem direito à percepção de idêntica remuneração que a empresa tomadora paga ao trabalhador que exerce idêntica função. Se não houver essa função no empregador, que seja indicado como salário o que se paga para serviço semelhante na mesma região econômica onde esteja situada a empresa tomadora, o que será apurado por arbitramento (art. 509, I, CPC). Esse montante deve incidir em: (1) horas extras e incidências em férias, abono de férias, 13° salário, aviso-prévio, domingos e feriados e no FGTS + 40%; (2) adicional noturno, fator da redução do horário noturno e suas incidências em férias, abono de férias, 13° salário, aviso-prévio, domingos e feriados e no FGTS + 40%; (c) aviso-prévio, férias, abono de férias, 13° salário, domingos e feriados e no FGTS + 40%.

PEDIDO:

Como desdobramento do desvio de função, o Reclamante tem direito à percepção de idêntica remuneração que a empresa tomadora paga ao trabalhador que exerce idêntica função. Se não houver essa função na empregadora, que seja indicado como salário o que se paga para serviço semelhante na mesma região econômica onde esteja situada a empresa tomadora, o que será apurado por arbitramento. Esse montante deve incidir em: (a) horas extras e incidências em férias, abono de férias, 13º salário, aviso-prévio, domingos e feriados e no FGTS + 40%; (b) adicional noturno, fator da redução do horário noturno e suas incidências em férias, abono de férias, 13º salário, aviso-prévio, domingos e feriados e no FGTS + 40%; (c) aviso-prévio, férias, abono de férias, 13º salário, domingos e feriados e no FGTS + 40%.

3.123. DIFERENÇAS SALARIAIS
PROFISSIONAL MÉDICO-VETERINÁRIO

CAUSA DE PEDIR:

A Reclamante (médico-veterinário) pleiteia o direito à percepção de diferenças salariais correspondentes ao piso da categoria, visto que auferia inferior ao que a legislação determina, conforme demonstrado nos recibos de pagamento [docs.].

Deve ser ressaltado que o valor mínimo da remuneração salarial do médico médico-veterinário e regulamentado pela Lei 4.950-A/66, *in verbis:*

"Art. 1°. O salário mínimo dos diplomados pelos cursos regulares superiores mantidos pelas escolas de Engenharia, de Química, de Arquitetura, de Agronomia e de Veterinária é o fixado pela presente Lei."

"Art. 2°. O salário mínimo fixado pela presente Lei é a remuneração mínima obrigatória por serviços prestados pelos profissionais definidos no art. 1°, com relação de emprego ou função, qualquer que seja a fonte pagadora."

"Art. 3° Para os efeitos desta Lei as atividades ou tarefas desempenhadas pelos profissionais enumerados no art. 1° são classificados em:

a) (...)

b) atividades ou tarefas com exigência de mais de 6 (seis) horas diárias de serviço;

Parágrafo único. A jornada de trabalho é a fixada no contrato de trabalho ou determinação legal vigente".

"Art. 4° Para os efeitos desta Lei os profissionais citados no art. 1° são classificados em:

a) diplomados pelos cursos regulares superiores mantidos pelas Escolas de Engenharia, de Química, de Arquitetura, de Agronomia e de Veterinária com curso universitário de 4 (quatro) anos ou mais."

"Art. 5°. Para a execução das atividades e tarefas classificadas na alínea a do art. 3°, fica fixado o salário-base mínimo de 6 (seis) vezes o maior salário mínimo comum vigente no País, para os profissionais relacionados na alínea a do art. 4°, e de 5 (cinco) vezes o maior salário mínimo comum vigente no País, para os profissionais da alínea 'b' do art. 4°."

"Art. 6°. Para a execução de atividades e tarefas classificadas na alínea b do art. 3°, a fixação do salário-base mínimo será feito tomando-se por base o custo da hora fixado no art. 5° desta Lei, acrescidas de 25% as horas excedentes das 6 (seis) diárias de serviços."

Assim, para os diplomados pelos cursos regulares superiores mantidos pelas Escolas de Engenharia, de Química, de Arquitetura, de Agronomia e de Veterinária com curso universitário de 4 anos ou mais, como é o caso da Reclamante, o salário-base mínimo será de 6 vezes o maior salário mínimo vigente para a jornada de 6 horas (arts. 4°, "a" e 5°, Lei 4.950-A/66). Acrescidos de 25% para a 7ª e para a 8ª hora, eis que, a autora laborava 8 horas diárias conforme estabelece o art. 6° da Lei 4.950-A/66.

"SALÁRIO PROFISSIONAL DO ENGENHEIRO. LEI N° 4.950-A/66. FIXAÇÃO DE SALÁRIOS MÍNIMOS. JORNADA DE TRABALHO DE 8 HORAS. Discute-se, nos autos, a fixação do salário mínimo para a categoria profissional de engenheiro quando a jornada de trabalho corresponder a 8 horas. A Lei n° 4.950-A/66, em seu artigo 6°, estabelece que, para a execução de atividades e tarefas com exigência de mais de 6 horas diárias de serviço, classificadas na alínea 'b' do artigo 3° desta Lei, a fixação do salário-base

mínimo será feita tomando-se por base o custo da hora fixado no artigo 5°, acrescidas de 25% as horas excedentes das 6 diárias de serviços. No caso, o Tribunal Regional, com base na análise dos demonstrativos de pagamento, concluiu que não há diferença salarial a ser quitada, tendo em vista ter sido corretamente observado o cálculo do salário do reclamante com base nos critérios descritos na mencionada lei. Ocorre que, conforme a notória, atual e reiterada jurisprudência desta Corte Superior, a interpretação que se dá aos dispositivos 5° e 6° da Lei n° 4.950-A/66 é de que, ao engenheiro contratado para laborar em jornada de 8 horas diárias, o piso salarial devido é de 8,5 salários mínimos, ao contrário do que entendeu a Corte regional, ao atribuir o piso no importe equivalente a 6,833 salários mínimos da época. Importante observar, ainda, que o entendimento desta Corte Superior, consolidado por meio da OJ n° 71 da SDI-II do Tribunal Superior do Trabalho, é de que 'a estipulação do salário profissional em múltiplos do salário mínimo não afronta o art. 7°, inciso IV, da Constituição Federal de 1988, só incorrendo em vulneração do referido preceito constitucional a fixação de correção automática do salário pelo reajuste do salário mínimo'. Assim, o Regional, ao manter o indeferimento das diferenças salariais, por entender que o piso salarial devido no início do contrato era de aproximadamente 6,833 salários mínimos, decidiu em aparente violação dos artigos 5° e 6° da Lei n° 4.950-A/66. Recurso de revista conhecido e provido." (TST – 2ª T. – RR 11200-71.2016.5.15.0043 – Rel. Min. José Roberto Freire Pimenta – DEJT 24-5-2019.)

De acordo com a Súmula 370 do TST, a Lei 4.950-A/66 não estipula a jornada reduzida para os médicos veterinários, mas apenas estabelece o piso salarial da categoria para uma jornada de 6 horas. Não há de se falar em horas extras, exceto as que excedam à oitava diária, respeitando-se, é claro, o salário mínimo da categoria, o mesmo se aplica à profissão de médico-veterinário.

Considerando que a Autora cumpriu uma jornada diária de 8 horas, deverá receber mais duas horas por dia trabalhado respeitando o valor do salário mínimo estabelecido pela Lei 4.950-A/66 acrescidas de 25%.

Dessa forma, como a Autora tem uma jornada contratual de 8 horas diárias, o salário contratual inicial será de 8,5 salários mínimos (um salário mínimo a mais por mês, por hora) acrescido de 25% do salário mínimo para as 7ª e 8ª hora (arts. 4°, 5° e 6° da Lei 4.950-A/66).

Não é incompatível a vinculação do piso salarial do médico-veterinário ao salário mínimo:

"RECURSO DE REVISTA. REGIDO PELA LEI 13.015/14. 1. VETERINÁRIO. SALÁRIO PROFISSIONAL. FIXAÇÃO INICIAL EM MÚLTIPLOS DO SALÁRIO MÍNIMO. LEI N° 4950-A/66. POSSIBILIDADE. AUSÊNCIA DE VINCULAÇÃO DO SALÁRIO MÍNIMO COMO FATOR DE CORREÇÃO. OJ 71 DA SBDI-2 DO TST. 1.1. O Tribunal Regional, após exaustiva análise do conjunto fático-probatório dos autos, registrou que a Reclamante foi contratada para exercer a função de médica veterinária. Logo, somente com o revolvimento de fatos e provas é que se poderia chegar à conclusão diversa, expediente vedado nesta instância extraordinária, ante o óbice da Súmula 126/ TST. 1.2. A estipulação do salário profissional fixado em múltiplos do salário mínimo, segundo previsão da Lei 4.950-A/66, não afronta o art. 7°, IV, da CF. O que a ordem constitucional não admite é a correção automática em razão do reajuste anual do salário mínimo fixado pelo Poder Público (OJ 71 da SBDI-2 do TST). No caso, o Tribunal Regional, ao manter a sentença, na qual determinado o pagamento de diferenças salariais, em razão da inobservância do salário mínimo profissional estabelecido na Lei n° 4.950-A/66, proferiu acórdão em conformidade com a iterativa, notória e atual jurisprudência desta Corte. Incide a Súmula 333/TST como óbice ao conhecimento da revista. Recurso de revista não conhecido." (TST – 7ª T. – RR 478-18.2013.5.04.0001 – Rel. Min. Douglas Alencar Rodrigues – DEJT 6-3-2017.)

Observa-se que, neste caso, o salário mínimo não está sendo utilizado como fator de indexação para fixação de reajuste, mas única e tão somente como fixação do salário inicial em múltiplos do salário mínimo, o que é legalmente permitido.

PEDIDO:

Requer a condenação da Reclamada ao pagamento de diferenças salariais e as suas incidências em férias, abono de férias, 13º salário e aviso-prévio.

3.124. DIREITO DE PROPRIEDADE
REMUNERAÇÃO DECORRENTE DA UTILIZAÇÃO DE INVENTO CRIADO POR TRABALHADOR NO CURSO DO CONTRATO DE TRABALHO

CAUSA DE PEDIR:

A presente discussão diz respeito ao direito de remuneração decorrente de propriedade intelectual referente à invenção, previsto no § 2º do art. 91 da Lei 9.279/96 (Lei de Propriedade Industrial), em que a Reclamada, utilizando equipamento criado pelos Reclamantes, obteve benefícios em razão de significativo aumento de produtividade.

A invenção de empresa ou de estabelecimento, disposta no art. 91 da Lei 9.279/96, não decorre da atividade contratada ou da natureza do cargo, mas da contribuição pessoal do empregado ou grupo de empregados, que utiliza recursos, dados, meios, materiais, instalações ou equipamentos do empregador.

Nesse caso, o empregador possui o direito exclusivo de licença de exploração, embora a propriedade do invento seja comum, em partes iguais, cabendo, no entanto, ao empregador a obrigação de pagar ao empregado inventor uma compensação (justa remuneração, nos termos do § 2º do referido dispositivo), exceto expressa disposição contratual em contrário.

Sendo mais de um empregado, a parte que lhes couber será dividida igualmente entre todos, ressalvado ajuste em contrário.

No caso dos autos, o equipamento desenvolvido pelos Reclamantes cuida-se de ato inventivo e resultou em melhoria funcional traduzida em maior produtividade para a Reclamada, que já utiliza o referido equipamento, de maneira que os empregados fazem jus à justa remuneração, registrando-se, ainda, que a inovação não resultou da natureza do serviço para o qual os Reclamantes foram contratados, mas de contribuição pessoal destes com o concurso de recursos, dados, meios, matérias, instalações e equipamentos da Reclamada.

Neste contexto, trata-se da modalidade invenção de empresa, tendo os empregados, portanto, direito ao recebimento de uma "justa remuneração", com fundamento no art. 91, § 2º, da Lei 9.279/96, porquanto o invento não foi objeto de prévia contratação, sendo ele extracontratual, e que a empresa obteve vantagem financeira em face da utilização do invento.

Nesse sentido:

"(...) DIREITO DE PROPRIEDADE. REMUNERAÇÃO DECORRENTE DA UTILIZAÇÃO DE INVENTO CRIADO POR TRABALHADOR NO CURSO DO CONTRATO DE TRABALHO. ART. 91, § 2º, DA LEI Nº 9.279/96. A presente discussão diz respeito ao direito de remuneração decorrente de propriedade intelectual referente à invenção, previsto no § 2º do art. 91 da Lei nº 9.279/96 (Lei de Propriedade Industrial), em que a Vale S.A., utilizando equipamento criado pelos reclamantes, obteve benefícios em razão de significativo aumento de produtividade. A invenção de empresa ou de estabelecimento, disposta no art. 91 da Lei nº 9.279/96, não decorre da atividade contratada ou da natureza do cargo, mas da contribuição pessoal do empregado ou grupo de empregados, que utiliza recursos, dados, meios, materiais, instalações ou equipamentos do empregador. Nesse caso, o empregador possui o direito exclusivo de licença de exploração, embora a propriedade do invento seja comum, em partes iguais, cabendo, no entanto, ao empregador a obrigação de pagar ao empregado inventor uma compensação (justa remuneração, nos termos do § 2º do referido dispositivo), exceto expressa disposição contratual em contrário. Sendo mais de

um empregado, a parte que lhes couber será dividida igualmente entre todos, ressalvado ajuste em contrário. No caso dos autos, o e. TRT concluiu que o equipamento desenvolvido pelos reclamantes cuida-se de ato inventivo e resultou em melhoria funcional traduzida em maior produtividade para a reclamada, que já utiliza o referido equipamento, de maneira que os empregados fazem jus à justa remuneração, registrando-se, ainda, que 'a inovação não resultou da natureza do serviço para o qual os reclamantes foram contratados, mas de contribuição pessoal destes com o concurso de recursos, dados, meios, matérias, instalações e equipamentos da reclamada'. Nesse contexto, em face do quadro fático delineado no acórdão recorrido, estamos a tratar da modalidade invenção de empresa, tendo os empregados, portanto, direito ao recebimento de uma 'justa remu-neração', com fundamento no art. 91, § 2.º, da Lei 9.279/96, porquanto o invento não foi objeto de prévia contratação, sendo ele extracontratual, e que a empresa obteve vantagem financeira em face da utilização do invento. Julgados. Não se vislumbra violação do § 2º do art. 91, § 2º, da Lei nº 9.279/96, mas, ao revés, a sua observância. Agravo não provido (...)." (TST – 5ª T. – Ag-AIRR 495-51.2014.5.17.0003 – Rel. Min. Breno Medeiros – *DEJT* 26-6-2020.)

"AGRAVO DE INSTRUMENTO. RECURSO DE REVISTA. 1. NULIDADE DO ACÓRDÃO RECORRIDO POR NEGATIVA DE PRESTAÇÃO JURISDICIONAL (...). 4. MODELO DE UTILIDADE. INDENIZAÇÃO. Se a lei assegura 'justa remuneração', não há óbice que se conclua que determinado percentual do resultado econômico obtido com o invento sirva de parâmetro para o cálculo dessa indenização, para retribuição da criação de modelo de utilidade, fruto da capacidade laborativa do empregado, explorado lucrativamente pelo empregador. A fixação nesses padrões mostra-se razoável, tendo em vista que faltam parâmetros objetivos, na lei, para atribuir-se 'justa remuneração' ao inventor de modelos de utilidade. Diante desse contexto, não se vislumbra a possibilidade de afronta literal ao art. 91, § 2º, da Lei nº 9.279/96, na forma preconizada na alínea 'c' do art. 896 da CLT (...)." (TST – 8ª T. – AIRR 148140-98.2005.5.17.0002 – Rel. Min. Dora Maria da Costa – *DEJT* 28-10-2011.)

PEDIDO:

A fixação de indenização anual no importe de R$ [*], valor correspondente a [*]% do pro-veito econômico obtido pela Reclamada com o equipamento, a ser dividido em partes em favor dos Reclamantes.

3.125. DISPENSA DISCRIMINATÓRIA E O RETORNO APÓS O AFASTAMENTO PREVIDENCIÁRIO

CAUSA DE PEDIR:

O Reclamante sofreu acidente, permanecendo afastado do trabalho no período de [indicar o período]. A sua dispensa imotivada e de forma discriminatória ocorreu em [indicar a data], apenas poucos dias após a cessação do benefício previdenciário.

Maurício Godinho Delgado conceitua discriminação como *"(...) conduta pela qual se nega à pessoa tratamento compatível com o padrão jurídico assentado para a situação concreta por ela vivenciada (...)"* (Proteções contra discriminação na relação de emprego. In: Viana Márcio Tulio; Renault, Luiz Otávio Linhares (Coord.). *Discriminação*. São Paulo: LTr, 2000. p. 21).

A Lei Maior veda práticas discriminatórias arbitrárias, que objetivam prejudicar determinado indivíduo que se encontra em igual posição entre seus pares.

Trata-se do princípio da isonomia, em sentido amplo, em aplicação da eficácia horizontal dos direitos fundamentais.

De fato, os direitos fundamentais servem para regular relações entre Estado-cidadão (nisso consiste a eficácia vertical dos direitos fundamentais) e também para regular relações entre cidadãos (aqui reside a eficácia horizontal dos direitos fundamentais, eficácia nas relações privadas).

A doutrina de Carlos Henrique Bezerra Leite indica:

"(...) A eficácia horizontal dos direitos fundamentais, também chamada de eficácia dos direito fundamentais entre terceiros ou de eficácia dos direitos fundamentais nas relações privadas, decorre do reconhecimento de que as desigualdades estruturantes não se situam apenas na relação entre o Estado e os particulares, como também entre os próprios particulares, o que passa a empolgar um novo pensar dos estudiosos da ciência jurídica a respeito da aplicabilidade dos direitos fundamentais no âmbito das relações entre os particulares.

(...) No âmbito das relações de trabalho, especificamente nos sítios da relação empregatícia, parece-nos não haver dúvida a respeito da importância do estudo da eficácia horizontal dos direitos fundamentais, mormente em razão do poder empregatício (disciplinar, diretivo e regulamentar) reconhecido ao empregador (CLT, art. 2º), o qual por força dessa relação assimétrica, passa a ter deveres fundamentais em relação aos seus empregados (...)" (Eficácia horizontal dos direitos fundamentais na relação de emprego. *Revista Justiça do Trabalho*, ano 28, nº 329, HS Editora, p. 10-14).

Desse modo, perfeitamente possível a incidência do princípio da isonomia e seus corolários também nas relações interpessoais.

Por sua vez, em diplomas internacionais, temos a Convenção 111 da OIT, que, em seu art. 1º, *b*, conceitua discriminação como *"(...) qualquer outra distinção, exclusão ou preferência que tenha por efeito destruir ou alterar a igualdade de oportunidades ou tratamento em matéria de emprego ou profissão que poderá ser especificada pelo Membro interessado depois de consultadas as organizações representativas de empregadores e trabalhadores, quando estas existam, e outros organismos adequados (...)".*

Convém ressaltar que referida Convenção ingressou no ordenamento pátrio por meio do Decreto Legislativo 104, de 24-11-1964, que a aprovou, sendo que o Decreto 61.150, de 19-1-1968,

Cap. 3 • MODELOS DE CAUSA DE PEDIR E PEDIDOS | 407

a promulgou, devendo ser observada nas situações a que alude. O Decreto 61.650 foi revogado pelo Decreto 10.088/19, o qual consolida as convenções e as recomendações da OIT. Nesse mesmo sentido está a Convenção 117 da OIT.

Importa relevar que, além desse diploma, existem outras normas jurídicas e posicionamento jurisprudenciais relevantes, dependendo do caso concreto, pois, como cediço, a forma de discriminação pode ser bastante ampla.

A par de cada norma dedicada à específica forma de discriminação, como regra geral infraconstitucional há o art. 1º da Lei 9.029/95, que preceitua:

"Fica proibida a adoção de qualquer prática discriminatória e limitativa para efeito de acesso à relação de emprego, ou sua manutenção, por motivo de sexo, origem, raça, cor, estado civil, situação familiar, deficiência, reabilitação profissional, idade, entre outros, ressalvadas, nesse caso, as hipóteses de proteção à criança e ao adolescente previstas no inciso XXXIII do art. 7º da Constituição Federal".

O art. 1º da Lei 9.029/95 tem um rol de hipóteses de discriminação meramente exemplificativo.

Toda forma de discriminação que não decorra de ação afirmativa deve ser evitada, por imposição do princípio da isonomia, em eficácia horizontal.

Não seria crível que o legislador somente considerasse como reprovável a discriminação pelas formas indicadas no dispositivo normativo em estudo.

O art. 8º da CLT autoriza expressamente o uso da analogia. Não se trata, *in casu*, de espécie de analogia *in malam partem* para condenação da Reclamada, mas forma de realização de Justiça social e obediência à Constituição cidadã.

Por fim, em que pese a redação legal, todo o arcabouço normativo, assim como o contexto histórico-jurídico, de valorização dos direitos fundamentais e do superprincípio da dignidade da pessoa humana, dar interpretação diversa ao art. 1º da Lei 9.029/95 acarretaria evidente retrocesso social, o que não é aceitável.

Acerca da dignidade humana, Ingo Wolfgang Sarlet ensina:

"Constitui pressuposto essencial para o respeito da dignidade da pessoa humana a garantia da isonomia de todos os seres humanos, que não podem ser submetidos a tratamento discriminatório e arbitrário, razão pela qual são intoleráveis a escravidão, a discriminação racial, perseguição em virtude de motivos religiosos, etc. Também a garantia da identidade (no sentido de autonomia e integridade psíquica e intelectual) pessoal do indivíduo constitui uma das principais expresses do princípio da dignidade da pessoa humana, concretizando-se, dentre outros aspectos, na liberdade de consciência, de pensamento, de culto, na proteção da intimidade, da honra, da esfera privada, enfim, de tudo que esteja associado ao livre desenvolvimento de sua personalidade, bem como ao direito de autodeterminação sobre assuntos que dizem respeito à sua esfera particular, assim como à garantia de um espaço privativo no âmbito do qual o indivíduo se encontra resguardado contra ingerências na sua esfera pessoal. Na medida em que o exercício do poder constitui permanente ameaça para a dignidade da pessoa humana, há quem considere a limitação do poder como uma exigência diretamente decorrente desta, acarretando, dentre outras, consequências, a necessidade de se tolerarem ingerências na esfera pessoal apenas com base na lei e desde que resguardado o princípio da proporcionalidade.

O que se percebe, em última análise, é que onde não houver respeito pela vida e pela integridade física do ser humano, onde as condições mínimas para uma existência digna não forem asseguradas, onde a intimidade e identidade do indivíduo forem objeto de ingerências indevidas, onde sua igualdade relativamente aos demais não for garantida, bem como onde não houver limitação do poder, não haverá espaço para a dignidade da pessoa humana, e esta não passará de mero objeto de arbítrio e injustiças. A concepção do homem-objeto, como visto, constitui justamente a antítese da noção da dignidade da pessoa humana" (*Eficácia dos direitos fundamentais*. São Paulo: Livraria do Advogado, 2001, p. 110-111).

Por sua vez, no que se refere à ação discriminatória contra pessoa que retorna ao trabalho após sofrer acidente e tem por imediata a sua demissão, observem-se os julgados a seguir transcritos:

"Recurso ordinário em mandado de segurança. Antecipação de tutela. Reintegração ao emprego. Trabalhadora dispensada logo após retorno de afastamento previdenciário. Tratamento discriminatório/exercício abusivo do direito. Inexistência de direito líquido e certo à cassação da decisão antecipatória. 1. Mandado de segurança impetrado contra decisão interlocutória de antecipação dos efeitos da tutela, na qual determinada a reintegração de empregada dispensada, sem justa causa, poucos dias após retornar de licença para tratamento de saúde. 2. O ato tido como coator foi exarado com fundamento na possível conduta discriminatória da Impetrante, que rompeu o vínculo empregatício tão logo a trabalhadora recebeu alta do INSS, após recuperação de suposto acidente sofrido nas dependências da empresa, conforme alegação deduzida e documentos juntados aos autos da reclamação trabalhista. Tal como colocada e decidida a questão no Juízo de primeiro grau, a reintegração da trabalhadora foi determinada com base no juízo de ponderação que se seguiu à análise do caráter discri-minatório ou abusivo do ato de dispensa. Foi nessa perspectiva que a autoridade dita coatora vislumbrou a necessidade de manutenção do emprego e do plano de saúde, no momento delicado de restabelecimento físico da trabalhadora e de recuperação de sua capacidade laboral. Assim, nesse momento inicial do conflito travado no processo originário, não parece que a inexistência de prova cabal da ocorrência de acidente de trabalho, da presença de sequela e da conduta patronal discriminatória na ruptura contatual constituam obstáculos à reintegração deferida em cognição ainda superficial pela autoridade judicial de primeira instância. Não prospera a alegação de ofensa ao art. 118 da Lei 8.213/91 e de contrariedade à Súmula 396/TST, pois, embora conste realmente da petição inicial da reclamação trabalhista referência à estabilidade acidentária, o pleito de reintegração parece estar assentado também em outros fundamentos (art. 6º da Constituição Federal, bem como arts. 421 e 422 do CCB). Ademais, não parece correto cogitar da irreversibilidade do pedido, afinal, não obstante tenha a Impetrante que suportar as despesas com o pagamento dos salários até o julgamento final da causa, é certo que se beneficiará da prestação de serviços da litisconsorte passiva durante o período. É importante registrar que a ruptura do vínculo de emprego traduz, efetivamente, dano de difícil reparação para a trabalhadora, na medida em que o prejuízo financeiro sofrido renova-se e é agravado mês a mês, atingindo a subsistência da litisconsorte e de sua família. À luz do art. 5º, XXXV, da CF, e a partir da razoabilidade do direito material afirmado na reclamação trabalhista, a efetividade da prestação jurisdicional que visa à proteção da relação de emprego deve prevalecer frente aos interesses meramente patrimoniais da Impetrante. Neste âmbito excepcional de cognição, presentes os requisitos autorizadores do deferimento da tutela anteci-patória (art. 273 do CPC/73), deve ser denegada a segurança, em razão da inexistência do direito líquido e certo sustentado pela Impetrante. Recurso ordinário conhecido e não provido" (TST – SDI-II – RO 5588-92.2013.5.15.0000 – Rel. Min. Douglas Alencar Rodrigues – *DEJT* 28-8-2015).

Tendo em vista os argumentos supra, não há como aceitar a dispensa imediata do trabalhador após o retorno de benefício previdenciário, por se caracterizar dispensa discriminatória.

Dessa forma, havendo a dispensa por ato discriminatório, impõe-se a declaração de sua nulidade.

Portanto, o Autor requer a nulidade da sua dispensa por justa causa e o reconhecimento da sua dispensa discriminatória, com a sua consequente reintegração ao emprego, na forma da Lei 9.029/95, com o pagamento dos salários em parcelas vencidas e vincendas, com os reajustes legais e normativos pertinentes à sua categoria profissional, mais os reflexos desse período em férias + 1/3, 13º salário e depósitos fundiários (a serem depositados na sua conta vinculada).

Se não for possível a reintegração, que os seus direitos sejam convertidos em pecúnia, com o pagamento dos salários de todo o período, acrescidos dos reajustes legais e normativos pertinentes à sua categoria profissional, com reflexos desse período em férias + 1/3, abono de férias, 13º salário e depósitos fundiários + 40%, além do pagamento das verbas rescisórias pertinentes à dispensa sem justa causa: aviso-prévio, férias + 1/3, 13º salário, FGTS código 01 + 40% e liberação de guias de seguro--desemprego e/ou indenização equivalente.

PEDIDO:

(a) declaração de nulidade da dispensa por justa causa e o reconhecimento da sua dispensa discriminatória, com a consequente reintegração do Autor ao emprego, na forma da Lei 9.029/95, com o pagamento dos salários em parcelas vencidas e vincendas, com os reajustes legais e normativos pertinentes à sua categoria profissional, mais os reflexos desse período em férias + 1/3, 13º salário e depósitos fundiários (a serem depositados na sua conta vinculada), nos termos da fundamentação;

(b) em caráter sucessivo, se não for possível a reintegração, que os direitos do Reclamante sejam convertidos em pecúnia, com o pagamento dos salários de todo o período, acrescidos dos reajustes legais e normativos pertinentes à sua categoria profissional, com reflexos desse período em férias + 1/3, abono de férias, 13º salário e depósitos fundiários + 40%, além do pagamento das verbas rescisórias pertinentes à dispensa sem justa causa: aviso-prévio, férias + 1/3, 13º salário, FGTS código 01 (acrescido da multa rescisória de 40%) e liberação de guias de seguro-desemprego e/ou indenização equivalente.

3.126. DISPENSA DISCRIMINATÓRIA
PELO EXERCÍCIO DO DIREITO DE AÇÃO. NULIDADE

CAUSA DE PEDIR:

O Reclamante foi admitido como empregado em [indicar a data], na função de [indicar], permanecendo nos quadros da Reclamada até [indicar a data], quando foi dispensado por justa causa, com a qual não concorda, pelos motivos que serão expostos em item próprio.

A Reclamada sempre cometeu equívocos no pagamento das verbas trabalhistas do Autor, que, cansado de solicitar a correção dos pagamentos sem sucesso, passou a exercer o direito constitucional de acesso ao Judiciário, em que, na data de [indicar a data], distribuiu reclamatória trabalhista em face da Reclamada a fim de pleitear [relatar o objeto da ação anterior distribuída em face da Reclamada].

Após o ajuizamento da ação em [data, processo, da vara], o Reclamante passou a sofrer discriminação/assédio moral por parte da Reclamada, pois foi chamado pelo supervisor, Sr. [indicar nome], na data de [indicar], sob a alegação de que *"o empregado colocou a empresa na justiça"* e, diante disso, *"teria que aguardar a audiência designada naquele processo em casa, sem trabalhar mais"*.

E, após tal data, o Reclamante foi impedido de trabalhar pela Reclamada.

Ressalta-se que o Reclamante indagou várias vezes o supervisor [indicar nome] sobre como ficaria sua situação, pois nenhum documento lhe foi fornecido e o Autor sabia que poderia ser acusado de desídia por faltas injustificadas ou mesmo ser acusado de abandono de emprego, por pura má-fé da Reclamada, que lhe retirou, arbitrariamente, do posto de trabalho e impediu o Reclamante de continuar trabalhando, sem documentar, contudo, tal determinação, já com a intenção ardilosa de prejudicar o trabalhador, simplesmente porque o Reclamante exerceu o direito de reclamar seus direitos em Juízo.

Dias depois, em [indicar a data], o Autor recebeu o telefonema do advogado da Ré, que se limitou a dizer que o Reclamante havia sido *"dispensado por justa causa"*, sem fornecer qualquer documento comprobatório de suas alegações.

Patentes a má-fé e a arbitrariedade da ilegal dispensa por justa causa do Reclamante.

Houve a dispensa do Reclamante por justa causa sem qualquer embasamento legal e por motivos inverídicos e não provados, restando evidente a retaliação ilegal da ré em virtude do ajuizamento de ação por parte do Reclamante. De fato e de direito, a dispensa do Autor é ilegal e discriminatória.

Como se não bastasse a dispensa logo após o ajuizamento de reclamatória trabalhista, o Reclamante ainda foi acusado do cometimento de supostas faltas graves que sequer cometeu!

A dispensa constitui sério desrespeito ao direito constitucional do Autor de acesso ao Judiciário e não deve ser tratada como mera medida administrativa e disciplinar da Reclamada.

Ainda que a dispensa tivesse sido imotivada, a norma legal que autoriza a dispensa por parte do empregador, sem a necessidade de uma justificativa, deve ser analisada e aplicada de forma a acompanhar a evolução social, na medida em que o direito há de ser exercido dentro dos parâmetros da razoabilidade, sob pena de configuração de abuso de direito, na medida em que o exercício de qualquer direito há de respeitar os limites impostos pelo seu fim econômico ou social, pela boa-fé ou pelos bons costumes (art. 187, CC).

A dispensa por justa causa do Reclamante é discriminatória por ser um ato característico de abuso de direito perpetrado pela Reclamada.

Cap. 3 • MODELOS DE CAUSA DE PEDIR E PEDIDOS | 411

De fato, a Constituição em vigor tem como fundamentos, dentre outros, a dignidade da pessoa humana e os valores sociais do trabalho e da livre iniciativa (art. 1°, III e IV), além do que constitui objetivo fundamental promover o bem de todos, sem preconceitos de origem, raça, sexo, cor, idade e quaisquer outras formas de discriminação (art. 3°, IV), em que todos são iguais perante a lei, sem distinção de qualquer natureza, garantindo-se aos brasileiros e aos estrangeiros residentes no País a inviolabilidade do direito à vida, à liberdade, à igualdade, à segurança e à propriedade, sendo punida qualquer discriminação atentatória dos direitos e liberdades fundamentais (art. 5°, *caput* e inc. XLI).

A Lei 9.029 protege todos os empregados, sem distinção, de práticas discriminatórias limitativas do acesso à relação de emprego, ou à sua manutenção. Referido texto legal deve ser interpretado no contexto protetivo ao hipossuficiente, princípio que dá suporte e é a própria razão do Direito do Trabalho.

Maurício Godinho Delgado conceitua discriminação como *"(...) conduta pela qual se nega à pessoa tratamento compatível com o padrão jurídico assentado para a situação concreta por ela vivenciada (...)"* (*Proteções contra discriminação na relação de emprego*. In:Viana, Márcio Tulio; Renault, Luiz Otávio Linhares (Coord.). *Discriminação*. São Paulo: LTr, 2000, p. 21).

A Lei Maior veda práticas discriminatórias arbitrárias, que objetivam prejudicar determinado indivíduo que se encontra em igual posição entre seus pares.

Trata-se do princípio da isonomia, em sentido amplo, em aplicação da eficácia horizontal dos direitos fundamentais.

De fato, os direitos fundamentais servem para regular as relações entre Estado–cidadão (nisso consiste a eficácia vertical dos direitos fundamentais), além de regular também as relações entre cidadãos (aqui reside a eficácia horizontal dos direitos fundamentais, eficácia nas relações privadas).

A doutrina de Carlos Henrique Bezerra Leite indica:

> *"A eficácia horizontal dos direitos fundamentais, também chamada de eficácia dos direitos fundamentais entre terceiros ou de eficácia dos direitos fundamentais nas relações privadas, decorre do reconhecimento de as desigualdades estruturantes não se situar apenas na relação entre o Estado e os particulares, como também entre os próprios particulares, o que passa a empolgar um novo pensar dos estudiosos da ciência jurídica a respeito da aplicabilidade dos direitos fundamentais no âmbito das relações entre os particulares. (...)*
>
> *No âmbito das relações de trabalho, especificamente nos sítios da relação empregatícia, parece-nos não haver dúvida a respeito da importância do estudo da eficácia horizontal dos direitos fundamentais, mormente em razão do poder empregatício (disciplinar, diretivo e regulamentar) reconhecido ao empregador (CLT, art. 2°), o qual por força dessa relação assimétrica, passa a ter deveres fundamentais em relação aos seus empregados"* (Eficácia horizontal dos direitos fundamentais na relação de emprego. *Revista Justiça do Trabalho*, ano 28, n° 329, HS Editora, p. 10-14).

Desse modo, perfeitamente possível a incidência do princípio da isonomia e seus corolários também nas relações interpessoais.

Por sua vez, em diplomas internacionais, temos a Convenção 111 da OIT, que em seu art. 1°, conceitua discriminação como a *"(...) distinção, exclusão ou preferência fundada em raça, cor, sexo, religião, opinião política, ascendência nacional, origem social ou outra distinção, exclusão ou preferência especificada pelo Estado-membro interessado, qualquer que seja sua origem jurídica ou prática e que tenha por fim anular ou alterar a igualdade de oportunidades ou de tratamento no emprego ou profissão (...)"*.

Convém ressaltar que referida Convenção ingressou no ordenamento pátrio por meio do Decreto Legislativo 104, de 24-11-1964, que a aprovou, sendo que o Decreto 62.150, de 19-1-1968, a promulgou, devendo ser observada nas situações que alude. O Decreto 62.150 foi revogado pelo Decreto 10.088/19, o qual consolida as convenções e as recomendações da OIT.

Ao adotar a Convenção 111 da OIT, o Estado brasileiro se comprometeu perante a comunidade internacional a promover medidas adequadas à promoção da igualdade de oportunidade em matéria de emprego e profissão, com o objetivo de erradicar todas as formas de tratamento discriminatório nas relações de trabalho.

Também a Convenção 117 da OIT, sobre os objetivos e normas básicas da política social, ratificada pelo Brasil em 24-3-1969 e promulgada pelo Decreto 66.496/70 estabelece, no art. 14, que os Estados-membros devem construir uma política social que tenha por finalidade a supressão de todas as formas de discriminação, especialmente em matéria de legislação e contratos de trabalho e admissão a empregos públicos ou privados e condições de contratação e de trabalho. O Decreto 66.496 foi revogado pelo Decreto 10.088/19, o qual consolida as convenções e as recomendações da OIT.

Por sua vez, a Declaração da OIT sobre os Princípios e Direitos Fundamentais no Trabalho, de 1998, reconhece a necessidade de se respeitar, promover e aplicar um patamar mínimo de princípios e direitos nas relações de trabalho, que são fundamentais para os trabalhadores, novamente elevando o princípio da não discriminação em matéria de emprego ou ocupação.

Importante destacar que, além desses diplomas, existem outras normas jurídicas e posicionamentos jurisprudenciais relevantes, dependendo do caso concreto, pois, como cediço, a forma de discriminação pode ser bastante ampla.

A par de cada norma dedicada à específica forma de discriminação, como regra geral infraconstitucional há o art. 1º da Lei 9.029, que preceitua:

"Fica proibida a adoção de qualquer prática discriminatória e limitativa para efeito de acesso à relação de emprego, ou sua manutenção, por motivo de sexo, origem, raça, cor, estado civil, situação familiar, deficiência, reabilitação profissional, idade, entre outros, ressalvadas, nesse caso, as hipóteses de proteção à criança e ao adolescente previstas no inciso XXXIII do art. 7º da Constituição Federal".

O art. 1º da Lei 9.029/95 tem um rol de hipóteses de discriminação meramente exemplificativo.

Toda forma de discriminação que não decorra de ação afirmativa, deve ser evitada, por imposição do princípio da isonomia, em eficácia horizontal.

Não seria crível que o legislador somente considerasse como reprovável a discriminação pelas formas indicadas no dispositivo normativo em estudo.

O art. 8º da CLT autoriza expressamente o uso da analogia. Não se trata, *in casu*, de espécie de analogia *in malam partem* para condenação da Reclamada, mas forma de realização de Justiça social e obediência à Constituição Cidadã.

Por fim, em que pese a redação legal, todo o arcabouço normativo, assim como o contexto histórico-jurídico, de valorização dos direitos fundamentais e do superprincípio da dignidade da pessoa humana, dar interpretação diversa ao art. 1º da Lei 9.029 acarretaria evidente retrocesso social, o que não é aceitável.

Além dos padrões tradicionais de discriminação, como os baseados em sexo, raça ou religião, vieram a se somar novas formas de discriminação, fruto das profundas transformações das relações sociais ocorridas nos últimos anos: discriminação contra grevistas, portadores de doenças tais como HIV, empregados que exercem seu direito de acesso ao Poder Judiciário (inclusive com a elaboração de listas "negras" e servindo como verdadeiro aviso aos empregados que ousem acionar a Justiça na busca de seus direitos no sentido de que serão punidos com o desemprego, no mínimo).

A dispensa do empregado é, sim, considerada direito potestativo do empregador. Isso quer dizer que, ressalvadas as hipóteses de estabilidade precária, tais como a gestacional, a decorrente do acidente de trabalho e a dos membros da comissão de prevenção de acidentes, impõe ao empregado sujeição à opção patronal, desde que pague as verbas previstas na lei.

Cap. 3 • MODELOS DE CAUSA DE PEDIR E PEDIDOS | 413

Contudo, o exercício do direito potestativo do empregador possui limites, não só em função do princípio da função social da propriedade, presente no art. 170, III, da CF, como também da dignidade da pessoa humana e dos valores sociais do trabalho, verdadeiros pilares da República Federativa do Brasil, consoante os incisos III e IV do art. 1º da CF, incompatíveis com a despedida discriminatória ou abusiva.

Nos presentes autos, é evidente a dispensa discriminatória, ofensiva de todos os mecanismos de tutela anteriormente examinados.

Assim, demonstrado o objetivo retaliativo e discriminatório da extinção unilateral do contrato de trabalho, deve ser reconhecida a abusividade da dispensa.

O abuso de direito verificado, mediante a dispensa como meio de punição ao trabalhador que promoveu ação trabalhista e não anuiu com a sua desistência, representa violação ao direito constitucional de livre acesso ao Poder Judiciário, ultrapassando qualquer limite do poder potestativo do empregador, eis que, além de negar o acesso ao Poder Judiciário e os direitos trabalhistas, também afrontou fundamentos do Estado Democrático de Direito (cidadania, dignidade da pessoa humana e valores sociais do trabalho), objetivos fundamentais da República Federativa do Brasil.

Por sua vez, o fato de o Reclamante não gozar de estabilidade ou garantia de emprego, não obsta que a rescisão seja declarada nula e consequentemente seja determinada a sua reintegração. O relevante é que o ato da dispensa ocorreu de forma discriminatória, violando preceitos constitucionais, infraconstitucionais e normas internacionais de Direito do Trabalho, que à luz do art. 9º da CLT, serão nulos de pleno Direito.

A jurisprudência indica:

"(A) AGRAVO DE INSTRUMENTO EM RECURSO DE REVISTA. PROCEDIMENTO SUMARÍSSIMO. 1. INDENIZAÇÃO POR DANOS MORAIS. DISPENSA DISCRIMINA-TÓRIA. AJUIZAMENTO DE RECLAMAÇÃO TRABALHISTA. O Regional manteve a condenação ao pagamento de indenização por dano moral ao fundamento de que restou provado que a dispensa do reclamante se deu como retaliação pelo exercício do direito de ação. Concluiu que ficou clara a ocorrência de ato abusivo por parte da empregadora, restando caracterizados os requisitos configuradores da responsabilidade civil. Em casos semelhantes aos dos autos, este Tribunal Superior tem entendido que a dispensa de empregado como forma de retaliação ao exercício regular de um direito configura abuso do direito potestativo do empregador, sendo devida indenização pelos danos morais causados. Logo, ileso o art. 7º, XXVIII, da CF. Agravo de instrumento conhecido e não provido. 2. DANOS MORAIS. VALOR DA INDENIZAÇÃO. Em face de possível violação do art. 5º, V, da CF, dá-se provimento ao agravo de instrumento para determinar o processamento do recurso de revista. Agravo de instrumento conhecido e provido. (B) RECURSO DE REVISTA. DANO MORAL. VALOR DA INDENIZAÇÃO. Tendo em vista o que determina o artigo 5º, V, da Constituição Federal, a fixação do valor da indenização por danos morais deve pautar-se por critérios de proporcionalidade e de razoabilidade. No presente caso, a indenização arbitrada revela-se excessiva em face da circunstância que ensejou a condenação, qual seja a despedida discriminatória decorrente de ajuizamento de reclamação trabalhista. Recurso de revista conhecido e provido." (TST – 8ª T. – ARR 2295-98.2017.5.07.0032 – Rel. Min. Dora Maria da Costa – *DEJT* 27-4-2020)

"I – AGRAVO DE INSTRUMENTO DA RECLAMADA. RECURSO DE REVISTA INTERPOSTO SOB A ÉGIDE DA LEI Nº 13.015/14 – DESCABIMENTO. DANO MORAL. CARACTERIZAÇÃO. DISPENSA RETALIATIVA. INDENIZAÇÃO. VALOR. CRITÉRIOS PARA ARBITRAMENTO. AUSÊNCIA DE INDICAÇÃO DOS TRECHOS DA DECISÃO RECORRIDA QUE CONSUBSTANCIAM O PREQUESTIONAMENTO DA CONTROVÉRSIA. Diante da redação do inciso I do § 1º-A do art. 896 da CLT, conferida pela

Lei n° 13.015/14, não se conhece do recurso de revista quando a parte não indicar o trecho da decisão recorrida que consubstancia o prequestionamento da controvérsia objeto do apelo. Agravo de instrumento conhecido e desprovido. II – RECURSO DE REVISTA DO RECLAMANTE INTERPOSTO SOB A ÉGIDE DA LEI N° 13.015/14. 1. DISPENSA RETALIATIVA. CARACTERIZAÇÃO. PRÁTICA DISCRIMINATÓRIA - LEI N° 9.029/95. NULIDADE. PRINCÍPIO DA ISONOMIA. OFENSA À DIGNIDADE DA PESSOA HUMANA. VIOLAÇÃO DE INTIMIDADE, VIDA PRIVADA E HONRA – CONSTITUIÇÃO FEDERAL, ARTS. 1°, III, E 5°, X. 1.1. A Constituição Federal fixa 'a dignidade da pessoa humana' como fundamento da República (art. 1°, inciso III), ao mesmo tempo em que proclama a igualdade jurídica (art. 5°, caput) e diz 'invioláveis a intimidade, a vida privada, a honra e a imagem das pessoas, assegurado o direito à indenização pelo dano material ou moral decorrente de sua violação' (art. 5°, X). Trazendo a relação de emprego a tal ambiente, a Lei n° 9.029, de 13 de abril de 1995, veda 'a adoção de qualquer prática discriminatória e limitativa para efeito de acesso a relação de emprego, ou sua manutenção, por motivo de sexo, origem, raça, cor, estado civil, situação familiar ou idade, ressalvadas, nestes casos, as hipóteses de proteção ao menor previstas no inciso XXXIII do art. 7° da Constituição Federal' (art. 1°). Embora o preceito não alcance, em sua enumeração, a situação em foco, pode-se entrever, no seu claro intuito, a efetividade dos princípios e garantias constitucionais que protegem contra a discriminação e valorizam a intimidade, vida privada e honra dos trabalhadores, assim autorizada a sua evocação, mesmo que a título de analogia (CLT, art. 8°). A relação de emprego em exame não alcança padrão suficiente a reclamar tratamento diferenciado àqueles que a postulam, escapando de possíveis casos em que tal se justifique, dentro de padrões de razoabilidade. 1.2. No caso em apreço, constatou-se que o autor foi dispensado pouco tempo depois de ter ajuizado ação judicial contra a empregadora. Assim, apesar de a Lei n° 9.029/95 ser taxativa quanto à prática discriminatória decorrer por motivo de sexo, origem, raça, cor, estado civil, situação familiar ou idade (conforme expresso no seu art. 1°), utiliza-se a interpretação analógica nos casos de dispensa por ajuizamento de reclamação trabalhista, tendo em vista a violação do direito constitucional de ação, previsto no art. 5°, XXXV, da CF/88. A atitude ainda erige ato discriminatório, assim reunindo as condições necessárias para se declarar a nulidade da dispensa. Recurso de revista conhecido e provido. 2. DANO MORAL. INDENIZAÇÃO. VALOR. CRITÉRIOS PARA ARBITRAMENTO. AUSÊNCIA DE INDICAÇÃO DOS TRECHOS DA DECISÃO RECORRIDA QUE CONSUBSTANCIAM O PREQUESTIONAMENTO DA CONTROVÉRSIA. Diante da redação do inciso I do § 1°-A do art. 896 da CLT, conferida pela Lei n° 13.015/14, não se conhece do recurso de revista quando a parte não indicar o trecho da decisão recorrida que consubstancia o prequestionamento da controvérsia objeto do apelo. Recurso de revista não conhecido." (TST – 3ª T. – ARR 11240-03.2014.5.03.0061 – Rel. Min. Alberto Luiz Bresciani de Fontan Pereira – DEJT 13-5-2016.)

Dessa forma, havendo a dispensa por ato discriminatório, impõe-se a declaração de sua nulidade.

Portanto, o Autor requer a nulidade da sua dispensa por justa causa e o reconhecimento da sua dispensa discriminatória, com a sua consequente reintegração ao emprego, na forma da Lei 9.029/95, com o pagamento dos salários em parcelas vencidas e vincendas, com os reajustes legais e normativos pertinentes à sua categoria profissional, mais os reflexos desse período em férias + 1/3, 13° salário e depósitos fundiários (a serem depositados na sua conta vinculada).

Se não for possível a reintegração, que os seus direitos sejam convertidos em pecúnia, com o pagamento dos salários em todo o período, acrescidos dos reajustes legais e normativos pertinentes à sua categoria profissional, com reflexos desse período em férias + 1/3, abono de férias, 13° salário e depósitos fundiários + 40%, além do pagamento das verbas rescisórias pertinentes à dispensa sem justa causa: aviso-prévio, férias + 1/3, 13° salário, FGTS código 01 + 40% e liberação de guias de seguro-desemprego e/ou indenização equivalente.

Cap. 3 • MODELOS DE CAUSA DE PEDIR E PEDIDOS | 415

PEDIDO:

(a) declaração de nulidade da dispensa por justa causa e o reconhecimento da sua dispensa discriminatória, com a consequente reintegração do Autor ao emprego, na forma da Lei 9.029/95, com o pagamento dos salários em parcelas vencidas e vincendas, com os reajustes legais e normativos pertinentes à sua categoria profissional, mais os reflexos desse período em férias + 1/3, 13º salário e depósitos fundiários (a serem depositados na sua conta vinculada), nos termos da fundamentação;

(b) em caráter sucessivo, se não for possível a reintegração, que os direitos do Reclamante sejam convertidos em pecúnia, com o pagamento dos salários em todo o período, acrescidos dos reajustes legais e normativos pertinentes à sua categoria profissional, com reflexos desse período em férias + 1/3, abono de férias, 13º salário e depósitos fundiários + 40%, além do pagamento das verbas rescisórias pertinentes à dispensa sem justa causa: aviso-prévio, férias + 1/3, 13º salário, FGTS código 01 (acrescido da multa rescisória de 40%) e liberação de guias de seguro-desemprego e/ou indenização equivalente nos termos dos itens.

3.127. DISPENSA DISCRIMINATÓRIA
PARTICIPAÇÃO EM MOVIMENTO GREVISTA

CAUSA DE PEDIR:

O Reclamante, após a participação em movimento grevista, foi dispensado, sendo que isso também ocorreu com outros trabalhadores que participaram do movimento.

O aspecto central da demanda refere-se à suposta ilegalidade da ação discriminatória atribuída à Reclamada, bem como à possibilidade de aplicação extensiva do teor do art. 1º da Lei 9.029/95.

A Lei Maior veda práticas discriminatórias arbitrárias, que objetivam prejudicar determinado indivíduo que se encontra em igual posição entre seus pares.

Trata-se do princípio da isonomia, em sentido amplo, em aplicação da eficácia horizontal dos direitos fundamentais.

De fato, os direitos fundamentais servem para regular as relações entre Estado-cidadão (nisso consiste a eficácia vertical dos direitos fundamentais) e também para regular relações entre cidadãos (aqui reside a eficácia horizontal dos direitos fundamentais, eficácia nas relações privadas).

A doutrina de Carlos Henrique Bezerra Leite indica:

> *"(...) A eficácia horizontal dos direitos fundamentais, também chamada de eficácia dos direitos fundamentais entre terceiros ou de eficácia dos direitos fundamentais nas relações privadas, decorre do reconhecimento de as desigualdades estruturantes não se situar apenas na relação entre o Estado e os particulares, como também entre os próprios particulares, o que passa a empolgar um novo pensar dos estudiosos da ciência jurídica a respeito da aplicabilidade dos direitos fundamentais no âmbito das relações entre os particulares.*

> *(...) No âmbito das relações de trabalho, especificamente nos sítios da relação empregatícia, parece-nos não haver dúvida a respeito da importância do estudo da eficácia horizontal dos direitos fundamentais, mormente em razão do poder empregatício (disciplinar, diretivo e regulamentar) reconhecido ao empregador (CLT, art. 2º), o qual por força dessa relação assimétrica, passa a ter deveres fundamentais em relação aos seus empregados (...)"* (Eficácia horizontal dos direitos fundamentais na relação de emprego. Revista Justiça do Trabalho, ano 28, nº 329, HS Editora, p. 10-14).

Desse modo, perfeitamente possível a incidência do princípio da isonomia e seus corolários também nas relações interpessoais.

Por sua vez, em diplomas internacionais, temos a Convenção 111 da OIT que, em seu art. 1º, conceitua discriminação como a *"(...) distinção, exclusão ou preferência fundada em raça, cor, sexo, religião, opinião política, ascendência nacional, origem social ou outra distinção, exclusão ou preferência especificada pelo Estado-membro interessado, qualquer que seja sua origem jurídica ou prática e que tenha por fim anular ou alterar a igualdade de oportunidades ou de tratamento no emprego ou profissão (...)"*.

Convém ressaltar que referida Convenção ingressou no ordenamento pátrio por meio do Decreto Legislativo 104, de 24-11-1964, que a aprovou, sendo promulgada pelo Decreto 62.150, de 19-1-1968, devendo ser observada nas situações que alude. O Decreto 62.150 foi revogado pelo Decreto 10.088/2019, o qual consolida as convenções e as recomendações da OIT.

Ao adotar a Convenção 111 da OIT, o Estado brasileiro se comprometeu perante a comunidade internacional a promover medidas adequadas à promoção da igualdade de oportunidade em matéria de emprego e profissão, com o objetivo de erradicar todas as formas de tratamento discriminatório nas relações de trabalho.

Também a Convenção 117 da OIT, sobre os objetivos e normas básicas da política social, ratificada pelo Brasil em 24-3-1969 e promulgada pelo Decreto 66.496/70, estabelece, no art. 14, que os Estados-membros devem construir uma política social que tenha por finalidade a supressão de todas as formas de discriminação, especialmente em matéria de legislação e contratos de trabalho e admissão a empregos públicos ou privados e condições de contratação e de trabalho. O Decreto 66.496 foi revogado pelo Decreto 10.088/19, o qual consolida as convenções e as recomendações da OIT.

Por sua vez, a Declaração da OIT sobre os Princípios e Direitos Fundamentais no Trabalho, de 1998, reconhece a necessidade de se respeitar, promover e aplicar um patamar mínimo de princípios e direitos nas relações de trabalho, que são fundamentais para os trabalhadores, novamente elevando o princípio da não discriminação em matéria de emprego ou ocupação.

Importantes destacar que além desses diplomas, existem outras normas jurídicas e posicionamentos jurisprudenciais relevantes, dependendo do caso concreto, pois, como cediço, a forma de discriminação pode ser bastante ampla.

A par de cada norma dedicada à específica forma de discriminação, como regra geral infraconstitucional há o art. 1º da Lei 9.029/95, que preceitua:

"Fica proibida a adoção de qualquer prática discriminatória e limitativa para efeito de acesso à relação de emprego, ou sua manutenção, por motivo de sexo, origem, raça, cor, estado civil, situação familiar, deficiência, reabilitação profissional, idade, entre outros, ressalvadas, nesse caso, as hipóteses de proteção à criança e ao adolescente previstas no inciso XXXIII do art. 7º da Constituição Federal".

O art. 1º da Lei 9.029/95 tem um rol de hipóteses de discriminação meramente exemplificativo.

Toda forma de discriminação que não decorra de ação afirmativa deve ser evitada, por imposição do princípio da isonomia, em eficácia horizontal.

Não seria crível que o legislador somente considerasse como reprovável a discriminação pelas formas indicadas no dispositivo normativo em estudo.

O art. 8º da CLT autoriza expressamente o uso da analogia. Não se trata, *in casu*, de espécie de analogia *in malam partem* para condenação da Reclamada, mas forma de realização de Justiça social e obediência à Constituição cidadã.

Por fim, em que pese a redação legal, todo o arcabouço normativo, assim como o contexto histórico-jurídico, de valorização dos direitos fundamentais e do superprincípio da dignidade da pessoa humana, dar interpretação diversa ao art. 1º da Lei 9.029/95 acarretaria evidente retrocesso social, o que não é aceitável.

Além dos padrões tradicionais de discriminação, como os baseados em sexo, raça ou religião, vieram a se somar novas formas de discriminação, fruto das profundas transformações das relações sociais ocorridas nos últimos anos: discriminação contra grevistas, portadores de doenças tais como HIV, empregados que exercem seu direito de acesso ao Poder Judiciário (inclusive com a elaboração de listas "negras" e servindo como verdadeiro aviso aos empregados que ousem acionar a Justiça na busca de seus direitos no sentido de que serão punidos com o desemprego, no mínimo).

No que se refere à ação discriminatória contra participante de greve, há normativo específico, qual seja, o art. 1°, 1, da Convenção 98 da OIT, ingressada no ordenamento pelo Decreto Legislativo 49, de 27-8-1952, do Congresso Nacional, *in verbis*:

> *"Art. 1 — 1. Os trabalhadores deverão gozar de proteção adequada contra quaisquer atos atentatórios à liberdade sindical em matéria de emprego".*

Em decorrência da mencionada Convenção e de tudo o mais que fora anteriormente exposto, não há como permitir que a atuação em movimento grevista como único motivo demissionário prevaleça.

A liberdade sindical inclui, inexoravelmente, o direito à greve, até mesmo pelo fato de que, muitas vezes, é a única arma que trabalhador possui em busca de melhores condições de trabalho e/ou financeiras.

Portanto, a dispensa do trabalhador como punição, à revelia da Convenção 98 da OIT, não pode prosperar, devendo ser, de plano, rechaçada.

Demonstrado o objetivo retaliativo e discriminatório da extinção unilateral do contrato de trabalho, deve ser reconhecida a abusividade da dispensa.

O abuso de direito verificado, mediante a dispensa como meio de punição ao trabalhador que participou de greve, ultrapassa qualquer limite do poder potestativo do empregador, eis que afrontou fundamentos do Estado Democrático de Direito (cidadania, dignidade da pessoa humana e valores sociais do trabalho), objetivos fundamentais da República Federativa do Brasil.

O fato de o Reclamante não gozar de estabilidade ou garantia de emprego não obsta que a rescisão seja declarada nula e consequentemente seja determinada a sua reintegração. O relevante é que o ato da dispensa ocorreu de forma discriminatória, violando preceitos constitucionais, infraconstitucionais e normas internacionais de Direito do Trabalho, e que, à luz do art. 9° da CLT, serão nulos de pleno Direito.

Dessa forma, havendo a dispensa por ato discriminatório, impõe-se a declaração de sua nulidade.

A jurisprudência indica:

> *"A) Agravo de instrumento em recurso de revista. Indenização por danos morais. Dispensa discriminatória. Valor arbitrado. Constatada a aparente violação do artigo 5°, V, da Constituição Federal, impõe-se prover o agravo de instrumento para determinar o processamento do recurso de revista. Agravo de instrumento conhecido e provido. B) Recurso de revista. 1. Indenização por danos morais. Dispensa discriminatória. O Tribunal Regional, ao concluir que a dispensa do reclamante foi discriminatória, pautou-se não só por elementos de prova dos autos, mas também pelas regras de distribuição do ônus da prova. Com efeito, segundo expressamente registrou a Corte de origem 'Há diversos elementos nos autos que apontam para a existência efetiva de discriminação na dispensa dos empregados que participaram da paralisação, destacando-se o depoimento da testemunha do autor'. Ressaltou, por outro lado, que 'a reclamada não se desincumbiu do ônus que atraiu de provar que houve queda nas vendas e que fora esse o motivo da demissão do autor e de outros empregados, o que poderia ter, facilmente, feito'. Logo, não há como divisar violação direta e literal dos artigos 5°, V e X, da CF, 187 e 927 do CC, 818 da CLT, e 333, I, do CPC/73. Divergência jurisprudencial inespecífica. Recurso de revista não conhecido. 2. Indenização por danos morais. Dispensa discriminatória. Valor arbitrado. A indenização fixada deve possuir escopo pedagógico para desestimular a conduta ilícita, além de proporcionar uma compensação aos ofendidos pelo sofrimento e pela lesão ocasionada. Sua fixação, contudo, deve levar em conta o equilíbrio entre os danos e o ressarcimento. No presente caso, a indenização arbitrada no valor de R$ 50.000,00 revela-se excessiva em face da circunstância que ensejou a condenação. Impõe-se, portanto, a redução do valor arbitrado para R$ 10.000,00 (dez mil reais). Recurso de revista conhecido e provido"* (TST — 8ª T. — RR 1506-46.2014.5.08.0107 — Rel. Min. Dora Maria da Costa — DEJT 12-2-2016).

Tendo em vista os argumentos anteriores, não há como aceitar a dispensa imediata do trabalhador por participação no movimento grevista, por se caracterizar dispensa discriminatória.

Dessa forma, havendo a dispensa por ato discriminatório, impõe-se a declaração de sua nulidade.

Portanto, o Autor requer a nulidade da sua dispensa por justa causa e o reconhecimento da sua dispensa discriminatória, com a sua consequente reintegração ao emprego, na forma da Lei 9.029/95, com o pagamento dos salários em parcelas vencidas e vincendas, com os reajustes legais e normativos pertinentes à sua categoria profissional, mais os reflexos desse período em férias + 1/3, 13º salário e depósitos fundiários (a serem depositados na sua conta vinculada).

Se não for possível a reintegração, que os seus direitos sejam convertidos em pecúnia, com o pagamento dos salários em todo o período, acrescidos dos reajustes legais e normativos pertinentes à sua categoria profissional, com reflexos desse período em férias + 1/3, abono de férias, 13º salário e depósitos fundiários + 40%, além do pagamento das verbas rescisórias pertinentes à dispensa sem justa causa: aviso-prévio, férias + 1/3, 13º salário, FGTS código 01 + 40% e liberação de guias de seguro-desemprego e/ou indenização equivalente.

PEDIDO:

(a) declaração de nulidade da dispensa por justa causa e o reconhecimento da sua dispensa discriminatória, com a consequente reintegração do Autor ao emprego, na forma da Lei 9.029/95, com o pagamento dos salários em parcelas vencidas e vincendas, com os reajustes legais e normativos pertinentes à sua categoria profissional, mais os reflexos desse período em férias + 1/3, 13º salário e depósitos fundiários (a serem depositados na sua conta vinculada), nos termos da fundamentação;

(b) em caráter sucessivo, se não for possível a reintegração, que os direitos do Reclamante sejam convertidos em pecúnia, com o pagamento dos salários em todo o período, acrescidos dos reajustes legais e normativos pertinentes à sua categoria profissional, com reflexos desse período em férias + 1/3, abono de férias, 13º salário e depósitos fundiários + 40%, além do pagamento das verbas rescisórias pertinentes à dispensa sem justa causa: aviso-prévio, férias + 1/3, 13º salário, FGTS código 01 (acrescido da multa rescisória de 40%) e liberação de guias de seguro-desemprego e/ou indenização equivalente.

3.128. DISPENSA DISCRIMINATÓRIA
EMPREGADO DISPENSADO POR PRESTAR DEPOIMENTO EM AUDIÊNCIA E DIZER A VERDADE

CAUSA DE PEDIR:

O Reclamante foi dispensado após prestar depoimento como testemunha nos autos nº [indicar o número do processo].

O aspecto central da demanda refere-se à ilegalidade da ação discriminatória atribuída à Reclamada, bem como a possibilidade de aplicação extensiva do teor do art. 1º da Lei 9.029/95.

A Lei Maior veda práticas discriminatórias arbitrárias que objetivam prejudicar determinado indivíduo que se encontra em igual posição entre seus pares. Trata-se do princípio da isonomia, em sentido amplo, em aplicação da eficácia horizontal dos direitos fundamentais.

De fato, os direitos fundamentais servem para regular as relações entre Estado-cidadão (nisso consiste a eficácia vertical dos direitos fundamentais) e para regular relações entre cidadãos (aqui reside a eficácia horizontal dos direitos fundamentais, eficácia nas relações privadas).

A doutrina de Carlos Henrique Bezerra Leite indica:

"(...) A eficácia horizontal dos direitos fundamentais, também chamada de eficácia dos direitos fundamentais entre terceiros ou de eficácia dos direitos fundamentais nas relações privadas, decorre do reconhecimento de as desigualdades estruturantes não se situar apenas na relação entre o Estado e os particulares, como também entre os próprios particulares, o que passa a empolgar um novo pensar dos estudiosos da ciência jurídica a respeito da aplicabilidade dos direitos fundamentais no âmbito das relações entre os particulares.

(...) No âmbito das relações de trabalho, especificamente nos sítios da relação empregatícia, parece-nos não haver dúvida a respeito da importância do estudo da eficácia horizontal dos direitos fundamentais, mormente em razão do poder empregatício (disciplinar, diretivo e regulamentar) reconhecido ao empregador (CLT, art. 2º), o qual por força dessa relação assimétrica, passa a ter deveres fundamentais em relação aos seus empregados (...)" (Eficácia horizontal dos direitos fundamentais na relação de emprego. *Revista Justiça do Trabalho*, ano 28, nº 329, HS Editora, p. 10-14).

Desse modo, perfeitamente possível a incidência do princípio da isonomia e seus corolários também nas relações interpessoais.

Por sua vez, em diplomas internacionais, temos a Convenção 111 da OIT, que, em seu art. 1º, conceitua discriminação como a *"(...) distinção, exclusão ou preferência fundada em raça, cor, sexo, religião, opinião política, ascendência nacional, origem social ou outra distinção, exclusão ou preferência especificada pelo Estado-membro interessado, qualquer que seja sua origem jurídica ou prática e que tenha por fim anular ou alterar a igualdade de oportunidades ou de tratamento no emprego ou profissão (...)".*

Convém ressaltar que referida Convenção ingressou no ordenamento pátrio por meio do Decreto Legislativo 104, de 24-11-1964, que a aprovou, sendo promulgada pelo Decreto 62.150, de 19-1-1968, devendo ser observada nas situações que alude. O Decreto 62.150 foi revogado pelo Decreto 10.088/19, o qual consolida as convenções e as recomendações da OIT.

Ao adotar a Convenção 111 da OIT, o Estado brasileiro se comprometeu perante a comunidade internacional a promover medidas adequadas à promoção da igualdade de oportunidade em matéria

Cap. 3 • MODELOS DE CAUSA DE PEDIR E PEDIDOS | **421**

de emprego e profissão, com o objetivo de erradicar todas as formas de tratamento discriminatório nas relações de trabalho.

Também a Convenção 117 da OIT, sobre os objetivos e normas básicas da política social, ratificada pelo Brasil em 24-3-1969 e promulgada pelo Decreto 66.496/70, estabelece, no art. 14, que os Estados-membros devem construir uma política social que tenha por finalidade a supressão de todas as formas de discriminação, especialmente em matéria de legislação e contratos de trabalho e admissão a empregos públicos ou privados e condições de contratação e de trabalho. O Decreto 66.496 foi revogado pelo Decreto 10.088/19, o qual consolida as convenções e as recomendações da OIT.

Por sua vez, a Declaração da OIT sobre os Princípios e Direitos Fundamentais no Trabalho, de 1998, reconhece a necessidade de se respeitar, promover e aplicar um patamar mínimo de princípios e direitos nas relações de trabalho, que são fundamentais para os trabalhadores, novamente elevando o princípio da não discriminação em matéria de emprego ou ocupação.

Importante destacar que, além desses diplomas, existem outras normas jurídicas e posicionamentos jurisprudenciais relevantes, dependendo do caso concreto, pois, como cediço, a forma de discriminação pode ser bastante ampla.

A par de cada norma dedicada à específica forma de discriminação, como regra geral infraconstitucional há o art. 1º da Lei 9.029/95, que preceitua:

"É proibida a adoção de qualquer prática discriminatória e limitativa para efeito de acesso à relação de trabalho, ou de sua manutenção, por motivo de sexo, origem, raça, cor, estado civil, situação familiar, deficiência, reabilitação profissional, idade, entre outros, ressalvadas, nesse caso, as hipóteses de proteção à criança e ao adolescente previstas no inciso XXXIII do art. 7º da Constituição Federal".

Analisando seu conteúdo, tem-se que qualquer forma de discriminação arbitrária será coibida, trazendo alguns motivos para que essa prática ocorra, como sexo, origem, raça, cor, estado civil, situação familiar ou idade.

O art. 1º da Lei 9.029/95 tem um rol de hipóteses de discriminação meramente exemplificativo.

Toda forma de discriminação que não decorra de ação afirmativa deve ser evitada, por imposição do princípio da isonomia, em eficácia horizontal.

Não seria crível que o legislador somente considerasse como reprovável a discriminação pelas formas indicadas no dispositivo normativo em estudo.

O art. 8º da CLT autoriza expressamente o uso da analogia. Não se trata, *in casu*, de espécie de analogia *in malam partem* para condenação da Reclamada, mas forma de realização de Justiça social e obediência à Constituição cidadã.

Por fim, em que pese a redação legal, todo o arcabouço normativo, assim como o contexto histórico-jurídico, de valorização dos direitos fundamentais e do superprincípio da dignidade da pessoa humana, dar interpretação diversa ao art. 1º da Lei 9.029/95 acarretaria evidente retrocesso social, o que não é aceitável.

Além dos padrões tradicionais de discriminação, como os baseados em sexo, raça ou religião, vieram a se somar novas formas de discriminação, fruto das profundas transformações das relações sociais ocorridas nos últimos anos: discriminação contra grevistas, portadores de doenças tais como HIV, empregados que exercem seu direito de acesso ao Poder Judiciário (inclusive com a elaboração de listas "negras" e servindo como verdadeiro aviso aos empregados que ousem acionar a Justiça na busca de seus direitos no sentido de que serão punidos com o desemprego, no mínimo).

A dispensa imotivada do empregado é, sim, considerada direito potestativo do empregador. Isso quer dizer que, ressalvadas as hipóteses de estabilidade precária, tais como a gestacional, a decorrente do acidente de trabalho e a dos membros da comissão de prevenção de acidentes, o empregado está sujeito à opção patronal, desde que pague as verbas previstas na lei.

Contudo, o exercício do direito potestativo do empregador possui limites, não só em razão do princípio da função social da propriedade, presente no art. 170, III, da CF, como também da dignidade da pessoa humana e dos valores sociais do trabalho, verdadeiros pilares da República Federativa do Brasil, consoante os incisos III e IV do art. 1º da CF, incompatíveis com a despedida discriminatória ou abusiva.

Nos presentes autos, é evidente a dispensa discriminatória, ofensiva de todos os mecanismos de tutela acima examinados.

A dispensa foi abusiva, tendo sido o Autor dispensado por ousar dizer a verdade em depoimento que prestou em juízo nos autos [indicar o número do processo].

A cópia da ata do processo já empresta verossimilhança às alegações do Reclamante [doc. *], pois demonstra que, chamado a depor como testemunha da Reclamada, referiu irregularidades no registro do horário e no pagamento das horas efetivamente trabalhadas.

Demonstrado o objetivo retaliativo e discriminatório da extinção unilateral do contrato de trabalho, deve ser reconhecida a abusividade da dispensa.

O abuso de direito verificado, mediante a dispensa como meio de punição ao trabalhador que disse a verdade em juízo, ultrapassa qualquer limite do poder potestativo do empregador, eis que afrontou fundamentos do Estado Democrático de Direito (cidadania, dignidade da pessoa humana e valores sociais do trabalho), objetivos fundamentais da República Federativa do Brasil.

Em casos semelhantes, decidiu o TST:

"Agravo de instrumento. Recurso de revista. ... Agravo de instrumento provido. Recurso de revista. 1. Indenização por dano moral. Dispensa discriminatória e abusiva. Retaliação por depoimento testemunhal prestado. Os elementos integrantes do tipo jurídico da indenização por dano moral estão presentes: fato deflagrador do dano (dispensa discriminatória); nexo causal; culpa do autor do fato (o empregador). Sob essa perspectiva, não há como se alterar o decisum. No tocante ao valor da indenização por dano moral (R$ 60.000,00), também não há como se acolher o recurso do Banco, pois o montante, em vista da gravidade da conduta cometida pelo Recorrente, que se trata de um dos maiores empregadores do País, justifica o montante fixado pela Instância Ordinária. É que a Obreira, até a data da dispensa, era tida como ótima empregada, paradigma de excelência no cumprimento do contrato de trabalho, com várias importantes premiações conferidas por seu empregador; entretanto, foi inopinadamente dispensada após ter prestado depoimento judicial, como testemunha indicada pelo Banco, perante a Justiça do Trabalho. Ora, a mensagem passada pelo empregador constitui lesão grave à higidez do Estado Democrático de Direito, agredindo também fortemente a higidez moral da pessoa humana que compareceu ao Poder Judiciário para prestar depoimento. De par com tudo, o caráter pedagógico do montante fixado, no caso em análise, é fator que também não recomenda a diminuição do valor estabelecido pela Instância Ordinária. Dessa maneira, o recurso de revista não preenche os requisitos previstos no art. 896 da CLT, pelo que inviável o seu conhecimento. Recurso de revista não conhecido, no aspecto. 2. HONORÁRIOS ADVOCATÍCIOS. AUSÊNCIA DE ASSISTÊNCIA SINDICAL. IMPOSSIBILIDADE DE DEFERIMENTO. ... (TST – RR 667-86.2010.5.04.0005 – Rel. Min. Mauricio Godinho Delgado – DEJT 9-8-2013).

*"Recurso De Revista 1 – Dano moral. Dispensa discriminatória. Ônus da prova. O Tribunal Regional analisou as provas constantes dos autos, e se convenceu do motivo discriminatório da resilição contratual, dada em função do comparecimento da autora como testemunha em juízo, onde seu depoimento pesara em desfavor da ré. A decisão tomada pelo Tribunal Regional, portanto, não partiu da distribuição do ônus da prova, mas sim do livre convencimento extraído do conjunto probatório dos autos. Nesse contexto, torna-se irrelevante perquirir a quem cabia o onus probandi, pois a conclusão não depende da titularidade da prova produzida, quando

Cap. 3 • MODELOS DE CAUSA DE PEDIR E PEDIDOS | **423**

esta é suficiente para se deferir o direito pleiteado, como ocorrido na espécie. Recurso de revista não conhecido. 2 – Dano moral. Valor arbitrado. 2.1. Fundamentado exclusivamente em divergência jurisprudencial, esbarra o apelo no óbice da Súmula 296, I, do TST, uma vez que os acórdãos paradigmas contemplam tese genérica acerca da necessária proporção entre o abalo sofrido e o valor da indenização a ser paga. 2.2. O arbitramento do dano moral, todavia, é questão que enseja análise casuística, ou seja, parte da verificação individualizada, caso a caso, das circunstâncias do art. 5°, V e X, da Constituição Federal, e 944 do Código Civil, sendo impertinente apontar dissenso jurisprudencial para suscitar a subida do apelo com fulcro na alínea 'a' do art. 896 da CLT. 2.3. Oportuna, nesse sentido, a análise feita pela Terceira Turma do Superior Tribunal de Justiça no julgamento do AgRg no Ag 1232038/SP, segundo a qual, no que concerne à caracterização do dissenso pretoriano para redução do quantum indenizatório, impende ressaltar que as circunstâncias que levam o Tribunal de origem a fixar o valor da indenização por danos morais são de caráter personalíssimo e levam em conta questões subjetivas, o que dificulta ou mesmo impossibilita a comparação, de forma objetiva, para efeito de configuração da divergência, com outras decisões assemelhadas. Recurso de revista não conhecido (...)" (TST – 2ª T. – RR 12500-30.2008.5.09.0653 – Rel. Min. Delaíde Miranda Arantes – *DEJT* 12-9-2014).

O fato de o Reclamante não gozar de estabilidade ou garantia de emprego não obsta que a rescisão seja declarada nula e consequentemente seja determinada a sua reintegração. O relevante é que o ato da dispensa ocorreu de forma discriminatória, violando preceitos constitucionais, infraconstitucionais e normas internacionais de Direito do Trabalho, e que, à luz do art. 9° da CLT, serão nulos de pleno Direito.

Dessa forma, havendo a dispensa por ato discriminatório, impõe-se a declaração de sua nulidade.

Portanto, o Autor requer a nulidade da sua dispensa por justa causa e o reconhecimento da sua dispensa discriminatória, com a sua consequente reintegração ao emprego, na forma da Lei 9.029/95, com o pagamento dos salários em parcelas vencidas e vincendas, com os reajustes legais e normativos pertinentes à sua categoria profissional, mais os reflexos desse período em férias + 1/3, 13° salário e depósitos fundiários (a serem depositados na sua conta vinculada).

Se não for possível a reintegração, que os seus direitos sejam convertidos em pecúnia, com o pagamento dos salários em todo o período, acrescidos dos reajustes legais e normativos pertinentes à sua categoria profissional, com reflexos desse período em férias + 1/3, abono de férias, 13° salário e depósitos fundiários + 40%, além do pagamento das verbas rescisórias pertinentes à dispensa sem justa causa: aviso-prévio, férias + 1/3, 13° salário, FGTS código 01 + 40% e liberação de guias de seguro-desemprego e/ou indenização equivalente.

PEDIDO:

(a) declaração de nulidade da dispensa por justa causa e o reconhecimento da sua dispensa discriminatória, com a consequente reintegração do Autor ao emprego, na forma da Lei 9.029/95, com o pagamento dos salários em parcelas vencidas e vincendas, com os reajustes legais e normativos pertinentes à sua categoria profissional, mais os reflexos desse período em férias + 1/3, 13° salário e depósitos fundiários (a serem depositados na sua conta vinculada), nos termos da fundamentação;

(b) em caráter sucessivo, se não for possível a reintegração, que os direitos do Reclamante sejam convertidos em pecúnia, com o pagamento dos salários em todo o período, acrescidos dos reajustes legais e normativos pertinentes à sua categoria profissional, com reflexos desse período em férias + 1/3, abono de férias, 13° salário e depósitos fundiários + 40%, além do pagamento das verbas rescisórias pertinentes à dispensa sem justa causa: aviso-prévio, férias + 1/3, 13° salário, FGTS código 01 (acrescido da multa rescisória de 40%) e liberação de guias de seguro-desemprego e/ou indenização equivalente.

3.129. DISPENSA DISCRIMINATÓRIA
EX-PRESIDIÁRIO

CAUSA DE PEDIR:

Após a Reclamada ter constatado que o Reclamante era ex-presidiário, o dispensou.

O aspecto central da demanda refere-se à suposta ilegalidade da ação discriminatória atribuída à Reclamada, bem como a possibilidade de aplicação extensiva do teor do art. 1º da Lei 9.029/95.

Mauricio Godinho Delgado conceitua discriminação como *"(...) conduta pela qual se nega à pessoa tratamento compatível com o padrão jurídico assentado para a situação concreta por ela vivenciada (...)"* (Proteções contra discriminação na relação de emprego. VIANA, Márcio Tulio; RENAULT, Luiz Otávio Linhares (Coord.). Discriminação. São Paulo: LTr, 2000, p. 21).

A Lei Maior veda práticas discriminatórias arbitrárias, que objetivam prejudicar determinado indivíduo que se encontra em igual posição entre seus pares. Trata-se do princípio da isonomia, em sentido amplo, em aplicação da eficácia horizontal dos direitos fundamentais.

De fato, os direitos fundamentais servem para regular as relações entre Estado-cidadão (nisso consiste a eficácia vertical dos direitos fundamentais) e também para regular relações entre cidadãos (aqui reside a eficácia horizontal dos direitos fundamentais, eficácia nas relações privadas).

A doutrina de Carlos Henrique Bezerra Leite indica:

> *"(...) A eficácia horizontal dos direitos fundamentais, também chamada de eficácia dos direito fundamentais entre terceiros ou de eficácia dos direitos fundamentais nas relações privadas, decorre do reconhecimento de que as desigualdades estruturantes não se situam apenas na relação entre o Estado e os particulares, como também entre os próprios particulares, o que passa a empolgar um novo pensar dos estudiosos da ciência jurídica a respeito da aplicabilidade dos direitos fundamentais no âmbito das relações entre os particulares*
>
> *(...) No âmbito das relações de trabalho, especificamente nos sítios da relação empregatícia, parece-nos não haver dúvida a respeito da importância do estudo da eficácia horizontal dos direitos fundamentais, mormente em razão do poder empregatício (disciplinar, diretivo e regulamentar) reconhecido ao empregador (CLT, art. 2º), o qual por força dessa relação assimétrica, passa a ter deveres fundamentais em relação aos seus empregados (...)"* (Eficácia horizontal dos direitos fundamentais na relação de emprego. Revista Justiça do Trabalho, ano 28, nº 329, HS Editora, p. 10-14).

Desse modo, perfeitamente possível a incidência do princípio da isonomia e seus corolários também nas relações interpessoais.

Por sua vez, em diplomas internacionais, temos a Convenção 111 da OIT, que em seu art. 1º, conceitua discriminação como a *"(...) distinção, exclusão ou preferência fundada em raça, cor, sexo, religião, opinião política, ascendência nacional, origem social ou outra distinção, exclusão ou preferência especificada pelo Estado-membro interessado, qualquer que seja sua origem jurídica ou prática e que tenha por fim anular ou alterar a igualdade de oportunidades ou de tratamento no emprego ou profissão (...)"*.

Convém ressaltar que referida Convenção ingressou no ordenamento pátrio por meio do Decreto Legislativo 104, de 24-11-1964, que a aprovou, sendo promulgada pelo Decreto 62.150, de 19-1-1968, devendo ser observada nas situações que alude. O Decreto 62.150 foi revogado pelo Decreto 10.088/19, o qual consolida as convenções e as recomendações da OIT.

Cap. 3 • MODELOS DE CAUSA DE PEDIR E PEDIDOS | 425

Ao adotar a Convenção 111 da OIT, o Estado Brasileiro se comprometeu perante a comunidade internacional a promover medidas adequadas à promoção da igualdade de oportunidade em matéria de emprego e profissão, com o objetivo de erradicar todas as formas de tratamento discriminatório nas relações de trabalho.

Também a Convenção 117 da OIT, sobre os objetivos e normas básicas da política social, ratificada pelo Brasil em 24-3-1969 e promulgada pelo Decreto 66.496/70, estabelece, no art. 14, que os Estados Membros devem construir uma política social que tenha por finalidade a supressão de todas as formas de discriminação, especialmente em matéria de legislação e contratos de trabalho e admissão a empregos públicos ou privados e condições de contratação e de trabalho. O Decreto 66.496 foi revogado pelo Decreto 10.088/19, o qual consolida as convenções e as recomendações da OIT.

Por sua vez, a Declaração da OIT sobre os Princípios e Direitos Fundamentais no Trabalho, de 1998, reconhece a necessidade de se respeitar, promover e aplicar um patamar mínimo de princípios e direitos nas relações de trabalho, que são fundamentais para os trabalhadores, novamente elevando o princípio da não discriminação em matéria de emprego ou ocupação.

Importante destacar que além desses diplomas, existem outras normas jurídicas e posicionamentos jurisprudenciais relevantes, dependendo do caso concreto, pois, como cediço, a forma de discriminação pode ser bastante ampla.

A par de cada norma dedicada à específica forma de discriminação, como regra geral infraconstitucional há o art. 1º da Lei 9.029/95, que preceitua:

"Fica proibida a adoção de qualquer prática discriminatória e limitativa para efeito de acesso a relação de emprego, ou sua manutenção, por motivo de sexo, origem, raça, cor, estado civil, situação familiar ou idade, ressalvadas, neste caso, as hipóteses de proteção ao menor previstas no inciso XXXIII do art. 7º da Constituição Federal".

Analisando seu conteúdo, tem-se que qualquer forma de discriminação arbitrária será coibida, trazendo alguns motivos para que essa prática ocorra, como sexo, origem, raça, cor, estado civil, situação familiar ou idade.

Cumpre, nesse momento, perquirir se esse rol trazido pela Lei é *numerus clausus* ou *numerus apertus*.

A Procuradora do Trabalho Thereza Cristina Gosdal afirma que:

"(...) Na legislação infraconstitucional também se encontra expressa proibição de discriminação no âmbito laboral. A lei 9029/95 estabelece em seu art. 1º que 'Fica proibida a adoção de qualquer prática discriminatória e limitativa para efeito de acesso a relação de emprego, ou sua manutenção, por motivo de sexo, origem, raça, cor, estado civil, situação familiar ou idade, ressalvadas neste caso, as hipóteses de proteção ao menor previstas no inciso XXXIII do art. 7º da Constituição Federal.' Nunca é demais lembrar que, do ponto de vista do Direito do Trabalho, os fatores de discrimen *contemplados na lei são meramente exemplificativos, já que o texto legal proíbe qualquer prática discriminatória para o efeito de acesso ao emprego ou sua manutenção. A limitação que se efetiva na Lei 9.029/95 é quanto à tipificação penal às hipóteses elencadas em seu art. 2º (...)"* (Antecedentes criminais e discriminação no trabalho. Disponível em: <www.trt9.jus.br/internet_base/arquivo_download.do?evento...> Acesso em: 27 fev. 2012).

Apesar do dissenso jurisprudencial, a posição mais acertada é a que atribui ao rol do art. 1º da Lei 9.029/95, caráter meramente exemplificativo.

Isso ocorre por vários motivos.

Em primeiro lugar, toda forma de discriminação que não decorra de ação afirmativa deve ser evitada, por imposição do princípio da isonomia, em eficácia horizontal.

Em segundo lugar, não seria crível que o legislador somente considerasse como reprovável a discriminação pelas formas indicadas no dispositivo normativo em estudo.

Em terceiro lugar, o art. 8º da CLT autoriza expressamente o uso da analogia. Não se trata, *in casu*, de espécie de analogia in malam partem para condenação da Reclamada, mas forma de realização de Justiça social e obediência à Constituição Cidadã.

Por fim, em que pese a redação legal, todo o arcabouço normativo, assim como o contexto histórico-jurídico, de valorização dos direitos fundamentais e do superprincípio da dignidade da pessoa humana, dar interpretação diversa ao art. 1º da Lei 9.029/95 acarretaria evidente retrocesso social, o que não é aceitável.

Além dos padrões tradicionais de discriminação, como os baseados em sexo, raça ou religião, vieram a se somar novas formas de discriminação, fruto das profundas transformações das relações sociais ocorridas nos últimos anos: discriminação contra grevistas, portadores de doenças tais como HIV, empregados que exercem seu direito de acesso ao Poder Judiciário (inclusive com a elaboração de listas "negras" e servindo como verdadeiro aviso aos empregados que ousem acionar a Justiça na busca de seus direitos no sentido de que serão punidos com o desemprego, no mínimo).

Nos presentes autos, é evidente a dispensa discriminatória, ofensiva de todos os mecanismos de tutela acima examinados.

A situação do empregado que tem a condição de ex-presidiário e por tal motivo é dispensado, fere, também, o princípio da dignidade da pessoa humana estabelecida pela Constituição Federal em seu art. 1º, III. Esse princípio é uma das cláusulas pétreas essenciais para a condição humana de cidadão, valor pelo qual é objeto de respeito e proteção garantidos pelo Estado.

Depreende-se, no caso, o total descompasso com os valores humanos e sociais do trabalho e da reinserção na sociedade e no mercado de trabalho do ex-presidiário, na medida em que configurado verdadeiro abuso do poder diretivo da Reclamada, eis que a Reclamada tomou conhecimento dos antecedentes criminais do empregado e procedeu a sua dispensa.

Tal situação, sem dúvidas, gera dano moral, pois incontestável a violação aos valores protegidos no art. 5º, X, da Constituição Federal (honra, imagem e dignidade), sendo desnecessária a comprovação explícita de sua ocorrência, tendo em vista o quadro apresentado (dano *in re ipsa*).

Assim, demonstrado o objetivo retaliativo e discriminatório da extinção unilateral do contrato de trabalho, deve ser reconhecida a abusividade da dispensa.

O abuso de direito verificado, mediante a dispensa, ultrapassa qualquer limite do poder potestativo do empregador, eis que afrontou fundamentos do Estado Democrático de Direito (cidadania, dignidade da pessoa humana e valores sociais do trabalho), objetivos fundamentais da República Federativa do Brasil.

Por sua vez, o fato de o Reclamante não gozar de estabilidade ou garantia de emprego, não obsta que a rescisão seja declarada nula e consequentemente seja determinada a sua reintegração. O relevante é que o ato da dispensa ocorreu de forma discriminatória, violando preceitos constitucionais, infraconstitucionais e normas internacionais de direito do trabalho, e que à luz do art. 9º da CLT, serão nulos de pleno direito.

A jurisprudência indica:

"AGRAVO DE INSTRUMENTO. RECURSO DE REVISTA INTERPOSTO ANTES DA LEI Nº13.015/2014. DISPENSA DE EMPREGADO EM FACE DOS ANTECEDENTES CRIMINAIS. CONSTATAÇÃO NO CURSO DO VÍNCULO EMPREGATÍCIO. DISCRIMINAÇÃO (CONVENÇÃO 111 DA OIT E ART. 1º DA LEI Nº 9.029/95). INDENIZAÇÃO POR DANOS MORAIS. Hipótese em que o Tribunal Regional manteve a sentença que condenou subsidiariamente a União (Marinha do Brasil), tomadora dos serviços, ao pagamento de indenização por danos morais, decorrentes da dispensa discriminatória do empregado ex-presidiário. A situação do empregado (pedreiro) que tem a condição de ex-presidiário e, por tal motivo, é dispensado fere, também, o princípio da

dignidade da pessoa humana estabelecida pela Carta Magna em seu art. 1º, III. Esse princípio é uma das cláusulas pétreas essenciais para a condição humana de cidadão, valor pelo qual é objeto de respeito e proteção garantidos pelo Estado. Além de configurar a dispensa discriminatória, que é vedada pelo ordenamento jurídico (Convenção 111 da OIT e art. 1º da Lei nº 9.029/95), depreende-se, no caso, o total descompasso com os valores humanos e sociais e, ainda, da reinserção na sociedade e no mercado de trabalho do ex-presidiário, na medida em que configurado verdadeiro abuso do poder diretivo das reclamadas, eis que, conforme constatado pelo Regional, a reclamada Marinha do Brasil, tomadora dos serviços, tomou conhecimento dos antecedentes criminais do empregado e exigiu a sua dispensa junto a prestadora dos serviços, bem como a atitude da reclamada Luxor Engenharia que não realocou o empregado em outra obra e na mesma função. Tal situação, sem dúvidas, gera dano moral, pois incontestável a violação aos valores protegidos no art. 5º, X, da CF/88 (honra, imagem e dignidade), sendo desnecessária a comprovação explícita de sua ocorrência, tendo em vista o quadro apresentado (dano in re ipsa). Constatada a presença dos elementos configuradores da indenização por danos morais - dano, nexo causal e culpa-, a adoção de entendimento diverso, como pretendido pela União, a fim de se afastar a existência do dano e a sua consequente reparação implicaria, necessariamente, revolvimento do contexto probatório delineado nos autos, atraindo, assim, o óbice da Súmula 126 do TST. QUANTUM INDENIZATÓRIO. A reparação por dano moral e/ou material deve significar uma justa compensação ao ofendido e, de outro lado, uma severa e grave advertência ao ofensor, de forma a inibi-lo ou dissuadi-lo da prática de novo ilícito da mesma natureza. Esse é o sentido pedagógico e punitivo que a indenização representa para o ofensor, enquanto que para o ofendido significa a minimização da dor sofrida em seu patrimônio moral. Por conseguinte, verifica-se a correta observância dos princípios da proporcionalidade e da razoabilidade quanto ao valor arbitrado a título de indenização por danos morais, qual seja: R$ 30 mil reais. Incólume o art. 944 do CCB. Agravo de instrumento conhecido e desprovido" (TST – 2ª T. – AIRR 563-55.2010.5.15.0016 – Relª Minª Maria Helena Mallmann – *DEJT* 24-6-2016).

Desta forma, havendo a dispensa por ato discriminatório, impõe-se a declaração de sua nulidade.

Portanto, o Autor requer a nulidade da sua dispensa por justa causa e o reconhecimento da sua dispensa discriminatória, com a sua consequente reintegração ao emprego, na forma da Lei 9.029/95, com o pagamento dos salários em parcelas vencidas e vincendas, com os reajustes legais e normativos pertinentes à sua categoria profissional, mais os reflexos desse período em férias + 1/3, 13º salário e depósitos fundiários (a serem depositados na sua conta vinculada).

Se não for possível a reintegração, que os seus direitos sejam convertidos em pecúnia, com o pagamento dos salários em todo o período, acrescidos dos reajustes legais e normativos pertinentes à sua categoria profissional, com reflexos desse período em férias + 1/3, abono de férias, 13º salário e depósitos fundiários + 40%, além do pagamento das verbas rescisórias pertinentes à dispensa sem justa causa: aviso-prévio, férias + 1/3, 13º salário, FGTS código 01 + 40% e liberação de guias de seguro desemprego e/ou indenização equivalente.

PEDIDO:

(a) Declaração de nulidade da dispensa sem justa causa e o reconhecimento da sua dispensa discriminatória, com a consequente reintegração do Autor ao emprego, na forma da Lei 9.029/95, com o pagamento dos salários em parcelas vencidas e vincendas, com os reajustes legais e normativos pertinentes à sua categoria profissional, mais os reflexos desse período em férias + 1/3, 13º salário e depósitos fundiários (a serem depositados na sua conta vinculada), nos termos da fundamentação;

(b) Em caráter sucessivo, se não for possível a reintegração, que os direitos do Reclamante sejam convertidos em pecúnia, com o pagamento dos salários em todo o período, acrescidos dos reajustes legais e normativos pertinentes à sua categoria profissional, com reflexos desse período em férias + 1/3, abono de férias, 13º salário e depósitos fundiários + 40%, além do pagamento das verbas rescisórias pertinentes à dispensa sem justa causa: aviso-prévio, férias + 1/3, 13º salário, FGTS código 01 (acrescido da multa rescisória de 40%) e liberação de guias de seguro desemprego e/ou indenização equivalente.

Cap. 3 • MODELOS DE CAUSA DE PEDIR E PEDIDOS | **429**

3.130. DISPENSA DISCRIMINATÓRIA
EMPREGADO PORTADOR DO VÍRUS HIV. MODELO COM DIVERSOS PEDIDOS

CAUSA DE PEDIR:

1. PRELIMINARMENTE

DO REQUERIMENTO DE SEGREDO DE JUSTIÇA

Diante da temática da presente ação, no tocante aos pedidos de danos morais envolvendo discriminação pelas doenças, especialmente o fato de ser portador do VÍRUS HIV, onde envolve a intimidade e vida privada da pessoa humana, o Reclamante requer a Vossa Excelência PARA QUE O PRESENTE FEITO TRABALHISTA TENHA SEU TRÂMITE EM SEGREDO DE JUSTIÇA, para fins de preservação da intimidade do trabalhador (art. 5°, LX, CF; art. 93, IX, CF).

Desta forma, o Reclamante requer de Vossa Excelência que os trâmites processuais sejam praticados em Segredo de Justiça, bem como que as audiências sejam realizadas a portas fechadas (art. 189, III, CPC), restringindo-se às presenças, somente, das partes e seus advogados.

2. DA ASSISTÊNCIA JUDICIÁRIA E DA JUSTIÇA GRATUITA

O Reclamante encontra-se assistido por seu sindicato de classe, requerendo-se os benefícios da Assistência Judiciária, ou seja, não somente a Justiça Gratuita (em sentido estrito), mas também, a isenção de sucumbência (custas, emolumentos, advogados, peritos, etc.).

A assistência judiciária engloba o teor da justiça gratuita, como bem aponta Valentin Carrion, *in verbis: "Assistência judiciária é o benefício concedido ao necessitado de, gratuitamente, movimentar o processo e utilizar os serviços profissionais de advogado e dos demais auxiliares da Justiça, inclusive os peritos. Assistência judiciária é o gênero e justiça gratuita a espécie; esta é a isenção de emolumentos dos serventuários, custas e taxas"* (Comentários à Consolidação das Leis do Trabalho. 28. ed. São Paulo: Saraiva, 2008, p. 577).

A Justiça Gratuita pode ser reconhecida em qualquer fase processual, consoante o teor do art. 99, CPC (OJ 269, I, SDI-I, TST).

De acordo com a Lei 7.115/83, no seu art. 1°, *caput*, a declaração pode ser firmada pelo próprio interessado ou por procurador com poderes específicos para esse fim (Súmula 463, I, do TST).

A declaração (doc. ...) atende ao disposto na legislação.

O Reclamante é pessoa humilde, não estando em condições de arcar com as despesas processuais, portanto, requer a concessão dos benefícios da justiça gratuita (art. 5°, LXXIV, CF; art. 14 e segs., Lei 5.584/70; art. 99, §§ 1° e 3°, CPC; Lei 7.115/83).

3. DOS FATOS E FUNDAMENTOS JURÍDICOS

DO CONTRATO DE TRABALHO E NULIDADE DE DISPENSA

RECLAMANTE PORTADOR DO VÍRUS HIV – SÚMULA 443 TST

DA ANTECIPAÇÃO DOS EFEITOS DA TUTELA – ART. 300 DO CPC

1. O Reclamante foi admitido como empregado do Reclamado em 10/1/2010, na função de faxineiro, permanecendo aos quadros do referido empregador até 10/8/2016, quando foi imotivadamente dispensado, sendo que tal dispensa se afigura nula, nos termos da Súmula 443 do TST, conforme adiante será demonstrado.

2. Sempre cumpriu jornada de trabalho de segunda à sexta-feira das 8h00 às 17h00, com 1 hora de intervalo intrajornada, e aos sábados das 8h00 às 12h00.

3. Em meados de novembro de 2015, o Reclamante começou a sentir fortes dores no corpo, com quadro agudo de hematoquezia, o que o levou a ser internado em 26/11/2015, no Centro Hospitalar do *, até a data de 09/12/2015 (docs. ...).

Nessa ocasião recebeu o diagnóstico de HIV positivo (CID B-24), além de Hepatite B, associada a várias moléstias escritas nos relatórios anexos, como parestesias cutâneas e polineuropatia – CID R20 + G62.0 (docs. ...).

4. Sofreu afastamento previdenciário (B-31) (doc. ...), cujo benefício teve vigência de 10/12/2015 até sua alta em 05/03/2016 (recebeu benefício previdenciário até 28/03/2016).

Importante salientar, que além do HIV positivo, o Reclamante possui inúmeras outras moléstias que foram devidamente comprovadas nos relatórios médicos anexos, como:

- Diminuição de reflexo córneo palpebral
- Hepatite B
- Polineuropatia secundária
- Perda de sensibilidade corporal – síndrome sensitiva
- Polipectomias
- Degeneração combinada de medula
- Diminuição de condução auditiva neurossensorial
- Problemas psicológicos e psiquiátricos – Transtorno de ansiedade
- Parestesias cutâneas

5. Durante seu período de afastamento previdenciário, após sair do Hospital em dezembro de 2015, o Autor, muito abalado com o diagnóstico recebido, dirigiu-se ao empregador e encontrou-se com a síndica à época, revelando o diagnóstico de HIV POSITIVO, além das demais doenças que o acometeram (e acometem ainda hoje, em decorrência da queda de sua imunidade).

Segundo relatos do Reclamante, a síndica e representante legal do empregador, chegou a indagar-lhe *"como e, de quem tinha pego a doença"* (HIV), constrangendo o Autor, que já estava bastante chocado com sua situação de saúde, o que levou o mesmo a um quadro de transtorno de ansiedade, obrigando-o a tratamento psicológico e psiquiátrico (docs. ...).

Também segundo relatos, os representantes do Reclamado teriam proibido a entrada do Reclamante nas dependências do condomínio, em clara manifestação de discriminação.

6. Todo o quadro de saúde do Reclamante era de conhecimento do Reclamado, uma vez que o médico do trabalho emitiu inúmeros relatórios constatando as moléstias que acometem o trabalhador, especialmente o CID B-24 (HIV-positivo – AIDS). Vejamos a documentação juntada:

- EXAME DE RETORNO À FUNÇÃO – emitido pelo Médico do Trabalho Dr. José da Silva Fagundes, em 25/02/2016, onde o médico constata que o trabalhador é portador de moléstias infectocontagiosas, estando *"incapaz temporariamente para a função que se propõe"*, com observação no exame de tratamento de B24 (AIDS) + R20.2 (parestesias cutâneas) + G62.9 (polineuropatia);
- Os documentos revelam, dentre os exames juntados, que, novamente, o Médico do Trabalho conclui pela incapacidade laboral do Autor, devido ao tratamento das patologias B24 (AIDS) +

R20.2 (parestesias cutâneas) + G62.9 (polineuropatia), relatório esse, emitido em 31/03/2016 pela MEST MEDICINA E SEGURANÇA DO TRABALHO, além do relatório médico ocupacional de 25/02/2016 já citado acima;

Além dos relatórios médico-ocupacionais (docs. ...), há a solicitação do Médico do Trabalho, datada de 18/05/2016, dirigida à Médica XXXX (da faculdade de medicina do ABC) a fim de que a referida médica fornecesse relatório da evolução do quadro do Reclamante, com "opinião sobre eventual alta clínica".

Estranhamente, mesmo diante de todo o quadro de moléstias do Autor, o Médico do Trabalho emitiu novo relatório médico ocupacional em 30/05/2016, alegando que o Autor *"não era portador de moléstias infectocontagiosas e estaria apto SEM RESTRIÇÕES para a função que se propõe"*.

- O aviso e recibo de férias comprovam, que, no MESMO DIA DO RELATÓRIO MÉDICO DATADO DE 30/05/2016 (doc. ...) O RECLAMANTE INICIOU SEU PERÍODO DE GOZO DE FÉRIAS (!!!), o que demonstra a PREMEDITAÇÃO DO RECLAMADO EM "LIVRAR-SE" DO EMPREGADO COLOCANDO-O DE FÉRIAS "ÀS PRESSAS" (sem o pré-aviso de 30 dias, pois não é crível que o pré-aviso tenha ocorrido em período de afastamento do Autor, o que demonstra que o médico do trabalho ainda solicitava opinião médica a respeito de eventual alta clínica em 18/05/2016!!).

Como o Reclamante poderia ter assinado aviso de férias em 27/04/2016 se o médico do trabalho ainda o considerava inapto??

DETALHE: O RECLAMANTE NÃO É ALFABETIZADO, motivo, inclusive, de sua procuração pública lavrada em cartório.

Ou seja: a intenção era dar férias ao Reclamante para dispensá-lo logo depois de seu retorno.

7. Assim, mesmo após a ciência inequívoca dos problemas de saúde do trabalhador, em especial o diagnóstico de B-24 (síndrome de imunodeficiência adquirida), o Reclamado dispensou imotivadamente o Reclamante na data de 10/08/2016, entregando-lhe a comunicação de aviso-prévio e solicitando que o empregado comparecesse ao sindicato da categoria para prosseguimento dos trâmites homologatórios em 19/08/2016.

8. Ocorre que, o sindicato da categoria, ao verificar os documentos enviados pelo empregador para conferência do TRCT (doc. ...) verificou que havia exames anexados comprovando as moléstias do Autor, especialmente acerca da condição de SOROPOSITIVO e não homologou a dispensa por considerar discriminatória e nula, conforme teor da Súmula 443 do TST.

9. Após tentativas de contato telefônico com a administradora do condomínio para tratar do assunto e diante da recusa em atender aos chamados, em 08/09/2016 (doc. ...), o sindicato notificou o Réu, desta vez por carta registrada, endereçada ao síndico, solicitando o cancelamento da dispensa, mas o condomínio empregador manteve-se inerte, sem qualquer contato para resolver a questão – e pior: manteve a dispensa sem qualquer boa vontade em dialogar sobre o tema, em atitude de total desfaçatez.

10. Diante de todas as moléstias que o acometem, especialmente o diagnóstico de AIDS – Síndrome de Imunodeficiência Adquirida, a dispensa do Reclamante deve ser declarada nula, razão pela qual requer a imediata reintegração ao emprego.

11. Assim, com base na prova documental inequívoca do direito do Autor, comprovando sua condição de saúde, com todas as doenças comprovadamente atestadas em diversos relatórios médicos anexados – especialmente o diagnóstico inequívoco de AIDS, nos termos do art. 300, CPC, estão presentes os dois pressupostos básicos que legitimam a tutela de urgência antecipatória, quais sejam: a

432 PRÁTICA DA RECLAMAÇÃO TRABALHISTA – *Jorge Neto • Wenzel • Cavalcante*

probabilidade do direito (*fumus boni iuris*) e o perigo de dano ou o risco do resultado útil do processo (*periculum in mora*), conforme art. 300, caput, CPC.

12. O *fumus boni iuris* requer tão somente a demonstração da aparência do direito (cognição sumária) – e não a demonstração plena, que será apreciada pela cognição exauriente, ao final da fase instrutória processual.

"*In casu*", o *fumus boni iuris* traduz-se na documentação acostada (todos os inúmeros atestados médicos, relatórios e ASO's comprovando as moléstias)

13. O *periculum in mora* é o risco causado pela demora na concessão da tutela jurisdicional, cujo perigo de dano seja iminente, grave e de difícil reparação.

O dano irreparável ao Reclamante é sua própria subsistência ameaçada pela falta do emprego e impossibilidade de rescisão contratual.

Ademais, não há que se falar em perigo de irreversibilidade caso sejam antecipados os efeitos da prestação jurisdicional, uma vez que o Reclamante estará dando a sua contraprestação ao salário recebido, ou seja, continuando a trabalhar para o Réu, evitando assim, o enriquecimento ilícito.

14. Diante do exposto e diante da grave situação de desemprego do Reclamante e impossibilidade de homologação de sua rescisão contratual, faz-se necessária a concessão da tutela de urgência de natureza antecipada para que, em caráter liminar, o Reclamante seja reintegrado no emprego, ao cargo que exerce e às suas funções laborais no Reclamado, com o imediato restabelecimento das cláusulas contratuais de trabalho até o trânsito em julgado de decisão, sem qualquer prejuízo ao Réu e ao trâmite do processo, propiciando ao Autor manter sua subsistência e de sua família por meio da continuidade de sua prestação laboral.

IMPORTANTE: O RECLAMANTE NECESSITA MANTER SEU VÍNCULO LABORAL PARA PODER UTILIZAR OS BENEFÍCIOS DA PREVIDÊNCIA SOCIAL, uma vez que as moléstias que o acometem são graves e o mesmo necessita estar amparado por eventual afastamento previdenciário.

Na hipótese de descumprimento à determinação judicial por parte do Réu, que seja aplicada pena cominatória de multa diária a ser arbitrada por Vossa Excelência, consoante preconiza o art. 497, CPC, pois, trata-se de obrigação de fazer infungível, que deve admitir meios de compelir o obrigado a que cumpra a decisão judicial.

4. DA DISPENSA DISCRIMINATÓRIA LEI 9.029/95.
REINTEGRAÇÃO/INDENIZAÇÃO

15. O Reclamado dispensou imotivadamente o Reclamante tão logo o mesmo teve a liberação do médico do trabalho para retornar ao labor, e, logo após seu retorno de férias, mesmo após ter a ciência inequívoca dos seus problemas de saúde – especialmente o diagnóstico de HIV POSITIVO, além das demais doenças já relatadas, sendo que todas essas enfermidades eram de amplo conhecimento do empregador.

16. Conforme comprovado pelos documentos juntados, explicitados NOS ITENS 1 A 14 DA PRESENTE EXORDIAL, todo o quadro de saúde do Reclamante era de conhecimento do Reclamado, uma vez que o médico do trabalho emitiu inúmeros relatórios constatando as moléstias que acometem o trabalhador, especialmente o CID B-24 (HIV-positivo – AIDS).

17. Outra prova da atitude discriminatória do Réu verifica-se no aviso e no recibo de férias que comprovam que no MESMO DIA DO RELATÓRIO MÉDICO DATADO DE 30/05/2016,

Cap. 3 • MODELOS DE CAUSA DE PEDIR E PEDIDOS | **433**

o Reclamante iniciou seu período de gozo de férias, o que demonstra a premeditação do Reclamado em "livrar-se" do empregado colocando-o de férias "às pressas" (sem o pré-aviso de 30 dias, pois não é crível que o pré-aviso tenha ocorrido em período de afastamento do Autor, o que demonstra que o médico do trabalho ainda solicitava opinião médica a respeito de eventual alta clínica em 18/05/2016).

18. Mesmo após a ciência inequívoca dos problemas de saúde do trabalhador, em especial o diagnóstico de B-24 (síndrome de imunodeficiência adquirida - AIDS), e, mesmo diante da notificação sindical, o empregador manteve-se inerte em sua obrigação de reintegrar o Autor.

19. A Convenção 111 da OIT proíbe qualquer conduta discriminatória para a manutenção do emprego, e, por sua vez, a Recomendação 200 da OIT prevê que não deverão existir práticas discriminatórias e nem estigmas de empregados em razão de sua condição de SOROPOSITIVOS. Caracterizada a discriminação, a Convenção 111 da OIT (art. 1º).

20. A recomendação 200 da OIT trata-se da primeira norma internacional do trabalho a conter expressamente a proteção dos trabalhadores, no contexto de empregados portadores de HIV e AIDS.

21. Na hipótese dos autos, também é plenamente contextualizada a aplicação da Lei 9.029/95, que, em seu art. 1º, estipula de forma cogente e peremptória que fica proibida a adoção de qualquer prática discriminatória e limitativa para efeito de acesso à relação de emprego, ou sua manutenção, por motivo de sexo, origem, raça, cor, estado civil, situação familiar, deficiência, reabilitação profissional, idade, entre outros, ressalvadas, nesse caso, as hipóteses de proteção ao menor previstas no art. 7º, XXXIII, CF.

22. Em relação do direito potestativo do empregador, o ordenamento jurídico pátrio impede que o titular de um direito (no caso o direito do empregador exercer seu poder de dispensa) extrapole os limites impostos pelo seu fim econômico ou social, conforme art. 187, CC.

23. Assim, o poder do empregador de encerrar o contrato de trabalho não é absoluto, devendo sempre atender aos princípios da dignidade da pessoa humana e dos valores sociais do trabalho (art. 1º, III e IV, CF).

24. Assim, diante de tantos elementos comprobatórios nestes autos, resta claro que o Reclamado tinha por objetivo apenas se "livrar" do Reclamante, que, em sua visão patronal era o trabalhador menos apto e mais propenso a problemas de saúde, agindo de forma prejudicial e discriminatória contra o empregado doente – já fragilizado pela moléstia grave que o acomete.

25. O conjunto probatório demonstra que o Reclamado dispensou o Reclamante após ter ciência de sua doença e, tão logo o empregado ficou apto a retornar ao trabalho, após o gozo de férias, e, mesmo com a notificação do sindicato para reintegrá-lo o Réu insistiu na dispensa ilegal e nula, corroborando a tese de dispensa discriminatória.

26. Portanto, o Autor requer a nulidade da sua dispensa imotivada e o reconhecimento da sua dispensa discriminatória por motivos de saúde, com a sua consequente reintegração ao emprego, na forma da Lei 9.029/95 (art. 4º, I), com o pagamento dos salários em parcelas vencidas e vincendas, com os reajustes legais e normativos pertinentes à sua categoria profissional, mais os reflexos desse período em férias + 1/3, 13º salário e depósitos fundiários (a serem depositados na sua conta vinculada).

27. Se não for possível a reintegração, que os seus direitos sejam convertidos em pecúnia, nos termos do art. 4º, II, Lei 9.029/95, com o pagamento da remuneração dobrada de todo o período de afastamento, acrescidos dos reajustes legais e normativos pertinentes à sua categoria profissional, com reflexos desse período em férias + 1/3, abono de férias, 13º salário e depósitos fundiários + 40%, além do pagamento das verbas rescisórias pertinentes à dispensa sem justa causa: aviso-prévio, férias + 1/3, 13º salário, FGTS código 01 + 40% e liberação de guias de seguro desemprego e/ou indenização equivalente, caso o empregado esteja em pleno gozo de capacidade laborativa.

5. DO DANO MORAL

28. Além de estar acometido de moléstias diversas, dentre as quais a AIDS, o Autor vem suportando imensa dor pela discriminação sofrida e perda do emprego, quando mais necessita de suporte financeiro e previdenciário.

29. São gravíssimas as lesões psicológicas suportadas pelo Reclamante, pois teve que enfrentar a trágica notícia de ser portador de doença sem contar com o apoio e estabilidade financeira garantida por seu emprego, além da ausência da cobertura previdenciária que certamente deixará de ter quando não mais contribuir, por falta de condições e de vínculo empregatício.

30. O Reclamado impingiu ao Autor o desemprego pela dispensa abrupta e discriminatória no momento em que mais necessita do trabalho remunerado, encontrando-se totalmente fragilizado e sem perspectivas de nova colocação no mercado de trabalho. O trabalhador sofre as agruras citadas e sofre a impossibilidade de manter seu sustento próprio e familiar, vivendo às custas de ajuda alheia, sem ter, muitas vezes, até mesmo o que comer, quando poderia continuar exercendo suas atividades laborais.

31. Sem sombra de dúvida, o Reclamado causou imenso dano moral ao empregado, devido à conduta ilegal e discriminatória, o que não pode passar em vão.

32. O dano moral é o dano não patrimonial à dignidade e à personalidade. É reconhecido expressamente na CF, art. 5°, V e X. Consoante o art. 186 do CC, o dano, ainda que exclusivamente moral, é consequência de um ato ilícito, e ao ofensor cabe o dever de repará-lo, como dispõe o art. 927 do mesmo instrumento.

33. A conduta da Reclamada resultou em ofensa à esfera moral do Reclamante (art. 223-B, CLT), sendo oportuno destacar que o art. 223-C da CLT traz a honra, a imagem, a intimidade e a saúde e a integridade físicas como bens inerentes à pessoa física juridicamente tutelados.

34. A compensação pecuniária é a forma de reparação própria do dano moral, haja vista a impossibilidade de restituição das coisas ao estado anterior. No caso do empregado discriminado, a reintegração ao posto de trabalho não indeniza o desgaste psíquico por ele sofrido.

35. O Reclamado procedendo a uma dispensa claramente discriminatória, isto é, demitiu o funcionário no primeiro momento após a alta médica e gozo de férias, para poupar-lhe aborrecimentos com o empregado, que eventualmente se ausentaria por longo período para tratar de sua saúde.

36. De fato, a Carta Política em vigor tem como fundamentos, dentre outros, a 'dignidade da pessoa humana' e os 'valores sociais do trabalho e da livre iniciativa' (art. 1°, III e IV), além do que constitui objetivo fundamental promover 'o bem de todos, sem preconceitos de origem, raça, sexo, cor, idade e quaisquer outras formas de discriminação' (art. 3°, IV), onde todos são iguais perante a lei, sem distinção de qualquer natureza, garantindo-se aos brasileiros e aos estrangeiros residentes no País a inviolabilidade do direito à vida, à liberdade, à igualdade, a segurança e à propriedade, sendo punida qualquer discriminação atentatória dos direitos e liberdades fundamentais' (art. 5°, *caput*, XLI).

37. Nos termos do art. 223-G da CLT, o juízo, ao fixar o *quantum* pela reparação do dano extra-patrimonial, deve considerar: (a) a natureza do bem jurídico tutelado; (b) a intensidade do sofrimento ou da humilhação; (c) a possibilidade de superação física ou psicológica; (d) os reflexos pessoais e sociais da ação ou da omissão; (e) a extensão e a duração dos efeitos da ofensa; (f) as condições em que ocorreu a ofensa ou o prejuízo moral; (g) o grau de dolo ou culpa; (h) a ocorrência de retratação espontânea; (i) o esforço efetivo para minimizar a ofensa; (j) o perdão, tácito ou expresso; (k) a situação social e econômica das partes envolvidas; (l) o grau de publicidade da ofensa.

38. Considerando as diretrizes delineadas, para o caso em análise, indica-se como valor a ser arbitrado para a indenização postulada a quantia de 50 salários do Reclamante, considerado o último auferido, ou outro valor a critério de Vossa Excelência, na forma do art. 223-G, CLT.

PEDIDO:

(a) Concessão da tutela de urgência de natureza antecipada para que, em caráter liminar, o Reclamante seja reintegrado no emprego, ao cargo que exerce e às suas funções laborais no Reclamado, com o imediato restabelecimento das cláusulas contratuais de trabalho, com o respectivo pagamento de salários vencidos (com os reajustes legais e normativos) e demais vantagens, desde a dispensa arbitrária, e vincendos, até decisão final transitada em julgado, requerendo, ao final, a confirmação da antecipação dos efeitos da tutela, reintegrando definitivamente o Reclamante, sob pena de multa diária a ser arbitrada por Vossa Excelência, consoante preconiza o art. 497, CPC, no importe de R$ 500,00 por dia, em favor do Reclamante _____ A apurar;

(b) Nulidade da dispensa imotivada e o reconhecimento da sua dispensa discriminatória por ser portador de HIV positivo, além de ser portador de inúmeras moléstias, com a sua consequente reintegração ao emprego, na forma da Lei 9.029/95, com o pagamento dos salários em parcelas vencidas e vincendas, com os reajustes legais e normativos pertinentes à sua categoria profissional, mais os reflexos desse período em férias + 1/3, 13º salário e depósitos fundiários (a serem depositados na sua conta vinculada) _____ A apurar;

(b.1) Se não for possível a reintegração, que os seus direitos sejam convertidos em pecúnia, nos termos do art. 4º, II, Lei 9.029/95, com o pagamento da remuneração dobrada de todo o período de afastamento, acrescidos dos reajustes legais e normativos pertinentes à sua categoria profissional, com reflexos desse período em férias + 1/3, abono de férias, 13º salário e depósitos fundiários + 40%, além do pagamento das verbas rescisórias pertinentes à dispensa sem justa causa: aviso-prévio, férias + 1/3, 13º salário, FGTS código 01 + 40% e liberação de guias de seguro desemprego e/ou indenização equivalente, caso o empregado esteja em pleno gozo de capacidade laborativa) _____ A apurar;

(c) Indenização por danos morais, no valor de 50 salários do Reclamante, considerado o último auferido ou outro valor a critério de Vossa Excelência, na forma do art. 223-G, CLT.

3.131. DISSÍDIO COLETIVO DE NATUREZA ECONÔMICA
PETIÇÃO INICIAL

EXCELENTÍSSIMO SENHOR DOUTOR JUIZ PRESIDENTE DO EGRÉGIO TRIBU-NAL REGIONAL DO TRABALHO DA [★]ª REGIÃO

(10 cm)

O SINDICATO [★] (nº do CNPJ), (nº do CEI), (endereço físico e eletrônico), representado por seus diretores, conforme ata de eleição anexa, por seu advogado (nome completo), o qual receberá as intimações e notificações (endereço físico e eletrônico), (procuração anexa), vem à presença de Vossa Excelência, propor DISSÍDIO COLETIVO DE NATUREZA ECONÔMICA, com fulcro nos arts. 114, § 2º, da CF e 856 ss da CLT, em face de [★] (nº do CNPJ), (nº do CEI), (endereço físico e elctrô-nico), pelos fundamentos de fato e de direito abaixo expostos.

1. Do Sindicato Suscitante.

A Suscitada tem sua atividade econômica preponderante no ramo da [★] (contrato social e alte-rações - [docs. ★]), sendo que os seus empregados são representados pela entidade sindical Suscitante (OJs 22 e 23, SDC, TST), conforme o registro sindical junto ao Ministério do Trabalho e Emprego (OJ 15, TST) [doc. ★].

2. Recusa de negociação coletiva.

É público e notório que o Suscitante e a Suscitada, em diversas outras negociações coletivas, chegaram a um consenso, celebrando acordos coletivos de trabalho (art. 611, § 1º, CLT).

A data-base da categoria profissional é [★].

A Suscitada foi convidada pela entidade sindical para uma reunião nas suas dependências no dia [data], a qual foi realizada e na qual foi apresentada a pauta de reivindicações da categoria profissional para o período de [★].

Diante da pauta de reivindicações, a Suscitada solicitou um prazo de três dias para o exame, contudo, até o presente momento, não houve nenhuma manifestação expressa.

O Suscitante solicitou a realização de uma mesa-redonda, contudo, a Suscitada não se fez presente (certidão da Superintendência Regional do Trabalho - [doc.★]).

A Suscitada é a responsável exclusiva e direta pelo malogro em todo o processo de negociação coletiva.

No uso de suas prerrogativas, compete à entidade sindical suscitante o ajuizamento do presente dissídio coletivo econômico (art. 616, § 2º, CLT; art. 114, § 2º, CF).

3. Da assembleia e da pauta de reivindicações.

O Suscitante, observados os prazos previstos no seu regimento, providenciou um edital de con-vocação dos empregados da Suscitada, para a realização da assembleia nas dependências da entidade sindical no dia [data] (edital de convocação - [doc.★]).

O edital de convocação foi publicado e divulgado na imprensa local (recorte de jornal - [doc. ★]; OJ 28 SDC, TST).

No dia [data], o Suscitante realizou a assembleia geral com os trabalhadores da empresa (ata da assembleia, [docs.★]; OJ 19, SDC, TST).

Cap. 3 • MODELOS DE CAUSA DE PEDIR E PEDIDOS | 437

Nessa assembleia, os trabalhadores, após uma discussão exaustiva, elaboraram a pauta de reivindicações, a qual foi apresentada à empresa.

A pauta de reivindicações está registrada na ata da assembleia (OJ 8, SDC, TST) e acompanha a presente petição inicial de dissídio coletivo (OJ 29, SDC, TST).

4. Assembleia para propositura do dissídio coletivo.

Diante da recusa da Suscitada no processo da negociação coletiva, o Suscitante realizou uma assembleia com a participação de empregados da empresa, a qual deliberou pelo ajuizamento da ação de dissídio coletivo [doc.*].

5. Impossibilidade do ajuizamento de comum acordo.

É discutível qual é a exata dicção do que representa a expressão "de comum acordo", como inserida no art. 114, § 2º, da Constituição Federal.

Pelo exame do processado, evidente que a entidade sindical suscitante, antes do ajuizamento, articulou no sentido de se ter o esgotamento do processo prévio de negociação coletiva.

Amauri Mascaro Nascimento (A Questão do Dissídio Coletivo de Comum Acordo, in: *Revista LTr*, v. 70, nº 6, pp. 650-651) ensina que a origem histórica dessa exigência constitucional para o dissídio coletivo resulta de uma sugestão do Comitê de Liberdade Sindical da OIT.

Por ocasião da greve dos petroleiros e a dispensa de cinquenta dirigentes sindicais em 1995, a CUT apresentou uma queixa na OIT contra o Governo Brasileiro. A queixa foi apreciada pelo Comitê de Liberdade Sindical da OIT que encaminhou ao Brasil as seguintes sugestões: (1) reintegração dos dirigentes sindicais despedidos; (2) transformação do nosso sistema de solução dos conflitos coletivos com a adoção da arbitragem quando solicitado pelas duas partes; (3) manutenção do dissídio coletivo apenas nos casos de greve em atividades essenciais. Com isso, caminhou-se para a supressão do dissídio coletivo. Cogitou-se a transformação do dissídio coletivo em arbitragem pelos tribunais do trabalho, o que não foi aceito.

Amauri Mascaro Nascimento considera que a exigência do "comum acordo" para o ajuizamento do dissídio coletivo de natureza econômica é inconstitucional, por violação ao princípio da inafastabilidade da jurisdição (Ob. cit., pp. 655-656).

A recente decisão do STF nas ADIs 3392, 3423, 3431, 3432, 3520 pacificou a questão atinente à constitucionalidade da expressão "comum acordo", inserida no § 2º do art. 114 da Constituição Federal.

O art. 114, § 2º, da CF, conforme a alteração efetuada, insere-se em um sistema de dispositivos, que incluem o ajuizamento de dissídio "de comum acordo" pelos parceiros sociais, pelo Ministério Público do Trabalho, mas também a prévia e efetiva negociação coletiva, sem necessidade, por óbvio, de que chegue a bom termo, mas sob o pressuposto efetivo da vontade e disposição para negociar. Outro elemento das alterações efetuadas pela Emenda Constitucional 45/04 é a atribuição à Justiça do Trabalho da tarefa de "decidir o conflito".

Tal determinação, do mesmo § 2º, limita a atuação do Poder Judiciário, na medida em que já não se encontra presente a possibilidade de "estabelecer normas e condições", mas apenas "decidir o conflito". Acresça-se a isso que o referido § 2º já previa que as decisões da Justiça do Trabalho na matéria deviam ser efetuadas, "respeitadas as disposições convencionais e legais mínimas de proteção ao trabalho".

Assim sendo, o "comum acordo" só pode ser entendido como não excludente do acesso à Justiça, que resta preservado sob novas regras, cujo objetivo é prestigiar a negociação coletiva e a composição autônoma em relação à composição heterônoma mediante decisão constitutiva. Mas ainda cabe intervenção do Poder Judiciário, caso se verifiquem óbices à negociação coletiva e à preservação dos direitos dos trabalhadores, tanto de origem legal como de origem negocial anterior.

Nesse sentido, o voto do Exmo. Ministro Gilmar Mendes formula observação essencial para a boa compreensão do problema, sob o pálio da agora pacificada constitucionalidade do § 2º do art. 114 da Constituição. Confira-se: *"Em relação à exigência de 'mútuo acordo' entre os litigantes para o ajuizamento do dissídio coletivo, tal previsão consubstancia-se em norma de procedimento, condição da ação, e não em barreira a afastar a atuação da jurisdição."*

Embora o voto do Ministro Gilmar Mendes não exponha consideração a respeito de como se efetuará a prestação jurisdicional em caso de não haver comum acordo para o ajuizamento, não restam dúvidas de que a condição de validade da restrição é a existência de processo de negociação coletiva autônoma, na orientação da Convenção 154 da OIT (Decreto Legislativo 22 de 1992). Esta não colide com a prestação jurisdicional, mas somente se fará em caso de insuperável recusa à negociação coletiva por parte de um dos parceiros sociais.

Ademais, o art. 616 da CLT, em plena vigência, estabelece que *"os Sindicatos representativos de categorias econômicas ou profissionais e as empresas, inclusive as que não tenham representação sindical, quando provocados, não podem recusar-se à negociação coletiva"*, acrescentando, no § 2º, que *"no caso de persistir a recusa à negociação coletiva, (...) ou se malograr a negociação entabulada, é facultada aos Sindicatos ou empresas interessadas a instauração de dissídio coletivo".*

O que não permanece é o estabelecimento de novas normas para reger as relações de trabalho, pelo Poder Judiciário, mediante acionamento unilateral. Isso está vedado. No entanto, resta a função conservativa da jurisdição, que, em sede coletiva, visa justamente que toda uma categoria profissional fique ao relento de regramento coletivo pela recusa da outra parte em negociar. Nesse momento se admite a prestação jurisdicional heterônoma, com as limitações estabelecidas no § 2º do art. 114 da Constituição.

Consumado o "comum acordo", a prestação jurisdicional é mais ampla, assume o caráter semelhante a uma arbitragem pública, embora com a possibilidade de recurso à instância ulterior.

Em outras palavras, o conflito deve ser dirimido, seja pela via negocial, seja pela via arbitral ou, em última oportunidade, seja pela via judicial. Recusando-se as partes à negociação coletiva, cabe à Justiça do Trabalho decidir o conflito, nos termos do art. 114, § 2º, da Constituição Federal.

6. Pauta de reivindicações.

O Suscitante apresenta as bases da conciliação (art. 858, CLT), as quais decorrem da própria pauta de reivindicações, com a manutenção de condições de trabalho fixadas em instrumentos normativos anteriores e a criação de novas condições [doc. *] (pauta anexa e instrumentos normativos anteriores):

[Transcrição da pauta de reivindicações]

7. Pedidos e requerimentos.

Ante o exposto, espera o regular processamento da presente ação, com a citação e intimação da Suscitada para que compareça à audiência de conciliação a ser designada por Vossa Excelência (art. 862, CLT) e apresente sua defesa, sob pena de incorrer nos efeitos da revelia.

Espera a procedência da presente ação, de modo que sejam mantidas as condições de trabalho fixadas em instrumentos normativos anteriores e que sejam criadas novas condições, nos termos da pauta de reivindicação aprovada em assembleia geral.

Pretende-se provar o alegado por todos os meios de prova admitidos em direito.

Dá-se à causa o valor de R$ [*].

Nestes termos, pede deferimento.

Cap. 3 • MODELOS DE CAUSA DE PEDIR E PEDIDOS | **439**

3.132. DISSÍDIO COLETIVO DE GREVE
PETIÇÃO INICIAL

EXCELENTÍSSIMO SENHOR DOUTOR JUIZ PRESIDENTE DO EGRÉGIO TRIBUNAL REGIONAL DO TRABALHO DA [*] ª REGIÃO

(10 cm)

[*] (nº do CNPJ), (endereço físico e eletrônico), representada por seus diretores [doc.*], por seu advogado (nome completo), o qual receberá as intimações e notificações (endereço físico e eletrônico), (procuração anexa), vem à presença de Vossa Excelência propor DISSÍDIO COLETIVO DE GREVE, com fulcro nos arts. 114, § 2º, da CF e 856 ss da CLT, na Lei 7.783/89, em face do SINDICATO [*] (nº do CNPJ), (nº do CEI), (endereço físico e eletrônico), pelos fundamentos de fato e de direito abaixo expostos.

1. Do Sindicato Suscitado.

A Suscitante tem sua atividade econômica preponderante no ramo da metalurgia (contrato social e alterações, [docs.]), sendo que os seus empregados são representados pela entidade sindical Suscitada (OJs 22 e 23, SDC, TST), conforme o registro sindical junto ao Ministério do Trabalho e Emprego (OJ 15, TST) [*].

2. Da negociação coletiva.

É público e notório que o Suscitante e a Suscitada, em diversas outras negociações coletivas, chegaram a um consenso, celebrando acordos coletivos de trabalho (art. 611, § 1º, CLT).

A data-base da categoria profissional é [*].

A Suscitada foi convidada pela entidade sindical para uma reunião nas suas dependências no dia [*][doc.*], a qual foi realizada e na qual foi apresentada a pauta de reivindicações da categoria profissional para o período de [*].

Dentre as principais reivindicações, a categoria profissional pretende: (a) reposição das perdas salariais em 10%; (b) aumento pela produtividade de 5%; (c) estabilidade no emprego por 120 dias após a celebração do acordo coletivo; (d) PLR variável de dois a três salários mensais, a ser pago em três parcelas durante os doze meses relativos ao período de 2015 a 2016 [doc.*].

A Suscitante solicitou um prazo de três dias para o exame da proposta.

Mesmo antes do vencimento do prazo solicitado e sem que houvesse uma posição clara da Suscitante ou até mesmo uma contraproposta, os trabalhadores entraram em greve em [data].

3. Paralisação dos serviços.

Os empregados da Suscitante estão em greve desde o dia [data], contudo, não se teve a plena exaustão do processo de negociação coletiva entre a empresa e a entidade sindical suscitada.

A fim de comprovar a eclosão e a paralisação dos trabalhadores, a Suscitante junta os seguintes documentos comprobatórios:

a) panfleto da entidade sindical convocando os trabalhadores para a greve [doc.*];

b) jornais da região noticiando a greve dos trabalhadores [doc.*];

440 | PRÁTICA DA RECLAMAÇÃO TRABALHISTA – *Jorge Neto • Wenzel • Cavalcante*

c) fotos batidas pela segurança da empresa e que demonstram a presença do caminhão de som do sindicato na frente do portão principal da empresa, proibindo o acesso de trabalhadores, clientes e colaboradores junto às dependências da Suscitante [doc.★];

d) fotos tiradas pela segurança da empresa que demonstram o momento em que os trabalhadores decidiram pela greve [doc.★].

Em desrespeito ao previsto na Lei de Greve, a Suscitante não foi pré-avisada de que os trabalhadores iriam fazer greve a partir do dia [data].

4. Da abusividade da greve.

O direito constitucional de greve não é absoluto (art. 9º, CF).

A lei infraconstitucional deve prever as hipóteses de atendimento das necessidades inadiáveis da comunidade quanto aos serviços e às atividades essenciais, bem como de abusos cometidos e da responsabilização dos envolvidos.

Para que a greve não seja considerada abusiva, é necessário que a entidade sindical observe (Lei 7.783/89) alguns requisitos legais.

A greve, como cessação coletiva de trabalho, só pode ser tida como não abusiva após as tentativas necessárias para a negociação coletiva ou na impossibilidade da arbitragem coletiva (art. 3º, *caput*).

Como dito, o processo de negociação não foi exaurido (OJ 11, SDC).

Nesse sentido, é o entendimento do TST.

"DISSÍDIO COLETIVO. GREVE. ABUSIVIDADE. 1. A greve, embora constitua direito da categoria profissional, revela-se o instrumento máximo de pressão na relação coletiva do trabalho e, como tal, deve ser relegado a situações em que resulte cabalmente – frustrada a negociação – (art. 3º da Lei 7.783/89). 2. Ressentindo-se os autos de qualquer elemento de prova sobre a tentativa prévia de composição consensual para o conflito de interesses, insta declarar a abusividade da greve. Pertinência da Orientação Jurisprudencial 11 da Seção de Dissídios Coletivos do Tribunal Superior do Trabalho. 3. Recurso ordinário interposto pelo Sindicato profissional Suscitado a que se nega provimento" (TST – SDC – RODC 584/2003-000-15-00.2 – Rel. Min. João Oreste Dalazen – *DJ* 13-8-2004).

Compete à entidade sindical convocar, na forma de seu estatuto, a assembleia geral, a qual irá definir as reivindicações da categoria, bem como deliberará sobre a paralisação coletiva da prestação de serviços (art. 4º, *caput*, Lei 7.783/89). Não houve a convocação para a assembleia para deliberar sobre a greve. Requisito indispensável:

"AÇÃO DECLARATÓRIA. RECURSO ORDINÁRIO. MOVIMENTO PAREDISTA. NÃO COMPROVAÇÃO DE REALIZAÇÃO DA ASSEMBLEIA GERAL DOS TRABALHADORES. ABUSIVIDADE. O Regional declarou a abusividade da greve dos trabalhadores metalúrgicos da Empresa Alcoa Alumínio S.A., em face da inexistência, nos autos, da ata da assembleia, na qual se deliberou pela deflagração do movimento, bem como das respectivas listas de presença. Não sendo observados todos os ditames da Lei 7.783/1989, considera-se abusivo o movimento paredista, motivo pelo qual se mantém a decisão a quo. Recurso ordinário não provido" (TST – SDC – ROAD 220/2005-000-16-00.9 – Relª Minª Dora Maria da Costa – *DEJT* 6-2-2009).

A greve, para ser iniciada, necessita da concessão de uma pré-comunicação de 48 horas para a entidade sindical patronal ou os empregadores interessados (art. 3º, parágrafo único, Lei 7.783/89). Não houve a concessão desse aviso-prévio.

Cap. 3 • MODELOS DE CAUSA DE PEDIR E PEDIDOS | **441**

Ante o exposto, a Suscitante espera o reconhecimento da abusividade do movimento paredista e a autorização para que se tenha o desconto dos dias parados dos trabalhadores (art. 8º, Lei 7.783/89).

5. Pedido e requerimentos.

Por todo o exposto, espera o regular processamento da presente ação, com a citação e intimação da Suscitada para que compareça à audiência de conciliação a ser designada por Vossa Excelência em caráter de urgência e apresente sua defesa, sob pena de incorrer nos efeitos da revelia.

Espera a procedência da presente ação, para declarar abusiva a greve dos trabalhadores e autorizar o desconto dos dias parados (faltas injustificadas).

Pretende-se provar o alegado por todos os meios de prova admitidos em direito.

Dá-se à causa o valor de R$ [*].

Nestes termos, pede deferimento.

3.133. DONO DA OBRA
INAPLICABILIDADE DA OJ 191. RESPONSABILIDADE. ACIDENTE DE TRABALHO.
INDENIZAÇÃO POR DANOS MORAIS E MATERIAIS

CAUSA DE PEDIR:

O Reclamante foi admitido na função de [indicar] pela 1ª Reclamada, efetiva empregadora, para exercer suas funções para a 2ª Reclamada, tomadora dos serviços do Reclamante.

Ocorre que, na data [indicar], o Autor sofreu acidente de trabalho, ao ter a mão direita amputada pela máquina [indicar], que não possuía plenas condições de segurança e não estava adequada ao uso [detalhar], causando as graves lesões que provocaram o longo afastamento do Autor de suas funções por 8 meses.

Ressalta-se, ainda, que o Reclamante não estava usando qualquer EPI ou EPC (equipamento de proteção individual ou coletivo), o que, aliado à falta de treinamento adequado e dispositivos de segurança na máquina citada, foram fatores determinantes para a ocorrência de acidente tão grave, restando plenamente comprovada a culpa da empresa contratante dos serviços, que não obedeceu às regras de segurança quanto aos equipamentos de trabalho.

A responsabilidade civil resulta do art. 186 do Código Civil: *"aquele que, por ação ou omissão voluntária, negligência ou imprudência, violar direito e causar dano a outrem, ainda que exclusivamente moral, comete ato ilícito".*

Em consequência, o autor do dano fica obrigado a repará-lo, nos termos do art. 927 do CC, sendo que o dispositivo legal em questão adotou a teoria do risco.

A obrigação de indenizar decorre primordialmente do fato de que cabia à tomadora o dever de fiscalização quanto às normas de segurança do trabalho, o que não foi feito.

Aliás, dispõe o art. 184 da CLT que as máquinas e os equipamentos deverão ser dotados de dispositivos de partida e parada e outros que se fizerem necessários para a prevenção de acidentes do trabalho, especialmente quanto ao risco de acionamento acidental.

Assim, todo aquele que concorrer para o dano tem responsabilidade solidária, podendo ser exigida a totalidade da dívida de somente um dos devedores solidários.

O art. 942, CC, determina que, se a ofensa tiver mais de um autor, todos responderão solidariamente pela reparação.

No caso, o Reclamante foi contratado para trabalhar como [função] na tomadora e tornou-se inequívoca a atuação culposa desta empresa para a ocorrência do acidente.

A atribuição de responsabilidade àquele que contrata prestador de serviços pela empresa intermediadora deve atentar aos princípios do Direito Civil.

A responsabilidade solidária decorre da lei ou da vontade das partes (art. 265, CC).

O art. 942 do Código Civil prevê a responsabilidade solidária daqueles que participam do ato ilícito, conceito este que abrange o descumprimento das normas de Direito do Trabalho.

Impõe-se ao empregador a função de diligenciar, de forma permanente, para que as atividades exercidas pelo empregado sejam realizadas sob condições adequadas e que haja o fornecimento de equipamentos, individuais e coletivos de proteção, por meio dos quais seja possibilitado o afastamento ou minimização do risco de acidentes.

Portanto, havendo ato ilícito, justifica-se a responsabilização imputada à tomadora dos serviços.

As Reclamadas são corresponsáveis pelas lesões sofridas pelo Autor no curso da contratação, e como tal, por expressa previsão legal, são solidariamente responsáveis pela reparação (art. 942, CC).

Nem poderia ser de forma diversa, pois do contrário, estar-se-ia beneficiando o infrator, pondo-se em risco a efetividade do direito material conferido à parte lesada.

Ademais, não se pode perder de vista, ainda, o princípio da proteção ao trabalhador, consagrado na Constituição Federal (art. 1º, IV), quando declara que a República Federativa do Brasil tem como norte, dentre outros, o valor social do trabalho, estabelecendo no art. 170 que a ordem econômica está assentada na valorização do trabalho humano.

Sendo que a presente lide envolve postulações oriundas de acidente do trabalho e por se tratarem de pretensões com natureza eminentemente civil (indenizações por danos morais, estéticos e materiais), não se aplica a regra da OJ 191, SDI-I, de excludente de responsabilidade, uma vez que se trata de abrangência exclusiva às *"obrigações trabalhistas contraídas pelo empreiteiro"*.

Assim, na esteira desse entendimento, a responsabilidade do dono da obra pelos danos materiais e morais decorrentes de acidente do trabalho resulta diretamente do Código Civil (art. 932, III; art. 933; art. 942, parágrafo único, CC), sendo de natureza solidária.

No caso concreto, a discussão envolve acidente de trabalho ocorrido no decorrer da execução de contrato de empreitada.

Portanto, ainda que se considere que o contrato celebrado entre as Reclamadas tenha sido de empreitada (na estrita acepção do termo), a OJ 191 não afastaria a responsabilização da tomadora, pois a indenização por danos morais e materiais resultantes de acidente de trabalho tem natureza jurídica civil, decorrente de culpa por ato ilícito (arts. 186 e 927, *caput*, CC), não se enquadrando como verba trabalhista *stricto sensu*.

Essa circunstância afasta a aplicação da referida OJ 191, para condenar as Reclamadas de modo solidário ao pagamento das indenizações por danos materiais, morais e estéticos, postuladas na presente ação, em seus respectivos tópicos.

Nesse sentido:

"I - AGRAVO DE INSTRUMENTO. RECURSO DE REVISTA INTERPOSTO SOB A ÉGIDE DA LEI N.º 13.015/2014 E DA IN 40/2016 DO TST. ACIDENTE DE TRABA-LHO. DONO DA OBRA. RESPONSABILIDADE CIVIL. INAPLICABILIDADE DA OJ 191 DA SBDI-1 DO TST. No que se refere à responsabilidade civil do dono da obra, esta Corte possui entendimento de que não se aplica a OJ 191 da SBDI-1 ao pleito de indenização por danos morais, estéticos e materiais decorrentes de acidente de trabalho, por apresentar natureza jurídica civil, e não tipicamente trabalhista, conforme prevê a aludida Orientação Jurisprudencial. Sendo a responsabilidade civil decorrente de ato ilícito, nos termos dos artigos 186 e 927, caput, *do Código Civil, devem estar presentes os seguintes requisitos para que haja condenação da ora agravante à indenização: dano, nexo causal e culpa. Na hipótese, o dano e o nexo causal são elementos incontroversos, porquanto, em face de acidente de trabalho típico, ocorreu o óbito do empregado da primeira ré. A culpa, por sua vez, decorre da afirmação constante no acórdão regional, no sentido de que a ré, ora agravante, não adotou medidas para evitar o acidente de trabalho. Nesse aspecto, é assente nesta Corte Superior o entendimento de que incumbe ao dono da obra zelar para que a empresa contratada observe as normas de higiene e segurança do trabalho, o que não foi demonstrado no caso dos autos. Precedentes. Agravo de instrumento a que se nega provimento (...)"* (TST – 2ª T. - ARR 410-64.2011.5.09.0659 – Relª Minª Maria Helena Mallmann - *DEJT* 31-3-2017).

"RESPONSABILIDADE CIVIL. DONO DA OBRA. ACIDENTE DE TRABALHO. FALE-CIMENTO DE EMPREGADO CONTRATADO POR SUBEMPREITEIRA. ORIENTA-ÇÃO JURISPRUDENCIAL Nº 191 DA SBDI-1 DO TST. INAPLICABILIDADE 1. Nas ações acidentárias não se postulam simplesmente parcelas contratuais não adimplidas, e sim indenização por dano moral e/ou material decorrente de infortúnio que, nos casos de contrato de empreitada, em regra, ocorre nas dependências da dona da obra, igualmente responsável em relação à prevenção de acidentes e doenças ocupacionais. 2. Se o dono da obra concorreu para o infortúnio, no que não impediu a prestação de labor sem a observância das normas de higiene e segurança do trabalho, a cargo do empregador, incide, em tese, a responsabilidade solidária inserta no art. 942, caput, do Código Civil de 2002. Precedentes da SBDI-1 do TST. 3. Responsabilidade subsidiária do dono da obra que se mantém, em respeito aos limites da postulação deduzida em embargos. 4. Embargos dos Reclamantes de que se conhece, por divergência jurisprudencial, e a que se dá provimento para restabelecer o acórdão regional" (TST – SDI-I – E-RR 240-03.2012.5.04.0011 – Rel. Min. João Oreste Dalazen - *DEJT* 27-11-2015).

Assim sendo, há expressa previsão legal no ordenamento jurídico pátrio para a responsabilidade solidária das empresas.

No que tange à condição da 2ª Reclamada ser dona da obra, não se pode negar, diante das peculiaridades da contratação pactuada entre as empresas, que a 2ª Reclamada se assemelha à dona da obra.

Ocorre que, no caso dos autos, não se aplica a isenção de responsabilidade da dona da obra contida na OJ 191 – que é uma exceção à regra geral da responsabilização e, assim, deve ser interpretada de maneira restritiva –, impondo-se o afastamento da responsabilidade do dono da obra somente em relação aos débitos trabalhistas em sentido estrito, e não no caso em questão, onde se pleiteia indenizações por danos materiais, morais e estéticos.

A jurisprudência do TST sinaliza:

"Responsabilidade solidária do dono da obra. Acidente de trabalho fatal. Responsabilidade do empregador e do tomador da mão de obra. Culpa concorrente. Indenização por danos morais e materiais. A v. decisão que reconhece a responsabilidade solidária do empregador e da empresa dona da obra, em face da culpa concorrente, pela negligência no local de prestação de serviços, que ocasionou o acidente de trabalho, não contraria os termos da OJ 191 da c. SDI, que trata tão somente de afastar a responsabilidade do dono da obra pelas verbas trabalhistas, sem nada aduzir acerca dos elementos que nortearam o julgado, registrado que empregador e contratante da obra não foram diligentes na observação das normas de segurança e proteção do trabalho, o que poderia ter evitado o acidente fatal. Inviável reconhecer divergência jurisprudencial sobre o tema quando nenhum dos arestos colacionados aprecia responsabilidade em acidente de trabalho, por culpa concorrente do dono da obra. Incidência da Súmula 296 do c. TST. Recurso de revista não conhecido" (TST – 6ª T. – RR 133500-73.2008.5.04.0511 – Rel. Min. Aloysio Corrêa da Veiga – *DEJT* 23-3-2012).

No caso em questão, os pleitos ora postulados não tratam de débitos trabalhistas em sentido estrito, mas de indenização decorrente de acidente de trabalho. Portanto, não decorre da natureza do contrato, mas de atos ilícitos que causaram danos ao trabalhador.

Assim, temos que a prestação de serviços culminou em dano físico ao trabalhador, sendo que a questão da responsabilidade civil e do direito à reparação é consequência decorrente de preceito de lei. Não seria razoável admitir a hipótese de que um trabalhador, vítima de acidente de trabalho, não tenha amparo jurídico, contrariando o que dispõe o art. 5º, X, CF.

Por tais fundamentos, o Autor pede a responsabilização solidária entre as Reclamadas quanto aos pedidos de indenização por danos morais, materiais e estéticos desta ação.

Cap. 3 • MODELOS DE CAUSA DE PEDIR E PEDIDOS | **445**

O art. 950, CC, assim enuncia: *"Se da ofensa resultar defeito pelo qual o ofendido não possa exercer o seu ofício ou profissão, ou se lhe diminua a capacidade de trabalho, a indenização, além das despesas do tratamento e lucros cessantes até o fim da convalescença, incluirá pensão correspondente à importância do trabalho para que se inabilitou, ou da depreciação que ele sofreu".*

A remuneração a ser fixada é a renda auferida pela vítima à época da ocorrência do ato lesivo, ou seja, o valor do seu salário normal originário (quando da contratação), além da parte variável (as horas extras e o adicional noturno e fator da redução).

A pensão deve ser calculada em função do último salário auferido, considerando-se o salário normal acrescido da média salarial variável [horas extras, adicional noturno etc. – discriminar os títulos].

A esta base mensal deve-se ter a inserção dos seguintes percentuais: (a) 8% (0,08) do FGTS sobre a base mensal; (b) 13º salário (um salário por ano), logo, a parcela do 13º salário deve corresponder a 1/12 (0,083 = 8,33%) sobre a base mensal; (c) 1/3 das férias. As férias correspondem a um salário por ano. O percentual de 1/3 sobre um mês de salário corresponde a 0,33; 0,33: 12 = 0,027, logo a parcela de 1/3 corresponde a 0,027 (2,77%) de um salário mensal.

A base de cálculo da pensão corresponde a 1,19 (um salário + FGTS - 0,08 + 13º salário - 0,083 + 1/3 férias - 0,027) da remuneração (= igual ao salário normal + média dos aditivos salariais habituais).

A pensão é devida a partir de [indicar a data: dia do acidente; dia da constatação da incapacidade; data do término do contrato etc.].

O Reclamante solicita a pensão, em parcela única (art. 950, parágrafo único), a ser calculada a partir da data acima indicada, de acordo com o grau da incapacidade laborativa (a ser calculada de acordo com o laudo pericial), sendo no mínimo o percentual de 50% (por analogia, art. 86, Lei 8.213/91; auxílio--acidente). A pensão será calculada considerando-se o número de anos entre a idade do Reclamante (a partir de quando a pensão é devida) e a estimativa de sobrevida do Reclamante (atualmente, de acordo com a Tabela do IBGE, 74,9 anos). Juros a partir do ajuizamento da demanda. Atualização a partir do momento em que a verba é devida. Pela natureza da verba, descabem os descontos de INSS e IRPF.

Caso Vossa Excelência não defira a pensão em parcela única, que se tenha o pensionamento de forma mensal, de acordo com o grau da incapacidade laborativa (a ser calculada de acordo com o laudo pericial), sendo no mínimo o percentual de 50% (por analogia, art. 86, Lei 8.213/91; auxílio-acidente), de forma vitalícia, a ser calculada em função dos reajustes do salário mínimo e, sucessivamente, sobre os reajustes da categoria profissional. Nessa hipótese, o Reclamante solicita que a empresa seja obrigada a fazer a constituição de capital nos termos do art. 533, CPC. Pela natureza da verba, descabem os descontos de INSS e IRPF.

Além do pensionamento, a título de dano material, o Reclamante faz jus à percepção de todas as despesas havidas com o evento danoso. As despesas [cirurgias, consultas médicas, medicamentos, próteses etc.; discriminar as despesas e juntar os recibos] até a data do ajuizamento importam em [indicar o valor]. As parcelas subsequentes ao ajuizamento da demanda serão apuradas por artigos de liquidação (art. 509, II, CPC).

Em caso de acidente de trabalho – sentido amplo –, além do dano material, o trabalhador também faz jus ao dano moral (Súm. 37, STJ).

Da situação acima narrada, evidente a ofensa à esfera moral do Reclamante (art. 223-B, CLT).

Oportuno destacar que o art. 223-C da CLT traz a saúde e a integridade física como bens inerentes à pessoa física juridicamente tutelados.

As lesões decorrentes de acidente de trabalho deixam sequelas inevitáveis para o trabalhador.

As dores psíquicas, morais, em função da intensidade das agressões físicas, refletem danos que podem ser superiores aos prejuízos materiais.

Cabe ao critério valorativo do juiz, além da força criativa da doutrina e jurisprudência, a busca de parâmetros para que se possa fixar a indenização pelo dano moral.

A fixação da indenização pelo dano moral não deve ser vista só como uma avaliação da dor sofrida pela vítima em dinheiro.

De fato, representa a substituição de um bem jurídico por outro.

Porém, também significa uma sanção que é aplicada ao ofensor, impondo-se uma diminuição em seu patrimônio, satisfazendo-se a vítima que foi prejudicada em sua honra, liberdade, intimidade etc.

A reparação do dano moral para a vítima representa uma satisfação, enquanto para o agente é uma sanção.

Nos termos do art. 223-G da CLT, o juízo, ao fixar o *quantum* pela reparação do dano extrapatrimonial, deve considerar: (a) a natureza do bem jurídico tutelado; (b) a intensidade do sofrimento ou da humilhação; (c) a possibilidade de superação física ou psicológica; (d) os reflexos pessoais e sociais da ação ou da omissão; (e) a extensão e a duração dos efeitos da ofensa; (f) as condições em que ocorreu a ofensa ou o prejuízo moral; (g) o grau de dolo ou culpa; (h) a ocorrência de retratação espontânea; (i) o esforço efetivo para minimizar a ofensa; (j) o perdão, tácito ou expresso; (k) a situação social e econômica das partes envolvidas; (l) o grau de publicidade da ofensa.

Como indenização por danos morais e estéticos, o Reclamante pede a condenação das Reclamadas ao pagamento de 50 salários nominais ou outro valor a critério de Vossa Excelência, na forma do art. 223-G, CLT, sendo que tal verba não é base de recolhimentos previdenciários ou fiscais.

Na apuração da indenização por danos morais, os juros são devidos a partir do ajuizamento da demanda trabalhista (art. 39, § 1º, Lei 8.177/91; Súm. 439, TST; Súm. 362, STJ).

PEDIDO:

(a) responsabilização solidária das Reclamadas pelos prejuízos materiais e morais postulados na presente ação, nos termos da fundamentação;

(b) juntada dos seguintes documentos: (1) Programa de Prevenção de Riscos Ambientais – PPRA, previsto na NR-9 da Portaria 3.214/78 do MTE; (2) Laudo Técnico de Condições Ambientais do Trabalho – LTCAT, previsto na NR-15 da Portaria 3.214/78 do MTE; (3) Programa de Controle Médico de Saúde Ocupacional – PCMSO, nos termos da NR-7 da Portaria 3.214/78, acompanhado dos respectivos relatórios; (4) Perfil Profissiográfico Previdenciário – PPP; (5) Análise Ergonômica do Trabalho – AET (NR 17); (6) Prontuário médico do Reclamante, com transcrição legível das anotações, inclusive exames admissional, demissional e periódicos (art. 168 da CLT e NR-7 da Portaria 3.214/78); (7) Comprovante de instrução aos seus empregados; (8) Treinamento pela ordem de serviços, art. 157, II, da CLT e Portaria 3.214/78, item 1.7.b; (9) Ficha de registro; (10) Ficha de entrega de EPI's; (11) Recibos de pagamento de todo o período trabalhado. Esses documentos deverão ser juntados de acordo com os teores do art. 396 e ss. do CPC, em audiência, quando do oferecimento da resposta da Reclamada;

(c) danos materiais (pensão):

(1) a pensão deve ser calculada em função do último salário auferido, considerando-se o salário normal acrescido da média salarial variável [horas extras, adicional noturno etc.; discriminar os títulos]. A esta base mensal deve se ter a inserção dos seguintes percentuais: (a) 8% (0,08) do FGTS sobre a base mensal; (b) 13º salário (um salário por ano), logo, a parcela do 13º salário deve corresponder a 1/12 (0,083 = 8,33%) sobre a base mensal;

Cap. 3 • MODELOS DE CAUSA DE PEDIR E PEDIDOS | **447**

(c) 1/3 das férias. As férias correspondem a um salário por ano. O percentual de 1/3 sobre um mês de salário corresponde a 0,33; 0,33 : 12 = 0,027, logo, a parcela de 1/3 corresponde a 0,027 (2,77%) de um salário mensal. A base de cálculo da pensão corresponde a 1,19 (um salário + FGTS - 0,08 + 13° salário - 0,083 + 1/3 férias - 0,027) remuneração (= igual ao salário normal mais média dos aditivos salariais habituais);

(2) a pensão é devida a partir de [indicar a data: dia do acidente; dia da constatação da incapacidade; data do término do contrato etc.];

(3) a pensão, em parcela única (art. 950, parágrafo único, CC), a ser calculada a partir da data indicada anteriormente, de acordo com o grau da incapacidade laborativa (a ser calculada de acordo com o laudo pericial), sendo no mínimo o percentual de 50% (por analogia, art. 86, Lei 8.213/91; auxílio-acidente). A pensão será calculada considerando-se o número de anos entre a idade do Reclamante (a partir de quando a pensão é devida) e a estimativa de sobrevida do Reclamante (atualmente, de acordo com a Tabela do IBGE, 74,9 anos). Juros a partir do ajuizamento da demanda. Atualização a partir do momento em que a verba é devida. Pela natureza da verba, descabem os descontos de INSS e IRPF;

(4) caso Vossa Excelência não defira a pensão em parcela única, que se tenha o pensionamento de forma mensal, de acordo com o grau da incapacidade laborativa (a ser calculada de acordo com o laudo pericial), sendo no mínimo o percentual de 50% (por analogia, art. 86, Lei 8.213/91; auxílio-acidente), de forma vitalícia, a ser calculada em função dos reajustes do salário mínimo e, sucessivamente, sobre os reajustes da categoria profissional. Nesta hipótese, o Reclamante solicita que a empresa seja obrigada a fazer a constituição de capital nos termos do art. 533, CPC. Pela natureza da verba, descabem os descontos de INSS e IRPF;

(d) danos materiais (despesas): pagamento de todas as despesas havidas com o evento danoso. As despesas [cirurgias, consultas médicas, medicamentos, próteses etc.; discriminar as despesas e juntar os recibos] até a data do ajuizamento importam em [indicar o valor]. As parcelas subsequentes ao ajuizamento da demanda serão apuradas por artigos de liquidação (art. 509, II, CPC);

(e) condenação das Reclamadas em indenização por danos morais e estéticos (arts. 186, 187, 927 e 932, III, CC), tendo em vista o sofrimento causado pelo acidente e pela deformidade permanente que acomete o trabalhador no valor de 50 salários nominais ou outro valor a critério de Vossa Excelência, na forma do art. 223-G, CLT, sendo que tal verba não é base de recolhimentos previdenciários ou fiscais.

3.134. DSR
CONCEDIDO APÓS O SÉTIMO DIA DE TRABALHO. PAGAMENTO EM DOBRO

CAUSA DE PEDIR:

O Reclamante cumpria jornada de trabalho em escalas de serviço totalmente irregulares, haja vista que laborava por até 9 dias consecutivos sem a concessão de folga semanal – DSR. Durante todo o contrato de trabalho, as folgas semanais eram concedidas sempre após o sétimo dia de trabalho semanal.

Conforme prevê o art. 7°, XV, CF, todo empregado tem direito ao repouso semanal remunerado, preferentemente aos domingos.

A semana civil, a que se refere a Constituição Federal, tem duração de sete dias, de segunda-feira a domingo. Logo, no período de uma semana, o empregado deve usufruir de um descanso remunerado, de preferência aos domingos e, excepcionalmente, em outro dia da semana, para o caso de empresas autorizadas a manter atividades contínuas. As atividades que podem funcionar em caráter permanente estão elencadas na relação anexa ao Decreto 27.048/49 e na Lei 10.101/00 (art. 6°), o que não é o caso do Reclamante.

O descanso semanal remunerado deve ser concedido pelo empregador após seis dias de trabalho contínuo, não podendo as partes alterar a periodicidade do DSR, por meio de negociação coletiva, por se tratar de matéria de ordem pública.

A OJ 410 SDI-I do TST esclarece: *"Viola o art. 7°, XV, da CF a concessão de repouso semanal remunerado após o sétimo dia consecutivo de trabalho, importando no seu pagamento em dobro."*

Comentado o enunciado supra, Élisson Miessa dos Santos e Henrique Correia lecionam: *"Dessa forma, a consequência para o empregador que concede o descanso somente após o sétimo dia é, portanto, o pagamento em dobro do DSR. Além de ser autuado pela fiscalização do trabalho. Por fim, será inválida a cláusula do instrumento coletivo que prever a possibilidade do DSR e feriados após o sétimo dia de trabalho. Trata-se, portanto, de norma de indisponibilidade absoluta que impossibilita a flexibilização"* (*Súmulas e Orientações Jurisprudenciais do TST*. 2. ed. Salvador: JusPodivm, 2012, p. 271).

Portanto, ainda que haja norma coletiva disciplinando a concessão de repouso remunerado após o sétimo dia de trabalho, a disposição será nula, ensejando o pagamento do DSR em dobro.

Por tais razões, a Reclamada deverá ser condenada ao pagamento em dobro dos DSRs concedidos após o sétimo dia consecutivo de trabalho, com reflexos em férias, abono de férias, aviso-prévio, 13° salário e nos depósitos fundiários + 40%.

PEDIDO:

Condenação da Reclamada ao pagamento em dobro dos DSRs concedidos após o sétimo dia consecutivo de trabalho, com reflexos em férias, abono de férias, aviso-prévio, 13° salário e nos depósitos fundiários + 40%.

3.135. *DUMPING* SOCIAL

CAUSA DE PEDIR:

Diante do todo o aqui exposto, para conseguir vender o trabalho humano a preços baixos, a empresa descumpriu preceitos fundamentais que garantem as relações de emprego.

Normas de proteção ao trabalho como direito à equiparação salarial, isonomia de salários ao trabalho de igual valor, concessão de intervalo e pagamento de hora extra, integração das comissões, não foram respeitados. Some-se a isso a terceirização ilícita de mão de obra.

Pesquisas mostram que os danos morais gerados em tais casos não atingem apenas um empregado em específico, mas toda a massa trabalhadora porque desconsidera a estrutura do estado social e os direitos trabalhistas com o objetivo de obter ganho comercial.

Veja-se que a 1ª Reclamada é empresa que conta com mais de 100 empregados, apenas na região do ABC, usurpando-se da supressão dos direitos trabalhistas aonde atinge seus lucros exorbitantes.

Diante da ocorrência de *dumping social*, requer sejam as Reclamadas condenadas ao pagamento de dano moral coletivo no importe de R$ ... [indicar], valor que respeita os critérios de desestímulo e poderio econômico do ofensor, o que deverá ser revertido ao FAT.

PEDIDO:

Indenização por dano moral coletivo por *dumping social*.

3.136. EMBARGOS DECLARATÓRIOS
FATO SUPERVENIENTE

CAUSA DE PEDIR:
I. CONSIDERAÇÕES PRELIMINARES

Em que pese o entendimento proferido por esse MM. Juiz, a r. decisão que determinou o ingresso da Embargante na lide encontra-se equivocada, restando claro, diante das provas a seguir aduzidas, ser a Embargante pretensa terceira interessada.

Deixa registrado a Embargante, Sra. X, que age com extrema boa-fé na oposição do presente, a fim de trazer a verdade aos autos e esclarecer não ser a mesma responsável pelos créditos advindos desta Reclamatória Trabalhista, como se verá a seguir.

II. DOS FATOS

Trata-se de Reclamatória Trabalhista – Processo 00000000 – distribuída em [data] pelo Embargado contra a empresa M – EPP (Primeira Reclamada) e outra, na qual requer, em breve síntese: (a) reconhecimento de vínculo empregatício com o pagamento de verbas salariais e rescisórias decorrentes de mencionada relação vínculo empregatício mantido com referida empresa de [data]; (bi) responsabilidade subsidiária da Segunda Reclamada pelo fato de ter sido tomadora de serviços.

Designada audiência, restou ausente a Primeira Reclamada, sendo a mesma declarada revel e considerada confessa com relação à matéria fática, comparecendo, assim, apenas a Segunda Reclamada que postulou pela improcedência da demanda.

Proferida sentença em [data], este D. Juízo houve por bem: (a) reconhecer o vínculo empregatício do Embargado, com o pagamento de verbas salariais e rescisórias decorrentes de mencionada relação vínculo empregatício mantido com a Primeira Reclamada de [data]; (bi) declarar a responsabilidade subsidiária da Segunda Reclamada.

A Segunda Reclamada interpôs Recurso Ordinário e o Embargado, dentre outros atos processuais, requereu a inclusão dos sócios da Primeira Reclamada ao feito, dentre eles, supostamente a Embargante, tomando-se por base a primeira folha da Ficha Cadastral Completa expedida pela JUCESP na qual, de forma diversa, a mesma figura como sócia.

Laborou em equívoco este Nobre Magistrado, vez que o próprio documento acima citado – Ficha Cadastral Completa expedida pela JUCESP, juntada pelo Embargado, demonstra que a Embargante desligou-se da Primeira Reclamada em [data], com averbação de seu desligamento em [data], nem sequer obtendo os préstimos do labor do Embargado que, frise-se, alega ter laborado para a Primeira Reclamada de [data].

III. DOS EMBARGOS DECLARATÓRIOS

No sistema jurídico atual temos que os Embargos Declaratórios são utilizados como forma de comunicar fato novo aos autos.

Dispõe o *caput* do art. 493 do CPC que:

> *"Art. 493. Se, depois da propositura da ação, algum fato constitutivo, modificativo ou extintivo do direito influir no julgamento do mérito, caberá ao juiz tomá-lo em consideração, de ofício ou a requerimento da parte, no momento de proferir a decisão."*

Nos termos deste artigo, verifica-se que estamos, nestes autos, diante de fato novo trazido ao mesmo. Isto porque, diferentemente do noticiado, a Embargante é ex-sócia da Primeira Reclamada e não deve responder como se sócia fosse. Os documentos demonstram tal condição e como tal será plenamente provado, a fim de demonstrar e estabelecer a convicção deste Juízo.

Não menos importante temos a Súmula 394 do E. TST que estabelece:

"O art. 493 do CPC de 2015 (art. 462 do CPC de 1973), que admite a invocação de fato constitutivo, modificativo ou extintivo do direito, superveniente à propositura da ação, é aplicável de ofício aos processos em curso em qualquer instância trabalhista".

Portanto, temos como fato superveniente a Embargante ter sido sócia em período anterior ao ingresso do Embargado para trabalhar na Primeira Reclamada, fato este devidamente comprovado junto a estes Embargos.

Conforme se verifica da ★ª Alteração Contratual datada de [data], devidamente registrada perante a JUCESP em sessão de [data] sob nº ★, às fls. ★ da anexa Ficha Cadastral demonstra que a Embargante se desligou do quadro societário da Primeira Reclamada três anos antes do ingresso do Embargado. Portanto:

(a) o Reclamante (Embargado) laborou de [data];

(b) a Embargante desligou-se da sociedade reclamada em [data];

(c) a reclamatória trabalhista foi distribuída em [data].

Fácil deduzir do até aqui exposto que a Embargante:

(a) figura na condição de pretenso terceiro interessado;

(b) recebeu intimação de sentença proferida nestes autos como sócia da Primeira Reclamada, mesmo tendo se desligado da sociedade em período fartamente anterior (três anos antes) do labor do Embargado;

(c) não se beneficiou dos préstimos do labor do Embargado, visto que já não mais era sócia da Primeira Reclamada quando o mesmo alega ter iniciado seu labor na Primeira Reclamada, não podendo, portanto, ser responsabilizada pelos créditos advindos desta demanda, visto que o período como ex-sócia não é contemporâneo com a vigência do contrato de trabalho;

(d) desligou-se da sociedade em [data] e não mais figurou como sócia da Primeira Reclamada desde mencionada data.

Portanto, sob qualquer prisma que se analise a questão, não há como responsabilizar a Embargante pelos valores advindos desta demanda.

Entretanto, a fim de que não se alegue, futuramente, ausência de manifestação a respeito, a Embargante traz à baila outros fundamentos não menos importantes, que corroboram com sua ausência de responsabilidade. Senão vejamos.

IV. DO PRAZO DECADENCIAL

Estabelece o art. 1.003, CC, que a retirada do sócio não o exime da responsabilidade pelas obrigações sociais anteriores, até dois anos após averbada sua resolução na sociedade.

Considerando que a Embargante se desligou da sociedade em [data], também sob esta linha de raciocínio suas obrigações sociais perante a sociedade findaram-se em [data].

No mesmo sentido, temos o art. 10-A da CLT, acrescentado pela Lei 13.467 de 13.07.2017:

"Art. 10-A. O sócio retirante responde subsidiariamente pelas obrigações trabalhistas da sociedade relativas ao período em que figurou como sócio, somente em ações ajuizadas até dois anos depois de averbada a modificação do contrato, observada a seguinte ordem de preferência:

I – a empresa devedora;

II – os sócios atuais; e

III – os sócios retirantes.

Parágrafo único. O sócio retirante responderá solidariamente com os demais quando ficar comprovada fraude na alteração societária decorrente da modificação do contrato".

Portanto, também sob este prisma, a Embargante não pode e não deve ser responsabilizada pelos direitos advindos desta lide. Considerar-se ao contrário configurará ausência de direcionamento aos mais comezinhos princípios do direito, o que não pode concordar este D. Juízo.

No presente caso, é perfeitamente perceptível que o débito oriundo da Reclamatória Trabalhista de que decorreram os presentes Embargos foi contraído pela empresa posteriormente à saída da Embargante e em período ao qual não se responsabiliza, nos termos dos ditames legais, não havendo como recair sobre a reclamatória uma dívida que não concorreu, que não é sua, já que no período em que ocorreu o fato gerador da execução não possuía, a Embargante, qualquer relação com a Primeira Reclamada.

Ademais, não se pode perder de vista que a satisfação do crédito do Embargado há que ser buscada não se ferindo princípios e o ordenamento jurídico, sob pena de descrédito do Poder Judiciário, mesmo porque a Embargante sequer se beneficiou da mão de obra do Embargado.

Portanto, como a Reclamatória Trabalhista não se iniciou no período contemporâneo à gestão da Embargante, não há como responsabilizá-la pelo débito trabalhista oriundo da demanda trabalhista em questão.

Justificar a responsabilização de uma pessoa, seja física ou jurídica, sem observância dos preceitos legais, beira à arbitrariedade, o que não pode prevalecer e cujo requerimento se fundamenta a Embargante.

V. DA NULIDADE PROCESSUAL

Ultrapassadas as questões acima suscitadas, a Embargante não deverá permanecer no polo passivo desta demanda, por violar expressa disposição constitucional, em face do disposto no art. 5°, LV, CF, a saber:

"Ao litigante, em processo judicial ou administrativo e aos acusados em geral são assegurados o contraditório e a ampla defesa, com os meios e recursos a ela inerentes".

Vossa Excelência, a decisão constante dos autos, com a inclusão da Embargante encontra-se ausente de fundamento que a justifique, diante do próprio documento anexado aos autos pelo Embargado.

A Embargante é pessoa física estranha à lide, não fez parte do processo de conhecimento, nem tampouco aos autos. Está sendo, assim, diante da desconsideração da personalidade jurídica, incluída indevidamente na lide como se sócia da Primeira Reclamada, em tal dissonância ao que se estabelece nos arts. 133 a 137 do CPC, uma vez que se trata de ex-sócia conforme fartamente exposto nesta peça processual.

Ademais, nos termos do art. 855-A da CLT, acrescido pela Lei 13.467/17, resta claro que o incidente de desconsideração da personalidade jurídica nestes autos não foi respeitado e, como tal, deve ser rechaçado, visto que em detrimento do devido processo legal e das normas legais em vigor.

Cap. 3 • MODELOS DE CAUSA DE PEDIR E PEDIDOS | **453**

A Embargante cumpriu com o que determina a Lei, averbou seu desligamento da Primeira Reclamada, se preocupou em regularizar sua situação de ex-sócia e não pode ser responsabilizada por dívida que não deu causa.

Neste caso, assim, resta evidente a nulidade processual ora citada nestes autos, já que a Embargante não participou da relação de emprego do Embargado, não é sócia da Primeira Reclamada, bem como não foi parte do processo de conhecimento, tornando-se nula sua intimação e ingresso na lide, sob pena de pagar por dívida que sequer deu causa.

Assim tem entendido nossos Tribunais, senão vejamos:

"RETIRADA DOS SÓCIOS. FRAUDE A CREDORES. NÃO CARACTERIZAÇÃO.

Rigorosamente todos os créditos postulados pela exequente na reclamação trabalhista dizem respeito ao período em que os antigos sócios já se haviam retirado da sociedade. A obreira postulou verbas resilitórias, salário maternidade e multa do art. 477 da CLT. Não há dentre os pedidos nenhum cuja responsabilidade possa ser imputada aos sócios retirantes. Todos os pedidos, como já dito acima, referem-se a créditos trabalhistas adquiridos no período posterior à saída dos antigos sócios. Também não há nos autos prova alguma de que a retirada dos sócios se deu em fraude a credores" (TRT – 1ª R – 4ª T. – AP 0095400-24.1999.5.01.0034 – Relª Ivan da Costa Alemão Ferreira – *DEJT* 17-5-2013).

Portanto, vem a Embargante perante V.Exa, de acordo com todos os fatos acima transcritos, manifestar a existência de sua ilegitimidade passiva e nulidade processual em sua permanência nos autos, não restando outra alternativa senão a de clamar por justiça!

PEDIDO:

Diante de todo o exposto, espera a admissibilidade dos presentes Embargos, requerendo se digne Vossa Excelência acolhê-los em sua totalidade, para excluir a Embargante, Sra. X, do polo passivo desta demanda, declarando-se que a mesma não pode ser considerada responsável por eventual crédito oriundo desta demanda, tampouco ser tida como representante da Primeira Reclamada, tendo que:

(a) não se beneficiou dos préstimos do labor do Embargado, uma vez que o período como ex-sócia não é contemporâneo com a vigência do contrato de trabalho; e

(b) desligou-se da sociedade em [data], sendo que suas obrigações cessaram-se em [data] quando sequer o Embargado havia ingressado na Primeira Reclamada e, portanto, sequer havia ingressado com esta lide, devendo, assim, ser declarada a inexistência de responsabilidade da Embargante pelos pedidos desta demanda.

3.137. EXCEÇÃO DE IMPEDIMENTO

CAUSA DE PEDIR:

O Excepto, na qualidade de ex-empregado, ajuizou ação trabalhista contra a ora Excipiente, a qual foi distribuída para este Juízo.

O Juiz do Trabalho, Titular da Vara do Trabalho, para a qual foi distribuída a presente ação, é cônjuge da advogada do Excepto [indicar a relação entre o magistrado e a parte ou advogado].

A imparcialidade do Magistrado é um dos pressupostos de validade processual, logo, a presente ação não pode ser conhecida, instruída e julgada pelo Juiz do Trabalho [indicar o juiz(a)], titular da Vara do Trabalho, na medida em que é [indicar o relação] do Excepto, de acordo com o art. 801, *c*, CLT, e art. 144, IV, CPC.

A inobservância das regras processuais, ou seja, ser a ação julgada por juiz impedido é fundamento para uma ação rescisória (art. 966, II, CPC).

PEDIDO:

Requer a Excipiente o regular processamento da presente exceção de impedimento, com a intimação da parte contrária para que se manifeste no prazo legal, bem como a manifestação de V. Exa.

Após, deverá ser reconhecida a condição de impedido para atuar na presente ação por parte do Juiz do Trabalho [indicar o juiz(a)], ante os teores das informações acima expostas.

Caso seja outro o entendimento desse Juízo, requer o sobrestamento do presente feito, até que a presente exceção de impedimento seja julgada pelo Egrégio TRT, de acordo com a aplicação subsidiária do art. 146, § 1°, CPC.

3.138. EXCEÇÃO DE INCOMPETÊNCIA TERRITORIAL
MOMENTO PROCESSUAL

CAUSA DE PEDIR:

A Reclamada apresentou, em contestação, exceção de incompetência em razão do lugar, sob o fundamento de que se encontra estabelecida no Município de [*].

A Lei 13.467/17 trouxe relevante inovação na regência da exceção de incompetência territorial, ao prever o oferecimento dessa defesa antes da audiência, no prazo de 5 dias a contar da notificação, conforme se depreende da nova redação do art. 800 da CLT.

Importante definir se o prazo a que se refere o referido dispositivo é preclusivo e, por conseguinte, estabelecer o momento em que se opera a prorrogação da competência territorial. Significa, em outras palavras, perquirir se a Reclamada, não se valendo do prazo referido no art. 800 da CLT, pode, ainda, suscitar a incompetência territorial em audiência, nos termos do art. 847, *caput*, do mesmo diploma legal, de forma a evidenciar o caráter facultativo daquela norma, introduzida com a Reforma Trabalhista.

Sob o aspecto da literalidade da norma, à míngua de termo que indique a ideia de uma faculdade, aliada à expressa disposição da norma para que a exceção de incompetência territorial seja apresentada antes da audiência, parece não haver muito espaço para a ilação de que não se trata de prazo preclusivo.

Há de se entender que a defesa processual relativa à exceção de incompetência territorial destacou-se da norma geral, gravada no art. 847, CLT, no que tange, sobretudo, à sua apresentação na audiência inaugural, para, em face da nova redação do art. 800 do mesmo diploma legal, ser arguida em procedimento prévio, quebrando, nessa exata medida, o princípio da concentração da defesa.

O procedimento foi concebido para, à luz do princípio do acesso à Justiça, otimizar a defesa da demandada, de forma a evitar deslocamento possivelmente desnecessário e dispendioso, no momento em que a tecnologia oferece todo o suporte para a consecução de tais propósitos.

Diante da existência da fixação de um rito próprio e com fins específicos, não parece crível que a lei permita outro momento processual para a prática do mesmo ato.

Portanto, entende-se que o prazo do art. 800 da CLT tem natureza preclusiva, de modo que não tendo a parte exercido seu direito de defesa de opor exceção de incompetência territorial na forma e no inter-regno ali prescritos, prorroga-se, nesse momento, a competência territorial do juízo em que proposta a ação.

Cite-se, nesse sentido, a doutrina de Umberto de Souza Júnior, Fabiano Coelho de Souza, Ney Maranhão e Platon Teixeira de Azevedo Neto, para quem: *"Ao impor o ônus da oferta da exceção de incompetência territorial mediante petição escrita, o legislador estabeleceu uma nova situação geradora de preclusão temporal no processo do trabalho: decorridos 5 dias úteis (CLT, art. 755) desde a notificação sem reação, não poderá mais o reclamado, nem sequer na audiência designada, apresentar a exceção de incompetência, prorrogando tacitamente (e irreversivelmente) a competência territorial do juízo onde a reclamação tenha sido ajuizada."* (*Reforma Trabalhista: análise comparativa e crítica da Lei nº 13.467/17*. São Paulo: Ridell, 2017, p. 402.)

Em caso análogo, decidiu o TST:

"CONFLITO NEGATIVO DE COMPETÊNCIA. RECLAMAÇÃO TRABALHISTA. EXCEÇÃO DE INCOMPETÊNCIA TERRITORIAL. REFORMA TRABALHISTA. RITO PREVISTO NA NOVA REDAÇÃO DO ART. 800 DA CLT. PRAZO PRECLUSIVO. 1.

O Juízo da 11ª Vara do Trabalho da Zona Leste/SP, entendendo que o local da prestação de serviços do reclamante ocorreu na Cidade de São José dos Campos, declinou de sua competência para processar e julgar a Reclamação Trabalhista para o Foro daquele Município. O Juízo da 1ª Vara do Trabalho de São José dos Campos, para onde foi remetido o feito, reconhecendo que a ação foi ajuizada sob a égide da Lei nº 13.467/17, consignou que a exceção de incompetência deveria ter sido apresentada na forma e no prazo do art. 800 da CLT, o que não foi feito pela parte demandada, gerando a preclusão e, em consequência, a prorrogação da competência para o Juízo originário. 2. O art. 800 da CLT contém expressa disposição para que a exceção de incompetência territorial seja apresentada antes da audiência, no prazo de 5 dias, a contar da notificação. Não se extrai da literalidade da norma a ideia de que seja uma faculdade da parte opor a exceção no interregno e na forma ali prescritos, de modo a afastar a compreensão de que se trata de prazo preclusivo. Ao revés. Há de se entender que a defesa processual relativa à exceção de incompetência territorial destacou-se da norma geral, gravada no art. 847, caput e § 1º, da CLT, no que tange, sobretudo, à sua apresentação na audiência inaugural, para, em face da nova redação do art. 800 do mesmo diploma legal, ser arguida em procedimento prévio, quebrando, nessa exata medida, o princípio da concentração da defesa. E assim foi concebido tal rito para, à luz do princípio do acesso à Justiça, otimizar a defesa do demandado, de forma a evitar deslocamento possivelmente desnecessário e dispendioso, no momento em que a tecnologia dá todo o suporte para a consecução de tais propósitos. Diante da existência da fixação de um rito próprio e com fins específicos, naturalmente perceptíveis, não parece crível que a lei permitiria outro momento processual para a prática do mesmo ato, até porque a possibilidade desse jaez tem caráter excepcional, devendo, regra geral, expressar-se na norma. Entende-se, assim, que o prazo do art. 800 da CLT tem, efetivamente, natureza preclusiva, de modo que, não tendo a parte exercido seu direito de defesa de opor exceção de incompetência territorial na forma e no interregno ali prescritos, prorroga-se, nesse momento, a competência territorial do juízo em que proposta a ação, tal como compreendido pelo Juízo Suscitante. Conflito de Competência admitido para declarar a competência do Juízo da 11ª Vara do Trabalho da Zona Leste/SP para processar e julgar a Reclamação Trabalhista." (TST – SDI-II – CC 10467-93.2019.5.15.0013 – Rel. Min. Luiz José Dezena da Silva – *DEJT* 25-9-2020.)

PEDIDO:

Requer seja declarada a competência do Juízo da [*] Vara do Trabalho de [*] para processar e julgar a reclamação trabalhista.

3.139. EMBARGOS DE TERCEIRO
DESCONSIDERAÇÃO DA PERSONALIDADE JURÍDICA E PENHORA DE VALORES DEPOSITADOS EM CONTA POUPANÇA

CAUSA DE PEDIR:

O Embargante demonstrará a seguir o cabimento e a legitimidade para a oposição dos Embargos de Terceiro.

Após o transcurso do prazo para que as Reclamadas efetuassem o pagamento da execução, o juízo *a quo* determinou a desconsideração da personalidade jurídica e a inclusão dos conselheiros/diretores para responder a execução. Em decorrência disso, o Embargante passou a compor o polo passivo tão somente na fase de execução.

Ordenada a realização de bloqueio *online* por meio do sistema BACENJUD, restou frutífero com a constrição no valor de R$ [*] da conta poupança do Embargante.

De início, merece ser ressaltado o fato de que a desconsideração da personalidade jurídica se deu apenas na fase de execução, de modo que é inconteste o fato que o Embargante não participou da fase cognitiva, o que já qualifica o Embargante como terceiro para o ajuizamento dos embargos, conforme inteligência do art. 674, § 2º, III, do CPC.

O dispositivo supramencionado tem o condão de preservar o contraditório e a ampla defesa, direitos estes de cunho constitucional estampados no art. 5º, LV. Temos que a jurisprudência também caminha no mesmo sentido, senão vejamos:

> *"EMBARGOS DE TERCEIRO. SÓCIO INCLUÍDO NA EXECUÇÃO POR FORÇA DE DESCONSIDERAÇÃO DA PERSONALIDADE JURÍDICA. Ante o disposto no inciso III, do § 2º, do art. 674, do novo CPC, tornou-se indene de dúvidas a admissão dos embargos de terceiro interposto por sócio incluído na execução por força de desconsideração da personalidade jurídica. Recurso a que se dá provimento para determinar a baixa dos autos para a apreciação dos embargos de terceiro pelo Juízo da Execução"* (TRT 17ª R – 3ª T. - AP 0000998-08.2015.5.17.0013 – Rel. Mario Ribeiro Cantarino Neto – *DJe* 11-7-2016).

Ademais, mister se faz esclarecer que o Embargante tem como seu único rendimento para o sustento de sua família o valor oriundo de sua aposentadoria, que é de atualmente R$ [*], conforme Carta de Concessão e Extrato de Pagamento do Benefício [doc. *].

Esclarece também que os valores penhorados (R$ [*]) que se encontravam depositados na Conta Poupança, são oriundos de uma ação trabalhista na qual o Embargante obteve sucesso, vindo a ser indenizado face a doença de cunho ocupacional que acometeu o Embargante, fato este corroborado pelo documento que é ora juntado [doc. *].

Pela análise de documentos mencionados, podemos observar que nos autos da ação trabalhista sob o nº [*] que tramitou perante a [*]ª Vara do Trabalho de [*], fora julgada procedente em favor do Embargante [títulos deferidos]. Ato contínuo, houve a liquidação de cálculos da sentença, pagamento e com o ulterior soerguimento dos valores pelo Embargante.

Vale dizer, indubitavelmente trata-se de valores de natureza alimentar, e por consequência não podem ser objetos de penhora para a satisfação da execução por serem absolutamente impenhoráveis conforme ditames do art. 833, IV, do CPC.

Deste modo, os valores da conta poupança do Embargante são absolutamente impenhoráveis, eis que são frutos de uma procedência de demanda trabalhista e que gozam de caráter nitidamente alimentar.

Não obstante, vale argumentar ainda que o extrato bancário que o Embargante junta comprova que o valor penhorado trata-se de caderneta de poupança, que por sua vez também é absolutamente impenhorável até o limite de 40 salários mínimos nos termos do art. 833, X, do CPC.

Faz-se mister trazer ao conhecimento do juízo tais fatos com o fito de demonstrar que o Embargante é acometido de moléstia grave de cunho ocupacional, tendo recebido indenização em razão das sequelas graves que irão perdurar pelo resto da vida. Tem como único rendimento o valor oriundo da aposentadoria, que é integralmente revertido para a subsistência do Embargante e sua família. Deste modo, é certo que o bloqueio do numerário da conta poupança do Embargante mostra-se ilegal, eis que são valores de natureza eminentemente alimentar necessários para a própria subsistência do Embargante e são valores depositados em caderneta de poupança. A OJ 153 da SDI-II do TST corrobora no mesmo sentido:

"MANDADO DE SEGURANÇA. EXECUÇÃO. ORDEM DE PENHORA SOBRE VALORES EXISTENTES EM CONTA SALÁRIO. art. 649, IV, do CPC. ILEGALIDADE. Ofende direito líquido e certo decisão que determina o bloqueio de numerário existente em conta salário, para satisfação de crédito trabalhista, ainda que seja limitado a determinado percentual dos valores recebidos ou a valor revertido para fundo de aplicação ou poupança, visto que o art. 649, IV, do CPC contém norma imperativa que não admite interpretação ampliativa, sendo a exceção prevista no art. 649, § 2º, do CPC espécie e não gênero de crédito de natureza alimentícia, não englobando o crédito trabalhista."

A exposição de tais fatos tem o objetivo de demonstrar que o Embargante não detém de condições financeiras para garantir totalmente a execução, uma vez que é cediço que para opor Embargos à Execução é imprescindível a garantia do juízo, nos termos do art. 884 da CLT.

Nessa toada, a formulação de Embargos de Terceiro é medida cabível a ser manejada como forma de acesso ao Judiciário, em razão que a Constituição Federal garante em seu art. 5º, XXXV que a lei não excluirá da apreciação do Poder Judiciário lesão ou ameaça a direito. No mesmo sentido caminha a jurisprudência:

"EMBARGOS DE TERCEIRO. LEGITIMIDADE ATIVA. É parte legítima para propor embargos de terceiro o sócio que não participou no polo passivo da ação de conhecimento, com ciência da sua inclusão no polo passivo da relação processual executiva quando do bloqueio de numerário em sua conta corrente, ao pretender defesa contra a constrição de seus bens particulares" (TRT – 2ª R. – 11ª T. – AP 0002529-93.2015.5.02.0063 – Relª Maria José Bighetti Ordoño Rebello – DJe 30-5-2016).

De suma importância consignar que o Embargante jamais exerceu o cargo de Conselheiro Fiscal da coexecutada [★], e de nenhuma outra empresa.

Na realidade, assim como a Embargada, o Embargante sempre exerceu a função de [★] junto a coexecutada.

O Embargante junta o [doc. ★], que comprova o fato que o Embargante sempre foi funcionário da coexecutada.

Ressalta-se ainda que o Embargante, da mesma maneira como a Embargada, propôs ação trabalhista com pedido de reconhecimento de vínculo empregatício em face da coexecutada, processo autuado sob o nº [★], que tramitou perante a [★].

Cap. 3 • MODELOS DE CAUSA DE PEDIR E PEDIDOS | **459**

Deve ser ponderado que o Embargante jamais fez parte do Conselho Fiscal, sendo certo que sempre se ativou na função de [*], e frise-se, o Embargante também é vítima das fraudes perpetradas pela coexecutada, tendo como agravante que por conta de ser pessoa leiga, fora usado como "laranja" da coexecutada.

Na remota hipótese do douto julgador não entender da forma como exposto até agora, no sentido de que o Embargante nunca exerceu o cargo de Conselheiro Fiscal, e em homenagem ao princípio da eventualidade, o Embargante passa a tecer os seguintes fundamentos.

Em consulta a Junta Comercial do Estado de São Paulo, o Embargante fora eleito como Conselheiro Fiscal na Assembleia Geral Ordinária datado de [data], as quais exerceriam o mandato até [data], conforme se verifica na cópia da Assembleia [doc. *].

É certo que o Embargante não fora reeleito como Conselheiro Fiscal, uma vez que ao depararmos com a Ficha Cadastral, houve o arquivamento de Assembleia Geral Ordinária datado de [data], e nele não consta o nome do Embargante na qualidade de Conselheiro Fiscal.

Em suma, o Embargante fora eleito como Conselheiro Fiscal no período de [data].

Destarte, tendo a Embargada proposto a ação em [data], ou seja, quando o nome do Embargante já não constava como Conselheiro Fiscal e por consequente nunca ter se beneficiado do trabalho da Embargada, tendo sido determinada a inclusão do Embargante no polo passivo da execução apenas em [data], de rigor a aplicação da inteligência do art. 1.003 do Código Civil que dita a responsabilidade do sócio retirante perante a sociedade e terceiros pelo prazo de até dois anos. Assim, tendo transcorrido mais de 3 anos após a cessação do mandato do Embargante como Conselheiro, não há que se falar na sua responsabilidade à execução.

De todo o exposto, restou cabalmente provado que o Embargante não deve responder pela execução, sendo de rigor a sua imediata exclusão no polo passivo, de modo que faz jus ao soerguimento integral dos valores bloqueados injustamente.

DO PEDIDO:

Ante o exposto, requer que sejam recebidos, autuados e processados os presentes Embargos de Terceiro, distribuídos por dependência aos autos suprarreferidos, bem como seja notificada a Embargada para, em querendo, responda aos presentes, sob pena de confissão e dos efeitos da revelia, e, ainda, que sejam os Embargos ora opostos julgados PROCEDENTES, determinando-se a exclusão da responsabilidade patrimonial do Embargante, bem como para determinar a liberação dos valores bloqueados em suas contas bancárias por se tratarem de bens absolutamente impenhoráveis em face da natureza alimentar.

Protesta provar o alegado por todos os meios de prova em direito admitidos, além dos documentos ora apresentados, os quais tem a veracidade atestada em conformidade com o art. 830 da CLT, requerendo, ainda, a determinação de audiência para oitiva das partes e testemunhas, caso esse seja o vosso entendimento.

Por fim, requerer a concessão dos benefícios da assistência judiciária gratuita, nos termos dos arts. 98 e 99 do CPC, vez que o Embargante não tem condições de arcar com as custas processuais e despesas, sem prejuízo de seu sustento, juntando para tal fim a declaração anexa.

3.140. EMBARGOS DE TERCEIRO
E A BOA-FÉ DO TERCEIRO ADQUIRENTE

CAUSA DE PEDIR:

1. Dos fatos

Os Embargantes são legítimos proprietários do imóvel penhorado e não podem e nem devem responder pelas dívidas que não lhes pertencem, cumprindo frisar não ter havido fraude na compra do bem.

Com efeito, os Embargantes adquiriram do Sr. [*] e sua esposa, Sra. [*], em [data], o imóvel objeto da penhora, localizado em [*].

O negócio jurídico ocorreu de modo regular. O imóvel foi adquirido a título oneroso, mediante a lavratura da competente escritura pública de compra e venda, no valor de R$ [*].

Antes da realização do negócio jurídico, os Embargantes, por cautela, providenciaram as certidões de praxes pessoais e da matrícula atualizada do imóvel, verificando a inexistência de irregularidades, conforme se observa dos documentos que ora se junta [docs.*].

Acrescente-se, também, que, em ato contínuo, os terceiros de boa-fé efetuaram a transferência de propriedade, conforme se constata da averbação da escritura de compra e venda na matrícula nº [*], perante o [*] Registro de Imóveis de [*]. Na ocasião, não havia qualquer ação ajuizada em desfavor dos vendedores e, sequer, protestos em nome deles e, nem contra os vendedores é a execução trabalhista.

Com efeito, o casal [*], antes de vender o imóvel aos Embargantes, o adquiriu em [*], por intermédio do contrato particular de compra e venda, conforme se pode constatar da Escritura Pública e cópias do referido contrato, do Sr. [*], sócio da Reclamada na referida execução e devedor solidário por força da desconsideração da personalidade jurídica ocorrida apenas em [data].

Vale repetir, a fim de deixar bem delineada a situação de fato que por si só descortina a mais boa-fé do negócio jurídico que: a) trata a discussão de compras e vendas sucessivas, nas quais os ora Embargantes adquiriam o imóvel em questão, em [data], não do devedor da demanda principal, mas de terceiros, os quais, por sua vez adquiriam o imóvel em [data], antes mesmo do ajuizamento da própria ação contra a empresa, em [data].

Repise-se que tudo ocorreu antes da inclusão do sócio como corresponsável na execução ao crédito trabalhista.

2. Ato jurídico perfeito.

Conforme já mencionado, os Embargantes adquiriram o imóvel em questão em [data] do Sr. [*] e sua esposa, que por sua vez o haviam adquirido em [data] do Sr. [*], real devedor na reclamação trabalhista.

Os primeiros compradores providenciaram todas as certidões pessoais do Sr. [*], bem como as do imóvel, nada constando. Nem poderia, já que apenas em [data] foi declarada a desconsideração da personalidade da empresa reclamada, ocasião em que foi tornado público o ingresso dele no polo passivo da execução.

A precaução foi tomada pelos Embargantes que, também, tomaram cuidado de pesquisar as certidões de processos judiciais dos vendedores e do imóvel e, novamente, nada constou.

Cap. 3 • MODELOS DE CAUSA DE PEDIR E PEDIDOS | **461**

As partes no ato jurídico perpetrado são capazes, o preço justo foi pago, a forma pública de transferência respeitada, tudo deixando à evidência um negócio jurídico perfeito que deve ser respeitado, não apenas por ser o que se espera de uma sociedade democrática de direito, como, também, por ser norma principiológica expressa na Carta da República, em diversos artigos, notadamente no capítulo que trata dos Direitos e Garantias Individuais insculpidos nos incisos XXII e XXXVI do art. 5° da Carta Política.

3. Transferência de propriedade anterior à própria demanda.

Em que pese os Embargantes não terem legitimidade para falar em favor dos vendedores do imóvel, os quais, da mesma forma, tiveram sua venda maculada pela suposta fraude, vale observar – por se tratar de mais um indício da boa-fé dos Embargantes que –, embora a efetiva transferência da propriedade tenha se convalidado apenas em [data], vale lembrar que antes da desconsideração da personalidade jurídica – os vendedores já eram reais proprietários do imóvel desde [data].

É o que se constata da matrícula do imóvel, em seu R. [★], bem como do instrumento particular de compromisso de compra e venda do imóvel, o que não apenas legitimaria os compromissários vendedores à defesa de sua posse, consoante o verbete da Súmula 84 do Colendo Superior Tribunal de Justiça, como também a torna de evidente boa-fé.

Repise-se que, conforme asseverado e provado pelo Contrato Particular de Compra e Venda, bem como pela Escritura lavrada perante o Cartório [★], os vendedores do imóvel aos Embargantes o adquiriram do devedor da execução já em [★].

Inclusive a lavratura da Escritura de Compra e Venda e seu registro no Registro de Imóveis de [★], se deram anteriormente à declaração da desconsideração da personalidade jurídica e consequente responsabilidade solidária do Sr. [★], ocorrida em [★].

Como atribuir simulação a tal situação?

E mais Nobre Julgador! Está sendo reforçada essa questão que é adjacente ao negócio jurídico entabulado pelos ora Embargantes por amor ao argumento, já que ainda que houvesse qualquer sinal de má-fé naquele negócio jurídico, obviamente, não seria presumível que também estivesse presente no negócio que se deu posteriormente.

4. Súmula 375 do C. STJ.

Por oportuno, necessário se faz enfatizar que não é nova a discussão jurídica, no sentido de que o fato isolado dos promitentes compradores não terem se acautelado em providenciar as certidões em nome dos promitentes vendedores, bem como aquelas do imóvel, a fim de se cientificarem que não havia nenhuma demanda em desfavor dos mesmos, não seria bastante a demonstrar a má-fé ou fraude à execução.

Porém, com a edição da Súmula 375 referida premissa ficou superada, já que se exige para "presunção" de fraude – presunção essa, diga-se de passagem, suscetível de prova em contrário – haja o registro da penhora junto à matrícula do imóvel ou que seja provada má-fé dos adquirentes.

Nesse sentido, claro o verbete da mencionada Súmula: *"O reconhecimento da fraude de execução depende do registro da penhora do bem alienado ou da prova de má-fé do terceiro adquirente."*

Portanto, o que se deve prestigiar é a boa-fé das pessoas e não ao contrário.

No caso em tela tanto os Embargantes, atuais proprietários do imóvel em discussão, como o casal que o vende – e que o adquiriu do sócio da reclamada na demanda original – realizaram todas as diligências com o fito de se certificarem de que estavam fazendo negócio perfeito.

Como se não bastasse a ausência de registro da penhora à margem da matrícula do imóvel, também fizeram as devidas diligências a fim de se assegurarem não estarem sendo vítimas ou presumidamente coniventes com qualquer frustração da Justiça.

Contudo, nada, absolutamente nada foi encontrado tanto na documentação dos imóveis como na dos vendedores.

E nem poderia ser diferente, já que apenas em [*], depois da efetivação da venda aos Embargantes é que foi declarada a desconsideração da personalidade jurídica da empresa reclamada, com a consequente inclusão do seu sócio como devedor solidário.

Então, Excelência, onde está apontada a má-fé neste negócio jurídico? Má-fé, repise-se, não se presume. Ao contrário, deve ser robusta e firmemente demonstrada pelos interessados.

5. Boa-fé objetiva e subjetiva dos Embargantes.

Como asseverado e provado pelos documentos juntados, os Embargantes não são apenas objetivamente adquirentes de boa-fé, ante a ausência de registro da penhora, consoante Súmula 375 do STJ, como, também, demonstraram subjetivamente que estão de boa-fé, tendo em vista as diligências efetuadas com expedição das certidões pessoais dos vendedores.

E, mesmo que os Embargantes não tivessem diligenciado desta forma, ainda assim, não dever-se-ia presumir a má-fé deles, já que à época do negócio jurídico – [data], o vendedor Sr. [*], não havia sido incluído como codevedor da reclamação trabalhista, por força da desconsideração da personalidade jurídica ocorrida apenas em [*].

E veja, Excelência, que mecanismos visando evitar que o devedor dilapide seu patrimônio - antes mesmo da execução - não faltam.

Poderia o Reclamante ter se utilizado da cautelar de arresto.

Poderia ainda, visando resguardar-se, notadamente ante ao tempo transcorrido de sua reclamação, utilizar-se do previsto no inciso XXI do art. 167 da Lei 6.015/73 que, sem afrontar o direito de propriedade do devedor, dá publicidade às demandas que possam envolver o patrimônio de devedor protegendo terceiros de boa-fé. Mas nada foi feito.

E não foi feito simplesmente porque o primeiro vendedor do imóvel não era devedor na execução à época dos negócios, que, agora os terceiros de boa-fé devam arcar com os créditos do reclamante!

Com efeito, conforme despacho de fls. [*] da reclamatória trasladado para o presente instrumento, apenas em [data] a execução voltou-se contra o Sr. [*], ocasião em que, nada obstante não constar nos autos certidão de registro de autuação nos distribuidores, foi incluído no sistema.

Não era, portanto, possível aos Embargantes detectarem a idoneidade da executada principal, [*], porque esta não era e nunca foi proprietária do imóvel.

Não é demais observar, também, que a sociedade e os sócios são entes dotados de personalidade jurídica e patrimônios distintos, consoante inteligência dos arts. 50 e 1.024 do Código Civil.

Nesse sentido:

"FRAUDE À EXECUÇÃO. CARACTERIZAÇÃO. Fraude à execução somente se caracteriza quando, no momento da alienação do bem, há publicidade de que contra o alienante existe demanda capaz de reduzi-lo à insolvência ou que o terceiro adquirente disso tem ciência. Caso contrário, presume-se a boa-fé deste. Nesse sentido a Súmula 375 do STJ" (TRT – 2ª R. – 5ª T. – Processo 02500200905002008 – Rel. José Ruffolo – DOE 17-9-2010).

"EMBARGOS DE TERCEIRO. TERCEIROS DE BOAFÉ. IMÓVEL ADQUIRIDO DE TERCEIROS, QUE, POR SUA VEZ, O ADQUIRIRAM DA SÓCIA. A sócia da Executada vendeu o bem em 2002 e os adquirentes o revenderam em 2005 ao Agravante. Porém, somente em 2007 houve a tácita inclusão da sócia no polo passivo da lide, de modo que quando da compra pelos Embargantes não havia sequer a declaração de desconstituição da personalidade jurídica da Ré para a consequente responsabilização patrimonial de seus sócios. Aplicação da Súmula 375 do C.STJ. Não demonstrada a má-fé. FORMAL DESCONSIDERAÇÃO DA PERSONALIDADE JURÍDICA. Os bens pessoais do

sócio apenas respondem pelas dívidas da pessoa jurídica após a formal desconsideração da personalidade jurídica e consequente inclusão daquele no polo passivo da ação. De acordo com a Consolidação dos Provimentos da Corregedoria Geral da Justiça do Trabalho a desconsideração da personalidade jurídica deve se dar por decisão fundamentada e em ato contínuo determinar a reautuação do processo, a fim de fazer constar dos registros informatizados e da capa dos autos o nome da pessoa natural responsável pelo débito trabalhista; comunicar setor responsável pela expedição de certidões promover a citação do sócio para que, no prazo de 48 (quarenta e oito) horas indique bens a penhora ou garanta a execução. Agravo de petição do Terceiro Embargante a que se dá provimento" (TRT − 2ª R. − 14ª T. − Processo 000160417.2012.5.02.0059 − Rel. Francisco Ferreira Jorge Neto − *DEJT* 2-4-2013).

Não é diferente o posicionamento da mais alta Corte Trabalhista:

"EMBARGOS. REQUISITOS À CONFIGURAÇÃO DE FRAUDE À EXECUÇÃO. ALIE-NAÇÃO DE BEM DE SÓCIO DA PESSOA JURÍDICA OCORRIDA QUANDO AINDA NÃO PENDIA CONTRA ELE DEMANDA CAPAZ DE REDUZI-LO À INSOLVÊNCIA. NECESSIDADE DE RESGUARDAR O ATO JURÍDICO PERFEITO E O DIREITO DE PROPRIEDADE DOS ADQUIRENTES DE BOA-FÉ. 1. O bem penhorado foi vendido na pendência do processo de conhecimento, quando não havia contra o alienante, sócio de uma das pessoas jurídicas Rés, demanda capaz de reduzi-lo à insolvência. 2. Resulta inconteste a boa-fé dos Terceiros Embargantes, adquirentes do imóvel penhorado. Qualquer consulta aos cartórios trabalhistas de distribuição, à época, teria como consequência a emissão de certidão negativa. 3. Inarredável a conclusão de que não estão configurados os requisitos objetivo e subjetivo à decretação da fraude à execução, pelo que a penhora do imóvel licitamente adquirido pelos Terceiros Embargantes afronta diretamente os incisos XXII e XXXVI do art. 5° da Constituição. Embargos não conhecidos" (TST − SDII − ERR 17950047.2001.5.03.0110 − Relª Minª Maria Cristina Irigoyen Peduzzi − *DJ* 9-2-2007).

Não há, com todas as vênias devidas, o mínimo indício de fraude à execução, no presente caso.

Por fim, vale lembrar que também não restou provado pelo Embargado que, à época da venda do imóvel em discussão, o coexecutado ficou em estado de insolvência, outra característica intrínseca ao reconhecimento da fraude à execução.

Por todo o exposto, os Embargantes PEDEM sejam os presentes Embargos de Terceiro de Boa-fé julgados procedentes, para o fim de desconstituir a R. Sentença que tornou sem efeito a aquisição do imóvel em comento, bem como sua penhora e avaliação, para recompor o negócio jurídico perfeito legitimamente realizado por vendedores e compradores, notadamente, pela mais boa-fé dos Embargantes.

PEDIDO:

(a) a procedência dos embargos de terceiro para o fim de desconstituir a decisão que tornou sem efeito a aquisição do imóvel em comento, bem como sua penhora e avaliação, para recompor o negócio jurídico perfeito legitimamente realizado por vendedores e compradores, notadamente, pela mais boa-fé dos Embargantes,

(b) caso esse Ilustre Julgador ainda não esteja suficientemente convencido da posse e propriedade dos Embargantes, para decretar a nulidade do feito desde seu início, que seja designada audiência cujo rol de testemunhas será apresentado na época oportuna.

3.141. EMBARGOS DE TERCEIRO
INCIDENTE DE DESCONSIDERAÇÃO DA PERSONALIDADE JURÍDICA

CAUSA DE PEDIR:

1. Dos fatos.

As embargantes são nuas-proprietárias das quotas sociais da executada [*].

O genitor das embargantes, Sr. [*], falecido em [data], quando do seu falecimento, era sócio proprietário da executada, com [*] de um total de [*] quotas.

Em decorrência do inventário processado perante [*] nos autos nº [*], em [*] foi homologado o Formal de Partilha no qual as embargantes, únicas herdeiras do falecido, passaram a ter a nua-propriedade das aludidas [*] quotas, restando à genitora das embargantes, Sra. [*] o usufruto vitalício de tais quotas sociais, tudo conforme cópia integral do Formal de Partilha [doc. *].

Ato contínuo, tal estabelecimento de usufruto vitalício foi transcrito no Instrumento Particular de Alteração Contratual da Firma, ratificado pelos sócios remanescentes, bem como pelas embargantes e usufrutuária-genitora, conforme contrato social [doc. *], devidamente depositado como documento digitalizado na Junta Comercial de São Paulo.

Desta forma, desde a homologação do referido Formal de Partilha até os dias atuais, a usufrutuária-genitora, Sra. [*], sempre teve a gerência das quotas sociais de propriedade limitada das embargantes.

Diante deste quadro, as embargantes na data de [*] foram surpreendidas com o recebimento de uma notificação judicial na espécie postal com aviso de recebimento, intimando da realização de penhora *on line* sobre suas contas bancárias, conforme se verifica pelo bloqueio Bacenjud [doc. *].

Sem saber a origem de tal constrição judicial, as embargantes, imediatamente, procuraram apoio profissional e acabaram tomando ciência da existência de um processo de Execução de Título Extrajudicial baseado em sentença homologatória de Tribunal Arbitral, promovido perante a [*] ª Vara do Trabalho de [*].

Com efeito, descobriram que pelo fato de a executada [*] não ter adimplido o débito exequendo, o juízo decretou a sua desconsideração da personalidade jurídica, autorizando que a cobrança exequenda pudesse ser promovida sobre o patrimônio pessoal das embargantes, as quais figuram na Ficha de Breve Relato da JUCESP como sócias.

Destarte, *data maxima venia*, ao comando judicial proferido, as embargantes, inconformadas, pretendem a reversão da determinação de desconsideração da personalidade jurídica da executada [*] com o consequente decreto de isenção de qualquer responsabilidade das embargantes sobre o débito exequendo, liberando os valores penhorados, tudo conforme as razões de fato e de direito a seguir aduzidos.

2. Do cabimento e legitimidade para oposição de embargos de terceiro.

Cabe consignar a adequação da via eleita para o manejo da presente insurgência processual, tendo em vista que os embargos de terceiro apresentados com fulcro no art. 674 e seguintes do CPC contam com autorização legal do art. 769 da CLT, vez que a Lei de Execução Fiscal não traz solução para o tema, conforme previsto no art. 899 da CLT.

Assim, há compatibilidade desta aplicação subsidiária do art. 674 e seguintes do CPC, pela homenagem aos princípios constitucionais do contraditório e da ampla defesa, oportunizando àquele que

Cap. 3 • MODELOS DE CAUSA DE PEDIR E PEDIDOS | **465**

sofre uma constrição judicial que entenda indevida, ter admitida a busca da tutela jurisdicional, isento de garantir o juízo, como se mostra exigido pelo art. 884 da CLT em casos de embargos à execução.

Apoiando a utilização dos embargos de terceiro na seara trabalhista, assim tem decidido o E. TRT da 2ª Região:

"EMBARGOS DE TERCEIRO. NATUREZA JURÍDICA. Os Embargos de Terceiro constituem remédio jurídico cabível para um estranho à relação jurídica do processo primitivo se defender na fase de execução. A natureza jurídica dos embargos de terceiro é de ação incidental conexa ao processo de conhecimento ou de execução, cuja titularidade ativa, denominada legitimidade 'ad causam', a lei confere ao terceiro possuidor do bem atingido indevidamente por constrição judicial. A ora agravante sustenta ser parte ilegítima para responder na condição de devedora, (a qual foi reconhecida somente no processo de execução), pelo crédito trabalhista do agravado, alegando que nunca teria formado grupo econômico com as reclamadas. O debate em torno da responsabilidade pelo crédito exequendo é matéria própria de embargos de terceiro" (TRT – 2ª R. – 12ª T. – AP20160081788 – Rel. Marcelo Freire Gonçalves – *DEJT* 19-12-2016).

"Em sede de embargos de terceiro, a legitimidade ativa é conferida: a) a quem, não sendo parte no processo, sofrer turbação ou esbulho na posse de seus bens por ato de apreensão judicial; b) ao terceiro senhor e possuidor, ou apenas possuidor; c) equipara-se a terceiro a parte que, posto figure no processo, defende bens que, pelo título de sua aquisição ou pela qualidade em que os possuir, não podem ser atingidos pela apreensão judicial; d) considera-se também terceiro o cônjuge quando defende a posse de bens dotais, próprios, reservados ou de sua meação; e) para a defesa da posse, quando, nas ações de divisão ou de demarcação, for o imóvel sujeito a atos materiais, preparatórios ou definitivos, da partilha ou da fixação de rumos; f) para o credor com garantia real obstar alienação judicial do objeto da hipoteca, penhor ou anticrese (art. 1.046 e 1.047, CPC [1973]; art. 674, NCPC). Quando a execução trabalhista se volta para o sócio da executada, surgem sérias dúvidas quanto ao remédio processual adequado: será o caso de embargos do devedor ou de terceiro? Como regra, o sócio deve utilizar os embargos de terceiro. Contudo, admite-se a discussão da responsabilidade do sócio e a sua legitimação tanto em sede de embargos de terceiro, como de embargos do executado. Portanto, adequado o remédio processual manejado pela ora Agravante" (TRT – 2ª R. – 14ª T. – AP 20160002320 – Rel. Francisco Ferreira Jorge Neto – *DEJT* 18-3-2016).

Pondere-se que a legitimidade ativa do sócio para figurar como embargante possui acolhida em nossa doutrina nacional.

Para Manoel Antonio Teixeira Filho, terceiro é a *"pessoa que, sendo ou não parte no processo de execução, defende bens que, em decorrência do título aquisitivo ou da qualidade em que os possui, não podem ser objeto de apreensão judicial. O amor à clareza nos conduz a reafirmar que a configuração jurídica do terceiro não deve ser buscada no fato imperfeito de estar o indivíduo fora da relação processual executiva, e sim na particularidade fundamental, de que, embora esteja eventualmente figurando como parte passiva nessa relação, colime praticar aí atos destinados não a opor-se ao título executivo, se não a que liberar bens de indevida constrição judicial – fazendo-o, nesse caso, com fundamento no título de aquisição ou na qualidade pela qual detém a posse dos referidos bens"* (*Execução no Processo do Trabalho*. 9. ed. São Paulo: LTr, 2005, p. 643).

Para Araken de Assis, *"em síntese, encontra se na singular posição de terceiro, no que tange ao processo executivo, quem, cumulativamente: a) não estiver indicado no título executivo; b) não se sujeitar aos efeitos do título; e c) não integrar a relação processual executiva. Deste modo, se ostentam partes (e jamais terceiros): os sujeitos designados no título executivo, aqueles a que a lei processual declara legitimados (p. ex., o fiador judicial, segundo o art. 568, IV [CPC 1973]); os que tiverem seus bens sujeitos aos atos executórios (p. ex., o adquirente da coisa litigiosa, ex vi do art. 626 [CPC 1973]); e, finalmente, os que, por simples equívoco ou deliberado capricho do credor, tiveram contra si proposta a ação executória. Por outro lado, é realmente terceiro, quem, estranho a quaisquer dessas situações, sofre constrição patrimonial no processo executivo. Fundamentalmente, os embargos do art. 1.046*

[CPC 1973] se admitem quando o bem constrito não pertence ao devedor, nem se sujeita à responsabilidade executiva" (Manual do Processo de Execução. 4. ed. São Paulo: RT, 2012, p. 1.060).

Ademais, ultrapassada a barreira da análise de compatibilidade com as normas de Direito e Processo do Trabalho, prevista no art. 769 da CLT, vale dizer que diante do comando judicial de desconsideração da personalidade jurídica da executada [★] somada ao advento do NCPC, qualquer celeuma outrora levantada acerca do descabimento da medida ora invocada deixou de existir, haja vista a novidade trazida pelo inciso III, § 2º, do art. 674 do CPC.

Destarte, resta demonstrado o cabimento da medida ora pleiteada, bem como a legitimidade das embargantes para o presente pleito, diante do fato de estarem sofrendo constrição judicial sobre seus bens pessoais por conta de um comando de desconsideração da personalidade jurídica da qual não tiveram a oportunidade de se defender anteriormente.

3. Da inobservância do incidente de desconsideração da personalidade jurídica.

Na data de [data], o juízo achou por bem desconsiderar a personalidade jurídica da executada [★], ordenando que a execução prosseguisse em desfavor das embargantes.

Eis que o legislador do NCPC trouxe matéria inédita em seu bojo com a criação do incidente de desconsideração da personalidade jurídica previsto dentre os arts. 133 a 137.

Aludido regramento deve contar com aplicação na Justiça do Trabalho, devido à falta de previsão legal específica no processo laboral, haja vista a sintonia do art. 15 do CPC e do art. 769 da CLT, salientando, s. m. j., que os moldes utilizados nas demandas trabalhistas para desconsideração da personalidade jurídica não respeitam o contraditório e a ampla defesa.

Nesse sentido discorrem José Maria Rosa Tesheiner, Mariângela Guerreiro Milhoranza e Ana Francisca Rodrigues:

> *"Destarte, ante a falta de previsão legal do instituto ao direito laboral, defende-se que devem ser aplicadas, em nome de subsidiariedade e da analogia, as regras constantes no art. 28, § 5º, do CDC ao direito do trabalho. No que tange ao direito processual, após a vigência do Novo CPC, a desconsideração da personalidade jurídica deverá ser feita na forma de incidente de acordo com o que preceituam os arts. 133 a 136 do Novel Diploma Legal"* (O Novo CPC e o processo do trabalho. Org. Sergio Pinto Martins. São Paulo: Atlas, 2015, p. 422/423).

Apoiando a compatibilidade do discutido incidente no processo do trabalho, leciona Cleber Lúcio de Almeida:

> *"A possibilidade de desconsideração da personalidade jurídica passa a contar com expressa autorização no Código de Processo Civil, o que, por força do art. 769 da CLT, tem reflexos no processo do trabalho, observando-se que o direito processual do trabalho não trata deste incidente (existe, portanto, uma omissão) e que nele devem ser adotadas as medidas adequadas à plena satisfação de créditos não satisfeitos no momento próprio (existe, destarte, compatibilidade da solução preconizada pelo 'novo CPC' com o direito processual do trabalho"* (O Novo Código de Processo Civil e seus reflexos no processo do trabalho. Org. Elisson Miessa. Salvador: Juspodivm, 2015, p. 293).

Diante desta novel previsão legal, o E. TST achou por bem colocar uma pá de cal na questão ora trazida à baila, criando a Instrução Normativa 39 do TST, instituída pela Resolução 203, de 15 de março de 2016, a qual entrou em vigor em 17/03/2016. Nesse passo, nesta Instrução Normativa em comento, restou autorizada a aplicação do incidente de desconsideração da personalidade jurídica prevista nos arts. 133 a 137 do CPC, conforme consta em seu art. 6º.

Com a Reforma Trabalhista (Lei 13.467/17), o processo trabalhista passou a prever, expressamente, o incidente de desconsideração da personalidade jurídica previsto nos arts. 133 a 137 do CPC, sendo que a instauração do incidente suspenderá o processo, sem prejuízo de concessão da tutela de urgência de natureza cautelar de que trata o art. 301 do CPC (art. 855-A, § 2º, CLT). Diante do art. 855-A, a IN 41/18 revogou o art. 6º, IN 39/16.

Desta forma, a aludida decisão de desconsideração da personalidade jurídica poderia ter observado os ditames resolutivos do E. TST no sentido de instaurar o incidente de desconsideração na espécie, oportunizando às embargantes o direito de contraditório e ampla defesa, antes mesmo de sofrerem qualquer constrição judicial e terem seus nomes incluídos no Banco Nacional de Devedores Trabalhistas.

Diante do exposto, cabe dizer que as embargantes preenchem os requisitos para concessão de tutela de evidência, em sede liminar, haja vista que suas alegações estão documentalmente provadas com a conhecida e vigente Instrução Normativa 39 do E. TST, a qual prevê a aplicação da desconsideração da personalidade jurídica regrada pelo CPC na execução trabalhista.

Por tais razões, as embargantes, com fulcro no inciso II do art. 311 do CPC, pugnam desse r. juízo, seja, LIMINARMENTE, concedida a tutela de evidência ora requerida para o fim de não sofrerem mais nenhum ato executivo nestes autos, bem como para determinar a exclusão de seus nomes do Banco Nacional de Devedores Trabalhistas até que sobrevenha sentença definitiva nestes embargos.

4. Da ilegitimidade passiva das embargantes.

As embargantes são partes ilegítimas para responderem a presente demanda executiva.

As embargantes nunca tiveram qualquer cargo ou função junto à executada [*] que tivesse o condão de lhes incumbir responsabilidade de arcarem com os débitos provenientes desta empresa.

Desde o passamento do genitor das embargantes, Sr. [*], outrora sócio-proprietário da executada [*], como resultado da homologação do Formal de Partilha, coube às embargantes somente a nua-propriedade das quotas sociais da empresa, ficando sua genitora [*], com a total administração das referidas quotas empresariais por conta de usufruto vitalício proveniente da partilha de bens resultante do inventário alhures mencionado.

Assim, as quotas sociais das embargantes sempre foram de encargo de [*], a qual administrou a empresa executada juntamente com o outro sócio remanescente, [*].

Com efeito, ao longo de todos estes anos, as embargantes nunca obtiveram qualquer vantagem financeira proveniente de sua nua-propriedade das quotas sociais da executada, exercendo, inclusive, outras atividades profissionais.

A embargante [*] sempre trabalhou em [*], exercendo a função de [*], conforme comprova a cópia de sua Carteira Profissional [doc. *], estando, inclusive, empregada nos dias atuais.

Já a embargante [*] possui deficiência [*] desde o nascimento, fato este que prejudicou sua inserção no mercado de trabalho, tendo de ser sustentada por sua genitora, [*].

Nesse quadro, é irrefutável que as embargantes não devem responder a presente demanda, tendo em vista que os direitos e deveres da usufrutuária [*] chamam para si toda e qualquer responsabilidade sobre as quotas de sua única administração.

O Código Civil, no art. 1.394 traz claramente quais são os direitos do usufrutuário.

Em contrapartida, o próprio Código Civil traz as incumbências do usufrutuário, nos termos dos incisos I e II do art. 1.403.

Desta forma, temos que o usufrutuário possui o direito de usufruir do bem, auferindo seus frutos, entretanto suas despesas ordinárias para conservação do bem e os débitos provenientes na espécie de prestações, tributos ou rendimentos também são de sua responsabilidade, não podendo furtar-se deste encargo.

No presente caso concreto, apesar de *sui generis*, pelo usufruto de quota social de empresa, o crédito ora executado de origem laboral não passa de despesa ordinária, necessária para conservação do bem, vez que a manutenção e continuidade de uma empresa se dá pela movimentação de seu negócio, sendo imprescindível para tanto o desembolso mensal de valores para pagamento de empregados.

Repita-se que, apesar de *sui generis*, também é possível o enquadramento do crédito executado como resultante de prestações, haja vista que a origem do débito é pertinente a verbas rescisórias, decorrentes assim do labor contínuo do trabalhador o qual recebia seus salários com periodicidade.

Destarte, resta demonstrado que as embargantes são partes ilegítimas para responderem à execução ora combatida, devendo ser este encargo direcionado à usufrutuária [★].

5. Da teoria menor.

Outra questão abarca o intento das embargantes em não responderem à execução ora combatida.

Tem-se como regra na seara trabalhista o afastamento do "rigorismo" trazido pelo art. 50 do CC para o decreto de desconsideração da personalidade jurídica, vez que a Justiça do Trabalho deve atender ao princípio da proteção ao trabalhador, sendo assim adotada a chamada Teoria Menor na qual não se vê necessária a configuração de algum dos requisitos descritos no aludido artigo civilista para que a execução seja direcionada para os sócios.

Entretanto, os presentes embargos buscam combater a exclusão da responsabilidade das embargantes em uma questão *sui generis* que não pode ser tratada como mais um caso extraído de vala comum.

Conforme relatado, as embargantes nunca obtiveram lucros da executada originária, apesar de serem nuas-proprietárias de parte de suas quotas sociais.

Por esta razão, não devem sofrer os efeitos de uma desconsideração de personalidade jurídica, supedaneada, meramente, na Teoria Menor, vez que o mando e manutenção nestas condições não contaria com razoabilidade, tendo em vista a inexistência de recebimento de vantagens financeiras das embargantes decorrentes da empresa [★].

Logo, especificamente neste caso concreto, não deve ser submetido aos deslindes da Teoria Menor, mas sim sob o crivo do manejo da Teoria Maior, colimando ofertar segurança jurídica aos nus-proprietários legítimos que não obtêm renda de suas propriedades por serem exploradas por usufrutuários.

PEDIDO:

(a) seja deferida tutela de evidência, LIMINARMENTE, em favor das embargantes a fim de não sofrerem mais nenhum ato executivo nestes autos, bem como para determinar a exclusão de seus nomes do Banco Nacional de Devedores Trabalhistas até que sobrevenha sentença definitiva nestes embargos;

(b) ao final, requerem as embargantes, seja confirmada a tutela de evidência deferida, e no cerne da demanda, seja:

(b.1) decretada a total procedência dos presentes embargos de terceiro para o fim de reconhecer a ilegitimidade passiva das embargantes para responderem a presente execução, determinando a exclusão de seus nomes do Banco Nacional de Débitos Trabalhistas e liberando as quantias penhoradas nestes autos;

(b.2) subsidiariamente, caso Vossa Excelência entenda que não deve conferir procedência ao pedido retromencionado (alínea "b.1"), pugnam as embargantes seja aplicada a Teoria Maior acerca da desconsideração da personalidade jurídica, conferindo total procedência aos presentes embargos diante da inexistência de qualquer dos requisitos previstos no art. 50 do CC para tanto;

(b.3) ainda subsidiariamente, caso Vossa Excelência, ao final, entenda que não deva conferir a procedência nos termos retro mencionados na alínea "b.1" e "b.2", pugnam as embargantes seja instaurado o incidente de desconsideração da personalidade jurídica.

3.142. EQUIPAÇÃO DE FUNÇÃO
E DEMAIS PARCELAS QUE COMPÕEM A REMUNERAÇÃO

CAUSA DE PEDIR:

A Reclamante faz jus à equiparação salarial com a Sra. Vanessa Floresta [identificar o paradigma], a qual, a partir deste momento, será denominada como paradigma. Ambas desempenhavam trabalho de igual valor, com perfeita identidade nos níveis quantitativo e qualitativo.

O paradigma era secretária executiva do vice-presidente da Reclamada, e tanto a Autora quanto a paradigma sempre desenvolveram as mesmas funções de atribuição de uma secretária (controle de agenda, ligações, compromissos etc.). Vale dizer que, inclusive, foi a Autora quem deu treinamento e ensinou as atividades da paradigma, uma vez que esta ingressou na empresa Reclamada após a Reclamante – logo, ultrapassado o requisito da diferença de dois anos na função.

O fato de a Autora ser secretária executiva do gerente e diretor, certamente, não é fator impeditivo para a equiparação salarial, uma vez que o requisito é o princípio da isonomia.

Dessa forma, tem-se na íntegra o preenchimento dos requisitos do art. 461 da Lei Consolidada.

A Constituição Federal repudia a desigualdade salarial, consoante se denota, respectivamente, pelo art. 7°, XXX, onde se lê: *"proibição de diferença de salários, de exercício de funções e de critério de admissão por motivo de sexo, idade, cor ou estado civil"*.

No mesmo sentido, o art. 5°, CLT, acentua que todo trabalho de igual valor corresponderá salário igual, sem distinção de sexo, o que não era respeitado pela Reclamada, haja vista que a paradigma tinha salário de, aproximadamente, R$ 18.000,00 e a Reclamante recebia o salário de R$ [fazer a comparação salarial com paradigma e juntar provas].

A Reclamante não só faz jus às diferenças do salário mensal, como também às vantagens percebidas pela paradigma em razão da sua função.

De fato, a paradigma recebia bônus anual que variava de 4 a 6 salários, sendo que o bônus da Reclamante era equivalente, no máximo, a 1 salário.

Outrossim, à paradigma também era concedido carro da empresa, *Mercedes Classe C*, avaliado em R$ 125.000,00, além de fornecimento de combustível livre, podendo abastecer o veículo em posto conveniado da Ré. O automóvel é salário *in natura*, uma vez que não era necessário para o desenvolvimento das funções da paradigma.

Frise-se que tanto o bônus diferenciado quanto a concessão de automóveis eram fornecidos em razão do cargo da paradigma, o que não se confunde com vantagem pessoal.

O princípio da igualdade salarial se apoia no princípio geral da não discriminação, e não diz respeito apenas ao salário-base, mas também às demais parcelas que compõem a remuneração que são pagas em razão do cargo exercido. O contrário levaria ao vazio do reconhecimento judicial da isonomia.

Cumpre salientar que as parcelas remuneratórias acima descritas, e que são objeto da postulação de equiparação, não são verbas decorrentes de situações personalíssimas, situação essa que as excluiria da equiparação salarial ora pleiteada, conforme entendimento jurisprudencial constante do item VI da Súmula 6, TST.

Cap. 3 • MODELOS DE CAUSA DE PEDIR E PEDIDOS | **471**

Assim, esclarecido que, no caso em tela, as diferenças salariais e remuneratórias derivam do cargo exercido e não de vantagem pessoal, tais parcelas que compõem a remuneração da paradigma (incluindo-se o salário-base) devem ser estendidas à Autora.

Nesse sentido:

> *"Equiparação salarial – Base de cálculo – Comissão do cargo/Gratificação de função – Considerada a equiparação salarial, não há como excluir da base de cálculo as diferenças salariais decorrentes das comissões de cargo (gratificações de função) percebidas durante a contratualidade, uma vez que se referem a vantagens não personalíssimas e destinadas a adimplir o labor desenvolvido pelo paragonado e paradigma naquela mesma função"* (TRT – 13ª R. – RO 0117400-18.2013.5.13.0026 – Rel. Juíza Margarida Alves de Araujo Silva – *DJe* 27-10-2014 – p. 15).

Diante da plena identidade de funções, incumbe ao Réu, de acordo com os arts. 818, da CLT, e 373, II, do CPC, elidir a presunção quanto à presença dos requisitos do art. 461 da CLT, de acordo com o teor da Súmula 06, item VIII, do TST: *"É do empregador o ônus da prova do fato impeditivo, modificativo ou extintivo da equiparação salarial".*

Dessa forma, a Reclamante faz jus às diferenças salariais com a paradigma indicada, inclusive diferenças de bônus anuais e/ou semestrais, salário *in natura* (automóvel Mercedes Classe C), com reflexos destas diferenças em: (a) aviso-prévio, férias, abono de férias, domingos e feriados, 13° salário, depósitos fundiários + 40%; (b) horas extras e suas incidências em sábados, domingos e feriados, 13° salário, férias, abono de férias, aviso-prévio e nos depósitos fundiários + 40%; (c) DSRs e feriados e incidências de tais diferenças também refletem em férias, abono de férias, 13° salário, aviso-prévio e nos depósitos fundiários + 40%.

PEDIDO:

(a) condenação da Reclamada ao pagamento das diferenças salariais pela equiparação com a paradigma indicada, assim consideradas todas as parcelas que compõem a remuneração da paradigma que deverão ser estendidas à Reclamante, abrangendo diferenças de bônus anuais e/ ou semestrais, salário *in natura* (automóvel Mercedes Classe C), nos termos da fundamentação;

(b) reflexos das diferenças apontadas no item "a" em aviso-prévio, férias, abono de férias, domingos e feriados, 13° salário, depósitos fundiários + 40%;

(c) reflexos das diferenças apontadas no item "a" em horas extras e suas respectivas incidências em sábados, domingos e feriados, 13° salário, férias, abono de férias, aviso-prévio e nos depósitos fundiários + 40%;

(d) reflexos das diferenças apontadas no item "a" sobre DSRs e feriados e incidências de tais reflexos em férias, abono de férias, 13° salário, aviso-prévio e nos depósitos fundiários + 40%.

3.143 EQUIPARAÇÃO SALARIAL

CAUSA DE PEDIR:

O Reclamante faz jus à equiparação salarial com [indicar o paradigma], o qual, a partir deste momento, será denominado como paradigma.

Estavam presentes todos os requisitos do art. 461 da CLT, a saber: identidade de função, trabalho de igual valor, mesmo empregador e mesmo estabelecimento empresarial.

O Reclamante e o paradigma laboraram juntos por mais de [indicar o tempo], no estabelecimento [indicar o estabelecimento], sendo os dois subordinados ao Sr. [indicar o superior hierárquico]. Desta feita, houve a contemporaneidade exigida pelo art. 461, § 5º, da CLT.

O paradigma e o Reclamante eram responsáveis por [descrever as tarefas], sendo que o trabalho era feito com igual produtividade e com a mesma perfeição técnica.

Destaca-se que a Reclamada não possuía quadro de carreira.

Têm-se, pois, na íntegra o preenchimento dos requisitos do art. 461 da Lei Consolidada.

A Constituição Federal repudia a desigualdade salarial, consoante se denota, respectivamente, pelo art. 7º, XXX, onde se lê: *"proibição de diferença de salários, de exercício de funções e de critério de admissão por motivo de sexo, idade, cor ou estado civil"*.

No mesmo sentido, a CLT, no art. 5º, acentua que: todo trabalho de igual valor corresponderá salário igual, sem distinção de sexo.

Portanto, o Reclamante faz jus às diferenças salariais com o paradigma já indicado, com reflexos destas diferenças em: (a) aviso-prévio, férias, abono de férias, domingos e feriados, 13º salário, depósitos fundiários + 40%; (b) em horas extras e suas incidências em domingos e feriados, 13º salário, férias, abono de férias, aviso-prévio e nos depósitos fundiários + 40%; (c) todas as diferenças de DSR e feriados devem incidir em férias, abono de férias, 13º salário, aviso-prévio e nos depósitos fundiários + 40%; (d) [se houver outros títulos na petição inicial e cuja base de cálculo é o salário contratual, faça a inclusão na sequência].

Diante da plena identidade de funções incumbe ao réu, de acordo com os arts. 818, I e II, CLT, e 373, II, CPC, elidir a presunção quanto à presença dos requisitos do art. 461, CLT, de acordo com o teor da Súmula 06, item VIII, do TST: *"É do empregador o ônus da prova do fato impeditivo, modificativo ou extintivo da equiparação salarial"*.

PEDIDO:

Diferenças salariais com o paradigma indicado, com reflexos dessas diferenças em: (a) aviso-prévio, férias, abono de férias, domingos e feriados, 13º salário, depósitos fundiários + 40%; (b) em horas extras e suas incidências em domingos e feriados, 13º salário, férias, abono de férias, aviso-prévio e nos depósitos fundiários + 40%; (c) todas as diferenças de DSR e feriados devem incidir em férias, abono de férias, 13º salário, aviso-prévio e nos depósitos fundiários + 40%; (d) [se houver outros títulos na petição inicial e cuja base de cálculo é o salário contratual, faça a inclusão na sequência].

Cap. 3 • MODELOS DE CAUSA DE PEDIR E PEDIDOS 473

3.144. ESTABILIDADE
ACIDENTE DE TRABALHO. REINTEGRAÇÃO. CLÁUSULA NORMATIVA

CAUSA DE PEDIR:

Como empregado da Reclamada, o Reclamante, no exercício das funções de operador de máquinas, executava as suas tarefas contratuais em pé.

Durante o exercício das tarefas contratuais, o Reclamante carregava as peças de um lado para outro das máquinas.

O Reclamante operava três máquinas de forma simultânea (torno revólver; mandrilhadora; torno CNC).

No dia a dia, o Reclamante, como empregado da Reclamada, tinha movimentos repetitivos, o que veio a lhe causar problemas nos ombros e na coluna, acarretando, ainda, severas dores diárias.

Pelas dores constantes, o Reclamante chegou a pedir para mudar de função, efetuando os pedidos para os encarregados Robson e Alex, contudo, não foi atendido.

Também chegou a conversar com o Sr. Ronaldo, do setor de RH, mas também não foi atendido.

Durante a vigência do contrato de trabalho, não teve afastamento pelo INSS, contudo, eram frequentes os atestados médicos pelos seus problemas de saúde, sendo que a Reclamada, violando a norma legal, não expediu o CAT.

De forma unilateral, a Reclamada deliberou pela dispensa imotivada do Reclamante em [indicar a data], violando, assim, o disposto na cláusula 38ª da convenção coletiva de 2009/2011, a qual assegura a garantia de emprego ao empregado vítima de doença profissional.

Por essa cláusula, o Reclamante tem direito a ser reintegrado, visto que a doença lhe acarretou a perda da sua capacidade laborativa, por decorrência direta das condições de trabalho e das tarefas executadas, bem como essa incapacidade não mais lhe permite executar as tarefas de operador de máquinas, em razão das dores nos membros superiores. Vale dizer, o Reclamante tem uma incapacidade parcial e permanente, decorrente das condições de trabalho.

Portanto, solicitamos a nulidade da rescisão contratual, com direito do Reclamante à percepção dos salários desde o momento da sua dispensa e até a efetiva data da reintegração, em função compatível com a sua condição física, além do direito a esta garantia de emprego até a sua aposentadoria, com observância dos reajustes legais e normativos, além da incidência deste período para fins de férias, abono de férias, 13º salário e recolhimentos fundiários.

Se a reintegração se mostrar desaconselhável, por aplicação da inteligência do art. 496, da CLT, que a garantia de emprego seja convertida em pecúnia, com direito aos salários desde o momento da dispensa e até a data de sua aposentadoria (face aos termos da cláusula 38ª), com os reajustes legais e normativos, além da incidência desse período em férias, abono de férias, depósitos fundiários e 13º salário (o 13º salário também deve incidir no FGTS). Nessa hipótese haverá a incidência da multa de 40% sobre os depósitos fundiários.

PEDIDO:

Nulidade da rescisão contratual, com direito do Reclamante à percepção dos salários desde o momento da sua dispensa e até a efetiva data da reintegração, em função compatível com a sua condição física, além do direito a esta garantia de emprego até a sua aposentadoria (em face dos termos da cláusula 38ª), com observância dos reajustes legais e normativos, além da incidência desse período para fins de férias, abono de férias, 13º terceiro salário e recolhimentos fundiários.

Se a reintegração se mostrar desaconselhável, por aplicação da inteligência do art. 496, da CLT, que a garantia de emprego seja convertida em pecúnia, com direito aos salários desde o momento da dispensa e até a data de sua aposentadoria, com os reajustes legais e normativos, além da incidência desse período em férias, abono de férias, depósitos fundiários e 13º salário (o 13º salário também deve incidir no FGTS). Nessa hipótese haverá a incidência da multa de 40% sobre os depósitos fundiários.

Cap. 3 • MODELOS DE CAUSA DE PEDIR E PEDIDOS | 475

3.145. **ESTABILIDADE**
ART. 118, LEI 8.213/1991. DOENÇA PROFISSIONAL

CAUSA DE PEDIR:

O Reclamante foi contratado pela Reclamada para exercer serviços de [indicar a função], laborando de [indicar as datas de admissão e de dispensa].

Durante todo o histórico funcional, diante das atividades exercidas e ambiente laboral agressivo, o Autor desenvolveu um quadro de doença profissional, sendo portador de [descrever todas as moléstias que acometem o Reclamante, juntando documentos].

Além de sujeitar-se às condições agressivas e excepcionais inerentes à natureza de suas atribuições, o Autor, ainda, necessita submeter-se aos inúmeros tratamentos medicamentosos, sem descartar a possibilidade de intervenção cirúrgica, cujo resultado tem grandes chances de não ser satisfatório, haja vista que houve considerável progressão da moléstia incapacitante, impedindo que o Autor movimente seus braços, tamanha dor que o acomete.

Vale ressaltar que, ao ingressar na empresa Ré, o Reclamante gozava de perfeita higidez física e mental, visto que foi aprovado em todos os exames pré-admissionais realizados, sendo que, ao longo de seu histórico funcional, a prática reiterada de movimentos repetitivos foi o fator primordial para a eclosão de tal incapacidade laboral, uma vez que as lesões que acometem o Autor se prendem etiologicamente aos infortúnios laborais.

Durante a vigência do contrato de trabalho, o trabalhador não sofreu afastamento previdenciário pelo INSS, contudo, era frequente a apresentação de atestados médicos pelo Autor, devido aos seus problemas de saúde que o incapacitavam a exercer suas atividades.

A Reclamada, mesmo diante do evidente quadro de incapacidade laboral do Autor, violou norma legal e não expediu a competente Comunicação de Acidente de Trabalho (CAT), em clara demonstração de má-fé diante da situação gerada pelas condições laborais. E muito pior: de forma unilateral, a Ré deliberou pela dispensa imotivada do Reclamante, violando, assim, o disposto no art. 118 da Lei 8.213/91, o qual assegura a garantia de emprego ao empregado vítima de doença profissional.

O empregado segurado, vítima de acidente do trabalho, tem garantida a manutenção do seu contrato de trabalho na empresa durante o prazo mínimo de 12 meses, após a cessação do auxílio-doença acidentário, independentemente da percepção de auxílio-acidente (art. 118, Lei 8.213/91).

Pelo art. 118 da Lei 8.213, a estabilidade do acidentado tem os seguintes requisitos: (a) o reconhecimento administrativo da doença profissional, do trabalho ou do acidente de trabalho pela entidade autárquica (INSS); (b) o afastamento do serviço além dos primeiros 15 dias, com o pagamento do auxílio-doença acidentário.

Quando se fala em acidente de trabalho, não deve ser somente considerado o típico, mas também os previstos nos arts. 20 e 21 da Lei 8.213: as moléstias profissionais e do trabalho e os acidentes equiparados aos do trabalho.

É comum a não emissão pelo empregador do Comunicado de Acidente de Trabalho (CAT) em função de um acidente típico ou equiparado, bem como quando o empregado começa a desenvolver uma situação de doença de trabalho, o empregador proceder de imediato à dispensa imotivada, efetuando o pagamento dos direitos trabalhistas, mas obstando ao trabalhador que tenha reconhecido o acidente ou a doença profissional perante o INSS.

Como sabemos, o empregado adquire a estabilidade quando retorna do gozo do auxílio-doença acidentário.

Do ponto de vista formal, o reconhecimento administrativo do INSS e o afastamento superior a 15 dias são vitais, porém, imaginemos algumas situações: (a) o empregado passa a apresentar um quadro clínico de doença profissional; (b) a empresa, visando evitar o próprio afastamento médico, efetua já de antemão a dispensa do funcionário, com o intuito de elidir a própria concretização fática do requisito do art. 118; (c) a empresa não emite o CAT e não comunica o acidente ou a doença profissional. Tais situações caracterizam medidas ilegais e obstativas do direito do empregador.

Na essência, o Direito do Trabalho é dinâmico e realístico.

No ato de julgar o intérprete, não se pode ater tão somente aos formalismos da Lei.

O intérprete deve analisar os fatos e, quando adequá-los, posicionar-se com intuito de efetiva prestação jurisdicional dentro do prisma teleológico, ou seja, a própria finalidade jurídica e social do alcance da lei.

O TST entendia que o afastamento do trabalho por prazo superior a 15 dias e a consequente percepção do auxílio-doença acidentário era pressuposto para o direito à estabilidade prevista no art. 118 da Lei 8.213, assegurada por período de 12 meses, após a cessação do auxílio-doença.

O art. 118 pressupõe um elemento formal, ou seja, o afastamento caracterizado no INSS; todavia, mesmo não havendo este afastamento, se ficar provado no curso da instrução processual, além da própria doença profissional, a inércia ou o descuido do empregador quanto às condições de trabalho, pode e deve o juiz reconhecer a dispensa obstativa com a imposição da estabilidade.

Reconhecendo a temática da dispensa obstativa em relação ao art. 118, o TST reviu a sua posição: *"São pressupostos para a concessão da estabilidade o afastamento superior a 15 dias e a consequente percepção do auxílio-doença acidentário, salvo se constatada, após a despedida, doença profissional que guarde relação de causalidade com a execução do contrato de emprego"* (Súm. 378, II).

Assim, diante do caso concreto exposto, o Reclamante requer a nulidade da rescisão contratual, com direito à percepção dos salários desde o momento da sua dispensa e até a efetiva data da reintegração, em função compatível com a sua condição física, além do direito a esta garantia de emprego até a sua aposentadoria, com observância dos reajustes legais e normativos, além da incidência deste período para fins de férias, abono de férias, 13º salário e recolhimentos fundiários.

Caso a reintegração se mostrar desaconselhável, por aplicação da inteligência do art. 496, da CLT, que a garantia de emprego seja convertida em pecúnia, com direito aos salários desde o momento da dispensa e até a data do término do prazo de 12 meses, com os reajustes legais e normativos, além da incidência deste período em férias, abono de férias, depósitos fundiários e 13º salário (o 13º salário também deve incidir no FGTS). Nessa hipótese haverá a incidência da multa de 40% sobre os depósitos fundiários.

PEDIDO:

Nulidade da rescisão contratual, com direito do Reclamante à percepção dos salários desde o momento da sua dispensa e até a efetiva data da reintegração, em função compatível com a sua condição física, além do direito a essa garantia de emprego até a data do término do prazo de 12 meses, com observância dos reajustes legais e normativos, além da incidência desse período para fins de férias, abono de férias, 13º salário e recolhimentos fundiários.

Se a reintegração se mostrar desaconselhável, por aplicação da inteligência do art. 496, da CLT, que a garantia de emprego seja convertida em pecúnia, com direito aos salários desde o momento da dispensa e até a data do término do prazo de 12 meses, com os reajustes legais e normativos, além da incidência deste período em férias, abono de férias, depósitos fundiários e 13º salário (o 13º salário também deve incidir no FGTS). Nessa hipótese haverá a incidência da multa de 40% sobre os depósitos fundiários.

Cap. 3 • MODELOS DE CAUSA DE PEDIR E PEDIDOS | **477**

3.146. ESTABILIDADE
GESTANTE, COM O PEDIDO DE TUTELA ANTECIPADA

CAUSA DE PEDIR:

1. Do Contrato de Trabalho

A Reclamante foi contratada pela Reclamada em [indicar a data] para executar as tarefas de promotora de vendas.

Exercia suas funções das 8:00 às 17:00, de segunda-feira a sexta-feira, com uma hora de intervalo, e aos sábados, das 8:00 às 12:00, totalizando, assim, 44 horas semanais.

No dia [indicar a data], a Reclamante, após comentar com as colegas de trabalho que estava grávida de dois meses, veio a ser repreendida verbalmente pelo superior hierárquico (Sr. Marcelo Manteiga), que a acusou de estar atrapalhando o serviço.

No dia [indicar a data], a Reclamante foi dispensada de forma injusta, não recebendo os seus direitos trabalhistas rescisórios na íntegra. Recebeu tão somente o saldo de salário [doc. ... – termo de rescisão].

Recebeu como último salário o valor de R$ [indicar o valor].

2. Da Estabilidade pela Condição de Gestante

Quando houve a dispensa sem justa causa em [indicar a data], a Reclamante estava grávida de dois meses.

A empregada grávida tem garantia de emprego a partir da confirmação da gravidez e até cinco meses após o parto (art. 10, II, *b*, ADCT; Súm. 244, TST).

Portanto, a Reclamante deverá ser reintegrada no local e na função que ocupava na empresa, além do pagamento dos salários pelo período de afastamento e que seja respeitado o seu direito à estabilidade por todo o período, com o direito aos salários vencidos e vincendos e com suas incidências em férias, abono de férias, 13º salário e FGTS (8% a ser depositado).

Se a reintegração se mostrar desaconselhável (art. 496, CLT; Súm. 244, TST), que a estabilidade seja convertida em pecúnia, com o direito à percepção dos salários desde o dia da dispensa e até o término da estabilidade (art. 10, II, *b*, ADCT), com observância dos reajustes legais e normativos e com incidência deste período em férias, 13º salário, abono de férias e FGTS + 40%.

Além da conversão da estabilidade em pecúnia, a Reclamante também terá direito à percepção de: aviso-prévio, 13º salário proporcional de 2009 com a inclusão do aviso-prévio, férias proporcionais e abono com a inclusão do aviso-prévio, FGTS código 01 + 40%, além da liberação do seguro-desemprego.

3. Da Tutela de Urgência – Reintegração

Como já se verificou, a Reclamante, apesar do seu estado gravídico, foi injustamente demitida de forma imotivada.

De acordo com os arts. 294 e ss., e art. 536, CPC, diante da prova inequívoca do direito invocado (aviso-prévio do empregador para o empregado – [doc. ...]; exame ultrassonográfico comprobatório da gravidez – [doc. ...]) e do perigo na demora, que poderá fazer com que a reintegração seja inviável.

Assim, a Reclamante requer a concessão *liminar inaudita altera pars* da tutela antecipada para fins de reintegração ao emprego.

Requer ainda a fixação de multa diária em caso de descumprimento da ordem judicial (arts. 536 e 537, CPC), no importe de R$ 100,00 por dia, em favor da Reclamante.

PEDIDO:

Requer-se a concessão de tutela antecipatória, determinando a reintegração imediata da Reclamante no local e na função anteriormente exercida, com fixação de multa diária em caso de descumprimento da obrigação de R$ 100,00 por dia, bem como a intimação da Reclamada para ciência e cumprimento da decisão antecipatória.

A Reclamante espera a procedência dos pedidos para:

(a) declarar a nulidade do ato demissional e, consequentemente, determinar a reintegração no local e na função que ocupava na empresa;

(b) pagamento dos salários pelo período de afastamento e com respeito ao seu direito à estabilidade por todo o período, observando-se os salários vencidos e vincendos e com suas incidências em férias, abono de férias, 13º salário e FGTS (8% a ser depositado);

(c) *ad cautelam*, se a reintegração se mostrar desaconselhável, a conversão da estabilidade em pecúnia, com o pagamento dos salários desde a data da dispensa e até o fim da garantia, com observância dos reajustes legais e normativos e com incidência deste período em férias, 13º salário, abono de férias e FGTS + 40%, além do pagamento das verbas rescisórias: aviso-prévio, 13º salário proporcional de 2009 com a inclusão do aviso-prévio, férias proporcionais e abono com a inclusão do aviso-prévio, FGTS código 01 + 40%, além da liberação do seguro-desemprego.

3.147. ESTABILIDADE
INTEGRANTE DA CIPA

CAUSA DE PEDIR:

O Reclamante foi contratado pela Reclamada para exercer serviços de [indicar a função], laborando de [indicar as datas de admissão e de dispensa].

O Reclamante foi eleito para o cargo de [indicar o cargo] em [indicar a data], logo, teria estabilidade até [indicar a data].

A constituição da Comissão Interna de Prevenção de Acidentes (CIPA) é obrigatória, de acordo com as instruções expedidas pelo MTE, nos estabelecimentos ou locais de obras nelas especificadas (art. 163, *caput*, CLT).

A CIPA encontra-se regulada pela NR 5, tendo como objetivo a prevenção de acidentes e doenças decorrentes do trabalho, objetivando, assim, tornar compatível o trabalho com a preservação da vida e a promoção da saúde do trabalhador (art. 5.1, da NR 5, Portaria 3.214/78).

Cada CIPA será composta de representantes de empresas e dos empregados, sendo que a NR 5, Portaria 3.214/78, disciplina o número total de integrantes da CIPA, o qual varia em função do número de empregados no respectivo estabelecimento.

Os representantes dos empregadores, titulares e suplentes serão por eles designados anualmente, entre os quais, o presidente da CIPA. Os representantes, titulares, indicados pelo empregador não poderão ser reconduzidos por mais de dois mandatos consecutivos.

Os representantes dos empregados, titulares e suplentes serão eleitos em escrutínio secreto pelos interessados, independentemente de filiação sindical, entre os quais se encontra o vice-presidente. O mandato dos membros eleitos da CIPA terá a duração de um ano, permitida uma reeleição.

Haverá a perda do mandato se o membro titular da CIPA faltar, sem qualquer justificativa, a mais de quatro reuniões ordinárias, e será substituído pelo suplente.

A CIPA, de acordo com o art. 5° da Portaria SSST 9/96, não poderá ter seu número de representantes reduzido, bem como não será desativada pelo empregador antes do término do mandato de seus membros, ainda que haja redução do número de empregados da empresa ou reclassificação de risco, exceto nos casos em que houver encerramento da atividade do estabelecimento.

Os titulares da representação dos empregados nas CIPAs não poderão sofrer despedida arbitrária, entendendo-se como tal a que não se fundar em motivo disciplinar, técnico, econômico ou financeiro (art. 165, *caput*, CLT).

Ocorrendo a despedida, caberá ao empregador comprovar a existência de qualquer dos motivos mencionados no art. 165, CLT, sob pena de ser condenado a reintegrar o empregado (art. 165, parágrafo único). Não se tem a necessidade do ajuizamento do inquérito para a dispensa do cipeiro.

O art. 10, II, a, ADCT veda a dispensa arbitrária ou sem justa causa do empregado eleito para cargo de direção de comissões internas de prevenção de acidentes, desde o registro de sua candidatura até um ano após o final de seu mandato.

A garantia envolve não só o representante titular do empregado, como também o suplente (Súm. 339, I, TST).

O Reclamante foi dispensado em [indicar a data] e de forma imotivada.

Assim, diante do caso concreto exposto, o Reclamante requer a nulidade da rescisão contratual, com direito à percepção dos salários desde o momento da sua dispensa e até a efetiva data da reintegração, além da garantia de emprego até o fim da estabilidade, com observância dos reajustes legais e normativos, além da incidência deste período para fins de férias, abono de férias, 13º salário e recolhimentos fundiários.

Caso a reintegração se mostrar desaconselhável, por aplicação da inteligência do art. 496, da CLT, que a garantia de emprego seja convertida em pecúnia, com direito aos salários desde o momento da dispensa e até o fim da garantia, com os reajustes legais e normativos, além da incidência desse período em férias, abono de férias, depósitos fundiários e 13º salário (o 13º salário também deve incidir no FGTS). Nessa hipótese haverá a incidência da multa de 40% sobre os depósitos fundiários.

PEDIDO:

(a) nulidade da rescisão contratual, com direito do Reclamante à percepção dos salários desde o momento da sua dispensa e até a efetiva data da reintegração, além da garantia de emprego até o fim da estabilidade, com observância dos reajustes legais e normativos, além da incidência deste período para fins de férias, abono de férias, 13º salário e recolhimentos fundiários;

(b) de forma sucessiva (art. 326, CPC), se a reintegração se mostrar desaconselhável, por aplicação da inteligência do art. 496, da CLT, que a garantia de emprego seja convertida em pecúnia, com direito aos salários desde o momento da dispensa e até o fim da garantia, com os reajustes legais e normativos, além da incidência desse período em férias, abono de férias, depósitos fundiários e 13º salário (o 13º salário também deve incidir no FGTS). Nessa hipótese haverá a incidência da multa de 40% sobre os depósitos fundiários.

Cap. 3 • MODELOS DE CAUSA DE PEDIR E PEDIDOS | **481**

3.148. ESTABILIDADE NORMATIVA
DIREITO ADQUIRIDO. APLICAÇÃO DA OJ 41, SDI-I, TST

CAUSA DE PEDIR:
1. CONTRATO DE TRABALHO. SUCESSÃO TRABALHISTA FRAUDULENTA. ILÍCITA ALTERAÇÃO CONTRATUAL

1.1. O Reclamante foi admitido aos préstimos da segunda Reclamada na data de 21-3-1997, para exercer as funções de operador de máquinas, junto ao setor denominado de OTR [doc. ★].

Na data de 1-11-1997, o Reclamante foi promovido para a função de acabador controlador de pneu. Por outro lado, em 1-8-1999, o Reclamante passou a ser operador vulcanizador. A CTPS comprova o universo de tais tarefas [doc. ★].

Nesta função (operador de vulcanização de pneus), o Reclamante executava as seguintes tarefas: (a) operador de vulcanização de pneus de grande porte; (b) colocação e retirada de pneus de grande porte em vulcanizadores, sendo que a atividade era realizada de forma manual, pois, na época, quando da realização de suas tarefas contratuais, o Reclamante não tinha o auxílio de mecanismos/dispositivos; (c) os pneus manipulados pelo Reclamante chegavam a pesar 750 quilos; (d) após a vulcanização, o Reclamante conduzia o pneu até setor, o qual tinha a distância de 120 metros do local de trabalho.

1.2. Face às péssimas condições de trabalho, além do total desrespeito às normas de medicina e segurança do trabalho, o Reclamante foi acometido de sérias lesões junto aos membros superiores (CID M 75.1), sendo que ficou afastado pelo INSS a partir de 20-6-2005, retornando ao trabalho somente em 27-7-2007.

O auxílio-doença comum foi transformado em auxílio-doença acidentário na data de 6-7-2005 [doc.★].

Convém ser dito que o Reclamante teve a alta médica com restrições, visto que foi determinado pela instituição previdenciária que exercesse atividades compatíveis com o seu estado físico.

Por tais aspectos, a empresa (segunda Reclamada) procedeu a transferência do Reclamante para o setor de portaria.

Na data de 1-11-2010, o Reclamante foi promovido para a função de encarregado de segurança patrimonial.

1.3. Na data de 1º-10-2016, o Reclamante foi transferido para a primeira Reclamada, a qual, como sucessora, assumiu todas as obrigações decorrentes do contrato individual de trabalho do Reclamante.

Citada sucessão não pode prejudicar os direitos do Reclamante em face da estabilidade acidentária.

1.3.1. A transferência foi fraudulenta, visto que ocorreu com o nítido intuito de prejudicar o trabalhador quanto ao seu enquadramento sindical (Sindicato dos Borracheiros de Santo André para o Sindicato dos Comerciários do ABC).

1.3.2. Mesmo que não se considere fraudulenta a transferência, tem-se que a estabilidade adquirida (estabilidade normativa dos borracheiros vigente em 2007/2008, face a doença profissional, OJ 41, SDI-I, TST) é direito individualmente adquirido pelo trabalhador, o qual não pode ser alterado pelo enquadramento sindical efetuado pela sucessão.

A OJ 41, SDI-I, indica: *"Preenchidos todos os pressupostos para a aquisição de estabilidade decorrente de acidente ou doença profissional, ainda durante a vigência do instrumento normativo, goza o empregado de estabilidade mesmo após o término da vigência deste".*

Em respeito à vantagem individualmente adquirida, como é o caso da estabilidade pela norma coletiva, Renato Rua de Almeida nos ensina:

"No entanto, há uma exceção ao princípio da não incorporação definitiva das cláusulas normativas nos contratos individuais de trabalho. Trata-se da hipótese que o direito francês convencionou chamar de vantagem individualmente adquirida por força da aplicação de cláusula normativa. Essa exceção foi consagrada no direito francês pela Lei Auroux, de 13 de novembro de 1982 (Código do Trabalho, artigo L. 132-8, alínea '6'), que serve, inclusive, de elemento para o juiz brasileiro decidir, aplicando a incorporação definitiva da cláusula normativa no contrato individual de trabalho, diante da falta de disposição legal expressa, com efeito amplo, por ser o direito comparado um método importante de integração do direito, conforme, aliás, previsto pelo artigo 8º da CLT. As vantagens individuais, no dizer de Gérard Couturier, são aquelas diretamente relacionadas ao empregado, distinguindo-se das vantagens coletivas dirigidas à representação eleita ou sindical dos trabalhadores na empresa (Convenção 135 da OIT), que no caso do direito brasileiro seria, por exemplo, alguma vantagem especial dos representantes eleitos pelos empregados para a Comissão Interna de Prevenção de Acidentes (CIPA), prevista pelo art. 163 da Consolidação das Leis do Trabalho, ou daquelas relacionadas à organização interna de trabalho na empresa (garantias disciplinares, alteração de horário, intervalos etc.). Em complemento, essas vantagens, para se incorporarem aos contratos individuais de trabalho, devem estar individualmente adquiridas, isto é, o empregado tenha delas se beneficiado ou implementado as condições para beneficiar-se. Por último, tais vantagens individuais devem ter caráter continuado e não casual ou ocasional, bem como não depender de evento futuro e incerto." (Das cláusulas normativas das convenções coletivas de trabalho: conceito, eficácia e incorporação nos contratos individuais de trabalho. Revista LTr, v. 60, nº 12, p. 1.602).

Por fim, Mauricio Godinho Delgado ensina:

"Desde que se acolha a tese da solidariedade ativa (além da incontroversa solidariedade passiva), alguns importantes efeitos justrabalhistas podem se verificar quanto a determinado empregado vinculado ao grupo econômico. Citem-se, ilustrativamente, alguns desses potenciais efeitos: (...) (e) extensão do poder de direção empresarial por além da específica empresa em que esteja localizado o empregado – com o que se autorizaria, a princípio, a transferência obreira de uma para outra empresa do grupo, respeitadas as limitações legais quanto à ocorrência de prejuízo (art. 468, CLT)." (Curso de direito do trabalho. 17ª ed. São Paulo: LTr, 2018, pp. 503-504.)

Portanto, o Reclamante tem o pleno direito à estabilidade normativa prevista na cláusula nº [★], a qual estava em vigência em julho de 2007, após o seu retorno da alta médica [★].

1.4. Na data de 19-7-2018, o Reclamante foi injustamente dispensado, sendo que recebeu a quantia de R$ 22.306,39, a qual não corresponde a totalidade dos seus direitos trabalhistas.

Quando da dispensa, o Reclamante auferia o salário mensal de R$ 4.349,28.

2. REINTEGRAÇÃO PELO ACIDENTE DE TRABALHO.

Como empregado da primeira Reclamada, o Reclamante, exercendo atividades com movimentos repetitivos e esforços, de forma cristalina, sofreu sérios problemas de saúde, os quais lhe ocasionaram a perda da sua capacidade laborativa.

Em razão dos problemas de saúde, o Reclamante permaneceu em afastamento médico acidentário no período de 20-6-2005 a 27-7-2007.

Os problemas de saúde foram adquiridos em razão das condições de trabalho e das atividades exercidas, onde exercia tarefas com movimentos repetitivos e esforço físico de forma ininterrupta.

Cap. 3 • MODELOS DE CAUSA DE PEDIR E PEDIDOS | 483

2.1. ESTABILIDADE. REINTEGRAÇÃO. CLÁUSULA [ ] DO INSTRUMENTO NORMATIVO 2007/2008. APLICAÇÃO DA OJ 41, SDI-I, TST

Dispõe a cláusula [★] do Instrumento Normativo:

"ESTABILIDADE ACIDENTADOS/PORTADORES DOENÇA PROFISSIONAL CLÁUSULA 28ª – GARANTIA DE EMPREGO AO EMPREGADO ACIDENTADO

Será garantido aos empregados acidentados no trabalho, incapacitados de continuar a exercer a função que vinham exercendo, e em condições de exercer qualquer função compatível com seu estado físico, após o acidente, que serão mantidos na EMPRESA até a aquisição do direito à aposentadoria por tempo de serviço, sem prejuízo da remuneração antes percebida:

a) Estarão abrangidos por esta garantia os já acidentados no trabalho, nesta EMPRESA, com contrato em vigor nesta data;

b) Demonstrando o empregado que é portador de doença profissional, e que a adquiriu no seu atual emprego, ou a teve agravada, e enquanto esta perdurar, passará a gozar das garantias previstas nesta Cláusula;

c) Estes empregados não poderão ser despedidos a não ser em razão de prática de falta grave, ou por mútuo acordo entre empregado e empregador com a assistência do respectivo SINDICATO da categoria profissional;

d) Garante-se ao empregado, abrangido por esta cláusula os reajustes e aumentos gerais de salários relativos à sua função;

e) Os empregados contemplados com as garantias previstas nesta cláusula, não poderão servir de paradigma para reivindicações salariais."

O instrumento normativo a ser observado é o relativo ao acordo coletivo celebrado entre a empresa e a entidade sindical da categoria profissional [indicar o nome dos signatários do instrumento normativo].

O acordo refere-se ao período de 2007/2008.

O correto é se ter a observância deste instrumento normativo, visto que o Reclamante preencheu os requisitos da estabilidade, à época em que estava em vigência a referida cláusula, a qual aderiu ao seu contrato individual de trabalho.

Apesar da vigência deste acordo ficar limitada a este período (2007/2008), temos que a cláusula aderiu ao contrato de trabalho do Reclamante, ante os termos da OJ 41, SDI-I, TST:

"Preenchidos todos os pressupostos para a aquisição de estabilidade decorrente de acidente ou doença profissional, ainda durante a vigência do instrumento normativo, goza o empregado de estabilidade mesmo após o término da vigência deste."

A interpretação que se dá na OJ 41 é que a cláusula protetora do colaborador é incorporada ao contrato de trabalho.

Em outras palavras: se o empregado sofreu acidente à época da vigência da cláusula, por questão de lógica, se a estabilidade, por acidente do trabalho ou aquisição da doença profissional, deixou de existir no instrumento normativo assinado em outra negociação coletiva ou mesmo que na época do desligamento do empregado, esta cláusula não mais exista, o empregado terá o direito, porque à época da ocorrência do acidente ou da aquisição da doença, tal cláusula estava vigente e foi incorporada ao contrato de trabalho existente entre o empregado e o empregador.

Como a patologia foi adquirida dentro da vigência do acordo coletivo de 2007/2008, há de ser aplicada a cláusula [★] do instrumento 2007/2008.

A jurisprudência do TST indica:

"AGRAVO DE INSTRUMENTO DA RECLAMADA. ESTABILIDADE PROVISÓ-RIA. DOENÇA PROFISSIONAL. LIMITAÇÃO. VIGÊNCIA. NORMA COLETIVA. ORIENTAÇÃO JURISPRUDENCIAL 41 DA SBDI-1. NÃO PROVIMENTO. Consoante o entendimento pacífico deste Tribunal, preenchidos os pressupostos para a aquisição de estabilidade decorrente de acidente ou doença profissional ainda durante a vigência do instrumento normativo – como na hipótese dos autos –, o empregado goza de estabilidade mesmo após o término da vigência do referido instrumento. Inteligência da Orientação Jurisprudencial nº 41 da SBDI-1. Incidência da Súmula nº 333 e do art. 896, § 4º, da CLT. Agravo de instrumento a que se nega provimento. AGRAVO DE INSTRUMENTO DA RECLAMANTE. DANO MORAL. DOENÇA PRO-FISSIONAL. COMPROVAÇÃO DO ABALO MORAL. PRESCINDIBILIDADE. DANO IN RE IPSA. PROVIMENTO. Há de ser processado o recurso de revista quando a parte demonstra efetiva divergência jurisprudencial, a partir de julgado que defende tese contrária à adotada pelo egrégio Colegiado Regional. Agravo de instrumento a que se dá provimento. RECURSO DE REVISTA DA RECLAMANTE. DANO MORAL. DOENÇA PROFISSIONAL. COMPROVAÇÃO DO ABALO MORAL. PRESCINDIBILIDADE. DANO IN RE IPSA. PROVIMENTO. O egrégio Tribunal Regional, soberano na análise de fatos e provas dos autos, registrou que ficou comprovado nos autos, através da prova pericial, que a Reclamante adquiriu doença ocupacional ('Tendinopatia de Membros Superiores' e 'Síndrome do Túnel do Carpo Bilateral', com redução da capacidade laboral), em face das atividades desenvolvidas em favor da Reclamada, sendo que restou clara a existência de nexo causal entre os problemas que acometem a Reclamante com a sua atividade laborativa. O abalo emocional (prejuízo indenizável) dessume-se dos fatos apresentados e provados, do acidente do trabalho em si. Ora, a partir de um padrão racional mediano, não é crível que o trabalhador que é aposentado por invalidez em decorrência de doença profissional não se imiscua em preocupações e sofrimentos excessivos advindos do temor de que a lesão se agrave e lhe impute limitações de movimentos e de trabalho. Há dano moral no caso, que se configura como dano in re ipsa, sendo, sem sombra de dúvidas, indenizável, na forma do art. 7º, XXVIII, da Constituição Federal. Precedentes. Dessa forma, se restabelece a r. sentença quanto à condenação da Reclamada ao pagamento de compensação por danos morais, no importe de R$ 40.000,00 (quarenta mil reais). Recurso de revista de que se conhece e a que se dá provimento." (TST – 5ª T. – AIRR 131000-59.2006.5.02.0317 – Rel. Min. Guilherme Augusto Caputo Bastos – *DEJT* 6-6-2014.)

Por essa cláusula, o empregado, vítima de acidente de trabalho, terá estabilidade desde que: (a) tenha redução da capacidade laborativa; (b) tenha se tornado incapaz de exercer a função que vinha exercendo ou equivalente; (c) apresente condições de executar outras tarefas compatíveis com a atual situação clínica e/ou física.

Diante dos elementos fáticos anteriormente indicados, é cristalino que o Reclamante tem o direito ao referido enquadramento, na medida em que foi transferido de função e de setor de trabalho.

A dispensa é nula de pleno direito (art. 9º da CLT).

Pela cláusula [*], o Reclamante tem direito a ser reintegrado, visto que o acidente de trabalho lhe acarretou a perda da sua capacidade laborativa, por decorrência direta das condições de trabalho e das tarefas executadas, bem como esta incapacidade não mais lhe permite executar as tarefas anteriores, face às dores na coluna.

Vale dizer, o Reclamante tem uma incapacidade parcial e permanente, decorrente das condições de trabalho.

3. ANTECIPAÇÃO DA TUTELA

De acordo com o art. 294 e segs. do CPC, utilizado subsidiariamente no Processo do Trabalho, por força do art. 769 da CLT, assim estabelece: *"A tutela provisória pode fundamentar-se em urgência ou evidência. Parágrafo único. A tutela provisória de urgência, cautelar ou antecipada, pode ser concedida em caráter antecedente ou incidental".*

Assim, o Reclamante solicita a tutela antecipada.

Diante das provas produzidas, em nível de tutela antecipada, o Reclamante requer a decretação da nulidade contratual, com o retorno imediato ao quadro de empregados da Reclamada, com a suspensão do seu contrato de trabalho, uma vez que se encontra em afastamento médico previdenciário acidentário.

Há a plena demonstração (prova inequívoca) da dispensa nula e dos direitos ao preenchimento dos requisitos da cláusula normativa [*].

A tutela antecipada é invocada com base no art. 294 e segs. do CPC.

Para tanto, o Reclamante requer a concessão da tutela antecipada para imediata reintegração com os direitos pecuniários, devendo Vossa Excelência, arbitrar uma multa a base de R$ 500,00 por dia em favor do Reclamante.

PEDIDO:

(a) concessão da tutela antecipada, com a decretação da nulidade contratual e o retorno imediato ao quadro de empregados da Reclamada, com a suspensão do seu contrato de trabalho, uma vez que o Reclamante se encontra em afastamento médico previdenciário acidentário. Há a plena demonstração (prova inequívoca) da dispensa nula e dos direitos ao preenchimento dos requisitos da cláusula normativa [*]. A tutela antecipada é invocada com base no art. 294 e segs. do CPC. Deve ser arbitrada uma multa a base de R$ 500,00 por dia em favor do Reclamante;

(b) a decretação da nulidade da rescisão contratual, com direito do Reclamante à percepção dos salários desde o momento da sua dispensa e até a efetiva data da reintegração, em função compatível com a sua condição física, além do direito a esta garantia de emprego até a sua aposentadoria, com observância dos reajustes legais e normativos, além da incidência desse período para fins de férias, abono de férias, décimo terceiro salário e recolhimentos fundiários;

(c) de forma alternativa, se a reintegração se mostrar desaconselhável, por aplicação da inteligência do art. 496 da CLT, que a garantia de emprego seja convertida em pecúnia, com direito aos salários desde o momento da dispensa e até a data de sua aposentadoria, com os reajustes legais e normativos, além da incidência desse período em férias, abono de férias, depósitos fundiários e 13° salário (o 13° salário também deve incidir no FGTS). Nessa hipótese, haverá a incidência da multa de 40% sobre os depósitos fundiários.

3.149. ESTABILIDADE PRÉ-APOSENTADORIA
REINTEGRAÇÃO

CAUSA DE PEDIR:

O Reclamante prestou seus serviços para a Reclamada por longos [indicar as datas de admissão e dispensa], na função de [indicar].

Ocorre que, por ocasião de sua dispensa imotivada, o Autor estava a 13 meses de completar 65 anos, ou seja, da aquisição de sua aposentadoria por idade [apontar o tempo faltante para o empregado adquirir o direito à aposentadoria e com exemplo de modalidade da aposentadoria – se tempo é aposentadoria por tempo de contribuição ou idade], uma vez que, além do requisito da idade (65 anos), o requisito cumulativo de 180 contribuições está automaticamente comprovado pelo próprio período de registro de seu contrato de trabalho em CTPS, que é superior a 15 anos de contribuição.

A fim de estabelecer uma garantia de emprego até o advento da aposentadoria dos trabalhadores da categoria, a Convenção Coletiva da Categoria profissional do Reclamante possui cláusula que prevê [transcrever a cláusula].

Na data de [indicar a data], portanto a 13 meses de completar 65 anos e já com as 180 contribuições comprovadamente recolhidas, o Reclamante foi surpreendido com a comunicação de sua imotivada dispensa [doc. ...], sendo que foi avisado pelo setor de Recursos Humanos da empresa Ré que deveria comparecer ao Sindicato da categoria para proceder-se a homologação de sua rescisão contratual, na data de [indicar a data].

Ressalta-se que, no ato de sua homologação, o Reclamante noticiou ao homologador do Sindicato sua condição de "pré-aposentável", o que gerou a recusa da entidade sindical em homologar a rescisão contratual.

Assim, resta comprovado que o Autor faz jus ao direito previsto na cláusula normativa em questão, sendo detentor da estabilidade pré-aposentadoria, uma vez que preencheu os dois requisitos previstos, quais sejam: [especificar os requisitos da cláusula normativa invocada].

A dispensa do Autor, portanto, ocorreu em caráter obstativo.

A dispensa obstativa ocorre quando o empregador dissolve o contrato de trabalho com o intuito de prejudicar o empregado na aquisição de direitos, os quais passariam a existir caso o contrato mantivesse o seu curso natural.

A legislação civil, ao tratar da condição como elemento acidental do negócio jurídico, considera verificada a condição cujo implemento for maliciosamente obstado pela parte a quem aproveita o seu implemento. Do mesmo modo, tem-se não verificada a condição maliciosamente levada a efeito por aquele que aproveita o seu implemento (art. 120, CC).

No Direito do Trabalho, presume-se obstativa a dispensa que impede o empregado de adquirir a estabilidade decenal (art. 499, § 3°, CLT). O TST entendeu que a presunção se configura aos nove anos de serviços (Súm. 26, cancelada pela Res. 121/03, TST).

Ocorrendo a dispensa obstativa do empregado a fim de lhe impedir a aquisição da estabilidade, o empregador pagará a indenização de forma dobrada (art. 499, § 3°, CLT).

Tal afirmação decorre do confronto do caso fático com os princípios da continuidade das relações de trabalho, da razoabilidade e da boa-fé do Direito do Trabalho.

Cap. 3 • MODELOS DE CAUSA DE PEDIR E PEDIDOS | **487**

Corroborando tais princípios, o texto legal declara nulos de pleno direito os atos praticados com o objetivo de impedir ou fraudar direitos trabalhistas (art. 9°, CLT) e as alterações contratuais prejudiciais aos direitos dos empregados (art. 468, CLT).

Nos presentes autos, a dispensa deu-se com o objetivo de frustrar o adimplemento de condição prevista em norma coletiva, para exercício da estabilidade pré-aposentadoria, não havendo dúvida de que a despedida foi obstativa à referida estabilidade provisória.

A jurisprudência revela:

"AGRAVO DE INSTRUMENTO. BANESTES. RESOLUÇÃO N° 696/2008. DISPENSA. DISCRIMINAÇÃO POR IDADE. Por vislumbrar contrariedade ao artigo 1° da Lei n° 9029/95, dá-se provimento ao Agravo de Instrumento para determinar o processamento do apelo denegado. RECURSO DE REVISTA. PRELIMINAR DE NULIDADE POR NEGATIVA DE PRESTAÇÃO JURIS-DICIONAL. Diante da possibilidade de julgamento favorável à Recorrente no mérito, deixo de analisar a preliminar em epígrafe, nos termos do art. 282, § 2°, do CPC/73 c/c o art. 796 da CLT. PROGRAMA DE DESLIGAMENTO DE EMPREGADOS COM TRINTA OU MAIS ANOS DE SERVIÇO E ELEGÍVEIS À APOSENTADORIA – PLANO DE AFASTAMENTO ANTECIPADO VOLUNTÁRIO – DISCRIMINAÇÃO EM RAZÃO DA IDADE. A C. SBDI-1 firmou enten-dimento no sentido de reconhecer o caráter discriminatório da dispensa fundada em fator idade, ainda que de forma implícita, porquanto inegável a relação diretamente proporcional existente entre idade e tempo de serviço. Recurso de Revista conhecido e provido" (TST – 8ª T. – RR 50100-72.2010.5.17.0013 – Relª Minª Maria Cristina Irigoyen Peduzzi – *DEJT* 17-6-2016).

Diante do exposto, o Reclamante pleiteia a nulidade de sua dispensa obstativa, com a consequente reintegração no emprego, por ser detentor de Estabilidade Pré-Aposentadoria contida na cláusula [indicar] da CCT, com vigência de [indicar a data], devendo permanecer no quadro de empregados da Reclamada até a data do término de sua garantia de emprego, ou seja, [indicar a data].

Deferida a reintegração, a Reclamada deverá arcar com o pagamento imediato dos salários ven-cidos e seus consectários legais (13° salários, férias + 1/3, FGTS) desde sua injusta dispensa em [indicar a data] até a efetiva reintegração.

Requer ainda a fixação de multa diária em caso de descumprimento da ordem judicial (arts. 536 e 537, CPC), no importe de R$ 100,00 por dia, em favor do Reclamante.

Todavia, não sendo acolhido o pedido de reintegração, em ordem sucessiva (art. 326, CPC), o Reclamante pleiteia a conversão da reintegração em indenização, da seguinte forma: (a) pagamento, pela Ré, dos salários vencidos e seus consectários legais (13° salários, férias + 1/3, FGTS + 40%) e indenização correspondente aos salários vincendos com sua repercussão em 13° salários, férias + 1/3, FGTS + 40%, apurados de acordo com o período de duração de sua estabilidade provisória, até o seu término; (b) condenação da Reclamada em obrigação de fazer para que formalize a rescisão do Reclamante, com baixa na CTPS e liberação das guias respectivas para movimentação em conta do FGTS e seguro-desemprego, bem como condenação da Reclamada ao pagamento das respectivas verbas rescisórias (aviso-prévio, saldo de salário, férias proporcionais + 1/3, férias indenizadas + 1/3, 13° salário proporcional, FGTS + 40 %).

PEDIDO:

(a) nulidade da dispensa arbitrária do Autor, com a consequente reintegração no emprego, em caráter definitivo, por ser detentor de Estabilidade Pré-aposentadoria contida na cláusula do instrumento normativo, devendo permanecer nos quadros de empregados da Reclamada até a data do término de sua garantia de emprego, ou seja, [indicar a data], com o consequente pagamento dos salários vencidos e seus consectários legais (13º salários, férias + 1/3, FGTS) desde sua injusta dispensa em [indicar a data] até a efetiva reintegração. Requer-se a aplicação da multa diária – R$ 100,00;

E, no caso de impossibilidade de reintegração, em ordem sucessiva o Reclamante pleiteia:

(b) conversão da reintegração em indenização, com o pagamento dos salários mensais vencidos e indenização correspondente aos salários vincendos, compreendendo o período que se inicia com a dispensa ocorrida em [indicar a data] até o término do período da garantia de emprego e suas repercussões abaixo;

    (b.1)   pagamento de indenização correspondente aos depósitos do FGTS devidos, 13º salários (integrais e proporcionais), férias + 1/3 (integrais e proporcionais), bem como a multa fundiária respectiva, verbas essas, apuradas até o término do período estabilitário/garantia de emprego e;

    (b.2)   condenação da Ré em obrigação de fazer para que formalize a rescisão do Reclamante, com baixa na CTPS e liberação das guias respectivas para movimentação em conta do FGTS e seguro-desemprego, bem como condenação da Reclamada ao pagamento das respectivas verbas rescisórias (aviso-prévio, saldo de salário, férias proporcionais + 1/3, férias indenizadas + 1/3, 13º salário proporcional, FGTS + 40%).

Cap. 3 • MODELOS DE CAUSA DE PEDIR E PEDIDOS | 489

3.150. ESTABILIDADE
PRÉ-APOSENTADORIA

Pedidos acessórios: (a) *nulidade de dispensa com pedido de reintegração liminar e definitiva ao trabalho, face à dispensa em período estabilitário pré-aposentável previsto em CCT;* (b) *tutela antecipada;* (c) *pedido de danos morais:*

3.150.1. Da nulidade do ato demissional do Reclamante (estabilidade pré-aposentadoria)

CAUSA DE PEDIR:

1 – A cláusula 41 da CCT da categoria prevê:

"Estabilidade pré-aposentadoria. Os empregados que, comprovadamente, estiverem no máximo a 15 (quinze) meses da aquisição do direito à aposentadoria e que contarem com mais de 3 (três) anos de serviço ao mesmo empregador, terão garantia de emprego durante esses 15 (quinze) meses. Parágrafo Primeiro. Ficam ressalvadas as hipóteses de dispensa por justa causa e de pedido de demissão. Parágrafo Segundo. Adquirido o direito à aposentadoria, extingue-se a garantia objeto da presente cláusula".

2 – Na data de [indicar a data], o Reclamante foi surpreendido com a comunicação de sua imotivada dispensa [doc. ...], sendo que foi avisado, pela administração do Condomínio Réu, pelo escritório de contabilidade "Eficaz" [docs. ...], que o Reclamante deveria comparecer ao Sindicato assistente para proceder-se a homologação de sua rescisão contratual, na data de [indicar a data].

3 – Ocorre que, na data da homologação no Sindicato, o Autor compareceu munido de dois documentos [docs. ...], que foram entregues ao setor de homologação do sindicato, com o seguinte teor:

"Contagem de tempo de contribuição, elaborada por seu advogado Dr. L. A. (doc. 22/23), em que declara que o Reclamante JOSÉ PEDRO contava, na data de sua dispensa, com 34 anos, 3 meses e 1 dia de tempo de contribuição (faltando 9 meses para completar os 35 anos de tempo de contribuição exigido pela legislação previdenciária); 2) CARTA ESCRITA DE PRÓPRIO PUNHO pelo Reclamante (doc. 21) dirigida ao Condomínio Réu, alegando que 'entende que, na data de sua dispensa, estava em período de estabilidade pré-aposentável...'"

4 – Portanto, o Reclamante comprovou, no ato da homologação, que preencheu os 2 requisitos da cláusula convencional 41, quais sejam: (a) tem mais de 3 anos de serviço ao empregador; (b) estava, no momento da dispensa, a 9 meses da aquisição da aposentadoria por tempo de contribuição (que necessita de 35 anos de tempo de contribuição), enquadrando-se, portanto, no período de 15 meses anteriores à aquisição da aposentadoria, conforme cláusula 41 da CCT.

5 – Ressalta-se que, na data de 1º de agosto de 2012 [doc. ...], o réu enviou notificação ao Autor exigindo "documento oficial do INSS" para reconhecer o seu direito à estabilidade, o que, repita-se, não é exigido pela cláusula 41 da CCT! Salientamos que o INSS não faz contagem de tempo de serviço, conforme pode ser confirmado no fone 135 da Previdência Social, o que, portanto, deixa clara a arbitrariedade do Reclamado em reconhecer o direito do Reclamante.

6 – Assim, o Reclamante pleiteia a nulidade de sua dispensa arbitrária, com a consequente reintegração no emprego, por ser detentor de Estabilidade Pré-Aposentadoria contida na cláusula 41

da CCT vigente de 2011/2012, devendo permanecer no quadro de empregados do Reclamado até a data do término de sua garantia de emprego, ou seja, [indicar a data].

7 – Deferida a reintegração, o Reclamado deverá arcar com o pagamento imediato dos salários vencidos e seus consectários legais (13° salários, férias + 1/3, FGTS) desde sua injusta dispensa [dia ...] até a efetiva reintegração.

8 – Todavia, não sendo acolhido o pedido de reintegração, em ordem sucessiva (art. 326, CPC), o Reclamante pleiteia a conversão da reintegração em indenização, da seguinte forma:

a) pagamento, pelo Réu, dos salários vencidos e seus consectários legais (13° salários, férias + 1/3, FGTS + 40%) e indenização correspondente aos salários vincendos com sua repercussão em 13° salários, férias + 1/3, FGTS + 40%, apurados de acordo com o período de duração de sua estabilidade provisória, até o seu término;

b) condenação do Réu em obrigação de fazer para que formalize a rescisão do Reclamante, com baixa na CTPS e liberação das guias respectivas para movimentação em conta do FGTS e seguro-desemprego, bem como condenação do Reclamado ao pagamento das respectivas verbas rescisórias (aviso-prévio, saldo de salário, férias proporcionais + 1/3, férias indenizadas + 1/3, 13° salário proporcional, FGTS + 40%).

09 SALÁRIOS NOMINAIS	
MÊS	BASE P/ CÁLCULO
Jun./12	R$ 895,17
Jul./12	R$ 895,17
Ago./12	R$ 895,17
Set./12	R$ 895,17
Out./12	R$ 895,17
Nov./12	R$ 895,17
Dez./12	R$ 895,17
Jan./13	R$ 895,17
Fev./13	R$ 895,17
TOTAL	R$ 8.056,53

PEDIDO:

(a) nulidade da dispensa arbitrária do Autor, com a consequente reintegração no emprego, em caráter definitivo, por ser detentor de Estabilidade Pré-aposentadoria contida na cláusula do instrumento normativo, devendo permanecer nos quadros de empregados do Reclamado até a data do término de sua garantia de emprego, ou seja, dia [indicar a data], com o consequente pagamento dos salários vencidos e seus consectários legais (13° salários, férias + 1/3, FGTS) desde sua injusta dispensa [indicar a data] até a efetiva reintegração;

E, no caso de impossibilidade de reintegração, em ordem sucessiva o Reclamante pleiteia:

(b) conversão da reintegração em indenização, com o pagamento dos salários mensais vencidos e indenização correspondente aos salários vincendos, compreendendo o período que se inicia com a dispensa ocorrida em [indicar a data] até o término do período da garantia de emprego em [indicar a data], e suas repercussões abaixo;

Cap. 3 • MODELOS DE CAUSA DE PEDIR E PEDIDOS | **491**

(b.1) pagamento de indenização correspondente aos depósitos do FGTS devidos, 13º salários (integrais e proporcionais), férias + 1/3 (integrais e proporcionais), bem como a multa fundiária respectiva, verbas essas apuradas até o término do período estabilitário/garantia de emprego;

(b.2) condenação do Réu em obrigação de fazer para que formalize a rescisão do Reclamante, com baixa na CTPS e liberação das guias respectivas para movimentação em conta do FGTS e seguro-desemprego, bem como condenação do Reclamado ao pagamento das respectivas verbas rescisórias (aviso-prévio, saldo de salário, férias proporcionais + 1/3, férias indenizadas + 1/3, 13º salário proporcional, FGTS + 40%).

3.150.2. A tutela antecipada. Reintegração liminar até decisão final

CAUSA DE PEDIR:

1 – Com a existência da prova pré-constituída pelo aviso-prévio concedido [doc. ...], recusa da homologação do sindicato [doc. ...] e contagem de tempo de serviço [doc. ...], comprova-se a condição do Reclamante que se encontra em verdadeiro "limbo jurídico", sem trabalhar e sem receber qualquer verba rescisória e, até que se resolva tal controvérsia, este deverá ser reintegrado ao trabalho, a fim de continuar a exercer suas atividades no Condomínio Réu até final decisão deste feito.

2 – Ressalta-se que a antecipação dos efeitos da tutela para reintegração do Reclamante não causará nenhum prejuízo ao Reclamado e ao trâmite do processo e propiciará ao trabalhador manter seu sustento até o trâmite final deste feito.

3 – Isso posto, requer o Reclamante seja concedida antecipação de tutela nos termos dos arts. 294 e ss., CPC, sem oitiva da parte contrária, para reintegrar o Autor imediatamente no emprego, na mesma função até então exercida, com o respectivo pagamento de salários e demais vantagens, vencidos a partir de [indicar a data] e vincendos, até decisão final da lide, requerendo, ao final, a confirmação da antecipação dos efeitos da tutela, reintegrando definitivamente o Reclamante, sob pena de multa diária a ser fixada por este juízo.

PEDIDO:

Antecipação de tutela nos termos dos arts. 294 e ss., CPC, sem oitiva da parte contrária, para reintegrar o Autor imediatamente no emprego, na mesma função até então exercida, com o respectivo pagamento de salários e demais vantagens, desde 28-5-2012, e vincendos, até decisão final da lide, requerendo, ao final, a confirmação da antecipação dos efeitos da tutela, reintegrando definitivamente o Reclamante, sob pena de multa diária a ser fixada por este juízo – R$ 500,00 (arts. 536 e 537, CPC).

3.150.3. Dos danos morais

1 – O dano moral reside no prejuízo pessoal, no sofrimento íntimo, no abalo psíquico e na ofensa à honra e à imagem que o indivíduo projeta no grupo social. Deve ser reparada a lesão imaterial decorrente de demissão arbitrária e abusiva em face da inércia do Reclamado em reintegrar o empregado estável, deixando-o sem sustento.

2 – Evidente que a conduta da empresa Reclamada resultou em ofensa à esfera moral do Reclamante (art. 223-B, CLT), sendo oportuno destacar que o art. 223-C da CLT traz a honra, a imagem, a autoestima e a saúde como bens inerentes à pessoa física juridicamente tutelados.

3 – Patente a existência do dano em razão do transtorno causado ao Reclamante que se encontra em *"limbo jurídico"* – sem trabalhar, devido à dispensa arbitrária e ilegal sofrida. O dano existe e acompanha o Reclamante que permanece sem ter como se sustentar, tendo que passar por privações devido ao ato ilícito praticado.

4 – Todos os requisitos da indenização civil encontram-se presentes: culpa (omissão quanto às normas coletivas da estabilidade); dano e nexo de causalidade (privações financeiras e a injusta e arbitrária dispensa em período de garantia de emprego).

5 – A regra geral no ordenamento jurídico brasileiro é que o dever de indenizar decorre da culpa, ou seja: da reprovabilidade ou censurabilidade da conduta do agente.

6 – Nesse sentido, o art. 186 do CC: *"Aquele que, por ação ou omissão voluntária, negligência ou imprudência, violar direito e causar dano a outrem, ainda que exclusivamente moral, comete ato ilícito"*.

7 – Nos termos do art. 223-G da CLT, o juízo, ao fixar o *quantum* pela reparação do dano extrapatrimonial, deve considerar: (a) a natureza do bem jurídico tutelado; (b) a intensidade do sofrimento ou da humilhação; (c) a possibilidade de superação física ou psicológica; (d) os reflexos pessoais e sociais da ação ou da omissão; (e) a extensão e a duração dos efeitos da ofensa; (f) as condições em que ocorreu a ofensa ou o prejuízo moral; (g) o grau de dolo ou culpa; (h) a ocorrência de retratação espontânea; (i) o esforço efetivo para minimizar a ofensa; (j) o perdão, tácito ou expresso; (k) a situação social e econômica das partes envolvidas; (l) o grau de publicidade da ofensa.

8 – Portanto, o Autor postula o direito à indenização por danos morais, o que ora se pleiteia, no valor mínimo de [50 salários nominais ou outro valor a critério de Vossa Excelência, na forma do art. 223-G, CLT], sendo que tal verba não é base de recolhimentos previdenciários ou fiscais. O valor deverá ser atualizado até a data do pagamento e juros de mora a partir da distribuição da ação.

PEDIDO:

Pagamento de indenização por danos morais, o que ora se pleiteia, no valor mínimo de [50 salários nominais ou outro valor a critério de Vossa Excelência, na forma do art. 223-G, CLT], sendo que tal verba não é base de recolhimentos previdenciários ou fiscais. O valor deverá ser atualizado até a data do pagamento e juros de mora a partir da distribuição da ação.

Cap. 3 • MODELOS DE CAUSA DE PEDIR E PEDIDOS | **493**

3.151. ESTABILIDADE PROVISÓRIA
MÃE ADOTANTE

CAUSA DE PEDIR:

A Reclamante iniciou o processo de adoção do menor [indicar o nome] em [data da distribuição da ação de adoção], contudo, foi dispensada sem justa causa em [indicar a data], enquanto o termo de guarda e responsabilidade provisória do menor adotado é datado de [indicar a data].

A adoção, regida pelo Estatuto da Criança e do Adolescente – ECA (Lei 8.069/90), é o ato jurídico pelo qual alguém recebe no âmbito familiar uma pessoa a ela estranha, na condição de filho, com todos os direitos e deveres inerentes à filiação, conforme previsto no art.41, *in verbis*:

> *"A adoção atribui a condição de filho ao adotado, com os mesmos direitos e deveres, inclusive sucessórios, desligando-o de qualquer vínculo com pais e parentes, salvo os impedimentos matrimoniais".*

O art. 7°, XVIII, da Constituição Federal concede licença de 120 dias à gestante, sem prejuízo do emprego e do salário.

Para possibilitar o exercício do direito e proteger, antes e depois, a maternidade, o art. 10, II, "b", ADCT, veda a despedida arbitrária ou sem justa causa da empregada gestante, desde a confirmação da gravidez até cinco meses após o parto.

A Constituição utiliza o termo "gestante", contudo, a licença abrange, nos termos da parte final do art. 7°, *caput*, da Constituição, o direito social destinado à melhoria das condições de trabalho das mães adotantes, previsto no art. 392-A, da CLT. Assim, a utilização da expressão licença-maternidade abrange as licenças-gestante e adotante.

A CLT concede às empregadas gestantes e adotantes o direito à licença-maternidade de 120 dias (arts. 392 e 392-A da CLT), nos seguintes termos:

> *"Art. 392. A empregada gestante tem direito à licença-maternidade de 120 (cento e vinte) dias, sem prejuízo do emprego e do salário".*
>
> *"Art. 392-A. À empregada que adotar ou obtiver guarda judicial para fins de adoção de criança será concedida licença-maternidade nos termos do art. 392. (...)*
>
> *§ 4° A licença-maternidade só será concedida mediante apresentação do termo judicial de guarda à adotante ou guardiã".*

A licença-adotante é um direito social, embora não explicitado na Constituição Federal (parte final do art. 7°, *caput*), na medida em que tem por finalidade assegurar a proteção à maternidade (art. 6°, CF), visando à concessão, para a mãe adotante, de tempo para a estruturação familiar, permitindo a dedicação exclusiva aos interesses necessários ao desenvolvimento saudável da criança na família.

Para a mãe adotante poder alcançar a licença-maternidade sem o risco de ser dispensada é preciso que ela também seja beneficiada pela estabilidade provisória prevista no art. 10, II, "b", do ADCT, a fim de que não ocorra o que aconteceu no caso dos autos.

494 | PRÁTICA DA RECLAMAÇÃO TRABALHISTA – *Jorge Neto • Wenzel • Cavalcante*

A Reclamante, mãe adotante, ajuizou o processo de adoção em [indicar a data], mesma data em que recebeu a criança sob seus cuidados, por autorização da mãe biológica e da Vara da Infância e Juventude [doc. *], vindo a guarda provisória a ser concretizada em [indicar a data].

Não tendo ocorrido disputa sobre a guarda, a carecer de decisão judicial que a definisse, tem--se que a estabilidade da trabalhadora, mãe adotante, restou assegurada a partir do momento em que expressou, judicialmente, interesse em adotar a criança, daí computando-se o período de estabilidade e, consequentemente, do direito à licença-adotante. Ou seja, tem direito ao gozo de licença-adotante, com a estabilidade necessária ao exercício do direito.

O entendimento de que a Reclamante só se tornaria estável após a conclusão do processo de adoção simplesmente inviabilizaria o exercício do direito à fruição da licença-adotante no curso do contrato, contrariando os objetivos do art. 392-A, *caput* e § 4º, da CLT.

A estabilidade da mãe adotante tem marco inicial distinto da mãe gestante. Enquanto a estabilidade da gestante tem início a partir da confirmação da gravidez e se estende até cinco meses após o parto, a estabilidade da adotante tem como marco inicial o momento em que formaliza o pedido de adoção, condicionado, respectivamente, aos momentos seguintes durante o prazo de cinco meses, quais sejam, recebimento da criança, guarda provisória e decisão definitiva, tendo como marco final o término do período de cinco meses após a concessão respectiva.

A estabilidade da mãe adotante tem início a partir do requerimento de adoção e não da sentença transitada em julgado ou mesmo da guarda provisória, quando há registro de autorização da mãe biológica e da Vara da Infância e Juventude para o recebimento da criança, pela adotante, no mesmo dia em que ajuizada a ação [indicar a data] e não depois da concretização da guarda provisória [indicar a data].

Assim, não poderia a empresa dispensar a empregada sem justa causa durante o período que corresponderia ao direito à fruição da licença-adotante, ao fundamento de que não tinha conhecimento do processo de adoção ou da guarda provisória.

Não é razoável que a Reclamada não tivesse conhecimento do processo de adoção, tendo dispensado a Reclamante exatamente um dia antes da concretização da guarda provisória.

Para afastar alegações desse tipo, comuns em relação à gestante, aplica-se a mesma solução dada a esta pela jurisprudência trabalhista, ou seja, assim como a confirmação da gravidez é fato objetivo, a confirmação do interesse em adotar, quer por meio da conclusão do processo de adoção, quer por meio da guarda provisória em meio ao processo de adoção, quer por meio de requerimento judicial, visando à adoção e, provisoriamente, à guarda, é também fato objetivo, a ensejar a estabilidade durante o prazo de cinco meses, com direito à fruição imediata da licença-adotante, de 120 dias.

Em caso análogo, decidiu o TST:

"I – Agravo de instrumento. Recurso de revista. Termo inicial da estabilidade provisória da mãe adotante. Direito social à fruição da licença-adotante indevidamente obstado. Provável violação do art. 392-A, § 1º, da CLT. Agravo de instrumento conhecido e provido. II – Recurso de revista. Termo inicial da estabilidade provisória da mãe adotante. Direito social à fruição da licença adotante indevidamente obstado. 1. O art. 7º, XVIII, do texto constitucional concede licença de cento e vinte dias à gestante, sem prejuízo do emprego e do salário. Para possibilitar o exercício do direito e proteger, antes e depois, a maternidade, o art. 10, II, 'b', do ADCT da Constituição Federal de 1988 veda a despedida arbitrária ou sem justa causa da empregada gestante, desde a confirmação da gravidez até cinco meses após o parto. 2. A Constituição utiliza o termo 'gestante', mas a licença de cento e vinte dias abrange, nos termos da parte final do art. 7º, caput, da Constituição, o direito social destinado à melhoria das condições de trabalho das mães adotantes, previsto no art. 392-A, da CLT, daí que a utilização da expressão licença-maternidade abrange a licença-gestante e a licença-adotante. 3. A licença-adotante é um direito social, porque tem por

fim assegurar a proteção à maternidade (art. 6°, da CF), visando a utilização de um tempo à estruturação familiar que permita a dedicação exclusiva aos interesses necessários ao desenvolvimento saudável da criança. Para a mãe adotante poder alcançar a licença-maternidade sem o risco de ser despedida, é preciso que ela também seja beneficiada pela estabilidade provisória prevista no art. 10, II, 'b', do ADCT da Constituição Federal de 1988. 4. A trabalhadora, mãe adotante, ajuizou o processo de adoção em 5-6-2008, mesma data em que recebeu a criança (nascida em 28-5-2008) sob seus cuidados, por autorização da mãe biológica e da Vara da Infância e Juventude. 5. Não tendo ocorrido disputa sobre a guarda, a carecer de decisão judicial que a definisse, tem-se que a estabilidade da trabalhadora, mãe adotante, restou assegurada a partir do momento em que expressou judicialmente o interesse em adotar a criança oferecida, daí computando-se o período de estabilidade, em que compreendida a licença-adotante. Ou seja, tem direito ao gozo de licença-adotante, com a estabilidade necessária ao exercício do direito até cinco meses após o recebimento da criança a ser adotada. O entendimento de que a autora só se tornaria estável após a conclusão do processo de adoção simplesmente inviabilizaria, como inviabilizou, o exercício do direito à fruição da licença-adotante no curso do contrato, contrariando os objetivos do art. 392-A, caput e § 4°, da CLT. 6. Assim como as estabilidades do dirigente sindical e do cipeiro têm início a partir do registro da candidatura e não da eleição, a da mãe adotante tem início a partir do requerimento de adoção e não da sentença transitada em julgado, ainda mais quando há registro de autorização da mãe biológica e da Vara da Infância e Juventude para o recebimento da criança, pela adotante, no mesmo dia em que ajuizada a ação (5-6-2008) e não depois da concretização da guarda provisória (12-6-2008). 7. A estabilidade da mãe adotante tem, evidentemente, marcos inicial e final distintos da mãe gestante. Enquanto a desta tem início a partir da confirmação da gravidez e se estende até cinco meses após o parto, a daquela se situa no período de cinco meses após a concretização do interesse na adoção, em que inserido o período de licença-adotante, de cento e vinte dias. 8. Dessa forma, não merece prosperar a empresa dispensa da empregada sem justa causa ocorrida em 11-6-2008, mais precisamente durante o período que corresponderia aos direitos à estabilidade e à fruição da licença-adotante, ou seja, exatamente um dia antes da assinatura, em juízo, do termo de guarda e responsabilidade provisória do menor (que já se encontrava com a adotante desde 5-6-2008, por autorização judicial), ao fundamento de que não tinha conhecimento do processo de adoção ou da guarda provisória. Aplica-se aqui, em última análise, a mesma solução dada à gestante, pela jurisprudência trabalhista. Assim como a confirmação da gravidez é fato objetivo, a confirmação do interesse em adotar, quer por meio da conclusão do processo de adoção, quer por meio da guarda provisória em meio ao processo de adoção, quer por meio de requerimento judicial, condicionado à concretização da guarda provisória, é também fato objetivo, a ensejar a estabilidade durante o prazo de cinco meses após a guarda provisória e a fruição da licença correspondente, de cento e vinte dias. 9. Verifica-se, portanto, que a empresa obstou o gozo da licença-adotante, assegurado à empregada a partir do momento em que expressou interesse em adotar a criança oferecida, ou seja, do ajuizamento do processo de adoção. Recurso de revista conhecido, por violação do artigo 392-A da CLT, e provido" (TST – 3ª T. – RR 200600-19.2008.5.02.0085 – Rel. Min. Alexandre de Souza Agra Belmonte – DEJT 7-8-2015).

Portanto, tem-se que a Reclamada obstou o gozo da licença-adotante.

Dessa forma, diante dos fatos e provas juntadas, a Reclamante deverá ser reintegrada no local e na função que ocupava na empresa, além do pagamento dos salários pelo período de afastamento e que seja respeitado o seu direito à estabilidade por todo o período, com o direito aos salários vencidos e vincendos e com suas incidências em férias, abono de férias, 13° salário e FGTS (8% a ser depositado).

Se a reintegração se mostrar desaconselhável (art. 496, CLT), que a estabilidade seja convertida em pecúnia, com o direito à percepção dos salários desde o dia da dispensa e até o término da estabilidade (art. 10, II, *b*, ADCT), com observância dos reajustes legais e normativos e com incidência desse período em férias, 13° salário, abono de férias e FGTS + 40%.

Além da conversão da estabilidade em pecúnia, a Reclamante também terá direito à percepção de: aviso-prévio, 13° salário proporcional com a inclusão do aviso-prévio, férias proporcionais e abono com a inclusão do aviso-prévio, FGTS código 01 + 40%, além da liberação do seguro-desemprego.

Da Tutela de Urgência – Reintegração

Como já se verificou, a Reclamante foi injustamente demitida de forma imotivada.

De acordo com os arts. 294 e ss., CPC, e arts. 536 e 537, CPC, diante da prova inequívoca do direito invocado [docs.] e do perigo na demora, que poderá fazer com que a reintegração seja inviável.

Assim, a Reclamante requer a concessão *liminar inaudita altera pars* da tutela antecipada para fins de reintegração ao emprego.

Requer ainda a fixação de multa diária em caso de descumprimento da ordem judicial (arts. 536 e 537, CPC), no importe de R$ 500,00 por dia, em favor da Reclamante.

PEDIDO:

Em caráter liminar, requer-se a concessão de tutela antecipatória, determinando a reintegração imediata da Reclamante no local e na função anteriormente exercida, com fixação de multa diária em caso de descumprimento da obrigação de R$ 500,00 por dia, bem como a intimação da Reclamada para ciência e cumprimento da decisão antecipatória.

Em caráter definitivo, a Reclamante espera a procedência dos pedidos para:

(a) declarar a nulidade da dispensa da Reclamante, consequentemente, determinando sua reintegração no local e na função que ocupava na Reclamada;

(b) pagamento dos salários pelo período de afastamento e com respeito ao seu direito à estabilidade por todo o período, observando-se os salários vencidos e vincendos e com suas incidências em férias, abono de férias, 13° salário e FGTS (8% a ser depositado);

(c) *ad cautelam*, se a reintegração se mostrar desaconselhável (art. 496, CLT), a conversão da estabilidade em pecúnia, com o pagamento dos salários desde a data da dispensa e até o fim da garantia, com observância dos reajustes legais e normativos e com incidência desse período em férias, 13° salário, abono de férias e FGTS + 40%, além do pagamento das verbas rescisórias: aviso-prévio, 13° salário proporcional com a inclusão do aviso-prévio, férias proporcionais e abono com a inclusão do aviso-prévio, FGTS código 01 + 40%, além da liberação do seguro-desemprego.

Cap. 3 • MODELOS DE CAUSA DE PEDIR E PEDIDOS | **497**

3.152. ESTABILIDADE TEMPORÁRIA
POR ACIDENTE DE TRABALHO DURANTE O CONTRATO DE EXPERIÊNCIA

CAUSA DE PEDIR:

O Reclamante ingressou aos serviços da Reclamada em [indicar a data], firmando contrato de experiência de [indicar o número de dias] dias, cujo término se daria em [indicar a data].

Foi contratado para exercer a função de [indicar a função] e, no exercício de suas atividades laborais, sofreu acidente de trabalho em [indicar a data], em pleno horário de seu expediente, ocasião em que conduzia motocicleta a fim de efetuar a entrega dos produtos da Reclamada aos seus clientes, durante a prestação laboral.

Em decorrência do acidente, o Autor ficou afastado por mais de quinze dias, de acordo com Comunicado da Previdência Social e, no dia [indicar a data], a Ré o comunicou de sua *"demissão dentro do contrato por prazo determinado"*. Ressalta-se que a empregadora lhe entregou a CAT e o Aviso de Dispensa no mesmo dia [docs. ...].

É incontroverso nos autos que o Autor foi admitido por contrato de experiência e que sofreu acidente de trabalho durante a contratualidade, porém, a jurisprudência dominante já reconhece a possibilidade de estabilidade provisória por acidente de trabalho durante o contrato de experiência.

Ao contrário do que ocorre com outras categorias de trabalhadores a quem não se confere o direito à estabilidade, quando se trata de contrato por tempo determinado, o acidentado merece tratamento distinto em razão do que determina o art. 118, Lei 8.213/91: *"O segurado que sofreu acidente do trabalho tem garantida, por prazo mínimo de doze meses, a manutenção do seu contrato de trabalho na empresa, após a cessação auxílio-doença acidentário, independentemente de percepção de auxílio-acidente"*.

A lei garante, portanto, a manutenção do emprego, pois, o acidente de trabalho assume uma feição mais grave quando analisamos que a saúde do trabalhador foi colocada em risco justamente no ato em que, com sua força de trabalho, contribuiu para o enriquecimento e a prosperidade de seu empregador, que, em contrapartida, descarta-se do trabalhador sem qualquer reciprocidade à força de trabalho dispensada. Incumbe, portanto, ao patrão, manter o empregado em suas funções, por certo período, de maneira a minimizar o sofrimento causado, além de impedir que uma eventual sequela o impeça de reingressar no mercado de trabalho.

A jurisprudência do TST indica: *"O empregado submetido a contrato de trabalho por tempo determinado goza da garantia provisória de emprego, decorrente de acidente de trabalho, prevista no art. 118 da Lei 8.213/91"*.

Assim, o Reclamante tem direito a ser reintegrado, visto que o acidente lhe acarretou a perda da sua capacidade laborativa. Vale dizer, o Reclamante tem uma incapacidade parcial e permanente, decorrente das condições de trabalho.

Portanto, o Autor pede a nulidade da rescisão contratual, com direito à percepção dos salários desde o momento da sua dispensa e até a efetiva data da reintegração, em função compatível com a sua condição física, além do direito a essa garantia de emprego até a sua aposentadoria, com observância dos reajustes legais e normativos, além da incidência deste período para fins de férias, abono de férias, 13º salário e recolhimentos fundiários.

Se a reintegração se mostrar desaconselhável, por aplicação da inteligência do art. 496, CLT, que a garantia de emprego seja convertida em pecúnia, com direito aos salários desde o momento da dispensa e até a data de sua aposentadoria, com os reajustes legais e normativos, além da incidência desse período em férias, abono de férias, depósitos fundiários e 13° salário (o 13° salário também deve incidir no FGTS). Nessa hipótese haverá a incidência da multa de 40% sobre os depósitos fundiários.

PEDIDO:

(a) nulidade da rescisão contratual, com direito do Reclamante à percepção dos salários desde o momento da sua dispensa e até a efetiva data da reintegração, em função compatível com a sua condição física, além do direito a essa garantia de emprego até a sua aposentadoria, com observância dos reajustes legais e normativos, além da incidência desse período para fins de férias, abono de férias, 13° salário e recolhimentos fundiários;

E, se assim não entender Vossa Excelência, pede-se, em caráter sucessivo:

(b) se a reintegração se mostrar desaconselhável, por aplicação da inteligência do art. 496, da CLT, que a garantia de emprego seja convertida em pecúnia, com direito aos salários desde o momento da dispensa e até a data de sua aposentadoria, com os reajustes legais e normativos, além da incidência desse período em férias, abono de férias, depósitos fundiários e 13° salário (o 13° salário também deve incidir no FGTS). Nessa hipótese haverá a incidência da multa de 40% sobre os depósitos fundiários.

3.153. ESTAGIÁRIO
RECESSO PROPORCIONAL. LEI 11.788/08

CAUSA DE PEDIR:

A Reclamada não concedeu ao Reclamante o recesso proporcional, sob o fundamento de que a prestação de serviços pelo Reclamante, como estagiário, deu-se por período inferior ao prazo de duração ajustado, razão pela qual não se justifica o gozo de recesso de forma proporcional, ante a ausência de previsão legal.

Ocorre que não há na Lei 11.788/08 qualquer dispositivo que permita à Reclamada não conceder o recesso proporcional aos estagiários com contratos inferiores a um ano, independentemente de a duração ser superior ou inferior a seis meses.

O art. 13 da Lei 11.788/08, ao dispor sobre o direito ao recesso do estagiário, estabelece:

"Art. 13. É assegurado ao estagiário, sempre que o estágio tenha duração igual ou superior a 1 (um) ano, período de recesso de 30 (trinta) dias, a ser gozado preferencialmente durante suas férias escolares.

§ 1º O recesso de que trata este art. deverá ser remunerado quando o estagiário receber bolsa ou outra forma de contraprestação.

§ 2º Os dias de recesso previstos neste artigo serão concedidos de maneira proporcional, nos casos de o estágio ter duração inferior a 1 (um) ano".

Observa-se que o texto legal não estabelece limitação ou condicionamento para que o estagiário possa fruir do direito ao recesso proporcional.

O direito ao recesso tem pertinência com a relação entre atividade e descanso, de modo que o fato de o estágio não ser integralmente concluído não elimina o fato de que a atividade foi desenvolvida por determinado período, não se justificando a afirmação contida na decisão recorrida de que o estágio deixou de atender a sua finalidade precípua e, nesse caso, não se justifica o gozo de recesso de forma proporcional, ante a ausência de previsão legal.

A Lei 11.788/08 não possui dispositivo que imponha a penalidade de afastamento do direito ao recesso proporcional nas hipóteses de não conclusão de estágio com duração inferior a um ano.

Destaque-se que é da União, nos termos do art. 22, I, CF, a competência privativa para legislar sobre os contratos de estágio.

Assim, não é possível às partes concedentes do estágio, pessoas jurídicas de direito público ou privado, inovarem quanto à instituição de critérios para a fruição de direitos expressamente assegurados em lei.

Nesse sentido:

"RECURSO DE REVISTA. AÇÃO CIVIL PÚBLICA. CONTRATO DE ESTÁGIO. DURA-ÇÃO INFERIOR A UM ANO. DIREITO AO RECESSO PROPORCIONAL. COMPE-TÊNCIA LEGISLATIVA PRIVATIVA DA UNIÃO. IMPOSSIBILIDADE DE RESTRIÇÃO UNILATERAL VIA NORMATIVA INTERNA. 1 – O Tribunal Regional, considerando a 'notória complexidade da administração do Estado do Rio Grande do Sul', entendeu como válida a instituição

unilateral, amparada em parecer da Procuradoria-Geral do Estado, de limitação ao direito do estagiário ao recesso proporcional, exigindo para sua fruição o cumprimento integral do tempo de contrato, quando inferior a seis meses. 2 – Contudo, o § 2º do art. 13 Lei nº 11.788/2008 estabelece, sem qualquer restrição, o direito do estagiário à fruição proporcional dos 30 dias de recesso nas situações em que o contrato de estágio tiver duração inferior a um ano. Nesse contexto, considerando ser da União, nos termos do art. 22, I, da Constituição Federal, a competência privativa para legislar sobre contrato de estágio, não é possível às partes concedentes de estágios, ainda que pessoas jurídicas de direito público, inovarem quanto à instituição de critérios para a fruição de direitos expressamente assegurados em lei. Recurso de revista conhecido e provido" (TST – 1ª T. – RR 984-45.2010.5.04.0018 – Rel. Min. Walmir Oliveira da Costa – *DEJT* 28-10-2016).

Portanto, o Reclamante faz jus ao recesso proporcional, nos valores a serem apurados em liquidação, acrescidos de juros e correção monetária, na forma da lei.

PEDIDO:

Condenação da Reclamada ao pagamento do recesso proporcional, nos valores a serem apurados em liquidação, acrescidos de juros e correção monetária, na forma da lei.

3.154. EXCEÇÃO DE PRÉ-EXECUTIVIDADE

CAUSA DE PEDIR:

I – CABIMENTO

A expressão pré-executividade representa a ideia do ato praticado antes da penhora (apreensão judicial dos bens do devedor, uma das etapas mais importantes na ação de execução).

Exceção de pré-executividade é a faculdade dada ao executado para levar ao conhecimento do juiz da execução, sem a necessidade da penhora ou dos embargos, matérias que somente poderiam ser arguidas nos embargos do devedor.

A exceção só pode ser relativa à matéria suscetível de conhecimento *ex officio* (pressupostos processuais e condições da ação) ou originária de nulidade do título, não sendo cabível o contraditório ou a dilação probatória.

De acordo com o inciso XXXIV e a alínea "a" do art. 5º da Constituição Federal, a Requerente, doravante Excipiente, articula ser inadmissível o reconhecimento da sucessão da empresa, A – EPP, pela Requerente.

Não se pode negar a aplicabilidade da exceção de pré-executividade aos presentes autos.

Pelo despacho de fls. [*], houve o reconhecimento de que as alegações obreiras e informações dos autos, justificaria a sucessão de empresas, havendo assim a determinação de prosseguimento do feito em face da sucessora, ou seja, da empresa X, pela Excipiente:

Ante a alegação do Reclamante de que os maquinários da empresa executada estão no endereço da empresa X e das informações obtidas nos autos, verifica-se que esta empresa assumiu a mesma da executada e, tem como sócia empregada da executada A.

Com esta determinação judicial, sem que lhe fosse respeitado o direito ao contraditório, a Excipiente, "como sucessora", fora incluída no polo passivo da demanda.

O instituto da sucessão relaciona-se com a legitimidade de agir. Por sua vez, a legitimidade de agir está entrelaçada com uma das condições da ação.

Como se sabe, o legislador brasileiro adotou a teoria do trinômio no que tange às condições da ação, ou seja, o interesse processual, a legitimidade para agir e a possibilidade jurídica do pedido (arts. 17, 330 e 485, VI, CPC).

Todas as matérias previstas no art. 337 do CPC, com exceção do compromisso de arbitragem, podem ser conhecidas de ofício pelo magistrado. Portanto, são as denominadas matérias de ordem pública.

A legitimidade de agir é a pertinência subjetiva da ação, ou seja, a regularidade do poder de demandar de determinada pessoa sobre determinado objeto.

Trata-se da interatividade entre os sujeitos da relação jurídica material controvertida e as partes que se apresentam em juízo, como sujeitos da relação jurídica processual.

Tem-se a legitimação ordinária, quando ocorre a coincidência entre os sujeitos das duas relações jurídicas. Vale dizer, não há dissonância entre os sujeitos, havendo uma plena identidade de partes no plano material e processual.

Contudo, há casos, em que o texto expresso de lei autoriza alguém que não seja o sujeito da relação jurídica de direito material a demanda. É o que se denomina legitimação extraordinária. É quando se permite a alguém, em nome próprio, pleitear direito alheio (art. 18, CPC).

Como a sucessão se interage com a legitimação, a r. determinação de fls. [*] pode ser reconsiderada via a adoção da sistemática da exceção de pré-executividade.

II – ILEGITIMIDADE PASSIVA

Segundo preceitua o art. 5º, LIV, CF: *"ninguém será privado da liberdade ou de seus bens sem o devido processo legal"*.

Diante do preceito constitucional sobredito, o art. 17 do CPC determina que para propor ou contestar ação é necessário ter interesse e legitimidade.

No processo do trabalho, sob a ótica dos arts. 791 e 839, alínea "a", da CLT, a legitimidade de parte só se afigura quando os polos do dissídio são compostos por pessoas revestidas da qualidade de empregado e empregador.

Segundo a regra básica contida nos arts. 2º e 3º da CLT, só pode ser considerado empregador a empresa individual ou coletiva que, assumindo os riscos de determinada atividade, admite, assalaria e dirige a prestação pessoal de serviços de pessoa física que presta serviços de natureza não eventual, sob sua dependência e mediante salário, ou seja, o empregado.

A Excipiente, porém, não ostenta nenhuma dessas qualidades, uma vez que nunca foi empregadora do trabalhador, sendo certo, ainda, que possui personalidade jurídica própria e quadro societário distinto da executada.

Além disso, em momento algum a Excipiente sucedeu a Reclamada, ora executada, visto que possui ramo de atividade totalmente distinta da executada, estando sediada em localidade inteiramente dessemelhante ao da executada, assim como foi esta, a Excipiente, quem adquiriu e pagou por todos os seus mobiliários e equipamentos.

É salutar, portanto, a ilegitimidade passiva da Excipiente, uma vez que não era a empregadora do Reclamante, do mesmo modo que não é e nunca foi sucessora da Reclamada.

Diante do exposto, não resta outra conclusão senão a de que a Excipiente é parte ilegítima para figurar no polo passivo da presente execução trabalhista, sob pena de violação direta e literal do art. 5º, LIV, CF, no qual está insculpido o princípio do devido processo legal.

III – DA PARTICIPAÇÃO NA RELAÇÃO PROCESSUAL

Sem prejuízo dos argumentos alhures exposto, cabe à Excipiente aduzir que com sua inclusão no polo passivo da lide, já na fase de execução, não lhe foi oportunizado momento para que pudesse demonstrar a total impropriedade do procedimento e deduzir os seus argumentos, visando o respeito aos princípios do contraditório e do amplo direito de defesa, como pilares do devido processo legal, esculpido na Constituição (art. 5º, LIV e LV).

Além disso, a coisa julgada somente faz lei entre as partes, art. 506 do CPC, eis que apenas tomou ciência de sua inclusão no polo passivo desta lide quando Vossa Excelência proferiu despacho para o prosseguimento da demanda em face desta.

O título executivo judicial refere-se a débitos da Reclamada, A – EPP, como dito, a Excipiente JAMAIS, SUCEDEU, FOI SÓCIA OU RECEBEU QUALQUER COTA DE PARTICIPAÇÃO ACIONÁRIA.

Com efeito, a Excipiente não é responsável pela dívida em questão, uma vez que NÃO É, NÃO FOI, NEM NUNCA SERÁ SUCESSORA OU SÓCIA DA EMPRESA EXECUTADA.

Ademais, não tendo a Excipiente participado da relação jurídica processual na fase de conhecimento da ação, não há falar em legitimidade do título executivo judicial contra ela, ou seja, não é parte legítima para figurar no processo de execução.

Cap. 3 • MODELOS DE CAUSA DE PEDIR E PEDIDOS | 503

Sem querer recorrer na repetitividade, importante ressaltar que é impossível responsabilizar a Excipiente por crédito trabalhista reconhecido em ação judicial da qual sequer fez parte durante todo o processo de conhecimento, sob pena de afronta aos princípios da ampla defesa, do contraditório e do devido processo legal, garantidos constitucionalmente, pelos incisos LIV e LV, do art. 5º, da CF.

Assim sendo, a Excipiente requer a reconsideração da decisão, a fim de que sejam acolhidas as preliminares suscitadas, para que a ação de execução seja julgada extinta com relação a ela, por ausência de título executivo judicial exigível, sob pena de violação ao art. 5º, incisos II, LIV e LV, da Constituição Federal.

IV – DA INOCORRÊNCIA DE SUCESSÃO DE EMPRESAS

Data vênia máxima, não tem nenhum respaldo fático o entendimento de que a ora Excipiente seria sucessora da executada A, senão vejamos.

Em primeiro lugar, a Excipiente explora atividade econômica de [indicar a atividade]:

Já a atividade econômica da executada é diametralmente oposta: [indicar a atividade].

Além de explorar ramo de atividade DIVERSO da executada, a Excipiente nunca se estabeleceu no endereço ou em endereços nos quais a executada A tenha ativado.

Desse modo, desde sua fundação TEVE ENDEREÇO DISTINTO, consoante notamos do anexo contrato de locação.

Excelência, a Excipiente não assumiu nenhum fundo de comércio e não se aproveitou de nada que, mesmo remotamente, guardasse relação com a Executada. É EMPRESA NOVA, CONSTITUÍDA DO ZERO.

Tanto isso é verdade que as atividades da Excipiente não se iniciaram imediatamente após sua constituição ou locação do imóvel, como seria de se supor, se tivesse ela sucedido a executada A. Nos primeiros meses, a Excipiente não desenvolveu atividade alguma, dedicando-se unicamente à constituição do fundo de comércio, o que fez do zero: (1) teve de reformar o imóvel locado, para adequá-lo a suas necessidades; (2) teve que solicitar ligação de energia elétrica trifásica no local; (3) teve de comprar todos os mobiliários, os equipamentos e as ferramentas necessárias, sem os quais não poderia iniciar suas atividades.

Somente depois de tudo isso, é que a Excipiente foi atrás de seus próprios clientes, ou seja, não deu continuidade a nenhum serviço ou fundo de comércio iniciado pela empresa executada.

Destaque-se, por oportuno, que os clientes da Excipiente são basicamente [indicar tipos de clientes].

Não se está, pois, a tratar de uma clientela que possa ter identificado a Excipiente como "legatária" da atividade da executada.

Outrossim, no que tange a manifestação obreira, esta se limitou a fazer meras alegações e não trouxe provas que pudessem comprovar a ocorrência dos fatos narrados.

Pois, bem diferente do alegado, os maquinários da executada nunca estiveram na Excipiente, esta nunca se utilizou destas máquinas, tanto é verdade que acosta aos autos os comprovantes de compra de todos os seus equipamentos, maquinários e ferramentas.

Ademais, a Excipiente tomou a cautela de lavrar ata notarial no *º Cartório Tabelião de Notas de [local], onde o oficial do tabelionato, em visita a suas dependências, certificou que as máquinas da executada nunca se encontraram em seu patrimônio e/ou endereço.

Para colocar uma pá de cal na discussão e comprovar que as alegações obreiras são manifestamente absurdas, a Excipiente colaciona aos autos declaração pública feita pelos sócios de uma empresa prestadora de serviços, que possuem demanda trabalhista em face da executada A, na qual declaram que todos os maquinários da empresa executada A estão localizados em um galpão fechado, conexo com o endereço da executada.

Excelência, a Excipiente não passa de uma empresa nova criada e administrada por cunhados, não existindo, em qualquer ângulo que se analise, relação com a Executada, da qual nada aproveitou.

Além da ata notarial e da declaração pública, mencionada acima a Excipiente solicita a atenção deste MM. Juízo para os documentos que instruem a presente peça:

(a) contrato de locação do imóvel, firmado entre o locador e a Excipiente, tendo ainda como devedor solidário um dos sócios da Excipiente. A Excipiente, junta ainda todos os comprovantes de que é esta ou seus sócios quem paga o aluguel do imóvel;

(b) notas fiscais dos mobiliários, dos equipamentos e das ferramentas, adquiridos pela Excipiente para iniciar sua atividade, com os respectivos cheques, recibos e/ou fatura de cartão de crédito dos sócios. Tais documentos demonstram que a Excipiente comprou tudo o que era necessário para seu funcionamento. As compras vão do mais reles bebedouro à serra de corte; do compressor ao veículo; da impressora aos computadores; da furadeira a soldas MIG. Enfim, como já se disse, a Excipiente é empresa nova, que não aproveitou nem mesmo um parafuso da empresa A. Note-se, também desses documentos, que tais compras ocorreram, em sua maioria, no início de 2016 (entre fevereiro a maio), o que reforça a ideia de que a Excipiente não entrou em operação imediatamente após sua constituição e a locação do imóvel, como seria de rigor se fosse sucessora da executada;

(c) extrato da conta corrente da Excipiente, que foi aberta no Banco [*] apenas em fevereiro de 2016, ou seja, bem após sua constituição, momento em que se tornou operativa. A total falta de movimentação bancária anterior demonstra, por óbvio, que a empresa ainda não estava a operar. Não estava, pois, a prosseguir no negócio da empresa A, na absurda condição de sucessora que lhe foi atribuída. Os valores despendidos na reforma e nos equipamentos foram pagos pelos sócios da Excipiente, como é natural em toda empresa que começa do zero;

(d) contrato social da Excipiente e sua primeira alteração. Ainda que não se tenha aventado a hipótese de grupo de empresas, deve-se ressaltar que a Excipiente e seus sócios jamais tiveram relação com os demais executados, como se pode perceber da análise de seus atos constitutivos: nunca figuraram em seus contratos sociais; nunca desenvolveram negócios conjuntamente; nunca se submeteram a gestão conjunta ou compartilhada.

Como se nota, as hipóteses previstas nos arts. 10 e 448 da CLT não estão presentes *in casu*.

Diante de tudo o que se disse e dos documentos que se juntam, fica evidente que a Excipiente nunca foi sucessora da Executada, a vista disto, aguarda criteriosa decisão de Vossa Excelência, para excluir a Excipiente do polo passivo, uma vez que não é responsável pelo pagamento dos créditos devidos ao Reclamante, por sem medida da mais lídima e escorreita Justiça.

V – NÃO HÁ O REQUISITO DA VIGÊNCIA DO CONTRATO DE TRABALHO DO RECLAMANTE QUANDO DA SUPOSTA CONCRETIZAÇÃO DA SUCESSÃO

Apesar de entendermos que a Excipiente não tem condição alguma de ser considerada sucessora da Reclamada, faz-se mister destacar, apenas por amor à argumentação, que a sucessão trabalhista é a mudança de propriedade pela alienação da atividade econômica ou quando se tem a absorção de uma empresa por outra (fusão, cisão e incorporação), o que não ocorreu no caso em tela.

Outrossim, não basta que se tenha o prosseguimento da atividade econômica de um titular para outro, contudo, é mister que ocorra uma continuidade na prestação de serviço por parte do trabalhador, ora Reclamante.

Nessa demanda, consoante a CTPS de fls. [*], o vínculo empregatício do Reclamante com a Executada se deu entre [indicar o período].

Cap. 3 • MODELOS DE CAUSA DE PEDIR E PEDIDOS | **505**

Desse modo, o Reclamante nunca prestou e nunca poderia ter prestado serviços à Excipiente, visto que a Requerente foi constituída apenas em [indicar a data], muito tempo depois do término do contrato de trabalho.

A jurisprudência tem entendido que são necessários os dois requisitos para fins de configuração da sucessão trabalhista, ou seja: (a) o trepasse de uma unidade econômico-jurídica de um titular a outro titular; (b) que não haja interrupção na prestação de serviços do empregado.

É a jurisprudência:

"SUCESSÃO TRABALHISTA – PRESSUPOSTO – PRESTAÇÃO DE SERVIÇOS AO SUCESSOR – AUSÊNCIA – Não há sucessão trabalhista se o empregado não presta serviços ao sucessor (TRT – 3ª R. – AP 882/2009-094-03-00.4 – Rel. Des. Ricardo Antonio Mohallem – *DJe* 1-4-2011 – p. 142).

"SUCESSÃO TRABALHISTA – NÃO CONFIGURAÇÃO – Para a configuração do instituto da sucessão trabalhista, regulado por meio dos arts. 10 e 448 da CLT, há necessidade da transferência da unidade econômico-jurídica da sucedida para a sucessora e da continuidade da prestação laborativa pelo obreiro. Portanto, não constatada a transferência da estrutura da empresa insolvente e tendo o contrato laboral do empregado sofrido solução de continuidade perante ela, nenhuma responsabilidade poderá ser atribuída à agravada" (TRT – 12ª R. – 5ª T. – AP 09177-2007-026-12-00-3 – Relª Lília Leonor Abreu – *DJe* 29-4-2011).

Desse modo, caso hipoteticamente, tenha ocorrido a sucessão, o que se alega apenas por amor a argumentação, o Reclamante desta ação não pode ser beneficiado pela pretensa "sucessão", visto que à época não era mais empregado da executada.

Portanto, requer a Excipiente a exclusão da lide.

PEDIDO:

Ante o exposto, espera o regular processamento da exceção de pré-executividade, com a intimação da parte contrária para que se manifeste no prazo fixado por Vossa Excelência.

Em seguida, deverá ser reconhecida não só as sucessivas nulidades processuais, como também deve haver o reconhecimento da Excipiente como não sucessora em relação à Reclamada.

3.155. EXECUÇÃO
PENHORA DE FATURAMENTO DA EXECUTADA

CAUSA DE PEDIR:

A presente execução se arrasta por [★] anos, tendo se mostrado infrutífera até o momento.

A execução trabalhista se faz no interesse do credor, ainda que de forma menos gravosa ao devedor.

Deste modo, deve o Exequente diligenciar de todas as formas possíveis para a satisfação de seu crédito, respeitando, claro, os limites do razoável. Há que se fazer um exercício de ponderação.

Apesar de até o momento terem sido localizados somente bens que não satisfazem a execução, é incontroverso que a Executada se encontra em atividade, razão pela qual a execução deve prosseguir com a penhora do faturamento.

Sobre a penhora sobre o faturamento, Francisco Antonio de Oliveira sustenta:

"A penhora sobre o faturamento da empresa constitui, muitas vezes, modalidade de execução menos onerosa, possibilitando que a executada continue operando normalmente. Em se apresentando a hipótese, há de se fazer uma fiscalização contábil mensal para se perquirir sobre o faturamento, devendo, em regra, a administração permanecer com o próprio executado. Somente em caso excepcional será nomeada uma pessoa de confiança do juízo" (Execução na Justiça do Trabalho. 6. ed. São Paulo: RT, 2008, p. 183).

Ressalte-se que a penhora sobre o faturamento possui amparo na OJ 93 da SDI-II do TST: *"É admissível a penhora sobre a renda mensal ou faturamento de empresa, limitada a determinado percentual, desde que não comprometa o desenvolvimento regular de suas atividades"*.

A jurisprudência indica:

"RECURSO ORDINÁRIO DO LITISCONSORTE PASSIVO. MANDADO DE SEGU-RANÇA. EXECUÇÃO DEFINITIVA. PENHORA DE PERCENTUAL SOBRE O FATU-RAMENTO BRUTO MENSAL DA EMPRESA. CABIMENTO. EXCEPCIONALIDADE. CONCURSO DE PENHORAS. POSSIBILIDADE DE INVIABILIZAR A ATIVIDADE EMPRESARIAL. REDUÇÃO DO PERCENTUAL E DEDUÇÃO DO VALOR DA FOLHA DE PAGAMENTO. 1 – Ato coator no qual há determinação de penhora de 30% (trinta por cento) sobre o faturamento mensal da empresa para garantir a execução definitiva. 2 – De acordo com a Orientação Jurisprudencial 93 da SBDI-2, é permitida a constrição sobre o faturamento da empresa executada, desde que não demonstrado risco ao desenvolvimento regular das atividades por ela desenvolvidas. 3 – Hipótese em que, em face do concurso de penhoras sobre o faturamento da empresa, excepcionalmente revela-se necessária a redução do percentual determinado a fim de não se inviabilizar a atividade empresarial, como também que se retire da base de cálculo as despesas havidas com pessoal. Fixação da penhora em 10% (dez por cento) sobre o faturamento bruto mensal, deduzido o valor da folha de pagamento. Recurso ordinário do litisconsorte passivo conhecido e parcialmente provido." (TST – SDI-II – RO 1001761-48.2015.5.02.0000 – Rel. Min. Delaíde Miranda Arantes – DEJT 30-11-2018)

Mencione-se que o art. 866, *caput*, do CPC, autoriza de forma expressa a penhora sobre o faturamento.

Deste modo, requer o Exequente o prosseguimento da execução com a penhora do faturamento da Executada, em percentual a ser fixado pelo juízo, a teor do que dispõe o art. 866, § 1º, do CPC.

PEDIDO:

Requer o Exequente o prosseguimento da execução com a penhora do faturamento da Executada, em percentual a ser fixado pelo juízo, a teor do que dispõe o art. 866, § 1º, do CPC.

3.156. EXPEDIÇÃO DE OFÍCIOS

CAUSA DE PEDIR:

O Reclamante não teve sua CTPS anotada quanto ao vínculo de emprego existente entre as partes, causando-lhe inúmeros prejuízos já descritos em itens próprios [descrever o direito lesado pela Reclamada].

Diante das irregularidades apontadas e comprovadas em regular instrução processual, faz-se necessária a expedição de ofícios aos órgãos pertinentes, como Ministério do Trabalho e Emprego, INSS, Caixa Econômica Federal e demais, constituindo-se, inclusive, dever do magistrado a expedição de ofícios para apuração de irregularidades, quando por ele constatadas.

> *"EXPEDIÇÃO DE OFÍCIOS. A jurisprudência dessa Corte há muito sedimentou o entendimento de que a expedição de ofícios a órgãos administrativos encontra-se no âmbito das atribuições do Juiz, a quem incumbe velar pelo cumprimento do ordenamento jurídico, estando aí incluída a informação às autoridades competentes acerca de irregularidades constatadas para eventual ação de fiscalização. Recurso de revista integralmente não conhecido"* (TST – 1ª T. – RR 151800-25.2006.5.15.0066 – Rel. Min. Hugo Carlos Scheuermann – *DEJT* 8-4-2016).

A expedição de ofícios representa cooperação entre os órgãos do Estado, Poder Judiciário e Poder Executivo, na fiscalização das empresas que descumprem direitos trabalhistas que possuem repercussões em outras esferas de direitos, como o previdenciário, por exemplo.

Feita a comunicação de possíveis irregularidades, resta às autoridades competentes apurá-las. Por fim, saliente-se que, se instaurado eventuais procedimentos (apuração e fiscalização), a Ré terá oportunidade de se defender perante os órgãos competentes, não existindo, desta feita, prejuízos quanto a essa determinação.

REQUERIMENTO:

Requer, a Vossa Excelência, a expedição de ofícios aos órgãos pertinentes: Secretaria Regional do Ministério do Trabalho, INSS, Caixa Econômica Federal, [descrever órgãos para onde deverão ser enviados os ofícios, de acordo com o caso concreto], com base em toda fundamentação exposta.

3.157. FALTA DE COMUNICAÇÃO DA DISPENSA – OBRIGAÇÃO DE FAZER – ENTREGA DE GUIAS DE FGTS E SEGURO-DESEMPREGO E/OU TUTELA ANTECIPADA PARA EXPEDIÇÃO DE ALVARÁS

CAUSA DE PEDIR:

Na data de [indicar a data], a Reclamante foi imotivadamente dispensada, sendo que nessa ocasião o empregador entregou-lhe a respectiva comunicação do aviso-prévio indenizado, tendo, inclusive, efetuado a baixa do contrato de trabalho em sua CTPS, projetando-se o aviso-prévio para [indicar a data]. Informa que recebeu suas verbas rescisórias pelo depósito em sua conta corrente, juntamente com o salário do mês [indicar a data].

Ocorre que, até a presente data, a Reclamada não efetuou a comunicação da dispensa aos órgãos competentes (art. 477, *caput*, redação dada apela Lei 13.467/17).

Devido à demora, a Reclamante procurou o advogado subscritor desta inicial, que, imediatamente, notificou a Reclamada [docs. ...] para que entrasse em contato urgente com este patrono a fim de solucionar a pendência e homologar a rescisão contratual.

No início do mês [indicar a data], o Sr. Thiago fez contato com este patrono, informando que a Reclamada não havia efetuado a comunicação devido às pendências cadastrais junto à Receita Federal, mas que tais pendências já estavam sendo solucionadas e que marcaria a homologação o quanto antes.

Em [indicar a data], a Reclamada ainda não tinha regularizado a certificação digital, o que impossibilitou a homologação mais uma vez, devido à falta de "chave de identificação" a ser levada na Caixa Econômica Federal.

Assim, diante da inércia da Reclamada em solucionar a questão da certificação digital, não restou alternativa senão o ajuizamento desta demanda, compelindo-se a Ré a entregar as guias de levantamento do FGTS e seguro-desemprego a fim de que a Reclamante receba seus direitos sem mais demora.

A Reclamante foi dispensada em [indicar a data] e até a presente data não conseguiu sacar o FGTS e receber o seguro-desemprego, encontrando-se em precária situação financeira. Por esse motivo, se faz imprescindível a concessão da tutela antecipada para expedição dos competentes alvarás para saque de seus depósitos fundiários, bem como habilitação e recebimento de seu seguro-desemprego.

Com a existência da prova pré-constituída, consistente na própria baixa em sua CTPS e aviso--prévio juntado, comprova-se a condição da Reclamante e sua data de dispensa, sem qualquer prejuízo à Reclamada e ao trâmite do processo com a concessão da antecipação da tutela, que propiciará à trabalhadora manter-se por um certo período até conseguir nova colocação profissional e até o trâmite final deste feito.

Assim sendo, diante da gravidade dos fatos e da precária situação financeira da Reclamante, requer a concessão da tutela antecipada para expedição de alvará para levantamento dos depósitos do FGTS e seguro-desemprego, nos termos já apresentados.

PEDIDO:

(a) concessão da tutela antecipada, expedindo-se alvará para levantamento dos valores de FGTS depositados na conta vinculada, nos termos da fundamentação item "a" (saldo depositado);

(b) concessão da tutela antecipada, expedindo-se alvará para recebimento do seguro-desemprego – [indicar o número] parcelas no valor de R$ [indicar o valor] – R$ [indicar a soma das parcelas;

(c) de forma sucessiva, se assim Vossa Excelência não entender, a Reclamante requer: condenação da Reclamada à entrega das guias de saque de FGTS cód. 01 e guias de seguro-desemprego com a respectiva chave de identificação que possibilitará o levantamento dos depósitos fundiários e habilitação do seguro-desemprego.

3.158. FÉRIAS NÃO USUFRUÍDAS NO PERÍODO CONCESSIVO
PAGAMENTO EM DOBRO

CAUSA DE PEDIR:

Durante todo o período em que vigorou o contrato de trabalho, o Reclamante jamais gozou as férias nos respectivos períodos concessivos como previsto na legislação vigente, pois a Reclamada alegava que seu afastamento por 30 dias consecutivos poderia prejudicar o desenvolvimento dos projetos que estavam sob sua responsabilidade.

Apesar disso, para burlar o fisco, a Reclamada fazia constar falsamente nos recibos de pagamento de salário mensais, na ficha de registro de empregado e na CTPS do Reclamante, que ele gozara as férias no período concessivo previsto pela legislação vigente, como se constata pelos documentos em anexo [doc. ...].

Como início de prova da fraude perpetrada pela Reclamada e que lesou o direito do Autor, temos as correspondências trocadas entre as partes em períodos que ele, supostamente, estaria em gozo de férias, ou seja, de [indicar a data] [doc. ...].

Basta uma simples leitura de tais documentos para se constatar que o Reclamante, de fato, estava trabalhando normalmente no período em que deveria estar em gozo de férias.

Assim agindo, a Reclamada infringiu a legislação vigente e se esqueceu de que a concessão de férias decorre de normas de caráter público, que objetivam proteger a integridade física do trabalhador.

Para atingir os objetivos do legislador pátrio, não basta fazer o pagamento, em moeda, dos dias respectivos; deve-se dispensar o empregado de todo e qualquer labor, justamente para que ele possa recuperar a higidez física e psicológica.

Dessa forma, já considerando o prazo prescricional, a Reclamada deverá ser condenada a pagar de forma dobrada as férias não gozadas pelo Reclamante nos períodos de [indicar a data], acrescido do 1/3 constitucional, por aplicação do previsto no art. 137, *caput*, da CLT, da Súmula 81 do TST e da mais moderna jurisprudência. Os valores deverão ser calculados na forma da Súmula 7 do TST.

PEDIDO:

Condenação da Reclamada ao pagamento de forma dobrada das férias não gozadas pelo Reclamante nos períodos de [indicar a data], acrescido do 1/3 constitucional, por aplicação do previsto no art. 137, *caput*, da CLT, da Súmula 81 do TST. Os valores deverão ser calculados na forma da Súmula 7 do TST.

3.159. FÉRIAS QUITADAS FORA DO PRAZO LEGAL
PAGAMENTO EM DOBRO

CAUSA DE PEDIR:

O Reclamante não teve respeitado o prazo de 30 dias para o aviso de férias (art. 135, CLT), tampouco o pagamento com antecedência mínima de 2 (dois) dias do início do seu cumprimento (art. 145, CLT), inviabilizando a plena fruição pelo Autor, que, sem suporte financeiro, teve seu direito reduzido, em afronta ao texto trabalhista consolidado e à própria CF/88 em seu art. 7º, XVII.

Com a finalidade de coibir tais práticas faltosas pelos empregadores, o Tribunal Superior do Trabalho, em sessão extraordinária do Tribunal Pleno, realizada em 19-5-2014, converteu a OJ 386 da SBDI-1 na Súmula 450, estabelecendo o pagamento em dobro para o caso de quitação das férias fora do prazo do art. 145, ou seja, dois dias antes do início do gozo das férias: *"É devido o pagamento em dobro da remuneração de férias, incluído o terço constitucional, com base no art. 137 da CLT, quando, ainda que gozadas na época própria, o empregador tenha descumprido o prazo previsto no art. 145 do mesmo diploma legal."*

Diante do exposto, o Reclamante faz jus ao pagamento em dobro das férias, acrescidas da gratificação de 1/3 relativa ao período aquisitivo [indicar o período].

PEDIDO:

Pagamento em dobro das férias não quitadas no prazo legal, acrescidas da gratificação de 1/3 relativa ao período aquisitivo de [indicar o período].

3.160. FÉRIAS VENCIDAS
EM DOBRO E PROPORCIONAIS + 1/3 CF E O AVISO-PRÉVIO

CAUSA DE PEDIR:

O Reclamante foi imotivadamente dispensado em [indicar a data], cujo aviso-prévio indenizado de [indicar o número de dias] projetou o término de seu contrato de trabalho para a data de [indicar a data].

Pelo disposto no art. 134, da CLT, as férias deverão ser concedidas em um só período, nos 12 meses subsequentes à data em que o empregado tiver adquirido o direito, podendo, excepcionalmente, ser concedida pelo empregador, com a concordância do empregado, em três períodos. O art. 135 da CLT determina que o empregador comunique a concessão das férias ao empregado, com antecedência de, no mínimo, 30 dias, mediante recibo.

Por sua vez, o pagamento da remuneração das férias, consoante o disposto no art. 145 da CLT, deve ser efetuado até dois dias antes do início do respectivo período e dele o empregado deve dar quitação (art. 145, parágrafo único, CLT), sendo necessária a apresentação de prova documental de quitação das férias.

A Reclamada jamais permitiu que o Reclamante desfrutasse de suas férias anuais, seja em um ou três períodos.

Por não ter gozado nem percebido contraprestação sobre as férias, requer a condenação da Reclamada no pagamento de férias vencidas sobre os períodos aquisitivos de 9-6-2012 a 8-6-2013 e de 9-6-2013 a 8-6-2014, acrescidas de 1/12 pela projeção do período de aviso-prévio indenizado, todas acrescidas do terço constitucional (art. 7º, XVII, CF).

Convém ser dito que o aviso-prévio integra o tempo de serviço para todos os fins (art. 487, CLT), logo, o período incompleto das férias 2013/2014 transforma-se em período completo (férias simples) pelo acréscimo de 1/12 do aviso-prévio. Logo, as férias do período anterior (2012/2013) transformam-se em férias em dobro.

Em razão do vencimento de duas férias consecutivas sem o devido gozo e/ou recebimento, pelo disposto no art. 137, da CLT, além das férias acima vindicadas, requer a condenação da Reclamada no pagamento de um período de férias em dobro, acrescida do terço constitucional.

Para efeito de cálculos, requer que as indenizações sobre todas as férias sejam calculadas com base na última e maior remuneração do Reclamante (Súm. 7, TST).

PEDIDO:

Condenação da Reclamada ao pagamento de um período de férias simples (2013/2014), com acréscimo do terço constitucional (pela projeção do aviso-prévio) e de um período de férias em dobro (2012/2013), acrescidas do abono constitucional – R$ a apurar (para efeito de cálculos, que seja observado o disposto na Súm. 7, do C. TST), nos termos da fundamentação.

3.161. DA FOLGA EM DOBRO APÓS O 7º DIA

CAUSA DE PEDIR:

A Reclamante deveria cumprir escala de trabalho 6x1, o que não acontecia. A folga no domingo se dava 2x1.

No entanto, quando a folga ocorria no domingo, a Reclamante trabalhava de 12 a 13 dias sem folga, violando o art. 7º, XV, CF, o § 4º do art. do Regulamento anexo ao Decreto 27.048/49 e a OJ 410 da SDI-I.

Regulamento anexo ao Decreto 27.048/49 – *"Art. 11. (...) § 4º Para os efeitos do pagamento da remuneração, entende-se como semana o período da segunda-feira a domingo, anterior à semana em que recair o dia de repouso definido no art. 1º"*.

OJ 410, SDI-I: *"Viola o art. 7º, XV, da CF a concessão de repouso semanal remunerado após o sétimo dia consecutivo de trabalho, importando no seu pagamento em dobro."*

Dessa forma, duas vezes por mês, a Reclamada não conferia à Reclamante a folga no sétimo dia de trabalho, devendo arcar com o pagamento da folga compensatória em dobro.

Ademais, em razão da habitualidade, deve haver os reflexos legais nas demais verbas como comissões, 13º salários, férias acrescidas de 1/3, aviso-prévio, saldo de salários, além do FGTS + multa de 40%.

PEDIDO:

Seja a Reclamada condenada ao pagamento da folga em dobro, ocorrida duas vezes por mês, devendo sofrer reflexos em repousos semanais remunerados, férias acrescidas de 1/3, 13º salários, comissões e das verbas rescisórias (aviso-prévio, férias acrescidas de 1/3, 13º salários, saldo de salários), além do FGTS + multa de 40%.

3.162. FORO COMPETENTE
LOCALIDADE DE SÃO BERNARDO DO CAMPO

O art. 651, § 3°, CLT, determina que, no caso de o empregador promover atividades fora do local de celebração do contrato de trabalho, é assegurado ao empregado a opção de ajuizar reclamação no foro de celebração ou no local onde se dá a prestação de serviços.

O disposto no citado parágrafo deve ser interpretado em sintonia com o acesso ao Judiciário.

O Reclamante foi contratado em São Paulo e, posteriormente, por determinação da empresa, foi transferido para Hortolândia, no interior do Estado.

O § 3° do art. 651 é aplicável para todo e qualquer empregador que possua empregados que prestem serviços em locais diversos dos quais é contratado.

Amauri Mascaro Nascimento discorre:

"Mas há que se entender, por empresas que promovam atividades fora do lugar do contrato de trabalho, aquelas que mantêm um empregado transferido, uma vez que por fora da celebração do contrato é preciso entender o local inicial da prestação de serviços e não apenas o local onde o serviço foi ajustado. Assim, empregado transferido para outra localidade pode mover a ação não só perante a Junta da localidade onde está servindo, mas, também, naquela de onde provém e na qual trabalhava antes da transferência" (Curso de Direito Processual do Trabalho. 20. ed. São Paulo: Saraiva, 2001, p. 218).

No mesmo sentido, Wagner Giglio:

"A segunda exceção diz respeito a empregadores que realizem atividades fora do local onde são firmados os contratos de trabalho, como acontece com as empresas especializadas em auditorias, instalação de caldeiras, reflorestamento etc. Tais atividades exigem que o empregado se desloque para prestar serviços no local onde são requeridos, por vezes ali permanecendo durante bastante tempo. Prestigiando, ainda uma vez, a facilidade de acesso do empregado às Cortes Trabalhistas, o art. 651, § 3°, da Consolidação permite ao empregado, a sua escolha, 'apresentar reclamações no foro da celebração do contrato ou no da prestação dos respectivos serviços'. E a jurisprudência vem entendendo essa disposição de forma abrangente, ampliando os casos em que o empregado pode propor ação em juízo diverso daquele que seria competente em razão do lugar da prestação dos serviços" (Direito Processual do Trabalho. 13. ed. São Paulo: Saraiva, 2003, p. 52).

Em 12/2008, a SDI-II fixou o entendimento de que não cabe declaração de ofício de incompetência territorial no caso do uso, pelo trabalhador, da faculdade prevista no art. 651, § 3°, da CLT. Nessa hipótese, resolve-se o conflito pelo reconhecimento da competência do juízo do local onde a ação foi proposta (OJ 149).

Como forma de acesso ao Judiciário, o Enunciado 7°, da 1ª Jornada de Direito Material e Processual na Justiça do Trabalho, propõe: *"Em se tratando de empregador que arregimente empregado domiciliado em outro município ou outro Estado da federação, poderá o trabalhador optar por ingressar com a reclamatória na Vara do Trabalho de seu domicílio, na do local da contratação ou no local da prestação dos serviços".*

3.163. FURTO DE VEÍCULO DE PROPRIEDADE DO EMPREGADO UTILIZADO NA EXECUÇÃO DAS ATIVIDADES
INDENIZAÇÃO POR DANO MATERIAL DEVIDA

CAUSA DE PEDIR:

O Reclamante teve seu veículo, modelo *, placas *, de sua propriedade, o qual era utilizado para desempenhar suas atividades para a Reclamada por exigência desta, furtado.

O art. 2° da CLT dispõe: *"Considera-se empregador a empresa, individual ou coletiva, que, assumindo os riscos da atividade econômica, admite, assalaria e dirige a prestação pessoal de serviço."*

A interpretação que se extrai deste dispositivo legal é que cabe ao empregador fornecer as ferramentas que viabilizarão as atividades laborais. Assim, a partir do momento em que o empregador transfere o risco de sua atividade ao empregado, exigindo-lhe a utilização de seus bens particulares para a execução do contrato, torna-se responsável por eventual perda ou deterioração desse bem.

No tocante à interpretação do art. 2° da CLT, José Affonso Dallegrave Neto leciona:

"(...) não há dúvida que ao preconizar a assunção do risco pelo empregador, a CLT está adotando a teoria objetiva, não para a responsabilidade proveniente de qualquer inexecução do contrato de trabalho, mas para a responsabilidade concernente aos danos sofridos pelo empregado em razão da mera execução regular do contrato de trabalho.

Destarte, o empregado não pode sofrer qualquer dano pelo simples fato de executar o contrato de trabalho. O risco para viabilizar a atividade econômica é do empregador nos termos do art. 2°, da CLT. Contudo, é comum o trabalhador sofrer danos quando do cumprimento de sua função contratual, independente de culpa patronal, mas como mera decorrência do exercício de suas atividades, fazendo jus à consequente reparação:

'Empregado que utiliza o seu veículo como instrumento de trabalho, e no exercício de suas atividades é acometido de acidente automobilístico, faz jus à indenização por perdas e danos, com base na responsabilidade civil e traba-lhista.' (TRT, 8ª Região, 1ª Turma, Ac. n. 3.019/95, Relator Juiz Tupinambá Neto, DJPA: 13.10.95, p. 1)

Logo, pela teoria do risco da atividade econômica previsto no art. 2°, da CLT, o empregador se responsabiliza por todos os ônus exigidos para viabilizar a empresa, não podendo o empregado concorrer com qualquer risco ou prejuízo" (Responsabilidade civil no direito do trabalho. 2. ed. São Paulo: LTR, 2006, p. 6/9).

Em situações análogas, assim decidiu o TST:

"RECURSO DE REVISTA INTERPOSTO PELO RECLAMANTE. INDENIZAÇÃO POR DANOS MATERIAIS, DECORRENTE DE FURTO DE VEÍCULO. I. Nos termos do art. 2° da CLT, cabe ao empregador fornecer as ferramentas necessárias para as atividades laborais. Nesse passo, a partir do momento em que o empregador transfere o risco de sua atividade ao empregado, exigindo-lhe a utilização de seus bens particulares para a execução do contrato, torna-se responsável por eventual perda ou deterioração desse bem. II. Assim, consignado no acórdão regional que 'era obrigatório o uso do veículo próprio para o trabalho' e que o furto do veículo 'ocorreu no horário de trabalho', surge para o empregador a obrigação de reparar o dano, decorrente do furto do referido veículo. III. Recurso de revista de que se conhece, por divergência jurisprudencial, e a que se dá provimento" (TST – 4ª T. – RR 1670-05.2010.5.10.0007 – Relª Desª Conv. Cilene Ferreira Amaro Santos – DEJT 29-4-2016).

Cap. 3 • MODELOS DE CAUSA DE PEDIR E PEDIDOS | **517**

Tendo em vista que era obrigatório o uso de veículo próprio para o trabalho e que o furto ocorreu no horário de trabalho, é do empregador a obrigação de reparar o dano, decorrente do furto do referido veículo.

Portanto, o Reclamante faz jus ao ressarcimento, pelo valor de mercado, do veículo furtado, conforme documentos anexados e tabela FIPE, no importe de R$ [indicar o valor].

PEDIDO:

Condenação da Reclamada ao ressarcimento, pelo valor de mercado, do veículo furtado, conforme documentos anexados e tabela FIPE, no importe de R$ [indicar o valor].

3.164. GERENTE

INEXISTÊNCIA DO CARGO DE CONFIANÇA. HORAS EXTRAS. ADICIONAL DE TRANSFERÊNCIA. ADICIONAL DE PERICULOSIDADE E OU DE INSALUBRIDADE

CAUSA DE PEDIR:

1. CONTRATO DE TRABALHO. VIGÊNCIA E FUNÇÕES

1.1. O Reclamante foi admitido aos préstimos da Reclamada na data de 15-8-2011. Com a projeção do aviso-prévio, o término do contrato de trabalho ocorreu em 30-10-2018 (art. 487, CLT; OJ 82 e 83, SDI-I, TST).

No ato da rescisão, o Reclamante auferiu o valor líquido de R$ 55.036,36 (TRCT) [doc. *]. Citado montante não corresponde a efetiva quitação dos seus direitos trabalhistas.

1.2. Em linhas gerais, quanto ao exercício das tarefas contratuais, pode-se afirmar que:

(a) de 15-9-2011 a 1º-2-2016, o Reclamante trabalhou como supervisor de produção, coordenando a equipe de produção e adesivação, com aproximadamente 100 pessoas. Era o responsável pelos controles de produção hora a hora e dos indicadores de qualidade, segurança e produção. Como supervisor, o Reclamante se reportava ao *Plant Manager* (Gerente de Fábrica);

(b) entre 1º-2-2016 e 1º-2-2017, o Autor laborou nas tarefas de coordenador de produção. Como coordenador, executava as mesmas atividades como supervisor de produção. Como coordenador respondia para o *Plant Manager* (Gerente de Fábrica);

(c) a partir de 1º-2-2017 até o término do contrato individual de trabalho, o Reclamante executou as tarefas de gerente de produção. Como gerente, o Autor executava as mesmas tarefas de supervisor, contudo, coordenava as equipes de supervisores e as demais áreas da empresa (produção, qualidade, adesivo, manutenção). Reportava-se ao diretor de operações.

2. INEXISTÊNCIA DE CARGO DE CONFIANÇA (ART. 62, II, CLT)

Na estrutura organizacional da empresa, há a seguinte vinculação hierárquica: operadores – líder – supervisor – coordenador – gerente – *Plant Manager* (Gerente de Fábrica).

No desempenho das suas funções, o Reclamante extravasava os limites da jornada normal (diária e ou semanal) permitidas por lei. O horário será detalhado em item próprio da presente fundamentação.

De acordo com a ordem jurídica, a hora extra é deferida a partir da oitava diária e/ou da 44ª semanal (art. 7º, XIII, CF).

Ocorre que a Reclamada nada pagava a título de horas extras ao fundamento de que o Reclamante estava enquadrado na exceção do art. 62, II, da CLT, não fazendo jus, portanto, a horas extras.

Pela antiga redação do art. 62, *b*, da CLT, estavam excluídos da limitação normal da jornada de trabalho, os gerentes, assim considerados os que, investidos de mandato, em forma legal, exerciam encargos de gestão, e, pelo padrão mais elevado de vencimentos, se diferenciavam dos demais empregados, ficando-lhes, entretanto, assegurado o descanso semanal.

A doutrina e a jurisprudência, interpretando o art. 62, *b*, da CLT, na caracterização de cargo de confiança, assimilavam por inteiro:

> *"(...) uma clássica noção construída pelo jurista Mario de La Cueva sobre o tema: seriam funções de confiança aquelas cujo exercício colocasse em jogo 'a própria existência da empresa, seus interesses fundamentais, sua segurança e a ordem essencial ao desenvolvimento de sua atividade'.*

Cap. 3 • MODELOS DE CAUSA DE PEDIR E PEDIDOS | 519

Considerava-se firme a intenção da lei de restringir a noção de cargo de confiança àqueles que deferissem a seus ocupantes uma tríade de requisitos: (a) poderes e função de gestão com respeito à dinâmica da empresa; (b) poderes e função de representação, com outorga de mandato, na forma legal; (c) inequívoca distinção remuneratória a seus detentores, em face dos demais empregados da mesma organização." (DELGADO, Mauricio Godinho. *Introdução ao Direito do Trabalho.* 2ª ed. São Paulo: LTr, 1999, p. 291.)

Diante da nova redação imposta pela Lei 8.966/94, como gerentes, assim considerados os exercentes de cargo de gestão, aos quais se equiparam, para efeito do disposto neste artigo, os diretores e chefes de departamento ou filial. Porém, o salário do cargo de confiança, compreendendo a gratificação de função, se houver, não poderá ser inferior ao valor do respectivo salário efetivo acrescido de 40% (art. 62, II, parágrafo único, CLT).

Cotejando-se as duas redações, temos: (a) não se exige mais a existência do mandato na caracterização da exclusão legal para o gerente; (b) equiparam-se ao gerente os cargos de diretores e chefes de departamento ou filial.

Na ótica de Mauricio Godinho Delgado:

"(...) a nova lei manteve também o requisito de exercício de funções e atribuições de gestão (a lei fala em 'exercentes de cargos de gestão'). Aduziu, contudo, que nessas funções se enquadram os cargos de diretores (o que não traduz novidade) e chefes de departamento ou filial. A referência a 'chefes de departamento', entretanto, pode ter um ainda imponderável caráter modificativo sobre a essência do tipo legal celetista clássico. Na verdade, se tal expressão não for submetida a um esforço interpretativo extremamente criterioso, poderá ter o efeito de ampliar desmesuradamente o conceito celetista de cargo de confiança.

Por fim, a lei nova silenciou a respeito do anterior requisito da função de representação mediante mandato ('investidos de mandato, em forma legal', dizia o texto precedente do mesmo artigo), ampliando, em certa medida, as hipóteses de incidência do tipo legal 'cargo de confiança'. Não há mais, pois, o requisito da outorga de mandato na forma legal." (*Introdução ao Direito do Trabalho.* 2ª ed. São Paulo: LTr, 1999, p. 292.)

Independentemente ou não da existência de mandato na forma legal, a exclusão da limitação da jornada normal exige que o gerente ou os equiparados tenham poderes de mando e cujos atos obrigam a empresa. Não basta a simples responsabilidade no trato das suas funções. Deverão ter os poderes de gestão e de representação (= de mando), além de um padrão remuneratório elevado face aos subordinados.

De fato, a grande alteração havida repousa na nova abrangência das funções que se enquadram na exclusão legal – gerentes, diretores e os chefes de departamento ou de filial, além da exigência de que a remuneração deve ser superior em 40% ao salário básico. A pessoa que passa a ter encargos de gestão deve perceber uma remuneração de, no mínimo, 40% superior ao que auferia anteriormente.

O Reclamante não era detentor de cargo de confiança, pois não exercia poderes e função de gestão com respeito à dinâmica da empresa, poderes e função de representação com outorga de qualquer tipo de mandato (legal, convencional ou judicial), bem como não auferia salário com acréscimo de 40% a título de gratificação de função.

Vale dizer, o Reclamante tinha atribuições técnicas. Apesar de ter subordinados, em nenhuma das funções por ele executadas, tinha poderes para admitir ou demitir funcionários, bem como não poderia aplicar advertências ou suspensões.

A jurisprudência indica:

"HORAS EXTRAORDINÁRIAS. CARGO DE CONFIANÇA. SUPERVISOR DE ELÉTRICA. O exercício de função de maior responsabilidade não autoriza, por si só, o enquadramento do empregado na regra de exceção do art. 62, inciso II, da CLT, especialmente quando demonstrado que tal

520 | PRÁTICA DA RECLAMAÇÃO TRABALHISTA – *Jorge Neto • Wenzel • Cavalcante*

situação não lhe conferiu aquela fidúcia especial e indispensável para o exercício de encargos típicos de gestão. Além disso, a subordinação da reclamante à horário e à supervisora da unidade foi comprovada pela prova testemunhal, de modo que não há como afastar a conclusão de que o autor faz jus ao pagamento, como horas extras, do trabalho prestado além da 8ª diária e 44ª semanal e a hora referente ao intervalo não usufruído. Nego provimento." (TRT – *1ª R.* – *1ª T.* – RO 0100154-51.2016.5.01.0571 – Rel. Mery Bucker Caminha – *DEJT* 24-1-2017.)

"RECURSO DE REVISTA. (...) 2. HORAS EXTRAS. CARGO DE CONFIANÇA. O cargo de confiança no Direito do Trabalho recebeu explícita tipificação legal, quer no padrão amplo do art. 62 da CLT, quer no tipo jurídico específico bancário do art. 224, § 2º, da Consolidação. Para que ocorra o enquadramento do Autor nas disposições contidas no art. 62, II, da CLT, é necessário ficar comprovado, no caso concreto, que ele exercia efetivamente as funções aptas a caracterizar o exercício de função de confiança, e, ainda, que elas se revestiam de fidúcia especial, que extrapola aquela básica, inerente a qualquer empregado. Da leitura do v. acórdão regional, constata-se que o eg. Tribunal a quo, com suporte nos elementos fático-probatórios, concluiu pela ausência dos requisitos necessários ao enquadramento do Reclamante no art. 62, II, da CLT, uma vez que o obreiro não tinha poderes para contratar e dispensar trabalhadores no exercício de sua função. Desse modo, tendo sido analisada detidamente a questão atinente ao disposto no art. 62, II, da CLT, inviável o seu reexame nesta instância extraordinária. Recurso de revista não conhecido, no aspecto." (TST – *6ª T* – RR 56600-36.2006.5.20.0006 – Relator Mauricio Godinho Delgado – *DEJT* 19-8-2011.)

3. HORÁRIO DE TRABALHO. DIREITO À PERCEPÇÃO DAS HORAS EXTRAS

Face aos termos do tópico 2º supra, evidente que o Reclamante não desempenhava o cargo de confiança.

Como empregado da Reclamada, o Reclamante laborava no horário das 6h às 20h, de segunda a sábado, com uma hora diária de intervalo.

Evidente que o horário executado pelo Reclamante extravasa os limites constitucionais inseridos no art. 7º, XIII, ou seja, jornada diária de 8 horas limitadas a 44 horas semanais.

O Reclamante faz jus à percepção das horas extras no que exceder da oitava diária e/ou da 44ª semanal, com o divisor de 220 horas e com reflexos em: (a) aviso-prévio; (b) férias e abono de férias; (c) 13º salário; (d) domingos e feriados; (e) depósitos fundiários + 40%. As diferenças de aviso-prévio/13º salário e DSR/feriados pelas horas extras devem incidir no FGTS + 40%.

4. HORA EXTRA. VIOLAÇÃO DO ART. 66 DA CLT

Na vigência do contrato de trabalho, o Reclamante entre uma jornada diária e outra não tinha o horário de intervalo interjornada de forma regular, visto que saía às 20h de um dia e retornava às 6h do dia seguinte (o intervalo efetivo era de apenas 10 horas).

Entre duas jornadas diárias de trabalho, de acordo com o art. 66 da CLT, o intervalo interjornada deverá ter a duração mínima de 11 horas.

Pela violação do texto legal (art. 66, CLT), o Reclamante faz jus ao intervalo suprimido integral, com adicional de 50%, ante o teor do art. 71, § 4º, da CLT, combinado com o entendimento jurisprudencial cristalizado na OJ 355 da SDI-I e Súmula 110 do TST.

A inexistência parcial ou total do horário interjornada tem natureza salarial na forma da inteligência da Súm. 437, III.

As horas extras devem ser calculadas considerando-se todos os aditivos salariais habituais (Súm. 264 do TST).

As horas extras integram o salário para todos os fins e devem incidir nos domingos e feriados (Súm. 172, TST; art. 7º, "a", Lei 605/49).

As horas extras devem incidir em: férias e abono de férias (art. 142, § 5º, CLT), 13º salário (Súm. 45, TST), depósitos fundiários e multa de 40% (Súm. 63) e aviso-prévio (art. 487, § 5º, CLT).

5. LOCAIS DE TRABALHO. DIREITO À PERCEPÇÃO DE ADICIONAL DE TRANS-FERÊNCIA

Na vigência do contrato de trabalho, o Reclamante laborou nos seguintes locais: (a) unidade de Guarulhos, de 15-8-2011 a 15-3-2014; (b) unidade de Taubaté, de 15-3-2014 a 10-1-2016; (c) unidade de Guarulhos de 10-1-2016 a 10-3-2018; (d) unidade de Taubaté de 10-3-2018 a 30-10-2018.

O documento [doc. *] comprova a transferência.

O Reclamante foi contratado na cidade de Guarulhos, Estado de São Paulo.

De acordo com a execução das suas tarefas contratuais, o Autor foi laborar em Taubaté, retornando a Guarulhos, e, posteriormente, voltando a Taubaté (datas e locais descritos anteriormente).

Apesar das duas transferências ocorridas de Guarulhos para Taubaté, nos períodos em que laborou na segunda localidade, o Reclamante nada auferiu a título de adicional de transferência.

Não é imperioso que o Reclamante tenha a transferência de domicílio para que possa ter direito à percepção do adicional de transferência.

A palavra domicílio como posta no art. 469, *caput*, da CLT, deve ser interpretada como residência.

Em outras palavras, a mudança de residência e de forma provisória é que acarreta o direito à percepção do adicional de transferência.

Nesse sentido, é o que deflui da OJ 113, da SDI-I, TST, quando indica que:

"O fato de o empregado exercer cargo de confiança ou a existência de previsão de transferência no contrato de trabalho não exclui o direito ao adicional. O pressuposto legal apto a legitimar a percepção do mencionado adicional é a transferência provisória".

Se o significado da palavra domicílio, como posto no *caput* do art. 469, é o relativo ao conceito normativo de domicílio do Código Civil, *a priori*, estaríamos negando o próprio direito ao adicional de transferência, na medida em que o trabalhador, quando muda de domicílio, implica em um ato volitivo em que se dá a sua expressa concordância, pois, o significado de domicílio é diferente do termo residência.

No direito civil, domicílio é o estabelecimento da residência com ânimo definitivo. Vale dizer, a pessoa tem o pleno interesse em alterar a sua residência para outro local.

Se fizermos a aplicação deste conceito normativo ao que está no *caput* do art. 469 da CLT, estamos negando vigência ao adicional de transferência.

Neste sentido, a doutrina indica:

"A transferência de uma localidade para outra é igualmente vedada (art. 469), não se considerando, todavia, transferência a que não acarretar, necessariamente, a mudança de domicílio do empregado. A expressão 'domicílio' tem o sentido de residência, localidade onde o empregado tem moradia, onde reside." (ALMEIDA, Amador Paes de. *CLT Comentada*. 6ª ed. São Paulo: Saraiva, 2009, p. 224.)

"É certo que parte da doutrina entende que o termo domicílio, no referido dispositivo da CLT, encontra-se empregado com o sentido de residência. Como se sabe, o domicílio é o local do centro de atividades da pessoa, ou seja, o lugar onde a pessoa natural estabelece a sua residência com 'animo definitivo' (art. 70 do Código

522 PRÁTICA DA RECLAMAÇÃO TRABALHISTA – *Jorge Neto • Wenzel • Cavalcante*

Civil de 2002). Na verdade, a disposição mencionada orienta-se mais pela circunstância de fato da questão, ou seja, referindo-se ao local de moradia do empregado. Havendo a necessária modificação do lugar em que o trabalhador habita, reside, verifica-se a transferência para fins trabalhistas. Por isso, não há necessidade de preenchimento de outros requisitos técnico-jurídicos, de ordem formal, previstos no Direito Civil, para reconhecer a transferência para fins trabalhistas." (GARCIA, Gustavo Filipe de. *Curso de Direito do Trabalho.* 3ª ed. São Paulo: Método, 2009, p. 503.)

"Nestes casos a transferência tem que ser provisória, determinada pelo empregador, importar em mudança de município e de residência (e não domicílio como diz a lei) e ter ocorrido por necessidade de serviço." (CASSAR, Vólia Bomfim. *Direito do Trabalho. 2ª ed. São Paulo: Impetus, 2008, p. 991.*)

A jurisprudência do TST indica:

"RECURSOS DE REVISTA DAS RECLAMADAS BANCO DO BRASIL – SUPRESSÃO DO ANUÊNIO PRESCRIÇÃO TOTAL – Em se tratando de pedido de diferenças salariais decorrentes da supressão – Por ato único e positivo do empregador – Do pagamento dos anuênios, a prescrição dessa pretensão do autor é total e alcança o fundo de direito, por não se tratar de direito previsto em lei. Incide a Súmula nº 294 do TST. Recursos de revista conhecidos e providos. ADICIONAL DE TRANSFERÊNCIA – TRANSITORIEDADE ALTERAÇÃO DE DOMICÍLIO – São pressupostos para o recebimento do adicional de transferência a provisoriedade do deslocamento e a mudança de residência do obreiro. Todavia, no caso, não ficou constatado que a transferência implicou em alteração do domicílio do autor. Assim, mostra-se descabido o pagamento do adicional de transferência em razão da ausência de pelo menos um de seus requisitos essenciais. Incide a Orientação Jurisprudencial nº 113 da SBDI-1 do TST. Recursos de revista conhecidos e providos. HONORÁRIOS ADVOCATÍCIOS – REQUISITOS NÃO PREENCHIDOS – ASSISTÊNCIA SINDICAL – A condenação ao pagamento de honorários advocatícios no processo do trabalho não decorre pura e simplesmente da sucumbência. É imperiosa a observância dos requisitos afetos à prestação de assistência jurídica pelo sindicato profissional e à insuficiência econômica do autor, que não estão presentes no caso. Incide a Súmula no 219, I, do TST. Recursos de revista conhecidos e providos." (TST – RR 57700-61.2007.5.09.0567 – Rel. Min. Luiz Philippe Vieira de Mello Filho – *DJe* 22-2-2013 – p. 2538) (ementa extraída do Repositório: JURIS SÍNTESE DVD, vol. 100, março/abril/2013.)

O Reclamante faz jus a percepção do adicional de transferência, a ser calculado sobre o salário básico e de acordo com os períodos em que laborou na cidade de Taubaté, com reflexos em: (a) aviso-prévio, férias, abono de férias, FGTS + 40% e no 13º salário; (b) horas extras (durante a semana, segunda a sábado, Súmula 264, TST), com reflexos em: (1) férias, abono de férias; (2) 13º salário; (3) DSR/feriados; (4) aviso-prévio; (5) FGTS + 40%; (c) horas extras pela violação do art. 66 e seus reflexos em: (1) férias, abono de férias; (2) 13º salário; (3) DSR/feriados; (4) aviso-prévio; (5) FGTS + 40%.

6. ADICIONAL DE PERICULOSIDADE OU DE INSALUBRIDADE

No desempenho de suas funções, o Reclamante era obrigado a laborar em condições insalubres (ruído, calor, poeiras e outros agentes) e perigosas (inflamáveis).

A perícia é imposição legal (prova tarifada) (art. 195, § 2º, CLT), devendo haver a nomeação de um perito por parte de Vossa Excelência (médico ou engenheiro do trabalho).

A Constituição Federal, no art. 7º, XXIII, assegura:

"São direitos dos trabalhadores urbanos e rurais, além de outros que visem à melhoria de sua condição social: (...) XXIII – adicional de remuneração para as atividades penosas, insalubres ou perigosas, na forma da lei".

Cap. 3 • MODELOS DE CAUSA DE PEDIR E PEDIDOS | **523**

O Reclamante faz jus ao adicional de insalubridade, em grau a ser apurado em função da prova técnica, e a ser calculado sobre o salário mínimo e com incidências em: (a) aviso-prévio, férias, abono de férias, domingos e feriados, 13º salário, depósitos fundiários + 40%; (b) em horas extras (superior a 8ª e ou 44ª semanal; intervalo interjornada) e suas incidências em domingos e feriados, 13º salário, férias, abono de férias, aviso-prévio e nos depósitos fundiários + 40%.

O Reclamante também faz jus ao adicional de periculosidade, a ser apurado em função da prova técnica, e a ser calculado observando-se: (a) salário contratual; (b) incidência em: (1) aviso-prévio, férias, abono de férias, domingos e feriados, 13º salário e nos depósitos fundiários + 40%; (2) em horas extras (superior a 8ª e ou 44ª semanal; intervalo interjornada) e suas incidências em domingos e feriados, 13º salário, férias, abono de férias, aviso-prévio e nos depósitos fundiários + 40%.

Após a regular condenação quanto aos dois adicionais, como é vedada a acumulação, em liquidação de sentença, o trabalhador irá optar pelo adicional que seja mais favorável.

"2 – PERICULOSIDADE E INSALUBRIDADE. COMPROVAÇÃO ATRAVÉS DE PERÍCIA. ADICIONAL DEVIDO. Comprovada através de perícia técnica a exposição do trabalhador a agentes perigosos e insalubres, resultam devidos os respectivos adicionais, a partir do momento em que surgiram os riscos à vida e à saúde. Sentença mantida, nesse ponto, inclusive quanto ao exercício da opção por um dos adicionais por ocasião da liquidação." (TRT 2ª R. – 4ª T. – ROT 1001066-48.2018.5.02.0434 – Rel. Ricardo Artur Costa e Trigueiros – *DJe* 22-11-2019.)

"ADICIONAIS DE INSALUBRIDADE E PERICULOSIDADE. PAGAMENTO NÃO CUMULATIVO. OPÇÃO POR UM DOS ADICIONAIS. O art. 193, § 2º, CLT dispõe sobre a não cumulação entre os adicionais de periculosidade e de insalubridade prevendo, assim, a opção pelo empregado entre os dois adicionais." (TRT 2ª R. – 12ª T. - ROT 1001394-44.2018.5.02.0024 – Rel. Marcelo Freire Goncalves – *DJe* 11-11-2019.)

PEDIDO:

(a) horas extras e suas incidências:

(a.1) horas extras – período não prescrito (março de 2015 a setembro de 2018 – 42,5 meses); salário mensal – R$ 10.000,23; salário-hora – R$ 45,45 por hora (divisor – 220 horas); valor da hora extra – R$ 68,17 (adicional de 50%); média de horas extras (horário: 6h às 20h, segunda a sábado, com uma hora diária de intervalo; média semanal de horas extras por semana: 34 horas; número de semanas por ano – 52 semanas; número de semanas por mês – 4,33 semanas; média de horas extras por mês – 34 X 4,33 = 148 horas extras); valor mensal das horas extras – R$ 68,17 X 148 = R$ 10.089,16 – média mensal de horas extras em valores:

R$ 10.089,16 X 42,5 meses =	R$ 428.789,30
(a.2) reflexos das horas extras em DSR/feriados	R$ 85.757,86
R$ 428.789,30: 25 X 5	
(a.3) reflexos das horas extras em FGTS+ 40%	R$ 48.024,40
R$ 428.789,30: 100 X 11,2	
(a.4) reflexos das horas extras em férias + 1/3	R$ 50.445,80
R$ 10.089,16: 12 X 45 (n. meses não prescritos acrescido do período do aviso-prévio) + 1/3	
(a.5) reflexos em 13º salário	R$ 37.834,34
R$ 10.089,16: 12 X 45 (n. meses não prescritos acrescido do período do aviso-prévio)	

(a.6) reflexos no aviso-prévio	R$	17.151,57

R$ 10.089,16: 30 X 51 dias

Total	R$	668.003,27

(b) violação do intervalo interjornada como hora extra (4 horas por semana – 1 hora por dia); (4 horas X 4,33 semanas por mês); (média mensal física – 17,32); (média física em valores – 17,32 X R$ 68,17 = R$ 1.180,70); média mensal = R$ 1.180,70. As incidências observam os parâmetros de período e de proporcionalidade da letra "b" *supra*.

(b.1) horas extras todo o período não prescrito	R$	50.179,75
(b.2) reflexos em DSR/feriados	R$	10.035,95
(b.3) reflexos em FGTS + 40%	R$	5.629,13
(b.4) reflexos em férias + abono	R$	5.903,50
(b.5) reflexos em 13° salário	R$	4.427,62
(b.6) reflexos no aviso-prévio	R$	2.007,18
Total	R$	78.182,13

(c) adicional de transferência – (período de labor em Taubaté, observando-se o período não prescrito, média de 16,5 meses – março de 2015 a janeiro de 2016 e de março de 2018 a setembro de 2018; salário mensal – R$ 10.000,23); adicional de transferência – média mensal (25%) = R$ 2.500,05

(c.1) apuração do principal	R$	41.250,82
16,5 meses X R$ 2.500,05		
(c.2) reflexos em 13° salário (média de 18/12, pelo aviso-prévio) – R$ 2.500,05: 12 X 18	R$	3.750,07
(c.3) reflexos em férias (média de 18/12, pelo aviso-prévio) – R$ 2.500,05: 12 X 18, com 1/3	R$	5.000,10
(c.4) reflexos em FGTS 11,2%		
R$ 41.250.82 : 100 X 11,2	R$	4.620,09
(c.5) reflexos em aviso-prévio		
R$ 2.500,05: 30 X 51	R$	4.250,50
Total	R$	58.871,58

(c.6) reflexos do adicional de transferência no cálculo das horas extras e suas incidências em aviso-prévio, 13° salário, férias, abono de férias, DSR/feriados e no FGTS + 40%.

Média de horas extras – soma das letras "b" (8ª e 44ª semanal) e "c" (violação do intervalo interjornada) – 148 + 17,32 = 165,32

Adicional transferência – base mensal – R$ 2.500,05

Valor hora normal – R$ 11,36

Valor hora extra = R$ 17,04 (adicional de 50%)

Valor da média mensal de horas extras – 165,32 X R$ 17,04 = R$ 2.817,05

(c.6.1) hora extra – 16,5 meses	R$	46.481,32

R$ 2.817,05 X 16,5 meses

Cap. 3 • MODELOS DE CAUSA DE PEDIR E PEDIDOS | 525

(c.6.2) reflexos em DSR/feriados

R$ 46.481,32: 25 X 5	R$	9.296,25

(c.6.3) reflexos em FGTS + 40%

R$ 46.481,32: 100 X 11,2	R$	5.205,90
(c.6.4) reflexos em 13º salário (18/12)	R$	4.225,57
(c.6.5) reflexos em férias (18/12)	R$	5.634,09

(c.6.6) reflexos em aviso-prévio – 51 dias

R$ 2.817,05 : 30 X 51	R$	4.788,98
Total	R$	75.632,11

(d) cálculo do adicional de insalubridade (para fins de atendimento do art. 840, § 1º, CLT), vamos arbitrar o grau médio (20% sobre o salário mínimo), contudo, o grau efetivo, por ser pedido genérico, depende da apuração da perícia (art. 324, § 1º, II, CPC).

Salário mínimo em setembro de 2018 – R$ 954,00

Números meses – 42,5 meses não prescritos

Grau médio 20% = R$ 190,08 (valor da média mensal do adicional de insalubridade)

(d.1) adicional insalubridade todo o período R$ 190,08 X 42,5 meses	R$	8.109,00
(d.2) reflexos em FGTS + 40%	R$	908,20
(d.3) reflexos em 13º salário (45 meses com o aviso-prévio)	R$	712,80
(d.4) reflexos em férias (45 meses com o aviso-prévio) com o acréscimo de 1/3	R$	950,40
(d.5) reflexos em aviso-prévio 51 dias	R$	323,13
Total	R$	11.003,53

(d.6.1) reflexos do adicional de insalubridade (grau médio) no cálculo das horas extras e suas incidências em aviso-prévio, 13º salário, férias, abono de férias, DSR/feriados e no FGTS + 40%.

Média de horas extras – soma das letras "b" (8ª e 44ª semanal) e "c" (violação intervalo interjornada) – 148 + 17,32 = 165,32

Adicional insalubridade – base mensal – R$ 190,08

Valor hora normal – R$ 0,86

Valor hora extra = R$ 1,29 (adicional de 50%)

Valor da média mensal de horas extras – 165,32 X R$ 1,29 = R$ 213,26

(d.6.1) hora extra – 42,5 meses	R$	9.063,55
R$ 213,26 X 42,5 meses		
(d.6.2) reflexos em DSR/feriados		
R$ 9.063,55: 25 X 5	R$	1.812,71
(d.6.3) reflexos em FGTS + 40%		
R$ 9.063,55: 100 X 11,2	R$	1.075,59
(d.6.4) reflexos em 13º salário (45/12)	R$	799,72
(d.6.5) reflexos em férias (45/12)	R$	1.066,29

(d.6.6) reflexos em aviso-prévio – 51 dias

R$ 213,26: 30 X 51 — R$ 362,54

Total — R$ 14.180,40

(e) cálculo do adicional de periculosidade (30% sobre o salário)

Salário em setembro de 2018 – R$ 10.000,23

Números meses – 42,5 meses não prescritos

Grau 30% = R$ 3.000,00 (valor da média mensal do adicional de periculosidade)

(e.1) adicional periculosidade todo o período R$ 3.000,00 X 42,5 meses	R$ 127.500,00
(e.2) reflexos em FGTS + 40%	R$ 14.280,00
(e.3) reflexos em 13º salário (45 meses com o aviso-prévio)	R$ 11.250,00
(e.4) reflexos em férias (45 meses com o aviso-prévio) com o acréscimo de 1/3	R$ 15.000,00
(e.5) reflexos em aviso-prévio 51 dias	R$ 5.100,00
Total	R$ 173.130,00

(e.6.1) reflexos do adicional de periculosidade no cálculo das horas extras e suas incidências em aviso-prévio, 13º salário, férias, abono de férias, DSR/feriados e no FGTS + 40%.

Média de horas extras – soma das letras "b" (8ª e 44ª semanal) e "c" (violação intervalo intrajornada) – 148 + 17,32 = 165,32

Adicional insalubridade – base mensal – R$ 3.000,00

Valor hora normal – R$ 13,63

Valor hora extra = R$ 20,44 (adicional de 50%)

Valor da média mensal de horas extras – 165,32 X R$ 20,44 = R$ 3.379,14

(e.6.1) hora extra – 42,5 meses	R$ 143.613,45
R$ 3.379,14 X 42,5 meses	
(e.6.2) reflexos em DSR/feriados	
R$ 143.613,45: 25 X 5	R$ 28.722,69
(e.6.3) reflexos em FGTS + 40%	
R$ 143.613,45: 100 X 11,2	R$ 16.084,70
(e.6.4) reflexos em 13º salário (45/12)	R$ 12.671,77
(e.6.5) reflexos em férias (45/12)	R$ 16.895,70
(e.6.6) reflexos em aviso-prévio – 51 dias	
R$ 3.379,14: 30 X 51	R$ 5.744,53
Total	R$ 223.732,84

As letras "e" e "f" não são cumulativas, sendo que o Reclamante fará a opção pelo adicional mais benéfico em liquidação de sentença.

(f) correção monetária e juros, depósitos fiscais, previdenciários e fundiários, conforme tópico próprio.

3.165. GESTANTE
ESTABILIDADE. CONCEPÇÃO NO CURSO DO AVISO-PRÉVIO

CAUSA DE PEDIR:

A Reclamante ingressou aos serviços da Reclamada na data de [indicar a data] e foi dispensada em [indicar a data] [doc. ...], com aviso-prévio indenizado de [indicar dias] dias, projetando o término de seu contrato de trabalho para [indicar a data] [doc. ...].

O exame ora juntado [doc. ...] comprova que, na data de [indicar a data], a Autora já estaria grávida de [semanas/dias], aproximadamente.

Portanto, não resta dúvida de que a gravidez se iniciou no curso do aviso-prévio, ou seja, quando ainda não havia findado o contrato de trabalho da Reclamante, de maneira que se aplica, ao presente caso, o disposto no art. 391-A da CLT:

> *"A confirmação do estado de gravidez advindo no curso do contrato de trabalho, ainda que durante o prazo do aviso-prévio trabalhado ou indenizado, garante à empregada gestante a estabilidade provisória prevista na alínea b do inciso II do art. 10 do Ato das Disposições Constitucionais Transitórias".*

Estabelece o art. 10, II, ADCT da CF que *"fica vedada a dispensa arbitrária ou sem justa causa (...) da gestante desde a confirmação da gravidez até cinco meses após o parto"*.

O citado dispositivo celetista prevê que o direito à estabilidade provisória permanece mesmo na hipótese de concepção ocorrida no curso do aviso-prévio, haja vista que o respectivo instituto, nos termos do art. 487, § 1º, da CLT, integra o contrato de trabalho para todos os efeitos legais.

Portanto, diante dos fatos e provas juntadas, a Reclamante deverá ser reintegrada no local e função que ocupava na empresa, além do pagamento dos salários pelo período de afastamento e que seja respeitado o seu direito à estabilidade por todo o período, com o direito aos salários vencidos e vincendos e com suas incidências em férias, abono de férias, 13º salário e FGTS (8% a ser depositado).

Se a reintegração se mostrar desaconselhável (art. 496, CLT; Súm. 244, TST), que a estabilidade seja convertida em pecúnia, com o direito à percepção dos salários desde o dia da dispensa e até o término da estabilidade (art. 10, II, *b*, ADCT), com observância dos reajustes legais e normativos e com incidência desse período em férias, 13º salário, abono de férias e FGTS + 40%.

Além da conversão da estabilidade em pecúnia, a Reclamante também terá direito à percepção de: aviso-prévio, 13º salário proporcional de ... com a inclusão do aviso-prévio, férias proporcionais e abono com a inclusão do aviso-prévio, FGTS código 01 + 40%, além da liberação do seguro-desemprego.

Da Tutela de Urgência – Reintegração

Como já se verificou, a Reclamante, apesar do seu estado gravídico, foi injustamente demitida de forma imotivada.

De acordo com os arts. 294 e ss., CPC, e arts. 536 e 537, CPC, diante da prova inequívoca do direito invocado [termo de rescisão de contrato de trabalho da empregada – doc. ...; exame ultrassonográfico comprobatório da gravidez – doc. ...] e do perigo na demora, que poderá fazer com que a reintegração seja inviável.

Assim, a Reclamante requer a concessão *liminar inaudita altera pars* da tutela antecipada para fins de reintegração ao emprego.

Requer ainda a fixação de multa diária em caso de descumprimento da ordem judicial (arts. 536 e 537, CPC), no importe de R$ 500,00 por dia, em favor da Reclamante.

PEDIDO:

Em caráter liminar, requer-se a concessão de tutela antecipatória, determinando a reintegração imediata da Reclamante no local e na função anteriormente exercida, com fixação de multa diária em caso de descumprimento da obrigação de R$ 500,00 por dia, bem como a intimação da Reclamada para ciência e cumprimento da decisão antecipatória.

Em caráter definitivo, a Reclamante espera a procedência dos pedidos para:

(a) declarar a nulidade da dispensa da Reclamante, consequentemente, determinando sua reintegração no local e na função que ocupava na Reclamada;

(b) pagamento dos salários pelo período de afastamento e com respeito ao seu direito à estabilidade por todo o período, observando-se os salários vencidos e vincendos e com suas incidências em férias, abono de férias, 13º salário e FGTS (8% a ser depositado);

(c) *ad cautelam*, se a reintegração se mostrar desaconselhável (art. 496, CLT; Súmula 244, TST), a conversão da estabilidade em pecúnia, com o pagamento dos salários desde a data da dispensa e até o fim da garantia, com observância dos reajustes legais e normativos e com incidência desse período em férias, 13º salário, abono de férias e FGTS + 40%, além do pagamento das verbas rescisórias: aviso-prévio, 13º salário proporcional com a inclusão do aviso-prévio, férias proporcionais e abono com a inclusão do aviso-prévio, FGTS código 01 + 40%, além da liberação do seguro-desemprego.

3.166. GESTANTE
ESTABILIDADE. CONTRATO POR PRAZO DETERMINADO

CAUSA DE PEDIR:

A Reclamante foi admitida aos serviços da Reclamada na data de [indicar a data], firmando contrato de experiência por [indicar o número] dias, conforme documentos juntados aos autos. A Ré optou por dispensar a Autora em [indicar a data], antes do término do contrato a termo, que se daria na data de [indicar a data].

Ocorre que, por ocasião de sua imotivada dispensa, a Autora estava grávida de [indicar o número] semanas, conforme documento [doc. ...], que se trata de exame de ultrassonografia, o que não deixa dúvidas de que a concepção se deu na vigência do contrato de trabalho (teoria objetiva).

Dentre os vários direitos protegidos pela previsão constitucional, a proteção à empregada gestante sempre se revelou como importante preocupação do legislador, que estabeleceu uma rede de proteção à maternidade, em capítulo próprio constante do texto consolidado.

No âmbito constitucional, foi garantida às trabalhadoras gestantes a proteção da relação de emprego contra dispensa arbitrária ou sem justa causa, nos termos de lei complementar, que irá prever uma indenização compensatória, dentre outros direitos. Porém, tal proteção não abrangia totalmente o universo das empregadas gestantes, uma vez que não acolhia os contratos de trabalho por prazo determinado em seu bojo, o que contrariava o espírito da proteção constitucional da dignidade da pessoa humana e da proteção da própria vida, haja vista que o amparo à gestante não abrange somente a empregada, mas também a vida do nascituro.

Assim, por se tratar de direito constitucional fundamental (art. 1º, III e 5º, *caput*, CF), deve tal norma ser interpretada de forma a conferir-se, na prática, sua efetividade.

Na esteira de tal interpretação, a Súmula 244 do TST, com a nova redação dada pela Resolução 185/2012, passou a dispor: *"I – O desconhecimento do estado gravídico pelo empregador não afasta o direito ao pagamento da indenização decorrente da estabilidade (art. 10, II, 'b' do ADCT).*

II – A garantia de emprego à gestante só autoriza a reintegração se esta se der durante o período de estabilidade. Do contrário, a garantia restringe-se aos salários e demais direitos correspondentes ao período de estabilidade.

III – A empregada gestante tem direito à estabilidade provisória prevista no art. 10, inciso II, alínea 'b', do Ato das Disposições Constitucionais Transitórias, mesmo na hipótese de admissão mediante contrato por tempo determinado."

De acordo com o entendimento da Súmula, o desconhecimento do estado gravídico pelo empregador não afasta o direito à garantia de emprego (art. 10, II, "b", ADCT).

Pela jurisprudência atual do TST, a confirmação da gravidez não implica a ciência desta pelo empregador (teoria subjetiva) e, sim, da exata ocorrência dela na vigência do contrato de trabalho (teoria objetiva).

Dessa forma, corrigindo-se injustiças passadas, o fato de a Reclamante ter sido contratada por prazo determinado não elide o direito à estabilidade, nos termos da nova redação do item III da Súmula 244.

Portanto, diante dos fatos e provas juntadas, a Reclamante deverá ser reintegrada no local e função que ocupava na empresa, além do pagamento dos salários pelo período de afastamento e que seja respeitado o seu direito à estabilidade por todo o período, com o direito aos salários vencidos e vincendos e com suas incidências em férias, abono de férias, 13° salário e FGTS (8% a ser depositado).

Se a reintegração se mostrar desaconselhável (art. 496, CLT; Súmula 244, TST), que a estabilidade seja convertida em pecúnia, com o direito à percepção dos salários desde o dia da dispensa e até o término da estabilidade (art. 10, II, "b", ADCT), com observância dos reajustes legais e normativos e com incidência desse período em férias, 13° salário, abono de férias e FGTS + 40%.

Além da conversão da estabilidade em pecúnia, a Reclamante também terá direito à percepção de: aviso-prévio, 13° salário proporcional com a inclusão do aviso-prévio, férias proporcionais e abono com a inclusão do aviso-prévio, FGTS código 01 + 40%, além da liberação do seguro-desemprego.

Da Tutela de Urgência – Reintegração

Como já se verificou, a Reclamante, apesar do seu estado gravídico, foi injustamente demitida de forma imotivada.

De acordo com os arts. 294 e ss., e art. 536, CPC, diante da prova inequívoca do direito invocado [termo de rescisão de contrato de trabalho da empregada – doc. ...; exame ultrassonográfico comprobatório da gravidez – doc. ...] e do perigo na demora, que poderá fazer com que a reintegração seja inviável.

Assim, a Reclamante requer a concessão *liminar inaudita altera pars* da tutela antecipada para fins de reintegração ao emprego.

Requer ainda a fixação de multa diária em caso de descumprimento da ordem judicial (arts. 536 e 537, CPC), no importe de R$ 500,00 por dia, em favor da Reclamante.

PEDIDO:

Em caráter liminar, requer-se a concessão de tutela antecipatória, determinando a reintegração imediata da Reclamante no local e na função anteriormente exercida, com fixação de multa diária em caso de descumprimento da obrigação de R$ 500,00 por dia, bem como a intimação da Reclamada para ciência e cumprimento da decisão antecipatória.

Em caráter definitivo, a Reclamante espera a procedência dos pedidos para:

(a) declarar a nulidade da dispensa da Reclamante, consequentemente, determinando sua reintegração no local e na função que ocupava na Reclamada;

(b) pagamento dos salários pelo período de afastamento e com respeito ao seu direito à estabilidade por todo o período, observando-se os salários vencidos e vincendos e com suas incidências em férias, abono de férias, 13° salário e FGTS (8% a ser depositado);

(c) *ad cautelam*, se a reintegração se mostrar desaconselhável (art. 496, CLT; Súmula 244, TST), a conversão da estabilidade em pecúnia, com o pagamento dos salários desde a data da dispensa e até o fim da garantia, com observância dos reajustes legais e normativos e com incidência desse período em férias, 13° salário, abono de férias e FGTS + 40%, além do pagamento das verbas rescisórias: aviso-prévio, 13° salário proporcional de 2009 com a inclusão do aviso-prévio, férias proporcionais e abono com a inclusão do aviso-prévio, FGTS código 01 + 40%, além da liberação do seguro-desemprego.

3.167. GESTANTE
ESTABILIDADE DA GESTANTE NO EXERCÍCIO DE CARGO EM COMISSÃO PERANTE A ADMINISTRAÇÃO PÚBLICA

CAUSA DE PEDIR:

A Reclamante foi contratada para o exercício de cargo em comissão no [indicar qual o órgão da Administração Pública que contratou a Autora], em [indicar a data], tendo sido exonerada quatro anos depois, em [indicar a data].

Ocorre que a Autora tomou conhecimento de seu estado gravídico um mês antes de sua exoneração, esclarecendo, ainda, que, na data em questão, encontrava-se gestante de [indicar o número] meses, razão pela qual teria direito à estabilidade provisória e licença-maternidade.

Por ocasião de sua exoneração, a Reclamante formulou pedido administrativo para sua reintegração, mas este foi indeferido, visto que era detentora de cargo em comissão.

Independentemente de a Reclamante ser detentora de cargo em comissão, demissível *ad nutum*, possui direito à estabilidade gestacional, uma vez que os arts. 7º, XVIII e 39, § 3º da CF concedem, respectivamente, ao trabalhador e ao servidor público, o direito à licença-maternidade, sem prejuízo do emprego e do salário. Além disso, o inciso II do art. 10 do ADCT veda expressamente *"a dispensa arbitrária ou sem justa causa (...) da empregada gestante, desde a confirmação da gravidez até cinco meses após o parto"*.

Assim, conclui-se que o próprio ordenamento jurídico brasileiro prevê a proteção à maternidade por meio do instituto da estabilidade da gestante, que se estende, em virtude do princípio da igualdade, também às servidoras públicas que exercem cargo em comissão.

É, ainda, pacífico o entendimento do STF no sentido de que as servidoras públicas e empregadas gestantes, independentemente do regime jurídico de trabalho, têm direito à licença-maternidade de 120 dias e à estabilidade provisória, desde a confirmação da gravidez até cinco meses após o parto.

De fato, a jurisprudência assente daquela Corte é nesse sentido:

"Agravo regimental em recurso extraordinário. Servidora pública em licença-gestante. Estabilidade. Reconhecimento, mesmo em se tratando de ocupante de cargo em comissão. Precedentes. 1. Servidora pública no gozo de licença-gestante faz jus à estabilidade provisória, mesmo que seja detentora de cargo em comissão. 2. Jurisprudência pacífica desta Suprema Corte a respeito do tema. 3. Agravo regimental a que se nega provimento" (STF – 1ªT. – RE-AgR 368460 – Rel. Min. Dias Toffoli – j. em 27-3-2012 – DJE 26-4-2012).

Dessa forma, ante a inconstitucionalidade existente em se diferenciar a gestante detentora de cargo em comissão, das demais formas de trabalho em que a estabilidade existe, notadamente pelo bem jurídico protegido, é de se reconhecer o direito à estabilidade gestacional.

O entendimento do STF garantiu à gestante proteção especial contra sua exoneração, conferindo-lhe direito de permanecer no cargo em comissão até cinco meses após o parto e, caso exonerada nesse período, o direito à correspondente indenização.

A razão desse entendimento tem o escopo de não deixar desamparada a gestante e a criança no período logo após o nascimento, possibilitando a devida recuperação das condições físicas da mãe e, também, das condições psicológicas sem ter de enfrentar a perda do seu trabalho e da remuneração.

Nesse sentido:

"Agravo regimental no recurso extraordinário. Servidora gestante. Cargo em comissão. Exoneração. Licença--maternidade. Estabilidade provisória. Indenização. Possibilidade. 1. As servidoras públicas, em estado gestacional, ainda que detentoras apenas de cargo em comissão, têm direto à licença-maternidade e à estabilidade provisória, nos termos do art. 7°, inciso XVIII, c/c o art. 39, § 3°, da Constituição Federal, e art. 10, inciso II, alínea b, do ADCT. 2. Agravo regimental não provido" (STF – 1ª T. – RE-AgR 420839 – Rel. Min. Dias Toffoli – j. em 20-3-2012 – DJe 26-4-2012).

Assim, estando de fato a Autora grávida quando foi exonerada do cargo em comissão que ocupava no [indicar local], faz jus à indenização, referente ao período compreendido entre a confirmação da gravidez [indicar a data] até cinco meses após o parto [indicar a data], que é o tempo de estabilidade provisória prevista na Constituição Federal (Ato das Disposições Constitucionais Transitórias, art. 10, II, *b*), caso não seja possível a reintegração.

Da Tutela de Urgência – Reintegração

Como já se verificou, a Reclamante, apesar do seu estado gravídico, foi exonerada.

De acordo com os arts. 294 e ss., e art. 536, CPC, diante da prova inequívoca do direito invocado [prova da exoneração; exame ultrassonográfico comprobatório da gravidez – doc. ...] e do perigo na demora, que poderá fazer com que a reintegração seja inviável.

Assim, a Reclamante requer a concessão *liminar inaudita altera pars* da tutela antecipada para fins de reintegração ao cargo.

Requer ainda a fixação de multa diária em caso de descumprimento da ordem judicial (arts. 536 e 537, CPC), no importe de R$ 500,00 por dia, em favor da Reclamante.

PEDIDO:

Em caráter liminar, requer-se a concessão de tutela antecipatória, determinando a reintegração imediata da Reclamante no local e cargo anteriormente exercido, com fixação de multa diária em caso de descumprimento da obrigação de R$ 500,00 por dia, bem como a intimação da Reclamada para ciência e cumprimento da decisão antecipatória.

Em caráter definitivo, a Reclamante espera a procedência dos pedidos para:

a) declarar a nulidade da exoneração da Reclamante, consequentemente, determinando sua reintegração no local e na função que ocupava na Reclamada;

b) pagamento dos vencimentos pelo período de afastamento e com respeito ao seu direito à estabilidade por todo o período, observando-se a remuneração vencida e vincenda;

c) *ad cautelam*, se a reintegração se mostrar desaconselhável, a conversão da estabilidade em pecúnia, com o pagamento dos valores desde a data da exoneração e até o fim da garantia, ou seja, até cinco meses após o parto, que é o tempo de estabilidade provisória prevista na Constituição Federal (ADCT, art. 10, II, *b*).

3.168. GESTANTE
ESTABILIDADE PROVISÓRIA. NÃO NECESSIDADE DE JUNTADA DA CERTIDÃO DE NASCIMENTO DA CRIANÇA

CAUSA DE PEDIR:

Dispõem os arts. 7º, XVIII, da CF e 10, II, "b", do ADCT que:

"Art. 7º. São direitos dos trabalhadores urbanos e rurais, além de outros que visem à melhoria de sua condição social: (...)

XVIII – licença à gestante, sem prejuízo do emprego e do salário, com a duração de cento e vinte dias; (...)"

"Art. 10. Até que seja promulgada a lei complementar a que se refere o art. 7º, I, da Constituição: (...)

II – fica vedada a dispensa arbitrária ou sem justa causa:

b) da empregada gestante, desde a confirmação da gravidez até 5 meses após o parto."

Nos termos dos arts. 7º, XVIII, da Constituição Federal e 10, II, "b", do Ato das Disposições Constitucionais Transitórias – ADCT, é assegurada estabilidade provisória à empregada gestante, desde a confirmação da gravidez até 5 meses após o parto.

A estabilidade conferida à gestante pela Constituição Federal objetiva amparar o nascituro, a partir da preservação das condições econômicas mínimas necessárias à tutela de sua saúde e de seu bem-estar.

Essa proteção constitui garantia constitucional a todas as trabalhadoras que mantêm vínculo de emprego, sendo certo que os dispositivos que a asseguram, arts. 7º, XVIII, da Constituição Federal e 10, II, "b", do ADCT, estabelecem como único requisito ao direito à estabilidade que a empregada esteja gestante no momento da dispensa imotivada.

A jurisprudência do TST consolidou-se no sentido de ser inexigível a juntada da certidão de nascimento da criança para fins de concessão da estabilidade:

"RECURSO DE REVISTA. REGIDO LEI 13.467/17. ESTABILIDADE PROVISÓRIA. GESTANTE. CERTIDÃO DE NASCIMENTO DA CRIANÇA. DESNECESSIDADE. TRANSCENDÊNCIA POLÍTICA CARACTERIZADA 1. De acordo com o artigo 896-A da CLT, o Tribunal Superior do Trabalho, no recurso de revista, deve examinar previamente se a causa oferece transcendência com relação aos reflexos gerais de natureza econômica, política, social ou jurídica. 2. No Presente caso o Tribunal Regional consignou que a Autora se encontrava grávida por ocasião da rescisão contratual, contudo, manteve o indeferimento da estabilidade gestante, ao fundamento de que não houve apresentação da certidão de nascimento da criança. A estabilidade conferida à gestante pela Constituição Federal objetiva amparar o nascituro, a partir da preservação das condições econômicas mínimas necessárias à tutela de sua saúde e de seu bem-estar. Essa proteção constitui garantia constitucional a todas as trabalhadoras que mantêm vínculo de emprego, sendo certo que os dispositivos que a asseguram – artigos 7º, XVIII, da Constituição Federal e 10, II, 'b', do ADCT – estabelecem como único requisito ao direito à estabilidade que a empregada esteja gestante no momento da dispensa imotivada. Logo, é inexigível a juntada da certidão de nascimento da criança para fins de concessão da estabilidade da empregada doméstica. Julgados. Nesse cenário, a decisão regional no sentido de condicionar a estabilidade gestante à comprovação do nascimento da criança, mostra-se

em dissonância com a atual e notória jurisprudência desta Corte Superior, bem como evidencia violação ao artigo 10, II, 'b', do ADCT, restando, consequentemente, divisada a transcendência política do debate proposto. Recurso de revista conhecido e provido." (TST – 5ª T. – RR 100896-70.2016.5.01.0282 – Rel. Min. Douglas Alencar Rodrigues – DEJT 3-4-2020).

"I – AGRAVO DE INSTRUMENTO. RECURSO DE REVISTA. LEI 13.015/14. CUMPRI-MENTO DOS REQUISITOS DO ART. 896, § 1º-A, INCISO I, DA CLT. OJ 282 DA SBDI-I DO TST. A Ementa do Acórdão recorrido, transcrita nas razões do recurso de revista, contém o prequestionamento da tese e abrange o fundamento utilizado pelo Tribunal Regional para reformar a Sentença a fim de indeferir o pedido da autora relacionada à estabilidade gestacional, que foi a imprescindibilidade da juntada aos autos do registro de nascimento da criança. Cumprido o requisito do art. 896, § 1º-A, inciso I, da CLT. Superado o óbice apontado no despacho denegatório, passa-se a analisar os demais pressupostos do recurso de revista, nos termos da OJ 282 da SBDI-I do TST. ESTABILIDADE DA GESTANTE. RECLAMAÇÃO TRABALHISTA AJUIZADA DURANTE O ESTADO GRAVÍDICO. CERTIDÃO DE NASCIMENTO NÃO JUNTADA AOS AUTOS. Ante a possível violação do art. 5º, inciso LV, da Constituição Federal, deve ser provido o agravo de instrumento. Agravo de instrumento conhecido e provido. II – RECURSO DE REVISTA. LEI 13.015/14. NULIDADE DO ACÓRDÃO POR CERCEAMENTO DE DEFESA. Deixa-se de analisar a alegação de nulidade do Acórdão por cerceamento de defesa, à luz do disposto no art. 282, § 2º, do CPC. ESTABILIDADE DA GESTANTE. RECLAMAÇÃO TRABALHISTA AJUIZADA DURANTE O ESTADO GRAVÍDICO. CERTIDÃO DE NASCIMENTO NÃO JUNTADA AOS AUTOS. O Regional reformou a Sentença para indeferir o pedido da reclamante relacionada à estabilidade da gestante, sob o fundamento de ser a juntada de certidão de nascimento da criança imprescindível ao reconhecimento da estabilidade pretendida. Todavia, conforme entendimento consubstanciado nesta Corte superior, a juntada de certidão de nascimento da criança é prescindível ao reconhecimento da estabilidade gestacional, notadamente nos casos em que a reclamação trabalhista é ajuizada durante o estado gravídico. Recurso de revista conhecido e provido." (TST – 2ª T. – RR 11517-50.2015.5.01.0025 – Rel. Min. Maria Helena Mallmann – DEJT 28-6-2019.)

PEDIDO:

Não necessidade de juntada da certidão de nascimento da criança para fins de reconhecimento da estabilidade provisória.

3.169. GESTANTE
NULIDADE DO PEDIDO DE DEMISSÃO POR AUSÊNCIA DE HOMOLOGAÇÃO SINDICAL

CAUSA DE PEDIR:

O art. 500 da CLT expressamente exige a assistência sindical como condição de validade da rescisão contratual a pedido do empregado estável.

Muito embora o referido dispositivo esteja sistematicamente inserido no capítulo da CLT referente à antiga estabilidade decenal, não há nenhum motivo razoável, além da localização, para afastar a sua aplicação em relação às demais hipóteses de garantia de emprego previstas no ordenamento justrabalhista.

Isso porque o escopo da norma é resguardar a lisura da demissão, de modo a assegurar que o empregado estável não esteja sob nenhuma forma de coação, prevenindo, também, qualquer erro ou vício na manifestação de sua vontade. Tal entendimento é válido tanto para a estabilidade decenal, quanto para as chamadas "estabilidades provisórias", pois o empregado em tal condição é detentor de uma maior proteção no momento da dispensa, o que justifica ser chamado de estável.

Por sua vez, o TST tem entendido que o pedido de demissão da empregada gestante, portadora de estabilidade provisória (art. 10, II, "b", do ADCT e Súmula 244 do TST), por se tratar de direito irrenunciável, independentemente da duração do pacto laboral e somente tem validade se acompanhado de assistência sindical, ou, inexistindo, se formulado perante autoridade competente.

Nesse sentido:

"RECURSO DE REVISTA REGIDO PELA LEI 13.467/17. RITO SUMARÍSSIMO. TRANSCENDÊNCIA RECONHECIDA. ESTABILIDADE PROVISÓRIA. GESTANTE. NULIDADE DO PEDIDO DE DEMISSÃO. AUSÊNCIA DE ASSISTÊNCIA SINDICAL. 1. Quanto à dúvida acerca da data da concepção, isto é, se teria ocorrido antes ou depois do pedido de demissão, a fim de averiguar se a empregada era ou não estável naquele momento, cumpre salientar, primeiro, que a reclamante trata especificamente dessa questão em suas razões recursais, aduzindo que '... no momento do término do contrato de trabalho, em 13-1-2018, a obreira encontrava-se grávida', e, segundo, que a jurisprudência desta Corte é no sentido de priorizar a garantia constitucional de estabilidade provisória da gestante, de modo a proteger o nascituro, em caso de dúvida acerca do estado de gravidez, não se aplicando a distribuição regular do ônus da prova. Precedentes, inclusive da SDI-1. 2. De outra parte, o reconhecimento da validade da rescisão contratual da empregada gestante sem a observância das formalidades legais implica ofensa à garantia de emprego prevista no art. 10, II, 'b', do ADCT. O art. 500 da CLT expressamente exige a assistência sindical como condição de validade do pedido de demissão do empregado estável. Essa determinação é aplicável a todas as hipóteses de garantia de emprego previstas no ordenamento justrabalhista, inclusive a da empregada gestante, pois o escopo da norma é exatamente o de resguardar a lisura da demissão, de modo a assegurar que o empregado estável não esteja sob nenhuma forma de coação, prevenindo, também, qualquer erro ou vício na manifestação de sua vontade. Tal entendimento é válido tanto para a estabilidade decenal, quanto para as chamadas 'estabilidades provisórias', pois o empregado em tal condição é detentor de uma maior proteção no momento da dispensa. Recurso de revista conhecido e provido." (TST – 2ª T. – RR 10991-34.2018.5.18.0016 – Rel. Min. Ministra Delaíde Miranda Arantes – *DEJT* 13-12-2019.)

"EMBARGOS EM RECURSO DE REVISTA – INTERPOSIÇÃO SOB A REGÊNCIA DA LEI Nº 13.015/14 – ESTABILIDADE PROVISÓRIA DE GESTANTE – PEDIDO DE DEMISSÃO – TERMO DE RESCISÃO NÃO HOMOLOGADO PELO SINDICATO – INVALIDADE 1. Essa Corte firmou o entendimento de que o pedido de demissão da empregada gestante, portadora de estabilidade provisória (artigo 10, II, 'b', do ADCT e Súmula nº 244 do TST), por se tratar de direito irrenunciável, independente da duração do pacto laboral, somente tem validade se acompanhado de assistência sindical, ou, inexistindo, se formulado perante autoridade competente, nos termos do art. 500 da CLT. 2. Estando o acórdão embargado em sintonia com a jurisprudência deste tribunal, inviável o conhecimento dos Embargos. Embargos não conhecidos." (TST – SDI-I – E-ED-RR 22-25.2016.5.09.0001 – Rel. Min. Maria Cristina Irigoyen Peduzzi – *DEJT* 26-10-2018.)

Dessa forma, reconhecer a validade da rescisão contratual da empregada gestante sem as formalidades previstas em lei implica ofensa à garantia de emprego prevista no art. 10, II, "b", do ADCT.

Portanto, requer a Reclamante a conversão do pedido de demissão em demissão em dispensa imotivada, com o deferimento de indenização equivalente ao somatório dos salários vencidos e vincendos, desde a ruptura contratual [*] até o término do período estabilitário (devendo esse período ser considerado para fins de férias + 1/3, 13º salário e FGTS, com fundamento no art. 10, II, "b", do ADCT), bem como aviso-prévio, 13º salário, férias + 1/3 e FGTS de todo o período, mais 40%, conforme se apurar em liquidação de sentença, além da liberação de guias para soerguimento do FGTS e seguro desemprego.

Em relação ao seguro-desemprego, requer a Reclamante a conversão em indenização, na forma da Súmula 389 do TST, caso a Reclamada não forneça a guia no prazo de 10 dias após o trânsito em julgado da decisão.

PEDIDO:

Nulidade do pedido de demissão, com a consequente conversão do pedido de demissão em dispensa imotivada, com o deferimento de indenização equivalente ao somatório dos salários vencidos e vincendos, desde a ruptura contratual [*] até o término do período estabilitário (devendo esse período ser considerado para fins de férias + 1/3, 13º salário e FGTS, com fundamento no art. 10, II, "b", do ADCT), bem como aviso-prévio, 13º salário, férias + 1/3 e FGTS de todo o período, mais 40%, conforme se apurar em liquidação de sentença, além da liberação de guias para soerguimento do FGTS e seguro-desemprego. Em relação ao seguro-desemprego, requer a Reclamante a conversão em indenização, na forma da Súmula 389 do TST, caso a Reclamada não forneça a guia no prazo de 10 dias após o trânsito em julgado da decisão.

3.170. GESTANTE
TERMO INICIAL PARA O PAGAMENTO DA INDENIZAÇÃO SUBSTITUTIVA DA ESTABILIDADE À GESTANTE INDEVIDAMENTE DEMITIDA

CAUSA DE PEDIR:

Conforme já relatado em item próprio nesta exordial [*a inicial já deve ter narrado a causa de pedir relativa à estabilidade de gestante com seus respectivos pedidos de reintegração ou indenização substitutiva], a Reclamante foi dispensada em plena vigência de seu período estabilitário garantido pelo art. 10, II, "b", do ADCT, que prevê: *"Art. 10 Até que seja promulgada a lei complementar a que se refere o art. 7º, I, da Constituição:... II – fica vedada a dispensa arbitrária ou sem justa causa: a) do empregado eleito para cargo de direção de comissões internas de prevenção de acidentes, desde o registro de sua candidatura até um ano após o final de seu mandato; b) da empregada gestante, desde a confirmação da gravidez até cinco meses após o parto."*

No presente item, a Reclamante discute, exclusivamente, o *dies a quo* para o pagamento da indenização substitutiva da estabilidade que lhe é garantida, caso a reintegração seja inviável, nos termos da lei.

O dispositivo constitucional aponta que o direito à estabilidade da gestante exsurge contemporaneamente à concepção.

A Súmula 244, I, TST é nesse sentido: *"I – O desconhecimento do estado gravídico pelo empregador não afasta o direito ao pagamento da indenização decorrente da estabilidade (art. 10, II, 'b' do ADCT)".*

Logo, o simples fato de estar grávida já confere à empregada gestante o direito à estabilidade.

Tal entendimento coaduna-se com a valorização do trabalho (art. 170, *caput*, VIII, CF), bem como com o princípio da dignidade humana (art. 1º, III, CF), verdadeiro superprincípio que rege todo o ordenamento jurídico pátrio, aplicável inclusive nas relações entre particulares pela teoria da eficácia horizontal dos direitos fundamentais.

Dessa forma, uma vez assegurada a estabilidade à gestante no momento da concepção, qualquer ato posterior tendente a suprimir tal direito padece de nulidade absoluta.

A declaração de nulidade absoluta, dentre outras características, apresenta efeitos *ex tunc*.

O ato de demissão é nulo a partir de sua efetivação pelo empregador, até mesmo como forma de reparação integral dos efeitos da ilicitude perpetrada, objetivando repor as partes ao *status quo ante*.

Assim, devida a reintegração ou, quando inviável, a indenização a partir do ato que gerou a nulidade, correspondente, no caso, à despedida injusta da Autora.

Esse entendimento decorre, outrossim, da extensão da OJ 399, SDI-1, *in verbis: "O ajuizamento de ação trabalhista após decorrido o período de garantia de emprego não configura abuso do exercício do direito de ação, pois este está submetido apenas ao prazo prescricional inscrito no art. 7º, XXIX, da CF/88, sendo devida a indenização desde a dispensa até a data do término do período estabilitário."*

Em caso semelhante, a jurisprudência entendeu:

"Recurso de revista interposto pela reclamante. Estabilidade gestante. Despiciendo haver pedido de indenização substitutiva à reintegração na inicial para a concessão da indenização correspondente. Época do ajuizamento da ação. Observância do prazo prescricional bienal. Abuso de direito não configurado. Não é necessário haver, na petição inicial, pedido de indenização substitutiva à reintegração no emprego para que a Reclamante tenha

538 | PRÁTICA DA RECLAMAÇÃO TRABALHISTA – *Jorge Neto • Wenzel • Cavalcante*

direito à indenização decorrente de estabilidade provisória gestacional, visto que, com amparo no art. 186 do Código Civil, a não observância da proibição momentânea do exercício do poder potestativo de resilição contratual disposta no art. 10, inciso II, alínea 'b', do ADCT possibilita, para a empregada, o direito à percepção de uma indenização decorrente do ilícito patronal. Esse entendimento é confirmado pelo item II da Súmula 244 do TST, segundo o qual 'a garantia de emprego à gestante só autoriza a reintegração se esta se der durante o período de estabilidade'. Do contrário, a garantia restringe-se aos salários e demais direitos correspondentes ao período de estabilidade. Ademais, o ajuizamento de reclamação trabalhista, após o término do período estabilitário, desde que não tenha transcorrido o prazo prescricional, não configura abuso de direito e renúncia tácita à estabilidade, conforme dispõe a Orientação Jurisprudencial 399 da SBDI-1 do TST, in verbis: 'O ajuizamento de ação trabalhista após decorrido o período de garantia de emprego não configura abuso do exercício do direito de ação, pois este está submetido apenas ao prazo prescricional inscrito no art. 7º, XXIX, da CF/88, sendo devida a indenização desde a dispensa até a data do término do período estabilitário'. Assim, o Regional, ao afastar o direito da Reclamante à estabilidade provisória no emprego, com fundamento de que o ajuizamento tardio da reclamação trabalhista, após o esgotamento do período estabilitário, configuraria abuso de direito, decidiu em desacordo com a jurisprudência prevalecente no TST, consubstanciada na Orientação Jurisprudencial 399 da SBDI-1. Recurso de revista conhecido e provido" (TST – 2ª T. – AIRR 42500-58.2007.5.01.0010 – Rel. Min. José Roberto Freire Pimenta – DEJT 14-11-2013).

Portanto, a indenização substitutiva da estabilidade da gestante é devida desde a dispensa imotivada até cinco meses após o parto.

PEDIDO:

Seja considerado como termo inicial para pagamento da indenização substitutiva ou à reintegração (se, porventura, esta for inviável no entender do juízo) a data de dispensa imotivada da Reclamante.

3.171. GRATIFICAÇÃO DE FUNÇÃO
IRRETROATIVIDADE DA LEI 13.467/17

CAUSA DE PEDIR:

O objeto do pedido é a incorporação da gratificação de funções exercidas pelo empregado no período de [*] a [*].

Oportuno traçar algumas considerações a respeito das regras de direito intertemporal aplicáveis ao caso, tendo em vista o advento do art. 468, § 2º, da CLT, norma de caráter material introduzida pela Lei 13.467/17, que trata sobre o tema em debate.

Acerca da aplicação da lei no tempo, Maurício Godinho Delgado leciona que:

"O critério da aderência contratual relativa (ou limitada) é claro com respeito a normas heterônomas estatais (vide alterações da legislação salarial, por exemplo). As prestações contratuais já consolidadas não se afetam, porém as novas prestações sucessivas submetem-se à nova lei. Prevalece, pois, quanto às regras oriundas de diploma legal, o critério da aderência limitada por revogação (lei federal, é claro)." (Curso de direito do trabalho: obra revista e atualizada conforme a lei da reforma trabalhista e inovações normativas e jurisprudenciais posteriores. 18ª ed. São Paulo: LTr, 2019, p. 283).

Ainda, no artigo intitulado *"A Reforma Trabalhista: Tramitação, 'Vacatio Legis' e Direito Intertemporal"*, Fabiano Coelho de Souza assim se manifesta quanto ao tema em específico:

"Do mesmo modo, outro exemplo de direito adquirido diz respeito à incorporação da gratificação de função, quando houver reversão sem justo motivo, após exercício da função de confiança por mais de 10 anos, como estabelecido na Súmula nº 372 do TST. Agora, com a reforma trabalhista, de acordo com a regra expressa no § 2º do art. 468 da CLT (inserida pela Lei nº 13.467/17), a reversão do empregado ocupante da função de confiança, com ou sem justo motivo, não assegura ao empregado o direito à manutenção do pagamento da gratificação, que não será incorporada, independentemente do tempo de exercício da respectiva função. No entanto, os empregados que na data de 11 de novembro de 2017, início de vigência da Reforma Trabalhista, já implementaram as condições para a incorporação da gratificação em caso de reversão, de modo que em eventual reversão terão direito à não aplicação da reforma, no que exclui o direito." (Direito do trabalho e processo do trabalho: reforma trabalhista após o primeiro olhar. Coordenadores Denise Alves Horta et al. 2ª ed. São Paulo: LTr, 2019, p. 34.)

Dessa forma, para as situações constituídas anteriormente à vigência da Lei 13.467/17 (preenchimento do requisito necessário ao reconhecimento da pretensão em período anterior à legislação), será mantido o direito do empregado à incorporação das funções exercidas.

Entendimento contrário implicaria violação da garantia constitucional da irretroatividade da lei (art. 5º, XXXVI), que assegura proteção ao direito adquirido (art. 6º da Lei de Introdução às Normas do Direito Brasileiro).

Nesse sentido:

"RECURSO DE REVISTA. LEI Nº 13.015/14. CPC/2015. INSTRUÇÃO NORMATIVA Nº 40 DO TST. LEI Nº 13.467/17. ECT. INCORPORAÇÃO DE FUNÇÃO. ESTABILIDADE

FINANCEIRA. IRRETROATIVADADE DA LEI Nº 13.467 DE 2017. DIREITO ADQUI-RIDO. LIMITAÇÃO DO PERÍODO A SER CONSIDERADO PARA A INCORPORAÇÃO DAS GRATIFICAÇÕES. TRANSCENDÊNCIA JURÍDICA DA CAUSA RECONHECIDA.
A discussão dos autos se refere à incorporação de gratificação de função em razão de atividades exercidas pelo empregado no período de 2005 a 2018. Logo de início é preciso estabelecer as regras de direito intertemporal aplicáveis ao caso, tendo em vista o advento do art. 468, § 2º, da CLT, norma de caráter material intro-duzida pela Lei nº 13.467/17. No tema em particular, esta Corte Superior já se manifestou no sentido de que, para as situações constituídas anteriormente à vigência da Lei nº 13.467/17 (preenchimento do requisito necessário ao reconhecimento da pretensão em período anterior à novel legislação), será mantido o direito do empregado à incorporação das funções exercidas. Entendimento contrário implicaria violação da garantia constitucional da irretroatividade da lei (art. 5º, XXXVI) que assegura proteção ao direito adqui-rido (art. 6º da Lei de Introdução às Normas do Direito Brasileiro). Ou seja, tendo recebido as referidas gratificações por 10 ou mais anos, considerando a data limite de 11-11-2017 (vigência da lei), deverá ser observado o entendimento contido na Súmula nº 372 do TST, vigente à época dos fatos. O verbete sumular traz consigo posicionamento firmado por esta Corte Superior – antes das alterações provenientes da Lei nº 13.467/17 – que visou a materializar o princípio da estabilidade econômica nas relações de trabalho. Tal preceito, oriundo do Direito Administrativo, representa a possibilidade de manutenção dos ganhos do empregado, quando convive, durante longo período – fixado pela jurisprudência em 10 anos –, com deter-minado padrão remuneratório e representa exceção à regra geral de retorno ao cargo efetivo, consubstanciada no art. 499 da CLT. Acrescente-se que nada impede que se assegure esse direito ao empregado público, pois os entes integrantes da Administração Pública devem seguir integralmente a legislação trabalhista, quanto à proteção dos servidores celetistas. No caso dos autos, o Tribunal Regional, soberano na análise da matéria fática, registrou que a parte autora exerceu funções de confiança por mais de 10 anos, entre 1-4-2005 a 1-4-2018. Com isso, reconheceu, corretamente, o direito do autor à incorporação das gratificações. Sucede que, em descompasso com as regras de direito intertemporal, estipuladas, inclusive, no julgado recorrido, a Corte de origem determinou que fosse restabelecida a função comissionada recebida pela empregada, 'devendo o respectivo pagamento considerar a média das gratificações no decênio que antecedeu a supressão da função em 1-4-2018'. Não observou, desse modo, o prazo limite determinado pela modificação trazida no art. 468, § 2º, da CLT (11-11-2017). Assim, merece modificação o julgado, a fim de que, na apuração do valor a ser incorporado a título de gratificação de função, seja observada a média atualizada das funções exercidas nos 10 (dez) anos anteriores a 11-11-2017. Recurso de revista conhecido e parcialmente provido." (TST – 7ª T. – RR 2090-90.2017.5.09.0007 – Rel. Min. Claudio Mascarenhas Brandão – *DEJT* 25-9-2020.)

"AGRAVO DE INSTRUMENTO. RECURSO DE REVISTA INTERPOSTO SOB A ÉGIDE DAS LEIS Nº 13.015/14, 13.105/15 E 13.467/17. GRATIFICAÇÃO DE FUNÇÃO PER-CEBIDA POR MAIS DE DEZ ANOS. DIREITO ADQUIRIDO À INCORPORAÇÃO. SÚMULA 372/TST. APLICABILIDADE. INOVAÇÕES INTRODUZIDAS NA CLT PELA LEI Nº 13.467/17. IRRETROATIVIDADE. TUTELA INIBITÓRIA. POSSIBILIDADE. A Lei nº 13.467/17 não retroage para alcançar fatos ocorridos antes de sua vigência, nem seus efeitos futuros. Caso fosse intenção do legislador a aplicação das normas materiais da Reforma Trabalhista aos contratos em curso, o que implica retroatividade mínima, haveria norma expressa em tal sentido. A anomia quanto à vigência da Lei para esses contratos, entretanto, inviabiliza a aplicação imediata pretendida. Na hipótese de exercício de função gratificada superior a 10 anos é vedada a supressão ou redução da respectiva gratificação, salvo se comprovada a justa causa, em observância aos princípios da estabilidade econômico-financeira e da irredutibilidade salarial. Inteligência da Súmula 372/TST. Agravo de instrumento conhecido e desprovido." (TST – 3ª T. – AIRR 922-45.2017.5.12.0015 – Rel. Min. Alberto Luiz Bresciani de Fontan Pereira – *DEJT* 4-10-2019.)

Cap. 3 • MODELOS DE CAUSA DE PEDIR E PEDIDOS | **541**

"AGRAVO DE INSTRUMENTO. LEI Nº 13.467/17. GRATIFICAÇÃO DE FUNÇÃO. EXERCÍCIO POR MAIS DE 10 ANOS. INCORPORAÇÃO. TRANSCENDÊNCIA NÃO RECONHECIDA. NÃO PROVIMENTO. É pacífico o entendimento desta Corte Superior no sentido de não ser possível ao empregador suprimir gratificação percebida pelo empregado pelo período de 10 anos, ou mais, sob pena de ofensa ao princípio da estabilidade financeira do trabalhador, não existindo restrição quanto ao exercício da função gratificada, se de forma ininterrupta ou intercalada, bastando que o empregado tenha exercido o referido encargo por, no mínimo, dez anos, para que seja vedada a supressão da parcela. É entendimento desta colenda Corte Superior também que o justo motivo a que se refere a Súmula nº 372, I, não se trata de reestruturação de um departamento da empresa, pois esta traduz responsabilidade única e exclusiva do próprio empregador, em obediência ao princípio basilar da alteridade/assunção dos riscos do empreendimento, de acordo com o disposto no art. 2º, caput, da CLT. Ressalte-se que o art. 468, § 2º, da CLT, incluído pela Lei nº 13.467/17, o qual afasta o direito à incorporação da gratificação de função, não se aplica à hipótese dos autos, pois não pode retroagir para alcançar situação pretérita já consolidada sob a égide da lei antiga (Princípio do tempus regit actum), sob pena de ofensa ao direito adquirido do autor, cujo contrato de trabalho, conforme consignado no acórdão regional, é anterior à citada lei. Incidência dos arts. 5º, XXXVI, da Constituição Federal e 6º da LINDB. No presente caso, extrai-se do v. acórdão recorrido que o reclamante exerceu diversas funções de confiança, de forma intercalada, cujos períodos somados perfazem mais de 10 anos. Registrou-se, ainda, que a reestruturação dos cargos da instituição bancária não é considerada justo motivo a afastar a pretensão do reclamante à percepção da gratificação de função. Assim, estando a decisão em sintonia com o entendimento deste Tribunal, o processamento do apelo esbarra nos óbices da Súmula nº 333 e do art. 896, § 7º, da CLT, suficientes a afastar a transcendência da causa. Agravo de instrumento a que se nega provimento." (TST – 4ª T. – AIRR 711-90.2016.5.06.0021 – Rel. Min. Guilherme Augusto Caputo Bastos – DEJT 20-9-2019.)

Assim, tendo o trabalhador recebido gratificações de funções por 10 ou mais anos, considerando a data limite de 11-11-2017 (vigência da Lei 13.467/17), deverá ser observado o entendimento contido na Súmula 372 do TST, vigente à época dos fatos:

"GRATIFICAÇÃO DE FUNÇÃO. SUPRESSÃO OU REDUÇÃO. LIMITES (conversão das Orientações Jurisprudenciais nos 45 e 303 da SBDI-1) – Res. 129/05, DJ 20, 22 e 25-4-2005

I – Percebida a gratificação de função por 10 ou mais anos pelo empregado, se o empregador, sem justo motivo, revertê-lo a seu cargo efetivo, não poderá retirar-lhe a gratificação tendo em vista o princípio da estabilidade financeira. (ex-OJ nº 45 da SBDI-1 – inserida em 25-11-1996)

II – Mantido o empregado no exercício da função comissionada, não pode o empregador reduzir o valor da gratificação. (ex-OJ nº 303 da SBDI-1 – DJ 11-8-2003)."

A Súmula 372 traz posicionamento firmado pelo TST antes das alterações provenientes da Lei 13.467/17, que visou materializar o princípio da estabilidade econômica nas relações de trabalho.

Tal princípio é oriundo do Direito Administrativo e representa a possibilidade de manutenção dos ganhos do empregado, quando convive, durante longo período, fixado pela jurisprudência em 10 anos, com determinado padrão remuneratório e representa exceção à regra geral de retorno ao cargo efetivo, consubstanciada no art. 499 da CLT.

É evidente que, diante de cargo comissionado ou função de confiança, o empregador possui a liberdade de dispor deles a qualquer momento e, se for o caso, determinar o retorno do seu ocupante ao cargo efetivo, sem estar compelido a pagar-lhe qualquer compensação.

Contudo, a realidade dos fatos, representada na interpretação jurisprudencial firmada pelo TST trilhou caminho oposto e passou a reconhecer o direito baseado não apenas na premissa oriunda daquele ramo do Direito, como também na justa expectativa causada ao trabalhador e à sua família, no sentido da manutenção do poder aquisitivo do seu salário.

Observe-se as lições de Alice Monteiro de Barros:

"(...) as gratificações pagas em virtude do exercício de cargo de confiança (art. 468, parágrafo único, da CLT) não integram ad futurum o salário, exceto no período em que o empregado exercer as funções em situações que autorizem o seu pagamento. Se, entretanto, a gratificação for percebida por mais de 10 anos, em decorrência do exercício de cargo de confiança pelo empregado, ela adquire foros de definitividade e, mesmo destituído do cargo, autoriza-se o empregado, por força da estabilidade financeira (...)." (Curso de Direito do Trabalho. 6ª ed. São Paulo: LTr, p. 771.)

O Reclamante exerceu funções de confiança por mais de 10 anos, entre [★] a [★], devendo ser reconhecido o direito do Autor à incorporação das gratificações, observado o prazo limite determinado pela modificação trazida no art. 468, § 2°, da CLT (11-11-2017).

PEDIDO:

Requer o Reclamante a incorporação da gratificação de função, devendo ser observada na apuração a média atualizada das funções exercidas nos 10 anos anteriores a 11-11-2017.

Cap. 3 • MODELOS DE CAUSA DE PEDIR E PEDIDOS | 543

3.172. GRATUIDADE PROCESSUAL
CUSTAS, HONORÁRIOS PERICIAIS E SUCUMBENCIAIS (ADVOCATÍCIOS)

CAUSA DE PEDIR:

1. CUSTAS PROCESSUAIS

A assistência judiciária engloba o teor da justiça gratuita, como bem aponta Valentin Carrion, *in verbis: "Assistência judiciária é o benefício concedido ao necessitado de, gratuitamente, movimentar o processo e utilizar os serviços profissionais de advogado e dos demais auxiliares da Justiça, inclusive os peritos. Assistência judiciária é o gênero e justiça gratuita a espécie; esta é a isenção de emolumentos dos serventuários, custas e taxas".* (*Comentários à Consolidação das Leis do Trabalho.* 33ª ed. São Paulo: Saraiva, 2008, p. 574.)

A declaração [doc. *] atende ao previsto no art. 99, § 3°, bem como o preceituado no art. 1°, *caput*, Lei 7.115/83 e aos termos da OJ 269, I, SDI-I, TST e da Súmula 463, I, TST.

O Reclamante é pessoa humilde, não estando em condições de arcar com as despesas processuais, portanto, requereu a concessão dos benefícios da justiça gratuita (art. 5°, LXXIV, CF; art. 14 e segs., Lei 5.584/70; art. 99, §§ 1° e 3°, CPC; art. 1°, *caput*, Lei 7.115/83).

A presunção de veracidade das alegações do Reclamante, em relação às suas condições financeiras, milita a seu favor. Nesse sentido é a lição de Valentim Carrion, a seguir colacionada: *"Verificação do estado de necessidade da parte pelo juiz, autorizado implicitamente pela L. 1.060/50. Não é 'faculdade do juiz', como diz o texto da CLT (art. 790, § 3°), mas norma cogente. Declaração de pobreza, assinada pelo interessado, ou por procurador bastante 'sob as penas da lei' presume-se verdadeira (L. 7.115/83; art. 4° da L. 1.060/50; CLT, art. 790, § 3°)".* (*Comentários à Consolidação das Leis do Trabalho.* 33ª ed. São Paulo: Saraiva, 2008, p. 604.)

O fato de o Reclamante ter percebido valores quando do desligamento da Reclamada ou ter recebido salário enquanto funcionário não são motivos que justifiquem o indeferimento da concessão da gratuidade judiciária, na medida em que não se pode afirmar que após a rescisão contratual, ocorrida em [*], que o Reclamante não esteja em situação que caracterize o estado de necessidade em sentido legal.

Para afastar a presunção decorrente da declaração do próprio Reclamante, a parte contrária também tem o ônus de alegar e provar que, após a rescisão do contrato de trabalho por eles mantido, o Autor estava em situação econômica que não permitisse afirmar sua pobreza no sentido legal (e que o valor recebido na rescisão também não é suficiente para tanto). Não o tendo feito, prevalece à presunção legal.

A Lei 7.115/83, em seu art. 1°, preceitua que *"a declaração destinada a fazer prova de vida, residência, pobreza, dependência econômica, homonímia ou bons antecedentes, quando firmada pelo próprio interessado ou por procurador bastante, e sob as penas da Lei, presume-se verdadeira".*

A Súmula 463, I, do TST, que versa sobre a desnecessidade de o declarante comprovar a situação de hipossuficiência, nos termos da lei, com o seguinte teor: *"A partir de 26-6-2017, para a concessão da assistência judiciária gratuita à pessoa natural, basta a declaração de hipossuficiência econômica firmada pela parte ou por seu advogado, desde que munido de procuração com poderes específicos para esse fim (art. 105 do CPC de 2015)".*

Nesse sentido, a jurisprudência do TST:

"RECURSO DE REVISTA INTERPOSTO NA VIGÊNCIA DA LEI Nº 13.015/14. ASSISTÊN-CIA JUDICIÁRIA GRATUITA. DECLARAÇÃO DE HIPOSSUFICIÊNCIA ECONÔMICA. PRESUNÇÃO DE VERACIDADE JURIS TANTUM. RECEBIMENTO DE ALTO SALÁRIO

NO CURSO DA RELAÇÃO DE EMPREGO. IMPOSSIBILIDADE DE SE PRESUMIR A CAPACIDADE ECONÔMICA A DESPEITO DA DECLARAÇÃO DE HIPOSSUFICIÊNCIA FIRMADA PELA PARTE. *No caso, o Regional indeferiu o pedido de gratuidade de Justiça, por considerar que o autor tinha condição econômica suficiente para arcar com o pagamento das custas processuais, pois a reclamada juntou aos autos documentos que comprovam o recebimento de remuneração expressiva. Entretanto, em que pese ser relativa à presunção de veracidade da declaração de insuficiência de recursos, é necessária a impugnação da parte contrária e a respectiva produção de prova, a fim de afastar a hipossuficiência alegada, não se prestando a esse fim o simples fato de o reclamante receber remuneração elevada. O fato de os documentos juntados demonstrarem que o reclamante percebe remuneração expressiva, como narrado pelo Regional, por si só, não tem força suficiente para afastar a declaração de pobreza firmada pela parte nos autos, nos termos da lei então em vigor. Isso porque, nos termos da Lei n° 1.060/50, § 1°, alterada pela Lei n° 7.510/86, 'presume-se pobre, até prova em contrário, quem afirmar essa condição nos termos desta lei'. Já a Lei n° 7.115/83, em seu art. 1°, preceitua que 'a declaração destinada a fazer prova de vida, residência, dependência econômica, homonímia ou bons antecedentes, quando firmada pelo próprio interessado ou por procurador bastante, e sob as penas da Lei, presume-se verdadeira'. Ademais, o simples fato de o reclamante haver recebido um alto salário no curso de uma relação de emprego já terminada não permite afirmar, só por isso, que após a rescisão contratual, em 1°-4-13, não esteja ele desempregado ou em situação que caracterize o estado de pobreza em sentido legal. Ou seja, para afastar a presunção decorrente da declaração do próprio reclamante, a parte contrária também tinha o ônus de alegar e provar que, após a rescisão do contrato de trabalho por eles mantido, o autor estava em situação econômica que não permitisse afirmar sua pobreza no sentido legal (e que o valor recebido na rescisão também não é suficiente para tanto). Não o tendo feito, prevalece a presunção das Leis n°s 1.060/50 e 7.510/86. Assim, firmada a declaração de pobreza, desnecessário que a parte comprove que de fato não está em condições financeiras de arcar com as despesas do processo. A simples declaração de hipossuficiência atende ao único requisito exigido pela Lei 1.060/50. Esse é o entendimento firmado nesta Corte, consubstanciado na Orientação Jurisprudencial n° 304 da SbDI-1 do TST, que versa sobre a desnecessidade de o declarante comprovar a situação de hipossuficiência, nos termos da lei, com o seguinte teor: 'para a concessão da assistência judiciária, basta a simples afirmação do declarante ou de seu advogado, na petição inicial, para se considerar configurada a sua situação econômica'. Recurso de revista conhecido e provido."* (TST − 2ªT. − RR 1375-28.2015.5.02.0067 − Rel. Min. José Roberto Freire Pimenta − *DEJT* 6-10-2017.)

"RECURSO DE EMBARGOS EM RECURSO DE REVISTA. INTERPOSIÇÃO SOB A ÉGIDE DA LEI 13.015/14. JUSTIÇA GRATUITA. DECLARAÇÃO DE POBREZA. PRESUNÇÃO RELATIVA DE VERACIDADE NÃO ELIDIDA POR PROVA EM SENTIDO CONTRÁRIO. 1. O deferimento da gratuidade da justiça depende de simples declaração de pobreza, a teor do art. 790, § 3°, da CLT e nos moldes da OJ 304/SDI-I/TST ('Atendidos os requisitos da Lei n° 5.584/70 (art. 14, § 2°), para a concessão da assistência judiciária, basta a simples afirmação do declarante ou de seu advogado, na petição inicial, para se considerar configurada a sua situação econômica (art. 4°, § 1°, da Lei n° 7.510/86, que deu nova redação à Lei n° 1.060/50)'). 2. E a referida declaração, apresentada pelo reclamante, goza de presunção relativa de veracidade, não restando elidida, no caso, por prova em sentido contrário. 3. Com efeito, o fato de o reclamante ter percebido valores a título de verbas rescisórias e de indenização em decorrência da adesão a plano de demissão voluntária não é suficiente a demonstrar que o mesmo está em situação econômica que lhe permite demandar sem prejuízo do próprio sustento ou da respectiva família. Recurso de embargos conhecido e provido." (TST − SDI-I − E-RR 11237-87.2014.5.18.0010 − Rel. Min. Hugo Carlos Scheuermann − *DEJT* 10-3-2017.)

Não se pode confundir a assistência judiciária com a justiça gratuita.

Se assim o fosse, *ad argumentandum*, como é que se justifica a faculdade legal que é dada ao magistrado quanto à isenção das custas, quando o trabalhador aufere salário igual ou inferior a 40% do

Cap. 3 • MODELOS DE CAUSA DE PEDIR E PEDIDOS | **545**

maior benefício pago ao Regime Geral da Previdência Social, ou declararem, sob as penas da lei, que não estão em condições de pagar o montante das custas do processo sem prejuízo do sustento próprio ou de sua família (art. 790, §§ 3º e 4º, CLT).

A jurisprudência indica:

"RECURSO DE REVISTA INTERPOSTO NA VIGÊNCIA DA LEI Nº 13.015/14. CONCESSÃO DO BENEFÍCIO DA ASSISTÊNCIA JUDICIÁRIA GRATUITA. FALSIDADE DA DECLARAÇÃO DE HIPOSSUFICIÊNCIA ECONÔMICA. MULTA EQUIVALENTE AO DÉCUPLO DAS CUSTAS PROCESSUAIS. PRESUNÇÃO DE VERACIDADE NÃO ELIDIDA. Para a concessão da assistência judiciária, basta a simples afirmação do declarante ou de seu advogado, na petição inicial, para se considerar configurada a sua situação econômica, a qual se presume verdadeira, nos termos do art. 1º da Lei nº 7.115/83. O simples fato do reclamante ter tido um elevado padrão de renda quando trabalhava na reclamada, bem como pagar escola particular para a filha, não afasta, por si, só a presunção de pobreza, quando não são trazidos aos autos prova efetiva que afaste a presunção de pobreza declarada. Recurso de revista conhecido e provido." (TST – 6ª T. – RR 10166-16.2013.5.15.0092 – Rel. Min. Aloysio Corrêa da Veiga – *DEJT* 12-2-2016.)

"BENEFÍCIO DA ASSISTÊNCIA JUDICIÁRIA GRATUITA. DECLARAÇÃO DE HIPOSSUFICIÊNCIA ECONÔMICA. A Lei nº 1.060/50 dispõe, em seu art. 4º e § 1º, sobre a garantia do benefício da Justiça gratuita que é assegurada a todos aqueles que litigam judicialmente e que não podem arcar com as despesas do recolhimento das custas processuais, impondo como condição a esse deferimento que assim se declararem mediante simples afirmação na petição inicial acerca da sua situação econômica, presumindo-se a veracidade dessa declaração. O art. 790, § 3º, da CLT, da mesma forma, dispõe, como uma das condições em que deve ser deferido o benefício da Justiça gratuita, a simples declaração da parte postulante, no sentido de não poder arcar com as custas processuais judiciais sem que tenha prejuízo do seu sustento ou da sua família. Nesses termos, a simples afirmação da parte no sentido de estar impossibilitada de arcar com as custas sem que lhe advenham prejuízos econômicos em razão desse ônus, garante-lhe o direito à isenção do recolhimento das custas, somente reputando-se inverídica essa declaração em caso de efetiva comprovação contrária mediante alegação da parte adversa. Na hipótese, não se constata, no acórdão regional, a existência de prova contundente contrária à declaração de hipossuficiência econômica do autor. Com efeito, a decisão regional foi proferida mediante análise de elementos fáticos contidos nos autos, em que se declinaram os valores pecuniários percebidos pelo reclamante ao longo do seu contrato de trabalho, mormente daquele percebido na época em que se deu a rescisão contratual. Tem-se, no entanto, que a situação econômica experimentada pelo autor – que, conforme mencionado, teve o seu contrato de trabalho rescindido – na ocasião em que ajuizou a reclamação trabalhista ou, ainda, no momento em que interpôs o seu recurso ordinário, não pode ser auferida mediante mera análise do montante por ele recebido ao longo da relação empregatícia. Nos termos da lei, a confirmação acerca da inveracidade da declaração econômica há que ser efetivamente comprovada, assertiva que não se pode simplesmente presumir em razão de situações econômicas eventualmente vivenciadas anteriormente pelo litigante judicial. Recurso de revista conhecido e provido." (TST – 2ª T. – RR 11000-61.2001.5.02.0040 – Rel. Min. José Roberto Freire Pimenta – *DEJT* 23-5-2014.)

"AGRAVO DE INSTRUMENTO. RECURSO DE REVISTA. JUSTIÇA GRATUITA – DECLARAÇÃO DE POBREZA – VALIDADE. Ante a razoabilidade da tese de violação do art. 1º da Lei nº 7.115/83, dá-se provimento ao agravo de instrumento para determinar o processamento do recurso de revista para melhor análise da matéria veiculada em suas razões. Agravo provido. RECURSO DE REVISTA. JUSTIÇA GRATUITA – DECLARAÇÃO DE POBREZA – VALIDADE. Basta a

declaração firmada pela trabalhadora, no sentido de que não possui condições econômicas de demandar em juízo sem o prejuízo do próprio sustento e de sua família, para que o Poder Judiciário lhe conceda os benefícios da justiça gratuita. Recurso de revista conhecido e provido." (TST – 2ª T. – RR 2429-04.2010.5.02.0035 – Rel. Min. Renato de Lacerda Paiva – DEJT 22-11-2013.)

Por fim, o fato de o Reclamante ter contratado advogado particular não impede a concessão de justiça gratuita:

"(...) JUSTIÇA GRATUITA. REQUISITOS. A simples declaração de não poder o reclamante demandar em juízo sem prejuízo do seu sustento ou da sua família, no curso da ação, é suficiente para se conceder o benefício da assistência judiciária gratuita, não estando inserido como um pressuposto necessário para o percebimento do respectivo benefício a necessidade de assistência sindical (OJ 304 da SBDI-1 do TST). Recurso de revista conhecido e provido" (TST – 6ª T. – RR 70400-49.2008.5.01.0020 – Rel. Min. Augusto César Leite de Carvalho – DEJT 8/5/2015.)

O art. 790, § 4º, CLT (incluído pela Lei 13.467/17, Reforma Trabalhista), quando afirma que os benefícios da Justiça Gratuita somente serão deferidos quando se fizer prova de recursos, de forma clara e objetiva, não implica em revogação total ou parcial dos artigos acima citados.

Como já dito, o fato de o Reclamante perceber salário elevado não demonstra, por si só, que esteja em situação econômica que lhe permita arcar com as despesas do processo, sem prejuízo do sustento de sua família.

Nesse sentido, relevante decisão do TST:

"I – AGRAVO DE INSTRUMENTO. RECURSO DE REVISTA. INTERPOSIÇÃO SOB A ÉGIDE DAS LEIS 13.015/14 E 13.467/17. TRANSCENDÊNCIA. A demanda oferece transcendência com relação aos reflexos gerais de natureza política e social, qual seja, o desrespeito da instância recorrida à jurisprudência do Tribunal Superior do Trabalho. ASSISTÊNCIA JUDICIÁRIA GRATUITA. DECLARAÇÃO DE HIPOSSUFICIÊNCIA. RECLAMAÇÃO TRABALHISTA AJUIZADA NA VIGÊNCIA DA LEI Nº 13.467/17. NECESSIDADE DE COMPROVAÇÃO DO ESTADO DE MISERABILIDADE. Diante de possível ofensa aos arts. 5º, XXXV, da CF/88 e 99, § 3º, do CPC, dá-se provimento ao agravo de instrumento para determinar o processamento do recurso de revista. Agravo de instrumento conhecido e provido. II – RECURSO DE REVISTA. ASSISTÊNCIA JUDICIÁRIA GRATUITA. DECLARAÇÃO DE HIPOSSUFICIÊNCIA. RECLAMAÇÃO TRABALHISTA AJUIZADA NA VIGÊNCIA DA LEI Nº 13.467/17. NECESSIDADE DE COMPROVAÇÃO DO ESTADO DE MISERABILIDADE. Cinge-se a controvérsia a se saber se é necessária a comprovação do estado de miserabilidade no processo do trabalho para fins de concessão dos benefícios da assistência judiciária gratuita. A Lei nº 1.060/50, que estabelecia as normas para a concessão de assistência judiciária gratuita aos necessitados, previa no parágrafo único do art. 2º que 'Considera-se necessitado, para os fins legais, todo aquele cuja situação econômica não lhe permita pagar as custas do processo e os honorários de advogado, sem prejuízo do sustento próprio ou da família.' Por sua vez, o art. 4º estabelecia como requisito para concessão da gratuidade de justiça que 'A parte gozará dos benefícios da assistência judiciária, mediante simples afirmação, na própria petição inicial, de que não está em condições de pagar as custas do processo e os honorários de advogado, sem prejuízo próprio ou de sua família'. Dessa disposição, as partes começaram a apresentar nos autos a declaração de hipossuficiência. O art. 5º da referida lei dispunha expressamente que 'O juiz, se não tiver fundadas razões para indeferir o pedido, deverá julgá-lo de plano, motivando ou não o deferimento dentro do prazo de 72 horas.' Portanto, surgiu para as partes requerentes do benefício da gratuidade da justiça a presunção de veracidade da declaração de hipossuficiência. A jurisprudência do TST havia se consolidado no sentido de que, para a concessão da assistência judiciária

Cap. 3 • MODELOS DE CAUSA DE PEDIR E PEDIDOS | **547**

gratuita à pessoa natural, bastava a declaração de hipossuficiência econômica firmada pela parte ou por seu advogado. Na mesma linha, o art. 99 do CPC/15, revogando as disposições da Lei n° 1.060/50 sobre gratuidade de justiça, trouxe em seu § 3° que 'Presume-se verdadeira a alegação de insuficiência deduzida exclusivamente por pessoa natural'. Nesse sentido, após a entrada em vigor do Código de Processo Civil de 2015, o TST converteu a Orientação Jurisprudencial n° 304 da SBDI-1 na Súmula n° 463. Logo, para a pessoa natural requerer os benefícios da justiça gratuita bastava a juntada de declaração de hipossuficiência, sendo ônus da parte adversa comprovar que o requerente não se enquadrava em nenhuma das situações de miserabilidade. No caso de pedido formulado pelo advogado da parte, este deveria ter procuração com poderes específicos para este fim. No entanto, em 11-11-2017, entrou em vigor a Lei n° 13.467/17 (Reforma Trabalhista), que inseriu o parágrafo 4° ao art. 790 da CLT. Dessa forma, as ações ajuizadas a partir da entrada em vigor da reforma trabalhista estão submetidas ao que dispõe o § 4° do art. 790 da CLT, que exige a comprovação, pela parte requerente, da insuficiência de recursos para a concessão dos benefícios da justiça gratuita. Sem dúvida, o referido dispositivo inaugurou uma condição menos favorável à pessoa natural do que aquela prevista no Código de Processo Civil. No entanto, em se tratando de norma específica que rege o Processo do Trabalho, não há espaço, a priori, para se utilizar somente as disposições do CPC. Logo, o referido dispositivo implicaria, no ponto de vista do trabalhador, um retrocesso social, dificultando o acesso deste ao Poder Judiciário. Assim, a par da questão da constitucionalidade ou não do § 4° do art. 790 da CLT, a aplicação do referido dispositivo não pode ocorrer isoladamente, mas sim deve ser interpretado sistematicamente com as demais normas, quer aquelas constantes na própria CLT, quer aquelas previstas na Constituição Federal e no Código de Processo Civil. Dessa forma, à luz do que dispõe o próprio § 3° do art. 790 da CLT c/c os arts. 15 e 99, § 3°, do CPC, entende-se que a comprovação a que alude o § 4° do art. 790 da CLT pode ser feita mediante a simples declaração da parte, a fim de viabilizar o pleno acesso do trabalhador ao Poder Judiciário, dando, assim, cumprimento ao art. 5°, XXXV e LXXIV da Constituição Federal. Isso porque não se pode atribuir ao trabalhador que postula, junto a esta Especializada, uma condição menos favorável àquela destinada aos cidadãos comuns que litigam na justiça comum, sob pena de afronta ao princípio da isonomia, previsto no caput *do art. 5° da CF. Não conceder à autora, no caso dos autos, os benefícios da gratuidade de justiça, é o mesmo que impedir o amplo acesso ao Poder Judiciário (art. 5°, XXXV, da CF) e discriminar o trabalhador em relação às pessoas naturais que litigam na justiça comum (art. 5°, caput, da CF). Recurso de revista conhecido por violação dos arts. 5°, XXXV da CF 99, § 3°, do CPC e provido.*" (TST – 3ª T. – RR 1000683-69.2018.5.02.0014 – Rel. Min. Alexandre de Souza Agra Belmonte – *DEJT* 11-10-2019.)

Ainda sobre o tema:

"(...) BENEFÍCIO DA JUSTIÇA GRATUITA. DECLARAÇÃO DE HIPOSSUFICIÊNCIA ECONÔMICA. TRANSCENDÊNCIA. O Tribunal Regional entendeu que o fato de o reclamante receber salário elevado não autoriza o deferimento do benefício da gratuidade da Justiça. A causa apresenta transcendência política, nos termos do art. 896-A, § 1°, II, da CLT, uma vez que esta Corte Superior entende que o fato de o reclamante perceber salário elevado não demonstra, por si só, que esteja em situação econômica que lhe permita arcar com as despesas do processo, sem prejuízo do sustento de sua família, bastando a declaração de hipossuficiência econômica feita pelo reclamante. Transcendência política reconhecida, recurso de revista de que se conhece e a que se dá provimento." (TST – 6ª T. – RR 1545-80.2016.5.12.0036 – Rel. Des. Conv. Cilene Ferreira Amaro Santos – *DEJT* 10-5-2019.)

"RECURSO DE EMBARGOS EM RECURSO DE REVISTA. INTERPOSIÇÃO SOB A ÉGIDE DA LEI 13.015/14. JUSTIÇA GRATUITA. DECLARAÇÃO DE POBREZA. PRESUNÇÃO RELATIVA DE VERACIDADE NÃO ELIDIDA POR PROVA EM SENTIDO CONTRÁRIO.

548 PRÁTICA DA RECLAMAÇÃO TRABALHISTA – *Jorge Neto • Wenzel • Cavalcante*

1. O deferimento da gratuidade da justiça depende de simples declaração de pobreza, a teor do art. 790, § 3°, da CLT e nos moldes da OJ 304/SDI-I/TST ('Atendidos os requisitos da Lei n° 5.584/70 (art. 14, § 2°), para a concessão da assistência judiciária, basta a simples afirmação do declarante ou de seu advogado, na petição inicial, para se considerar configurada a sua situação econômica (art. 4°, § 1°, da Lei n° 7.510/86, que deu nova redação à Lei n° 1.060/50)'). 2. E a referida declaração, apresentada pelo reclamante, goza de presunção relativa de veracidade, não restando elidida, no caso, por prova em sentido contrário. 3. Com efeito, a percepção de remuneração superior a R$ 40.000,00 (quarenta mil reais) não é suficiente a demonstrar que o reclamante está em situação econômica que lhe permite demandar sem prejuízo do próprio sustento ou da respectiva família. Recurso de embargos conhecido e provido." (TST – Subseção I Especializada em Dissídios Individuais – E-ARR 464-35.2015.5.03.0181 – Rel. Min. Hugo Carlos Scheuermann - *DEJT* 16-2-2018.)

Por fim, oportuna a transcrição de decisão proferida nos autos n° 0000242-76.2017.5.05.0493 do TRT da 5ª Região:

"Diga-se, ainda, que o § 4° do art. 790 da CLT, com a redação dada pela Lei n° 13.467/17, não alterou esse panorama ao exigir que a parte comprove a insuficiência de recursos. Isso porque, no caso, em aplicação supletiva do CPC/15, tem-se como prova da insuficiência do recurso a mera declaração da pessoa natural.

Não fosse isso, esse dispositivo do CPC segue a linha do disposto na Lei n° 7.115/83, que, em seu art. 1°, estabelece que a própria declaração do interessado é suficiente para 'fazer prova de vida, residência, pobreza, dependência econômica, homonímia ou bons antecedentes'.

Assim, ainda que por aplicação do disposto na Lei n° 7.115/83, mais especial que a CLT em relação ao tema, deve-se ter como comprovado o estado de pobreza do Autor.

Tal entendimento é corroborado pela norma presente no art. 99, § 2°, da CLT, segundo a qual, 'o juiz somente poderá indeferir o pedido se houver nos autos elementos que evidenciem a falta dos pressupostos legais para a concessão de gratuidade' e, ainda assim, deverá, antes do indeferimento, 'determinar à parte a comprovação do preenchimento dos referidos pressupostos'" (TRT – 5ª R – AIRO 0000242-76.2017.5.05.0493 – Des. Edilton Meireles – *DEJT* 19-2-2018).

Vale dizer, não só antes como depois da Lei 13.467/17, a declaração de pobreza é o documento hábil a comprovar o estado de necessidade do trabalhador.

Neste ato, na forma da OJ 269, I, SDI-I, o Reclamante reitera os benefícios da justiça gratuita, requerendo, assim, a isenção quanto ao pagamento das custas processuais.

Por outro lado, o fato de o Reclamante auferir a quantia de R$ [★], que equivale a R$ [★], valor bruto, quando empregado, consoante o documento (TRCT) [doc. ★], a bem da verdade, não significa que o trabalhador, na data da propositura da demanda ou mesmo no momento da prolação de sentença, esteja auferindo ou recebendo o mesmo salário, especialmente, ante a crise econômica que assola o país, agravada com o aumento crescente do desemprego.

Na condição atual de desempregado, o Reclamante possui as seguintes responsabilidades financeiras: o trabalhador tem esposa e filhos, contribuindo com todas as despesas de sua família, das obrigações alimentares e para a subsistência de sua família, em especial, porque paga energia elétrica [★]; água [★]; alimentação [★]; medicamentos R$ [★]; aluguel e condomínio [★] e outros.

Como se denota, se não bastasse a declaração de pobreza, o estudo indicativo das despesas acima realizado demonstra, à saciedade, que o trabalhador não tem condições de efetuar o pagamento do valor das custas e dos demais encargos fixados.

Portanto, sob qualquer aspecto, diante do acima exposto, o Reclamante requer a concessão dos benefícios da gratuidade, o que está em sintonia com o teor do art. 5°, LXXIV, CF.

2. HONORÁRIOS PERICIAIS

Ante o teor do tópico 1° supra, uma vez que o Reclamante passa a ser beneficiário da justiça gratuita, não se pode impor o pagamento de honorários periciais.

É a jurisprudência deste Tribunal:

"JUSTIÇA GRATUITA. HONORÁRIOS PERICIAIS. Reconhecendo-se que o reclamante é beneficiário da gratuidade judiciária, tem-se que os honorários periciais também são alcançados pela benesse legal, impondo-se o acolhimento do apelo no particular, a fim de isentar o autor do pagamento correspondente, bem como para imputar à União o ônus de efetuar o recolhimento respectivo, nos termos da Orientação Jurisprudencial n° 387 da SBDI-1 do Tribunal Superior do Trabalho." (TRT − 2ª R − 11ª T. − RO 0001697-62.2010.5.02.0313 − Rel. Odette Silveira Moraes − DOE 18-3-2014).

"HONORÁRIOS PERICIAIS. JUSTIÇA GRATUITA. ISENÇÃO. Não obstante o juízo de origem ter condenado o polo ativo no pagamento dos honorários periciais em razão da sua sucumbência, o certo é que este encontra-se ao abrigo da justiça gratuita, incide à hipótese o art. 790-B da CLT, que isenta de pagamento dos honorários periciais o beneficiário da Justiça Gratuita. Todavia, tal circunstância não pode levar prejuízos ao expert, devendo, pois, ser expedida pela Secretaria da Vara toda a documentação que se fizer necessária e que vier a ser solicitada pelo vistor, para que o auxiliar do Juízo possa receber a honorária pericial que lhe couber, observados os termos do Provimento GP/CR N° 13, de 30 de agosto de 2006." (TRT − 2ª R. − 4ªT. − RO 0000304-97.2011.5.02.0271 − Rel. Ricardo Artur Costa e Trigueiros − DOE 5-11-2012.)

No mesmo sentido, a jurisprudência do TST:

"(...) 5. HONORÁRIOS PERICIAIS. PARTE SUCUMBENTE NA PRETENSÃO OBJETO DA PERÍCIA BENEFICIÁRIA DA ASSISTÊNCIA JUDICIÁRIA GRATUITA. RESPONSABILIDADE DA UNIÃO PELO PAGAMENTO. RESOLUÇÃO N° 66/10 DO CSJT. No âmbito da Justiça do Trabalho, sucumbente o beneficiário da assistência judiciária gratuita quanto à pretensão objeto da perícia, incumbe ao Estado, por meio da União, o pagamento dos honorários periciais. Inteligência da Súmula 457/TST. Recurso de revista conhecido e provido (...)." (TST − 3ª T. − RR 58600-02.2011.5.17.0011 − Rel. Min. Alberto Luiz Bresciani de Fontan Pereira − DEJT 22-5-2015.)

"RECURSO DE REVISTA DO OBREIRO. JUSTIÇA GRATUITA. ISENÇÃO DO PAGAMENTO DOS HONORÁRIOS PERICIAIS. ARTS. 790-B DA CLT, 2°, § 1°, 3°, V, E 4°, § 1°, DA LEI N° 1.060/50. RESOLUÇÃO N° 66/10 DO CSJT. De acordo com o disposto no art. 5°, inciso LXXIV, da Constituição Federal de 1988 – o Estado prestará assistência jurídica integral e gratuita aos que comprovarem insuficiência de recursos. Visto que foi reconhecido que a Autora é beneficiária da justiça gratuita, a prestação de assistência jurídica integral e gratuita de que trata o dispositivo constitucional invocado envolve, por certo, a isenção do pagamento dos honorários periciais, considerando-se, aliás, a expressa menção ao fato, no âmbito da legislação infraconstitucional aplicável à espécie. Esta Corte, conferindo plena aplicabilidade aos referidos preceitos legais, possui entendimento pacífico de que, tendo sido deferidos à Reclamante os benefícios da gratuidade da justiça, ela se encontra isenta do pagamento dos honorários periciais. Recurso de Revista conhecido em parte e provido." (TST − 4ªT. − RR 1337-39.2011.5.05.0013 − Rel. Min. Maria de Assis Calsing − DEJT 1-7-2014.)

Por argumentação, mesmo que o Reclamante obtenha proveito econômico com a presente demanda, o art. 790-B, com a redação dada pela Lei 13.467/17, não retira do trabalhador o direito à isenção quanto ao pagamento dos honorários periciais.

O art. 790-B da CLT, com a redação dada pela Lei 13.467/17, dispõe que: *"A responsabilidade pelo pagamento dos honorários periciais é da parte sucumbente na pretensão objeto da perícia, ainda que beneficiária da justiça gratuita".*

Como o Reclamante é beneficiário da justiça gratuita, ante o seu estado de necessidade, não é correta a imposição do pagamento de honorários periciais, visto que:

(a) o crédito trabalhista é de natureza alimentar;

(b) o crédito trabalhista não é penhorável;

(c) a responsabilidade pelos honorários periciais não se coaduna com a assistência jurídica integral, tampouco com a proteção do salário (art. 5º, LXXIV; art. 7º, X, CF);

(d) como necessitado, o trabalhador depende dos seus créditos trabalhistas para a sua subsistência, logo, essa responsabilidade não se coaduna com o primado da dignidade da pessoa humana (art. 1º, III, CF);

(e) a responsabilidade pelos honorários periciais, diante da concessão da justiça gratuita, representa uma severa limitação prática ao acesso ao Judiciário (art. 5º, XXXV, CF).

Em suma, afasta-se qualquer possibilidade de condenação do Reclamante ao pagamento de honorários periciais, devendo, contudo, serem observadas a Resolução 66/10 do Conselho Superior da Justiça do Trabalho e Súmula 457 do TST, para que não haja prejuízo ao Sr. Perito.

Pugna-se, assim, pela isenção dos honorários periciais.

3. HONORÁRIOS DE SUCUMBÊNCIA

Por argumentação, mesmo que o Reclamante obtenha proveito econômico com a presente demanda, o art. 791-A, incluído pela Lei 13.467/17, não retira do trabalhador o direito à isenção quanto ao pagamento dos honorários advocatícios.

Como o Reclamante é beneficiário da justiça gratuita, ante o seu estado de necessidade, não é correta a imposição do pagamento de honorários advocatícios, visto que:

(a) o crédito trabalhista é de natureza alimentar;

(b) o crédito trabalhista não é penhorável;

(c) a responsabilidade pelos honorários advocatícios não se coaduna com a assistência jurídica integral, tampouco com a proteção do salário (art. 5º, LXXIV; art. 7º, X, CF);

(d) como necessitado, o trabalhador depende dos seus créditos trabalhistas para a sua subsistência, logo, essa responsabilidade não se coaduna com o primado da dignidade da pessoa humana (art. 1º, III, CF);

(e) a responsabilidade pelos honorários advocatícios, diante da concessão da justiça gratuita, representa uma severa limitação prática ao acesso ao Judiciário (art. 5º, XXXV, CF).

Oportuno mencionar que o Tribunal Pleno do TRT da 19ª Região, apreciando o Incidente de Arguição de Inconstitucionalidade (ArgInc) 0000206-34.2018.5.19.0000, por unanimidade, declarou a inconstitucionalidade do § 4º do art. 791-A, da CLT, incluído pela Lei 13.467/17, em face de flagrante violação às garantias fundamentais de assistência jurídica integral e gratuita (art. 5º, LXXIV) e do acesso à justiça (art. 5º, *caput*):

"BENEFICIÁRIO DA JUSTIÇA GRATUITA. POSSIBILIDADE DE CONDENAÇÃO EM HONORÁRIOS SUCUMBENCIAIS. ART. 791-A, § 4º, CLT. INCONSTITUCIONALIDADE. SE O ART. 791-A DA CLT, INCLUÍDO PELA LEI Nº 13.467/17, IMPÕE RESTRIÇÕES ÀS GARANTIAS FUNDAMENTAIS DE ASSISTÊNCIA JURÍDICA INTEGRAL E GRATUITA (ART. 5º, LXXIV) E DO ACESSO À JUSTIÇA (ART. 5º, XXXV), AFRONTANDO TAMBÉM O PRINCÍPIO DA DIGNIDADE DA PESSOA HUMANA (ART. 1º, III), ALÉM

Cap. 3 • MODELOS DE CAUSA DE PEDIR E PEDIDOS | 551

DE DAR, EQUIVOCADAMENTE, O MESMO TRATAMENTO A QUEM SE ENCON-TRA MATERIALMENTE EM SITUAÇÕES DESIGUAIS, NUMA CLARA VIOLAÇÃO AO PRINCÍPIO CONSTITUCIONAL DA IGUALDADE (ART. 5º, CAPUT), RESTA AO PODER JUDICIÁRIO DECLARAR A SUA INCONSTITUCIONALIDADE." (TRT − 19ª R. − Tribunal Pleno − Arginc 0000206-34.2018.5.19.0000 − Rel. João Leite de Arruda Alencar − *DEJT* 14-11-2018)..

No mesmo sentido, o Pleno do Tribunal Regional do Trabalho da 10ª Região, ao apreciar o Incidente de Arguição de Inconstitucionalidade (ArgInc) 0000163-15.2019.5.10.0000, por unanimidade de votos, acolheu o Incidente de Inconstitucionalidade:

"DECLARAÇÃO INCIDENTAL DE INCONSTITUCIONALIDADE PARCIAL DO ARTIGO 791-A, § 4º, DA CLT, CONFORME REDAÇÃO DADA PELA LEI Nº 13.467/217, POR AFRONTA AO ARTIGO 5º, II E LXXIV, DA CONSTITUIÇÃO FEDERAL: NECES-SÁRIA REDUÇÃO DE TEXTO PELO EXPURGO DA EXPRESSÃO 'DESDE QUE NÃO TENHA OBTIDO EM JUÍZO, AINDA QUE EM OUTRO PROCESSO, CRÉDITOS CAPAZES DE SUPORTAR A DESPESA': CONSTITUCIONALIDADE DA EXIGÊNCIA DE HONORÁRIOS ADVOCATÍCIOS SUCUMBENCIAIS NO ÂMBITO DO PROCESSO DO TRABALHO, INCLUSIVE DE BENEFICIÁRIO DE GRATUIDADE JUDICIÁRIA, SOB CONDIÇÃO DE SUSPENSÃO DE EXIGIBILIDADE ENQUANTO PERSISTIR A HIPOSSUFICIÊNCIA, OBSERVADO O PRAZO MÁXIMO LEGAL DE EXIGIBILI-DADE: INCONSTITUCIONALIDADE DA EXIGÊNCIA POR COMPENSAÇÃO DE CRÉDITOS PRÓPRIOS DO OBREIRO COM OS HONORÁRIOS SUCUMBENCIAIS ENQUANTO PERSISTENTE A CONDIÇÃO DE HIPOSSUFICIENTE OU EM CASO DE POSSIBILIDADE DE RETORNO À SITUAÇÃO DE PENÚRIA PESSOAL OU FAMILIAR: NECESSÁRIO RESPEITO AO CONCEITO DE 'GRATUIDADE JUDICIÁRIA' CONSA-GRADO PELA CONSTITUIÇÃO FEDERAL." (TRT − 9ª R. − *Tribunal Pleno* − ArgInc nº 0000163-15.2019.5.10.0000 − Rel. Alexandre Nery de Oliveira − *DEJT* 16-8-2019.)

Ainda que as decisões proferidas nos TRTs do Estado de Alagoas e do Distrito Federal e Tocantins não possuam caráter vinculante, em face do disposto no art. 97 da Constituição Federal, constituem-se importantes subsídios jurisprudenciais para a análise da matéria ora discutida.

Portanto, deve-se dar interpretação sistemática conforme a Constituição no sentido de que, no caso concreto, eventuais créditos percebidos pelo Reclamante na demanda ou em outro processo traba-lhista são de natureza alimentar e, portanto, não são *"créditos capazes de suportar a despesa"* de honorários advocatícios, de que trata o § 4º do art. 791-A da CLT.

Em suma, deve ser afastada qualquer possibilidade de condenação do Reclamante quanto ao pagamento dos honorários advocatícios.

PEDIDO:

A concessão da gratuidade da justiça para fins de isenção quanto ao pagamento das custas pro-cessuais, dos honorários periciais e dos honorários advocatícios, além das demais despesas processuais.

3.173. GRUPO ECONÔMICO
CARACTERIZAÇÃO

CAUSA DE PEDIR:

Antes da Reforma Trabalhista (Lei 13.467), o art. 2º, § 2º, CLT previa: *"Sempre que uma ou mais empresas, tendo, embora, cada uma delas, personalidade jurídica própria, estiverem sob a direção, controle ou administração de outra, constituindo grupo industrial, comercial ou de qualquer outra atividade econômica, serão, para os efeitos da relação de emprego, solidariamente responsáveis a empresa principal e cada uma das subordinadas".*

O grupo econômico previsto na CLT possui maior abrangência que o mencionado na Lei 6.404/76, que regula as sociedades anônimas. Para o referido Diploma, o grupo econômico é constituído por meio de uma convenção em função da qual a sociedade controladora e suas controladas obrigam-se a combinar recursos ou esforços para a realização dos respectivos objetos, ou a participar de atividades ou empreendimentos comuns (art. 265 da Lei 6.404). Os participantes devem ser sociedades regularmente constituídas, o que já não ocorre para o grupo trabalhista, o qual é constituído de empresas.

A abrangência da lei consolidada corresponde muito mais ao grupo de fato do que ao grupo de direito previsto na lei, dando-se uma proteção maior ao trabalhador. A realidade sobrepõe-se ao formalismo, tendo em vista que pretende evitar os prejuízos que podem sofrer os trabalhadores diante das manobras praticadas pelas empresas que compõem o grupo. O grupo econômico pode ser reconhecido sem que se tenha elementos documentais preexistentes, os quais demonstrem a existência da relação de dominação. Por exemplo: existência de sócios em comum ou de sócios que tenham laços familiares; empresas que tenham uma parceria comercial e que estejam focadas no mesmo objetivo social etc.

A economia moderna fez com que surgissem os grupos que, empenhados na produção, levaram ao surgimento de verdadeiros consórcios de empresas, as quais, mantendo personalidade jurídica própria, estão sob controle ou administração de uma empresa.

A relação de dominação significa a existência de uma empresa principal e de uma ou mais empresas subordinadas ou controladas. A dominação pode concretizar-se por meio de controle, direção ou administração das empresas controladas.

Controle implica a possibilidade de decisão nas deliberações sociais, o poder de eleição dos administradores da empresa ou, ainda, a própria participação acionária. A participação acionária poderá até ser minoritária, porém haverá o controle desde que se visualize o direito de determinar as diretrizes a serem adotadas pela empresa controlada.

Direção é a própria efetivação do controle, subordinando as pessoas e coisas à realização dos objetivos da empresa.

Ainda para a caracterização do grupo, é necessário que os integrantes explorem atividades comercial, industrial ou qualquer outra atividade econômica. Conclui-se que já se tem a exclusão de entidades assistenciais, recreativas, filantrópicas etc.

O intuito do legislador, ao declinar os requisitos do art. 2º, § 2º, CLT (não só na antiga redação, como na atual originária da Lei 13.467/17 – Reforma Trabalhista), é estabelecer a solidariedade entre todas as empresas do grupo para fins de proteção da relação de emprego.

Portanto, os elementos componentes da estrutura do grupo são: *"(a) participantes (empresas); (b) autonomia dos participantes (personalidade jurídica); (c) relação entre os participantes (relação de dominação, através da direção, controle ou administração da empresa principal sobre as filiadas); (d) natureza da atividade (industrial, comercial ou qualquer outra de caráter econômico); (e) efeito (solidariedade); (f) objetivo sobre que recai (relação de emprego)."* (MAGANO, Octavio Bueno. *Os grupos de empresas no direito do trabalho.* São Paulo: RT, 1979, p. 78.)

A existência do grupo implica sua constituição de unidades autônomas. A autonomia não é simplesmente de cunho técnico. A empresa pode possuir vários estabelecimentos, cada um deles com a sua autonomia administrativa, mas, mesmo assim, não se vislumbra o grupo. O grupo é constituído de unidades econômicas – empresas, cada uma delas com a sua própria personalidade jurídica. Cada empresa tem a liberdade na contratação de seus funcionários, de seus horários etc.

Na redação anterior à Lei 13.467 (Reforma Trabalhista), o grupo econômico previsto na lei consolidada possui uma estrutura hierarquizada em que há uma relação de dominação mediante a subordinação que há entre a empresa controladora e as demais.

Surge a figura do grupo econômico como empregador único quando duas ou mais empresas encontram-se sob o controle, direção ou administração de outra. A empresa controladora detém a maioria das ações – é o caso das *holding companies.* A forma usual é a existência da empresa principal acima das coligadas, em verdadeira relação de dominação (controle, direção ou administração), caracterizando uma estrutura hierarquizada. No entanto, pode ocorrer de não haver a denominada hierarquização. Nesse sentido, pode existir o grupo sem a existência da empresa controladora e das demais.

Com a Reforma Trabalhista, o art. 2º, § 2º, passou a ter a seguinte redação: *"Sempre que uma ou mais empresas, tendo, embora, cada uma delas, personalidade jurídica própria, estiverem sob a direção, controle ou administração de outra, ou ainda quando, mesmo guardando cada uma sua autonomia, integrem grupo econômico, serão responsáveis solidariamente pelas obrigações decorrentes da relação de emprego".*

Pela nova redação, não há dúvidas de que o legislador consolidado prevê o grupo econômico por dois prismas distintos: (a) relação de subordinação (= dominação); (b) relação de coordenação.

Para Maurício Godinho Delgado e Gabriela Neves Delgado: *"Pelo novo texto do § 2º do art. 2º da CLT, fica claro que o grupo econômico para fins justrabalhistas mostra-se configurado ainda que as relações sejam de mera coordenação, ou seja, mesmo guardando cada empresarial a sua autonomia. Nessa medida, o novo texto legal incorporou os argumentos brandidos pelas melhores reflexões doutrinárias e jurisprudenciais, afastando, inequivocamente, a vertente hermenêutica restritiva, que exigia a presença de relação verticalizante, entre as entidades componentes do grupo econômico, sob pena de não considerar caracterizada a figura jurídica especial. Ao invés, o novo texto legal explicita evidente escolha pela vertente da simples coordenação interempresarial, que já era firmemente incorporada pela Lei do Trabalho Rural, de 1973 (art. 3º, § 2º, Lei 5.889/73) e parte expressiva da doutrina laboral pátria."* (DELGADO, Mauricio Godinho; DELGADO, Gabriela Neves. *A Reforma Trabalhista no Brasil: Com os comentários à Lei nº 13.467/2017.* São Paulo: LTr, 2017, p. 100.)

Contudo, de acordo com a inovação legislativa (art. 2º, § 3º, CLT), não se tem a caracterização do grupo econômico por coordenação se houver a simples identidade de sócios. Para a devida caracterização, torna-se imperiosa a presença dos seguintes elementos: (a) demonstração de interesse integrado – as atividades de todas as empresas convergem para uma determinada atividade econômica ou um determinado grupo de atividades que se relacionam ou que se interpenetram; (b) efetiva comunhão de interesses – há uma nítida interatividade socioeconômica entre as partes, sendo que uma empresa se relaciona com a outra por relação de coordenação ou subordinação; (c) atuação conjunta das empresas dele integrantes – além da convergência socioeconômica (atividade econômica idêntica ou grupo de atividades que se relacionam ou que se interpenetram), deverá existir a demonstração de que todas as empresas do grupo, de forma conjunta, direcionam as suas atuações para o implemento das suas atividades econômicas.

A presença das razões de cunho econômico é que levaram empresas a se reunirem sob diversas formas de concentração. Logo, nem sempre, a relação de dominação se concretiza com a presença da empresa controladora e das demais. Assim, a responsabilidade, para fins de proteção da relação de emprego, deve subsistir mesmo quando as empresas estão dispostas de forma horizontal (= relação de coordenação), interagindo de forma recíproca, tendo em vista um objetivo comum.

Feitas tais considerações iniciais, o Reclamante esclarece os motivos pelos quais incluiu as Reclamadas no polo passivo da presente reclamação trabalhista, visto que, embora conste em sua CTPS o pacto laboral com a primeira Reclamada, de [*] a [*], houve, sem nenhuma dúvida, o aproveitamento de sua mão de obra por elas.

Com efeito, os documentos juntados evidenciam que a primeira e a segunda Reclamadas estão sob a direção da terceira.

Nota-se, ainda, que todas as empresas eram administradas pelo Sr. [*], atual sócio da terceira.

As três empresas possuem como objeto social cadastrado na Junta Comercial de São Paulo: "[*]", bem como estão todas cadastradas na Receita Federal com o CNAE – Classificação Nacional de Atividades Econômicas de número [*], que corresponde à atividade principal delas como sendo, também: "[*]" [doc. *].

Portanto, o fato de todas as empresas terem a mesma atividade econômica, e a primeira e a segunda estarem sob a administração da terceira, demonstra a existência do grupo econômico entre elas, nos termos do § 2º do artigo 2º da lei celetista, o qual há de ser reconhecido para fins de satisfação dos créditos do Reclamante.

Diante do exposto, o Reclamante requer digne-se Vossa Excelência declarar a existência do grupo econômico entre a primeira, segunda e terceira Reclamadas e, consequentemente, a responsabilidade solidária delas, principalmente no que diz respeito à condenação pecuniária.

PEDIDO:

(a) declaração de existência de grupo econômico entre primeira, segunda e terceiras Reclamadas;

(b) responsabilidade solidária de todas as Reclamadas, pelas verbas trabalhistas que lhe serão devidas.

3.174. GRUPO ECONÔMICO
POLO PASSIVO

CAUSA DE PEDIR:

Inicialmente o Autor esclarece os motivos de incluir no polo passivo o 2ª Réu, vez que, embora conste em sua CTPS o pacto laboral com a 1ª Ré, houve, sem nenhuma dúvida, o aproveitamento de sua mão de obra em nítido benefício do 2° Réu, que era o banco responsável por todos os financiamentos realizados pelo Autor.

É visível a existência de grupo econômico, de modo que a condenação deverá ser solidária, nos termos do art. 265 do CC, combinado com a previsão legal do § 2° do art. 2° da CLT.

Vale ainda comentar que o art. 2°, § 2°, da CLT deve ser interpretado à luz do princípio do contrato realidade que norteia o processo do trabalho. Assim, basta que se verifique a existência de relação de direção, controle ou administração entre as empresas para configurar o grupo econômico.

Oportuno mencionar que não caracteriza grupo econômico a mera identidade de sócios, sendo necessárias, para a configuração do grupo, a demonstração do interesse integrado, a efetiva comunhão de interesses e a atuação conjunta das empresas dele integrantes (art. 2°, § 3°, CLT).

Requer, assim, a responsabilidade solidária entre as Rés, principalmente no que diz respeito à condenação pecuniária, uma vez que estamos diante de um verdadeiro grupo econômico, liderado pelo 2° Réu.

PEDIDO:

A manutenção do polo passivo, bem como o reconhecimento do grupo econômico e, ainda, a condenação solidária entre as Rés, conforme exposto.

3.175. *HABEAS CORPUS*

CAUSA DE PEDIR:

1. DO CABIMENTO

O art. 5°, inciso LXVIII, da Constituição Federal de 1988 enuncia: *"Conceder-se-á* habeas corpus *sempre que alguém sofrer ou se achar ameaçado de sofrer violência ou coação em sua liberdade de locomoção por ilegalidade ou abuso de poder".*

O *habeas corpus* é uma garantia constitucional e individual ao direito de locomoção no território nacional, podendo qualquer pessoa nele entrar, permanecer e sair com seus bens, desde que atendidos os termos da lei (art. 5°, XV, CF).

O direito de locomoção se desmembra em quatro situações: (a) direito de acesso e ingresso no território nacional; (b) direito de saída do território nacional; (c) direito de permanência no território nacional; (d) direito de deslocamento dentro do território nacional.

No plano infraconstitucional, o CPP, de acordo com o art. 647, aduz que: *"Dar-se-á* habeas corpus *sempre que alguém sofrer ou se achar na iminência de sofrer violência ou coação ilegal na sua liberdade de ir e vir, salvo nos casos de punição disciplinar".*

Por fim, a coação é considerada ilegal, quando não houver a justa causa (art. 648, I, CPC).

2. DO ATO ATACADO

Na demanda trabalhista [★], na qual litigam GABRIELLY SANTOS CAVALCANTE (Reclamante) e DEYSE S. & ISABELY S. LTDA. (Reclamada), o Impetrante foi incluído a execução trabalhista, como devedor subsidiário, face a sua condição de ex-sócio da demandada, face ao incidente da desconsideração da personalidade jurídica (art. 855-A, CLT; arts. 133 a 137, CPC; art. 10-A, CLT; art. 1.003, CC; art. 28, Lei 8.078/90).

Como forma de aparelhamento da execução processada na citada demanda, houve a determinação judicial para a apreensão do Passaporte e da Carteira Nacional de Habilitação – CNH [doc. ★].

Citada determinação foi formulada face a aplicação do art. 139, IV, CPC.

Não se pretende adentrar, face aos limites da causa de pedir e do pedido deste remédio, quanto a condição do Impetrante, como legitimado passivo extraordinário superveniente ou derivado, face ao incidente da desconsideração da personalidade jurídica.

Contudo, patente a caracterização do excesso legal, logo, por corolário, também há violação da norma Constitucional no momento em que se determinou a apreensão/suspensão dos documentos do IMPETRANTE, em especial, da sua CNH e Passaporte.

Os fundamentos da determinação da apreensão são: (a) encontram-se esgotadas as medidas executórias na execução; (b) o Executado não oferece bens à penhora, como não indica a localização de bens do devedor originário, no caso, a pessoa jurídica; (c) uma medida de compelir a cumprir a obrigação, com o adimplemento do crédito trabalhista – R$ 100.000,00, está na impossibilidade de o devedor subsidiário gastar valores com viagens internacionais ou com deslocamentos internos por automóveis.

A medida de apreensão fere o direito de ir e vir do Impetrante, violando, assim, o direito à sua liberdade pessoal.

É verdade que o art. 20,VI, do Anexo ao Decreto 1.983/96, indica ser condição para a obtenção do passaporte, o solicitante não ser procurado pela Justiça nem impedido judicialmente de obter passaporte. Contudo, essa restrição é válida para questões criminais, o que não é a hipótese dos autos.

Assevere-se que as hipóteses legais previstas no Código de Trânsito Brasileiro (Lei 9.503/97; arts. 293 a 295), no tocante à suspensão ou à perda do direito de dirigir, não preveem a condenação do condutor ao pagamento de verbas de natureza trabalhista.

Os fundamentos adotados pela determinação judicial, como alicerces da ordem de apreensão, são ilegais e ultrapassam os limites do bom senso e da razoabilidade, caracterizando-se, assim, o caráter arbitrário da medida coercitiva.

A condição de devedor e a sua obrigação de solver as suas obrigações legais, não tem e nunca poderão ter o poder de limitar o seu direito de ir e vir.

A jurisprudência indica:

"AGRAVO DE PETIÇÃO. APREENSÃO DE PASSAPORTE E SUSPENSÃO DA CNH. INEFICÁCIA. Ainda que a hipótese trate de execução de crédito trabalhista, de natureza alimentar, há de ser ponderado que os pedidos de suspensão da CNH e apreensão do passaporte dos devedores implicam restrição do direito constitucional de ir e vir, objetivo que não pode ser alcançado com a chancela jurisdicional. Agravo de petição não provido." (TRT – 2ª R. – 3ª T. – 0341600-90.1996.5.02.0064 – Rel. Patricia Therezinha de Toledo – *DEJT* 22-10-2019.)

"AGRAVO DE INSTRUMENTO EM RECURSO DE REVISTA INTERPOSTO PELO EXEQUENTE. EXECUÇÃO DE SENTENÇA. CANCELAMENTO DOS CARTÕES DE CRÉDITO E SUSPENSÃO DA CNH. SÚMULA Nº 266 DO TST. ART. 896, § 2º, DA CLT. 1. Não se divisa ofensa aos arts. 1º, III, e 5º, XXXV e XXXVI, da CF à luz da Súmula nº 266 do TST e do § 2º do art. 896 da CLT, em face da decisão regional que manteve a sentença que indeferiu o pedido de suspensão da CNH e de cancelamento dos cartões de crédito do executado. 2. Com feito, pela sistemática do CPC, nos moldes elencados pelo inciso IV do art. 139, é permitida a atipicidade das medidas executivas em relação à obrigação de pagar quantia, com medidas coercitivas e indutivas para compelir o devedor ao pagamento do débito, ou seja, incumbe ao juiz 'determinar todas as medidas indutivas, coercitivas, mandamentais ou sub-rogatórias necessárias para assegurar o cumprimento de ordem judicial, inclusive nas ações que tenham por objeto prestação pecuniária'. 3. Entretanto, não obstante a lei processual permita ao juiz promover medidas coercitivas para conferir maior efetividade à tutela do direito, por certo que essas medidas deverão observar o ordenamento jurídico como um todo, mormente no que se refere ao respeito ao direito de ir e vir, à dignidade da pessoa humana, à proporcionalidade e à razoabilidade, não sendo a eficiência do processo a única finalidade a ser observada pelo julgador. 4. Por conseguinte, na esteira da diretiva do art. 8º do CPC ('ao aplicar ordenamento jurídico, o juiz atenderá aos fins sociais e às exigências do bem comum, resguardando e promovendo a dignidade da pessoa humana e observando a proporcionalidade, a razoabilidade, a legalidade, a publicidade e a eficiência'), não se olvidando, ainda, a natureza alimentar do crédito – não satisfeito, apesar das numerosas tentativas –, repele-se a aplicação das medidas coercitivas requeridas, sobretudo porque desproporcionais e não razoáveis, considerado o sistema jurídico em sua totalidade. Agravo de instrumento conhecido e não provido." (TST – 8ª T. – AIRR 139000-66.2003.5.18.0007 – Rel. Min. Dora Maria da Costa – *DEJT* 15-5-2020.)

3. DA ORDEM LIMINAR

O IMPETRANTE está impedido de exercer o seu direito fundamental de se locomover livremente, por um ato arbitrário da Autoridade Coatora e, portanto, apontada a ofensa à liberdade de locomoção do paciente em razão de coação ilegal em sua liberdade de ir e vir, encontra-se presente, *in casu*, o *fumus boni iuris.*

No mesmo sentido, verifica-se a ocorrência do *periculum in mora,* pois além do fato de que a liberdade de locomoção do paciente, em hipótese alguma poderia ter sido atingida em razão de dívida contratual de terceiros, da qual não se concorreu ou contraiu, por importar em inaceitável e injusta violação ao seu *status libertatis,* é inegável que tal coação ilegal além de poder causar graves transtornos ao paciente, é também um violento atentado contra a ordem jurídica Constitucional vigente, razão pela qual deve ser cassada com a máxima urgência.

Presentes, portanto, os requisitos autorizadores da medida liminar.

PEDIDO:

Demonstrada a ilegalidade da ordem que mantém o IMPETRANTE privado da sua liberdade de locomoção, requer-se a concessão de LIMINAR da ordem, determinando a imediata devolução/liberação do seu passaporte e afastando a suspensão/apreensão da Carteira Nacional de Habilitação – CNH do paciente, determinando-se destarte, expedição de ofício à Autoridade Coatora para que sejam tomadas as medidas cabíveis, necessárias e urgentes ao desfazimento do ato por ela praticado.

Cap. 3 • MODELOS DE CAUSA DE PEDIR E PEDIDOS | 559

3.176. HOMOLOGAÇÃO DE ACORDO EXTRAJUDICIAL

XXXX XXXXXX, brasileiro, casado, portador do RG [indicar o número] e do CPF [indicar o número], CTPS [indicar o número], PIS [indicar o número], nascido em [indicar a data], com residência e domicílio na Rua [indicar o endereço], São Paulo, SP, CEP [indicar o número], filho de [indicar o nome da mãe], doravante denominado Primeiro Transigente, por seus advogados infra-assinados, neste ato legalmente constituídos por instrumento particular de procuração [doc. ...], e **YYYYY LTDA – EPP**, inscrita no CNPJ/CEI sob n°: [indicar o número], sediada na [indicar o endereço], doravante denominada segunda transigente, por seu advogado que ao final assina, vêm, respeitosamente, à presença de Vossa Excelência, propor:

PROCESSO DE JURISDIÇÃO VOLUNTÁRIA PARA HOMOLOGAÇÃO DE ACORDO EXTRAJUDICIAL

Nos termos da Lei 13.467/17, que, por intermédio dos arts. 855-B à 855-E, introduziu em nosso ordenamento jurídico trabalhista a possibilidade de homologação de acordo extrajudicial em juízo, com o intuito de privilegiar a conciliação trazer segurança jurídica às partes e evitar futuras novas demandas trabalhistas.

1. DA ADMISSIBILIDADE DO PROCESSO DE JURISDIÇÃO VOLUNTÁRIA:

1.1. Em cumprimento à determinação do *caput* do art. 855-B da CLT, o presente processo de homologação de acordo extrajudicial está sendo distribuído por petição conjunta.

1.2. E também, conforme determina o § 1°, do art. 855-B da CLT, as partes transigentes não estão representadas por advogado comum.

2. DOS FATOS QUE ORIGINARAM O PRESENTE PROCESSO COM PEDIDO DE HOMOLOGAÇÃO:

2.1. Ressalta-se que o pedido de homologação de acordo extrajudicial se originou pelo consenso em que chegaram os transigentes quanto às verbas indenizatórias trabalhistas, a seguir elencadas, que não integraram o Termo de Rescisão do Contrato de Trabalho [documento *].

2.2. Verbas indenizatórias não quitadas:

a) Multa do art. 477/CLT .... R$ *;

b) Multa de 40% do FGTS .... R$ *;

c) Férias indenizadas + 1/3 .... R$ *;

d) Diferença do aviso-prévio indenizado .... R$ *;

e) Diferenças de FGTS + 40% .... R$ *;

f) Devolução de descontos indevidos .... R$ *;

g) Reembolso de despesas............................ R$ *;

TOTAL: .... R$ *;

2.3. Pelo acima exposto, requerem os transigentes a homologação do presente ACORDO EXTRAJUDICIAL a que chegaram, nos termos do art. 855-B, e seguintes da Lei 13.467/17, o qual será regido e cumprido em conformidade com as cláusulas abaixo avençadas:

3. DOS TERMOS DO ACORDO EXTRAJUDICIAL:

3.1. Ante o acordo firmado, pagará a Segunda Transigente ao Primeiro a quantia de R$ [indicar o valor], em uma única parcela a ser depositada até o dia [indicar a data], na conta corrente do patrono do Primeiro Transigente indicada: XXXXX XXXX, no Banco XXX, Agência XX, Conta Corrente nº XXX, CPF nº XXX.XXX.XXX-XX.

3.2. Fica estabelecida a multa de 50% em caso de inadimplemento, seja qual for o motivo.

3.3. O Primeiro Transigente, quando do recebimento supra, outorgará à Segunda Transigente, a quitação quanto ao objeto do processo e a extinta relação jurídica havida entre as partes, para nada mais reclamar, seja a que título for.

3.4. Considerando a ausência de litígio, e o fato de as transigentes terem chegado a um bom termo, requer se digne a isentar do pagamento das custas processuais, mas se assim não entender, eventuais custas serão suportadas pela Segunda Transigente.

3.5. Cada uma das partes fica responsável pelos honorários do seu advogado.

3.6. Diante da discriminação acima, não há descontos de INSS e de IRPF, visto que as verbas são de cunho indenizatório. Caso a cláusula não seja homologada nos termos propostos, a empresa fica responsável pelo cálculo e recolhimento de tais valores.

3.7. Diante do acordo firmado, caso V. Exa. entenda necessário, seja designada audiência conforme disposto no art. 855-D, CLT. Não sendo esse o entendimento deste D. juízo, seja proferida a r. sentença homologatória.

4. Em face do exposto, requerem as transigentes, de comum acordo, se digne Vossa Excelência a homologar por sentença o presente acordo, para que traga a necessária segurança jurídica aos transigentes e produza os seus legais e jurídicos efeitos.

Cap. 3 • MODELOS DE CAUSA DE PEDIR E PEDIDOS | **561**

3.177. HOMOLOGAÇÃO DE ACORDO EXTRAJUDICIAL
EMPRESA EM DIFICULDADES ECONÔMICAS

XXXX XXXXXX, brasileiro, casado, portador do RG [indicar o número] e do CPF [indicar o número], CTPS [indicar o número], PIS [indicar o número], nascido em [indicar a data], com residência e domicílio na Rua [indicar o endereço], São Paulo, SP, CEP [indicar o número], filho de [indicar o nome da mãe], doravante denominado Primeiro Transigente, por seus advogados infra-assinados, neste ato legalmente constituídos por instrumento particular de procuração [doc. ...], e **YYYYY LTDA – EPP**, inscrita no CNPJ/CEI sob nº: [indicar o número], sediada na [indicar o endereço], doravante denominada segunda transigente, por seu advogado que ao final assina, vêm, respeitosamente, à presença de Vossa Excelência, propor:

PROCESSO DE JURISDIÇÃO VOLUNTÁRIA PARA HOMOLOGAÇÃO DE ACORDO EXTRAJUDICIAL

Nos termos da Lei 13.467/17, que, por intermédio dos arts. 855-B à 855-E, introduziu em nosso ordenamento jurídico trabalhista a possibilidade de homologação de acordo extrajudicial em juízo, com o intuito de privilegiar a conciliação trazer segurança jurídica às partes e evitar futuras novas demandas trabalhistas.

1. DA ADMISSIBILIDADE DO PROCESSO DE JURISDIÇÃO VOLUNTÁRIA:

Em cumprimento à determinação do *caput* do art. 855-B da CLT, o presente processo de homologação de acordo extrajudicial está sendo distribuído por petição conjunta.

E também, conforme determina o § 1º, do art. 855-B da CLT, as partes transigentes não estão representadas por advogado comum.

2. DOS FATOS QUE ORIGINARAM O PRESENTE PROCESSO COM PEDIDO DE HOMOLOGAÇÃO:

Conforme provas documentais em anexo, devido aos revezes que a atividade empresarial se sujeita, há tempos a SEGUNDA TRANSIGENTE vem enfrentando sérios problemas econômicos e financeiros, encontrando inclusive dificuldades para fazer frente à sua folha de pagamento e encargos sociais, sem contar demais e inúmeros compromissos, porém priorizando os pagamentos dos seus empregados e o FGTS, entre outras.

Para demonstrar a situação financeira mencionada, a SEGUNDA TRANSIGENTE anexa sob o pálio de segredo de justiça a ser preservado por Vossa Excelência, relatórios da Receita Federal do Brasil, onde comprova logo de plano, débitos históricos (sem multa e juros de mora) tributários da ordem de R$ [*] e previdenciários de R$ [*][docs.*].

Ainda a SEGUNDA TRANSIGENTE demonstra ser devedora de tributos devidos dos faturamentos das suas atividades, parcelados junto à Receita Federal do Brasil (SIMPLES NACIONAL), conforme prova de parcelamento realizado, da ordem de [*] parcelas de R$ [*], o que prefaz um passivo de R$ [*].[docs *]

Considerando o segredo de justiça que se roga ser decretado pelas informações delicadas ora expostas, a SEGUNDA TRANSIGENTE ainda aponta outras provas das dificuldades financeiras enfrentadas, razão de ser do presente ajuste levado à apreciação e homologação.

Junta aos autos cobrança eletrônica tributária, enviada pela Receita Federal do Brasil, relativo ao tributo mensal devido e que igualmente se encontra em aberto, eis que diante das dificuldades, como dito, prioriza o pagamento das obrigações de natureza alimentar [docs. *].

As dificuldades inclusive são demonstradas pelos encerramentos de parte das suas contas correntes, por dívidas bancárias acumuladas, conforme as cartas enviadas pelos bancos [*][docs. *].

Pelos documentos ora acostados, comprova a SEGUNDA TRANSIGENTE que dentre os parcelamentos que pesam sobre suas atividades, resta igualmente um de ordem previdenciária.

Em que pesem as dificuldades ora elencadas, a SEGUNDA TRANSIGENTE deseja priorizar os direitos trabalhistas, que, conforme prova em anexo, demonstra que estão absolutamente em dia, tanto com os depósitos fundiários do PRIMEIRO TRANSIGENTE, como dos demais empregados, acostando inclusive Certificado de Regularidade de Situação emitida nesta data [docs. *].

Por derradeiro, para demonstrar a razão pela qual se busca uma resolução negociada com o trabalhador, fica mais evidente quando anexando os documentos (igualmente sigilosos) referente aos faturamentos da empresa e os resumos das últimas três folhas de pagamento [docs. *], obtemos o seguinte quadro conclusivo:

QUADRO COMPARATIVO			
FATURAMENTO BRUTO	ÚLTIMOS 12 MESES	R$ *	
FATURAMENTO BRUTO	PRIMEIRO TRIMESTRE DE 2017	R$ *	
FATURAMENTO BRUTO	PRIMEIRO TRIMESTRE DE 2018	R$ *	*%
FOLHA DE PAGAMENTO	PRIMEIRO TRIMESTRE DE 2018	R$ *	*%
FGTS DEPOSITADO	PRIMEIRO TRIMESTRE DE 2018	R$ *	
ENCARGOS BÁSICOS	PRIMEIRO TRIMESTRE DE 2018	R$ *	*%

O faturamento do primeiro trimestre do corrente ano bruto (sem descontar as compras de mercadorias, tributos incidentes e quaisquer outros) foi de apenas R$ [docs. *], o que representa comparativamente ao ano anterior uma queda de [*]%, ou seja, quase um terço.

A folha de pagamento (salários e demais vencimentos) do trimestre representa [*]% do faturamento bruto.

Somados ao FGTS depositado e igualmente pago (todas as remunerações devidas) representa [*]% do faturamento obtido, em termos absolutos.

Logo, à saciedade e de forma cristalina é evidente que a empregadora em questão se encontra absolutamente tomada financeiramente.

Por outro lado, o PRIMEIRO TRANSIGENTE, consciente da brutal queda das atividades da SEGUNDA TRANSIGENTE, teme pela decretação eventual da sua quebra ou execuções de credores, o que por sinal apenas conspiraria para retardar o recebimento dos créditos trabalhistas devidos em seu favor, eis que já conta com cerca de [*] anos de dedicação como empregado.

O PRIMEIRO TRANSIGENTE até a presente sempre teve seus direitos trabalhistas perfeitamente respeitados e satisfeitos pela SEGUNDA TRANSIGENTE, mantendo com o titular e responsável da referida respeitoso tratamento e consideração e tal qual pela outra parte.

A ociosidade em que uma parte e outra se encontra, em face do cenário econômico é fator desestimulante, gerando em ambas um sentimento de preocupação e insegurança com o presente e quiçá o futuro.

Cap. 3 • MODELOS DE CAUSA DE PEDIR E PEDIDOS | **563**

De um lado, a SEGUNDA TRANSIGENTE não reúne capacidade para adimplir, pela primeira vez, com a integralidade das verbas rescisórias e afins para promover a dispensa imotivada do PRIMEIRO TRANSIGENTE, além de sequer conseguir realizar a quitação dentro do prazo legal fixado pelo legislador.

Do outro, o PRIMEIRO TRANSIGENTE, além de temer severamente por dificuldades em receber as verbas as quais lhes fossem devidas, entende que necessita otimizar os recursos financeiros que possa lograr do seu desligamento, eis que se encontra desmotivado em face do retroexposto, não devendo ser sacrificado por uma iniciativa quanto ao seu desligamento.

3. DOS TERMOS DO ACORDO EXTRAJUDICIAL:

Diante desta dualidade de dificuldades e interesses, as partes resolveram transigir para lado a lado buscar o encerramento do contrato de trabalho que firmaram outrora, de forma transparente e consciente, a fim de obter, pela homologação do acordo apresentado a Vossa Excelência, uma resultante que minimize os prejuízos de ambos.

Nesse sentido, salutar o prestígio que a reforma trabalhista tão propalada nos meios de comunicação, a introduzir o procedimento de jurisdição voluntária no processo trabalhista, gerando um remédio técnico-legal o qual gera inclusive grande segurança e estabilidade jurídica no meio social.

Assim, a SEGUNDA TRANSIGENTE apresentou ao PRIMEIRO TRANSIGENTE a minuta dos seguintes cálculos pela rescisão do contrato de trabalho, considerando data de término do contrato de trabalho o dia [data da rescisão contratual], sob as duas formas, a saber:

Caso a SEGUNDA TRANSIGENTE realizasse a dispensa imotivada do PRIMEIRO TRANSIGENTE:

a) Aviso-prévio ....R$ *;

b) Projeção do aviso-prévio (art. 1º, Lei 12.506/11)..............R$ *;

c) Gratificação natalina proporcional...................................R$ *;

d) Reflexos do aviso-prévio sobre a gratificação natalina......R$ *;

e) Férias proporcionais + 1/3...R$ *;

f) Saldo salarial ....R$ *;

g) FGTS + 40%...R$ *;

TOTAL: ....R$ *;

Caso o PRIMEIRO TRANSIGENTE postulasse sua demissão:

a) Gratificação natalina proporcional.......................R$ *;

b) Férias proporcionais + 1/3................................. R$ *;

c) Saldo salarial .... R$ *;

d) FGTS + 40%.. R$ *;

TOTAL: .... R$ *;

Considerando a impossibilidade de a SEGUNDA TRANSIGENTE em satisfazer integralmente os créditos acima, ainda que o PRIMEIRO TRANSIGENTE postulasse sua demissão, as partes estabeleceram que a média destes cenários representa um justo equilíbrio dentro da transação extrajudicial, qual seja:

Demissão sem justa causa................... R$ ★

Pedido de demissão .... R$ ★

MÉDIA ARITMÉTICA....................R$ ★

Dessa forma, as partes se compuseram de forma que as verbas devidas pelo término do seu contrato de trabalho a serem satisfeitas pela SEGUNDA TRANSIGENTE ao PRIMEIRO TRANSIGENTE fossem as seguintes:

a) Aviso-prévio .... R$ ★;

b) Projeção do aviso-prévio (art. 1º, Lei 12.506/11)...................................... R$ ★;

c) Gratificação natalina proporcional.. R$ ★;

d) Reflexos do aviso-prévio sobre a gratificação natalina................................ R$ ★;

e) Férias proporcionais + 1/3... R$ ★;

f) Reflexos do aviso-prévio sobre as férias indenizadas.................................... R$ ★;

g) Terço constitucional de férias sobre o reflexo do aviso-prévio indenizado.......R$ ★;

h) Saldo salarial .... R$ ★;

i) FGTS + 40%... R$ ★;

TOTAL: .... R$ ★;

Tal quantia será paga pela SEGUNDA TRANSIGENTE ao PRIMEIRO TRANSIGENTE em 6 parcelas mensais, iguais e consecutivas nas seguintes datas: [indicar datas].

Tais parcelas serão objeto de crédito pela SEGUNDA TRANSIGENTE diretamente na conta-corrente do PRIMEIRO TRANSIGENTE, Banco [★], Agência [★], CC [★], pontualmente nas datas especificadas, por transferências eletrônicas interbancárias, dentro do expediente bancário normal, valendo o comprovante de tal operação como prova do adimplemento da obrigação, eis que tal operação não se sujeita à qualquer compensação.

Inadimplindo parcial ou integralmente a SEGUNDA TRANSIGENTE com o ajustado junto ao PRIMEIRO TRANSIGENTE, lhe será imposta multa de 100% sobre as parcelas em aberto, sem a necessidade de qualquer interpelação judicial ou extrajudicial.

As partes convencionam que a data de anotação da baixa Carteira de Trabalho e Previdência Social será [indicar a data].

O ora pactuado obrigará não somente as partes ora transigentes, como eventuais sucessores, herdeiros e ou legatários, de forma a manter hígido o presente pacto a ser homologado por Vossa Excelência, transformando-o definitivamente em título executivo judicial.

No máximo, 48 horas após a audiência destinada à homologação postulada, a SEGUNDA TRANSIGENTE emitirá e entregará ao PRIMEIRO TRANSIGENTE a devida Comunicação do Seguro Desemprego, bem como Termo de Rescisão do Contrato de Trabalho contendo as parcelas ajustadas e ora acordadas, com os códigos devidos pelo acordo judicial postulado, além da chave de segurança do FGTS, de forma a habilitar o ex-empregado ao soerguimento do saldo fundiário, integralmente, além de postular o benefício legal devido aos desempregados, conquanto obviamente fizer jus a tal, observados os ditames legais aplicáveis.

O inadimplemento de tais obrigações de fazer imporá automaticamente em desfavor da SEGUNDA TRANSIGENTE, salvo se esta demonstrar que a responsabilidade é do PRIMEIRO TRANSIGENTE, em multa diária de R$ [★], sem prejuízo de eventuais perdas e danos gerados até a satisfação de tal.

Na presente oportunidade, em especial, o PRIMEIRO TRANSIGENTE outorga à SEGUNDA TRANSIGENTE a devida quitação das quantias e dos títulos ajustados anteriormente, quais sejam: [indicar parcelas objeto do acordo].

Igualmente o PRIMEIRO TRANSIGENTE considera quitados quaisquer verbas atinentes a horas extras realizadas e seus reflexos sobre as verbas rescisórias e indenizatórias, nada mais tendo a reclamar em face da SEGUNDA TRANSIGENTE, sendo claro que demais verbas e títulos não inclusos no presente ajuste, se eventualmente devidos, poderão ser postulados em juízo pelo ex-empregado.

Pelo acima exposto, requerem os transigentes a homologação do presente ACORDO EXTRAJU-DICIAL, nos termos do art. 855-B, e seguintes da Lei 13.467/17, para que traga a necessária segurança jurídica aos transigentes e produza os seus legais e jurídicos efeitos.

3.178. HONORÁRIOS PERICIAIS

Justiça gratuita

CAUSA DE PEDIR:

O art. 790-B, *caput*, da CLT prevê que *"(...) a responsabilidade pelo pagamento dos honorários periciais é da parte sucumbente na pretensão objeto da perícia, ainda que beneficiária de justiça gratuita (...)"*.

Requer o Reclamante, caso não obtenha em juízo créditos capazes de suportar a despesa dos honorários periciais, que a União seja responsabilizada pelo encargo (art. 790-B, § 4º, CLT).

Sucessivamente, caso seja a parte sucumbente e obtenha créditos na presente demanda, requer o Reclamante o parcelamento dos honorários periciais (art. 790-B, § 2º, CLT).

PEDIDO:

A não condenação do Reclamante em eventual pagamento de honorários periciais, caso não obtenha em juízo créditos capazes de suportar a despesa dos honorários periciais, devendo a União ser responsabilizada pelo encargo (art. 790-B, § 4º, CLT; Resolução nº 66/2010, CSJT).

Sucessivamente, caso seja a parte sucumbente e obtenha créditos na presente demanda, requer o Reclamante o parcelamento dos honorários periciais (art. 790-B, § 2º, CLT).

3.179. HONORÁRIOS PERICIAIS
RESPONSABILIDADE PELOS HONORÁRIOS PERICIAIS NA EXECUÇÃO

CAUSA DE PEDIR:

Pelo princípio da sucumbência, a parte vencida é responsável por todas as despesas realizadas no processo, tais como: custas, honorários de advogado, multa às partes, perícias, condução de testemunhas etc. (art. 85, CPC).

A controvérsia que envolvia a responsabilidade pelo pagamento de honorários periciais no processo de conhecimento não encontra grande questionamento jurídico (art. 790-B, *caput*, CLT).

É indiscutível que a responsabilidade pelos honorários periciais, no processo de conhecimento, é atribuição de quem tenha sido sucumbente no objeto da perícia. Vale dizer: paga a verba honorária quem for condenado no título cuja convicção foi lastreada na perícia. A procedência ou não do pedido, que se correlaciona com a perícia, vincula o encargo quanto ao pagamento.

Será que este, de forma objetiva, também pode ser considerado como critério a fim de embasar a responsabilidade pelas perícias contábeis realizadas na liquidação dos processos trabalhistas?

Por dois fatores (complexidade dos cálculos trabalhistas e a quase totalidade das decisões judiciais serem ilíquidas), a perícia contábil é uma determinação corriqueira nas liquidações.

Sem adentrarmos nas questões controvertidas da liquidação de sentença, devemos ter em mente que a sua finalidade é a apuração do *quantum debeatur*, quantificando o montante do crédito exequendo. Não se discute o que é devido, mas, sim, o quanto é devido.

A perícia não atua como meio de prova na liquidação, na medida em que não mais se discute o direito já reconhecido no título executivo. Aliás, qualquer discussão quanto ao conteúdo do título exequendo é vedada às partes e ao juiz (art. 879, § 1º, CLT; art. 509, § 4º, CPC).

A responsabilidade pelo pagamento das despesas de perícia é da parte vencida no processo de conhecimento do feito.

Portanto, como a Reclamada é a parte sucumbente, deve ser a ela imputada a responsabilidade pelos honorários periciais da fase de liquidação da sentença trabalhista.

PEDIDO:

Que o encargo da verba honorária pericial seja atribuído à Reclamada.

3.180. HONORÁRIOS PRÉVIOS NA JUSTIÇA DO TRABALHO
INCOMPATIBILIDADE

CAUSA DE PEDIR:

A exigência de depósito prévio dos honorários periciais não é compatível com o processo do trabalho.

O TST já pacificou o entendimento, por meio da OJ 98, SDI-II, de que é ilegal a exigência de depósito prévio para custeio dos honorários periciais:

> *"É ilegal a exigência de depósito prévio para custeio dos honorários periciais, dada a incompatibilidade com o processo do trabalho, sendo cabível o mandado de segurança visando à realização da perícia, independentemente do depósito."*

> *"HONORÁRIOS PERICIAIS PRÉVIOS – A exigência de depósito pericial prévio, além de ser incompatível com a sistemática do processo do trabalho, nos termos da OJ 98, da SDI-1, do C. TST, é contrária ao disposto na IN 27, também daquela C. Corte Superior Trabalhista, que veda ao juiz exigir depósito prévio dos honorários nas lides decorrentes da relação de emprego. Segurança concedida"* (TRT –17ª R. – MS 0000460-32.2016.5.17.0000 – Rel. Claudio Armando Couce de Menezes – *DJe* 6-12-2016 – p. 68).

É o que dispõe o art. 790-B, § 3º, da CLT: *"O juízo não poderá exigir adiantamento de valores para realização de perícias."*

Deve ser deferido o pedido do Reclamante quanto a não obrigatoriedade do pagamento dos honorários periciais prévios.

PEDIDO:

Que o Reclamante fique desonerado quanto ao pagamento dos honorários periciais prévios.

3.181. HORAS EXTRAS
HORÁRIO DIURNO E SEM A INCLUSÃO DOS DOMINGOS E FERIADOS EM DOBRO; O TRABALHADOR TEM UMA FOLGA SEMANAL COMPENSATÓRIA

CAUSA DE PEDIR:

O Reclamante, no desempenho de suas funções, laborava na seguinte jornada: [descrever o horário de trabalho nos dias da semana, domingos/feriados e indicar a existência ou não de folgas compensatórias].

De acordo com a ordem jurídica, a hora extra é deferida a partir da oitava diária e ou da quadragésima quarta semanal (art. 7º, XIII, CF). Portanto, o divisor é de 220 horas. [Pode ocorrer de o Reclamante ter outra base horária diária inferior ao limite do art. 7º, XIII, da CF; logo, a hora extra a ser requerida será a partir desta carga horária diferenciada; também o divisor será diferente. Exemplo: bancário: 6 horas diárias; carga mensal: 180/150 horas].

As horas extras são devidas com o adicional previsto no art. 7º, XVI, da Constituição Federal (50%). [Se houver norma mais benéfica, o adicional mais benéfico há de ser indicado].

As horas extras devem ser calculadas considerando-se todos os aditivos salariais habituais (Súm. 264, TST).

As horas extras integram o salário para todos os fins e devem incidir nos domingos e nos feriados (Súm. 172, TST; art. 7º, "a", Lei 605/49).

As horas extras devem incidir em: férias e abono de férias (art. 142, § 5º, CLT), 13º salário (Súm. 45, TST), depósitos fundiários e multa de 40% (Súm. 63) e no aviso-prévio (art. 487, § 5º, CLT).

As diferenças de 13º salário, de domingos e feriados e de aviso-prévio (Súmula 305) devem incidir no FGTS + 40%.

PEDIDO:

Horas extras e suas incidências em domingos e feriados; as horas extras devem incidir em férias e abono de férias, 13º salário, depósitos fundiários e multa de 40% e no aviso-prévio.

3.182. HORAS EXTRAS
HORAS EXTRAS DIURNAS E NOTURNAS; O TRABALHADOR TEM UMA FOLGA SEMANAL

CAUSA DE PEDIR:

O Reclamante, no desempenho de suas funções, laborava na seguinte jornada: [descrever o horário de trabalho nos dias da semana, domingos/feriados, horas diurnas/noturnas e indicar a existência ou não de folgas compensatórias].

De acordo com a ordem jurídica, a hora extra é deferida a partir da oitava diária e ou da quadragésima quarta semanal (art. 7º, XIII, CF). Portanto, o divisor é de 220 horas. [Pode ocorrer de o Reclamante ter outra base horária diária inferior ao limite do art. 7º, XIII, da CF; logo, a hora extra a ser requerida será a partir desta carga horária diferenciada; também o divisor será diferente. Exemplo: bancário: 6 horas diárias; carga mensal: 180/150 horas].

As horas extras são devidas com o adicional previsto no art. 7º, XVI, CF (adicional 50%). [Se houver norma mais benéfica, o adicional mais benéfico há de ser indicado].

As horas extras devem ser calculadas considerando-se todos os aditivos salariais habituais (Súm. 264, TST).

As horas extras ocorridas no horário das 22:00 em diante são devidas da seguinte forma: a) o adicional noturno integra a base de cálculo das horas extras prestadas em período noturno (OJ 97, SDI-I); b) o adicional noturno pago com habitualidade, integra o salário do empregado para todos os efeitos (Súm. 60, I, TST).

As horas extras diurnas e noturnas integram o salário para todos os fins e devem incidir nos domingos e nos feriados (Súm. 172, TST; art. 7º, "a", Lei 605/49).

As horas extras devem incidir em: férias e abono de férias (art. 142, § 5º, CLT), 13º salário (Súm. 45, TST), depósitos fundiários e multa de 40% (Súm. 63) e aviso-prévio (art. 487, § 5º, CLT).

As diferenças de 13º salário, de domingos e feriados e de aviso-prévio (Súm. 305) devem incidir no FGTS + 40%.

PEDIDO:

Horas extras diurnas e noturnas e suas incidências em domingos e feriados; as horas extras devem incidir em férias e abono de férias, 13º salário, depósitos fundiários e multa de 40% e no aviso-prévio; as diferenças de 13º salário, de domingos e feriados e de aviso-prévio devem incidir no FGTS + 40%.

Cap. 3 • MODELOS DE CAUSA DE PEDIR E PEDIDOS

3.183. HORAS EXTRAS
HORAS EXTRAS DURANTE A SEMANA E NOS DOMINGOS E FERIADOS, VISTO QUE O TRABALHADOR NÃO TEM FOLGA SEMANAL REGULAR

CAUSA DE PEDIR:

O Reclamante, no desempenho de suas funções, laborava na seguinte jornada: [descrever o horário de trabalho nos dias da semana, domingos/feriados e indicar a existência ou não de folgas semanais/compensatórias].

De acordo com a ordem jurídica, a hora extra é deferida a partir da oitava diária e ou da quadragésima quarta semanal (art. 7º, XIII, CF). Portanto, o divisor é de 220 horas. [Pode ocorrer de o Reclamante ter outra base horária diária inferior ao limite do art. 7º, XIII, da CF; logo, a hora extra a ser requerida será a partir desta carga horária diferenciada; também o divisor será diferente. Exemplo: bancário: 6 horas diárias; carga mensal: 180/150 horas].

As horas extras são devidas com o adicional previsto no art. 7º, XVI, da Constituição Federal (50%). [Se houver norma mais benéfica, o adicional mais benéfico há de ser indicado].

As horas extras ocorridas em domingos e feriados e sem a regular folga compensatória são devidas em dobro, de acordo com o disposto na Súmula 146 do TST: *"O trabalho prestado em domingos e feriados, não compensado, deve ser pago em dobro, sem prejuízo da remuneração relativa ao repouso semanal".*

As horas extras devem ser calculadas considerando-se todos os aditivos salariais habituais (Súm. 264 do TST).

As horas extras da semana e dos domingos e feriados em dobro integram o salário para todos os fins e devem incidir nos domingos e nos feriados (Súm. 172, TST; art. 7º, "a", Lei 605/49).

As horas extras devem incidir em: férias e abono de férias (art. 142, § 5º, CLT), 13º salário (Súm. 45, TST), depósitos fundiários e multa de 40% (Súm. 63) e aviso-prévio (art. 487, § 5º, CLT). As diferenças de 13º salário, de domingos e feriados e de aviso-prévio (Súm. 305) devem incidir no FGTS + 40%.

PEDIDO:

Horas extras da semana e dos domingos e feriados em dobro e suas incidências em domingos e feriados; as horas extras devem incidir em férias e abono de férias, 13º salário, depósitos fundiários e multa de 40% e no aviso-prévio; as diferenças de 13º salário, de domingos e feriados e de aviso-prévio devem incidir no FGTS + 40%.

3.184. HORAS EXTRAS
AFASTAMENTO DO CARGO DE CONFIANÇA

CAUSA DE PEDIR:

O Reclamante, no desempenho de suas funções, laborava na seguinte jornada: [descrever o horário de trabalho nos dias da semana, domingos/feriados, horas diurnas/noturnas e indicar a existência ou não de folgas semanais/compensatórias].

De acordo com a ordem jurídica, a hora extra é deferida a partir da oitava diária e ou da quadragésima quarta semanal (art. 7º, XIII, CF).

Ocorre que a Reclamada nada pagava a título de horas extras, ao fundamento de que o Reclamante estava enquadrado na exceção do art. 62, II, da CLT, não fazendo jus, portanto, a horas extras.

Pela antiga redação do art. 62, "b", da CLT, estavam excluídos da limitação normal da jornada de trabalho os gerentes, assim considerados os que, investidos de mandato, em forma legal, exerciam encargos de gestão, e, pelo padrão mais elevado de vencimentos, se diferenciavam dos demais empregados, ficando-lhes, entretanto, assegurado o descanso semanal.

A doutrina e a jurisprudência, interpretando o art. 62, "b", da CLT, na caracterização de cargo de confiança, assimilavam por inteiro *"uma clássica noção construída pelo jurista Mario de La Cueva sobre o tema: seriam funções de confiança aquelas cujo exercício colocasse em jogo 'a própria existência da empresa, seus interesses fundamentais, sua segurança e a ordem essencial ao desenvolvimento de sua atividade'.*

Considerava-se firme a intenção da lei de restringir a noção de cargo de confiança àqueles que deferissem a seus ocupantes uma tríade de requisitos: a) poderes e função de gestão com respeito à dinâmica da empresa; b) poderes e função de representação, com outorga de mandato, na forma legal; c) inequívoca distinção remuneratória a seus detentores, em face dos demais empregados da mesma organização" (DELGADO, Mauricio Godinho. *Introdução ao Direito do Trabalho*. 2. ed. São Paulo: LTr, 1999, p. 291).

Diante da nova redação imposta pela Lei 8.966/94, como gerentes, assim considerados os exercentes de cargo de gestão, aos quais se equiparam, para efeito do disposto neste artigo, os diretores e chefes de departamento ou filial. Porém, o salário do cargo de confiança, compreendendo a gratificação de função, se houver, não poderá ser inferior ao valor do respectivo salário efetivo acrescido de quarenta por cento (art. 62, II, parágrafo único, CLT).

Cotejando-se as duas redações, temos: a) não se exige mais a existência do mandato na caracterização da exclusão legal para o gerente; b) equiparam-se ao gerente os cargos de diretores e chefes de departamento ou filial.

Na ótica de Mauricio Godinho Delgado, *"a nova lei manteve também o requisito de exercício de funções e atribuições de gestão (a lei fala em 'exercentes de cargos de gestão'). Aduziu, contudo, que nessas funções se enquadram os cargos de diretores (o que não traduz novidade) e chefes de departamento ou filial. A referência a 'chefes de departamento', entretanto, pode ter um ainda imponderável caráter modificativo sobre a essência do tipo legal celetista clássico. Na verdade, se tal expressão não for submetida a um esforço interpretativo extremamente criterioso, poderá ter o efeito de ampliar desmesuradamente o conceito celetista de cargo de confiança.*

Por fim, a lei nova silenciou a respeito do anterior requisito da função de representação mediante mandato ('investidos de mandato, em forma legal', dizia o texto precedente do mesmo artigo), ampliando, em certa medida, as hipóteses de incidência do tipo legal 'cargo de confiança'. Não há mais, pois, o requisito da outorga de mandato na forma legal" (*Introdução ao Direito do Trabalho*. 2. ed. São Paulo: LTr, 1999, p. 292).

Independente ou não da existência de mandato na forma legal, a exclusão da limitação da jornada normal exige que o gerente ou os equiparados tenham poderes de mando e cujos atos obrigam a empresa. Não basta a simples responsabilidade no trato das suas funções. Deverão ter os poderes de gestão e de representação (= de mando), além de um padrão remuneratório elevado face aos subordinados.

De fato, a grande alteração havida repousa na nova abrangência das funções que se enquadram na exclusão legal – gerentes, diretores e chefes de departamento ou de filial, além da exigência de que a remuneração deve ser superior em 40% ao salário básico. A pessoa que passa a ter encargos de gestão deve perceber uma remuneração de, no mínimo, 40% superior ao que auferia anteriormente.

O Reclamante não exercia cargo de gestão e representação, com autonomia, sendo apenas [descrever a função], tendo que se reportar ao superior hierárquico, inclusive quanto à jornada de trabalho. Portanto, o Reclamante não pode ser enquadrado na hipótese no art. 62, II, CLT, fazendo jus a horas extras. [Pode ocorrer do Reclamante ter uma outra base horária diária inferior ao limite do art. 7°, XIII, da CF; logo, a hora extra a ser requerida será a partir desta carga horária diferenciada; também o divisor será diferente. Exemplo: bancário: 6 horas diárias; carga mensal: 180/150 horas].

As horas extras são devidas com o adicional previsto no art. 7°, XVI, da CF (adicional 50%). [Se houver norma mais benéfica, o adicional mais benéfico há de ser indicado].

O divisor é de 220 horas.

As horas extras devem ser calculadas considerando-se todos os aditivos salariais habituais (Súmula 264 do TST).

As horas extras ocorridas no horário das 22:00 em diante são devidas da seguinte forma: a) o adicional noturno integra a base de cálculo das horas extras prestadas em período noturno (OJ 97, SDI-I); b) o adicional noturno pago com habitualidade integra o salário do empregado para todos os efeitos (Súm. 60, I, TST).

As horas extras diurnas e noturnas integram o salário para todos os fins e devem incidir nos domingos e nos feriados (Súm. 172, TST; art. 7°, "a", Lei 605/49).

As horas extras devem incidir em: férias e abono de férias (art. 142, § 5°, CLT), 13° salário (Súm. 45, TST), depósitos fundiários e multa de 40% (Súm. 63) e aviso-prévio (art. 487, § 5°, CLT).

As diferenças de 13° salário, de domingos e feriados e de aviso-prévio (Súm. 305) devem incidir no FGTS + 40%.

PEDIDO:

Horas extras diurnas e noturnas e suas incidências em domingos e feriados; as horas extras devem incidir em férias e abono de férias, 13° salário, depósitos fundiários e multa de 40% e aviso-prévio; as diferenças de 13° salário, de domingos e feriados e de aviso-prévio devem incidir no FGTS + 40%.

574 | PRÁTICA DA RECLAMAÇÃO TRABALHISTA – *Jorge Neto • Wenzel • Cavalcante*

3.185. HORAS EXTRAS
ATIVIDADE INSALUBRE E TURNOS DE REVEZAMENTO

CAUSA DE PEDIR:

O Reclamante, no desempenho de suas funções, laborava na seguinte jornada: [descrever o horário de trabalho] em turnos ininterruptos de revezamento.

Contudo, o labor em turnos ininterruptos de revezamento se deu ao mesmo tempo em que estava exposto a agentes insalubres.

Uma vez comprovado o labor em turnos ininterruptos de revezamento, a Constituição Federal, no art. 7º, XIV, reconhece o direito a uma jornada de seis horas diárias, salvo negociação coletiva.

Segundo entende a Reclamada, a validade da jornada está fundamentada na existência de norma coletiva, a qual permite a adoção da jornada de oito horas para os turnos ininterruptos de revezamento.

O TST tem-se posicionado no sentido de não reconhecer validade às disposições convencionais que atentem contra a saúde e segurança do trabalhador, valorizando, assim, a vida e a saúde do trabalhador em detrimento da livre negociação.

Com efeito, a proteção à higidez do trabalhador assegurada na legislação trabalhista trata das condições mínimas, sendo vedada sua redução mediante convenção das partes.

Logo, os incisos XIII e XIV do art. 7º, da Constituição da República, que autorizam a prorrogação da jornada mediante negociação coletiva, inclusive do labor em turnos ininterruptos de revezamento, devem ser interpretados à luz de outros dispositivos constitucionais que visam a proteger bem maior do trabalhador, no caso, sua vida e sua saúde.

Dessa forma, a liberdade negocial assegurada às partes, em matéria de saúde e segurança do trabalhador, encontra limite no inciso XXII do referido preceito constitucional, *in verbis*:

"XXII – redução dos riscos inerentes ao trabalho, por meio de normas de saúde, higiene e segurança".

Assim, o elastecimento da jornada, inclusive em turnos ininterruptos de revezamento, em atividade insalubre, aumenta o risco à saúde do trabalhador, visto que o excesso de jornada gera desgastes físico e emocional, deixando o trabalhador mais cansado e, por conseguinte, mais vulnerável à ocorrência de acidentes.

Necessária, portanto, para a prorrogação da jornada em atividade insalubre, a prévia autorização das autoridades competentes, conforme previsto no art. 60 da CLT (Súm. 85, VI, TST).

Nesse sentido:

"Agravo de instrumento. Recurso de revista interposto sob a égide da Lei 13.015/2014 – descabimento. 1. Horas extras. Turnos ininterruptos de revezamento. Labor em ambiente insalubre. Validade da norma coletiva que estabeleceu a jornada. Necessidade de autorização do ministério do trabalho. 1.1. O art. 60 da CLT estabelece que, nas atividades insalubres, quaisquer prorrogações só podem ser acordadas mediante licença prévia das autoridades competentes em matéria de Medicina do Trabalho. 1.2. Trata-se de norma de caráter tutelar, que constitui medida de higiene, saúde e segurança do trabalho, cuja observância é obrigatória. 1.3. Nessa esteira, inexistindo autorização da autoridade competente, diversamente do que admitia a Súmula

Cap. 3 • MODELOS DE CAUSA DE PEDIR E PEDIDOS | **575**

349 desta Corte, atualmente cancelada, não há que se cogitar de validade do acordo de compensação de jornada (...)" (TST – 3ª T – AIRR 2277-53.2013.5.03.0089 – Rel. Min. Alberto Luiz Bresciani de Fontan Pereira – *DEJT* 19-2-2016).

Assim, em face da ausência de licença prévia do Ministério do Trabalho e Emprego, tem-se como inválida a negociação coletiva e o acordo normativo que instituíram a compensação de jornada, pelo que são devidas as horas extras prestadas, não se podendo falar em pagamento apenas do adicional de horas extras.

Hora extra é deferida a partir da sexta diária. Portanto, o divisor é de 180 horas.

As horas extras são devidas com o adicional previsto no art. 7º, XVI, da CF (adicional de 50%). [Se houver norma mais benéfica, o adicional mais benéfico há de ser indicado].

As horas extras devem ser calculadas considerando-se todos os aditivos salariais habituais (Súm. 264, TST).

As horas extras integram o salário para todos os fins e devem incidir nos domingos e feriados (Súm. 172, TST; art. 7º, "a", Lei 605/49).

As horas extras devem incidir em: férias e abono de férias (art. 142, § 5º, CLT), 13º salário (Súm. 45, TST), depósitos fundiários e multa de 40% (Súm. 63) e aviso-prévio (art. 487, § 5º, CLT).

As diferenças de 13º salário, de domingos e feriados e de aviso-prévio (Súm. 305) devem incidir no FGTS + 40%.

PEDIDO:

Horas extras, observando-se os seguintes parâmetros: (a) a hora extra é deferida a partir da sexta diária; (b) divisor 180 horas; (c) as horas extras são devidas com o adicional previsto no art. 7º, XVI, CF (adicional de 50%). [Se houver norma mais benéfica, o adicional mais benéfico há de ser indicado]; (d) as horas extras devem ser calculadas considerando-se todos os aditivos salariais habituais; (e) as horas extras integram o salário para todos os fins e devem incidir nos domingos e nos feriados; (f) as horas extras devem incidir em: férias e abono de férias, 13º salário, depósitos fundiários e multa de 40% e aviso-prévio; (g) as diferenças de 13º salário, de domingos e feriados e de aviso-prévio devem incidir no FGTS + 40%; (h) as diferenças de 13º salário, de domingos e feriados e de aviso-prévio devem incidir no FGTS + 40%.

3.186. HORAS EXTRAS
MINUTOS RESIDUAIS

CAUSA DE PEDIR:

O Reclamante sempre se ativou em sobrejornada, no início e no término do horário contratual, sendo que laborava [indicar tempo] minutos na entrada e [indicar tempo] minutos na saída.

Todos os minutos residuais da jornada diária, que ultrapassem cinco minutos antes ou após o expediente, devem ser considerados como horas extras, a teor do que dispõe o art. 58, § 1º, CLT.

Ressalte-se que os minutos residuais não se enquadram em nenhuma das hipóteses do art. 4º, § 2º, da CLT, eis que o Reclamante não estava exercendo quaisquer das atividades particulares mencionadas nos incisos I a VIII.

Citadas horas extras são devidas com o adicional normativo [citar a cláusula e a vigência do instrumento normativo] ou o adicional de 50% (art. 7º, XVI, CF), com reflexos em: domingos e feriados, férias, abono de férias, 13º salário, FGTS + 40% e aviso-prévio.

PEDIDO:

Horas extras, ante o cômputo de todos os minutos, que excedam cinco minutos na entrada e outro tanto na saída, com o adicional normativo [citar a cláusula e a vigência do instrumento normativo] ou o adicional de 50% (art. 7º, XVI, CF), com reflexos em: domingos e feriados, férias, abono de férias, 13º salário, FGTS + 40% e aviso-prévio.

3.187. HORAS EXTRAS
MINUTOS RESIDUAIS 2 (OUTRA CAUSA DE PEDIR)

CAUSA DE PEDIR:

O Reclamante sempre se ativou em jornada suplementar, no início e no término do horário contratual, sendo que laborava 20 minutos na entrada e o mesmo tanto na saída. Citados minutos devem ser computados na duração da jornada diária (art. 4º, CLT).

Como os minutos residuais extravasam o limite de dez minutos diários, com base no art. 58, § 1º, CLT, citado lapso temporal diário deve ser computado na jornada diária.

Vale dizer, a jurisprudência (Súm. 366, TST), bem como a lei (art. 58, § 1º, CLT), agasalham a tese de que os minutos que antecedem ou sucedem devem ser observados.

Ressalte-se que os minutos laborados não se enquadram em nenhuma das hipóteses do art. 4º, § 2º, da CLT, eis que o Reclamante não estava exercendo quaisquer das atividades particulares mencionadas nos incisos I a VIII do mencionado artigo.

O adicional a ser observado é de 50% [exceto se houver adicional normativo mais benéfico], com reflexos em férias, abono de férias, 13º salário, FGTS + 40%, aviso-prévio e nos domingos e feriados.

PEDIDO:

Horas extras ante os minutos residuais com adicional de 50% [exceto se houver adicional normativo mais benéfico], com reflexos em férias, abono de férias, 13º salário, FGTS + 40%, aviso-prévio e nos domingos e feriados.

3.188. HORAS EXTRAS
REDUÇÃO DE JORNADA PELO EMPREGADOR. AUMENTO POSTERIOR

CAUSA DE PEDIR:

O Reclamante foi contratado para laborar 44 horas semanais. Em [indicar a data], sua jornada foi reduzida para 40 horas semanais, sem prejuízo salarial, sendo que posteriormente foi-lhe exigida a prestação de serviços por 44 horas semanais, correspondente ao sábado.

O art. 468 da CLT traz o princípio da inalterabilidade do contrato de trabalho, vedando alterações unilaterais desse contrato, só as permitindo por mútuo consentimento. Exceção somente é feita com relação às alterações que venham a beneficiar o trabalhador.

Tal previsão impede toda e qualquer modificação contratual, ainda que bilateral, que prejudique o trabalhador. Em outras palavras, só será válida a alteração que vier a beneficiar o trabalhador.

A Reclamada, diante do poder de direção, pode, unilateralmente, reduzir a duração da jornada laboral.

O novo horário de trabalho estabelecido de forma tácita ou expressa adere ao contrato de trabalho, por ser condição de trabalho mais benéfica ao trabalhador.

Cumpre esclarecer que o art. 442, *caput*, da CLT, não faz distinção entre o pacto tácito e o expresso, correspondente à relação de emprego, para a configuração do contrato individual de trabalho.

Em decorrência da observância aos princípios da inalterabilidade contratual lesiva e da estabilidade financeira, tal redução da carga horária não pode produzir correspondente diminuição no salário do empregado, acarretando prejuízos financeiros para o empregado. Contudo, tal situação não ocorreu nos presentes autos.

A alteração de jornada efetivada não tinha caráter eventual, significando que o empregador abriu mão das condições de trabalho originárias quanto à jornada de trabalho, razão por que o retorno à jornada inicial alterou o contrato pactuado.

Patentes os prejuízos ao empregado com a alteração realizada, não havendo como se reconhecer a validade da alteração contratual.

Dessa forma, a jornada superior ao limite semanal de 40 horas constitui-se em inequívoco labor extraordinário, fazendo jus o Reclamante ao respectivo pagamento.

Nesse sentido é a jurisprudência do TST:

"NULIDADE DO ACÓRDÃO PROLATADO PELO TRIBUNAL REGIONAL POR NEGATIVA DE PRESTAÇÃO JURISDICIONAL. ARTIGO 249, § 2°, DO CÓDIGO DE PROCESSO CIVIL [1973]. ... HORAS EXTRAS. ACRÉSCIMO DE 42 MINUTOS NA JORNADA. ALTERAÇÃO CONTRATUAL LESIVA. Nos termos do artigo 468 da Consolidação das Leis do Trabalho, nos contratos individuais de trabalho, só é lícita a alteração das respectivas condições por mútuo consentimento, e, ainda assim, desde que daí não resultem, direta ou indiretamente, prejuízos ao empregado, sob pena de nulidade da cláusula infringente dessa garantia. Na hipótese, registrou o Tribunal Regional que a partir de dezembro de 1991, o horário de trabalho do autor tivera um acréscimo de quarenta e dois minutos diários. A alteração unilateral do contrato de trabalho pela reclamada causou evidente prejuízo

Cap. 3 • MODELOS DE CAUSA DE PEDIR E PEDIDOS | **579**

ao reclamante, que passou a laborar mais quarenta e dois minutos diariamente, sem a devida contraprestação. Recurso de revista conhecido e provido" (TST – 1ª T. – RR 15100-50.1994.5.02.0381 – Rel. Des. Conv. Marcelo Lamego Pertence – *DEJT* 22-3-2016).

Portanto, devem ser pagas como extraordinárias as horas trabalhadas além da 40ª semanal.

As horas extras são devidas com o adicional previsto no art. 7º, XVI, CF (adicional 50%). [Se houver norma mais benéfica, o adicional mais benéfico há de ser indicado].

O divisor é de 200.

As horas extras devem ser calculadas considerando-se todos os aditivos salariais habituais (Súm. 264, TST).

As horas extras integram o salário para todos os fins e devem incidir nos domingos e feriados (Súm. 172, TST; art. 7º, "a", Lei 605/49).

As horas extras devem incidir em: férias e abono de férias (art. 142, § 5º, CLT), 13º salário (Súm. 45, TST), depósitos fundiários e multa de 40% (Súm. 63) e aviso-prévio (art. 487, § 5º, CLT).

As diferenças de 13º salário, de domingos e feriados e de aviso-prévio (Súm. 305) devem incidir no FGTS + 40%.

PEDIDO:

Horas extras, observando-se os seguintes parâmetros: (a) as horas extras são devidas com o adicional previsto no art. 7º, XVI, CF (adicional de 50%). [Se houver norma mais benéfica, o adicional mais benéfico há de ser indicado]; (b) o divisor é de 200; (c) as horas extras devem ser calculadas considerando-se todos os aditivos salariais habituais (Súm. 264 do TST); (d) as horas extras integram o salário para todos os fins e devem incidir nos domingos e nos feriados; (e) as horas extras devem incidir em: férias e abono de férias, 13º salário, depósitos fundiários e multa de 40% e aviso-prévio; (f) as diferenças de 13º salário, de domingos e feriados e aviso-prévio (Súm. 305) devem incidir no FGTS + 40%.

3.189. HORAS EXTRAS
REGISTRO DE PONTO POR EXCEÇÃO

O presente tópico é válido até a data de vigência da Lei 13.874/19 (vigência a partir de 20-9-2019), tendo em vista a inserção do § 4º ao art. 74 da CLT: *"§ 4º Fica permitida a utilização de registro de ponto por exceção à jornada regular de trabalho, mediante acordo individual escrito, convenção coletiva ou acordo coletivo de trabalho"*.

CAUSA DE PEDIR:

O Reclamante, no desempenho de suas funções, laborava na seguinte jornada: [descrever o horário de trabalho]. Contudo, a Reclamada anotava o registro de ponto "por exceção", onde somente são consignadas as saídas antecipadas e/ou horas extras prestadas, bem como compensações, faltas e atrasos.

O controle de ponto "por exceção" adotado pela Reclamada, que afasta a obrigatoriedade dos registros de ponto, não se sobrepõe ao disposto no art. 74, § 2º, da CLT.

Tal sistemática não transfere ao empregado o ônus de comprovar a jornada praticada, na medida em que é dever da empresa manter o registro da jornada de trabalho na forma legal. Assim, tem-se que a ausência dos controles atrai a incidência do entendimento consubstanciado na Súmula 338 do TST, gerando a presunção de veracidade da jornada declinada.

De acordo com a ordem jurídica, a hora extra é deferida a partir da oitava diária e ou da quadragésima quarta semanal (art. 7º, XIII, CF). Portanto, o divisor é de 220 horas. [Pode ocorrer de o Reclamante ter outra base horária diária inferior ao limite do art. 7º, XIII, da CF; logo, a hora extra a ser requerida será a partir dessa carga horária diferenciada; também o divisor será diferente. Exemplo: bancário: 6 horas diárias; carga mensal: 180/150 horas].

As horas extras são devidas com o adicional previsto no art. 7º, XVI, da CF (adicional de 50%). [Se houver norma mais benéfica, o adicional mais benéfico há de ser indicado].

As horas extras devem ser calculadas considerando-se todos os aditivos salariais habituais (Súm. 264, TST).

As horas extras integram o salário para todos os fins e devem incidir nos domingos e feriados (Súm. 172, TST; art. 7º, "a", Lei 605/49).

As horas extras devem incidir em: férias e abono de férias (art. 142, § 5º, CLT), 13º salário (Súm. 45, TST), depósitos fundiários e multa de 40% (Súm. 63) e aviso-prévio (art. 487, § 5º, CLT).

As diferenças de 13º salário, de domingos e feriados e aviso-prévio (Súm. 305) devem incidir no FGTS + 40%.

PEDIDO:

Horas extras, observando-se os seguintes parâmetros: (a) a hora extra é deferida a partir da oitava diária e ou da quadragésima quarta semanal (art. 7º, XIII, CF); (b) divisor 220 horas. [Pode ocorrer de o Reclamante ter outra base horária diária inferior ao limite do art. 7º, XIII, da CF; logo, a hora extra a ser requerida será a partir dessa carga horária diferenciada; também o divisor será diferente. Exemplo: bancário: 6 horas diárias; carga mensal: 180 horas/150]; (c) as horas extras são devidas com o adicional previsto no art. 7º, XVI, CF (adicional de 50%). [Se houver norma mais benéfica, o adicional mais benéfico há de ser indicado]; (d) as horas extras devem ser calculadas considerando-se todos os aditivos salariais habituais; (e) as horas extras integram o salário para todos os fins e devem incidir nos domingos e nos feriados; (f) as horas extras devem incidir em: férias e abono de férias, 13° salário, depósitos fundiários e multa de 40% e aviso-prévio; (g) as diferenças de 13° salário, de domingos e feriados e aviso-prévio devem incidir no FGTS + 40%.

3.190. HORAS EXTRAS
TEMPO DE ESPERA EM AEROPORTO PARA VIAGENS (CHECK-IN). TEMPO DE DURAÇÃO DO VOO. TEMPO À DISPOSIÇÃO DO EMPREGADOR

CAUSA DE PEDIR:

O Reclamante pretende o deferimento como hora extra do período de espera em aeroportos para embarque, bem como dos períodos de duração do voo, na medida em que se encontrava à disposição do empregador.

O art. 4º, *caput*, da CLT dispõe:

"Considera-se como de serviço efetivo o período em que o empregado esteja à disposição do empregador, aguardando ou executando ordens, salvo disposição especial expressamente consignada."

As horas utilizadas pelo Reclamante em viagens, realizadas em decorrência do contrato de trabalho e, portanto, no interesse e em benefício da Reclamada, uma vez que extrapolam a jornada de trabalho, devem ser consideradas como extras, pois caracterizam tempo à disposição do empregador, a teor do art. 4º da CLT.

Nesse sentido:

"AGRAVO DE INSTRUMENTO EM RECURSO DE REVISTA. HORAS EXTRAS. VIAGENS A SERVIÇO. PERÍODO DE DESLOCAMENTO FORA DO HORÁRIO DE TRABALHO. TEMPO À DISPOSIÇÃO DO EMPREGADOR. Caracterizada a violação do art. 4º da CLT, merece ser processado o Recurso de Revista. Agravo de Instrumento conhecido e provido. RECURSO DE REVISTA. HORAS EXTRAS. VIAGENS A SERVIÇO. PERÍODO DE DESLOCAMENTO FORA DO HORÁRIO DE TRABALHO. TEMPO À DISPOSIÇÃO DO EMPREGADOR. As viagens do empregado que extrapolam a jornada de serviço caracterizam tempo à disposição do empregador, nos termos do art. 4º da CLT, e devem ser remuneradas como extras. Precedentes. Recurso de Revista conhecido e provido." (TST – 4ª T. – RR 2900-94.2014.5.17.0121 – Rel. Min. Maria de Assis Calsing – *DEJT* 8-5-2015.)

Como regra, a jornada é composta pelo tempo em que o empregado mantém a sua energia de trabalho à disposição do empregador, aí se incluindo aquele em que executa ordens ou as aguarda, simplesmente.

O tempo de voo efetivo é tempo que deve ser remunerado, pois é tempo à disposição, nele devendo ser incluído o tempo de apresentação para *check-in* e procedimento de embarque.

A controvérsia amolda-se ao artigo 4º da CLT, isso porque as horas gastas em viagens, incluindo-se o tempo de espera nos aeroportos, decorrem das necessidades do serviço.

A considerar que as viagens realizadas para cursos e treinamentos foram estabelecidas pelo empregador, entende-se que o tempo em que o trabalhador permaneceu aguardando o embarque e desembarque de aeronaves, deve ser considerado também tempo à disposição do empregador, nos termos do art. 4º da CLT, porque são horas gastas em viagens determinadas pelo empregador.

Cap. 3 • MODELOS DE CAUSA DE PEDIR E PEDIDOS | **583**

Nesse sentido:

"RECURSO DE EMBARGOS. CONTRATO TERMINADO ANTES DA VIGÊNCIA DA REFORMA TRABALHISTA DE 2017. HORAS EXTRAS. VIAGENS PARA PARTICIPA- ÇÕES EM CURSOS E TREINAMENTOS. TEMPO DE APRESENTAÇÃO (CHECK-IN) NO AEROPORTO. TEMPO À DISPOSIÇÃO. ARTIGO 4° DA CLT. TEMPO DE DESLO- CAMENTO CASA-AEROPORTO E AEROPORTO-HOTEL. AUSÊNCIA NO ENQUA- DRAMENTO COMO TEMPO À DISPOSIÇÃO. Considerando as viagens realizadas para cursos e treinamentos estabelecidos pelo empregador e o enquadramento de vários módulos temporais como tempo à disposição, nos termos do art. 4° da CLT, com a redação vigente à época dos fatos, esta SBDI-1 fixa os seguintes parâmetros: (I) deve ser considerado na jornada de trabalho: (a) o tempo de efetiva duração do voo, inclusive o tempo necessário para apresentação de check-in, fixado em uma hora para deslocamentos nacionais, e (b) o tempo de efetiva realização do curso, e, (II) o extrapolamento de tais períodos na jornada normal, gera direito à percepção de horas extras; (III) por outro lado, não se considera na jornada o tempo de deslocamento da casa até o aeroporto, na cidade de origem, nem o tempo de deslocamento entre o aeroporto e o alojamento, na cidade de destino. Recurso de embargos conhecido e provido parcialmente." (TST – SDI-I – E-RR 770-74.2011.5.03.0106 – Red. Min. Alexandre Luiz Ramos – *DEJT* 23-10-2020.)

As horas extras são devidas com o adicional previsto no art. 7°, XVI, da CF (adicional 50%). **[Se houver norma mais benéfica, o adicional mais benéfico há de ser indicado].**

O divisor é de 220 horas.

As horas extras devem ser calculadas considerando-se todos os aditivos salariais habituais (Súmula 264 do TST).

As horas extras integram o salário para todos os fins e devem incidir nos domingos e nos feriados (Súm. 172, TST; art. 7°, "a", Lei 605/49).

As horas extras devem incidir em: férias e abono de férias (art. 142, § 5°, CLT), 13° salário (Súm. 45, TST) aviso-prévio e nos depósitos fundiários (Súm. 63).

As diferenças de 13° salário, de aviso-prévio e de domingos e feriados devem incidir no FGTS + 40%.

PEDIDO:

(a) Horas extras e suas incidências em domingos e feriados; as horas extras devem incidir em férias e abono de férias, 13° salário, depósitos fundiários e multa de 40% e no aviso-prévio; (b) as diferenças de 13° salário, de DSR/feriados e de aviso-prévio devem incidir no FGTS + 40%.

3.191. HORAS EXTRAS
VIOLAÇÃO DO INTERVALO INTRAJORNADA (ART. 71, CLT)

O presente tópico é válido até a data de entrada em vigência da Lei n° 13.467/17 (vigência a partir de 11 de novembro de 2017).

CAUSA DE PEDIR:

Na vigência do contrato de trabalho, o Reclamante tinha intervalo de [detalhar o intervalo].

Quando a jornada diária é superior a seis horas, de acordo com o art. 71 da CLT, o intervalo intrajornada deverá ter a duração mínima de uma e a máxima de duas horas.

Pela violação do texto legal (art. 71, *caput*, CLT), o Reclamante faz jus ao intervalo suprimido integral, com adicional de 50% ou o normativo, ante o teor do art. 71, § 4°, CLT, combinado com o entendimento jurisprudencial cristalizado na Súmula 437, I, TST.

A inexistência parcial ou total do horário intrajornada tem natureza salarial na forma da Súmula 437, III.

A negociação coletiva não pode reduzir a duração desse intervalo (Súm. 437, II).

As horas extras devem ser calculadas considerando-se todos os aditivos salariais habituais (Súm. 264, TST).

As horas extras integram o salário para todos os fins e devem incidir nos domingos e nos feriados (Súm. 172, TST; art. 7°, "a", Lei 605/49).

As horas extras devem incidir em: férias e abono de férias (art. 142, § 5°, CLT), 13° salário (Súm. 45, TST), depósitos fundiários e multa de 40% (Súm. 63) e aviso-prévio (art. 487, § 5°, CLT).

As diferenças de 13° salário, de domingos e feriados e de aviso-prévio (Súm. 305) devem incidir no FGTS + 40%.

PEDIDO:

Horas extras e suas incidências em domingos e feriados; as horas extras e suas incidências em férias e abono de férias, 13° salário, depósitos fundiários e multa de 40% e no aviso-prévio; as diferenças de 13° salário, de domingos e feriados e de aviso-prévio devem incidir no FGTS + 40%.

3.191.1. Horas extras
Violação do intervalo intrajornada (art. 71, CLT)

CAUSA DE PEDIR:

Na vigência do contrato de trabalho, o Reclamante tinha intervalo de [detalhar o intervalo].

Quando a jornada diária é superior a seis horas, de acordo com o art. 71 da CLT, o intervalo intrajornada deverá ter a duração mínima de uma e máxima de duas horas.

Em que pese o art. 611-A, III, da CLT, autorizar a negociação coletiva para redução do intervalo intrajornada para no mínimo 30 minutos, esta não é a hipótese dos autos.

Pela violação do texto legal (art. 71, *caput*, CLT), o Reclamante faz jus ao período suprimido, com acréscimo de 50% sobre o valor da remuneração da hora normal de trabalho, ante o teor do art. 71, § 4°, CLT.

PEDIDO:

Condenação da Reclamada ao pagamento do período de intervalo intrajornada suprimido, com acréscimo de 50% sobre o valor da remuneração da hora normal de trabalho, ante o teor do art. 71, § 4°, CLT.

3.192. HORAS EXTRAS
VIOLAÇÃO DO INTERVALO INTRAJORNADA. APLICAÇÃO DA SÚMULA 437, ITEM IV, DO TST

O presente tópico é válido até a data de entrada em vigência da Lei n° 13.467/17 (vigência a partir de 11 de novembro de 2017).

CAUSA DE PEDIR:

Intervalo intrajornada é o descanso concedido dentro da própria jornada de trabalho. Dentro de cada jornada laboral, o ordenamento determina a concessão do intervalo para repouso ou alimentação.

O intervalo intrajornada destina-se à recomposição física do trabalhador, por intermédio da alimentação, dentro da jornada diária de trabalho. Citados descansos deverão obedecer ao critério estabelecido no art. 71, CLT, ou seja, a duração diária do trabalho.

Na jornada de trabalho com até quatro horas não existe obrigatoriedade para a concessão de intervalo, salvo disposição específica de lei ou norma coletiva de trabalho. Duração de trabalho superior a quatro horas e inferior a seis, o intervalo será de quinze minutos. Por fim, quando o trabalho for prestado por mais de seis horas contínuas, o intervalo para refeição e descanso será de uma hora, podendo estender-se até duas horas.

Ultrapassada habitualmente a jornada de seis horas de trabalho, é devido o gozo do intervalo intrajornada mínimo de uma hora, obrigando o empregador a remunerar o período para descanso e alimentação não usufruído como extra, acrescido do respectivo adicional, na forma prevista no art. 71, *caput* e § 4°, CLT (Súm. 437, IV, TST).

Portanto, quando o trabalhador tiver uma carga diária de labor, em que labore mais do que seis horas diárias, mesmo que a sua jornada normal seja de até seis horas, nesse dia, o intervalo diário será de no mínimo uma hora. Implica dizer que para o trabalhador que faz hora extra diariamente com uma carga horária normal contratual de seis horas, o seu intervalo que seria de quinze minutos passa a ser devido como sendo, no mínimo, de uma hora.

Como o Reclamante fazia horas extras habituais e com estas extrapolava a duração diária de seis horas, tem direito ao intervalo à base de uma hora diária.

Como esse intervalo não era respeitado, com base na Súm. 437, IV, o empregado tem direito à percepção de uma hora extra diária, com o adicional constitucional de 50% (art. 7°, XVI) ou o normativo [juntar o instrumento normativo], no que for mais benéfico, com reflexos em: domingos e feriados, férias, abono de férias, 13° salário, aviso-prévio e nos depósitos fundiários com a multa de 40%. As diferenças de domingos e feriados, 13° salário e aviso-prévio (Súm. 305, TST) devem incidir nos depósitos fundiários + 40%.

PEDIDO:

Horas com adicional de 50 % [ou com o adicional mais benéfico] e suas incidências em domingos e feriados, 13° salário, férias, abono de férias, aviso-prévio e depósitos fundiários + 40%. As diferenças (domingos e feriados; 13° salário; aviso-prévio) devem incidir nos depósitos fundiários + 40%.

Cap. 3 • MODELOS DE CAUSA DE PEDIR E PEDIDOS | 587

3.192.1. Horas extras
Violação do intervalo intrajornada. Ausência de norma coletiva autorizadora

CAUSA DE PEDIR:

Intervalo intrajornada é o descanso concedido dentro da própria jornada de trabalho. Dentro de cada jornada laboral, o ordenamento determina a concessão do intervalo para repouso ou alimentação.

O intervalo intrajornada destina-se à recomposição física do trabalhador, por intermédio da alimentação, dentro da jornada diária de trabalho. Citados descansos deverão obedecer ao critério estabelecido no art. 71, CLT, ou seja, a duração diária do trabalho.

Na jornada de trabalho com até quatro horas não existe obrigatoriedade para a concessão de intervalo, salvo disposição específica de lei ou norma coletiva de trabalho. Duração de trabalho superior a quatro horas e inferior a seis, o intervalo será de quinze minutos. Por fim, quando o trabalho for prestado por mais de seis horas contínuas, o intervalo para refeição e descanso será de uma hora, podendo estender-se até duas horas.

Ultrapassada habitualmente a jornada de seis horas de trabalho, é devido o gozo do intervalo intrajornada mínimo de uma hora, obrigando o empregador a indenizar o período para descanso e alimentação não usufruído, acrescido do respectivo adicional, na forma prevista no art. 71, *caput* e § 4º, CLT.

Portanto, quando o trabalhador tiver uma carga diária de labor, em que labore mais do que seis horas diárias, mesmo que a sua jornada normal seja de até seis horas, nesse dia, o intervalo diário será de no mínimo uma hora. Implica dizer que para o trabalhador que faz hora extra diariamente com uma carga horária normal contratual de seis horas, o seu intervalo que seria de quinze minutos passa a ser devido como sendo, no mínimo, de uma hora.

Em que pese o art. 611-A, III, da CLT, autorizar a negociação coletiva para redução do intervalo intrajornada para no mínimo 30 minutos, esta não é a hipótese dos autos.

Como o Reclamante fazia horas extras habituais e com estas extrapolava a duração diária de seis horas, tem direito ao intervalo à base de uma hora diária.

Como esse intervalo não era respeitado, o empregado tem direito à indenização do período suprimido, com acréscimo de 50% sobre o valor da remuneração da hora normal de trabalho, ante o teor do art. 71, § 4º, CLT.

PEDIDO:

Condenação da Reclamada ao pagamento do período de intervalo intrajornada suprimido, com acréscimo de 50% sobre o valor da remuneração da hora normal de trabalho, ante o teor do art. 71, § 4º, CLT.

3.193. HORAS EXTRAS
INTERVALO INTRAJORNADA CONCEDIDO LOGO APÓS O INÍCIO DA JORNADA OU ANTES DO TÉRMINO

O presente tópico é válido até a data de entrada em vigência da Lei n° 13.467/17 (vigência a partir de 11 de novembro de 2017).

CAUSA DE PEDIR:

Na vigência do contrato de trabalho, embora o Reclamante tivesse uma hora de intervalo, a Reclamada determinava que este fosse gozado após o início da jornada de trabalho [ou uma hora antes do término da jornada].

Considerando-se que o objetivo do legislador ao instituir o intervalo intrajornada é proporcionar o descanso no meio da jornada, para recompor o desgaste físico e mental do trabalhador para a retomada do segundo período de trabalho no decorrer do mesmo dia, sua concessão uma hora após iniciada a jornada não atinge os benefícios do instituto, na medida em que, após uma hora de efetivo trabalho, o grau de desgaste do trabalhador é mínimo, não necessitando de recuperação, e porque a jornada posterior, de seis horas, será cumprida sem qualquer pausa para descanso. O mesmo raciocínio se aplica na hipótese em que o intervalo é concedido ao final da jornada.

Nesse sentido:

"(...) INTERVALO INTRAJORNADA. FRUIÇÃO NO INÍCIO DA JORNADA 1 – O aresto oriundo de Turma do TST não serve ao intuito de demonstrar divergência, por falta de previsão no art. 896 da CLT. Quanto aos demais arestos, a recorrente não demonstra as circunstâncias que os identifiquem ou assemelhem à tese assentada no acórdão recorrido, pelo que não foi atendido o requisito do art. 896, § 8°, da CLT, no particular. No mais, foram atendidos os requisitos do art. 896, § 1°-A, I, II e III, da CLT, introduzidos pela Lei n° 13.015/2014. 2 – Nos termos do art. 71, da CLT, para os trabalhos contínuos, de duração superior a seis horas, é obrigatória a concessão de um intervalo para repouso e alimentação de, no mínimo, uma hora. 3 – O objetivo da norma é garantir a recuperação das energias do empregado e manter a sua concentração ao longo da prestação diária de serviços, revelando-se importante instrumento de preservação da higidez física e mental do trabalhador. O desrespeito a essa regra conspira contra os objetivos da proteção à saúde e à segurança no ambiente de trabalho. Assim, a concessão do intervalo no final ou no início da jornada de trabalho não atende à sua finalidade, e equivale à sua supressão. Citam-se julgados. 4 – A fim de garantir efetividade à norma que assegura a pausa para refeição e descanso, valorizou-se esse tempo de intervalo frustrado como se labor extraordinário fosse, ao teor da Súmula n° 437, I, do TST. 5 – Recurso de revista de que não se conhece (...) (TST – 6ª T. – RR 20092-03.2014.5.04.0024 – Rel ª Min ª Kátia Magalhães Arruda – DEJT 6-5-2016).

Assim, tem-se por irregular o procedimento da Reclamada de conceder o intervalo de uma hora logo após o início da jornada [ou no término da jornada] e o empregado permanecer por seis horas consecutivas sem nenhuma pausa para descanso e alimentação.

Resta violado, sem sombra de dúvidas, o objetivo social e salutar da disposição contida no art. 71 da CLT.

Pela violação do texto legal (art. 71, *caput*, CLT), o Reclamante faz jus ao intervalo integral, com adicional de 50%, ante o teor do art. 71, § 4°, CLT.

Cap. 3 • MODELOS DE CAUSA DE PEDIR E PEDIDOS | 589

A inexistência parcial ou total do horário intrajornada tem natureza salarial na forma da Súmula 437, III.

A negociação coletiva não pode reduzir a duração desse intervalo (Súm. 437, II).

As horas extras devem ser calculadas considerando-se todos os aditivos salariais habituais (Súm. 264, TST).

As horas extras integram o salário para todos os fins e devem incidir nos domingos e feriados (Súm. 172, TST; art. 7°, "a", Lei 605/49).

As horas extras devem incidir em: férias e abono de férias (art. 142, § 5°, CLT), 13° salário (Súm. 45, TST), depósitos fundiários e multa de 40% (Súm. 63) e aviso-prévio (art. 487, § 5°, CLT).

As diferenças de 13° salário, de domingos e feriados e aviso-prévio (Súm. 305) devem incidir no FGTS + 40%.

PEDIDO:

Horas extras e suas incidências em domingos e feriados; as horas extras devem incidir em férias e abono de férias, 13° salário, depósitos fundiários e multa de 40% e aviso-prévio; as diferenças de 13° salário, de domingos e feriados e de aviso-prévio devem incidir no FGTS + 40%.

3.193.1. Horas extras
Intervalo intrajornada concedido logo após o início da jornada ou antes do término

CAUSA DE PEDIR:

Na vigência do contrato de trabalho, embora o Reclamante tivesse uma hora de intervalo, a Reclamada determinava que este fosse gozado após o início da jornada de trabalho [ou uma hora antes do término da jornada].

Considerando-se que o objetivo do legislador ao instituir o intervalo intrajornada é proporcionar o descanso no meio da jornada, para recompor o desgaste físico e mental do trabalhador para a retomada do segundo período de trabalho no decorrer do mesmo dia, sua concessão uma hora após iniciada a jornada não atinge os benefícios do instituto, na medida em que, após uma hora de efetivo trabalho, o grau de desgaste do trabalhador é mínimo, não necessitando de recuperação, e porque a jornada posterior, de seis horas, será cumprida sem qualquer pausa para descanso. O mesmo raciocínio se aplica na hipótese em que o intervalo é concedido ao final da jornada.

Em que pese o art. 611-A, III, da CLT, autorizar a negociação coletiva para redução do intervalo intrajornada para no mínimo 30 minutos, esta não é a hipótese dos autos.

Assim, tem-se por irregular o procedimento da Reclamada de conceder o intervalo de uma hora logo após o início da jornada [ou no término da jornada] e o empregado permanecer por seis horas consecutivas sem nenhuma pausa para descanso e alimentação.

Resta violado, sem sombra de dúvidas, o objetivo social e salutar da disposição contida no art. 71 da CLT.

Pela violação do texto legal (art. 71, *caput*, CLT), o Reclamante faz jus à indenização de uma hora, com acréscimo de 50% sobre o valor da remuneração da hora normal de trabalho, ante o teor do art. 71, § 4°, CLT.

PEDIDO:

Condenação da Reclamada ao pagamento do período de intervalo intrajornada usufruído irregularmente, com acréscimo de 50% sobre o valor da remuneração da hora normal de trabalho, ante o teor do art. 71, § 4°, CLT.

3.194. HORAS EXTRAS
INTERVALO INTRAJORNADA GOZADO NAS DEPENDÊNCIAS DA EMPRESA

O presente tópico é válido até a data de entrada em vigência da Lei nº 13.467/17 (vigência a partir de 11 de novembro de 2017).

CAUSA DE PEDIR:

Na vigência do contrato de trabalho, embora o Reclamante tivesse uma hora de intervalo, não poderia deixar a empresa, sendo obrigado a permanecer no estabelecimento da Reclamada.

O gozo do intervalo no próprio local de trabalho não atende ao objetivo da lei, que é proporcionar ao empregado não só um momento para fazer sua refeição, mas, também, um período de descanso no qual se encontre fora do controle do empregador.

Se o empregado usufrui seu intervalo para refeição e descanso no próprio local de trabalho, está, nesse período, à disposição do empregador, podendo a qualquer momento ser chamado a retomar suas atividades, restando violado, sem sombra de dúvidas, o objetivo social e salutar da disposição contida no art. 71 da CLT.

Nesse sentido:

"Intervalo intrajornada. Ferroviário maquinista. Intervalo para refeição usufruído no local de trabalho. Tempo à disposição do empregador. Compatibilidade entre os arts. 71, caput e § 4º, E 238, § 5º, da CLT. Discute-se, no caso, o direito do ferroviário maquinista ao intervalo intrajornada previsto no art. 71, § 4º, da CLT e a compatibilidade com o art. 238, § 5º, da CLT. Esta Subseção, em 18-4-2013, em sua composição completa, por maioria, ao julgar o E-RR-65200-84.2007.5.03.0038, (redator designado Ministro Aloysio Corrêa da Veiga), adotou o entendimento de que não há incompatibilidade entre os arts. 71, § 4º, e 238, § 5º, da CLT, concluindo que o maquinista ferroviário tem direito ao pagamento, como todos os demais trabalhadores regidos pela legislação trabalhista, do período correspondente ao intervalo intrajornada como hora extra e do respectivo adicional, na forma do art. 71, § 4º, da CLT e da Súmula 437, item I, do TST, pois o intervalo para refeição, nesse caso, é usufruído no local de trabalho, constituindo tempo à disposição do empregador. Embargos conhecidos e desprovidos" (TST – SDI-I – E-RR 140-22.2011.5.15.0126 – Rel. Min. José Roberto Freire Pimenta – DEJT 17-5-2013).

Assim, tem-se por irregular o procedimento da Reclamada de impedir o empregado de deixar o estabelecimento da empresa durante o intervalo intrajornada.

Resta violado, sem sombra de dúvidas, o objetivo social e salutar da disposição contida no art. 71 da CLT.

Pela violação do texto legal (art. 71, *caput*, CLT), o Reclamante faz jus ao intervalo integral, com adicional de 50%, ante o teor do art. 71, § 4º, CLT.

A inexistência parcial ou total do horário intrajornada tem natureza salarial na forma da Súmula 437, III.

A negociação coletiva não pode reduzir a duração desse intervalo (Súm. 437, II).

As horas extras devem ser calculadas considerando-se todos os aditivos salariais habituais (Súm. 264, TST).

As horas extras integram o salário para todos os fins e devem incidir nos domingos e feriados (Súm. 172, TST; art. 7º, "a", Lei 605/49).

As horas extras devem incidir em: férias e abono de férias (art. 142, § 5º, CLT), 13º salário (Súm. 45, TST), depósitos fundiários e multa de 40% (Súm. 63) e aviso-prévio (art. 487, § 5º, CLT).

As diferenças de 13º salário, de domingos e feriados e aviso-prévio (Súm. 305) devem incidir no FGTS + 40%.

PEDIDO:

Horas extras e suas incidências em domingos e feriados; as horas extras devem incidir em férias e abono de férias, 13º salário, depósitos fundiários e multa de 40% e aviso-prévio; as diferenças de 13º salário, de domingos e feriados e de aviso-prévio devem incidir no FGTS + 40%.

3.194.1. Horas extras
Intervalo intrajornada gozado nas dependências da empresa

CAUSA DE PEDIR:

Na vigência do contrato de trabalho, embora o Reclamante tivesse uma hora de intervalo, não poderia deixar a empresa, sendo obrigado a permanecer no estabelecimento da Reclamada.

O gozo do intervalo no próprio local de trabalho não atende ao objetivo da lei, que é proporcionar ao empregado não só um momento para fazer sua refeição, mas também um período de descanso no qual se encontre fora do controle do empregador.

Se o empregado usufrui seu intervalo para refeição e descanso no próprio local de trabalho, está, nesse período, à disposição do empregador, podendo a qualquer momento ser chamado a retomar suas atividades, restando violado, sem sombra de dúvidas, o objetivo social e salutar da disposição contida no art. 71 da CLT.

Assim, tem-se por irregular o procedimento da Reclamada de impedir o empregado de deixar o estabelecimento da empresa durante o intervalo intrajornada.

Resta violado, sem sombra de dúvidas, o objetivo social e salutar da disposição contida no art. 71 da CLT.

Em que pese o art. 611-A, III, da CLT, autorizar a negociação coletiva para redução do intervalo intrajornada para no mínimo 30 minutos, esta não é a hipótese dos autos.

Pela violação do texto legal (art. 71, *caput*, CLT), o Reclamante faz jus à indenização de uma hora, com acréscimo de 50% sobre o valor da remuneração da hora normal de trabalho, ante o teor do art. 71, § 4º, CLT.

PEDIDO:

Condenação da Reclamada ao pagamento do período de intervalo intrajornada usufruído irregularmente, com acréscimo de 50% sobre o valor da remuneração da hora normal de trabalho, ante o teor do art. 71, § 4º, CLT.

3.195. HORAS EXTRAS
INTERVALO PARA RECUPERAÇÃO TÉRMICA

CAUSA DE PEDIR:

O Reclamante laborava habitualmente no interior de câmaras frias, contudo, não gozava do intervalo previsto no art. 253 da CLT.

Os empregados que trabalham em câmaras frigoríficas (internamente ou na movimentação de mercadorias de fora para dentro ou de dentro para fora), após uma hora e quarenta minutos de trabalho contínuo, devem gozar um intervalo de vinte minutos de repouso, computado como de trabalho efetivo, nos termos do art. 253 da CLT.

> *"O ambiente frio artificial é prejudicial em virtude da temperatura, inferior à do corpo humano, da umidade e dos gases que produzem o frio, ao desprenderem-se. Caso a empresa não cumpra as condições determinadas, poderá o empregado exigir as horas excedentes como extras, com 50% (art. 59), sem prejuízo das demais consequências contratuais e administrativas" (Valentim Carrion. Comentários à Consolidação das Leis do Trabalho. 36. ed. São Paulo: Saraiva, p. 251.)*

O Autor estava exposto ao agente físico frio, ficando exposto a um ambiente cuja temperatura era inferior a 10° C, sendo que a exposição não era eventual.

Aplica-se o teor da Súmula 438 do TST, *in verbis*:

> *"O empregado submetido a trabalho contínuo em ambiente artificialmente frio, nos termos do parágrafo único do art. 253 da CLT, ainda que não labore em câmara frigorífica, tem direito ao intervalo intrajornada previsto no caput do art. 253 da CLT".*

Portanto, o Autor faz jus a vinte minutos diários a título de horas extras. Citadas horas extras são devidas com o adicional normativo [citar a cláusula e a vigência do instrumento normativo] ou o adicional de 50% (art. 7°, XI, CF), com reflexos em: domingos e feriados, férias, abono de férias, 13° salário, FGTS + 40% e aviso-prévio.

PEDIDO:

Horas extras pela violação do art. 253 da CLT. Citadas horas extras são devidas com o adicional normativo [citar a cláusula e a vigência do instrumento normativo] ou o adicional de 50% (art. 7°, XI, CF), com reflexos em: domingos e feriados, férias, abono de férias, 13° salário, FGTS + 40% e aviso-prévio.

Cap. 3 • MODELOS DE CAUSA DE PEDIR E PEDIDOS | **593**

3.196. HORAS EXTRAS
MAQUINISTA FERROVIÁRIO

O presente tópico é válido até a data de entrada em vigência da Lei nº 13.467/17 (vigência a partir de 11 de novembro de 2017).

CAUSA DE PEDIR:

Na vigência do contrato de trabalho, o Reclamante tinha intervalo de [indicar o intervalo usufruído].

O Reclamante é ferroviário maquinista e pertence à categoria do pessoal *"das equipagens de trens em geral"* (letra "c" do art. 237 da CLT).

A jurisprudência do TST tem se posicionado no sentido da aplicabilidade da garantia ao intervalo intrajornada também aos ferroviários maquinistas, já que não haveria incompatibilidade entre as regras inscritas nos arts. 71, § 4º, e 238, § 5º, da CLT.

Nesse sentido, recentemente o TST editou a Súmula 446, *in verbis*:

> *"MAQUINISTA FERROVIÁRIO. INTERVALO INTRAJORNADA. SUPRESSÃO PARCIAL OU TOTAL. HORAS EXTRAS DEVIDAS. COMPATIBILIDADE ENTRE OS ARTS 71, § 4º, E 238, § 5º, DA CLT. A garantia ao intervalo intrajornada, prevista no art. 71 da CLT, por constituir-se em medida de higiene, saúde e segurança do empregado, é aplicável também ao ferroviário maquinista integrante da categoria "c" (equipagem de trem em geral), não havendo incompatibilidade entre as regras inscritas nos arts. 71, § 4º, e 238, § 5º, da CLT."*

De acordo com a duração da jornada diária de trabalho, o art. 71 da CLT determina a concessão do intervalo, o qual se destina à recomposição física do trabalhador, por intermédio da alimentação.

A norma é de ordem pública e visa proteger a saúde e a higiene do trabalho, bem como a segurança.

Oportuno salientar que o art. 71 da CLT, ao dispor a respeito da garantia ao intervalo para repouso e alimentação, não excepciona nenhuma categoria de trabalhadores.

Assim, plenamente aplicável aos presentes autos a Súmula 437, item I, do TST, que dispõe: *"a não concessão ou a concessão parcial do intervalo intrajornada mínimo, para repouso e alimentação, a empregados urbanos e rurais, implica o pagamento total do período correspondente, e não apenas daquele suprimido, com acréscimo de, no mínimo, 50% sobre o valor da remuneração da hora normal de trabalho (art. 71 da CLT), sem prejuízo do cômputo da efetiva jornada de labor para efeito de remuneração".*

Pela violação do texto legal (art. 71, *caput*, CLT), o Reclamante faz jus ao intervalo suprimido integral, com adicional de 50%, ante o teor do art. 71, § 4º, CLT, combinado com o entendimento jurisprudencial cristalizado na Súmula 437, I, TST.

A inexistência parcial ou total do horário intrajornada tem natureza salarial na forma da Súmula 437, III.

A negociação coletiva não pode reduzir a duração desse intervalo (Súm. 437, II).

As horas extras devem ser calculadas considerando-se todos os aditivos salariais habituais (Súm. 264, TST).

As horas extras integram o salário para todos os fins e devem incidir nos domingos e feriados (Súm. 172, TST; art. 7º, "a", Lei 605/49).

594 | PRÁTICA DA RECLAMAÇÃO TRABALHISTA – *Jorge Neto • Wenzel • Cavalcante*

As horas extras devem incidir em: férias e abono de férias (art. 142, § 5°, CLT), 13° salário (Súm. 45, TST), depósitos fundiários e multa de 40% (Súm. 63) e aviso-prévio (art. 487, § 5°, CLT).

As diferenças de 13° salário, de domingos e feriados e aviso-prévio (Súm. 305) devem incidir no FGTS + 40%.

PEDIDO:

Horas extras e suas incidências em domingos e feriados; as horas extras devem incidir em férias e abono de férias, 13° salário, depósitos fundiários e multa de 40% e aviso-prévio; as diferenças de 13° salário, de domingos e feriados e aviso-prévio devem incidir no FGTS + 40%.

3.196.1. Horas extras
Maquinista ferroviário

CAUSA DE PEDIR:

Na vigência do contrato de trabalho, o Reclamante tinha intervalo de [indicar o intervalo usufruído].

O Reclamante é ferroviário maquinista e pertence à categoria do pessoal *"das equipagens de trens em geral"* (letra "c" do art. 237 da CLT).

A jurisprudência do TST tem se posicionado no sentido da aplicabilidade da garantia ao intervalo intrajornada também aos ferroviários maquinistas, já que não haveria incompatibilidade entre as regras inscritas nos arts. 71, § 4°, e 238, § 5°, da CLT.

Nesse sentido, recentemente o TST editou a Súmula 446, *in verbis*:

> *"MAQUINISTA FERROVIÁRIO. INTERVALO INTRAJORNADA. SUPRESSÃO PARCIAL OU TOTAL. HORAS EXTRAS DEVIDAS. COMPATIBILIDADE ENTRE OS ARTS 71, § 4°, E 238, § 5°, DA CLT. A garantia ao intervalo intrajornada, prevista no art. 71 da CLT, por constituir-se em medida de higiene, saúde e segurança do empregado, é aplicável também ao ferroviário maquinista integrante da categoria 'c' (equipagem de trem em geral), não havendo incompatibilidade entre as regras inscritas nos arts. 71, § 4°, e 238, § 5°, da CLT."*

De acordo com a duração da jornada diária de trabalho, o art. 71 da CLT determina a concessão do intervalo, o qual se destina à recomposição física do trabalhador, por intermédio da alimentação.

A norma é de ordem pública e visa proteger a saúde e a higiene do trabalho, bem como a segurança.

Oportuno salientar que o art. 71 da CLT, ao dispor a respeito da garantia ao intervalo para repouso e alimentação, não excepciona nenhuma categoria de trabalhadores.

Em que pese o art. 611-A, III, da CLT, autorizar a negociação coletiva para redução do intervalo intrajornada para no mínimo 30 minutos, esta não é a hipótese dos autos.

Pela violação do texto legal (art. 71, *caput*, CLT), o Reclamante faz jus ao período suprimido, com acréscimo de 50% sobre o valor da remuneração da hora normal de trabalho, ante o teor do art. 71, § 4°, CLT.

PEDIDO:

Condenação da Reclamada ao pagamento do período de intervalo intrajornada suprimido, com acréscimo de 50% sobre o valor da remuneração da hora normal de trabalho, ante o teor do art. 71, § 4°, CLT.

3.197. HORAS EXTRAS
MOTORISTA APÓS A LEI 12.619/12 E A LEI 13.103/15

CAUSA DE PEDIR:

O Reclamante, no desempenho de suas funções, laborava na seguinte jornada: [descrever o horário de trabalho]. Contudo, não havia a anotação de jornada nos moldes legais.

No caso do Reclamante, a situação não é diferente, uma vez que o art. 2º, V, da Lei 12.619/12 e, posteriormente, o art. 2º, V, "b", da Lei 13.103/15, que revogou o primeiro, preveem o direito de o motorista profissional ter a sua jornada controlada e registrada:

> *"Art. 2º. São direitos dos motoristas profissionais de que trata esta Lei, sem prejuízo de outros previstos em leis específicas:*
>
> *(...)*
>
> *V – se empregados:*
>
> *(...)*
>
> *b) ter jornada de trabalho controlada e registrada de maneira fidedigna mediante anotação em diário de bordo, papeleta ou ficha de trabalho externo, ou sistema e meios eletrônicos instalados nos veículos, a critério do empregado".*

O § 14 do art. 235-C da CLT, incluído pela Lei 13.103/15, apenas atribui ao motorista a responsabilidade pela preservação das informações referentes à jornada que ficam sob sua responsabilidade durante as viagens:

> *"O empregado é responsável pela guarda, preservação e exatidão das informações contidas nas anotações em diário de bordo, papeleta ou ficha de trabalho externo, ou no registrador instantâneo inalterável de velocidade e tempo, ou nos rastreadores ou sistemas e meios eletrônicos, instalados nos veículos, normatizados pelo Contran, até que o veículo seja entregue à empresa".*

Tanto é assim que o § 15 do mesmo dispositivo legal prevê que as informações referidas no § 14 podem ser enviadas até mesmo a distância para o empregador.

Nem se alegue que cabe ao Autor demonstrar a realização de horas extras, nos termos do art. 235-C, pois quem detém a obrigação de trazer aos autos os controles de jornada do Autor no período posterior à Lei 12.619/12 é a Reclamada.

A jurisprudência indica:

> *"Motorista profissional. Horas extras. Período posterior à Lei 12.619/2012. Ônus da prova. O controle da jornada cumprida pelo empregado constitui uma das feições do poder diretivo do empregador. Em determinadas hipóteses, tais como aquela disposta no § 2º do art. 74 da CLT (empresa com mais de dez funcionários), o registro do dito controle se revela uma obrigação patronal. No caso dos motoristas profissionais, não é diferente, uma vez que o art. 2º, V, da Lei 12.619/2012 e, posteriormente, o art. 2º, V, 'b', da Lei 13.103/2015, que revogou o primeiro, preveem o direito do referido empregado a ter a sua jornada controlada e registrada. O §*

596 | PRÁTICA DA RECLAMAÇÃO TRABALHISTA – *Jorge Neto • Wenzel • Cavalcante*

14 do art. 235-C da CLT, incluído pela Lei 13.103/2015, apenas atribui ao motorista a responsabilidade pela preservação das informações referentes à jornada que ficam sob sua responsabilidade durante as viagens. Desse modo, em vista da aptidão para a produção da prova, cabe ao empregador trazer aos autos os registros da jornada do empregado motorista profissional e, com isso, afastar a alegação de horas extras quanto ao período posterior à Lei 12.619/2012" (TRT – 12ª R. – 3ª T. – RO 0000755-66.2015.5.12.0025 – Rel. Gisele Pereira Alexandrino – DOE 19-4-2016).

"Horas extras. Motorista profissional. A partir da vigência da Lei 12.619/12, o motorista profissional deve cumprir a jornada estabelecida na Constituição, sendo obrigação do empregador fiscalizar a jornada cumprida pelo motorista, ainda que trabalhe exclusivamente em regime externo, a fim de que possa garantir a esse trabalhador o cumprimento da jornada legal e o recebimento de horas extras eventualmente prestadas. Assim, é ônus da reclamada colacionar os documentos que comprovem o controle de jornada do reclamante, sob pena de confissão, a teor do art. 74, § 2º, da CLT e da Súmula 338 do TST" (TRT – 3ª R. – 3ª T. – RO 0001677-62.2013.5.03.0079 – Rel. Cesar Machado – DOE 26-9-2014).

De acordo com a ordem jurídica, a hora extra é deferida a partir da oitava diária e ou da quadragésima quarta semanal (art. 7º, XIII, CF). Portanto, o divisor é de 220 horas. [Pode ocorrer de o Reclamante ter uma outra base horária diária inferior ao limite do art. 7º, XIII, da CF; logo, a hora extra a ser requerida será a partir dessa carga horária diferenciada; também o divisor será diferente. Exemplo: bancário: 6 horas diárias; carga mensal: 180/150 horas].

As horas extras são devidas com o adicional previsto no art. 7º, XVI, da CF (adicional de 50%). [Se houver norma mais benéfica, o adicional mais benéfico há de ser indicado].

As horas extras devem ser calculadas considerando-se todos os aditivos salariais habituais (Súm. 264, TST).

As horas extras integram o salário para todos os fins e devem incidir nos domingos e feriados (Súm. 172, TST; art. 7º, "a", Lei 605/49).

As horas extras devem incidir em: férias e abono de férias (art. 142, § 5º, CLT), 13º salário (Súm. 45, TST), depósitos fundiários e multa de 40% (Súm. 63) e aviso-prévio (art. 487, § 5º, CLT).

As diferenças de 13º salário, de domingos e feriados e aviso-prévio (Súm. 305) devem incidir no FGTS + 40%.

PEDIDO:

Horas extras, observando-se os seguintes parâmetros: (a) a hora extra é deferida a partir da oitava diária e ou da quadragésima quarta semanal (art. 7º, XIII, CF); (b) divisor 220 horas. [Pode ocorrer de o Reclamante ter uma outra base horária diária inferior ao limite do art. 7º, XIII, da CF; logo, a hora extra a ser requerida será a partir dessa carga horária diferenciada; também o divisor será diferente. Exemplo: bancário: 6 horas diárias; carga mensal: 180 horas/150]; (c) as horas extras são devidas com o adicional previsto no art. 7º, XVI, CF (adicional de 50%). [Se houver norma mais benéfica, o adicional mais benéfico há de ser indicado]; (d) as horas extras devem ser calculadas considerando-se todos os aditivos salariais habituais; (e) as horas extras integram o salário para todos os fins e devem incidir nos domingos e feriados; (f) as horas extras devem incidir em: férias e abono de férias, 13º salário, depósitos fundiários e multa de 40% e aviso-prévio; (g) as diferenças de 13º salário, de domingos e feriados e de aviso-prévio devem incidir no FGTS + 40%.

Cap. 3 • MODELOS DE CAUSA DE PEDIR E PEDIDOS | 597

3.198. HORAS EXTRAS
JORNADA MÓVEL E VARIÁVEL. EMPRESAS DE FAST-FOOD

CAUSA DE PEDIR:

O Reclamante percebia salário-hora e se ativava na denominada jornada móvel flexível.

O contrato de trabalho possui os seguintes elementos constitutivos: bilateral (sinalagmático), oneroso, comutativo, *intuitu personae*, consensual, de prestações sucessivas ou de execução continuada e subordinação jurídica (dependência hierárquica).

O contrato é bilateral (sinalagmático), eis que as obrigações são recíprocas. O trabalhador presta os serviços, enquanto cabe ao empregador o pagamento dos salários. As prestações devem ser equivalentes.

Como se trata de uma relação que envolve vantagens e ônus de forma recíproca, é oneroso.

Também é comutativo na medida em que a estimativa da prestação a ser recebida por qualquer das partes é conhecida no momento de sua celebração. O salário é estipulado em função dos serviços contratados. O empregado é contratado para o exercício de uma determinada função, tendo ciência das suas tarefas e encargos. De acordo com o salário e a função contratada, não pode o empregador exigir tarefas que não estejam em sintonia com o que foi avençado.

Para todo contrato de trabalho, há uma carga de trabalho.

A jornada de trabalho corresponde ao número diário de horas pré-contratadas quando do ajuste contratual, englobando, inclusive, os dias em que haverá trabalho e os horários efetivos de entrada e saída em cada dia de labor.

Como regra geral, a duração do trabalho normal não será superior a 8 horas diárias e 44 horas semanais, facultada a compensação e a redução da jornada, mediante acordo ou convenção coletiva de trabalho (art. 7º, XIII, CF).

Claro está que em havendo a contratação de cumprimento de jornada reduzida, inferior à previsão constitucional de 8 horas diárias ou 44 horas semanais, é lícito o pagamento do piso salarial ou do salário mínimo proporcional ao tempo trabalhado (OJ 358, I, SDI-I). A jornada reduzida não elide a obrigação de que, quando do ajuste, também se tenha a prefixação dos dias em que haverá trabalho e os horários efetivos de entrada e saída em cada dia de labor.

É comum na atividade econômica *fast food* a adoção de uma jornada variável de trabalho nos contratos individuais de trabalho dos seus empregados.

Evidente que a cláusula é inadmissível na medida em que o trabalhador sempre estará à disposição do empregador, sujeitando-se a uma escala móvel de horário de trabalho.

Em outras palavras, por dia de labor, o Reclamante pode laborar até oito horas. Isso implica o empregado ficar à disposição do empregador, sem nunca receber hora extra.

Como dito e repetido. O correto seria na formulação do contrato de trabalho as seguintes exigências: fixação do salário, da função e da jornada. E, por jornada, compreenda-se, dia a dia, a fixação do horário de início e de término de forma pré-determinada.

A cláusula contratual imposta na contratação do Reclamante é por demais ilegal.

Não há amparo legal para se estabelecer uma jornada móvel de uma a oito horas diárias não se tendo horários predeterminados para a entrada e a saída. A cláusula contratual faz com que o trabalhador fique à disposição do empregador até 8 horas diárias e 44 horas semanais. Vale dizer, o empregado somente tem horário para entrar. Poderá trabalhar: uma, duas, três, quatro, cinco, seis, sete ou oito horas por dia, o que irá variar todos os dias, nunca podendo dispor do seu tempo para o restante das suas atividades pessoais.

A jurisprudência indica:

"RECURSO DE REVISTA. JORNADA DE TRABALHO MÓVEL E VARIADA. PREVISÃO EM NORMA COLETIVA. INEFICÁCIA. VIOLAÇÃO DO ART. 9° DA CLT. CONFIGURAÇÃO. DIFERENÇAS SALARIAIS. DEFERIMENTO. Hipótese em que o trabalhador cumpria jornada móvel e variável, permanecendo à disposição da empregadora durante 44 horas semanais, embora pudesse trabalhar, a critério exclusivo da empresa, por período inferior, sendo remunerado de forma proporcional ao tempo efetivamente trabalhado. Regime horário que atende exclusivamente aos interesses do tomador dos serviços, obrigando o prestador a permanecer à sua disposição e a vivenciar absoluta insegurança em relação aos instantes em que deveria atuar e ao total dos salários que lhe seriam pagos. Na forma da legislação em vigor, é de 8 horas diárias e 44 horas semanais a jornada de trabalho para os empregados não sujeitos a regime especial. Ainda que seja facultada a adoção de jornada inferior – por negociação direta (CLT, art. 444) ou por negociação coletiva (CLT, art. 58-A, § 2°) -, em regime de tempo parcial, faz-se necessário que a jornada, qualquer que seja o regime adotado, seja fixada de forma prévia e expressa (CLT, art. 74), observando-se o limite mínimo de 25 horas semanais (CLT, art. 58-A). Na espécie, porém, o modelo móvel e variável ajustado por força de norma coletiva produz inegáveis inconvenientes pessoais e sociais e sérios prejuízos econômicos ao trabalhador, impedido de assumir compromissos outros, com reflexos negativos em sua vida profissional, familiar e social (artigos 6° e 227 da CF). A permissão constitucional para a flexibilização da jornada de trabalho pela via negocial coletiva, inserta no inciso XIII do art. 7° da CF, apenas envolve a compensação de horários e a redução da jornada, situações não adotadas na hipótese. Há de se recordar que as normas legais que informam o Direito do Trabalho, imperativas e de ordem pública, exigem do empregador a documentação formal das relações de emprego que celebra, especialmente com a inserção de dados relativos à qualificação civil ou profissional de cada trabalhador, de sua admissão no emprego, duração e efetividade do trabalho, a férias, acidentes e demais circunstâncias que interessem à proteção dos trabalhadores (CLT, art. 41, parágrafo único). Ainda em relação à jornada de trabalho, deve o empregador manter quadro de horários, afixado em local visível, com ampla publicidade, cabendo aos empregados a anotação dos horários trabalhados (CLT, art. 74, 'caput' e § 1°). Tais normas objetivam viabilizar o exercício da fiscalização das relações de trabalho, a cargo da União, por meio de seus Auditores Fiscais do Trabalho (CF, art. 21, XXIV, c/c os artigos 155 a 201 da CLT e art. 11 da Lei 10.593/2002). Assim, na hipótese, o modelo horário negociado coletivamente desvirtua as regras celetistas de proteção da jornada, contrariando o horizonte constitucional da melhoria da condição social do trabalhador (CF, art. 7°), também inviabilizando a adequada fiscalização das relações de trabalho, o que não se pode admitir, sem clara violação do art. 9° da CLT. Precedentes. Recurso de revista conhecido e provido" (TST – 7ª T. – RR 54600-36.2006.5.02.0080 – Rel. Min. Douglas Alencar Rodrigues – *DEJT* 24-4-2015).

Portanto, a jornada móvel e variável é nula, devendo ser consideradas horas extras as laboradas além da oitava diária e quadragésima quarta semanal.

O divisor é de 220 horas.

As horas extras são devidas com o adicional previsto no art. 7°, XVI, CF (adicional de 50%). [Se houver norma mais benéfica, o adicional mais benéfico há de ser indicado].

As horas extras devem ser calculadas considerando-se todos os aditivos salariais habituais (Súm. 264 do TST).

As horas extras ocorridas no horário das 22:00 em diante são devidas da seguinte forma: a) o adicional noturno integra a base de cálculo das horas extras prestadas em período noturno (OJ 97,

Cap. 3 • MODELOS DE CAUSA DE PEDIR E PEDIDOS | **599**

SDI-I); b) o adicional noturno pago com habitualidade, integra o salário do empregado para todos os efeitos (Súm. 60, I, TST).

As horas extras diurnas e noturnas integram o salário para todos os fins e devem incidir nos domingos e feriados (Súm. 172, TST; art. 7º, "a", Lei 605/49).

As horas extras devem incidir em: férias e abono de férias (art. 142, § 5º, CLT), 13º salário (Súm. 45, TST), depósitos fundiários e multa de 40% (Súm. 63) e aviso-prévio (art. 487, § 5º, CLT).

As diferenças de 13º salário, de domingos e feriados e aviso-prévio (Súm. 305) devem incidir no FGTS + 40%.

PEDIDO:

(a) declaração de nulidade da jornada móvel e variável;

(b) horas extras diurnas e noturnas e suas incidências em domingos e feriados; as horas extras devem incidir em férias e abono de férias, 13º salário, depósitos fundiários e multa de 40% e aviso-prévio; as diferenças de 13º salário, de domingos e feriados e aviso-prévio devem incidir no FGTS + 40%.

3.199. HORAS EXTRAS
OPERADOR DE TELEMARKETING

CAUSA DE PEDIR:

O Reclamante, no desempenho das funções de operador de telemarketing, laborava na seguinte jornada: [descrever o horário de trabalho].

A OJ 273 da SDI-I, a qual enunciava que é inaplicável a jornada reduzida prevista no art. 227 da CLT aos operadores de telemarketing, foi cancelada (Res. 175/2011, *DJ* 27-5-2011).

Na função de operador de telemarketing, apesar de o uso de telefone ser mais restrito que nas tarefas de telefonistas, os quais fazem e transferem ligações o tempo todo, desempenhando aquela função o empregado necessita receber ligações e usar o computador ao mesmo tempo para efetuar a venda de produtos, fazendo jus, portanto, à jornada especial de seis horas por dia e trinta e seis horas semanais, nos termos do art. 227 da CLT.

Nesse sentido:

"RECURSO DE REVISTA. HORA EXTRA. JORNADA REDUZIDA. OPERADOR DE TELEMARKETING. Esta Corte tem admitido que é aplicável ao operador de telemarketing a jornada de seis horas diárias ou trinta e seis semanais, nos termos do art. 227 da CLT, pois, embora sem operar mesa ou central de telefonia com diversas linhas e ramais, o trabalhador em questão executa, como regra e concomitantemente, os serviços de telefonia e digitação. No caso, não obstante o reclamante ter exercido o cargo sob a nomenclatura 'atendente júnior', ficou provado que -os atendentes trabalham com o fone de ouvido (headset) durante toda a jornada de trabalho-, o que permitiu seu enquadramento como operador de telemarketing, pelo que faz jus à jornada especial, nos termos do art. 227 da CLT. Ademais, não há como se chegar a conclusão contrária, porquanto ensejaria novo exame do conjunto probatório, vedado nesta fase recursal, ao teor da Súmula n° 126 do TST. Recurso de revista de que não se conhece" (TST – 6ª T. – RR 352-02.2012.5.04.0001 – Relª Minª Kátia Magalhães Arruda – *DEJT* 12-12-2014).

Portanto, hora extra é devida no que exceder da 6ª hora diária e/ou 36ª semanal.

As horas extras são devidas com o adicional previsto no art. 7º, XVI, CF (adicional de 50%). [Se houver norma mais benéfica, o adicional mais benéfico há de ser indicado].

O divisor é 180.

As horas extras devem ser calculadas considerando-se todos os aditivos salariais habituais (Súm. 264 do TST).

As horas extras integram o salário para todos os fins e devem incidir nos domingos e feriados (Súm. 172, TST; art. 7º, "a", Lei 605/49).

As horas extras devem incidir em: férias e abono de férias (art. 142, § 5º, CLT), 13º salário (Súm. 45, TST), depósitos fundiários e multa de 40% (Súm. 63) e aviso-prévio (art. 487, § 5º, CLT).

As diferenças de 13º salário, de domingos e feriados e aviso-prévio (Súm. 305) devem incidir no FGTS + 40%.

PEDIDO:

Horas extras, observando-se os seguintes parâmetros: (a) hora extra é devida no que exceder da 6ª hora diária e/ou 36ª semanal; (b) as horas extras são devidas com o adicional previsto no art. 7°, XVI, CF (adicional de 50%). [Se houver norma mais benéfica, o adicional mais benéfico há de ser indicado]; (c) o divisor é 180; (d) as horas extras devem ser calculadas considerando-se todos os aditivos salariais habituais); (e) as extras integram o salário para todos os fins e devem incidir nos domingos e nos feriados; (f) as horas extras devem incidir em: férias e abono de férias, 13° salário, depósitos fundiários e multa de 40% e no aviso-prévio; (g) as diferenças de 13° salário, de domingos e feriados e aviso-prévio devem incidir no FGTS + 40%.

3.200. HORAS EXTRAS
PROFESSOR. INTERVALO DE RECREIO

CAUSA DE PEDIR:

A Reclamada, no cômputo da jornada diária de trabalho, não incluía os períodos destinados ao intervalo de 20 minutos destinado ao recreio dos alunos.

O intervalo, comumente conhecido como recreio, não pode ser considerado como interrupção de jornada de trabalho, pois é impossível ao profissional se ausentar do local de trabalho ou desenvolver outras atividades diversas do interesse do empregador.

Desta feita, o intervalo entre as aulas denominado recreio constitui, para o professor, tempo à disposição do empregador e, por essa razão, deve ser computado como tempo efetivo de serviço nos termos do art. 4º da CLT, *in verbis*:

"Considera-se como de serviço efetivo o período em que o empregado esteja à disposição do empregador, aguardando ou executando ordens, salvo disposição especial expressamente consignada".

A jurisprudência do TST é pacífica quanto à temática:

"Embargos em embargos de declaração em recurso de revista. Jornada de trabalho. Professor. Intervalo entre as aulas. Recreio. Tempo à disposição do empregador. Constitui tempo à disposição do empregador o intervalo entre aulas para recreio, de modo que o professor tem direito ao cômputo do respectivo período como tempo de serviço, nos termos do art. 4º da CLT. Embargos de que se conhece e a que se dá provimento" (TST – SDI-I – ED-RR 49900-47.2006.5.09.0007 – Rel. Min. Márcio Eurico Vitral Amaro – *DEJT* 12-9-2014).

"Recurso de revista da reclamante. Professora. Recreio. Cômputo do intervalo na jornada de trabalho. Tempo à disposição do empregador. O intervalo, nacionalmente conhecido como recreio, não pode ser contado como interrupção de jornada, tendo em vista que tal lapso, por tão exíguo, impede que o professor se dedique a outros afazeres fora do ambiente de trabalho. Assim, o período denominado recreio do professor caracteriza-se como tempo à disposição do empregador, devendo ser considerado como de efetivo serviço, nos termos do art. 4º da CLT. Recurso de revista da reclamante conhecido e provido" (TST – 7ª T. – ARR 3597500-24.2009.5.09.0015 – Rel. Min. Luiz Philippe Vieira de Mello Filho – *DEJT* 28-3-2014).

Portanto, devem ser pagos como horas extras os 20 minutos diários destinados ao recreio.

As horas extras são devidas com o adicional previsto no art. 7º, XVI, CF (adicional de 50%). [Se houver norma mais benéfica, o adicional mais benéfico há de ser indicado].

O divisor é de 220.

As horas extras devem ser calculadas considerando-se todos os aditivos salariais habituais (Súm. 264, TST).

As horas extras integram o salário para todos os fins e devem incidir nos domingos e feriados (Súm. 172, TST; art. 7º, "a", Lei 605/49).

As horas extras devem incidir em: férias e abono de férias (art. 142, § 5º, CLT), 13º salário (Súm. 45, TST), depósitos fundiários e multa de 40% (Súm. 63) e aviso-prévio (art. 487, § 5º, CLT).

As diferenças de 13º salário, de domingos e feriados e aviso-prévio (Súm. 305) devem incidir no FGTS + 40%.

PEDIDO:

Horas extras, observando-se os seguintes parâmetros: (a) as horas extras são devidas com o adicional previsto no art. 7º, XVI, CF (adicional de 50%). [Se houver norma mais benéfica, o adicional mais benéfico há de ser indicado]; (b) o divisor é de 220; (c) as horas extras devem ser calculadas considerando-se todos os aditivos salariais habituais; (d) as horas extras integram o salário para todos os fins e devem incidir nos domingos e nos feriados; (e) as horas extras devem incidir em: férias e abono de férias, 13º salário, depósitos fundiários e multa de 40% e aviso-prévio; (f) as diferenças de 13º salário, de domingos e feriados e aviso-prévio devem incidir no FGTS + 40%.

604 | PRÁTICA DA RECLAMAÇÃO TRABALHISTA – *Jorge Neto • Wenzel • Cavalcante*

3.201. HORAS EXTRAS
TRABALHO EXTERNO COM CONTROLE DE JORNADA

CAUSA DE PEDIR:

O Reclamante, no desempenho de suas funções, laborava na seguinte jornada: [descrever o horário de trabalho]. Embora estivesse enquadrado formalmente pela Reclamada na exceção do art. 62, I, CLT, havia efetiva fiscalização da jornada laborada.

Atividades externas envolvem as tarefas cuja circunstância é estar fora da fiscalização e controle do empregador. Não há possibilidade de se conhecer a jornada efetivamente. Contudo, o fato em si não justifica o enquadramento na hipótese da lei.

Além de o trabalho ser externo, é imperiosa a impossibilidade quanto à inexistência de seu controle. Havendo demonstração cabal de que há fiscalização do horário de trabalho, ainda que preponderantemente externo, a atividade pode não compor a exceção prevista no art. 62, I, da CLT.

Embora o labor do Reclamante fosse externo, sua jornada de trabalho era controlada pela empresa, sendo que inclusive deveria iniciar e encerrar a jornada na empresa.

Dessa forma, a atividade exercida pelo Autor não compõe a exceção prevista no art. 62, I, da CLT, porquanto compatível com a fixação e fiscalização do horário de trabalho, ainda que preponderantemente externo.

De acordo com a ordem jurídica, a hora extra é devida a partir da oitava diária e ou da quadragésima quarta semanal (art. 7º, XIII, CF). Portanto, o divisor é de 220 horas. [Pode ocorrer de o Reclamante ter outra base horária diária inferior ao limite do art. 7º, XIII, da CF; logo, a hora extra a ser requerida será a partir dessa carga horária diferenciada; também o divisor será diferente. Exemplo: bancário: 6 horas diárias; carga mensal: 180/150 horas].

As horas extras são devidas com o adicional previsto no art. 7º, XVI, da CF (adicional de 50%). [Se houver norma mais benéfica, o adicional mais benéfico há de ser indicado].

As horas extras devem ser calculadas considerando-se todos os aditivos salariais habituais (Súm. 264, TST).

As horas extras integram o salário para todos os fins e devem incidir nos domingos e nos feriados (Súm. 172, TST; art. 7º, "a", Lei 605/49).

As horas extras devem incidir em: férias e abono de férias (art. 142, § 5º, CLT), 13º salário (Súm. 45, TST), depósitos fundiários e multa de 40% (Súm. 63) e aviso-prévio (art. 487, § 5º, CLT).

As diferenças de 13º salário, de domingos e feriados e aviso-prévio (Súm. 305) devem incidir no FGTS + 40%.

PEDIDO:

Horas extras, observando-se os seguintes parâmetros: (a) a hora extra é deferida a partir da oitava diária e ou da quadragésima quarta semanal (art. 7º, XIII, CF); (b) divisor 220 horas. [Pode ocorrer de o Reclamante ter outra base horária diária inferior ao limite do art. 7º, XIII, da CF; logo, a hora extra a ser requerida será a partir dessa carga horária diferenciada; também o divisor será diferente. Exemplo: bancário: 6 horas diárias; carga mensal: 180 horas/150]; (c) as horas extras são devidas com o adicional previsto no art. 7º, XVI, CF (adicional de 50%). [Se houver norma mais benéfica, o adicional mais benéfico há de ser indicado]; (d) as horas extras devem ser calculadas considerando-se todos os aditivos salariais habituais; (e) as horas extras integram o salário para todos os fins e devem incidir nos domingos e feriados; (f) as horas extras devem incidir em: férias e abono de férias, 13º salário, depósitos fundiários e multa de 40% e aviso-prévio; (g) as diferenças de 13º salário, de domingos e feriados e aviso-prévio devem incidir no FGTS + 40%.

3.202. HORAS EXTRAS
VIOLAÇÃO DO INTERVALO INTERJORNADA (ART. 66, CLT)

O presente tópico é válido até o dia 11 de novembro de 2017, data de entrada em vigência da Lei nº 13.467/17 (aplicação analógica do art. 71, § 4º, ao intervalo interjornada ante a OJ 355).

CAUSA DE PEDIR:

Na vigência do contrato de trabalho, o Reclamante entre uma jornada diária e outra não tinha o horário de intervalo interjornada [descrever horários e intervalos concedidos/suprimidos].

Entre duas jornadas diárias de trabalho, de acordo com o art. 66 da CLT, o intervalo interjornada deverá ter a duração mínima de onze horas.

Pela violação do texto legal (art. 66, CLT), o Reclamante faz jus ao intervalo suprimido integral, com adicional de 50%, ante o teor do art. 71, § 4º, CLT, combinado com o entendimento jurisprudencial cristalizado na OJ 355, SDI-I e Súmula 110, TST.

A inexistência parcial ou total do horário interjornada tem natureza salarial na forma da inteligência da Súm. 437, III.

As horas extras devem ser calculadas considerando-se todos os aditivos salariais habituais (Súm. 264 do TST).

As horas extras integram o salário para todos os fins e devem incidir nos domingos e feriados (Súm. 172, TST; art. 7º, "a", Lei 605/49).

As horas extras devem incidir em: férias e abono de férias (art. 142, § 5º, CLT), 13º salário (Súm. 45, TST), depósitos fundiários e multa de 40% (Súm. 63) e aviso-prévio (art. 487, § 5º, CLT).

As diferenças de 13º salário, de domingos e feriados e aviso-prévio (Súm. 305) devem incidir no FGTS + 40%.

PEDIDO:

Horas extras e suas incidências em domingos e feriados; as horas extras incidem em férias e abono de férias, 13º salário, depósitos fundiários e multa de 40% e aviso-prévio; as diferenças de 13º salário, de domingos e feriados e aviso-prévio devem incidir no FGTS + 40%.

3.202.1. Horas extras
Violação do intervalo interjornada (art. 66, CLT)

CAUSA DE PEDIR:

Na vigência do contrato de trabalho, o Reclamante entre uma jornada diária e outra não tinha o horário de intervalo interjornada [descrever horários e intervalos concedidos/suprimidos].

Entre duas jornadas diárias de trabalho, de acordo com o art. 66 da CLT, o intervalo interjornada deverá ter a duração mínima de onze horas.

Cap. 3 • MODELOS DE CAUSA DE PEDIR E PEDIDOS | **607**

Pela violação do texto legal (art. 66, CLT), o Reclamante faz jus ao período suprimido, com acréscimo de 50%, ante o teor do art. 71, § 4º, CLT, combinado com o entendimento jurisprudencial cristalizado na OJ 355, SDI-I e Súmula 110, TST.

PEDIDO:

Condenação da Reclamada ao pagamento do período de intervalo interjornada suprimido, com acréscimo de 50% sobre o valor da remuneração da hora normal de trabalho, ante o teor do art. 71, § 4º, CLT, combinado com o entendimento jurisprudencial cristalizado na OJ 355, SDI-I e Súmula 110, TST.

3.203. HORAS EXTRAS
VIOLAÇÃO DO INTERVALO DO ART. 384 DA CLT (SOMENTE PARA A MULHER TRABALHADORA)

O presente tópico é válido até a data de entrada em vigência da Lei nº 13.467/17 (vigência a partir de 11 de novembro de 2017) (REVOGAÇÃO DO ART. 384, CLT).

CAUSA DE PEDIR:

A Reclamante sempre fazia horas extras.

Em caso de prorrogação do horário normal, para a empregada será obrigatório um descanso de 15 minutos no mínimo, antes do início da jornada suplementar de trabalho (art. 384, CLT).

O dispositivo legal não aponta se esse intervalo é de cunho suspensivo ou interruptivo quanto à duração da jornada de trabalho.

Diante do silêncio do legislador, há de se aplicar a regra geral do art. 71, CLT, ou seja, de que o intervalo intrajornada é considerado como suspensão, logo, não computável na duração da jornada de trabalho.

Contudo, diante da sua não concessão, pela aplicação analógica do art. 71, § 4º, CLT, há de ser visto como hora extra.

Em decisão de 13-4-2007, a 4ª Turma do TST (RR 1260000-62.2003.5.09.0008, Rel. Min. Antonio José de Barros Levenhagen) determinou o pagamento de indenização referente ao período de descanso previsto no art. 384, CLT.

A decisão da 4ª Turma destaca que, embora a CF afirme que homens e mulheres são iguais em direitos e obrigações (art. 5º, I), deve ser reconhecido que elas se distinguem dos homens, sobretudo em relação às condições de trabalho, pela sua peculiar identidade biossocial.

Foi por essa peculiaridade que o legislador concedeu às mulheres, no art. 384, CLT, um intervalo de 15 minutos antes do início do período de sobretrabalho, no caso de prorrogação da jornada normal. O sentido protetor da norma da CLT é claro e não afronta o dispositivo constitucional da isonomia entre homens e mulheres, além de contradizer a ideia corrente de que as mulheres têm direito a menos que os homens.

O TST tem mantido o entendimento de que a violação do art. 384 implica hora extra (SDI-I – E-RR 28684/2002-900-09-00.9 – Rel. Min. Horácio Senna Pires – *DJU* 20-2-2009; 7ª T. – RR 2260-93.2010.5.02.0042 – Rel. Min. Luiz Philippe Vieira de Mello Filho – *DEJT* 20-5-2016; 8ª T. – RR 630-37.2012.5.04.0022 – Relª Minª Dora Maria da Costa – DEJT 23-10-2015).

A 1ª Jornada de Direito Material e Processual da Justiça do Trabalho (realizada em nov./07) no Enunciado 22 deliberou: "*Constitui norma de ordem pública que prestigia a prevenção de acidentes de trabalho (CF, 7º, XXII) e foi recepcionada pela Constituição Federal, em interpretação conforme (art. 5º, I, e 7º, XXX), para os trabalhadores de ambos os sexos.*"

Como a Reclamante laborava todos os dias, sem a devida concessão desse intervalo de 15 minutos, pela violação do art. 384, da CLT, a Autora tem direito a este lapso como hora extra [adicional normativo e/ou o adicional de 50%, art. 7º, XVI, CF].

Além das horas extras, a Reclamante faz jus às incidências em férias, 13º salário, abono de férias, depósitos fundiários + 40%, domingos e feriados e aviso-prévio.

Cap. 3 • MODELOS DE CAUSA DE PEDIR E PEDIDOS | **609**

As diferenças de 13º salário, domingos e feriados e aviso-prévio (Súm. 305, TST) devem incidir nos depósitos fundiários acrescidos da multa de 40%.

PEDIDO:

Horas extras pela violação do art. 384, CLT [adicional normativo e/ou o adicional de 50%, art. 7º, XVI, CF] e suas incidências em férias, 13º salário, abono de férias, depósitos fundiários + 40%, domingos e feriados e aviso-prévio. As diferenças de 13º salário, domingos e feriados e aviso-prévio (Súm. 305, TST) devem incidir nos depósitos fundiários acrescidos da multa de 40%.

3.204. HORAS EXTRAS
GINÁSTICA LABORAL. TEMPO À DISPOSIÇÃO DO EMPREGADOR

CAUSA DE PEDIR:

Antes do início da jornada havia ginástica laboral, que durava aproximadamente de 15 a 20 minutos, porém tal tempo não era computado nos cartões de ponto.

O Reclamante despendia [indicar minutos] minutos diários na realização de ginástica laboral, sendo que esse referido período não era registrado nos cartões de ponto, devendo tal período ser computado na jornada de trabalho, pois o empregado já se encontrava à disposição do empregador, realizando atividade para prevenção de acidentes e doenças ocupacionais.

Todos os minutos residuais da jornada diária, que ultrapassem cinco minutos antes ou após o expediente, devem ser considerados como horas extras, a teor do que dispõe o art. 58, § 1º, CLT.

Ressalte-se que os minutos destinados à ginástica laboral não se enquadram em nenhuma das hipóteses do art. 4º, § 2º, da CLT, eis que o Reclamante não estava exercendo quaisquer das atividades particulares mencionadas nos incisos I a VIII.

Citadas horas extras são devidas com o adicional normativo [citar a cláusula e a vigência do instrumento normativo] ou o adicional de 50% (art. 7º, XI, CF), com reflexos em: domingos e feriados, férias, abono de férias, 13º salário, FGTS + 40% e aviso-prévio.

PEDIDO:

Horas extras, ante o cômputo de todos os minutos, que excedam cinco minutos na entrada, com o adicional normativo [citar a cláusula e a vigência do instrumento normativo] ou o adicional de 50% (art. 7º, XI, CF), com reflexos em: domingos e feriados, férias, abono de férias, 13º salário, FGTS + 40% e aviso-prévio.

3.205. HORAS EXTRAS
ESCALA 4X2

CAUSA DE PEDIR:

O Reclamante cumpria escala de 4x2 (quatro dias de trabalho por dois dias de descanso), no horário das 07:00 às 19:00, com intervalo intrajornada de uma hora.

Entretanto, a Convenção Coletiva de Trabalho somente admite a jornada de 12 horas de trabalho na escala de 12x36, sendo certo que as demais escalas, como é o caso daquela empreendida pelo Reclamante de 4x2, somente será permitida se respeitado o disposto no art. 59, da CLT, o que não ocorreu na hipótese dos autos.

Os TRTs têm entendido de forma uníssona que a jornada de 12 horas em escala de 4x2 ou 5x2 ferem o art. 5º, XIII, da Constituição Federal, por serem longas e extenuantes e extrapolarem o limite diário e semanal de horas de trabalho, de molde a ensejar o pagamento de horas extras:

"RECURSO ORDINÁRIO DO RECLAMANTE. TURNO ININTERRUPTO DE REVE-ZAMENTO. INVALIDADE DE ESCALA 4X2. HORAS EXTRAS. A jornada diária de doze horas realizada pelo reclamante, sob o regime de turno ininterrupto de revezamento, ainda que amparada em norma coletiva, vai de encontro à jurisprudência do TST, sendo patente o direito do autor ao recebimento, como extras, das horas laboradas além da sexta diária, acrescidas do adicional de 50%. Inteligência da súmula nº 423 do TST" (TRT – 17ª R – 2ª T. – RO 0000447-92.2015.5.17.0121 – Rel. Marcello Maciel Mancilha – *DEJT* 28-7-2016).

No mesmo sentido é o entendimento do TST:

"RECURSO DE REVISTA. HORAS EXTRAS. ESCALA 4X2 E 5X2. ACORDO COLETIVO. INVALIDADE. É certo que a jurisprudência deste Tribunal Superior, com fundamento no artigo 7º, XIII e XXVI, da CF, tem reconhecido a validade de determinadas jornadas especiais quando pactuadas por meio de norma coletiva, a exemplo da jornada 12x36, nos termos da Súmula nº 444 do TST. No entanto, não são válidas as jornadas excessivamente longas e extenuantes, assim consideradas aquelas as quais extrapolam, em todas as semanas, o limite semanal de 44 horas, porquanto prejudiciais à saúde física, psíquica e social do trabalhador, direito mínimo consagrado no art. 7º, XXII, da CF e insuscetível de flexibilização por norma coletiva. Inválida, portanto, a jornada em regime de 4x2 (quatro dias de doze horas de trabalho por dois dias de descanso) e 5x2 (cinco dias de doze horas de trabalho por dois dias de descanso), na medida em que sempre extrapola o limite semanal de 44 horas. Recurso de revista não conhecido" (TST – 8ª T. – RR 3343-74.2012.5.02.0075 – Relª Minª Dora Maria da Costa – *DEJT* 11-4-2017).

Assim sendo, observando-se, a jornada empreendida de 12 horas de trabalho em escala de 4X2, requer o Reclamante o pagamento de horas extras com acréscimo de 50%, assim entendendo-se, as horas laboradas que excederam o limite de 8 diárias e 44 horas semanais.

As horas extras são devidas com o adicional previsto no art. 7º, XVI, da CF (adicional de 50%). [Se houver norma mais benéfica, o adicional mais benéfico há de ser indicado].

O divisor é de 220 horas.

As horas extras devem ser calculadas considerando-se todos os aditivos salariais habituais (Súm. 264, TST).

As horas extras integram o salário para todos os fins e devem incidir nos domingos e feriados (Súm. 172, TST; art. 7º, "a", Lei 605/49).

As horas extras devem incidir em: férias e abono de férias (art. 142, § 5º, CLT), 13º salário (Súm. 45, TST), depósitos fundiários e multa de 40% (Súm. 63) e aviso-prévio (art. 487, § 5º, CLT).

As diferenças de 13º salário, de domingos e feriados e de aviso-prévio (Súm. 305) devem incidir no FGTS + 40%.

PEDIDO:

Horas extras e suas incidências em domingos e feriados; as horas extras devem incidir em férias e abono de férias, 13º salário, depósitos fundiários e multa de 40% e aviso-prévio; as diferenças de 13º salário, de domingos e feriados e de aviso-prévio devem incidir no FGTS + 40%.

3.206. HORAS EXTRAS
APLICAÇÃO DA REDUÇÃO FICTA NOTURNA PARA CÔMPUTO DA JORNADA DIÁRIA

CAUSA DE PEDIR:

O Reclamante laborou em escala 5x1, sempre das 22:00h às 6:00h, ininterruptamente, incidindo a aplicação da redução ficta das horas noturnas trabalhadas entre 22:00h e 5:00h, nos termos do art. 73, § 1º, da CLT.

Diante da jornada laborada, das 22:00h às 5:00h = 7 horas normais x 1,142857 (fator de redução ficta) = 8 horas + 1 hora normal (das 5h às 6h da manhã) = 9 horas laboradas diariamente (1 HORA EXTRA acima do limite da 8ª hora diária/dia laborado)

PERÍODO	SALÁRIO	ADICIONAL NOTURNO	REMUN.	HOLERITE	QTDE HE 50% VALOR DEVIDO HS EXTRAS ACIMA 8ª HORA DIÁRIA	DSR 25/5
Fev./17	R$ 1.422,71	R$ 284,54	R$ 1.707,25	23	R$ 267,72	R$ 53,54
Mar./17	R$ 1.422,71	R$ 284,54	R$ 1.707,25	26	R$ 302,65	R$ 60,53
Abr./17	R$ 1.422,71	R$ 284,54	R$ 1.707,25	25	R$ 291,01	R$ 58,20
Mai./17	R$ 1.422,71	R$ 284,54	R$ 1.707,25	26	R$ 302,65	R$ 60,53
Jun./17	R$ 1.422,71	R$ 284,54	R$ 1.707,25	25	R$ 291,01	R$ 58,20
Jul./17	R$ 1.422,71	R$ 284,54	R$ 1.707,25	26	R$ 302,65	R$ 60,53
Ago./17	R$ 1.422,71	R$ 284,54	R$ 1.707,25	26	R$ 302,65	R$ 60,53
Set./17	R$ 1.422,71	R$ 284,54	R$ 1.707,25	25	R$ 291,01	R$ 58,20
Out./17	R$ 1.465,39	R$ 293,08	R$ 1.758,47	25	R$ 299,75	R$ 59,95
Nov./17	R$ 1.465,39	R$ 293,08	R$ 1.758,47	6	R$ 71,94	R$ 14,39
					R$ 2.152,67	R$ 430,54
					R$ 2.583,21	

Reflexos em FGTS + 40%	
R$ 2.583,21 x 11,2% =	**R$ 289,32**

Reflexos em 13º salário	
R$ 2.583,21/12 =	**R$ 215,27**

Reflexos em Férias + 1/3	
30 dias	**R$ 215,27**
1/3	R$ 71,76
	R$ 287,03

FGTS s/ reflexos em 13° salário
R$ 215,27 x 11,2% = R$ 24,11

FGTS s/ reflexos em Férias
R$ 287,03 x 11,2% = R$ 32,15

TOTAL GERAL HORAS EXTRAS ACIMA DA 8ª HORA DIÁRIA (CÔMPUTO DA REDUÇÃO FICTA NOTURNA) + REFLEXOS = R$ 3.431,09

Assim, tendo o Reclamante ultrapassado o limite de 8 horas diárias por força da aplicação do fator de redução da hora noturna, as horas laboradas após esse limite deverão ser consideradas horas extras e ser remuneradas com acréscimo de 50% sobre a hora normal, fazendo jus, portanto, ao recebimento de uma hora extra por dia de trabalho com 50% de acréscimo sobre a remuneração da hora normal, bem como seus reflexos em FGTS + 40%, férias + 1/3, 13° salário. As diferenças de férias + 1/3 e 13° salário devem incidir no FGTS + 40%.

PEDIDO:

Uma hora extra por dia de trabalho com 50% de acréscimo sobre a remuneração da hora normal, bem como reflexos em FGTS + 40%, férias + 1/3, 13° salário. As diferenças de férias + 1/3 e 13° salário devem incidir no FGTS + 40%.

Cap. 3 • MODELOS DE CAUSA DE PEDIR E PEDIDOS | **615**

3.207. INDENIZAÇÃO ADICIONAL
DISPENSA NO TRINTÍDIO QUE ANTECEDE A DATA-BASE

CAUSA DE PEDIR:

As Leis 6.708/79 e 7.238/84, ambas no art. 9°, determinam o pagamento de uma indenização adicional no caso de dispensa sem justa causa do empregado no período de 30 dias que antecede a data de sua correção salarial (data-base da categoria).

Tal indenização adicional foi instituída para proteger o empregado economicamente quando este for dispensado sem justa causa às vésperas do mês de negociação da sua categoria.

O aviso-prévio, trabalhado ou indenizado, integra o tempo de serviço para todos os efeitos legais (art. 487, § 1°, CLT). Por conseguinte, o tempo do aviso-prévio será contado para fins da indenização adicional.

A Súmula 182, TST, menciona: "*O tempo do aviso-prévio, mesmo indenizado, conta-se para efeito da indenização adicional prevista no art. 9° da Lei 6.708, de 30-10-1979.*"

No caso em questão, o Reclamante foi dispensado imotivadamente na data de 27-8-2013 com aviso-prévio indenizado, projetando o contrato de trabalho para 26-9-2013, sendo que a data-base da categoria é 1° de outubro, estando, portanto, dentro do trintídio que antecede a data-base.

Assim sendo, ao Reclamante é devida a indenização adicional do art. 9° (Leis 6.708/79 e 7.238/84), cuja base de cálculo deverá considerar a remuneração do empregado, ou seja, o salário-base, acrescido pelos adicionais legais ou convencionados, ligados à unidade de tempo mês, nos termos da Súmula 242 do TST, conforme cálculos a seguir:

COMPOSIÇÃO DA REMUNERAÇÃO E BASE DE CÁLCULO DA INDENIZAÇÃO ADICIONAL, NOS TERMOS DA SÚMULA 242 DO TST		
SALÁRIO-BASE	R$	1.006,00
MÉDIA DUODECIMAL DE HORAS EXTRAS	R$	144,11
ADICIONAL NOTURNO	R$	201,20
ADICIONAL POR TEMPO DE SERVIÇO (AD. NORMATIVO)	R$	150,90
TOTAL DA REMUNERAÇÃO MENSAL DO RECLAMANTE	R$	1.502,21

PEDIDO:

Pagamento da indenização adicional do art. 9° (Leis 6.708/79 e 7.238/84), computando-se o salário-base, acrescido pelos adicionais legais ou convencionados ligados à unidade de tempo mês, conforme Súmula 242 do TST, conforme fundamentação – R$ 1.502,21.

3.208. HONORÁRIOS ADVOCATÍCIOS PELA SUCUMBÊNCIA

CAUSA DE PEDIR:

O Reclamante faz jus a honorários advocatícios de sucumbência, no importe de 15% sobre o valor que resultar da liquidação da sentença, nos termos do art. 791-A da CLT.

PEDIDO:

Honorários de sucumbência, no importe de 15% sobre o valor que resultar da liquidação da sentença.

Cap. 3 • MODELOS DE CAUSA DE PEDIR E PEDIDOS | **617**

3.209. INDENIZAÇÃO
MOLÉSTIA PROFISSIONAL EQUIPARADA AO ACIDENTE DE TRABALHO

CAUSA DE PEDIR:

1. Fundamentos Fáticos

No desempenho de suas tarefas contratuais, o Reclamante teve a seguinte evolução funcional: sofreu um acidente de trabalho típico, sendo que a Reclamada não emitiu o CAT.

A culpa da empresa está demonstrada pelo exame do CAT [doc. ...], em que a própria Reclamada indica: *"ao posicionar a fita para emenda o ajudante esbarrou involuntariamente na alavanca e baixou a prensa fita atingindo o operador"*.

Em dezembro de 2003, o Reclamante estava no seu posto de trabalho, quando o colega Eduardo esbarrou em uns cabos e acabou ativando a prensa, a qual veio a cair sobre o braço esquerdo do Reclamante, esmagando-o.

De acordo com os relatos do Reclamante, não havia nenhum botão de segurança para ativar a máquina.

Após o acidente, o Reclamante foi levado para a Portaria da Reclamada e na sequência encaminhado para o hospital Beneficência Portuguesa pelos seguranças da própria empresa.

No dia do acidente, no interior da empresa, não havia médico ou enfermeiro.

Saliente-se, ainda, que nenhum funcionário da Reclamada, no momento do acidente, estava preparado para dar os primeiros atendimentos ao Reclamante.

Após o acidente, o Reclamante ficou afastado um ano e quatro meses, auferindo o benefício previdenciário.

Efetuou uma série de sessões de fisioterapia.

Foi obrigado pelas dores a ingerir fortes analgésicos para aliviar a dor.

Atualmente, o Reclamante tem quatro placas de titânio no braço esquerdo, além de doze pinos [exames, radiografias etc.] [docs. ...].

Após o retorno do acidente, o Reclamante foi trabalhar no setor de operador de ponte rolante, onde não era necessária a utilização do braço esquerdo. O Reclamante tinha a função de usar um controle pendurado no pescoço e acionar com uma mão a ponte.

Pelo fato de somente ter a possibilidade de utilizar uma mão, aliás, o dedão da mão direita, em face dos esforços repetitivos, o Reclamante passou a sofrer também de fortes dores na mão direita, o que veio a agravar mais ainda a sua força de trabalho.

Pelo acidente de trabalho típico (art. 19, Lei 8.213/91), o Reclamante acionou o Instituto Nacional do Seguro Social.

A sentença proferida na ação acidentária reconheceu ao Reclamante o direito de auferir o auxílio-acidente [doc. ...] [processo e juízo].

Consta do julgado: *"O acidente típico mencionado na inicial é incontroverso, porque não foi contestado pelo instituto-réu. Além disso, vem comprovado pelos documentos de fls. 11 e 25. No mais, o perito judicial examinou o obreiro e constatou ser ele portador de sequela de fratura em rádio e ulna esquerdos. Ao exame físico não foram verificadas limitações funcionais significativas, sendo que, entretanto, o autor apresentou manifestações sintomáticas às amplitudes máximas de movimentação do punho e à aplicação de força na preensão manual. Concluiu, assim, pela existência de incapacidade laborativa para fins de indenização pela lei acidentária. Sugeriu a concessão de auxílio-acidente mensal e vitalício correspondente a 50%. Posto isso, julgo procedente o pedido e condeno o instituto-réu a pagar ao autor o auxílio-acidente mensal e vitalício correspondente a 50% do salário de benefício (Lei nº 9.032/95), a partir de 25 de abril de 2005 (fls. 24), dia seguinte ao de cessação do benefício".*

Como se denota, o Reclamante, no exercício das tarefas, veio a sofrer um acidente típico, o que lhe causou uma série de limitações no seu membro superior esquerdo, o que leva à caracterização de que o empregador não observava as normas de segurança e medicina do trabalho.

Não se pode esquecer que o empregador, de acordo com o art. 157, I e II, da CLT, é obrigado a cumprir e fazer cumprir as normas de segurança e medicina de trabalho, além de instruir os empregados, pelas ordens de serviço, quanto às precauções a tomar no sentido de evitar acidentes de trabalho ou doenças ocupacionais.

Assevere-se, ainda, que, de acordo com os arts. 932, III e 933, ambos do Código Civil, o empregador responde pelo ato do seu funcionário, o qual veio a causar o acionamento da prensa.

Pondere-se, ainda, que a prensa, como determina a lei, não tinha nenhuma fonte de segurança para inibir que fosse acionada de forma manual, evidenciando, assim, também a culpa da empresa.

2. Fundamentos Jurídicos

A Constituição Federal estabelece o meio ambiente ecologicamente equilibrado como direito de todos, reputando um bem de uso comum do povo, cabendo ao Poder Público e à coletividade a sua defesa (art. 225).

O meio ambiente do trabalho deve ser inserido no meio ambiente artificial, inclusive indicando que é digno de um tratamento especial na Carta Política de 1988.

O art. 200, VIII, ao tratar das competências do sistema único de saúde, estabelece: *"Colaborar na proteção do meio ambiente, nele compreendido o do trabalho"*.

Os direitos sociais envolvem as questões relativas à educação, à saúde, ao trabalho, ao lazer, à segurança, à previdência social, à proteção à maternidade e à infância e à assistência aos desamparados (art. 6º, CF).

O art. 7º da Carta Política estabelece quais são os direitos dos trabalhadores urbanos e rurais, além de outros que visem à melhoria de sua condição social.

No elenco desses direitos temos: *"redução dos riscos inerentes ao trabalho, por meio de normas de saúde, higiene e segurança"* (art. 7º, XXII).

A Consolidação das Leis do Trabalho não trata do meio ambiente do trabalho, todavia, nos seus arts. 154 a 201, estabelece uma série de regras pertinentes à temática da Segurança e Medicina do Trabalho.

Todo empregador é obrigado a zelar pela segurança, saúde e higiene de seus trabalhadores, propiciando as condições necessárias para tanto, bem como zelando para o cumprimento dos dispositivos legais atinentes à medicina e segurança do trabalho.

A medicina e segurança do trabalho é matéria inserida no Direito Tutelar do Trabalho, pois o seu intuito é zelar pela vida do trabalhador, evitando acidentes, preservando a saúde, bem como propiciando a humanização do trabalho.

As disposições inseridas na legislação e que são pertinentes à saúde, higiene e segurança possuem a titulação de medicina e segurança do trabalho.

Cap. 3 • MODELOS DE CAUSA DE PEDIR E PEDIDOS | **619**

As normas de segurança e medicina do trabalho são de ordem pública e aderem ao contrato individual de trabalho, integrando o Direito Tutelar do Trabalho.

A saúde e a incolumidade física do trabalho são fatores integrantes do próprio direito à vida. A vida humana possui um valor inestimável e deve ser protegida por todos os meios. A medicina e segurança do trabalho é uma matéria de grande valia, como instrumental técnico-jurídico, a valorizar e dignificar a vida humana, além do patrimônio jurídico do trabalhador, o qual é representado pela sua força de trabalho.

O art. 7º, XXVIII, da CF/88, assim enuncia: "*seguro contra acidentes de trabalho, a cargo do empregador, sem excluir a indenização a que este está obrigado, quando incorrer em dolo ou culpa*".

Evidente, pelas assertivas acima, que o Reclamante é portador de doença profissional, a qual se equipara a acidente de trabalho.

O Reclamante é portador de sequela por um acidente de trabalho, que lhe ocasiona uma perda de sua força de trabalho.

Aplica-se, pois, quanto à figura da responsabilidade civil do empregador, o disposto no art. 927 do Código Civil.

A Reclamada, pelo seu grau de risco, como empresa metalúrgica, há de ser responsabilizada objetivamente pelo acidente ocasionado ao Reclamante.

Pela atividade econômica organizada e pelos riscos por ela criados, o empregador responde objetivamente pelo acidente de trabalho. Não mais se indaga a respeito da responsabilidade civil subjetiva (art. 186, CC). No risco criado, não se tem a indagação a respeito da obtenção ou não do proveito na atividade econômica desenvolvida pelo autor do dano.

O que gera a obrigação de reparação do dano é a criação de risco pelo desenvolvimento da própria atividade pelo autor do fato lesivo.

Reitere-se: o vocábulo "risco" previsto no art. 927, parágrafo único, do CC refere-se à teoria do risco criado.

Em outras palavras: a responsabilidade do agente não se interage com o proveito obtido pela atividade econômica normalmente por ele executada e os riscos dela decorrentes, e sim, em função dos riscos criados pela atividade que normalmente executa.

Em março de 2020, o STF, ao analisar a temática, no Recurso Extraordinário (RE) 828.040, com repercussão geral reconhecida, fixou como tese que: "*O artigo 927, parágrafo único, do Código Civil é compatível com o art. 7º, XXVIII, da Constituição Federal, sendo constitucional a responsabilização objetiva do empregador por danos decorrentes de acidentes de trabalho, nos casos especificados em lei, ou quando a atividade normalmente desenvolvida, por sua natureza, apresentar exposição habitual a risco especial, com potencialidade lesiva e implicar ao trabalhador ônus maior do que aos demais membros da coletividade.*"

Oportuna a transcrição da decisão:

"*DIREITO CONSTITUCIONAL. DIREITO DO TRABALHO. RECURSO EXTRAORDINÁRIO. REPERCUSSÃO GERAL RECONHECIDA. TEMA 932. EFETIVA PROTEÇÃO AOS DIREITOS SOCIAIS. POSSIBILIDADE DE RESPONSABILIZAÇÃO OBJETIVA DO EMPREGADOR POR DANOS DECORRENTES DE ACIDENTES DE TRABALHO. COMPATIBILIDADE DO ART. 7º, XXVIII DA CONSTITUIÇÃO FEDERAL COM O ART. 927, PARÁGRAFO ÚNICO, DO CÓDIGO CIVIL. APLICABILIDADE PELA JUSTIÇA DO TRABALHO. 1. A responsabilidade civil subjetiva é a regra no Direito brasileiro, exigindo-se a comprovação de dolo ou culpa. Possibilidade, entretanto, de previsões excepcionais de responsabilidade objetiva pelo legislador ordinário em face da necessidade de justiça plena de se indenizar as vítimas em situações perigosas e de risco como acidentes nucleares e desastres ambientais. 2. O legislador constituinte estabeleceu um mínimo protetivo ao trabalhador no art. 7º, XXVIII, do texto constitucional, que não impede sua ampliação razoável por meio de legislação ordinária. Rol exemplificativo de direitos sociais nos artigos 6º e 7º da Constituição Federal. 3. Plena compatibilidade do art. 927, parágrafo único, do Código Civil com o art. 7º, XXVIII, da Constituição Federal, ao permitir hipótese excepcional de responsabilização objetiva do empregador por danos decorrentes de acidentes de trabalho, nos casos especificados em lei ou quando a atividade normalmente desenvolvida pelo autor implicar, por sua natureza, outros riscos, extraordinários e especiais. Possibilidade de aplicação pela Justiça do Trabalho. 4. Recurso Extraordinário desprovido. TEMA 932. Tese de repercussão geral: 'O artigo 927, parágrafo único, do Código Civil é compatível com o artigo 7º, XXVIII, da Constituição Federal, sendo constitucional a responsabilização objetiva do empregador por danos decorrentes de acidentes de trabalho, nos casos especificados em lei, ou quando a atividade normalmente desenvolvida, por sua natureza, apresentar exposição habitual a risco especial, com potencialidade lesiva e implicar ao trabalhador ônus maior do que aos demais membros da coletividade'"* (STF – Tribunal Pleno – RE 828040 - Rel. Min. Alexandre de Moraes – *DJe* 26/6/2020).

A reparação dos danos materiais se dá com a restauração da situação anterior ao ato danoso, o seu restabelecimento ao *statu quo ante* (reparação natural).

No entanto, não sendo isso possível, o que inúmeras vezes ocorre, converte-se em uma indenização equivalente aos danos causados (dano emergente e lucro cessante).

Em alguns casos, porém, ocorrem os dois tipos de reparação, restabelecimento da situação fática anterior e o pagamento de uma indenização pelo período em que o ato danoso surtiu efeitos.

A pessoa, vítima de um acidente de trabalho, para que tenha a efetiva reparação do prejuízo, tem direito: (a) ao ressarcimento do dano emergente e do lucro cessante (dano material); (b) a uma quantia em dinheiro, como fator de compensação dos aborrecimentos ocasionados pelo ato ilícito (dano moral).

O lucro cessante é representado pela remuneração, a qual retrata os valores auferidos pelo Reclamante em função de sua capacidade laborativa, tais como: salário fixo; horas extras; adicional noturno etc. Em outras palavras, a remuneração corresponde à renda auferida pela força laborativa da vítima.

Para a reparação dos danos patrimoniais advindos de acidente de trabalho, devemos observar as regras inseridas nos arts. 948 a 950, CC.

O art. 950, CC, assim enuncia: *"Se da ofensa resultar defeito pelo qual o ofendido não possa exercer o seu ofício ou profissão, ou se lhe diminua a capacidade de trabalho, a indenização, além das despesas do tratamento e lucros cessantes até ao fim da convalescença, incluirá pensão correspondente à importância do trabalho para que se inabilitou, ou da depreciação que ele sofreu".*

A remuneração a ser fixada é a renda auferida pela vítima à época da ocorrência do ato lesivo, ou seja, o valor do seu salário normal originário (quando da contratação), além da parte variável (as horas extras e o adicional noturno e fator da redução).

A pensão deve ser calculada em função do último salário auferido, considerando-se o salário normal acrescido da média salarial variável [horas extras, adicional noturno etc. – discriminar os títulos].

A essa base mensal deve-se ter a inserção dos seguintes percentuais: (a) 8% (0,08) do FGTS sobre a base mensal; (b) 13º salário (um salário por ano), logo, a parcela do 13º salário deve corresponder a 1/12 (0,083 = 8,33%) sobre a base mensal; (c) 1/3 das férias. As férias correspondem a um salário por ano. O percentual de 1/3 sobre um mês de salário corresponde a 0,33; 0,33 : 12 = 0,027, logo, a parcela de 1/3 corresponde a 0,027 (2,77%) de um salário mensal.

A base de cálculo da pensão corresponde a 1,19 (um salário + FGTS – 0,08 + 13º salário – 0,083 + 1/3 férias – 0,027) remuneração (= igual ao salário normal + média dos aditivos salariais habituais).

Cap. 3 • MODELOS DE CAUSA DE PEDIR E PEDIDOS | 621

A pensão é devida a partir de [indicar a data: dia do acidente; dia da constatação da incapacidade; data do término do contrato etc.].

O Reclamante solicita a pensão, em parcela única (art. 950, parágrafo único, CC), a ser calculada a partir da data já indicada, de acordo com o grau da incapacidade laborativa (a ser calculada de acordo com o laudo pericial), sendo no mínimo o percentual de 50% (por analogia, art. 86, Lei 8.213/91; auxílio-acidente). A pensão será calculada considerando-se o número de anos entre a idade do Reclamante (a partir de quando a pensão é devida) e a estimativa de sobrevida do Reclamante (atualmente, de acordo com a Tabela do IBGE, 74,9 anos). Juros a partir do ajuizamento da demanda. Atualização a partir do momento em que a verba é devida. Pela natureza da verba, descabem os descontos de INSS e IRPF.

Caso Vossa Excelência não defira a pensão em parcela única, que se tenha o pensionamento de forma mensal, de acordo com o grau da incapacidade laborativa (a ser calculada de acordo com o laudo pericial), sendo no mínimo o percentual de 50% (por analogia, art. 86, Lei 8.213/91; auxílio-acidente), de forma vitalícia, a ser calculada em função dos reajustes do salário mínimo e, sucessivamente, sobre os reajustes da categoria profissional. Nesta hipótese, o Reclamante solicita que a empresa seja obrigada a fazer a constituição de capital nos termos do art. 533, CPC. Pela natureza da verba, descabem os descontos de INSS e IRPF.

Além do pensionamento, a título de dano material, o Reclamante faz jus à percepção de todas as despesas havidas com o evento danoso. As despesas [cirurgias, consultas médicas, medicamentos, próteses, etc.; discriminar as despesas e juntar os recibos] até a data do ajuizamento importam em [indicar o valor]. As parcelas subsequentes ao ajuizamento da demanda serão apuradas por artigos de liquidação (art. 509, II, CPC).

Em caso de acidente de trabalho – sentido amplo –, além do dano material, o trabalhador também faz jus ao dano moral (Súm. 37, STJ).

Evidente que a conduta da Reclamada resultou em ofensa à esfera moral do Reclamante (art. 223-B, CLT).

Oportuno destacar que o art. 223-C da CLT traz a saúde e a integridade física como bens inerentes à pessoa física juridicamente tutelados.

As lesões decorrentes de acidente de trabalho deixam sequelas inevitáveis para o trabalhador.

As dores psíquicas, morais, em função da intensidade das agressões físicas, refletem danos que podem ser superiores aos prejuízos materiais.

Cabe ao critério valorativo do juiz, além da força criativa da doutrina e da jurisprudência, a busca de parâmetros para que se possa fixar a indenização pelo dano moral.

A fixação da indenização pelo dano moral não deve ser vista só como uma avaliação da dor sofrida pela vítima em dinheiro.

De fato, representa a substituição de um bem jurídico por outro.

Porém, também significa uma sanção que é aplicada ao ofensor, impondo-se uma diminuição em seu patrimônio, satisfazendo-se a vítima que foi prejudicada em sua honra, liberdade, intimidade etc.

A reparação do dano moral para a vítima representa uma satisfação, enquanto para o agente é uma sanção.

Nos termos do art. 223-G da CLT, o juízo, ao fixar o *quantum* pela reparação do dano extrapatrimonial, deve considerar: (a) a natureza do bem jurídico tutelado; (b) a intensidade do sofrimento ou da humilhação; (c) a possibilidade de superação física ou psicológica; (d) os reflexos pessoais e sociais da ação ou da omissão; (e) a extensão e a duração dos efeitos da ofensa; (f) as condições em que ocorreu a ofensa ou o prejuízo moral; (g) o grau de dolo ou culpa; (h) a ocorrência de retratação espontânea; (i) o esforço efetivo para minimizar a ofensa; (j) o perdão, tácito ou expresso; (k) a situação social e econômica das partes envolvidas; (l) o grau de publicidade da ofensa.

622 | PRÁTICA DA RECLAMAÇÃO TRABALHISTA – *Jorge Neto • Wenzel • Cavalcante*

Diante dessas assertivas, o Reclamante, a título de danos morais, solicita uma indenização à base de 50 salários do Reclamante, considerado o último auferido ou outro valor a critério de Vossa Excelência, na forma do art. 223-G, CLT.

PEDIDO:

(a) juntada dos seguintes documentos: (1) Programa de Prevenção de Riscos Ambientais – PPRA, previsto na NR-9 da Portaria 3.214/78 do MTE; (2) Laudo Técnico de Condições Ambientais do Trabalho – LTCAT, previsto na NR-15 da Portaria 3.214/78 do MTE; (3) Programa de Controle Médico de Saúde Ocupacional – PCMSO, nos termos da NR-7 da Portaria 3.214/78, acompanhado dos respectivos relatórios; (4) Perfil Profissiográfico Previdenciário – PPP; (5) Análise Ergonômica do Trabalho - AET (NR 17); (6) Prontuário médico do Reclamante, com transcrição legível das anotações, inclusive exames admissional, demissional e periódicos (art. 168 da CLT e NR-7 da Portaria 3.214/78); (7) Comprovante de instrução aos seus empregados; (8) Treinamento pela ordem de serviços, art. 157, II da CLT e Portaria 3.214/78, item 1.7.b; (9) Ficha de registro; (10) Ficha de entrega de EPI's; (11) Recibos de pagamento de todo o período trabalhado. Esses documentos deverão ser juntados de acordo com os teores do art. 396 e ss., CPC, em audiência, quando do oferecimento da resposta da Reclamada;

(b) danos materiais (pensão):

(1) a pensão deve ser calculada em função do último salário auferido, considerando-se o salário normal acrescido da média salarial variável [horas extras, adicional noturno etc. – discriminar os títulos]. A essa base mensal deve-se ter a inserção dos seguintes percentuais: (a) 8% (0,08) do FGTS sobre a base mensal; (b) 13º salário (um salário por ano), logo, a parcela do 13º salário deve corresponder a 1/12 (0,083 = 8,33%) sobre a base mensal; (c) 1/3 das férias. As férias correspondem a um salário por ano. O percentual de 1/3 sobre um mês de salário corresponde a 0,33; 0,33 : 12 = 0,027, logo, a parcela de 1/3 corresponde a 0,027 (2,77%) de um salário mensal. A base de cálculo da pensão corresponde a 1,19 (um salário + FGTS – 0,08 + 13º salário – 0,083 + 1/3 férias – 0,027) remuneração (= igual ao salário normal + média dos aditivos salariais habituais);

(2) a pensão é devida a partir de [indicar a data: dia do acidente; dia da constatação da incapacidade; data do término do contrato etc.];

(3) a pensão, em parcela única (art. 950, parágrafo único), a ser calculada a partir da data acima indicada, de acordo com o grau da incapacidade laborativa (a ser calculada de acordo com o laudo pericial), sendo no mínimo o percentual de 50% (por analogia, art. 86, Lei 8.213/91; auxílio-acidente). A pensão será calculada considerando-se o número de anos entre a idade do Reclamante (a partir de quando a pensão é devida) e a estimativa de sobrevida do Reclamante (atualmente, de acordo com a Tabela do IBGE, 74,9 anos). Juros a partir do ajuizamento da demanda. Atualização a partir do momento em que a verba é devida. Pela natureza da verba, descabem os descontos de INSS e IRPF;

(4) caso Vossa Excelência não defira a pensão em parcela única, que se tenha o pensionamento de forma mensal, de acordo com o grau da incapacidade laborativa (a ser calculada de acordo com o laudo pericial), sendo no mínimo o percentual de 50% (por analogia, art. 86, Lei 8.213/91; auxílio-acidente), de forma vitalícia, a ser calculada em função dos reajustes do salário mínimo e, sucessivamente, sobre os reajustes da categoria profissional. Nesta hipótese, o Reclamante solicita que a empresa seja obrigada a fazer a constituição

de capital nos termos do art. 533, CPC. Pela natureza da verba, descabem os descontos de INSS e IRPF;

(c) danos materiais (despesas): pagamento de todas as despesas havidas com o evento danoso. As despesas [cirurgias, consultas médicas, medicamentos, próteses etc.; discriminar as despesas e juntar os recibos] até a data do ajuizamento importam em [indicar o valor]. As parcelas subsequentes ao ajuizamento da demanda serão apuradas por artigos de liquidação (art. 509, II, CPC);

(d) indenização a título de dano moral, à base de 50 salários do Reclamante, considerado o último auferido ou outro valor a critério de Vossa Excelência, na forma do art. 223-G, CLT.

3.210. INDENIZAÇÃO POR SUPRESSÃO DE HORAS EXTRAS
SÚMULA 291, TST

CAUSA DE PEDIR:

Conforme se depreende dos horários demonstrados, o Reclamante laborou, até [indicar a data], habitualmente, em jornada extraordinária, posto que trabalhava por 12 horas ininterruptas em 2 dias da semana, o que totalizava 4 horas extras durante 10 dias de trabalho por mês, fazendo uma média mensal de 40 horas extras com acréscimo de 50%, que eram remuneradas em holerites sob a rubrica "horas extras 50%" [docs. ...].

Além disso, recebia, habitualmente, horas extras de refeição e horas extras noturnas, que também foram suprimidas após [indicar a data], conforme já noticiado, ocasionando impacto econômico negativo ao patrimônio do trabalhador, passível de ser compensado por meio do pagamento da indenização prevista na Súmula 291, TST:

"A supressão total ou parcial, pelo empregador, de serviço suplementar prestado com habitualidade, durante pelo menos 1 (um) ano, assegura ao empregado o direito à indenização correspondente ao valor de 1 (um) mês das horas suprimidas, total ou parcialmente, para cada ano ou fração igual ou superior a seis meses de prestação de serviço acima da jornada normal. O cálculo observará a média das horas suplementares nos últimos 12 (doze) meses anteriores à mudança, multiplicada pelo valor da hora extra do dia da supressão."

Dessa forma, como pode ser observado nos holerites do Reclamante, este ativou-se por [indicar o número] anos e [indicar o número] meses em jornada extraordinária, fazendo jus à indenização da Súmula 291 do TST, conforme demonstrativo a seguir:

CÁLCULO DA INDENIZAÇÃO POR SUPRESSÃO DE HORA EXTRA

Período de junho/2013 a maio/2014 (12 meses à supressão, no exemplo citado)

MÊS	H. E. 50%	H. E. NOTURNA 50%	H. E. REFEIÇÃO 50%
JUNHO	25,0	0,0	25,0
JULHO	44,0	8,0	25,0
AGOSTO	44,0	0,0	25,0
SETEMBRO	45,0	8,0	25,0
OUTUBRO	45,0	0,0	25,0
NOVEMBRO	25,0	5,0	25,0
DEZEMBRO	0,0	0,0	0,0
JANEIRO	25,0	8,0	25,0
FEVEREIRO	44,0	8,0	26,0
MARÇO	25,0	0,0	25,0
ABRIL	38,0	5,0	25,0
MAIO	44,0	8,0	26,0
TOTAL EM HORAS	404,0	50,0	277,00

Média aritmética 12 últimos meses:

H. 50%	404,0 horas	: 12	=	33,66 horas
H.E. 100%	50,0 horas	: 12	=	4,16 horas
H. E. REF. 50%	277,0 horas	: 12	=	23,08 horas

CÁLCULO:

Valor da H.E. por ocasião da supressão: [R$ 1.202,88 (Súmula 264, TST) : 220 = R$ 5,46 x 50%] = R$ 8,19

H. 50%	33,66h x R$ 8,19	=	R$	275,68
H.E. NOT. 50%	4,16h x R$ 8,19	=	R$	34,07
H.E. REF. 50%	23,08h x R$ 8,19	=	R$	189,02
DSRs		=	R$	99,75
Subtotal		=	R$	598,52 (valor de 1 mês)

Total indenização da Súmula 291, TST = [R$ 598,52 x 4 anos (3 anos e 10 meses)]= R$ 2.394,10;

FGTS 8% (empregado pediu demissão): R$ 191,53;

TOTAL GERAL INDENIZAÇÃO DA SÚMULA 291, TST: R$ 2.585,63.

PEDIDO:

Pagamento da indenização prevista na Súmula 291 do TST, pela supressão de horas extras habitualmente prestadas durante [indicar o número] anos e [indicar o número] meses do contrato de trabalho do Autor, nos termos dos itens da fundamentação – R$ 2.585,63.

3.211. INDENIZAÇÃO
RESPONSABILIDADE SOLIDÁRIA DA EMPRESA TOMADORA. ACIDENTE DE TRABALHO. VIGILANTE

CAUSA DE PEDIR:

1. Fundamentos Fáticos

1.1. Exposição do acidente de trabalho

A priori, deve ser dito que o Reclamante sempre foi um funcionário cuidadoso e ciente de quais são as normas de medicina e segurança do trabalho que devem ser cumpridas.

O Reclamante, em [indicar a data], como funcionário da 1ª Reclamada, foi vítima de ameaças por parte de várias pessoas, em razão da venda ilegal de bilhete único. Para tanto, houve a lavratura de um boletim de ocorrência em que fica evidente a ameaça à constituição física do Reclamante [docs. ...].

O Reclamante, em [indicar], por volta das [indicar] horas, como funcionário da 1ª Reclamada, foi vítima de um acidente de trabalho em uma empresa contratante dos serviços da Reclamada (2ª Reclamada). Os fatos estão narrados em outro boletim de ocorrência, o qual atesta que a agência seria assaltada, o que não foi possível, graças aos disparos efetuados pelo Reclamante [docs. ...].

O Reclamante, em [indicar], como funcionário da 1ª Reclamada, laborando nas dependências da 2ª Reclamada, veio a sofrer outro acidente de trabalho, o qual é de maiores dimensões. Nesse acidente, a agência foi violentamente roubada por uma quadrilha, com forte armamento, inclusive, ocorrendo a subtração de caixa eletrônico e dos equipamentos de trabalho do Reclamante (colete, arma e munições do Reclamante). O Reclamante ficou exposto a uma série de ameaças de violências físicas e principalmente psíquicas. O Reclamante ficou deitado no chão com ameaças constantes de que poderia vir a ser morto durante o assalto. Também houve a lavratura de um boletim de ocorrência [docs. ...].

Quanto a esse acidente de trabalho, o Reclamante veio a assinar uma declaração em que relata, com detalhes, o ocorrido nesse dia [doc. ...].

A 1ª Reclamada efetuou uma sindicância quanto a este último fato, sendo que o Reclamante prestou as suas declarações [docs. ...].

Após esse acidente de trabalho, o Reclamante passou no Hospital Bartira, consoante comprovam os documentos [docs. ...], inclusive, com um receituário médico no qual consta que o Reclamante, após o estresse, estava com sintomas de transtorno de pânico.

Logo após esse acidente, o Reclamante ficou afastado do dia 11 em diante, consoante os atestados médicos [docs. ...].

Também, logo após esse acidente, o Reclamante passou a tomar medicamentos, os quais são receitados mediante receituário próprio, o que vem a indicar que são medicamentos controlados [docs. ...].

O Reclamante ficou afastado do trabalho, auferindo benefício previdenciário, a partir de [indicar a data] até [indicar a data] [docs. ...].

O Reclamante tem uma série de relatórios médicos, os quais atestam a sua total inaptidão para o retorno à função de vigilante [docs. ...].

Após o dia [indicar o dia], apesar de o Reclamante não ter a mínima condição de retornar ao trabalho, não está recebendo nenhum benefício previdenciário.

Cap. 3 • MODELOS DE CAUSA DE PEDIR E PEDIDOS | **627**

Diversas foram as medidas administrativas efetuadas pelo Reclamante no órgão previdenciário visando ao restabelecimento do benefício [docs. ...].

A 1ª Reclamada tem ciência de que o Reclamante não tem condições de retornar ao trabalho. Para tanto, a Reclamada sempre emite o documento denominado de "aviso de volta ao trabalho", em que se tem a indicação de que o Reclamante não retorna ao trabalho [docs. ...].

O Reclamante, após o último assalto, não mais retornou ao trabalho.

Após o citado acidente, o Reclamante só consegue dormir quando toma os calmantes.

Após o acidente, o Reclamante tem uma sensação constante de medo, além da depressão e de muito nervosismo.

O Reclamante não tem a mínima condição de retornar ao exercício da função de vigilante, em face desse quadro clínico de depressão, nervosismo e de medo pela violência física e essencialmente psíquica que sofreu durante o acidente.

Vale dizer, o Reclamante está em total estado de pânico, sem qualquer tipo de orientação e de apoio por parte da empresa, inclusive, não tendo apoio médico ou psicológico.

O Reclamante, simultaneamente, está sem auferir o benefício previdenciário, bem como a empresa não lhe paga os seus salários.

No mínimo, a 1ª Reclamada poderia reintegrá-lo em outra função que não fosse a de vigilante, contudo, sem a perda do salário equivalente à função de vigilante, para que o Reclamante pudesse ter condições de sustento.

O Reclamante, após o acidente, toma constantemente o medicamento [indicar o remédio], o qual é fornecido pelo posto de saúde.

1.1.1. Demonstração inequívoca do acidente de trabalho e do nexo causal. Responsabilidade objetiva do empregador

Evidente que o Reclamante sofreu um acidente de trabalho típico, o qual lhe causou uma série de transtornos psíquicos, os quais podemos dizer que se trata da síndrome do pânico.

O trabalho do Reclamante, como empregado da 1ª Reclamada, no exercício das funções de vigilante nas dependências da 2ª Reclamada, contratante dos serviços da 1ª Reclamada, vem a demonstrar que o trabalho e a atividade econômica das duas Reclamadas é que justificam a exposição do Reclamante a um risco desmesurado, em muito superior a qualquer outro trabalhador.

O trabalho foi a causa direta do acidente, sendo que a exposição ao risco justifica, de forma plausível e irresoluta, a responsabilidade solidária das duas Reclamadas.

Temos: trabalho-acidente. O acidente levou à lesão, ou seja, o desenvolvimento da síndrome do pânico.

Temos: acidente-lesão. E a síndrome do pânico gera a incapacidade do Reclamante para o exercício das funções de vigilante.

Assim, o tríplice nexo causal.

Não só o empregador, como também o tomador, são solidariamente responsáveis pelas lesões sofridas pelo Reclamante.

Não se pode esquecer quanto à aplicação da teoria da eficácia horizontal dos direitos fundamentais.

A doutrina indica: *"Com o evolver das relações econômicas, políticas e sociais, que implicou o surgimento do chamado neoconstitucionalismo ou pós-positivismo, verificou-se que não apenas o Estado tem o dever de proteger e promover a efetivação dos direitos fundamentais, como também os particulares entre si.*

A eficácia horizontal dos direitos fundamentais, também chamada de eficácia dos direitos fundamentais entre terceiros ou de eficácia dos direitos fundamentais nas relações privadas, decorre do reconhecimento de as desigualdades estruturantes não se situarem apenas na relação entre o Estado e os particulares, como também entre os próprios particulares, o que passa a empolgar um novo pensar dos estudiosos da ciência jurídica a respeito da aplicabilidade dos direitos fundamentais no âmbito das relações entre os particulares.

No âmbito das relações de trabalho, especificamente nos sítios da relação empregatícia, parece-nos não haver dúvida a respeito da importância do estudo da eficácia horizontal dos direitos fundamentais, mormente em razão do poder empregatício (disciplinar, diretivo e regulamentar) reconhecido ao empregador (CLT, art. 2º), o qual por força dessa relação assimétrica, passa a ter deveres fundamentais em relação aos seus empregados.

Afinal, a Constituição da República consagra, no Título II, Capítulo I, um catálogo não apenas de 'Direitos', como também de 'Deveres' Individuais e Coletivos, a cargo, não apenas do Estado, como também da sociedade e das pessoas naturais ou jurídicas, sobretudo quando estas últimas desfrutam de posições econômicas, políticas e sociais superiores em relação a outros particulares.

Como as relações de trabalho subordinado são marcadas pela desigualdade entre os particulares, de um lado o empregador, que detém o poder empregatício (econômico, regulamentar, diretivo e disciplinar), e do outro o empregado, hipossuficiente e vulnerável, parece-nos inegável a plena aplicação da eficácia horizontal dos direitos fundamentais nas relações empregatícias.

Importa referir que no campo das relações de trabalho subordinado, nomeadamente nas relações empregatícias, há amplo espaço para a adoção da teoria da eficácia horizontal dos direitos fundamentais, tanto no plano individual quanto no plano metaindividual.

À guisa de exemplo, podemos citar o direito dos empregados à indenização por danos morais e materiais decorrentes de assédio moral ou sexual (CF, arts. 1º e 5º, X). Nesse caso, a lesão a um direito fundamental (e da personalidade) foi perpetrada pelo empregador, cabendo a este, e não ao Estado, o dever de reparar os danos morais e materiais sofridos pelo trabalhador.

Outros exemplos: o direito do empregado à reintegração ou indenização por motivo de discriminação de raça, sexo, idade, religião etc. praticado diretamente pelo empregador no ambiente de trabalho (CF, art. 1º, 3º, IV, 5º, X); o direito dos trabalhadores à sadia qualidade de vida no meio ambiente do trabalho (CF, arts. 1º, III e IV; 5º, XXIII; 7º, XXII; 200, VIII; 225)" (LEITE, Carlos Henrique Bezerra. *Eficácia horizontal dos direitos fundamentais na relação de emprego. Revista Justiça do Trabalho*, ano 28, nº 329, HS Editora, p. 10-14).

O empregador, a 1ª Reclamada, bem como a empresa tomadora, a 2ª Reclamada, pelo fato de lidarem com atividade de risco (prestação de serviços de segurança armada) em proteção do seu patrimônio, pela aplicação da teoria da eficácia horizontal dos direitos fundamentais, devem responder pela segurança integral (física, psíquica e moral) dos seus empregados.

Portanto, as duas Reclamadas devem ser condenadas de forma solidária (art. 942, CC; art. 5º-A, § 3º, Lei 6.019/74).

Oportuno mencionar que o art. 4º-C da Lei 6.019/74, acrescido pela Lei 13.467/17, assegura aos empregados da empresa prestadora de serviços as mesmas condições relativas a treinamento adequado (inciso I, alínea "d"), bem como medidas de proteção à saúde e de segurança no trabalho (inciso II).

1.2. Fundamentos Jurídicos. Danos materiais e morais

Os direitos sociais envolvem as questões relativas à educação, à saúde, ao trabalho, ao lazer, à segurança, à previdência social, à proteção à maternidade e à infância e à assistência aos desamparados (art. 6º, CF).

O art. 7º, CF, estabelece quais são os direitos dos trabalhadores urbanos e rurais, além de outros que visem à melhoria de sua condição social.

Cap. 3 • MODELOS DE CAUSA DE PEDIR E PEDIDOS | **629**

A saúde e a incolumidade física e psíquica do trabalhador são fatores integrantes do próprio direito à vida. A vida humana possui um valor inestimável e deve ser protegida por todos os meios. A medicina e segurança do trabalho é uma matéria de grande valia, como instrumental técnico-jurídico, a valorizar e dignificar a vida humana, além do patrimônio jurídico do trabalhador, o qual é representado pela sua força de trabalho.

O inciso XXVIII do art. 7°, CF, assim enuncia: *"seguro contra acidentes de trabalho, a cargo do empregador, sem excluir a indenização a que este está obrigado, quando incorrer em dolo ou culpa".*

Evidente, pelas assertivas citadas, que o Reclamante é portador de incapacidade pelo acidente típico.

Aplica-se, pois, quanto à figura da responsabilidade civil do empregador, o disposto no art. 927, CC.

As Reclamadas, pelo seu grau de risco e pela atividade econômica por elas exercida, devem ser responsabilizadas objetivamente pelo acidente ocasionado ao Reclamante.

Pela atividade econômica organizada e pelos riscos por ela criados, o empregador responde objetivamente pelo acidente de trabalho. Não mais se indaga a respeito da responsabilidade civil subjetiva (art. 186, CC).

No risco criado, não se tem a indagação a respeito da obtenção ou não do proveito na atividade econômica desenvolvida pelo autor do dano.

O que gera a obrigação de reparação do dano é a criação de risco pelo desenvolvimento da própria atividade pelo autor do fato lesivo.

Reitere-se: o vocábulo "risco" previsto no art. 927, parágrafo único, do CC refere-se à teoria do risco criado.

Em outras palavras: a responsabilidade do agente não se interage com o proveito obtido pela atividade econômica normalmente por ele executada e os riscos dela decorrentes, e, sim, em função dos riscos criados pela atividade que normalmente executa.

Em março de 2020, o STF, ao analisar a temática, no Recurso Extraordinário (RE) 828.040, com repercussão geral reconhecida, fixou como tese que: *"O artigo 927, parágrafo único, do Código Civil é compatível com o artigo 7°, XXVIII, da Constituição Federal, sendo constitucional a responsabilização objetiva do empregador por danos decorrentes de acidentes de trabalho, nos casos especificados em lei, ou quando a atividade normalmente desenvolvida, por sua natureza, apresentar exposição habitual a risco especial, com potencialidade lesiva e implicar ao trabalhador ônus maior do que aos demais membros da coletividade."*

Oportuna a transcrição do julgado:

"DIREITO CONSTITUCIONAL. DIREITO DO TRABALHO. RECURSO EXTRAORDINÁRIO. REPERCUSSÃO GERAL RECONHECIDA. TEMA 932. EFETIVA PROTEÇÃO AOS DIREITOS SOCIAIS. POSSIBILIDADE DE RESPONSABILIZAÇÃO OBJETIVA DO EMPREGADOR POR DANOS DECORRENTES DE ACIDENTES DE TRABALHO. COMPATIBILIDADE DO ART. 7, XXVIII DA CONSTITUIÇÃO FEDERAL COM O ART. 927, PARÁGRAFO ÚNICO, DO CÓDIGO CIVIL. APLICABILIDADE PELA JUSTIÇA DO TRABALHO. 1. A responsabilidade civil subjetiva é a regra no Direito brasileiro, exigindo-se a comprovação de dolo ou culpa. Possibilidade, entretanto, de previsões excepcionais de responsabilidade objetiva pelo legislador ordinário em face da necessidade de justiça plena de se indenizar as vítimas em situações perigosas e de risco como acidentes nucleares e desastres ambientais. 2. O legislador constituinte estabeleceu um mínimo protetivo ao trabalhador no art. 7°, XXVIII, do texto constitucional, que não impede sua ampliação razoável por meio de legislação ordinária. Rol exemplificativo de direitos sociais nos artigos 6° e 7° da Constituição Federal. 3. Plena compatibilidade do art. 927, parágrafo único, do Código Civil com o art. 7°, XXVIII, da Constituição Federal, ao permitir hipótese excepcional de responsabilização objetiva

do empregador por danos decorrentes de acidentes de trabalho, nos casos especificados em lei ou quando a atividade normalmente desenvolvida pelo autor implicar, por sua natureza, outros riscos, extraordinários e especiais. Possibilidade de aplicação pela Justiça do Trabalho. 4. Recurso Extraordinário desprovido. TEMA 932. Tese de repercussão geral: 'O artigo 927, parágrafo único, do Código Civil é compatível com o artigo 7º, XXVIII, da Constituição Federal, sendo constitucional a responsabilização objetiva do empregador por danos decorrentes de acidentes de trabalho, nos casos especificados em lei, ou quando a atividade normalmente desenvolvida, por sua natureza, apresentar exposição habitual a risco especial, com potencialidade lesiva e implicar ao trabalhador ônus maior do que aos demais membros da coletividade'." (STF – Tribunal Pleno – RE 828040 - Rel. Min. Alexandre de Moraes – *DJe* 26/6/2020.)

A reparação dos danos materiais se dá com a restauração da situação anterior ao ato danoso, o seu restabelecimento ao *statu quo ante* (reparação natural).

No entanto, não sendo isso possível, o que inúmeras vezes ocorre, converte-se em uma indenização equivalente aos danos causados (dano emergente e lucro cessante).

Em alguns casos, porém, ocorrem os dois tipos de reparação, restabelecimento da situação fática anterior e o pagamento de uma indenização pelo período em que o ato danoso surtiu efeitos.

A pessoa, vítima de um acidente de trabalho, para que tenha a efetiva reparação do prejuízo, tem direito: (a) ao ressarcimento do dano emergente e do lucro cessante (dano material); (b) a uma quantia em dinheiro, como fator de compensação dos aborrecimentos ocasionados pelo ato ilícito (dano moral).

O lucro cessante é representado pela remuneração, a qual retrata os valores auferidos pela Reclamante em função de sua capacidade laborativa, tais como: salário fixo; horas extras; adicional noturno etc. Em outras palavras, a remuneração corresponde à renda auferida pela força laborativa da vítima.

Para a reparação dos danos patrimoniais advindos de acidente de trabalho, devemos observar as regras inseridas nos arts. 948 a 950, CC.

O art. 950, CC, assim enuncia: *"Se da ofensa resultar defeito pelo qual o ofendido não possa exercer o seu ofício ou profissão, ou se lhe diminua a capacidade de trabalho, a indenização, além das despesas do tratamento e lucros cessantes até o fim da convalescença, incluirá pensão correspondente à importância do trabalho para que se inabilitou, ou da depreciação que ele sofreu".*

A remuneração a ser fixada é a renda auferida pela vítima à época da ocorrência do ato lesivo, ou seja, o valor do seu salário normal originário (quando da contratação), além da parte variável (as horas extras e o adicional noturno e fator da redução).

A pensão deve ser calculada em função do último salário auferido, considerando-se o salário normal acrescido da média salarial variável [horas extras, adicional noturno etc. – discriminar os títulos].

A essa base mensal deve-se ter a inserção dos seguintes percentuais: (a) 8% (0,08) do FGTS sobre a base mensal; (b) 13º salário (um salário por ano), logo, a parcela do 13º salário deve corresponder a 1/12 (0,083 = 8,33%) sobre a base mensal; (c) 1/3 das férias. As férias correspondem a um salário por ano. O percentual de 1/3 sobre um mês de salário corresponde a 0,33; 0,33 : 12 = 0,027, logo, a parcela de 1/3 corresponde a 0,027 (2,77%) de um salário mensal.

A base de cálculo da pensão corresponde a 1,19 (um salário + FGTS – 0,08 + 13º salário – 0,083 + 1/3 férias – 0,027) remuneração (= igual ao salário normal + média dos aditivos salariais habituais).

A pensão é devida a partir de [indicar a data: dia do acidente; dia da constatação da incapacidade; data do término do contrato etc.].

O Reclamante solicita a pensão, em parcela única (art. 950, parágrafo único), a ser calculada a partir da data já indicada, de acordo com o grau da incapacidade laborativa (a ser calculada de acordo com o laudo pericial), sendo no mínimo o percentual de 50% (por analogia, art. 86, Lei 8.213/91;

Cap. 3 • MODELOS DE CAUSA DE PEDIR E PEDIDOS | **631**

auxílio-acidente). A pensão será calculada considerando-se o número de anos entre a idade do Recla-mante (a partir de quando a pensão é devida) e a estimativa de sobrevida do Reclamante (atualmente, de acordo com a Tabela do IBGE, 74,9 anos). Juros a partir do ajuizamento da demanda. Atualização a partir do momento em que a verba é devida. Pela natureza da verba, descabem os descontos de INSS e IRPF.

Caso Vossa Excelência não defira a pensão em parcela única, que se tenha o pensionamento de forma mensal, de acordo com o grau da incapacidade laborativa (a ser calculada de acordo com o laudo pericial), sendo no mínimo o percentual de 50% (por analogia, art. 86, Lei 8.213/91; auxílio-acidente), de forma vitalícia, a ser calculada em função dos reajustes do salário mínimo e, sucessivamente, sobre os reajustes da categoria profissional. Nessa hipótese, o Reclamante solicita que a empresa seja obrigada a fazer a constituição de capital nos termos do art. 533, CPC. Pela natureza da verba, descabem os descontos de INSS e IRPF.

Além do pensionamento, a título de dano material, o Reclamante faz jus à percepção de todas as despesas havidas com o evento danoso. As despesas [cirurgias, consultas médicas, medicamentos, próteses etc.; discriminar as despesas e juntar os recibos] até a data do ajuizamento importam em [indicar o valor]. As parcelas subsequentes ao ajuizamento da demanda serão apuradas por artigos de liquidação (art. 509, II, CPC).

Em caso de acidente de trabalho – sentido amplo –, além do dano material, o trabalhador também faz jus ao dano moral (Súm. 37, STJ).

Da situação acima narrada, evidente que a conduta da empresa Reclamada resultou em ofensa à esfera moral do Reclamante (art. 223-B, CLT).

Oportuno destacar que o art. 223-C da CLT traz a saúde e a integridade física como bens ine-rentes à pessoa física juridicamente tutelados.

As lesões decorrentes de acidente de trabalho deixam sequelas inevitáveis para o trabalhador.

As dores psíquicas, morais, em função da intensidade das agressões físicas, refletem danos que podem ser superiores aos prejuízos materiais.

Cabe ao critério valorativo do juiz, além da força criativa da doutrina e jurisprudência, a busca de parâmetros para que se possa fixar a indenização pelo dano moral.

A fixação da indenização pelo dano moral não deve ser vista só como uma avaliação da dor sofrida pela vítima em dinheiro.

De fato, representa a substituição de um bem jurídico por outro.

Porém, também significa uma sanção que é aplicada ao ofensor, impondo-se uma diminuição em seu patrimônio, satisfazendo-se a vítima que foi prejudicada em sua honra, liberdade, intimidade etc.

A reparação do dano moral para a vítima representa uma satisfação, enquanto para o agente é uma sanção.

Nos termos do art. 223-G da CLT, o juízo, ao fixar o *quantum* pela reparação do dano extrapa-trimonial, deve considerar: (a) a natureza do bem jurídico tutelado; (b) a intensidade do sofrimento ou da humilhação; (c) a possibilidade de superação física ou psicológica; (d) os reflexos pessoais e sociais da ação ou da omissão; (e) a extensão e a duração dos efeitos da ofensa; (f) as condições em que ocorreu a ofensa ou o prejuízo moral; (g) o grau de dolo ou culpa; (h) a ocorrência de retratação espontânea; (i) o esforço efetivo para minimizar a ofensa; (j) o perdão, tácito ou expresso; (k) a situação social e econômica das partes envolvidas; (l) o grau de publicidade da ofensa.

Diante dessas assertivas, o Reclamante, a título de danos morais, solicita uma indenização à base de 50 salários do Reclamante, considerado o último auferido ou outro valor a critério de Vossa Exce-lência, na forma do art. 223-G, CLT.

632 | PRÁTICA DA RECLAMAÇÃO TRABALHISTA – *Jorge Neto • Wenzel • Cavalcante*

1.3. Fundamentos Jurídicos. Dano Psíquico

O dano psíquico, também conhecido como dano psicológico, é aquele que se projeta na esfera emocional da vítima, resultando em um trauma (doença psíquica) e provocando alterações de comportamento.

Via de regra, está relacionado à violação do patrimônio imaterial (extrapatrimonial), como uma ameaça, agressões físicas etc., violação essa que acaba por desencadear uma doença psíquica, a qual exige tratamento médico/psíquico diferenciado.

É o caso do Reclamante.

Além dos danos morais e materiais, o Reclamante tem a síndrome do pânico que lhe foi gerada pelo acidente de trabalho típico.

Tem direito a uma indenização pelo dano psíquico.

A título de dano psíquico, o Reclamante solicita a quantia equivalente a [indicar o valor] salários mínimos.

PEDIDO:

(a) responsabilidade solidária;

(b) juntada dos seguintes documentos: (1) Programa de Prevenção de Riscos Ambientais – PPRA, previsto na NR-9 da Portaria 3.214/78 do MTE; (2) Laudo Técnico de Condições Ambientais do Trabalho – LTCAT, previsto na NR-15 da Portaria 3.214/78 do MTE; (3) Programa de Controle Médico de Saúde Ocupacional – PCMSO, nos termos da NR-7 da Portaria 3.214/78, acompanhado dos respectivos relatórios; (4) Perfil Profissiográfico Previdenciário – PPP; (5) Análise Ergonômica do Trabalho - AET (NR 17); (6) Prontuário médico do Reclamante, com transcrição legível das anotações, inclusive exames admissional, demissional e periódicos (art. 168 da CLT e NR-7 da Portaria 3.214/78); (7) Comprovante de instrução aos seus empregados; (8) Treinamento pela de ordem de serviços, art. 157, II da CLT e Portaria 3.214/78, item 1.7.b; (9) Ficha de registro; (10) Ficha de entrega de EPIs; (11) Recibos de pagamento de todo o período trabalhado. Esses documentos deverão ser juntados de acordo com os teores do art. 396 e ss., CPC, em audiência, quando do oferecimento da resposta da Reclamada;

(c) danos materiais (pensão):

(1) a pensão deve ser calculada em função do último salário auferido, considerando-se o salário normal acrescido da média salarial variável [horas extras, adicional noturno etc. – discriminar os títulos]. A essa base mensal deve-se ter a inserção dos seguintes percentuais: (a) 8% (0,08) do FGTS sobre a base mensal; (b) 13° salário (um salário por ano), logo, a parcela do 13° salário deve corresponder a 1/12 (0,083 = 8,33%) sobre a base mensal; (c) 1/3 das férias. As férias correspondem a um salário por ano. O percentual de 1/3 sobre um mês de salário corresponde a 0,33; 0,33: 12 = 0,027, logo, a parcela de 1/3 corresponde a 0,027 (2,77%) de um salário mensal. A base de cálculo da pensão corresponde a 1,19 (um salário + FGTS – 0,08 + 13° salário – 0,083 + 1/3 férias – 0,027) remuneração (= igual ao salário normal + média dos aditivos salariais habituais);

(2) a pensão é devida a partir de [indicar a data: dia do acidente; dia da constatação da incapacidade; data do término do contrato etc.];

(3) a pensão, em parcela única (art. 950, parágrafo único), a ser calculada a partir da data acima indicada, de acordo com o grau da incapacidade laborativa (a ser calculada de acordo

Cap. 3 • MODELOS DE CAUSA DE PEDIR E PEDIDOS | **633**

com o laudo pericial), sendo no mínimo o percentual de 50% (por analogia, art. 86, Lei 8.213/91; auxílio-acidente). A pensão será calculada considerando-se o número de anos entre a idade do Reclamante (a partir de quando a pensão é devida) e a estimativa de sobrevida do Reclamante (atualmente, de acordo com a Tabela do IBGE, 74,9 anos). Juros a partir do ajuizamento da demanda. Atualização a partir do momento em que a verba é devida. Pela natureza da verba, descabem os descontos de INSS e IRPF;

(4) caso Vossa Excelência não defira a pensão em parcela única, que se tenha o pensionamento de forma mensal, de acordo com o grau da incapacidade laborativa (a ser calculada de acordo com o laudo pericial), sendo no mínimo o percentual de 50% (por analogia, art. 86, Lei 8.213/91; auxílio-acidente), de forma vitalícia, a ser calculada em função dos reajustes do salário mínimo e, sucessivamente, sobre os reajustes da categoria profissional. Nessa hipótese, o Reclamante solicita que a empresa seja obrigada a fazer a constituição de capital nos termos do art. 533, CPC. Pela natureza da verba, descabem os descontos de INSS e IRPF;

(d) danos materiais (despesas): pagamento de todas as despesas havidas com o evento danoso. As despesas [cirurgias, consultas médicas, medicamentos, próteses etc.; discriminar as despesas e juntar os recibos] até a data do ajuizamento importam em [indicar o valor]. As parcelas subsequentes ao ajuizamento da demanda serão apuradas por artigos de liquidação (art. 509, II, CPC);

(e) indenização a título de dano moral, à base de 50 salários do Reclamante, considerado o último auferido ou outro valor a critério de Vossa Excelência, na forma do art. 223-G, CLT;

(f) indenização a título de dano psíquico, à base de [indicar o valor] salários mínimos.

3.212. INDENIZAÇÃO POR UTILIZAÇÃO DE VEÍCULO E COMBUSTÍVEL

CAUSA DE PEDIR:

O Reclamante trabalhava utilizando veículo próprio para deslocamento aos clientes, contudo, nunca lhe fora pago combustível ou ressarcidas quaisquer despesas pelo uso e depreciação do veículo.

Do ponto de vista do direito do trabalho, o empregador assume o risco da atividade empresarial (art. 2º, CLT). Atribuir ao empregado a responsabilidade pelas despesas do veículo e combustível é prática abusiva, pois transfere o risco do negócio ao empregado.

Nesse sentido:

"VEÍCULO DE PROPRIEDADE DO EMPREGADO. UTILIZAÇÃO PARA A PRESTAÇÃO DE SERVIÇOS. INDENIZAÇÃO INTEGRAL, INCLUSIVE DE GASTOS RELACIONADOS COM O VEÍCULO. No âmbito do contrato de trabalho, compete à empresa, e não ao empregado, o fornecimento dos instrumentos e das ferramentas necessárias para o desempenho de suas funções e atribuições. Se a empresa, no comando dos poderes empregatício e organizacional, faz opção e convola esse procedimento de envergadura estrutural e de natureza administrativa, avençando que o empregado forneça o seu veículo para o trabalho, deve indenizá-lo, integralmente, utilização e gastos. De conseguinte, a empregadora deve restituir ao empregado todos os gastos por este despendidos, vale dizer, tanto os gastos referentes ao combustível, quanto aqueles que envolvam a manutenção, a conservação, o desgaste e a depreciação de bem de sua propriedade, que foi utilizado em prol das atividades econômicas desenvolvidas pela empregadora" (TRT – 3ª R. – 1ª T. – RO 0001648-13.2013.5.03.0014 – Relator Luiz Otavio Linhares Renault – *DEJT* 27-8-2014).

Pelo uso do veículo, o Autor faz jus à indenização correspondente ao aluguel pela utilização de veículo próprio no valor de [indicar o valor] mensais, bem como indenização equivalente a [indicar consumo] litros de combustível mensais.

PEDIDO:

Requer a condenação da Reclamada ao pagamento de indenização correspondente ao aluguel pela utilização de veículo próprio no valor de [indicar o valor] mensais, bem como indenização equivalente a [indicar consumo] litros de combustível mensais.

Cap. 3 • MODELOS DE CAUSA DE PEDIR E PEDIDOS | 635

3.213. INTERVENÇÃO DE MUNICÍPIO EM HOSPITAL PARTICULAR
RESPONSABILIDADE SUBSIDIÁRIA

CAUSA DE PEDIR:

Cinge-se a controvérsia à possibilidade de imputação da responsabilidade subsidiária ao Município no caso de intervenção na administração dos serviços de saúde prestados pela primeira Reclamada, hospital particular.

A Constituição Federal, em seu art. 5°, XXV, dispõe que *"no caso de iminente perigo público, a autoridade competente poderá usar de propriedade particular, assegurada ao proprietário indenização ulterior, se houver dano"*.

É incontroverso que o Município realizou a intervenção administrativa, por meio do Decreto [★].

A intervenção do Poder Público em ente privado, com a assunção plena da administração e gestão, mesmo que temporariamente, implica a responsabilização subsidiária do ente público em relação ao período em que perdurar a intervenção.

Nessas circunstâncias, inadimplindo a real empregadora as obrigações trabalhistas, deve responder subsidiariamente o Município pelos créditos pendentes dos trabalhadores que lhe serviram.

A jurisprudência do TST tem se manifestado no sentido de que reconhecido o inadimplemento da empregadora pelas obrigações trabalhistas, deve o Município responder subsidiariamente pelos créditos pendentes dos trabalhadores que lhe serviram:

"AGRAVO DE INSTRUMENTO. RECURSO DE REVISTA. LEI N° 13.015/14. INTERVENÇÃO TEMPORÁRIA DO MUNICÍPIO EM HOSPITAL PRIVADO. RESPONSABILIDADE SUBSIDIÁRIA. Na hipótese, a intervenção do Município Reclamado na gestão do hospital perdurou cerca de 27 (vinte e sete) anos, sendo que o contrato de trabalho da autora vigeu durante o período de intervenção. De conformidade com a jurisprudência deste Tribunal Superior do Trabalho, a intervenção de município em instituição hospitalar privada, com plena administração e gestão da instituição, mesmo que temporariamente, implica a responsabilização subsidiária do ente público pelas verbas trabalhistas porventura não adimplidas. Precedentes desta e de outras Turmas do TST. Agravo de instrumento conhecido e desprovido." (TST – 3ª T. – AIRR 11555-90.2016.5.15.0040 – Rel. Min. Alexandre de Souza Agra Belmonte – *DEJT* 27-3-2020.)

"AGRAVO DE INSTRUMENTO. RECURSO DE REVISTA. PROCESSO SOB A ÉGIDE DA LEI 13.015/14 E ANTERIOR À LEI 13.467/17. MUNICÍPIO DE CACHOEIRA PAULISTA. INTERVENÇÃO MUNICIPAL EM HOSPITAL. RESPONSABILIDADE SUBSIDIÁRIA DO ENTE PÚBLICO INTERVENTOR. Demonstrado no agravo de instrumento que o recurso de revista preenchia os requisitos do art. 896 da CLT, dá-se provimento ao agravo de instrumento, para melhor análise da arguição de divergência jurisprudencial, suscitada no recurso de revista. Agravo de instrumento provido. RECURSO DE REVISTA. MUNICÍPIO DE CACHOEIRA PAULISTA. INTERVENÇÃO MUNICIPAL EM HOSPITAL. RESPONSABILIDADE SUBSIDIÁRIA DO ENTE PÚBLICO INTERVENTOR. A intervenção do Poder Público em ente privado, com a assunção plena da administração e gestão, mesmo que temporariamente, implica a responsabilização subsidiária do ente público em relação ao período em que perdurar a intervenção. Verifica-se que, na hipótese dos autos, o

regime de intervenção ocorreu por determinação legal, imputando ao Município o encargo de interventor na instituição. Assim, o ente público passou a administrar o hospital, do qual a Reclamante era empregada, e, na condição de gestor, passou a ser corresponsável pelos atos praticados no período de intervenção. De fato, essa espécie de intervenção encontra-se prevista na Constituição Federal (art. 5º, XXV), segundo a qual, no caso de iminente perigo público, a autoridade competente poderá usar de propriedade particular, como se verifica na hipótese sob exame, em que ocorreu a intervenção do Município no Hospital. Todavia, não há dúvidas de que, no caso concreto, se o Município assumiu a gestão do Hospital, mesmo que temporariamente, evidentemente deverá ser responsabilizado pelas obrigações trabalhistas em relação ao período em que perdurou a intervenção. Com efeito, nessas circunstâncias, inadimplindo a real empregadora as obrigações trabalhistas, deve responder subsidiariamente o ora Reclamado pelos créditos pendentes dos trabalhadores que lhe serviram. Registra-se que, segundo a jurisprudência que se tornou dominante no TST, não configura sucessão trabalhista (arts. 10 e 448 da CLT) a intervenção temporária de Município em Hospital, visando a manter a prestação de serviços de saúde na comunidade local. Assim sendo, a discussão trazida na hipótese não é propriamente de sucessão trabalhista – que possui necessários requisitos fáticos configuradores à sua caracterização e que são distintos da hipótese ora examinada. Outrossim, não se há falar em responsabilidade solidária, ante a ausência de previsão legal ou contratual nesse sentido, mas, sim, de responsabilização subsidiária do ente público pelas obrigações trabalhistas apenas em relação ao período em que perdurou a intervenção e no qual se beneficiou diretamente dos serviços da obreira. Recurso de revista conhecido, e parcialmente provido a fim de reconhecer a responsabilidade do Município em caráter subsidiário, em relação ao período da intervenção." (TST – 3ª T – RR-11274-87.2016.5.15.0088 – Rel. Min. Mauricio Godinho Delgado – *DEJT* 22-11-2019.)

PEDIDO:

Requer o Reclamante o reconhecimento da responsabilidade subsidiária do Município de [*], segundo Reclamado.

Cap. 3 • MODELOS DE CAUSA DE PEDIR E PEDIDOS | 637

3.214. INTERDITO PROIBITÓRIO
DIREITO COLETIVO

CAUSA DE PEDIR:

1. DO INTERDITO PROIBITÓRIO. ASPECTOS JURÍDICOS E COMPETÊNCIA DA JUSTIÇA DO TRABALHO

Pela dicção do art. 567 do CPC, a ação de interdito proibitório deve ser utilizada quando o possuidor direto ou indireto, diante do justo receio de ser molestado na sua posse, solicita o provimento jurisdicional no sentido de lhe ser assegurado qualquer lesão decorrente da turbação ou esbulho iminente, mediante a fixação do mandado proibitório, no qual se tenha à cominação ao réu de determinada pena pecuniária, caso transgrida a ordem judicial.

Diante do texto legal, os requisitos do interdito proibitório são: (a) posse atual do autor; (b) a ameaça da turbação ou esbulho iminente da posse; (c) o justo receio da concretização da ameaça.

O art. 1.210 do CC, assegura que o possuidor tem direito a ser: (a) mantido na posse em caso de turbação (perturbação do direito de posse); (b) restituída na posse em caso de esbulho (perda do direito de posse); (c) segurado de violência iminente, se tiver justo receio de ser molestado.

Tal ação possessória visa proteger preventivamente a posse que está sofrendo ameaça de ser molestada ou sob iminência de sofrê-la.

A partir da promulgação da EC 45, de 8-11-2004, diante da nova redação do art. 114, II, a Justiça do Trabalho é a competente para dirimir todas as ações decorrentes do exercício do direito de greve.

Na Súmula Vinculante 23, o STF deliberou que: *"A Justiça do Trabalho é competente para processar e julgar ação possessória ajuizada em decorrência do exercício do direito de greve pelos trabalhadores da iniciativa privada".*

Assim, a ocupação do local de trabalho pelos empregados como decorrência de movimento grevista ou de outras controvérsias coletivas de trabalho se inserem na competência da Justiça do Trabalho, ante o fato de que a ocupação é um desdobramento das relações coletivas do trabalho.

2. A ADOÇÃO DO INTERDITO PROIBITÓRIO E A AMEAÇA À POSSE DA REQUERENTE PELO MOVIMENTO GREVISTA. FUNDAMENTOS: JURÍDICO E FÁTICO

O interdito proibitório tem cabimento quando se está diante de ameaça de moléstia ou de ofensa à posse de alguém por um terceiro.

Durante a realização do movimento grevista, é comum ocorrer a ocupação das dependências da empresa pelos grevistas ou de não se permitir o acesso de trabalhadores, de clientes ou de outras pessoas às dependências da empresa. Trata-se de uma evidente ameaça ou de ofensa à posse.

É inegável que a greve é um instrumento de pressão dos trabalhadores, sendo assegurado pela norma constitucional, inclusive, competindo aos trabalhadores decidir sobre a oportunidade de exercê-lo e sobre os interesses que devem por meio dele defender (art. 9º, *caput*, CF), contudo, como todo direito, há limites, os quais devem ser punidos em caso de abusos (art. 9º, § 2º).

De acordo com o plano infraconstitucional, durante o exercício do direito de greve, os trabalhadores grevistas não poderão: (a) violar ou constranger, pelos meios adotados, os direitos e garantias fundamentais de outrem; (b) pelas manifestações e atos de persuasão utilizados impedir o acesso ao trabalho ou causar ameaça ou dano à propriedade ou pessoa (art. 6°, §§ 1° e 3°, Lei 7.783/89).

Aliás, pelos abusos cometidos pelo exercício do direito de greve, todos são responsáveis, inclusive, a entidade sindical, de acordo com o apurado e em conformidade com o art. 15, *caput*, da Lei 7.783/89.

O ajuizamento do interdito proibitório não é uma forma de limitação do direito de greve, já que o direito de greve não é absoluto, tendo a sociedade e os empresários o pleno direito da prevenção por ameaças ao seu direito de posse, seja por atos de turbação ou de esbulho.

A jurisprudência indica:

"PROCESSO ANTERIOR À LEI N° 13.467/17. AGRAVO. AGRAVO DE INSTRUMENTO. RECURSO DE REVISTA. PROCEDIMENTO SUMARÍSSIMO. EXERCÍCIO DO DIREITO DE GREVE. TURBAÇÃO DE POSSE. INTERDITO PROIBITÓRIO. Trata-se de ação de interdito proibitório que foi proposta por COMERCIAL XIMENES LTDA. (PONTO DA MODA) em face do SINDICATO DOS EMPREGADOS NO COMÉRCIO DE FORTALEZA-SEC (representante da categoria profissional) e que teve por objeto a concessão de liminar para que, durante o movimento de greve, o sindicato se abstenha de praticar e/ou estimular atos de moléstia à posse mansa e pacífica da empresa, bem assim, e que seja impedido de adentrar em todas as lojas do Ponto da Moda, devendo guardar distância mínima de 50 (cinquenta) metros, evitando-se que lance objetos contra o interior e a fachada das lojas. Nos termos da Súmula Vinculante n° 23 do STF 'A Justiça do Trabalho é competente para processar e julgar ação possessória ajuizada em decorrência do exercício do direito de greve pelos trabalhadores da iniciativa privada'. No caso dos autos, conforme consta da decisão agravada, a Corte Regional registrou que é legítima a pretensão de tutela possessória veiculada na presente Ação de Interdito Proibitório, pois foram provados, de forma robusta, os abusos praticados pelo sindicato nas manifestações realizadas em frente às lojas da empresa autora, que, inclusive, configuraram a efetiva turbação de posse. Registrou a Corte Regional que 'ao exame das imagens (fotos e vídeo) por ela colacionadas aos autos, vê-se que o Ente Sindical Demandado excedeu os limites do direito de manifestação, ao invadir estabelecimento da Autora, com boneco de grande porte, apitos e bandeiras, além de arremessar ovos em seu interior, em nítida configuração de turbação de posse'. Assim, ficou registrado que, diante das premissas fáticas delineadas no v. acórdão regional, para que se pudesse chegar à conclusão diversa, como deseja a parte agravante, seria imprescindível o reexame do acervo probatório dos autos, procedimento vedado nesta esfera recursal extraordinária, ante o óbice da Súmula 126/TST. Além disso, ficou expressamente consignado que, caso houvesse violação dos artigos 8°, III, e 9° da Constituição Federal, esta somente ocorreria de forma reflexa ou indireta, pois antes seria necessário demonstrar-se ofensa à legislação ordinária, notadamente ao artigo 6°, I, § 1°, da Lei n° 7.783/89 (Lei de Greve). Salienta-se que o direito de greve previsto no art. 9° da Constituição Federal não é absoluto, pois, conforme preceitua o próprio § 2° do art. 9° da CF , 'Os abusos cometidos sujeitam os responsáveis às penas da lei'. Dessa forma, tendo a Corte Regional ressaltado expressamente o abuso ao direito de greve, com turbação à posse da empresa ré, é plenamente justificável a concessão da medida, nos termos dos arts. 1.210 do CCB e 567 do CPC/15, tal como deferido. Agravo conhecido e desprovido." (TST – 3ª T. – Ag-AIRR 1874-61.2014.5.07.0017 – Rel. Min. Alexandre de Souza Agra Belmonte – *DEJT* 23-11-2018.)

É pública e notória a crise econômica que afeta todos os países, inclusive o Brasil, em razão da crise sanitária e econômica decorrente da Covid-19.

Também é público e notório que várias montadoras diminuíram o volume de produção, ou seja, a produção de veículos, o que afetou profundamente o setor de autopeças, inclusive a Requerente.

Tal situação se confirma pelo fato de que no ano de 2020, a maioria das empresas do seguimento de autopeças concedeu férias coletivas aos seus empregados, inclusive a Requerente, conforme se observa pelo incluso comunicado enviado à Gerência Regional do Trabalho e Emprego e à Requerida [doc. *].

Cap. 3 • MODELOS DE CAUSA DE PEDIR E PEDIDOS | **639**

Desde abril de 2020, a Requerente apresenta queda considerável em seu volume de produção, tanto em razão do mercado interno quando em razão do mercado externo, conforme se observa pela planilha [doc. ★].

Por problemas de logística, no final de 2019, a Requerente transferiu as linhas de produção denominada de Célula 04 e Célula 06 do setor de Ferragem Estrutural, para unidade (fábrica) de Lavras em Minas Gerais, tendo em vista que um dos maiores clientes da Requerente, a Empresa GETTA, fica próxima à esta Unidade.

Com essa transferência, houve a necessidade de reduzir o número de turnos de outras linhas da Requerente (pintura e montagem) e, consequentemente, o número de empregados.

Em razão dos fatos acima narrados, no dia 8-8-2020, a Requerente teve a necessidade de reduzir seu quadro de pessoal, demitindo 240 empregados.

Por tais motivos, no dia 9-8-2020, por volta das 5h, os representantes do Requerido adentraram no pátio com seu caminhão de som, e, além disso, fez cordão humano na Portaria, evitando a entrada de qualquer empregado, clientes, fornecedores, veículos e outros.

Tais fatos se comprovam pelas fotos anexas [doc. ★].

Mas, não é só.

Os representantes da Requerente observaram que o Requerido trouxe outros representantes de outras entidades sindicais.

A Portaria da Requerente encontra-se em situação perigosa, tendo em vista que qualquer empregado, fornecedor ou cliente que tenta ingressar nas dependências da Empresa, por meio da Portaria, se depara com o cordão humano, sendo barrado, e se insistir, corre o risco de ser colocado em situação vexatória.

PEDIDO:

(a) a concessão liminar do mandado proibitório *inaudita altera pars,* no sentido de determinar à entidade sindical Requerida que se obste a tomar quaisquer atitudes de ameaça de turbação ou esbulho ao direito de posse da empresa quanto aos seus imóveis, equipamentos e veículos, evitando assim: (1) ocupação total ou parcial das dependências da empresa; (2) proibição total ou parcial de acesso de trabalhadores às dependências da empresa; (3) proibição total ou parcial de acesso de clientes ou de qualquer interessado às dependências da empresa; (4) proibição de entrada e de saída de mercadoria, de veículos ou de caminhões da empresa; (5) a vedação do acesso de empregados às dependências internas da empresa e de maquinários em qualquer setor da empresa; (6) prática de piquetes violentos ou de quaisquer outros meios que possam violar ou constranger direitos e garantias fundamentais de outrem ou que possam impedir o acesso ao trabalho nem causar ameaça ou dano à propriedade ou pessoa. A fixação de uma multa diária de R$ 50.000,00 à entidade sindical Requerida, com base nos arts. 500 e 537 do CPC, por qualquer medida de descumprimento da entidade sindical às medidas inibitórias requeridas e deferidas por Vossa Excelência;

(b) após a coleta das provas, além das indicadas e apresentadas com a presente petição inicial, que seja acolhido o pedido, com a ratificação da medida liminar, expedindo-se, assim, em definitivo o mandado proibitório no sentido de determinar à entidade sindical Requerida que se obste a tomar quaisquer atitudes de ameaça de turbação ou esbulho ao direito de posse da empresa quanto aos seus imóveis e equipamentos e veículos, evitando assim: (1) ocupação total ou parcial das dependências da empresa; (2) proibição total ou parcial de acesso de trabalhadores às dependências da empresa; (3) proibição total ou parcial de acesso de clientes ou de qualquer interessado às dependências da empresa; (4) proibição de entrada e de saída de mercadorias, de veículos ou de caminhões da empresa; (5) a vedação do acesso de empregados às dependências internas da empresa e de maquinários em qualquer setor da empresa; (6) prática de piquetes violentos ou de quaisquer outros meios que possam violar ou constranger direitos e garantias fundamentais de outrem ou que possam impedir o acesso ao trabalho nem causar ameaça ou dano à propriedade ou pessoa;

(c) apuração em liquidação de sentença da multa pecuniária em caso de descumprimento ao mandado proibitório por parte da entidade sindical Requerida, com juros e correção monetária na sistemática dos débitos trabalhistas.

Cap. 3 • MODELOS DE CAUSA DE PEDIR E PEDIDOS | **641**

3.215. JUROS DO FGTS

CAUSA DE PEDIR:

A Reclamada não efetuou os recolhimentos fundiários durante o pacto laboral, motivo pelo qual deverá ser compelida a efetuá-los. Preceitua o art. 15 da Lei 8.036/90 que o Empregador deverá realizar o depósito da parcela atinente ao fundo de garantia até o sétimo dia do mês subsequente ao da prestação dos serviços. Inadimplida a obrigação no prazo legal, instantaneamente, o obrigado constitui-se em mora, nascendo a obrigação decorrente do pagamento dos juros moratórios (art. 22, Lei 8.036; art. 161, CTN; art. 394, CC).

Os recolhimentos do FGTS constituem uma obrigação de trato sucessivo, renovando-se mês após mês, e cada parcela configura uma obrigação singular, um dever em si mesma, conquanto mantenha com as demais uma mesma causa comum (contrato de trabalho).

Assim, o inadimplemento de cada uma delas constitui o devedor em mora, fazendo nascer a pretensão jurídica quanto ao seu recolhimento forçado e à incidência de juros moratórios. O TST consolidou entendimento, cristalizado na OJ 302, SDI-I, no sentido de que aos créditos referentes ao FGTS, decorrentes de condenação judicial, serão corrigidos pelos mesmos índices aplicáveis aos débitos trabalhistas.

Quanto aos créditos de cunho trabalhista, os juros computados são de 1% ao mês, de forma não capitalizada (art. 39, § 1°, Lei 8.177/91). Buscada a reparação no Judiciário, o resultado obtido deve ser, no mínimo, igual aquele observado se a obrigação tivesse sido cumprida espontaneamente pelo devedor, a fim de não lhe causar enriquecimento ilícito, beneficiando-se a partir de sua falta.

Considerando que os juros moratórios incidem a partir do vencimento do prazo para depósito (7° dia do mês seguinte à prestação de serviços), pede-se que a incidência de juros de 1% ao mês tenha como termo inicial o efetivo dano, isto é, o inadimplemento da obrigação.

Sucessivamente, caso seja improvida a pretensão de cabimento de juros de 1% ao mês, pede-se que seja aplicado índice específico dos juros moratórios contabilizados para a mora fundiária, consoante disposto do art. 22 da Lei 8.036, no importe de 0,5% ao mês, a partir do vencimento de cada obrigação, passando, a partir do ajuizamento da ação, a serem de 1% ao mês (art. 883, CLT; art. 39, § 1°, Lei 8.177).

Na hipótese de não acolhimento, pede-se que o empregador repare o que o trabalhador efetivamente deixou de auferir. Se os depósitos tivessem sido realizados, o saldo seria capitalizado com juros de 3% ao ano. Dessa forma, sucessivamente, pede-se que sejam computados os juros, a partir do vencimento de cada obrigação e de forma capitalizada, na forma do art. 13, Lei 8.036, passando, a partir do ajuizamento da ação, a serem de 1% ao mês (art. 883, CLT; art. 39, § 1°, Lei 8.177/91).

PEDIDO:

Juros sobre os depósitos fundiários não realizados a partir do vencimento de cada obrigação, com índice de 1% ao mês. Sucessivamente, seja aplicado o índice de 0,5% ao mês, a partir do vencimento de cada obrigação, passando a serem de 1% ao mês, a partir do ajuizamento da ação. Ainda, sucessivamente, juros de 3% ao ano, de forma capitalizada, passando a serem de 1% ao mês, a partir do ajuizamento da ação

3.216. JUSTA CAUSA
PORTE DE DROGA. NÃO CARACTERIZAÇÃO

CAUSA DE PEDIR:

A Reclamada alegou ter sido aplicada a pena de justa causa ao Reclamante por ter sido o mesmo flagrado utilizando-se de entorpecentes durante o horário de intervalo intrajornada.

O Reclamante nunca sofreu qualquer penalidade durante o contrato de trabalho, sendo certo que nunca trouxe qualquer problema ao empregador. De outro lado, foi apenado por ato praticado em sua vida privada, durante o intervalo intrajornada e fora do local de trabalho.

O Reclamante junta aos autos o boletim de ocorrência [doc. *], onde consta que fora flagrado juntamente com os demais envolvidos, tendo o Reclamante admitido a propriedade de pequena porção da droga [*], a qual foi apreendida no ato.

Na narrativa do boletim de ocorrência, consta que a autoridade policial efetuava rondas em [*], ocasião em que avistaram o Reclamante e outros indivíduos, em atitude suspeita. Abordados, constatou-se que portavam a droga [*], sendo que todos se declararam usuários da droga e declararam que se dirigiram até o local para fazer uso do entorpecente apreendido.

A situação ocorrida é incontroversa: o Reclamante utilizou o intervalo intrajornada para fazer uso de entorpecente, contudo, fora do ambiente de trabalho.

Não se visualiza na conduta do Reclamante a tipificação prevista no art. 482, "b", da CLT, como mau procedimento.

O mau procedimento representa o comportamento incompatível do empregado com as regras de vida em sociedade. Todo e qualquer ato faltoso do empregado, o qual não possa ser tipificado nas demais hipóteses do art. 482 da CLT, será classificado de mau procedimento.

O mau procedimento é um conceito amplo, sendo que Valentim Carrion o descreve como *"qualquer ato do empregado que, pela sua gravidade, impossibilite a continuação do vínculo, desde que não acolhido precisamente nas demais figuras, nem excluído por algumas delas ao dar exato limite a determinada conduta".* (*Comentários à Consolidação das Leis do Trabalho.* São Paulo: Saraiva, 36ª ed., 2011, p. 376.)

É preciso nortear o entendimento com a separação entre a vida privada e a vida profissional do trabalhador. É certo que no caso do mau procedimento, na maioria dos casos, trata-se de evento da vida privada que acaba por refletir e prejudicar a esfera profissional, mas esse reflexo não pode ser presumido, auferido hipoteticamente. O reflexo no desempenho profissional há que ser concreto e direto, de modo a afetar, a impossibilitar a continuidade do contrato de trabalho.

A conduta do Reclamante não tem o condão de impossibilitar a continuidade do contrato de trabalho, vigente por mais [*] anos à época dos fatos e sem qualquer mácula anterior. Isso porque o episódio ocorreu durante o intervalo intrajornada, quando o empregado não está à disposição do empregador. Em outras palavras, constitui-se em ato da vida privada do empregado que não compromete o cumprimento de suas obrigações laborais, sendo esse o único fato que levou a Reclamada a demitir o obreiro por justa causa.

De outro lado, não se visualizam consequências na esfera penal. Ao contrário, a Lei 11.343/06, que instituiu o Sistema Nacional de Políticas Públicas sobre Drogas – Sisnad, prescreve medidas para prevenção do uso indevido, atenção e reinserção social de usuários e dependentes de drogas. Numa leitura sistemática dos diversos dispositivos, é possível depreender que longe de apenar o indivíduo, a ênfase do ordenamento jurídico está no sentido de prevenção e reinserção social tanto do dependente químico como do mero usuário.

No art. 4º da Lei 11.343/06, são definidos os princípios do Sisnad, dentre os quais: o respeito aos direitos fundamentais da pessoa humana, especialmente quanto à sua autonomia e liberdade; a promoção da responsabilidade compartilhada entre Estado e Sociedade, reconhecendo a importância da participação social de usuários e dependentes de drogas, a observância do equilíbrio entre as atividades de prevenção do uso indevido, atenção e reinserção sociais de usuários e dependentes de drogas e de repressão à produção não autorizada e ao tráfico ilícito, visando a garantir a estabilidade e o bem-estar social.

Dentre os objetivos do Sisnad, listados no art. 5º, está a contribuição para a inclusão social do cidadão, *"visando a torná-lo menos vulnerável a assumir comportamentos de risco para o uso indevido de drogas"*.

A teor do art. 19, as atividades de prevenção do uso indevido de drogas devem observar diretrizes como o reconhecimento do uso de drogas como fator de interferência na qualidade de vida do indivíduo e na sua relação com a comunidade, o compartilhamento de responsabilidades e a colaboração mútua com as instituições do setor privado e com os diversos segmentos sociais, por meio de parcerias.

As atividades de atenção e de reinserção sociais de usuários, dependentes e familiares estão descritas no art. 20 e seguintes, novamente com ênfase na integração social e no *"respeito ao usuário e ao dependente de drogas, independentemente de quaisquer condições, observados os direitos fundamentais da pessoa humana"* (art. 22, I).

No âmbito penal, o próprio art. 28 da Lei 11.343/06 prevê penas alternativas, como *"advertência sobre os efeitos das drogas"*, *"prestação de serviços à comunidade"* e *"medida educativa de comparecimento a programa ou curso educativo"*.

Nesse cenário, não há como tipificar a conduta do Reclamante como justa causa. O usuário de drogas é titular de toda uma proteção jurídica num intuito preventivo voltado ao seu resgate e reinserção social. A sua vulnerabilidade é expressamente reconhecida pela legislação.

A Constituição Federal, em seu art. 1º, III, preceitua como fundamento do Estado Democrático de Direito a dignidade da pessoa humana. O direito de o empresário obter lucro mediante a utilização da mão de obra alheia só se viabiliza, além do respeito à dignidade da pessoa humana, levando em conta a função social da propriedade e observando o valor social do trabalho (art. 1º, inciso IV; art. 5º XXIII e art. 170, III, CF).

Sem esse compromisso, o Estado Brasileiro não reconhece legítima a atividade capitalista. Sob à luz desses princípios constitucionais, a Lei 11.343/06 veio estabelecer proteção ao usuário de drogas no intuito da prevenção e da reinserção social, sendo imperativo compreender que o uso ou porte de drogas no horário do intervalo intrajornada, fora do ambiente de trabalho, sem outros reflexos diretos no contrato de trabalho, não pode ser apenado com dispensa por justa causa na forma do art. 482, "b", da CLT.

Interpretação diversa acarretaria o reconhecimento de dispensa arbitrária a ferir, também, objetivos da República, dentre eles *"promover o bem de todos, sem preconceitos de origem, raça, sexo, cor, idade e quaisquer outras formas de discriminação"* (art. 3º, IV, CF).

Com efeito, a finalidade pedagógica do exercício do poder diretivo do empregador poderia autorizar uma outra penalidade, além de procedimentos educativos no intuito de resgatar o trabalhador, mas a aplicação da penalidade disciplinar máxima configura, ao contrário, a exclusão, num momento de tamanha vulnerabilidade.

No sentido de que o usuário de drogas não pode ser, por essa única condição, apenado nos moldes do art. 482, "b", da CLT.

Nesse sentido:

"JUSTA CAUSA. A Constituição Federal, em seu artigo 1º, inciso III, preceitua como fundamento do Estado Democrático de Direito a dignidade da pessoa humana. O direito de o empresário obter lucro mediante a utilização da mão de obra alheia só se viabiliza – além do respeito à dignidade da pessoa humana – levando em conta a função social da propriedade e observando o valor social do trabalho (CF, art. 1º, inciso IV; art. 5º XXIII e art. 170, inciso III). Inexistindo tal compromisso, o Estado Democrático não reconhece legítima atividade capitalista. Iluminada por esses princípios constitucionais, tão caros ao Direito do Trabalho, a Lei nº 11.343/06 veio estabelecer proteção ao usuário de drogas no intuito da prevenção e da reinserção social, sendo imperativo compreender que o uso ou porte de maconha no horário do intervalo intrajornada, fora do ambiente de trabalho, sem outros reflexos diretos no contrato de trabalho, não pode ser apenado com dispensa por justa causa na forma do art. 482, 'b', da CLT. Outra interpretação, data venia, redundaria no reconhecimento de dispensa arbitrária a ferir, também, objetivos da República, dentre eles 'promover o bem de todos, sem preconceitos de origem, raça, sexo, cor, idade e quaisquer outras formas de discriminação' (CF, Art. 3º, IV). JUSTA CAUSA. APLICAÇÃO INDEVIDA. INDENIZAÇÃO POR DANOS MORAIS. A despeito do reconhecimento judicial de que a aplicação da justa causa fora ilegítima, inexistem nos autos provas de que a empresa praticou excessos ou mesmo tenha difamado a imagem ou a honra do empregado perante terceiros. O ato de dispensa não se configura como abuso de direito, permanecendo inserido no poder potestativo do empregador, não havendo, assim, ato ilícito a ensejar a indenização pretendida pelo autor. Recurso conhecido e parcialmente provido." (TRT – 10ª R. – 2ª T. – RO 0000311-07.2016.5.10.0008 – Rel. Mário Macedo Fernandes Caron – DJe 18-5-2020.)

"RECURSO ORDINÁRIO. JUSTA CAUSA. PRÁTICA DE CRIME IMPUTADO AO OBREIRO FORA DO AMBIENTE LABORAL. AUSÊNCIA DE LIAME COM SUAS FUNÇÕES NO BANCO. MANUTENÇÃO DA DECISÃO DE PISO. Como bem destacou o Juiz sentenciante, o mau procedimento a autorizar a ruptura contratual motivada deve guardar, sobretudo quando alegada conduta desviante ocorre fora do ambiente de trabalho, relação com a dinâmica laboral e as funções exercidas pelo Obreiro, o que não se observou no presente caso. Isso porque, ao se ponderar o objeto jurídico do crime imputado ao Autor, a saber, a saúde pública, verifica-se que, embora se revele de indiscutível gravidade (seja no caso de porte de entorpecente para uso ou, mais ainda, no tráfico), não guarda um liame com suas atividades na Reclamada. Nessa linha interpretativa, entendo que, no caso específico de um bancário, revelar-se-ia comprometedor da fidúcia nele depositada e, por conseguinte, conduta infamante, a prática, fora do local de trabalho, de delito que afetasse bem jurídico relacionado às suas funções, a exemplo das figuras típicas que tutelam o patrimônio e a fé pública, como o estelionato, a apropriação indébita, a falsificação documental e a falsidade ideológica. No mais, a par dos fundamentos utilizados na Sentença, deve-se destacar, para o deslinde da questão sob exame, que a hipótese de justa causa que mais se aproxima, para fins de subsunção, ao presente caso, está contida na alínea 'd', do art. 482, da CLT, a qual, para legitimar a imposição de uma dispensa motivada, condiciona-se ao trânsito em julgado de uma sentença penal condenatória e à circunstância de não ter havido suspensão da execução da pena. Desta forma, é de se manter a Sentença no tópico em questão, quanto ao afastamento da justa causa e ao deferimento de Pleitos consectários. Recurso a que se nega provimento." (TRT – 20ª R. – 1ª T. – RO 0001857-41.2013.5.20.0003 – Rel. Josenildo dos Santos Carvalho – DEJT 13-8-2018.)

Desta forma, considerando a dignidade da pessoa humana e a função social da empresa, além da proteção conferida pelo ordenamento jurídico ao usuário de drogas no intuito da prevenção e da reinserção social, é possível compreender que o uso ou porte de drogas no horário do intervalo intrajornada, fora do ambiente de trabalho, sem outros reflexos diretos no contrato de trabalho, não pode ser apenado com dispensa por justa causa na forma do art. 482, *b*, da CLT.

PEDIDO:

A reversão da justa causa, considerando-se como imotivada a extinção do contrato de trabalho, por iniciativa do empregador. São devidos: aviso-prévio indenizado, 13° salário proporcional (*/12) e férias proporcionais, acrescidas de 1/3 (*/12), com a realização do depósito do FGTS sobre as verbas rescisórias, bem como da multa de 40% sobre o saldo do FGTS, devendo expedir as guias de levantamento no prazo de 05 dias do trânsito em julgado da decisão, sob pena de liberação por alvará e execução direta dos valores não pagos/depositados.

3.217. LIMBO PREVIDENCIÁRIO
ALTA MÉDICA PELO INSS. RECUSA DE RETORNO DO TRABALHADOR POR PARTE DA EMPRESA

CAUSA DE PEDIR:

O Reclamante foi admitido pela Reclamada em [indicar a data], na função de [indicar a função], tendo sido afastado de suas atividades em [indicar a data], quando sofreu [indicar o incidente].

Em [indicar a data] foi concedida a alta previdenciária, sendo que a Reclamada impediu o seu retorno ao trabalho, diante da redução da capacidade laborativa.

Desde então o Reclamante não recebeu salários ou benefício previdenciário.

O Reclamante pleiteia o pagamento dos salários desde a alta médica, eis que desde então estava à disposição da Reclamada.

Apesar da inexistência de previsão legal para o deslinde da controvérsia, temos que a interpretação dos dispositivos legais existentes é suficiente.

O art. 201, I, da CF prevê que cabe à Previdência Social a cobertura do evento doença. No mesmo contexto, o art. 60 da Lei 8.213/91 determina que o auxílio-doença será devido ao segurado empregado apenas a partir do 16º dia do afastamento da atividade, sendo que durante os primeiros 15 dias consecutivos ao do afastamento, cabe à empregadora pagar ao segurado empregado o seu salário integral, nos termos do art. 60, § 3º, do mesmo dispositivo.

Portanto, decorridos os primeiros 15 dias da incapacidade laborativa, é responsabilidade do órgão previdenciário o pagamento do benefício correspondente ao salário do empregado segurado que se encontra impossibilitado de trabalhar.

Durante a percepção do benefício previdenciário, o contrato fica suspenso. Uma vez concedida a alta médica pelo INSS, a suspensão contratual cessa, restabelecendo-se o contrato de trabalho e todas as suas obrigações, dentre as quais o pagamento de salários.

Nesse sentido, temos que o empregador não pode simplesmente recusar o retorno do trabalhador quando o INSS concedeu alta médica, deixando de pagar os salários.

Ressalta-se que, se a Reclamada entendeu que o Reclamante não estava apto ao labor (tal como mencionado no documento por ela emitido às fls. ...), deveria tê-lo recolocado em função compatível, ou, se impossível, que o tivesse colocado em disponibilidade remunerada até que o INSS restabelecesse o benefício previdenciário.

O que não pode ocorrer é o fenômeno denominado de limbo jurídico previdenciário trabalhista, em que o trabalhador tem alta médica oficial do INSS e a empresa não o recebe no posto de trabalho por considerá-lo inapto.

Ademais, a perícia médica oficial realizada pelo órgão previdenciário goza de presunção de veracidade, de modo que a alta médica oficial, enquanto não desconstituída por prova em contrário, é plenamente válida.

A jurisprudência declina:

"RECURSO DE REVISTA. APELO INTERPOSTO NA VIGÊNCIA DA LEI N.º 13.015/2014 E DO NOVO CPC (LEI N.º 13.105/2015). IMPASSE ENTRE A PERÍCIA DO INSS E

Cap. 3 • MODELOS DE CAUSA DE PEDIR E PEDIDOS | 647

A AVALIAÇÃO MÉDICA DA EMPRESA. LIMBO JURÍDICO PREVIDENCIÁRIO. EMPREGADO QUE PERMANECE POR UM PERÍODO SEM RECEBER SALÁRIOS. RESPONSABILIDADE DO EMPREGADOR. O caso dos autos diz respeito à situação em que se configura um impasse entre a avaliação perpetrada pelo perito do INSS, que considera o trabalhador apto ao trabalho, e o perito médico do trabalho, que entende que o empregado não tem condições de voltar a trabalhar. Trata-se de situação que é denominada pela doutrina de 'limbo jurídico-previdenciário', que se caracteriza por ser um período no qual o empregado deixa de receber o benefício previdenciário, e também não volta a receber os seus salários. A esse respeito, o entendimento predominante no âmbito desta Corte é no sentido de que a responsabilidade pelo pagamento dos salários é do empregador. Precedentes. Recurso de Revista conhecido e não provido" (TST – 4ª T. – RR 2690-72.2015.5.12.0048 – Relª Minª Maria de Assis Calsing – *DEJT* 10-3-2017).

"RECURSO DE REVISTA. RECURSO DE REVISTA INTERPOSTO SOB A ÉGIDE DA LEI Nº 13.015/14 – ESTABILIDADE NO EMPREGO. REINTEGRAÇÃO. ... DANOS MORAIS. RECUSA DA EMPRESA EM ACEITAR O EMPREGADO APÓS CESSADO O BENEFÍCIO PREVIDENCIÁRIO. A recusa da empresa em permitir que a reclamante reassumisse o seu emprego, bem como a ausência do pagamento dos salários após a alta do INSS caracteriza abuso de direito e efetiva lesão ao patrimônio imaterial da reclamante, passível de reparação por danos morais. Recurso de revista não conhecido" (TST – 8ª T. – RR 698-11.2013.5.04.0811 – Rel. Min. Márcio Eurico Vitral Amaro – *DEJT* 15-8-2016).

Por fim, ressalte-se que a responsabilidade da Reclamada em pagar os salários devidos não depende do nexo de causalidade da doença adquirida pelo trabalhador, surgindo o dever de adimplir as verbas contratuais tão somente em razão da alta médica concedida pelo órgão previdenciário, independentemente da efetiva utilização da mão de obra do trabalhador.

Dessa forma, o Reclamante tem direito à percepção dos salários desde a data da alta médica, com reflexos desse período para fins de férias, 13º salário, abono de férias, FGTS.

PEDIDO:

Pagamento de todos os salários durante o período de afastamento (desde a alta até a efetiva reintegração), com reflexos em férias, 13º salário, abono de férias e FGTS.

3.218. MULTA
ANOTAÇÃO DO CONTRATO NA CTPS

CAUSA DE PEDIR:

O Reclamante pretende a cominação de multa diária para a obrigação de fazer consistente na anotação da sua CTPS.

A disposição do art. 39, § 2°, da CLT, em verdade, não afasta a aplicação das *astreintes*, haja vista que, embora a Secretaria da Vara, autorizada pelo Juiz, possa promover anotações na CTPS do empregado, tal providência deve ser tida como excepcional, só implementada nas hipóteses raras em que o empregador estiver impossibilitado de realizar a retificação, pois a este é que incumbe, de fato, a responsabilidade pelos registros, como se infere claramente do teor do art. 29, CLT.

Não se pode olvidar, ainda, que na prática do mercado de trabalho, a anotação pela Secretaria da Vara é considerada desabonadora, causando embaraços ao trabalhador e ainda acaba desmerecendo o empregado e até obstaculizando a sua contratação por um novo empregador.

Nesse sentido, observe-se a jurisprudência do TST:

"(...) 5. MULTA PELO DESCUMPRIMENTO DA OBRIGAÇÃO DE FAZER. ASSINATURA DA CTPS. A previsão contida no art. 39, § 2°, da CLT, a qual autoriza o Juiz do Trabalho a determinar à Secretaria da Vara que proceda à anotação na CTPS, não afasta a possibilidade de o magistrado impor a obrigação de fazer à reclamada sob pena de multa diária a título de astreintes, *prevista no art. 461, § 4°, do CPC/73. Precedentes da SDI-1 do TST. Recurso de revista não conhecido"* (TST – 8ª R. – RR 630-37.2012.5.04.0022 – Relª Minª Dora Maria da Costa – *DEJT* 23-10-2015).

Portanto, o Reclamante solicita a multa com base nos arts. 536 e 537, CPC, à base de R$ 500,00 por dia de atraso, devendo a multa ser aplicável a partir do momento em que a Reclamada for regularmente intimada para essa determinação e não a cumprir no prazo assinalado por Vossa Excelência.

PEDIDO:

Multa com base nos arts. 536 e 537, CPC, à base de R$ 500,00 por dia de atraso, devendo a multa ser aplicável a partir do momento em que a Reclamada for regularmente intimada para essa determinação e não a cumprir no prazo assinalado por Vossa Excelência.

3.219. MULTA
ART. 467 DA CLT

CAUSA DE PEDIR:

A legislação consolidada determina que as verbas rescisórias incontroversas sejam pagas na primeira audiência.

Se a empresa não vier a satisfazer as verbas solicitadas na presente demanda, em primeira audiência, como se trata de títulos incontroversos, a sentença deverá observar o acréscimo de 50% nos termos do art. 467, CLT.

PEDIDO:

Aplicação do art. 467, CLT, quanto às verbas rescisórias incontroversas.

3.220. MULTA DO ARTIGO 467 DA CLT
BASE DE CÁLCULO

CAUSA DE PEDIR:

O art. 467 da CLT estabelece:

"Em caso de rescisão de contrato de trabalho, havendo controvérsia sobre o montante das verbas rescisórias, o empregador é obrigado a pagar ao trabalhador, à data do comparecimento à Justiça do Trabalho, a parte incontroversa dessas verbas, sob pena de pagá-las acrescidas de cinquenta por cento."

Por certo, a multa em questão deve incluir todas as parcelas devidas ao empregado em virtude da ruptura do contrato de trabalho.

A inclusão dos títulos (FGTS não recolhido; férias vencidas acrescidas de 1/3, inclusive a dobra, quando for o caso; 13° salários) na base de cálculo se explica porque, não sendo pagos no curso do contrato, são convertidos, automaticamente, em verbas rescisórias.

Assim, não apenas o saldo de salário, aviso-prévio, 13° proporcional, férias proporcionais acrescidas de 1/3 e multa dos 40% sobre o saldo do FGTS são consideradas verbas rescisórias, mas todas as rubricas devidas a tais títulos na época da rescisão.

Neste sentido:

"(...) 2. MULTA DO ARTIGO 467 DA CLT. BASE DE CÁLCULO. INCLUSÃO DO SALDO DE SALÁRIOS E DA MULTA DO FGTS. O Tribunal regional concluiu que a base de cálculo da multa do artigo 467 da CLT deve incluir o saldo de salário e indenização sobre o FGTS. Esta Corte Superior entende que o saldo de salários, férias vencidas e proporcionais, décimo terceiro salário e multa o FGTS incluem-se no conceito de verbas rescisórias para fins de aplicação da multa do artigo 467 da CLT. Desse modo, a decisão do Tribunal Regional está em consonância com a jurisprudência do TST (Súmula 333/TST), afigurando-se inviável o processamento do recurso de revista" (TST – 7ª T. – AIRR 824-32.2011.5.05.0026 – Rel. Min. Douglas Alencar Rodrigues – *DEJT* 19-5-2017).

"RECURSO DE REVISTA. 1. (...). 3. FGTS E MULTA. PARCELAS RESCISÓRIAS. INCIDÊNCIA DA PENALIDADE PREVISTA NO ART. 467 DA CLT. Os depósitos para o FGTS e a multa de 40%, não realizados no momento oportuno e reconhecidos em juízo, são considerados parcelas de natureza trabalhista, resultantes da despedida imotivada e, portanto, passíveis de incidência da penalidade prevista no art. 467 da CLT. Precedentes. Recurso de revista não conhecido. 4. MULTA DO ART. 475-J DO CPC. AUSÊNCIA DE PREQUESTIONAMENTO. Aspecto não prequestionado escapa à jurisdição extraordinária (Súmula 297/TST). Recurso de revista não conhecido" (TST – 3ª T. – RR 679-54.2014.5.03.0081 – Rel. Min. Luiz Bresciani de Fontan Pereira – *DEJT* 17-4-2015).

Isso posto, pleiteia a condenação da Reclamada, caso não faça o pagamento das verbas rescisórias na primeira audiência, o pagamento da multa prevista no art. 467 da CLT, tomando-se como base de cálculo as seguintes verbas: (a) FGTS + 40%; (b) férias vencidas (inclusive a dobra) e proporcionais acrescidas de 1/3; (c) 13° salários vencidos e proporcionais; (d) aviso-prévio; (e) saldo de salário.

Cap. 3 • MODELOS DE CAUSA DE PEDIR E PEDIDOS | 651

PEDIDO:

Condenação da Reclamada ao pagamento da multa prevista no art. 467, CLT, tomando-se como base de cálculo as seguintes verbas: (a) FGTS + 40%; (b) férias vencidas (inclusive a dobra) e proporcionais acrescidas de 1/3; (c) 13° salários vencidos e proporcionais; (d) aviso-prévio; (e) saldo de salário.

3.221. MULTA
ART. 477 DA CLT

CAUSA DE PEDIR:

As verbas rescisórias foram pagas em [indicar se houve o pagamento e a data].

O art. 477, § 6°, CLT, estabelece que, quando o aviso-prévio é indenizado, as verbas rescisórias devem ser pagas em até dez dias contados a partir do término do contrato.

Diante da violação do prazo legal para o pagamento dos títulos rescisórios, o Reclamante faz jus ao pagamento da multa à base de um salário normal.

PEDIDO:

Multa do art. 477, § 8°, da CLT pelo não pagamento das verbas rescisórias.

3.222. MULTA
ART. 477 DA CLT. RECONHECIMENTO DE VÍNCULO EM JUÍZO

CAUSA DE PEDIR:

Diante do reconhecimento do vínculo empregatício, o Reclamante faz jus à multa do art. 477 da CLT.

Não pode o empregador se beneficiar com a própria omissão, ao não registrar o contrato de trabalho na CTPS do Reclamante e beneficiar-se com o descumprimento da legislação.

Admitir tal raciocínio implica privilegiar o empregador que descumpre a lei em detrimento daquele que, embora registre o contrato de trabalho, deixa de pagar as verbas rescisórias no prazo legal, sendo-lhe aplicada a sanção.

A jurisprudência do TST indica: *"A circunstância de a relação de emprego ter sido reconhecida apenas em juízo não tem o condão de afastar a incidência da multa prevista no art. 477, § 8°, da CLT. A referida multa não será devida apenas quando, comprovadamente, o empregado der causa à mora no pagamento das verbas rescisórias"* (Súmula 462, TST).

Diante de tais fundamentos, o Reclamante faz jus ao pagamento da multa à base de um salário normal.

PEDIDO:

Multa do art. 477, § 8°, da CLT, a base de um salário normal.

3.223. MULTA. ART. 477 DA CLT
PARCELAMENTO DE VERBAS RESCISÓRIAS

CAUSA DE PEDIR:

Os documentos [docs. ★] demonstram que as verbas rescisórias constantes do TRCT [docs. ★] foram pagas de forma parcelada. A rescisão contratual se operou em [indicar a data] e os pagamentos ocorreram nos dias [indicar as datas].

As partes firmaram um acordo de parcelamento das verbas rescisórias, a serem pagas em [★] parcelas, sendo o acordo homologado pela entidade sindical.

Em que pese ter havido o pagamento nos termos acordados, o acordo de parcelamento entre a Reclamada e o sindicato não retira o direito do Reclamante ao pagamento da multa prevista no art. 477 da CLT, pelo não pagamento dentro do prazo legal.

As verbas devem ser pagas no prazo legal (art. 477, § 6º, CLT).

Ressalte-se que é considerado nulo todo ato que tenha por fim desvirtuar, impedir ou fraudar a aplicação do direito (arts. 9º e 444, *caput*, CLT) ou que cause prejuízo para o trabalhador (art. 468, CLT).

Por esta razão, não se pode dar validade ao acordo, apesar da concordância do Autor, na medida em que objetivou a renúncia de direito garantido por lei.

Admitir o acordo é transferir para o trabalhador o risco do empreendimento, o que é inadmissível.

A jurisprudência do TST é pacífica no tema:

"(...) MULTA PREVISTA NO ART. 477 DA CLT. PARCELAMENTO ACORDADO ENTRE AS PARTES. INDISPONIBILIDADE DO DIREITO À MULTA. O pagamento parcelado das verbas rescisórias, mesmo com previsão em acordo coletivo, acarreta o pagamento da multa prevista no § 8º do art. 477 da CLT. Não há como se validar acordo firmado entre as partes prevendo o parcelamento das verbas, uma vez que se trata de direito indisponível do empregado. Considerar o previsto no acordo coletivo é possibilitar o pagamento de forma parcial das verbas rescisórias, o que não é possível, diante da determinação do art. 477, §§ 4º e 6º, consolidado, o que determina a inafastabilidade da multa pelo atraso do pagamento das parcelas, de natureza alimentar. Embargos conhecidos e desprovidos" (TST − SDI-I − E-ED-ED--RR 1285700-40.2008.5.09.0016 − Rel. Min. Aloysio Corrêa da Veiga − DEJT 17-10-2014).

Diante de tais fundamentos, o Reclamante faz jus ao pagamento da multa a base de um salário normal.

PEDIDO:

Multa do art. 477, § 8º, da CLT, a base de um salário normal.

Cap. 3 • MODELOS DE CAUSA DE PEDIR E PEDIDOS | 655

3.224. MULTA. ART. 477 DA CLT
RESCISÃO INDIRETA. DEVIDA

CAUSA DE PEDIR:

O objetivo da multa prevista no art. 477, § 8º, da CLT, é compelir o empregador a pagar as verbas rescisórias no prazo legal.

Assim, o único fato gerador da multa é o descumprimento do prazo previsto no art. 477, § 6º, da CLT, independentemente da modalidade de rescisão contratual.

Portanto, havendo atraso no pagamento das verbas rescisórias, não tendo a mora sido causada por culpa do trabalhador, deve ser aplicado o disposto no art. 477, § 8º, da CLT, ainda que a modalidade de rescisão tenha sido reconhecida em juízo.

A jurisprudência do TST é pacífica:

"(...) RECURSO DE REVISTA INTERPOSTO PELA RECLAMANTE EM FACE DE DECISÃO PUBLICADA ANTES DA VIGÊNCIA DA LEI Nº 13.015/2014. MULTA DO ART. 477 DA CLT. RESCISÃO INDIRETA. O escopo da norma inserta no art. 477, § 8º, da CLT é compelir o empregador a pagar as verbas rescisórias no prazo legal. Logo, o único fato gerador da multa é o descumprimento dos prazos previstos no art. 477, § 6º, da CLT, independentemente da modalidade de rescisão contratual. Recurso de revista de que se conhece e a que se dá provimento (...)" (TST – 7ª T. – RR 905-24.2010.5.01.0059 – Rel. Min. Cláudio Mascarenhas Brandão – *DEJT* 20-5-2016).

Portanto, a ocorrência de rescisão indireta do contrato de trabalho não afasta o direito do Reclamante à multa.

Diante de tais fundamentos, o Reclamante faz jus ao pagamento da multa a base de um salário normal.

PEDIDO:

Multa do art. 477, § 8º, da CLT, a base de um salário normal.

3.225. MULTA
PELA PRORROGAÇÃO AUTOMÁTICA DO CONTRATO DE TRABALHO

CAUSA DE PEDIR:

O Reclamante foi admitido em [indicar a data] para exercer as funções de [indicar a função], sendo imotivadamente demitido em [indicar a data].

Seu contrato de experiência teve início no dia [indicar a data] e teve vigência até [indicar a data]. A Reclamada não prorrogou o contrato por mais 45 dias, como lhe facultava o primeiro contrato, de modo que, a partir daquela data, o contrato passou a ter vigência por tempo indeterminado, na forma do art. 452, da CLT.

Impugna desde já qualquer argumento da Reclamada no que tange sobre o contrato de trabalho do Reclamante ter vigência por tempo determinado, visto que ficou demonstrado que a Reclamada não efetuou qualquer anotação em sua CTPS, prorrogando o contrato de trabalho por mais 45 dias. Dessa forma, o contrato de trabalho passou a viger por tempo indeterminado a partir de [indicar a data].

PEDIDO:

O reconhecimento do contrato de trabalho por tempo indeterminado na forma do art. 452, da CLT, com a consequente condenação da Reclamada no pagamento da diferença sobre a indenização do aviso-prévio.

Cap. 3 • MODELOS DE CAUSA DE PEDIR E PEDIDOS | 657

3.226. OITIVA DA PARTE RECLAMANTE POR VIDEOCONFERÊNCIA OU WHATSAPP
REQUERIMENTO FORMULADO NA PETIÇÃO INICIAL

CAUSA DE PEDIR:

O Reclamante, em razão da necessidade de trabalhar para prover o sustento de sua família, bem como diante da escassez de emprego na região, começou a trabalhar no dia [data] na cidade de [local], cidade que dista aproximadamente [*] km do local do ajuizamento da presente demanda.

Tanto o contrato de trabalho quanto a alteração de domicílio restam comprovados pelos documentos ora juntados [docs. ....].

Ocorre que o Reclamante não dispõe de condições financeiras para custear o transporte necessário para comparecer à audiência de instrução que será designada, ante a distância entre as localidades.

Visando facilitar a produção de provas, além de proteger a parte que está presumidamente em situação de inferioridade econômica, requer o Reclamante a sua oitiva na cidade de [local], por meio de carta precatória, sob pena de cerceamento do direto de defesa e ofensa ao art. 5º, XXXV, da Constituição Federal.

Em não sendo este o entendimento de Vossa Excelência, requer o Reclamante a sua oitiva por videoconferência, nos termos do art. 236, § 3º, e art. 385, § 3º, ambos do CPC, art. 1º, § 2º, I, da Lei 11.419/06, bem como da Resolução 105/10 do Conselho Nacional de Justiça, que instituiu o Sistema Nacional de Videoconferência.

Ainda, em sendo divergente o entendimento de Vossa Excelência, requer o Reclamante sua oitiva por meio de chamada de vídeo realizada pelo aplicativo WhatsApp ou pelo telefone [telefone], nos termos dos arts. 236, § 3º e 385, § 3º do CPC, art. 1º, § 2º, I, da Lei 11.419/06.

PEDIDO:

(a) requer o Reclamante a sua oitiva na cidade de [local], por meio de carta precatória, sob pena de cerceamento do direto de defesa e ofensa ao art. 5º, XXXV, CF;

(b) sucessivamente, requer o Reclamante a sua oitiva por videoconferência, nos termos do art. 236, § 3º, e art. 385, § 3º, ambos do CPC, art. 1º, § 2º, I, da Lei 11.419/06, bem como da Resolução CNJ 105/10, ou, ainda, por meio de chamada de vídeo realizada pelo aplicativo WhatsApp.

3.227. PARCELAS VINCENDAS
CONTRATO DE TRABALHO ATIVO

CAUSA DE PEDIR:

No caso dos autos, a condenação deve abranger parcelas vencidas e vincendas (art. 323 do CPC).

A inclusão das parcelas vincendas representa, efetivamente, o reconhecimento judicial da existência de [indicar a verba deferida, como labor em sobrejornada, adicional de insalubridade], sendo que, enquanto ocorrer, o Autor faz jus aos títulos deferidos.

Ademais, se houver a cessação do labor nestas condições, cabe à Reclamada buscar novo provimento jurisdicional, não podendo se atribuir tal encargo ao Autor.

Tal procedimento deve ocorrer em observância ao princípio da economia processual, com a finalidade de se evitar novas ações com o mesmo objeto várias vezes.

Nesse sentido é a Súmula 59 do TRT da 2ª Região:

"PRESTAÇÕES PERIÓDICAS. CONDENAÇÃO EM PARCELAS VINCENDAS. CONTRATO DE TRABALHO ATIVO. POSSIBILIDADE. O contrato de trabalho é obrigação de trato sucessivo, de modo que nos títulos da condenação devem ser incluídas as parcelas vincendas, a teor do art. 323 do novo CPC (antigo 290)."

Indica a jurisprudência:

"PARCELAS VINCENDAS. HORAS EXTRAS. 1. A providência prevista no artigo 290 do Código de Processo Civil (condenação ao pagamento de parcelas vincendas), além de razoável, confere maior efetividade ao provimento jurisdicional e contribui com a celeridade e duração razoável do processo, evitando, assim, que o autor ingresse novamente em juízo pleiteando resquícios de direitos já reconhecidos em juízo – assim considerados os relativos ao período posterior ao ajuizamento da primeira ação. 2. Perfeitamente aplicável no Processo do Trabalho a norma do referido preceito, nas hipóteses em que o autor continua trabalhando na empresa, como no caso dos presentes autos. 3. Constatado pelo Tribunal Regional o direito do reclamante ao pagamento de horas extras, afigura-se razoável incluir na condenação o pagamento de tais horas extras – parcelas vincendas –, enquanto perdurar a situação de fato que ensejou a condenação da reclamada. Precedentes. 4. Recurso de Revista conhecido e provido" (TST – 1ª T. – RR 2373-48.2012.5.03.0107 – Rel. Des. Conv. Marcelo Lamego Pertente – DEJT 18-8-2015).

PEDIDO:

Requer o Reclamante a condenação da Reclamada ao pagamento de parcelas vencidas e vincendas.

3.228. PARTICIPAÇÃO NOS LUCROS
PAGAMENTO PROPORCIONAL DEVIDO

CAUSA DE PEDIR:

O Reclamante laborou na empresa [indicar o período de contrato de trabalho], sendo que durante todo o seu contrato de trabalho recebeu a distribuição dos lucros resultantes do *Plano de Participação nos Lucros e Resultados* da Reclamada, pagamentos esses relativos ao ano civil (de janeiro a dezembro de cada ano), ou seja, o período-base de apuração das metas determinadas aos trabalhadores elegíveis, conforme Convenção Coletiva da Categoria [descrever o instrumento em que consta a obrigatoriedade do pagamento da PLR].

De acordo com o instrumento coletivo juntado, as metas resultantes do exercício do ano civil anterior (janeiro a dezembro) eram apuradas em janeiro do ano subsequente, sendo que a distribuição da Participação nos Lucros era paga aos empregados que atingissem as metas estipuladas, sempre no mês de março de cada ano [descrever os mecanismos de apuração da PLR do caso concreto].

Ocorre que, não obstante o Reclamante ter sido dispensado em [indicar a data], a Reclamada realizou o pagamento, em [indicar a data], de todos os empregados que atingiram as metas do ano de [indicar o ano] e deixou de pagar ao Autor a parcela referente à PLR do ano de [indicar o ano], cuja apuração abrangeu o período de trabalho de [indicar a data], período esse concorrente para o atingimento das metas propostas pela empresa a todos os trabalhadores elegíveis.

Ao fazer o contato com a Ré para saber informações sobre o motivo do não pagamento, foi informado pelo Departamento Pessoal da empresa que *"(...) a verba é devida somente para os empregados que se ativaram no ano todo (...)"*

Em que pese o fato de o Reclamante não ter cumprido referido requisito, faz jus à percepção da verba de forma proporcional ao trabalho prestado, na medida em que também contribuiu para o atingimento das metas empresariais, pois colaborou com sua força de trabalho para o bom resultado financeiro da empresa.

Ressalta-se que, mesmo que houvesse norma coletiva em sentido contrário ao pagamento, conforme a justificativa patronal, o trabalhador que é dispensado fará jus, em atenção ao princípio da isonomia, à parcela de forma proporcional aos meses trabalhados no curso do ano.

Nesse sentido, a Súmula 451 do TST:

"Fere o princípio da isonomia instituir vantagem mediante acordo coletivo ou norma regulamentar que condiciona a percepção da parcela participação nos lucros e resultados ao fato de estar o contrato de trabalho em vigor na data prevista para a distribuição dos lucros. Assim, inclusive na rescisão contratual antecipada, é devido o pagamento da parcela de forma proporcional aos meses trabalhados, pois o ex-empregado concorreu para os resultados positivos da empresa."

A jurisprudência indica:

"Recurso de revista. Participação nos lucros e resultados. Rescisão contratual anterior à data da distribuição dos lucros. Pagamento proporcional aos meses trabalhados. Princípio da isonomia. O entendimento desta Corte é no sentido de que, em respeito ao princípio isonômico, o Reclamante o qual se utiliza de sua força

de trabalho, contribui para a produção de resultados positivos para a empresa. Dessa forma, a limitação temporal, sem previsão de recebimento proporcional da participação nos, lucros e resultados, disposta em norma coletiva, é inválida. Essa é a posição extraída da OJ 390 da SBDI-1. Recurso de revista conhecido e provido" (TST – 6ª T. – RR 6600-04.2008.5.02.0090 – Rel. Min. Augusto César Leite de Carvalho – *DEJT* 20-6-2014).

Desse modo, o ato da Reclamada de excluir do Reclamante o direito ao recebimento de parcela estendida aos demais empregados, somente porque o Autor foi desligado da empresa antes do término do ano civil de apuração é ofensivo ao princípio da isonomia previsto no art. 5°, *caput*, e ainda ao art. 7°, XI, CF, que dispõe sobre o direito de todos os trabalhadores urbanos e rurais, sem distinção, à participação nos lucros ou resultados da empresa.

A Reclamada deverá, portanto, ser condenada ao pagamento da parcela relativa à distribuição dos lucros resultantes do Plano de Participação nos Lucros e Resultados da empresa Ré, de forma proporcional ao período laborado pelo Reclamante no ano de [indicar a data], uma vez que o Autor contribuiu para a consecução das metas propostas pela empregadora a todos os participantes, em atendimento ao disposto na Súmula 451 do TST e art. 5°, *caput*, e art. 7°, XI, CF.

Salienta-se que o pagamento decorrente do Programa de Participação nos Resultados não constituirá base de incidência de quaisquer encargos trabalhistas, previdenciários e fundiários.

Atendendo ao disposto na Lei 10.101/00, o Imposto de Renda devido sobre o valor recebido deverá ser apurado em separado de eventuais parcelas salariais postuladas na presente ação.

PEDIDO:

Condenação da Reclamada ao pagamento da parcela relativa à distribuição dos lucros resultantes do Plano de Participação nos Lucros e Resultados de forma proporcional ao período laborado pelo Reclamante no ano de [indicar o ano], uma vez que o Autor contribuiu para a consecução das metas propostas pela empregadora a todos os participantes, em atendimento ao disposto na Súmula 451 do TST e art. 5°, *caput*, e art. 7°, XI, CF.

Cap. 3 • MODELOS DE CAUSA DE PEDIR E PEDIDOS | **661**

3.229. PASTOR EVANGÉLICO
VÍNCULO EMPREGATÍCIO

CAUSA DE PEDIR:

O Reclamante foi contratado pela Reclamada em [indicar a data], para exercer a função de pastor/bispo, com cumprimento de jornada de trabalho, mediante o recebimento de remuneração mensal de R$ [indicar o valor], sendo dispensado imotivadamente em [indicar a data]. Não houve o registro do contrato de trabalho em sua CTPS.

Não obstante sua dedicação por convicção religiosa e motivação espiritual, o Autor sempre exerceu suas funções de forma pessoal, onerosa, habitual e subordinada, submetendo-se, inclusive, à exigência de produção e cumprimento de metas pela instituição religiosa Reclamada. Assim, as atividades desempenhadas pelo Reclamante não se limitavam à pura e simples evangelização de fiéis, revertendo-se, mesmo, em benefício da pessoa jurídica da Igreja, ora Reclamada.

Como pastor, o Autor não prestava serviços unicamente em proveito da comunidade religiosa, mas, sim, em benefício da empresa, formada pela instituição religiosa.

Não há dúvida de que o Autor utilizava seus dons religiosos para evangelizar os fiéis, mas com caráter oneroso, recebendo valores da Reclamada para tal, pois sempre seguia as determinações da Igreja para orientar todas as atividades dirigidas aos fiéis, atividades essas que não decorriam pura e simplesmente de sua fé, mas, sim, em razão da subordinação jurídica existente no liame contratual.

No cumprimento das funções de pastor, o Reclamante era responsável por respeitar e propagar a doutrina da Igreja. Porém, isso não significa que não existisse subordinação, porque, além de propagar a fé, o Autor tinha deveres de cumprimento e observância das ordens advindas da Reclamada.

Além disso, o Autor atuava como um administrador do estabelecimento, sendo o responsável pela manutenção das condições físicas da Igreja, contudo, sempre se reportando ao bispo.

Do contexto fático probatório, o Autor não era tão somente um pastor, exercendo apenas mister religioso, mas, sim, um prestador de serviços à Igreja, realizando trabalhos diversos de divulgação espiritual, mediante subordinação e com metas a serem cumpridas, mediante pagamento de salário.

Assim, no caso em questão, encontram-se presentes todos os requisitos da relação de emprego.

No Brasil, é inviolável a liberdade de consciência e de crença, sendo assegurado o livre exercício dos cultos religiosos e garantida, na forma da lei, a proteção aos locais de culto e suas liturgias (art. 5°, VI, CF).

O termo "religião" tem vários significados: *"1. Sociologia geral. Instituição social criada em torno da relação do homem com seres sobrenaturais. 2. Filosofia geral. a) comunicação do homem com Deus, que se manifesta sob a forma de culto; b) sistema de sentimentos, crenças e ações habituais que tem Deus como ponto nuclear (Lalande); c) instituição social que se caracteriza por uma comunidade de pessoas unidas pelo cumprimento de rituais, pela crença e pela fé em Deus; d) respeito a uma norma, costume ou sentimento (Littré); e) cerimonial litúrgico"* (DINIZ, Maria Helena. *Dicionário jurídico*. São Paulo: LTr, 1998, v. 4, p. 125).

As religiões, como sistemas integrados de crenças e práticas relacionadas com as coisas sagradas, projetam-se na vida social por intermédio de instituições denominadas Igrejas, que são elos de intermediação entre Deus e os homens, necessitando de uma série de normas morais e jurídicas, as quais visam regular a hierarquia interna e os órgãos de atuação, além da disciplina quanto à atuação dos seus representantes com a instituição e em relação aos seus frequentadores e assistidos.

662 | PRÁTICA DA RECLAMAÇÃO TRABALHISTA – *Jorge Neto • Wenzel • Cavalcante*

As Igrejas são tidas como pessoas jurídicas de Direito Privado, art. 44, IV, CC, com exceção da Santa Sé, que é de Direito Público.

A atividade das Igrejas é exercida pelos padres, bispos, sacerdotes, ministros de culto etc., variando a nomenclatura de acordo com cada instituição religiosa.

O simples fato de serem as Igrejas entidades com fins religiosos, de caráter associativo e sem objetivo econômico não elide a caracterização do vínculo empregatício, portanto, podem ser tidas como empregadoras.

Nesse sentido, o art. 2º, § 1º, da CLT enuncia: *"Equiparam-se ao empregador, para efeitos exclusivos da relação de emprego, os profissionais liberais, as instituições de beneficência, as associações recreativas ou outras instituições sem fins lucrativos, que admitirem trabalhadores como empregados."*

Na questão da Igreja como empregadora, devemos separar os trabalhadores que desempenham atividades religiosas dos que atuam para o funcionamento da entidade religiosa, tais como cozinha, limpeza, plantio, jardinagem etc. Tais trabalhos não se vinculam à atividade primordial da instituição, portanto, há um vínculo empregatício entre ela e o trabalhador.

Na ótica de Délio Maranhão, a *"Igreja, pode, obviamente, celebrar contratos de trabalho e os que para ela trabalharem por força de tais contratos são empregados. Estes podem ser pessoas leigas e até sacerdotes, desde que, quanto aos últimos, não se trate do cumprimento de deveres religiosos. É que, no exercício de tais deveres, o sacerdote é membro da associação Igreja. E o contrato de trabalho, como todo contrato, supõe interesses, senão, sempre, opostos, pelo menos, diversos. E entre o padre e a respectiva Igreja há de existir, por definição, absoluta comunhão de interesses: a relação entre ambos, no que respeita o exercício dos deveres religiosos, não pode ser contratual. Vale repetir as palavras de Rabaglietti: '(...) para se obter alguma coisa é preciso sacrificar alguma coisa, mas sem prejuízo, ou seja, como troca. Sob o ponto de vista ético (e, acrescentamos, nos, com mais razão, religioso), ao contrário, o sacrifício não visa à procura de um bem (econômico) para a satisfação de uma necessidade (econômica). É um fim em si mesmo, ou melhor, o que é a mesma coisa tem como fim o 'bem' que é transcendente, não é 'deste mundo': não há troca"* (*Direito do Trabalho*. 8. ed. Rio de Janeiro: Fundação Getúlio Vargas, 1980, p. 67).

A prestação de serviços religiosos pelo representante da instituição não pode ser tida como contrato individual de trabalho. Não há interesse em conflito. Ao contrário, o que se tem é uma absoluta comunhão de interesses. O representante não é um simples trabalhador, e, sim, um integrante da instituição, assemelhando-se a um órgão da sua estrutura.

Declina a jurisprudência:

"Trabalho religioso. Prestação de serviços para igreja. Relação de emprego caracterizada. Afastamento da condição de pastor. Subordinação, exigência de cumprimento de metas e salário. Livre convencimento do juízo. Art. 131 do CPC/73. Reexame de fatos e provas vedado pela Súmula 126 do TST. 1. A Lei 9.608/98 contemplou o denominado 'trabalho voluntário', entre os quais pode ser enquadrado o trabalho religioso, que é prestado sem a busca de remuneração, em função de uma dedicação abnegada em prol de uma comunidade, que muitas vezes nem sequer teria condições de retribuir economicamente esse serviço, precisamente pelas finalidades não lucrativas que possui. 2. No entanto, na hipótese, o Regional, após a análise dos depoimentos pessoais, do preposto e das testemunhas obreiras e patronais, manteve o reconhecimento de vínculo empregatício entre o Autor e a Igreja Universal do Reino de Deus, pois concluiu que o Obreiro não era simplesmente um pastor, encarregado de pregar, mas um prestador de serviços à igreja, com subordinação e metas de arrecadação de donativos a serem cumpridas, mediante pagamento de salário. 3. Assim, verifica-se que a Corte a quo apreciou livremente a prova inserta nos autos, atendendo aos fatos e circunstâncias constantes dos autos, e indicou os motivos que lhe formaram o convencimento, na forma preconizada no art. 131 do CPC/73. 4. Nesses termos, tendo a decisão regional sido proferida em harmonia com as provas produzidas, tanto pelo Autor, quanto pela Reclamada, decidir em sentido contrário implicaria o reexame dos fatos e provas,

Cap. 3 • MODELOS DE CAUSA DE PEDIR E PEDIDOS | **663**

providência que, no entanto, é inadmissível nesta Instância Extraordinária, a teor da Súmula 126 do TST. *Recurso de revista não conhecido"* (TST – 7ª T. – RR 19800-83.2008.5.01.0065 – Rel. Min. Ives Gandra Martins Filho – *DEJT* 10-2-2012).

"RECURSO DE REVISTA – VÍNCULO DE EMPREGO – PASTOR DE IGREJA – NATU-REZA VOCACIONAL E RELIGIOSA DAS ATIVIDADES DESENVOLVIDAS – NÃO CARACTERIZAÇÃO. A relação de emprego é configurada quando presente a pessoalidade, a não eventualidade, a dependência em relação ao tomador de serviços e a percepção de salário, conforme determina o art. 3º da CLT. Ocorre que, na afinidade constituída pela fé, não obstante a presunção comum de que há total dissociação dos valores e necessidades terrenas, não se divisa prestação de serviços necessariamente voluntária / gratuita, esporádica ou sem organização estrutural, sendo factível a ocorrência dos pressupostos do liame celetista nesta relação. Por estas razões, muito além da simples aferição dos requisitos para o vínculo empregatício, deve-se averiguar in casu, a constituição das instituições eclesiásticas, a sua relação com o Estado, bem como a concreta natureza e a finalidade das atividades prestadas pela instituição religiosa. Inexistente, dessarte, no caso sub judice, elementos suficientes a descaracterizar o cunho religioso da relação estabelecida entre o autor e a igreja-reclamada. Isso porque, apesar da similaridade à relação empregatícia, o vínculo formado entre as partes é destinado à assistência espiritual e à propagação da fé, em proveito, não da pessoa jurídica eclesiástica, mas, sim, da comunidade atendida pelo templo religioso. Recurso de revista conhecido e provido. DANOS MORAIS – PASTOR – IGREJA – INCOMPETÊNCIA DA JUSTIÇA DO TRABALHO. Nos termos dos incisos VI e IX do art. 114 da Constituição Federal, incluído pela Emenda Constitucional nº 45 / 2004, compete à Justiça do Trabalho processar e julgar as controvérsias decorrentes das relações de trabalho, inclusive as ações de indenização por dano moral ou patrimonial delas oriundas. Com efeito, a competência ratione materiae *se define pela natureza jurídica da questão controvertida, delimitada pelo pedido e pela causa de pedir. Se a ação proposta objetiva o pagamento de danos morais decorrentes de uma relação não empregatícia, em razão de vínculo vocacional (pastor de igreja), a competência para processar e julgar a causa é da Justiça Comum Estadual. Isso porque tal demanda não guarda nenhuma pertinência com a relação de trabalho de que trata o art. 114, inciso I, VI e XI, da Constituição da República. Recurso de revista conhecido e provido"* (TST – 7ª T. – RR 1000-31.2012.5.01.0432 – Rel. Min. Luiz Philippe Vieira de Mello Filho – *DEJT* 18-3-2016).

Diante do exposto, deverá, portanto, a Reclamada ser compelida ao reconhecimento do vínculo empregatício com o Reclamante e sua consequente anotação em CTPS do Autor, no cargo de [indicar a função], data de admissão em [indicar a data], salário mensal de R$ [indicar o valor] mensais e data de dispensa em [indicar a data], bem como deverá efetuar todas as atualizações salariais de acordo com a evolução salarial da categoria, além de efetuar o pagamento das verbas referentes ao período não registrado, tais como férias + 1/3 integrais e proporcionais (em dobro), 13º salário integral e proporcional, FGTS + 40%, verbas rescisórias e direitos convencionais, que serão postulados nos seus itens próprios.

Ressalte-se que a anotação do contrato de trabalho do Reclamante deverá ser procedida pela Reclamada no prazo de dez dias a ser computado a partir da data do trânsito em julgado, sob pena de pagamento de multa diária à base de R$ 500,00 (arts. 536 e 537, CPC).

Requer, ainda, a expedição de ofícios para Superintendência Regional do Trabalho e Emprego, INSS e Caixa Econômica Federal.

PEDIDO:

(a) reconhecimento do vínculo empregatício com o Reclamante e sua consequente anotação em CTPS do Autor (cargo; salário e datas de admissão e de dispensa), bem como deverá efetuar todas as atualizações salariais de acordo com a evolução salarial, além de efetuar o pagamento das verbas referentes ao período não registrado, tais como férias + 1/3 integrais e proporcionais (em dobro), 13º salário integral e proporcional, FGTS + 40% e direitos convencionais, que serão postulados nos seus itens próprios;

(b) anotação do contrato de trabalho do Reclamante em sua CTPS, que deverá ser procedida pela Reclamada no prazo de dez dias a ser computado a partir da data do trânsito em julgado, sob pena de pagamento de multa diária à base de R$ 500,00 (arts. 536 e 537, CPC);

(c) requer, ainda, a expedição de ofícios para Superintendência Regional do Trabalho e Emprego, INSS e Caixa Econômica Federal.

Cap. 3 • MODELOS DE CAUSA DE PEDIR E PEDIDOS | **665**

3.230. INCIDENTE DE EFEITO SUSPENSIVO A RECURSO

CAUSA DE PEDIR:

O cabimento da presente medida (incidente de efeito suspensivo) tem respaldo nos arts. 1.012, § 1°, inciso V e 1.029, § 5°, CPC, além do contido na jurisprudência sumulada do TST (Súm. 414, I).

A pretensão repousa na concessão de efeito suspensivo à r. sentença [doc. ★], a qual determinou à Requente que, no prazo de 15 dias, independente do trânsito em julgado, proceda a liberação das guias do seguro-desemprego e do FGTS ao Requerido.

Inegável que essa determinação representa uma situação em que possa ter a ocorrência de dano grave ou de difícil reparação ao Requerente.

Assim, a Requerente pretende a concessão de efeito suspensivo ao seu recurso ordinário [doc. ★].

Na petição inicial (Processo [★], após indicar a dispensa sem justa causa, o Requerido solicitou que a Requerente fosse condenada a liberar os documentos necessários para o saque do FGTS e do seguro-desemprego.

O MM. Juízo da [★]ª Vara do Trabalho de São Paulo entendeu pela parcial procedência da ação, revertendo a justa causa aplicada e determinando a entrega de guias de seguro-desemprego e para saque de FGTS, em 15 dias após a publicação da sentença, sob pena de multa.

Nesse sentido, busca o Requerente, com a apresentação do presente requerimento, a atribuição de feito suspensivo ao seu recurso.

Consoante o teor da sua defesa apresentada na demanda (Processo [★]), o Requerente alegou a prática da justa causa, o que representa um empecilho legal as liberações pretendidas. O suporte fático da justa causa: o Requerido forjou a assinatura de uma cliente do Requerente para obter o preenchimento da meta mensal de venda de assinaturas eletrônicas do jornal.

Apesar das provas presentes no conjunto probatório (depoimentos pessoais e testemunhais, além de documentos), a justa causa não foi reconhecida sob o fundamento de que não houve imediata punição.

Os fatos são: (a) a falsificação da assinatura ocorreu no dia 25-1-2020 [doc. ★]; (b) no dia 5-2-2020, por reclamação telefônica junto ao SAC (Serviço de Atendimento ao Consumidor), o Sr. Neiva dos Santos apresentou uma reclamação de cobrança bancária de uma assinatura de jornal [doc. ★]; (c) o setor de investigações do Requerente passou a analisar todo o ocorrido, por meio sindicância e para que não ocorressem dúvidas, o Requerido foi ouvido no dia 5-3-2020; (d) no seu depoimento junto à Sindicância, o Requerido confessou que assinou pelo cliente, para que pudesse atingir as suas metas (a sua função era de operador de televendas das assinaturas eletrônicas de jornais) [doc. ★]; (e) diante da confissão, o Requerido foi dispensado em 7-3-2020.

Pondere-se que tais provas foram reconhecidas pela r. sentença, contudo, o MM. Juízo *a quo* entendeu pela demora de todo o procedimento, determinando, assim, a reversão da justa causa e a condenação da empresa quanto ao pagamento das verbas rescisórias, além da imediata liberação dos documentos para fins de saque do FGTS e do seguro-desemprego.

O fundamento da reversão é a falta de imediatidade entre o fato gerador e a aplicação da justa causa, eis que a sindicância perdurou por 30 (trinta) dias.

Evidente o equívoco interpretativo. A demora na investigação interna é imperiosa para se evitar injustiças.

Com base nestes singelos argumentos, evidencia-se a probabilidade do direito pretendido pelo Requerente, já que desprovido de qualquer fundamento legal a sentença que determinou entrega de guias para o Requerido.

Nos termos do art. 899 da CLT, os recursos trabalhistas terão efeito devolutivo, sendo permitida a execução provisória do julgado até a penhora antes do trânsito em julgado, exatamente em razão da precariedade da decisão de primeiro grau.

Com o soerguimento imediato dos valores deferidos, face ao histórico acima transcrito, é certo que a r. sentença proferida pode acarretar danos irreparáveis ao Requerente.

Patente que o Egrégio Tribunal, após analisar o recurso ordinário do Requerente, irá reformar a r. sentença, para que se reconheça a justa causa.

Pondere-se, que em caso de reforma da r. sentença, será praticamente impossível a devolução dos valores soerguidos pelo Requerido em virtude da entrega das guias, o que certamente causará enriquecimento sem causa.

Diante desse cenário, o presente requerimento de efeito suspensivo se mostra necessário, a fim de resguardar os direitos do Requerente acima invocados, sendo que outra via não lhe resta a não ser o deferimento da presente liminar.

PEDIDO:

Diante do acima exposto, além da finalidade de se atender aos princípios constitucionais do processo do trabalho (devido processo legal e o duplo grau de jurisdição, art. 5º, LIII e LIV), o Requerente requer:

(a) em sede de liminar, a concessão do efeito suspensivo atribuído ao recurso ordinário interposto na demanda (Processo [*]), até o trânsito em julgado da sentença;

(b) sucessivamente, a suspensão dos efeitos da sentença de origem proferida na demanda (Processo [*]) até o julgamento final do recurso ordinário oportunamente interposto;

(c) em sede de mérito, seja o presente requerimento julgado integralmente procedente.

3.231. PEDIDO DE DEMISSÃO
VONTADE VICIADA. CONVERSÃO EM RESCISÃO INDIRETA

CAUSA DE PEDIR:

Para que o pedido de demissão seja válido, este deve representar a livre manifestação de vontade do trabalhador, o que não ocorreu no caso em tela.

O Reclamante foi, insistentemente, tratado com rigor excessivo pela Reclamada, que agiu de forma exageradamente intolerante, proferindo constantes ofensas, injúrias, difamações e ameaças contra o obreiro, que não podem ser considerados meros aborrecimentos. A injúria, como ato ofensivo à honra subjetiva, e a difamação, que ofende a honra objetiva, ocorreram de forma clara.

Tais motivos permitem a anulação da demissão requerida pelo Reclamante e ensejam a aplicação do disposto no art. 483, "b", CLT: *"O empregado poderá considerar rescindido o contrato e pleitear a devida indenização quando: (...) b) for tratado pelo empregador ou por seus superiores hierárquicos com rigor excessivo; (...) e) praticar o empregador ou seus prepostos, contra ele ou pessoas de sua família, ato lesivo da honra e boa fama"*.

As provas dos autos demonstrarão, à saciedade, o vício de consentimento patente no ato do pedido de demissão, uma vez que a coação moral experimentada pelo Autor praticamente obrigou-lhe a enxergar o pedido de demissão como única saída para o fim do martírio diário que sofria.

"Pedido de demissão obtido sob coação. Manifestação de vontade viciada. Invalidade do ato. O pedido de demissão obtido pelo empregador sob a ameaça de dispensa por justa causa do empregado conforma-se à espécie tratada no art. 171, II, do Código Civil, tornando o ato anulável. Em razão da invalidade do ato e, considerando o princípio da continuidade que informa as relações de emprego, deve ser considerada a ruptura contratual como dispensa imotivada" (TRT – 1ª R. – 5ª T. – RO 1672020125010074 – Rel. Rogério Lucas Martins – DOE 8-4-2013).

Assim, diante do exposto e do conteúdo probatório dos autos que comprova a vontade viciada do Autor demissionário, o seu pedido de demissão é nulo de pleno direito, requerendo-se, por consequência do exposto, a sua conversão em hipótese de rescisão indireta do seu contrato de trabalho, pela culpa do empregador, nos termos do art. 483 da CLT, em especial, as alíneas "b" e "e", com direito à percepção de: saldo salário com reflexos no FGTS + 40%; aviso-prévio; reflexos do aviso-prévio em férias, abono de férias e no FGTS + 40%; férias proporcionais e abono; 13º salário com reflexos no FGTS + 40%; FGTS pelo código 01 + 40%; liberação do seguro-desemprego ou quantia equivalente.

PEDIDO:

Nulidade do pedido de demissão, com a consequente conversão em hipótese de rescisão indireta do contrato de trabalho por culpa do empregador, nos termos do art. 483 da CLT, alíneas "b" e "e", com direito à percepção de: saldo salário com reflexos no FGTS + 40%; aviso-prévio; reflexos do aviso-prévio em férias, abono de férias e no FGTS + 40%; férias proporcionais e abono; 13º salário com reflexos no FGTS + 40%; FGTS pelo código 01 + 40%; liberação do seguro-desemprego ou quantia equivalente.

3.232. PEDIDO GENÉRICO. JUSTIFICATIVA

CAUSA DE PEDIR:

Preliminarmente, o Reclamante informa ao Juízo que a presente reclamatória possui causas de pedir cujos respectivos pedidos não permitem o imediato cumprimento do disposto no art. 840 da CLT.

Muito embora o § 1º do art. 840 da CLT exija pedido certo, determinado e com indicação do seu valor, as hipóteses relatadas nestes autos contemplam exceções devidamente autorizadas na lei processual civil, aplicando-se, supletivamente, o disposto nos incisos II e III, § 1º, art. 324, CPC, bem como, a inteligência do art. 491, II, CPC.

O Autor formula, em itens próprios desta exordial, causas de pedir e pedidos relativos a [descrever os pedidos que considera impossíveis de serem mensurados e a causa de tal impossibilidade] (tais como pedidos que necessitam de perícia técnica ou documentação que se encontra em poder da Reclamada ou pedidos cujo valor dependa de uma liquidação posterior, por artigos ou por arbitramento como participação do empregado em direitos autorais ou horas extras que necessitam de cartões de ponto e recibos de pagamento para postulação de diferenças, sendo que o trabalhador não possui quaisquer condições de quantificar os pedidos, seja por necessidade de perícia técnica ou por falta de acesso aos documentos da Reclamada, que possibilitariam a liquidação das diferenças apontadas, mesmo de maneira aproximada).

Além da aplicação supletiva do art. 324 (§ 1º, II e III) e inteligência do art. 491, II, todos do CPC, ressalta-se que a própria lei trabalhista contempla a possibilidade de exceções ao art. 840 da CLT, pois no próprio art. 879, § 2º, da CLT, permanece a previsão de que a conta deverá ser elaborada e tornada líquida, ou seja, se a liquidação não comportasse exceções, não haveria sentido na possibilidade legal da liquidação posterior, conforme citado dispositivo.

Assim, no caso dos autos, a liquidação dos pedidos [descrever pedidos para os quais se invoca este tópico] depende necessariamente da juntada aos autos de documentos que se encontram em poder da Reclamada [ou da realização de perícia técnica], sendo perfeitamente aplicável os dispositivos legais ora invocados, que autorizam os pedidos genéricos nessas hipóteses.

Além do mais, a lei processual trabalhista, ao exigir que o Reclamante faça a liquidação de todos os pedidos, sem ressalvar suas impossibilidades, pressupondo cálculos específicos, sobre uma condição da qual não se tem acesso, e, ainda incidir custas e honorários sobre tais valores, traduz-se em restrição do acesso à justiça, tornando excessivamente onerosos os riscos da demanda em processos que objetivam alcançar a satisfação de obrigação de caráter alimentar, o que afronta cabalmente o disposto na Constituição Federal, art. 5º (XXXV e LXXIV), traduzido nos princípios da inafastabilidade do controle jurisdicional e acesso à justiça.

Assim, prequestionada a matéria, o Reclamante requer o acolhimento da petição inicial, no que tange aos pedidos ilíquidos dos itens [descrever as causas de pedir e pedidos que não permitem quantificação], para regular prosseguimento da fase probatória e posterior liquidação de sentença dos mesmos, com fulcro no art. 324 (§ 1º, incisos II e III) e inteligência do art. 491, II, todos do CPC; art. 879, § 2º, da CLT e Constituição Federal, art. 5º (incisos XXXV e LXXIV).

PEDIDO:

O Reclamante requer, preliminarmente, o acolhimento da petição inicial, no que tange aos pedidos ilíquidos dos itens [indicar itens da fundamentação], para regular prosseguimento da fase probatória e posterior liquidação de sentença dos mesmos, com fulcro no art. 324 (§ 1º, incisos II e III) e inteligência do art. 491, II, todos do CPC; art. 879, § 2º da CLT e Constituição Federal, art. 5º, XXXV e LXXIV.

3.233. PENSÃO MENSAL
DANO MATERIAL. INTERPRETAÇÃO DO ARTIGO 950 DO CÓDIGO CIVIL. PERDA DA CAPACIDADE PARA O OFÍCIO OU PROFISSÃO

CAUSA DE PEDIR:

Dispõe o art. 950 do Código Civil e seu parágrafo único que:

"Se da ofensa resultar defeito pelo qual o ofendido não possa exercer o seu ofício ou profissão, ou se lhe diminua a capacidade de trabalho, a indenização, além das despesas do tratamento e lucros cessantes até ao fim da convalescença, incluirá pensão correspondente à importância do trabalho para que se inabilitou, ou da depreciação que ele sofreu.

Parágrafo único. O prejudicado, se preferir, poderá exigir que a indenização seja arbitrada e paga de uma só vez."

A análise do preceito legal acima transcrito permite concluir que a intenção do legislador, ao vincular o valor da indenização por danos materiais *"à importância do trabalho para que se inabilitou"*, teve como objetivo tutelar as consequências jurídicas e fáticas decorrentes do ato ilícito praticado pelo empregador, que conduziu à incapacidade do empregado para *"exercer o seu ofício ou profissão"*.

Sobre a temática, *é* oportuno trazer à colação os ensinamentos de Sebastião Geraldo de Oliveira:

"o Código Civil de 2002, com exigência menos rigorosa (que a Lei dos Benefícios da Previdência Social), estabelece no art. 950 do Código Civil o direito à indenização por incapacidade permanente quando o ofendido não puder mais exercer o seu ofício ou profissão. Não menciona a possibilidade de readaptação da vítima para o exercício de outra função compatível." (Indenizações por Acidente do Trabalho ou Doença Ocupacional. 5ª ed., São Paulo: LTr, 2009, p. 285.)

Ao interpretar o art. 950 do Código Civil, José Affonso Dallegrave Neto leciona:

"(...) percebe-se que o legislador considerou o 'próprio ofício' ou a 'profissão praticada' pelo acidentado para aferir o grau de incapacidade e, por conseguinte, fixar o valor da pensão. Assim, pouco importa o fato da vítima vir a exercer outra atividade afim ou compatível com sua depreciação." (A indenização do dano acidentário na Justiça do Trabalho, Revista do Tribunal Regional do Trabalho da 1ª Região, Rio de Janeiro, nº 49, p. 126, jan.-jun. 2011.)

Assim, o valor da indenização por dano material deve corresponder *"à importância do trabalho para que se inabilitou"* o trabalhador, eis que a conduta ilícita da empregadora culminou na incapacidade total para o exercício do ofício de [*] (colocar profissão do Reclamante).

No caso dos autos, será reconhecida a impossibilidade de o Reclamante exercer as funções para as quais foi contratado ou, ainda, atividades laborais que exijam [limitações da doença], restando incontestável o dever da Reclamada de pagar ao Reclamante a pensão mensal prevista no art. 950 do Código Civil.

Ressalte-se que a perda da capacidade laborativa não implica apenas maior dificuldade física para a realização do mesmo trabalho, mas alcança, também, a perda da profissionalidade, da carreira, de promoções e outras oportunidades decorrentes das limitações que a doença impõe ao empregado.

Cap. 3 • MODELOS DE CAUSA DE PEDIR E PEDIDOS | 671

Assim, mesmo que ainda capaz para o exercício de outro labor, se evidenciada a redução ou perda total da capacidade de desempenho das funções profissionais que geraram a lesão, exsurge o dever de indenizar como consectário lógico do princípio da restituição integral.

Citamos as oportunas lições de Sebastião Geraldo de Oliveira:

"Cabe ao perito oficial 'avaliar em cada caso a repercussão do prejuízo funcional na execução das operações e atividades implicadas na função', bem como 'avaliar qualitativa e quantitativamente o dano causado no patrimônio físico e psíquico – um dos elementos que servem de base para o arbitramento da indenização'. Ainda que o acidentado permaneça no emprego, exercendo a mesma função, é cabível o deferimento da indenização porquanto 'mesmo se o trabalho desempenhado não sofrer, na prática, diminuição na qualidade e intensidade, o dano precisa ser ressarcido, eis que a limitação para as atividades humanas é inconteste. Talvez continue no mesmo trabalho, mas é viável que resulte a impossibilidade para a admissão em outro que propicie igual padrão de rendimentos'. Nessa mesma linha de raciocínio pontuam Gustavo Tepedino e colaboradores: 'A lesão raras vezes gera uma imediata redução salarial. A diminuição da capacidade laborativa repercutirá, pouco a pouco, na estagnação profissional, na perda de oportunidades, na ausência de promoções e na indiferença do mercado em relação à vítima'." (*Indenizações por acidente do trabalho ou doença ocupacional.* 5ª ed. São Paulo: LTr, 2009, p. 310.)

Reitere-se: a incapacidade permanente deve ser analisada em relação à atividade principal exercida pela vítima. Considera-se incapacidade permanente para o trabalho quando a lesão ou a doença impossibilitar totalmente o empregado de exercer a função para a qual foi contratado.

Nesse sentido, assevera Cléber Lúcio de Almeida:

"A impossibilidade do exercício profissional ensejadora de reparação diz respeito à atividade desenvolvida pelo trabalhador quando do acidente e não a qualquer atividade laborativa (art. 950 do Código Civil). A inaptidão do trabalhador para as atividades até então desenvolvidas diminui a possibilidade de sua relocação no mercado de trabalho, em especial quando ele contava com largos conhecimentos e experiências em tal atividade e nenhum ou pouco conhecimento e/ou experiência em outras." (*Responsabilidade civil do empregador e acidente do trabalho.* Belo Horizonte: Del Rey Editora, 2003, p. 119.)

Comungando do mesmo posicionamento, Caio Mário da Silva Pereira ensina:

"Não existe um critério rígido para determinar o que seja a perda ou habilitação para o exercício da atividade normal da vítima. Uma cantora que perde a voz, pode trabalhar em outra atividade; um atleta que perde a destreza não está impedido de ser comentarista. Uma e outro, no entanto, sofrem a destruição inerente à sua atividade normal. A indenização a que fazem jus leva em consideração o prejuízo específico, uma vez que a procura de outro trabalho é uma eventualidade que pode ou não vir a ser." (*Responsabilidade Civil*, 9ª ed. Rio de Janeiro: Forense, 2002, p. 319-320.)

O Superior Tribunal de Justiça já se manifestou no mesmo sentido:

"AGRAVO REGIMENTAL. AGRAVO DE INSTRUMENTO. ACIDENTE DE TRABALHO. REDUÇÃO DA CAPACIDADE LABORATIVA. PENSIONAMENTO. PROPORCIONALIDADE. EXERCÍCIO DE OUTRA ATIVIDADE NÃO COMPROVADO. Se o acidente incapacitou o ofendido para a profissão que exercia, a indenização deve traduzir-se em pensão correspondente ao valor do que ele deixou de receber em virtude da inabilitação. Nada justifica sua redução pela simples consideração, meramente hipotética, de que o trabalhador pode exercer outro trabalho." (STJ – 3ª T. – AgRg no AgRg no Ag 596920/RJ – Rel. Min. Humberto Gomes de Barros – *DJ* 1-7-2005.)

Nem se alegue que o raciocínio exposto conduz ao enriquecimento indevido do empregado, na medida em que apenas assegura o cumprimento da finalidade teleológica da lei, ao sancionar a conduta ilícita do empregador que, ao deixar de observar os deveres que resultam do contrato de trabalho, deixa de propiciar a seus empregados um meio ambiente de trabalho sadio.

Destaca-se que a fixação do valor da indenização, a partir da incapacidade para todo e qualquer trabalho, equipararia a indenização prevista no art. 950 do Código Civil à reparação por lucros cessantes, indenizando apenas a redução da força física de trabalho e não a incapacidade para o desempenho de *"ofício ou profissão"*.

A jurisprudência indica:

"I – AGRAVO DE INSTRUMENTO EM RECURSO DE REVISTA DA RECLAMADA REGIDO PELA LEI 13.015/14. RESPONSABILIDADE CIVIL DO EMPREGADOR. INDENIZAÇÃO POR DANOS MORAIS E MATERIAIS (SÚMULA 126 DO TST). Não merece ser provido agravo de instrumento que visa a liberar recurso de revista que não preenche os pressupostos contidos no art. 896 da CLT. Agravo de instrumento não provido. II – AGRAVO DE INSTRUMENTO EM RECURSO DE REVISTA DA RECLAMANTE REGIDO PELA LEI 13.015/14. RESPONSABILIDADE CIVIL DO EMPREGADOR. INDENIZAÇÃO POR DANOS MORAIS. OCIOSIDADE LABORAL. VALOR DA INDENIZAÇÃO. Constatada possível violação do art. 5.º, X, da Constituição Federal, impõe-se o provimento do agravo de instrumento para determinar o processamento do recurso de revista. Agravo de instrumento provido. III – RECURSO DE REVISTA DA RECLAMANTE REGIDO PELA LEI 13.015/14. 1 – DANOS MATERIAIS. Percentual do Salário estabelecido para o Pensionamento Mensal. Nos termos do art. 950 do Código Civil, a definição da pensão devida à vítima deve levar em conta o trabalho para o qual se inabilitou, ou seja, o ofício desempenhado ao tempo da lesão, ou a depreciação que ela sofreu, não refletindo na quantificação a possibilidade de exercício de outra atividade. Assim, ainda que o autor tenha mantido condição residual de trabalho para outras funções, ele faz jus à pensão mensal correspondente à importância do trabalho para o qual se inabilitou, nos moldes do dispositivo legal mencionado, uma vez que ficou incapacitado totalmente para o trabalho anteriormente exercido na empresa, conforme reconhecido no acórdão do Tribunal Regional. Desse modo, o valor fixado pela Corte a quo a título de indenização por danos materiais não atende satisfatoriamente aos critérios estabelecidos no referido artigo 950 do Código Civil, pois está em descompasso com a extensão do dano, segundo a prova dos autos. O laudo pericial transcrito no acórdão recorrido estabelece que a perda laborativa da reclamante foi total para o exercício da atividade que exercia anteriormente, não havendo fundamento legal para a média de 35% estabelecida pela Corte Regional. Recurso de revista conhecido e provido (...)."* (TST – 3ª T. – ARR 390-25.2015.5.03.0037 – Rel. Min. Delaíde Miranda Arantes – DEJT 13-9-2019.)

"(...) DANOS MATERIAIS. PENSÃO VITALÍCIA. MECÂNICO DE PRODUÇÃO. LOMBALGIA. PERDA PARCIAL E PERMANENTE DA CAPACIDADE DE TRABALHO. VALOR ARBITRADO. BASE DE CÁLCULO. O TRT manteve, a título de indenização por dano material, o pagamento de pensão mensal de R$ 222,30, correspondentes a 20% do salário do autor reduzido pela metade, a partir da data da ciência inequívoca da lesão até o dia em que o reclamante completar 65 anos de idade, sob o fundamento de que o autor 'não se encontra absolutamente incapacitado para trabalhar, mas apenas sofre redução parcial de sua capacidade laborativa' e que a enfermidade do autor não teve origem exclusiva no seu trabalho desempenhado para a reclamada. Depreende-se do acórdão regional, contudo, que o reclamante, como mecânico de produção, adotava posturas de risco para lesões de coluna lombar e foi acometido por lombalgia crônica, que evoluiu para um quadro de lombociatalgia, o que levou o Perito a concluir pela relação de causalidade da doença do autor com o trabalho desenvolvido na reclamada. Consta

ainda na decisão recorrida que a perda da capacidade laborativa do autor foi parcial e permanente para as atividades que habitualmente desempenhava na empresa, impossibilitando-o de continuar no exercício das mesmas atribuições, sob o risco de retorno do quadro limitante ou de agravamento da enfermidade. Esta Corte entende que na hipótese de a doença ocupacional resultar na incapacidade de trabalho para a função anteriormente exercida, o valor da indenização deve ser apurado com base na incapacidade para o exercício de ofício ou profissão anteriormente exercida pelo trabalhador, e não para o exercício de outras profissões, sendo irrelevante a existência de concausa. Precedentes. Assim, considerando a incapacidade total para as atividades anteriormente desempenhadas (art. 950 do Código Civil), deve ser majorado o valor da pensão mensal vitalícia para o percentual de 100% (cem por cento) da última remuneração da reclamante, devido a partir de agosto de 2008, data da ciência inequívoca da lesão. Recurso de revista conhecido e provido (...)." (TST – *2ª T.* – ARR 123100-15.2009.5.15.0137 – Rel. Min. Maria Helena Mallmann – *DEJT* 15-3-2019.)

PEDIDO:

Requer o Reclamante a condenação da Reclamada ao pagamento de indenização por danos materiais na forma do art. 950 do Código Civil.

3.234. PENSÃO MENSAL VITALÍCIA
ARTIGO 950 DO CÓDIGO CIVIL. PAGAMENTO EM PARCELA ÚNICA

CAUSA DE PEDIR:

Dispõe o art. 950 do Código Civil e parágrafo único que:

"Se da ofensa resultar defeito pelo qual o ofendido não possa exercer o seu ofício ou profissão, ou se lhe diminua a capacidade de trabalho, a indenização, além das despesas do tratamento e lucros cessantes até ao fim da convalescença, incluirá pensão correspondente à importância do trabalho para que se inabilitou, ou da depreciação que ele sofreu. Parágrafo único. O prejudicado, se preferir, poderá exigir que a indenização seja arbitrada e paga de uma só vez."

Nesse particular, cumpre destacar que a jurisprudência do TST é no sentido de que cabe ao magistrado estabelecer a melhor forma de pagamento da indenização, cabendo a ele analisar as particularidades de cada caso:

"(...) JULGAMENTO EXTRA PETITA. DANO MATERIAL. PAGAMENTO DE PENSÃO EM PARCELA ÚNICA. A leitura do art. 950, caput e parágrafo único, do Código Civil deixa transparecer que a parcela em comento, em tese, pode ser quitada em parcela única, segundo a preferência do ofendido. No entanto, a jurisprudência desta Corte vem decidindo que se trata de mera preferência do empregado e não de direito potestativo e absoluto, sendo que a apreciação da matéria é realizada caso a caso, segundo o livre convencimento do magistrado, em homenagem ao princípio da persuasão racional previsto no art. 371 do CPC de 2015. Com efeito, a decisão sobre a forma de pagamento da indenização em questão deve levar em conta, além dos princípios da razoabilidade e da proporcionalidade, o caráter pedagógico da medida, os benefícios à vítima e a capacidade econômica do ofensor. Assim, sendo faculdade do julgador, conforme as circunstâncias dos autos, determinar que a indenização seja paga de uma só vez, ou por meio de pensão mensal, não se configura o julgamento extra petita quando o julgador decide por uma das hipóteses previstas em lei (art. 950 do CCB). Recurso de revista não conhecido (...)." (TST – 3ª T. – RR 96600-65.2009.5.05.0661 – Rel. Min. Alexandre de Souza Agra Belmonte – DEJT 11-4-2017.)

"I – AGRAVO DE INSTRUMENTO INTERPOSTO SOB A ÉGIDE DA LEI Nº 13.015/14 – DOENÇA OCUPACIONAL – DANOS MATERIAIS – QUANTUM INDENIZATÓRIO – CONCAUSALIDADE – PARCELA ÚNICA Vislumbrada ofensa aos arts. 944, parágrafo único, e 950 do Código Civil, dá-se provimento ao Agravo de Instrumento para mandar processar o Recurso de Revista. II – RECURSO DE REVISTA INTERPOSTO SOB A ÉGIDE DA LEI Nº 13.015/14 – DOENÇA OCUPACIONAL – DANOS MATERIAIS – QUANTUM INDENIZATÓRIO – CONCAUSALIDADE – PARCELA ÚNICA 1. A condenação arbitrada a título de danos materiais comporta redução, tendo em vista o reconhecimento de que as atividades laborativas atuaram como concausa para o agravamento da doença de origem degenerativa. Julgados. 2. Esta Corte possui firme jurisprudência no sentido de que cabe ao magistrado decidir sobre o pagamento único ou mensal da pensão estipulada à luz das peculiaridades do caso concreto. Assim, diversamente do que entendeu a Corte Regional, não há falar em direito potestativo do ofendido ao pagamento em parcela única. No caso, uma vez ausente o registro de

Cap. 3 • MODELOS DE CAUSA DE PEDIR E PEDIDOS | 675

elementos capazes de justificar a percepção da pensão em cota única, em valor elevado, afigura-se adequado o deferimento de pensão vitalícia em periodicidade mensal. Recurso de Revista conhecido e provido." (TST – 8ª T. – RR 359900-33.2009.5.09.0652 – Rel. Min. Maria Cristina Irigoyen Peduzzi – *DEJT* 12-12-2016.)

Assim, diante da previsão legal disciplinando expressamente a possibilidade de conversão da pensão mensal em pagamento único, a ser realizado de uma só vez, mencione-se que é notória a capacidade econômica do ofensor, no caso a Reclamada, de igual forma não constitui óbice algum ao acolhimento da pretensão.

Por sua vez, a jurisprudência do Tribunal Superior do Trabalho vem acolhendo a tese de que deve haver abatimento da remuneração, caso autorizado o pagamento em uma única parcela.

Isto porque da interpretação do art. 950 do Código Civil observa-se a determinação de pagamento de *"pensão correspondente à importância do trabalho para que se inabilitou, ou da depreciação que ele sofreu"* e **no parágrafo único, está disposto que a pensão poderá ser paga de uma só vez.**

Entretanto, citado artigo não fixa que a pensão deve sofrer um deságio, em razão de seu pagamento de uma única vez. Todavia, por questão de equidade, aplicando-se os princípios da razoabilidade e proporcionalidade, há que se impor o redutor, que a jurisprudência varia entre 20% a 30%.

O ressarcimento do dano material (pensão) em parcela única assume expressão econômica superior e seguramente mais vantajosa em relação ao pagamento diluído, efetivado em parcelas mensais, razão pela qual deve ser aplicado um redutor ou deságio sobre o valor fixado, de modo a atender ao princípio da proporcionalidade da condenação, impedindo o enriquecimento sem causa do credor.

Nesse sentido, trazemos à colação as seguintes decisões do TST:

"(...) 5. DANO MATERIAL. PENSIONAMENTO. PARCELA ÚNICA. FATOR REDUTOR. A condenação ao pagamento, em parcela única, da indenização por dano material resultante de acidente de trabalho, nos moldes do parágrafo único do art. 950 do CC, há de ser examinada com cautela pelo julgador, observadas as particularidades de cada causa, entre as quais a capacidade econômica da empresa e as condições subjetivas do trabalhador envolvido. Para a fixação do dano material, deve-se levar em consideração 3 fatores: a expectativa de sobrevida, o percentual da perda da capacidade laboral e a remuneração da vítima. Acrescente-se ainda que o pagamento da indenização de pensão em cota única (parágrafo único do art. 950 do CC) gera a redução do valor a que teria direito o trabalhador em relação à pensão paga mensalmente. No caso, o Tribunal Regional fixou o valor indenizatório em R\$ 289.602,90, considerando a expectativa de sobrevida, o percentual da perda laboral e a remuneração da vítima, contudo, não aplicou nenhum redutor ao deferir o pagamento em parcela única. Nesse cenário, é necessária a aplicação do fator redutor, na base de 30%, em razão do pagamento em parcela única, minorando-se a condenação a título de danos materiais para R\$202.722,03. Recurso de revista conhecido e provido (...)." (TST – 5ª T. – RR 141-56.2012.5.09.0411 – Rel. Min. Douglas Alencar Rodrigues – *DEJT* 29-11-2019.)

"RECURSO DE REVISTA. LEI Nº 13.015/14. I – AGRAVO EM AGRAVO DE INSTRU-MENTO. PENSÃO MENSAL VITALÍCIA. PARCELA ÚNICA. REDUTOR. PERCENTUAL. Agravo conhecido e provido para autorizar o processamento do agravo de instrumento. II – AGRAVO DE INSTRUMENTO. PENSÃO MENSAL VITALÍCIA. PARCELA ÚNICA. REDUTOR. PERCENTUAL. Agravo de instrumento conhecido por possível violação do art. 950 do Código Civil e provido. III – RECURSO DE REVISTA. PENSÃO MENSAL VITALÍCIA. PARCELA ÚNICA. REDUTOR. PERCENTUAL. A jurisprudência desta Corte é no sentido de que é possível a aplicação de um redutor no caso de antecipação dos valores devidos a título de pensão mensal em uma única parcela.

O princípio da restitutio in integrum orienta o cálculo das indenizações por danos materiais na ocorrência do ato ilícito. Por meio deste princípio garante-se o pleno ressarcimento do prejuízo, assegurando-se ao lesado, na medida do possível, o restabelecimento do status quo ante. Extrai-se do acórdão regional que o cálculo foi realizado considerando a remuneração mensal do autor fixada na sentença, o percentual de redução da capacidade laborativa, a presença de nexo concausal e a limitação etária fixada. No entanto, diante dos parâmetros judicialmente estabelecidos, verifica-se que, ao arbitrar o redutor em 40%, afastou-se o Tribunal Regional da razoabilidade e discrepou do entendimento desta Turma, que fixa tal redutor no percentual entre 20 e 30%, considerado caso a caso. Assim, por se afigurar excessivo o redutor aplicado, a decisão regional deixou de retratar o caráter compensatório da reparação, o que se revela em descompasso com o entendimento desta Corte e com o parágrafo único dos arts. 944 e 950 do Código Civil. Recurso de revista conhecido por violação do artigo 950, caput *e parágrafo único, do Código Civil e provido (...)."* (TST – 3ª T. – RR 815-48.2013.5.15.0050 – Rel. Min. Alexandre de Souza Agra Belmonte - *DEJT* 25-10-2019.)

Portanto, tendo em vista a vedação do enriquecimento sem causa, bem como os princípios da razoabilidade e proporcionalidade, deve ser aplicado o redutor de 20%.

PEDIDO:

Seja determinada a conversão do pagamento da pensão mensal em parcela única, nos termos do art. 950 do Código Civil, com redutor de 20% (vinte por cento).

3.235. PENSÃO MENSAL VITALÍCIA
TERMO INICIAL

CAUSA DE PEDIR:

O dano material, o qual também é conhecido por dano patrimonial, atinge os bens integrantes do patrimônio, isto é, o conjunto das relações jurídicas de uma pessoa, apreciáveis economicamente. Tem-se a perda, deterioração ou diminuição do patrimônio.

A reparação dos danos materiais se dá com a restauração da situação anterior ao ato danoso, o seu restabelecimento ao *statu quo ante* (reparação natural). A pensão tem o escopo de indenizar o dano material, na medida em que o Reclamante teve a sua capacidade laboral reduzida.

No caso dos autos, evidente o dano material, diante da redução permanente da capacidade laborativa do Autor.

O art. 950 do Código Civil estabelece o direito a partir da constatação da redução da capacidade laborativa, sendo irrelevante a vítima estar ou não recebendo remuneração de qualquer natureza, seja salarial, seja previdenciária.

O fundamento para deferimento da pensão é objetivo e é a redução da capacidade laboral, o que implica maior dificuldade do trabalhador na consecução normal de suas atividades.

Assim, ainda que o Reclamante permaneça trabalhando, auferindo o mesmo salário, como no caso dos autos, a pensão objetiva suprir a perda causada pela sequela da doença. Esta perda não pode ser medida apenas financeiramente. A indenização civil busca ressarcir a lesão física causada, não devendo ficar restrita à compensação de ordem financeira.

Leciona Arnaldo Rizzardo:

> *"mesmo se o trabalho desempenhado não sofrer, na prática, diminuição de qualidade e intensidade, o dano precisa ser ressarcido, eis que a limitação para as atividades humanas é inconteste. Talvez continue no mesmo trabalho, mas é viável que resulte a impossibilidade para a admissão em outro que propicie igual padrão de rendimentos."* (*Responsabilidade civil*. Rio de Janeiro: Forense, 2005, p. 232.)

O entendimento do TST é de que o termo inicial para o pagamento da indenização por danos materiais é a data da consolidação das lesões, quando o Autor tem ciência inequívoca da incapacidade laboral.

Nesse sentido:

> *"RECURSO DE REVISTA. 1. ACIDENTE DO TRABALHO. PENSÃO MENSAL VITALÍ-CIA. FIXAÇÃO DOS TERMOS INICIAL E FINAL DO PENSIONAMENTO. O Regional, amparado no conjunto probatório, concluiu que o reclamante faz jus a indenização por danos materiais, porquanto atestada a redução parcial e permanente da capacidade funcional da mão esquerda, ocasionando-lhe perda da capacidade laborativa em grau mínimo. Diante do quadro fático delineado, cujo teor é insuscetível de reexame nesta Corte Superior, nos termos da Súmula 126 do TST, descabe cogitar de violação do art. 950 do CC. Por outro lado, o entendimento desta Corte é de que o termo inicial para o pagamento da indenização por danos materiais é a data da consolidação das lesões, quando o reclamante tem ciência ine-quívoca da incapacidade laboral, e de que o pensionamento decorrente de lesão permanente possui caráter*

vitalício, sem limitação temporal. Precedentes. Recurso de revista não conhecido. 2. HORAS EXTRAS. PAGAMENTO – POR FORA – COMPENSAÇÃO. O Regional asseverou que a reclamada não se desincumbiu do ônus de comprovar que o pagamento – por fora – corresponde à contraprestação das horas extras laboradas. Nesse contexto, para concluir que a condenação ao pagamento de horas extras configura bis in idem, seria necessário o revolvimento do conjunto fático-probatório, o que esbarra no óbice contido na Súmula 126 do TST. Ileso, portanto, o art. 884 do CC. Recurso de revista não conhecido." (TST – 8ª T. – RR 141700-15.2007.5.15.0118 – Rel. Min. Dora Maria da Costa – *DEJT* 16-8-2013.)

"(...) DANOS MATERIAIS – PENSÃO MENSAL – TERMO INICIAL E FINAL DA OBRIGAÇÃO – 1. Constatada a perda parcial e permanente da capacidade laborativa do Reclamante, decorrente do labor desenvolvido na Reclamada, cuja culpa ficou devidamente comprovada, é devida a pensão mensal, nos termos do artigo 950 do Código Civil. 2. A pensão devida ao trabalhador que ficou incapacitado para o trabalho ou teve sua capacidade laboral reduzida, não está sujeita à limitação no tempo, devendo ser paga enquanto a vítima viver, em observância ao princípio da reparação integral que norteia o sistema de responsabilidade civil. 3. Quanto ao marco inicial da concessão da pensão mensal vitalícia e à base de cálculo da obrigação, é inviável o conhecimento do recurso por violação literal dos artigos 402, 403, 944 e 950 do Código Civil, pois tais dispositivos não tratam especificamente sobre a matéria. 4. De toda sorte, anote-se que esta Corte adota posicionamento no sentido de que o termo inicial para o cálculo do pagamento da pensão é a data da ciência inequívoca da incapacidade laborativa e de a pensão a ser paga ao empregado acometido de doença profissional deve abarcar todas as parcelas salariais auferidas. Precedentes. Agravo de Instrumento não provido (...)." (TST – 8ª T. – AIRR 205400-31.2005.5.02.0462 – Rel. Juíza Conv. Maria Laura Franco Lima de Faria – *DEJT* 10-9-2012.)

No mesmo sentido, também é o entendimento do STJ:

"CIVIL E PROCESSUAL. ACIDENTE DE TRABALHO. SEQUELA LIMITADORA DA CAPACIDADE. PENSIONAMENTO. NATUREZA. MANUTENÇÃO DA REMUNERAÇÃO DO EMPREGADO NO PERÍODO DE AFASTAMENTO. ACORDO COLETIVO. DIES A QUO DA PRESTAÇÃO MENSAL. CC, ART. 1.539. EXEGESE. DANO MORAL. ELEVAÇÃO A PATAMAR RAZOÁVEL. HONORÁRIOS ADVOCATÍCIOS. JUROS MORATÓRIOS. SÚMULA N. 54-STJ.

I. Diversamente do benefício previdenciário, a indenização de cunho civil tem por objetivo não apenas o ressarcimento de ordem econômica, mas, igualmente, o de compensar a vítima pela lesão física causada pelo ato ilícito do empregador, que reduziu a sua capacidade laboral em caráter definitivo, inclusive pelo natural obstáculo de ensejar a busca por melhores condições e remuneração na mesma empresa ou no mercado de trabalho.

II. Destarte, ainda que paga ao empregado a mesma remuneração anterior por força de cumprimento a acordo coletivo de trabalho, o surgimento de sequelas permanentes há de ser compensado pela prestação de pensão desde a data do sinistro, independentemente de não ter havido perda financeira concretamente apurada durante o período de afastamento.

III. Acidente de trabalho configura espécie de ilícito extracontratual, de sorte que os juros moratórios fluem a partir do evento danoso, nos termos da Súmula n. 54 do STJ.

IV. Dano moral elevado a patamar condizente com a dor e sofrimento infligidos ao empregado acidentado.

V. Integralmente exitosa a parte autora, prejudicada a discussão sobre a sucumbência recíproca, aumentados os honorários, em consequência, para percentual mais condizente com a vitória alcançada e o trabalho profissional desenvolvido.

VI. Recurso especial conhecido e provido."

Cap. 3 • MODELOS DE CAUSA DE PEDIR E PEDIDOS | **679**

(STJ – 4ª T. – REsp 402.833/SP - Rel. Ministro Aldir Passarinho Júnior – *DJ* 7-4-2003).

No caso dos autos, somente em [indicar a data] (observar a data da ciência inequívoca) o Reclamante teve ciência inequívoca da sua incapacidade laboral.

Portanto, o termo inicial deve ser fixado como sendo [indicar a data].

PEDIDO:

Requer o Reclamante seja fixado como termo inicial do pensionamento o dia [indicar a data].

3.236. PENSÃO MENSAL
DEFERIMENTO DE FORMA VITALÍCIA SEM LIMITAÇÃO TEMPORAL

CAUSA DE PEDIR:

O dano material, também conhecido por dano patrimonial, atinge os bens integrantes do patrimônio, tendo-se a perda, deterioração ou diminuição do valor do patrimônio.

A diferença existente entre o patrimônio anterior ao ato danoso e o atual (dano emergente), somado a diferença entre o patrimônio existente e o que possivelmente existiria (lucro cessante), caso não ocorresse o evento danoso, formam o *damnum factum*.

O dano emergente é a efetiva diminuição do patrimônio já existente, enquanto o lucro cessante é aquilo que se deixou de auferir, ganhar.

A reparação dos danos materiais se dá com a restauração da situação anterior ao ato danoso, ou seja, seu restabelecimento ao *statu quo ante*.

Porém, não havendo essa possibilidade, converte-se em uma indenização equivalente aos danos causados (dano emergente e lucro cessante).

Os danos materiais são demonstrados pela diferença do patrimônio antes da prática do ato injusto e após a sua ocorrência (dano emergente), ou ainda, por aquilo que deixou de perceber em virtude desse ato (lucro cessante).

Evidente que a indenização por dano material é uma forma de recomposição do que se deixou de auferir, ou seja, o lucro cessante, quando da impossibilidade de restabelecer o *status quo ante*, sendo que a reparação se dá, nesse caso, em forma de pensão.

O fundamento para deferimento da pensão é objetivo e é a redução da capacidade laboral, o que implica maior dificuldade do trabalhador na consecução normal de suas atividades.

Assim, ainda que o Reclamante permaneça trabalhando, executando ou não a mesma atividade, a pensão objetiva suprir a perda causada pela sequela da doença. Esta perda não pode ser medida apenas financeiramente. A indenização civil busca ressarcir a lesão física causada, não devendo ficar restrita à compensação de ordem financeira.

A pensão mensal decorre da conduta ilícita do empregador, que resultou na incapacidade parcial e definitiva do empregado.

Assim, a pensão é devida à vítima que adquire doença profissional, a cargo da empregadora, em consequência da sua responsabilidade civil e deve perdurar por toda a vida da vítima, sendo que a limitação imposta pelo Código Civil só se aplica aos casos em que essa pensão visa garantir a subsistência dos herdeiros.

Salienta-se que estamos diante de um infortúnio de caráter parcialmente incapacitante, que, além de limitar o campo de tarefas laborais a serem exercidas pelo Reclamante, afetam também a vida social e familiar.

Não desaparecendo o dano com a idade, a pensão há de ser vitalícia, não se justificando sua limitação até a data de provável aposentadoria.

A doutrina indica:

"O termo final da pensão devida à própria vítima não sofre a limitação relativa à expectativa de vida ou de sobrevida, como ocorre no caso de morte do acidentado. Na invalidez permanente, a pensão deve ser paga

enquanto a vítima viver; no caso de morte, o termo final será a provável sobrevida que o acidentado teria, conforme abordado no capítulo 9, item 7. A duração vitalícia da pensão garante harmonia com o princípio da 'restituição integral', porque a vítima não fosse o acidente, poderia trabalhar e auferir rendimentos enquanto viva estivesse, mesmo depois de aposentada pela Previdência Social." (OLIVEIRA, Sebastião Geraldo de. *Indenizações por acidente do trabalho ou doença ocupacional.* 3ª ed. São Paulo: LTr, 2007, p. 299.)

"Se a vítima sobrevive, mas fica total ou parcialmente incapacitada para o trabalho, deve receber pensão vitalícia, ou seja, enquanto viver, sem qualquer limitação temporal. E a razão é simples: se ela é incapaz hoje em razão do infortúnio, o será aos 25 anos de idade, bem como quando alcançar os 65 anos. Se hoje não tem condições de exercer uma atividade produtiva e remunerada, muito menos as terá quando estiver com idade mais avançada. Ora, nada justifica estabelecer tempo provável de vida àquele que necessitará para o resto de sua sobrevivência de amparo mensal. A ficção não pode sobrepor-se à realidade." (STOCCO, Rui. *Tratado de Responsabilidade Civil.* São Paulo: LTR, 2004, p. 1280.)

Nesse sentido, também é a jurisprudência do TST:

"(...) DANOS MATERIAIS. PENSÃO VITALÍCIA. LIMITAÇÃO ETÁRIA. A jurisprudência do TST é no sentido de que o art. 950 do Código Civil não estabelece termo final para a reparação decorrente de ofensa que resulte em incapacidade laboral em razão da idade, expectativa de vida ou aposentadoria. A pensão mensal decorrente de doença do trabalho que incapacite o empregado de maneira definitiva é devida de forma vitalícia, pelo que não cabe limitação do seu pagamento até determinada idade. Precedentes. Considerando, no entanto, a delimitação havida na petição inicial e para evitar julgamento ultra petita, estabelece-se como termo final para o pagamento do pensionamento mensal a data em que o reclamante completar 72 anos de idade. Recurso de revista conhecido e provido (...)." (TST – 2ª T. – ARR 123100-15.2009.5.15.0137 – Rel. Min. Maria Helena Mallmann – *DEJT* 15-3-2019.)

"(...) RECURSO DE REVISTA DA AUTORA. INDENIZAÇÃO POR DANOS MATERIAIS. PENSÃO MENSAL VITALÍCIA. LIMITE DE IDADE. IMPOSSIBILIDADE. LESÕES PERMANENTES. O artigo 950 do Código Civil, que trata da obrigação ao pagamento de pensão mensal em decorrência de dano que diminua ou incapacite o ofendido no exercício da sua profissão, não fixa nenhuma limitação em relação ao período em que o citado auxílio deve perdurar. Conforme o princípio da reparação integral, que norteia o sistema de responsabilidade civil, a pensão mensal decorrente de acidente de trabalho ou doença ocupacional é devida de forma vitalícia. A jurisprudência trabalhista firmou entendimento de que não é cabível limitação temporal ao pensionamento mensal, deferido a título de indenização por danos materiais decorrentes de acidente de trabalho (precedentes). Recurso de revista conhecido e provido (...)." (TST – 2ª T. – ARR 166800-49.2009.5.15.0102 – Rel. Min. José Roberto Freire Pimenta – *DEJT* 30-11-2018.)

PEDIDO:

Requer o Reclamante seja a pensão mensal deferida de forma vitalícia.

3.237. PENSÃO MENSAL E SALÁRIO
CUMULAÇÃO

CAUSA DE PEDIR:

O dano material, o qual também é conhecido por dano patrimonial, atinge os bens integrantes do patrimônio, isto é, o conjunto das relações jurídicas de uma pessoa, apreciáveis economicamente. Tem-se a perda, deterioração ou diminuição do patrimônio.

A reparação dos danos materiais se dá com a restauração da situação anterior ao ato danoso, o seu restabelecimento ao *statu quo ante* (reparação natural). A pensão tem o escopo de indenizar o dano material, na medida em que o Reclamante teve a sua capacidade laboral reduzida.

No caso dos autos, evidente o dano material, diante da redução permanente da capacidade laborativa do Autor.

Nos termos do art. 950 do Código Civil, o deferimento de pensão mensal se relaciona à perda ou redução da capacidade de trabalho, sendo irrelevante a vítima estar ou não recebendo remuneração de qualquer natureza, seja salarial, seja previdenciária.

O fundamento para deferimento da pensão é objetivo e é a redução da capacidade laboral, o que implica maior dificuldade do trabalhador na consecução normal de suas atividades.

Esclareça-se que a finalidade da pensão não é a reposição salarial, e sim o ressarcimento pela incapacidade laborativa do trabalhador.

Assim, a percepção de remuneração é circunstância que não afasta o direito à indenização por danos materiais na forma de pensão mensal, porquanto possuem fatos geradores distintos.

O exercício de atividades em função readaptada na empresa, com a natural percepção de salários, não constitui óbice para o deferimento da indenização.

Ainda que o Reclamante permaneça trabalhando, auferindo o mesmo salário, a pensão objetiva suprir a perda causada pela sequela da doença. Esta perda não pode ser medida apenas financeiramente. A indenização civil busca ressarcir a lesão física causada, não devendo ficar restrita à compensação de ordem financeira.

Esse é o fundamento pelo qual não se aceita a compensação entre eventual benefício previdenciário recebido pelo trabalhador acidentado e a pensão decorrente da condenação judicial em face do empregador.

Salienta-se que estamos diante de um infortúnio de caráter parcialmente incapacitante, que, além de limitar o campo de tarefas laborais a serem exercidas pelo Reclamante, afetam também a vida social e familiar.

Leciona Arnaldo Rizzardo: *"(...) mesmo se o trabalho desempenhado não sofrer, na prática, diminuição de qualidade e intensidade, o dano precisa ser ressarcido, eis que a limitação para as atividades humanas é inconteste. Talvez continue no mesmo trabalho, mas é viável que resulte a impossibilidade para a admissão em outro que propicie igual padrão de rendimentos".* (*Responsabilidade civil*. Rio de Janeiro: Forense, 2005, p. 232.)

Nessa mesma linha de raciocínio, lecionam Gustavo Tepedino, Heloisa Helena Barboza e Maria Celina Bodin de Moraes que *"a lesão raras vezes gera uma imediata redução salarial. A diminuição da capacidade laborativa repercutirá, pouco a pouco, na estagnação profissional, na perda de oportunidades, na ausência de*

Cap. 3 • MODELOS DE CAUSA DE PEDIR E PEDIDOS | **683**

promoções e na indiferença do mercado em relação à vítima. A depreciação iminente e provável deve ser objeto das reflexões do magistrado no momento da fixação do quantum da pensão. Também a permanência ou transitoriedade dos efeitos da lesão devem, por certo, influenciar na quantificação". (*Código civil interpretado conforme a Constituição da República.* vol. II. Rio de Janeiro: Renovar, 2006, p. 877.)

O fato de o infortúnio não ter resultado em imediata perda salarial, por si só, não exime o empregador da sua responsabilidade pela doença relacionada ao labor.

Esclarece Sebastião Geraldo de Oliveira:

> *"Ainda que o acidentado permaneça no emprego, exercendo a mesma função, é cabível o deferimento de indenização porquanto mesmo se o trabalho desempenhado não sofrer na prática, diminuição na qualidade e intensidade, o dano precisa ser ressarcido, eis que a limitação para as atividades humanas é inconteste. Talvez continue no mesmo trabalho, mas é viável que resulte a impossibilidade para a admissão em outro que propicie igual padrão de rendimento."* (*Indenizações por acidente do trabalho ou doença ocupacional.* 3ª ed. São Paulo: LTr, 2007, p. 303.)

O TST já sedimentou que a reabilitação do empregado em função diversa, ou até para a mesma função, não afasta o direito ao pensionamento, quando comprovada a redução total ou parcial de sua capacidade para o exercício da função anterior, na medida em que a condenação do empregador pela doença ocupacional independe da perda remuneratória direta, tendo em vista a natureza punitiva das indenizações objeto da decisão judicial:

> *"I – AGRAVO EM AGRAVO DE INSTRUMENTO EM RECURSO DE REVISTA INTER-POSTO NA VIGÊNCIA DA LEI 13.015/14. INDENIZAÇÃO POR DANOS MATERIAIS. PENSÃO MENSAL VITALÍCIA. CUMULAÇÃO COM REINTEGRAÇÃO. POSSIBILI-DADE. Constatada possível violação do art. 950 do Código Civil, é de se provar o agravo. Agravo provido. II – AGRAVO DE INSTRUMENTO EM RECURSO DE REVISTA. LEI 13.015/14. DOENÇA OCUPACIONAL. INDENIZAÇÃO POR DANOS MATERIAIS. PENSÃO MENSAL VITA-LÍCIA. CUMULAÇÃO COM REINTEGRAÇÃO. POSSIBILIDADE. Demonstrada possível violação do art. 950 do Código Civil, impõe-se o provimento do agravo de instrumento para determinar o processamento do recurso de revista. Agravo de instrumento provido. III – RECURSO DE REVISTA INTERPOSTO NA VIGÊNCIA DA LEI 13.015/14. INDENIZAÇÃO POR DANOS MATERIAIS. PENSÃO MENSAL VITALÍCIA. CUMULAÇÃO COM REINTEGRAÇÃO. POSSIBILIDADE. Hipótese em que o Tribunal Regional, embora tenha reconhecido a culpa da reclamada pela doença ocupacional sofrida pelo autor, entendeu que, diante da reintegração determinada pelo juiz de primeiro grau, não haveria dano material a ser reparado enquanto existente o vínculo de emprego entre as partes. No entanto, a determinação de reintegração e a consequente percepção de remuneração são circunstâncias que não afastam o direito à indenização por danos materiais na forma de pensão mensal, porquanto possuem fatos geradores distintos. Com efeito, a reintegração foi deferida com fulcro na norma coletiva da categoria, ao passo que a indenização por dano material, deferida na forma de pensão, tem alicerce na legislação civil (art. 950 do Código Civil), cujo escopo é obrigar o empregador a ressarcir os danos materiais causados ao reclamante em decorrência da doença ocupacional. Assim, o exercício de atividades em função readaptada na empresa, com a natural percepção de salários não constitui óbice para o deferimento da indenização. Preceden-tes. Recurso de revista conhecido e provido."* (TST – 2ª T. – RR 1000572-14.2014.5.02.0471 – Rel. Min. Delaíde Miranda Arantes – *DEJT* 19-10-2018.)

Em suma, a reintegração do Reclamante, seja para a mesma função ou para função diversa, não obsta o pensionamento, uma vez que este se dá como indenização pela redução da capacidade laborativa, nos estritos termos do art. 950 do Código Civil.

Por todo o exposto, exsurge a responsabilidade civil da empresa pelos danos materiais provocados ao Reclamante.

PEDIDO:

Requer o Reclamante que a pensão mensal seja cumulada com o pagamento dos salários.

Cap. 3 • MODELOS DE CAUSA DE PEDIR E PEDIDOS | 685

3.238. PENSÃO MENSAL E BENEFÍCIO PREVIDENCIÁRIO
CUMULAÇÃO

CAUSA DE PEDIR:

Conforme estabelece o art. 121 da Lei 8.213/91 (dispõe sobre os Planos de Benefícios da Previdência Social): *"O pagamento de prestação pela Previdência Social em decorrência dos casos previstos nos incisos I e II do caput do art. 120 desta Lei não exclui a responsabilidade civil da empresa, no caso do inciso I, ou do responsável pela violência doméstica e familiar, no caso do inciso II".*

No mesmo sentido, o Ministro Maurício Godinho Delgado leciona: *"será do empregador a responsabilidade pelas indenizações por dano material, moral ou estético decorrentes de lesões vinculadas à infortunística do trabalho, sem prejuízo do pagamento pelo INSS do seguro social, é claro".* (*Curso de Direito do Trabalho.* 11ª ed. São Paulo: LTr, 2012, p. 623.)

Os benefícios do INSS e o pensionamento decorrente de ato ilícito do empregador possuem fatores geradores diversos.

O primeiro está a cargo do INSS, sendo norteado pelo princípio do risco social. Decorre das contribuições pagas pelo empregado e empregador. Já a pensão é devida pelo empregador como reparação pelos danos suportados pelo empregado acidentado. As duas verbas não se compensam, pois o seguro social contra acidentes não exclui a indenização civil devida pelo empregador, conforme inciso XXVIII do art. 7º da Constituição Federal.

Nessa direção aponta o entendimento do STF consubstanciado na Súmula 229: *"A indenização acidentária não exclui a do direito comum, em caso de dolo ou culpa grave do empregador."*

Nesse sentido:

"RECURSO DE REVISTA. REGIDO PELA LEI 3.015/14. ACIDENTE DE TRABALHO. LESÃO TOTAL E PERMANENTE. RESPONSABILIDADE OBJETIVA DO EMPREGADOR. COLETA DE LIXO URBANO. INDENIZAÇÃO POR DANOS MATERIAIS. CUMULAÇÃO COM BENEFÍCIO PREVIDENCIÁRIO. POSSIBILIDADE. Conforme a jurisprudência sedimentada no âmbito desta Corte Superior, a indenização por danos materiais e o benefício previdenciário têm naturezas distintas e, portanto, não se confundem, tampouco se excluem, razão pela qual não há óbice à sua cumulação. Precedentes. Ofensa ao art. 7º, XXVIII, da Constituição Federal configurada. Recurso de revista conhecido e provido." (TST – 5ª T. – RR 25305-92.2014.5.24.0101 – Rel. Min. Douglas Alencar Rodrigues – DEJT 21-9-2018.)

"(...) 4 – ACIDENTE DE TRABALHO. INDENIZAÇÃO POR DANOS MATERIAIS. PENSÃO MENSAL. CUMULAÇÃO COM BENEFÍCIO PREVIDENCIÁRIO. No caso de acidente do trabalho, é assegurada ao empregado, cumulativamente, a percepção de benefício previdenciário e de indenização civil por dano material. O Supremo Tribunal Federal também já pacificou a questão, ao editar a Súmula nº 229, in verbis: '229. A indenização acidentária não exclui a do direito comum, em caso de dolo ou culpa grave do empregador'. A jurisprudência desta Corte admite, ainda, a cumulação da indenização por danos materiais decorrentes de acidente do trabalho, paga pelo empregador, com o auxílio-doença ou a aposentadoria por invalidez, pagos pelo órgão previdenciário. Precedentes. Agravo de instrumento a que se

nega provimento (...)." (TST – 2ª T. – ARR 79600-13.2007.5.02.0465 – Rel. Min. Maria Helena Mallmann – *DEJT* 24-2-2017).

PEDIDO:

Requer o Reclamante que a pensão mensal seja cumulada com o pagamento de benefício previdenciário.

3.239. PENSÃO MENSAL
DANO MATERIAL. ADOÇÃO DA TABELA SUSEP COMO CRITÉRIO ÚNICO PARA AFERIÇÃO DO GRAU DE INCAPACIDADE LABORATIVA DECORRENTE DE ACIDENTE OU DOENÇA DO TRABALHO

CAUSA DE PEDIR:

A indenização por danos materiais deve corresponder à depreciação da capacidade de trabalho, ou seja, deve apresentar equivalência dos danos em relação à importância do trabalho para que se inabilitou, às despesas do tratamento e lucros cessantes até o fim da convalescença, e, para isso, incluirá pensão, desde que *"da ofensa resultar defeito pelo qual o ofendido não possa exercer o seu ofício ou profissão, ou se lhe diminua a capacidade de trabalho"* (art. 950, CC).

Assim, a indenização por danos materiais decorre de elaboração de cálculos, que devem ter por base o percentual de redução da capacidade para o trabalho.

Portanto, quando há redução da capacidade de trabalho, o valor da pensão deverá ser proporcional à depreciação dessa capacidade e o cálculo da indenização deve ser apurado com base na incapacidade para o exercício de seu ofício ou profissão e não para o mercado de trabalho em sentido amplo, devendo ser avaliada a situação pessoal da vítima.

Acrescente-se que o fato de o empregado poder desempenhar atividades diferentes daquelas a que exercia ou de trabalhar em outra função não afasta a efetiva perda da capacidade para o exercício de seu ofício ou profissão.

Nesse sentido:

"O legislador considerou 'o próprio ofício' ou a 'profissão praticada' pelo acidentado como critério para aferir o grau de incapacidade e, por conseguinte, fixar o valor da pensão. Assim, pouco importa o fato de a vítima vir a exercer outra atividade afim ou compatível com sua depreciação. Não se negue que o pensionamento é expressão de indenização decorrente do risco criado ou de ato ilícito praticado pelo empregador que vitimou seu empregado. Portanto, está correto o silogismo adotado pelo legislador. (...) Deveras, a indenização devida leva em consideração o prejuízo específico, sendo irrelevante a eventual procura de outro trabalho pela vítima, conforme observa Caio Mário da Silva Pereira: 'Uma cantora que perde a voz, pode trabalhar em outra atividade; um atleta que perde a destreza não está impedido de ser comentarista. Uma e outro, no entanto, sofrem a destruição inerente à sua atividade normal. A indenização a que fazem jus leva em consideração o prejuízo específico, uma vez que a procura de outro trabalho é uma eventualidade que pode ou não vir a ser'." (DALLEGRAVE NETO, José Affonso. *Responsabilidade Civil no Direito do Trabalho*. São Paulo: LTr, 2014, p. 408.)

Assim, o valor da indenização por dano material deve corresponder *"à importância do trabalho para que se inabilitou"* o trabalhador.

Nessa linha de argumentação, a jurisprudência da SDI-I, TST é de que, em regra, a pensão mensal deve ser equivalente a 100% da remuneração quando há incapacidade total para as atividades exercidas e incapacidade parcial para o trabalho:

"RECURSO DE EMBARGOS INTERPOSTO SOB A ÉGIDE DA LEI Nº 11.496/07. DANOS MATERIAIS. ACIDENTE DO TRABALHO. PENSÃO MENSAL. ARTIGO 950 DO CÓDIGO

CIVIL. 1. Nos termos do disposto no artigo 950 do Código Civil se, do ato ilícito praticado pelo empregador, resultar lesão ao empregado que o impeça de 'exercer o seu ofício ou profissão', a indenização por danos materiais, paga na forma de pensionamento mensal, corresponderá 'à importância do trabalho para que se inabilitou'. 2. Extrai-se, do referido preceito legal, que a intenção do legislador, ao vincular o valor da indenização por danos materiais 'à importância do trabalho para que se inabilitou', teve como objetivo tutelar as consequências jurídicas e fáticas decorrentes do ato ilícito praticado pela empresa, que conduziu à incapacidade da empregada para 'exercer o seu ofício ou profissão'. Tal conclusão revela-se consentânea com o disposto no artigo 944 do Código Civil, por meio do qual se estatui que o valor da indenização 'mede-se pela extensão do dano'. 3. A extensão do dano, na hipótese de perda ou redução da capacidade para o trabalho, deve ser aferida a partir da profissão ou ofício para o qual a empregada ficou inabilitada, não devendo ser adotado, como parâmetro para fixação do dano, a extensão da lesão em relação à capacidade para o trabalho considerada em sentido amplo, porquanto inaplicável, em tais circunstâncias, a regra geral prevista no artigo 944 do Código Civil, em razão da existência de norma regendo de forma específica tal situação (artigo 950 do Código Civil). 4. Tal raciocínio, longe de conduzir ao enriquecimento indevido do empregado, assegura o cumprimento da finalidade teleológica da lei, ao sancionar a conduta ilícita do empregador que, ao deixar de observar os deveres que resultam do contrato de emprego, deixa de propiciar a seus empregados um meio-ambiente de trabalho sadio, desatendendo à função social da empresa e da propriedade privada. 5. Cumpre ressaltar, ainda, que a fixação do valor da indenização, a partir da inca- pacidade para todo e qualquer trabalho, equipararia a indenização prevista no artigo 950 do Código Civil à reparação por lucros cessantes, indenizando apenas a redução da força física de trabalho e não a incapacidade para o desempenho de 'ofício ou profissão'. Ressalte-se que o próprio artigo 950 do Código Civil distingue a indenização em forma de pensão da figura dos lucros cessantes, ao prever o pagamento de pensão 'além das despesas do tratamento e lucros cessantes até ao fim da convalescença'. 6. Na hipótese dos autos, a reclamante, em razão da conduta ilícita do empregador, ficou totalmente incapacitada para o ofício que exercia na empresa reclamada e para o qual se capacitara profissionalmente, sendo-lhe devida, portanto, pensão mensal no valor de 100% de sua última remuneração. 7. Recurso de embargos conhecido e provido. " (TST – SDI-I – E-RR 147300-11.2005.5.12.0008 – Rel. Min. Lelio Bentes Corrêa – *DEJT* 21-8-2015.)

Partindo deste raciocínio, é possível concluir que a tabela utilizada pela Superintendência de Seguros Privados (SUSEP – autarquia federal, vinculada ao Ministério da Fazenda, com a função de controle e fiscalização dos mercados de seguro, previdência privada aberta, capitalização e resseguro) como parâmetro para a indenização dos seguros privados, não pode ser aplicada, como critério exclusivo, aos processos de responsabilidade civil por acidente de trabalho.

Isso porque a referida tabela apenas enquadra a invalidez de modo genérico, avaliando a inca- pacidade para o trabalho em sentido amplo, sem ponderar a inabilitação para a profissão exercida pela vítima, que é o objeto de indenização do art. 950 do Código Civil.

Sobre a matéria, leciona Sebastião Geraldo de Oliveira:

"No ramo dos seguros privados, a medição da incapacidade dos acidentados é feita a partir de uma tabela elaborada pela Superintendência de Seguros Privados (SUSEP), a qual indica o percentual de invalidez permanente total ou parcial. (...) Não se deve perder de vista, todavia, que essa tabela enquadra a invalidez de forma genérica, sem levar em conta a profissão da vítima, diferentemente da regulamentação do auxílio- -acidente do INSS, que considera a capacidade para o trabalho habitualmente exercido." (Indenizações por Acidente do Trabalho ou Doença Profissional. São Paulo: LTr, 2016, p. 388.)

É a jurisprudência do TST:

"AGRAVO DE INSTRUMENTO DO RECLAMANTE. ACIDENTE DE TRABALHO. PEN- SÃO MENSAL VITALÍCIA. GRAU DE INCAPACIDADE. Ante a possível violação de dispositivo

Cap. 3 • MODELOS DE CAUSA DE PEDIR E PEDIDOS | **689**

legal nos termos exigidos no artigo 896 da CLT, provê-se o Agravo de instrumento para determinar o processamento do recurso de revista. RECURSO DE REVISTA DO RECLAMANTE. ACIDENTE DE TRABALHO. PENSÃO MENSAL VITALÍCIA. GRAU DE INCAPACIDADE. O art. 950 do CC determina que a indenização deva ser calculada conforme a redução da capacidade laborativa especificamente no tocante ao trabalho para o qual o trabalhador se inabilitou. Vale dizer, o parâmetro da fixação da indenização é a redução do trabalho que vinha sendo exercido pelo reclamante, no caso bancário, e não a redução da capacidade laboral para todo e qualquer ofício possível de ser exercido por ele. A tabela elaborada pela Superintendência de Seguros Privados (SUSEP), adotada nos contratos cíveis de seguro, leva em consideração a capacidade para outro trabalho, não se limitando ao trabalho para o qual o empregado, em razão de acidente, se inabilitou. Assim, a mera adoção da tabela SUSEP, ao relacionar determinada lesão a um grau genérico de incapacidade laborativa, não se compatibilize com a regra do art. 950 do CC. Presente a hipótese de trabalhador que professa ofício especializado, ou exerce profissão para a qual se capacitou, a restitutio in integrum prescrita no art. 950 CC não se coaduna com a exegese segundo a qual estaria ele habilitado para outros ofícios ou profissões a que antes não se sentira vocacionado. A 'inabilitação' referida no mencionado dispositivo presume a anterior 'habilitação', ou do contrário se preconizará, inclusive, a vulneração do direito constitucional à liberdade de profissão. No presente caso, considerando-se a especificidade da profissão do empregado e a extensão da lesão descrita no acórdão regional, evidencia-se a inabilitação total para o ofício antes exercido. Assim, a pensão mensal vitalícia deve possuir como base de cálculo a integralidade da remuneração. Recurso de revista conhecido e provido. HONORÁRIOS ADVOCATÍCIOS. O presente tema já foi analisado por esta Turma, na ocasião da prolatação de acórdão anterior neste processo. Assim, não cabe a esta Turma reanalisar matéria já decida por ela no âmbito da mesma relação processual. Recurso de revista não conhecido. AGRAVO DE INSTRUMENTO DO RECLAMADO. ACIDENTE DE TRABALHO. PROPORCIONALIDADE ENTRE A LESÃO E A INDENIZAÇÃO. PENSÃO MENSAL VITALÍCIA. PARCELA ÚNICA. Confirmada a ordem de obstaculização do recurso de revista, pois não demonstrada a satisfação dos requisitos de admissibilidade, insculpidos no artigo 896 da CLT. Agravo de instrumento não provido." (TST – 6ª T. – ARR 77100-61.2006.5.05.0194 – Rel. Min. Augusto César Leite de Carvalho – *DEJT* 20-3-2015.)

Contudo, o fato de a tabela SUSEP não poder ser considerada como parâmetro único para o arbitramento da pensão mensal, não a afasta como critério válido, quando ponderado em conjunto com as circunstâncias do caso, notadamente a profissão do trabalhador.

Isto porque, apesar de não verificar a incapacidade para a profissão do trabalhador, a tabela é elaborada por autarquia federal e tem por finalidade, justamente, a estipulação de percentuais objetivos de incapacidade laboral permanente, total ou parcial. Assim, ponderados tais percentuais com as peculiaridades do caso concreto, a aplicação da Tabela SUSEP não encontra qualquer óbice legal.

Nesse sentido:

"I – AGRAVO DE INSTRUMENTO. (...) 4 – Agravo de instrumento a que se nega provimento. II – RECURSO DE REVISTA INTERPOSTO ANTES DA VIGÊNCIA DA LEI Nº 13.015/14. RECLAMANTE. ACIDENTE DO TRABALHO. DOENÇA OCUPACIONAL. INDENIZAÇÃO POR DANOS MATERIAIS. PENSÃO MENSAL. PERCENTUAL ARBITRADO. APLICAÇÃO DA TABELA SUSEP. VALIDADE. 1 – A indenização por danos materiais deve corresponder à depreciação da capacidade de trabalho, ou seja, deve apresentar equivalência dos danos em relação à importância do trabalho para que se inabilitou, às despesas do tratamento e lucros cessantes até ao fim da convalescença, e, para isso, incluirá pensão. 2 – Assim, quando há redução da capacidade de trabalho, o valor da pensão deverá ser proporcional à depreciação dessa capacidade e o cálculo da indenização deve ser apurado com base na incapacidade para o exercício de seu ofício ou profissão e não para o mercado de trabalho em sentido amplo, devendo ser avaliada a situação pessoal da vítima. 3 – A tabela utilizada

Superintendência de Seguros Privados (SUSEP), como parâmetro para a indenização dos seguros privados, não pode ser aplicada, como critério exclusivo, aos processos de responsabilidade civil por acidente de trabalho. Isto porque, referida tabela apenas enquadra a invalidez de modo genérico, avaliando a incapacidade para o trabalho em sentido amplo, sem ponderar a inabilitação para a profissão exercida pela vítima, que é o objeto de indenização do art. 950 do Código Civil. Julgado. 4 – Contudo, apesar de a tabela SUSEP não poder ser considerado como parâmetro isolado para o arbitramento da pensão mensal, não deixa de ser um critério válido, quando ponderado em conjunto com as circunstâncias do caso, notadamente a profissão do trabalhador e seu grau de incapacidade para o exercício desta. 5 – No caso dos autos, em que pese o órgão julgador ter utilizado o percentual da tabela SUSEP, consignou nas razões de decidir que 'o percentual adotado (12,5%) atende ao disposto no artigo 950 do CC, e está em conformidade com a redução da capacidade constatada no laudo pericial'. 6 – Assim, tem-se que a decisão recorrida, ao avaliar as circunstâncias peculiares do caso, concluiu que o percentual da Tabela SUSEP guarda correspondência com a incapacidade constatada pelo Expert do Juízo. Para concluir de modo diverso, seria necessário reavaliar o quadro fático, o que não é permitido nesta instância. Incidência da Súmula nº 126 do TST (...)." (TST – 6ª T. – ARR 171800-22.2005.5.02.0461 – Rel. Min. *Kátia Magalhães Arruda* – *DEJT* 11-4-2017.)

PEDIDO:

Requer o Reclamante a não aplicação da tabela SUSEP para fins de apuração da incapacidade laboral.

Cap. 3 • MODELOS DE CAUSA DE PEDIR E PEDIDOS | **691**

3.240. PENSÃO MENSAL VITALÍCIA
NÃO INCIDÊNCIA DE IMPOSTO DE RENDA

CAUSA DE PEDIR:

Há previsão legal afastando a incidência do Imposto de Renda sobre as indenizações decorrentes de acidente de trabalho, mesmo sobre àquelas referentes aos valores decorrentes da pensão vitalícia. Tais verbas possuem natureza jurídica indenizatória, não assumindo feição de renda ou proveito de qualquer natureza.

Nos termos do art. 6°, IV, da Lei 7.713/88, não incide imposto de renda sobre as indenizações por acidente de trabalho:

> *"Ficam isentos do imposto de renda os seguintes rendimentos percebidos por pessoas físicas: (...)*
>
> *IV – as indenizações por acidentes de trabalho."*

Sendo a pensão mensal vitalícia uma indenização paga pela incapacidade laborativa decorrente de uma lesão sofrida pela parte, na forma do art. 950 do Código Civil, ou, como no caso dos autos, de um acidente de trabalho, não há como estabelecer a incidência do imposto de renda sobre tal rubrica, ante os termos do referido preceito legal.

Oportuno mencionar que o TST tem se posicionado no sentido da não incidência do imposto de renda sobre a indenização por danos morais/materiais, pois essa indenização não constitui acréscimo patrimonial, mas indenização reparadora, razão pela qual não sofre incidência do Imposto de Renda:

> *"AGRAVO DE INSTRUMENTO EM RECURSO DE REVISTA DO RECLAMANTE (APRESENTADO EM FACE DO TEOR DA INSTRUÇÃO NORMATIVA N° 40/16 DO TST). PENSÃO VITALÍCIA. INCIDÊNCIA DE IMPOSTO DE RENDA. Demonstrada a possível afronta ao art. 6°, IV, da Lei n° 7.713/88, merece provimento o Agravo de Instrumento. Agravo de Instrumento conhecido e provido. RECURSO DE REVISTA DO RECLAMANTE. PENSÃO VITALÍCIA. INCIDÊNCIA DE IMPOSTO DE RENDA. Nos termos do art. 6°, IV, da Lei n° 7.713/88, não incide imposto de renda sobre as indenizações por acidente de trabalho. Ora, sendo a pensão mensal vitalícia uma indenização paga pela incapacidade laborativa decorrente de uma lesão sofrida pela parte, na forma do art. 950 do Código Civil, ou, como no caso dos autos, de acidente de trabalho, não há como estabelecer a incidência do imposto de renda sobre tal verba, ante os termos do referido preceito legal. Registre-se, por oportuno, que este Tribunal Superior tem se posicionado no sentido da não incidência do imposto de renda sobre a indenização por danos morais/materiais, pois essa indenização não constitui acréscimo patrimonial, mas indenização reparadora, razão pela qual não sofre incidência do Imposto de Renda. DANOS MORAIS. VALOR DA CONDENAÇÃO. O Regional, após o exame de fatos e provas, condenou o Reclamado ao pagamento de indenização por danos morais, ressalvando a existência do nexo causal entre o dano e a relação de trabalho entre as partes. Diante desse contexto, a indenização fixada revela-se adequada, motivo pelo qual deve ser mantida. Recurso de Revista conhecido em parte e provido. RECURSO DE REVISTA DO RECLAMADO. DANO MATERIAL. PENSIONAMENTO. CONSTITUIÇÃO DE CAPITAL. A opção pela determinação de constituição de capital ou de inclusão do beneficiário na folha de pagamento da empregadora decorre da mera faculdade atribuída ao magistrado,*

quando devidamente requerido pelo Exequente, em razão da necessidade de proteção aos interesses do Autor, o que deve ser analisado independentemente da atual situação financeira do Reclamado. Precedentes. Recurso de Revista não conhecido." (TST – 4ªT. – RR 1665-36.2012.5.09.0008 – Rel. Min. Maria de Assis Calsing – *DEJT* 8-6-2018.)

"IMPOSTO DE RENDA. A teor do que dispõe o art. 6°, V, da Lei n° 7.713/88, estão excluídas da base de incidência do imposto de renda as parcelas de natureza indenizatória. Matéria pacificada no âmbito desta Corte. Incidência da Súmula 333 do TST." (TST – 2ªT – AIRR 70400-85.2005.5.02.0033 – Rel. Min. Maria Helena Mallmann – *DEJT* 8-9-2017.)

PEDIDO:

Requer o Reclamante a não incidência de imposto de renda sobre a pensão mensal vitalícia.

Cap. 3 • MODELOS DE CAUSA DE PEDIR E PEDIDOS | 693

3.241. PENSÃO
CÁLCULO DE PARCELA ÚNICA

CAUSA DE PEDIR:

Parcelas vencidas:

Entende-se como parcelas vencidas aquelas que vão do termo inicial, definido pelo juízo, até o mês anterior ao mês da liquidação ou até o termo final, também definido pelo juízo, o que ocorrer primeiro.

O termo inicial deve ser definido pelo Juízo tendo como base a ciência inequívoca da lesão, considerando ainda o período imprescrito.

O valor da parcela deverá ser reajustado pelos índices de reajustes concedidos à categoria ou, na impossibilidade, pela variação do salário mínimo.

O termo final deve ser estabelecido com base nos indicadores do Instituto Brasileiro de Geografia e Estatística (IBGE). As tabelas do IBGE estão disponíveis em: <https://www.ibge.gov.br/estatisticas-novoportal/sociais/populacao/9126-tabuas-completas-de-mortalidade.html?=&t=downloads>.

Há diversos tipos de dados disponibilizados nas tabelas, sendo que o termo final pode ser fixado considerando o sexo do Reclamante, sua idade quando da ocorrência do evento e, até mesmo, a localização geográfica.

As parcelas vencidas deverão ser apuradas mês a mês, computando a correção monetária desde o vencimento de cada parcela (Súmula 381) e os juros de mora a partir da distribuição da ação ou do vencimento da parcela, se o vencimento for posterior ao ajuizamento, ou seja, com juros decrescentes.

Composição do valor da parcela mensal.

O valor da parcela mensal será composto pelo salário, 1/12 de 13º salário, 1/12 do terço constitucional de férias e FGTS tendo como base salário e fração do 13º salário.

Nesse sentido:

"RECURSO DE REVISTA INTERPOSTO ANTES DA LEI Nº 13.015/14. PRELIMINAR DE NULIDADE POR NEGATIVA DE PRESTAÇÃO JURISDICIONAL. PARCELAS QUE INTEGRAM O CÁLCULO DA PENSÃO MENSAL. ARTIGO 794 DA CLT. AUSÊNCIA DE PREJUÍZO. O autor alega que o TRT teria silenciado acerca da inclusão, no cálculo do pagamento da pensão mensal, das parcelas alusivas aos 13º salários, férias crescidas de 1/3, FGTS etc. Verifica-se que as questões postas em embargos de declaração podem ser apreciadas no exame de mérito da demanda, tendo em vista que se tratam de questões jurídicas. Nesse contexto, o alegado silêncio do Tribunal Regional não implica a existência de prejuízos. Incidência da Súmula 297, III/TST e do artigo 794 da CLT. Recurso de revista não conhecido. INDENIZAÇÃO POR DANOS MATERIAIS. BASE DE CÁLCULO DA PENSÃO MENSAL. PRINCÍPIO DA RESTITUIÇÃO INTEGRAL. Esta Corte, amparando-se no princípio da restituição integral consagrado nos artigos 402 e 950 do Código Civil, tem entendido que a indenização por danos materiais tem de corresponder, necessariamente, ao valor da perda patrimonial sofrida pelo obreiro. Nesse caso, toda e qualquer parcela habitualmente percebida no curso da contratualidade deve ser considerada na base de cálculo da pensão, inclusive parcelas como o décimo terceiro. Recurso de revista conhecido e provido (...)." (TST – 2ª T. – RR 690-91.2013.5.09.0068 – Rel. Min. Maria Helena Mallmann – DEJT 10-5-2019.)

Para simplificar o cálculo da pensão, vamos chamar de V o valor da pensão mensal com os incrementos e de Vpm como sendo o valor-base da pensão sem incrementos relativos ao 13°. salário, terço de férias e FGTS.

$V =$

$Vpm +$

$(1/12).Vpm +$

$[(1/3)/12].Vpm +$

$[Vpm + (1/12)Vpm].(8\%) =$

1,1978.Vpm

Parcelas vincendas:

O cálculo é feito por meio da fórmula do "valor presente" ou "valor atual", pelo qual a soma atribuída "de uma só vez" será equivalente ao que a vítima obteria com o resgate mensal de uma aplicação financeira hipotética, de modo que o valor fosse consumido pouco a pouco, até que ao final do prazo estabelecido na decisão os juros e o capital estivessem esgotados.

No plano acadêmico, a fórmula apresentada foi aprovada na 1ª Jornada de Orientações Interpretativas de Normas Jurídicas, evento realizado pela Escola Judicial do TRT da 24ª Região, realizada nos dias 26 e 27 de março de 2015.

★ O Enunciado aprovado foi o de n° 6, proposto pelo Juiz Leonardo Ely, com a seguinte ementa: "DANOS MATERIAIS. LUCROS CESSANTES. FIXAÇÃO EM PARCELA ÚNICA. NECESSIDADE DE UTILIZAÇÃO DE CRITÉRIOS CIENTÍFICOS. FÓRMULA DO VALOR ATUAL. 1. O art. 950, parágrafo único do CC autoriza o juiz a arbitrar a indenização por lucro cessante em parcela única. 2. O valor arbitrado não deve se resumir à multiplicação do valor da pensão mensal pelo número de meses pelos quais deve perdurar a obrigação. 3. O valor a ser arbitrado deve ter critérios científicos e corresponder a um montante pelo qual a vítima pudesse aplicá-lo em caderneta de poupança (aplicação financeira mais conservadora), fazendo retiradas mensais no valor da pensão a que faz jus e, ao final do prazo fixado, fosse consumido todo o capital poupado e os juros da aplicação. 4. O procedimento é possível através da aplicação da fórmula do Valor Atual (...)".

Assim, as parcelas vincendas deverão ser apuradas e pagas de uma única vez, conforme a fórmula abaixo, disponível em: <**http://trt24.jus.br/web/guest/calculo-do-valor-presente**>.

$$VA = \frac{V.[(1+i)^n - 1]}{(1+i)^n . i}$$

VA = valor atual da parcela única remanescente.

V = valor mensal da pensão, apurado no mês da liquidação, considerando a evolução salarial com os reajustes da categoria ou do salário mínimo (o que for determinado na decisão) e o incremento das parcelas relativas ao 13° salário, terço de férias e FGTS, nos limites do pedido.

i = taxa de juros mensal em decimal.

Cap. 3 • MODELOS DE CAUSA DE PEDIR E PEDIDOS | **695**

A aplicação financeira hipotética sugerida é a caderneta de poupança, por ser a mais conservadora existente, isenta de riscos e tributação e de remuneração prefixada em 0,5% ao mês (exceto se a Taxa Selic for inferior a 8,5%, nos termos do art. 12, II da Lei nº 8.177/91). Nos últimos 12 meses (março de 2018 a abril de 2019, a poupança teve rendimento mensal de 0,3715%). Como trata se de indicador futuro, determina se para o cálculo a aplicação do percentual de 0,37%.

n = número de meses equivalentes à sobrevida:

O número de meses equivalentes à sobrevida deverá ser auferido na data da liquidação considerando o termo final estabelecido no julgado. Assim, o número de meses de sobrevida corresponderá ao lapso entre o mês da liquidação e o termo final.

A correção monetária e os juros incidirão desde o mês da liquidação, ou seja, a partir do mês subsequente ao da última parcela vencida, já que se tratam de parcelas vincendas, até o efetivo pagamento.

PEDIDO:

Requer o Reclamante seja a pensão mensal em parcela única calculada observando-se os critérios da fundamentação.

3.242. PENSÃO MENSAL
CESSÃO DA ENFERMIDADE. ÔNUS DA PROVA DA RECLAMADA

CAUSA DE PEDIR:

O Reclamante comprovou a doença ocupacional. Assim, incumbe à Reclamada o ônus da prova quanto ao fato extintivo ou modificativo do direito, qual seja, a cessação da doença.

O art. 818 da CLT atribui o ônus da prova à parte que alega. No mesmo sentido, estabelece o art. 373, I e II, do CPC que cabe ao Autor comprovar o fato constitutivo do seu direito e ao Réu fato impeditivo, modificativo ou extintivo do direito autoral.

No caso dos autos, o Autor se desincumbiu satisfatoriamente do ônus probatório que lhe cabia de comprovar o fato constitutivo do direito à indenização por danos morais e materiais, na medida em que o laudo pericial foi conclusivo quanto à existência de doença profissional decorrente de [*], que implicou a sua incapacidade parcial, além do nexo de causalidade com as atividades desempenhadas.

A indenização por danos materiais, na forma de pensão mensal, objetiva ressarcir a vítima do valor do trabalho para o qual ficou inabilitada, enquanto durar a convalescença, nos termos do art. 950 do Código Civil.

O ônus de provar a cessação da enfermidade pertence a quem interessa o fim do pagamento da pensão, no caso a Reclamada, não havendo que se falar em transferência de tal ônus ao Reclamante.

Em caso análogo, decidiu o TST:

"(...) PENSÃO MENSAL. CESSAÇÃO DA ENFERMIDADE. ÔNUS DA PROVA DA PARTE RÉ. O art. 818 da CLT atribui o ônus da prova à parte que alega. No mesmo sentido, estabelece o art. 373, I e II, do CPC que cabe ao autor comprovar o fato constitutivo do seu direito e ao réu fato impeditivo, modificativo ou extintivo do direito autoral. Na hipótese vertente, constata-se da leitura do acórdão regional que o autor se desincumbiu satisfatoriamente do ônus probatório que lhe cabia de comprovar o fato constitutivo do direito à indenização por danos morais e materiais, na medida em que o laudo pericial foi conclusivo quanto à existência de doença profissional decorrente de esforço físico repetitivo, que implicou a sua incapacidade parcial, além do nexo de causalidade com as atividades desempenhadas. Outrossim, o ônus de provar a cessação da enfermidade pertence a quem interessa o fim do pagamento da pensão, não havendo que se falar em transferência de tal ônus ao autor. Recurso de revista conhecido e provido." (TST – 7ª T. – RR 160400-26.2009.5.03.0143 – Rel. Min. Cláudio Mascarenhas Brandão – *DEJT* 13-3-2020.)

PEDIDO:

Requer o Reclamante que a comprovação da cessação da doença ocupacional que acometeu o Reclamante fique a cargo da Reclamada.

3.243. PENSÃO MENSAL
FAMÍLIA E FILHOS. CRITÉRIOS DE FIXAÇÃO NO CASO DE FALECIMENTO DO EMPREGADO EM ACIDENTE DE TRABALHO. TERMO FINAL E LIMITAÇÃO A 2/3 DO SALÁRIO DO EMPREGADO

CAUSA DE PEDIR:

O entendimento do TST é de que, no caso de empregado falecido em acidente de trabalho, a indenização por danos materiais (pensão mensal), devida à família e filhos, pelos princípios da reparação integral e da razoabilidade, deve ser equivalente ao último salário recebido pelo *de cujus*, deduzido o que, presumidamente, destinar-se-ia a gastos pessoais (1/3 do salário), com fundamento no princípio geral da *restitutio in integrum*, positivado no art. 944 do Código Civil.

Nesse sentido:

"RECURSO DE REVISTA INTERPOSTO ANTERIORMENTE À VIGÊNCIA DA LEI Nº 13.015/14. DANO MATERIAL. PENSÃO MENSAL DEVIDA À VIÚVA. VALOR. DEDUÇÃO DE 1/3 DA REMUNERAÇÃO DO EMPREGADO. 1. Na espécie, a Corte Regional condenou a reclamada ao pagamento de pensão mensal vitalícia, no importe de 80% da última remuneração do empregado, a ser paga em favor da viúva. 2. Nos termos da jurisprudência desta Corte Superior, a pensão concedida aos dependentes de vítima de acidente de trabalho deve corresponder a 2/3 da remuneração do empregado falecido, independentemente do número de herdeiros, considerando-se, assim, que 1/3 do montante seria despendido para o próprio sustento e despesas pessoais do trabalhador. 3. Nesse sentido, a decisão regional foi proferida em desacordo com a jurisprudência desta Corte Superior. Precedentes. Recurso de revista parcialmente conhecido e provido." (TST – 1ª T. – RR 270-70.2011.5.09.0872 – Rel. Min. Walmir Oliveira da Costa – DEJT 25-10-2019.)

"(...) VALOR DO PENSIONAMENTO FIXADO EM UMA REMUNERAÇÃO DO EMPREGADO PARA CADA FILHO. LIMITAÇÃO A 2/3 DA REMUNERAÇÃO DO EMPREGADO. Demonstrada a violação do art. 944 do Código Civil, o Recurso de Revista deve ser admitido quanto ao tema. Agravo de Instrumento conhecido e parcialmente provido. RECURSO DE REVISTA. PENSIONAMENTO EM PARCELA ÚNICA. AUSÊNCIA DE PREVISÃO LEGAL. VIOLAÇÃO DO ART. 948, II, do CPC. A reclamada sustenta que a faculdade prevista no art. 950, parágrafo único, do Código Civil não se aplica aos casos em que ocorre morte do trabalhador, uma vez que, para essa modalidade de indenização, há regra específica contida no art. 948, II, do Código Civil. Assiste razão à reclamada quanto à alegação de que, em casos como os dos autos, de acidente do trabalho com óbito, o pagamento de indenização por danos materiais aos dependentes do ex-empregado está assegurado no art. 948, II, do Código Civil, que se refere à 'prestação de alimentos às pessoas a quem o morto os devia, levando-se em conta a duração provável da vida da vítima', não havendo amparo legal para o seu pagamento de uma única vez. O acórdão regional está em dissonância com o entendimento desta Corte. Precedentes. Recurso de Revista conhecido e provido. VALOR DO PENSIONAMENTO FIXADO EM UMA REMUNERAÇÃO DO EMPREGADO PARA CADA FILHO. LIMITAÇÃO A 2/3 DA REMUNERAÇÃO DO EMPREGADO. A reclamada sustenta que o deferimento de indenização por danos materiais (pensionamento) deve ter como base o salário integral do de cujus, a fim

*de manter a proporção entre o dano causado e a extensão da indenização, conforme previsto no art. 944 do Código Civil. Assim, entende que se mostra equivocada a fixação do pensionamento no valor de um salário do empregado para cada filho, somando-se três remunerações a título de pensão, como se o de cujus **recebesse três salários. Afirma que, seguindo o entendimento jurisprudencial, conclui-se que, em verdade, o dano patrimonial aos autores foi de 2/3 da remuneração do de cujus, visto que este despenderia parte de seu salário com seu próprio sustento e despesas pessoais, restando aos seus dependentes o equivalente a 66,66% do seu salário, e não 100% da remuneração do** de cujus **para cada filho. Com efeito, o entendimento desta Corte é de que, no caso de empregado falecido em acidente de trabalho, a indenização por danos materiais (pensão mensal) devida à família e filhos, pelos princípios da reparação integral e da razoabilidade, deve ser equivalente ao último salário recebido pelo** de cujus, deduzido o que, presumidamente, destinar-se-ia a gastos pessoais (1/3 do salário), com fundamento no princípio geral da restitutio in integrum, positivado no art. 944 do Código Civil. Precedentes. O acórdão regional, portanto, deve ser modificado para adequar-se à jurisprudência desta Corte. Recurso de Revista conhecido e provido."* (TST – 1ª T. – ARR 31600-87.2004.5.05.0631 – Rel. Min. Luiz José Dezena da Silva – *DEJT* 13-9-2019.)

Assim, o valor da indenização por danos materiais deve ser limitada ao valor correspondente a 2/3 da última remuneração do empregado, a ser dividido pelos [*] filhos do *de cujus.*

A indenização por danos materiais, decorrentes da responsabilidade civil pela morte de empregado, possui natureza alimentar, de caráter especial, com o objetivo de se proporcionar a sobrevivência, bem como a qualidade de vida do dependente reclamante.

Não há na legislação vigente a previsão sobre o termo final da obrigação alimentar. Nesse enfoque, para resolução do problema, doutrina e jurisprudência assumem papel fundamental, considerando as características fáticas do caso concreto e o binômio necessidade/possibilidade.

Observe-se a legislação.

O item II do art. 948 do Código Civil dispõe sobre a indenização pelo fato de morte, determinando que:

"I – na prestação de alimentos às pessoas a quem o morto os devia, levando-se em conta a duração provável da vida da vítima."

A Lei 8.213/91, que dispõe sobre os planos de benefícios da Previdência Social, em seu art. 77, que trata da pensão por morte, esclarece:

"§ 2º (...) II – para o filho, a pessoa a ele equiparada ou o irmão, de ambos os sexos, ao completar 21 (vinte e um) anos de idade, salvo se for inválido ou tiver deficiência intelectual ou mental ou deficiência grave;"

Já o § 2º do art. 71 do Decreto 9.580/18, que regulamenta a tributação, fiscalização, arrecadação e administração do Imposto sobre a Renda e Proventos, preconiza:

"Os dependentes a que referem os incisos III e V do § 1º poderão ser assim considerados quando maiores até 24 anos de idade, se ainda estiverem cursando ensino superior ou escola técnica de segundo grau. (Lei nº 9.250, de 1995, art. 35, § 1º)"

A jurisprudência, por sua vez, ante a ausência de legislação específica, vem se pronunciando no sentido de que a maioridade civil não afasta automaticamente o direito do alimentado, admitindo a extensão da pensão até que o dependente complete 25 anos.

Nesse sentido, decisão do STJ:

"PROCESSUAL CIVIL E ADMINISTRATIVO. RESPONSABILIDADE CIVIL DO ESTADO. OFENSA AO ART. 535 DO CPC NÃO CONFIGURADA. PENSIONAMENTO. TERMO FINAL. IDADE DO FILHO. INDENIZAÇÃO POR DANOS MORAIS. REVISÃO DO QUANTUM FIXADO. IMPOSSIBILIDADE. REEXAME DO CONJUNTO FÁTICO-PROBATÓRIO. IMPOSSIBILIDADE. SÚMULA 7/STJ. ALÍNEA 'C'. NÃO DEMONSTRAÇÃO DA DIVERGÊNCIA. 1. A solução integral da controvérsia, com fundamento suficiente, não caracteriza ofensa ao art. 535 do CPC. 2. O Tribunal de origem concluiu, com base na prova dos autos, pela ilegitimidade ativa ad causam da primeira recorrente, considerando que esta não demonstrou sua qualidade de companheira da vítima. A revisão desse entendimento implica reexame de fatos e provas, obstado pelo teor da Súmula 7/STJ. 3. O STJ firmou a jurisprudência de que é devida a pensão mensal aos filhos menores, pela morte de genitor, até a data em que os beneficiários completem 25 anos de idade. 4. O acórdão recorrido está em sintonia com o entendimento firmado no STJ quanto à exclusão do 13º salário e das férias do pensionamento estabelecido, uma vez que não há nos autos comprovação de que a vítima exercesse atividade remunerada. 5. O pedido relativo às despesas de sepultamento e funeral foi afastado, ao argumento de inexistirem provas das despesas efetuadas, conclusão que não se desfaz sem o revolvimento do material probatório produzido nos autos, providência vedada pela Súmula 7/STJ. 6. Quanto ao pleito de majoração do quantum indenizatório fixado a título de danos morais no valor de R$ 50.000,00 (cinquenta mil reais), aplica-se a jurisprudência do STJ de que sua revisão somente pode ocorrer quando a quantia arbitrada se mostrar exorbitante ou insignificante, em flagrante violação dos princípios da razoabilidade e da proporcionalidade, o que não é o caso dos autos. 7. A divergência jurisprudencial deve ser comprovada, cabendo a quem recorre demonstrar as circunstâncias que identificam ou assemelham os casos confrontados, com indicação da similitude fática e jurídica entre eles. Indispensável a transcrição de trechos do relatório e do voto dos acórdãos recorrido e paradigma, realizando-se o cotejo analítico entre ambos, com o intuito de bem caracterizar a interpretação legal divergente. O desrespeito a esses requisitos legais e regimentais (art. 541, parágrafo único, do CPC e art. 255 do RI/STJ) impede o conhecimento do Recurso Especial, com base na alínea 'c' do inciso III do art. 105 da Constituição Federal. 8. Agravo Regimental não provido." (STJ – 2ª T. – AgRg no Ag 1419899/RJ 2011/0104800-9 – Rel. Min. Herman Benjamin – DJe 24-9-2012.)

Nesse mesmo sentido é a jurisprudência do TST:

"(...) AGRAVO DE INSTRUMENTO EM RECURSO DE REVISTA. TERMO FINAL DO PENSIONAMENTO. LIMITE DE IDADE DOS FILHOS DEPENDENTES. A reclamada argumenta que, embora o art. 77 do Decreto nº 3.000/99 defina que os dependentes do inciso III, filha e filho, devem ser considerados até 21 anos, e até 24 anos, apenas se ainda estiverem cursando estabelecimento de ensino superior ou escola técnica de segundo grau, o Juízo estabeleceu o limite de 24 anos como regra e não como exceção, sob o argumento de que a dependência econômica é presumida até a data que os filhos completem 24 anos. A jurisprudência, no entanto, ante a ausência de legislação específica quanto ao termo final da pensão para os filhos menores em caso de morte do empregado, vem se pronunciando no sentido de que a maioridade civil não afasta automaticamente o direito do alimentando, admitindo, assim, a extensão da pensão até que o dependente complete 25 anos. Precedentes desta Corte. Assim, estando a decisão regional em consonância com a jurisprudência sedimentada desta Corte, a revisão ora pretendida encontra-se obstada pela Súmula nº 333 do TST, sendo afastada a afronta aos preceitos legais invocados (...)." (TST – 1ª T. – ARR 31600-87.2004.5.05.0631 – Rel. Min. Luiz José Dezena da Silva – DEJT 13-9-2019.)

"INDENIZAÇÃO POR DANO MATERIAL. PENSÃO MENSAL. LIMITE ETÁRIO DOS FILHOS MENORES. No que se refere ao termo final da pensão aos filhos menores, a jurisprudência tem adotado, como termo final, a data em que o filho dependente do ex-empregado falecido em acidente de trabalho completar 25 anos de idade. Julgados. Recurso de revista não conhecido." (TST – 8ª T. – RR 330-20.2012.5.15.0103 – Rel. Min. Márcio Eurico Vitral Amaro – *DEJT* 15-3-2019.)

Diante da interpretação sistemática dos dispositivos legais acima transcritos, bem como da presumida dependência econômica do filho até que complete seus estudos, o pensionamento é devido até que os filhos do empregado falecido completem 25 anos, isto é, 24 anos de idade integralmente considerados.

PEDIDO:

Requerem os Reclamantes seja a pensão mensal fixada observando-se os parâmetros da CAUSA DE PEDIR.

Cap. 3 · MODELOS DE CAUSA DE PEDIR E PEDIDOS | 701

3.244. PERFIL PROFISSIOGRÁFICO PREVIDENCIÁRIO
PEDIDO DE ENTREGA

CAUSA DE PEDIR:

A Reclamada preencheu dois formulários previdenciários para o Reclamante, ambos com informações divergentes, além de não ter constado o real nível de exposição aos agentes agressivos em que o Autor sempre esteve exposto durante todo o contrato de trabalho.

Observa-se que nem mesmo a Reclamada tem conhecimento das informações que lança nesses documentos, pois além de níveis divergentes, ainda excluiu a exposição do agente químico de um dos PPPs (o último entregue).

Dessa forma, deixou de cumprir com obrigação oriunda do contrato de trabalho e com o que determina a cláusula [*] da CCT, causando ainda, prejuízos imensuráveis ao Autor, que poderá ter sua aposentadoria especial indeferida com os PPPs emitidos pela Reclamada.

Prevê a Lei 8.213/91, arts. 57 e 58, que:

Art. 57. A aposentadoria especial será devida, uma vez cumprida a carência exigida nesta Lei, ao segurado que tiver trabalhado sujeito a condições especiais que prejudiquem a saúde ou a integridade física, durante 15 (quinze), 20 (vinte) ou 25 (vinte e cinco) anos, conforme dispuser a lei.

§ 1º A aposentadoria especial, observado o disposto no art. 33 desta Lei, consistirá numa renda mensal equivalente a 100% (cem por cento) do salário de benefício.

§ 2º A data de início do benefício será fixada da mesma forma que a da aposentadoria por idade, conforme o disposto no art. 49.

§ 3º A concessão da aposentadoria especial dependerá de comprovação pelo segurado, perante o Instituto Nacional do Seguro Social – INSS, do tempo de trabalho permanente, não ocasional nem intermitente, em condições especiais que prejudiquem a saúde ou a integridade física, durante o período mínimo fixado.

§ 4º O segurado deverá comprovar, além do tempo de trabalho, exposição aos agentes nocivos químicos, físicos, biológicos ou associação de agentes prejudiciais à saúde ou à integridade física, pelo período equivalente ao exigido para a concessão do benefício.

(...)

Art. 58. A relação dos agentes nocivos químicos, físicos e biológicos ou associação de agentes prejudiciais à saúde ou à integridade física considerados para fins de concessão da aposentadoria especial de que trata o artigo anterior será definida pelo Poder Executivo.

§ 1º A comprovação da efetiva exposição do segurado aos agentes nocivos será feita mediante formulário, na forma estabelecida pelo Instituto Nacional do Seguro Social – INSS, emitido pela empresa ou seu preposto, com base em laudo técnico de condições ambientais do trabalho expedido por médico do trabalho ou engenheiro de segurança do trabalho nos termos da legislação trabalhista. (...)

§ 4º A empresa deverá elaborar e manter atualizado perfil profissiográfico abrangendo as atividades desenvolvidas pelo trabalhador e fornecer a este, quando da rescisão do contrato de trabalho, cópia autêntica desse documento.

Verifica-se com a contagem anexa e CTPS do Autor que somente de tempo de trabalho na Reclamada o Autor conta com mais de [*] anos, e em razão da legislação acima e do labor exposto a agentes insalubres, faz jus a receber o benefício de aposentadoria especial aos 25 anos.

É cediço que nesta Justiça especializada a insalubridade resta descaracterizada pela utilização de EPI, não obstante não ser o caso do Reclamante, pois repita-se, além de inalar produto químico (sem o fornecimento de máscaras), os equipamentos de proteção individual que eram fornecidos pela Reclamada não eram em quantidades suficientes nem eficazes.

Ademais, a utilização de EPI e ou EPC para a concessão de aposentadoria especial, não é fator que exclui o reconhecimento do exercício de atividades insalubres. Senão vejamos:

JR/CRPS – ENUNCIADO Nº 21 – "O simples fornecimento de equipamento de proteção individual de trabalho pelo empregador não exclui a hipótese de exposição do trabalhador aos agentes nocivos à saúde, devendo ser considerado todo o ambiente de trabalho."

SÚMULA Nº 09 – "Aposentadoria Especial – Equipamento de proteção individual. O uso de Equipamento de Proteção Individual (EPI), ainda que elimine a insalubridade, no caso de exposição a ruído, não descaracteriza o tempo de serviço especial prestado."

SÚMULA Nº 29 – AGU – "Atendidas as demais condições legais, considera-se especial, no âmbito do RGPS, a atividade exercida com exposição a ruído superior a 80 decibéis até 05/03/97, superior a 90 decibéis desta data até 18/11/2003, e superior a 85 decibéis a partir de então."

Desta feita, ao deixar de emitir o PPP corretamente, constando os agentes e níveis efetivos, a Reclamada está a obstacularizar o direito do Autor em perceber o benefício previdenciário de aposentadoria, causando imensuráveis prejuízos, principalmente o material, já que os proventos não foram pagos.

Já decidiu o TST que é desta Justiça especializada a competência para determinar que o empregador cumpra a obrigação de fornecer o formulário previdenciário devidamente preenchido para que o Reclamante-segurado possa instruir seu pedido de aposentadoria junto ao Órgão previdenciário, com fundamento no art. 114, I, da Constituição Federal, por se tratar de exigência da Lei, da previdência e direito do empregado, já que os dados nele lançados refletem o contrato de trabalho. Nesse sentido:

"RECURSO DE REVISTA. COMPETÊNCIA DA JUSTIÇA DO TRABALHO – Art. 114, i, CF/88. OBRIGAÇÃO DE FAZER. PREECHIMENTO DA GUIA PERFIL PROFISSIOGRÁFICO PREVIDENCIÁRIO-PPP. Trabalho sob condições de risco acentuado à saúde. Produção de prova. A guia do Perfil Profissiográfico Previdenciário-PPP – Deve ser emitida pelo empregador e entregue ao empregado quando do rompimento do pacto laboral, com base em laudo técnico de condições ambientais do trabalho expedido por médico do trabalho ou engenheiro de segurança do trabalho, nos exatos termos da legislação previdenciária, contendo a relação de todos os agentes nocivos químicos, físicos e biológicos e resultados de monitoração biológica durante todo o período trabalhado, em formulário próprio do INSS, com preenchimento de todos os campos (art. 58, parágrafos 1º a 4º, da Lei 8.213/1991, 68, §§ 2º e 6º, do Decreto 3.048/1999, 146 da IN 95/INSS-DC, alterada pela IN 99/INSS-DC e art. 195, § 2º, da CLT). A produção de prova, para apuração ou não de labor em reais condições de risco acentuado à saúde e integridade física do trabalhador, mesmo para fazer prova junto ao INSS visando à obtenção da aposentadoria especial, por envolver relação de trabalho, é da competência desta Justiça Especializada, art. 114, I, da CF, e não da Justiça Federal. Há precedentes. A mera entrega da PPP não impede que a Justiça do Trabalho proveja sobre a veracidade de seu conteúdo. Recurso de revista conhecido e provido" (TST – 6ª T. – RR 18400-18.2009.5.17.0012 – Rel. Min. Augusto César Leite de Carvalho – *DJe* 30-9-2011).

Cap. 3 • MODELOS DE CAUSA DE PEDIR E PEDIDOS | **703**

Com isso, deve a Reclamada ser condenada a entregar ao Autor em primeira audiência o PPP constando a real exposição aos agentes agressivos químicos e físicos, bem como anotar o nível real, acima da tolerância, conforme ficou demonstrado pelos PPPs dos demais funcionários que laboram no mesmo ambiente.

"AGRAVO. AGRAVO DE INSTRUMENTO EM RECURSO DE REVISTA. PROCESSO SOB A ÉGIDE DA LEI 13.015/14 E ANTERIOR À LEI 13.467/17. PROVA PERICIAL. EMISSÃO DE FORMULÁRIO DO PERFIL PROFISSIOGRÁFIO PREVIDENCIÁRIO (PPP). MATÉRIA FÁTICA. SÚMULA 126/TST. A Corte de origem, com base na prova pericial produzida nos autos, manteve a sentença, que condenou as Reclamadas a fornecerem ao Reclamante a guia PPP, devidamente preenchida, constando o trabalho em condições de periculosidade por eletricidade, desde a sua admissão até fevereiro de 2010. Embora o Juiz não esteja adstrito ao laudo pericial (art. 479 do CPC/15), o fato é que, no caso em exame, a prova técnica não foi infirmada pelos demais elementos de prova constantes nos autos, de modo que persiste a conclusão adotada pelo TRT. Entendimento diverso implicaria ultrapassar o quadro fático delineado pela Corte de origem, o que é defeso em sede de recurso de revista, a teor da Súmula 126/TST. Ademais, a questão atinente à emissão da guia PPP foi solucionada mediante a aplicação e interpretação prévia da legislação infraconstitucional pertinente, razão pela qual eventual ofensa ao dispositivo constitucional invocado (art. 37, caput, da CF) somente se daria de forma reflexa, mas não direta, o que inviabiliza a admissibilidade do recurso de revista. Assim sendo, a decisão agravada foi proferida em estrita observância às normas processuais (art. 557, caput, do CPC/73; arts. 14 e 932, IV, 'a', do CPC/15), razão pela qual é insuscetível de reforma ou reconsideração. Agravo desprovido." (TST – 3ª T. – Ag-AIRR-11633-10.2017.5.03.0129 – Rel. Min. Mauricio Godinho Delgado – DEJT 16-10-2020.)

PEDIDO:

Seja a Reclamada condenada a entregar ao Autor em primeira audiência o formulário previdenciário PPP (Perfil Profissiográfico Previdenciário) preenchido de acordo com as instruções do INSS e com as reais condições de exposição do Autor aos agentes insalubres sob pena de multa diária a ser arbitrada por Vossa Excelência (art. 536, CPC).

3.245. PERFIL PROFISSIOGRÁFICO PREVIDENCIÁRIO
PEDIDO DE RETIFICAÇÃO

CAUSA DE PEDIR:

O Reclamante trabalhou para a Reclamada desde [indicar o período], exercendo por último a função de [indicar a função].

No desempenho de suas atividades, o Reclamante sempre laborou no setor [indicar o setor], com a seguinte evolução funcional [indicar as funções e os períodos de cada função], ficando exposto a vários agentes indicativos de insalubridade [indicar os agentes].

O Reclamante nunca recebeu da empresa qualquer quantia referente ao adicional de insalubridade.

Quando da dispensa, o Reclamante recebeu o PPP, o qual não corresponde ao local de trabalho e as reais funções por ele desempenhadas, inclusive, nada aduzindo quanto aos agentes indicativos de insalubridade.

A Reclamada deve ser condenada na obrigação de fazer e retificar o PPP do Reclamante com o adicional de insalubridade em grau máximo, apurado em todo o pacto laboral na empresa.

PEDIDO:

Seja a Reclamada condenada a entregar ao Autor em primeira audiência o formulário previdenciário PPP (Perfil Profissiográfico Previdenciário) preenchido de acordo com as instruções do INSS e com as reais condições de exposição do Autor aos agentes insalubres, sob pena de multa diária a ser arbitrada por Vossa Excelência (art. 536 do CPC).

Cap. 3 • MODELOS DE CAUSA DE PEDIR E PEDIDOS | 705

3.246. PETIÇÃO INICIAL
FUNDAMENTAÇÃO PARA NÃO LIQUIDAÇÃO DOS PEDIDOS NA PETIÇÃO INICIAL

CAUSA DE PEDIR:

Os pedidos formulados na presente demanda possuem valor meramente estimativo e não vinculante ao pedido, na forma do art. 840, § 1º, da CLT.

São concretos, identificáveis, graves e iminentes os prejuízos de ordem material e processual decorrentes da liquidação antecipada do feito. Isso porque, antes de estabelecida a relação processual, efetivado o contraditório e decidida a demanda, a parte ainda pode desconhecer com exatidão a extensão e profundidade dos limites da lide, bem como carecer de meios processuais eficazes a possibilitar, nesta fase preliminar da ação, a conversão em pecúnia da totalidade dos direitos vindicados.

Em parte, a dúvida quanto à correta interpretação da nova redação do art. 840, § 1º, da CLT, baseia-se no dogma de que a norma não conteria expressões inúteis, procurando-se, então, conferir ao conceito de "determinado" um sentido diverso de "líquido" para justificar o fato de que a norma, tautologicamente, exige a determinação e, também, a indicação dos valores dos pedidos.

Nesse aspecto e por seu caráter eminentemente instrumental, não pode o direito processual converter-se em obstáculo à realização do próprio direito material que visa assegurar, dificultando ou impedindo o acesso do cidadão à prestação jurisdicional pelo Estado. Isso porque não é exigível da parte a apresentação de pedido líquido e certo estritamente interpretado e a traduzir com exatidão o *quantum debeatur* do direito reclamado, como se liquidação antecipada da execução fosse, antes mesmo de constituída a relação processual.

É certo que a partir da vigência da Lei 13.467/17 houve alteração da regra constante no § 1º do art. 840 CLT, que passou a exigir a indicação do valor do pedido, inclusive sob pena de extinção sem resolução do mérito (§ 3º), caso assim não proceda à parte.

Em que pese não primar pela melhor técnica legislativa, o seu texto está em vigência e ao Poder Judiciário cabe interpretá-lo.

Na interpretação do pedido deve ser considerado o conjunto da postulação e aplicados os princípios da colaboração (art. 6º, CPC), instrumentalidade (arts. 188 e 277) e da boa-fé processual (art. 322, § 2º). Essa última norma deriva do art. 5º do CPC, que consagra o princípio da boa-fé processual e deve ser aplicada não apenas ao pedido contido na petição inicial, mas também à defesa e aos recursos. O processo não deve servir ao formalismo, como um entrave para a prestação jurisdicional, mas, pelo contrário, deve perseguir seus objetivos axiológicos e, por isso, o pedido deve ser interpretado em conjunto com a postulação.

Determinados pedidos dependem, para a sua quantificação, de atos que devam ser praticados pelo réu. Assim, por exemplo, nas ações de prestação de contas, para os que tenham direito de exigi-la, o pedido pode se restringir ao saldo que se apurar diante da apresentação de documentos que se acham em poder do devedor desta obrigação. Primeiro deve-se apurar o saldo favorável, para depois conhecer o valor exato da condenação. Por este motivo é que se admite o pedido genérico.

Essa é uma situação bastante comum no Processo do Trabalho, pois o empregador detém a guarda obrigatória dos documentos relativos à relação de emprego. Também se encontra com frequência no Direito dos Consumidores. Em ambos os casos, normalmente se associa essa disparidade das partes com o princípio da aptidão para a prova, previsto no art. 373 do CPC e no art. 818 da CLT, com a redação dada pela Reforma Trabalhista (Lei 13.467/17).

No Processo do Trabalho, as regras de ônus da prova estão basicamente no direito material. As obrigações de guardar recibo (art. 464, CLT), por exemplo, são regras que estão no capítulo que trata da remuneração e salário. As obrigações de registro de horário (art. 74, CLT) estão no capítulo da duração de trabalho, entre outros exemplos. Assim, são provas de fatos extintivos da obrigação (adimplemento) que se encontram reguladas pelo direito material.

No campo probatório, afirmar que existe ônus dinâmico da prova (arts. 373, § 1º, CPC e 818, § 1º, CLT), significa que terá de fazer a prova aquele que estiver em melhores condições de fazê-lo. Está relacionado ao princípio da boa-fé. É necessário que a dificuldade em provar encontre respaldo em alguma circunstância do processo ou na condição das partes em relação ao contrato ou situação jurídica entre ambos (Direito dos Consumidores, por exemplo). A decisão que distribui de forma diferente o ônus da prova deve ser fundamentado.

Com relação à formulação do pedido, o enfoque pode ser o mesmo, pois a quantificação do pedido na inicial trabalhista, trazida pela nova redação do art. 840, da CLT, envolve o manuseio de inúmeros documentos que, por obrigação legal, se encontram em posse do réu empregador, e não do autor.

O dever de documentação se reveste de múltiplas justificações e decorre da obrigação que todo o devedor possui de comprovar o adimplemento de sua obrigação. A disciplina do objeto do pagamento e de sua prova está nos arts. 313 a 326 do Código Civil. A quitação e o recibo são especificamente tratados nos arts. 319 e 320 do Código Civil.

No Direito do Trabalho, o salário e demais verbas trabalhistas são pagas contra recibo, na forma que dispõe o art. 464 da CLT. Assim, o empregador, como devedor de salário, para comprovar o seu pagamento, deverá apresentar o recibo correspondente. Se o salário ou determinada verba salarial depender de controle, medição, ou qualquer outro nexo causal, além do recibo, é dever do empregador juntar o documento correspondente à forma de controle para a mensuração correta da parcela. É o clássico caso do pagamento das horas extras e das comissões. Esse raciocínio se aplica a inúmeros casos e gera intenso debate jurisprudencial. O empregado não possui o dever legal de guardar recibos, manter registros de horários ou os comprovantes do nexo causal do pagamento correto de uma determinada rubrica salarial. Portanto, a única possibilidade de lhe garantir o acesso à justiça, é entender que estes tipos de pedidos têm característica de pedidos genéricos e estimativos, pois se enquadram na exceção do art. 324, § 1º, III, do CPC, uma vez que a determinação do valor depende de ato a ser praticado pelo réu, qual seja a apresentação dos documentos que estão em seu poder.

É possível entender-se que ao Autor caberia o ônus de buscar os documentos que estão em poder do Réu. Poderia valer-se do amplo poder de cautela, concedido pela tutela provisória, previsto nos arts. 303 a 310 do CPC. Mas isso levaria ao paradoxo que, para toda ação trabalhista, a fim de possibilitar o ajuizamento do pedido e o simples início de uma discussão, far-se-ia todo um procedimento cautelar preparatório, processo por processo, antecipando os infindáveis debates sobre liquidação, correção de valores, entre outros. Seria a subversão completa do acesso ao Poder Judiciário, afrontando diretamente duas normas constitucionais: o art. 5º, XXXV (acesso à jurisdição) e LXXVIII (duração razoável do processo).

A diversidade de circunstâncias que retratam as relações de trabalho e, especialmente, a lógica que permeia o processo trabalhista, impede, por vezes, a liquidação do pedido já na petição inicial.

A nova regra do art. 840 da CLT não é absoluta e impõe a sua interpretação sistemática junto aos princípios hermenêuticos e informadores do Direito e do Processo do Trabalho, às garantias processuais insculpidas na Constituição Federal, ao CPC de 2015 e à própria CLT.

Mauricio Godinho Delgado, ao comentar referido dispositivo, registra que:

"O novo preceito eleva os requisitos para a validade da petição inicial, exigindo que os pedidos sejam certos, determinados e com indicação de seu valor. Na verdade, a Lei quer dizer pedidos certos e/ou determinados; porém exige que, em qualquer hipótese, haja uma estimativa preliminar do valor dos pedidos exordiais. É que o pedido pode não ser exatamente certo, mas, sim, determinado ou determinável. O importante é que, pelo menos, seja determinado ou determinável, repita-se, e que conte, ademais, na petição inicial, com a estimativa de seu valor. O somatório desses montantes é que corresponderá ao valor da causa, em princípio" (*A Reforma Trabalhista no Brasil*. São Paulo: LTr, 2017, p. 338).

Reitere a caracterização de obstáculo ao acesso à justiça e lesividade imediata decorrente da impossibilidade de a parte autora apresentar valores exatos para a totalidade dos pedidos da inicial, inclusive ao arrepio do que lhe garante a norma processual quando trata de pedidos estimados e genéricos. Nessa esteira, a parte poderá, caso não seja liminarmente extinta a petição inicial, ter limitado o seu direito se não o estimar em total extensão ou, inversamente, poderá incorrer no ônus da sucumbência recíproca naquilo que, eventualmente, postular a maior.

Diversos aspectos influenciam na avaliação monetária dos pedidos apresentados na ação judicial e, para um cálculo consistente e exato, o polo ativo pode necessitar de informações e dados a serem trazidos somente com a defesa, como os documentos pertinentes à relação de emprego comuns às partes, mas que são de guarda obrigatória pelo empregador. Ou, ainda, porque depende da prova a ser produzida para dimensionar os limites e a extensão da pretensão deduzida, a exemplo dos depoimentos orais e da perícia técnica ou, ainda, porque deverá ser arbitrada pelo magistrado a exemplo da indenização por dano moral.

A nova regra do art. 840 da CLT deve ser aplicada nas situações em que inexiste qualquer impedimento para a liquidação antecipada do pedido, sob pena de se onerar em demasia a parte reclamante, costumeiramente hipossuficiente, e de afronta ao amplo acesso à Justiça, nos moldes do inciso XXXV do art. 5º da Constituição, valendo lembrar que os direitos trabalhistas, em sua grande maioria, cuidam de questões de ordem pública e sob o império, inclusive, do princípio da irrenunciabilidade.

O texto legal faz referência expressa à "indicação do seu valor" (do pedido), o que deve ser tomado, literalmente, como uma indicação e não como uma certeza, a qual somente se obterá com os limites fixados no julgamento e após a necessária liquidação.

O valor indicado no pedido somente servirá, nos termos da lei, para o cálculo do valor da causa, o qual limita sua repercussão à determinação do procedimento – ordinário, sumário ou sumaríssimo – e no cálculo das custas, no caso de improcedência total dos pedidos.

A subsistirem dúvidas ou, melhor, inexistindo certeza, deve o magistrado valer-se das exceções previstas na lei processual comum (art. 324, CPC), por força do art. 769 da CLT, diante da lacuna da lei processual trabalhista ao não versar sobre tais ressalvas.

Não se trata de negar vigência à Reforma Trabalhista e, assim, à regra do art. 840 da CLT, pois a possibilidade de liquidação dos pedidos não é nova dentro da sistemática trabalhista, encontrando-se prevista desde a edição do art. 852-B da CLT (Lei 9.957/00).

O que deve ser considerado é se a liquidação antecipada dos pedidos é possível, no caso concreto, dentro de um critério de razoabilidade e tendo em vista as nuances do Processo do Trabalho. Sendo negativa a resposta, a aplicação das exceções que autorizam pedidos genéricos, na forma do art. 324 do CPC, é medida que se impõe, especialmente nas hipóteses de seus incisos II e III, que retratam situações corriqueiras nas lides laborais.

Nessa medida, a ordem judicial que determina a aplicação dos requisitos trazidos pela Lei 13.467/17, exigindo mais do que o dispositivo legal o faz, revela-se abusiva e destoa do caráter instrumental do processo do trabalho.

É a jurisprudência:

"*AGRAVO REGIMENTAL. MANDADO DE SEGURANÇA. DETERMINAÇÃO DE EMENDA À PETIÇÃO INICIAL PARA ADEQUAÇÃO À NOVA REDAÇÃO AO ART. 840, § 1º, DA CLT. DESNECESSIDADE DE LIQUIDAÇÃO PRÉVIA DOS PEDIDOS. PARCELAS VINCENDAS. POSSIBILIDADE DE PEDIDO GENÉRICO. ILEGALIDADE DO ATO COATOR. DEFERIMENTO DE LIMINAR. A concessão de liminar em mandado de segurança tem como pressupostos a relevância dos fundamentos e a ameaça à eficácia do* writ *caso concedida a segurança apenas ao final, à luz do art. 7º, III, da Lei 12.016/09. Preenchidos tais requisitos, é de reformar a decisão recorrida em que indeferida a liminar pedida na impetração. Ordem judicial em que exigidos requisitos além daqueles previstos no art. 840, § 1º, da CLT, com redação dada pela Lei 13.467/2017, que a torna abusiva e destoa do caráter instrumental do processo do trabalho, o que autoriza a concessão de liminar para cassar o ato em que determinada a emenda à petição inicial. Pretensão relativa ao pagamento de parcelas vincendas que pode ser formulada de forma genérica para fins de arbitramento aproximado, cuja hipótese pode ser enquadrada nos incisos II e III, do art. 324 do CPC*" (TRT – 4ª R. – SDI 1 – MS-0020054-24.2018.5.04.0000 – Rel. João Paulo Lucena – *DJ* 23-4-2018).

Traçadas essas assertivas, a petição inicial, nos termos em que proposta na ação subjacente, atende a diretriz do art. 840 da CLT.

Cap. 3 · MODELOS DE CAUSA DE PEDIR E PEDIDOS | 709

3.247. PETIÇÃO INICIAL
NÃO LIMITAÇÃO DA CONDENAÇÃO AOS VALORES INDICADOS NA PETIÇÃO INICIAL

CAUSA DE PEDIR:

A nova redação do § 1º do art. 840 da CLT prevê a obrigatoriedade de *"indicação dos valores dos pedidos"* que constarem na petição inicial, sob pena de extinção sem julgamento de mérito.

Em atendimento à previsão legal acima, o Autor formulou causas de pedir e pedidos com suas respectivas indicações de valores, ressalvando que os títulos eventualmente deferidos em sentença não podem ser limitados aos valores indicados individualmente em cada pedido, uma vez que tais valores possuem simples caráter estimativo, que não podem vincular o julgador, sendo que a apuração do montante deverá ser realizada em liquidação de sentença.

Com efeito, a exigência contida no art. 840 da CLT não se refere à liquidez, não podendo, portanto, inibir a apuração correta do direito reconhecido como devido na condenação, o que leva à conclusão de que a quantificação dos pedidos da inicial representa apenas uma estimativa necessária para a definição do valor de alçada do processo, até porque o valor da condenação é atribuído, provisoriamente, para efeito de cálculo das custas processuais, conforme o disposto no art. 789 da CLT.

A própria lei trabalhista ainda contempla a necessidade de liquidação dos títulos deferidos em sentença, pois no próprio art. 879, § 2º, da CLT, permanece a previsão de que a conta deverá ser elaborada e tornada líquida, ou seja, se a intenção do legislador fosse que a petição inicial liquidasse os valores das pretensões, teria revogado a previsão do art. 879, o que não ocorreu, concluindo-se, portanto, pela perfeita coexistência e harmonização dos comandos dos arts. 840 e 879 da CLT com a mera indicação dos valores estimados das postulações e a sua posterior liquidação, após o deferimento das parcelas postuladas.

Assim, deverá prevalecer a exigência de apuração integral dos créditos trabalhistas devidos, que deverá ser realizada na liquidação e execução de sentença, sem qualquer vinculação e/ou limitação aos valores atribuídos na peça inicial, uma vez que são meros indicativos econômicos para fixação de valor da causa e custas processuais.

Ressalvado, portanto, que o direito eventualmente reconhecido em sentença refere-se às parcelas e títulos pleiteados e não aos valores especificados na exordial, o Reclamante requer que o *quantum* da condenação seja apurado em liquidação de sentença, atentando-se apenas para o título da verba deferida, nos termos do arts. 879, § 2º, CLT e 5º, XXXV, CF.

PEDIDO:

O Reclamante requer que a apuração e liquidação integral dos valores dos créditos trabalhistas eventualmente deferidos seja realizada na liquidação e execução de sentença, sem qualquer vinculação e/ou limitação aos valores atribuídos na peça inicial, nos termos do art. 879, § 2º, da CLT e Constituição Federal, art. 5º, XXXV.

3.248. PLANO DE DEMISSÃO VOLUNTÁRIA. PDV
ADESÃO. MANUTENÇÃO DO PLANO DE SAÚDE

CAUSA DE PEDIR:

Discute-se o direito do Reclamante à manutenção do plano de saúde da Reclamada, em face de adesão ao Plano de Demissão Voluntária.

Sobre o tema, dispõe os arts. 30 e 31 da Lei 9.656/98, que o empregado tem o direito de manter o plano de saúde nas mesmas condições à época da vigência do contrato de trabalho, no caso de rescisão ou exoneração do contrato de trabalho sem justa causa, desde que: (a) tenha contribuído para o plano de assistência à saúde pelo prazo mínimo de dez anos; e (b) assume o pagamento integral. Eis o teor dos artigos:

> *"Art. 30. Ao consumidor que contribuir para produtos de que tratam o inciso I e o § 1º do art. 1º desta Lei, em decorrência de vínculo empregatício, no caso de rescisão ou exoneração do contrato de trabalho sem justa causa, é assegurado o direito de manter sua condição de beneficiário, nas mesmas condições de cobertura assistencial de que gozava quando da vigência do contrato de trabalho, desde que assuma o seu pagamento integral."*

> *"Art. 31. Ao aposentado que contribuir para produtos de que tratam o inciso I e o § 1º do art. 1º desta Lei, em decorrência de vínculo empregatício, pelo prazo mínimo de dez anos, é assegurado o direito de manutenção como beneficiário, nas mesmas condições de cobertura assistencial de que gozava quando da vigência do contrato de trabalho, desde que assuma o seu pagamento integral."*

Assim, a extinção do contrato de trabalho não afasta o direito de manutenção do plano de saúde, nem mesmo aos empregados dispensados sem justa causa.

No mesmo sentido, a jurisprudência do TST é firme no sentido de ser irrelevante que o empregado tenha aderido ao PDV para a permanência na condição de beneficiário do plano de saúde:

> *"RECURSO DE REVISTA DA RECLAMADA PDI. PLANO DE SAÚDE. MANUTENÇÃO. NÃO CONHECIMENTO. Nos termos dos artigos 30 e 31 da Lei nº 9.656/98, o empregado tem o direito de manter o plano de saúde nas mesmas condições à época da vigência do contrato de trabalho, no caso de rescisão ou exoneração do contrato de trabalho sem justa causa, desde que: I – tenha contribuído para o plano de assistência à saúde pelo prazo mínimo de 10 anos; e II – assume o pagamento integral. Verifica-se, dessa forma, que a extinção do contrato de trabalho não afasta o direito de manutenção do plano de saúde, nem mesmo aos empregados dispensados sem justa causa. No mesmo sentido, a jurisprudência desta Corte é firme no sentido de ser irrelevante que o empregado tenha aderido ao PDI para a permanência na condição de beneficiário do plano de saúde. Precedentes. Na hipótese, a egrégia Corte Regional consignou que o reclamante trabalhou para a reclamada por mais de 40 anos, tendo, ele e seus dependentes, usufruído do plano de saúde da Companhia durante este tempo. Assim, o egrégio Tribunal Regional ao deferir a manutenção no plano de saúde, ao reclamante e a seus dependentes, mesmo em face da adesão do empregado ao PDI, ficando a cargo do demandante o integral pagamento do custo relativo ao plano, decidiu em conformidade com a jurisprudência desta Corte Superior. Incidência da Súmula nº 333 e do artigo 896, § 7º, da CLT. Recurso de revista de que não se conhece."* (TST – 4ª T. – RR 2508-51.2015.5.22.0002 – Rel. Min. Guilherme Augusto Caputo Bastos – *DEJT* 20-3-2020.)

Cap. 3 • MODELOS DE CAUSA DE PEDIR E PEDIDOS | 711

"RECURSO DE REVISTA INTERPOSTO SOB A ÉGIDE DAS LEIS Nº 13.015/14 E 13.105/15. PROCESSO ANTERIOR À LEI Nº 13.467/17. (...). MANUTENÇÃO DO PLANO DE SAÚDE POR EMPREGADO APOSENTADO QUE POSTERIORMENTE ADERIU AO PDI DA COMPANHIA. PREENCHIMENTO DOS REQUISITOS DOS ARTIGOS 30 E 31 DA LEI Nº 9.656/98. POSSIBILIDADE. 1. Discute-se, nos autos, o direito do autor à manutenção do plano de saúde da companhia, em face de adesão ao PDI ofertado e das condições de utilização e manutenção do benefício durante a vigência do contrato de trabalho. 2. A leitura do caput dos arts. 30 e 31 da Lei nº 9.656/98 permite concluir que, independentemente da forma de rescisão contratual, seja por aposentadoria, seja por dispensa sem justa causa, o empregado faz jus à manutenção de sua condição de beneficiário do plano de saúde, nas mesmas condições de cobertura assistencial de que gozava quando da vigência do contrato de trabalho, desde que tenha contribuído para a manutenção do benefício por, no mínimo, dez anos e assume o seu pagamento integral. Registre-se que a jurisprudência desta Corte é pacífica no sentido de que é irrelevante a adesão do empregado ao PDI, para os efeitos da permanência na condição de beneficiário do plano de saúde. Há precedentes. 3. Para a hipótese dos autos, infere-se do trecho destacado pela recorrente que o autor cumpriu os requisitos para continuar usufruindo do plano de saúde, porquanto nele permaneceu inscrito por mais de 10 anos, desfruta da condição de aposentado e, depois de seu desligamento da Companhia, assumirá o pagamento integral do benefício. Vale lembrar que no trecho suscitado do acórdão regional não há evidências de que o autor tenha contribuído apenas com a coparticipação nos procedimentos relativos à utilização dos serviços de assistência médica ou hospitalar, conforme alega a recorrente, o que o impediria de permanecer na condição de beneficiário do plano de saúde, à luz do § 6º do art. 30 da Lei nº 9.656/98. Assim, a verificação de tais argumentos demandaria o reexame da prova dos autos, o que é defeso nesta fase em que se encontra o processo, à luz da Súmula 126 do TST. 4. Por todo o exposto, tem-se por intactos os preceitos de lei invocados, sendo que a única decisão transcrita que atende aos termos do art. 896 da CLT e da Súmula 337 do TST não espelha a mesma realidade fática descrita no acórdão regional, circunstância que a torna inespecífica, na dicção da Súmula 296 do TST. Nesse passo, há que se reconhecer que o recurso de revista não alcança conhecimento, também quanto ao aspecto. Recurso de revista não conhecido. CONCLUSÃO: Recurso de revista integralmente não conhecido." (TST – 3ª T. – RR 1758-37.2015.5.22.0103 – Rel. Min. Alexandre de Souza Agra Belmonte – *DEJT* 15-3-2019.)

No caso, o Reclamante laborou para a Reclamada por mais de [★] anos, tendo ele e seus dependentes usufruído do plano de saúde durante este período.

PEDIDO:

A manutenção no plano de saúde ao Reclamante e a seus dependentes, ficando a cargo do Reclamante o integral pagamento do custo relativo ao plano.

3.249. PLANO DE DEMISSÃO VOLUNTÁRIA
PDV E RESPONSABILIDADE CIVIL DO EMPREGADOR

CAUSA DE PEDIR:

Em abril de 2015, o STF, ao analisar a temática, no Recurso Extraordinário (RE) 590.415, com repercussão geral reconhecida, fixou como tese que: *"A transação extrajudicial que importa rescisão do contrato de trabalho, em razão de adesão voluntária do empregado a plano de dispensa incentivada, enseja quitação ampla e irrestrita de todas as parcelas objeto do contrato de emprego, caso essa condição tenha constado expressamente do acordo coletivo que aprovou o plano, bem como dos demais instrumentos celebrados com o empregado".*

Dentre os fundamentos da decisão, o Relator Ministro Luís Roberto Barroso destacou que no direito individual do trabalho, o trabalhador está submetido à proteção estatal, na medida em que empregado e empregador possuem peso econômico e político diversos:

"Justamente porque se reconhece, no âmbito das relações individuais, a desigualdade econômica e de poder entre as partes, as normas que regem tais relações são voltadas à tutela do trabalhador. Entende-se que a situação de inferioridade do empregado compromete o livre exercício da autonomia individual da vontade e que, nesse contexto, regras de origem heterônoma – produzidas pelo Estado – desempenham um papel primordial de defesa da parte hipossuficiente. Também por isso a aplicação do direito rege-se pelo princípio da proteção, optando-se pela norma mais favorável ao trabalhador na interpretação e na solução de antinomias".

Contudo, essa assimetria não se coloca com a mesma força nas negociações coletivas de trabalho, em que os pesos e forças tendem a se igualar. Na negociação coletiva, o poder econômico do empregador é contrabalançado pelo poder dos sindicatos que representam os empregados, sendo, por esta razão, outros os princípios norteadores:

"Diferentemente do que ocorre com o direito individual do trabalho, o direito coletivo do trabalho, que emerge com nova força após a Constituição de 1988, tem nas relações grupais a sua categoria básica. O empregador, ente coletivo provido de poder econômico, contrapõe-se à categoria dos empregados, ente também coletivo, representado pelo respectivo sindicato e munido de considerável poder de barganha, assegurado, exemplificativamente, pelas prerrogativas de atuação sindical, pelo direito de mobilização, pelo poder social de pressão e de greve. No âmbito do direito coletivo, não se verifica, portanto, a mesma assimetria de poder presente nas relações individuais de trabalho. Por consequência, a autonomia coletiva da vontade não se encontra sujeita aos mesmos limites que a autonomia individual."

Assim, a negociação coletiva deve ser privilegiada como meio de solução dos conflitos coletivos, sendo que a invalidação dos acordos nos termos negociados desestimula a própria negociação coletiva como meio de solução de conflitos:

"(...) não deve ser vista com bons olhos a sistemática invalidação dos acordos coletivos de trabalho com base em uma lógica de limitação da autonomia da vontade exclusivamente aplicável às relações individuais de trabalho. Tal ingerência viola os diversos dispositivos constitucionais que prestigiam as negociações coletivas como instrumento de solução de conflitos coletivos, além de recusar aos empregados a possibilidade de participarem da formulação de normas que regulam as suas próprias vidas. Trata-se de postura que, de certa forma, compromete o direito de serem tratados como cidadãos livres e iguais.

Além disso, o voluntário cumprimento dos acordos coletivos e, sobretudo, a atuação das partes com lealdade e transparência em sua interpretação e execução são fundamentais para a preservação de um ambiente de confiança essencial ao diálogo e à negociação. O reiterado descumprimento dos acordos provoca seu descrédito como instrumento de solução de conflitos coletivos e faz com que a perspectiva do descumprimento seja incluída na avaliação dos custos e dos benefícios de se optar por essa forma de solução de conflito, podendo conduzir à sua não utilização ou à sua oneração, em prejuízo dos próprios trabalhadores."

O Ministro Barroso destaca ainda que a adesão do trabalhador ao plano de dispensa voluntária, fruto da negociação coletiva entre sindicatos, associações profissionais e trabalhadores, com menção expressa à quitação de todas as verbas decorrentes do contrato de trabalho, não se trata de renúncia, mas de transação quanto a eventuais direitos de caráter patrimonial ainda pendentes:

"Houve, portanto, no presente caso, inequívoco exercício da autonomia da vontade coletiva da categoria dos bancários. Tal categoria, mediante instrumento autônomo, dispôs sobre as regras que pautariam o plano de demissão voluntária do BESC, permitindo que aqueles que aderissem ao PDI outorgassem quitação plena de toda e qualquer verba oriunda do contrato de trabalho, sem a observância de qualquer outra condição. Em tais circunstâncias, sequer é possível questionar a legitimidade representativa do sindicato, tampouco a consciência da categoria dos empregados sobre as implicações da referida cláusula, uma vez que a própria categoria pressionou os sindicatos a aprová-la (...).

Por outro lado, o exercício da autonomia da vontade coletiva não se sujeita aos mesmos limites incidentes sobre o exercício da autonomia da vontade individual, como já demonstrado. Em razão da reduzida assimetria de poderes entre o empregador e a categoria como ente coletivo, não há que se falar na aplicação, ao caso, do art. 477, § 2º, CLT, voltado para a tutela da relação individual do trabalho e expressamente afastado com base no legítimo exercício da autonomia coletiva.

Coube à autonomia individual da vontade apenas a decisão sobre aderir ou não ao PDI e, portanto, sobre outorgar ou não a quitação, nos termos das normas já aprovadas pela categoria. A reclamante poderia ter optado por permanecer no BESC, protegida pela garantia da estabilidade no emprego de que gozava, mas escolheu desligar-se dele (...).

Por outro lado, ao aderir ao PDI, a reclamante não abriu mão de parcelas indisponíveis, que constituíssem 'patamar civilizatório mínimo' do trabalhador. Não se sujeitou a condições aviltantes de trabalho (ao contrário, encerrou a relação de trabalho). Não atentou contra a saúde ou a segurança no trabalho. Não abriu mão de ter a sua CNTP assinada. Apenas transacionou eventuais direitos de caráter patrimonial ainda pendentes, que justamente por serem 'eventuais' eram incertos, configurando res dubia, e optou por receber, em seu lugar, de forma certa e imediata, a importância correspondente a 78 (setenta e oito) vezes o valor da maior remuneração que percebeu no Banco. Teve garantida, ainda, a manutenção do plano de saúde pelo prazo de 1 (um) ano, a contar do seu desligamento. Não há que se falar, portanto, em renúncia a direito indisponível."

Em que pese a jurisprudência consolidada do TST, consubstanciada na OJ 270 da SDI-I (*"A transação extrajudicial que importa rescisão do contrato de trabalho ante a adesão do empregado a plano de demissão voluntária implica quitação exclusivamente das parcelas e valores constantes do recibo"*), destaca-se que o STF é, por excelência, o guardião da Constituição Federal, norma maior do ordenamento jurídico brasileiro e pilar principal do Estado Democrático de Direito brasileiro e atualmente suas decisões consolidadas são de grande relevância e prestígio, podendo atingir, inclusive, efeito vinculante (conforme inovações da EC 45, de 8-11-2004, que trouxe o art. 103-A à Constituição Federal).

A decisão do STF foi assim ementada:

"DIREITO DO TRABALHO. ACORDO COLETIVO. PLANO DE DISPENSA INCENTI-VADA. VALIDADE E EFEITOS.

1. Plano de dispensa incentivada aprovado em acordo coletivo que contou com ampla participação dos empregados. Previsão de vantagens aos trabalhadores, bem como quitação de toda e qualquer parcela decorrente de relação de emprego. Faculdade do empregado de optar ou não pelo plano.

2. Validade da quitação ampla. Não incidência, na hipótese, do art. 477, § 2° da Consolidação das Leis do Trabalho, que restringe a eficácia liberatória da quitação aos valores e às parcelas discriminadas no termo de rescisão exclusivamente.

3. No âmbito do direito coletivo do trabalho não se verifica a mesma situação de assimetria de poder presente nas relações individuais de trabalho. Como consequência, a autonomia coletiva da vontade não se encontra sujeita aos mesmos limites que a autonomia individual.

4. A Constituição de 1988, em seu artigo 7°, XXVI, prestigiou a autonomia coletiva da vontade e a autocomposição dos conflitos trabalhistas, acompanhando a tendência mundial ao crescente reconhecimento dos mecanismos de negociação coletiva, retratada na Convenção n° 98/49 e na Convenção n° 154/81 da Organização Internacional do Trabalho. O reconhecimento dos acordos e convenções coletivas permite que os trabalhadores contribuam para a formulação das normas que regerão a sua própria vida.

5. Os planos de dispensa incentivada permitem reduzir as repercussões sociais das dispensas, assegurando àqueles que optam por seu desligamento da empresa condições econômicas mais vantajosas do que aquelas que decorreriam do mero desligamento por decisão do empregador. É importante, por isso, assegurar a credibilidade de tais planos, a fim de preservar a sua função protetiva e de não desestimular o seu uso.

6. Provimento do recurso extraordinário. Afirmação, em repercussão geral, da seguinte tese: "A transação extrajudicial que importa rescisão do contrato de trabalho, em razão de adesão voluntária do empregado a plano de dispensa incentivada, enseja quitação ampla e irrestrita de todas as parcelas objeto do contrato de emprego, caso essa condição tenha constado expressamente do acordo coletivo que aprovou o plano, bem como dos demais instrumentos celebrados com o empregado." (STF – Tribunal Pleno – RE 590.415 – Rel. Min. Roberto Barroso – *DEJT* 29-5-2015.)

No caso dos autos, é incontroverso que a adesão do Reclamante ao PDV se deu em [indicar a data], na vigência da norma coletiva que o instituiu, sendo efetivada a homologação da rescisão contratual, sem qualquer ressalva, ocasião em que a parte Reclamante assinou o "Termo de Quitação Plena", constante do verso do TRCT, em que deu quitação plena, geral e irrestrita de todas as verbas decorrentes do contrato de trabalho, tendo recebido indenização no valor de R$ [*], além das verbas rescisórias.

Para a aplicação da *ratio decidendi* firmada no precedente do STF, cumpre observar se a quitação atende o requisito formal relativo à expressa previsão de quitação ampla no acordo coletivo; à voluntariedade da adesão (requisito material subjetivo); e ao objeto específico da quitação (requisito material objetivo), isto é, seu conteúdo. Quanto a este último requisito, há delimitação específica do conteúdo da quitação na *ratio decidendi*, qual seja, parcelas objeto do contrato de trabalho.

A responsabilidade civil quanto ao seu fato gerador pode ser classificada por contratual ou extracontratual.

A contratual é aquela que decorre da inexecução de um contrato, ou seja, quando há regras e obrigações pré-estipuladas pelas partes. Nessa hipótese, não há necessidade de se comprovar a culpa do agente, e a responsabilidade decorre do descumprimento contratual. Já a responsabilidade extracontratual é aquela que decorre da inobservância de lei ou de uma lesão a um direito, resultando dano ao ofendido, prescindindo de vínculo obrigacional anterior. Nessa hipótese, em regra, investiga-se o elemento subjetivo do agente causador do dano (culpa).

No presente caso, o pedido de indenização por dano moral e material se funda em responsabilidade civil extracontratual, decorrente de violação do dever de cuidado (ato ilícito – art. 186, CC).

Cap. 3 • MODELOS DE CAUSA DE PEDIR E PEDIDOS | **715**

Tendo em vista que a parcela pleiteada é de ordem extrapatrimonial, estando, portanto, fora do objeto específico do precedente firmado no julgamento do RE 590.415/SC, deixa-se de adotar a *ratio decidendi* do precedente em razão de distinção (*distinguishing*).

A jurisprudência indica:

"I – RECURSO DE REVISTA DO BANCO DO BRASIL. INTERPOSTO ANTES DA LEI Nº 13.015/14. TRANSAÇÃO EXTRAJUDICIAL. ADESÃO DO EMPREGADO A PLANO DE DEMISSÃO VOLUNTÁRIA. QUITAÇÃO GERAL. VALIDADE. PROVIMENTO. Em vista da decisão proferida pelo Supremo Tribunal Federal, no julgamento do RE nº 590.415/SC, que teve repercussão geral reconhecida, restou superado o entendimento perfilhado na Orientação Jurisprudencial nº 270 da SBDI-1, segundo o qual a quitação das obrigações do contrato de trabalho, em face da adesão do empregado a plano de demissão voluntária, incidiria apenas sobre as parcelas e valores consignados no recibo. No caso dos autos, é incontroverso que a adesão do reclamante ao Programa de Dispensa Imotivada do BESC se deu na vigência da norma coletiva que o instituiu, e foi efetivada a homologação da rescisão contratual, sem qualquer ressalva, ocasião em que a parte autora assinou o 'Termo de Quitação Plena', constante do verso do TRCT, em que deu quitação plena, geral e irrestrita de todas as verbas decorrentes do contrato de trabalho. O Tribunal Regional entendeu que a adesão do reclamante ao PDV instituído pelo reclamado não implicou quitação geral do extinto contrato de trabalho, limitando-se a eficácia liberatória aos valores pagos e constantes do termo de acordo, nos termos da Orientação Jurisprudencial nº 270 da SBDI-1. Nesse contexto, está demonstrada a ofensa ao artigo 7º, XXVI, da Constituição Federal. Recurso de revista conhecido e provido. II – RECURSO DE REVISTA DA RECLAMANTE. RESPONSABILIDADE CIVIL DA EMPRESA. BANCO DO BRASIL (SUCESSOR DO BESC). DOENÇA OCUPACIONAL (LER/DORT). INDENIZAÇÃO POR DANOS MORAIS E MATERIAIS. PARCELA DE NATUREZA EXTRACONTRATUAL NÃO ALCANÇADA POR QUITAÇÃO FIRMADA EM PDV. INAPLICABILIDADE DO PRECEDENTE DO STF. DISTINGUISHING. 1. O Supremo Tribunal Federal, no julgamento do RE nº 590.415/SC, analisando a abrangência da quitação ajustada em Planos de Dispensa Voluntária com assistência sindical, firmou a tese de que 'a transação extrajudicial que importa rescisão do contrato de trabalho, em razão de adesão voluntária do empregado a plano de dispensa incentivada, enseja quitação ampla e irrestrita de todas as parcelas objeto do contrato de emprego, caso essa condição tenha constado expressamente do acordo coletivo que aprovou o plano, bem como dos demais instrumentos celebrados com o empregado'. Para a aplicação da ratio decidendi firmada neste precedente, cumpre observar se a quitação atende o requisito formal relativo à expressa previsão de quitação ampla no acordo coletivo; à voluntariedade da adesão – que se presume – (requisito material subjetivo; e ao objeto específico da quitação (requisito material objetivo), isto é, seu conteúdo. Quanto a este último requisito, há delimitação específica do conteúdo da quitação na ratio decidendi, qual seja, parcelas objeto do contrato de trabalho. 2. A responsabilidade civil quanto ao seu fato gerador pode ser classificada por contratual ou extracontratual. A contratual é aquela que decorre da inexecução de um contrato, ou seja, quando há regras e obrigações pré-estipuladas pelas partes. Nessa hipótese, não há necessidade de se comprovar a culpa do agente, e a responsabilidade decorre do descumprimento contratual. Já a responsabilidade extracontratual é aquela que decorre da inobservância de lei ou de uma lesão a um direito, resultando dano ao ofendido, prescindindo de vínculo obrigacional anterior. Nessa hipótese, em regra, investiga-se o elemento subjetivo do agente causador do dano (culpa). Pois bem, no presente caso, o pedido de indenização por dano moral e material se funda em responsabilidade civil extracontratual, decorrente de violação do dever de cuidado (ato ilícito – art. 186 da CC/02). 3. Nesse quadro, tendo em vista que a parcela pleiteada é de ordem extrapatrimonial, estando, portanto, fora do objeto específico do precedente firmado no julgamento do RE nº 590.415/SC, deixa-se de adotar a ratio decidendi do precedente em razão de distinção (distinguishing). Recurso de revista não conhecido (...)." (TST – 2ª T. – RR 445900-36.2007.5.12.0001 – Rel. Min. Maria Helena Mallmann – DEJT 31-10-2018.)

PEDIDO:

Requer o Reclamante que a quitação firmada em PDV não alcance o pedido de indenização por danos morais e materiais decorrentes da responsabilidade civil do empregador.

Cap. 3 • MODELOS DE CAUSA DE PEDIR E PEDIDOS | 717

3.250. PORTADOR DE DEFICIÊNCIA
LEI 8.213/91, ART. 93. CONCEITO DE "EMPRESA" COMO EMPREGADOR E NÃO SOMENTE ESTABELECIMENTO. POSSIBILIDADE DE REINTEGRAÇÃO

CAUSA DE PEDIR:

A Reclamante possui [indicar a deficiência] atestada pelos documentos [docs. ...]. Foi contratada pela Reclamada para a função de [indicar a função], na cota de pessoas com deficiência, na data de [indicar a data]. Ao informar aos superiores que ingressou com pedido de aposentadoria, acabou sendo dispensada sem justa causa em [indicar a data].

A dispensa da Autora foi eivada de irregularidades, na medida em que houve desrespeito à condição imposta no art. 93, § 1º, da Lei 8.213/91 porque, ao dispensá-la, a empresa Ré não respeitou o percentual mínimo de beneficiários reabilitados ou pessoas com deficiência, nem mesmo contratou, no mesmo momento, outro empregado deficiente para substituí-la, tornando sua dispensa ilegal.

Para a OIT, uma pessoa é portadora de deficiência para o trabalho quando a possibilidade de conseguir, permanecer e progredir no emprego é substancialmente limitada em decorrência de uma reconhecida desvantagem física ou mental (Convenção 159).

Segundo a Lei 13.146/15 (Estatuto da Pessoa com Deficiência), art. 2º, *caput*, *"Considera-se pessoa com deficiência aquela que tem impedimento de longo prazo de natureza física, mental, intelectual ou sensorial, o qual, em interação com uma ou mais barreiras, pode obstruir sua participação plena e efetiva na sociedade em igualdade de condições com as demais pessoas"*.

Pela Lei 13.146/15, a pessoa com deficiência tem direito ao trabalho de sua livre escolha e aceitação, em ambiente acessível e inclusivo, em igualdade de oportunidades com as demais pessoas (art. 34), devendo as pessoas jurídicas de direito público e privado garantir ambientes de trabalho acessivos e inclusivos.

Ainda segundo o art. 34, §§ 2º e 3º, da Lei 13.146/15, a pessoa com deficiência tem direito, em igualdade de oportunidades com as demais pessoas, a condições justas e favoráveis de trabalho, incluindo igual remuneração por trabalho de igual valor, sendo vedada a restrição ao trabalho da pessoa com deficiência e qualquer discriminação em razão de sua condição.

Já o art. 37 do Estatuto garante a inclusão da pessoa com deficiência no trabalho, constituindo modo de inclusão da pessoa com deficiência no trabalho a colocação competitiva, em igualdade de oportunidades com as demais pessoas, nos termos da legislação trabalhista e previdenciária, na qual devem ser atendidas as regras de acessibilidade, o fornecimento de recursos de tecnologia assistiva e a adaptação razoável no ambiente de trabalho.

Por outro lado, pessoa com deficiência é a pessoa que apresenta, em caráter permanente, perdas ou anomalias de sua estrutura ou função psicológica, fisiológica ou anatômica, que gerem incapacidade para o desempenho de atividades, dentro do padrão considerado normal para o trabalho humano (Lei 7.853/89 e o seu Regulamento – Decreto 3.298/99).

O Decreto 3.298 estabelece os seguintes conceitos legais:

(a) deficiência – toda perda ou anormalidade de uma estrutura ou função psicológica, fisiológica ou anatômica que gere incapacidade para o desempenho de atividade dentro do padrão considerado normal para o ser humano;

(b) deficiência permanente – aquela que ocorreu ou se estabilizou durante um período de tempo suficiente para não permitir recuperação ou ter probabilidade de que se altere, apesar de novos tratamentos;

(c) *incapacidade – uma redução efetiva e acentuada da capacidade de integração social, com necessidade de equipamentos, adaptações, meios ou recursos especiais para que a pessoa portadora de deficiência possa receber ou transmitir informações necessárias ao seu bem-estar pessoal e ao desempenho de função ou atividade a ser exercida (art. 3º, I a III).*

É considerada pessoa com deficiência quem se enquadra nas seguintes categorias (art. 4º, I a V, Decreto 3.298):

(a) deficiência física – alteração completa ou parcial de um ou mais segmentos do corpo humano, acarretando o comprometimento da função física, apresentando-se sob a forma de paraplegia, paraparesia, monoplegia, monoparesia, tetraplegia, tetraparesia, triplegia, triparesia, hemiplegia, hemiparesia, ostomia, amputação ou ausência de membro, paralisia cerebral, nanismo, membros com deformidade congênita ou adquirida, exceto as deformidades estéticas e as que não produzam dificuldades para o desempenho de funções;

(b) deficiência auditiva – perda bilateral, parcial ou total, de 41 decibel (dB) ou mais, aferida por audiograma nas frequências de 500 Hz, 1.000 Hz, 2.000 Hz e 3.000 Hz;

(c) deficiência visual – cegueira, na qual a acuidade visual é igual ou menor que 0,05 no melhor olho, com a melhor correção óptica; a baixa visão, que significa acuidade visual entre 0,3 e 0,05 no melhor olho, com a melhor correção óptica; os casos nos quais a somatória da medida do campo visual em ambos os olhos for igual ou menor que 60º; ou a ocorrência simultânea de quaisquer das condições anteriores;

(d) deficiência mental – funcionamento intelectual significativamente inferior à média, com manifestação antes dos 18 anos e limitações associadas a duas ou mais áreas de habilidades adaptativas, tais como: (1) comunicação; (2) cuidado pessoal; (3) habilidades sociais; (4) utilização dos recursos da comunidade; (5) saúde e segurança; (6) habilidades acadêmicas; (7) lazer; (8) trabalho;

(e) *deficiência múltipla – associação de duas ou mais deficiências.*

Além das garantias previstas na Constituição Federal destinada aos portadores de deficiência física, a Lei 8.213, que trata dos Planos de Benefícios da Previdência Social no capítulo que disciplina a habilitação e reabilitação do trabalho, traz um sistema de cotas (de contratações) para os trabalhadores reabilitados ou as pessoas com deficiência, habilitadas (art. 93), e prevê que a dispensa de pessoa com deficiência ou de beneficiário reabilitado da Previdência Social somente poderá ocorrer após a contratação de outro trabalhador com deficiência ou beneficiário da Previdência Social (§ 1º) e a responsabilidade do Ministério do Trabalho e Emprego em criar um banco de dados sobre os postos de trabalho (§ 2º).

O art. 93, *caput*, da Lei 8.213 estabelece um sistema de cotas para os beneficiários reabilitados ou pessoas com deficiência.

O artigo em apreço determina à empresa, com 100 ou mais empregados, a obrigação quanto ao preenchimento de 2% a 5% dos seus cargos com beneficiários reabilitados ou pessoas portadoras de deficiência, habilitadas, com a observância da seguinte proporção: (a) de 100 até 200 empregados, 2%; (b) de 201 a 500, 3%; (c) 501 a 1.000, 4%; (d) de 1001 ou mais, 5%.

A lei estabelece o número de cotas de acordo com o número total de empregados da empresa.

Quando se indica o número total de empregados da empresa, não é por estabelecimento ou por unidade. Trata-se do número de empregados que a empresa possua em todas as suas unidades e

Cap. 3 • MODELOS DE CAUSA DE PEDIR E PEDIDOS | **719**

estabelecimentos. A expressão "empresa" está no sentido de empregador (atividade econômica organizada) e não simplesmente de estabelecimento.

Em linhas gerais, o dever jurídico imposto à empresa envolve: (a) a obrigação da empresa em preencher certos percentuais de seus cargos com beneficiários reabilitados pelo INSS ou habilitados nas proporções indicadas (sistema de cotas); (b) a existência de pessoas portadoras de deficiência, nos termos do Decreto 3.298, que regulamenta a Lei 7.853; c) as pessoas devem ser reabilitadas ou habilitadas; d) a contratação exige a aptidão para o desempenho das atribuições da função, que deve ser constatada pelo empregador.

O conteúdo jurídico do art. 93, *caput*, combinado com o seu § 1º, não gera direitos individuais, e sim a proteção a um grupo de trabalhadores – as pessoas com deficiência (reabilitados ou habilitados).

A norma protege indivíduos do grupo, mas não confere a uma determinada pessoa do grupo um direito subjetivo.

O que se vislumbra é a presença de interesse ou direito difuso decorrente de uma circunstância fática comum e pertinente a uma coletividade indeterminada, que se apresenta de forma indivisível (art. 81, parágrafo único, I, Lei 8.078/90, Código de Defesa do Consumidor).

O § 1º, do art. 93, da Lei 8.213, prescreve que a dispensa de empregado com deficiência ou beneficiário reabilitado da Previdência Social ao final de contrato por prazo determinado de mais de 90 dias, e a dispensa imotivada, no contrato por prazo indeterminado, só poderá ocorrer após a contratação de substituto semelhante. Da mesma forma, é a redação do art. 36, § 1º, do Decreto 3.298/99.

O real alcance da proteção jurídica conferida ao empregado com deficiência ou beneficiário reabilitado tem sido objeto de controvérsia, chegando a ser reconhecida, por alguns, como forma de estabilidade para empregado reabilitado portador de deficiência física.

Sebastião Geraldo de Oliveira afirma se tratar de uma "estabilidade provisória sem prazo certo", pois *"pela leitura do art. 93 da Lei nº 8.213/91, pode-se concluir que a empresa com mais de cem empregados só poderá dispensar o acidentado reabilitado, sem justa causa, se atender cumulativamente a dois requisitos: 1) contar com um número de empregados reabilitados ou deficientes habilitados pelo menos no limite do piso estabelecido; 2) admitir outro empregado em condição semelhante, de modo a garantir o percentual mínimo. (...) Pode-se concluir também que, enquanto a empresa não atinge o percentual mínimo legal, nenhum empregado reabilitado pode ser dispensado, mesmo se for contratado outro em condições semelhantes, a não ser por justa causa. Caso ocorra a dispensa ilegal, o acidentado reabilitado ou o deficiente habilitado têm direito à reintegração no emprego e aos salários e demais vantagens de todo o período de afastamento ou até quando o empregador preencher as condições legais para promover validamente a dispensa. Como se vê, essa estabilidade provisória de emprego atua como complemento da garantia prevista no art. 118 da Lei 8.213/1991"* (Proteção jurídica ao trabalho dos portadores de deficiência. *Discriminação.* Coord. Márcio Túlio Viana e Luiz Otávio Linhares Renault, 2000, p. 139).

No caso em questão, para que a dispensa fosse considerada válida, a Reclamada deveria contratar, previamente, um substituto, ou comprovar que a dispensa não prejudicou o sistema de cota imposto pela Lei (art. 93, *caput*).

O objetivo do art. 93, § 1º, é garantir o cumprimento do sistema de cotas previsto no *caput*, mantendo vigente o contrato de trabalho do empregado com deficiência ou reabilitado até que venha a ser substituído por outro empregado em condições semelhantes.

Vale dizer, a dispensa irá gerar para a pessoa beneficiária um direito subjetivo, diante da ausência de comprovação da contratação prévia de um substituto ou se a dispensa está violando o sistema de cota de emprego destinado ao empregado com deficiência ou reabilitado.

A jurisprudência tem se posicionado:

"I – Agravo de instrumento em recurso de revista. (...) II – Recurso de revista. Processo eletrônico – Portador de deficiência. Contratação de outro empregado nas mesmas condições. Ausência de prova quanto à observância do percentual mínimo previsto em lei. Reintegração. A regra disposta no parágrafo primeiro do art. 93 da Lei 8.213/91 está atrelada ao cumprimento do percentual previsto no caput do referido dispositivo. Deste modo, como a Reclamada não se desincumbiu do ônus de provar a contratação de trabalhadores em cumprimento à cota legal acima aludida a reintegração do Reclamante é medida que se impõe. Recurso de revista conhecido e provido" (TST – 8ª T. – RR 4919-70.2012.5.12.0028 – Rel. Min. Márcio Eurico Vitral Amaro – *DEJT* 13-6-2014).

"I. AGRAVO. AGRAVO DE INSTRUMENTO EM RECURSO DE REVISTA INTERPOSTO NA VIGÊNCIA DA LEI 13.015/2014. NULIDADE DA DISPENSA. COMPROVAÇÃO DE CONTRATAÇÃO DE EMPREGADOS REABILITADOS OU PORTADORES DE DEFICIÊNCIA. REINTEGRAÇÃO AO EMPREGO. O Colegiado de origem concluiu pela nulidade da dispensa da Reclamante, entendendo não ter sido comprovada a contratação de substituto de condição semelhante especificamente para o seu lugar. Nesse contexto, registrada no acórdão regional a premissa fática da ocorrência de contratação de portadores de deficiência em outra unidade da empresa, antes da demissão da trabalhadora, o afastamento do óbice da Súmula 126/TST é medida que se impõe. Agravo conhecido e provido. II. AGRAVO DE INSTRUMENTO EM RECURSO DE REVISTA INTERPOSTO NA VIGÊNCIA DA LEI 13.015/2014. NULIDADE DA DISPENSA. CONTRATAÇÃO DE PORTADORES DE NECESSIDADES ESPECIAIS COMPROVADA. IRRELEVÂNCIA DA CONTRATAÇÃO PARA UNIDADE DIVERSA DA QUAL LABORAVA A EMPREGADA DISPENSADA. No caso dos autos, restou incontroverso que a Reclamada realizou a contratação prévia de empregados com necessidades especiais antes da despedida imotivada da Reclamante, o que, à míngua da existência de norma legal que exija que a contratação ocorra especificamente para o lugar do empregado dispensado, demonstra o cumprimento da norma legal cotista. Nesse cenário, o deferimento do pleito de reintegração parece violar o art. 93, § 1º, da Lei 8.213/1991. Agravo de instrumento a que se dá provimento. III. RECURSO DE REVISTA INTERPOSTO NA VIGÊNCIA DA LEI 13.015/2014. NULIDADE DA DISPENSA. CONTRATAÇÃO DE PORTADORES DE NECESSIDADES ESPECIAIS COMPROVADA. IRRELEVÂNCIA DA CONTRATAÇÃO PARA UNIDADE DIVERSA DA QUAL LABORAVA A EMPREGADA DISPENSADA. 1. A norma do art. 93 da Lei 8.213/1991, ao tratar da inclusão das pessoas com deficiência no mercado de trabalho, visa garantir o pleno acesso ao emprego (art. 170 da CF), preservar a dignidade da pessoa humana e vedar a discriminação. Com efeito, a inserção de pessoas deficientes e reabilitadas no mercado de trabalho é medida que se harmoniza aos princípios da dignidade da pessoa humana e da valorização social do trabalho, cânones fundamentais de todo o ordenamento jurídico (CF, art. 1º, III e IV). A par de conferir concretude ao objetivo fundamental de construir uma sociedade livre, justa e solidária, a observância da cota social pelo empregador implica o cumprimento da função social da propriedade (CF, arts. 3º, I, 5º, XXIII, e 170, caput e III). 2. No caso dos autos, restou incontroverso que a Reclamada realizou a contratação prévia de empregados com necessidades especiais antes da despedida imotivada da Reclamante, o que, à míngua da existência de norma legal que exija que a contratação ocorra especificamente para o lugar do empregado dispensado, demonstra o cumprimento da norma legal cotista. Nesse cenário, a decisão do Tribunal Regional em que reconhecida a nulidade da dispensa incorreu em violação do art. 93, § 1º, da Lei 8.213/1991. Recurso de revista conhecido e provido" (TST – 7ª T. – RR 1479-47.2013.5.15.0093 – Rel. Min. Douglas Alencar Rodrigues – *DEJT* 22-4-2016).

Assim, a Reclamante requer a nulidade da dispensa perpetrada pela Reclamada com o reconhecimento da dispensa discriminatória e sua consequente reintegração, no local e função que ocupava

Cap. 3 • MODELOS DE CAUSA DE PEDIR E PEDIDOS | **721**

na empresa, além do pagamento dos salários pelo período de afastamento e que seja respeitado o seu direito à estabilidade por todo o período, com o direito aos salários vencidos e vincendos e com suas incidências em férias, abono de férias, 13º salário e FGTS (8% a ser depositado).

Se a reintegração se mostrar desaconselhável (art. 496, CLT), que a estabilidade seja convertida em pecúnia, com o direito à percepção dos salários desde o dia da dispensa e até o término da estabilidade, com observância dos reajustes legais e normativos e com incidência desse período em férias, 13º salário, abono de férias e FGTS + 40%.

Além da conversão da estabilidade em pecúnia, a Reclamante também terá direito à percepção de: aviso-prévio, 13º salário proporcional, férias proporcionais e abono com a inclusão do aviso-prévio, FGTS código 01 + 40%, além da liberação do seguro-desemprego.

Da Tutela de Urgência – Reintegração

Como já se verificou, a Reclamante foi injustamente demitida de forma imotivada, ferindo a legislação de cotas para deficientes em clara atitude discriminatória.

De acordo com os arts. 294 e ss., e art. 536, CPC, diante da prova inequívoca do direito invocado e do perigo na demora, que poderá fazer com que a reintegração seja inviável, a Reclamante requer a concessão *liminar inaudita altera parte* da tutela antecipada para fins de reintegração ao emprego.

Requer ainda a fixação de multa diária em caso de descumprimento da ordem judicial (arts. 536 e 537, CPC), no importe de R$ 500,00 por dia, em favor da Reclamante.

PEDIDO:

(a) em caráter liminar, requer-se a concessão de tutela antecipatória, determinando a reintegração imediata da Reclamante no local e na função anteriormente exercida, com fixação de multa diária em caso de descumprimento da obrigação de R$ 500,00 por dia, bem como a intimação da Reclamada para ciência e cumprimento da decisão antecipatória;

(b) em caráter definitivo, a Reclamante espera a procedência dos pedidos para: (1) declarar a nulidade da dispensa da Reclamante, consequentemente, determinando sua reintegração no local e na função que ocupava na Reclamada; (2) pagamento dos salários pelo período de afastamento e com respeito ao seu direito à estabilidade por todo o período, observando-se os salários vencidos e vincendos e com suas incidências em férias, abono de férias, 13º salário e FGTS (8% a ser depositado); (c) *ad cautelam*, se a reintegração se mostrar desaconselhável (art. 496, CLT), a conversão da estabilidade em pecúnia, com o pagamento dos salários desde a data da dispensa e até o fim da garantia, com observância dos reajustes legais e normativos e com incidência deste período em férias, 13º salário, abono de férias e FGTS + 40%, além do pagamento das verbas rescisórias: aviso-prévio, 13º salário proporcional com a inclusão do aviso-prévio, férias proporcionais e abono com a inclusão do aviso-prévio, FGTS código 01 + 40%, além da liberação do seguro-desemprego.

3.251. POLICIAL MILITAR
VÍNCULO EMPREGATÍCIO

CAUSA DE PEDIR:

O Reclamante foi contratado pela Reclamada em [indicar a data], para exercer a função de segurança, com cumprimento de jornada de trabalho, mediante o recebimento de remuneração mensal de R$ [indicar o valor], sendo dispensado imotivamente em [indicar a data]. Não houve o registro do contrato de trabalho em sua CTPS.

Nem se alegue a impossibilidade de reconhecimento do vínculo empregatício em razão da qualidade de policial militar do Reclamante.

Nesse sentido, dispõe a Súmula 386 do TST:

"Preenchidos os requisitos do art. 3° da CLT, é legítimo o reconhecimento de relação de emprego entre policial militar e empresa privada, independentemente do eventual cabimento de penalidade disciplinar prevista no Estatuto do Policial Militar".

Mencionado verbete não especifica que o reconhecimento do vínculo empregatício com o particular dar-se-á somente nas relações trabalhistas alheias às atividades de segurança.

E isso tem um motivo. A probabilidade de um policial laborar para a iniciativa privada no ramo da segurança é enorme, até porque esse é o ofício dele.

É fato notório que em determinados estabelecimentos o vigia tem preferência na hora da contratação se também for policial, ou somente será contratado se pertencer à Polícia Civil, Militar ou Guarda Municipal.

Desse modo, entende-se que a Súmula 386 tem aplicação no caso concreto, não se restringindo às atividades em outras profissões que não relacionadas à segurança.

A jurisprudência do TST indica:

"Recurso de revista. Policial militar. Vínculo empregatício com empresa privada configurado. Súmula 386 do TST. O TRT, como base no conjunto probatório dos autos, concluiu que ficou comprovado o vínculo empregatício (período de 15-8-1989 a 1-8-1997) entre a reclamada e o reclamante, policial militar contratado para fazer a segurança de familiar de integrante da diretoria da empresa. No que concerne à alegada falta de subordinação, a análise do recurso de revista encontra óbice na Súmula 126 do TST. Por outro lado, da forma como proferida, a decisão do TRT está em consonância com a Súmula 386 desta Corte: 'Policial militar. Reconhecimento de vínculo empregatício com empresa privada. Preenchidos os requisitos do art. 3° da CLT, é legítimo o reconhecimento de relação de emprego entre policial militar e empresa privada, independentemente do eventual cabimento de penalidade disciplinar prevista no Estatuto do Policial Militar'. Recurso de revista de que não se conhece. Honorários advocatícios indevidos. Ressarcimento de despesas com advogado. Condenação fundada no Código Civil. Inobservância dos parâmetros fixados na Lei 5.584/70. A condenação em honorários advocatícios, na Justiça do Trabalho, deve obedecer ao disposto na Lei 5.584/70, e está condicionada ao preenchimento dos requisitos indicados na Súmula 219 desta Corte, o que não foi observado no caso dos autos. Recurso de revista a que se dá provimento" (TST – 6ª T. – RR 1663-28.2013.5.02.0040 – Rel. Min. Kátia Magalhães Arruda – *DEJT* 8-5-2015).

Cap. 3 • MODELOS DE CAUSA DE PEDIR E PEDIDOS | **723**

"Recurso de revista. Vínculo de emprego. Policial militar. Segurança privada. Requisitos do art. 3° da CLT. Súmula 386. Provimento. Segundo o entendimento jurisprudencial desta Corte Superior, desde que preenchidos os requisitos do artigo 3° da CLT, é possível o reconhecimento de relação de emprego entre policial militar e empresa privada. Ou seja, há que ficar caracterizada a pessoalidade, a não eventualidade, a onerosidade e a subordinação na relação mantida entre as partes, nos termos do disposto na Súmula 386. Na espécie, o egrégio Colegiado Regional, embora tenha consignado que estavam presentes todos os requisitos do artigo 3° da CLT, entendeu pela impossibilidade de reconhecer o vínculo de emprego entre o policial militar e a reclamada apenas por se tratar de serviços de vigilância ou segurança, exceção não prevista na Súmula 368. Recurso de revista de que se conhece e a que se dá provimento" (TST – 5ª T. – RR 1262-85.2010.5.01.0032 – Rel. Min. Guilherme Augusto Caputo Bastos – *DEJT* 26-9-2014).

No caso em questão, se encontram presentes todos os requisitos da relação de emprego.

Diante do exposto, deverá, portanto, a Reclamada ser compelida ao reconhecimento do vínculo empregatício com o Reclamante e sua consequente anotação em CTPS do Autor, no cargo de [indicar a função], data de admissão em [indicar a data], salário mensal de R$ [indicar o valor] mensais e data de dispensa em [indicar a data], bem como deverá efetuar todas as atualizações salariais de acordo com a evolução salarial da categoria, além de efetuar o pagamento das verbas referentes ao período não registrado, tais como férias + 1/3 integrais (dobro e simples) e proporcionais, 13° salário integral e proporcional, FGTS + 40%, verbas rescisórias e direitos convencionais, que serão postulados nos seus itens próprios.

Ressalte-se que a anotação do contrato de trabalho do Reclamante deverá ser procedida pela Reclamada no prazo de dez dias a ser computado a partir da data do trânsito em julgado, sob pena de pagamento de multa diária à base de R$ 500,00 (arts. 536 e 537, CPC).

Requer, ainda, a expedição de ofícios para Superintendência Regional do Trabalho e Emprego, INSS e Caixa Econômica Federal.

PEDIDO:

(a) reconhecimento do vínculo empregatício com o Reclamante e sua consequente anotação em CTPS do Autor (cargo; salário e data de admissão e dispensa), bem como deverá efetuar todas as atualizações salariais de acordo com a evolução salarial, além de efetuar o pagamento das verbas referentes ao período não registrado, tais como férias + 1/3 integrais (dobro e simples) e proporcionais, 13° salário integral e proporcional, FGTS + 40% e direitos convencionais, que serão postulados nos seus itens próprios;

(b) anotação do contrato de trabalho do Reclamante em sua CTPS, que deverá ser procedida pela Reclamada no prazo de dez dias a ser computado a partir da data do trânsito em julgado, sob pena de pagamento de multa diária à base de R$ 500,00 (arts. 536 e 537, CPC);

(c) requer, ainda, a expedição de ofícios para Superintendência Regional do Trabalho e Emprego, INSS e Caixa Econômica Federal.

3.252. PRESCRIÇÃO
ABSOLUTAMENTE INCAPAZ. DOENÇA MENTAL

CAUSA DE PEDIR:

O Reclamante foi afastado do trabalho em [indicar a data], em razão da concessão de auxílio--doença, em [indicar a data], sendo que a aposentadoria por invalidez foi concedida em [indicar a data] e a ação foi ajuizada em [indicar a data].

Primeiramente, antes de adentrar aos pedidos da reclamatória, o Reclamante informa o reconhecimento da incapacidade definitiva motivada por [descrever as moléstias incapacitantes], que gera efeitos *ex tunc*, afastando, assim, o transcurso de qualquer prazo prescricional, eis que o prazo não flui contra incapaz.

A prescrição pressupõe, em nível da sua contagem, a violação ao patrimônio ideal ou material do trabalhador.

Segundo dispõe o art. 198, I, CC: *"Também não corre a prescrição: I – contra os incapazes de que trata o art. 3º."*

Antes da Lei 13.146/15 (Estatuto da Pessoa com Deficiência), de acordo com o art. 3º, II e III, CC, eram tidos por absolutamente incapazes os que: (a) por enfermidade ou deficiência mental, não tiverem o necessário discernimento para a prática de atos da vida civil; (b) mesmo, por causa transitória, não puderem exprimir sua vontade.

Atualmente, o art. 3º, CC (com a redação dada pela Lei 13.146), dispõe que são absolutamente incapazes de exercer pessoalmente os atos da vida civil os menores de 16 anos.

Vale dizer, os portadores de doença mental não mais podem ser enquadrados como absolutamente incapazes.

Nos termos do art. 198, I, CC, não flui o prazo prescricional contra o absolutamente incapaz. A norma se justifica diante da particular dificuldade a que está sujeito o incapaz para o exercício de sua pretensão no prazo prescricional assinalado em lei.

O indivíduo acometido de doença psíquica grave não se tornava incapaz com a prolação de sentença de interdição, tampouco com seu trânsito em julgado.

Isso porque a sentença de interdição era meramente declaratória e produzia efeitos *ex tunc*, que retroagiam ao momento em que o indivíduo perdeu o *"necessário discernimento para a prática de atos da vida civil"*.

Apesar de o portador de doença mental não mais ser considerado como absolutamente incapaz, entendemos que a ele deve ser aplicável a não fluência da prescrição, pois, dependendo do seu grau de incapacidade, não terá a menor condição de articular a sua manifestação de vontade.

Portanto, é inquestionável que contra o Reclamante não pode correr qualquer prescrição a partir de [indicar a data], data em que foi reconhecida a incapacidade.

Observe-se a jurisprudência do TST:

"Recurso de revista. Prescrição. Danos morais e materiais. Viúva e filha do ex-empregado falecido. Regra aplicável. Fluência do prazo diferida em relação à menor impúbere. 1. Trata-se de demanda indenizatória

Cap. 3 • MODELOS DE CAUSA DE PEDIR E PEDIDOS 725

decorrente da morte do ex-empregado – esposo e pai das autoras –, ocorrida em 3-4-2002, em razão de doença relacionada ao trabalho – pneumoconiose. O e.TRT consignou a tese de que, definida a competência desta Justiça para julgar demandas dessa natureza (EC 45/2004), aplicam-se os prazos previstos no art. 7°, XXIX, da Lei Maior. Assim, concluiu por prescritas as pretensões, pois o ajuizamento da ação – 8.-7-2008 –, perante a Justiça Comum, 'ocorreu após transcorridos mais de 6 (seis) anos da extinção do contrato de trabalho do de cujus (e já na vigência da EC 45)', ressalando, ainda, que 'não há falar na aplicação subsidiária do art. 198, I, do Código Civil', concernente à fluência do prazo em relação ao menor, tampouco o art. 440 da CLT, pois 'na data da propositura da ação, a filha do de cujus já havia atingido a maioridade'. 2. Considerando que o fato danoso ocorreu no dia 3-4-2002 – antes da entrada em vigor da EC 45/2004 –, não se cogita aplicar a prescrição trabalhista, prevista no art. 7°, XXIX, da Constituição da República, ainda que ajuizada a ação após o advento da Emenda, em respeito ao direito adquirido e ao princípio do tempus regit actum. Aplicável, pois, a regra de transição do art. 2028, resultando na incidência do prazo trienal disposto no art. 206, § 3°, V, do CCB/02. 3. Conclui-se, assim, que a pretensão da viúva já se havia fulminado pela prescrição quando foi proposta esta demanda em 8-7-2008, perante a Justiça Comum, sendo certo que o prazo de três anos do art. 206, § 3°, V, do CCB/02 se conta da vigência desse Código, ou seja, a partir de 11-1-2003, tendo se findado, portanto, em 11-1-2006. 4. Todavia, no tocante à pretensão da filha do ex-empregado falecido, a tese que vigora no âmbito desta Corte é a de que, em demandas que envolvam o interesse de herdeiro menor, é aplicável a norma do art. 198, I, do CCB/02, que determina que não correm os prazos de prescrição contra os menores absolutamente incapazes, é dizer, aqueles com idade inferior a 16 anos, na data do fato. Assim, tendo em conta que a morte do ex-empregado deu-se em 3-4-2002, quando a reclamante, nascida em 26-6-1980, contava com 11 anos de idade, a fluência desse prazo apenas se iniciou em 26-6-2006, quando a autora completou 16 anos. Proposta a demanda em 08.07.2008, não se tem por consumada a prescrição trienal que só estaria fulminada em 26.6.2009. 5. Reconhecida, pois, a violação do art. 198, I, do CCB, no caso dos autos. Recurso de revista parcialmente conhecido e provido" (TST – 1ª T. – RR 405-14.2011.5.12.0027 – Rel. Min. Hugo Carlos Scheuermann – DEJT 30-6-2015).

Apesar de a situação fática indicada na ementa acima ser anterior à Lei 13.146, a sua essência continua válida e deve ser aplicada aos empregados, os quais tenham uma doença mental.

Nos presentes autos, a suposta lesão coincide com o surgimento da incapacidade, porquanto decorrente [de doença psíquica de origem ocupacional] adquirida no curso do contrato de trabalho e confirmada pela concessão do auxílio-doença.

Dessa forma, não há fluência do prazo prescricional, impondo-se o afastamento da prescrição da pretensão do Reclamante.

PEDIDO:

O Reclamante pede que seja afastado qualquer prazo prescricional porventura considerado para estes autos, tendo em vista que não há fluência do prazo prescricional contra incapaz, nos termos do art. 198, I, CC.

726 | PRÁTICA DA RECLAMAÇÃO TRABALHISTA – *Jorge Neto • Wenzel • Cavalcante*

3.253. PRESCRIÇÃO
DA RESPONSABILIDADE CIVIL DECORRENTE DE OUTROS FATOS ATINENTES À RELAÇÃO DE EMPREGO (ATO ILÍCITO DO EMPREGADOR). AÇÃO AJUIZADA ANTES DA VIGÊNCIA DO NOVO CÓDIGO CIVIL E DA EC 45. AÇÃO AJUIZADA NA JUSTIÇA COMUM E REMETIDA À JUSTIÇA DO TRABALHO

CAUSA DE PEDIR:

Na presente ação, o Reclamante busca o pagamento de indenização por danos morais e materiais decorrentes de [descrição dos fatos ensejadores da pretensão inicial, a qual está devidamente detalhada em item próprio desta inicial].

A presente ação foi ajuizada perante a Justiça Comum em [indicar a data], ou seja, antes da vigência do novo CC/02 e da EC 45/04 que atraiu a competência da análise e julgamento de "outras controvérsias" oriundas da relação de emprego, sendo que houve a decretação da incompetência pelo Juízo cível e foi determinada a remessa dos autos a esta Justiça Especializada.

Em que pese o prazo prescricional para ajuizamento de reclamatórias trabalhistas ser bienal, faz-se necessário esclarecer, no caso concreto, referido prazo, uma vez que a temática envolvendo estes autos possui características próprias, que se diferenciam da natureza das reclamatórias trabalhistas puras sujeitas à prescrição bienal. Vejamos:

O TST vinha aplicando a regra de transição apenas nos casos de acidente do trabalho ou doença ocupacional, não ocorrendo o mesmo em relação à responsabilidade civil decorrente de outros fatos decorrentes da relação de emprego. Em momento posterior, o TST estendeu a regra de transição para danos não decorrentes daqueles casos:

> *"Recurso de revista. Prescrição. Processo originário da justiça comum. Anterior à vigência da emenda constitucional 45/2004. Dano moral e material. Direito intertemporal. Recurso de revista fundamentado em violação dos arts. 186, 206, § 3º, II e V, 927 e 2.028 do CCB e 5º, II e 7º, XXIX, da Constituição da República. A Emenda Constitucional 45/2004 definiu a competência da Justiça do Trabalho para julgar as demandas relativas aos danos moral e material oriundos de acidente de trabalho. No entanto, a jurisprudência desta e. Corte tem se firmado no sentido de que a prescrição aplicável nos casos de acidente de trabalho e/ou doença profissional deve ser analisada levando-se em consideração a data do evento danoso, ou seja, se antes ou depois da Emenda Constitucional 45/2004. Para efeito da contagem do prazo de prescrição de pretensão indenizatória deduzida em ação trabalhista que tem como causa de pedir evento danoso ocorrido em acidente de trabalho, a regra de transição prevista no art. 2.028 do novo Código Civil será aplicada da seguinte forma: a) se, na data da entrada em vigor do novo Código Civil, já houver transcorrido mais de 10 anos da lesão, será aplicada a prescrição vintenária estabelecida no art. 177 do Código Civil de 1916; b) do contrário, o prazo será o de três anos a contar da vigência do Código Civil novo, nos termos de seu art. 206, § 3º, V. De qualquer modo, a jurisprudência desta Corte tem entendido, no mesmo passo das Súmulas 278 do STJ e 230 do STF, que o termo a quo do prazo prescricional para a ação acidentária é o da efetiva consolidação da lesão e não a data da lesão em si. Sendo assim, conforme o disposto nos arts. 7º, XXVIII e 114 da Constituição da República, com a redação que lhes foi conferida pela Emenda Constitucional 45/2004, de 31 de dezembro de 2004, que passou a vigorar no dia 1º de janeiro de 2005, são de competência da Justiça do Trabalho o processamento e o julgamento das ações reparatórias de danos materiais,*

Cap. 3 • MODELOS DE CAUSA DE PEDIR E PEDIDOS | **727**

morais e estéticos oriundos de acidentes de trabalho ou moléstias profissionais. Se a moléstia profissional e o acidente de trabalho são infortúnios intimamente relacionados ao contrato de trabalho, e, por isso, só os empregados é que têm direito aos benefícios acidentários, impõe-se a conclusão de que a indenização prevista no art. 7º, XXVIII, da Constituição da República caracteriza-se como direito exclusivamente trabalhista, atraindo, assim, a prescrição do art. 7º, XXIX, da Carta Política. No caso vertente, o acidente de trabalho, de acordo com o v. acórdão recorrido, se deu no dia 11-6-1997 – data em que foi expedida a 'Comunicação de Acidente de Trabalho – CAT', pela empresa, momento em que teve conhecimento e quando realmente ficou reconhecida a ocorrência da redução da sua capacidade laboral (a partir de quando se tem conhecimento do dano). Ou seja, antes da Emenda Constitucional 45/2004. Logo, não transcorridos mais de dez anos da lesão, a prescrição aplicável é a do art. 206, § 3º, do CC. A presente ação foi ajuizada originariamente na Justiça Comum em 6-3-2002, ou seja, quando ainda se encontrava em vigor o Código Civil de 1916. Portanto, a 'consolidação' da ciência inequívoca da lesão ocorreu em 11-6-1997, o que posterga o dies ad quem da prescrição para janeiro de 2004. Logo, não há prescrição a ser declarada. Aplicação da Súmula 333 do TST e do art. 896, § 4º, da CLT. Precedentes. Recurso de revista não conhecido, na matéria. ..." (TST – 3ª T. – RR 40300-85.2002.5.15.0003 – Rel. Min. Alexandre de Souza Agra Belmonte – *DEJT* 31-1-2014).

No caso dos autos, o Autor ajuizou a ação inicialmente na Justiça Comum, sendo que os autos foram remetidos para esta Justiça Especializada.

Por sua vez, o ato ilícito alegado ocorreu em [indicar a data], antes da vigência do Código Civil de 2002, sendo que a ação foi ajuizada em [indicar a data], antes, portanto, da EC 45/2004 e da vigência do CC (em 11-1-2003).

Na oportunidade do ajuizamento da ação, vigia o prazo prescricional vintenário previsto no art. 177 do CC/16.

Como a ação foi ajuizada dentro do prazo prescricional de vinte anos contados da data da lesão, não há que se falar sequer em aplicação da regra de transição, não havendo prescrição a ser declarada.

Nesse sentido:

"Recurso de embargos interposto antes da vigência da Lei 11.496/2007. Prescrição. Indenização por danos materiais e morais decorrentes da relação de trabalho. Prescrição aplicável. Recurso de revista do reclamante conhecido e provido. Discute-se, no caso, se o prazo prescricional para ajuizar reclamação trabalhista postulando indenização por danos materiais e morais (desconto majorado do imposto de renda, quitação a destempo dos salários, incidência da prescrição quinquenal e despesas com advogado referentes ao primeiro processo), decorrentes de atos lesivos do empregador, praticados na relação de trabalho, deve ser o do Código Civil ou o previsto para as ações trabalhistas, assentado no art. 7º, inciso XXIX, da Constituição Federal de 1988. Esta SBDI1 vinha aplicando a regra de transição apenas nos casos de acidente do trabalho/doença ocupacional, não o fazendo em relação à responsabilidade civil decorrente de outros fatos atinentes à relação de emprego. Posteriormente estendeu a regra de transição para danos outros que não os decorrentes daqueles casos. Na hipótese, colhe-se do acórdão regional que o ato ilícito ocorreu antes da vigência do novo Código Civil, e a presente ação foi ajuizada antes da Emenda Constitucional 45/2004 e da vigência do Código Civil de 2002. Na ocasião, vigia, portanto, o prazo prescricional vintenário previsto no art. 177 do Código Civil de 1916. Assim, tendo sido a ação ajuizada dentro do prazo prescricional de 20 anos contados da data da lesão, sequer há falar na aplicação da regra de transição, não havendo prescrição a ser declarada ao presente caso. Precedentes. Recurso de embargos conhecido e desprovido" (TST – SDI-I – E-RR 116200-74.2002.5.03.0014 – Rel. Min. Renato de Lacerda Paiva – *DEJT* 13-12-2013).

Por esses fundamentos, deve ser afastada a prescrição bienal no caso concreto.

PEDIDO:

O Reclamante pede que seja afastada a prescrição bienal no caso concreto, tendo em vista que a demanda foi interposta dentro do prazo vintenário, nos termos do art. 177 do CC/16, dispositivo legal vigente à época da propositura desta ação [adequar este pedido à regra de transição do caso concreto].

3.254. PRESCRIÇÃO
INDENIZAÇÃO POR DANO MORAL. IMPUTAÇÃO DE CRIME APÓS A EXTINÇÃO DO CONTRATO DE TRABALHO. DANO PÓS-CONTRATUAL

CAUSA DE PEDIR:

Na presente ação, o Reclamante busca o pagamento de indenização por danos morais e materiais sob o fundamento de ter sido denunciado pelo Ministério Público, vindo a figurar como réu em ação penal, cuja *notitia criminis* teria sido comunicada pela Reclamada à autoridade policial, conforme se denota do documento colacionado às fls. [descrição do fato danoso], o qual está devidamente detalhado em item próprio desta inicial.

Conforme consta dos autos, o Autor foi dispensado em [indicar a data], sendo que o trânsito em julgado da sentença criminal absolutória ocorreu em [indicar a data] e a presente ação foi ajuizada em [indicar a data].

Em que pese o prazo prescricional para ajuizamento de reclamatórias trabalhistas ser bienal, contado a partir da ruptura da relação de emprego, faz-se necessário esclarecer, no caso concreto, que referido prazo não se aplica à presente ação, uma vez que a temática envolvendo esses autos possui características próprias, que se diferenciam da natureza das reclamatórias trabalhistas puras sujeitas à prescrição bienal.

O cerne dos presentes autos cinge-se ao estabelecimento do termo inicial da contagem do prazo prescricional da pretensão à reparação por dano moral, diante de ato danoso ocorrido *após a extinção do contrato de trabalho.*

Os presentes autos tratam de *dano pós-contratual*, devendo ser considerado como termo inicial para contagem do prazo prescricional a data da *ciência do dano pela vítima*, e não a data da extinção do contrato de trabalho.

Não obstante o Autor tenha sido demitido em [indicar a data], essa data não possui relevância para a fixação do termo *a quo* para a contagem do prazo prescricional concernente ao pedido de reparação pelos danos morais, porquanto incide, *in casu*, o art. 200, CC, que beneficia o Autor, postergando o termo inicial do lapso prescricional até o trânsito em julgado da sentença penal, ao prever que: *"Quando a ação se originar de fato que deva ser apurado no juízo criminal, não correrá a prescrição antes da respectiva sentença definitiva."*

Nesse sentido, é a jurisprudência do TST:

"RECURSO DE EMBARGOS INTERPOSTO NA VIGÊNCIA DA LEI Nº 11.496/2007. PRESCRIÇÃO. ACTIO NATA. INDENIZAÇÃO POR DANOS MORAIS. AÇÃO CRIMINAL PROPOSTA PELO EMPREGADOR APÓS A DISPENSA POR JUSTA CAUSA. FALSIFICAÇÃO DE ATESTADO MÉDICO. ABSOLVIÇÃO CRIMINAL SUPERVENIENTE. SENTENÇA PENAL. AUTORIA E MATERIALIDADE DA ADULTERAÇÃO DO ATESTADO MÉDICO ATRIBUÍDA À EMPRESA. Trata-se de controvérsia a respeito da actio nata *para a contagem da prescrição da pretensão à indenização por danos morais e materiais decorrentes de falsa imputação de crime efetuada por ex-empregador e dos dissabores daí decorrentes: dispensa por justa causa, submissão a processo criminal por iniciativa da empresa e fechamento do mercado formal de trabalho para a autora, em virtude do processo criminal. Embora o pedido de danos morais e materiais*

guarde certa relação com a justa causa aplicada pelo ex-empregador, a causa de pedir não está alicerçada na reversão da justa causa, mas sim na má-fé da empresa em falsificar documento de alta médica, imputá-la à autora e com isso provocar a denúncia da reclamante como incursa nas penas do artigo 304 do Código Penal, com submissão a processo judicial e efeitos decorrentes, com alegada experimentação de danos morais e materiais. Uma coisa é a autora ter ou não praticado a conduta imputada pela empresa para efeito de caracterização da justa causa e o prazo prescricional decorrente. Outra é a definição de que quem praticou o ato de adulteração foi a própria empresa, apurado pelo juízo criminal em sentença transitada em julgado, e o prazo prescricional daí decorrente para efeito de responsabilização civil-trabalhista dos dissabores causados e provocados pela empresa à trabalhadora. Considerando-se a causa petendi da reclamação trabalhista e a certeza do comportamento da empresa em prejuízo da empregada, que somente se concretizou após o trânsito em julgado da sentença penal, entendo que este deve ser considerado como o momento da ciência inequívoca da responsabilidade pelo dano – até então indefinida –, para efeito de contagem do prazo prescricional, nos termos do art. 200 do Código Civil. Somente após o trânsito em julgado da sentença penal, atribuindo à empresa a autoria e a materialidade da adulteração do atestado médico, teve a autora ciência inequívoca da extensão da lesão do dano moral. Logo, verificado o trânsito em julgado da ação penal em 16/1/2007, que atribuiu à própria empresa a autoria e a materialidade da adulteração do atestado médico, e o ajuizamento da reclamação em 14/8/2008, antes de esgotado o prazo bienal prescricional, não há prescrição a ser declarada. Recurso conhecido por divergência jurisprudencial e provido” (TST – Subseção I Especializada em Dissídios Individuais – E-RR 201300-40.2008.5.02.0361 – Rel. Min. Alexandre de Souza Agra Belmonte – *DEJT* 25-9-2015).

Assim, evidenciado que a indenização por dano moral postulada não se trata de crédito trabalhista, mas crédito de natureza civil, e que a pretensão à reparação por dano moral decorre de falsa imputação de crime (denunciação caluniosa) pela Reclamada, quando já extinto o contrato de trabalho, não há de ser aplicado o prazo prescricional do art. 7°, XXIX, CF.

PEDIDO:

O Reclamante pede que seja afastado o prazo prescricional do art. 7°, XXIX, CF, tendo em vista que se trata de dano pós-contratual decorrente de falsa imputação de crime, em que deverá incidir o prazo prescricional previsto no art. 200 do CC.

Cap. 3 • MODELOS DE CAUSA DE PEDIR E PEDIDOS | 731

3.255. PRESCRIÇÃO
INTERRUPÇÃO PELO AJUIZAMENTO ANTERIOR DE AÇÃO COLETIVA

CAUSA DE PEDIR:

Primeiramente, antes de adentrar aos pedidos propriamente ditos desta reclamatória, faz-se necessário o esclarecimento acerca do prazo prescricional para ajuizamento da presente demanda.

Em que pese a prescrição para propositura de reclamatórias trabalhistas ser regulada pelo art. 7º, XXIX, CF, em que se conta como termo inicial o biênio a partir da ruptura da relação de emprego, faz-se necessário esclarecer, no caso concreto, que referido prazo não se aplica ao caso em tela, uma vez que a temática envolvendo estes autos possui características próprias, que não se sujeitam ao citado dispositivo constitucional.

A Reclamante entende que o ajuizamento de uma ação coletiva em [...] interrompeu o prazo prescricional para a demanda, a qual possui pedidos idênticos àqueles postulados na ação coletiva ajuizada pelo ente sindical da categoria.

A existência da ação coletiva anterior está devidamente comprovada nos autos [doc. ...].

Apesar do fato de a ação coletiva não induzir litispendência ou coisa julgada para ações individuais, existem fatores mais que razoáveis para evitar a fluência da prescrição no caso concreto.

No caso do ajuizamento das ações coletivas por qualquer um dos legitimados (Ministério Público do Trabalho, entidades sindicais, Defensoria Pública etc.), a prescrição para a ação individual, com idêntico objeto (Súm. 268, TST), fica interrompida, pela aplicação do art. 203, CC, *in verbis: "a prescrição pode ser interrompida por qualquer interessado".*

Em dezembro de 2008, o TST firmou o entendimento de que a ação movida pela entidade sindical, na qualidade de substituto processual, tem o condão de interromper a prescrição, ainda que tenha sido considerada parte ilegítima *ad causam* (OJ 359, SDI-I).

Assim, não há que se falar em aplicação do art. 7º, XXIX, CF, no tocante ao prazo prescricional a ser considerado na presente ação.

PEDIDO:

A Autora pede que seja afastada a aplicação do 7º, XXIX, CF, no tocante ao prazo prescricional a ser considerado na presente ação, a fim de que seja reconhecida a interrupção do prazo prescricional pelo ajuizamento de ação coletiva anterior [indicar o processo e a Vara], ajuizada pelo sindicato da categoria da Autora, nos termos da Súmula 268 do TST, art. 203 do CC e OJ 359, SDI-I, com base em todo o exposto na fundamentação.

3.256. PRESCRIÇÃO
INTERRUPÇÃO PELO AJUIZAMENTO DE AÇÃO ANTERIOR PELO ESPÓLIO

CAUSA DE PEDIR:

Primeiramente, antes de adentrar aos pedidos propriamente ditos desta reclamatória, faz-se necessário o esclarecimento acerca do prazo prescricional para ajuizamento desta demanda.

Em que pese a prescrição para propositura de reclamatórias trabalhistas ser regulada pelo art. 7º, XXIX, CF, em que se conta como termo inicial o biênio a partir da ruptura da relação de emprego, faz-se necessário esclarecer, no caso concreto, que referido prazo não se aplica ao caso em tela, uma vez que a temática envolvendo estes autos possui características próprias, que não se sujeitam ao citado dispositivo constitucional. Vejamos:

A Autora esclarece que é viúva do empregado falecido [indicar o nome], morto em virtude de acidente de trabalho ocorrido nas dependências da Reclamada e por culpa exclusiva desta, na data de [indicar a data], ocasião da rescisão contratual em virtude do falecimento. A propositura da presente ação se deu em [indicar a data].

Ocorre que, no caso dos autos, houve a interrupção do prazo prescricional pelo ajuizamento de ação anterior [número do processo e a Vara do Trabalho], ajuizada em nome do espólio do ex-empregado falecido, nos termos da Súmula 268 do TST, espólio do qual a Autora e viúva também era integrante.

Quanto à interrupção da prescrição, prescreve o art. 11, § 3º, CLT: *"A interrupção da prescrição somente ocorrerá pelo ajuizamento de reclamação trabalhista, mesmo que em juízo incompetente, ainda que venha a ser extinta sem resolução do mérito, produzindo efeitos apenas em relação aos pedidos idênticos."*

Entre os pedidos da ação anterior e da presente ação, encontram-se as postulações de "indenização por danos morais e materiais" pela perda do ente querido e agente provedor do sustento da família, havendo a identidade de pedidos e causa de pedir entre o processo anterior e o presente feito.

Quanto à identidade de partes, o ajuizamento de primeira ação em nome do espólio, na qual restou reconhecida a ilegitimidade ativa *ad causam*, quanto ao pedido de condenação de indenização por danos morais e materiais, é causa interruptiva do prazo prescricional para a interposição da segunda ação, com identidade de pedido, ajuizada em nome próprio pela sucessora.

Ressalta-se que o prazo prescricional é interrompido para qualquer interessado por aplicação do art. 203, CC. Assim, ainda que se considere o espólio parte ilegítima para vindicar indenização por danos morais e materiais decorrentes de acidente de trabalho que culminou na morte do empregado, evidente que se trata de parte interessada economicamente na condenação, razão pela qual deve ser preservado o direito pleiteado.

Nesse sentido, já decidiu o TST:

"Recurso de revista da reclamante. Prescrição. Interrupção. Ajuizamento da primeira ação (interruptiva) em nome do espólio do empregado falecido. Ajuizamento da segunda ação em nome próprio pela sucessora. Efeitos. Consta na decisão recorrida que o acidente de trabalho que resultou no falecimento do ex-empregado ocorreu em 18-3-2003 e que o Espólio ajuizou reclamação trabalhista para pleitear indenização por danos morais e materiais, sendo a ação extinta, sem resolução do mérito, por se entender que o Espólio seria parte ilegítima para pleitear indenizações em face do falecimento do ex-empregado, ocorrendo o seu trânsito em julgado

Cap. 3 • MODELOS DE CAUSA DE PEDIR E PEDIDOS | **733**

em 9-5-2006. Assim, correta a decisão regional no sentido de que a primeira ação ajuizada interrompeu o prazo prescricional. (...)" (TST – 3ª T. – RR 109400-55.2009.5.23.0005 – Rel. Min. Mauricio Godinho Delgado – *DEJT* 24-5-2013).

"Prescrição bienal. Ação anterior proposta pelo espólio e extinta, sem julgamento do mérito, por ilegitimidade ativa ad causam. Causa de interrupção do prazo prescricional. Na seara trabalhista, a reclamatória, ainda que arquivada, interrompe a prescrição em relação aos pedidos idênticos, nos termos da Súmula 268 do TST. O art. 174 do Código Civil de 1916 dispunha que a interrupção da prescrição pode ser promovida pelo titular do direito material, por quem legalmente o represente ou por terceiro que tenha legítimo interesse. Nessa mesma linha, o art. 203 do Código Civil em vigor preconiza que a 'prescrição pode ser interrompida por qualquer interessado'. Dessa forma, no caso dos autos, patente o interesse econômico como moral do espólio do empregado falecido em reparar os danos morais e materiais decorrentes de acidente de trabalho com resultado morte. Além do mais, a interrupção da prescrição tem por finalidade conservar o direito, não sendo necessário que tão somente a pessoa que praticou o ato interruptivo dele se aproveite. Desse modo, ainda que o ato interruptivo tenha sido praticado por parte ilegítima, resultando extinto o processo sem resolução de mérito, tem-se que restou conservado o direito, e, portanto, pode ser postulado em ação posterior, dentro do prazo prescricional que teve início na data da interrupção. Precedentes. Incidência do óbice do art. 896, § 4º, da CLT e da Súmula 333 do TST. Recurso de revista não conhecido" (TST – 7ª T. – RR 1205-47.2010.5.03.0053 – Rel. Min. Luiz Philippe Vieira de Mello Filho – *DEJT* 26-4-2013).

PEDIDO:

A Autora pede que seja afastada a aplicação do 7º, XXIX, CF, no tocante ao prazo prescricional a ser considerado na presente ação, a fim de que seja reconhecida a interrupção do prazo prescricional pelo ajuizamento de ação anterior [número do processo e a Vara do Trabalho], ajuizada em nome do espólio do ex-empregado falecido, nos termos da Súmula 268 do TST, por aplicação do art. 203 do CC e, ainda, por analogia à Súmula 359 do TST (cancelada pela Resolução 121, TST, de 19-11-2003).

3.257. PRESCRIÇÃO
INTERRUPÇÃO POR PROTESTO JUDICIAL

CAUSA DE PEDIR:

A presente demanda é preparatória, a qual se vincula a uma ação trabalhista comum, em que serão pleiteados direitos trabalhistas do Reclamante, sendo que o objeto desta ação é a interrupção da prescrição para discutir os seus direitos trabalhistas violados em uma ação a ser ajuizada futuramente.

Como medida cautelar específica, o protesto é o meio eficaz para a conservação de direitos.

Nos presentes autos, o ajuizamento deste protesto deu-se no dia [indicar a data], o que permite ao Autor propor a demanda trabalhista principal dentro do prazo de cinco anos a contar da data do ajuizamento do protesto, cujo período prescrito seria considerado de [indicar a data] para trás.

Portanto, se o Autor foi admitido em [indicar a data] e dispensado em [indicar a data], o período não prescrito seria de [indicar a data] até [indicar a data].

A prescrição pode ser interrompida apenas uma única vez (art. 202, *caput*, CC).

A doutrina ensina:

> *"Os protestos se prestam à expressão da vontade do requerente, que afirma possuir um direito ou manifesta a intenção de exercitá-lo. Nos termos do art. 867 do CPC/73, 'todo aquele que desejar prevenir responsabilidade, prover a conservação e ressalva de seus direitos ou manifestar qualquer intenção de modo formal, poderá fazer por escrito o seu protesto, em petição dirigida ao juiz, e requerer que do mesmo se intime a quem de direito'. Tem como principal efeito a condição de interromper a prescrição (art. 202, II, do CC), prestando, como se vê do dispositivo mencionado, também para manter ressalva do direito do interessado ou para simplesmente manifestar sua intenção" (MARINO, Luiz Guilherme; ARENHART, Sérgio Cruz. Curso de processo civil: processo cautelar. São Paulo: Revista dos Tribunais, 2008, 4ª tiragem, v. 4, p. 302).*

As hipóteses interruptivas da prescrição são as seguintes: (a) por despacho do juiz, mesmo incompetente, que ordenar a citação, se o interessado a promover no prazo e na forma da lei processual; (b) por protesto judicial; (c) por protesto cambial; (d) pela apresentação do título de crédito em juízo de inventário ou em concurso de credores; (e) por qualquer ato judicial que constitua em mora o devedor; (f) por qualquer ato inequívoco, ainda que extrajudicial, que importe reconhecimento do direito pelo devedor (art. 202, CC).

Ante a aplicação do Código Civil, torna-se evidente que a prescrição pode ser interrompida com o protesto judicial.

É válida a adoção do protesto como forma de interrupção da prescrição em relação ao Direito Material e Processual do Trabalho.

Trata-se de aplicação subsidiária do art. 202, II, do CC (art. 8°, CLT) e do art. 726 e § 1°, CPC (art. 769, CLT).

Na doutrina, encontramos: *"O protesto judicial é a medida prevista no art. 867 (CPC/73). Constitui-se no ato judicial de comprovação de alguma intenção do requerente da medida, como interromper o prazo prescricional e, portanto, conservar o direito da parte. Trata-se de procedimento descrito no livro III do CPC, que retrata o processo cautelar, mas que possui finalidade satisfativa. O ajuizamento de protesto judicial interrompe o prazo prescricional para o ajuizamento da reclamação trabalhista. Não há, assim, incompatibilidade do protesto judicial com o processo trabalhista. Dessa forma, com fundamento no art. 769 da CLT, que prevê a aplicação do processo civil na área trabalhista, o simples ajuizamento do protesto judicial interrompe o biênio prescricional para o ajuizamento da reclamação trabalhista"* (SANTOS, Élisson Miesa dos; CORREIA, Henrique. *Súmulas e orientações jurisprudenciais do TST.* 2.ed. Salvador: Juspodivm, 2012, p. 544).

O TST fixou o entendimento de que o protesto judicial é medida aplicável no processo do trabalho, por força do art. 769, CLT, sendo que o seu ajuizamento, por si só, interrompe o prazo prescricional, em razão da inaplicabilidade do art. 240, § 2°, CPC, que impõe ao autor da ação o ônus de promover a citação do réu, por ser ele incompatível com o disposto no art. 841, CLT (OJ 392, SDI-I).

Isso significa que, com o protesto judicial, a prescrição e a sua interrupção, a contagem da prescrição é reiniciada por inteiro.

Por aplicação do art. 841, da CLT, a notificação é ato de ofício e que é realizado pelo escrivão ou chefe de secretaria, portanto, a data para a interrupção da prescrição é o simples ajuizamento do protesto judicial, sendo inaplicável o disposto no art. 240, § 2°, CPC, o qual atribui ao autor à incumbência quanto à realização da citação.

Reitere-se: basta o simples ajuizamento para se indicar a respeito da interrupção da prescrição trabalhista. Com a interrupção, a partir da data do ajuizamento do protesto, reinicia-se o prazo de cinco anos.

Nos presentes autos, houve o ajuizamento do protesto no dia [indicar a data].

Se o trabalhador ajuizar a demanda dentro do prazo de cinco anos a contar da data do ajuizamento do protesto, o período prescrito seria de [indicar a data] para trás.

Portanto, se o trabalhador foi admitido em [indicar a data] e dispensado em [indicar a data], o período não prescrito seria de [indicar a data] até [indicar a data].

Assim, a presente ação possui todo o escopo legal para pleitear a decretação da interrupção da prescrição, tanto no aspecto quinquenal como no aspecto bienal, determinando que durante o transcorrer deste protesto não haja nenhuma fluência do prazo prescricional, o qual terá novo cômputo a partir do seu trânsito em julgado (coisa julgada formal).

PEDIDO:

Por meio deste protesto judicial, o Autor pretende a interrupção da prescrição tanto no aspecto quinquenal como no aspecto bienal, para toda e qualquer violação do seu contrato de trabalho com a Requerida, devendo a interrupção ocorrer com a data do ajuizamento (art. 202, II, CC; art. 726, CPC). Com a interrupção da prescrição, reinicia-se a contagem do prazo quinquenal por inteiro.

3.258. PRESCRIÇÃO
MENOR DE IDADE. EXTENSÃO DA SUSPENSÃO PARA O POLO ATIVO

CAUSA DE PEDIR:

Primeiramente, antes de adentrar aos pedidos propriamente ditos desta reclamatória, se faz necessário o esclarecimento acerca do prazo prescricional para ajuizamento da presente demanda.

Em que pese a prescrição para propositura de reclamatórias trabalhistas ser regulada pelo art. 7º, XXIX, CF, em que se conta como termo inicial o biênio a partir da ruptura da relação de emprego, faz-se necessário esclarecer, no caso concreto, que referido prazo não se aplica ao caso em tela, uma vez que a temática envolvendo estes autos possui características próprias, que não se sujeitam ao citado dispositivo constitucional.

O polo ativo desta ação é composto pelas Reclamantes [indicar o nome] e [indicar o nome], respectivamente viúva e filha do empregado falecido [indicar o nome], morto em virtude de acidente de trabalho ocorrido por culpa exclusiva da Reclamada. As Reclamantes postulam, na presente demanda, o pagamento de "indenização por danos morais e materiais" pela perda do ente querido e agente provedor do sustento da família.

As Autoras esclarecem que o falecimento do empregado ocorreu na mesma data do acidente, em [indicar a data], ocasião da automática rescisão contratual do trabalhador.

A propositura da presente ação se deu em [indicar a data], e, conforme se depreende dos autos, a ação está sendo ajuizada quando a filha do *de cujus* e uma das Reclamantes do polo ativo conta com [indicar o número] anos de idade, portanto, menor impúbere e absolutamente incapaz à data do ajuizamento desta ação.

Desse modo, verifica-se a suspensão da contagem da prescrição quanto à Reclamante menor de idade e, também, a extensão dos efeitos de tal suspensão prescricional à outra Reclamante, a viúva do empregado falecido.

A prescrição pressupõe, em nível da sua contagem, a violação ao patrimônio ideal ou material do trabalhador.

Segundo dispõe o art. 198, I, do CC: *"Também não corre a prescrição: I – contra os incapazes de que trata o art. 3º".*

O art. 3º dispõe que são absolutamente incapazes de exercer pessoalmente os atos da vida civil os menores de 16 anos.

Por sua vez, o art. 201, CC, enuncia: *"Suspensa a prescrição em favor de um dos credores solidários, só aproveitam os outros se a obrigação for indivisível."*

Nesse contexto, não há prescrição a ser pronunciada.

De fato, em se tratando de obrigação indivisível, a suspensão da prescrição assegurada a menor de 16 anos aproveita aos demais credores solidários, ainda que herdeiros maiores, como a Autora [esposa do *de cujus* e mãe da menor], por aplicação subsidiária do art. 201 do CC.

O direito pleiteado trata-se de herança, que é caracterizada pela sua universalidade (art. 1.791, parágrafo único, CC). Com base nisso, ressalta-se o caráter indivisível do direito hereditário e, dessa forma, *qualquer herdeiro* tem legitimidade para defender toda a pretensão relacionada à herança, o que

Cap. 3 • MODELOS DE CAUSA DE PEDIR E PEDIDOS | 737

pode se levar à conclusão de que a Reclamante viúva possa valer-se da suspensão do prazo prescricional aplicada à Reclamante herdeira menor e absolutamente incapaz, no ato da propositura da presente ação.

Nesse sentido:

"Prescrição. Os filhos do trabalhador falecido eram menores na época do óbito. Não ocorrência de prescrição em relação a esses herdeiros. O Regional adotou o entendimento de que inexiste prescrição a ser declarada com relação aos filhos do de cujus, pois a ação foi proposta em 11-4-2008, e os filhos nasceram nos anos de 1992, 1997 e 2002, com fundamento no art. 440 da CLT, que prevê não correr nenhum prazo prescricional contra os menores de 18 anos. Apesar de a hipótese não se referir ao menor empregado de que trata o citado dispositivo, a prescrição também não flui para os herdeiros menores do trabalhador falecido, consoante o disposto no art. 198, inciso I, do Código Civil, aplicado subsidiariamente ao Direito do Trabalho. Recurso de revista conhecido e desprovido. (...)" (TST – 2ª T. – RR 1360-34.2010.5.04.0017 – Rel. Min. José Roberto Freire Pimenta – *DEJT* 29-11-2013).

"Agravo de instrumento. Recurso de revista. Obrigação indivisível (diferenças de complementação de pensão por morte). Suspensão da prescrição quanto ao herdeiro menor. Extensão dos efeitos aos herdeiros maiores. Possibilidade. Esta Corte pacificou o entendimento de que não flui prazo prescricional contra o herdeiro menor, suspendendo-se o marco inicial da prescrição até que ele se torne absolutamente capaz, consoante se depreende do art. 198, I, do Código Civil de 2002. É que, ao se considerar a morte do obreiro como baliza inicial da lâmina prescricional sem suspender esse prazo para os sucessores menores impúberes, o próprio direito de ação padeceria, em função da ausência de uma das condições da ação (legitimidade ad processum), que só se complementará com a aquisição da capacidade absoluta no futuro, em regra, com a maioridade civil. Por certo que se garante ao incapaz o exercício do direito de ação a qualquer tempo (legitimidade ad causam), antes, inclusive, da data em que o menor completará a maioridade, tendo a representante legal no caso, a mãe – legitimidade para tanto. Todavia, o que se pretende aqui não é resguardar a representação, mas o direito de pleitear eventuais verbas trabalhistas a partir do momento em que os sucessores tenham plena condição jurídica para tal. No caso, falecido o empregado (por acidente do trabalho) em 6-1-1994, e tendo o de cujus deixado dois herdeiros menores impúberes, não há prescrição a ser declarada relativamente aos pleitos da presente reclamação trabalhista proposta em 19-11-2002, tendo em vista a data de nascimento dos sucessores (9-3-1987 e 16-9-1988). Ademais, tratando-se de obrigação indivisível (diferenças de complementação de pensão por morte), a suspensão da prescrição assegurada ao menor de dezesseis anos aproveita aos demais credores solidários, ainda que herdeiros maiores, por aplicação subsidiária do art. 201 do NCCB, o qual repete a norma insculpida no art. 171 do CC de 1916. Precedentes desta Corte. Agravo de instrumento desprovido" (TST – 6ª T. – AIRR 123140-13.2002.5.04.0019 – Rel. Min. Mauricio Godinho Delgado – *DEJT* 12-11-2010).

Assim, em síntese, não há que se falar na aplicação do prazo prescricional previsto no art. 7º, XXIX, da CF/88 ao presente caso, haja vista que não há o cômputo de prescrição contra a Reclamante e herdeira menor, situação que, consequentemente, aproveita a Reclamante viúva e maior, dada a indivisibilidade que caracteriza a postulação das Autoras (danos morais e materiais pela perda do ente familiar e agente provedor da família).

PEDIDO:

As Reclamantes pedem que seja afastado o prazo prescricional do art. 7º, XXIX, CF, com o reconhecimento da suspensão da contagem de prescrição contra a Reclamante e herdeira menor, suspensão esta que deverá ser estendida à Reclamante viúva e maior, dada a indivisibilidade que caracteriza a postulação das Autoras (danos morais e materiais pela perda do ente familiar e agente provedor da família).

3.259. PRESCRIÇÃO
UNICIDADE CONTRATUAL. APLICAÇÃO DA SÚMULA 156 DO TST

CAUSA DE PEDIR:

Primeiramente, antes de adentrar aos pedidos propriamente ditos desta reclamatória, faz-se necessário o esclarecimento acerca do prazo prescricional.

O Reclamante laborou ininterruptamente de [indicar o período] para a 1ª Reclamada, sendo que de [indicar o período] a prestação de serviços se deu por meio de contrato de aprendizado com a 2ª Reclamada.

Durante o período do contrato de aprendizagem foi empregado da 1ª Reclamada, nos moldes do art. 3º da CLT, executando atribuições como se empregado daquela fosse.

Em [indicar a data] teve o contrato de trabalho anotado na CTPS, diretamente com a 1ª Reclamada, sendo que não houve nenhuma alteração quanto à prestação de serviços.

Houve flagrante desvio do instituto do contrato de aprendizagem, artifício utilizado pela 1ª Reclamada tão somente para redução de encargos sociais e trabalhistas, razão pela qual pleiteia o reconhecimento do vínculo empregatício de todo o período com a 1ª Reclamada, com a consequente declaração de nulidade do contrato de aprendizado.

No caso em tela, aplica-se a Súmula 156 do TST:

"Da extinção do último contrato começa a fluir o prazo prescricional do direito de ação em que se objetiva a soma de períodos descontínuos de trabalho".

A prescrição, quando se objetiva a soma de períodos, contínuos ou descontínuos, segundo a iterativa jurisprudência do TST, é computada a partir do término do último período.

Não há afronta ao art. 7º, XXIX, da Constituição Federal.

Havendo pedido de reconhecimento de unicidade contratual, o prazo prescricional bienal somente flui a partir da extinção do último período.

A ação foi proposta em [indicar a data], sendo que o último contrato de trabalho terminou em [indicar a data]. Evidente que houve o respeito ao prazo prescricional bienal.

PEDIDO:

O Autor requer o afastamento da aplicação do art. 7º, XXIX, CF, em relação ao primeiro período do contrato de trabalho pleiteado, nos termos da Súmula 156 do TST.

Cap. 3 • MODELOS DE CAUSA DE PEDIR E PEDIDOS | **739**

3.260. PRESCRIÇÃO BIENAL
NECESSIDADE DE ANÁLISE DE QUESTÃO DE MÉRITO COMO PRELIMINAR PARA ANÁLISE DA PRESCRIÇÃO (JUSTA CAUSA CONTROVERTIDA E PROJEÇÃO DO AVISO PRÉVIO)

CAUSA DE PEDIR:

O Reclamante foi indevidamente dispensado por justa causa em [indicar a data], por abandono de emprego, em razão de faltas, contudo, estas faltas foram justificadas por atestados médicos.

Por tal fato, pleiteia o Reclamante a reversão da justa causa e, consequentemente, o pagamento das verbas rescisórias que são devidas: [mencionar as verbas].

De início, requer o Reclamante o afastamento da prescrição bienal que possa vir a ser reconhecida, tendo em vista que deve ser considerado o lapso de tempo relativo ao aviso-prévio para cômputo da prescrição bienal.

Em relação ao prazo prescricional para ajuizamento da reclamação trabalhista, a Constituição Federal estabeleceu o prazo de cinco anos para o trabalhador urbano, até o limite de dois anos após a extinção do contrato de trabalho, a teor do art. 7º, inciso XXIX.

Assim, para definição dos termos inicial e final do prazo prescricional bienal, é necessária a ciência da exata data de extinção do contrato de trabalho.

Por seu turno, a dispensa por justa causa do empregado somente confere a este o direito ao pagamento de verbas vencidas, que não se afetam pelo modo de rescisão contratual.

Nesta hipótese, caberá exclusivamente o procedimento rescisório de "baixa" na CTPS e entrega do Termo de Rescisão do Contrato de Trabalho, com referência ao tipo de dispensa.

Evidentes os vários prejuízos que sofre o trabalhador que tem imputada contra si uma justa causa que nunca existira, na medida em que não receberia, por exemplo, o pagamento do 13º salário proporcional, férias proporcionais + 1/3, liberação do FGTS + 40%, além do aviso-prévio.

Dentre as funções que o aviso-prévio possui destaca-se a de definir um prazo (mínimo de 30 dias) para o efetivo término do vínculo, que se integra ao contrato de trabalho para todos os fins legais, consoante entendimento cristalizado pela OJ 83, da SBDI-1, do TST: *"A prescrição começa a fluir no final da data do término do aviso-prévio. Art. 487, § 1º, CLT"*.

Sua ausência, portanto, prejudica o trabalhador de forma considerável, pois altera, significativamente, o momento do término do contrato de trabalho, termo inicial do prazo prescricional bienal, antecipando-o em, no mínimo, 30 dias.

Caso haja a descaracterização da justa causa imputada ao Reclamante, o que ora se pleiteia, ser-lhe-á conferida a integração do período do respectivo aviso-prévio ao seu contrato de trabalho, postergando-se em, no mínimo, 30 dias, a extinção contratual e, via de consequência, os termos de início e fim do próprio prazo prescricional de dois anos.

A data da extinção do contrato de trabalho do Autor passaria de [indicar a data] para [indicar a data] e o termo final do prazo da prescrição bienal ocorreria em data posterior ao ajuizamento desta ação [indicar a data].

Do mesmo modo, considerando-se como data do término do contrato o dia [indicar a data], o prazo prescricional bienal findaria em [indicar a data], posteriormente à data de protocolo da petição inicial.

740 | PRÁTICA DA RECLAMAÇÃO TRABALHISTA – *Jorge Neto • Wenzel • Cavalcante*

Afastando-se, então, a "justa causa", não haveria possibilidade de a pretensão do Reclamante estar fulminada pela prescrição bienal.

Assim, tem-se que as matérias referentes à "justa causa" e à "prescrição bienal" encontram-se intimamente interligadas, razão pela qual a análise desta não se pode dar de forma alheia àquela, sendo de rigor, então, que o tema prescricional seja enfrentado juntamente com o mérito e, não, como uma preliminar ou prejudicial deste.

Em casos análogos, decidiu o TST:

"I – AGRAVO DE INSTRUMENTO. RECURSO DE REVISTA. PRESCRIÇÃO BIENAL. TERMO INICIAL. AVISO PRÉVIO. VIOLAÇÃO AO § 1º, DO ART. 487, DA CLT. CONTRARIEDADE À ORIENTAÇÃO JURISPRUDENCIAL Nº 83, DA SBDI-1, AMBAS DESTA CORTE. Autoriza-se o processamento do recurso de revista quando o Acórdão Regional mantém a prescrição bienal reconhecida da sentença, assentando que, mesmo que afastada a justa causa, como pretende o autor, o período do aviso-prévio não se computaria no tempo de serviço do empregado. Possível violação literal ao § 1º, do art. 478, da CLT, e aparente contrariedade à Orientação Jurisprudencial nº 83, da SBDI-1, desta Corte. Agravo de instrumento conhecido e provido. II – RECURSO DE REVISTA. PRESCRIÇÃO BIENAL. TERMO INICIAL. AVISO PRÉVIO. VIOLAÇÃO AO § 1º, DO ART. 487, DA CLT. CONTRARIEDADE À ORIENTAÇÃO JURISPRUDENCIAL Nº 83, DA SBDI-1, AMBAS DESTA CORTE. 1. Consoante entendimento cristalizado pela Orientação Jurisprudencial nº 83, da SBDI-1, desta Corte, a contagem do prazo prescricional começa a fluir da data do término do aviso-prévio, ainda que indenizado. 2. Tendo o reclamante alegado que a extinção do contrato de trabalho ocorreu por iniciativa do reclamado, e não por justa causa, como consta no TRCT, cumpre, antes de apreciar a prescrição bienal arguida, examinar o motivo de extinção do pacto, por ser, no particular, questão prejudicial. 3. Recurso de revista conhecido e provido" (TST – 1ª T. – RR 528-55.2012.5.02.0059 – Rel. Des. Conv. Alexandre Teixeira de Freitas Bastos Cunha – *DEJT* 6-3-2015).

PEDIDO:

Que o juízo *a quo* proceda, primeiramente, à análise do pedido de descaracterização da justa causa para, posteriormente, examinar a questão prescricional.

Cap. 3 • MODELOS DE CAUSA DE PEDIR E PEDIDOS   741

3.261. PRESCRIÇÃO QUINQUENAL DE OFÍCIO
NÃO APLICAÇÃO

CAUSA DE PEDIR:

No Direito do Trabalho, ante a sua autonomia em face dos demais ramos do Direito, são aplicados princípios específicos, entre os quais o Princípio da Proteção, que confere ao empregado, figura hipossuficiente da relação empregatícia, alguns mecanismos, visando a proporcionar-lhe, ao menos, uma paridade jurídica com o empregador.

O reconhecimento de ofício da prescrição, portanto, atentaria, em um primeiro momento, contra o Princípio da Proteção, visto que estaria privilegiando a Reclamada inadimplente, parte mais forte da relação empregatícia e que teria a responsabilidade de arguir mencionada exceção, em detrimento do Reclamante, a quem deve ser conferida a maior proteção no âmbito trabalhista.

Ademais disso, não se pode olvidar que a prescrição, nos moldes do art. 191 do Código Civil, pode ser renunciada pela parte beneficiada, desde que não venha a prejudicar direitos de terceiros. Desta feita, há de ser considerada a possibilidade de o empregador renunciar à prescrição que recairia sobre os créditos trabalhistas do empregado, privilegiando, dessa forma, a parte hipossuficiente da relação de trabalho, ou seja, o empregado.

Assim, ao se reconhecer a prescrição de ofício, retirar-se-á referida prerrogativa da Reclamada de renunciar à prescrição, reduzindo-se, consequentemente, o valor a ser pago ao Reclamante em caso de procedência de sua pretensão e, mais uma vez, afrontando o Princípio da Proteção, norteador do Direito do Trabalho.

Não obstante a isso, importante se faz registrar que entender pela possibilidade de aplicação, de ofício, da prescrição quinquenal, estar-se-ia admitindo dispor de direitos indisponíveis (verbas de natureza alimentar) do empregado, sem a devida manifestação da parte adversa.

É pacífico o posicionamento do TST acerca da inaplicabilidade da prescrição de ofício ao Processo do Trabalho, desde o regramento do CPC/1973 (art. 219, § 5º), ante a incompatibilidade deste preceito com o Princípio da Proteção ao trabalhador:

"RECURSO DE REVISTA. PRESCRIÇÃO. PRONUNCIAMENTO DE OFÍCIO. A jurisprudência perfilhada nesta Corte Superior é pacífica no sentido da impossibilidade de declaração, de ofício, da prescrição no processo do trabalho. Precedentes da SDI-1/TST. Recurso de revista conhecido e provido" (TST – 8ªT. – RR 974-76.2016.5.12.0047 – Relª Minª Dora Maria da Costa – *DEJT* 18-8-2017).

Nesse sentido são os seguintes precedentes proferidos pela SBDI-1 do TST:

"RECURSO DE EMBARGOS REGIDO PELA LEI Nº 11.496/2007. RECURSO DE REVISTA. PRESCRIÇÃO. PRONÚNCIA DE OFÍCIO. IMPOSSIBILIDADE. INCOMPATIBILIDADE DO ARTIGO 219, § 5º, DO CPC COM O PROCESSO DO TRABALHO. O art. 219, § 5º, do CPC, que possibilita a pronúncia de ofício da prescrição pelo juiz, não se aplica subsidiariamente ao Processo do Trabalho, porque não se coaduna com a natureza alimentar dos créditos trabalhistas e com o princípio da proteção ao hipossuficiente. Precedentes desta Subseção Especializada. Recurso de embargos conhecido e não provido" (TST – SBDI-1 – ERR 82841-64.2004.5.10.0016 – Relª Minª Dora Maria da Costa – *DEJT* 7-3-2014).

Por fim, não se pode perder de vista que a Súmula 153 do TST, a qual não foi cancelada após o CPC/2015, dispõe que a arguição da prescrição deve ser feita pela parte interessada, logo, conclui-se não ser possível que o Magistrado a declare, de ofício.

Diante do exposto, o Reclamante requer digne-se Vossa Excelência a não aplicar de ofício a prescrição quinquenal.

PEDIDO:

Requer o Reclamante a não aplicação de ofício da prescrição quinquenal.

Cap. 3 • MODELOS DE CAUSA DE PEDIR E PEDIDOS | 743

3.262. PRESCRIÇÃO TRABALHISTA
EFEITOS DA PANDEMIA. LEI 14.010/20

CAUSA DE PEDIR:

Com o advento da Constituição Federal de 1988, a prescrição trabalhista ganhou *status* constitucional, nos termos do art. 7º, XXIX, que alterou para 5 anos o prazo para o trabalhador postular o pagamento de seu crédito, observado o prazo máximo de 2 anos para o trabalhador ajuizar reclamação trabalhista a contar da extinção do contrato de trabalho.

Da exegese do art. 7º, XXIX, da CF, verifica-se que a prescrição bienal se refere ao prazo para a propositura da ação, iniciando seu cômputo a partir do término do contrato de trabalho.

A prescrição é instituto de direito material, cuja função primordial é a garantia da segurança jurídica na medida em que impõe àquele que teve algum direito lesionado prazo certo para o acionamento do Estado-Juiz a fim de ver a sua pretensão julgada.

O Decreto Legislativo 6/20 (DOU 20-3-2020), reconheceu a ocorrência do estado de calamidade pública, enquanto a Lei 13.979/20 (DOU 7-2-2020) discorreu sobre as medidas para enfrentamento da emergência de saúde pública de importância internacional decorrente do coronavírus.

Evidente o momento de excepcionalidade e de grave crise mundial ora vivenciados, e neste cenário de incertezas, inclusive jurídicas, a Lei 14.010/20 (DOU 12-6-2020) instituiu normas de caráter transitório e emergencial para a regulação de relações jurídicas de Direito Privado em virtude da pandemia do coronavírus (Covid-19).

Dentre suas disposições, tratou da prescrição e da decadência no seu art. 3º, *in verbis*:

"Art. 3º. Os prazos prescricionais consideram-se impedidos ou suspensos, conforme o caso, a partir da entrada em vigor desta Lei até 30 de outubro de 2020.

§ 1º. Este artigo não se aplica enquanto perdurarem as hipóteses específicas de impedimento, suspensão e interrupção dos prazos prescricionais previstas no ordenamento jurídico nacional.

§ 2º. Este artigo aplica-se à decadência, conforme ressalva prevista no art. 207 da Lei nº 10.406, de 10 de janeiro de 2002 (Código Civil)."

Por sua vez, a Lei 13.467/17 deu nova redação ao art. 8º da CLT:

"Art. 8º. As autoridades administrativas e a Justiça do Trabalho, na falta de disposições legais ou contratuais, decidirão, conforme o caso, pela jurisprudência, por analogia, por equidade e outros princípios e normas gerais de direito, principalmente do direito do trabalho, e, ainda, de acordo com os usos e costumes, o direito comparado, mas sempre de maneira que nenhum interesse de classe ou particular prevaleça sobre o interesse público.

§ 1º. O direito comum será fonte subsidiária do direito do trabalho.

§ 2º. Súmulas e outros enunciados de jurisprudência editados pelo Tribunal Superior do Trabalho e pelos Tribunais Regionais do Trabalho não poderão restringir direitos legalmente previstos nem criar obrigações que não estejam previstas em lei.

§ 3º. No exame de convenção coletiva ou acordo coletivo de trabalho, a Justiça do Trabalho analisará exclusivamente a conformidade dos elementos essenciais do negócio jurídico, respeitado o disposto no art. 104 da Lei nº 10.406, de 10 de janeiro de 2002 (Código Civil), e balizará sua atuação pelo princípio da intervenção mínima na autonomia da vontade coletiva."

O Direito do Trabalho é um ramo do Direito Privado, sendo-lhe aplicáveis os princípios e regras do Direito Civil.

Pela nova redação do art. 8º da CLT, especialmente considerando a nova redação do seu § 1º, ampliou-se a possibilidade de integração do direito.

Por isso, aplicam-se ao Direito do Trabalho as hipóteses de suspensão e impedimento da prescrição prevista no art. 3º da Lei 14.010/20.

Assim, os prazos prescricionais trabalhistas estão suspensos de 12-6-2020 a 30-10-2020.

Observe-se que a lei, em nenhum momento, menciona interrupção do prazo prescricional, mas tão somente suspensão e impedimento.

O impedimento da prescrição refere-se a prazos ainda não iniciados. Assim, se o empregador for dispensado a partir da vigência da Lei 14.010/20 (12-6-2020), o prazo prescricional bienal para o ajuizamento da ação iniciará apenas em 31-10-2020, em razão do que dispõe o art. 3º.

Mencione-se ainda que a suspensão e o impedimento aplicam-se também aos prazos decadenciais, na forma do § 2º do art. 3º. O principal prazo de decadência no direito material do trabalho é o inquérito de apuração de falta grave, disciplinado no art. 853 da CLT.

PEDIDO:

Requer o Reclamante a suspensão dos prazos prescricionais trabalhistas de 12-6-2020 a 30-10-2020.

Cap. 3 • MODELOS DE CAUSA DE PEDIR E PEDIDOS | 745

3.263. PRODUÇÃO ANTECIPADA DE PROVAS

CAUSA DE PEDIR:

1. DO CABIMENTO DA PRESENTE AÇÃO:

Nos termos do art. 381, III, do CPC, é cabível a produção antecipada da prova quando o prévio conhecimento dos fatos possa justificar ou evitar o ajuizamento de ação.

O Requerente, em decorrência das fortes dores em seu joelho esquerdo, passou por exame médico no dia [*], sendo afastado mediante auxílio-doença em decorrência da lesão, a qual compromete seu estado de saúde, não podendo precisar a reversibilidade da lesão, tampouco sua extensão, vez que foi recomendado procedimento cirúrgico, o qual não foi realizado até a presente data.

Mencione-se que há justo receio de que a lesão tenha se agravado, sendo necessária a determinação de produção de prova prévia por meio de perícia médica para se apurar a extensão da lesão, o nexo causal com as atividades exercidas na Requerida, bem como o percentual de redução da capacidade laboral, nos moldes dos arts. 381 e 382 do CPC, que viabilizam a produção antecipada de prova.

Por seu turno, na função de operador de empilhadeira, o Requerente manuseava empilhadeiras e efetuava troca de cilindro de gás, contudo, nunca percebeu o adicional de periculosidade.

O CPC/73 e o CPC/2015 conferiram à produção antecipada da prova tratamento bem distinto.

O CPC de 1973 somente autorizava a antecipação da produção da prova que consistisse em interrogatório da parte, inquirição de testemunhas e exame pericial (art. 846).

Já o CPC/2015 não define expressamente quais provas poderão ter a sua produção antecipada, mas, ao tratar da participação dos interessados na prova no procedimento, dispõe que eles poderão requerer a produção de qualquer prova, desde que relacionada ao mesmo fato, salvo se a produção conjunta acarretar excessiva demora (art. 382, § 3º), o que significa que qualquer prova pode ter a sua produção antecipada.

No CPC/73, a antecipação da prova tinha por objetivo assegurar a possibilidade de demonstrar determinado fato, dispondo o seu art. 847, neste sentido, que seria realizado o interrogatório da parte ou a inquirição da testemunha de forma antecipada se ela tivesse de ausentar-se ou se, por motivo de idade ou moléstia grave houvesse justo receio de que ao tempo da instrução do processo já não existia, ou estivesse impossibilitada de depor (trata-se, portanto, de receio de morte ou da perda de capacidade para prestar depoimento), enquanto consoante o seu art. 849, havendo fundado receio de que venha a tornar-se impossível ou muito difícil a verificação de certos fatos na pendência da ação, era admissível a antecipação do exame pericial.

A produção antecipada da prova possuía, portanto, natureza cautelar, na medida em que visava assegurar a possibilidade da demonstração da veracidade de determinado fato nas situações de risco definidas pelo legislador. Tanto isso é verdade que a antecipação da prova era tratada no Livro no qual o CPC disciplinava as medidas cautelares.

Na sistemática adotada pelo CPC/73, a produção antecipada da prova dependia da demonstração de que a possibilidade da produção da prova estava em risco, ou seja, o Requerente deveria demonstrar o *periculum in mora*. No entanto, o CPC/2015 criou um verdadeiro procedimento probatório autônomo ou independente, o que tem como corolário o reconhecimento do direito autônomo à prova, no sentido de direito cujo exercício não se vincula necessariamente a um processo judicial instaurado ou a ser instaurado ou a uma situação de perigo em relação à produção de determinada prova.

Nesse sentido:

"O artigo 381 do novo Código de Processo Civil prevê as hipóteses de cabimento da produção antecipada de prova, agrupando-as em três grupos de casos: (a) perigo de perecimento da prova (inciso I); (b) produção da prova que possa viabilizar autocomposição (inciso II) e (c) possibilidade de que a produção da prova justifique ou evite o ajuizamento da ação. Em verdade, o rol de hipóteses previstas, em razão da vagueza dos termos utilizados, permite que compreenda como viável a produção antecipada de prova em todas as hipóteses (independentemente, ao contrário do que previa o Código Buzaid, da comprovação da urgência na asseguração da prova). A alteração do instituto, para além de modificar a sua natureza (não mais compreendida como medida cautelar), encampa tese defendida há algum tempo em doutrina, no sentido de existência de um direito autônomo à prova (nesse sentido, por todos, YARSHELL, Flavio Luiz. Antecipação da prova sem o requisito da urgência e direito autônomo à prova. São Paulo: Malheiros, 2009). Basta, para que seja viabilizada a produção antecipada, a demonstração de que a prova, uma vez produzida, poderá ter alguma utilidade no sentido de viabilizar ou evitar o ajuizamento de uma demanda ou incentivar que se encontre uma solução consensual para o conflito. Não há mais a necessidade de demonstração de perigo de perecimento da prova. Essa tomada de posição tem por consequência tendencial a utilização do instituto de forma muito mais ampliada, aproximando o sistema brasileiro de um modelo ligado ao prévio conhecimento do acervo probatório disponível, por ambas as partes, antes da propositura da ação. Em última análise, serve para que as partes possam tomar conhecimento ex ante dos riscos inerentes a determinado litígio, diminuindo, assim, assimetria informacional. Nessa medida, permite aos cidadãos que façam escolhas racionais e informadas a respeito do ajuizamento ou não da ação (e da conveniência de eventual autocomposição prévia à discussão judicial). Além disso, o artigo 381 assistematicamente permite a utilização do procedimento autônomo de produção de prova para o arrolamento de bens e para a justificação, quando estes tiverem por finalidade tão somente documentar certos fatos. Para além das hipóteses de cabimento previstas no artigo 381, pode-se cogitar de produção antecipada de prova também quando necessário o incremento da prova com vistas ao alcance de certo standard probatório necessário para a concessão de uma determinada medida ou para viabilizar a quantificação necessária à dedução de pedido líquido." (ABREU, Rafael Sirangelo de. *Novo Código de Processo Civil Anotado.* OAB – Porto Alegre: OAB/RS, 2015, p. 314-315)

Desse modo, consoante o art. 381, I, II e III, do CPC/2015, a prova poderá ser produzida de forma antecipada quando:

a) haja fundado receio de que venha tornar-se impossível ou muito difícil a verificação de certos fatos na pendência do processo;

b) a prova a ser produzida seja suscetível de viabilizar a autocomposição ou outro meio adequado de solução de conflito;

c) o prévio conhecimento dos fatos possa justificar ou evitar o ajuizamento de ação.

Observa-se que o CPC de 2015 não tratou do tema ao disciplinar a tutela de urgência, o que significa dizer que a antecipação da prova não depende, necessariamente, da presença do denominado *periculum in mora*. Essa demonstração somente será exigida quando a pretensão tiver como fundamento o art. 381 do CPC, ou seja, o fundado receio de que venha tornar-se impossível ou muito difícil a verificação de certos fatos na pendência do processo.

Assim, nas hipóteses mencionadas nos incisos II e III do art. 381 do CPC, a prova pode ser produzida com o objetivo de viabilizar a autocomposição ou outro meio adequado de solução de conflito ou verificar a existência de fatos que justificam o ajuizamento de demanda, mesmo que não haja fundado receio de que venha tornar-se impossível ou muito difícil a verificação de certos fatos na pendência do processo.

Cap. 3 • MODELOS DE CAUSA DE PEDIR E PEDIDOS | **747**

Em suma, resta presente o interesse do Autor na produção da prova visando a verificação de fatos que possam justificar o ajuizamento de demanda contra seu empregador.

2. DA APURAÇÃO DA ATIVIDADE PERICULOSA

O Requerente, na função de operador de empilhadeira, manuseava empilhadeiras e efetuava troca de cilindro de gás, fazendo jus ao adicional de periculosidade.

O que justifica a periculosidade é a presença do fator risco. De forma permanente, todos os dias, o Requerente tinha contato com as áreas de risco derivada de líquidos inflamáveis, em função de realizar o abastecimento das empilhadeiras. O Requerente estava em área de risco, a qual é patente ante o teor do item 1º, alínea "d", como também em face do item 2, alínea "s", do Anexo nº 2, NR 16, Portaria 3.214/78.

Esse enquadramento se destina a toda e qualquer atividade em que se tenha o abastecimento de combustíveis, sendo que a permanência do Requerente na área de risco era habitual, rotineira.

Aliás, o conceito jurídico de permanência, contido no art. 193 da CLT não implica a prestação de serviços durante toda a jornada em área de risco, mas o trabalho ou ingresso em local perigoso em virtude do exercício da própria função desempenhada na empresa.

Oportuno destacar que a jurisprudência atual do TST é no sentido de que a exposição ao agente periculoso gás GLP pelo tempo aproximado de 5 minutos não configura exposição eventual ou por tempo extremamente reduzido, em razão da possibilidade de explosões a qualquer instante, mostrando-se devido o adicional de periculosidade:

"I. AGRAVO DE INSTRUMENTO EM RECURSO DE REVISTA NÃO REGIDO PELA LEI 13.015/2014. ADICIONAL DE PERICULOSIDADE. TROCA DE CILINDROS DE GÁS LIQUEFEITO DE PETRÓLEO – GLP. EXPOSIÇÃO PELO TEMPO APROXIMADO DE 5 MINUTOS POR DIA. HABITUALIDADE. Demonstrada possível contrariedade à Súmula 364 do TST, impõe-se o processamento do recurso de revista. Agravo de instrumento provido. II. RECURSO DE REVISTA NÃO REGIDO PELA LEI 13.015/2014. ADICIONAL DE PERICULOSIDADE. TROCA DE CILINDROS DE GÁS LIQUEFEITO DE PETRÓLEO – GLP. EXPOSIÇÃO PELO TEMPO APROXIMADO DE 5 MINUTOS POR DIA. HABITUALIDADE. Incontroverso nos autos que o Reclamante promovia a troca de cilindros de gás liquefeito de petróleo – GLP, uma vez por dia, tarefa que durava cerca de 5 minutos. Dispõe a Súmula 364 do TST que 'Tem direito ao adicional de periculosidade o empregado exposto permanentemente ou que, de forma intermitente, sujeita-se a condições de risco. Indevido, apenas, quando o contato dá-se de forma eventual, assim considerado o fortuito, ou o que, sendo habitual, dá-se por tempo extremamente reduzido. Esta Corte firmou entendimento no sentido de que a expressão 'tempo extremamente reduzido' refere-se não só ao tempo de exposição do trabalhador ao agente periculoso, mas também ao tipo de agente. Pacificou, ainda, que a exposição ao gás GLP pelo período aproximado de 5 minutos não configura contato eventual ou por tempo extremamente reduzido, em razão da possibilidade de explosões a qualquer instante, mostrando-se devido o adicional de periculosidade. Logo, a exposição por curtos períodos descontínuos, porém habituais, periódicos e inerentes à atividade laboral, configura o contato intermitente com o agente periculoso, ensejando o direito do empregado ao adicional respectivo, nos termos da Súmula 364 do TST. Precedentes desta Corte. Recurso de revista conhecido e provido" (TST – 7ª T. – RR 2220-32.2012.5.02.0466 – Rel. Min. Douglas Alencar Rodrigues – *DEJT* 22-3-2016).

Após a constatação de prova pericial *in loco*, portanto, o Reclamante fará jus ao recebimento do adicional de periculosidade no percentual de 30% sobre os salários percebidos durante toda a vigência do contrato de trabalho.

748 | PRÁTICA DA RECLAMAÇÃO TRABALHISTA – *Jorge Neto • Wenzel • Cavalcante*

Sendo assim, requer a produção prévia de perícia técnica para auferir as condições do ambiente de trabalho e averiguação se a atividade era periculosa, uma vez que a perícia é essencial para poder fazer a liquidação de ação futura se restar comprovada a atividade periculosa.

3. DA DOENÇA OCUPACIONAL

O Reclamante, ao operar a empilhadeira, realizava movimentos bruscos e repetitivos, ao acionar o pedal de embreagem, sendo que a mudança de marchas ocorria de 1.000 a 2.000 vezes durante a jornada diária, fator que lhe causou lesão no joelho esquerdo.

Em razão das dores, houve afastamento do labor, com concessão de auxílio-doença, contudo, faz-se necessária a produção de prova prévia por meio de perícia médica para se apurar a extensão da lesão, o nexo causal e a redução da capacidade laboral, visando ação futura de indenização por danos materiais e morais fulcrada na responsabilidade civil do empregador.

Desse modo, a perícia é necessária para apurar o nexo e a extensão da lesão, averiguando se esta foi ocasionada pelos movimentos repetitivos e pelas condições de trabalho que o Requerente era submetido diariamente.

4. DA NECESSIDADE E DO OBJETO DA PRODUÇÃO ANTECIPADA DA PROVA PERICIAL

A presente ação se faz necessária para a apuração da real redução da capacidade laboral do Requerente, a qual somente será possível após a realização de perícia médica, bem como a apuração da existência de labor em condições periculosas, que somente será possível com a realização de perícia técnica, de forma a propiciar lastro probatório mínimo para o ajuizamento de futura demanda na qual se pleitearão indenizações por danos morais e materiais, bem como adicional de periculosidade, possibilitando ainda a correta liquidação da inicial, devido às alterações impostas pela Lei 13.467/17.

Portanto, para a propositura da referida ação, é indispensável a realização de provas técnicas, para que seja apurada a lesão, o nexo causal e a redução da capacidade laborativa, bem como se a atividade do Requerente era periculosa.

Desse modo, resta ao Requerente produzir antecipadamente a prova pericial, com fito único de viabilizar a veracidade dos fatos que irá alegar em ação principal.

PEDIDO:

Pelo exposto, requer:

(a) a designação de perícia médica para apuração da redução da capacidade laborativa, se permanente ou temporária, bem como o nexo causal da doença com as atividades laborais;

(b) a designação de perícia técnica para apuração da periculosidade, devendo o Requerente ser intimado da vistoria a ser realizada, para acompanhamento;

(c) a concessão dos benefícios da justiça gratuita nos termos da lei;

(d) que a Requerida junte aos autos os exames períodos, admissional e os atestados médicos em seu poder, sob pena da aplicação do art. 400 do CPC;

(e) a notificação da Requerida, para que, em querendo, acompanhe a perícia requerida e apresente quesitos técnicos.

Cap. 3 • MODELOS DE CAUSA DE PEDIR E PEDIDOS | **749**

3.264. RECLAMATÓRIA TRABALHISTA COMPLETA
MODELO COMPLETO, COM OS SEGUINTES TEMAS: TERCEIRIZAÇÃO ILÍCITA. RECONHECIMENTO DE VÍNCULO COM TOMADOR E PEDIDOS ACESSÓRIOS: INICIAL AJUIZADA EM FACE DE DOIS RECLAMADOS, SENDO O 1° RECLAMADO O TOMADOR DE SERVIÇOS E A 2ª RECLAMADA UMA EMPRESA TERCEIRIZADA

O modelo possui os seguintes fatos e fundamentos jurídicos: ((a) Gratuidade judiciária; (b) Vínculo com a 2ª Reclamada. Anotação na CTPS. Condenação solidária das duas empresas Reclamadas. Dano moral pela ausência do registro; (c) Pedido sucessivo (art. 326 do CPC). Do contrato de trabalho com a 1ª Reclamada. Anotação na CTPS. Dano moral pela ausência do registro. Condenação subsidiária da 2ª Reclamada ante o teor da Súmula 331 do Tribunal Superior do Trabalho; (d) Direitos trabalhistas decorrentes da ausência do registro. Depósitos fundiários (8% sobre a remuneração mensal) e o 13° salário de 2007; (e) Do acidente de trabalho. A não emissão do CAT. Dano moral e material pela não emissão do CAT pelas Reclamadas; (f) Acidente de trabalho. Obrigação de recolhimento das contribuições previdenciárias. Art. 15, § 5°, Lei 8.036/90; (g) Estabilidade art. 118 da Lei 8.213/91; (h) Tutela antecipada.

EXCELENTÍSSIMO SENHOR DOUTOR JUIZ DA MM. VARA DO TRABALHO DE SÃO PAULO-SP.

(10 cm)

Tionet Citonet Bionec, brasileiro, casado, portador do RG [indicar o número] e do CPF [indicar o número], CTPS [indicar o número], PIS [indicar o número], nascido em [indicar a data], com residência e domicílio na Rua [indicar o endereço], São Paulo, SP, CEP [indicar o número], filho de [indicar o nome da mãe], por seus advogados infra-assinados, neste ato legalmente constituídos por instrumento particular de procuração [doc. ...], vem à presença de Vossa Excelência, com fulcro no art. 840, *caput* e § 1° da CLT, propor a presente

RECLAMAÇÃO TRABALHISTA

contra as pessoas jurídicas de direito privado: FFJN Empreiteira de Construções LTDA, na pessoa de seu representante legal, com a devida inscrição no CNPJ [indicar o número], situada na Rua [indicar o endereço], cidade: São Paulo, Estado: São Paulo, CEP [indicar o número], e Stuart Incorporações e Construções S/A, na pessoa de seu representante legal, inscrita no CNPJ [indicar o número], situada na Rua [indicar o endereço], bairro: Itaim, cidade: São Paulo, Estado: São Paulo, CEP [indicar o número], pelos motivos de fato e de direito infraexpostos:

264.1. Gratuidade judiciária.

A assistência judiciária engloba o teor da justiça gratuita, como bem aponta Valentin Carrion, *in verbis*: *"Assistência judiciária é o benefício concedido ao necessitado de, gratuitamente, movimentar o processo e utilizar os serviços profissionais de advogado e dos demais auxiliares da Justiça, inclusive os peritos. Assistência judiciária é o gênero e justiça gratuita a espécie; esta é a isenção de emolumentos dos serventuários, custas e taxas"* (*Comentários à Consolidação das Leis do Trabalho. 28. ed. São Paulo: Saraiva, 2008, p. 577*).

A justiça gratuita pode ser reconhecida em qualquer fase processual, consoante o teor do art. 99, CPC (OJ 269, I, SDI-I).

De acordo com a Lei 7.115/83, no seu art. 1°, *caput*, a declaração pode ser firmada pelo próprio interessado ou por procurador com poderes específicos para esse fim (Súmula 463, I, do TST).

O Reclamante é pessoa humilde, não estando em condições de arcar com as despesas processuais, portanto, requer a concessão dos benefícios da justiça gratuita (art. 5°, LXXIV, CF; artigos 14 e seguintes da Lei 5.584/70; art. 99, §§ 1° e 3°, CPC; Lei 1.060/50 e Lei 7.115/83).

A declaração [doc. ...] atende ao disposto na legislação.

O fato de o Reclamante não estar assistido pela entidade sindical não é motivo para se indeferir a concessão da gratuidade judiciária.

Não se pode confundir a assistência judiciária com a justiça gratuita.

Se assim o fosse, *ad argumentandum*, como é que se justifica a faculdade legal que é dada ao magistrado quanto à isenção das custas, quando o trabalhador aufere salário igual ou inferior a 40% do limite máximo dos benefícios do Regime Geral de Previdência Social (art. 790, § 3°, CLT).

Diante da prova de insuficiência de recursos que ora se junta [doc. ★], requer o Reclamante a isenção do pagamento das custas processuais, nos termos do art. 790, § 4°, da CLT.

264.2. *Do contrato de trabalho com a 2ª Reclamada. Anotação na CTPS. Condenação solidária das duas empresas Reclamadas. Dano moral pela ausência do registro.*

2.1. Preliminarmente, informa o Reclamante que não houve demissão por parte do Reclamado ou pedido de demissão por sua parte, estando somente suspenso o contrato de trabalho, contudo, ajuíza a presente demanda, com o firme propósito de ver declarados e cumpridos direitos básicos de qualquer trabalhador, como se verá adiante.

Convém ser dito que, apesar da presença de todos os requisitos do art. 3°, CLT, o Reclamante não foi registrado por nenhuma das duas Reclamadas.

2.2. O Reclamante trabalha como pedreiro para a 2ª Reclamada desde [indicar a data], percebendo o salário de R$ [indicar o valor] mensais em média, que poderia sofrer alterações conforme a metragem trabalhada.

O salário é pago mensalmente por meio de cheque que é sacado diretamente na boca do caixa.

Ocorre que o Reclamante, apesar de ter sido contratado pela 1ª Reclamada, trabalha diretamente e pessoalmente na obra da empresa tomadora dos serviços terceirizados, 2ª Reclamada.

O Reclamante cumpre e observa as ordens emanadas diretamente de funcionários da empresa tomadora de serviços, inclusive, cumprindo os horários por eles estabelecidos, evidenciando, assim, a existência dos requisitos da pessoalidade e da subordinação direta com a empresa tomadora.

2.3. Diante das assertivas já narradas, o Reclamante solicita o reconhecimento do vínculo de emprego com a 2ª Reclamada, a partir de [indicar a data], além da anotação da função de pedreiro e com o salário de R$ [indicar o valor] pagos por mês e à base de metragem trabalhada.

O contrato será anotado pela 2ª Reclamada sob pena de pagamento de uma multa diária à base de [indicar o valor]. A multa haverá de ser deferida e calculada após o decurso do prazo de 48 horas para a anotação em CTPS, se a determinação não vier a ser cumprida.

Além da anotação, é imperioso que se tenha à expedição de ofícios para: SRTE, INSS e CEF.

2.4. A ausência do registro implica uma série de transtornos e constrangimentos ao patrimônio ideal do trabalhador, acarretando, assim, o dano moral, os quais devem ser ressarcidos na forma do art. 186, CC, e art. 5°, V e X, CF.

Pela ausência do registro, o Reclamante se vê prejudicado nos seguintes aspectos: (a) a ausência da prova da condição de empregado; (b) a não percepção de benefícios previdenciários e acidentários;

Cap. 3 • MODELOS DE CAUSA DE PEDIR E PEDIDOS | **751**

(c) o não reconhecimento das contribuições previdenciárias; (d) o não recolhimento das contribuições fundiárias; (e) o não gozo dos direitos trabalhistas.

Todos esses aspectos violam de forma direta o patrimônio ideal do trabalhador, na medida em que os direitos trabalhistas são de natureza alimentar.

Em suma: a ausência do registro implica negar ao Reclamante uma série de direitos. Pela ausência, o patrimônio ideal do trabalhador é afetado, gerando, assim, o direito a uma indenização por dano moral, a qual deverá ser arbitrada em R$ [indicar o valor].

2.5. Pela fraude perpetrada pelas duas empresas, diante da ausência do registro do trabalhador, que se tenha à condenação solidária da 1ª Reclamada e da 2ª Reclamada, na forma do art. 942, CC.

A jurisprudência impõe:

"Agravo de instrumento. Recurso de revista. Pressupostos pela redação da CLT vigente na data de interposição do recurso e anterior à lei 13.015/2014. Responsabilidade solidária. Contratação temporária ilícita. A responsabilidade solidária da agravante decorreu da percepção de que a contratação temporária do reclamante fora feita ao arrepio da Lei 6.019/74, pois não houve provas da carência transitória de pessoal permanente ou do pretenso acréscimo extraordinário de serviços, hipóteses imprescindíveis para a licitude defendida pela agravante, nos termos do art. 2º da mencionada lei. Além disso, evidenciou o Acórdão que a contratação ocorrera para 12 meses, em nítida demonstração de não se tratar dos casos autorizadores do trabalho temporário. Asseverado ainda que 'a contratação compreendia mais de 5.000 trabalhadores por ano, como carteiros e operadores de triagem, ou seja, atividade fim dos correios'. O panorama traçado pelo Regional não alberga a afirmação recursal no sentido de que tais hipóteses excepcionais e transitórias estariam presentes. Para tanto, seria necessário o reexame dos fatos e das provas, o que é inviável neste momento processual, à luz da Súmula 126 do TST. Assim, diante da realidade captada no 2º grau de jurisdição e da previsão consubstanciada no art. 942 do CCB, não se vislumbram as ofensas legais e constitucionais apontadas pela agravante. Agravo conhecido e desprovido" (TST – AIRR 0001554-72.2013.5.09.0863 – Rel. Des. Conv. Cláudio Soares Pires – DJe 6-3-2015 – p. 1.783).

264.3. Pedido sucessivo (art. 326, caput, CPC). Do contrato de trabalho com a 1ª Reclamada. Anotação na CTPS. Dano moral pela ausência do registro. Condenação subsidiária da 2ª Reclamada ante o teor da Súmula 331 do Tribunal Superior do Trabalho e o art. 5º-A, § 5º, Lei 6.019/74 com a redação dada pela Lei 13.429/17.

3.1. Se Vossa Excelência entender que o complexo fático não autoriza a anotação do contrato de trabalho com a 2ª Reclamada, que se tenha o reconhecimento da relação empregatícia com a 1ª Reclamada, de acordo com a data de admissão, salário e a função já indicados.

3.2. O Reclamante solicita o reconhecimento do vínculo de emprego com a 1ª Reclamada, a partir de [indicar a data], além da anotação da função de pedreiro e com o salário de R$ [indicar o valor], pagos por mês e à base de metragem trabalhada

O contrato será anotado pela 1ª Reclamada sob pena de pagamento de uma multa diária no equivalente a [indicar o número] salários mínimos. A multa haverá de ser deferida e calculada após o decurso do prazo de 48 horas para a anotação em CTPS, se a determinação não vier a ser cumprida.

Além da anotação, é imperioso que se tenha a expedição de ofícios para: SRTE, INSS e CEF.

3.3. Como dito no tópico 3º, a ausência do registro implica uma série de transtornos e constrangimentos ao patrimônio ideal do trabalhador, acarretando, assim, o dano moral, os quais devem ser ressarcidos na forma do art. 186, CC, e art. 5º, V e X, CF, gerando, assim, o direito a uma indenização por dano moral, a qual deve ser arbitrada em R$ [indicar o valor].

O dano moral há de ser imposto à 1ª Reclamada e de forma subsidiária à 2ª Reclamada de acordo com o tópico IV da Súmula 331,TST.

Quanto à responsabilidade da 2ª Reclamada, assevere-se que é patente à incidência da Súmula 331 do TST e do art. 5º-A, § 5º, Lei 6.019/74, a qual agasalha a responsabilidade civil objetiva indireta pela terceirização.

A empresa tomadora, pela escolha e pela vigilância, é responsável subsidiária pelos débitos trabalhistas dos empregados da empresa prestadora.

A responsabilidade será subsidiária e nas seguintes hipóteses: (a) se a 1ª Ré não tiver bens; (b) se os bens da 1ª não forem localizados ou se forem insuficientes; (c) não se admite a desconsideração da personalidade jurídica da empresa prestadora para a imputação da devedora subsidiária na medida em que a desconsideração é um benefício concedido ao credor e não ao devedor subsidiário.

Nessas hipóteses, a execução irá abranger o crédito exequendo e as demais despesas processuais.

A responsabilidade da 2ª Reclamada abrangerá todo o período não prescrito e todas as verbas decorrentes do contrato de trabalho.

Convém ser dito que a 2ª Reclamada não pode invocar o teor da OJ 191, SDI-I, visto que é uma empresa construtora e incorporadora.

264.4. Direitos trabalhistas decorrentes da ausência do registro. Depósitos fundiários (8% sobre a remuneração mensal) e o 13º salário de 2007.

O Reclamante, diante da ausência do registro na sua CTPS, tem direito à percepção do 13º salário e à base de 8/12, a ser calculado sobre o salário de R$ [indicar o valor].

O Reclamante, diante da ausência do registro na sua CTPS, tem direito à percepção do recolhimento fundiário à base mensal de 8% sobre o salário de R$ [indicar o valor].

Se o vínculo for reconhecido com a 2ª Reclamada, pela fraude na terceirização, impõe-se a condenação solidária das duas empresas.

Se o vínculo for reconhecido com a 1ª Reclamada, de acordo com a OJ 191, SDI-I, Súmula 331, IV, TST e o art. 5º-A, § 5º, Lei 6.019/74, impõe-se a condenação subsidiária da 2ª Reclamada.

264.5. Do acidente de trabalho. A não emissão do CAT. Dano moral e material pela não emissão do CAT pelas Reclamadas.

5.1. Em 14 de fevereiro de 2008, o Reclamante trabalhou na obra da 2ª Reclamada [indicar endereço da obra] até por volta das 17h30min.

No retorno para a sua residência, em torno de uns dez minutos do local da obra, o Reclamante veio a sofrer um acidente de trânsito [indicar a data].

Em virtude desse acidente de trânsito, até a presente data, o Reclamante está internado e em estado grave.

Pelas ponderações fáticas, dúvidas não há de que o acidente se equipara a um acidente de trabalho (art. 21, IV, "d", Lei 8.213/91).

Evidente que o referido acidente se caracteriza como *in itinere* por ter ocorrido quando o Reclamante estava em percurso do trabalho para casa, o que é incontroverso, pelo fato do acidente ter ocorrido logo após a saída do trabalho e no sentido do caminho de volta para casa.

Por ser um acidente de trabalho, por imposição legal, o CAT deveria ter sido emitido pelas Reclamadas (art. 22, Lei 8.213).

Cap. 3 • MODELOS DE CAUSA DE PEDIR E PEDIDOS | **753**

Assim, o Reclamante tem direito de estar afastado por auxílio-doença acidentário.

Contudo, pelo fato de não estar devidamente registrado e por não ter havido a devida emissão do CAT, o Reclamante não conseguiu imediatamente o referido benefício que lhe é devido por lei.

Como já mencionado, o art. 21, IV, "d", da Lei 8.231 equipara ao acidente de trabalho aquele sofrido pelo segurado *"no percurso da residência para o local de trabalho ou deste para aquela, qualquer que seja o meio de locomoção"*, garantindo-se assim o direito da emissão da CAT, que até a presente data não foi emitida pelas Reclamadas.

5.2. É obrigação legal e moral das Reclamadas a emissão imediata do CAT por acidente de trabalho, garantindo, assim, ao Reclamante o direito de solicitar o benefício no INSS, para ter condições de sobreviver e até resolver a sua situação de saúde.

Portanto, solicitamos a Vossa Excelência que as Reclamadas sejam compelidas a emitir o CAT para o Reclamante, em sede de tutela antecipada (arts. 294 e ss., CPC; arts. 536 e 537, CPC), sob pena do pagamento diário de uma multa a ser arbitrada por Vossa Excelência e revertida ao Reclamante.

Se o vínculo for reconhecido com a 2ª Reclamada, pela fraude na terceirização, impõe-se a condenação desta empresa na concessão do CAT.

Se o vínculo for reconhecido com a 1ª Reclamada, impõe-se a condenação desta empresa na concessão do CAT.

5.3. Pela não emissão do CAT e pelo não registro do Reclamante e pela ausência dos recolhimentos previdenciários, é imperioso que o Reclamante seja ressarcido de todos os prejuízos materiais.

Por tais prejuízos materiais, temos o pagamento de uma pensão mensal equivalente ao salário do Reclamante, a partir da data do afastamento e até o momento da regularização do pagamento do benefício do INSS pelo acidente de trabalho; o valor mensal seria de R$ [indicar o valor].

Essa responsabilidade deriva do art. 186, CC, estando demonstrada a responsabilidade civil subjetiva: (a) omissões: (1) o não registro; (2) a não emissão do CAT; (b) nexo causal: tais omissões levam a não concessão do benefício acidentário pelo INSS; (c) dano material: ausência do benefício acidentário; (d) culpa: a fraude na terceirização com a total falta de cumprimento das leis trabalhistas e previdenciárias, se o vínculo for com a 2ª Reclamada; ou a fraude no não registro por parte da 1ª Reclamada, com a total falta de cumprimento das leis trabalhistas e previdenciárias.

Portanto, solicitamos a Vossa Excelência que as Reclamadas sejam compelidas a pagar uma pensão mensal, em sede de tutela antecipada (arts. 294 e ss., CPC; arts. 536 e 537, CPC), sob pena do pagamento diário de uma multa a ser arbitrada por Vossa Excelência e revertida ao Reclamante.

Se o vínculo for reconhecido com a 2ª Reclamada, pela fraude na terceirização, impõe-se a condenação solidária das duas empresas.

Se o vínculo for reconhecido com a 1ª Reclamada, de acordo com a OJ 191, SDI-I, Súmula 331, IV, TST e o art. 5º-A, § 5º, Lei 6.019/74, impõe-se a condenação subsidiária da 2ª Reclamada.

5.4. Como já foi dito, a ausência do registro implica uma série de transtornos e constrangimentos ao patrimônio ideal do trabalhador, acarretando, assim, o dano moral, os quais devem ser ressarcidos na forma do art. 186, CC, e art. 5º, V e X, CF.

A omissão da Reclamada resultou em ofensa à esfera moral do Reclamante (art. 223-B, CLT).

Oportuno destacar que o art. 223-C da CLT traz a honra, a imagem e a autoestima como bens inerentes à pessoa física juridicamente tutelados.

A ausência do registro, além da não emissão do CAT, implicaram uma série de maiores constrangimentos ao Reclamante e aos seus familiares.

O Reclamante não pode auferir o benefício acidentário para pagar as despesas da sua família, tais como: aluguel, alimentação, transporte, vale dizer, despesas básicas de toda e qualquer família.

Logo, todos esses aspectos violam de forma direta o patrimônio ideal do trabalhador, na medida em que os direitos trabalhistas são de natureza alimentar.

Tanto o Reclamante como sua família precisam sobreviver durante o período em que o Reclamante encontra-se impossibilitado de trabalhar e prover o sustento de sua família.

Na forma do art. 186 do CC, art. 5º, V e X, da CF, o Reclamante pleiteia o equivalente a R$ [indicar o valor].

Se o vínculo for reconhecido com a 2ª Reclamada, pela fraude na terceirização, impõe-se a condenação solidária das duas empresas.

Se o vínculo for reconhecido com a 1ª Reclamada, de acordo com a OJ 191, SDI-I, Súmula 331, IV, TST e o art. 5º-A, § 5º, Lei 6.019/74, impõe-se a condenação subsidiária da 2ª Reclamada.

264.6. *Acidente de trabalho. Obrigação de recolhimento das contribuições fundiárias. Art. 15, § 5º, Lei 8.036/90.*

Como o afastamento do Reclamante é em decorrência de acidente de trabalho, tem-se a obrigatoriedade do recolhimento fundiário a partir do dia [indicar a data] em diante e até a data em que houver a duração dessa suspensão contratual.

Se o vínculo for reconhecido com a 2ª Reclamada, pela fraude na terceirização, impõe-se a condenação solidária das duas empresas.

Se o vínculo for reconhecido com a 1ª Reclamada, de acordo com a OJ 191, SDI-I, Súmula 331, IV, TST e o art. 5º-A, § 5º, Lei 6.019/74, impõe-se a condenação subsidiária da 2ª Reclamada.

264.7. *Estabilidade art. 118 da Lei 8.213/91.*

Se após a data de uma eventual alta, o Reclamante tiver condições de retornar ao trabalho, a Reclamada deverá respeitar o emprego pelo prazo mínimo de 12 meses em consonância com o art. 118 da Lei 8.213/91, além da incidência desse período em férias, abono de férias, depósitos fundiários e a gratificação natalina.

Se o vínculo for reconhecido com a 2ª Reclamada, pela fraude na terceirização, impõe-se a condenação solidária das duas empresas.

Se o vínculo for reconhecido com a 1ª Reclamada, de acordo com a OJ 191, SDI-I, Súmula 331, IV, TST e o art. 5º-A, § 5º, Lei 6.019/74, impõe-se a condenação subsidiária da 2ª Reclamada.

264.8. *Tutela antecipada.*

Por todos os fundamentos pretendidos (ausência do registro; ausência de emissão do CAT; prejuízos no pagamento do benefício acidentário), é mister salientar que, em sede de cognição sumária, temos: (a) o *fumus boni iuris*, isto é, a ocorrência do acidente de trabalho pelo trajeto e a necessidade da emissão do CAT para fins de percepção do benefício acidentário; (b) o *periculum in mora*, ou seja, a demora na prestação jurisdicional que inviabiliza a própria subsistência do trabalhador e principalmente de sua família, diante da ausência de qualquer salário pelo acidente e de qualquer benefício pela ausência do registro e a não emissão do CAT.

A antecipação de tutela (expedição do CAT; pagamento da pensão equivalente ao salário) é requerida com base nos arts. 294 e ss., CPC; arts. 536 e 537, CPC, de cuja aplicação subsidiária se vale o Reclamante, de acordo com o art. 769, CLT, sob pena de pagamento de uma multa diária a ser arbitrada por Vossa Excelência.

Cap. 3 • MODELOS DE CAUSA DE PEDIR E PEDIDOS | 755

PEDIDO:

Diante dos fatos apresentados, espera a procedência dos pedidos, condenando a Reclamada quanto àquelas obrigações de pagar e de fazer, acrescida de juros e correção, nos seguintes termos:

(a) concessão dos benefícios da gratuidade da justiça;

(b) reconhecimento do vínculo de emprego com a 2ª Reclamada, acatando-se as datas de entrada e saída, o salário e a função. O contrato será anotado pela 2ª Reclamada sob pena de pagamento de uma multa diária à base de [indicar o número] salários mínimos. A multa haverá de ser deferida e calculada após o decurso do prazo de 48 horas para a anotação em CTPS, se a determinação não vier a ser cumprida. Além da anotação, é imperioso que se tenha à expedição de ofícios para: SRTE, INSS e CEF;

(c) a ausência do registro implica negar ao Reclamante uma série de direitos. Pela ausência, o patrimônio ideal do trabalhador é afetado, gerando, assim, o direito a uma indenização por dano moral, a qual é requerida e à base de R$ [indicar o número]. Pela fraude perpetrada pelas duas empresas, diante da ausência do registro do trabalhador, que se tenha à condenação solidária da 1ª Reclamada e da 2ª Reclamada, na forma do art. 942, CC;

   (c.1) de forma sucessiva, se Vossa Excelência entender que o complexo fático não autoriza a anotação do contrato de trabalho com a 2ª Reclamada, que se tenha o reconhecimento da relação empregatícia com a 1ª Reclamada, de acordo com a data de admissão, salário e a função já indicados. O contrato será anotado pela 1ª Reclamada sob pena de pagamento de uma multa diária equivalente a [indicar o número] salários mínimos. A multa haverá de ser deferida e calculada após o decurso do prazo de 48 horas para a anotação em CTPS, se a determinação não vier a ser cumprida. Além da anotação, é imperioso que se tenha a expedição de ofícios para: SRTE, INSS e CEF. A ausência do registro implica uma série de transtornos e constrangimentos ao patrimônio ideal do trabalhador, acarretando, assim, o dano moral, os quais devem ser ressarcidos na forma do art. 186, CC e art. 5º, V e X, da CF, gerando, assim, o direito a uma indenização por dano moral, a qual é requerida em R$ [indicar o número]. O dano moral há de ser imposto à 1ª Reclamada e de forma subsidiária à 2ª Reclamada de acordo com o tópico IV da Súmula 331, TST;

   (c.2) responsabilidade solidária/subsidiária entre as Reclamadas;

(d) diante da ausência do registro na sua CTPS, tem direito à percepção do: 1) 13º salário e à base de 8/12, a ser calculado sobre o salário de R$ [indicar o valor]; 2) recolhimento fundiário à base mensal de 8%. Se o vínculo for reconhecido com a 2ª Reclamada, pela fraude na terceirização, impõe-se a condenação solidária das duas empresas. Se o vínculo for reconhecido com a 1ª Reclamada, de acordo com a OJ 191, SDI-I, e Súmula 331, IV, TST, impõe-se a condenação subsidiária da 2ª Reclamada;

(e) solicitamos a Vossa Excelência que as Reclamadas sejam compelidas a emitir o CAT para o Reclamante, em sede de tutela antecipada, sob pena do pagamento diário de uma multa a ser arbitrada por Vossa Excelência e revertida ao Reclamante. Se o vínculo for reconhecido com a 2ª Reclamada, pela fraude na terceirização, impõe-se a condenação desta empresa na concessão do CAT. Se o vínculo for reconhecido com a 1ª Reclamada, impõe-se a condenação desta empresa na concessão do CAT;

(f) pela não emissão do CAT e pelo não registro do Reclamante e pela ausência dos recolhimentos previdenciários, é imperioso que o Reclamante seja ressarcido de todos os prejuízos materiais. Por tais prejuízos materiais, temos o pagamento de uma pensão mensal equivalente ao salário do Reclamante, a partir da data do afastamento e até o momento da regularização do pagamento do beneficio do INSS pelo acidente de trabalho; o valor mensal seria de R$ [indicar o valor]. Solicitamos a Vossa Excelência que as Reclamadas sejam compelidas a pagar uma pensão mensal, em sede de tutela antecipada, sob pena do pagamento diário de uma multa a ser arbitrada por Vossa Excelência e revertida ao Reclamante. Se o vínculo for reconhecido com a 2ª Reclamada, pela fraude na terceirização, impõe-se a condenação solidária das duas empresas. Se o vínculo for reconhecido com a 1ª Reclamada, de acordo com a OJ 191, SDI-I, Súmula 331, IV, TST e o art. 5°-A, § 5°, Lei 6.019/74, impõe-se a condenação subsidiária da 2ª Reclamada;

(g) a ausência do registro, além da não emissão do CAT, implicaram uma série de maiores cons- trangimentos ao Reclamante e aos seus familiares. O Reclamante não pode auferir o benefício acidentário para pagar as despesas da sua família, tais como: aluguel, alimentação, transporte, vale dizer, despesas básicas de toda e qualquer família. Logo, todos esses aspectos violam de forma direta o patrimônio ideal do trabalhador, na medida em que os direitos trabalhistas são de natureza alimentar. Tanto o Reclamante como sua família precisam sobreviver durante o período em que o Reclamante se encontra impossibilitado de trabalhar e prover o sustento de sua família. Na forma do art. 186 do CC, art. 5°, V e X, CF, o Reclamante pleiteia o equivalente a R$ [indicar o valor]. Se o vínculo for reconhecido com a 2ª Reclamada, pela fraude na terceirização, impõe-se a condenação solidária das duas empresas. Se o vínculo for reconhecido com a 1ª Reclamada, de acordo com a OJ 191 e Súmula 331, IV, e o art. 5°-A, § 5°, Lei 6.019/74 impõe-se a condenação subsidiária da 2ª Reclamada;

(h) como o afastamento do Reclamante é em decorrência de acidente de trabalho, tem-se a obri- gatoriedade do recolhimento fundiário a partir do dia [indicar a data] em diante e até a data em que houver a duração dessa suspensão contratual. Se o vínculo for reconhecido com a 2ª Reclamada, pela fraude na terceirização, impõe-se a condenação solidária das duas empresas. Se o vínculo for reconhecido com a 1ª Reclamada, de acordo com a OJ 191 e Súmula 331, IV e o art. 5°-A, § 5°, Lei 6.019/74 impõe-se a condenação subsidiária da 2ª Reclamada;

(i) se após a data de uma eventual alta, o Reclamante tiver condições de retornar ao trabalho, a Reclamada deverá respeitar o emprego pelo prazo mínimo de 12 meses em consonância com o art. 118 da Lei 8.213/91, além desse período em férias, abono de férias, depósitos fundiários e a gratificação natalina. Se o vínculo for reconhecido com a 2ª Reclamada, pela fraude na terceirização, impõe-se a condenação solidária das duas empresas. Se o vínculo for reconhecido com a 1ª Reclamada, de acordo com a OJ 191 e Súmula 331, IV e o art. 5°-A, § 5°, Lei 6.019/74, impõe-se a condenação subsidiária da 2ª Reclamada;

(j) juros e correção monetária na forma da lei (Súmula 368, TST);

(l) *descontos de contribuição previdenciária e de Imposto de Renda na forma da lei, sendo que os juros não devem ser base de cálculo do Imposto de Renda (OJ 400, SDI-I, TST).*

DOS REQUERIMENTOS

Para tanto, requer a citação e intimação das Reclamadas para que compareçam em audiência, e, nesta oportunidade, ofereçam defesa, sob pena de revelia e seus efeitos, em especial, a confissão quanto à matéria fática. Ao final, sejam os pedidos julgados procedentes, condenando as Reclamadas ao paga- mento de todas as verbas postuladas, acrescidas de juros e correção monetárias, custas processuais e quaisquer outras cominações legais.

Provará o alegado por todos os meios de prova em Direito admitidas, em especial, pelo depoi- mento pessoal do representante da Reclamada ou seu preposto (das duas empresas), sob pena de

Cap. 3 • MODELOS DE CAUSA DE PEDIR E PEDIDOS | 757

confissão, oitiva de testemunhas, juntada de novos documentos, perícias técnicas e médicas, bem como os demais elementos de provas que se fizerem necessárias à formação do livre convencimento deste Insigne Magistrado.

Dá-se à causa o valor de R$ [indicar o valor] para efeito de alçada.

Termos em que

pede deferimento.

Local, dia/mês/ano.

Advogado

OAB

3.265. RECLAMATÓRIA TRABALHISTA COMPLETA: JUSTA CAUSA APLICADA DURANTE AUXÍLIO-DOENÇA PREVIDENCIÁRIO. TUTELA DE URGÊNCIA E EVIDÊNCIA PARA A DECLARAÇÃO DE NULIDADE DA JUSTA CAUSA

EXCELENTÍSSIMO SENHOR DOUTOR JUIZ DA MM. VARA DO TRABALHO DE SÃO PAULO-SP.

(10 cm)

Caio Tício, brasileiro, casado, portador do RG [indicar o número] e do CPF [indicar o número], CTPS [indicar o número], PIS [indicar o número], nascido em indicar a data], com residência e domicílio na Rua [indicar o endereço], São Paulo, SP, CEP [indicar o número], filho de [indicar o nome da mãe], por seus advogados infra-assinados, neste ato legalmente constituídos por instrumento particular de procuração [doc. ...], vem à presença de Vossa Excelência, com fulcro no art. 840, *caput* e § 1º, da CLT, propor a presente

RECLAMAÇÃO TRABALHISTA com pedido de TUTELA DE URGÊNCIA E DE EVIDÊNCIA

contra WCW, na pessoa de seu representante legal, com a devida inscrição no CNPJ [indicar o número], situada na Rua [indicar o endereço], cidade: São Paulo, Estado: São Paulo, CEP [indicar o número], e Stuart Incorporações e Construções S/A, na pessoa de seu representante legal, inscrita no CNPJ [indicar o número], situada na Rua [indicar o endereço], bairro: [indicar o bairro], cidade: São Paulo, Estado: São Paulo, CEP [indicar o número], pelos motivos de fato e de direito a seguir articulados.

1. DO CONTRATO DE TRABALHO/LOCAL DE PRESTAÇÃO DE SERVIÇOS

O Reclamante é [profissão], cujo contrato de trabalho está em plena vigência, admitido em [indicar a data].

Em razão de sindicância interna patrocinada pelo seu empregador, o Reclamante foi informado da rescisão de seu contrato de trabalho por justa causa, embora esteja com o contrato de trabalho suspenso pelo órgão previdenciário em razão de doença grave que o acomete [docs. ★].

Da decisão que culminou com a justa causa ainda cabe recurso, porém, sem efeito suspensivo, conforme alteração da norma feita pela Reclamada com a evidente intenção de prejudicar seus empregados.

As nulidades e vícios ocorridos na apuração de responsabilidade serão objetos de ação própria.

Serve a presente demanda para requerer a suspensão dos efeitos da justa causa aplicada ao Autor até que tenha alta do órgão previdenciário.

2. DA SUSPENSÃO DO CONTRATO DE TRABALHO

O contrato de trabalho do Autor, admitido em [indicar a data] nos quadros da Reclamada, está suspenso em razão do último afastamento médico a partir de [indicar a data] com concessão do benefício pelo órgão previdenciário de [indicar a data – docs. ★].

O Autor é portador de neoplasia maligna de [★]. (CID ★) e apresenta o seguinte histórico: [parecer médico].

Em razão da gravidade da doença, o Autor iniciou tratamento quimioterápico imediatamente, sendo que na primeira etapa da quimioterapia teve complicações e foi obrigado a suspender o primeiro ciclo antes de concluí-lo.

Cap. 3 • MODELOS DE CAUSA DE PEDIR E PEDIDOS | **759**

Conforme já demonstrado, o órgão previdenciário confirmou o afastamento e vem concedendo ao Autor o benefício na modalidade auxílio-doença desde [indicar a data].

O contrato de trabalho do Autor está suspenso nos termos do arts. 471 da CLT, por esse motivo os efeitos de qualquer punição a que venha sofrer devem ser postergados até que tenha alta do órgão previdenciário.

Em razão da suspensão do contrato de trabalho e da fragilidade de sua saúde, o Autor encaminhou notícia de seu afastamento e da gravidade de sua enfermidade à área responsável pela sindicância a que estava sendo submetido. [docs. *].

A Reclamada ignorou a comunicação feita pelo Reclamante e deu continuidade à sindicância interna e mesmo com o trabalhador internado, a Reclamada comunicou a sua dispensa por justa causa.

O expediente da Reclamada de dar continuidade em sua apuração de responsabilidade, ignorando por completo os graves problemas de saúde enfrentados pelo Autor, viola os incisos III do art. 1º e LV do art. 5º, ambos da CF.

3. DOS DIREITO VIOLADOS – OFENSA AO DIREITO DE DEFESA

O expediente da Reclamada de dar continuidade na sindicância interna, independentemente da gravidade do estado de saúde do Autor e do fato de seu contrato de trabalho estar suspenso, viola os princípios constitucionais da dignidade da pessoa humana e do amplo direito de defesa estampados nos incisos III do art. 1º e LV do art. 5º, ambos da CF.

Conforme anteriormente declinado, o contrato de trabalho do Autor está suspenso, nos moldes dos arts. 471 e 476 da CLT.

Um dos efeitos da justa causa, seguindo regras da ANS, é a perda imediata do plano de saúde. Conforme se comprova pelos laudos médicos e exames juntados, a doença do Autor está em estágio avançado, sendo que qualquer interrupção no tratamento pode lhe custar a vida.

Portanto, a demissão por justa causa que a Reclamada pretende realizar a qualquer custo viola frontalmente o princípio da dignidade da pessoa humana insculpido na CF.

Ademais, suspensão do contrato de trabalho é causa impeditiva para a continuidade do procedimento interno da Reclamada. Nesse sentido, oportuna a transcrição da lição de Vólia Bomfim Cassar:

> *"Neste período as principais cláusulas contratuais ficam estáticas, paralisadas. O contrato não é executado e, por isso, não produz os principais efeitos"* (Direito do Trabalho. 2ª ed. Rio de Janeiro: Impetus, 2008, p. 966).

Dessa forma, a sindicância interna deve ser sobrestada, aplicando-se, de forma analógica, o entendimento do inciso IV, do art. 244 do CPC.

Havendo entendimento deste juízo de continuidade e validade dos atos até aqui praticados no procedimento interno promovido pela Ré, os efeitos de qualquer decisão só podem ser aplicados após alta do órgão previdenciário.

O TST, em sua unanimidade, tem entendido que nesses casos devem ser suspensos os efeitos da justa causa enquanto durar o afastamento pelo órgão previdenciário:

> *"RECURSO ORDINÁRIO EM MANDADO DE SEGURANÇA. DISPENSA POR JUSTA CAUSA NO CURSO DO CONTRATO DE TRABALHO SUSPENSO. PREENCHIMENTO DOS REQUISITOS AUTORIZADORES DA CONCESSÃO DE TUTELA DE URGÊNCIA NO FEITO PRINCIPAL. OFENSA A DIREITO LÍQUIDO E CERTO. REINTEGRAÇÃO. O exame da prova pré-constituída conduz à conclusão de que a empregada tinha seu contrato de trabalho*

suspenso no ato da demissão. Não se controverte que a análise em torno da validade da justa causa imputada à empregada é questão que demanda dilação probatória exauriente no processo principal, não podendo ser apreciada pela via estreita e excepcionalíssima do mandado de segurança. Mas a apreciação em torno da dispensa no curso da suspensão do contrato de trabalho faz-se possível diante da documentação carreada aos autos no feito de origem e replicada nesta demanda. Ao fim e ao cabo, há um atestado – recebido pelo empregador – emitido um dia antes da sua demissão, comprovando que a impetrante 'não está apta para exercer suas atividades profissionais, pelo período de 90 dias, a partir de 05/07/16'. Observa-se também, dos demais documentos colacionados, que a impetrante afastou-se em razão de transtorno psiquiátrico, com quadro de 'ansiedade extrema e depressão relacionado ao trabalho' (CAT emitida pelo sindicato, págs. 44/45), passando a perceber auxílio-doença acidentário (pág. 48). Preenchidos os requisitos do art. 300 do CPC/15, cumpria à autoridade coatora o deferimento da tutela de urgência, pois referido dispositivo não revela uma faculdade, mas uma obrigação do julgador que aprecia a questão. A não concessão da tutela, isto sim, fere direito líquido e certo da impetrante. Recurso ordinário conhecido e provido, para conceder a segurança" (TST – SDI-II – RO 22087-55.2016.5.04.0000 – Rel. Min. Alexandre de Souza Agra Belmonte – DEJT 16-3-2018).

"DISPENSA DO EMPREGADO, COM JUSTA CAUSA, NO CURSO DO AUXÍLIO-DOENÇA. FALTA COMETIDA EM PERÍODO ANTERIOR À FRUIÇÃO DO BENEFÍCIO. APLICAÇÃO DAS CONSEQUÊNCIAS LEGAIS PROTRAÍDA PARA O PERÍODO POSTERIOR AO TÉRMINO DA SUSPENSÃO DO CONTRATO DE EMPREGO. 1. Consoante o disposto no artigo 476 da Consolidação das Leis do Trabalho, 'em caso de seguro-doença ou auxílio-enfermidade, o empregado é considerado em licença não remunerada, durante o prazo desse benefício'. 2. A suspensão do contrato de trabalho importa na inexigibilidade das obrigações contratuais relativas à prestação dos serviços e pagamento dos salários. Subsistem, todavia, outras obrigações derivadas do contrato, de natureza acessória e não sinalagmática, especialmente aquelas que dizem respeito à ética que deve presidir a relação de emprego (entre elas, a vedação da concorrência, a preservação de segredo da empresa e o respeito à moral e integridade física dos contratantes – artigos 482, c, g e k, e 483, e f, ambos da CLT). Tais obrigações não sofrem os efeitos da suspensão do contrato de emprego, e a sua infringência pode ensejar a rescisão por motivo justo, desde que presentes seus pressupostos legais, em especial aqueles relativos à proporcionalidade e à imediatidade. Afigura-se viável, assim, a dispensa do empregado, por justa causa, se, no curso do auxílio-doença, o obreiro descumpre obrigação essencial ao contrato e não alcançada pela supressão contratual. 3. Situação diversa, porém, se dá quando o empregado pratica a falta antes da suspensão do contrato de emprego. Nesse caso, a efetividade das consequências legais do ato que ensejou a dispensa com justa causa fica protraída no tempo, por força da suspensão das obrigações contratuais de parte a parte. Apenas quando findo o período de suspensão, concretizar-se-ão os efeitos da demissão com justa causa. 4. Recurso de embargos de que se conhece e a que se nega provimento" (TST – SDI-I – E-ED-RR 8591100-72.2003.5.02.0900 – Rel. Min. Lelio Bentes Corrêa – DEJT 5-6-2015).

O afastamento do empregado por mais de 15 dias por motivo de doença é causa de suspensão do contrato de trabalho, caracterizada pela sustação dos efeitos decorrentes do vínculo de emprego, continuando, contudo, em vigor o contrato de trabalho. Ou seja, as cláusulas contratuais não se aplicam durante o período de suspensão, inclusive a faculdade do empregador de demitir o empregado.

Todavia, na hipótese de justa causa, é possível a rescisão durante o período de suspensão contratual, a qual, no entanto, somente produzirá efeitos quando extinto o motivo ensejador da suspensão.

No caso dos autos, o Reclamante sequer deveria ter sido notificado do resultado de sua defesa administrativa.

Cap. 3 • MODELOS DE CAUSA DE PEDIR E PEDIDOS | 761

Assim, com fundamento nos incisos III do art. 1º e LV do art. 5º, ambos da CF, arts. 471 e 476 da CLT, requer deferimento nos termos do pedido 1 desta Inicial.

4. DIREITO À ANTECIPAÇÃO DA TUTELA JURISDICIONAL

O Reclamante, em decorrência da fragilidade de sua saúde e pelo contrato de trabalho estar suspenso, requer a concessão da tutela de urgência, nos termos dos arts. 300, 244, IV, do CPC, nos incisos III do art. 1º e LV do art. 5º, ambos da CF, arts. 471 e 476 da CLT, a declaração de nulidade da justa causa, com sustação de seus efeitos até que o Reclamante venha a ter alta do órgão previdenciário.

Os fatos acima narrados, demonstrados pelas provas documentais ora carreadas da condição grave da saúde do Autor, assim como a jurisprudência mansa e pacífica do Egrégio TST são mais do que suficientes a configurar a probabilidade do direito, a afastar a aplicação da dispensa por justa causa de forma imediata, antes do retorno do trabalhador do auxílio-doença, em razão do tratamento a que está se submetendo.

O *periculum in mora*, também, resta mais do que evidente, na medida em que, submetido a tratamento de quimioterapia, em quadro grave, a dispensa por justa causa não só vai tirar abruptamente a fonte de renda do trabalhador como, também, deixá-lo sem a cobertura do plano de saúde, o que, diante da situação de penúria do SUS, pode levá-lo à morte prematura.

Nos termos do art. 311, II, do CPC, diante das provas documentais carreadas e da jurisprudência abundante consignada nesta exordial, subsidiariamente, requer-se a concessão liminar em caráter de tutela de evidência.

5. GRATUIDADE PROCESSUAL

A assistência judiciária engloba o teor da justiça gratuita, como bem aponta Valentin Carrion, *in verbis*: *"Assistência judiciária é o benefício concedido ao necessitado de, gratuitamente, movimentar o processo e utilizar os serviços profissionais de advogado e dos demais auxiliares da Justiça, inclusive os peritos. Assistência judiciária é o gênero e justiça gratuita a espécie; esta é a isenção de emolumentos dos serventuários, custas e taxas"* (*Comentários à Consolidação das Leis do Trabalho*. 28. ed. São Paulo: Saraiva, 2008, p. 577).

A justiça gratuita pode ser reconhecida em qualquer fase processual, consoante o teor do art. 99 do CPC (OJ 269, I, SDI-I).

De acordo com a Lei 7.115/83, no seu art. 1º, *caput*, a declaração pode ser firmada pelo próprio interessado ou por procurador com poderes específicos para esse fim (Súmula 463, I, TST).

O Reclamante é pessoa humilde, não estando em condições de arcar com as despesas processuais, portanto, requer a concessão dos benefícios da justiça gratuita (art. 5º, LXXIV, CF; arts. 14 e segs., Lei 5.584/70; art. 99, §§ 1º e 3º, CPC; Lei 7.115/83).

A declaração [doc. ....] atende ao disposto na legislação.

O fato de o Reclamante não estar assistido pela entidade sindical não é motivo para se indeferir a concessão da gratuidade judiciária.

Não se pode confundir a assistência judiciária com a justiça gratuita.

Se assim o fosse, *ad argumentandum*, como se justifica a faculdade legal que é dada ao magistrado quanto à isenção das custas, quando o trabalhador aufere salário igual ou inferior a 40% do limite máximo dos benefícios do Regime Geral de Previdência Social (art. 790, § 3º, CLT).

Diante da prova de insuficiência de recursos que ora se junta [doc. ★], requer o Reclamante a isenção do pagamento das custas processuais, nos termos do art. 790, § 4º, da CLT.

PEDIDO:

Isto posto, requer:

(a) que sejam declarados nulos todos os atos praticados na sindicância interna, em razão da suspensão do contrato de trabalho do Autor, nos termos dos arts. 244, IV, do CPC, e 471 e 476 da CLT;

(b) seja deferida, a título de tutela de urgência, ou nos moldes dos arts. 300, 244, IV, ou 311, do CPC.

3.266. REGIME 12X36
APLICAÇÃO DO DIVISOR

CAUSA DE PEDIR:

O Reclamante cumpre jornada de trabalho em regime de 12 horas de trabalho por 36 horas de descanso, devidamente previsto em norma coletiva, das 6:00h às 18:00h, sem intervalo intrajornada, que é remunerado nos contracheques sob a rubrica *"hora extra 50%"*.

Ocorre que a Reclamada realiza a apuração das horas extras prestadas com base no divisor 220, causando flagrantes prejuízos financeiros e econômicos ao empregado, como a seguir se demonstra matematicamente:

Amostragem de horas extras pagas (holerites anexos) – mês de abril de 2014 = 30 horas extras prestadas			
Salário-base mensal	=	R$	2.000,00
Adicional por tempo de serviço 15%	=	R$	300,00
Total remuneração (Súmula 264 do TST)	=	R$	2.300,00

Cálculo de HE utilizado pela Reclamada: R$ 2.300,00 : 220 X 1,50 (50%) X 30he = R$ 470,45 pagos em holerite

Porém, o pagamento correto das mesmas 30 horas extras prestadas seria:

Total remuneração (Súmula 264 do TST) = R$ 2.300,00

R$ 2.300,00 (remuneração) : 210 X 1,50 (50%) X 30he = R$ 492,86 que deveriam ser pagos

Para corroborar a tese da aplicação do divisor 210 para a jornada 12x36, analisemos os pormenores desta escala atípica: o trabalhador presta serviços em dia sim, dia não. Considerando-se a semana legal de 7 dias (de segunda a domingo), o empregado inicia seu labor, por exemplo, na primeira semana, em uma segunda-feira, havendo espaço para 4 dias de trabalho nessa mesma semana (segunda, quarta, sexta e domingo), totalizando uma semana de trabalho de 48 horas, ao passo que, na semana seguinte, ele obrigatoriamente, iniciará a semana na terça-feira, dando ensejo ao trabalho por 3 dias nessa respectiva semana (terça, quinta e sábado), totalizando, dessa vez, 36 horas de trabalho na respectiva semana. E assim, ciclicamente [semana é um período de tempo correspondente à sequência dos sete dias que forma um ciclo lunar. Porém a origem da expressão é mais recente e vem do latim septimana, que significava sete manhãs. (Origem: Wikipédia, a enciclopédia livre)].

Dessa forma, conclui-se que, para cada semana de 48 horas de trabalho, segue-se outra semana de 36 horas de trabalho, resultando em jornada semanal média de 42 horas [(48 + 36) : 2]= 42 horas/semana.

42h/sem : 6 dias úteis = 7h diárias de trabalho em média (dias úteis) x 30 dias (computando-se DSRs) = 210

Em uma simples "regra de 3", podemos obter o mesmo resultado: tendo uma jornada semanal de 44 horas, o divisor a ser utilizado é 220, em uma jornada semanal média de 42 horas, o divisor é 210.

A jurisprudência corrobora as assertivas anteriores:

"Horas extras. Regime 12x36. Divisor aplicável. No regime 12x36, o trabalhador labora, numa semana, 48 horas e, na outra, 36 horas, pois ele se ativa dia sim, dia não. Na média, portanto, ele trabalha 42 horas semanais, o equivalente a 7 horas por dia. Nesse caso, o divisor a ser utilizado é o 210 (7 x 30 dias), e não o 220, aplicável para a média 7,33 horas por dia (7h e 20min), equivalente a 44 horas semanais (44h : 6 dias)" (TRT – 2ª R. – 4ª T. – RO 0000984-53.2010.5.02.0001 – Rel. Ivani Contini Bramante – DEJT 18-3-2014).

"Jornada 12x36. Divisor de horas extras. O divisor configura o padrão mensal do trabalho, sendo definido pela sua duração diária. O regime de compensação 12x36 resulta no cumprimento de 48 horas semanais de trabalho, em uma semana, e de 36 horas semanais, em outra, o que implica uma média de sete horas diárias. Considerada essa média, não se haveria que falar na adoção do divisor 220, mas, sim, o 210 (7 horas X 30 dias). Sendo assim, dou provimento parcial ao recurso da Reclamada para deferir a adoção do divisor 210, para apuração das horas extras" (TRT – 3ª R. – 5ª T. – RO 0000495-44.2012.5.03.0057 – Rel. Milton V. Thibau de Almeida – DEJT 22-7-2013).

Assim, o Reclamante requer a aplicação do divisor 210 para apuração das horas extras prestadas no respectivo regime 12x36, com o consequente pagamento das diferenças de horas extras pagas nos contracheques, em que foi utilizado incorretamente o divisor 220.

Tais diferenças de horas extras pagas devem ser calculadas considerando-se todos os aditivos salariais habituais (Súm. 264, TST).

As diferenças de horas extras pagas integram o salário para todos os fins e devem incidir nos DSRs e feriados (Súm. 172, TST; art. 7º, "a", Lei 605/49).

As diferenças de horas extras devem refletir em: férias e abono de férias (art. 142, § 5º, CLT), 13º salário (Súm. 45, TST), depósitos fundiários e multa de 40% (Súm. 63, TST) e aviso-prévio (art. 487, § 5º, CLT). As diferenças de 13º salário, de DSRs e feriados e aviso-prévio (Súm. 305, TST) devem, também, incidir no FGTS + 40%.

PEDIDO:

(a) aplicação do divisor 210 para apuração das horas extras prestadas no respectivo regime 12x36, com o consequente pagamento das diferenças de horas extras pagas nos contracheques, em que foi utilizado incorretamente o divisor 220. Tais diferenças de horas extras pagas devem ser calculadas considerando-se todos os aditivos salariais habituais (Súm. 264, TST). As diferenças de horas extras pagas integram o salário para todos os fins e devem incidir nos DSRs e feriados;

(b) incidências/reflexos das diferenças de horas extras do item "a" sobre: férias e abono de férias, 13º salário; depósitos fundiários e multa de 40% e aviso-prévio. As diferenças de 13º salário, de DSRs e feriados e de aviso-prévio devem, também, incidir no FGTS + 40%.

Cap. 3 • MODELOS DE CAUSA DE PEDIR E PEDIDOS | 765

3.267. REGIME DE TEMPO PARCIAL
SALÁRIO PROPORCIONAL AO PISO DA CATEGORIA

CAUSA DE PEDIR:

A Reclamante foi admitida para trabalhar como empregada da Reclamada em [indicar a data], na função de [indicar a função], conforme registro em CTPS, prestando seus serviços na área de departamento pessoal da empresa, de forma pessoal, habitual, assalariada e mediante subordinação jurídica, preenchendo, portanto, todos os requisitos do art. 3º da CLT, sempre exercendo suas funções na forma descrita e caracterizada nesta demanda. Foi imotivadamente dispensada em [indicar a data].

A Autora realizava serviços no Departamento de Recursos Humanos da Ré, fazendo a folha de pagamento dos demais empregados, bem como apontamentos de seus cartões de ponto, recolhimentos de encargos trabalhistas e fiscais, obedecendo às instruções diretas do proprietário da Reclamada, que, por ser empresa de pequeno porte, admitiu a Reclamante para cumprir jornada de trabalho em regime de tempo parcial, em que a obreira laborava de segunda a sexta-feira, sempre no horário das [indicar o horário], totalizando jornada semanal de [indicar o número] horas.

Recebia, mensalmente, a quantia equivalente a um salário mínimo nacional [doc. ...], uma vez que a Ré alegava que *"era o salário adequado para a jornada reduzida da Reclamante"*.

Permaneceu aos serviços da Reclamada até [indicar a data], quando foi imotivadamente dispensada, sem receber qualquer verba rescisória, o que será postulado em item próprio.

O empregado com contrato de trabalho a tempo parcial faz jus ao direito de receber o salário com valor proporcional à sua jornada semanal, tendo como base os salários dos empregados que trabalham sob jornada integral e que desempenham as mesmas funções. Para esse cálculo, é utilizado como parâmetro o pagamento dos empregados que cumprem as mesmas funções, jornada de tempo integral de 44 horas semanais.

Nos termos da CLT:

"Art. 58-A da CLT. (...) § 1º – O salário a ser pago aos empregados sob o regime de tempo parcial será proporcional à sua jornada, em relação aos empregados que cumprem, nas mesmas funções, tempo integral".

Não obstante a Autora ser integrante da categoria profissional dos trabalhadores em empresas de [indicar o sindicato ao qual pertence a Reclamante], em que se verifica, pelas CCTs ora juntadas, que o piso salarial para a função exercida pela Reclamante [assistente administrativa – para o trabalho exercido em tempo integral (44 horas semanais)] era de R$ [indicar o valor], conclui-se que a Reclamante não recebia corretamente o seu piso salarial proporcionalmente ao regime de tempo parcial exercido, conforme se demonstra a seguir:

Piso salarial do [assistente administrativo = R$ (citar o valor) – para 44 horas semanais] = R$ (indicar o valor) por hora];

Cálculo do salário devido à Reclamante por 25 horas semanais:

25 horas : 6 dias úteis semanais = 4,166666 (média de horas diárias) x 30 dias (úteis + DSRs) = 125 (divisor)

125 horas mensais (jornada mensal da Reclamante) x R$ 8,41 (piso salarial por hora da CCT) = R$ 1.051,25

Assim, verifica-se que a Autora recebia salário mensal inferior ao piso salarial de sua categoria profissional, considerando-se a proporcionalidade de sua jornada de trabalho em regime de tempo parcial, uma vez que era devido o valor mensal de R$ [indicar o valor] contra R$ [indicar o valor] que era efetivamente pago (salário mínimo), gerando uma diferença mensal de R$ [indicar o valor], multiplicada pelos [indicar o número] meses laborados = R$ [indicar o valor].

Dentro da comutatividade e do caráter sinalagmático de todo e qualquer contrato de trabalho, o salário é condizente com a jornada de trabalho.

Por sua vez, o art. 7º, XIII, CF, estabelece *"duração do trabalho normal não superior a oito horas diárias e quarenta e quatro semanais, facultada a compensação de horários e a redução da jornada, mediante acordo ou convenção coletiva de trabalho"*.

Assim, se a jornada praticada for inferior àquela estipulada constitucionalmente, o salário deverá ser pago de forma proporcional ao número de horas laboradas. Se a jornada é proporcional, o valor há de ser proporcional, considerando-se o piso salarial mínimo da categoria profissional do trabalhador.

Nesse sentido, temos o teor da OJ 358, I, SDI-I: *"Havendo contratação para cumprimento de jornada reduzida, inferior à previsão constitucional de oito horas diárias ou quarenta e quatro semanais, é lícito o pagamento do piso salarial ou do salário mínimo proporcional ao tempo trabalhado"*.

Dessa forma, conclui-se que a Autora recebia salário mensal inferior ao piso salarial de sua categoria profissional, considerando-se a proporcionalidade de sua jornada de trabalho em regime de tempo parcial, fazendo jus às diferenças salariais mensais de R$ [indicar o valor], multiplicada pelos [indicar o número] meses laborados = R$ [indicar o valor], com reflexos em: (a) aviso-prévio, férias, abono de férias, domingos e feriados, 13º salário, depósitos fundiários + 40%; (b) DSRs e feriados, sendo que tais incidências também refletem em férias, abono de férias, 13º salário, aviso-prévio e depósitos fundiários + 40%.

PEDIDO:

(a) condenação da Reclamada ao pagamento das diferenças salariais pela aplicação do piso salarial da categoria profissional previsto para a função da Autora, conforme CCTs juntadas, considerando-se a proporcionalidade da jornada de trabalho praticada em regime de tempo parcial, em que a Reclamante não poderá receber valor inferior ao piso salarial mínimo por hora, nos termos da fundamentação e instrumentos coletivos juntados;

(b) reflexos das diferenças apontadas no item "a" em aviso-prévio, férias, abono de férias, domingos e feriados, 13º salário, depósitos fundiários + 40%;

(c) reflexos das diferenças apontadas no item "a" sobre DSRs e feriados, sendo que tais incidências também refletem em férias, abono de férias, 13º salário, aviso-prévio e nos depósitos fundiários + 40%.

Cap. 3 • MODELOS DE CAUSA DE PEDIR E PEDIDOS | **767**

3.268. REINTEGRAÇÃO
DEPENDENTE QUÍMICO

CAUSA DE PEDIR:

O Autor foi admitido em [indicar a data] e prestou serviços na Reclamada por pouco mais de um ano, até [indicar a data], sendo que foi dispensado [indicar o número] dias após ter sido recomendado o seu afastamento do trabalho para tratamento médico em razão dos efeitos nocivos do uso de substâncias químicas.

Conforme precedentes do TST e orientações da Organização Mundial de Saúde, além de decisões de outros tribunais do trabalho, a dependência química de substância entorpecente é admitida como doença. Nesse sentido:

"(...) 2. Trabalhador portador de alcoolismo crônico. Direito à estabilidade. Reintegração. 2.1. Em reverência ao princípio da continuidade da relação de emprego, o legislador constituinte erigiu a proteção contra despedida arbitrária à garantia fundamental dos trabalhadores. Nesse aspecto, ressoa o inciso I do art. 7º da Constituição Federal. Há situações em que nem mesmo as compensações adicionais (arts. 7º, XXI, e 10, caput e inciso I, do ADCT) se propõem a equacionar a desigualdade social inaugurada pelo desemprego. É o caso. Com o fito de combater a dispensa discriminatória e em consagração ao princípio constitucional da dignidade da pessoa humana, esta Corte Trabalhista formulou a diretriz que emana do verbete Sumular 443, a saber: 'Presume-se discriminatória a despedida de empregado portador do vírus HIV ou de outra doença grave que suscite estigma ou preconceito. Inválido o ato, o empregado tem direito à reintegração no emprego'. 2.2. Assente a existência de indícios da doença que acomete o autor, resta nítida, pois, a feição discriminatória da despedida, transcendendo o jus potestati do empregador de pôr fim ao contrato de trabalho a seu livre alvedrio. Recurso de revista não conhecido. (...)" (TST – 3ª T. – ARR 70800-44.2006.5.17.0002 – Rel. Min. Alberto Luiz Bresciani de Fontan Pereira – *DEJT* 17-4-2015).

Com base na Lei 9.029/95, a dispensa nos moldes efetivados foi discriminatória.

O art. 2º da Lei 9.029/95 deixa de arrolar, dentre as circunstâncias fáticas, às quais expressamente faz referência, as doenças graves, como mais um elemento de caracterização da figura da demissão discriminatória.

Diante das particularidades do caso em tela, a interpretação finalística é a via adequada à correção das imperfeições ou insuficiências da literalidade da lei, sendo que a correta visão do conteúdo dos textos legislativos dá-se sob o prisma dos princípios constitucionais.

O princípio valorativo da ordem jurídica é a dignidade da pessoa humana, nos termos do art. 3º, IV, CF, sendo que a proibição constitucional de discriminação é para com quaisquer de suas formas.

Nesse contexto de princípios fundamentais de plena efetividade constitucional, o rol proibitivo da demissão discriminatória do art. 2º da Lei 9.029/95 assume acepção jurídica de *numerus apertus*, portanto, sem caráter taxativo.

Dessa forma, a ordem jurídica não deixa de contemplar situações humanas de igual ou maior gravidade do que aquelas exemplificativamente presentes no art. 2º da Lei 9.029/95.

À luz do mínimo senso humanitário, o acometimento de doenças graves merece a devida proteção da continuidade da relação de emprego, não somente para proporcionar a subsistência digna à pessoa do trabalhador, mas como também para evitar que sua situação se agrave ainda mais, seja física, seja emocionalmente, com a perda de seu emprego por ato de discriminação.

O espírito da Lei 9.029/95 foi referir-se a situações de discriminação que causam aversão ou indignação à consciência humana, do que decorre seu caráter meramente exemplificativo.

A demissão discriminatória, por doença grave, está em grau mais elevado do que a discriminação por estado civil, situação familiar ou idade, ou tanto quanto em razão da cor, sexo, raça ou origem.

Nem se alegue causar a garantia de emprego, por doença grave, excessivos custos à empresa, pois a dinâmica das relações do capitalismo proporciona, ao engenho empresarial, o remanejamento de eventuais custos e despesas, sem que para isso necessite atingir a dignidade da pessoa, que não deixará de ser produtiva, quando não estiver afastada a cargo do sistema previdenciário, em face de eventual agravamento de seu quadro clínico.

Dessa forma, ressalte-se que o art. 3°, IV, da Constituição Federal, ao dispor sobre a proibição de discriminação no âmbito da origem de raça, sexo, cor, idade e a "(...) *quaisquer outras formas de discriminação"*, imprime à enumeração da Lei 9.029/95 o caráter não taxativo.

Se assim não o fosse, teria o legislador constituinte consignado a proibição a quaisquer outras formas de discriminação "na forma da lei", vale dizer, dada a relevância do tema, não delegou ao legislador infraconstitucional, o poder de discriminar as situações de proibição de discriminação, mas apenas o de mencionar exemplos.

Ademais, registre-se que o atual Código Civil modernizou a relação jurídica entre as partes na sociedade, criando o instituto da "Função Social de Contrato", cujas oportunas lições transcrevemos.

Segundo Miguel Reale, esse instituto se traduz da seguinte forma:

"Um dos pontos altos do novo Código Civil está em seu art. 421, segundo o qual 'a liberdade de contratar será exercida em razão e nos limites da função social do contrato'.

Um dos motivos determinantes desse mandamento resulta da Constituição de 1988, a qual, nos incisos XXII e XXIII do art. 5°, salvaguarda o direito de propriedade que 'atenderá a sua função social'. Ora, a realização da função social da propriedade somente se dará se igual princípio for estendido aos contratos, cuja conclusão e exercício não interessa somente às partes contratantes, mas a toda a coletividade.

Essa colocação das avenças em um plano transindividual tem levado alguns intérpretes a temer que, com isso, haja uma diminuição de garantia para os que firmam contratos baseados na convicção de que os direitos e deveres neles ajustados serão respeitados por ambas as partes.

Esse receio, todavia, não tem cabimento, pois a nova Lei Civil não conflita com o princípio de que o pactuado deve ser adimplido. A ideia tradicional, de fonte romanista, de que 'pacta sunt servanda' continua a ser o fundamento primeiro das obrigações contratuais.

Pode-se dizer que a Lei 10.406, de 10 de janeiro de 2002, veio reforçar ainda mais essa obrigação, ao estabelecer, no art. 422, que 'os contratantes são obrigados a guardar, assim na conclusão do contrato, como em sua execução, os princípios de probidade e boa-fé'.

No quadro do Código revogado de 1916, a garantia do adimplemento dos pactos era apenas de ordem jurídica, de acordo com o entendimento pandectista de que o direito deve ter disciplinado tão somente mediante categorias jurídicas, enquanto que atualmente não se prescinde do que eticamente é exigível dos que se vinculam em virtude de um acordo de vontades.

O que o imperativo da 'função social do contrato' estatui é que este não pode ser transformado em um instrumento para atividades abusivas, causando danos à parte contrária ou a terceiros, uma vez que, nos termos do art. 187, 'também comete ato ilícito o titular de um direito que, ao exercê-lo, excede manifestamente os limites impostos pelo seu fim econômico ou social, pela boa-fé ou pelos bons costumes'.

Cap. 3 • MODELOS DE CAUSA DE PEDIR E PEDIDOS | **769**

Não há razão alguma para se sustentar que o contrato deva atender tão somente aos interesses das partes que o estipulam, porque ele, por sua própria finalidade, exerce uma função social inerente ao poder negocial que é uma das fontes do direito, ao lado da legal, da jurisprudencial e da consuetudinária.

O ato de contratar corresponde ao valor da livre-iniciativa, erigida pela Constituição de 1988 a um dos fundamentos do Estado Democrático do Direito, logo no inciso IV do art. 1º, de caráter manifestamente preambular.

Assim sendo, é natural que se atribua ao contrato uma função social, a fim de que ele seja concluído em benefício dos contratantes sem conflito com o interesse público.

Como uma das formas de constitucionalização do Direito Privado, temos o § 4º do art. 173 da Constituição, que não admite negócio jurídico que implique abuso do poder econômico que vise à dominação dos mercados, à eliminação da concorrência e ao aumento arbitrário dos lucros.

Esse é um caso extremo de limitação do poder negocial, não sendo possível excluir outras hipóteses de seu exercício abusivo, tão fértil é a imaginação em conceber situações de inadmissível privilégio para os que contratam, ou, então, para um só deles.

É em todos os casos em que ilicitamente se extrapola do normal objetivo das avenças que é dado ao juiz ir além da mera apreciação dos alegados direitos dos contratantes, para verificar se não está em jogo algum valor social que deva ser preservado.

Como se vê, a atribuição de função social ao contrato não vem impedir que as pessoas naturais ou jurídicas livremente o concluam, tendo em vista a realização dos mais diversos valores. O que se exige é apenas que o acordo de vontades não se verifique em detrimento da coletividade, mas represente um dos seus meios primordiais de afirmação e desenvolvimento.

Por outro lado, o princípio de sociabilidade atua sobre o direito de contratar em complementaridade com o de eticidade, cuja matriz é a boa-fé, a qual permeia todo o novo Código Civil. O ilustre jurista Ministro Almir Pazzianotto Pinto teve o cuidado de verificar que ele alude à boa-fé em nada menos de 53 artigos, recriminando a má-fé em 43.

Isto posto, o olvido do valor social do contrato implicaria o esquecimento do papel da boa-fé na origem e execução dos negócios jurídicos, impedindo que o juiz, ao analisá-los, indague se neles não houve o propósito de contornar ou fraudar a aplicação de obrigações previstas na Constituição e na Lei Civil.

Na elaboração do ordenamento jurídico das relações privadas, o legislador se encontra perante três opções possíveis: ou dá maior relevância aos interesses individuais, como ocorria no Código Civil de 1916, ou dá preferência aos valores coletivos, promovendo a 'socialização dos contratos'; ou, então, assume uma posição intermédia, combinando o individual com o social de maneira complementar, segundo regras ou cláusulas abertas propícias a soluções equitativas e concretas. Não há dúvida que foi essa terceira opção a preferida pelo legislador do Código Civil de 2002.

É a essa luz que deve ser interpretado o dispositivo que consagra a função social do contrato, a qual não colide, pois, com os livres acordos exigidos pela sociedade contemporânea, mas antes lhes assegura efetiva validade e eficácia" (Disponível em: <www.miguelreale.com.br/artigos/funsoccont.htm>. Acesso em: 5 jan. 2015).

Já Humberto Theodoro Júnior doutrina que:

"É inegável, nos tempos atuais, que os contratos, de acordo com a visão social do Estado Democrático de Direito, hão de submeter-se ao intervencionismo estatal manejado com o propósito de superar o individualismo egoístico e buscar a implantação de uma sociedade presidida pelo bem-estar e sob 'efetiva prevalência da garantia jurídica dos direitos humanos.

A função social do contrato consiste em abordar a liberdade contratual em seus reflexos sobre a sociedade (terceiros) e não apenas no campo das relações entre partes que estipulam (contratantes)'. Já o princípio da boa-fé fica restrito ao relacionamento travado entre os próprios sujeitos do negócio jurídico" (O contrato e sua função social. Rio de Janeiro: Forense, 2004, p. 31).

Assim, diante do caso concreto exposto, o Reclamante requer a nulidade da rescisão contratual, com direito à percepção dos salários desde o momento da sua dispensa e até a efetiva data da reintegração, com observância dos reajustes legais e normativos, além da incidência desse período para fins de férias, abono de férias, décimo terceiro salário e recolhimentos fundiários. A fim de compelir a Reclamada a proceder a reintegração, requer-se a fixação de multa diária – R$ 500,00 (arts. 294 e ss., CPC; arts. 536 e 537, CPC).

PEDIDO:

Nulidade da rescisão contratual, com direito do Reclamante à percepção dos salários desde o momento da sua dispensa e até a efetiva data da reintegração, com observância dos reajustes legais e normativos, além da incidência desse período para fins de férias, abono de férias, 13º salário e recolhimentos fundiários. A fim de compelir a Reclamada a proceder a reintegração, requer-se a fixação de multa diária – R$ 500,00 (arts. 294 e segs., CPC; arts. 536 e 537, CPC).

Cap. 3 • MODELOS DE CAUSA DE PEDIR E PEDIDOS | 771

3.269. REINTEGRAÇÃO
DISPENSA OCORRIDA DURANTE O GOZO DE AUXÍLIO-DOENÇA PREVIDENCIÁRIO

CAUSA DE PEDIR:

O Autor foi admitido em [indicar a data] e dispensado em [indicar a data], sendo que desde [indicar a data] encontra-se em gozo de benefício previdenciário (auxílio-doença).

Assim, em [indicar a data], o contrato de trabalho não operava mais integralmente os seus efeitos, não podendo se cogitar de rescisão nesse período.

Os arts. 476 da CLT e 63 da Lei 8.213/91, dispõem respectivamente: *"Em caso de seguro-doença ou auxílio-enfermidade, o empregado é considerado em licença não remunerada, durante o prazo desse benefício"* e *"O segurado empregado, inclusive o doméstico, em gozo de auxílio-doença será considerado pela empresa e pelo empregador doméstico como licenciado".*

Assim, o auxílio-doença, segundo a Lei 8.213/91, constitui-se em um caso típico de suspensão do contrato de trabalho e o principal efeito de tal suspensão, segundo Maurício Godinho Delgado, será a *"sustação ampla e recíproca das cláusulas e efeitos contratuais"* (*Curso de Direito do Trabalho*. 10. ed. São Paulo: LTr, 2011, p. 1010).

Esclarece, ainda, que *"na vigência de um fator suspensivo o empregador perde a faculdade de romper o contrato de trabalho – a não ser que se faça presente justo motivo legalmente tipificado (vedação à resilição unilateral do contrato por ato empresarial: art. 471, CLT)"* (Ob. cit. p. 1010).

Nesse mesmo sentido, leciona Alice Monteiro de Barros:

"Outro efeito gerado por essas duas situações (suspensão e interrupção) é a preservação do emprego, o que significa que o empregado não poderá ser dispensado quando o contrato estiver suspenso ou interrompido, salvo por justa causa ou encerramento da empresa, do contrário, a dispensa é nula. (...) Se o empregado foi acometido de doença não equiparada a acidente do trabalho e na ausência de norma coletiva, conferindo-lhe estabilidade provisória, a despedida poderá ocorrer, constando como data de saída na CTPS aquela efetivamente verificada após a cessação do benefício previdenciário" (*Curso de Direito do Trabalho*. 2. ed. São Paulo: LTr, 2006, p. 843-844).

Logo, diante da suspensão ou interrupção do contrato de trabalho, decorrente de estar o empregado afastado do serviço, não há como se falar em rompimento da relação de emprego, visto que em função dessa situação não havia entre as partes a obrigação do cumprimento das cláusulas contratuais.

É a jurisprudência:

"Auxílio-doença. Suspensão do contrato de trabalho. Rescisão imotivada. Impossibilidade. Os artigos 476, da CLT, e 63, da Lei 8.213/91, dispõem respectivamente que 'em caso de seguro-doença ou auxílio-enfermidade, o empregado é considerado em licença não remunerada, durante o prazo desse benefício' e 'o segurado empregado em gozo de auxílio-doença será considerado pela empresa como licenciado'. Portanto, o gozo de auxílio-doença e, bem assim, da subsequente aposentadoria por invalidez, como no caso, constituem-se hipóteses típicas de suspensão do contrato de trabalho, cujo principal efeito é sustação das obrigações contratuais recíprocas e a impossibilidade tanto da rescisão imotivada do pacto nesse ínterim, quanto da condenação da reclamada ao pagamento de verbas rescisórias. Recurso da reclamante a que se nega provimento" (TRT – 9ª R. – 6ª T. – RO 0002064-31.2014.5.09.0029 – Rel. Sueli Gil El Rafihi – DOE 19-5-2016).

Assim, diante do caso concreto exposto, o Reclamante requer a nulidade da rescisão contratual, com direito à percepção dos salários desde o momento da sua dispensa e até a efetiva data da reintegração, com observância dos reajustes legais e normativos, além da incidência desse período para fins de férias, abono de férias, 13º salário e recolhimentos fundiários. A fim de compelir a Reclamada a proceder a reintegração, requer-se a fixação de multa diária – R$ 500,00 (art. 294 e segs.; 536 e 537, CPC).

PEDIDO:

Nulidade da rescisão contratual, com direito do Reclamante à percepção dos salários desde o momento da sua dispensa e até a efetiva data da reintegração, com observância dos reajustes legais e normativos, além da incidência desse período para fins de férias, abono de férias, 13º salário e recolhimentos fundiários. A fim de compelir a Reclamada a proceder a reintegração, requer-se a fixação de multa diária – R$ 500,00 (art. 294 e segs.; 536 e 537, CPC).

Cap. 3 • MODELOS DE CAUSA DE PEDIR E PEDIDOS | 773

3.270. REINTEGRAÇÃO
PRÁTICA DISCRIMINATÓRIA. PORTADOR DE DOENÇA GRAVE NÃO RELACIONADA AO TRABALHO

CAUSA DE PEDIR:

O Autor foi admitido em [indicar a data] e dispensado em [indicar a data], sendo que desde a admissão encontra-se em tratamento clínico de [descrição da doença], sendo a enfermidade de conhecimento da Reclamada.

O art. 2º da Lei 9.029/95 deixa de arrolar, dentre as circunstâncias fáticas, às quais expressamente faz referência, as doenças graves, como mais um elemento de caracterização da figura da demissão discriminatória.

A Reclamada tinha a plena ciência de que o Autor era portador de moléstia grave denominada [descrição da doença].

Mesmo assim, ciente da situação do Reclamante, a Reclamada promoveu a sua dispensa.

A interpretação finalística é a via adequada à correção das imperfeições ou insuficiências da literalidade da lei, sendo que a correta visão do conteúdo dos textos legislativos dá-se sob o prisma dos princípios constitucionais.

O princípio valorativo da ordem jurídica é a dignidade da pessoa humana, nos termos do art. 3º, IV, CF, sendo que a proibição constitucional de discriminação é para com quaisquer de suas formas.

Nesse contexto de princípios fundamentais de plena efetividade constitucional, o rol proibitivo da demissão discriminatória do art. 2º da Lei 9.029/95 assume acepção jurídica de *numerus clausus*, portanto, sem caráter taxativo.

Dessa forma, a ordem jurídica não deixa de contemplar situações humanas de igual ou maior gravidade do que aquelas exemplificativamente presentes no art. 2º da Lei 9.029/95.

À luz do mínimo senso humanitário, o acometimento de doenças graves merece a devida proteção da continuidade da relação de emprego, não somente para proporcionar a subsistência digna à pessoa do trabalhador, mas como também para evitar que sua situação se agrave ainda mais, seja, física, seja emocionalmente, com a perda de seu emprego por ato de discriminação.

O espírito da Lei 9.029/95 foi referir-se a situações de discriminação que causam aversão ou indignação à consciência humana, do que decorre seu caráter meramente exemplificativo.

A demissão discriminatória, por doença grave, está em grau mais elevado do que a discriminação por estado civil, situação familiar ou idade, ou tanto quanto em razão da cor, sexo, raça ou origem.

Nem se alegue causar a garantia de emprego, por doença grave, excessivos custos à empresa, posto que a dinâmica das relações do capitalismo proporciona, ao engenho empresarial, o remanejamento de eventuais custos e despesas, sem que para isso necessite atingir a dignidade da pessoa, que não deixará de ser produtiva quando não estiver afastada a cargo do sistema previdenciário, em face de eventual agravamento de seu quadro clínico.

Dessa forma, ressalte-se que o art. 3º, IV, CF, ao dispor sobre a proibição de discriminação no âmbito da origem de raça, sexo, cor, idade e a *"(...) quaisquer outras formas de discriminação"*, imprime à enumeração da Lei 9.029/95 o caráter não taxativo, que fundamenta o acolhimento do pedido de reintegração ao empregado acometido de [nome da doença].

Se assim não o fosse, teria o legislador constituinte consignado a proibição a quaisquer outras formas de discriminação *"na forma da lei"*, vale dizer, dada a relevância do tema, não delegou ao legislador infraconstitucional, o poder de discriminar as situações de proibição de discriminação, mas apenas o de mencionar exemplos.

Ademais, registre-se que o atual Código Civil modernizou a relação jurídica entre as partes na sociedade, criando o instituto da "Função Social de Contrato", cujas oportunas lições transcrevemos.

Segundo Miguel Reale, esse instituto se traduz da seguinte forma:

"Um dos pontos altos do novo Código Civil está em seu art. 421, segundo o qual 'a liberdade de contratar será exercida em razão e nos limites da função social do contrato'.

Um dos motivos determinantes desse mandamento resulta da Constituição de 1988, a qual, nos incisos XXII e XXIII do art. 5°, salvaguarda o direito de propriedade que 'atenderá a sua função social'. Ora, a realização da função social da propriedade somente se dará se igual princípio for estendido aos contratos, cuja conclusão e exercício não interessa somente às partes contratantes, mas a toda a coletividade.

Essa colocação das avenças em um plano transindividual tem levado alguns intérpretes a temer que, com isso, haja uma diminuição de garantia para os que firmam contratos baseados na convicção de que os direitos e deveres neles ajustados serão respeitados por ambas as partes.

Esse receio, todavia, não tem cabimento, pois a nova Lei Civil não conflita com o princípio de que o pactuado deve ser adimplido. A ideia tradicional, de fonte romanista, de que pacta sunt servanda continua a ser o fundamento primeiro das obrigações contratuais.

Pode-se dizer que a Lei 10.406, de 10 de janeiro de 2002, veio reforçar ainda mais essa obrigação, ao estabelecer, no art. 422, que 'os contratantes são obrigados a guardar, assim na conclusão do contrato, como em sua execução, os princípios de probidade e boa-fé'.

No quadro do Código revogado de 1916, a garantia do adimplemento dos pactos era apenas de ordem jurídica, de acordo com o entendimento pandectista de que o direito deve ter disciplinado tão somente mediante categorias jurídicas, enquanto que atualmente não se prescinde do que eticamente é exigível dos que se vinculam em virtude de um acordo de vontades.

O que o imperativo da 'função social do contrato' estatui é que este não pode ser transformado em um instrumento para atividades abusivas, causando danos à parte contrária ou a terceiros, uma vez que, nos termos do art. 187, 'também comete ato ilícito o titular de um direito que, ao exercê-lo, excede manifestamente os limites impostos pelo seu fim econômico ou social, pela boa-fé ou pelos bons costumes'.

Não há razão alguma para se sustentar que o contrato deva atender tão somente aos interesses das partes que o estipulam, porque ele, por sua própria finalidade, exerce uma função social inerente ao poder negocial que é uma das fontes do direito, ao lado da legal, da jurisprudencial e da consuetudinária.

O ato de contratar corresponde ao valor da livre-iniciativa, erigida pela Constituição de 1988 a um dos fundamentos do Estado Democrático do Direito, logo no inciso IV do art. 1°, de caráter manifestamente preambular.

Assim sendo, é natural que se atribua ao contrato uma função social, a fim de que ele seja concluído em benefício dos contratantes sem conflito com o interesse público.

Como uma das formas de constitucionalização do Direito Privado, temos o § 4° do art. 173 da Constituição, que não admite negócio jurídico que implique abuso do poder econômico que vise à dominação dos mercados, à eliminação da concorrência e ao aumento arbitrário dos lucros.

Esse é um caso extremo de limitação do poder negocial, não sendo possível excluir outras hipóteses de seu exercício abusivo, tão fértil é a imaginação em conceber situações de inadmissível privilégio para os que contratam, ou, então, para um só deles.

Cap. 3 • MODELOS DE CAUSA DE PEDIR E PEDIDOS | **775**

É em todos os casos em que ilicitamente se extrapola do normal objetivo das avenças que é dado ao juiz ir além da mera apreciação dos alegados direitos dos contratantes, para verificar se não está em jogo algum valor social que deva ser preservado.

Como se vê, a atribuição de função social ao contrato não vem impedir que as pessoas naturais ou jurídicas livremente o concluam, tendo em vista a realização dos mais diversos valores. O que se exige é apenas que o acordo de vontades não se verifique em detrimento da coletividade, mas represente um dos seus meios primordiais de afirmação e desenvolvimento.

Por outro lado, o princípio de socialidade atua sobre o direito de contratar em complementaridade com o de eticidade, cuja matriz é a boa-fé, a qual permeia todo o novo Código Civil. O ilustre jurista Ministro Almir Pazzianotto Pinto teve o cuidado de verificar que ele alude à boa-fé em nada menos de 53 artigos, recriminando a má-fé em 43.

Isto posto, o olvido do valor social do contrato implicaria o esquecimento do papel da boa-fé na origem e execução dos negócios jurídicos, impedindo que o juiz, ao analisá-los, indague se neles não houve o propósito de contornar ou fraudar a aplicação de obrigações previstas na Constituição e na Lei Civil.

Na elaboração do ordenamento jurídico das relações privadas, o legislador se encontra perante três opções possíveis: ou dá maior relevância aos interesses individuais, como ocorria no Código Civil de 1916, ou dá preferência aos valores coletivos, promovendo a 'socialização dos contratos'; ou, então, assume uma posição intermédia, combinando o individual com o social de maneira complementar, segundo regras ou cláusulas abertas propícias a soluções equitativas e concretas. Não há dúvida que foi essa terceira opção a preferida pelo legislador do Código Civil de 2002.

É a essa luz que deve ser interpretado o dispositivo que consagra a função social do contrato, a qual não colide, pois, com os livres acordos exigidos pela sociedade contemporânea, mas antes lhes assegura efetiva validade e eficácia" (Disponível em: <www.miguelreale.com.br/artigos/funsoccont.htm>. Acesso em: 5 jan. 2015).

Já Theodoro Júnior doutrina que:

"É inegável, nos tempos atuais, que os contratos, de acordo com a visão social do Estado Democrático de Direito, hão de submeter-se ao intervencionismo estatal manejado com o propósito de superar o individualismo egoístico e buscar a implantação de uma sociedade presidida pelo bem-estar e sob 'efetiva prevalência da garantia jurídica dos direitos humanos.

A função social do contrato consiste em abordar a liberdade contratual em seus reflexos sobre a sociedade (terceiros) e não apenas no campo das relações entre partes que estipulam (contratantes)'. Já o princípio da boa-fé fica restrito ao relacionamento travado entre os próprios sujeitos do negócio jurídico" (O contrato e sua função social. Rio de Janeiro: Forense, 2004, p. 31).

O TST decidiu em casos semelhantes:

"RECURSO DE REVISTA INTERPOSTO NA VIGÊNCIA DA LEI 13.015/14 NEGATIVA DE PRESTAÇÃO JURISDICIONAL. A decisão do Tribunal Regional está devidamente fundamentada, tendo analisado expressamente as questões atinentes à dispensa discriminatória. Assim, conquanto contrária à pretensão da parte, não restou caracterizada a negativa de prestação jurisdicional ou mesmo ausência de fundamentação. Recurso de revista não conhecido. DISPENSA DISCRIMINATÓRIA. HEPATITE C. DOENÇA ESTIGMATIZANTE. INVERSÃO DO ÔNUS DA PROVA NÃO OBSERVADA PELO TRIBUNAL REGIONAL. 1. Cinge-se a controvérsia em se definir se o lapso temporal existente entre a descoberta da doença causadora de estigma (hepatite C) e a efetiva dispensa do empregado (24 anos) teria o condão de ilidir a presunção da dispensa discriminatória. 2. In casu, o Tribunal Regional reformou

a sentença para afastar a reintegração do reclamante ao emprego, excluindo da condenação a indenização por danos morais, ao entendimento de que a dispensa do empregado (que é portador de doença infectocontagiosa denominada hepatite C) teria ocorrido de forma regular. 3. Restou fundamentado na decisão Regional que o ônus de comprovar a despedida discriminatória seria do autor, encargo do qual ele não teria se desincumbido. 4. Ao contrário do entendimento expedido pelo Eg. TRT, a hepatite C é doença infectocontagiosa causadora de estigma, circunstância que atrai a incidência da Súmula 443 do TST quanto à presunção da despedida discriminatória, sendo da empregadora o ônus de comprovar a regularidade da dispensa, o que não foi observado na decisão regional. Precedente. 5. Os fatos narrados no acórdão regional demonstram a inexistência de discriminação do reclamante tão somente no decurso do contrato de emprego, contudo, nada informam acerca das circunstâncias em que o empregado fora dispensado. E o momento da dispensa é crucial na aferição da existência ou não de motivação discriminatória, uma vez que o bom procedimento da reclamada durante a vigência do contrato de emprego não induz à conclusão necessária de que a rescisão ocorreu de maneira indiscriminada. 6. No caso, sendo o reclamante portador de doença estigmatizante, era ônus da empresa comprovar que a dispensa do empregado esteve fundada em motivo disciplinar, técnico, econômico ou financeiro, fato que não se extrai da decisão recorrida. 7. Assim, a inobservância da inversão do encargo probatório pelo Tribunal Regional influencia diretamente no resultado do litígio, uma vez que caberia à reclamada a demonstração da ausência de discriminação no momento da despedida. 8. Nesse contexto, necessário se faz a reforma da decisão regional em razão da contrariedade à jurisprudência consubstanciada na Súmula 443 desta Corte Superior. Consequentemente, a sentença deve ser restabelecida para que seja declarada nula a dispensa e determinada a reintegração do autor ao emprego, em função compatível com o seu estado de saúde, bem como para determinar o retorno dos autos ao TRT para que sejam examinados os recursos ordinários do autor e da empresa, nos temas referentes à indenização por danos morais e ao quantum indenizatório. Recurso de revista conhecido e provido (...)." (TST – 2ª T. - RR 1000316-36.2014.5.02.0709 - Rel. Min. Maria Helena Mallmann – DEJT 20-9-2019.)

"*I – AGRAVO DE INSTRUMENTO EM RECURSO DE REVISTA. DISPENSA DISCRIMINATÓRIA. NEOPLASIA MALIGNA. ÔNUS DA PROVA. TRANSCENDÊNCIA POLÍTICA. Mostra-se prudente o provimento do agravo de instrumento, a fim de prevenir potencial contrariedade à Súmula 443/TST. Agravo de instrumento conhecido e provido. II – RECURSO DE REVISTA. DISPENSA DISCRIMINATÓRIA. NEOPLASIA MALIGNA. ÔNUS DA PROVA. TRANSCENDÊNCIA POLÍTICA. O eg. Tribunal Regional, partindo da premissa de que a neoplasia maligna que acomete a autora não se trata de doença grave capaz de despertar ímpetos discriminatórios, concluiu que competia à empregada o ônus de demonstrar a carga discriminatória contida na ruptura contratual e, por fim, com base no acervo probatório dos autos, entendeu que não foi demonstrada a conduta discriminatória da empresa. Ocorre que, recentemente, a Subseção I Especializada em Dissídios Individuais se posicionou no sentido de que o câncer é considerado doença que suscita estigma ou preconceito, para fins de aplicação da Súmula 443/TST. Precedentes. Uma vez que o Tribunal Regional consignou que cabia à empregada a comprovação do teor discriminatório da dispensa, ônus do qual não teria se desvencilhado, verifica-se o descompasso entre o acórdão vergastado e a jurisprudência consolidada desta Corte Superior. Na hipótese dos autos, demonstrado que a empregada padecia de doença grave à época da dispensa, a ponto de configurar a presunção de rescisão contratual discriminatória, é perfeitamente aplicável o entendimento consubstanciado na Súmula nº 443 do TST. Assim, compete a autora a proteção especial da Súmula 443/TST. Recurso de revista conhecido por contrariedade à Súmula 443/TST e provido.*" (TST – 3ª T. - RR 1424-86.2016.5.05.0023 – Rel. Min. Alexandre de Souza Agra Belmonte - DEJT 20-9-2019.)

Ressalte-se ainda o teor da Súmula 443 do TST, *in verbis*:

"*Dispensa discriminatória. Presunção. Empregado portador de doença grave. Estigma ou preconceito. Direito à reintegração. Presume-se discriminatória a despedida de empregado portador do vírus HIV ou de outra doença grave que suscite estigma ou preconceito. Inválido o ato, o empregado tem direito à reintegração no emprego*".

Cap. 3 • MODELOS DE CAUSA DE PEDIR E PEDIDOS | **777**

Assim, diante do caso concreto exposto, o Reclamante requer a nulidade da rescisão contratual, com direito à percepção dos salários desde o momento da sua dispensa e até a efetiva data da reintegração, com observância dos reajustes legais e normativos, além da incidência desse período para fins de férias, abono de férias, 13º salário e recolhimentos fundiários. A fim de compelir a Reclamada a proceder a reintegração, requer-se a fixação de multa diária – R$ 500,00 (arts. 294 e ss., 536 e 537, CPC).

PEDIDO:

Nulidade da rescisão contratual, com direito do Reclamante à percepção dos salários desde o momento da sua dispensa até a efetiva data da reintegração, com observância dos reajustes legais e normativos, além da incidência desse período para fins de férias, abono de férias, 13º salário e recolhimentos fundiários. A fim de compelir a Reclamada a proceder a reintegração, requer-se a fixação de multa diária – R$ 500,00 (arts. 294 e ss., 536 e 537, CPC).

778 | PRÁTICA DA RECLAMAÇÃO TRABALHISTA – *Jorge Neto • Wenzel • Cavalcante*

3.271. REPRESENTANTE COMERCIAL
VÍNCULO DE EMPREGO

CAUSA DE PEDIR:

O cerne básico repousa na temática da existência ou não do vínculo empregatício.

Não devemos considerar a relação de trabalho do Reclamante como sendo uma mera representação comercial.

O Reclamante foi admitido em [indicar a data] e dispensado em [indicar a data], na função de [representante comercial] e com o salário final médio de R$ [indicar o valor] (à base de comissões).

O documento [doc. ...] é relativo ao contrato de representação comercial autônoma.

Com efeito, é árdua a diferenciação que deve ser feita entre o vendedor empregado e o vendedor autônomo [se for o caso], para fins de análise de pedido de declaração de nulidade de contrato de representação comercial firmado. E isso porque estão presentes, em ambas as relações, a pessoalidade, a não eventualidade e a onerosidade, devendo-se tomar como traço distintivo a subordinação jurídica, a qual pressupõe a vinculação jurídica do trabalhador do poder diretivo do tomador dos serviços, compreendendo a punição, a fiscalização e o controle dos serviços prestados, que se faz presente de forma mais intensa e dominante no caso de configuração do vínculo empregatício.

Diz-se de forma mais intensa porque não se pode olvidar que, mesmo na relação de índole autônoma, está presente certo grau – pequeno, destaque-se – de subordinação, o que se denota, por exemplo, da leitura do art. 28, Lei 4.886/65, no sentido de que *"o representante comercial fica obrigado a fornecer ao representado, segundo as disposições do contrato ou, sendo este omisso, quando lhe for solicitado, informações detalhadas sobre o andamento dos negócios a seu cargo, devendo dedicar-se à representação, de modo a expandir os negócios do representado e promover os seus produtos".*

Na análise de cada caso concreto, portanto, deve-se desvendar qual é a verdadeira natureza da relação estabelecida entre as partes, levando-se em consideração, ainda, a presença de elementos que indiquem a ocorrência de fraude que vise a disfarçar relação de emprego como se trabalho autônomo fosse. [Indicar os elementos da subordinação. Descrever todos os elementos documentais, orais etc., os quais possam ser utilizados para a indicação do vínculo de emprego].

Sopese-se que, em atendimento ao princípio da primazia da realidade, a efetiva condição de representante comercial autônomo ou não se faz em função do exame da realidade na qual se deu a prestação dos serviços, visto que: (a) é inegável a pessoalidade, pois o Reclamante não podia enviar outra pessoa em seu lugar, mas tão somente outra representante da mesma empresa. Logo, aos olhos dos clientes da empresa, não havia pessoalidade, mas internamente ela existia, nas relações entre o Reclamante e a Reclamada; (b) é inegável que se tem a habitualidade, ou seja, os trabalhos eram quase sempre diários, tendo perdurado o período mencionado nos autos; (c) é inegável que se tem a onerosidade, notadamente, pelo fato do Autor ser comissionista puro; (d) resta a análise da subordinação, a qual pressupõe a presença do poder diretivo do empregador sobre a prestação diária dos serviços, a qual é inconteste, em nível maior do que aquele que deve existir em uma relação de representação comercial, em face das provas carreadas aos autos com a petição inicial.

Deveras, se depreende do conjunto probatório que o Reclamante tinha metas a cumprir, bem como não há notícia de que o Reclamante teria prestado serviços para outra empresa, do mesmo ramo,

Cap. 3 • MODELOS DE CAUSA DE PEDIR E PEDIDOS | 779

em período correlato ao do contrato de trabalho – o que, em nosso entender, é mais um indício acerca da existência de vínculo empregatício.

Diante de tais elementos, o que se conclui é que restou comprovada, *in casu*, a presença dos requisitos dos arts. 2º e 3º da CLT, mormente a subordinação jurídica – principal traço distintivo entre a relação de emprego e o trabalho prestado de forma autônoma.

"CONTRATO DE REPRESENTAÇÃO COMERCIAL X RELAÇÃO DE EMPREGO ENTRE AS PARTES - ÔNUS DA PROVA. A doutrina fornece uma classificação capaz de auxiliar na aferição da subordinação jurídica, a qual considera a verificação de três espécies de elementos: elementos de certeza (trabalho controlado pela empresa em certo lapso; comparecimento periódico obrigatório; obediência a métodos de vendas; fixação de viagens pela empresa; recebimento de instruções sobre o aproveitamento das zonas de vendas e obediência a regulamento da empresa); elemento de indício (recebimento de quantia fixa mensal; utilização de material e papel timbrado da empresa; obrigação de produção mínima; recebimento de ajuda de custo e pessoalidade na prestação) e elementos excludentes (existência de escritório próprio e admissão de auxiliares; substituição constante do representante na prestação de serviços; pagamento de ISS; registro no Conselho Regional de Representantes Comerciais e utilização do tempo de forma livre). Há de ser afastada a relação de emprego se o empregado não demonstra nenhum dos elementos de certeza e a prova evidencia a presença de um dos elementos excludentes do liame empregatício, consubstanciado na plena liberdade do trabalhador para definir horário de trabalho e escolher clientes, de forma a demonstrar a prestação dos serviços de venda sem qualquer tipo de fiscalização ou controle exercido pela empresa. Comprovando a empresa a existência de todos os elementos formais relativos ao contrato de representação, quais sejam, contrato escrito devidamente firmado pelo Reclamante, inscrição desta no Conselho Regional dos Representantes Comerciais da Bahia-CORE e pagamento de comissões por vendas realizadas, cabe a parte autora desconstituir a prova documental demonstrando a existência dos elementos previstos nos arts. 2º e 3º da CLT, de sorte a comprovar que o contrato realidade era de emprego." (TRT – 5ª R. – RO 0000538-37.2014.5.05.0612 – Rel. Luíza Lomba – *DJ* 9-2-2015.)

O vínculo de emprego deve ser reconhecido: (a) data de admissão [indicar a data]; (b) data da dispensa [indicar a data]; (c) função de [indicar a função]; (d) salário [indicar o valor]. Tais elementos devem ser anotados na CTPS do Reclamante em [indicar o número] dias após o trânsito em julgado, sob pena de a Reclamada pagar uma multa diária de R$ [indicar o valor], por dia de atraso, de acordo com os arts. 536 e 537, CPC. A multa será revertida em prol do trabalhador. Ofícios devem ser expedidos: SRTE, INSS e CEF.

PEDIDO:

O vínculo de emprego deve ser reconhecido: (a) data de admissão [indicar a data]; (b) data da dispensa [indicar a data]; (c) função de [indicar a função]; (d) salário [indicar o valor]. Tais elementos devem ser anotados na CTPS do Reclamante em [indicar o número] dias após o trânsito em julgado, sob pena de a Reclamada pagar uma multa diária de R$ [indicar o valor], por dia de atraso, de acordo com os arts. 536 e 537, CPC. A multa será revertida em prol do trabalhador. Ofícios devem ser expedidos: SRTE, INSS e CEF.

3.272. RESCISÃO INDIRETA
ATRASO DE SALÁRIOS

CAUSA DE PEDIR:

A Reclamada não cumpria com suas obrigações contratuais, na medida em que não realizava o pagamento dos salários no dia correto, fato que vinha ocorrendo nos últimos [indicar o número] meses do contrato de trabalho, causando sérios prejuízos financeiros à Autora, que era obrigada a atrasar a quitação de várias de suas obrigações pessoais, constantemente pagando juros e multas moratórias, dissabores esses causados exclusivamente pelo inadimplemento contratual da Ré.

Conforme se verifica nos extratos bancários e contracheques anexos [juntar os holerites com atraso no pagamento e extratos da conta salário com a data de depósito do salário], a Reclamante só assinava os citados documentos na data em que os pagamentos eram compensados em sua conta salário, a contragosto de seu supervisor, que determinava aos empregados que todos assinassem os holerites com data do 5º dia útil, muito embora a Reclamada não pagasse efetivamente nesta data, em descumprimento ao disposto no art. 459, CLT, que prevê a obrigação do empregador *fazer o pagamento dos salários até o 5º dia útil do mês subsequente ao mês trabalhado*.

Tal situação perdura por vários meses, tornando inviável a continuidade do contrato de trabalho, evidenciando, assim, ato cuja gravidade revela-se suficiente ao decreto da rescisão indireta contratual, conforme art. 483, "d", CLT, devido ao descumprimento das obrigações patronais.

A rescisão indireta ocorre quando o empregador não cumpre o contrato, observando-se as hipóteses fáticas previstas no art. 483, mostrando-se inegável a violação da norma legal por parte da Reclamada.

Não prospera qualquer argumento de dificuldades econômicas, pois é o empregador quem assume o risco da atividade econômica, consoante art. 2º, CLT, não podendo a Reclamada utilizar tal argumento para se furtar do pagamento dos salários na data correta.

O motivo alegado permite o reconhecimento da rescisão indireta, por aplicação do disposto no art. 483, "d": *"O empregado poderá considerar rescindido o contrato e pleitear a devida indenização quando: (...) (d) não cumprir o empregador as obrigações do contrato"*.

Indica a jurisprudência:

"Recurso de revista. Rescisão indireta. Descumprimento de cláusula do contrato de trabalho. Atraso reiterado no pagamento do salário. O descumprimento de obrigação pelo reclamado, como o atraso reiterado no pagamento do salário, constitui justo motivo para a rescisão indireta do contrato de trabalho, nos termos do art. 483, 'd', da CLT. O fato de o empregado continuar na empresa, por diversos anos, permitindo essas irregularidades, não descaracteriza a aplicação do instituto, visto que evidencia apenas a condição de hipossuficiente do empregado e a preocupação em manter o seu meio de subsistência. Precedentes da Corte. Recurso de revista conhecido e provido. (...)" (TST – 6ª T. – RR 756-77.2010.5.09.0003 – Rel. Min. Aloysio Corrêa da Veiga – DEJT 14-6-2013).

"Recurso de revista. 1. Rescisão indireta. Mora salarial. O Tribunal Regional concluiu pela existência de motivos suficientes a ensejar a pleiteada rescisão indireta. Explicitou que o atraso e parcelamento no pagamento das verbas salariais autorizaram a ruptura contratual por culpa do empregador, à luz do art. 483 da

Cap. 3 • MODELOS DE CAUSA DE PEDIR E PEDIDOS | **781**

CLT. No tocante ao referido dispositivo Consolidado, há significativa corrente jurisprudencial no sentido de caracterizar a mora salarial como justa causa do empregador. Na hipótese dos autos, restou evidenciado o pagamento a destempo de salários. Assim, a conduta empresarial, considerada em seu conjunto, com o atraso reiterado de salários, revelou-se suficientemente grave, ensejando a rescisão indireta do contrato de trabalho, porque a impontualidade do empregador provoca uma enorme instabilidade ao empregado, que deixa de cumprir seus compromissos, sem falar no próprio sustento e de sua família. Recurso de revista conhecido e desprovido. (...)" (TST – 5ª T. – RR 62000-17.2009.5.15.0054 – Rel. Min. Guilherme Augusto Caputo Bastos – *DEJT* 9-11-2012).

Assim, deve ser reconhecida a justa causa patronal por afronta ao art. 483, "d", com a consequente declaração da rescisão indireta do contrato de trabalho pela mora salarial, com data de [indicar a data], com direito à percepção das verbas rescisórias (aviso-prévio e suas projeções em 13º salário e férias + 1/3, pagamento de férias + 1/3 integrais e proporcionais, pagamento de 13º salários integrais e proporcionais, saldo salarial do mês, pagamento de horas extras realizadas no mês), liberação do FGTS pelo código 01 + multa de 40% incidente e a liberação do seguro-desemprego ou indenização equivalente (arts. 186 e 927, CC).

PEDIDO:

(a) reconhecimento da justa causa patronal por afronta ao art. 483, "d", CLT, com a consequente declaração da rescisão indireta do contrato de trabalho, com data de [indicar a data];

(b) condenação da Reclamada ao pagamento das verbas rescisórias pela dispensa indireta: (aviso--prévio e suas projeções em 13º salário e férias + 1/3, pagamento de férias + 1/3 integrais e proporcionais, pagamento de 13º salários integrais e proporcionais, saldo salarial do mês, pagamento de horas extras realizadas no mês), liberação do FGTS pelo código 01 + multa de 40% incidente e a liberação do seguro-desemprego ou indenização equivalente (arts. 186 e 927, CC).

3.273. RESCISÃO INDIRETA
IRREGULARIDADE DOS DEPÓSITOS DE FGTS

CAUSA DE PEDIR:

Conforme extratos analíticos oriundos da Caixa Econômica Federal [juntar o extrato], o Reclamante comprova o descumprimento de obrigações contratuais da Reclamada: os recolhimentos irregulares de FGTS em sua conta vinculada.

Verifica-se falta de recolhimento dos meses [apontar período] e/ou recolhimento em atraso em [apontar período], evidenciando, assim, ato cuja gravidade revela-se suficiente ao decreto da rescisão indireta contratual, conforme art. 483, "d", CLT, pois o descumprimento das obrigações patronais em questão causa prejuízo ao empregado, comprometendo a liquidez do direito do obreiro ao saque decorrente do exercício, a qualquer tempo, do direito potestativo patronal de rescisão contratual sem justa causa, ou mesmo, nas demais hipóteses de saque permitidas pela legislação, como, por exemplo, em caso de neoplasia maligna ou mesmo para aquisição de casa própria.

Salienta-se, ainda, que a irregularidade nos recolhimentos fundiários interfere na continuidade contratual, independentemente da ocorrência das hipóteses legais de saque da conta vinculada no FGTS, até porque o Reclamante não deve esperar a ocorrência de uma circunstância de necessidade de saque para postular a rescisão do pacto laboral pelo não recolhimento do FGTS, vez que, não havendo depósito, não haverá movimento de FGTS e a previsão do art. 20 da Lei 8.036/90 não seria alcançada, ao menos no momento de maior necessidade do trabalhador.

Verifica-se, portanto, que a falta de tais recolhimentos deixa o empregado entregue à insegurança jurídica de estar impossibilitado de exercer seus direitos, como demonstrado, não restando outro meio para a tutela de seus direitos, senão a rescisão indireta do contrato de trabalho a ser declarada judicialmente.

"I – AGRAVO DE INSTRUMENTO EM RECURSO DE REVISTA. ACÓRDÃO REGIONAL PUBLICADO NA VIGÊNCIA DAS LEIS 13.015/14 E 13.467/17. RITO SUMARÍSSIMO. RESCISÃO INDIRETA. DESCUMPRIMENTO CONTRATUAL. INCORREÇÃO NO RECOLHIMENTO DOS DEPÓSITOS DO FGTS. Reconhece-se a transcendência política do recurso, nos termos do art. 896-A, inciso IV, da CLT. Diante de possível violação do art. 7º, III, da Constituição Federal, deve-se dar provimento ao agravo de instrumento para melhor exame do recurso de revista. Agravo de instrumento conhecido e provido. II – RECURSO DE REVISTA. RESCISÃO INDIRETA. DESCUMPRIMENTO CONTRATUAL. INCORREÇÃO NO RECOLHIMENTO DOS DEPÓSITOS DO FGTS. No caso, o Regional endossou a tese de que a incorreta quitação de depósitos do FGTS não caracteriza hipótese prevista no artigo 483 da CLT, visto que ausente a gravidade pertinente ao alegado descumprimento das obrigações do contrato, pois em regra o empregado movimenta os valores da conta vinculada ao término da relação de emprego. Esta Corte Superior, todavia, consolidou entendimento no sentido de que o não recolhimento, ou o recolhimento irregular, da verba indicada, implica falta grave do empregador, na forma do art. 7º, III, da CF. Recurso de revista conhecido por violação do artigo 7º, III, da CF/88 e provido. Conclusão: Agravo de instrumento conhecido e provido. Recurso de revista conhecido e provido." (TST – 3ª T. – RR 1002090-53.2017.5.02.0012 – Rel. Min. Alexandre de Souza Agra Belmonte – *DEJT* 8-5-2020.)

Cap. 3 • MODELOS DE CAUSA DE PEDIR E PEDIDOS | **783**

"I – AGRAVO DE INSTRUMENTO. RECURSO DE REVISTA. LEI N° 13.015/14. RES-CISÃO INDIRETA. IRREGULARIDADES NO RECOLHIMENTO DOFGTS. Ante a possível violação do art. 483, 'd', da CLT, deve ser provido o agravo de instrumento. Agravo de instrumento conhecido e provido. II – RECURSO DE REVISTA. LEI N° 13.015/14. RESCISÃO INDIRETA. IRREGULARIDADES NO RECOLHIMENTO DO FGTS. O Tribunal Regional registrou a existência de atrasos no recolhimento do FGTS. A jurisprudência desta Corte Superior é no sentido de que a ausência de recolhimento dos depósitos do FGTS, ou seu recolhimento irregular, configura ato faltoso do empregador suficientemente grave para ensejar a rescisão indireta do contrato de trabalho, nos termos da alínea 'd' do art. 483 da CLT. Precedentes. Recurso de revista conhecido e provido. REFLEXOS DAS HORAS EXTRAS E MULTA NORMATIVA. Em recurso de revista, a parte recorrente não indicou o trecho da decisão regional que consubstancia o prequestionamento da controvérsia objeto do apelo, nos termos do art. 896, § 1°-A, I, da CLT (incluído pela Lei n° 13.015/14). No caso, não há qualquer transcrição/indicação da fundamentação que pretende prequestionar quanto aos temas debatidos no recurso de revista. Conforme entende esta Corte Superior, tal indicação constitui encargo da recorrente, exigência formal intransponível ao conhecimento do recurso de revista. Recurso de revista não conhecido." (TST – 2ª T. – RR 1000776-56.2018.5.02.0491 – Rel. Min. Maria Helena Mallmann – *DEJT* 7-2-2020.)

Ressalte-se que o simples fato de a Reclamada firmar ou ter firmado Termo de Confissão de Dívida e Compromisso de Pagamento do FGTS com a Caixa Econômica Federal não afasta o direito do empregado de pleitear a rescisão indireta do contrato de trabalho, pois se trata de negócio jurídico firmado por terceiros, do qual não participou, não obrigando o Reclamante e não garantindo que os depósitos fundiários serão efetivamente quitados, permanecendo, assim, a lesão ao direito do Reclamante.

"Procedimento sumaríssimo. Rescisão indireta do contrato de trabalho. Ausência de recolhimento dos depósitos do FGTS – Falta grave configurada. Arts. 483, 'd', da CLT, 7°, III, da CF e 31, § 2°, da Lei 9.615/98. 1. A jurisprudência dominante nesta Corte segue no sentido de que o não recolhimento do FGTS ou o seu recolhimento a menor constitui falta grave do empregador, ensejadora do reconhecimento da rescisão indireta, nos termos do art. 483, 'd', da CLT. 2. No caso em apreço, o Regional entendeu ser incabível o pedido de rescisão indireta por entender que o não recolhimento do FGTS não daria ensejo à falta grave prevista no dispositivo celetista supramencionado, por não inviabilizar a continuidade do contrato de trabalho. Ademais, registrou que a Reclamada firmou Termo de Confissão de Dívida e Compromisso de Pagamento do FGTS com a Caixa Econômica Federal em 2010, no qual reconheceu os débitos fundiários e se comprometeu a pagá-los parcelada-mente. 3. Ora, o simples fato de a Reclamada firmar Termo de Confissão de Dívida com a Caixa Econômica Federal não afasta o direito do empregado de pleitear a rescisão indireta do contrato de trabalho, pois se trata de negócio jurídico firmado por terceiros, do qual não participou, que não obriga o Reclamante e nem garante que os depósitos fundiários serão efetivamente quitados. 4. Cumpre destacar, ainda, que o art. 31, § 2°, da Lei 9.615/98, de aplicação analógica à hipótese em comento, dispõe que o não recolhimento do FGTS por período igual ou superior a três meses caracteriza mora contumaz e permite que o empregado rescinda indiretamente o contrato de trabalho. 5. Nessa linha, a ausência habitual de recolhimentos do FGTS caracteriza falta grave, nos termos do art. 483, 'd', da CLT e afronta ao disposto no art. 7°, III, da CF. Recurso de revista provido" (TST – 7ªT. – RR 407-16.2012.5.11.0014 – Rel. Min. Ives Gandra Martins Filho – *DEJT* 23-11-2012).

Deve ser reconhecida a justa causa patronal por afronta ao art. 483, "d", da CLT, com a consequente declaração da rescisão indireta do contrato de trabalho, com data de [indicar a data], com direito à percepção das verbas rescisórias (aviso-prévio e suas projeções em 13° salário e férias + 1/3, pagamento de férias + 1/3 integrais e proporcionais, pagamento de 13° salários integrais e proporcionais, saldo salarial do mês, pagamento de horas extras realizadas no mês), liberação do FGTS pelo código 01 + multa de 40% incidente e a liberação do seguro-desemprego ou indenização equivalente (arts. 186 e 927, CC).

PEDIDO:

(a) reconhecimento da justa causa patronal por afronta ao art. 483, "d", CLT, com a consequente declaração da rescisão indireta do contrato de trabalho, com data de [indicar a data];

(b) condenação da Reclamada ao pagamento das verbas rescisórias pela dispensa indireta: (aviso--prévio e suas projeções em 13º salário e férias + 1/3, pagamento de férias + 1/3 integrais e proporcionais, pagamento de 13º salários integrais e proporcionais, saldo salarial do mês, pagamento de horas extras realizadas no mês), liberação do FGTS pelo código 01 + multa de 40% incidente e a liberação do seguro-desemprego ou indenização equivalente.

Cap. 3 • MODELOS DE CAUSA DE PEDIR E PEDIDOS | 785

3.274. RESCISÃO INDIRETA
NÃO PAGAMENTO DE HORAS EXTRAS

CAUSA DE PEDIR:

O Reclamante pleiteia a rescisão indireta do contrato de trabalho, com fundamento no art. 483, alínea *d*, CLT, em razão da não quitação do labor em sobrejornada.

A justa causa judicialmente alegada a ensejar a declaração de rescisão indireta do contrato de trabalho por culpa do empregador, deve ser robusta e induvidosamente provada, e se caracterizar por ato patronal que inviabilize a própria continuidade da relação empregatícia.

Há que se perquirir até que ponto uma obrigação contratual não cumprida pelo empregador afeta a relação de modo a resultar na impossibilidade de manutenção do vínculo de emprego, não sendo razoável concluir que todo e qualquer ato do empregador que, em tese, importe em descumprimento contratual possa ser reputado como falta grave a configurar justa causa praticada pelo empregador.

Oportuno trazer à colação lição de Mauricio Godinho Delgado:

"No que diz respeito à adequação entre a falta e a penalidade, quer a ordem justrabalhista que haja correspondência substantiva entre a conduta infratora e a rescisão indireta que se pretende ver reconhecida. Conforma já exposto, faltas do empregador, tidas como leves, não dão ensejo à penalidade máxima existente no Direito do Trabalho, que é a resolução contratual culposa.

A adequação ou inadequação da falta empresarial com a despedida indireta combinam-se a outro critério próximo, o da proporcionalidade entre a falta cometida e a punição. Por tal critério, quer a ordem jurídica que haja harmônica conformidade entre a dimensão e extensão da falta cometida e a dimensão e extensão do efeito jurídico drástico almejado, que é a resolução por culpa do empregador." (Curso de Direito do Trabalho. 10ª ed. São Paulo: LTr, p. 1158.)

O art. 483 da CLT elenca os tipos de infrações cometidas pelo empregador que poderão dar ensejo à rescisão indireta, hipótese de extinção do vínculo de emprego em razão do descumprimento das obrigações contratuais por parte do empregador.

No caso dos autos, durante o período trabalhado, o Reclamante não recebeu de forma devida o labor em sobrejornada.

O TST tem entendido que esta conduta da Reclamada se revela suficientemente grave, ensejando, pois, a rescisão indireta do contrato de trabalho, diante dos prejuízos suportados pelo Reclamante, nos termos do art. 483, "d", da CLT:

"(A) AGRAVO DE INSTRUMENTO EM RECURSO DE REVISTA INTERPOSTO PELA RECLAMANTE. ACÓRDÃO REGIONAL PUBLICADO NA VIGÊNCIA DA LEI Nº 13.015/14. 1. RESCISÃO INDIRETA. DESCUMPRIMENTO DE OBRIGAÇÕES CONTRATUAIS. SOBRELABOR HABITUAL. AUSÊNCIA DE PAGAMENTO DE HORAS EXTRAS. I. A Corte Regional indeferiu o pedido da Reclamante de conversão da demissão em rescisão indireta do contrato de trabalho, por entender que 'o descumprimento de obrigações contratuais, embora constitua conduta reprovável, por si só não inviabiliza a continuidade da relação contratual', consignando

786 | PRÁTICA DA RECLAMAÇÃO TRABALHISTA – *Jorge Neto • Wenzel • Cavalcante*

em suas razões que 'a ausência de quitação de horas extras não justifica, por si mesma, a rescisão indireta do contrato'. II. A jurisprudência desta Corte Superior tem posição majoritária de que o inadimplemento de horas extras – hipótese dos autos – consubstancia ato faltoso, bem como justificativa grave suficiente para configurar a justa causa, por culpa do empregador, a ensejar a rescisão indireta do pacto laboral, conforme preleciona o art. 483, 'd', da CLT. Ressalva de entendimento do Relator. III. Demonstrada violação do art. 483, 'd', da CLT. IV. Agravo de instrumento de que se conhece e a que se dá provimento, para determinar o processamento do recurso de revista, observando-se o disposto no ATO SEGJUD.GP Nº 202/19 do TST. (B) RECURSO DE REVISTA INTERPOSTO PELA RECLAMANTE. ACÓRDÃO REGIONAL PUBLICADO NA VIGÊNCIA DA LEI Nº 13.015/14. 1. RESCISÃO INDIRETA. DESCUMPRIMENTO DE OBRIGAÇÕES CONTRATUAIS. SOBRELABOR HABITUAL. AUSÊNCIA DE PAGAMENTO DEHORAS EXTRAS. I. Trata-se de discussão a respeito da possibilidade de rescisão indireta do contrato de trabalho em caso de não pagamento de horas extras. II. Esta Corte Superior já se manifestou no sentido de que o descumprimento de obrigações contratuais, como a delimitada no presente caso pela Corte Regional, configura conduta grave, sendo possível a rescisão indireta do contrato de trabalho, nos termos do art. 483, 'd', da CLT. Ressalva de entendimento do Relator. II. Recurso de revista de que se conhece, por violação do art. 483, 'd', da CLT, e a que se dá provimento." (TST – 4ª T. – RR 24615-29.2015.5.24.0004 – Rel. Min. Alexandre Luiz Ramos – DEJT 12-6-2020).

"(...) AGRAVO DE INSTRUMENTO DO RECLAMANTE. LEI 13.467/17. RESCISÃO INDIRETA. INADIMPLEMENTO DE HORAS EXTRAS. TRANSCENDÊNCIA. O processamento do recurso de revista na vigência da Lei 13.467/17 exige que a causa ofereça transcendência com relação aos reflexos gerais de natureza econômica, política, social ou jurídica, a qual deve ser analisada de ofício e previamente pelo Relator (arts. 896-A, da CLT, 246 e 247 do RITST). A causa trata do indeferimento da rescisão indireta pleiteada pelo autor, pelo entendimento de que a ausência de pagamento de horas extras não enseja falta cometida pelo empregador apta a rescindir indiretamente o contrato de trabalho, uma vez que os pagamentos das respectivas diferenças podem ser reparados mediante postulação perante a Justiça do Trabalho, com preservação do vínculo de emprego. A causa revela transcendência política, nos termos do item II do referido dispositivo, na medida em que é entendimento reiterado desta Corte que o não pagamento de horas extras implica falta grave do empregador, apta a gerar a ruptura do contrato de trabalho na modalidade rescisão indireta, nos termos do art. 483, alínea 'd', da CLT. Constatada a transcendência política da causa e demonstrada a violação do art. 483, alínea 'd', da CLT, deve ser processado o recurso de revista. Agravo de instrumento de que se conhece e a que se dá provimento RECURSO DE REVISTA DO RECLAMANTE. LEI 13.467/17. RESCISÃO INDIRETA. INADIMPLEMENTO DE HORAS EXTRAS. TRANSCENDÊNCIA. No caso em comento, o quadro fático delineado no acórdão regional revela que o autor, durante o período trabalhado, não recebeu de forma devida parcela de natureza salarial, qual seja, horas extras. Nesse sentido, a conduta da reclamada revela-se suficientemente grave, ensejando, pois, a rescisão indireta do contrato de trabalho, diante dos prejuízos suportados pelo autor, nos termos do artigo 483, 'd', da CLT. Recurso de revista de que se conhece e a que se dá provimento." (TST – 6ª T. – ARR 1000601-98.2017.5.02.0070 – Rel. Des. Conv. Cilene Ferreira Amaro Santos – DEJT 21-6-2019.)

PEDIDO:

(a) reconhecimento da justa causa patronal por afronta ao art. 483, *d*, CLT, com a consequente declaração da rescisão indireta do contrato de trabalho, com data de [indicar a data];

(b) a condenação da Reclamada ao pagamento das verbas rescisórias pela dispensa indireta: (aviso-prévio e suas projeções em 13º salário e férias + 1/3, pagamento de férias + 1/3 integrais e proporcionais, pagamento de 13º salários integrais e proporcionais, saldo salarial do mês, pagamento de horas extras realizadas no mês), liberação do FGTS pelo código 01 + multa de 40% incidente e a liberação do seguro-desemprego ou indenização equivalente (arts. 186 e 927, CC).

3.275. RESCISÃO INDIRETA
NULIDADE DO PEDIDO DE DEMISSÃO. OS FUNDAMENTOS FÁTICOS E JURÍDICOS DO PEDIDO DE RESCISÃO INDIRETA. ESTABILIDADE GESTANTE. ART. 10, ADCT

CAUSA DE PEDIR:

1.1. A Reclamante foi admitida a serviço da Reclamada em [indicar a data], para exercer as funções de ajudante de serviços gerais.

1.2. Em [indicar a data], a Reclamante estava grávida em torno de quinze dias, contudo, à época não tinha ainda conhecimento a respeito do seu estado gravídico.

Como ajudante, na localidade de São Caetano do Sul, a Reclamante laborava auxiliando o seu esposo. Essa situação perdurou por cerca de dois meses.

A Reclamante deixou de laborar na rua com seu esposo, como sua ajudante, visto que começou a passar mal pela sua gravidez.

Pelos problemas com a gravidez, a Reclamante foi transferida de setor, indo trabalhar com a Sra. Maria, no setor de recursos humanos.

Após já estar laborando com a Sra. Maria, o proprietário da empresa, o Sr. Mário ficou sabendo a respeito dessa transferência, com a qual não concordou e determinou à Sra. Rosana que fizesse a transferência da Reclamante para as funções anteriores.

Vale dizer, a Reclamada coagiu a Reclamante da seguinte maneira: a Reclamante deveria retornar para o trabalho com o seu esposo ou deveria pedir a conta.

A Reclamada, como se denota, não teve o menor escrúpulo em relação à situação física e mental da Reclamante, a qual estava grávida e sem as condições necessárias de executar as tarefas como ajudante de serviços gerais em ambiente externo.

O documento – Exame de HCG-BETA [doc. ....] comprova a gravidez da Reclamante.

O documento (certidão de nascimento) denota que a Reclamante deu à luz a uma criança, de nome Amanda, em [indicar a data].

1.3. Não se pode esquecer que a legislação consolidada assegura a ampla proteção à maternidade, em especial, o direito à garantia à empregada, durante a gravidez, sem prejuízo de salário e demais direitos à transferência de função, quando as condições de saúde o exigirem, assegurada a retomada da função anteriormente exercida logo após o retorno ao trabalho (art. 392, § 4º, I, CLT).

Como ajudante, a Reclamante fazia: preenchimento de ordens de serviço; puxava cabos; fazia conector de ponta de cabo; carregava mala de ferramentas e de equipamentos digitais e caixa de *modem*; subia na escada no poste para conectar os cabos de TV, internet e telefone.

No escritório, as tarefas executadas pela Reclamante eram: arquivo de funcionários; arquivo morto; atendimento de telefone; recepção de funcionários; preenchimento de dados dos empregados nos cartões de ponto.

Como se denota, as funções de ajudante de serviços gerais são totalmente incompatíveis com a gravidez.

Como se vislumbra, é inadmissível a imposição empresarial à Reclamante, a qual, pelas circunstâncias, foi coagida a pedir a sua demissão, o que não corresponde à realidade.

Por outro lado, pelo princípio da primazia da realidade, como se justifica que uma trabalhadora grávida peça demissão do emprego, renunciando a qualquer tipo de estabilidade?

A única resposta plausível é a própria coação perpetrada pelo empregador no sentido de que a trabalhadora seja impelida a solicitar a sua demissão.

Portanto, o seu pedido de demissão é nulo de pleno direito, fazendo a Reclamante o direito à rescisão indireta do seu contrato de trabalho, pela culpa do empregador.

1.4. A Reclamante faz jus à rescisão indireta do seu contrato de trabalho, com base no art. 483, da CLT, em especial, as alíneas "a", "b", "c" e "d", visto que a sua transferência do setor de recursos humanos para a rua, onde laboraria como ajudante, representa: (a) tratamento superior às suas forças físicas, por estar grávida (alínea "a"); (b) tratamento com rigor excessivo pelo empregador, o qual não estava respeitando a sua condição de grávida (alínea "b"); (c) estar a Reclamante correndo risco de mal considerável, visto que o labor na rua poderia representar um aborto (alínea "c"); (d) o empregador não estar cumprindo com as normas legais e constitucionais de proteção à maternidade (alínea "d").

O seu pedido de rescisão indireta deve ser decretado a partir de [indicar a data], sendo que a Reclamante tem direito à percepção de: saldo de salário com reflexos no FGTS + 40%; aviso-prévio; reflexos do aviso-prévio em férias, abono de férias e no FGTS + 40%; férias proporcionais e abono; 13º salário com reflexos no FGTS + 40%; FGTS pelo código 01 + 40%; liberação do seguro-desemprego ou quantia equivalente.

Pela sua condição de grávida, além da dispensa indireta, a Reclamante tem o direito à percepção de todos os salários relativos ao período da sua gestação em pecúnia (está com [indicar o número] meses de gestação), de acordo com o teor da Súmula 244 do TST e art. 10, II, "b", ADCT.

Os salários são devidos a partir da data da dispensa (nesta época, a Reclamante tinha em torno de três meses e ½ de gestação) e até cinco meses após a data do parto. Citado período deve incidir em férias, abono de férias, 13º salário com reflexos no FGTS + 40% e nos depósitos fundiários + 40%.

1.5. Quando da rescisão contratual, a Reclamante nada recebeu, pois a sua rescisão foi zerada, ante o suposto aviso-prévio do empregado não cumprido (termo de rescisão) [doc. ...].

1.6. Na vigência do contrato individual de trabalho, a Reclamante teve a seguinte evolução salarial: admissão: R$ [indicar o valor]; em novembro, o salário passou a ser de R$ [indicar o valor] (recibos de pagamento) [docs. ...].

PEDIDO:

(a) rescisão indireta do contrato de trabalho;

(b) verbas rescisórias: (1) aviso-prévio; (2) férias proporcionais + 1/3 (5/12); (3) 13º salário (4/12); (4) um dia de salário; (5) FGTS + 40% sobre o aviso-prévio, 13º salário e saldo de salário;

(c) salários de todo o período da estabilidade (meses de gestação + 5 meses após o parto), com reflexos desse período em férias, abono de férias, FGTS + 40% e no 13º salário; reflexos do 13º salário desse período em FGTS + 40%;

(d) entrega do FGTS pelo código 01 + 40% ou o equivalente em pecúnia.

3.276. RESCISÃO INDIRETA
SUBMISSÃO DO TRABALHADOR A PERIGO MANIFESTO DE MAL CONSIDERÁVEL. ARTIGO 483, "C", CLT

CAUSA DE PEDIR:

O Reclamante pugna pela rescisão indireta do contrato de trabalho, com fulcro no art. 483, "c" da CLT, pelos seguintes fundamentos [descrição dos motivos].

A conquista e a afirmação da dignidade da pessoa humana não mais podem se restringir à sua liberdade e intangibilidade física e psíquica, envolvendo, naturalmente, também a conquista e afirmação de sua individualidade no meio econômico e social, com repercussões positivas conexas no plano cultural, o que se faz, de maneira geral, considerado o conjunto mais amplo e diversificado das pessoas, mediante o trabalho e, particularmente, o emprego.

A higidez física, mental e emocional do ser humano são bens fundamentais de sua vida privada e pública, de sua intimidade, de sua autoestima e afirmação social e, nessa medida, também de sua honra. São bens, portanto, inquestionavelmente tutelados, regra geral, pela Constituição Federal (art. 5º, V e X). Agredidos em face de circunstâncias laborais, passam a merecer tutela ainda mais forte e específica da Constituição Federal, que se agrega à genérica anterior (art. 7º, XXVIII, da CF).

Nesse contexto, não há dúvida de que o conteúdo do contrato de trabalho vai além do exercício da vontade das partes contratuais, atingindo também diversos deveres impostos ao empregador, inclusive de natureza administrativa, além de deveres com respeito à gestão do estabelecimento e da empresa, que ostentam caráter sanitário, ambiental, de segurança e outras dimensões similares. Registre-se que compete à empresa gerir o seu negócio, com o fornecimento de um ambiente de trabalho hígido e compatível com a natureza das atividades que desenvolve.

O descumprimento desses deveres administrativos e ambientais do trabalho (que correspondem a verdadeiro conteúdo implícito do contrato de trabalho) pode gerar repercussões nitidamente contratuais, sem dúvida, em favor do próprio empregado. Com efeito, o descumprimento dos deveres e obrigações empresariais, relativamente às atividades laborais, e aos limites que o poder diretivo encontra em face da Constituição Federal e da Lei, dá ensejo ao presente pleito de rescisão indireta do contrato de trabalho.

Nesse sentido, o art. 483 da CLT, em suas alíneas "a" até "g", arrola os tipos jurídicos das infrações empresariais, passíveis de ensejar a rescisão indireta do contrato. Tais hipóteses preveem as fronteiras que não podem ser ultrapassadas pelo empregador, encontrando-se assim elencadas:

"Art. 483 – O empregado poderá considerar rescindido o contrato e pleitear a devida indenização quando:

a) forem exigidos serviços superiores às suas forças, defesos por lei, contrários aos bons costumes, ou alheios ao contrato;

b) for tratado pelo empregador ou por seus superiores hierárquicos com rigor excessivo;

c) correr perigo manifesto de mal considerável;

d) não cumprir o empregador as obrigações do contrato;

e) praticar o empregador ou seus prepostos, contra ele ou pessoas de sua família, ato lesivo da honra e boa fama;

f) o empregador ou seus prepostos ofenderem-no fisicamente, salvo em caso de legítima defesa, própria ou de outrem;

Cap. 3 • MODELOS DE CAUSA DE PEDIR E PEDIDOS | 791

g) o empregador reduzir o seu trabalho, sendo este por peça ou tarefa, de forma a afetar sensivelmente a importância dos salários.

§ 1º – O empregado poderá suspender a prestação dos serviços ou rescindir o contrato, quando tiver de desempenhar obrigações legais, incompatíveis com a continuação do serviço.

§ 2º – No caso de morte do empregador constituído em empresa individual, é facultado ao empregado rescindir o contrato de trabalho.

§ 3º – Nas hipóteses das letras 'd' e 'g', poderá o empregado pleitear a rescisão de seu contrato de trabalho e o pagamento das respectivas indenizações, permanecendo ou não no serviço até final decisão do processo."

Em relação à infração prevista na alínea "c", esta ocorre se o empregador submeter o obreiro, pelas condições do ambiente laborativo ou pelo exercício de certa atividade ou tarefa, a risco não previsto no contrato, ou que poderia ser evitado (uso de equipamentos de proteção individual, por exemplo). Não se trata do risco inerente ao próprio exercício profissional, que seja normal e inevitável a esse exercício (vigilante armado, por exemplo), nem dos riscos normais, próprios a certa profissão, mas os anormais.

Quanto à alínea "d", tal infração deriva do fato de o contrato de trabalho ter parte relevante de seu conteúdo formada por determinações de regras constitucionais, legais e oriundas da negociação coletiva, devendo ser cumpridas como um todo pelo empregador. O culposo e grave descumprimento do conteúdo do contrato, qualquer que seja a origem da estipulação, configura, sem dúvida, a justa causa prevista na alínea "d" do art. 483.

No caso concreto, [descrição fática]. Ressalte-se que a Reclamada tinha total ciência dos fatos descritos, mas não tomou nenhuma providência, embora o Reclamante tenha provocado a Reclamada diversas vezes.

De início, registre-se que a ausência de imediatidade com respeito a infrações cometidas pelo empregador não compromete, necessariamente, a pretensão de rescisão indireta, não significando, automaticamente, a concessão do perdão tácito pelo trabalhador. Não obstante, no caso concreto, o cenário retratado permite concluir que a insurgência obreira contra a falta de segurança no ambiente de trabalho foi imediata.

De outro lado, a comunicação da falta grave empresarial e/ou dos fatos a ela vinculados às autoridades policiais não é requisito para a configuração da rescisão indireta.

Superada essa questão, tem-se claramente que o Reclamante foi submetido a um ambiente de trabalho tenso e nocivo, que não pode ser considerado, de forma alguma, digno.

É incontroversa a ocorrência de [★] no local de trabalho, fato que, por si só, já aponta para certa falta de diligência patronal quanto à manutenção de harmonia naquele local [parágrafo adaptável, conforme situação fática dos autos].

Para além das medidas preventivas que caberiam à empresa, também ficou comprovada a negligência da Reclamada em cumprir com obrigações ligadas à saúde no meio ambiente laboral, o que evidentemente inclui a saúde psíquica (arts. 6º, 7º, XXII, XXVIII, 196, 200, VIII, CF), além da adoção de medidas eficazes para resguardar a incolumidade física do Reclamante.

Nesse sentido, perceba-se que, apesar de a Reclamada ter transferido o local de trabalho do Autor e lhe concedido férias, o obreiro continuou exposto a perigo manifesto.

A propósito, a Reclamada não censurou os agressores do Reclamante por seus atos violentos e intimidadores, circunstância que, inevitavelmente, faz presumir a sua tolerância quanto à manutenção de ambiente de trabalho hostil e prejudicial à saúde física e emocional do Reclamante e ao perigo ao qual ele estava submetido.

Em caso análogo, decidiu o TST:

"RECURSO DE REVISTA. PROCESSO SOB A ÉGIDE DA LEI 13.015/14 E ANTERIOR À LEI 13.467/17. 1. RESCISÃO INDIRETA. AMEAÇAS GRAVES SOFRIDAS PELO RECLAMANTE NO AMBIENTE DE TRABALHO. NEGLIGÊNCIA PATRONAL NA MANUTENAÇÃO DE UM AMBIENTE DE TRABALHO HÍGIDO. SUBMISSÃO DO TRABALHADOR A PERIGO MANIFESTO DE MAL CONSIDERÁVEL. O art. 483 da CLT, em suas alíneas 'a' até 'g', arrola os tipos jurídicos das infrações empresariais, passíveis de ensejar a rescisão indireta do contrato. Um desses tipos consiste na hipótese de o empregador submeter o empregado a um perigo manifesto de mal considerável (alínea 'c'), que ocorre quando, pelas condições do ambiente laborativo ou pelo exercício de certa atividade ou tarefa, o empregado corre risco não previsto no contrato, ou que poderia ser evitado. No caso concreto, a solução da controvérsia consiste em aferir se a situação vivenciada pelo Reclamante permite a rescisão indireta, com fundamento no art. 483, 'c', da CLT. Do acórdão regional se extrai que o evento primitivo que ensejou a pretensão foi uma confusão no alojamento da Empresa, envolvendo um grupo de trabalhadores denominados 'mineiros', que acabou no homicídio de um colega do Reclamante. Após esse evento, o Autor sofreu ameaças, no ambiente de trabalho, dirigidas por aquele grupo de trabalhadores. Há informação de situações constrangedoras vivenciadas pelo Obreiro, como quando precisou correr para se esconder na mata para não ser molestado. Todo esse quadro foi comprovado em juízo pelos depoimentos testemunhais, transcritos na decisão recorrida. Extrai-se do acórdão proferido pelo TRT, ainda, as seguintes premissas: a Reclamada tinha ciência dos fatos descritos, mas 'não procedeu à investigação da denúncia feita pelo trabalhador'; o Reclamante provocou diversas vezes a Empresa para mudar o seu local de trabalho, mas, 'apesar da transferência inicial, atualmente o demandante e os supostos autores das ameaças trabalham no mesmo local'. O Tribunal de origem, apesar da gravidade do quadro delineado pela prova testemunhal, reformou a sentença para afastar a configuração da infração grave patronal, com base nos seguintes fundamentos: presume-se que o trabalhador continua normalmente suas atividades sem novas ameaças, pois não ajuizou ação para que se ordenasse a mudança do local de trabalho; a falta grave patronal não seria contemporânea ao pedido de resilição do contrato; a Empresa adotou providências para atenuar o desconforto do Autor, pois o 'aconselhou o autor a tirar férias e ir visitar a família fora do Estado, como de fato aconteceu' , e o transferiu para outra localidade, muito embora 'o grupo de mineiros' tenha retornado a laborar junto a ele, e o Reclamante não tenha registrado boletim de ocorrência. Data vênia, a decisão do Tribunal Regional merece reforma. De plano, registre-se que a ausência de imediaticidade com respeito a infrações cometidas pelo empregador não compromete, necessariamente, a pretensão de rescisão indireta, não significando, automaticamente, a concessão do perdão tácito pelo trabalhador. Nada obstante, no caso concreto, o cenário retratado no acórdão regional permite concluir que a insurgência obreira foi imediata contra a falta de segurança no ambiente de trabalho e o mal ao que estava submetido, considerando que o evento que desencadeou a celeuma (homicídio de um colega de trabalho) ocorreu entre maio e junho de 2016, tendo a ação sido ajuizada logo em seguida (10-6-2016). Lado outro, não é requisito para a configuração da rescisão indireta a comunicação da falta grave empresarial e/ou dos fatos a ela vinculados às autoridades policiais. Ultrapassada essas questões, tem-se que as informações constantes no acórdão regional demonstram claramente que o Reclamante foi submetido a um ambiente de trabalho tenso e nocivo, que não pode ser considerado, de forma alguma, digno. É incontroversa a ocorrência de um homicídio no local de trabalho, decorrente de uma briga entre trabalhadores, fato que, por si só, já aponta para certa falta de diligência patronal quanto à manutenção de harmonia naquele local. Para além das medidas preventivas que caberiam à Empresa quanto ao infortúnio envolvendo o colega falecido do Reclamante, também ficou comprovada a negligência da Empregadora em cumprir com obrigações ligadas à saúde no meio ambiente laboral, o que evidentemente inclui a saúde psíquica (art. 6°, 7°, XXII, XXVIII, 196, 200, VIII, CF), além da adoção de medidas eficazes para resguardar a incolumidade física do Reclamante após aquele evento fatídico. Nesse sentido, perceba-se que, apesar de a Reclamada ter transferido o local de trabalho do Autor e lhe concedido*

Cap. 3 • MODELOS DE CAUSA DE PEDIR E PEDIDOS | **793**

férias para 'visitar a família fora do Estado', o Obreiro continuou a manter contato direto e próximo aos colegas agressores, situação que, evidentemente, não elimina o perigo manifesto a que estava submetido. A propósito, salta aos olhos a ausência de informação, no acórdão regional, de eventual conduta da Empresa, no sentido de censurar os agressores do Reclamante por seus atos violentos e intimidadores – circunstância que, inevitavelmente, faz presumir a tolerância da Empresa quanto à manutenção daquele ambiente de trabalho hostil e prejudicial à saúde física e emocional do Reclamante e ao perigo ao qual ele estava submetido. Em conclusão, deve ser reconhecida a ocorrência de rescisão indireta do contrato de trabalho, nos moldes do art. 483, 'c', da CLT – como decidiu o Juízo da Vara de Trabalho de origem'. Recurso de revista conhecido e provido, no ponto (...)." (TST – 3ª T. – RR 24947-56.2016.5.24.0005 – Rel. Min. Mauricio Godinho Delgado – *DEJT* 19-6-2020.)

Em conclusão, deve ser reconhecida a rescisão indireta do contrato de trabalho, nos moldes do art. 483, "c", da CLT.

PEDIDO:

(a) reconhecimento da justa causa patronal por afronta ao art. 483, "c", CLT, com a consequente declaração da rescisão indireta do contrato de trabalho, com data de [indicar a data];

(b) condenação da Reclamada ao pagamento das verbas rescisórias pela dispensa indireta: (aviso-prévio e suas projeções em 13º salário e férias + 1/3, pagamento de férias + 1/3 integrais e proporcionais, pagamento de 13º salários integrais e proporcionais, saldo salarial do mês, pagamento de horas extras realizadas no mês), liberação do FGTS pelo código 1 + multa de 40% incidente e a liberação do seguro-desemprego ou indenização equivalente (arts. 186 e 927, CC).

3.277. RESCISÃO INDIRETA
TRANSFERÊNCIA OBSTATIVA À ESTABILIDADE DE GESTANTE

CAUSA DE PEDIR:

A Reclamante foi admitida em [indicar a data] para exercer o cargo de [indicar a função] nesta cidade de Santo André. Seu último salário foi de R$ [indicar o valor].

A Reclamante trabalhou até o dia [indicar a data] e afastou-se pela licença-maternidade a partir de [indicar a data] e entrou em gozo das férias no período de [indicar a data].

Em razão do nascimento de seu filho em [indicar a data], a Reclamante faz jus à estabilidade da gestante de cinco meses após o parto, ou seja: até [indicar a data].

Ocorre que somente no dia [indicar a data], às vésperas de reassumir o cargo é que foi informada por *e-mail* da transferência do seu local de trabalho para as dependências da empresa localizada na cidade de Barueri (São Paulo). Essa transferência é obstativa à garantia de emprego e salários em razão do nascimento do filho.

O procedimento do empregador em transferir o local de trabalho da empregada às vésperas do seu retorno, mantendo a empresa em atividade nesta cidade, é vedado em lei e alheio aos bons costumes de uma empregada, com filho recém-nascido, ao obrigá-la a permanecer algumas horas no trajeto ao trabalho e vice-versa. Visa impedir o exercício do direito à garantia da gestante, e como tal não permissivo no nosso ordenamento jurídico.

Assim, entende a Autora a ocorrência de justa causa do empregador para a rescisão contratual, com amparo no art. 483, "a", CLT. A Autora deixou de prestar seus serviços no local diverso ao do contrato, diante da incompatibilidade em trabalhar em outro local.

Em razão da culpa do empregador para a rescisão contratual, busca a tutela do Estado, pleiteando a rescisão indireta do contrato de trabalho e o pagamento das seguintes verbas: (a) garantia de emprego e/ou salários do período da estabilidade da gestante; (b) aviso-prévio; (c) 13º salário (10/12); (d) férias proporcionais 3/12 + 1/3; (e) FGTS + 40% sobre as verbas anteriores (salários, aviso-prévio, 13º salário); (f) FGTS; (g) fornecimento de documentos autorizadores ao soerguimento do seguro-desemprego ou indenização equivalente; (h) multa fundiária pela rescisão indireta (40%).

PEDIDO:

Diante do exposto, busca a tutela jurisdicional desta Justiça Especializada, pleiteando:

(a) declaração judicial da transferência obstativa ao direito da estabilidade da gestante, com a garantia de emprego e/ou salários do período da estabilidade da gestante;

(b) garantia de emprego e/ou salários do período da estabilidade da gestante; aviso-prévio; 13º salário (10/12); férias proporcionais 3/12 + 1/3; FGTS + 40% sobre as verbas anteriores (salários, aviso-prévio, 13º salário); FGTS; fornecimento de documentos autorizadores ao soerguimento do seguro-desemprego ou indenização equivalente; multa fundiária pela rescisão indireta (40%).

3.278. RESPONSABILIDADE CIVIL
ACIDENTE DO TRABALHO. PARCELA DECORRENTE DO DANO MATERIAL. PRESCRIÇÃO PARCIAL

CAUSA DE PEDIR:

A pensão mensal a que faz referência o art. 950 do Código Civil visa a reparar dano material consubstanciado na impossibilidade de a vítima exercer o seu ofício ou profissão ou na diminuição da sua capacidade laborativa.

Trata-se de indenização constitucionalmente definida como um crédito de natureza alimentar, consoante o disposto no art. 100, § 1º, da Constituição Federal, segundo o qual, nesse conceito de crédito alimentício, estão compreendidos *"aqueles decorrentes de salários, vencimentos, proventos, pensões e suas complementações, benefícios previdenciários e indenizações por morte ou por invalidez, fundadas em responsabilidade civil, em virtude de sentença judicial transitada em julgado"*.

Pelo que se depreende dos arts. 206, § 2º, e 1.707, do CC, trata-se de um direito indisponível, irrenunciável, cujas prestações nascem periodicamente, facultando-se ao credor tão somente a opção de não o exercer, preservando-se, contudo, o fundo do direito.

A jurisprudência do TST firmou entendimento no sentido de que o termo inicial para aferir o lapso prescricional para o ajuizamento da ação trabalhista cuja pretensão consista na reparação por danos morais e/ou materiais decorrentes de acidente de trabalho é a data em que a vítima toma conhecimento inequívoco dos efeitos da lesão e de sua extensão.

Oportuno trazer as considerações do Ministro do TST, Augusto César Leite de Carvalho:

"Os danos materiais resultantes de doenças relacionadas com o trabalho consistem em indenização que 'além das despesas do tratamento e lucros cessantes até o fim da convalescença, incluirá pensão correspondente à importância do trabalho para que se inabilitou, ou da depreciação que ele sofreu', na forma do art. 950 do CC.

Quer nas hipóteses em que há lesão instantânea com efeitos diferidos, quer nos casos lesão permanente, a circunstância de iniciar-se a prescrição quando o empregado tem ciência inequívoca do fato gerador, rende ensejo a duas situações que podem criar algum desconforto intelectual, pois contrariam a própria regra da actio nata: (a) a pensão mensal configurar-se-ia, ao menos em parte, uma prestação vincenda que, sendo exigida mais de cinco anos após o conhecimento da doença pelo trabalhador, prescreveria antes de a sua cobrança realizar-se; (b) as despesas de tratamento que acaso sobreviessem ao quinquênio prescritivo seriam exigíveis somente quando a pretensão correspondente já estaria prescrita.

O contraponto, quanto à pensão, é a sua exigibilidade desde a lesão ao direito, não obstante a sua cobrança deva produzir-se em momento posterior. Em suma, a faculdade de postular a pensão a partir da ciência da lesão faria condizente o início, desde logo, do prazo prescricional. Se é válido dizer, porém, que a pensão mensal supre a ausência de salário – ou seja, de prestação de natureza alimentar – conclui-se defensável a tese de que, à semelhança dos alimentos stricto sensu, *prescreveria a pensão relativa aos meses que distassem mais de cinco anos da propositura da ação, não o fundo do direito"* (CARVALHO, Augusto César Leite de. *A prescrição (total ou parcial) da pretensão reparatória. Diálogos entre o direito do trabalho e o direito civil.* São Paulo: RT, 2013, p. 617).

Sobre a pensão por perda ou redução da capacidade de trabalho, Estêvão Mallet e Flávio da Costa Higa esclarecem:

"(...) a decisão que defere o pagamento de pensão, em decorrência de perda ou redução de capacidade de trabalho, envolve julgamento sobre relação que se prolonga no tempo. (...)

Trata-se de típica hipótese de relação jurídica continuativa, cujos desdobramentos não se concentram em um único instante nem ficam limitados a um dado momento. São situações regidas por regras jurídicas que, no dizer de Pontes de Miranda, 'projetam no tempo os próprios pressupostos, admitindo variações dos elementos quantitativos e qualitativos, de modo que a incidência delas não é instantânea'. (...)" (Indenização arbitrada em parcela única: implicações materiais e processuais do art. 950, parágrafo único, do Código Civil. *Revista do Tribunal Superior do Trabalho*, vol. 79, nº 2, abr.-jun 2013, p. 154).

Portanto, diante da definição constitucional da natureza alimentar da pensão mensal devida em decorrência de acidente de trabalho ou doença ocupacional, da qual acarrete impossibilidade de a vítima exercer o seu ofício ou profissão ou diminuição da sua capacidade laborativa, não há que se falar em prescrição do fundo de direito, mas somente, das prestações anteriores ao lapso prescricional que antecede o ajuizamento da ação.

No caso dos autos, incontroverso que o Reclamante sofreu acidente de trabalho no dia [indicar a data], [descrição do acidente], que resultou em [sequela do acidente].

Também é incontroverso que em virtude desse evento o Reclamante permaneceu afastado de suas atividades laborais, com percepção de auxílio-doença acidentário, até [indicar a data], quando recebeu alta médica.

Após o retorno às atividades laborais, o Reclamante continuou a prestar serviços para a Reclamada até ser dispensado, sem justa causa, em [indicar a data].

No caso, em razão da data da ciência inequívoca da lesão e de sua total extensão, ocorrida antes do advento da Emenda Constitucional nº 45/2004, aplica-se o prazo prescricional previsto no art. 206, § 3º, inciso V, do Código Civil, que dispõe:

"Art. 206. Prescreve: (...)

§ 3º. Em três anos: (...)

V – a pretensão de reparação civil;"

Assim, o prazo prescricional a ser aplicável, na hipótese, é o trienal, a que alude o referido preceito de lei.

Embora o fato gerador do direito postulado tenha origem no acidente de trabalho, cuja ciência integral da extensão do dano ocorreu, inequivocamente, em [indicar a data] (data da alta previdenciária), é certo que a caracterização de redução parcial e permanente para o trabalho, a motivar o deferimento de pensão mensal vitalícia, configura direito a prestações periódicas, atraindo, assim, a prescrição apenas parcial, que não atinge o fundo do direito.

A aplicação da metodologia da prescrição parcial, em caso de pedido de pensionamento, resultante de lesão permanente e de trato sucessivo, também foi acolhida pela jurisprudência do STJ (STJ – 1ª T. – REsp 443.869/RS – Relª Minª Denise Arruda – *DJ* 24-4-2006).

O mesmo entendimento tem sido adotado pelo TST:

"RECURSO DE REVISTA EM FACE DE DECISÃO PUBLICADA ANTES DA VIGÊNCIA DA LEI Nº 13.015/2014. ACIDENTE DE TRABALHO. INDENIZAÇÃO POR DANOS

Cap. 3 • MODELOS DE CAUSA DE PEDIR E PEDIDOS | 797

MATERIAIS, MORAIS E ESTÉTICOS. REDUÇÃO PARCIAL E PERMANENTE DA CAPACIDADE LABORAL. LEGISLAÇÃO APLICÁVEL. PRINCÍPIO DA ACTIO NATA. DATA DA CIÊNCIA INEQUÍVOCA DA EXTENSÃO DO DANO. FUNDO DO DIREITO. PRESCRIÇÃO. A jurisprudência desta Corte consolidou o entendimento de que o termo inicial para aferir o lapso prescricional para o ajuizamento da ação trabalhista cuja pretensão é a reparação por danos materiais, morais e/ou estéticos decorrentes de acidente de trabalho (ou doença profissional a ele equiparado) é a data em que a vítima toma efetivo conhecimento da lesão e de sua extensão. Na hipótese de ter ocorrido após a promulgação da EC nº 45/2004 (31/12/2004), aplica-se a regra prescricional do art. 7º, XXIX, da Constituição Federal. De outra sorte, incidirá a prescrição civil e, dependendo da situação, observa-se a regra de transição inserta no art. 2.028 do Código Civil de 2002, vigente a contar de 11/01/2003. Na situação dos autos, o acidente de trabalho ocorreu em 24/11/2002, mas a ciência inequívoca dos danos somente se efetivou com a alta previdenciária, em 02/02/2003, quando já se encontrava em vigor a atual norma civilista. Assim, há de se observar o prazo trienal, previsto no art. 206, § 3º, V, do Código Civil de 2002, ao menos no que tange às indenizações por danos morais e estéticos. Logo, ajuizada a reclamação somente em 31/07/2008, a pretensão deduzida pelo autor, quanto a essas, está fulminada pela prescrição total. Excepciona-se, contudo, o pleito relativo à indenização por danos materiais, na forma de pensionamento, em face da caracterização de parcelas sucessivas, cuja lesão se renova mês a mês, a ensejar a aplicação da prescrição parcial, que não alcança o fundo do direito. Acrescente-se que, na hipótese, houve continuidade da prestação de serviços até 05/11/2007, data em que, efetivamente, se caracterizou prejuízo financeiro, a motivar a iniciativa do autor em obter a pensão mensal vitalícia, haja vista a redução parcial e permanente da capacidade laborativa, resultante do acidente de trabalho. Precedentes. Recurso de revista de que se conhece e a que se dá parcial provimento" (TST – 7ª T. – RR 122700-39.2008.5.15.0071 – Rel. Min. Cláudio Mascarenhas Brandão – *DEJT* 6-3-2017).

"EMBARGOS EM RECURSO DE REVISTA. INTERPOSIÇÃO SOB A ÉGIDE DA LEI 13.015/14. DOENÇA OCUPACIONAL. LER/DORT. DANOS MATERIAIS. PENSÃO MENSAL VITALÍCIA. PRESCRIÇÃO DO FUNDO DE DIREITO. IMPOSSIBILIDADE. CRÉDITO DE NATUREZA ALIMENTAR CONSTITUCIONALMENTE DEFINIDA. PRESTAÇÃO CONTINUATIVA. PRESCRIÇÃO PARCIAL. 1. A pensão mensal a que alude o art. 950 do Código Civil visa a reparar dano material consubstanciado na impossibilidade de a vítima exercer o seu ofício ou profissão ou na diminuição da sua capacidade laborativa. Trata-se de indenização constitucionalmente definida como um crédito de natureza alimentar, consoante o disposto no art. 100, § 1º, da Constituição da República. Inviável, na espécie, cogitar-se de lesão única, ainda que o direito à indenização tenha em sua gênese lesão física com resultados instantâneos, como no caso da perda de um membro, pois o referido dispositivo diz com a hipótese de dano material e o que se visa a reparar, como ressaltado, não é o dano físico em si, mas o prejuízo patrimonial daí decorrente, o qual, decerto, protrai-se no tempo. Assim, enquanto durar a incapacidade, exigível será sua reparação. 2. Cuida-se, pois, de relação jurídica de natureza continuativa, que não se esgota em lesão única, podendo, inclusive, sobrevir alteração no estado de fato, a justificar, inclusive, redução ou aumento da prestação. Desse modo, e ante a natureza alimentar constitucionalmente definida da pensão mensal devida em decorrência de acidente de trabalho ou doença ocupacional, da qual acarrete impossibilidade de a vítima exercer o seu ofício ou profissão ou diminuição da sua capacidade laborativa, não há falar em prescrição do fundo de direito, mas, tão somente, das prestações anteriores ao lapso prescricional que antecede o ajuizamento da ação. Recurso de embargos conhecido e provido." (TST – SDI-I – E-ED-RR-2687-85.2011.5.12.0007 – Rel. Min. Hugo Carlos Scheuermann – *DEJT* 13-10-2017.)

No caso dos autos, a pretensão ao recebimento de indenização material, concernente à pensão mensal vitalícia, na proporção do prejuízo resultante da redução parcial permanente para o trabalho, foi motivada, justamente, pela superveniência da despedida imotivada do Reclamante. Isto porque, como já declinado, houve continuidade da prestação de serviços após a alta previdenciária, tendo ocorrido a rescisão do contrato de trabalho somente em [indicar a data].

Acrescente-se, ainda, que foi respeitado o prazo bienal, a que alude o art. 7º, XXIX, da Constituição Federal, quando do ajuizamento da ação, em [indicar a data].

PEDIDO:

O Reclamante requer o afastamento da tese de prescrição no caso concreto.

3.279. RESPONSABILIDADE CIVIL
DANOS MATERIAIS. DESPESAS MÉDICAS. POSSIBILIDADE DE COMPROVAÇÃO EM FASE DE LIQUIDAÇÃO

CAUSA DE PEDIR:

Comprovada a responsabilidade do empregador no tocante à doença ocupacional, inquestionável que a Reclamada deve arcar com as despesas médicas daí decorrentes.

De fato, em se tratando de doença, reconhecido o nexo causal com o trabalho, surge o dever de reparação integral e a regra prevista no art. 949 do Código Civil impõe que alcance todas as despesas daí decorrentes, ainda que não identificadas de imediato.

Tal conclusão deriva da interpretação do art. 949 do Código Civil, *in verbis*:

> *"No caso de lesão ou outra ofensa à saúde, o ofensor indenizará o ofendido das despesas do tratamento e dos lucros cessantes até ao fim da convalescença, além de algum outro prejuízo que o ofendido prove haver sofrido."*

Não seria razoável supor que o legislador, ao atribuir ao devedor o ônus de ressarcir todos os gastos relacionados à doença, inclusive à sua progressiva e natural evolução ou involução, vinculasse a reparação à prévia realização dos gastos por parte da vítima, o que poderia significar até mesmo o esvaziamento do alcance da norma, mormente quando se vislumbra a possibilidade de não ter, ela, condições de custeá-las.

Observa-se que o legislador também não fez distinção entre as despesas anteriores e posteriores ao ajuizamento da ação, quanto à possibilidade de comprovação em regular liquidação.

Portanto, caracterizada a lesão a bem jurídico integrante do patrimônio de outrem, no caso, material, haverá dano a ser indenizado.

Oportuno mencionar que a lesão decorrente da doença pode permanecer e gerar gastos com aquisição de medicamentos, exames de acompanhamento, tratamentos para minimizar os efeitos, tais como fisioterapia etc.

Ressalte-se que não se está a afirmar a desnecessidade da comprovação dos gastos com as despesas pelo Reclamante. O que se debate é o momento da comprovação de tais despesas, considerando-se a possibilidade de que os danos emergentes sejam remetidos para a fase de liquidação.

Não é razoável exigir a imediata demonstração de todos os gastos efetuados, na medida em que o art. 950 do Código Civil não trata de regra de natureza processual concernente ao instante em que a prova deva ser produzida – cognição ou execução.

Admite-se, inclusive, nos termos do art. 324, § 1°, II, do CPC, a formulação de pedido genérico *"quando não for possível determinar, desde logo, as consequências do ato ou do fato"*.

Tal hipótese se aplica ao pedido relativo aos danos emergentes decorrentes de doença ocupacional e reforça a desnecessidade da indicação pormenorizada e da comprovação das despesas com tratamento na fase de conhecimento.

Nesse sentido é a jurisprudência do TST:

> *"(...) DANOS MATERIAIS. DESPESAS MÉDICAS. POSSIBILIDADE DE COMPROVAÇÃO NA FASE DE LIQUIDAÇÃO. PENSÃO MENSAL. CESSAÇÃO DA ENFERMIDADE.*

ÔNUS DA PROVA. Constatado equívoco na decisão unipessoal, dá-se provimento ao agravo. AGRAVO DE INSTRUMENTO EM RECURSO DE REVISTA. DANOS MATERIAIS. DESPESAS MÉDICAS. POSSIBILIDADE DE COMPROVAÇÃO NA FASE DE LIQUIDAÇÃO. PENSÃO MENSAL. CESSAÇÃO DA ENFERMIDADE. ÔNUS DA PROVA. Agravo de instrumento a que se dá provimento para determinar o processamento do recurso de revista, uma vez que foi demonstrada possível violação dos arts. 949 do Código Civil e 373, II, do CPC. RECURSO DE REVISTA. DANOS MATERIAIS. DESPESAS MÉDICAS. POSSIBILIDADE DE COMPROVAÇÃO NA FASE DE LIQUIDAÇÃO. Em se tratando de doença, reconhecido o nexo causal com o trabalho, surge o dever de reparação integral e a regra prevista no art. 949 do Código Civil impõe que alcance todas as despesas daí decorrentes, ainda que não identificadas de imediato. Não seria razoável supor que o legislador, ao atribuir ao devedor o ônus de ressarcir todos os gastos relacionados à doença, inclusive à sua progressiva e natural evolução ou involução, vinculasse a reparação à prévia realização dos gastos por parte da vítima, o que poderia significar até mesmo o esvaziamento do alcance da norma, mormente quando se vislumbra a possibilidade de não ter, ela, condições de custeá-las. Some-se a isso a possibilidade de formulação de pedido genérico para o caso de danos emergentes, como na hipótese de despesas decorrentes de doenças, tudo a autorizar que a prova da apuração do quantum debeatur seja feita em regular liquidação. Recurso de revista conhecido e provido (...)." (TST – 7ª T. – RR 160400-26.2009.5.03.0143 – Rel. Min. Cláudio Mascarenhas Brandão – *DEJT* 13-3-2020.)

"(...) RECURSO DE REVISTA. 1. DOENÇA OCUPACIONAL. LER/DORT. DANOS EMERGENTES. DESPESAS COM TRATAMENTO MÉDICO E FISIOTERÁPICO. POSSIBILIDADE DE COMPROVAÇÃO NA FASE DE LIQUIDAÇÃO. I. O art. 950 do Código Civil, ao tratar das reparações devidas nos casos em que remanescem sequelas da ofensa sofrida pela vítima, estabelece que, 'se da ofensa resultar defeito pelo qual o ofendido não possa exercer o seu ofício ou profissão, ou se lhe diminua a capacidade de trabalho', a indenização incluirá, dentre outros elementos, as 'despesas do tratamento (...) até ao fim da convalescença'. A norma, portanto, não traz qualquer limitação à comprovação dos apontados danos emergentes, mas, ao contrário, estabelece o ressarcimento, pelo ofensor, 'até o fim da convalescença', a denotar o alcance de todas as despesas daí decorrentes, ainda que não identificadas de imediato. A partir do mencionado dispositivo, verifica-se que inexiste distinção entre as despesas anteriores e posteriores ao ajuizamento da ação. Do contrário, haveria o evidente esvaziamento do sentido útil da própria norma, em especial diante da possibilidade concreta de que a vítima do dano não possui condições de custear tais gastos ou mesmo diante do agravamento ou melhora da doença. Esse quadro autoriza a possibilidade da comprovação dos gastos efetuados a título de danos emergentes em momento posterior do processo, como na fase de liquidação." (TST – 7ª T. – RR 1042-36.2010.5.05.0013 – Rel. Min. Evandro Pereira Valadão Lopes – *DEJT* 24-4-2020.)

PEDIDO:

Requer o Reclamante que seja a Reclamada condenada a pagar as despesas médicas devidamente comprovadas pelo Reclamante, até a fase de execução da sentença, na proporção em que o trabalho atuou como causa da enfermidade, conforme se apurar em regular liquidação.

Cap. 3 • MODELOS DE CAUSA DE PEDIR E PEDIDOS | 801

3.280. RESPONSABILIDADE CIVIL
DOENÇA DO TRABALHO. PARCELA DECORRENTE DO DANO MATERIAL. PRESCRIÇÃO PARCIAL

CAUSA DE PEDIR:

A pensão mensal a que faz referência o art. 950 do Código Civil visa a reparar dano material consubstanciado na impossibilidade de a vítima exercer o seu ofício ou profissão ou na diminuição da sua capacidade laborativa.

Trata-se de indenização constitucionalmente definida como um crédito de natureza alimentar, consoante o disposto no art. 100, § 1º, da Constituição Federal, segundo o qual, nesse conceito de crédito alimentício, estão compreendidos *"aqueles decorrentes de salários, vencimentos, proventos, pensões e suas complementações, benefícios previdenciários e indenizações por morte ou por invalidez, fundadas em responsabilidade civil, em virtude de sentença judicial transitada em julgado"*.

Pelo que se depreende dos arts. 206, § 2º, e 1.707, do CC, trata-se de um direito indisponível, irrenunciável, cujas prestações nascem periodicamente, facultando-se ao credor tão somente a opção de não o exercer, preservando-se, contudo, o fundo do direito.

A jurisprudência do TST firmou entendimento no sentido de que o termo inicial para aferir o lapso prescricional para o ajuizamento da ação trabalhista cuja pretensão consista na reparação por danos morais e/ou materiais decorrentes de acidente de trabalho é a data em que a vítima toma conhecimento inequívoco dos efeitos da lesão e de sua extensão.

Oportuno trazer as considerações do Ministro do TST, Augusto César Leite de Carvalho:

"Os danos materiais resultantes de doenças relacionadas com o trabalho consistem em indenização que 'além das despesas do tratamento e lucros cessantes até o fim da convalescença, incluirá pensão correspondente à importância do trabalho para que se inabilitou, ou da depreciação que ele sofreu', na forma do art. 950 do CC.

Quer nas hipóteses em que há lesão instantânea com efeitos diferidos, quer nos casos lesão permanente, a circunstância de iniciar-se a prescrição quando o empregado tem ciência inequívoca do fato gerador, rende ensejo a duas situações que podem criar algum desconforto intelectual, pois contrariam a própria regra da actio nata: (a) a pensão mensal configurar-se-ia, ao menos em parte, uma prestação vincenda que, sendo exigida mais de cinco anos após o conhecimento da doença pelo trabalhador, prescreveria antes de a sua cobrança realizar-se; (b) as despesas de tratamento que acaso sobreviessem ao quinquênio prescritivo seriam exigíveis somente quando a pretensão correspondente já estaria prescrita.

O contraponto, quanto à pensão, é a sua exigibilidade desde a lesão ao direito, não obstante a sua cobrança deva produzir-se em momento posterior. Em suma, a faculdade de postular a pensão a partir da ciência da lesão faria condizente o início, desde logo, do prazo prescricional. Se é válido dizer, porém, que a pensão mensal supre a ausência de salário – ou seja, de prestação de natureza alimentar – conclui-se defensável a tese de que, à semelhança dos alimentos stricto sensu, prescreveria a pensão relativa aos meses que distassem mais de cinco anos da propositura da ação, não o fundo do direito" (CARVALHO, Augusto César Leite de. A *prescrição (total ou parcial) da pretensão reparatória. Diálogos entre o direito do trabalho e o direito civil*. São Paulo: RT, 2013, p. 617).

No caso, não há que se falar em lesão única, ainda que o direito à indenização tenha em sua origem uma lesão física com resultados instantâneos, como no caso da perda de um membro, pois com a hipótese de dano material o que se visa a reparar, como ressaltado, não é a lesão física em si, mas o prejuízo patrimonial dela decorrente, o qual se prolonga no tempo. Assim, enquanto durar a incapacidade, exigível será a sua reparação, nos moldes dos arts. 949 e 950 do Código Civil.

Sobre a pensão por perda ou redução da capacidade de trabalho, Estêvão Mallet e Flávio da Costa Higa esclarecem:

> *"(...) a decisão que defere o pagamento de pensão, em decorrência de perda ou redução de capacidade de trabalho, envolve julgamento sobre relação que se prolonga no tempo. (...)*
>
> *Trata-se de típica hipótese de relação jurídica continuativa, cujos desdobramentos não se concentram em um único instante nem ficam limitados a um dado momento. São situações regidas por regras jurídicas que, no dizer de Pontes de Miranda, 'projetam no tempo os próprios pressupostos, admitindo variações dos elementos quantitativos e qualitativos, de modo que a incidência delas não é instantânea'. (...)"* (Indenização arbitrada em parcela única: implicações materiais e processuais do art. 950, parágrafo único, do Código Civil. *Revista do Tribunal Superior do Trabalho*, vol. 79, n° 2, abr./jun. 2013, p. 154).

É certo que prevalece o entendimento de que, nas hipóteses de doença ocupacional, o direito de ação é exercitável a partir da ciência inequívoca do dano (*actio nata*).

No entanto, trata-se de relação jurídica de natureza continuativa, que não se esgota em lesão única, podendo, inclusive, sobrevir alteração no estado de fato, a justificar, inclusive, redução ou aumento da prestação.

Ainda nos dizeres de Estevão Mallet e Flávio da Costa Higa, *"(A)s relações jurídicas continuativas ficam sujeitas a alteração a todo tempo. A obrigação que delas decorre nunca se reveste de caráter permanente; tem sempre natureza transitória, não se torna nunca definitiva"* (ob. cit.).

Aplicáveis as disposições do art. 505, I, do CPC, quanto à revisão do que foi estatuído na sentença, em se tratando de relação jurídica continuativa, na hipótese em que sobrevier alteração no estado de fato ou de direito.

Portanto, é inconcebível que se possa, a qualquer tempo, rever o valor arbitrado ao pensionamento, na hipótese de alteração do quadro fático, e, concluir que o transcurso do lapso prescricional atinge o próprio fundo do direito, mormente no caso dos autos, em que há notícia de redução da capacidade [indicar a enfermidade] que, sabidamente, pode se agravar ao longo do tempo e, por conseguinte, revela-se passível de ensejar constantes alterações no estado de fato.

Não se olvida dos esforços argumentativos no sentido de que também a ação revisional deve levar em conta a teoria da *actio nata*, e, portanto, igualmente sujeita aos efeitos da prescrição extintiva. Contudo, na prática, é duvidosa a viabilidade de a parte adversa comprovar que a ciência da modificação do estado de fato se deu em momento anterior ao da propositura da ação revisional, ao menos, de modo a fazer incidir a prescrição total.

Portanto, diante da definição constitucional da natureza alimentar da pensão mensal devida em decorrência de acidente de trabalho ou doença ocupacional, da qual acarrete impossibilidade de a vítima exercer o seu ofício ou profissão ou diminuição da sua capacidade laborativa, não há falar em prescrição do fundo de direito, mas somente das prestações anteriores ao lapso prescricional que antecede o ajuizamento da ação.

Corrobora essa tese José Afonso Dallegrave Neto, para quem é aplicável às ações acidentárias que contenham pedidos de prestação sucessiva, a exemplo da indenização equivalente ao pensionamento mensal a ser pago em prol da vítima, o entendimento sedimentado na Súmula 294 do TST.

Cap. 3 • MODELOS DE CAUSA DE PEDIR E PEDIDOS | **803**

A aplicação da metodologia da prescrição parcial, em caso de pedido de pensionamento, resultante de lesão permanente e de trato sucessivo, também foi acolhida pela jurisprudência do STJ (1ª T. – REsp 443.869/RS – Relª Minª Denise Arruda – *DJ* 24-4-2006; 2ª T. – AgRg no Ag 428.430/RS – Rel. Min. Castro Meira – *DJ* 12-8-2003).

O mesmo entendimento tem sido adotado pelo TST:

"RECURSO DE REVISTA EM FACE DE DECISÃO PUBLICADA ANTES DA VIGÊNCIA DA LEI Nº 13.015/2014. ACIDENTE DE TRABALHO. INDENIZAÇÃO POR DANOS MATERIAIS, MORAIS E ESTÉTICOS. REDUÇÃO PARCIAL E PERMANENTE DA CAPACIDADE LABORAL. LEGISLAÇÃO APLICÁVEL. PRINCÍPIO DA ACTIO NATA. DATA DA CIÊNCIA INEQUÍVOCA DA EXTENSÃO DO DANO. FUNDO DO DIREITO. PRESCRIÇÃO. A jurisprudência desta Corte consolidou o entendimento de que o termo inicial para aferir o lapso prescricional para o ajuizamento da ação trabalhista cuja pretensão é a reparação por danos materiais, morais e/ou estéticos decorrentes de acidente de trabalho (ou doença profissional a ele equiparado) é a data em que a vítima toma efetivo conhecimento da lesão e de sua extensão. Na hipótese de ter ocorrido após a promulgação da EC nº 45/2004 (31/12/2004), aplica-se a regra prescricional do art. 7º, XXIX, da Constituição Federal. De outra sorte, incidirá a prescrição civil e, dependendo da situação, observa-se a regra de transição inserta no art. 2.028 do Código Civil de 2002, vigente a contar de 11/01/2003. Na situação dos autos, o acidente de trabalho ocorreu em 24/11/2002, mas a ciência inequívoca dos danos somente se efetivou com a alta previdenciária, em 02/02/2003, quando já se encontrava em vigor a atual norma civilista. Assim, há de se observar o prazo trienal, previsto no art. 206, § 3º, V, do Código Civil de 2002, ao menos no que tange às indenizações por danos morais e estéticos. Logo, ajuizada a reclamação somente em 31/07/2008, a pretensão deduzida pelo autor, quanto a essas, está fulminada pela prescrição total. Excepciona-se, contudo, o pleito relativo à indenização por danos materiais, na forma de pensionamento, em face da caracterização de parcelas sucessivas, cuja lesão se renova mês a mês, a ensejar a aplicação da prescrição parcial, que não alcança o fundo do direito. Acrescente-se que, na hipótese, houve continuidade da prestação de serviços até 05/11/2007, data em que, efetivamente, se caracterizou prejuízo financeiro, a motivar a iniciativa do autor em obter a pensão mensal vitalícia, haja vista a redução parcial e permanente da capacidade laborativa, resultante do acidente de trabalho. Precedentes. Recurso de revista de que se conhece e a que se dá parcial provimento" (TST – 7ª T. – RR 122700-39.2008.5.15.0071 – Rel. Min. Cláudio Mascarenhas Brandão – *DEJT* 6-3-2017).

"EMBARGOS EM RECURSO DE REVISTA. INTERPOSIÇÃO SOB A ÉGIDE DA LEI 13.015/14. DOENÇA OCUPACIONAL. LER/DORT. DANOS MATERIAIS. PENSÃO MENSAL VITALÍCIA. PRESCRIÇÃO DO FUNDO DE DIREITO. IMPOSSIBILIDADE. CRÉDITO DE NATUREZA ALIMENTAR CONSTITUCIONALMENTE DEFINIDA. PRESTAÇÃO CONTINUATIVA. PRESCRIÇÃO PARCIAL. 1. A pensão mensal a que alude o art. 950 do Código Civil visa a reparar dano material consubstanciado na impossibilidade de a vítima exercer o seu ofício ou profissão ou na diminuição da sua capacidade laborativa. Trata-se de indenização constitucionalmente definida como um crédito de natureza alimentar, consoante o disposto no art. 100, § 1º, da Constituição da República. Inviável, na espécie, cogitar-se de lesão única, ainda que o direito à indenização tenha em sua gênese lesão física com resultados instantâneos, como no caso da perda de um membro, pois o referido dispositivo diz com a hipótese de dano material e o que se visa a reparar, como ressaltado, não é o dano físico em si, mas o prejuízo patrimonial daí decorrente, o qual, decerto, protrai-se no tempo. Assim, enquanto durar a incapacidade, exigível será sua reparação. 2. Cuida-se, pois, de relação jurídica de natureza continuativa, que não se esgota em lesão única, podendo, inclusive, sobrevir alteração no estado de fato, a justificar, inclusive, redução ou aumento da prestação. Desse modo, e ante a natureza

804 PRÁTICA DA RECLAMAÇÃO TRABALHISTA – *Jorge Neto • Wenzel • Cavalcante*

alimentar constitucionalmente definida da pensão mensal devida em decorrência de acidente de trabalho ou doença ocupacional, da qual acarrete impossibilidade de a vítima exercer o seu ofício ou profissão ou diminuição da sua capacidade laborativa, não há falar em prescrição do fundo de direito, mas, tão somente, das prestações anteriores ao lapso prescricional que antecede o ajuizamento da ação. Recurso de embargos conhecido e provido." (TST – SDI-I – E-ED-RR-2687-85.2011.5.12.0007 – Rel. Min. Hugo Carlos Scheuermann – *DEJT* 13-10-2017.)

No caso dos autos, o problema de saúde que acomete o Reclamante iniciou-se ao menos em [indicar a data]. Trata-se de típica hipótese de doença ocupacional cujos danos são progressivos ao longo do tempo e, no caso, houve continuidade do trabalho.

A interpretação da Súmula 278 do STJ deve considerar as assertivas acima lançadas, no sentido de se identificar quando se inicia o termo inicial da prescrição, com a ciência inequívoca da lesão. Isto porque os precedentes que deram ensejo a referido verbete cuidam de ações movidas em face de seguradoras contratadas por empregadores. Assim, *"(A) prevalecer a opinião de que o transcurso do prazo prescritivo, a partir da ciência inequívoca da patologia, faz prescrita a pretensão reparatória, imuniza-se o empregador que persevera na exposição do empregado aos fatores de risco que o fizeram adoecer, quando lhe devia oferecer terapia e procedimento de reabilitação"* (CARVALHO, ob. cit., p. 614).

Não se pode olvidar que em situações de [citar a enfermidade] ainda paira controvérsia nas Cortes Trabalhistas quanto à incapacidade para o trabalho.

À míngua de laudos técnicos que apontem a inaptidão para o labor, trabalhadores continuam se ativando em funções que comprometem ainda mais a saúde, até que, finalmente, não se encontrem mais aptos ao trabalho. Essa, por sinal, parece ser a hipótese dos autos.

Em casos como esse, inadmissível conceber que o trabalhador, que continua sujeito ao agravamento de suas lesões, veja-se tolhido de buscar pela via judicial a reparação/compensação dos danos sofridos, ao fundamento de que sua pretensão se encontra fulminada pela prescrição.

É de difícil constatação, em tais situações, saber quando houve a consolidação das lesões (se é que houve), mormente quando não há notícia da concessão de benefício previdenciário.

Assim, fazer coincidir a *actio nata* com momento anterior, quando o trabalhador supostamente já teria condições de sentir alguma perda [enfermidade] e, daí ter por configurada a ciência inequívoca da lesão, revela-se, no mínimo, pouco razoável.

Nesse particular, nos valemos novamente da lição de Augusto César Leite de Carvalho, segundo a qual, *"enquanto se realiza a conduta ilícita e o seu resultado lesivo, não corre prescrição"*, ou seja, *"a lesão que não cessa, enquanto não cessa, haverá de corresponder a uma pretensão imune à prescrição"* (CARVALHO, ob. cit., p. 616/617).

PEDIDO:

O Reclamante requer o afastamento da tese de prescrição no caso concreto.

3.281. RESPONSABILIDADE CIVIL
ACIDENTE DE TRABALHO. QUESITOS

Deverá o perito responder aos seguintes quesitos:

1) Levando-se em conta o acidente do trabalho noticiado na inicial o(a) autor foi acometido de alguma sequela?

2) A sequela causou comprometimento físico patrimonial? Fixar percentual.

3) A sequela causou incapacidade? Classificar eventual incapacidade para a vida social ou laboral, inclusive quanto à abrangência (total ou parcial), duração (permanente ou temporária) e percentual.

4) O(A) Réu cumpria todas as normas de segurança e prevenção indicadas na legislação e outras normas técnicas aplicáveis, especialmente as NRs da Portaria nº 3.214/78 do Ministério do Trabalho?

5) O(A) Autor(a) recebeu treinamento técnico para o exercício da função?

6) O(A) Réu fornecia cursos de prevenção e/ou conscientização para evitar acidentes?

7) O(A) Autor(a) recebia e utilizava Equipamentos de Proteção Individual? Havia fiscalização sobre o uso dos EPIs?

8) O(A) Autor(a) gozava regularmente de intervalos, pausas regulares e férias?

9) Algum fator de caráter organizacional pode ter contribuído para a ocorrência do acidente?

10) No setor de trabalho do(a) Autor(a) ocorreu caso semelhante nos últimos cinco anos?

11) O(A) Autor(a) ainda faz uso de medicação ou algum tratamento médico/fisioterápico/psicológico?

12) Há necessidade de tratamentos especializados ou utilização de prótese e quais os respectivos custos?

3.282. RESPONSABILIDADE CIVIL
ACIDENTE DO TRABALHO. PARCELA DECORRENTE DO DANO MATERIAL. PRESCRIÇÃO PARCIAL

CAUSA DE PEDIR:

A pensão mensal a que faz referência o art. 950 do Código Civil visa a reparar dano material consubstanciado na impossibilidade de a vítima exercer o seu ofício ou profissão ou na diminuição da sua capacidade laborativa.

Trata-se de indenização constitucionalmente definida como um crédito de natureza alimentar, consoante o disposto no art. 100, § 1º, da Constituição Federal, segundo o qual, nesse conceito de crédito alimentício, estão compreendidos *"aqueles decorrentes de salários, vencimentos, proventos, pensões e suas complementações, benefícios previdenciários e indenizações por morte ou por invalidez, fundadas em responsabilidade civil, em virtude de sentença judicial transitada em julgado".*

Pelo que se depreende dos arts. 206, § 2º, e 1.707, CC, trata-se de um direito indisponível, irrenunciável, cujas prestações nascem periodicamente, facultando-se ao credor tão somente a opção de não o exercer, preservando-se, contudo, o fundo do direito.

A jurisprudência do TST firmou entendimento no sentido de que o termo inicial para aferir o lapso prescricional para o ajuizamento da ação trabalhista cuja pretensão consiste na reparação por danos morais e/ou materiais decorrentes de acidente de trabalho é a data em que a vítima toma conhecimento inequívoco dos efeitos da lesão e de sua extensão.

Oportuno trazer as considerações do Ministro do TST, Augusto César Leite de Carvalho:

"Os danos materiais resultantes de doenças relacionadas com o trabalho consistem em indenização que 'além das despesas do tratamento e lucros cessantes até o fim da convalescença, incluirá pensão correspondente à importância do trabalho para que se inabilitou, ou da depreciação que ele sofreu', na forma do art. 950 do CC.

Quer nas hipóteses em que há lesão instantânea com efeitos diferidos, quer nos casos lesão permanente, a circunstância de iniciar-se a prescrição quando o empregado tem ciência inequívoca do fato gerador, rende ensejo a duas situações que podem criar algum desconforto intelectual, pois contrariam a própria regra da actio nata: (a) a pensão mensal configurar-se-ia, ao menos em parte, uma prestação vincenda que, sendo exigida mais de 5 anos após o conhecimento da doença pelo trabalhador, prescreveria antes de a sua cobrança realizar-se; (b) as despesas de tratamento que acaso sobreviessem ao quinquênio prescritivo seriam exigíveis somente quando a pretensão correspondente já estaria prescrita.

O contraponto, quanto à pensão, é a sua exigibilidade desde a lesão ao direito, não obstante a sua cobrança deva produzir-se em momento posterior. Em suma, a faculdade de postular a pensão a partir da ciência da lesão faria condizente o início, desde logo, do prazo prescricional. Se é válido dizer, porém, que a pensão mensal supre a ausência de salário – ou seja, de prestação de natureza alimentar – conclui-se defensável a tese de que, à semelhança dos alimentos stricto sensu, *prescreveria a pensão relativa aos meses que distassem mais de 5 anos da propositura da ação, não o fundo do direito."* (CARVALHO, Augusto César Leite de. *A prescrição (total ou parcial) da pretensão reparatória. Diálogos entre o direito do trabalho e o direito civil.* São Paulo: Editora Revista dos Tribunais, 2013, p. 617.)

Cap. 3 • MODELOS DE CAUSA DE PEDIR E PEDIDOS | **807**

Sobre a pensão por perda ou redução da capacidade de trabalho, Estêvão Mallet e Flávio da Costa Higa esclarecem:

"(...) a decisão que defere o pagamento de pensão, em decorrência de perda ou redução de capacidade de trabalho, envolve julgamento sobre relação que se prolonga no tempo (...).

Trata-se de típica hipótese de relação jurídica continuativa, cujos desdobramentos não se concentram em um único instante nem ficam limitados a um dado momento. São situações regidas por regras jurídicas que, no dizer de Pontes de Miranda, 'projetam no tempo os próprios pressupostos, admitindo variações dos elementos quantitativos e qualitativos, de modo que a incidência delas não é instantânea' (...)." (Indenização arbitrada em parcela única: implicações materiais e processuais do art. 950, parágrafo único, do Código Civil. Revista do Tribunal Superior do Trabalho, vol. 79, nº 2, abr.-jun. 2013, p. 154).

Portanto, diante da definição constitucional da natureza alimentar da pensão mensal devida em decorrência de acidente de trabalho ou doença ocupacional, da qual acarrete impossibilidade de a vítima exercer o seu ofício ou profissão ou diminuição da sua capacidade laborativa, não há que se falar em prescrição do fundo de direito, mas, somente, das prestações anteriores ao lapso prescricional que antecede o ajuizamento da ação.

No caso dos autos, incontroverso que o Reclamante sofreu acidente de trabalho no dia [*], (descrição do acidente), que resultou em sequela do acidente.

Também é incontroverso que em virtude desse evento o Reclamante permaneceu afastado de suas atividades laborais, com percepção de auxílio-doença acidentário, até [*], quando recebeu alta médica.

Após o retorno às atividades laborais, o Reclamante continuou a prestar serviços para a Reclamada até ser dispensado, sem justa causa, em [*].

No caso, em razão da data da ciência inequívoca da lesão e de sua total extensão, ocorrida antes do advento da EC 45/04, aplica-se o prazo prescricional previsto no art. 206, § 3º, V, do Código Civil, que dispõe:

"Art. 206. Prescreve: (...)

§ 3º. Em 3 anos: (...)

V – a pretensão de reparação civil;"

Assim, o prazo prescricional a ser aplicável, na hipótese, é o trienal, a que alude o referido preceito de lei.

Nesse contexto, de fato não há como se afastar a prescrição total quanto à indenização por danos morais e estéticos, haja vista que, em virtude do acidente de trabalho sofrido em [*], resultaram lesões ao Reclamante, cuja ciência inequívoca quanto à extensão ocorreu em [*] (data da alta previdenciária), mais de 3 anos antes do ajuizamento da presente ação, proposta em [*]. Em outras palavras, após o decurso da prescrição trienal, prevista no art. 206, § 3º, V, do Código Civil.

Contudo, o mesmo raciocínio não se aplica quanto à pretensão à indenização por dano material, na forma de pensionamento, resultante da redução parcial e permanente para o trabalho.

Isso porque, embora o fato gerador do direito postulado também tenha origem no acidente de trabalho, cuja ciência integral da extensão do dano ocorreu, inequivocamente, em [*], é certo que a caracterização de redução parcial e permanente para o trabalho, a motivar o deferimento de pensão mensal vitalícia, configura direito a prestações periódicas, atraindo, assim, a prescrição apenas parcial, que não atinge o fundo do direito.

A aplicação da metodologia da prescrição parcial, em caso de pedido de pensionamento, resultante de lesão permanente e de trato sucessivo, também foi acolhida pela jurisprudência do STJ:

"PROCESSUAL CIVIL E ADMINISTRATIVO. RECURSO ESPECIAL. INDENIZAÇÃO. SÍNDROME DA TALIDOMIDA. PRESCRIÇÃO. FUNDO DE DIREITO. PENSÃO VITA-LÍCIA. PRESTAÇÃO DE TRATO SUCESSIVO. RECURSO ESPECIAL PARCIALMENTE CONHECIDO E, NESSA PARTE, DESPROVIDO. 1. Não se conhece do recurso especial por suposta divergência jurisprudencial quando o acórdão apontado como paradigma não guarda qualquer similitude fática e jurídica com o aresto impugnado. 2. O direito à pensão vitalícia às vítimas da síndrome da talidomida, previsto na Lei 7.070/82, deve ser considerado como prestação de trato sucessivo, com incidência da prescrição quinquenal apenas em relação às prestações anteriores a cinco anos do ajuizamento da ação (Decreto 20.910/32)." (STJ – 1ª T. – REsp 443.869/RS – Rel. Min. Denise Arruda – DJ 24-4-2006.)

O mesmo entendimento tem sido adotado pelo TST:

"RECURSO DE REVISTA EM FACE DE DECISÃO PUBLICADA ANTES DA VIGÊN-CIA DA LEI Nº 13.015/14. ACIDENTE DE TRABALHO. INDENIZAÇÃO POR DANOS MATERIAIS, MORAIS E ESTÉTICOS. REDUÇÃO PARCIAL E PERMANENTE DA CAPACIDADE LABORAL. LEGISLAÇÃO APLICÁVEL. PRINCÍPIO DA ACTIO NATA. DATA DA CIÊNCIA INEQUÍVOCA DA EXTENSÃO DO DANO. FUNDO DO DIREITO. PRESCRIÇÃO. A jurisprudência desta Corte consolidou o entendimento de que o termo inicial para aferir o lapso prescricional para o ajuizamento da ação trabalhista, cuja pretensão é a reparação por danos materiais, morais e/ou estéticos decorrentes de acidente de trabalho (ou doença profissional a ele equiparado), é a data em que a vítima toma efetivo conhecimento da lesão e de sua extensão. Na hipótese de ter ocorrido após a promulgação da EC nº 45/04 (31-12-2004), aplica-se a regra prescricional do art. 7º, XXIX, da Constituição Federal. De outra sorte, incidirá a prescrição civil e, dependendo da situação, observa-se a regra de transição inserta no art. 2.028 do Código Civil de 2002, vigente a contar de 11-1-2003. Na situação dos autos, o acidente de trabalho ocorreu em 24-11-2002, mas a ciência inequívoca dos danos somente se efetivou com a alta previdenciária, em 02-2-2003, quando já se encontrava em vigor a atual norma civilista. Assim, há de se observar o prazo trienal, previsto no art. 206, § 3º, V, do Código Civil de 2002, ao menos no que tange às indenizações por danos morais e estéticos. Logo, ajuizada a reclamação somente em 31-7-2008, a pretensão deduzida pelo autor, quanto a essas, está fulminada pela prescrição total. Excepciona-se, contudo, o pleito relativo à indenização por danos materiais, na forma de pensionamento, em face da caracterização de parcelas sucessivas, cuja lesão se renova mês a mês, a ensejar a aplicação da prescrição parcial, que não alcança o fundo do direito. Acrescente-se que, na hipótese, houve continuidade da prestação de serviços até 5-11-2007, data em que, efetivamente, se caracterizou prejuízo financeiro, a motivar a iniciativa do autor em obter a pensão mensal vitalícia, haja vista a redução parcial e permanente da capacidade laborativa, resultante do acidente de trabalho. Precedentes. Recurso de revista de que se conhece e a que se dá parcial provimento." (TST – 7ª T. – RR 122700-39.2008.5.15.0071 – Rel. Min. Cláudio Mascarenhas Brandão – DEJT 6-3-2017.)

"(...) RECURSO DE REVISTA DA MERCEDES-BENZ DO BRASIL LTDA. (...) PRES-CRIÇÃO. DANO MATERIAL. PENSÃO VITALÍCIA. ACTIO NATA. A prescrição da pretensão concernente à pensão mensal, decorrente de doença relacionada ao trabalho, somente flui a partir de cada prestação (sem os efeitos da 'prescrição total' consagrada para pretensões tipicamente trabalhistas). No caso dos autos, a prescrição não poderia fluir desde antes de a pensão ser devida, pois até a cessação do contrato, segundo o TRT, a reclamante prosseguiu trabalhando e 'a pretensão no (sic) pagamento da pensão vitalícia,

Cap. 3 • MODELOS DE CAUSA DE PEDIR E PEDIDOS | **809**

na realidade, nasceu apenas com a rescisão contratual na data de 1-7-9'. A ação foi proposta em 4-8-2009. A prevalecer a tese de que o prazo prescricional ter-se-ia iniciado em 25-11-2003, teríamos o paradoxo de o prazo de prescrição se encerrar quando sequer teria nascido a pretensão. Recurso de revista não conhecido (...)." (TST – 6ª T. – RR 145600-36.2009.5.02.0461 – Rel. Min. Augusto César Leite de Carvalho – *DEJT* 24-6-2016.)

No caso dos autos, a pretensão ao recebimento de indenização material, concernente à pensão mensal vitalícia, na proporção do prejuízo resultante da redução parcial permanente para o trabalho, foi motivada, justamente, pela superveniência da despedida imotivada do Reclamante. Isto porque, como já declinado, houve continuidade da prestação de serviços após a alta previdenciária, tendo ocorrido a rescisão do contrato de trabalho somente em [*].

Acrescente-se, ainda, que foi respeitado o prazo bienal, a que alude o art. 7°, XXIX, da Constituição Federal, quando do ajuizamento da ação, em [*].

PEDIDO:

Requer o Reclamante seja a afastada a prescrição em relação à indenização por danos materiais decorrentes da doença do trabalho.

3.283. RESPONSABILIDADE CIVIL
DOENÇA DO TRABALHO. PARCELA DECORRENTE DO DANO MATERIAL.
PRESCRIÇÃO PARCIAL

CAUSA DE PEDIR:

A pensão mensal a que faz referência o art. 950 do Código Civil visa a reparar dano material consubstanciado na impossibilidade de a vítima exercer o seu ofício ou profissão ou na diminuição da sua capacidade laborativa.

Trata-se de indenização constitucionalmente definida como um crédito de natureza alimentar, consoante o disposto no art. 100, § 1º, da Constituição Federal, segundo o qual, nesse conceito de crédito alimentício, estão compreendidos *"aqueles decorrentes de salários, vencimentos, proventos, pensões e suas complementações, benefícios previdenciários e indenizações por morte ou por invalidez, fundadas em responsabilidade civil, em virtude de sentença judicial transitada em julgado"*.

Pelo que se depreende dos arts. 206, § 2º, e 1.707 do Código Civil, trata-se de um direito indisponível, irrenunciável, cujas prestações nascem periodicamente, facultando-se ao credor tão somente a opção de não o exercer, preservando-se, contudo, o fundo do direito.

A jurisprudência do TST firmou entendimento no sentido de que o termo inicial para aferir o lapso prescricional para o ajuizamento da ação trabalhista cuja pretensão consista na reparação por danos morais e/ou materiais decorrentes de acidente de trabalho é a data em que a vítima toma conhecimento inequívoco dos efeitos da lesão e de sua extensão.

Oportuno trazer as considerações do Ministro do TST, Augusto César Leite de Carvalho:

"Os danos materiais resultantes de doenças relacionadas com o trabalho consistem em indenização que 'além das despesas do tratamento e lucros cessantes até o fim da convalescença, incluirá pensão correspondente à importância do trabalho para que se inabilitou, ou da depreciação que ele sofreu', na forma do art. 950 do CC.

Quer nas hipóteses em que há lesão instantânea com efeitos diferidos, quer nos casos lesão permanente, a circunstância de iniciar-se a prescrição quando o empregado tem ciência inequívoca do fato gerador, rende ensejo a duas situações que podem criar algum desconforto intelectual, pois contrariam a própria regra da actio nata: (a) a pensão mensal configurar-se-ia, ao menos em parte, uma prestação vincenda que, sendo exigida mais de cinco anos após o conhecimento da doença pelo trabalhador, prescreveria antes de a sua cobrança realizar-se; (b) as despesas de tratamento que acaso sobreviessem ao quinquênio prescritivo seriam exigíveis somente quando a pretensão correspondente já estaria prescrita.

O contraponto, quanto à pensão, é a sua exigibilidade desde a lesão ao direito, não obstante a sua cobrança deva produzir-se em momento posterior. Em suma, a faculdade de postular a pensão a partir da ciência da lesão faria condizente o início, desde logo, do prazo prescricional. Se é válido dizer, porém, que a pensão mensal supre a ausência de salário – ou seja, de prestação de natureza alimentar – conclui-se defensável a tese de que, à semelhança dos alimentos stricto sensu, prescreveria a pensão relativa aos meses que distassem mais de 5 anos da propositura da ação, não o fundo do direito." (CARVALHO, Augusto César Leite de. *A prescrição (total ou parcial) da pretensão reparatória. Diálogos entre o direito do trabalho e o direito civil*. São Paulo: Editora Revista dos Tribunais, 2013, p. 617.)

Cap. 3 • MODELOS DE CAUSA DE PEDIR E PEDIDOS | 811

No caso, não há que se falar em lesão única, ainda que o direito à indenização tenha em sua origem uma lesão física com resultados instantâneos, como no caso da perda de um membro, pois com a hipótese de dano material o que se visa a reparar, como ressaltado, não é a lesão física em si, mas o prejuízo patrimonial dela decorrente, o qual se prolonga no tempo. Assim, enquanto durar a incapacidade, exigível será a sua reparação, nos moldes dos arts. 949 e 950 do Código Civil.

Sobre a pensão por perda ou redução da capacidade de trabalho, Estêvão Mallet e Flávio da Costa Higa esclarecem:

> *"(...) a decisão que defere o pagamento de pensão, em decorrência de perda ou redução de capacidade de trabalho, envolve julgamento sobre relação que se prolonga no tempo (...).*
>
> *Trata-se de típica hipótese de relação jurídica continuativa, cujos desdobramentos não se concentram em um único instante nem ficam limitados a um dado momento. São situações regidas por regras jurídicas que, no dizer de Pontes de Miranda, 'projetam no tempo os próprios pressupostos, admitindo variações dos elementos quantitativos e qualitativos, de modo que a incidência delas não é instantânea' (...)."* (Indenização arbitrada em parcela única: implicações materiais e processuais do art. 950, parágrafo único, do Código Civil. Revista do Tribunal Superior do Trabalho, vol. 79, nº 2, abr.–jun. 2013, p. 154).

É certo que prevalece o entendimento de que, nas hipóteses de doença ocupacional, o direito de ação é exercitável a partir da ciência inequívoca do dano (*actio nata*).

No entanto, trata-se de relação jurídica de natureza continuativa, que não se esgota em lesão única, podendo, inclusive, sobrevir alteração no estado de fato, a justificar, inclusive, redução ou aumento da prestação.

Ainda nos dizeres de Estevão Mallet e Flávio da Costa Higa, *"(As) relações jurídicas continuativas ficam sujeitas a alteração a todo tempo. A obrigação que delas decorre nunca se reveste de caráter permanente; tem sempre natureza transitória, não se torna nunca definitiva"* (ob. cit.).

Aplicáveis as disposições do art. 505, I, do CPC, quanto à revisão do que for estatuído na sentença, em se tratando de relação jurídica continuativa, na hipótese em que sobrevier alteração no estado de fato ou de direito.

Portanto, é inconcebível que se possa, a qualquer tempo, rever o valor arbitrado ao pensionamento, na hipótese de alteração do quadro fático, e, concluir que o transcurso do lapso prescricional atinge o próprio fundo do direito, mormente no caso dos autos, em que há notícia de redução da capacidade [indicar a enfermidade] que, sabidamente, pode se agravar ao longo do tempo e, por conseguinte, revela-se passível de ensejar constantes alterações no estado de fato.

Não se olvida dos esforços argumentativos no sentido de que também a ação revisional deve levar em conta a teoria da *actio nata*, e, portanto, igualmente sujeita aos efeitos da prescrição extintiva. Contudo, na prática, é duvidosa a viabilidade de a parte adversa comprovar que a ciência da modificação do estado de fato se deu em momento anterior ao da propositura da ação revisional, ao menos, de modo a fazer incidir a prescrição total.

Portanto, diante da definição constitucional da natureza alimentar da pensão mensal devida em decorrência de acidente de trabalho ou doença ocupacional, da qual acarrete impossibilidade de a vítima exercer o seu ofício ou profissão ou diminuição da sua capacidade laborativa, não há falar em prescrição do fundo de direito, mas, somente, das prestações anteriores ao lapso prescricional que antecede o ajuizamento da ação.

Corrobora essa tese José Afonso Dallegrave Neto, para quem é aplicável às ações acidentárias que contenham pedidos de prestação sucessiva, a exemplo da indenização equivalente ao pensionamento mensal a ser pago em prol da vítima, o entendimento sedimentado na Súmula 294 do TST.

A aplicação da metodologia da prescrição parcial, em caso de pedido de pensionamento, resultante de lesão permanente e de trato sucessivo, também foi acolhida pela jurisprudência do STJ:

"PROCESSUAL CIVIL E ADMINISTRATIVO. RECURSO ESPECIAL. INDENIZAÇÃO. SÍNDROME DA TALIDOMIDA. PRESCRIÇÃO. FUNDO DE DIREITO. PENSÃO VITALÍCIA. PRESTAÇÃO DE TRATO SUCESSIVO. RECURSO ESPECIAL PARCIALMENTE CONHECIDO E, NESSA PARTE, DESPROVIDO. 1. Não se conhece do recurso especial por suposta divergência jurisprudencial quando o acórdão apontado como paradigma não guarda qualquer similitude fática e jurídica com o aresto impugnado. 2. O direito a pensão vitalícia às vítimas da síndrome da talidomida, previsto na Lei 7.070/82, deve ser considerado como prestação de trato sucessivo, com incidência da prescrição quinquenal apenas em relação às prestações anteriores a 5 anos do ajuizamento da ação (Decreto 20.910/32)." (STJ – 1ª T. – REsp 443.869/RS – Rel. Min. Denise Arruda – DJ 24-4-2006.)

"PROCESSO CIVIL. AÇÃO DE INDENIZAÇÃO POR MORTE. PRESCRIÇÃO. INOCORRÊNCIA. 1. Sendo a indenização por morte fixada sob a forma de pensão, de caráter alimentar e de trato sucessivo, a prescrição não atinge o fundo de direito, mas tão somente suas prestações. 2. Agravo não provido." (STJ – 2ª T. – AgRg no Ag 428430/RS – Rel. Min. Castro Meira – DJ 12-8-003.)

O mesmo entendimento tem sido adotado pelo TST:

"RECURSO DE REVISTA EM FACE DE DECISÃO PUBLICADA ANTES DA VIGÊNCIA DA LEI Nº 13.015/14. ACIDENTE DE TRABALHO. INDENIZAÇÃO POR DANOS MATERIAIS, MORAIS E ESTÉTICOS. REDUÇÃO PARCIAL E PERMANENTE DA CAPACIDADE LABORAL. LEGISLAÇÃO APLICÁVEL. PRINCÍPIO DA ACTIO NATA. DATA DA CIÊNCIA INEQUÍVOCA DA EXTENSÃO DO DANO. FUNDO DO DIREITO. PRESCRIÇÃO. A jurisprudência desta Corte consolidou o entendimento de que o termo inicial para aferir o lapso prescricional para o ajuizamento da ação trabalhista cuja pretensão é a reparação por danos materiais, morais e/ou estéticos decorrentes de acidente de trabalho (ou doença profissional a ele equiparado) é a data em que a vítima toma efetivo conhecimento da lesão e de sua extensão. Na hipótese de ter ocorrido após a promulgação da EC nº 45/04 (31-12-2004), aplica-se a regra prescricional do art. 7º, XXIX, da Constituição Federal. De outra sorte, incidirá a prescrição civil e, dependendo da situação, observa-se a regra de transição inserta no art. 2.028 do Código Civil de 2002, vigente a contar de 11-1-2003. Na situação dos autos, o acidente de trabalho ocorreu em 24-11-2002, mas a ciência inequívoca dos danos somente se efetivou com a alta previdenciária, em 2-2-2003, quando já se encontrava em vigor a atual norma civilista. Assim, há de se observar o prazo trienal, previsto no art. 206, § 3º, V, do Código Civil de 2002, ao menos no que tange às indenizações por danos morais e estéticos. Logo, ajuizada a reclamação somente em 31-7-2008, a pretensão deduzida pelo autor, quanto a essas, está fulminada pela prescrição total. Excepciona-se, contudo, o pleito relativo à indenização por danos materiais, na forma de pensionamento, em face da caracterização de parcelas sucessivas, cuja lesão se renova mês a mês, a ensejar a aplicação da prescrição parcial, que não alcança o fundo do direito. Acrescente-se que, na hipótese, houve continuidade da prestação de serviços até 5-11-2007, data em que, efetivamente, se caracterizou prejuízo financeiro, a motivar a iniciativa do autor em obter a pensão mensal vitalícia, haja vista a redução parcial e permanente da capacidade laborativa, resultante do acidente de trabalho. Precedentes. Recurso de revista de que se conhece e a que se dá parcial provimento." (TST – 7ª T. – RR 122700-39.2008.5.15.0071 – Rel. Min. Cláudio Mascarenhas Brandão – DEJT 6-3-2017.)

"(...) RECURSO DE REVISTA DA MERCEDES-BENZ DO BRASIL LTDA. (...) PRESCRIÇÃO. DANO MATERIAL. PENSÃO VITALÍCIA. ACTIO NATA. A prescrição da pretensão

Cap. 3 • MODELOS DE CAUSA DE PEDIR E PEDIDOS | 813

concernente à pensão mensal, decorrente de doença relacionada ao trabalho, somente flui a partir de cada prestação (sem os efeitos da 'prescrição total' consagrada para pretensões tipicamente trabalhistas). No caso dos autos, a prescrição não poderia fluir desde antes de a pensão ser devida, pois até a cessação do contrato, segundo o TRT, a reclamante prosseguiu trabalhando e 'a pretensão no (sic) pagamento da pensão vitalícia, na realidade, nasceu apenas com a rescisão contratual na data de 1-7-2009'. A ação foi proposta em 4-8-2009. A prevalecer a tese de que o prazo prescricional ter-se-ia iniciado em 25-11-2003, teríamos o paradoxo de o prazo de prescrição se encerrar quando sequer teria nascido a pretensão. Recurso de revista não conhecido (...)." (TST – 6ª T. – RR 145600-36.2009.5.02.0461 – Rel. Min. Augusto César Leite de Carvalho – *DEJT* 24-6-2016).

No caso dos autos, o problema de saúde que acomete o Reclamante iniciou-se ao menos em [indicar a data]. Trata-se de típica hipótese de doença ocupacional cujos danos são progressivos ao longo do tempo e, no caso, há notícia da continuidade do trabalho.

A interpretação da Súmula 278 do STJ deve considerar as assertivas acima lançadas, no sentido de se identificar quando se inicia o termo inicial da prescrição, com a ciência inequívoca da lesão. Isto porque os precedentes que deram ensejo a referido verbete cuidam de ações movidas em face de seguradoras contratadas por empregadores. Assim, *"(A) prevalecer a opinião de que o transcurso do prazo prescritivo, a partir da ciência inequívoca da patologia, faz prescrita a pretensão reparatória, imuniza-se o empregador que persevera na exposição do empregado aos fatores de risco que o fizeram adoecer, quando lhe devia oferecer terapia e procedimento de reabilitação"* (CARVALHO, ob. cit., p. 614).

Não se pode olvidar que em situações de [citar a enfermidade] ainda paira controvérsia nas Cortes Trabalhistas quanto à incapacidade para o trabalho.

À míngua de laudos técnicos que apontem a inaptidão para o labor, trabalhadores continuam se ativando em funções que comprometem ainda mais a saúde, até que, finalmente, não se encontrem mais aptos ao trabalho.

Em casos como esse, inadmissível conceber que o trabalhador, que continua sujeito ao agravamento de suas lesões, veja-se tolhido de buscar pela via judicial a reparação/compensação dos danos sofridos, ao fundamento de que sua pretensão se encontra fulminada pela prescrição.

É de difícil constatação, em tais situações, saber quando houve a consolidação das lesões (se é que houve), mormente quando não há notícia da concessão de benefício previdenciário.

Assim, fazer coincidir a *actio nata* com momento anterior, quando o trabalhador supostamente já teria condições de sentir alguma perda [*] e, daí ter por configurada a ciência inequívoca da lesão, revela-se, no mínimo, pouco razoável.

Nesse caso particular, nos valemos novamente da lição de Augusto César Leite de Carvalho, segundo a qual, *"enquanto se realiza a conduta ilícita e o seu resultado lesivo, não corre prescrição"*, ou seja, *"a lesão que não cessa, enquanto não cessa, haverá de corresponder a uma pretensão imune à prescrição"* (CARVALHO, ob. cit., pp. 616-617).

PEDIDO:

Requer o Reclamante seja afastada a tese da prescrição.

3.284. RESPONSABILIDADE CIVIL OBJETIVA
ACIDENTE DO TRABALHO. ACIDENTE DE TRÂNSITO. FATO DE TERCEIRO

CAUSA DE PEDIR:

Tratam-se os presentes autos de pedido de indenização por danos morais e materiais em decorrência de acidente de trânsito sofrido pelo *de cujus*, quando se deslocava em veículo de propriedade da Reclamada para fins de consecução dos seus serviços, tendo falecido em razão do infortúnio.

O dever de reparação civil na esfera trabalhista decorre da assunção, pelo empregador, dos riscos do negócio também em relação às consequências decorrentes dos acidentes de trabalho sofridos pelos seus empregados, consoante o princípio da alteridade insculpido no art. 2º da CLT.

Nesse contexto, surge a responsabilidade civil, que pode se dar tanto na modalidade subjetiva quanto na objetiva, ambas previstas no Código Civil.

Com efeito, os arts. 186 e 187 do CC, tratam da responsabilidade subjetiva, calcada na necessidade de comprovação da conduta culposa ou dolosa do agente, sendo essa a regra geral.

No entanto, o art. 927, parágrafo único, desse mesmo diploma legal preconiza que a responsabilidade independerá da existência de culpa quando a atividade desenvolvida pelo autor do dano implicar, por sua natureza, risco para os direitos de outrem. Está-se diante da responsabilidade objetiva, em que, mesmo ausente a culpa ou o dolo do agente, a reparação será devida.

No caso dos autos, trata a demanda de pedido de indenização por danos morais e materiais decorrentes de acidente do trabalho sofrido pelo *de cujus*, em deslocamento para a consecução do seu trabalho, que lhe acarretou a morte.

Tratando-se de acidente de trabalho ocorrido no exercício de atividade de risco acentuado, como é o caso dos autos, caracterizada está a responsabilidade objetiva da empresa Reclamada, conforme dispõe o art. 927, parágrafo único, CC, admitindo, no âmbito do Direito do Trabalho, a teoria da responsabilidade objetiva do empregador nos casos de acidente de trabalho.

Isso se mostra ainda mais evidente na situação em análise, tendo em vista ser incontroverso nos autos que o acidente ocorreu em deslocamento para a realização de trabalho em prol da Reclamada em outro município e que o trabalhador estava em serviço em veículo de sua propriedade (Reclamada), quando ocorrido o infortúnio que o vitimou de forma fatal.

Assim, a atividade desempenhada pelo trabalhador falecido, em razão dos constantes deslocamentos, é considerada de risco acentuado, ou seja, um risco mais elevado que aquele inerente às atividades de risco em geral, diante da maior potencialidade de ocorrência do sinistro, o que configura o dano moral *in re ipsa*.

O Ministro do TST Cláudio Brandão, em sua obra *Acidente do Trabalho e Responsabilidade Civil do Empregador*, assim leciona:

> *"O primeiro obstáculo a ser solucionado diz respeito ao preceito contido no art. 7º, XXVIII, da Constituição Federal, que vincula o dever de reparação à necessidade de prova da ação dolosa ou culposa do empregador, adotando, por assim dizer, a responsabilidade subjetiva, como afirmado e se vê, in verbis: (...)*
>
> *Preocupação em torno é externada por Pablo Stolze Galiano e Rodolfo Pamplona Filho, para quem a regra tem especial aplicação nas relações empregatícias, em face da possibilidade concreta da maior probabilidade de*

Cap. 3 • MODELOS DE CAUSA DE PEDIR E PEDIDOS | 815

dano ao empregado. Reconhecem tratar-se de intrincada questão de natureza jurídica, a tal ponto que eles próprios possuem posições diametralmente opostas, como relataram em nota de rodapé da obra referenciada (nota nº 14, p. 275), embora tenham adotado o posicionamento conclusivo quanto à responsabilidade de natureza objetiva. (...)

Nessa peleja, todavia, a razão se encontra com Rodolfo Pamplona Filho e vários são os fundamentos que podem ser utilizados. O primeiro deles, a partir do próprio Texto Constitucional, especificamente a parte final do caput do art. 7º, que qualifica como mínimos os direitos enumerados nos seus diversos incisos, autorizando que outros possam ser acrescidos, desde que tenham por finalidade a melhoria da condição social do trabalhador.

Significa afirmar que os direitos do trabalhador elencados na Carta Constitucional representam o conjunto básico ou mínimo de proteção ao empregado, ao qual se somam outros, desde que atendido o pressuposto nele também previsto, como se observa na regra transcrita novamente:

Art. 7º. (...)

Não há dúvida de que essa melhor condição social é obtida quando se abraça a responsabilidade sem culpa naquelas atividades desenvolvidas no empreendimento que o expõe a um risco considerável, anormal, extraordinário.

Aliás, seria um contrassenso admiti-la para o cliente do estabelecimento, por exemplo, na condição de terceiro alcançado pelos efeitos do ato praticado, e negá-la ao empregado, que nele atua cotidianamente, estando muito mais sujeito, potencialmente, ao risco. (...)

O legislador constituinte quis assegurar ao trabalhador um catálogo mínimo de direitos, o qual pode ser, e de fato é ampliado por outros previstos nas mais variadas fontes, autônomas (convenções ou acordos coletivos etc.) ou heterônomas (leis, sentenças normativas, regulamentos empresariais unilaterais etc.)." (BRANDÃO, Cláudio, *Acidente do Trabalho e Responsabilidade Civil do Empregador*. 2ª ed. São Paulo: LTr, 2007, pp. 269-271).

A culpa de terceiros não afasta a responsabilidade objetiva da empregadora, de modo que esta deve arcar com os riscos do acidente de trabalho.

Isso porque é justamente a exposição do Reclamante aos riscos inerentes ao trânsito de veículos, mormente no que diz respeito à imprudência ou à imperícia de outros motoristas, que atrai a aplicação da responsabilidade objetiva.

Nesse sentido:

"RECURSOS DE REVISTA INTERPOSTOS PELAS RECLAMANTES E PELO MINIS-TÉRIO PÚBLICO DO TRABALHO DA 2ª REGIÃO ANTERIORMENTE À VIGÊNCIA DA LEI Nº 13.015/14. MATÉRIA COMUM. ANÁLISE CONJUNTA. INDENIZAÇÃO POR DANOS MORAIS E MATERIAIS. ACIDENTE DO TRABALHO. MORTE DO TRA-BALHADOR. DESLOCAMENTO FREQUENTE EM RODOVIA PARA A PRESTAÇÃO DOS SERVIÇOS EM MUNICÍPIOS DIVERSOS. ATIVIDADE DE RISCO. TEORIA DA RESPONSABILIDADE OBJETIVA. FATO DE TERCEIRO. INDENIZAÇÃO POR DANOS MORAIS E MATERIAIS DEVIDOS. Trata-se de pedido de indenização por danos morais e materiais em decorrência de acidente de trânsito sofrido pelo de cujus, quando se deslocava em veículo de propriedade da reclamada para fins de consecução dos seus serviços, tendo falecido em razão do infortúnio. O dever de reparação civil na esfera trabalhista decorre da assunção, pelo empregador, dos riscos do negócio também em relação às consequências decorrentes dos acidentes de trabalho sofridos pelos seus empregados, consoante o princípio da alteridade insculpido no art. 2º da CLT. Nesse contexto, surge a responsabilidade civil, que pode se dar tanto na modalidade subjetiva quanto na objetiva, ambas previstas no Código Civil. Com efeito, os arts. 186 e 187 do Código Civil tratam da responsabilidade subjetiva, calcada na necessidade

de comprovação da conduta culposa ou dolosa do agente, sendo essa a regra geral. No entanto, o art. 927, parágrafo único, desse mesmo diploma legal, preconiza que a responsabilidade independerá da existência de culpa quando a atividade desenvolvida pelo autor do dano implicar, por sua natureza, risco para os direitos de outrem. Está-se diante da responsabilidade objetiva, em que, mesmo ausente a culpa ou o dolo do agente, a reparação será devida. No caso destes autos, trata a demanda de pedido de indenização por danos morais e materiais decorrentes de acidente do trabalho sofrido pelo de cujus, em deslocamento para a consecução do seu trabalho, que lhe acarretou a morte. Conforme se constata da leitura da decisão regional, o Tribunal a quo concluiu que não há responsabilidade da empresa pelo acidente de trabalho sofrido pelo reclamante, porque 'o acidente sofrido pelo Sr. Jair José Ferreira e que ocasionou seu falecimento teve como motivo fato de terceiro e não da demandada. Ou seja, foi a atitude imprudente do condutor do veículo Gol, pessoa estranha à reclamada, que provocou o acidente'. Apontou-se, ainda, que, 'levando em consideração o teor do preceito constitucional acima transcrito, não há como negar que a Carta Suprema exige, para concessão do direito à indenização, que o trabalhador demonstre a existência de dolo ou culpa do empregador', tendo concluído que 'adotou o legislador constituinte, no entendimento deste juízo, a teoria da responsabilidade subjetiva do empreendedor e não a teoria da responsabilidade objetiva'. Assim, o Regional entendeu que, em virtude de o acidente ter ocorrido por culpa de terceiro, não há falar em responsabilidade civil da empregadora. Com efeito, tratando-se de acidente de trabalho ocorrido no exercício de atividade de risco acentuado, como é o caso dos autos, caracterizada está a responsabilidade objetiva da empresa reclamada, conforme dispõe o art. 927, parágrafo único, do Código Civil de 2002, admitindo, no âmbito do Direito do Trabalho, a teoria da responsabilidade objetiva do empregador nos casos de acidente de trabalho. Isso se mostra ainda mais evidente na situação em análise, tendo em vista ser incontroverso nos autos que o acidente ocorreu em deslocamento para a realização de trabalho em prol da reclamada em outro Município e que 'o de cujus estava em serviço ou em veículo de sua propriedade (reclamada), quando ocorrido o infortúnio que o vitimou de forma fatal'. Assim, a atividade desempenhada pelo reclamante, em razão dos constantes deslocamentos é considerada de risco acentuado, ou seja, um risco mais elevado que aquele inerente às atividades de risco em geral, diante da maior potencialidade de ocorrência do sinistro, o que configura o dano moral in re ipsa (decorrente do próprio fato em si). Não havendo, na decisão regional, dados que possam infirmar essa presunção, é devida a reparação do dano moral e material, de responsabilidade da reclamada. Ainda, ao contrário do entendimento adotado pelo Regional, a culpa de terceiros não afasta a responsabilidade objetiva da empregadora, de modo que esta deve arcar com os riscos do acidente de trabalho. Isso porque, é justamente a exposição do reclamante aos riscos inerentes ao trânsito de veículos, mormente no que diz respeito à imprudência ou à imperícia de outros motoristas, que atrai a aplicação da responsabilidade objetiva (precedentes). No caso dos autos, não há dúvida de que a atividade profissional desempenhada pelo de cujus era de risco, pois os constantes deslocamentos rodoviários o colocavam sob maior risco de acidentes do que o trabalhador comum. Nesses termos, a Corte regional, ao desconsiderar a aplicação da teoria da responsabilidade objetiva do empregador, mesmo tratando-se de atividade laboral considerada de risco desenvolvida pelo empregado, decidiu em desacordo com a jurisprudência predominante nesta Corte superior e em afronta ao art. 927, parágrafo único, do Código Civil. Recurso de revista conhecido e provido." (TST – 2ª T. – RR 795-07.2011.5.02.0271 – Rel. Min. José Roberto Freire Pimenta – *DEJT* 22-3-2019.)

"RECURSO DE EMBARGOS REGIDO PELAS LEIS 13.015/14 E 13.105/15. INDENI-ZAÇÃO POR DANOS MORAL E MATERIAIS. COBRADOR DE ÔNIBUS INTERMU-NICIPAL. ACIDENTE DE TRÂNSITO. ATIVIDADE DE RISCO. RESPONSABILIDADE CIVIL OBJETIVA. 1. A 5ª Turma não conheceu do recurso de revista do autor, na fração de interesse, afirmando ser subjetiva a responsabilidade do empregador pela morte em acidente de trânsito de empregado cobrador de ônibus. 2. A responsabilidade do empregador por danos decorrentes de acidente de trabalho vem tratada no art. 7º, XXVIII, da Carta Magna, exigindo, em regra, a caracterização de dolo ou culpa, salvo em

Cap. 3 • MODELOS DE CAUSA DE PEDIR E PEDIDOS | 817

se tratando de atividade de risco (art. 927, parágrafo único, do CC). 3. Assim, a condenação ao pagamento de indenização por danos moral e materiais, baseada na aplicação da responsabilidade objetiva, pressupõe o enquadramento técnico da atividade empreendida como sendo perigosa. 3. Os motoristas profissionais e seus auxiliares, tal como o cobrador de ônibus, aplicados ao transporte rodoviário urbano e intermunicipal, enfrentam, cotidianamente, grandes riscos com a falta de estrutura da malha rodoviária brasileira. O perigo de acidentes é constante, na medida em que o trabalhador se submete, sempre, a fatores de risco superiores àqueles a que estão sujeitos o homem médio. Nesse contexto, revela-se inafastável o enquadramento da atividade do de cujus como de risco, o que autoriza o deferimento dos títulos postulados com arrimo na aplicação da responsabilidade objetiva, prevista no Código Civil. O fato de o acidente ser causado por terceiro não exime o empregador da reparação pelos danos. Recurso de embargos conhecido e provido." (TST – SDI-I – E-RR 106500-80.2009.5.20.0006 – Rel. Min. Alberto Luiz Bresciani de Fontan Pereira – *DEJT* 13-4-2018.)

Não há dúvida de que a atividade profissional desempenhada pelo *de cujus* era de risco, pois os constantes deslocamentos rodoviários o colocavam sob maior risco de acidentes do que o trabalhador comum.

PEDIDO:

Requer o Reclamante o reconhecimento da responsabilidade civil da Reclamada pelo acidente causado por terceiro.

3.285. RESPONSABILIDADE CIVIL OBJETIVA
ATIVIDADE DE PEDREIRO

CAUSA DE PEDIR:

Discute-se nos presentes autos a aplicação da responsabilidade objetiva pelos danos morais e materiais decorrentes de doença profissional relativa à hérnia de disco [ou outra enfermidade] adquirida no exercício da função de pedreiro.

Como regra geral, a responsabilidade civil do empregador é subjetiva, contudo, uma vez demonstrado que o dano é potencialmente esperado, dadas as atividades desenvolvidas, não há como negar a responsabilidade objetiva do empregador.

Trata-se da aplicação da teoria do risco, segundo a qual cabe ao responsável pelo desenvolvimento de determinada atividade reparar o dano causado a outrem em consequência de uma atividade realizada em seu benefício, independentemente de culpa, teoria esta consagrada no art. 927, parágrafo único, CC, *in verbis*:

> *"Haverá obrigação de reparar o dano, independentemente de culpa, nos casos especificados em lei, ou quando a atividade normalmente desenvolvida pelo Autor do dano implicar, por sua natureza, risco para os direitos de outrem."*

Assim, aplica-se a responsabilidade objetiva no contrato de trabalho no caso em que a atividade desenvolvida em benefício da empresa implicar, pela sua natureza, riscos para direitos do empregado.

O TST vem decidindo no sentido de que a regra prevista no art. 7º, XXVIII, CF, deve ser interpretada de forma sistêmica aos demais direitos fundamentais, e a partir dessa compreensão, admite a adoção da teoria do risco (art. 927, parágrafo único, CC), sendo, portanto, aplicável a responsabilização objetiva do empregador no âmbito das relações de trabalho para as chamadas atividades de risco.

No caso dos autos, o Reclamante sofria maior exposição ao risco ergonômico pelo exercício da atividade de pedreiro, pois nesta função, o trabalhador permanece exposto a risco ergonômico por posição inadequada e por necessitar carregar pesos.

De fato, considerando-se as funções desempenhadas no exercício da atividade de pedreiro durante o levantamento de paredes, tais como pegar massa, pegar e colocar o tijolo, bater no tijolo e retirar o excesso de massa, é inegável o risco ergonômico ao qual é exposto o trabalhador exatamente devido às posições de flexão e rotação realizadas pela coluna vertebral, representando alto risco de comprometimento da coluna.

Em dissertação apresentada como requisito ao título de Mestre em Engenharia de Produção, pela Universidade Tecnológica Federal do Paraná, Viviane Leão Saad constata que:

> *"Durante estas atividades, o trabalhador realiza constantemente movimentos de tronco com torção e inclinação da coluna para conseguir pegar a massa e os tijolos, pois estes ficam posicionados com frequência em paralelo ao corpo e ao nível do solo ou diretamente em cima do andaime no mesmo nível do trabalhador. Outro ponto crítico que constatou-se diz respeito ao posicionamento dos membros inferiores. O trabalhador, para conseguir realizar o levantamento da parede até 70 cm de altura (zona 1) e também na zona 3, necessita ficar ajoelhado (figura 11)."* (SAAD, VIVIANE. *Análise ergonômica do trabalho do pedreiro: o assentamento de*

Cap. 3 • MODELOS DE CAUSA DE PEDIR E PEDIDOS | **819**

tijolos. 2008. 129f. Dissertação (Mestrado em Engenharia de Produção). Universidade Tecnológica Federal do Paraná. Ponta Grossa, PR, 2008. <http://www.dominiopublico.gov.br/pesquisa/DetalheObraForm.do?select_action=&co_obra=128291>, acesso em 7-8-2018).

Assim, não há dúvida de que durante as funções de pegar massa e colocar tijolos expõe o pedreiro ao risco de adquirir doença profissional com comprometimento da coluna, ligada à execução de movimentos repetitivos próprios da natureza da atividade, como no caso, em que o Autor desenvolveu hérnia de disco [ou outra enfermidade].

Demonstrados o dano e o nexo causal entre o acidente e o contrato de trabalho, cuja execução representa risco para o empregado, faz jus o Autor à indenização pleiteada, independentemente de culpa da Reclamada.

É a jurisprudência do TST:

"RECURSO DE EMBARGOS INTERPOSTO NA VIGÊNCIA DA LEI Nº 13.015/14. ACIDENTE DO TRABALHO. DOENÇA OCUPACIONAL. HÉRNIA DE DISCO. CONSTRUÇÃO CIVIL. PEDREIRO. RESPONSABILIDADE OBJETIVA. Esta e. Subseção vem decidindo no sentido de que a regra prevista no artigo 7º, XXVIII, da CF deve ser interpretada de forma sistêmica aos demais direitos fundamentais, e a partir desta compreensão, admite a adoção da teoria do risco (artigo 927, parágrafo único, do CCB), sendo, portanto, aplicável a responsabilização objetiva do empregador no âmbito das relações de trabalho para as chamadas atividades de risco. No caso, o autor desenvolveu doença ocupacional relativa **à hérnia de disco no exercício da função de pedreiro, de que resultou incapacidade total para essa atividade. O próprio perito do juízo atestou a maior exposição ao risco ergonômico pelo exercício da atividade de pedreiro ao registrar que 'na função de pedreiro, o trabalhador permanece exposto a risco ergonômico por posição inadequada e por necessitar carregar pesos'. Considerando-se as funções desempenhadas no exercício da atividade de pedreiro durante o levantamento de paredes** *– pegar massa, pegar e colocar o tijolo, bater no tijolo e retirar o excesso de massa – é inegável o risco ergonômico a que foi exposto o trabalhador exatamente devido às posições de flexão e rotação realizadas pela coluna vertebral, representando alto risco de adquirir doença profissional com comprometimento da coluna, ligada à execução de movimentos repetitivos próprios da natureza da atividade, como no caso, em que o autor desenvolveu hérnia de disco. Comprovados o dano e o nexo causal entre o acidente e a função desempenhada, cuja execução representa risco para o empregado, faz jus o autor à indenização pleiteada, independentemente de culpa da empresa. Verifica-se, ademais, que foi reconhecido o vínculo de emprego no período sem registro, durante o qual sequer houve o gozo de férias. Considerando-se, portanto, que o autor trabalhou sem descanso por onze anos em proveito do empregador, mesmo que não admitida a responsabilidade objetiva, tem-se configurada a culpa pelo dever geral de segurança, pois negado ao empregado, pedreiro, o direito fundamental ao descanso previsto no art. 7º, XVII, da Constituição da República, capaz de minimizar os efeitos do esforço causador do dano. Recurso conhecido por divergência jurisprudencial e provido."* (TST – SDI-I – E-RR 89900-22.2008.5.15.0082 – Rel. Min. Alexandre de Souza Agra Belmonte - *DEJT* 29-6-2018.)

"AGRAVO DE INSTRUMENTO EM RECURSO DE REVISTA. ACIDENTE DE TRABALHO. TEORIA DO RISCO. RESPONSABILIDADE OBJETIVA. CARACTERIZAÇÃO. Demonstrada a violação do art. 927, parágrafo único, do Código Civil, merece provimento o Agravo de Instrumento. Agravo de Instrumento conhecido e provido. RECURSO DE REVISTA. ACIDENTE DE TRABALHO. TEORIA DO RISCO. RESPONSABILIDADE OBJETIVA. CARACTERIZAÇÃO. A regra geral no Direito Brasileiro é a responsabilidade subjetiva, que pressupõe a ocorrência concomitante do dano, do nexo causal e da culpa do empregador. Tratando-se, todavia, de acidente de trabalho em atividade de risco, há norma específica para ser aplicada a responsabilidade objetiva, conforme se extrai

do parágrafo único do art. 927 do Código Civil. Essa Corte tem entendido que o trabalhador da construção civil atua em situação de risco acentuado. Precedentes. Recurso de Revista conhecido e provido." (TST – 4ª T. – RR 1086-22.2015.5.08.0005 – Rel. Min. Maria de Assis Calsing – *DEJT* 6-4-2018.)

PEDIDO:

Requer o Reclamante o reconhecimento da responsabilidade objetiva da Reclamada.

Cap. 3 • MODELOS DE CAUSA DE PEDIR E PEDIDOS | 821

3.286. RESPONSABILIDADE DA RECLAMADA
EMPREGADO TRANSPORTADO EM CONDUÇÃO FORNECIDA OU CONTRATADA PELA EMPRESA NO CASO DE ACIDENTE

CAUSA DE PEDIR:

O Reclamante, no dia [*] sofreu acidente de trânsito, quando se dirigia para a Reclamada, em ônibus por esta fornecido para transporte de seus funcionários, vindo a sofrer [descrição das lesões].

O cerne básico dos presentes autos consiste em definir se o empregador, que assume o transporte de seus funcionários, seria responsável de forma objetiva por acidentes ocorridos no trajeto.

O acidente de trânsito ocorrido em [*] é ponto incontroverso nos autos. Também é incontroversa a [descrição das lesões decorrentes do acidente], bem como o seu nexo etiológico com o acidente.

Além de disciplinar a responsabilidade civil subjetiva (arts. 186 e 927, *caput*), o Código Civil de 2002 contempla uma nova dinâmica para a responsabilidade objetiva, nos seguintes termos: *"Haverá obrigação de reparar o dano, independentemente de culpa, nos casos especificados em lei, ou quando a atividade normalmente desenvolvida pelo Autor do dano implicar, por sua natureza, risco para os direitos de outrem"* (art. 927, parágrafo único).

Pelo art. 927, parágrafo único, de acordo com a atividade normalmente por ele exercida e os riscos dela decorrentes, o agente será responsável pelos danos causados.

A doutrina aponta as seguintes espécies de risco: risco proveito, risco profissional, risco criado, risco excepcional e risco integral.

Pelo risco proveito, o responsável é a pessoa física ou jurídica que obtém vantagem econômica pelo exercício da atividade econômica. O dano há de ser reparado por quem tira proveito da própria atividade lesiva. Como se denota, a adoção da teoria do risco proveito fica restrito as atividades econômicas, o que implicaria em uma grande restrição a teoria da responsabilidade civil com fundamento no risco.

Pela teoria do risco profissional, o dever de indenizar surge sempre que o fato lesivo decorra da atividade ou profissão da vítima. Vale dizer, a obrigação de reparar o dano está interligada à prestação dos serviços da vítima, não se indagando da culpa do empregador.

No risco criado, não se tem a indagação a respeito da obtenção ou não do proveito na atividade econômica desenvolvida pelo Autor do dano. O que gera a obrigação de reparação do dano é a criação de risco pelo desenvolvimento da própria atividade pelo Autor do fato lesivo.

Pelo risco excepcional, o dever de reparar o dano ocorre em função da atividade desenvolvida pelo lesado em situações de risco acentuado ou excepcional, tais como: redes elétricas de alta tensão, materiais radioativos, exploração de energia nuclear etc.

O risco integral é uma forma rigorosa de responsabilidade civil objetiva. Basta o fato e o dano para se ter à obrigação da indenização, mesmo que o prejuízo seja originário da culpa exclusiva da vítima, de caso fortuito ou força maior.

O vocábulo "risco" previsto no art. 927, parágrafo único, do Código Civil refere-se à teoria do risco criado. Em outras palavras: a responsabilidade do agente não se interage com o proveito obtido pela atividade econômica normalmente por ele executada e os riscos dela decorrentes, e, sim, em função dos riscos criados pela atividade que normalmente executa.

A Reclamada, para desenvolver as suas atividades, diariamente tem a necessidade de transportar seus empregados ao local da prestação de serviços. Essa situação se revela como de risco, diante do constante perigo de acidentes. Diante da situação de risco a que era submetido o Autor, que no transporte estava à disposição da Reclamada, deve ser aplicado o disposto no parágrafo único do art. 927 do Código Civil.

Por sua vez, o contrato de transporte, tratado no Código Civil, dispõe sobre a responsabilidade objetiva do transportador, no caso a Reclamada, por danos causados aos transportados, sejam pessoas ou bagagens. Dispõem os arts. 734 e 735:

"Art. 734. O transportador responde pelos danos causados às pessoas transportadas e suas bagagens, salvo motivo de força maior, sendo nula qualquer cláusula excludente da responsabilidade."

"Art. 735. A responsabilidade contratual do transportador por acidente com o passageiro não é elidida por culpa de terceiro, contra o qual tem ação regressiva."

No mesmo sentido, temos a Súmula 187 do STF, *in verbis:*

"A responsabilidade contratual do transportador, pelo acidente com o passageiro, não é elidida por culpa de terceiro, contra o qual tem ação regressiva."

No caso dos autos, inconteste que a Reclamada forneceu ao Reclamante o transporte para que este se deslocasse ao local de trabalho, ocorrendo o acidente de trânsito que ocasionou as lesões.

Embora a princípio o transporte fornecido pela Reclamada tenha a aparência de gratuito, tal tese não se sustenta. Isso porque o transporte de empregados pela empregadora tem fim oneroso, na medida em que visa atender ao interesse das atividades da própria empresa, de molde a viabilizar a presença da mão de obra no local de prestação de serviços, de forma habitual, não se afastando a responsabilidade do transportador com base nessa assertiva.

Nesse sentido, o parágrafo único do artigo 736 do Código Civil:

"Art. 736. Não se subordina às normas do contrato de transporte o feito gratuitamente, por amizade ou cortesia.

Parágrafo único. Não se considera gratuito o transporte quando, embora feito sem remuneração, o transportador auferir vantagens indiretas."

Desta forma, os danos causados ao Reclamante em razão do acidente consistem em acidente de trabalho, de responsabilidade da empregadora.

Não se pode afastar a existência de um contrato de transporte, ainda que de forma tácita, uma vez que inserido no contexto do próprio contrato de trabalho.

Tratando-se o infortúnio de acidente de trabalho, não há como se afastar a responsabilidade objetiva da empregadora.

Quanto à responsabilidade objetiva do empregador na hipótese dos autos, declina a jurisprudência:

"EMBARGOS EM EMBARGOS DE DECLARAÇÃO EM RECURSO DE REVISTA INTERPOSTOS NA VIGÊNCIA DA LEI Nº 11.496/07. NULIDADE DO ACÓRDÃO REGIONAL POR NEGATIVA DE PRESTAÇÃO JURISDICIONAL. INDICAÇÃO DE OFENSA A DISPOSITIVOS DE LEI E DA CONSTITUIÇÃO FEDERAL. INCIDÊNCIA DO ARTIGO 894, II, DA CLT. A alegação de ofensa a dispositivos de lei federal e da Constituição da República indicados não mais se insere como fundamentação própria dos embargos, em decorrência da redação do artigo 894, II, da CLT conferida pela Lei nº 11.496/07. Recurso de embargos de que não se conhece.

Cap. 3 • MODELOS DE CAUSA DE PEDIR E PEDIDOS | **823**

ACIDENTE DE TRABALHO. MORTE DURANTE O TRAJETO EM VEÍCULO FORNE-CIDO PELO EMPREGADOR. RESPONSABILIDADE OBJETIVA DECORRENTE DO CONTRATO DE TRANSPORTE. INDENIZAÇÃO POR DANOS MORAIS E MATERIAIS. A responsabilidade do empregador nas hipóteses em que o acidente de trânsito ocorreu durante o transporte do empregado em veículo fornecido pela empresa é objetiva, com amparo nos arts. 734 e 735 do Código Civil. O contrato de transporte, no presente caso acessório ao contrato de trabalho, caracteriza-se, fundamentalmente, pela existência de cláusula de incolumidade decorrente da obrigação de resultado (e não apenas de meio) que dele provém, o que significa dizer, em outras palavras, que o transportador não se obriga a tomar as providências e cautelas necessárias para o bom sucesso do transporte; muito ao contrário, obriga-se pelo fim, isto é, garante o bom êxito. Nesse contexto, a reclamada, ao fornecer transporte aos seus empregados em veículo da empresa, equipara-se ao transportador, assumindo, portanto, o ônus e o risco dessa atividade. Desse modo, há de se reconhecer a corresponsabilidade das rés, a primeira, por ser a ex-empregadora da vítima, e a segunda, por ter firmado contrato de seguro com aquela, o que enseja a condenação de ambas ao pagamento de indenização por danos morais e materiais, decorrente do acidente que culminou na morte do marido e pai dos autores, observado, no caso da seguradora, o limite fixado na apólice. Quanto ao pedido de indenização por danos materiais, não há dúvida de que, em relação à vítima, a regra inserida no art. 950 do Código Civil define, como critério de aferição, deva ela corresponder 'à importância do trabalho para que se inabilitou, ou da depreciação que ele sofreu'. Em caso de invalidez que o incapacite para o mister anteriormente exercido, alcançará a integralidade de sua remuneração, sem qualquer dúvida. No caso dos dependentes, contudo, considerando que o empregado, presu-midamente, destinaria parte dos seus ganhos para gastos pessoais, o valor mensal devido à família e filhos deve equivaler a 2/3 do salário percebido pela vítima, em virtude de se presumir que gastava, em média, 1/3 do valor com despesas pessoais, conforme arbitrado em remansosa e antiga jurisprudência do e. STJ. Observe-se que o direito à pensão, reconhecido no caso em tela, corresponde ao valor que o falecido contribuiria para os gastos familiares ou propiciaria economia para utilização em atividades de lazer ou fins outros, o que não inclui a totalidade dos ganhos. Também na esteira do que vem sendo decidido pelo e. STJ, a pensão devida a cada um dos filhos possui, como termo final, o dia em que completar 25 anos de idade, quando, presumidamente, já deverá ter alcançado a independência econômica ou constituído família e, por consequência, cessa a manutenção pelos pais. A partir de então, reverte-se em favor da viúva. Isso porque, se vivo estivesse o pai, quando o filho se tornasse independente, ele e sua esposa teriam maior renda e melhora no padrão de vida. Portanto, deve ser assegurada ao cônjuge sobrevivente a mesma condição que gozaria, se vivo estivesse o seu marido, até que contraia eventual união. No que tange ao valor da reparação por danos morais, ainda que se busque criar parâ-metros norteadores para a conduta do julgador, certo é que não se pode elaborar tabela de referência para a referida reparação. A lesão e a reparação precisam ser avaliadas caso a caso, a partir de suas peculiaridades. A reparação tem por objetivo proporcionar à vítima condições de vida mais adequadas e, com isso, minimizar as consequências do dano que lhe foi causado. Não se fala em estabelecer preço para a dor ou tarifar o sofrimento, mas possibilitar 'remédio' para amenizar os efeitos da lesão, mediante a aquisição de bens e serviços que podem ser custeados pelo dinheiro, independentemente de qualquer juízo de valor acerca da conduta do autor do dano, mas, ao contrário, levando em consideração as circunstâncias do caso e as condições pessoais do seu destinatário. E, sendo assim, os critérios patrimonialistas calcados na condição pessoal da vítima, a fim de não provocar o seu enriquecimento injusto, e na capacidade econômica do ofensor, para servir de desestímulo à repetição da atitude lesiva, não devem compor a quantificação do dano moral. O que se há de reparar é o próprio dano em si e as repercussões dele decorrentes na esfera da vida do ofendido. Sob essa ótica, é preciso atentar-se 'à efetiva reper-cussão da lesão sobre a vítima, não como classe econômica ou como gênero, mas como pessoa humana, cujas particulares características precisam ser levadas em conta no momento de quantificação do dano' (Anderson Schreiber. *Direito civil e constituição. São Paulo: Atlas, 2013. p. 188). Ao analisar o tema, Maria Celina Bodin de Moraes destaca que 'as condições pessoais da vítima, desde que se revelem aspectos de seu patrimônio moral, deverão ser cuidadosamente sopesadas, para que a reparação possa alcançar, sob a égide do princípio de isonomia substancial, a singularidade de quem sofreu o dano'* (*Danos à pessoa humana – uma leitura civil-constitucional dos danos morais.* Rio de Janeiro: Renovar, 2003. p. 307). *Logo, para compor o juízo da reparação, não há que se trazer à discussão argumentos relacionados ao porte econômico das partes ou circunstâncias outras externas aos fatos em si mesmos. Isso porque a finalidade da regra insculpida no art. 944 do Código Civil é tão somente reparar/compensar o dano causado em toda a sua extensão, seja ele material ou moral; limita, assim, os critérios a serem observados pelo julgador e distancia a responsabilidade civil da responsabilidade penal. Ademais, a exceção à reparação que contemple toda a extensão do dano está descrita no parágrafo único do citado art. 944 do CC. Todavia, não constitui autorização legislativa para a majoração da verba indenizatória, mas exclusivamente para a redução equitativa em razão do grau de culpa do ofensor. Como se vê, o papel do Poder Judiciário consiste em arbitrar valor em patamar voltado à estrita compensação do dano sofrido, pois o dano moral deve ser apenas compensado; qualquer pena a ser infligida, a título de desestímulo, deve ser previamente cominada (art.* **5º, inciso XXXIX, CF: 'não há crime sem lei anterior que o defina, nem pena sem prévia cominação legal'), não obra exclusiva da doutrina nem tampouco do Estado-Juiz, sob pena de violação a expressa garantia constitucional. Arrematando, em consonância com a atual sistemática da reparação civil, em sede de quantificação, deve o julgador observar o próprio dano em si e suas consequências na esfera subjetiva do ofendido (aspectos existenciais, não econômicos) para, então, compor a efetiva extensão dos prejuízos sofridos, tanto mais próximo possível da realidade, e como dito desde o início, sempre norteado pelos princípios da reparação integral e da dignidade humana** — *epicentro da proteção constitucional. Registre-se que a observância dessa sistemática possibilita ao Judiciário exercer a função compensatória, cujo escopo é a proteção integral da vítima em todos os aspectos que compõem a sua personalidade. Vale destacar, ainda, o importante efeito pedagógico das decisões judiciais nas ações de reparação por danos morais, no sentido de possibilitar a transformação de padrões de comportamento na sociedade, inclusive, para que os cidadãos possam ter seu discernimento desenvolvido com vista a escolhas futuras que realizará no exercício da cidadania. Com efeito, a discussão em torno da reparabilidade e do arbitramento dos danos morais produz consequências que vão muito além do debate entre as partes diretamente envolvidas. De maneira subjacente, identifica-se até mesmo interesse da comunidade, a fim de que não permaneça o empregador no mesmo comportamento verdadeiramente depreciativo em relação ao valor da vida humana. No caso em análise, é preciso considerar os abalos naturalmente sofridos em razão da morte do marido e pai dos autores, dimensionados, inclusive, pela gravidade do acidente e a perplexidade que causa na sociedade – seu corpo foi totalmente carbonizado e ficou em pedaços –, o que, de fato, provoca nos familiares um transtorno irreparável. O valor a ser fixado leva em consideração a possibilidade de serem adquiridos bens materiais ou serviços que proporcionem minimizar o sofrimento causado com a morte em tais circunstâncias, ainda que, efetivamente, jamais poderão alcançar patamar próximo à realidade e a dimensão da perda em si. Por tais elementos, arbitra-se a indenização por danos morais em R$ 200.000,00 para cada um dos autores, por considerar que referido valor atende aos princípios da proporcionalidade e da razoabilidade. Isso porque a reparação por danos morais afasta-se do equivalente econômico, próprio das indenizações – por isso é sempre arbitrada – e se destina a proporcionar à vítima, com os prazeres e o conforto que o dinheiro pode proporcionar, forma de amenizar o sofrimento causado pela perda de ente querido, cujos efeitos são definitivos, como no caso dos autos. Não se busca indenizar, mesmo porque, em se tratando de lesão de natureza extrapatrimonial, não há como se aferir, efetivamente, o dano. É, simplesmente, permitir tornar a vida mais confortável, menos sofrida. O que se deve levar em conta é a natureza da lesão em si, o comportamento do ofensor (se reiterado ou ocasional), a extensão do dano causado (se gerador de incapacidade permanente, temporária, parcial ou total), enfim, o fato por si mesmo e as repercussões no patrimônio imaterial daqueles que, por ele, foram atingidos. Recurso de embargos de que se conhece e a que se dá provimento parcial.*" (TST – SDI-II – E-ED-RR 32300-85.2006.5.15.0123 – Rel. Min. Cláudio Mascarenhas Brandão – *DEJT* 24-8-2018.)

"*(...) DANOS MORAIS E MATERIAIS. ACIDENTE DE TRAJETO. TRANSPORTE FORNECIDO PELO EMPREGADOR. RESPONSABILIDADE CIVIL OBJETIVA RECONHECIDA. 1. O Tribunal Regional deferiu à reclamante indenização por danos morais e materiais decorrentes*

Cap. 3 • MODELOS DE CAUSA DE PEDIR E PEDIDOS | **825**

*de acidente ocorrido no trajeto entre o trabalho e sua residência, em transporte fornecido pela reclamada. Registrou que, no dia do infortúnio, 'após a jornada, quando se dirigia para casa no ônibus da reclamada, este foi atingido por uma pedra lançada por alguém que estava na rodovia', a qual 'atingiu o rosto da reclamante, provocando fraturas nos ossos da face e causando lesões graves e permanentes (dentre as quais a perda de sensibilidade do lado direito do rosto, além de muita dor em função de um dos ossos atingidos estar pressionando um nervo), das quais resultaram seu afastamento do trabalho por cerca de quatro meses' e redundou em 'redução de capacidade estimada em 10%'. Considerou, aquele Colegiado, 'que o fato de a reclamante ter sido atingida por uma pedra vinda de fora do ônibus, não exclui a responsabilidade do empregador em responder pelo dano causado', salientando que 'a autora estava à disposição do empregador', uma vez 'deferido o pagamento de horas in itinere'. Acrescentou que 'o acidente ocorreu em horário noturno, às 2h20', 'quando o ônibus contratado pela reclamada passava pela RS 115', horário em que 'é maior probabilidade de ocorrência de tentativas de assaltos a veículos, tendo-se notícia de que os crimes também iniciam com o arremesso de pedras e objetos a fim de que o veículo pare, dando chance para a abordagem dos assaltantes'. Destacou os fundamentos de precedente daquela Corte, no sentido de que 'ao empregador, incumbe demonstrar que mantinha as condições mínimas de segurança no para o exercício do trabalho, para garantir, a proteção da integridade física de seus empregados'. Assim, ao fundamento de que 'presentes os requisitos caracterizadores da responsabilidade civil, quais sejam, a existência de dano e o nexo de causalidade entre o acidente sofrido e o dano causado', concluiu que 'faz jus a reclamante à indenização pelos danos morais e materiais decorrentes do acidente do trabalho'. 2. A jurisprudência desta Corte Superior, com fundamento nos arts. 734 e 735 do Código Civil, reconhece a responsabilidade objetiva do empregador quando este fornece o transporte para o deslocamento dos empregados, independentemente da culpa de terceiros. Precedentes. 3. Ileso o art. 7º, XXVIII, da Lei Maior, porquanto o empregador, ao se responsabilizar pelo transporte de seus empregados – **caso dos autos** –, equipara-se ao transportador, refugindo ao âmbito de incidência da referida norma. 4. Arestos inábeis (art. 896, "a", da CLT e Súmula 337, IV, "c", do TST). Recurso de revista não conhecido, no tema (...)."* (TST – **1ª T.** – RR 17700-59.2009.5.04.0382 – Rel. Min. Hugo Carlos Scheuermann – *DEJT* 11-4-2017.)

PEDIDO:

Requer o Reclamante o reconhecimento da responsabilidade civil da Reclamada em razão do acidente ocorrido no transporte por ela fornecido.

3.287. RESPONSABILIDADE SOLIDÁRIA DA EMPRESA TOMADORA DE SERVIÇOS RESPONSABILIDADE CIVIL POR ACIDENTE/DOENÇA DO TRABALHO. ARTIGO 942 DO CÓDIGO CIVIL

CAUSA DE PEDIR:

A Reclamante foi contratada pela primeira Reclamada e laborava nas dependências da segunda.

O acidente deu-se [descrição fática do acidente].

A responsabilidade civil resulta do art. 186 do Código Civil: *"aquele que, por ação ou omissão voluntária, negligência ou imprudência, violar direito e causar dano a outrem, ainda que exclusivamente moral, comete ato ilícito"*.

Em consequência, o autor do dano fica obrigado a repará-lo, nos termos do art. 927 do CC, sendo que o dispositivo legal em questão adotou a teoria do risco.

A obrigação de indenizar decorre primordialmente do fato de que cabia à tomadora o dever de fiscalização quanto às normas de segurança do trabalho, o que não foi feito.

Assim, todo aquele que concorrer para o dano tem responsabilidade solidária, podendo ser exigida a totalidade da dívida de somente um dos devedores solidários.

O art. 942 do Código Civil determina que, se a ofensa tiver mais de um autor, todos responderão solidariamente pela reparação.

A responsabilidade objetiva, na definição de Celso Antônio Bandeira de Mello *"é a obrigação de indenizar que incumbe a alguém em razão de um procedimento lícito ou ilícito que produziu uma lesão na esfera juridicamente protegida de outrem. Para configurá-la basta, pois a mera relação causal entre o comportamento e o dano".* (*Curso de Direito Administrativo*, 7ª ed. São Paulo: Malheiros, 1995, p. 578.)

Os arts. 5° e 7° da Constituição Federal, respectivamente em seus incisos X e XXVIII, são os fundamentos constitucionais para a indenização do ato ilícito. Assim, a responsabilidade pelos danos causados, em decorrência de ato ilícito, não diz respeito exclusivamente ao empregador em sentido estrito.

No caso, a Autora foi contratada para trabalhar como [★] na tomadora e tornou-se inequívoca a atuação culposa desta empresa para a ocorrência do acidente.

A atribuição de responsabilidade àquele que contrata prestador de serviços por meio de empresa intermediadora (seja de trabalho temporário ou mera prestadora de serviços), deve atentar aos princípios do Direito Civil.

A responsabilidade solidária decorre da lei ou da vontade das partes (art. 265 do Código Civil).

O art. 942 do Código Civil prevê a responsabilidade solidária daqueles que participam do ato ilícito, conceito este que abrange o descumprimento das normas de Direito do Trabalho.

Impõe-se ao empregador a função de diligenciar, de forma permanente, para que as atividades exercidas pelo empregado sejam realizadas sob condições adequadas e que haja o fornecimento de equipamentos, individuais e coletivos de proteção, por meio dos quais seja possibilitado o afastamento ou minimização do risco de acidentes.

Portanto, havendo ato ilícito, justifica-se a responsabilização imputada à tomadora dos serviços.

Cap. 3 • MODELOS DE CAUSA DE PEDIR E PEDIDOS | 827

As Reclamadas são corresponsáveis pelas lesões sofridas pela Autora no curso da contratação, e como tal, por expressa previsão legal, são solidariamente responsáveis pela reparação (art. 942 do Código Civil).

Nem poderia ser de forma diversa, pois do contrário, estar-se-ia beneficiando o infrator, pondo-se em risco a efetividade do direito material conferido à parte lesada.

Por fim, não se pode perder de vista, ainda, o princípio da proteção ao trabalhador, consagrado na Constituição Federal, em seu art. 1º, IV, quando declara que a República Federativa do Brasil tem como norte, dentre outros, o valor social do trabalho, estabelecendo no art. 170, que a ordem econômica está assentada na valorização do trabalho humano.

Nesse sentido:

"I – RECURSO DE REVISTA DA RECLAMADA ELEVADORES ATLAS SCHINDLER S.A. (...) 2 – RESPONSABILIDADE SOLIDÁRIA. TERCEIRIZAÇÃO. Extrai-se do acórdão regional que a responsabilidade solidária foi atribuída às reclamadas pelo fato de que o acidente de trabalho – foi causado na segunda reclamada e pelo fato de que ambas se beneficiaram dos serviços prestados pelo empregado –, o que atrai a aplicação da responsabilidade civil extracontratual, a teor do art. 942 do Código Civil. Dessa forma, incide à hipótese o óbice da Súmula 333 do TST e o art. 896, § 4º, da CLT. Incólume o dispositivo constitucional apontado como violado e afastada a divergência jurisprudencial suscitada. Recurso de revista não conhecido (...)." (TST – 7ª T. – RR 9951000-29.2005.5.09.0673 – Rel. Min. Delaíde Miranda Arantes – DEJT 1-7-2014.)

"I – AGRAVO DE INSTRUMENTO DA RECLAMADA. LOCÁVEL. EMPRESA PRESTADORA DE SERVIÇOS. PRELIMINAR DE NULIDADE DA DECISÃO AGRAVADA POR CERCEAMENTO DO DIREITO DE DEFESA. Nos termos do art. 249, § 2º, do CPC, fica superada a preliminar de nulidade. ACIDENTE DE TRABALHO. INDENIZAÇÃO POR DANOS MORAIS E MATERIAIS. DECISÃO RECORRIDA QUE RECONHECE A RESPONSABILIDADE SUBSIDIÁRIA DA EMPRESA TOMADORA DE SERVIÇOS. PEDIDO DE RECONHECIMENTO DA RESPONSABILIDADE SOLIDÁRIA. Deve ser provido o agravo de instrumento para melhor exame do recurso de revista por provável afronta ao art. 942 do CCB. Agravo de instrumento a que se dá provimento. II – RECURSO DE REVISTA DA RECLAMADA. LOCÁVEL. EMPRESA PRESTADORA DE SERVIÇOS. PRELIMINAR DE NULIDADE DO ACÓRDÃO RECORRIDO POR NEGATIVA DE PRESTAÇÃO JURISDICIONAL. A fundamentação jurídica invocada pela recorrente não atende à exigência da OJ nº 115 da SBDI-1 do TST. Recurso de revista de que não se conhece. PRESCRIÇÃO. ACIDENTE DE TRABALHO DO QUAL RESULTOU A APOSENTADORIA POR INVALIDEZ. ATIVIDADE DE ELETRICISTA EXERCIDA POR MOTORISTA E REALIZADA EM SOBREJORNADA DE TRABALHO NOTURNO. EXPLOSÃO EM REDE DE ENERGIA ELÉTRICA. LESÕES NOS OLHOS, NOS DEDOS E NA PERNA. 1 – Nos termos da jurisprudência do TST, da Súmula nº 230 do STF e da Súmula nº 278 do STJ, o marco inicial do prazo prescricional é a data da ciência inequívoca da incapacidade laboral, e não a data do acidente de trabalho, pois não há como o reclamante antever quais serão os efeitos futuros da lesão sofrida. 2 – Embora essa jurisprudência seja comumente invocada quando o trabalhador é acometido de moléstias, o mesmo entendimento se aplica no caso de lesões físicas que implicam perda ou comprometimento de membros do corpo, conforme o RESP 220080, um dos precedentes que deram ensejo à edição da Súmula nº 278 do STJ, no qual se discutiu a respeito da amputação de membro, e, ainda, a perda definitiva dos movimentos e do uso de dedos da mão esquerda. 3 – No caso dos autos, o resultado final do acidente de trabalho ocorrido em 2004 foi a incapacidade para o trabalho que ensejou a aposentadoria por invalidez em 2008 (marco inicial

828 | PRÁTICA DA RECLAMAÇÃO TRABALHISTA – *Jorge Neto • Wenzel • Cavalcante*

da pretensão de pagamento da indenização), enquanto a ação foi ajuizada em 2009. Nesse contexto, não há prescrição trabalhista a ser reconhecida. 4 – Recurso de revista de que não se conhece. MONTANTE DA INDENIZAÇÃO POR DANOS MORAIS. CULPAS EXCLUSIVA E CONCORRENTE DA VÍTIMA NÃO CONFIGURADAS. 1 – O TRT afastou a culpa exclusiva da vítima nos seguintes termos: embora o reclamante não tenha utilizado as luvas adequadas para o fim de reparo da rede de energia elétrica, subsiste que a causa do acidente de trabalho foi a explosão do elo fusível da linha de alta tensão que estava com defeito e não protegido; o reclamante foi obrigado a fazer o reparo na rede elétrica em regime de urgência na prorrogação de sua jornada noturna, não tendo feito o trabalho por iniciativa própria. Constou ainda no acórdão de embargos de declaração que a empregadora admitiu que empregado foi contratado como motorista e exercia a função de eletricista, havendo, portanto, desvio de função em atividade de risco. Súmula n° 126 do TST. 2 – A Corte regional se limitou a narrar as alegações da reclamada sobre a hipótese de culpa concorrente, não assentando tese explícita quanto ao mérito dessa questão (Súmula n° 297 do TST). Nesse particular, constou no acórdão de embargos de declaração somente a tese de natureza processual no sentido de que a questão foi alegada pela empresa sem a fundamentação jurídica adequada no segundo grau de jurisdição, o que não é impugnado no recurso de revista (Súmula n° 422 do TST). 3 – Não subsiste a pretendida redução do montante da indenização por danos morais, fixado em R$ 69.750,00 nas instâncias percorridas, o qual foi proporcional aos fatos dos quais resultou a lide. O caso foi gravíssimo porque o trabalhador, por culpa da empregadora, sofreu lesões nos olhos, nos dedos e na perna, das quais resultou a aposentadoria por invalidez. O montante de R$ 69.750,00, para além de indenizar os danos morais do trabalhador, tem caráter pedagógico, no sentido de alertar a empregadora para o aspecto de que esse tipo de conduta ilícita de seus prepostos deve ser corrigido a fim de que não atinja outros empregados, não sendo tolerado pelo Poder Judiciário o flagrante descumprimento das normas de segurança do trabalho. Recurso de revista de que não se conhece. ACIDENTE DE TRABALHO. INDENIZAÇÃO POR DANOS MORAIS E MATERIAIS. DECISÃO RECORRIDA QUE RECONHECE A RESPONSABILIDADE SUBSIDIÁRIA DA EMPRESA TOMADORA DE SERVIÇOS. PEDIDO DE RECONHECIMENTO DA RESPONSABILIDADE SOLIDÁRIA. 1 – A Súmula n° 331, IV e VI, do TST, que trata da responsabilidade subsidiária da empresa tomadora de serviços pelo montante dos créditos trabalhistas oriundos da sentença, não interpreta o art. 942 do CCB de 2002, o qual se aplica no caso da indenização por danos morais e materiais, nos seguintes termos: Os bens do responsável pela ofensa ou violação do direito de outrem ficam sujeitos à reparação do dano causado; e, se a ofensa tiver mais de um autor, todos responderão solidariamente pela reparação. 2 – No caso dos autos, as premissas fáticas registradas no acórdão recorrido demonstram de maneira inequívoca que, para além da responsabilidade objetiva da empresa tomadora de serviços (atividade de risco acentuado – energia elétrica), houve a própria responsabilidade subjetiva (não cumprimento do dever legal de fiscalizar a observância das normas de segurança do trabalho no exercício das atividades do reclamante que lhe prestava serviços por meio de empresa interposta, ressaltando-se que a empregadora admitiu inclusive o desvio de função, pois o trabalhador foi contratado como motorista e atuava como eletricista). 3 – Nesse contexto, pode e deve ser reconhecida a responsabilidade solidária da empresa tomadora de serviços. 4 – Recurso de revista a que se dá provimento, quanto ao tema." (TST – 6ª T. - RR 2263-12.2010.5.08.0000 – Rel. Min. *Kátia Magalhães Arruda* – DEJT 21-6-2013.)

Assim sendo, há expressa previsão legal no ordenamento jurídico pátrio para a responsabilidade solidária das empresas.

Por tais fundamentos, reconheço a responsabilidade solidária entre as Reclamadas quanto ao adimplemento das verbas deferidas nesta ação.

PEDIDO:

Requer a Reclamante o reconhecimento da responsabilidade solidária das Reclamadas.

Cap. 3 • MODELOS DE CAUSA DE PEDIR E PEDIDOS 829

3.288. RESPONSABILIDADE SUBSIDIÁRIA
EMPRESA TOMADORA DA INICIATIVA PRIVADA

CAUSA DE PEDIR:

A Súmula 331 do TST, com a redação dada pela Resolução 174, de 24 de maio de 2011, determina:

"I – A contratação de trabalhadores por empresa interposta é ilegal, formando-se o vínculo diretamente com o tomador dos serviços, salvo no caso de trabalho temporário (Lei 6.019, de 03.01.74).

II – A contratação irregular de trabalhador, mediante empresa interposta, não gera vínculo de emprego com os órgãos da Administração Pública Direta, Indireta ou Fundacional (art. 37, II, da Constituição da República).

III – Não forma vínculo de emprego com o tomador a contratação de serviços de vigilância (Lei 7.102, de 20.06.83), e de conservação e limpeza, bem como a de serviços especializados ligados à atividade-meio do tomador, desde que inexistente a pessoalidade e a subordinação direta.

IV – O inadimplemento das obrigações trabalhistas, por parte do empregador, implica a responsabilidade subsidiária do tomador dos serviços quanto àquelas obrigações, desde que haja participado da relação processual e conste também do título executivo judicial.

V – Os entes integrantes da Administração Pública Direta e Indireta respondem subsidiariamente, nas mesmas condições do item IV, caso evidenciada a sua conduta culposa no cumprimento das obrigações da Lei 8.666/93, especialmente na fiscalização do cumprimento das obrigações contratuais e legais da prestadora de serviço como empregadora. A aludida responsabilidade não decorre de mero inadimplemento das obrigações trabalhistas assumidas pela empresa regularmente contratada.

VI – A responsabilidade subsidiária do tomador de serviços abrange todas as verbas decorrentes da condenação referentes ao período da prestação laboral".

Por sua vez, a Lei 6.019/74, no art. 5º-A, § 5º (com a redação dada pela Lei 13.429/17), prevê que a empresa contratante é subsidiariamente responsável pelas obrigações trabalhistas referentes ao período em que ocorrer a prestação dos serviços.

A empresa tomadora deve fiscalizar o cumprimento das obrigações trabalhistas da empresa escolhida. É o desdobramento da responsabilidade civil quanto às relações do trabalho, pela culpa *in eligendo* e *in vigilando*. Deve solicitar, mensalmente, a comprovação quanto aos recolhimentos previdenciários, fiscais e trabalhistas. Pondere-se, ainda, que o crédito trabalhista é superprivilegiado (art. 186, CTN e art. 449, CLT).

A responsabilidade subsidiária é aplicável quando ficar evidente que a empresa prestadora é inadimplente quanto aos títulos trabalhistas de seus empregados. É comum, pela experiência forense, quando se tem a rescisão do contrato de prestação de serviços entre a tomadora e a prestadora, não haver o pagamento dos títulos rescisórios dos empregados da segunda. Diante dessa situação de inadimplemento, pela aplicação decorrente da responsabilidade civil – culpa *in elegendo* e *in vigilando* –, a tomadora deverá ser responsabilizada.

Claro está que a empresa tomadora deve ser inserida na relação jurídica processual, para que possa ser responsabilizada, em caso de inadimplemento por parte da empresa prestadora.

A inclusão é uma medida salutar, pois, fazendo parte da relação jurídica processual, a empresa tomadora poderá requerer em Juízo as provas necessárias, deduzir os seus argumentos etc., respeitando-se, assim, os princípios do contraditório e do amplo direito de defesa, como pilares do devido processo legal.

Ante o fenômeno da terceirização, como é o caso dos autos, a jurisprudência trabalhista do TST trouxe a responsabilidade civil objetiva indireta, posteriormente, agasalhada pela legislação (art. 5º-A, § 5º, Lei 6.019/74), como forma de resguardo dos direitos trabalhistas da empresa prestadora dos serviços. O tomador possui a responsabilidade civil na escolha e fiscalização do trato das relações trabalhistas da prestadora para com seus empregados.

Há situações nas quais, mesmo não havendo a participação direta na relação jurídica controvertida, tem-se a responsabilidade. Pode haver a responsabilidade, enfatize-se, mesmo sem a titularidade – débito/crédito –, como é o caso da responsabilidade civil objetiva indireta em face da terceirização.

A responsabilidade subsidiária abrange todas as verbas postas na condenação, na medida em que todas são decorrentes do contrato de trabalho (tópico VI, da Súm. 331).

Se a 2ª Ré é a tomadora, como não observou os seus deveres de fiscalização e de escolha, poderá vir a ser responsável em execução, devendo a sua responsabilidade abranger todos os direitos.

Haverá o desdobramento da responsabilidade subsidiária da empresa tomadora na execução trabalhista nas seguintes hipóteses: (a) se a empresa prestadora não for localizada; (b) se a empresa prestadora não tiver bens ou se os bens forem insuficientes; (c) se a empresa prestadora for considerada falida ou em recuperação judicial; (d) não se exigirá a execução dos sócios da empresa prestadora para fins de imputar o patrimônio da tomadora, visto que o benefício da desconsideração da personalidade jurídica é de titularidade do credor da pessoa jurídica, no caso, o próprio Reclamante.

PEDIDO:

O Reconhecimento da responsabilidade subsidiária da empresa tomadora na execução trabalhista nas seguintes hipóteses: (a) se a empresa prestadora não for localizada; (b) se a empresa prestadora não tiver bens ou se os bens forem insuficientes; (c) se a empresa prestadora for considerada falida ou em recuperação judicial; (d) não se exigirá a execução dos sócios da empresa prestadora para fins de imputar o patrimônio da tomadora, visto que o benefício da desconsideração da personalidade jurídica é de titularidade do credor da pessoa jurídica, no caso, o próprio Reclamante.

3.289. REVERSÃO DA JUSTA CAUSA

CAUSA DE PEDIR:

A Autora foi demitida sob a alegação de justa causa.

No entanto, nenhuma explicação lhe foi dada. A única frase no momento da rescisão foi *"quebra de confiança"*.

A Reclamada ainda deixou de indicar a motivação da dispensa em uma das alíneas do art. 482 da CLT, o que deveria fazer de forma obrigatória, dando ciência ao trabalhador do justo motivo.

A simples falta de informação sobre o motivo da justa causa já é suficiente para afastá-la.

Mas não é só.

A Reclamante não dera motivo para a rescisão unilateral do contrato de trabalho, não exercendo nenhuma atitude compatível com o art. 482 da CLT.

A Reclamante trabalhou por anos na Reclamada, calcando sempre promoções por merecimento e em razão da sua produtividade, vindo a ocupar o cargo de assistente comercial.

Seus atos sempre respeitaram as determinações de sua empregadora e seus superiores.

Sendo assim, diante do quadro narrado, temos que a empregadora agiu de forma ilícita, abusando do seu poder diretivo, devendo a dispensa com justa causa ser revertida em dispensa sem justa causa, pelos motivos: (a) ausência de explicação do motivo da dispensa; (b) ausência de indicação da alínea do art. 482; (c) não entrega do aviso de dispensa; (d) inexistência de justo motivo.

PEDIDO:

Seja convertida a dispensa com justa causa em dispensa sem justa causa, condenando-se a Reclamada ao pagamento das verbas rescisórias (considerando-se a projeção do aviso-prévio): aviso-prévio indenizado, férias vencidas e proporcionais acrescidas de 1/3, 13º salários, multa de 40% sobre o FGTS, liberação das guias de seguro-desemprego ou indenização correspondente no valor e liberação das guias para saque do FGTS.

3.290. REVERSÃO DA JUSTA CAUSA
AFASTAMENTO DO ABANDONO DE EMPREGO

CAUSA DE PEDIR:

O Autor foi demitido sob a alegação de justa causa.

No entanto, nenhuma explicação lhe foi dada. A única palavra dita no momento da rescisão foi *"abandono"*.

A Reclamada ainda deixou de indicar a motivação da dispensa em uma das alíneas do art. 482 da CLT, o que deveria fazer de forma obrigatória, dando ciência ao trabalhador do justo motivo.

A simples falta de informação sobre o motivo da justa causa já é suficiente para afastá-la.

Mas não é só.

O Reclamante não dera motivo para a rescisão unilateral do contrato de trabalho, não exercendo nenhuma atitude compatível com o art. 482 da CLT.

O Reclamante trabalhou por [indicar número de anos] anos na Reclamada, ausentando-se somente em razão de afastamentos médicos, devidamente justificados mediante atestado.

Tendo o labor importância fundamental ao empregado como fator de dignidade do trabalhador pelo caráter alimentar, adota-se o princípio da continuidade da relação de emprego, sendo que eventual abandono deve ser cabalmente comprovado pelo empregador.

É o que dispõe a Súmula 212 do TST:

> *"Despedimento. Ônus da prova. O ônus de provar o término do contrato de trabalho, quando negados a prestação de serviço e o despedimento, é do empregador, pois o princípio da continuidade da relação de emprego constitui presunção favorável ao empregado".*

Sendo assim, diante do quadro narrado, temos que a empregadora agiu de forma ilícita, abusando do seu poder diretivo, devendo a dispensa com justa causa ser revertida em dispensa sem justa causa, pelos motivos: (a) ausência de explicação do motivo da dispensa; (b) ausência de indicação da alínea do art. 482; (c) não entrega do aviso de dispensa; (d) inexistência de justo motivo.

PEDIDO:

Seja convertida a dispensa com justa causa em dispensa sem justa causa, condenando-se a Reclamada ao pagamento das verbas rescisórias (considerando-se a projeção do aviso-prévio): aviso-prévio indenizado, férias vencidas e proporcionais acrescidas de 1/3, 13º salários, multa de 40% sobre o FGTS, liberação das guias de seguro-desemprego ou indenização correspondente no valor e liberação das guias para saque do FGTS.

Cap. 3 • MODELOS DE CAUSA DE PEDIR E PEDIDOS | 833

3.291. REVERSÃO DA JUSTA CAUSA
PARTICIPAÇÃO EM GREVE

CAUSA DE PEDIR:

O Reclamante foi demitido sob a alegação de justa causa por desídia, com fundamento no art. 482, alíneas e "e" "h", pois, juntamente com outros empregados, participou de movimento de paralisação.

Para configuração da justa causa é necessário o preenchimento de certos requisitos, tais como: gravidade do comportamento, imediatismo da rescisão, causalidade, singularidade. Todos os requisitos devem ser analisados concomitantemente, sendo indispensáveis para caracterização da dispensa nos moldes do art. 482 da CLT.

A justa causa envolve elementos subjetivos e objetivos. Os primeiros atinem à culpa *lato sensu* do empregado, que pode ser atestada pela sua negligência, imprudência, imperícia ou dolo.

Os segundos se subdividem em:

(a) previsão legal – a figura da justa causa deve estar prevista em lei, do que denota a taxatividade do rol do art. 482 da CLT;

(b) gravidade da conduta – o fato deve ser grave a fim de justificar a quebra da confiança do empregador para com o empregado em razão da conduta desse;

(c) causalidade – deve existir nexo de causa e efeito entre a conduta do empregador e a medida disciplinar aplicada;

(d) imediatividade – a aplicação da medida disciplinar deve ser contemporânea ao fato praticado ou à omissão, de modo que a não iniciativa do empregador considera-se perdão tácito;

(e) proporcionalidade entre o ato faltoso e a punição – o que significa um equilíbrio na valoração entre a conduta e a pena imposta.

Necessário faz-se explorar com maior acuidade o princípio da proporcionalidade.

Por esse princípio, a punição deve ser proporcional ao ato faltoso, aplicando-se penas mais brandas (advertência e suspensão) para as faltas leves e as penas mais duras para as faltas de maior gravidade.

A experiência demonstra que é comum a existência da gradação na aplicação das penalidades, a saber: advertências, suspensão e, por fim, a dispensa com justa causa. Essa sequência denota a preocupação do empregador em não prejudicar o empregado com a rescisão do contrato.

A conduta do Reclamante consistente na participação em movimento grevista não é grave o suficiente a ponto de gerar a penalidade máxima da dispensa por justa causa, pois: [descrição do movimento grevista: (a) não houve atos de vandalismo ou qualquer atitude destes trabalhadores para que os demais aderissem ao movimento; (b) a manifestação foi pacífica, tendo como único objetivo negociar aumento salarial e condições de trabalho; (c) não há como se considerar a conduta dos empregados de não acatamento às ordens do empregador para retornar ao emprego, no mesmo dia, como ato de insubordinação ou indisciplina, já que as tratativas de negociação estavam em andamento; (d) não parece razoável dispensar o trabalhador, por justa causa, no mesmo dia em que houve a recusa ao trabalho, sem que antes fossem esgotadas as negociações].

Portanto, não houve gravidade da conduta do Reclamante capaz de justificar a rescisão contratual por justa causa.

Ademais, não houve proporcionalidade entre a falta cometida e a pena aplicada. O Reclamante, assim como os demais trabalhadores dispensados, poderia ter sido punido com outras penas, tais como advertência ou suspensão.

Cumpre mencionar ainda, no que se refere à ação discriminatória, contra participante de greve, há normativo específico, qual seja, o art. 1º, 1, da Convenção 98 da OIT, ingressada no ordenamento pelo Decreto Legislativo 49, de 27-8-1952, do Congresso Nacional, *in verbis*:

> *"Art. 1 — 1. Os trabalhadores deverão gozar de proteção adequada contra quaisquer atos atentatórios à liberdade sindical em matéria de emprego."*

Em decorrência da mencionada Convenção e de tudo o mais que fora anteriormente exposto, não há como permitir que a atuação em movimento grevista como único motivo demissionário prevaleça.

A liberdade sindical inclui, inexoravelmente, o direito à greve, até mesmo pelo fato de que, muitas vezes, é a única arma que o trabalhador possui em busca de melhores condições de trabalho e/ou financeiras.

Portanto, a punição do obreiro à revelia da Convenção 98 da OIT não pode prosperar, devendo ser, de plano, rechaçada.

Nesse sentido:

> *"AGRAVO DE INSTRUMENTO EM RECURSO DE REVISTA. DISPENSA POR JUSTA CAUSA. INCITAÇÃO DE COLEGAS À GREVE. EMPREGADO DETENTOR DE ESTA-BILIDADE PROVISÓRIA NORMATIVA. Demonstrada a divergência jurisprudencial, merece ser processado o Recurso de Revista. Agravo de Instrumento conhecido e provido. RECURSO DE REVISTA. DISPENSA POR JUSTA CAUSA. INCITAÇÃO DE COLEGAS À GREVE. EMPREGADO DETENTOR DE ESTABILIDADE PROVISÓRIA NORMATIVA. A questão de fundo que torna a discussão relevante é o fato de a tentativa de organização de movimento paredista ter originado a dispensa por justa causa do empregado e se esse motivo pode ser enquadrado em algumas das hipóteses do art. 482 da CLT. Veja-se que o direito de greve é assegurado pelo art. 9º da Constituição Federal, o qual estabelece que 'compete aos trabalhadores decidir sobre a oportunidade de exercê-lo e sobre os interesses que devam por meio dele defender'. Diversas outras convenções e acordos internacionais também visam à proteção da livre manifestação por parte dos trabalhadores, ainda que informal, como um meio de assegurar a melhoria das relações de trabalho e das condições sociais dos empregados. Vislumbra-se, portanto, que a pretensão de enquadrar o movimento paredista como um ato faltoso revela conduta patronal antissindical, absolutamente rechaçada pela legislação e pelo direito do trabalho, pois atenta contra a organização coletiva dos trabalhadores e revela tratamento discriminatório com os insurgentes, em clara afronta ao direito de greve. Ainda que não tenha sido organizada pelo sindicato ou não tenha contado com a participação da entidade sindical, a paralisação pacífica das atividades por parte dos empregados não configura ato suficientemente grave para ensejar a dispensa do trabalhador por justa causa, mormente quando não demonstrado nenhum prejuízo ao empregador, como na hipótese dos presentes autos em que o movimento paredista não passou de uma cogitação. Precedentes desta Corte. Nesse contexto, não há de se falar em enquadramento da atitude do Reclamante ao tentar convencer os colegas a realizar um movimento paredista, em nenhuma das hipóteses previstas no art. 482 da CLT, o que impõe a reversão da justa causa, com reconhecimento do direito a todas as verbas rescisórias, FGTS com acréscimo 40%, e emissão das guias do seguro-desemprego. Ademais, na hipótese dos presentes autos, em que o trabalhador estava protegido por norma coletiva que lhe assegurava a estabilidade provisória por toda a sua vigência, vislumbra-se, ainda, que a dispensa por justa causa, sob o pretexto de que teria havido quebra de*

fidúcia e insubordinação, ganha contornos de fraude, visto que era o único meio que o empregador tinha para dispensar o empregado detentor estabilidade. Recurso de Revista conhecido e provido." (TST – 4ᵃT. – RR 1247-14.2015.5.02.0065 – Rel. Min. Maria de Assis Calsing – *DEJT* 9-3-2018.)

"RECURSO DE REVISTA INTERPOSTO ANTES DA LEI Nº 13.015/14. RESCISÃO CONTRATUAL POR JUSTA CAUSA. ATO DE INSUBORDINAÇÃO. PARALISAÇÃO COLETIVA. NÃO CONFIGURAÇÃO. O Tribunal Regional, soberano na análise das provas, concluiu pela reversão da justa causa aplicada, na medida em que tal penalidade se mostrava desproporcional às condutas supostamente faltosas imputadas ao reclamante. Com efeito, a paralisação pacífica de serviços, por um grupo de trabalhadores, durante um único dia, com a finalidade de reivindicar aumento dos salários recebidos pelo corte de cana, não autoriza que o empregador possa simplesmente dispensá-los, alegando justa causa, mormente quando sequer foi reconhecido o exercício abusivo do direito de greve. Recurso de revista não conhecido. MULTA DO ARTIGO 477 DA CLT. Diante do registro expresso do acórdão regional de que o pagamento das verbas rescisórias se deu após o prazo legal de 10 dias e, ainda, de forma parcial, é devida a multa do artigo 477, § 8º, da CLT. Recurso de revista não conhecido." (TST – 2ᵃT. – RR 86400-53.2002.5.15.0115 – Rel. Min. Maria Helena Mallmann – *DEJT* 1-7-2016.)

Sendo assim, diante do quadro narrado, temos que a empregadora agiu de forma ilícita, abusando do seu poder diretivo, devendo a dispensa com justa causa ser revertida em dispensa sem justa causa, com a condenação da Reclamada ao pagamento das verbas rescisórias (considerando-se a projeção do aviso-prévio): aviso-prévio indenizado, férias vencidas e proporcionais acrescidas de 1/3, 13º salários, multa de 40% sobre o FGTS, liberação das guias de seguro-desemprego ou indenização correspondente no valor e liberação das guias para saque do FGTS.

PEDIDO:

Seja convertida a dispensa com justa causa em dispensa sem justa causa, condenando-se a Reclamada ao pagamento das verbas rescisórias (considerando-se a projeção do aviso-prévio): aviso-prévio indenizado, férias vencidas e proporcionais acrescidas de 1/3, 13º salários, multa de 40% sobre o FGTS, liberação das guias de seguro-desemprego ou indenização correspondente no valor e liberação das guias para saque do FGTS.

3.292. SALÁRIO PAGO "POR FORA"

CAUSA DE PEDIR:

Além do salário [descrever o valor inserido em recibo e ou na CTPS], o qual o Reclamante recebia em recibo regular de pagamento, o Autor também auferia [comissões, prêmios, parte fixa etc.], os quais lhe eram pagos por fora.

Por mês, em média, o Reclamante auferia comissão em relação aos fretes no valor de R$ [indicar o valor].

Citada média, por ser verba salarial, pois decorre da efetiva prestação de serviços, deve incidir em: (a) férias, abono de férias, 13º salário, FGTS + 40%, aviso-prévio; (b) horas extras e suas incidências em férias, abono de férias, FGTS + 40%, domingos e feriados, aviso-prévio e 13º salário [se devidas as horas extras]; (c) [descrever outras parcelas que sejam decorrência do salário pago por fora].

Citados valores devem ser inseridos na CTPS do Reclamante, para tanto, após o trânsito em julgado, a Reclamada deverá proceder a esta anotação, sob pena de multa diária a base de R$ [indicar o valor], a ser revertida em prol do trabalhador (art. 536, CPC).

Ante o salário pago por fora, devem ser expedidos ofícios: SRTE, INSS e CEF.

PEDIDO:

(a) reflexos do salário pago por fora em: (1) férias, abono de férias, 13º salário, FGTS + 40%, aviso-prévio; (2) horas extras e suas incidências em férias, abono de férias, FGTS + 40%, domingos e feriados, aviso-prévio e 13º salário [se devidas horas extras]; (3) [descrever outras parcelas que sejam decorrência do salário pago por fora];

(b) citados valores devem ser inseridos na CTPS do Reclamante, para tanto, após o trânsito em julgado, a Reclamada deverá proceder a esta anotação, sob pena de multa diária à base de R$ [indicar o valor], a ser revertida em prol do trabalhador);

(c) ante o salário pago por fora, devem ser expedidos ofícios: SRTE, INSS e CEF.

Cap. 3 • MODELOS DE CAUSA DE PEDIR E PEDIDOS | 837

3.293. SEGURO-DESEMPREGO

CAUSA DE PEDIR:

O Reclamante requer que o seguro-desemprego seja liberado de forma *incontinenti*, visto estar desempregado.

Se isso não ocorrer, solicita-se a indenização desse benefício.

Fundamentos:

Pelas Resoluções do CODEFAT, o requerimento do seguro-desemprego e a comunicação da dispensa, devidamente preenchidos com as informações constantes da CTPS, serão fornecidos pelo empregador no ato da dispensa ao trabalhador dispensado sem justa causa.

Tais documentos deverão ser encaminhados pelo trabalhador a partir do 7º e até o 120º dia subsequente à data da sua dispensa ao Ministério do Trabalho e Emprego.

O requerimento do seguro-desemprego (RSD) e a comunicação de dispensa (CD) são vitais para o requerimento do benefício, de acordo com a Resolução.

Ante os argumentos citados, torna-se patente que o empregador é o responsável pela formalização da documentação, para que o trabalhador possa soerguer o seguro-desemprego dentro do prazo legal.

Pelo exame dos presentes autos, constatamos: (a) o Reclamante já possuía o período de trabalho suficiente para o direito ao seguro-desemprego, até mesmo pelo registro no livro de empregados; (b) a Reclamada não forneceu a documentação necessária para o saque do seguro-desemprego, notadamente, o requerimento, o qual é primordial para o requerimento do benefício.

A omissão do empregador em não entregar os documentos necessários para o saque, de forma concreta, representa fator inibidor para a obtenção do benefício por parte do empregado.

Portanto, de acordo com os arts. 186 e 927, CC, é patente a responsabilidade da Reclamada pela indenização equivalente ao seguro-desemprego.

Aliás, nesse sentido, temos a Súmula 389, II, TST:

"O não fornecimento pelo empregador da guia necessária para o recebimento do seguro-desemprego dá origem ao direito à indenização".

PEDIDO:

O Reclamante requer que o seguro-desemprego seja liberado de forma *incontinenti*, visto estar desempregado, ou que haja, no caso de sua não liberação, a indenização pelo valor correspondente.

3.294. SEGURO-DESEMPREGO
EXPEDIÇÃO DE ALVARÁ JUDICIAL

CAUSA DE PEDIR:

O Reclamante foi injustamente dispensado pela Reclamada, sendo que preenche os requisitos do art. 3°, Lei 7.998/90.

A legislação assegura ao empregado dispensado de forma imotivada e que atenda aos requisitos legais (art. 3°) o direito à percepção do seguro-desemprego.

O Reclamante solicita a entrega do formulário do seguro-desemprego ou a expedição de alvará judicial para o levantamento das parcelas, sob pena de indenização equivalente.

PEDIDO:

Entrega do formulário para o saque do seguro-desemprego ou o pagamento do valor equivalente.

3.295. SOBREAVISO

CAUSA DE PEDIR:

O Reclamante sempre estava de sobreaviso fora dos horários de trabalho habituais nas dependências da empresa. Em todos os dias da semana, ultrapassando o horário de trabalho, o Reclamante ficava em sua residência ou perto da sua residência aguardando a qualquer tempo um chamado para atender à empresa.

Portanto, o Reclamante ficava à disposição do empregador [indicar dias e horários], de sobreaviso, logo, na forma da aplicação analógica do art. 244, § 2º, CLT, faz jus ao percentual de 1/3 de tais horas, o que dá uma média de [indicar média diária/semanal].

Tais horas serão calculadas em função do salário (normal e outros aditivos salariais habituais na forma da inteligência da Súmula 264 do TST) e com reflexos em: (a) aviso-prévio, 13º salário, férias, abono de férias, FGTS + 40%; (b) domingos e feriados; (c) as diferenças de aviso-prévio, DSR/feriados e 13º salário devem incidir no FGTS + 40%.

PEDIDO:

Horas de sobreaviso a serem calculadas em função do salário (normal e outros aditivos salariais habituais) e com reflexos em: (a) aviso-prévio, 13º salário, férias, abono de férias, FGTS + 40%; (b) domingos e feriados; (c) as diferenças de aviso-prévio, DSR/feriados e 13º salário devem incidir no FGTS + 40%.

3.296. SOBREAVISO 2 (OUTRA CAUSA DE PEDIR)

CAUSA DE PEDIR:

O Reclamante, após o término da jornada diária de trabalho, ficava à disposição da Reclamada no sistema de sobreaviso [indicar os dias e os horários do regime de sobreaviso].

De acordo com o art. 244, § 2°, da CLT, sobreaviso é o regime de trabalho em que o empregado permanece em sua residência, aguardando a qualquer momento o chamado do serviço. Cada escala de sobreaviso será de no máximo 24 horas e dá direito ao empregado a perceber 1/3 do salário normal.

O TST entendia que o uso do aparelho *bip* pelo empregado, por si só, não caracterizava o regime de sobreaviso, uma vez que o empregado não permanecia em sua residência aguardando, a qualquer tempo, convocação para o serviço (OJ 49, SDI-I).

Pela OJ 49, o art. 244, § 2°, CLT, não seria aplicado ao sistema de chamada por *bip*, pela liberdade de locomoção do empregado ante o fato de não estar vinculado aos limites da sua residência. No máximo, a partir do chamado, se o trabalhador passasse a executar tarefas contratuais, teria direito à percepção desse período como efetivo tempo de trabalho.

Inviável o entendimento do TST. Quando o empregado está vinculado a um local (limite geográfico), e dele não pode se ausentar durante o plantão, o tempo à disposição deve ser considerado como regime de sobreaviso. Exemplo: restrição do empregado a uma determinada cidade, não podendo deslocar para outra localidade, pois a qualquer momento pode ser chamado pelo empregador por meio do celular ou qualquer outro meio telemático de comunicação.

Em algumas decisões, o TST passou a sinalizar a mudança de entendimento ao mencionar que o empregado teria direito à percepção de horas pelo sobreaviso ante a combinação da utilização do celular e a limitação explícita pelo celular ocasionada no direito de ir e vir do empregado (TST – 5ª T. – RR 37791/2002-900-09-00.8 – Rel. Min. Emmanoel Pereira – *DEJT* 5-6-2009; TST – 8ª T. – RR 22259/2001-652-09-00.0 – Rel. Min. Maria Cristina I. Peduzzi – *DEJT* 8-5-2009).

Pela Resolução 175, de 24/5/2011, o TST cancelou a redação da OJ 49, convertendo-a na Súmula 428, que possuía a seguinte redação:

> *"O uso do aparelho BIP pelo empregado, por si só, não caracteriza o regime de sobreaviso, uma vez que o empregado não permanece em sua residência aguardando, a qualquer momento, convocação para o serviço."*

Houve alteração de redação na Súmula para a inclusão de aparelho de intercomunicação, como gênero, citando, como espécies: BIP, *pager* ou o aparelho celular.

Pelo avanço das formas de comunicação, torna-se marcante o fenômeno de que a presença do trabalhador não é mais tão necessária nos locais físicos onde se tenha o estabelecimento da empresa, com a presença do empregador ou de seus prepostos a dirigir a prestação pessoal dos serviços. Por exemplo, é o caso do teletrabalho ou do trabalhador a domicílio.

Como reflexo dessa modernidade, a CLT passou a prever que não há distinção entre o trabalho realizado no estabelecimento do empregador, o executado no domicílio do empregado e o realizado a distância, desde que estejam caracterizados os pressupostos da relação de emprego, sendo que os meios telemáticos e informatizados de comando, controle e supervisão se equiparam, para fins de subordinação

Cap. 3 • MODELOS DE CAUSA DE PEDIR E PEDIDOS | 841

jurídica, aos meios pessoais e diretos de comando, controle e supervisão do trabalho alheio (art. 6°, CLT, com a redação da Lei 12.551/11).

Adequando a sua jurisprudência à realidade, pelas Resoluções 185 e 186, o TST reformulou a redação da Súmula 428:

> *"I – O uso de instrumentos telemáticos ou informatizados fornecidos pela empresa ao empregado, por si só, não caracteriza o regime de sobreaviso".*

> *"II – Considera-se em sobreaviso o empregado que, a distância e submetido a controle patronal por instrumentos telemáticos ou informatizados, permanecer em regime de plantão ou equivalente, aguardando a qualquer momento o chamado para o serviço durante o período de descanso."*

Visível a mudança quanto ao regime de sobreaviso por parte do TST.

A simples entrega ou utilização de instrumentos telemáticos ou informatizados pelo empregado não é fator a ensejar a caracterização do sobreaviso.

Contudo, não mais se exige que o empregado fique circunscrito a sua residência. O sobreaviso é caracterizado: (a) pelo trabalho a distância, ou seja, fora dos limites geográficos da empresa; (b) pela presença do controle empresarial quanto aos trabalhos executados (exercido por meio da utilização de instrumentos telemáticos ou informatizados); (c) ante a imposição de plantões, escalas de trabalho ou figuras equivalentes pelo empregador para os períodos de descanso do trabalhador; (d) pela vinculação do trabalhador a qualquer chamado do empregador, para fins de execução de tarefas, seja a distância ou deslocamento às dependências da empresa ou para qualquer outro local por determinação empresarial.

> *"(…) Horas de sobreaviso. Escalas de plantão. Telefone celular. Súmula 428, II, do TST. 1. Nos moldes da nova redação da Súmula 428, II, do TST, considera-se em sobreaviso o empregado que, à distância e submetido a controle patronal por instrumentos telemáticos ou informatizados, permanecer em regime de plantão ou equivalente, aguardando a qualquer momento o chamado para o serviço durante o período de descanso. 2. In casu, consoante registrado pelo acórdão Regional e transcrito na decisão turmária, o Reclamante permanecia em plantão em finais de semana, pois ficava em estado de alerta, podendo ser chamado a qualquer momento para atendimento de ocorrências ou resolução de problemas, naqueles dias em que estava escalado para plantões, questão fática admitida pelo preposto da demandada, ao afirmar que 'há uma escala de plantões nos finais de semana'. 3. Por conseguinte, a decisão recorrida merece reforma para adequar-se à jurisprudência pacificada desta Corte Superior, consubstanciada no verbete sumulado supramencionado, com consequente condenação da Reclamada ao pagamento das horas de sobreaviso e respectivos reflexos, alusivas às horas em que o autor permanecia em escalas de plantão. Recurso de embargos conhecido e provido"* (TST – SDI-I – E-ED-RR 75100-57.2008.5.04.0611 – Rel. Min. Dora Maria da Costa – *DEJT* 26-10-2012).

Outras fontes normativas que preveem o sobreaviso: (a) para os empregados nas atividades de exploração, perfuração, produção e refinação de petróleo, industrialização do xisto etc., entende-se por regime de sobreaviso aquele em que o empregado permanece à disposição do empregador por um período de 24 horas para prestar assistência aos trabalhos normais ou atender a necessidades ocasionais de operação (art. 5°, § 1°, Lei 5.811/72); (b) para os aeronautas, sobreaviso é o período não inferior a 3 horas e não excedente a 12 horas, em que o tripulante permanece no local de sua escolha, à disposição do empregador, devendo apresentar-se no aeroporto ou em outro local determinado, no prazo de até 90 minutos, após receber comunicação para o início de nova tarefa (art. 43, Lei 13.475/17).

O Reclamante faz jus a 1/3 das horas de sobreaviso, a ser calculada sobre a globalidade salarial [indicar os títulos], com reflexos em férias, 13° salário, férias, acrescida de 1/3, depósitos fundiários + 40%, aviso-prévio e domingos e feriados.

PEDIDO:

Horas de sobreaviso (1/3 da jornada de sobreaviso), a serem calculadas sobre a globalidade salarial [indicar os títulos], com reflexos em 13º salário, férias, acrescida de 1/3, depósitos fundiários + 40%, aviso-prévio e domingos e feriados.

Cap. 3 • MODELOS DE CAUSA DE PEDIR E PEDIDOS | **843**

3.297. SÓCIOS
POSSIBILIDADE DE RESPONSABILIZAÇÃO SUBSIDIÁRIA NA FASE DE CONHECIMENTO

CAUSA DE PEDIR:

A responsabilidade patrimonial pelo adimplemento das obrigações trabalhistas recai sobre o empregador, que é, por excelência, o legitimado a figurar no polo passivo da ação e de quem se deve buscar a satisfação dos valores devidos por força do contrato de trabalho.

Por isso, a CLT, no art. 2º, *caput*, considera *"empregador a empresa, individual ou coletiva, que, assumindo os riscos da atividade econômica, admite, assalaria e dirige a prestação pessoal do serviço".*

A legislação civil, aplicável subsidiariamente ao processo do trabalho, por força do art. 8º da CLT, admite a extensão dos efeitos de determinadas e certas relações de obrigações aos bens particulares dos administradores ou sócios da pessoa jurídica, nas hipóteses previstas no art. 50 do Código Civil.

Já o art. 28 da Lei 8.078/90 (Código de Defesa do Consumidor), prevê a desconsideração da personalidade jurídica, *"quando, em detrimento do consumidor, houver abuso de direito, excesso de poder, infração da lei, fato ou ato ilícito ou violação dos estatutos ou contrato social (...)".*

No mesmo sentido é o art. 4º, inciso V, da Lei 6.830/80 (Lei de Execução Fiscal), também subsidiariamente aplicável ao processo do trabalho, conforme comando do art. 889 da CLT, a atribuir responsabilidade subsidiária aos sócios, pelas obrigações tributárias e trabalhistas do empreendimento.

A Lei 13.467/17 acresceu o art. 10-A à CLT, o qual dispõe: *"O sócio retirante responde subsidiariamente pelas obrigações trabalhistas da sociedade relativas ao período em que figurou como sócio, somente em ações ajuizadas até dois anos depois de averbada a modificação do contrato, observada a seguinte ordem de preferência: I – a empresa devedora; II – os sócios atuais; e III – os sócios retirantes".*

Por sua vez, o art. 855-A, também acrescido pela Lei 13.467/17, prevê expressamente que se aplica ao processo do trabalho o incidente de desconsideração da personalidade jurídica previsto nos arts. 133 a 137 do CPC, sendo que a instauração do incidente suspenderá o processo, sem prejuízo de concessão da tutela de urgência de natureza cautelar de que trata o art. 301 do CPC (art. 855-A, § 2º, CLT).

É evidente que os sócios podem ser chamados a responder apenas na fase de execução. Contudo, sua inclusão, na fase de conhecimento, além de não lhes trazer qualquer prejuízo, ainda lhes traz grande vantagem processual, uma vez que poderão não apenas se defender alegando a ausência de sua responsabilidade, como também, do próprio mérito da reclamação trabalhista, o que lhes garantirá a plena aplicação do inciso LV do art. 5º da Constituição Federal.

Necessário ressaltar que embora não houvesse qualquer vedação legal à inclusão dos sócios no polo passivo da ação, já na fase de conhecimento, na atualidade essa inclusão é expressamente permitida, ante o que estabelece o art. 134 do CPC, conforme o qual, o *"incidente de desconsideração é cabível em todas as fases do processo de conhecimento, no cumprimento da sentença e na execução fundada em título executivo extrajudicial".*

A jurisprudência indica:

"RECURSO DE REVISTA. SÓCIO. ILEGITIMIDADE AD CAUSAM PASSIVA. A jurisprudência deste Tribunal Superior é firme ao adotar o entendimento de que é possível a inclusão de sócio no polo passivo da reclamação trabalhista, na fase cognitiva, mediante a aplicação da teoria da desconsideração da personalidade jurídica da sociedade. Em tal contexto, considerando que a legitimidade de parte deve ser

extraída da discussão posta em Juízo, à luz da teoria da asserção das condições da ação (in status asser-tionis), não pode subsistir a decisão regional que excluiu o sócio da lide, quando as alegações contidas na petição inicial a ele se referem em alusão à relação de trabalho distinta e simultânea daquela existente entre o ex-empregado e a empresa reclamada. Recurso de revista conhecido parcialmente e provido, no tópico." (TST – 1ªT. – RR 859-28.2010.5.02.0020 – Rel. Min. Walmir Oliveira da Costa – *DEJT* 9-3-2018.)

Diante desse quadro e com fundamento nos arts. 4º da Lei 6.830/80 e 889 da CLT, requer o Reclamante a inclusão dos sócios [indicar os sócios] no polo passivo da demanda, para que respondam, subsidiariamente, por eventuais verbas deferidas.

PEDIDO:

Inclusão dos sócios [indicar os sócios] no polo passivo da demanda, para que respondam, subsidiariamente, por eventuais verbas deferidas.

Cap. 3 • MODELOS DE CAUSA DE PEDIR E PEDIDOS | **845**

3.298. SUCESSÃO
MORTE DO TRABALHADOR. LEGISLAÇÃO APLICÁVEL

O exame dos autos demonstra que a ação foi proposta por [indicar o nome], o qual posteriormente veio a falecer, sendo representado por [indicar o nome], o qual tem legitimação para figurar no polo ativo da demanda.

Primeiramente, cumpre trazer à colação a doutrina quanto à legitimação.

Segundo Amauri Mascaro Nascimento, *"denomina-se legitimação para representar a coincidência entre o modo pelo qual a representação se faz e o modelo legal. A legitimidade é decorrente do preenchimento dos requisitos que a lei exige para que o representante se apresente no lugar do representado no dissídio individual"* (*Curso de Direito Processual do Trabalho*. 20. ed., São Paulo: Saraiva, 2001, p. 315).

Legitimidade de agir é a pertinência subjetiva da ação, isto é, a regularidade do poder de demandar de determinada pessoa sobre determinado objeto.

A cada um de nós não é permitido opor ações sobre todas as lides que ocorrem no mundo. Em regra, somente podem demandar aqueles que foram sujeitos da relação jurídica de direito material trazida a juízo (legitimação ordinária). Cada um deve propor as ações relativas aos seus direitos.

A legitimação, para ser regular, deve verificar-se no polo ativo e no polo passivo da relação processual. O autor estará legitimado para agir em relação ao objeto da demanda e deve propô-la contra o outro polo da relação jurídica discutida, ou seja, o réu deve ser aquele que, por força da ordem jurídica material, adequadamente, suporta as consequências da demanda.

Para Mauro Schiavi, *"é a legitimidade, conforme a doutrina, a pertinência subjetiva da ação, ou seja, quais pessoas têm uma qualidade especial para postular em juízo, pois têm ligação direta com a pretensão posta em juízo. No processo de conhecimento a legitimidade deve ser aferida no plano abstrato. Desse modo, está legitimado aquele que se afirma titular do direito e em face de quem o direito é postulado"* (*Manual de Direito Processual do Trabalho*. 4. ed. São Paulo: LTr, 2011, p. 73).

A legitimação é uma das condições da ação, sendo que o legislador brasileiro adotou a teoria do trinômio no que tange às condições da ação, ou seja, interesse processual, legitimidade para agir e a possibilidade jurídica do pedido, consoante arts. 17, 330 e 485, VI, CPC.

Discute-se na doutrina e na jurisprudência como se dá a sucessão do trabalhador quando este vem a falecer.

Segundo Mauro Schiavi: *"A jurisprudência trabalhista tem admitido a habilitação dos sucessores do credor trabalhista por meio de certidão de dependentes junto à Previdência Social (art. 1º, da Lei 6.858/80), ou de alvará judicial, obtido na Justiça Comum. Não obstante, se houver dúvidas sobre a legitimidade dos sucessores, deverá o Juiz do Trabalho aguardar o desfecho do inventário na Justiça Comum"* (Ob. cit., p. 292)

Dispõe o art. 1º, Lei 6.858/80: *"Os valores devidos pelos empregadores aos empregados e os montantes das contas individuais do Fundo de Garantia do Tempo de Serviço e do Fundo de Participação PIS-PASEP, não recebidos em vida pelos respectivos titulares, serão pagos, em quotas iguais, aos dependentes habilitados perante a Previdência Social ou na forma da legislação específica dos servidores civis e militares, e, na sua falta, aos sucessores previstos na lei civil, indicados em alvará judicial, independentemente de inventário ou arrolamento."*

Por sua vez, dispõe o art. 1.829, CC: *"A sucessão legítima defere-se na ordem seguinte: I – aos descendentes, em concorrência com o cônjuge sobrevivente, salvo se casado este com o falecido no regime da comunhão universal,*

846 | PRÁTICA DA RECLAMAÇÃO TRABALHISTA – *Jorge Neto • Wenzel • Cavalcante*

ou no da separação obrigatória de bens (art. 1.640, parágrafo único); ou se, no regime da comunhão parcial, o autor da herança não houver deixado bens particulares; II – aos ascendentes, em concorrência com o cônjuge; III – ao cônjuge sobrevivente; IV – aos colaterais".

Aparentemente, há um conflito entre as duas normas.

Com efeito, a entrada em vigor do CC/02 não impediu a aplicação da Lei 6.858, que dispõe sobre o *"Pagamento, aos dependentes ou sucessores, de valores não recebidos em vida pelos respectivos titulares".* Isso porque a alegada antinomia jurídica entre os dois diplomas é solucionada pelo critério da especialidade, o que implica a aplicação da norma especial e não da geral, pois presume-se maior precisão do legislador na elaboração de uma norma especial, com tratamento específico da matéria.

Portanto, no processo trabalhista, a legitimidade para reclamar os créditos do empregado, no caso de sua morte, é conferida aos dependentes habilitados na Previdência Social.

Cumpre destacar que a prevalência da regra especial sobre as normas em gerais em contrário que regulam o direito das sucessões não representa qualquer afronta ao direito hereditário, uma vez que, em primeiro lugar, são devidos os créditos do empregado falecido ao dependente previdenciário e, na ausência deste, aos sucessores previstos na lei civil.

O entendimento do TST é no sentido de que, no caso de morte do trabalhador, a legitimidade ativa para pleitear créditos decorrentes do contrato de trabalho é dos seus dependentes habilitados no INSS:

> *"Agravo de instrumento em recurso de revista. 1. Ilegitimidade ativa. Empregado falecido. Dependentes habilitados junto ao INSS. Esta Corte entende que, no caso de empregado falecido, seus dependentes habilitados junto ao INSS têm legitimidade ad causam para postular verbas decorrentes do contrato de trabalho. (...)"* (TST – 8ª T. – AIRR 344-16.2010.5.10.0102 – Rel. Min. Dora Maria da Costa – *DEJT* 19-10-2012).

> *"Espólio. Representação processual. Crédito de natureza trabalhista. Dependente habilitado junto ao INSS. 1. Nos termos do art. 1º da Lei 6.858/1980, 'Os valores devidos pelos empregadores aos empregados e os montantes das contas individuais do Fundo de Garantia do Tempo de Serviço e do Fundo de Participação PIS-PASEP, não recebidos em vida pelos respectivos titulares, serão pagos, em quotas iguais, aos dependentes habilitados perante a Previdência Social ou na forma da legislação específica dos servidores civis e militares, e, na sua falta, aos sucessores previstos na lei civil, indicados em alvará judicial, independentemente de inventário ou arrolamento'. 2. A representação do espólio por dependente habilitado perante o INSS cumpre, portanto, a regência da norma especial referida, que é expressa quanto à desnecessidade da representação pelo inventariante de espólio de empregado em ação ajuizada perante a Justiça do Trabalho. Precedente da 1ª Turma. (...)"* (TST – 1ª T. – AIRR 22541-73.2002.5.08.0110 – Rel. Min. Lelio Bentes Corrêa – *DEJT* 24-2-2012).

Portanto, diante de tais fundamentos, temos que [indicar o nome] é parte legítima para figurar no polo ativo da demanda.

Cap. 3 • MODELOS DE CAUSA DE PEDIR E PEDIDOS | 847

3.299. SUSPENSÃO
CANCELAMENTO DE SUSPENSÃO

CAUSA DE PEDIR:

No recibo do mês de abril/2014, a Reclamada descontou dos salários do Reclamante o valor de R$ 150,00, além de um dia de suspensão pela ausência em 15 de abril.

A Reclamada não aceitou o atestado médico sob o fundamento de que não houve emissão pelo médico do convênio médico por ela fornecido aos seus empregados.

Em caso de seguro-doença ou auxílio-enfermidade, o empregado é considerado em licença não remunerada durante o prazo desse benefício (art. 476, CLT).

Os primeiros 15 dias de afastamento do empregado em relação ao trabalho serão pagos pelo empregador (art. 60, § 3°, Lei 8.213/91). Para tanto é necessária a apresentação do atestado médico. Em caso de a incapacidade laborativa ser superior ao limite de 15 dias, o trabalhador será encaminhado à perícia médica para fins de avaliação da necessidade quanto à percepção do auxílio-doença.

As faltas decorrentes de problemas de saúde são justificadas mediante a apresentação de atestado médico.

Como documento, o atestado médico deve conter: (a) tempo de dispensa concedida ao segurado, por extenso e numericamente; (b) diagnóstico codificado, conforme o Código Internacional de Doença (CID), desde que haja a expressa concordância do paciente; (c) assinatura do médico ou dentista sobre carimbo do qual conste nome completo e registro no respectivo Conselho Profissional.

A rigor, para que o atestado seja válido, deve ser emitido pelo médico na seguinte ordem: da empresa, do convênio fornecido pela empresa ou por profissional da Previdência Social (art. 60, § 4°, Lei 8.213; Súm. 15 e 282, TST).

Apesar do rigor legal, a jurisprudência tem acatado o atestado médico emitido por médico particular:

> *"Abono de faltas – Atestado firmado por médico particular – Validade – Cabimento – Há inicialmente que se ressaltar que o contido na Súmula 282 do C. TST é orientação jurisprudencial que não pode se sobrepor à Lei vigente, já que não dotado de cogência. De outra parte, cabe aduzir que o disposto no § 4° do art. 60 da Lei 8.213/91 supracitado, atribuindo à empresa que disponha de serviço médico próprio ou conveniado o exame médico e o abono de faltas do empregado, nos primeiros quinze dias de afastamento de suas atividades por motivo de doença, teve por escopo desafogar o serviço médico previdenciário, não excluindo, entretanto, sua competência para atestar, e não excluindo também a possibilidade de médicos não conveniados atestarem as condições de saúde do empregado. Ressalte-se que também não há como se desconsiderar que por vezes um atendimento mais especializado é necessário, e dentro deste contexto se inserem os atestados médicos subscritos por médicos outros, que não sejam do serviço médico da empresa, ou conveniado do Sindicato, ou mesmo conveniado ao INSS, os quais devem ser aceitos, porque dizem respeito a um serviço especializado possivelmente não encontrado no serviço médico conveniado à empresa, por vezes, e dependendo da urgência do caso, também não no INSS. Apenas por meio de prova robusta que demonstre a mácula do referido documento é que poderá ele ser rejeitado, ônus que cabe à empresa provar" (TRT – 15ª R. – 9ª C. – RO 000147-47.2010.5.15.0094 – Rel. Fabio Allegretti Cooper – DOE 2-6-2011 – p. 403).*

Portanto, deverá ser considerada justificada a falta ocorrida no dia 15 de abril para todos os efeitos legais, consequentemente, cancelada a suspensão ocorrida no dia 16 de abril e determinada a restituição dos valores descontados a título de falta, do descanso semanal remunerado e do dia da suspensão.

PEDIDO:

(a) que a falta ocorrida no dia 15 de abril seja considerada justificada para todos os efeitos legais;

(b) cancelamento da suspensão ocorrida no dia 16 de abril;

(c) restituição dos valores descontados a título de falta, do descanso semanal remunerado e do dia da suspensão.

Cap. 3 • MODELOS DE CAUSA DE PEDIR E PEDIDOS 849

3.300. SUSPENSÃO DE PRAZO POR INDISPONIBILIDADE DO PROCESSO JUDICIAL ELETRÔNICO

Em que pese a decisão proferida pelo juízo *a quo* quanto à intempestividade do recurso ordinário interposto, o acesso à justiça não pode ser obstado pela ineficiência do sistema PJe deste Regional.

O ora Agravante foi intimado da sentença em [indicar a data], no *Diário Eletrônico da Justiça do Trabalho*, edição nº [*], página [*].

O CPC/2015 prevê no artigo 219, *caput*, que *"Na contagem de prazo em dias, estabelecido por lei ou pelo juiz, computar-se-ão somente os dias úteis."*

Da mesma forma, o artigo 775, *caput*, da CLT, com a redação dada pela Lei 13.467/17, estabelece que *"Os prazos estabelecidos neste Título serão contados em dias úteis, com exclusão do dia do começo e inclusão do dia do vencimento."*

Assim, a contagem do prazo de 8 dias úteis (art. 219; CPC; art. 775 CLT) foi iniciada em [indicar a data], com termo previsto para [indicar a data].

Ocorre, contudo, conforme faz prova a certidão anexa, que nos dias [indicar os dias] o sistema PJe passou por notória instabilidade.

O dia em que ocorre a indisponibilidade durante a fluência do prazo não pode ser considerado dia útil para fins de contagem, resultando, portanto, em suspensão do prazo.

O artigo 11 da Resolução 185/2013 do Conselho Nacional de Justiça dispõe sobre a prorrogação de prazo na ocorrência de indisponibilidade no sistema do PJe quando a indisponibilidade for superior a 60 minutos (ininterruptos ou não), se ocorrida entre 6h00 e 23h00, ou ocorrer indisponibilidade entre 23h00 e 24h00, hipótese que prorroga o prazo para o dia seguinte:

Os prazos que vencerem no dia da ocorrência de indisponibilidade de quaisquer dos serviços referidos no art. 8º serão prorrogados para o dia útil seguinte, quando:

I – a indisponibilidade for superior a 60 (sessenta) minutos, ininterruptos ou não, se ocorrida entre 6h00 e 23h00; ou

II – ocorrer indisponibilidade entre 23h00 e 24h00.

§ 1º As indisponibilidades ocorridas entre 0h00 e 6h00 dos dias de expediente forense e as ocorridas em feriados e finais de semana, a qualquer hora, não produzirão o efeito do caput.

§ 2º Os prazos fixados em hora ou minuto serão prorrogados até às 24h00 do dia útil seguinte quando:

I – ocorrer indisponibilidade superior a 60 (sessenta) minutos, ininterruptos ou não, nas últimas 24 (vinte e quatro) horas do prazo; ou

II – ocorrer indisponibilidade nos 60 (sessenta) minutos anteriores ao seu término.

§ 3º A prorrogação de que trata este artigo será feita automaticamente pelo sistema PJe.

No mesmo sentido, dispõe o artigo 10, § 2º, da Lei 11.419/06:

Art. 10. A distribuição da petição inicial e a juntada da contestação, dos recursos e das petições em geral, todos em formato digital, nos autos de processo eletrônico, podem ser feitas diretamente pelos advogados públicos e

850 PRÁTICA DA RECLAMAÇÃO TRABALHISTA – *Jorge Neto • Wenzel • Cavalcante*

privados, sem necessidade da intervenção do cartório ou secretaria judicial, situação em que a autuação deverá se dar de forma automática, fornecendo-se recibo eletrônico de protocolo. (...)

§ 2º No caso do § 1º deste artigo, se o Sistema do Poder Judiciário se tornar indisponível por motivo técnico, o prazo fica automaticamente prorrogado para o primeiro dia útil seguinte à resolução do problema.

Por seu turno, as normas do CPC, aplicáveis ao processo do trabalho por força do disposto no art. 769 da CLT, estabelecem que a justa causa assegura à parte o direito de peticionar, conforme se observa da leitura conjunta dos arts. 197 e 223:

Art. 197. Os tribunais divulgarão as informações constantes de seu sistema de automação em página própria na rede mundial de computadores, gozando a divulgação de presunção de veracidade e confiabilidade.

Parágrafo único. Nos casos de problema técnico do sistema e de erro ou omissão do auxiliar da justiça responsável pelo registro dos andamentos, poderá ser configurada a justa causa prevista no art. 223, caput e § 1º.

Art. 223. Decorrido o prazo, extingue-se o direito de praticar ou de emendar o ato processual, independentemente de declaração judicial, ficando assegurado, porém, à parte provar que não o realizou por justa causa.

§ 1º Considera-se justa causa o evento alheio à vontade da parte e que a impediu de praticar o ato por si ou por mandatário.

§ 2º Verificada a justa causa, o juiz permitirá à parte a prática do ato no prazo que lhe assinar.

Resta evidente que a indisponibilidade do sistema PJe configura justa causa, pois além de ser evento alheio à vontade da parte, a impede de praticar o ato.

Logo, se nos dias úteis [indicar os dias], o Agravante não teve o pleno acesso ao sistema PJe, tal qual se afere da certidão juntada, estes dias não podem ser considerados dias úteis na forma da lei (art. 219, CPC; art. 775, CLT), devendo ser considerados como suspensão do expediente forense.

Diante de tais fundamentos, requer o Agravante o processamento do recurso ordinário interposto, eis que tempestivo.

Cap. 3 • MODELOS DE CAUSA DE PEDIR E PEDIDOS | 851

3.301. TELETRABALHO
RESPONSABILIDADE CIVIL DO EMPREGADOR POR DANOS

CAUSA DE PEDIR:

O art. 75-E da CLT, prevê que o empregador deverá instruir os empregados que laborem em regime de teletrabalho *"quanto às precauções a tomar a fim de evitar doenças e acidentes de trabalho"*, determinando que o empregado assine termo de responsabilidade (parágrafo único).

A inclusão dos trabalhadores em regime de teletrabalho no rol do art. 62 da CLT não exclui esses trabalhadores da proteção legal, sobretudo no que se refere a direitos fundamentais estabelecidos na Constituição Federal e previstos em diplomas internacionais de Direitos Humanos.

A Constituição Federal consagrou, em seu art. 7º, inciso XXII, *"são direitos dos trabalhadores urbanos e rurais (...) redução dos riscos inerentes ao trabalho, por meio de normas de saúde, higiene e segurança"*.

O Capítulo V da CLT, que dispõe sobre segurança e medicina do trabalho, estabelece, em seu art. 154, que a *"observância, em todos os locais de trabalho, do disposto neste Capítulo, não desobriga as empresas do cumprimento de outras disposições que, com relação à matéria, sejam incluídas em códigos de obras ou regulamentos sanitários dos Estados ou Municípios em que se situem os respectivos estabelecimentos, bem como daquelas oriundas de convenções coletivas de trabalho"*.

A NR 9, que dispõe sobre o Programa de Prevenção de Riscos Ambientais, estabelece a hierarquia das medidas de controle dos riscos ambientais que deve ser seguida pelos empregadores, priorizando claramente a adoção de medidas de proteção coletiva com o escopo de se eliminar, minimizar e controlar os riscos ambientais. Conforme o item 9.3.5.4 da referida norma, outros tipos de medida somente são aceitos *"quando comprovado pelo empregador ou instituição a inviabilidade técnica da adoção de medidas de proteção coletiva ou quando estas não forem suficientes ou encontrarem-se em fase de estudo, planejamento ou implantação, ou ainda em caráter complementar ou emergencial"*. Nesses casos, as medidas adotadas também deverão obedecer à hierarquia prevista expressamente pela NR 9, qual seja: (a) medidas de caráter administrativo ou de organização do trabalho; (b) utilização de equipamento de proteção individual – EPI.

Registre-se que as medidas de caráter administrativo ou de organização do trabalho, que incluem a adequação dos horários, ritmo e procedimentos de trabalho, são hierarquicamente superiores à utilização de equipamento de proteção individual. E a inobservância da hierarquia estabelecida na norma acarreta responsabilização do empregador.

Portanto, apesar de o parágrafo único do art. 75-E apenas mencionar a responsabilidade do trabalhador de seguir as instruções do empregador para prevenir doenças e acidentes, a responsabilidade do empregador sobre saúde e segurança é objetiva.

Saliente-se o dever do empregador de custear a implantação de todas as medidas de controle de riscos ambientais, inclusive os equipamentos de proteção individual, conforme redação do art. 166 da CLT:

> *"A empresa é obrigada a fornecer aos empregados, gratuitamente, equipamento de proteção individual adequado ao risco e em perfeito estado de conservação e funcionamento, sempre que as medidas de ordem geral não ofereçam completa proteção contra os riscos de acidentes e danos à saúde dos empregados."*

Pelo princípio da alteridade, tem-se que as despesas relativas à atividade são de responsabilidade do empregador, tanto no que concerne aos instrumentos, materiais e infraestrutura de trabalho, quanto no

852 | PRÁTICA DA RECLAMAÇÃO TRABALHISTA – *Jorge Neto • Wenzel • Cavalcante*

que se refere a equipamentos e medidas de proteção dos trabalhadores. A previsão em contrato escrito estipulada pelo art. 75-D refere-se, portanto, a questões afetas ao reembolso de despesas do trabalhador, vez que as obrigações do empregador são a ele intransferíveis.

Por fim, o conteúdo do art. 75-E deve ser compatibilizado com as normas regulamentadoras de saúde e segurança do trabalho.

O empregador é responsável pela elaboração e implementação do Programa de Prevenção de Riscos Ambientais (PPRA), *"visando à preservação da saúde e da integridade dos trabalhadores, através da antecipação, reconhecimento, avaliação e consequente controle da ocorrência de riscos ambientais existentes ou que venham a existir no ambiente de trabalho (...)"* (NR 9, item 9.1.1).

A gestão da segurança e saúde dos trabalhadores inclui treinamentos especificados em diversos dispositivos normativos, de modo que as *"instruções quanto às precauções a tomar a fim de evitar doenças e acidentes de trabalho"* tratadas no art. 75-E devem obedecer ao conteúdo das Normas Regulamentadoras, inclusive no que se refere a conteúdos programáticos, periodicidades, carga horária e obrigatoriedade de treinamentos em situações específicas, como são os casos da implementação de equipamentos de proteção.

O item 9.3.5.3 da NR 9 determina:

"A implantação de medidas de caráter coletivo deverá ser acompanhada de treinamento dos trabalhadores quanto os procedimentos que assegurem a sua eficiência e de informação sobre as eventuais limitações de proteção que ofereçam."

O item 9.3.5.5 da mesma norma também estabelece, dentre outros requisitos à utilização de equipamentos de proteção individual, a realização de *"programa de treinamento dos trabalhadores quanto à sua correta utilização e orientação sobre as limitações de proteção que o EPI oferece"*.

A responsabilidade dos teletrabalhadores tampouco pode ser ampliada para além da estabelecida no item 9.4.2 da NR 9 para todos os trabalhadores, consistindo em:

"I – colaborar e participar na implantação e execução do PPRA;

II – seguir as orientações recebidas nos treinamentos oferecidos dentro do PPRA;

III – informar ao seu superior hierárquico direto ocorrências que, a seu julgamento, possam implicar riscos à saúde dos trabalhadores".

Nesse entendimento, os teletrabalhadores são responsáveis por seguir as orientações recebidas em treinamentos devidamente realizados. Nesse sentido deve ser interpretado o parágrafo único do art. 75-E, que determina que *"O empregado deverá assinar termo de responsabilidade comprometendo-se a seguir as instruções fornecidas pelo empregador"*.

Por fim, a responsabilidade do obreiro de participar da implantação e execução do PPRA em nada altera a responsabilidade de elaboração e implementação continuada do programa, que é do empregador. Nos termos do item 9.4.1 da NR 9, **é responsabilidade do empregador** *"estabelecer, implementar e assegurar o cumprimento do PPRA como atividade permanente da empresa ou instituição"*.

Assim, o cumprimento das normas de saúde e segurança do trabalho por parte dos empregadores não pode excluir nem estabelecer discriminações entre os trabalhadores, vez que se trata de direito de *"todos os trabalhadores rurais e urbanos"*, nos termos da Constituição Federal.

PEDIDO:

Requer o Reclamante o reconhecimento da responsabilidade civil do empregador pela doença decorrente do labor em teletrabalho.

Cap. 3 • MODELOS DE CAUSA DE PEDIR E PEDIDOS | 853

3.302. TERCEIRIZAÇÃO
DISTRIBUIÇÃO POR DEPENDÊNCIA AO PROCESSO ANTERIOR. DISPENSA DISCRIMINATÓRIA. SÃO POSTULADOS, EM FACE DO PRESTADOR DE SERVIÇOS E TOMADOR DE SERVIÇOS (1º E 2º RECLAMADOS)

3.302.1. Requerimento da distribuição por dependência

CAUSA DE PEDIR:

PRELIMINARMENTE. DA DISTRIBUIÇÃO POR DEPENDÊNCIA: CONEXÃO E CONTINÊNCIA

Segundo o art. 286 do CPC, serão distribuídas por dependência as causas quando se relacionarem, por conexão ou continência, com outra já ajuizada.

O Reclamante ajuizou a reclamatória trabalhista [indicar o número], perante a 2ª Vara do Trabalho de São Paulo, em face da 1ª Reclamada e 2º Reclamado, distribuída em 15 de janeiro de 2015 [doc. ...], quando ainda se encontrava laborando para ambos os Reclamados, postulando os seguintes direitos [doc. ...]:

(a) declaração da responsabilidade principal da 1ª Reclamada e responsabilidade subsidiária do 2º Reclamado em relação ao contrato de trabalho do Reclamante;

(b) enquadramento sindical do Reclamante segundo a atividade preponderante de todos os tomadores de serviços, ou seja, enquadramento sindical na categoria de [indicar o nome], de acordo com as inclusas CCTs;

(c) condenação dos Reclamados a pagarem ao Reclamante os seguintes créditos:

(c.1) diferenças salariais pertinentes ao piso correto da categoria, bem como seus reflexos em férias + 1/3, DSRs/feriados, 13º salário, horas extras pagas, aviso-prévio e FGTS;

(c.2) adicional de tempo de serviço, com percentual de 5% sobre o salário-base, conforme cláusula convencional das CCTs juntadas, bem como faz jus às incidências de tal adicional em FGTS, férias + 1/3, 13º salário, horas extras, aviso-prévio e FGTS (sobre tais incidências);

(c.3) horas extras, assim entendidas as excedentes à 8ª hora diária e 44ª hora semanal, com acréscimo de 50% sobre a hora normal, bem como são devidas as respectivas incidências sobre 13º salário, férias + 1/3, DSR/feriados, aviso-prévio e FGTS, aplicando-se a Súmula 264 do TST;

(c.4) diferenças de horas extras de refeição, tendo em vista a correção da base de cálculo pela aplicação da Súmula 264 do TST, e consequente pagamento dessas diferenças com seus reflexos em FGTS, DSR/feriados, férias + 1/3, 13º salário e FGTS sobre tais reflexos;

(c.5) diferenças de adicional noturno com 20% de acréscimo sobre a hora diurna, considerando-se o correto piso salarial a ser aplicado ao caso, assim como seus reflexos em FGTS, férias + 1/3 e 13º salário (com reflexos em FGTS) e aviso-prévio;

854 | PRÁTICA DA RECLAMAÇÃO TRABALHISTA – *Jorge Neto • Wenzel • Cavalcante*

(c.6) pagamento de folgas e feriados trabalhados em dobro e incidências em FGTS, férias + 1/3 (com incidências destas em FGTS), 13° salário (com incidências em FGTS) e aviso-prévio sobre os valores não pagos;

(c.7) indenização pelas diferenças de cestas básicas pagas em valor inferior àquele previsto nas cláusulas convencionais (27 das CCTs 2006/2007, 2007/2008, 2008/2009 e cláusula 20 das CCTs 2009/2010, 2010/2011 e 2011/2012);

(c.8) diferenças de depósitos do FGTS do Reclamante ou indenização correspondente, nos termos do art. 186 e 927, CC;

(c.9) pagamento da diferença de férias do período aquisitivo de 7/8/2008 a 6/8/2009, referente à dobra (art. 137, CLT), por ter trabalhado em período destinado ao gozo (período de 6-7-2010 a 4-8-2010);

(c.10) pagamento das 5 multas convencionais, no valor de um piso salarial da categoria cada uma, previstas na cláusula 62 das CCTs 2006/2007, 2007/2008, 2008/2009 e cláusula 61 das CCTs de 2009/2010, 2010/2011 e 2011/2012, em face do descumprimento das cláusulas relativas ao piso salarial, adicional de tempo de serviço, horas extras, feriados não remunerados e diferenças de cestas básicas;

(c.11) honorários advocatícios a serem arbitrados em 15% do valor da condenação.

Ocorre que, após o ajuizamento da reclamatória *supra*, o Reclamante foi ilegal e arbitrariamente dispensado por justa causa, em retaliação ao exercício do direito constitucional garantido de acesso ao Judiciário.

Assim, presentes os requisitos da conexão e continência, uma vez que se tratam das mesmas partes e o objeto de uma ação é mais abrangente que a outra, de modo que a reunião dos processos visa, primordialmente, evitar prolação de decisões contraditórias (uma vez que na primeira ação também se discute o enquadramento sindical e todos os direitos convencionais dele decorrentes, o que implica repercussões na segunda ação), além da economia processual a ser imprimida nos presentes feitos.

Requer-se, portanto, o processamento da presente ação por dependência ao processo *supra*, nos termos dos arts. 55, 56 e 286, CPC.

PEDIDO:

Da distribuição por dependência – requer-se, portanto, o processamento da presente ação por dependência ao processo.

3.302.2. Responsabilidade subsidiária do tomador de serviços

CAUSA DE PEDIR:

1 – Como contratado da 1ª Reclamada, prestava serviços nas dependências do 2° Reclamado, a qual responde subsidiariamente pelos débitos da 1ª Reclamada, na forma da Súmula 331 do TST.

O tomador de serviços possui a responsabilidade civil objetiva indireta na escolha e fiscalização do trato das relações trabalhistas da prestadora para com seus empregados.

2 – Dessa forma, a presente ação visa, primordialmente, à declaração da responsabilidade principal da 1ª Reclamada e responsabilidade subsidiária do 2° Reclamado, no que se relaciona aos débitos trabalhistas a seguir apontados.

Cap. 3 • MODELOS DE CAUSA DE PEDIR E PEDIDOS | **855**

PEDIDO:

A declaração da responsabilidade principal da 1ª Reclamada e responsabilidade subsidiária do 2º Reclamado em relação ao contrato de trabalho do Reclamante.

3.302.3. Enquadramento sindical na terceirização de serviços (Isonomia de direitos e salário equitativo)

CAUSA DE PEDIR:

1 – O Reclamante foi erroneamente enquadrado em categoria sindical diversa da Categoria dos Empregados em Edifícios e Condomínios, o que ora se pretende, sendo-lhe sonegados os direitos conferidos por esta última CCT, em evidente discriminação sociotrabalhista em relação aos demais empregados contratados diretamente por Edifícios, embora suas atividades sejam as mesmas.

2 – Trata-se de preceito constitucional concernente à ideia de igualdade (art. 5º, *caput* e inciso I da CF/88), no qual a Constituição proíbe frontalmente qualquer discriminação sociotrabalhista produzida pela terceirização. Desse modo, a presente ação visa corrigir a falta de isonomia pelo mecanismo do salário equitativo.

3 – A Lei 6.019, para o trabalhador temporário, assegura remuneração equivalente à percebida pelos empregados da mesma categoria da empresa tomadora ou cliente calculado à base horária, garantida, em qualquer hipótese, a percepção do salário mínimo regional (art. 12, "a").

4 – Mauricio Godinho Delgado entende que é cabível a isonomia salarial para todas as demais hipóteses em que se tem a terceirização lícita, sob as seguintes justificativas: (a) é inadmissível uma discriminação socioeconômica, o que fere a própria dignidade do trabalhador; (b) a terceirização, sem a isonomia, é uma fórmula de aviltamento de salários e do padrão social dos trabalhadores; (c) a presença de dispositivos constitucionais, os quais asseguram a não discriminação (arts. 5º, *caput*, I, e 7º, XXXII).

A jurisprudência revela:

"Agravo de instrumento. Recurso de revista. Terceirização. Isonomia salarial entre empregados da empresa terceirizada e da tomadora de serviços. Demonstrado no agravo de instrumento que o recurso de revista preenchia os requisitos do art. 896 da CLT, ante a constatação de contrariedade, em tese, da OJ 383/SBDI-1/TST, deve ser determinado o processamento do recurso de revista. Agravo de instrumento provido. Recurso de revista. Terceirização. Isonomia salarial entre empregados da empresa terceirizada e da tomadora de serviços. Esta Corte, por meio de inúmeros precedentes da SBDI-1, reconhece a isonomia salarial entre os empregados das empresas terceirizantes e das prestadoras de serviços. Esse preceito de isonomia ou comunicação remuneratória, também chamado de salário equitativo, passou a ser adotado, de modo a mitigar o caráter antissocial da fórmula terceirizante. Assim, todas as parcelas de caráter salarial cabíveis aos empregados originários da entidade tomadora (13º salário, jornada, adicional noturno, vantagens salariais normativas, etc.) devem ser estendidas aos trabalhadores terceirizados, segundo o padrão jurídico estabelecido na Lei 6019/74. No mesmo sentido, a OJ 383 da SBDI-1/TST. A fórmula terceirizante, se não acompanhada do remédio jurídico da comunicação remuneratória, transforma-se em mero veículo de discriminação e aviltamento do valor da força de trabalho, rebaixando drasticamente o já modesto padrão civilizatório alcançado no mercado de trabalho do país. Reduzir a terceirização a simples mecanismo de tangenciamento da aplicação da legislação trabalhista é suprimir o que pode haver de tecnologicamente válido em tal fórmula de gestão trabalhista, colocando-a contra a essência do Direito do Trabalho, enquanto ramo jurídico finalisticamente dirigido ao aperfeiçoamento das relações de trabalho na sociedade contemporânea. Recurso de revista conhecido e provido" (TST – 6ª T. – RR 629000-33.2009.5.12.0030 – Rel. Min. Mauricio Godinho Delgado – *DEJT* 28-10-2011).

856 | PRÁTICA DA RECLAMAÇÃO TRABALHISTA – *Jorge Neto • Wenzel • Cavalcante*

Aplicam-se ao Reclamante as normas relacionadas com o enquadramento sindical dos empregados da empresa tomadora.

A matéria não envolve a aplicação da equiparação salarial, que depende da identidade de empregadores, nos termos do art. 461 da CLT.

Na verdade, a medida visa à aplicação do princípio constitucional da isonomia, de modo a conferir tratamento salarial igualitário a empregados que trabalham na mesma função para o mesmo tomador de serviços, em situação de terceirização.

Salienta-se, ainda, mesmo em se tratando de terceirização de serviços, há que se considerar que o empregado laborou nas dependências do 2º Reclamado, sendo lícito, portanto, o enquadramento sindical segundo a atividade preponderante do Condomínio tomador de serviços (categoria de Empregados em Edifícios e Condomínios, conforme inclusa CCT), o que desde já se requer.

PEDIDO:

Enquadramento sindical do Reclamante segundo a atividade preponderante do tomador de serviços, ou seja, enquadramento sindical na categoria de "Empregados em Edifícios e Condomínios", de acordo com a inclusa CCT.

3.302.4. Do contrato de trabalho – dos fatos: justa causa aplicada após ajuizamento de reclamatória trabalhista – dispensa discriminatória – Lei 9.029/95

CAUSA DE PEDIR:

1 – O Reclamante foi admitido como empregado da 1ª Reclamada em [indicar a data], na função de porteiro, permanecendo aos quadros da Reclamada até [indicar a data], quando foi dispensado por justa causa, com a qual não concorda, pelos motivos que serão expostos em item próprio.

O Reclamante foi contratado pela 1ª Reclamada em [indicar a data], sendo que, desde [indicar a data] passou a laborar nas dependências do 2º Reclamado (Condomínio), sendo um empregado respeitado e com boa reputação no local de trabalho.

Exercendo o direito constitucional que detém, em [indicar a data], o Reclamante distribuiu a reclamatória trabalhista em face da 1ª Reclamada e dos tomadores de serviços, dentre os quais o 2º Reclamado (Condomínio), local onde o Reclamante prestou seus serviços desde [indicar a data].

Após o ajuizamento da ação [processo e vara do trabalho], o Reclamante passou a sofrer discriminação/assédio moral por parte da 1ª Reclamada, pois foi chamado pelo supervisor no dia, sob a alegação de que *"o empregado colocou a empresa na justiça"* e, diante disso, *"teria que aguardar a audiência designada em casa, sem trabalhar mais"*.

Após a realização da audiência, o Reclamante foi impedido de trabalhar na empresa.

Patente a má-fé e arbitrariedade da ilegal dispensa por justa causa do Reclamante.

Houve a dispensa do Reclamante por justa causa sem qualquer embasamento legal e por motivos inverídicos e não provados, restando evidente a retaliação ilegal da 1ª Ré em virtude do ajuizamento de ação por parte do Reclamante.

A dispensa constitui sério desrespeito ao Direito Constitucional do Autor de acesso ao Judiciário e não deve ser tratada como mera medida administrativa e disciplinar da Reclamada.

Ainda que a dispensa tivesse sido sem justa causa, a norma legal que autoriza a dispensa imotivada por parte do empregador, sem a necessidade de uma justificativa, deve ser analisada e aplicada de forma a acompanhar a evolução social, na medida em que o direito há de ser exercido dentro dos

Cap. 3 • MODELOS DE CAUSA DE PEDIR E PEDIDOS | 857

parâmetros da razoabilidade, sob pena de configuração de abuso de direito, uma vez que o exercício de qualquer direito há de respeitar os limites impostos pelo seu fim econômico ou social, pela boa-fé ou pelos bons costumes (art. 187, CC).

A dispensa por justa causa do Reclamante é discriminatória por ser um ato característico de abuso de direito perpetrado pela 1ª Ré.

De fato, a Constituição em vigor tem como fundamentos, dentre outros, a dignidade da pessoa humana e os valores sociais do trabalho e da livre-iniciativa (art. 1º, III e IV), além do que constitui objetivo fundamental promover o bem de todos, sem preconceitos de origem, raça, sexo, cor, idade e quaisquer outras formas de discriminação (art. 3º, IV), em que todos são iguais perante a lei, sem distinção de qualquer natureza, garantindo-se aos brasileiros e aos estrangeiros residentes no País a inviolabilidade do direito à vida, à liberdade, à igualdade, à segurança e à propriedade, sendo punida qualquer discriminação atentatória dos direitos e liberdades fundamentais (art. 5º, *caput* e XLI).

A Lei 9.029 protege todos os empregados, sem distinção, de práticas discriminatórias limitativas do acesso à relação de emprego, ou à sua manutenção. Referido texto legal deve ser interpretado no contexto protetivo ao hipossuficiente, princípio que dá suporte e é a própria razão do Direito do Trabalho.

A jurisprudência indica:

> *"Dispensa retaliatória – Discriminação em razão do ajuizamento de reclamatória trabalhista – Abuso de direito – Reintegração. Demonstrado o caráter retaliatório da dispensa promovida pela Empresa, em face do ajuizamento de ação trabalhista por parte do Empregado, ao ameaçar demitir os empregados que não desistissem das reclamatórias ajuizadas, há agravamento da situação de fato no processo em curso, justificando o pleito de preservação do emprego. A dispensa, nessa hipótese, apresenta-se discriminatória e, se não reconhecido esse caráter à despedida, a Justiça do Trabalho passa a ser apenas a justiça dos desempregados, ante o temor de ingresso em juízo durante a relação empregatícia. Garantir ao trabalhador o acesso direto à Justiça, independentemente da atuação do Sindicato ou do Ministério Público, decorre do texto constitucional (CF, art. 5º, XXXV), e da Declaração Universal dos Direitos Humanos de 1948 (arts. VIII e X), sendo vedada a discriminação no emprego (convenções 111 e 117 da OIT) e assegurada ao trabalhador a indenidade frente a eventuais retaliações do empregador (cfr. Augusto César Leite de Carvalho, Direito Fundamental de ação trabalhista, Revista Trabalhista: Direito e Processo, Rio de Janeiro: Anamatra – Forense, ano 1, v. 1, n. 1, jan.-mar 2002). Diante de tal quadro, o pleito reintegratório merece agasalho. Recurso de embargos conhecido e provido"* (TST – SDI – E-RR – 7633000-19.2003.5.14.0900 – Rel. Min. Ives Gandra Martins Filho – *DEJT* 13-4-2012).

Portanto, o Autor requer a nulidade da sua dispensa por justa causa e o reconhecimento da sua dispensa discriminatória, com a sua consequente reintegração ao emprego, na forma da Lei 9.029, com o pagamento dos salários em parcelas vencidas e vincendas, com os reajustes legais e normativos pertinentes à sua categoria profissional, mais os reflexos desse período em férias mais 1/3, 13º salário e depósitos fundiários (a serem depositados na sua conta vinculada).

Se não for possível a reintegração, que os seus direitos sejam convertidos em pecúnia, com o pagamento dos salários em todo o período, acrescidos dos reajustes legais e normativos pertinentes à sua categoria profissional, com reflexos desse período em férias + 1/3, abono de férias, 13º salário e depósitos fundiários + 40%, além do pagamento das verbas rescisórias pertinentes à dispensa sem justa causa: aviso-prévio, férias + 1/3, 13º salário, FGTS código 01 + 40% e liberação de guias de seguro--desemprego e/ou indenização equivalente.

PEDIDO:

(a) declaração de nulidade da dispensa por justa causa e o reconhecimento da sua dispensa discriminatória, com a consequente reintegração do Autor ao emprego, na forma da Lei 9.029/95, com o pagamento dos salários em parcelas vencidas e vincendas, com os reajustes legais e normativos pertinentes à sua categoria profissional, mais os reflexos desse período em férias mais 1/3, 13° salário e depósitos fundiários (a serem depositados na sua conta vinculada);

(b) *em caráter sucessivo, se não for possível a reintegração, que os direitos do Reclamante sejam convertidos em pecúnia, com o pagamento dos salários em todo o período, acrescidos dos reajustes legais e normativos pertinentes à sua categoria profissional, com reflexos desse período em férias + 1/3, abono de férias, 13° salário e depósitos fundiários + 40%, além do pagamento das verbas rescisórias pertinentes à dispensa sem justa causa: aviso-prévio, férias + 1/3, 13° salário, FGTS código 01 (acrescido da multa rescisória de 40%) e liberação de guias de seguro-desemprego e/ou indenização equivalente.*

3.302.5. Dos danos morais

CAUSA DE PEDIR:

Maria Helena Diniz ensina que dano moral vem a ser a lesão de interesses não patrimoniais de pessoa física ou jurídica provocada pelo fato lesivo.

Wilson Melo da Silva considera morais as lesões sofridas pelo sujeito físico ou pessoa natural de direito em seu patrimônio ideal, em contraposição ao patrimônio material, o conjunto de tudo aquilo que não seja suscetível de valor econômico.

O dano moral, também denominado de extrapatrimonial, não repercute nos bens patrimoniais da vítima, atingindo os bens de ordem moral ou o foro íntimo da pessoa, tais como: a honra, a liberdade, a intimidade e a imagem.

Os danos morais, como ocorrem em relação aos materiais, somente serão reparados quando ilícitos.

Podemos dividir os danos morais em puros (diretos) ou reflexos (indiretos). Os puros esgotam-se em apenas um aspecto, atingindo aos chamados atributos da pessoa, como a honra, a intimidade, a liberdade etc. Os reflexos são efeitos da lesão ao patrimônio, ou seja, consequência de um dano material.

De acordo com o âmbito da sua extensão, o dano moral pode ser subjetivo ou objetivo. O primeiro limita-se à esfera íntima da vítima, isto é, ao conjunto de sentimentos e de valores morais e éticos do próprio ofendido. O segundo se projeta no círculo do relacionamento familiar ou social, afetando a estima e a reputação moral, social ou profissional da vítima.

Da situação acima narrada, evidente que a atitude da empresa Reclamada resultou em ofensa à esfera moral do Reclamante (art. 223-B, CLT).

Oportuno destacar que o art. 223-C da CLT traz a honra, a imagem e a liberdade de ação como bens inerentes à pessoa física juridicamente tutelados.

Sob qualquer enfoque, o Reclamante, como trabalhador, sujeito a uma dispensa discriminatória e com a pecha da justa causa ilegalmente aplicada, principalmente por tratar-se de mera retaliação à ação judicial por ele proposta, tem o pleno direito a uma indenização a título de danos morais.

Há todos os elementos da responsabilidade civil:

(a) impedir o Autor de trabalhar logo após o ajuizamento da ação, sem motivo justificado, em retaliação ao exercício regular de um direito (acesso ao Judiciário);

Cap. 3 • MODELOS DE CAUSA DE PEDIR E PEDIDOS | 859

(b) atitude leviana e irresponsável da empresa em atribuir falta grave inexistente e sem qualquer embasamento legal a fim de aplicar justa causa ilegal e abusiva;

(c) atitude leviana e irresponsável da empresa em retaliar o empregado com a justa causa inexistente logo após o ajuizamento da ação, evidenciando a dispensa discriminatória;

(d) todos os atos relatados demonstram o ardil e má-fé da 1ª Reclamada em discriminar o empregado e tumultuar o andamento processual, com recusas injustificadas às intimações judiciais;

(e) *o nexo causal entre a dispensa discriminatória por justa causa com retaliação ao exercício regular de um direito (direito de acesso ao Judiciário) demonstra a ocorrência do dano moral ao patrimônio ideal do trabalhador, que passou a ser visto como empregado de conduta irregular, como se a dispensa fosse uma penalidade por algo que nada fez.*

A dor psíquica reflete danos que podem ser superiores aos prejuízos materiais.

Cabe ao critério valorativo do juiz, além da força criativa da doutrina e jurisprudência, a busca de parâmetros para que se possa fixar a indenização pelo dano moral. A indenização significa uma sanção que é aplicada ao ofensor, impondo-se uma diminuição em seu patrimônio, satisfazendo-se a vítima que foi prejudicada em sua honra, liberdade, intimidade etc. A reparação do dano moral para a vítima representa uma satisfação, enquanto para o agente é uma sanção.

Portanto, o Reclamante pede a título de dano moral a quantia de R$ [indicar o valor] ou outro valor a critério de Vossa Excelência, na forma do art. 223-G, CLT. Juros a partir do ajuizamento da demanda (Súm. 439, TST; Súm. 362, STJ).

PEDIDO:

Indenização por danos morais, na quantia de R$ [indicar o valor] ou outro valor a critério de Vossa Excelência, na forma do art. 223-G, CLT.

3.303. TERCEIRIZAÇÃO
SALÁRIO EQUITATIVO. POSTULAÇÃO DE DIREITOS NORMATIVOS DO TOMADOR DE SERVIÇOS

CAUSA DE PEDIR:

O trabalhador temporário tem direito à percepção de remuneração equivalente à percebida pelos empregados da mesma categoria da empresa tomadora ou cliente, calculados à base horária, garantida, em qualquer hipótese, a percepção do salário mínimo regional (art. 12, "a", Lei 6.019/74).

Pelo salário equitativo, os valores dos salários e demais vantagens legais e normativas dos empregados da empresa tomadora são aplicáveis aos empregados da empresa de trabalho temporário.

Também é aplicável o salário equitativo às demais situações em que se tenha a terceirização lícita, visto que seria inadmissível uma discriminação socioeconômica, o que fere a própria dignidade do trabalhador. Por outro lado, a terceirização, sem a isonomia, é uma fórmula de aviltamento de salários e do padrão social dos trabalhadores. E, por fim, assevere-se a presença de dispositivos constitucionais, os quais asseguram a não discriminação (art. 5º, *caput* e I; art. 7º, XXXII, CF).

Diferentemente do que ocorre na iniciativa privada, a contratação irregular (terceirização fraudulenta ou terceirização impossível) de trabalhador mediante empresa interposta não gera vínculo de emprego diretamente com a Administração Pública (art. 4º, parágrafo único, Instrução Normativa MTE/GM 3, 29/8/1997; Súm. 331, II), isso porque a contratação de trabalhador sem concurso público pela Administração Pública Direta e Indireta é nula (art. 37, II, § 2º, CF; Súm. 363, TST; Súm. 685, STF).

Apesar de a contratação irregular de trabalhador, mediante empresa interposta, não implicar a geração de vínculo de emprego com ente da Administração Pública, pela aplicação do princípio da isonomia, tem-se o direito dos empregados terceirizados às mesmas verbas trabalhistas legais e normativas asseguradas àqueles contratados pelo tomador dos serviços, desde que presente a igualdade de funções. É um desdobramento da aplicação analógica do art. 12, "a", Lei 6.019/74 (OJ 383, SDI-I).

O Enunciado 16 da 1ª Jornada de Direito Material e Processual na Justiça do Trabalho (realizada em nov./07) enuncia:

"I – Salário. Princípio da isonomia. Os estreitos limites das condições para a obtenção da igualdade salarial estipulados pelo art. 461 da CLT e Súmula 6 do Colendo TST não esgotam as hipóteses de correção das desigualdades salariais, devendo o intérprete proceder à sua aplicação na conformidade dos arts. 5º, caput, e 7º, inc. XXX, da Constituição da República e das Convenções 100 e 111 da OIT."

"II – Terceirização. Salário equitativo. Princípio da não discriminação. Os empregados da empresa prestadora de serviços, em caso de terceirização lícita ou ilícita, terão direito ao mesmo salário dos empregados vinculados à empresa tomadora que exercerem função similar."

O Reclamante tem direito à percepção de idêntica remuneração que a empresa tomadora paga ao trabalhador que exerce a função do Reclamante. Se não houver essa função na empresa tomadora, que seja indicado como salário: (a) o que se paga para serviço semelhante na mesma região econômica onde esteja situada a empresa tomadora, o que será apurado por arbitramento (art. 509, I, CPC); (b) o piso salarial da empresa tomadora. O Reclamante elege como diferença salarial o montante de maior valor. Esse montante deve incidir em: (1) horas extras e incidências em férias, abono de férias, 13º salário,

Cap. 3 • MODELOS DE CAUSA DE PEDIR E PEDIDOS | **861**

aviso-prévio, domingos e feriados e FGTS + 40%; (2) adicional noturno, fator da redução do horário noturno e suas incidências em férias, abono de férias, 13° salário, aviso-prévio, domingos e feriados e FGTS + 40%; (c) aviso-prévio, férias, abono de férias, 13° salário, domingos e feriados e FGTS + 40%.

O Reclamante também tem direito à percepção das seguintes cláusulas normativas da empresa tomadora. Analisar a cláusula e fazer o requerimento, citando na causa de pedir e no pedido.

PEDIDO:

Como desdobramento do salário equitativo ou isonômico, o Reclamante tem direito à percepção de idêntica remuneração que a empresa tomadora paga ao trabalhador que exerce a função do Reclamante. Se não houver essa função na empresa tomadora, que seja indicado como salário: (a) o que se paga para serviço semelhante na mesma região econômica onde esteja situada a empresa tomadora, o que será apurado por arbitramento (art. 509, I, CPC); (b) o piso salarial da empresa tomadora. O Reclamante elege como diferença salarial o montante de maior valor. Esse montante deve incidir em: (a) horas extras e incidências em férias, abono de férias, 13° salário, aviso-prévio, domingos e feriados e FGTS + 40%; (b) adicional noturno, fator da redução do horário noturno e suas incidências em férias, abono de férias, 13° salário, aviso-prévio, domingos e feriados e FGTS + 40%; (c) aviso-prévio, férias, abono de férias, 13° salário, domingos e feriados e FGTS + 40%.

O Reclamante também tem direito à percepção das seguintes cláusulas normativas da empresa tomadora: citar os pedidos.

862 | PRÁTICA DA RECLAMAÇÃO TRABALHISTA – *Jorge Neto • Wenzel • Cavalcante*

3.304. TERCEIRIZAÇÃO ILÍCITA
RECONHECIMENTO DE VÍNCULO COM TOMADOR E PEDIDOS ACESSÓRIOS: INICIAL AJUIZADA EM FACE DE 3 RECLAMADOS, SENDO O 1º RECLAMADO O TOMADOR DE SERVIÇOS, O 2º RECLAMADO UMA COOPERATIVA DE TRABALHO E O 3º RECLAMADO UMA EMPRESA TERCEIRIZADA

3.304.1. Do contrato de trabalho. Do polo passivo – solidariedade – terceirização ilícita

CAUSA DE PEDIR:

1 – Preliminarmente, o Reclamante esclarece que durante todo o período em que prestou serviços o fez diretamente para o 1º Reclamado (Condomínio), de forma contínua e ininterrupta, no exercício das funções de auxiliar de serviços gerais e zelador, preenchendo todos os requisitos legais (arts. 2º e 3º, CLT).

2 – Em total fraude à realidade de seu contrato de trabalho, o Reclamante foi "oficialmente" admitido pela 2ª Reclamada, na *"condição fictícia de cooperado"*.

Ressalta-se que tal condição de "cooperado" era fraudulenta, na medida em que "mascarava" a verdadeira relação de emprego entre Reclamante e 1º Reclamado (Condomínio), como comprovam os *e-mails* trocados entre o Reclamante (que era zelador) e síndico do Condomínio, além de inúmeros prestadores de serviços.

3 – Permaneceu como "cooperado" até [indicar a data], uma vez que a referida Cooperativa perdeu o posto de trabalho (Condomínio) para ser substituída pela 3ª Reclamada, que passou a ser a "nova empregadora do autor".

Nota-se que, no período de [indicar a data], o Reclamante fora *"designado como empregado da 3ª Reclamada"*, porém, sempre laborou nas mesmas condições anteriores, com subordinação direta ao 1º Reclamado. Laborou, ainda, como se fosse empregado da 3ª Reclamada sem registro do contrato de trabalho em sua CTPS até [indicar a data], quando a *"empresa terceirizada deixou o posto de trabalho no 1º Reclamado Condomínio"*.

4 – Após a saída da terceirizada (3ª Reclamada) do posto de trabalho no 1º Reclamado (Condomínio), o Reclamante continuou a prestar seus serviços para o 1º Reclamado, ininterruptamente, sendo que, a partir de [indicar a data], o autor foi *"formalmente admitido pelo 1º Reclamado"* (Condomínio), tomador de serviços, sendo registrado seu contrato de trabalho com o Condomínio-Réu a partir de tal data.

Como se não bastasse todas essas "admissões fictícias", sendo que o Reclamante sempre prestou serviços nas dependências do 1º Reclamado e sob sua ingerência e subordinação direta, o Condomínio-Réu firmou *"contrato de experiência"* para o Reclamante, que já se encontrava laborando para o Condomínio tomador de serviços desde [indicar a data].

5 – O expediente relatado anteriormente e realizado pelos Reclamados não pode ser aceito, na medida em que o Reclamante esteve, durante todo o período contratual, trabalhando diretamente subordinado e sob a ingerência do 1º Reclamado, caracterizando-se efetivo contrato de trabalho por prazo indeterminado e relação de emprego com o 1º Reclamado, restando evidenciado, no caso em tela, simulação entre as empresas em fraude ao contrato de trabalho.

6 – Denota-se que, no caso em questão, que os contratos de trabalho anteriores com empresas interpostas, assim como o contrato de experiência firmado pelo 1º Reclamado são inteiramente nulos,

uma vez que mascararam a verdadeira relação de emprego com o 1º Réu, assim como o contrato de experiência também é nulo por não ter se prestado à finalidade de testar as aptidões do empregado, já que este se encontrava laborando desde [indicar a data], ininterruptamente, para o mesmo tomador de serviços – 1º Réu.

7 – Evidente, pois, a fraude perpetrada pelos Reclamados, em especial pelo 1º Reclamado, o qual se utilizou indevidamente da intermediação da mão de obra com a utilização de empresas interpostas a fim de sonegar direitos ao Autor, que adiante serão explicitados, devendo os Reclamados, portanto, responderem solidariamente por todos os créditos decorrentes do contrato de trabalho em questão.

PEDIDO:

Condenação solidária dos Reclamados, nas obrigações de fazer e pagar pleiteadas nesta demanda, ante a fraude ao contrato de trabalho do Reclamante com a sonegação de direitos trabalhistas.

3.304.2. Nulidade da terceirização ilícita e reconhecimento da relação de emprego diretamente com o 1º reclamado – tomador de serviços

CAUSA DE PEDIR:

1 – O Reclamante iniciou sua prestação de serviços, efetiva e diretamente para o 1º Reclamado em [indicar a data] (como "cooperado" da 2ª Reclamada) e foi desligado da Cooperativa em [indicar a data], quando passou a "ser empregado da 3ª Reclamada" (porém, sem registro em CTPS) até [indicar a data].

2 – A partir de [indicar a data], com a saída da 3ª Ré da prestação de serviços ao Condomínio tomador, o Autor continuou trabalhando e, dessa vez, foi formalmente registrado pelo 1º Réu até sua dispensa em [indicar a data].

3 – Durante o contrato de trabalho havido entre as partes, o Reclamante exerceu as funções de "auxiliar de serviços gerais/zelador", com remuneração mensal inicial de R$ [indicar o valor] e com salário-base à época de sua dispensa a quantia de R$ [indicar o valor].

4 – Contudo, no intuito de fraudar os direitos trabalhistas, o 1º Reclamado efetuou a contratação do empregado pelo período de [indicar a data], por meio da 2ª Reclamada, 3ª Reclamada e, por fim, com o próprio 1º Réu, da seguinte forma: (a) 1ª contratação: por intermediação da 2ª Reclamada de [indicar a data] (sempre laborou para o 1º Reclamado – Condomínio, com pessoalidade e subordinação direta); (b) 2ª contratação: pela intermediação da 3ª Reclamada (ABC), sem registro do contrato de trabalho de [indicar a data] (sempre laborou para o 1º Reclamado-Condomínio, com pessoalidade e subordinação direta); (c) 3ª contratação: após a saída da 3ª Reclamada, passou a ser registrado diretamente pelo 1º Reclamado (Condomínio – tomador de serviços), sendo que continuou a prestar os mesmos serviços para o mesmo tomador nas mesmas condições de seu ingresso na Cooperativa – com o absurdo contrato de "experiência" [doc. ...], permanecendo registrado pelo 1º Réu até [indicar a data], quando foi imotivadamente dispensado [doc. ...] (aviso-prévio), sem receber qualquer verba rescisória até a presente data.

5 – Ressalta-se que a pessoalidade e subordinação direta com o condomínio (1º Réu) sempre esteve presente nas contratações do Autor, não obstante serem por empresas interpostas. Nos *e-mails* [docs. ...], verificamos que o Autor se reportava diretamente ao síndico do Condomínio Réu, que lhe passava instruções diretas sobre todo o trabalho exercido pelo Autor.

6 – Portanto, conclui-se que, durante todo o contrato de trabalho [indicar a data], o Reclamante prestou serviços nas dependências do 1º Reclamado e sob sua subordinação e ingerência, sem qualquer solução de continuidade ou interrupção, não obstante sua contratação ser realizada com intermediação fraudulenta

864 | PRÁTICA DA RECLAMAÇÃO TRABALHISTA − *Jorge Neto • Wenzel • Cavalcante*

da 2ª e 3ª Reclamadas, a fim de sonegar os direitos do empregado, oriundos de sua categoria profissional – sindicato ora assistente, sendo que o 1º Reclamado jamais arcou com suas obrigações de verdadeiro patrão.

7 – À evidência de todo o exposto, requer o Reclamante a declaração por sentença, da existência de um único contrato de trabalho por prazo indeterminado, havido entre o Reclamante e o 1º Reclamado (seu real empregador), considerando-se como data de admissão [indicar a data] e de dispensa sem justa causa o dia [indicar a data], decretando-se assim a nulidade das contratações fraudulentas impostas ao Reclamante pela 2ª e 3ª Reclamadas (art. 9º, CLT), tomando-se o real período contratual único para o cômputo de férias + 1/3, 13º salário, FGTS + 40%, aviso-prévio, adicional por tempo de serviço, condenando-se os Reclamados solidariamente nas obrigações de pagar especificadas nos pedidos e obrigando-se o 1º Reclamado à obrigação de fazer (proceder à retificação na CTPS do Reclamante) em prazo a ser fixado por esse Juízo, sob pena de multa diária de R$ 500,00.

PEDIDO:

Declaração por sentença da existência de um único contrato de trabalho por prazo indeterminado, havido entre o Reclamante e o 1º Reclamado (seu real empregador), considerando-se como data de admissão [indicar a data] e de dispensa sem justa causa o dia [indicar a data], decretando-se assim a nulidade das contratações fraudulentas impostas ao Reclamante pela 2ª e 3ª Reclamadas, tomando-se o real período contratual único para o cômputo de férias + 1/3, 13º salário, FGTS + 40%, aviso-prévio, adicional por tempo de serviço, condenando-se os Reclamados solidariamente nas obrigações de pagar especificadas nos pedidos e obrigando-se o 1º Reclamado à obrigação de fazer (proceder a retificação na CTPS do Reclamante) em prazo a ser fixado por esse Juízo, sob pena de multa diária de R$ 500,00.

3.304.3. Do enquadramento sindical

CAUSA DE PEDIR:

1 – Diante da nulidade das contratações fraudulentas pelas empresas interpostas e o consequente reconhecimento do vínculo empregatício com o 1º Reclamado, necessário se faz o enquadramento sindical do Autor segu1ndo a atividade preponderante do 1º Reclamado (categoria de Empregados em Edifícios e Condomínios, conforme inclusas CCTs), o que desde já se requer.

PEDIDO:

Enquadramento sindical do Reclamante segundo a atividade preponderante do 1º Reclamado – tomador de serviços, ou seja, enquadramento sindical na categoria de "Empregados em Edifícios e Condomínios", de acordo com a inclusa CCT, com reconhecimento de todos os benefícios conferidos a essa categoria profissional que se encontram pleiteados na demanda.

3.304.4. Das diferenças salariais em virtude do piso da categoria

CAUSA DE PEDIR:

1 – Não obstante o trabalho exercido nas dependências de um Condomínio residencial, e sendo o vínculo empregatício existente entre Reclamante e 1º Reclamado, como prima a realidade do contrato de trabalho, o Reclamante iniciou sua prestação de serviços em [indicar a data], com piso salarial incompatível com o disposto nas inclusas CCTs da categoria de Empregados em Edifícios e Condomínios.

2 – Ressalta-se que, não obstante o Autor ser "cooperado" e depois ser registrado como "auxiliar de serviços gerais", este sempre exerceu a função de zelador, recebendo piso inferior àquele de sua categoria até [indicar a data], quando foi "formalmente registrado pelo 1º Reclamado" – Condomínio.

Cap. 3 • MODELOS DE CAUSA DE PEDIR E PEDIDOS | 865

3 – Em [indicar a data], o piso de sua categoria era de R$ [indicar o valor] contra R$ [indicar o valor] efetivamente pagos pela 2ª Reclamada.

4 – Vejamos, a seguir, a comparação entre o que o Reclamante deveria receber como piso salarial e o que efetivamente recebeu: [fazer o quadro demonstrativo das diferenças].

5 – Assim, conclui-se que o Reclamante sempre recebeu salário inferior ao piso mínimo previsto pela categoria sindical, conforme documentos ora juntados, fazendo jus às diferenças salariais pertinentes ao piso correto da categoria e suas incidências sobre férias + 1/3, 13º salário, FGTS + 40%.

PEDIDO:

Diferenças salariais devido à aplicação do piso correto da categoria, conforme fundamentação, bem como suas incidências em 13º salário, férias + 1/3, aviso-prévio, FGTS + 40% e repercussões do FGTS + 40%.

3.304.5. Das diferenças de adicional por tempo de serviço – biênio

CAUSA DE PEDIR:

1 – O Reclamante faz jus ao adicional de tempo de serviço, a cada dois anos trabalhados para o mesmo empregador, no percentual de 5% (cinco por cento) por biênio, limitados ao máximo de três biênios, conforme previsto nas cláusulas normativas [indicar as cláusulas].

2 – Ocorre que devido à fraude na contratação do Autor, que teve seu contrato de trabalho fracionado indevidamente, este somente veio a receber o adicional por tempo de serviço em [indicar a data], pois o 1º Réu considerou somente o período registrado para contagem do tempo de serviço [indicar a data].

3 – Portanto, sendo declarada a unicidade contratual e reconhecido o período [indicar a data] como sendo o período da relação de emprego do Reclamante com o 1º Réu, o Autor deveria ter começado a receber o 1º biênio em [indicar a data], o 2º biênio iniciou-se em [indicar a data] e assim sucessivamente.

4 – Portanto, o Reclamante faz jus às diferenças correspondentes ao adicional de tempo de serviço, com percentuais progressivos sobre o salário-base, por biênio trabalhado, conforme cláusula convencional das CCTs juntadas, bem como às incidências de tais diferenças em FGTS + 40%, férias + 1/3, 13º salário, horas extras, aviso-prévio e FGTS + 40% sobre tais incidências, conforme demonstrativo abaixo: [fazer o cálculo das diferenças].

PEDIDO:

Diferenças de adicional por tempo de serviço no percentual de 5% em cada biênio trabalhado, nos termos das cláusulas convencionais anexas, com suas incidências em FGTS + 40%, férias + 1/3 (com incidências em FGTS + 40%), 13º salário (com incidências em FGTS + 40%) e aviso-prévio.

3.304.6. Da dobra das férias (art. 137 da CLT) e férias vencidas simples + 1/3

CAUSA DE PEDIR:

1 – Tendo em vista todas as irregularidades nas contratações do Reclamante, onde o Autor laborou sem o devido registro em CTPS e com contratos de trabalho irregularmente fracionados, o Reclamante faz jus às férias vencidas + 1/3 de todo o período do contrato de trabalho, considerando-se a unicidade contratual ora postulada, com data de admissão [indicar a data] e de dispensa sem justa causa o dia [indicar a data].

PRÁTICA DA RECLAMAÇÃO TRABALHISTA – *Jorge Neto • Wenzel • Cavalcante*

2 – Assim, o Reclamante faz jus às seguintes férias vencidas + 1/3 com as respectivas dobras, conforme demonstrado a seguir:

Período aquisitivo: ... a ... (dobra)

Período aquisitivo: ... a ... (dobra)

Período aquisitivo: ... a ... (simples)

Período aquisitivo: ... a ... (proporcional).

PEDIDO:

Férias vencidas + 1/3 de todo o período do contrato de trabalho, considerando-se a unicidade contratual ora postulada [indicar a data].

3.304.7. Das horas extras acima da 8ª hora diária e acima da 44ª semanal – não pagas

CAUSA DE PEDIR:

1 – O Autor ingressou aos serviços do 1º Réu (Condomínio), em [indicar a data], laborando por intermédio da Cooperativa (2º Reclamada), cumprindo, inicialmente, horário de segunda a sexta-feira, das 7:00h às 17:00h, com 1 hora para refeição e descanso, ou seja, realizando 1 hora extra diariamente acima do limite diário de 8 horas, além de exceder o limite semanal de 44 horas.

2 – Em [indicar a data], passou para empresa (3ª Reclamada), prestando o mesmo serviço para o Condomínio tomador no mesmo horário.

3 – A partir de [indicar a data], o Reclamante passou a ser registrado diretamente pela 1ª Reclamada e passou a prestar serviços das 7:00h às 17:00h, de segunda a quinta-feira, e das 7:00h às 16:00h, às sextas-feiras, sempre com intervalo de 1 hora. Contudo, sem que houvesse acordo de compensação celebrado.

4 – Assim sendo, o Autor é credor de horas extras excedentes ao limite diário de 8 horas, bem como faz jus às horas extras excedentes ao limite semanal de 44 horas, uma vez que não houve qualquer acordo de compensação de horas, bem como é credor das incidências de tais horas extras em DSR/feriados, 13º salário, férias + 1/3, FGTS 11,2%, aviso-prévio e verbas rescisórias, nos termos a seguir expostos:

Horas acima da 44ª semanal – [fazer demonstrativo]

Horas acima da 8ª hora diária – [fazer demonstrativo]

PEDIDO:

Horas extras, assim entendidas aquelas laboradas acima da 8ª hora diária e acima da 44ª hora semanal, com acréscimo de 50% sobre a hora normal, bem como suas incidências em 13º salário, férias + 1/3, aviso-prévio, FGTS + 40% e repercussões do FGTS 11,2% nos reflexos.

3.304.8. Do adicional por acúmulo de função/cargo

CAUSA DE PEDIR:

1 – As cláusulas [indicar as cláusulas] preveem adicional por acúmulo de função/cargo no importe de 20% do salário contratual para empregados que acumularem habitualmente funções diversas.

2 – O Reclamante foi registrado como auxiliar de serviços gerais, porém, durante todo o período em que laborou para os Reclamados, seja como "cooperado", "terceirizado" ou empregado

Cap. 3 • MODELOS DE CAUSA DE PEDIR E PEDIDOS | **867**

direto do Condomínio tomador de serviços, o Autor sempre acumulou funções de zeladoria, limpeza e manutenção geral, conforme comprovam os *e-mails* trocados com síndico e prestadores de serviços do 1º Reclamado – Condomínio.

3 – Tomando-se por base todas as funções exercidas, habitual e cumulativamente pelo Autor, torna-se devido o adicional por acúmulo de função/cargo, uma vez que as funções de zelador e auxiliar de serviços gerais estão devidamente descritas e caracterizadas nos instrumentos normativos da categoria.

4 – Sob qualquer aspecto, o Reclamante é credor do adicional por acúmulo de função/cargo no período de [indicar a data], uma vez que desempenhava funções de zelador, faxineiro e exercia manutenção em geral, de forma habitual e cumulativa.

5 – Assim sendo, o Reclamante faz jus à percepção do adicional de acúmulo de cargo, no importe de 20% (vinte por cento) do salário contratual, por todo o período em que esteve acumulando funções de zelador, faxineiro e auxiliar de manutenção juntamente com seu cargo de zelador.

6 – Faz jus também às incidências de tal adicional em horas extras/DSRs, 13º salário e férias + 1/3, assim como verbas rescisórias do Reclamante, bem como o FGTS + 40%.

PEDIDO:

Adicional de acúmulo de cargo no importe de 20% do salário contratual, por todo o período em que esteve acumulando funções de zelador, faxineiro e auxiliar de manutenção juntamente com seu cargo de zelador, com incidências de tal adicional em horas extras/DSRs, 13º salário e férias + 1/3, assim como verbas rescisórias do Reclamante, bem como o FGTS + 40%.

3.304.9. Das cestas básicas não pagas

CAUSA DE PEDIR:

1 – Durante o período em que não esteve registrado, o Reclamante não recebeu as cestas básicas [indicar as cláusulas normativas].

PEDIDO:

Cestas básicas de todo o período.

3.304.10. Das diferenças de FGTS não depositado

CAUSA DE PEDIR:

1 – Além de tais inconformidades legais, os Reclamados não efetuaram o recolhimento fundiário do Reclamante na sua totalidade, tendo em vista a falta de registro e pleito de unicidade contratual ora postulado, conforme comprova incluso documento da Caixa Econômica Federal [fazer o demonstrativo].

2 – Dessa forma, faz jus o Reclamante aos depósitos fundiários integrais, devendo os Reclamados ser compelidos ao pagamento das respectivas diferenças de depósitos de FGTS, depositando-as na conta vinculada ou indenizando o Reclamante (art. 186, CC).

PEDIDO:

Diferenças de depósitos fundiários não efetivados em conta vinculada do Reclamante + multa de 40% incidentes ou indenização equivalente.

868 | PRÁTICA DA RECLAMAÇÃO TRABALHISTA – *Jorge Neto • Wenzel • Cavalcante*

3.304.11. Das verbas rescisórias e multas dos arts. 477 e 467 da CLT

CAUSA DE PEDIR:

1 – Na data de [indicar a data], o Reclamante foi imotivadamente dispensado pelo 1º Reclamado (Condomínio), sendo que nessa ocasião o Reclamado entregou-lhe a respectiva comunicação do aviso-prévio indenizado, tendo inclusive efetuado a baixa do contrato de trabalho em sua CTPS.

Ocorre que até a presente data o Reclamante não recebeu suas verbas rescisórias do 1º Reclamado (aviso-prévio, saldo de salário, férias proporcionais + 1/3, férias indenizadas + 1/3, 13º salário proporcional, FGTS + 40 %).

2 – Não obstante à discussão da fraude da Cooperativa/terceirização e unicidade contratual, o recebimento das verbas rescisórias do período registrado pelo 1º Reclamado é incontroverso.

3 – O Departamento Jurídico do Sindicato assistente entrou em contato com o empregador a fim de verificar o motivo do não pagamento e recebeu como resposta a informação de que *"o condomínio tinha ciência das irregularidades com as terceirizações e iria aguardar o reclamante ingressar com reclamatória trabalhista para resolver toda a questão na justiça (...)".*

4 – Com a negativa do Reclamado em efetuar o pagamento das verbas rescisórias incontroversas ao Reclamante, não restou alternativa senão o ajuizamento da demanda.

5 – Diante da ocorrência, além de efetuar o pagamento das verbas rescisórias a seguir especificadas, o Reclamado deverá ser compelido ao pagamento da multa constante do art. 477 da CLT e aplicação do art. 467 da CLT. Os pagamentos devidos ao Reclamante a título de verbas rescisórias são os seguintes: [fazer o demonstrativo].

PEDIDO:

(a) verbas rescisórias (aviso-prévio, saldo de salário, férias vencidas + 1/3, férias proporcionais, 13º salários, FGTS + 40 %) incontroversas e com base na unicidade contratual;

(b) multa do art. 477 e art. 467 da CLT.

3.304.12. Da multa de 40% sobre o FGTS

CAUSA DE PEDIR:

O Reclamado não efetuou regularmente os depósitos do FGTS do Reclamante em sua conta vinculada e não procedeu o recolhimento da multa legal. Assim, o trabalhador faz jus à referida multa rescisória ou indenização correspondente, conforme art. 186 do Código Civil vigente.

PEDIDO:

Diferenças de depósitos fundiários não efetivados em conta vinculada da Reclamante + multa de 40% incidentes.

3.304.13. Da tutela antecipada – prova pré-constituída da dispensa sem justa causa

CAUSA DE PEDIR:

1 – Tendo em vista o caráter incontroverso da dispensa sem justa causa e a falta de pagamento das verbas rescisórias pertinentes ao período registrado (independentemente de qualquer pleito ora

Cap. 3 • MODELOS DE CAUSA DE PEDIR E PEDIDOS | **869**

postulado), faz-se imprescindível a concessão da tutela antecipada (arts. 294 e ss., CPC; art. 536 e 537, CPC) para expedição dos competentes alvarás para saque de depósitos fundiários existentes e levantamento de seguro-desemprego, a fim de garantir sua sobrevivência até o recebimento de seus direitos trabalhistas, sonegados pelo Reclamado (caso seja aposentado, o Reclamante não pleiteia o seguro-desemprego).

2 – Com a existência da prova pré-constituída pelo aviso-prévio concedido e pela própria baixa em sua CTPS [doc. ...], comprova-se a condição do Reclamante e sua dispensa sem justa causa, sem qualquer prejuízo ao Reclamado e ao trâmite do processo com a concessão da antecipação da tutela, que propiciará ao trabalhador manter-se por um certo período até conseguir nova colocação profissional e até o trâmite final deste feito.

3 – Assim sendo, diante da gravidade dos fatos e da precária situação financeira do Reclamante, requer a concessão da tutela antecipada para expedição de alvarás de levantamento de FGTS e seguro-desemprego nos termos apresentados.

PEDIDO:

Concessão da tutela antecipada, expedindo-se alvará para levantamento dos valores de FGTS + 40% e seguro-desemprego.

3.304.14. Das multas convencionais

CAUSA DE PEDIR:

Em razão de todas as irregularidades expostas nos itens anteriores, o Reclamante faz jus à seguinte multa convencional: 1 piso salarial de sua categoria, em face do descumprimento das cláusulas relativas ao piso salarial; adicional de tempo de serviço; registro em CTPS; diferenças de cestas básicas; horas extras; adicional por acúmulo de função/cargo; falta de homologação da rescisão contratual [indicar a cláusula para cada título de acordo com o instrumento normativo].

PEDIDO:

Pagamento de multas convencionais, de 1 piso salarial de sua categoria, previsto nas cláusulas normativas, em face do descumprimento das cláusulas relativas ao piso salarial, adicional de tempo de serviço, registro em CTPS, diferenças de cestas básicas, horas extras, adicional por acúmulo de cargo, falta de homologação da rescisão contratual.

3.305. TRANSAÇÃO EXTRAJUDICIAL PARA QUITAÇÃO DE VERBAS TRABALHISTAS
INVALIDADE. AFASTAMENTO DE EXTINÇÃO SEM RESOLUÇÃO DO MÉRITO

CAUSA DE PEDIR:

A existência de acordo extrajudicial entabulado entre o Reclamante e os supostos responsáveis pela obra onde ocorreu o sinistro não é obstáculo ao exercício do direito de ação do Autor.

Houve uma transação extrajudicial entabulada pelo Autor perante o Ministério Público Estadual, com os supostos responsáveis pela obra onde ocorreu o acidente de trabalho que atingiu o Reclamante, no caso os Srs. [*].

O acordo não foi firmado com o empregador do Autor que, em sua carteira de trabalho, consta como sendo [*].

De igual maneira, foi reconhecido no termo de acordo que o Reclamante sofreu um acidente de trabalho, que em decorrência disso, foi afastado pelo INSS e que estava incapacitado para qualquer atividade laborativa.

Na referida transação ainda consta cláusula de quitação em que o Reclamante *"dá plena e geral quitação aos reclamados de qualquer verba indenizatória relativamente ao sinistro em questão, para nada mais ser cobrado no futuro, dos mesmos, quanto ao acidente tratado nesta transação"*, deixando claro na cláusula que *"se dá por satisfeito, comprometendo-se a deixar de ajuizar qualquer ação cível indenizatória contra os reclamados, bem como a retirar eventual documentação encaminhada a algum advogado para propor alguma ação indenizatória"*. [parágrafo adaptável conforme a hipótese dos autos].

Faz-se necessário diferenciar os institutos da transação extrajudicial e da renúncia.

Primeiramente, não se há de confundir renúncia com transação, pois a primeira consiste, quanto à forma e ao fundo, em ato unilateral de disposição de direitos nos limites em que previsto. Já a segunda, em ato bilateral, recíproco, por meio do qual, em face da *res dubia* e de objeto determinado, as partes põem fim ao objeto litigioso ou duvidoso.

Revela-se intolerável, no âmbito da Justiça do Trabalho, que o trabalhador, ainda que livre de qualquer forma de coação direta por parte do empregador, renuncie a parcelas que já se incorporaram ao seu patrimônio jurídico.

De fato, observadas determinadas condições, a transação direta empregado-empregador fica adstrita às decisões que não impliquem prejuízo ao trabalhador e que revelem incidência apenas sobre direitos de indisponibilidade relativa, sem possibilidade de alcançar as flexibilizações autorizadas constitucionalmente.

O Direito do Trabalho ampara-se na teleologia que orientou o silêncio eloquente do Constituinte de 1988, ao incentivar o uso da arbitragem no âmbito coletivo (art. 114, § 2°). Ao se calar a respeito do uso da arbitragem para solução de conflitos individuais de trabalho, a Constituição Federal, reconhecendo e preservando a figura frágil do sujeito trabalhador, não autorizou que esses conflitos fossem afastados da tutela da Justiça do Trabalho, apta a lidar com a particularidade da relação de trabalho humano. Contudo, incentiva que as partes coletivas, cujos conflitos não revelam a mesma assimetria que aqueles verificados entre as partes individuais, busquem a tutela jurisdicional apenas se fracassada a negociação ou a arbitragem.

Cap. 3 • MODELOS DE CAUSA DE PEDIR E PEDIDOS | 871

Portanto, no que concerne ao momento posterior ao término do contrato de trabalho, o que se admite entre as partes individuais é que o empregado – nunca sozinho, mas por meio de assistência do sindicato da respectiva categoria ou de representantes do Poder Público que compense a sua fragilidade – dê quitação específica às parcelas do contrato de trabalho e aos valores, da forma que entender conveniente.

A quitação dada, contudo, não se reveste de caráter absoluto e irrevogável, sendo passível do crivo do Poder Judiciário.

Eventual transação, nessa seara individual, somente pode recair sobre parcelas de indisponibilidade relativa, nunca sobre parcelas de indisponibilidade absoluta.

Maurício Godinho Delgado esclarece a esse respeito:

"Absoluta será a indisponibilidade, do ponto de vista do Direito Individual do Trabalho, quando o direito invocado merecer urna tutela de nível do interesse público, por traduzir um patamar civilizatório mínimo firmado pela sociedade política em um dado momento histórico. É o que ocorre, como já apontado, ilustrativamente, com o direito à assinatura de CTPS, ao salário mínimo, à incidência de normas de proteção à saúde e segurança do trabalhador.

Também será absoluta a indisponibilidade, sob a ótica do Direito Individual do Trabalho, quando o direito enfocado estiver protegido por normas de interesse abstrato da respectiva categoria. Esse último critério indica que a noção de indisponibilidade absoluta atinge, no contexto das relações bilaterais empregatícias (Direito Individual, pois), parcelas que poderiam, no contexto do Direito Coletivo do Trabalho, ser objeto de transação coletiva e, portanto, de modificação real. Noutras palavras, a área de indisponibilidade absoluta, no Direito individual é, desse modo, mais ampla que a área de indisponibilidade absoluta própria ao Direito Coletivo.

Relativa será a indisponibilidade, do ponto de vista do Direito Individual do Trabalho, quando o direito enfocado traduzir interesse individual ou bilateral simples, que não caracterize um padrão civilizatório geral mínimo firmado pela sociedade política em um dado momento histórico. É o que se passa, ilustrativamente, com a modalidade de salário paga ao empregado ao longo da relação de emprego (salário fixo versus salário variável, por exemplo): essa modalidade salarial pode se alterar, licitamente, desde que a alteração não produza prejuízo efetivo ao trabalhador. As parcelas de indisponibilidade relativa podem ser objeto de transação (não de renúncia, obviamente), desde que a transação não resulte em efetivo prejuízo ao empregado (art. 468, CLT). O ônus da prova do prejuízo, entretanto, caberá a quem alegue sua ocorrência, isto é, ao trabalhador, já que não há prova sobre fato negativo." (DELGADO, Maurício Godinho. *Curso de Direito do Trabalho*. 10ª ed. São Paulo: LTr, 2011, p. 210.)

Admitir-se a transação extrajudicial com efeitos amplos, sem obediência às normas específicas do Direito do Trabalho que tratam do tema, é tornar inócua a letra da lei e o particularismo que envolve e norteia a disciplina, sob pena de tornar o contrato de trabalho modalidade de contrato civil, a dispensar, inclusive, a necessidade de uma intervenção da Justiça Especial para dirimir os litígios que lhe são pertinentes.

Por sua vez, os arts. 166, VI, 841 e 848 do Código Civil assim dispõem, respectivamente:

"Art. 166. É nulo o negócio jurídico quando: (...)

VI – tiver por objetivo fraudar lei imperativa;"

"Art. 841. Só quanto a direitos patrimoniais de caráter privado se permite a transação."

"Art. 848. Sendo nula qualquer das cláusulas da transação, nula será esta."

No caso, presumiu-se a disposição do Reclamante a respeito de direitos de indisponibilidade absoluta, assim compreendidos aqueles que tutelam o interesse público, o que é incompatível com a transação, nos termos das disposições civis supra transcritas (art. 841).

Extrai-se dos termos do acordo, mormente as cláusulas [*] e [*], que a transação revela verdadeira renúncia a direito constitucionalmente estabelecido pelo art. 7º, XXVIII, da Constituição Federal, intrinsecamente ligado à saúde, à promoção e à proteção do trabalhador.

Assim, o acordo extrajudicial entabulado entre o Autor e os supostos responsáveis pela obra em que trabalhou é nulo, não sendo obstáculo ao direito de propor ação de indenização em virtude da ocorrência do acidente de trabalho, mesmo que tenha havido a participação do Ministério Público Estadual, considerando que, quando ajuizada a presente ação, esta Justiça do Trabalho já era competente para analisar a matéria.

Em casos análogos ao dos autos, o TST se manifestou no sentido da invalidade de transação extrajudicial celebrada entre empregado e empregador:

"RECURSO DE REVISTA DO RECLAMANTE – PROCESSO ANTERIOR À VIGÊNCIA DA LEI Nº 13.015/14 E SOB A ÉGIDE DO CPC/73 – EXTINÇÃO DO PROCESSO SEM RESOLUÇÃO DE MÉRITO POR CARÊNCIA DE AÇÃO EM VIRTUDE DA AUSÊNCIA DE INTERESSE DE AGIR – TRANSAÇÃO EXTRAJUDICIAL CELEBRADA PELO EMPREGADO PERANTE O MINISTÉRIO PÚBLICO ESTADUAL – INVALIDADE. 1. O Tribunal Regional manteve a sentença que extinguiu o processo sem resolução de mérito por carência de ação em virtude da existência de acordo extrajudicial firmado perante o Ministério Público Estadual, em que o autor se comprometeu a não ajuizar ação de indenização relativamente ao acidente de trabalho que sofreu e que o deixou com sequelas graves e irreversíveis. 2. Extrai-se dos termos do acordo, mormente as Cláusulas 8 e 9, que estabelecem, respectivamente, que o reclamante 'com este acordo, dá plena e geral quitação aos reclamados de qualquer verba indenizatória relativamente ao sinistro em questão, para nada mais ser cobrado no futuro, dos mesmos, quanto ao acidente tratado nesta transação' e que 'se dá por satisfeito, comprometendo-se a deixar de ajuizar qualquer ação cível indenizatória contra os reclamados, bem como a retirar eventual documentação encaminhada a algum advogado para propor alguma ação indenizatória', que a transação revela verdadeira renúncia a direito constitucionalmente estabelecido pelo art. 7º, XXVIII, da Constituição Federal, intrinsecamente ligado à saúde, à promoção e à proteção do trabalhador. 3. Assim, o acordo extrajudicial entabulado entre o autor e os supostos responsáveis pela obra em que trabalhou é nulo, não sendo obstáculo ao direito de propor ação de indenização em virtude da ocorrência do acidente de trabalho, mesmo que tenha havido a participação do Ministério Público Estadual, considerando que, quando ajuizada a presente ação, esta Justiça do Trabalho já era competente para analisar a matéria. Recurso de revista conhecido e provido." (TST – 7ªT. – RR 52800-46.2006.5.15.0068 – Rel. Min. Luiz Philippe Vieira de Mello Filho – *DEJT* 7-2-2020.)

"RECURSO DE REVISTA – EXTINÇÃO DO CONTRATO DE TRABALHO – TRANSAÇÃO EXTRAJUDICIAL CELEBRADA VERBALMENTE ENTRE EMPREGADO E EMPREGADOR – INVALIDADE – INAPTIDÃO PARA ENSEJAR A QUITAÇÃO DAS VERBAS TRABALHISTAS ORIUNDAS DO VÍNCULO EMPREGATÍCIO. Nos termos do art. 477, § 1º e § 2º, da CLT, é inválida a transação extrajudicial celebrada entre empregado e empregador com a finalidade de dar quitação ao contrato de trabalho. A observância dos requisitos formais insertos nos parágrafos primeiro e segundo do art. 477 da CLT – que exigem recibo de quitação escrito, com discriminação das parcelas quitadas, forjado mediante assistência do sindicato respectivo ou da autoridade responsável – é pressuposto de eficácia do acerto rescisório. A excepcional exigência de forma na quitação trabalhista decorre do reconhecimento da condição de hipossuficiência do trabalhador e da aplicação do princípio protetivo. Não

tendo sido observadas tais formalidades, a transação extrajudicial efetivada pelas partes é reputada absolutamente inválida, e, consequentemente, inapta a ensejar a quitação do contrato de trabalho extinto. Recurso de revista conhecido e provido." (TST – 4ª T. – RR 59600-76.2008.5.07.0025 – Rel. Min. Vieira de Mello Filho – *DEJT* 15-3-2013.)

PEDIDO:

Requer o Reclamante a declaração de nulidade do acordo entabulado perante o Ministério Público Estadual, com a consequente apreciação dos pedidos referentes à indenização por danos morais e materiais decorrentes do acidente de trabalho.

3.306. TUTELA PROVISÓRIA DE URGÊNCIA
DIREITO COLETIVO

CAUSA DE PEDIR:

1. DOS FATOS

O Sindicato, como entidade Suscitante, na condição de representante da categoria econômica, tem a legitimação para a requerer a concessão de tutela provisória (art. 8º, III, CF).

Face às notícias da imprensa e das diligências dos departamentos operacionais de várias empresas, é patente que a categoria profissional está paralisando o serviço de transporte coletivo por ônibus desta cidade na data de amanhã [*], com o intuito de protestar contra a possível redução de frota, acrescentando que poderiam haver diversas rescisões de contrato de trabalho dos profissionais da categoria e pelo pagamento da PLR.

Os dados apresentados pela Área Operacional da Central de Transportes da Municipalidade confirmam que no dia de hoje já foram fechados 20 (vinte) terminais.

Neste sentido, com base no art. 294 e segs. do CPC, os quais são aplicados de forma subsidiária (art. 769, CLT; art. 15, CPC) ao processo trabalhista, a entidade sindical, representativa da categoria econômica, requer a presente medida para preservar o interesse da coletividade usuária do transporte público que será privada do seu direito de locomoção no período informado, caso haja, de fato, a interrupção total do sistema na forma noticiada pelo Sindicato da categoria profissional.

2. DO DIREITO DE GREVE E AS ATIVIDADES ESSENCIAIS

A greve é um instrumento que serve ao complexo processo de conflito coletivo de trabalho, e que não pode existir isoladamente. O direito de greve não é um direito ao autoritarismo, não é direito às arbitrariedades ou ao exercício por escolhas subjetivas.

Há, por isso mesmo, balizas rigorosas estabelecidas na legislação infraconstitucional, segundo as quais o direito de greve exercido em desconformidade com a lei ordinária acaba se tornando um não direito, um falso direito de greve.

Confirma o dito a disposição do art. 14 da Lei de Greve (7.783/89), deste teor:

> *"Constitui abuso do direito de greve a inobservância das normas contidas na presente Lei, bem como a manutenção da paralisação após a celebração de acordo, convenção ou decisão da Justiça do Trabalho."*

Vale dizer: tudo o que se fizer em desconformidade com o formato descrito pela Lei de Greve caracteriza algo que não é a figura tipo de *'greve'*, caracteriza uma *'não greve'*, caracteriza o abuso do direito que, à falta de outra nomenclatura específica, se convencionou chamar de *'greve abusiva'*.

Até mesmo o simples exercício de uma faculdade não sancionada, o exercício de uma atividade não disciplinada em lei, está sujeita ao compromisso ético das condutas civilizadas e, assim, sob indispensável controle das legalidades dos atos na vida civil. Com maior razão, a categoria dos direitos sancionados, com disposições taxativas dispostas em lei, insere-se como limitação de seus exercícios. Não há margem de condutas possíveis para as condutas que se encontram restringidas por lei.

A greve nos serviços essenciais, como assim se classifica o transporte público, a teor do disposto no art. 10,V, da Lei de Greve, obriga, dentre outros requisitos, que os *'serviços indispensáveis ao atendimento* das necessidades inadiáveis da comunidade' não sejam completamente afetados. Tratando-se de greve em atividade essencial – como é o caso dos transportes públicos –, é obrigatório que as partes se empenhem para assegurar serviços mínimos à população.

Num contexto complexo de movimento grevista, estando em jogo interesses contrapostos para as categorias e a necessidade de defesa desses mesmos interesses pela força de pressão que caracteriza a greve, não se pode esperar que tudo corra plenamente a contento das melhores comodidades da população. Mas também não se pode consentir que um dos sujeitos envolvidos – a categoria profissional ou o Sindicato – assumam posição de indiferença a essas necessidades da população. Por isso mesmo a Lei de Greve busca assegurar, pelo menos, aquilo que denominou por serviços *indispensáveis* ou por necessidades *inadiáveis*.

É inegável que a greve em atividades essenciais tem um preço que é pago por todos, categoria econômica, categoria profissional, Estado e população (usuários dos serviços).

Dentre todos esses sujeitos, a conta é mais alta para a população que não está diretamente envolvida no conflito coletivo, e que mais sofre com as consequências de uma greve. Por isso mesmo, consagrou a Lei e a jurisprudência a necessidade de ser assegurado um *"atendimento básico das necessidades inadiáveis dos usuários do serviço"*, como está na OJ 38, da SDC/TST:

> *"GREVE. SERVIÇOS ESSENCIAIS. GARANTIA DAS NECESSIDADES INADIÁVEIS DA POPULAÇÃO USUÁRIA. FATOR DETERMINANTE DA QUALIFICAÇÃO JURÍDICA DO MOVIMENTO. É abusiva a greve que se realiza em setores que a lei define como sendo essenciais à comunidade, se não é assegurado o atendimento básico das necessidades inadiáveis dos usuários do serviço, na forma prevista na Lei nº 7.783/89."*

O art. 11, *caput*, Lei 7.783, fixa que nos serviços ou atividades essenciais, os sindicatos, os empregados e os trabalhadores ficam obrigados, de comum acordo, a garantir, durante a greve, a prestação dos serviços indispensáveis ao atendimento das necessidades inadiáveis da comunidade.

É imprescindível que o serviço público de transporte coletivo realizado por ônibus não sofra solução de continuidade em sua totalidade como pretende a categoria profissional, visto que já estão ocorrendo paralisações desde hoje a partir das 12h, além da greve já marcada para o dia de amanhã, a qual não tem um lapso temporal definido para a sua duração.

A paralisação que está ocorrendo na cidade causará graves e imensuráveis prejuízos à coletividade, que se utiliza desta modalidade de transporte, uma vez que diariamente o sistema costuma transportar cerca de 100.000 (cem mil) passageiros.

Diante da grave lesão que os trabalhadores que compõem a categoria, com apoio do Sindicato dos Motoristas que os representa, estão causando à população em geral e em especial àquela usuária do transporte por ônibus, está evidenciado o dano atual e irreparável a ser tutelado, no caso, a manutenção do transporte público, que constitui direito do cidadão e dever do Estado, restando autorizada a adoção da presente medida processual para que a coletividade não seja prejudicada.

Noticiada nos autos do dissídio a paralisação do trabalho em decorrência de greve em serviços ou atividades essenciais, o Poder Público assegurará a prestação dos serviços indispensáveis (art. 12, Lei 7.783), objetivando, assim, que não se tenha a interrupção quanto à prestação dos serviços para a coletividade. Para tanto, a determinação judicial poderá prever: (a) multas para as entidades sindicais e as empresas; (b) limites mínimos de trabalhadores na prestação dos serviços.

Aliás, durante a greve nos serviços e atividades considerados essenciais, poderá ocorrer que: (a) o sindicato ou a comissão de negociação, mediante acordo com a entidade patronal ou diretamente com o empregador, manterá em atividade equipes de empregados com o propósito de assegurar os serviços

876 | PRÁTICA DA RECLAMAÇÃO TRABALHISTA – *Jorge Neto • Wenzel • Cavalcante*

cuja paralisação resulte em prejuízo irreparável, pela deterioração irreversível de bens, máquinas e equipamentos, bem como proporcionará a manutenção daqueles essenciais à retomada das atividades da empresa quando da cessação do movimento (art. 9º); (b) não havendo acordo nesse sentido, é assegurado ao empregador, enquanto perdurar a greve, o direito de contratar diretamente os serviços necessários para evitar prejuízo irreparável, pela deterioração irreversível de bens, máquinas e equipamentos, bem como de manter daqueles essenciais à retomada das atividades da empresa quando da cessação do movimento (art. 9º, parágrafo único).

Também poderão ser adotadas outras medidas (tutela cautelar ou antecipação de tutela), tais como: (a) suspensão das demissões ilegais de trabalhadores no curso da greve; (b) desocupação de estabelecimento empresarial por parte de trabalhadores grevistas; (c) liberação de trabalhadores que estejam impedidos de sair das dependências do local de trabalho por determinação patronal; (d) assegurar o trânsito livre para as entradas e saídas do estabelecimento empresarial; (e) o livre acesso dos trabalhadores não grevistas ao local de trabalho; (f) evitar os piquetes violentos. Citadas medidas devem ser determinadas com a cominação de multas (*astreintes*).

3. DA ABUSIVIDADE DO DIREITO DE GREVE

A paralisação viola não só o direito à livre locomoção da população, a qual utiliza o transporte público (art. 5º, XV, CF), como também prejudica as relações sociais e a sua interatividade, face à perda da mobilidade por parte da coletividade.

Pondere-se que o movimento grevista, o qual está em curso, reputa-se abusivo e ilegal, visto que diversas são as violações à Lei 7.783.

Antes da realização da Assembleia Geral convocada para decidir sobre a greve, já se tem a paralisação do Sistema de Transporte Público de ônibus por toda a cidade, em razão da paralisação parcial de garagens e de terminais.

Não há fundamento concreto que justifique a greve que está em andamento, muito menos quais são as reivindicações da categoria.

Não se pretende discutir o direito de greve, pela qual toda e qualquer paralisação de trabalhadores na reivindicação de seus direitos pode ser considerada válida, como forma de pressionar o empregador a cumprir ou conceder direitos trabalhistas, contudo, o serviço de transporte coletivo é essencial à população e, por isso, durante a greve devem ser garantidos os serviços indispensáveis ao atendimento das necessidades inadiáveis da comunidade (art. 11).

Por lei, as entidades sindicais ou os trabalhadores, conforme o caso, ficam obrigados a comunicar a decisão aos empregadores e aos usuários com antecedência mínima de 72 (setenta e duas) horas da paralisação (art. 13).

Assim, como a assembleia para tratar com os trabalhadores sobre a greve foi marcada para o dia de hoje [*], evidente que a paralisação está violando o prazo do aviso-prévio para a eclosão da greve em serviços ou atividades essenciais.

Desta forma, resta inequívoco que a greve realizada pelo sindicato é ilegal devendo, portanto, ser declarada abusiva.

Assim, nos termos do art. 300 do CPC, diante da probabilidade do direito, qual seja, a necessidade inadiável de utilização do transporte coletivo pela comunidade, bem como do perigo do dano e do resultado útil ao processo, a tutela provisória de urgência em liminar *inaudita altera parte* se faz necessária, para a satisfação da garantia do direito de ir e vir.

É fundamental que se assegure o funcionamento integral da circulação de todos os ônibus da frota do sistema de transporte público desde hoje [*] e amanhã [*], e nos dias subsequentes, como

Cap. 3 • MODELOS DE CAUSA DE PEDIR E PEDIDOS | **877**

maneira de garantir que o atendimento das necessidades inadiáveis da comunidade de [*], de modo que o direito individual pleiteado pelo sindicado não se sobreponha sobre o coletivo, sob pena de multa por hora de paralisação, sem prejuízo de outras a serem aplicadas em caso de paralisações futuras com o mesmo objeto.

PEDIDO:

(a) CONCEDIDA A MEDIDA LIMINAR *INAUDITA ALTERA PARTE*, para o fim de determinar a entidade sindical Suscitada, a qual representa os motoristas, que a categoria profissional seja compelida a manter em circulação todos os veículos de ônibus do sistema de transporte público de [*], para se atender as necessidades inadiáveis da comunidade cruziliense no dia de hoje [*] e amanhã [*] e nos dias subsequentes, sob pena de multa por hora de paralisação em caso de descumprimento, a ser arbitrado por esse Juízo, sem prejuízo de outras a serem aplicadas em caso de paralisações futuras;

(b) o sindicato suscitado compelido a se abster de toda e qualquer forma de bloqueio, tanto na saída das garagens, vias públicas e terminais de transferência de passageiros;

(c) ao final, confirmado os efeitos da antecipação da medida liminar da tutela provisória de urgência, julgando-se procedente o pedido para declarar abusiva, ilegal e nula a greve iniciada no dia de hoje [*] e programada pela entidade sindical para amanhã, dia [*] e nos dias subsequentes.

3.307. UNICIDADE CONTRATUAL
E RETIFICAÇÃO DO REGISTRO DO CONTRATO DE TRABALHO EM CTPS

CAUSA DE PEDIR:

Preliminarmente, o Reclamante esclarece que durante todo o período em que prestou serviços para o Reclamado [indicar a data], o fez de forma contínua e ininterrupta, sempre nas mesmas condições contratuais, no exercício das funções de zelador, preenchendo todos os requisitos legais (arts. 2º e 3º, CLT).

Cumpria jornada de trabalho de segunda-feira a quinta-feira, das 7:00h às 17:00h e às sextas-feiras das 7:00h às 16:00h, com 1 hora para refeição e descanso.

Em total fraude à realidade do contrato de trabalho, o 1º Reclamado, no intuito de burlar a legislação trabalhista, "fragmentou" a formalização da relação de emprego do Autor da seguinte maneira:

(a) de [indicar a data], o Reclamante teve o período da relação de emprego devidamente registrado em CTPS, na função de [indicar a função]. Porém, foi dispensado de forma "fictícia" em [indicar a data], pois continuou a laborar nas mesmas condições que anteriormente vinha executando até [indicar a data];

(b) de [indicar a data], o Reclamante continuou a laborar nas mesmas condições anteriores, porém, sem o devido registro desse período da relação de emprego em CTPS, devido às condições impostas pelo Reclamado;

(c) *de [indicar a data], o Autor teve, novamente, o período contratual registrado em sua CTPS, porém, sem qualquer interrupção na prestação de serviços que vinha ocorrendo nas mesmas condições desde [indicar a data].*

Assim, Excelência, pelos elementos apresentados, verifica-se a veracidade das alegações do Reclamante, em que se conclui que durante todo o contrato de trabalho o trabalhador prestou serviços para o Reclamado e sob sua subordinação e ingerência, sem qualquer solução de continuidade ou interrupção, não obstante sua contratação ser realizada com interrupção fictícia, a fim de sonegar os direitos celetistas e normativos do empregado.

À evidência de todo o exposto, requer o Reclamante a declaração por sentença da existência de um único contrato de trabalho por prazo indeterminado [indicar a data], tomando-se o real período contratual único para o cômputo de férias + 1/3, 13º salário, FGTS + 40%, aviso-prévio, adicional por tempo de serviço, condenando-se o Reclamado nas obrigações de pagar especificadas nos pedidos e à obrigação de fazer (proceder a retificação na CTPS do Reclamante) em prazo a ser fixado por esse Juízo, sob pena de multa diária de R$ 500,00 (arts. 536 e 537, CPC).

PEDIDO:

Declaração por sentença da existência de um único contrato de trabalho por prazo indeterminado, havido entre o Reclamante e o Reclamado, considerando-se como data de admissão [indicar a data], até sua imotivada dispensa em [indicar a data], tomando-se o real período contratual único para o cômputo de férias + 1/3, 13º salário, FGTS + 40%, aviso-prévio, adicional por tempo de serviço, condenando-se o Reclamado nas obrigações de pagar especificadas nos pedidos e obrigando-se o mesmo à obrigação de fazer (proceder a retificação na CTPS do Reclamante) no prazo de dez dias, sob pena de multa diária de R$ 500,00.

3.308. UNIFORME
REEMBOLSO DOS GASTOS

CAUSA DE PEDIR:

A Reclamada exigia que a Reclamante se apresentasse uniformizada e maquiada durante sua jornada de trabalho, porém, não fornecia o "kit" de produtos de forma suficiente para a utilização mensal, obrigando a Autora a arcar com as despesas de um "kit" complementar, uma vez que a não utilização de maquiagem poderia ser passível de punições pelo empregador.

A Reclamante e as demais empregadas da Ré desembolsavam, mensalmente, a quantia de R$ 200,00 para aquisição de "kit" complementar de maquiagem, sem qualquer reembolso por parte da empregadora, em clara afronta ao art. 2º da CLT, uma vez que o fornecimento de uniforme e instrumentos do trabalho são deveres do empregador e envolvem o risco da atividade econômica.

Tal situação perdurou por todo o contrato de trabalho.

Em casos análogos, a jurisprudência decidiu:

"Uniforme e maquiagem. Indenização. Tratando-se de exigência por parte da empresa, esta é quem deve assumir o ônus com as despesas decorrentes do uniforme e da maquiagem, não sendo admissível a transferência dos custos ao empregado. De outro lado, não é necessária a comprovação das despesas pela autora, pois são presumidas, diante da obrigatoriedade do uso" (TRT – 4ªT. – RO 0000367-90.2011.5.04.0005 – Rel. Ricardo Carvalho Fraga – j. 6-5-2014).

Assim, a Reclamante requer a condenação da Reclamada ao reembolso dos valores gastos com uniforme/maquiagem no período contratual no valor mensal de R$ 200,00.

PEDIDO:

Condenação da Reclamada ao reembolso dos valores gastos pela Reclamante com uniforme/maquiagem no período contratual no valor mensal de R$ 200,00.

3.309. VALE-TRANSPORTE

CAUSA DE PEDIR:

Durante o desenvolvimento do contrato de trabalho, o Reclamante nunca recebeu o vale-transporte, embora tenha feito a opção pelo seu recebimento quando da admissão, sendo que necessitava de duas conduções por dia.

O vale-transporte é devido por força do art. 1º da Lei 7.418/85 e do art. 1º do Decreto 95.247/87, sendo que seu fornecimento é uma obrigação imposta ao empregador.

Com efeito, dispõe o art. 1º da Lei 7.418/85:

"Art. 1º: Fica instituído o vale-transporte, que o empregador, pessoa física ou jurídica, antecipará ao empregado para utilização efetiva em despesas de deslocamento residência-trabalho e vice-versa, através do sistema de transporte coletivo público, urbano ou intermunicipal e/ou interestadual com características semelhantes aos urbanos, geridos diretamente ou mediante concessão ou permissão de linhas regulares e com tarifas fixadas pela autoridade competente, excluídos os serviços seletivos e os especiais."

Ressalte-se que é do empregador o ônus da prova de que o Reclamante não preencheu os requisitos para a obtenção do vale-transporte, visto ser ele que possui melhores condições de produzir prova documental.

Não se pode atribuir à parte hipossuficiente o *onus probandi* do cumprimento de um requisito meramente formal para a obtenção de direito pleiteado, sendo razoável presumir, a princípio, que é interesse de todo e qualquer trabalhador a obtenção do vale-transporte. Nesse sentido, temos a Súmula 460, TST: *"É do empregador o ônus de comprovar que o empregado não satisfaz os requisitos indispensáveis para a concessão do vale-transporte ou não pretenda fazer uso do benefício"*.

Portanto, o Reclamante faz jus ao vale-transporte, no valor de [indicar o número] conduções por dia efetivamente trabalhado, no valor estimado de [R$ ... por dia], descontando-se 6% do salário.

PEDIDO:

Condenação da Reclamada ao pagamento de vale-transporte, no valor de duas conduções por dia efetivamente trabalhado [R$ ... por dia], nos termos da Lei 7.418/85.

3.310. VEÍCULO PRÓPRIO
INDENIZAÇÃO PELO USO

CAUSA DE PEDIR:

O Reclamante utilizava-se de veículo próprio para a execução do seu trabalho, sem que houvesse qualquer contraprestação para tal.

Do ponto de vista do direito do trabalho, o empregador assume o risco da atividade empresarial (art. 2º, CLT). Atribuir ao empregado a responsabilidade pelas despesas do veículo é prática abusiva, pois transfere o risco do negócio ao empregado.

O risco do empreendimento não pode ser imputado ao trabalhador.

Nesse sentido:

"(...) 3 – USO DE VEÍCULO PRÓPRIO. INDENIZAÇÃO. Conforme dispõe o art. 2.º, caput, da CLT, não é dado ao empregador transferir ao empregado os ônus e riscos do empreendimento empresarial. Desse modo, as despesas suportadas pelo empregado, em razão da utilização de veículo particular para o exercício das atividades laborais para as quais foi contratado, devem ser restituídas. Precedentes. Recurso de revista conhecido e provido (...)" (TST – 2ª T. – RR 4910-34.2010.5.06.0000 – Relª Minª Delaíde Miranda Arantes – *DEJT* 11-9-2015).

"RECURSO DE REVISTA. USO DE VEÍCULO PRÓPRIO. INDENIZAÇÃO. 1. Provado o uso pelo reclamante de veículo próprio para a execução do seu trabalho e sendo o empregador o único beneficiário desse uso, deve o empregado ser ressarcido dos correspondentes gastos. A assunção dos riscos da atividade econômica, pelo empregador, é uma das características do contrato de emprego, derivando daí a sua responsabilização pelos custos e resultados do trabalho prestado, nos termos do art. 2º da Consolidação das Leis do Trabalho. 2. Recurso de revista conhecido e provido" (TST – 1ª T. – RR 1716-82.2011.5.24.0002 – Rel. Min. Lelio Bentes Corrêa – *DEJT* 17-4-2015).

Assim, a Reclamante requer a condenação da Reclamada ao reembolso dos gastos realizados com o veículo durante a prestação dos serviços, no valor mensal de R$ [indicar o valor].

PEDIDO:

Condenação da Reclamada ao reembolso dos gastos realizados com o veículo durante a prestação dos serviços, no valor mensal de R$ [indicar o valor].

3.311. VERBAS RESCISÓRIAS
DISPENSA SEM JUSTA CAUSA

CAUSA DE PEDIR:

O Reclamante foi dispensado de forma imotivada em [indicar a data] e não recebeu os seus direitos trabalhistas até a presente data.

Ao empregado dispensado de forma imotivada, a legislação trabalhista assegura o pagamento dos direitos trabalhistas: aviso-prévio (art. 487 e ss., CLT; art. 7°, XXI, CF); férias proporcionais com o acréscimo do 1/3 constitucional (art. 147, CLT; art. 7°, XVII, CF); 13° salário proporcional (art. 1°, Lei 4.090/62; art. 7°, VIII, CF); liberação dos depósitos fundiários pelo código 01 + 40% (art. 7°, I, CF; art. 10, II, ADCT; art. 18, Lei 8.036/90).

Na apuração das verbas trabalhistas, o aviso-prévio deverá ser considerado para todos os efeitos legais (OJ 82 e 83, SDI-I).

Dessa forma, o Reclamante espera a condenação da Reclamada ao pagamento das verbas rescisórias, a saber: aviso-prévio, 13° salário proporcional, férias proporcionais e 1/3, a liberação do FGTS código 01 e a multa de 40%.

O FGTS e a multa de 40% também são devidos sobre o aviso-prévio (Súmula 305, TST) e o 13° salário proporcional (art. 15, § 6°, Lei 8.036).

PEDIDO:

Pagamento das verbas rescisórias: (a) aviso-prévio, 13° salário proporcional, férias proporcionais e 1/3, liberação do FGTS código 01 e a multa de 40%; (b) o FGTS e a multa de 40% também são devidos sobre o aviso-prévio e o 13° salário proporcional.

Cap. 3 • MODELOS DE CAUSA DE PEDIR E PEDIDOS | 883

3.312. VIGILANTE
ADICIONAL DE PERICULOSIDADE. POSSIBILIDADE DE DEFERIMENTO SEM REALIZAÇÃO DE PERÍCIA TÉCNICA

CAUSA DE PEDIR:

O Reclamante exercia a função de vigilante.

É desnecessária a realização de perícia técnica para a configuração do direito ao adicional de periculosidade.

Nos termos do *caput* do art. 193 da CLT, para a caracterização de uma atividade ou operação como perigosa é indispensável a previsão em regulamentação aprovada pelo Ministério do Trabalho e Emprego.

Assim, embora a Lei 12.740/12 tenha introduzido o inciso II ao art. 193 da CLT, reputando como atividade perigosa a exposição permanente do trabalhador a "roubos ou outras espécies de violência física nas atividades profissionais de segurança pessoal ou patrimonial", o adicional de periculosidade somente é devido a partir da regulamentação pelo Ministério do Trabalho e Emprego.

A matéria foi regulamentada pelo MTE na Norma Regulamentar nº 16 da Portaria nº 3.214/78, conforme Anexo 3, incluído pelo Portaria 1.885/13, a qual foi publicada em 3-12-13.

Dessa forma, o adicional de periculosidade assegurado ao vigilante que labora exposto a roubos ou outras espécies de violência física nas atividades profissionais de segurança pessoal ou patrimonial somente é devido a partir de 3/12/2013, data da publicação da Portaria 1.885/13 do MTE, que regulamentou o art. 193, II, da CLT.

Uma vez que há a previsão em lei da atividade do vigilante, o qual exerce atividade perigosa, estando exposto, de forma permanente, a roubos ou outras espécies de violência física nas atividades profissionais de segurança pessoal ou patrimonial, torna-se desnecessária a produção de prova técnica para atestar a periculosidade, nos termos do artigo 195, § 2º, da CLT.

É desnecessária a produção de prova técnica no caso de o adicional de periculosidade deferido ao empregado vigilante, porquanto decorre da aplicação do art. 193, II, da CLT com a redação conferida pela Lei 12.740/12, que instituiu o adicional para os empregados que exercem atividade profissional de segurança pessoal ou patrimonial.

Nesse sentido:

"RECURSO DE REVISTA. ADICIONAL DE PERICULOSIDADE. VIGILANTE. ART. 193, CAPUT E II, DA CLT. LEI Nº 12.740/12. PROVA TÉCNICA. DESNECESSIDADE. Nos termos do caput do art. 193 da CLT, para a caracterização de uma atividade ou operação como perigosa, é indispensável a previsão em regulamentação aprovada pelo Ministério do Trabalho e Emprego. Embora a Lei nº 12.740/12 tenha introduzido o inciso II ao art. 193 da CLT, reputando como atividade perigosa a exposição permanente do trabalhador a 'roubos ou outras espécies de violência física nas atividades profissionais de segurança pessoal ou patrimonial', o adicional de periculosidade somente é devido a partir da regulamentação pelo Ministério do Trabalho e Emprego. Assim, uma vez que há a previsão em lei da atividade do vigilante, o qual exerce atividade perigosa, estando exposto, de forma permanente, a roubos ou outras espécies de violência física nas atividades profissionais de segurança pessoal ou patrimonial, torna-se desnecessária a produção de prova técnica para atestar a periculosidade, nos termos do art. 195, § 2º, da

CLT. No caso, o Regional deixou textualmente registrado que, a despeito de o reclamante executar a função de vigilante, é certo que o art. 195 da CLT impõe a necessidade de realização de prova pericial para a apuração da periculosidade. Ora, é desnecessária a produção de prova técnica para deferimento do adicional de periculosidade ao empregado vigilante, porquanto decorre da aplicação do art. 193, II, da Consolidação das Leis do Trabalho, com redação conferida pela Lei nº 12.740/12. Ressalte-se que no caso dos autos fica ainda mais latente a prescindibilidade da perícia, pois o reclamante laborava como vigilante em empresa de transporte de valores, que também prestava serviços para bancos, tornando incontroverso o risco a que estava exposto. Recurso de revista conhecido por divergência jurisprudencial e provido." (TST – 3ª T. – RR 2882-54.2014.5.02.0036 – Rel. Min. Alexandre de Souza Agra Belmonte – *DEJT* 7-8-2020.)

"RECURSO DE REVISTA INTERPOSTO SOB A ÉGIDE DA LEI 13.015/14. (...) ADICIONAL DE PERICULOSIDADE. VIGILANTE. ART. 193, CAPUT E II, DA CLT. LEI Nº 12.740/12. EFEITOS PECUNIÁRIOS A PARTIR DA REGULAMENTAÇÃO. PORTARIA Nº 1.885/13 DO MINISTÉRIO DO TRABALHO E EMPREGO. Nos termos do caput do art. 193 da CLT, para a caracterização de uma atividade ou operação como perigosa, é indispensável a previsão em regulamentação aprovada pelo Ministério do Trabalho e Emprego. Assim, embora a Lei nº 12.740/12 tenha introduzido o inciso II ao art. 193 da CLT, reputando como atividade perigosa a exposição permanente do trabalhador a 'roubos ou outras espécies de violência física nas atividades profissionais de segurança pessoal ou patrimonial', o adicional de periculosidade somente é devido a partir da regulamentação pelo Ministério do Trabalho e Emprego. A matéria foi regulamentada pelo MTE na Norma Regulamentar nº 16 da Portaria nº 3.214/78, conforme Anexo 3, incluído pela Portaria nº 1.885/13, a qual foi publicada em 3-12-2013. Portanto, o adicional de periculosidade assegurado ao vigilante que labora exposto a roubos ou outras espécies de violência física nas atividades profissionais de segurança pessoal ou patrimonial somente é devido a partir de 3-12-2013, data da publicação da Portaria nº 1.885/13 do MTE, que regulamentou o art. 193, II, da CLT. No caso em exame, o reclamante, na condição de vigilante, trabalhou exposto ao risco de roubos ou outras espécies de violência física nas atividades profissionais de segurança pessoal e patrimonial, sendo-lhe devido o adicional de periculosidade, na forma do art. 193, II, da CLT, todavia, apenas a partir de 3-12-2013, data em que foi publicada a Portaria nº 1.885/13 do MTE. Recurso de revista conhecido por violação do artigo 193, II, da CLT. CONCLUSÃO: Recurso de revista parcialmente conhecido por violação do artigo 193, II, da CLT e provido." (TST – 3ª T. – RR 10384-07.2014.5.15.0093 – Rel. Min. Alexandre de Souza Agra Belmonte – *DEJT* 21-9-2018.)

No caso dos autos fica ainda mais latente a prescindibilidade da perícia, pois o Reclamante laborava como vigilante em empresa de transporte de valores, que também prestava serviços para bancos, tornando incontroverso o risco a que estava exposto.

O Reclamante faz jus ao adicional de periculosidade, a ser calculado sobre a remuneração e com incidências em: (a) aviso-prévio, férias, abono de férias, domingos e feriados, 13º salário, depósitos fundiários + 40%; (b) em horas extras e suas incidências em domingos e feriados, 13º salário, férias, abono de férias, aviso-prévio e nos depósitos fundiários + 40%; (c) [se houver outros títulos que sejam calculados em função do adicional de periculosidade, proceder à inclusão na sequência].

PEDIDO:

Adicional de periculosidade, a ser calculado sobre a remuneração e com incidências em: (a) aviso-prévio, férias, abono de férias, domingos e feriados, 13º salário, depósitos fundiários + 40%; (b) em horas extras e suas incidências em domingos e feriados, 13º salário, férias, abono de férias, aviso-prévio e nos depósitos fundiários + 40%; (c) [se houver outros títulos que sejam calculados em função do adicional de periculosidade, proceder à inclusão na sequência].

Cap. 3 • MODELOS DE CAUSA DE PEDIR E PEDIDOS | 885

3.313. VÍNCULO EMPREGATÍCIO
RECONHECIMENTO DE VÍNCULO EMPREGATÍCIO

CAUSA DE PEDIR:

O Reclamante foi admitido como empregado da Reclamada em [indicar a data], na função de [indicar a função], prestando seus serviços de forma pessoal, habitual, assalariada e mediante subordinação jurídica, preenchendo, portanto, todos os requisitos do art. 3º da CLT, sempre exercendo suas funções na forma descrita e caracterizada nesta demanda.

Trabalhou nas dependências da Reclamada até a data de [indicar a data], sempre executando tarefas diárias de [indicar as tarefas], quando foi imotivadamente dispensado, recebendo como salário mensal de R$ [indicar o valor].

Na definição legal brasileira estão os seguintes requisitos da figura do empregado: (a) pessoa física; (b) subordinação compreendida de forma mais ampla que dependência; (c) não eventualidade do trabalho; (d) salário; (e) pessoalidade da prestação de serviços, esta resultante não da definição de empregado, mas de empregador.

Sob todos os aspectos legais, o Reclamante preenche todos os requisitos do art. 3º da CLT, fazendo jus ao reconhecimento do vínculo empregatício.

A categoria sindical à qual o Autor está enquadrado por força da lei é a do Sindicato [indicar a categoria profissional e o nome da entidade sindical], conforme CCTs juntadas [recomenda-se sempre juntar as CCTs da categoria do Reclamante, uma vez que existem vários direitos normativos sonegados pela falta do reconhecimento formal da relação de emprego].

Assim, pela falta de reconhecimento da relação de emprego, foram sonegados os seguintes direitos normativos (que serão postulados em itens próprios nesta demanda): [piso salarial da categoria; cestas básicas demais itens da CCT sonegados pela Ré pela omissão do registro em CTPS].

O Reclamante junta provas do alegado contrato de trabalho sem registro, consistentes em: (a) recibos de pagamento de salário acompanhados dos respectivos cheques de pagamento, sempre assinados pelos representantes legais da Ré [docs. ...]; (b) cópias do livro de registro ponto dos empregados (inclusive do Reclamante) durante o período do contrato de trabalho, onde se verificam as assinaturas dos demais empregados, do Reclamante e vistos dos encarregados [docs. ...]; (c) fotos recentes dos demais controles de ponto [docs. ...].

O [doc. ...] demonstra o pagamento parcelado e a menor de algumas férias, que serão postuladas em item próprio.

Diante do exposto, deverá a Reclamada ser compelida ao reconhecimento do vínculo empregatício com o Reclamante e sua consequente anotação em CTPS do Autor (admissão e dispensa; função), bem como deverá efetuar todas as atualizações salariais de acordo com a evolução salarial da categoria (CCTs anexas), além de efetuar o pagamento das verbas referentes ao período não registrado, tais como férias + 1/3 integrais e proporcionais (em dobro), 13º salário integral e proporcional, FGTS + 40%, verbas rescisórias e direitos convencionais, que serão postulados nos seus itens próprios.

Ressalte-se que a anotação do contrato de trabalho do Reclamante deverá ser procedida pela Reclamada no prazo de dez dias a ser computado a partir da data do trânsito em julgado, sob pena de pagamento de multa diária à base de R$ 500,00 (arts. 536 e 537, CPC).

Requer, ainda, a expedição de ofícios para Superintendência Regional do Trabalho e Emprego, INSS e Caixa Econômica Federal.

PEDIDO:

O Reclamante pede a procedência dos pedidos a seguir, a fim de obter a condenação da Ré nas obrigações de fazer e pagar para:

(a) reconhecimento do vínculo empregatício com o Reclamante e sua consequente anotação em CTPS do Autor (admissão e dispensa; função), bem como deverá efetuar todas as atualizações salariais de acordo com a evolução salarial da categoria (CCTs anexas), além de efetuar o pagamento das verbas referentes ao período não registrado, tais como férias + 1/3 integrais e proporcionais (em dobro), 13º salário integral e proporcional, FGTS + 40% e direitos convencionais, que serão postulados nos seus itens próprios;

(b) anotação do contrato de trabalho do Reclamante em sua CTPS, que deverá ser procedida pela Reclamada no prazo de dez dias a ser computado a partir da data do trânsito em julgado, sob pena de pagamento de multa diária de R$ 500,00;

(c) expedição de ofícios para Superintendência Regional do Trabalho e Emprego, INSS e Caixa Econômica Federal.

Cap. 3 • MODELOS DE CAUSA DE PEDIR E PEDIDOS 887

3.314. VÍNCULO EMPREGATÍCIO
MOTORISTA DE APLICATIVO

CAUSA DE PEDIR:

Para que esteja configurado o vínculo empregatício regido pela CLT, deverão estar presentes todos os seguintes requisitos: (a) trabalho por pessoa física; (b) pessoalidade; (c) não eventualidade; (d) subordinação; (e) onerosidade.

A ausência de um dos requisitos impede o reconhecimento do vínculo.

A relação jurídica trazida à análise provoca novas reflexões acerca do Direito de Trabalho em relação a essa nova modalidade de interação na prestação de serviços em tempos de economia 4.0.

No dissídio em apreço, está-se diante da relação entre trabalhador, empresa de tecnologia e cliente.

A empresa Reclamada opera aplicativo de transporte de passageiros, por intermédio do qual o cliente solicita um veículo, a empresa direciona o pedido a um trabalhador cadastrado em seu banco de dados e esse realiza a execução física do serviço (transporte do passageiro cliente).

Trata-se de moderna modalidade de serviço, que vem sendo denominada economia sob demanda, na descrição de Adrián Odolí Signes:

"O que se vem descrevendo até o momento é chamado 'on-demande economy' ou economia sob demanda. O termo faz referência a um modelo de negócio em que as novas tecnologias na Internet permitem que as plataformas virtuais disponham de grandes grupos de prestadores de serviços, os quais ficam à espera de uma solicitação de serviço de um consumidor." (ODOLÍ, Adrián Signes *et al. O Mercado de Trabalho no Século XXI:* on-demand economy, crowdsourcing *e outras formas de descentralização produtiva que atomizam o mercado de trabalho. Tecnologias disruptivas e a exploração do trabalho humano: a intermediação de mão de obra a partir das plataformas eletrônicas e seus efeitos jurídicos e sociais.* São Paulo: LTr, 2017. pp. 28-43).

Outro conceito importante nesse novo cenário socioeconômico é o *crowndsourcing:*

"O chamado Crowdsourcing (também chamado de Crowdword) consiste em tomar uma prestação de serviço, tradicionalmente realizada por um trabalhador e descentralizá-la indefinidamente e, normalmente, envolvendo grande número de pessoas em forma de chamada ou convocatória. Esse modelo conta com três elementos; i) os 'solicitantes', que são empresas ou indivíduos que solicitam a prestação de um serviço; ii) os trabalhadores que prestam o serviço; iii) e as plataformas virtuais que utilizam as tecnologias de informação para unir oferta e demanda, e que recebem uma porcentagem por serviço realizado." (ODOLÍ, Adrián Signes. Ob. cit.)

Dentre as espécies desse tipo de serviços, duas interessam especialmente para fins de relação de trabalho:

"(…) do ponto de vista das empresas que sustentam (ou que mantêm) plataforma virtual, onde se cruzam a oferta e a demanda, devem-se distinguir dois tipos. De um lado, têm-se as plataformas genéricas e, de outro lado, as específicas. Do primeiro tipo, encontramos por exemplo, Amazon Turk, Microtask, Clickwork, Task Rabbit, Fild Agent, em que os 'solicitantes' podem requerer qualquer tipo de trabalho. Do segundo, encontramos

plataformas específicas de um setor de atividade como Uber – para transporte de passageiros; Sademan – para guias turísticos; Fly Cleaners – lavanderia pessoal; Myfixpert – reparação de aparatos eletrônicos; CHefly – cozinheiro a domicílio; Helpplig – limpeza de casa; Sharingacademy – professores particulares.

A diferença é importante, visto que as plataformas que aderem a uma atividade concreta, na maioria dos casos, exercem um controle muito maior sobre os seus trabalhadores. Ou seja. Como se fosse uma empresa tradicional, uma companhia que se dedica ao transporte de passageiros deseja manter sua marca em alta consideração, para isso, deve fornecer um bom serviço e assegurar que seus trabalhadores/microempresários assim o façam. Pelo contrário, plataformas virtuais genéricas funcionam mais como um quadro de anúncios, onde qualquer atividade pode ser divulgada e onde a reputação da empresa não depende de como é realizada essa atividade (já que a empresa não está vinculada a nenhuma atividade em concreto. Isso faz com que as plataformas virtuais exerçam um menor controle sobre como os prestadores de serviço realizam suas atividades – menor subordinação. Nesse sentido, conclui-se que as plataformas genéricas atuam como uma agência de recolocação que fornece mão de obra a terceiros."

Os parâmetros acima delineados são importantes para se entender a espécie de serviço oferecido pela Ré e sua relação com os motoristas.

A Ré se autodenomina como intermediadora. O foco de sua atividade está em intermediar a prestação de serviços de transporte, por meio de plataforma digital.

Dessa forma, a atividade econômica seria a intermediação do serviço de transporte.

Dadas essas características, primeira conclusão a que se chega é ser a Ré empresa de *crowdsourcing* de plataforma específica.

Fixadas tais premissas, passa-se à análise dos elementos identificadores da relação de emprego, quais sejam, pessoalidade, onerosidade, não eventualidade e subordinação, destacando que todos devem estar presentes na forma do art. 2º, combinado com o art. 3º da CLT.

Nesse ponto, cumpre destacar que a relação jurídica empregatícia encontra descrição legal, de forma que, havendo relação material – cujos aspectos fáticos se enquadrem no descritivo fático-legal –, há imposição quanto à configuração na espécie jurídica, inexistindo liberdade às partes de convencionarem a simulação de outro negócio jurídico.

Para Maurício Godinho Delgado, a relação empregatícia, como espécie do gênero relação de trabalho, "*resulta da síntese de um diversificado conjunto de fatores (ou elementos) reunidos em um dado contexto social ou interpessoal. Desse modo, o fenômeno sociojurídico da relação de emprego deriva da conjugação de certos elementos inarredáveis (elementos fático-jurídico), sem os quais não se configura a mencionada relação. Os elementos fático-jurídicos componentes da relação de emprego são cinco: (a) a prestação de trabalho por pessoa física a um tomador qualquer; (b) a prestação de serviços efetuada com pessoalidade pelo trabalhador; (c) também efetuada com não eventualidade; (d) efetuada ainda sob subordinação ao tomador de serviços; (e) prestação de trabalho efetuada com onerosidade.*" (DELGADO, Maurício Godinho. *Curso de direito do trabalho.* 5ª ed., p. 289.)

Quanto aos elementos identificadores da relação empregatícia, tem-se nos autos:

(i) Pessoalidade.

Somente pode ser caracterizado como empregado o ser humano. A essência do Direito do Trabalho consiste na proteção e valoração da dignidade do ser humano.

A relação empregatícia é pessoal, visto que o empregado não se pode fazer substituir por outra pessoa durante a prestação dos serviços, denotando o caráter de uma obrigação personalíssima. Assevere-se, porém, que o aspecto *intuitu personae* não implica a exclusividade de possuir um único tomador de seus serviços. O trabalhador subordinado pode ter vários empregadores, desde que tenha tempo, e de acordo com as peculiaridades de cada relação.

Cap. 3 • MODELOS DE CAUSA DE PEDIR E PEDIDOS | 889

Quanto ao empregador, o contrato de trabalho, como regra, não assume o caráter de ser *intuitu personae.*

Maurício Godinho Delgado ensina que a pessoalidade *"é essencial à configuração da relação de emprego que a prestação do trabalho, pela pessoa natural, tenha efetivo caráter de infungibilidade, no que tange ao trabalhador" (Curso de direito do trabalho.* 15ª ed. São Paulo: LTr, 2016).

A pessoalidade resta caracterizada, pois o Reclamante não poderia se fazer substituir, cedendo sua conta de aplicativo para que outra pessoa não cadastrada e previamente autorizada realizasse as viagens.

(ii) Onerosidade.

Não há contrato de trabalho a título gratuito, ou seja, sem encargos e vantagens recíprocas. O contrato de trabalho é bilateral e oneroso, isto é, o empregado, ao prestar os serviços, tem direito aos salários. Representa o ganho periódico e habitual percebido pelo trabalhador que presta serviços continuados e subordinados a outrem.

O contrato de trabalho subordinado é inexistente quando o esforço se dá por simples caridade, religião, amizade, solidariedade humana etc. Por exemplo: o serviço voluntário, o qual não gera vínculo empregatício, nem obrigações de natureza trabalhista, previdenciária ou afins (art. 1º, parágrafo único, Lei 9.608/98).

A onerosidade é incontroversa, uma vez que os serviços não eram gratuitos.

Ressalte-se que a Reclamada conduz, de forma exclusiva, toda a política de pagamento do serviço prestado, seja em relação ao preço cobrado por quilometragem rodada e tempo de viagem, seja quanto às formas de pagamento ou às promoções e descontos para usuários. Não era dada ao motorista a menor possibilidade de gerência do negócio.

(iii) Não eventualidade.

Para a compreensão do que vêm a ser serviços não eventuais (habituais) (art. 3º, CLT), é necessário entender o significado do que é "eventual". A doutrina nos aponta 4 correntes, a saber:

a) descontinuidade – eventual é o trabalho descontínuo e interrupto com relação ao tomador dos serviços. Vale dizer, a prestação de serviços é fragmentada, com a existência de afastamentos razoáveis entre um período de trabalho e outro para o mesmo tomador. Para Maurício Godinho Delgado, a Lei Consolidada teria rejeitado a teoria da descontinuidade ao adotar a expressão "serviços de natureza não eventual" (art. 3º, *caput*), portanto, *"um trabalhador que preste serviço ao tomador, por diversos meses seguidos, mas apenas em domingos ou fins de semana (caso de garçons de clubes campestres, por exemplo), não poderia se configurar como trabalhador eventual, em face da não absorção, pela CLT, da teoria da descontinuidade"* (DELGADO, Mauricio Godinho. *Curso de direito do trabalho.* 5ª ed. São Paulo: LTr, p. 294);

b) evento – a prestação de serviços ocorre por um fato determinado e esporádico para o tomador. A eventualidade está atrelada à duração do evento. Contudo, a teoria não é razoável quando se têm eventos que resultem em uma dilação temporal mais ampla;

c) fins do empreendimento – o lapso de tempo para caracterizar ou não o vínculo empregatício não possui critérios numéricos exatos. A não eventualidade se fará em função de cada caso concreto e de acordo com as particularidades do mesmo. Por isso, para fundamentar essa ideia, há uma parte da doutrina que atrela a eventualidade aos fins da empresa, aduzindo que serviços não eventuais são os exercidos de acordo com a finalidade da empresa. A justificativa está incorreta, pois existem várias empresas que possuem empregados que exercem atividades não condizentes com a sua finalidade. Como exemplo, temos: uma empresa prestadora de serviços na área de vigilância pode possuir um pedreiro, registrado como empregado, que lhe preste serviços na área de manutenção;

d) fixação jurídica – eventual é o trabalhador que não se fixa de forma contínua a nenhuma fonte de trabalho, tendo vários tomadores simultâneos quanto aos seus serviços. Amauri Mascaro

Nascimento ensina: eventual é *"aquele que presta a sua atividade para múltiplos destinatários, sem se fixar continuadamente em nenhum deles. Eventual é um subordinado de poucas horas ou pouco tempo que vai realizar um serviço especificado, findo o qual terminará a sua obrigação. Não é autônomo porque está sob o poder diretivo de outrem, o destinatário do serviço, enquanto o executar"* (NASCIMENTO, Amauri Mascaro. *Curso de direito do trabalho.* 21ª ed. São Paulo: Saraiva, p. 629).

Na caracterização do trabalho eventual, Mauricio Godinho Delgado afirma que não é razoável partir de um único critério e sim da combinação de todas as teorias, propondo, assim, os seguintes elementos característicos: *"(a) descontinuidade da prestação do trabalho, entendida como a não permanência em uma organização com ânimo definitivo; (b) não fixação jurídica a uma única fonte de trabalho, com pluralidade variável de tomadores de serviços; (c) curta duração do trabalho prestado; (d) natureza do trabalho tende a ser concernente a evento certo, determinado e episódico no tocante a regular dinâmica do empreendimento tomador dos serviços; (e) em consequência, a natureza do trabalho prestado tenderá a não corresponder, também, ao padrão dos fins normais do empreendimento".* (DELGADO, Mauricio Godinho. Ob. cit., p. 297.)

Pelo conjunto dos autos, eventualidade não caracteriza o trabalho do Autor. Os motoristas cadastrados no aplicativo da Reclamada atendem à demanda intermitente pelos serviços de transporte, tanto que os demonstrativos de pagamento confirmam que o Autor se ativou de forma habitual entre [*] e [*].

De igual modo, há a exigência, ainda que muitas vezes velada, de que os motoristas estejam em atividade de forma sistêmica, com estipulação de metas, sob pena de serem desvinculados da plataforma.

(iv) Subordinação.

No âmbito do Direito do Trabalho brasileiro, a subordinação é primordial na caracterização da relação de emprego, como ponto de distinção entre o trabalhador autônomo e o subordinado (art. 3º, CLT).

A doutrina brasileira, assim como internacional, procura caracterizar a subordinação como:

a) econômica – o empregado, como tem o salário como principal fonte de subsistência, tem uma dependência econômica em relação ao empregador. É uma visão insatisfatória. Há trabalhadores que detêm uma condição econômica superior à do empregador e, mesmo, assim, são considerados empregados. Por outro lado, pode haver dependência econômica, sem que se tenha a condição de empregado, como são as hipóteses do representante comercial e do empreiteiro;

b) técnica – como o empregador detém a exploração da atividade econômica, o empregado dependeria das suas orientações técnicas para o desempenho de suas atividades laborais. Atualmente, é inaceitável essa tese. Com a expansão do conhecimento e qualificação do trabalhador, há situações nas quais o conhecimento técnico do trabalhador é importante para a consecução da atividade econômica, logo, o empregador seria o dependente;

c) jurídica – o empregado, além de estar obrigado a trabalhar, deverá fazê-lo sob as ordens do empregador. Trata-se de uma vinculação jurídica, visto ser originária de um negócio jurídico (contrato de trabalho).

Nesse aspecto, leciona Maurício Godinho Delgado: *"A subordinação classifica-se, inquestionavelmente, como um fenômeno jurídico, derivado do contrato estabelecido entre trabalhador e tomador de serviços, pelo qual o primeiro acolhe o direcionamento objetivo do segundo sobre a forma de efetuação da prestação do contrato".* (*Curso de direito do trabalho.* 11ª ed. São Paulo: LTr, 2012, p. 296.)

Como fenômeno jurídico, a subordinação é vista por três prismas:

a) o subjetivo, no qual se evidencia a sujeição do empregado ao poder diretivo do empregador. Trata-se da visão clássica da subordinação. A subordinação tem destaque pela intensidade das ordens emanadas pelo empregador em relação à prestação dos serviços por parte do empregado. *"O empregado não atua de livre vontade, estando sujeito às ordens do empregador. Esta subordinação, no entanto, é jurídica, e não*

Cap. 3 • MODELOS DE CAUSA DE PEDIR E PEDIDOS | 891

pessoal, pois originada de um negócio jurídico (contrato de trabalho), em que uma parte assume o dever de trabalhar para outra, que a remunera. Por outro lado, notamos que esta subordinação é necessária em virtude da estrutura capitalista da empresa moderna. O critério da subordinação baseia-se, portanto, no fato de que o empregado não está obrigado apenas a trabalhar, mas a fazê-lo sob as ordens do empregador. Essa concepção ficou conhecida como a da subordinação subjetiva, ou modelo da subordinação-controle. Porém, com o passar do tempo e a crescente complexidade das relações de emprego e de trabalho, bem como as novas modalidades de prestação de trabalho, essa orientação demonstrou ser perigosamente simplista, atraindo distorções e revelando as falhas naturais da concepção". (ZANGRANDO, Carlos Henrique da Silva. *Curso de direito do trabalho.* São Paulo: LTr, 2008, t. 2, p. 434.)

b) o objetivo, em que a subordinação está no modo em que se dá a prestação de serviços e não no tocante à pessoa do empregador. O empregado está vinculado aos fins e objetivos da atividade desenvolvida pelo empregador. *"Na visão moderna, o vínculo que une o empregado ao empregador é a atividade do primeiro, que se exterioriza por meio da prestação do trabalho. E é sobre a atividade do trabalhador, e não sobre a sua pessoa, que o empregador exerce seu poder de direção e comando. Evidentemente, quando o empregador admite o empregado, busca nele mais suas habilitações particulares que traços de sua personalidade. No entanto, como o trabalho não existe per se, é impossível dissociá-lo da figura do trabalhador. Daí se dizer que na relação de emprego existe uma relação imediata com a atividade do emprego (trabalho), e uma atividade mediata com a pessoa do mesmo. A subordinação gravita em torno da atividade imediata, e não da mediata. Exercita-se a subordinação, porém, sobre comportamentos de recíproca expressão, que se definem pela integração da atividade do empregado na organização empresarial".* (ZANGRANDO, Carlos Henrique da Silva. Ob. cit., t. 1, p. 434.)

c) estrutural, em que o trabalhador está inserido na atividade econômica do empregador. Não é necessário que receba ordens diretas ou que o seu trabalho esteja relacionado com os fins da empresa. A subordinação repousa na inserção do trabalhador na dinâmica de organização e funcionamento da empresa.

Os diversos prismas do fenômeno jurídico da subordinação não devem ser aplicados de forma excludente e sim com harmonia. Nesse aspecto, concordamos com as palavras de Mauricio Godinho Delgado: *"A conjugação dessas três dimensões da subordinação – que não se excluem, evidentemente, mas se completam com harmonia – permite que sejam superadas as recorrentes dificuldades de enquadramento dos fatos novos do mundo do trabalho ao tipo jurídico da relação de emprego, retomando-se o clássico e civilizatório expansionismo do Direito do Trabalho. Na essência, é trabalhador subordinado desde o humilde e tradicional obreiro que se submete à intensa pletora de ordens do tomador ao longo de sua prestação de serviços (subordinação clássica ou tradicional), como também aquele que realiza, ainda que sem incessantes ordens diretas, no plano manual ou intelectual, os objetivos empresariais (subordinação objetiva), a par do prestador laborativo que, sem receber ordens diretas das chefias do tomador de serviços, nem exatamente realizar os objetivos do empreendimento (atividades-meio, por exemplo), acopla-se, estruturalmente, à organização e dinâmica operacional da empresa tomadora, qualquer que seja sua função ou especialização, incorporando, necessariamente, a cultura cotidiana empresarial ao longo da prestação de serviços realizada (subordinação estrutural)".* (Ob. cit., p. 298.)

Em contraponto está a autonomia na prestação de serviços:

"A diferença entre trabalhador autônomo e subordinado baseia-se num suporte, o modo como o trabalho é prestado.

O modo como o trabalho é prestado permite distinguir melhor entre trabalho subordinado e trabalho autônomo desde que seja percebido que há trabalhos nos quais o trabalhador tem o poder de direção sobre a própria atividade, autodisciplinando-se segundo seus critérios pessoais, enquanto há trabalhadores que resolvem abrir mão do poder de direção sobre o trabalho que prestarão, fazendo-o não coativamente como na escravidão, mas politicamente como exercício de uma liberdade, transferindo, por contrato, o poder de direção para terceiros em troca de um salário, portanto, subordinando-se.

892 | PRÁTICA DA RECLAMAÇÃO TRABALHISTA – *Jorge Neto • Wenzel • Cavalcante*

Aqueles que detêm o poder de direção da própria atividade são autônomos e aqueles que alienam o poder de direção sobre o próprio trabalho para terceiros em troca de remuneração são subordinados.

Como se manifesta o poder de direção e quais as suas dimensões?

O poder de direção desenvolve-se em tríplice dimensão.

Compreende o poder de organização, o poder de controle e o poder disciplinar.

O subordinado, não detendo o poder de direção, submete-se ao poder de organização de terceiro, e sabemos que quem organiza os meios de produção ou a prestação de serviços no exercício de uma atividade, cujos resultados são próprios, é o empresário. O subordinado abre mão do poder de organização. Pertence ao empresário. Se o trabalhador auto-organizar-se será piccoli imprenditori *do art. 2.083 do Código Civil da Itália (1942), não será empregado.*

Segundo aspecto do poder de direção está no poder de controle, que é resultado de uma organização hierárquica na qual o trabalho de alguém pode ser fiscalizado dirigido por outrem. A lei brasileira considera empregador aquele que dirige a prestação de serviços de outrem.

O terceiro ângulo do poder de direção consiste no poder disciplinar, de fundamento para uns contratual, para outros institucional, reconhecido pela doutrina predominante, daí por que no trabalho subordinado sujeita-se o trabalhador às sanções disciplinares que segundo as normas jurídicas são previstas ou toleradas." (NASCIMENTO. Amauri Mascaro. *Curso de Direito do Trabalho.* 21ª ed. São Paulo: Saraiva, 2006, pp. 435-436.)

Sob qualquer dos ângulos que se examine o quadro fático da relação havida entre as partes, sem qualquer dúvida, a subordinação se faz presente. O Autor estava submisso a ordens sobre o modo de desenvolver a prestação dos serviços e a controles contínuos. Além disso, estava sujeito à aplicação de sanções disciplinares caso incidisse em comportamentos que a Reclamada julgasse inadequados ou praticasse infrações das regras por ela estipuladas.

Quanto ao modo de produção e realização dos serviços, a Reclamada realizava verdadeiro treinamento de pessoal, orientando a forma da prestação dos serviços, como tratar o cliente, abrir portas, condições do veículo e apresentação pessoal.

Resta claro que a Reclamada exerce seu poder regulamentar ao impor inúmeros regramentos que, se desrespeitados, podem ocasionar, inclusive, a perda do acesso ao aplicativo.

O controle dessas regras e dos padrões de atendimento durante a prestação de serviços ocorre por meio das avaliações em forma de notas e das reclamações feitas pelos consumidores do serviço.

Portanto, estando presentes todas as circunstâncias fático-probatórias que caracterizam o contrato de trabalho, nos termos do art. 3º da CLT, deve ser reconhecido o vínculo empregatício havido entre as partes, que deverá ser anotado na CTPS do Autor, no prazo de 5 dias de sua intimação para tanto (após o trânsito em julgado), sob pena de multa diária de R$ 1.000,00 (arts. 536 e 537, CPC). Se nos 30 dias subsequentes a Reclamada não satisfizer a obrigação de fazer, a anotação será efetuada pela Secretaria da Vara, sem prejuízo da multa cominada, cessando, contudo, o cômputo da multa, haja vista o cumprimento da obrigação por terceiro.

A função a ser anotada será de motorista, no período de [*] a [*], com remuneração de R$ [*].

Considerando o reconhecimento do vínculo de emprego, tem-se que a dispensa se deu de forma imotivada pelo empregador, diante do princípio da continuidade da relação de emprego e da inexistência de provas convincentes em sentido diverso. Inteligência da Súmula 212 do TST.

São devidas as seguintes verbas: a) aviso-prévio indenizado; b) [*] de férias proporcionais com 1/3; c) 13ª salário proporcional de [*]; d) FGTS com 40% de todo o contrato; e) multa do art. 477, § 8º da CLT.

PEDIDO:

(a) reconhecimento do vínculo empregatício com o Reclamante e sua consequente anotação em CTPS do Autor, no prazo de 5 dias de sua intimação para tanto (após o trânsito em julgado), sob pena de multa diária de R$ 1.000,00 (arts. 536 e 537, CPC). Se nos 30 dias subsequentes a Reclamada não satisfizer a obrigação de fazer, a anotação será efetuada pela Secretaria da Vara, sem prejuízo da multa cominada, cessando, contudo, o cômputo da multa, haja vista o cumprimento da obrigação por terceiro. A função a ser anotada será de motorista, no período de [★] a [★], com remuneração de R$ [★].

(b) a condenação da Reclamada ao pagamento das seguintes verbas: aviso-prévio indenizado; [★] de férias proporcionais com 1/3; 13ª salário proporcional de [★]; FGTS com 40% de todo o contrato; multa do art. 477, § 8º da CLT.

3.315. MODELOS DE CAUSA DE PEDIR E PEDIDO. PANDEMIA. CORONAVÍRUS

3.315.1. DISPENSA DISCRIMINATÓRIA
EMPREGADO PORTADOR DE COVID-19

CAUSA DE PEDIR:

O Reclamante foi admitido como empregado em [indicar a data], na função de [indicar], permanecendo nos quadros da Reclamada até [indicar a data], quando foi dispensado.

Em [*], o Reclamante apresentou à Reclamada atestado médico recomendando o afastamento das atividades por [*] dias, eis que restou comprovado pelo exame laboratorial que havia adquirido Covid-19.

Exaurido o prazo de afastamento, ao retornar ao trabalho, plenamente recuperado da enfermidade, o Reclamante foi surpreendido com sua dispensa sem justa causa.

A extinção do contrato de trabalho foi abusiva, arbitrária e discriminatória, requerendo o Reclamante sua reintegração.

A Constituição em vigor tem como fundamentos, dentre outros, a dignidade da pessoa humana e os valores sociais do trabalho e da livre-iniciativa (art. 1º, III e IV), além do que constitui objetivo fundamental promover o bem de todos, sem preconceitos de origem, raça, sexo, cor, idade e quaisquer outras formas de discriminação (art. 3º, IV), em que todos são iguais perante a lei, sem distinção de qualquer natureza, garantindo-se aos brasileiros e aos estrangeiros residentes no País a inviolabilidade do direito à vida, à liberdade, à igualdade, à segurança e à propriedade, sendo punida qualquer discriminação atentatória dos direitos e liberdades fundamentais (art. 5º, *caput* e inc. XLI).

A Lei 9.029 protege todos os empregados, sem distinção, de práticas discriminatórias limitativas do acesso à relação de emprego, ou à sua manutenção. Referido texto legal deve ser interpretado no contexto protetivo ao hipossuficiente, princípio que dá suporte e é a própria razão do Direito do Trabalho.

Maurício Godinho Delgado conceitua discriminação como *"(...) conduta pela qual se nega à pessoa tratamento compatível com o padrão jurídico assentado para a situação concreta por ela vivenciada (...)"*. ("Proteções contra discriminação na relação de emprego." In: VIANA, Márcio Tulio; RENAULT, Luiz Otávio Linhares (Coord.). *Discriminação*. São Paulo: LTr, 2000, p. 21.)

A Lei Maior veda práticas discriminatórias arbitrárias, que objetivam prejudicar determinado indivíduo que se encontra em igual posição entre seus pares.

Trata-se do princípio da isonomia, em sentido amplo, em aplicação da eficácia horizontal dos direitos fundamentais.

De fato, os direitos fundamentais servem para regular as relações entre Estado–cidadão (nisso consiste a eficácia vertical dos direitos fundamentais), além de regular também as relações entre cidadãos (aqui reside a eficácia horizontal dos direitos fundamentais, eficácia nas relações privadas).

A doutrina de Carlos Henrique Bezerra Leite indica:

> *"A eficácia horizontal dos direitos fundamentais, também chamada de eficácia dos direitos fundamentais entre terceiros ou de eficácia dos direitos fundamentais nas relações privadas, decorre do reconhecimento de as desigualdades estruturantes não se situar apenas na relação entre o Estado e os particulares, como também entre os próprios particulares, o que passa a empolgar um novo pensar dos estudiosos da ciência jurídica a respeito da aplicabilidade dos direitos fundamentais no âmbito das relações entre os particulares. (...)*

Cap. 3 • MODELOS DE CAUSA DE PEDIR E PEDIDOS | **895**

No âmbito das relações de trabalho, especificamente nos sítios da relação empregatícia, parece-nos não haver dúvida a respeito da importância do estudo da eficácia horizontal dos direitos fundamentais, mormente em razão do poder empregatício (disciplinar, diretivo e regulamentar) reconhecido ao empregador (CLT, art. 2º), o qual por força dessa relação assimétrica, passa a ter deveres fundamentais em relação aos seus empregados." ("Eficácia horizontal dos direitos fundamentais na relação de emprego." In: *Revista Justiça do Trabalho*, ano 28, nº 329, HS Editora, pp. 10-14).

Desse modo, perfeitamente possível a incidência do princípio da isonomia e seus corolários também nas relações interpessoais.

Por sua vez, em diplomas internacionais, temos a Convenção 111 da OIT, que em seu art. 1º, conceitua discriminação como a *"(...) distinção, exclusão ou preferência fundada em raça, cor, sexo, religião, opinião política, ascendência nacional, origem social ou outra distinção, exclusão ou preferência especificada pelo Estado-membro interessado, qualquer que seja sua origem jurídica ou prática e que tenha por fim anular ou alterar a igualdade de oportunidades ou de tratamento no emprego ou profissão (...)"*.

Convém ressaltar que referida Convenção ingressou no ordenamento pátrio por meio do Decreto Legislativo 104, de 24-11-1964, que a aprovou, sendo que o Decreto 62.150, de 19-1-1968, a promulgou, devendo ser observada nas situações que alude. O Decreto 62.150 foi revogado pelo Decreto 10.088/19, o qual consolida as convenções e as recomendações da OIT.

Ao adotar a Convenção 111 da OIT, o Estado brasileiro se comprometeu perante a comunidade internacional a promover medidas adequadas à promoção da igualdade de oportunidade em matéria de emprego e profissão, com o objetivo de erradicar todas as formas de tratamento discriminatório nas relações de trabalho.

Também a Convenção 117 da OIT, sobre os objetivos e normas básicas da política social, ratificada pelo Brasil em 24-3-1969 e promulgada pelo Decreto 66.496/70, estabelece, no art. 14, que os Estados-membros devem construir uma política social que tenha por finalidade a supressão de todas as formas de discriminação, especialmente em matéria de legislação e contratos de trabalho e admissão a empregos públicos ou privados e condições de contratação e de trabalho. O Decreto 66.496 foi revogado pelo Decreto 10.088/2019, o qual consolida as convenções e as recomendações da OIT.

Por sua vez, a Declaração da OIT sobre os Princípios e Direitos Fundamentais no Trabalho, de 1998, reconhece a necessidade de se respeitar, promover e aplicar um patamar mínimo de princípios e direitos nas relações de trabalho, que são fundamentais para os trabalhadores, novamente elevando o princípio da não discriminação em matéria de emprego ou ocupação.

Importante destacar que, além desses diplomas, existem outras normas jurídicas e posicionamentos jurisprudenciais relevantes, dependendo do caso concreto, pois, como cediço, a forma de discriminação pode ser bastante ampla.

A par de cada norma dedicada à específica forma de discriminação, como regra geral infraconstitucional há o art. 1º da Lei 9.029, que preceitua:

"É proibida a adoção de qualquer prática discriminatória e limitativa para efeito de acesso à relação de trabalho, ou de sua manutenção, por motivo de sexo, origem, raça, cor, estado civil, situação familiar, deficiência, reabilitação profissional, idade, entre outros, ressalvadas, nesse caso, as hipóteses de proteção à criança e ao adolescente previstas no inciso XXXIII do art. 7º da Constituição Federal."

O art. 1º da Lei 9.029/95 tem um rol de hipóteses de discriminação meramente exemplificativo.

Toda forma de discriminação que não decorra de ação afirmativa, deve ser evitada, por imposição do princípio da isonomia, em eficácia horizontal.

Não seria crível que o legislador somente considerasse como reprovável a discriminação pelas formas indicadas no dispositivo normativo em estudo.

O art. 8º da CLT autoriza expressamente o uso da analogia. Não se trata, *in casu*, de espécie de analogia *in malam partem* para condenação da Reclamada, mas forma de realização de Justiça social e obediência à Constituição Cidadã.

Por fim, em que pese a redação legal, todo o arcabouço normativo, assim como o contexto histórico-jurídico, de valorização dos direitos fundamentais e do superprincípio da dignidade da pessoa humana, dar interpretação diversa ao art. 1º da Lei 9.029 acarretaria evidente retrocesso social, o que não é aceitável.

Além dos padrões tradicionais de discriminação, como os baseados em sexo, raça ou religião, vieram a se somar novas formas de discriminação, fruto das profundas transformações das relações sociais ocorridas nos últimos anos: discriminação contra grevistas, portadores de doenças tais como HIV, empregados que exercem seu direito de acesso ao Poder Judiciário (inclusive com a elaboração de listas "negras" e servindo como verdadeiro aviso aos empregados que ousem acionar a Justiça na busca de seus direitos no sentido de que serão punidos com o desemprego, no mínimo).

A dispensa do empregado é, sim, considerada direito potestativo do empregador. Isso quer dizer que, ressalvadas as hipóteses de estabilidade precária, tais como a gestacional, a decorrente do acidente de trabalho e a dos membros da comissão de prevenção de acidentes, impõe ao empregado sujeição à opção patronal, desde que pague as verbas previstas na lei.

Contudo, o exercício do direito potestativo do empregador possui limites, não só em função do princípio da função social da propriedade, presente no art. 170, III, da CF, como também da dignidade da pessoa humana e dos valores sociais do trabalho, verdadeiros pilares da República Federativa do Brasil, consoante os incisos III e IV do art. 1º da CF, incompatíveis com a despedida discriminatória ou abusiva.

Em razão do momento ímpar vivenciado pelo mundo, o Estado adotou medidas para possibilitar às empresas a manutenção dos empregos, editando regras com flexibilidade para a concessão de férias coletivas, suspensão dos contratos de trabalho e diminuição da remuneração, criando auxílios emergenciais para os trabalhadores, facilitando ao empregador o acesso ao crédito para pagamento de salários e conferindo benefícios tributários (Lei 14.020/20).

Além destas medidas, para a manutenção dos empregos e, consequentemente, para o cumprimento da função social, os empregadores podem adaptar as atividades do trabalhador ao teletrabalho ou *home office*, medidas que vêm sido amplamente adotadas em total transformação do mercado de trabalho como conhecemos atualmente.

Assim, é possível perceber que diante das inúmeras possibilidades que a empresa tem para a manutenção dos empregos, a extinção dos contratos de trabalho deve ser tomada como medida extrema, na medida em que, como já declinado, as empresas possuem um papel social de extrema importância que é a possibilidade de proporcionar aos trabalhadores meios de subsistência digna.

No caso dos autos, a conduta da Reclamada violou o princípio da função social da empresa quando dispensou um trabalhador simplesmente pelo fato de ter adquirido a Covid-19, situação a qual todos, sem qualquer exceção, estão sujeitos.

Restou claro que a extinção do contrato de trabalho foi motivada pelo estado de saúde do trabalhador, o que configura a dispensa discriminatória, que é vedada pela legislação laboral (art. 4º da Lei nº 9.029/95).

Demonstrado o objetivo retaliativo e discriminatório da extinção unilateral do contrato de trabalho, deve ser reconhecida a abusividade da dispensa.

Dessa forma, havendo a dispensa por ato discriminatório, impõe-se a declaração de sua nulidade.

Cap. 3 · MODELOS DE CAUSA DE PEDIR E PEDIDOS | **897**

Portanto, o Autor requer a nulidade da sua dispensa por justa causa e o reconhecimento da sua dispensa discriminatória, com a sua consequente reintegração ao emprego, na forma da Lei 9.029/95, com o pagamento dos salários em parcelas vencidas e vincendas, com os reajustes legais e normativos pertinentes à sua categoria profissional, mais os reflexos desse período em férias + 1/3, 13º salário e depósitos fundiários (a serem depositados na sua conta vinculada).

Se não for possível a reintegração, que os seus direitos sejam convertidos em pecúnia, com o pagamento dos salários em todo o período, acrescidos dos reajustes legais e normativos pertinentes à sua categoria profissional, com reflexos desse período em férias + 1/3, abono de férias, 13º salário e depósitos fundiários + 40%, além do pagamento das verbas rescisórias pertinentes à dispensa sem justa causa: aviso-prévio, férias + 1/3, 13º salário, FGTS código 1 + 40% e liberação de guias de seguro-desemprego e/ou indenização equivalente.

PEDIDO:

(a) declaração de nulidade da dispensa sem justa causa e o reconhecimento da sua dispensa discriminatória, com a consequente reintegração do Autor ao emprego, na forma da Lei 9.029/95, com o pagamento dos salários em parcelas vencidas e vincendas, com os reajustes legais e normativos pertinentes à sua categoria profissional, mais os reflexos desse período em férias + 1/3, 13º salário e depósitos fundiários (a serem depositados na sua conta vinculada), nos termos da fundamentação;

(b) em caráter sucessivo, se não for possível a reintegração, que os direitos do Reclamante sejam convertidos em pecúnia, com o pagamento dos salários em todo o período, acrescidos dos reajustes legais e normativos pertinentes à sua categoria profissional, com reflexos desse período em férias + 1/3, abono de férias, 13º salário e depósitos fundiários + 40%, além do pagamento das verbas rescisórias pertinentes à dispensa sem justa causa: aviso-prévio, férias + 1/3, 13º salário, FGTS código 1 (acrescido da multa rescisória de 40%) e liberação de guias de seguro-desemprego e/ou indenização equivalente nos termos dos itens.

3.315.2. ESTABILIDADE PROVISÓRIA
ACIDENTE DO TRABALHO. COVID-19

CAUSA DE PEDIR:

O Reclamante foi contratado pela Reclamada para exercer as funções de [indicar a função], laborando de [indicar as datas de admissão e de dispensa].

A atividade executada pelo Reclamante consistia na condução de ambulâncias nas quais eram transportados pacientes com diagnóstico de Covid-19 entre as diferentes unidades de saúde, especialmente entre unidades que atuavam como hospitais de campanha para enfrentamento da pandemia.

O Reclamante foi diagnosticado em [indicar a data] com Covid-19 durante o contrato de trabalho, tendo se afastado de suas atividades por recomendação médica pelo período de 14 dias.

Ao final do referido período de afastamento médico, o Reclamante retornou ao trabalho, contudo, como ainda apresentava sintomas, foi encaminhado para a realização de novo teste, o qual restou positivo, ou seja, ainda se encontrava em situação de vírus ativo, com possibilidade de transmissão da doença, razão pela qual, em [indicar a data], foi recomendado novo afastamento do trabalho, pelo prazo de 7 dias.

898 | PRÁTICA DA RECLAMAÇÃO TRABALHISTA – *Jorge Neto • Wenzel • Cavalcante*

Contudo, no dia [indicar a data], um dia depois de ter recebido o segundo atestado médico recomendando o afastamento, a Reclamada dispensou o Reclamante, mesmo ciente de que o Reclamante ainda se encontrava acometido da doença adquirida em razão do trabalho, e ainda durante a vigência do atestado médico.

Em razão de o Autor laborar especificamente como motorista de ambulância atuando no transporte de pacientes com Covid-19 entre unidades de saúde da cidade, resta demonstrado o nexo causal, presumindo-se que a contaminação ocorreu durante o trabalho, não sendo crível imaginar que outro fosse o lugar que se contaminaria com o vírus.

Portanto, é o caso de se reconhecer que a infecção do obreiro pelo vírus se equipara a acidente de trabalho na forma do art. 21, III, da Lei 8.213/91.

O empregado segurado, vítima de acidente do trabalho, tem garantida a manutenção do seu contrato de trabalho na empresa durante o prazo mínimo de 12 meses, após a cessação do auxílio-doença acidentário, independentemente da percepção de auxílio-acidente (art. 118, Lei 8.213).

Pelo art. 118 da Lei 8.213, a estabilidade do acidentado tem os seguintes requisitos: (a) o reconhecimento administrativo da doença profissional, do trabalho ou do acidente de trabalho pela entidade autárquica (INSS); (b) o afastamento do serviço além dos primeiros 15 dias, com o pagamento do auxílio-doença acidentário.

Quando se fala em acidente de trabalho, não deve ser somente considerado o típico, mas também os previstos nos arts. 20 e 21 da Lei 8.213: as moléstias profissionais e do trabalho e os acidentes equiparados aos do trabalho.

Para a aquisição da estabilidade acidentária prevista no art. 118 da Lei 8.213/91, é necessário, em princípio, que o empregado tenha se afastado do emprego, com suspensão contratual, por mais de 15 dias, tendo recebido o auxílio-doença acidentário. Todavia, a jurisprudência do TST evoluiu no sentido de não considerar imprescindíveis ao reconhecimento da estabilidade acidentária o afastamento superior a quinze dias e a percepção de auxílio-doença acidentário, desde que constatada, após a despedida, doença profissional que guarde relação de causalidade com a execução do contrato de trabalho (Súmula 378, II, do TST).

No caso, os atestados médicos juntados [docs. ★] comprovam a indicação de afastamento por 21 dias, o que atrai a incidência do item I da Súmula 378 do TST, ou seja, o reconhecimento da estabilidade acidentária de 12 meses prevista no art. 118 da Lei 8.213.

Assim, diante do caso concreto exposto, o Reclamante requer a nulidade da rescisão contratual, com direito à percepção dos salários desde o momento da sua dispensa e até a efetiva data da reintegração, além do direito a essa garantia de emprego até a data do término do prazo de 12 meses, com observância dos reajustes legais e normativos, além da incidência deste período para fins de férias, abono de férias, 13° salário e recolhimentos fundiários.

Caso a reintegração se mostre desaconselhável, por aplicação da inteligência do art. 496 da CLT, que a garantia de emprego seja convertida em pecúnia, com direito aos salários desde o momento da dispensa e até a data do término do prazo de 12 meses, com os reajustes legais e normativos, além da incidência deste período em férias, abono de férias, depósitos fundiários e 13° salário (o 13° salário também deve incidir no FGTS). Nessa hipótese haverá a incidência da multa de 40% sobre os depósitos fundiários.

PEDIDO:

(a) da rescisão contratual, com direito do Reclamante à percepção dos salários desde o momento da sua dispensa e até a efetiva data da reintegração, além do direito a essa garantia de emprego até a data do término do prazo de 12 meses, com observância dos reajustes legais e normativos, além da incidência desse período para fins de férias, abono de férias, 13° salário e recolhimentos fundiários;

Cap. 3 • MODELOS DE CAUSA DE PEDIR E PEDIDOS | 899

(b) se a reintegração se mostrar desaconselhável, por aplicação da inteligência do art. 496 da CLT, que a garantia de emprego seja convertida em pecúnia, com direito aos salários desde o momento da dispensa e até a data do término do prazo de 12 meses, com os reajustes legais e normativos, além da incidência deste período em férias, abono de férias, depósitos fundiários e 13º salário (o 13º salário também deve incidir no FGTS). Nessa hipótese haverá a incidência da multa de 40% sobre os depósitos fundiários.

3.315.3. ESTABILIDADE PROVISÓRIA
PANDEMIA. LEI 14.020/20

CAUSA DE PEDIR:

A Lei 14.020/20, que instituiu o Programa Emergencial de Manutenção do Emprego e da Renda, traz a previsão de um benefício emergencial com o objetivo de preservar o emprego e a renda.

O empregador poderá reduzir a jornada de trabalho e de salário ou suspender temporariamente o contrato de trabalho de seus empregados.

A estabilidade provisória inicialmente prevista na Medida Provisória 936/20 foi convertida na Lei 14.020/20.

Pelo teor do art. 10 da Lei 14.020, o empregado que teve sua jornada de trabalho reduzida ou o seu contrato de trabalho suspenso tem garantia provisória de emprego pelo período em que ficou acordada a redução ou suspensão, e após o restabelecimento da jornada de trabalho e de salário, ou o encerramento da suspensão temporária do contrato de trabalho, por período equivalente ao acordado para a redução ou a suspensão.

Vide o teor do art. 10 e seus incisos:

"Art. 10. Fica reconhecida a garantia provisória no emprego ao empregado que receber o Benefício Emergencial de Preservação do Emprego e da Renda, previsto no art. 5º desta Lei, em decorrência da redução da jornada de trabalho e do salário ou da suspensão temporária do contrato de trabalho de que trata esta Lei, nos seguintes termos:

I – durante o período acordado de redução da jornada de trabalho e do salário ou de suspensão temporária do contrato de trabalho;

II – após o restabelecimento da jornada de trabalho e do salário ou do encerramento da suspensão temporária do contrato de trabalho, por período equivalente ao acordado para a redução ou a suspensão; e

III – no caso da empregada gestante, por período equivalente ao acordado para a redução da jornada de trabalho e do salário ou para a suspensão temporária do contrato de trabalho, contado a partir do término do período da garantia estabelecida na alínea 'b' do inciso II do caput do art. 10 do Ato das Disposições Constitucionais Transitórias."

Dessa forma, o empregado que teve seu contrato de trabalho reduzido/suspenso por 45 dias terá garantia provisória pelos 45 dias e por mais 45 dias após o restabelecimento.

O empregador poderá dispensar o empregado de forma imotivada a qualquer momento, contudo, deverá haver o pagamento de um valor indenizatório em percentuais fixados no artigo 10, § 1º, da Lei 14.020, *verbis*:

"I – 50% do salário a que o empregado teria direito no período de garantia provisória no emprego, na hipótese de redução de jornada de trabalho e de salário igual ou superior a 25% e inferior a 50%;

PRÁTICA DA RECLAMAÇÃO TRABALHISTA – *Jorge Neto • Wenzel • Cavalcante*

II – 75% do salário a que o empregado teria direito no período de garantia provisória no emprego, na hipótese de redução de jornada de trabalho e de salário igual ou superior a 50% e inferior a 70%; ou

III – 100% do salário a que o empregado teria direito no período de garantia provisória no emprego, nas hipóteses de redução de jornada de trabalho e de salário em percentual superior a 70% ou de suspensão temporária do contrato de trabalho."

No caso em análise, o Reclamante teve o contrato suspenso por 60 dias, de [★] a [★].

Contudo, ao regressar ao labor, foi surpreendido pela dispensa, tendo recebido tão somente as verbas rescisórias de praxe, sem qualquer alusão à indenização prevista na Lei 14.020/20.

Considerando que o Reclamante foi dispensado durante o período da garantia provisória, faz jus à indenização.

Portanto, na forma do inciso III do § 1° do art. 10 da Lei 14.020, o Autor faz jus a uma indenização correspondente a dois salários.

PEDIDO:

Condenação da Reclamada ao pagamento de uma indenização equivalente a dois salários do Reclamante.

3.315.4. FGTS
POSSIBILIDADE DE LEVANTAMENTO DE VALORES EXISTENTES NA CONTA VINCULADA DURANTE A PANDEMIA

CAUSA DE PEDIR:

É fato público e notório a crise mundial decorrente da pandemia do coronavírus (Covid-19), sendo reconhecido no Brasil, por meio do Decreto Legislativo n° 6/20, o estado de calamidade pública no País:

"Decreto Legislativo n° 6/20

Art. 1°. Fica reconhecida, exclusivamente para os fins do art. 65 da Lei Complementar n° 101, de 4 de maio de 2000, notadamente para as dispensas do atingimento dos resultados fiscais previstos no art. 2° da Lei n° 13.898, de 11 de novembro de 2019, e da limitação de empenho de que trata o art. 9° da Lei Complementar n° 101, de 4 de maio de 2000, a ocorrência do estado de calamidade pública, com efeitos até 31 de dezembro de 2020, nos termos da solicitação do Presidente da República encaminhada por meio da Mensagem n° 93, de 18 de março de 2020."

O Reclamante, em decorrência dos efeitos da pandemia na economia, está atualmente desempregado.

Além da situação de desemprego, as despesas do Reclamante e de sua família, em decorrência da pandemia de coronavírus (Covid-19) e da decretação de estado de calamidade pública, aumentaram substancialmente nos últimos meses, na medida em que todos os membros da família se encontram em casa, afastados de atividades laborais e educacionais, o que está implicando em aumento considerável no consumo de alimentos, água, energia elétrica, entre outras despesas.

O Reclamante possui, atualmente, uma conta vinculada ao FGTS, com o saldo de R$ [★], conforme extratos ora juntados [doc. ★].

Diante da difícil situação financeira em que se encontra, o Reclamante, não dispondo de outras fontes de renda, dirigiu-se à Caixa Econômica Federal (CEF) com o intuito de que fosse liberado

Cap. 3 • MODELOS DE CAUSA DE PEDIR E PEDIDOS | 901

imediatamente o saldo de seu FGTS, ocasião em que lhe foi informado que não seria possível, pois para a instituição financeira, o pleito não se enquadra em nenhuma das hipóteses legais autorizativas para liberação de valores depositados na conta fundiária.

Não prospera a negativa efetivada pela Caixa Econômica Federal.

É direito do trabalhador o saque do FGTS em caso de calamidade pública, sendo que o artigo 20, XVI, da Lei 8.036/10, permite que a conta do FGTS seja movimentada em situação de necessidade pessoal, cuja urgência e gravidade decorra de desastre natural. A alínea "a" do dispositivo exige que, para que o trabalhador possa sacar a quantia, deve haver estado de calamidade pública decretado pela União Federal ou estado de emergência na área em que ele mora.

Preenchidos os requisitos legais e sendo evidente a necessidade do Reclamante de acesso ao FGTS, eis ser inequívoco que o levantamento dos valores trará condições financeiras para atravessar momento tão específico, o pedido deve ser acolhido.

O STJ já firmou entendimento que o dispositivo legal que disciplina o saque integral do saldo do FGTS elenca apenas um rol exemplificativo, permitindo-se interpretação extensiva quando relacionado ao princípio constitucional de proteção à finalidade social do fundo:

> *"(...) O Superior Tribunal de Justiça já assentou que o art. 20 da Lei n° 8.036/90 apresenta rol exemplificativo, por entender que não se poderia exigir do legislador a previsão de todas as situação fáticas ensejadoras de proteção ao trabalhador, mediante a autorização para levantar o saldo de FGTS. (...) Esta Superior Corte tem entendimento firmado de que, com base no art. 35 do Decreto n° 99.684/90, que regulamentou o art. 20 da Lei n. 8.036/90, permite-se utilizar o saldo do FGTS para pagamento do preço de aquisição de moradia própria ainda que a operação tenha sido realizada fora do Sistema Financeiro da Habilitação, desde que se preencham os requisitos para ser por ele financiada (...). 11. Por isso, têm direito ao saque do FGTS, ainda que o magistrado deva integrar o ordenamento jurídico, em razão de lacuna na Lei n° 8.036/90, com base nos princípios de interpretação constitucional da eficácia integradora e da unidade da Constituição, da concordância prática e da proporcionalidade em sentido restrito. 12. Recurso especial não provido." (STJ – 2ª T. – REsp 1251566/SC – Rel. Min. Mauro Campbell Marques – DJ 14-6-2011.)*

Oportuna a transcrição de decisão proferida pelo E. TRT da 1ª Região, que ampara a pretensão do Reclamante:

> *"Tendo em vista que o FGTS é direito dos trabalhadores, nos termos do art. 7°, III, da Constituição Federal; que o art. 20, XVI, alínea 'a', da Lei 8.036/90 autoriza a movimentação da conta de FGTS dos trabalhadores residentes em áreas de calamidade pública; que o Decreto Legislativo 6/20, reconhece o estado de calamidade pública decorrente da pandemia de coronavírus (Covid-19); que estão suspensas as sessões de julgamento neste Tribunal por conta desta mesma pandemia, impactando de forma negativa no tempo razoável do processo e, por fim, que a liberação do FGTS não prejudica qualquer direito da parte empregadora, expeça-se alvará ao Autor para saque do montante depositado em sua conta vinculada de FGTS. Ciência às partes por Diário Eletrônico, ressaltando-se que o Autor deverá imprimir o alvará e levá-lo a qualquer agência da Caixa Econômica Federal no Estado do Rio de Janeiro para sacar o FGTS. Após, retornem conclusos." (Decisão proferida nos autos n° 0101212-53.2018.5.01.0043, em 26 de março de 2020, pela Relatora Desembargadora Raquel de Oliveira Maciel.)*

PEDIDO:

Requer o Reclamante a expedição de alvará autorizando o levantamento total do saldo constante em sua conta vinculada.

3.315.5. SUPRESSÃO DE BENEFÍCIOS NORMATIVOS DURANTE O PERÍODO DA SUSPENSÃO CONTRATUAL DEVIDO À COVID-19

CAUSA DE PEDIR:

A Reclamada suspendeu o contrato de trabalho do Reclamante pelo período de [*] dias, com amparo na Lei 14.020/20, art. 8º, § 4º.

Ocorre que também suspendeu os benefícios do vale-alimentação e do tíquete-refeição, previstos na Convenção Coletiva da categoria, sob o argumento de que o cumprimento de obrigações de pagar não se coadunam com o cenário macroeconômico do país em razão da propagação da Covid-19.

Oportuna a transcrição das cláusulas coletivas que preveem os benefícios suprimido:

Pela leitura das cláusulas, observa-se que as prestações atinentes ao vale-alimentação e ao tíquete-refeição primam proporcionar a subsistência básica do trabalhador e sua família, em situação completamente adversa ao local de trabalho. Corrobora essa assertiva que a norma coletiva prevê a obrigatoriedade de fornecimento, inclusive, em períodos de férias, licença-médica e licença-maternidade.

Quanto ao tíquete-refeição, a norma prevê que as empresas que fornecem a refeição, gratuitamente, estarão isentas do fornecimento desta verba. Contudo, a isenção pressupõe o fornecimento da alimentação diretamente. No caso, com a suspensão do contrato de trabalho, evidente que o fornecimento não ocorreu. A Reclamada não forneceu a alimentação, tampouco o tíquete equivalente.

Destaque-se que a Lei 14.010/20 não traz qualquer dispositivo a autorizar a suspensão dos benefícios normativos instituídos pelas categorias representativas dos trabalhadores e dos empregadores.

Ao contrário. A lei prevê, em seu art. 8º, § 2º, I, expressamente, que durante o período de suspensão temporária do contrato de trabalho o empregado fará jus ao todos os benefícios concedidos pelo empregador:

> *"Art. 8º. Durante o estado de calamidade pública a que se refere o art. 1º desta Lei, o empregador poderá acordar a suspensão temporária do contrato de trabalho de seus empregados, de forma setorial, departamental, parcial ou na totalidade dos postos de trabalho, pelo prazo máximo de 60 (sessenta) dias, fracionável em 2 (dois) períodos de até 30 (trinta) dias, podendo ser prorrogado por prazo determinado em ato do Poder Executivo.*
>
> *§ 1º. A suspensão temporária do contrato de trabalho será pactuada, conforme o disposto nos arts. 11 e 12 desta Lei, por convenção coletiva de trabalho, acordo coletivo de trabalho ou acordo individual escrito entre empregador e empregado, devendo a proposta de acordo, nesta última hipótese, ser encaminhada ao empregado com antecedência de, no mínimo, 2 (dois) dias corridos.*
>
> *§ 2º. Durante o período de suspensão temporária do contrato de trabalho, o empregado:*
>
> *I – fará jus a todos os benefícios concedidos pelo empregador aos seus empregados;"*

Portanto, não há qualquer fundamento para a supressão dos benefícios do vale-alimentação e do tíquete-refeição, devendo a Reclamada ser condenada a indenizar os benefícios indevidamente suprimidos, observando-se os valores previstos na norma coletiva.

PEDIDO:

A condenação da Reclamada ao pagamento de indenização equivalente ao vale-alimentação e ao tíquete-refeição suprimidos durante o período de suspensão do contrato de trabalho, observando-se os valores previstos na norma coletiva.

3.315.6 SUSPENSÃO DO CONTRATO DE TRABALHO
PANDEMIA. FRAUDE

CAUSA DE PEDIR:

Com fundamento na Lei 14.020/20, art. 8º, foi pactuada a suspensão temporária do contrato de trabalho do Reclamante pelo prazo de [*] dias.

Ocorre que, mesmo com o contrato de trabalho suspenso, a Reclamada convocou o Reclamante para trabalhar, sob as mesmas condições anteriores, circunstância incompatível com os ditames da Lei 14.020.

Em que pese a prestação de serviços ter ocorrido nos mesmos moldes anteriores à suspensão do contrato de trabalho, o Reclamante auferiu tão somente o Benefício Emergencial de Preservação do Emprego e da Renda.

Dispõe o art. 8º, § 4º, da Lei 14.020:

"Art. 8º. Durante o estado de calamidade pública a que se refere o art. 1º desta Lei, o empregador poderá acordar a suspensão temporária do contrato de trabalho de seus empregados, de forma setorial, departamental, parcial ou na totalidade dos postos de trabalho, pelo prazo máximo de 60 (sessenta) dias, fracionável em 2 (dois) períodos de até 30 (trinta) dias, podendo ser prorrogado por prazo determinado em ato do Poder Executivo. (…)

§ 4º. Se, durante o período de suspensão temporária do contrato de trabalho, o empregado mantiver as atividades de trabalho, ainda que parcialmente, por meio de teletrabalho, trabalho remoto ou trabalho a distância, ficará descaracterizada a suspensão temporária do contrato de trabalho, e o empregador estará sujeito:

I – ao pagamento imediato da remuneração e dos encargos sociais e trabalhistas referentes a todo o período;

II – às penalidades previstas na legislação em vigor; e

III – às sanções previstas em convenção coletiva ou acordo coletivo de trabalho."

Portanto, como houve a manutenção das atividades do Reclamante, restou descaracterizada a suspensão temporária do contrato de trabalho.

Desta feita, o Reclamante faz jus ao pagamento de toda a remuneração que seria devida no período, razão pela qual requer a condenação da Reclamada ao pagamento de diferenças salariais, assim compreendidas como a diferença entre o salário contratual e o valor efetivamente pago por meio do Benefício Emergencial de Preservação do Emprego e da Renda.

PEDIDO:

A condenação da Reclamada ao pagamento de diferenças salariais, assim compreendidas como a diferença entre o salário contratual e o valor efetivamente pago em decorrência do Benefício Emergencial de Preservação do Emprego e da Renda.